佳山金容變教授停年記念論文集

韓國行政法學의 새로운 方向

佳山金容變教授停年記念論文集

韓國行政法學의 새로운 方向

佳山金容變教授停年記念論文集刊行委員會

佳山 金容燮 敎授 年譜·論著

Ⅰ. 연보

1. 약력

가. 가족관계

등록기준지(본적) : 서울특별시 서초구 서초동 643번지

생년월일 : 1959년 8월 24일(음) 서울 출생(戊戌, 辛酉, 丙辰, 庚寅)

가족관계: 부 (光山 金甲洙), 모(橫城 趙順子)의 4남매 중 장남

1987년 10월 24일 慶州 崔敎善과 결혼 (주례 金榮國 서울대 교수, 부총장)

장녀 世熹(기악 전공) 사위 商山 金旼期(공군 F16 조종사, 서울대 석사)

외손 金建旴　장남 世中(변호사)　자부 淸州 鄭有玹(변호사)　차녀 世林 (기악 전공)

나. 좌우명과 아호

(1) 좌우명

극근소물 최난(克勤小物 最難) 작은 일에 최선을 다하는 것이 가장 어렵다.

궁즉독선기신 달즉겸선천하(窮則獨善其身 達則兼善天下)

Über den Tellerrand schauen(접시의 가장자리 너머를 보아라)

(2) 아호 및 법명

아호; 가산(佳山) 동하재(東河齋), 허정(虛靜), 무우락(無憂樂), 송천(松泉),

　　　 동욱(東昱), 심석(心石), 청관우(淸冠牛), 소호(笑虎), 수려(秀麗) 등

법명: 경월(鏡月), 청운거사(靑雲居士)

다. 학력

1965.　3. ~ 1970.　8. 서울 신중초등학교 입학

1970.　9. ~ 1971.　2. 서울 공덕초등학교 졸업

1971.　3. ~ 1974.　2. 배재중학교 졸업

1974.　3. ~ 1977.　2. 명지고등학교 졸업

1977.　3. ~ 1981.　2. 경희대학교 법과대학 법학과 졸업(법학사)

1981.　3. ~ 1983.　2. 경희대학교 대학원 법학과 수료

1983.　3. ~ 1985.　2. 서울대학교 대학원 법학과 졸업(법학석사)

1990.　3. ~ 1992.　8. 서울대학교 대학원 박사과정 수료

1992.　8. ~ 1994. 12. 독일 만하임대학교 대학원 법학박사(Dr. iur.)

라. 상훈 등

- 육군 제2군사령부 헌병대장 표창(1989.7.)

- 법제처장 표창(우수공무원)(1995.12.)

- 국회 사무총장 (국회입법지원위원) 감사패(2008.3.)

- 한국연구재단 우수논문지원사업 선정(2013.9.)

- 전북대총장 표창(10년근속)(2015.10.)

- 한국불교문학 시부문 신인상 수상(2020.6.)

- 인사혁신처장(중앙징계위원회위원) 감사패(2022.12.)

- 대한민국 옥조근정훈장 수훈(2024. 8)

2. 학교관련

가. 전북대 관련

2005.　4. ~ 2024.　8.	전북대학교 법과대학, 법학전문대학원 부교수·교수
2006.　0. ~ 2007.　0.	전북대학교 혁신위원회 위원
2007.　3. ~ 2009.　2.	전북대학교 법학연구소 소장
2007.　3. ~ 2010.　2.	전북대학교 법학연구소 부설 법률지원센터 상담·구조위원
2008.　8. ~ 2008.　2.	전북대학교 로스쿨 설치 추진단 위원
2009.　2. ~ 2010.　2.	전북대학교 법과대학 법학과장
2014.　9. ~ 2016.　8.	전북대학교 교수회 평의원 (교무연구분과 위원장)
2014. 11. ~ 2016. 11.	전북대학교 연구진실성위원회 위원
2015.　4. ~ 2017.　4.	전북대학교 학사운영위원회 위원
2015.　9. ~ 2015. 12.	전북대학교 교수회 이경호교수 해임 진상조사위원회 위원
2017.　6. ~ 2017.　9.	전북대학교 교수회 총장선거제도연구위원회 위원
2018.　2. ~ 2018.　3.	전북대학교 교수회 대학평의원회 대책특별위원회 위원
2018.　5. ~ 2018.　6.	전북대학교 대학평의원회 TF위원
2024.　9. ~	전북대학교 법학전문대학원 명예교수

나. 경희대 관련

1996. 9. ~ 2001. 10.	경희대학교 법과대학 조교수, 부교수
1996. 3. ~ 1996. 8.	경희대학교 법과대학 시간강사
1997. 3. ~ 1999. 2.	경희대학교 법과대학 고시반 고시지도위원
1997. 3. ~ 1999. 2.	경희대학교 국제법무대학원 국제조세법무학과 주임교수(학과장)
1999. 3. ~ 2000. 2.	경희대학교 법학부 국제법무학전공 지도교수(학과장)
2000. 3. ~ 2001. 2.	경희대학교 법과대학 고시반 고시지도위원
2001. 1. ~ 2001. 1.	경희대학교 세계교육문화기행(10박 11일)-독일, 인솔지도교수
2001. 5. ~ 2001. 10.	경희대학교 법률자문교수(행정법담당)
2004. 9. ~ 2005. 2.	경희대학교 일반대학원 시간강사

다. 기타 대학 관련

1995. 9. ~ 1995. 12.	아주대학교 법학과 강사(헌법)
2002. 3. ~ 2005. 2 .	연세대학교 강사(스포츠정책과 법)
2003. 3. ~ 2003. 12.	한림대학교 겸임교수(행정법)
2024. 3. ~ 2024. 8.	세종대학교 법학과 객원교수(행정법)

3. 대외경력

가. 법조실무경력

1984. 10. ~ 1984. 10.	제26회 사법시험 합격
1985. 3. ~ 1987. 2.	사법연수원 제16기 수료
1987. 6. ~ 1990. 1.	육군 제2군사령부 수사장교
1990. 4. ~ 1996. 8.	법제처 법제관실 사무관, 사회문화행정심판담당관
1992. 7. ~ 1995. 1.	독일 막스플랑크공법연구소 객원연구원
1996. 9. ~	대한변호사협회 변호사 등록(제4892호)
1996. 10. ~ 2001. 12.	서울지방변호사회 무료법률상담위원
2001. 11. ~ 2002. 2.	법무법인 수호 구성원 변호사
2004. 1. ~ 2005. 3.	헌법재판소 국선대리인
2002. 3. ~ 2005. 3.	법무법인 아람 구성원 변호사
2002. 8. ~	대한변리사회 변리사 등록(제2368호)
2002. 4. ~ 2004. 12.	전국사립대학교수협의회 연합회 고문변호사

2003. 5. ~ 2003. 12.	서울특별시 서대문구 무료법률상담위원
2004. 1. ~ 2006. 1.	서울특별시 광진구 법률고문
2004. 3. ~ 2005. 3.	한세대학교 법률고문
2004. 1. ~ 2004. 12.	서울중앙지방법원 국선변호인
2004. 1. ~ 2004. 12.	서울지방변호사회 제소전화해 담당변호사
2003. 11. ~ 2005. 3.	한국자동차경주협회 고문변호사
2024. 7. ~	대한변호사협회 '법치주의 위기대응 TF' 위원
2024. 9. ~	S&L Partners 파트너 변호사, 입법지원센터장

나. 학술단체 경력

1990. 9. ~ 2002. 12.	행정법이론실무학회 정회원
1991. 8. ~ 2024. 12.	한국행정판례연구회 정회원, 운영이사, 연구이사, 편집위원
1992. 7. ~ 1995. 1.	독일 하이델베르크 막스플랑크 외국공법 및 국제법 연구소
2000. 3. ~ 2002. 2.	한국스포츠법학회 연구이사
2001. 1. ~ 2003. 1.	한독사회과학회 이사
2002. 2. ~ 2004. 2.	한국스포츠법학회 감사
2002. 10. ~ 2003. 10.	행정법이론실무학회 제14대 회장
2004. 4. ~ 2004. 5.	제6회 동아시아행정법학회 한국대회 조직위원회 상임위원
2004. 8. ~ 2006. 7.	한국유럽행정학회 이사
2005. 4. ~ 2007. 12.	한국경찰발전연구학회 부회장
2004. 4. ~ 2023. 4.	한국스포츠엔터테인먼트법학회 부회장
2008. 1. ~ 2008. 12.	한국자치경찰학회 감사
2008. 5. ~ 2008. 5.	제8회 동아시아행정법학회(대만 개최) 주제발표
2008. 6. ~ 2024. 8.	리걸타임즈 편집위원
2009. 5. ~ 2010. 5.	한국환경법학회 부회장
2009. 6. ~ 2012. 12.	한국국가법학회 학술이사
2009. 8. ~ 2015. 1.	한국조정학회 연구이사, 상임이사
2009. 8. ~ 2015. 12.	전국법학전문대학원실무가교수협회의 총무이사, 부회장
2009. 9. ~ 2009. 2.	2009년 아시아스포츠법학회 국제학술대회(일본 와세다대) 주제발표
2010. 3. ~ 2011. 3.	유럽헌법학회 부회장
2010. 4. ~ 2016. 4.	한국스포츠엔터테인먼트법학회 연구윤리위원회 위원장

2010. 7. ~ 2011. 6.	한국공법학회 부회장
2011. 6. ~ 2012. 6.	한국행정법학회 기획이사
2013. 1. ~ 2015. 12.	한국국가법학회 부회장
2013. 9. ~ 2023. 3.	동아시아행정법학회 이사
2014. 10. ~ 2016. 10.	한국행정법학회 부회장
2015. 10. ~ 2018. 12.	한국토지보상법연구회 부회장
2016. 2. ~ 2020. 2.	한국조정학회 부회장
2016. 5. ~ 2017. 2.	2017년 아시아스포츠법학회 준비위원회 위원장
2016. 11. ~ 2016. 11.	제3회 법률위험관리 국제학술대회(대만) 발표
2018. 1. ~ 2018. 2.	한국헌법학회 헌법개정연구위원회 위원
2019. 1. ~ 2020. 12.	한국법학교수회 부회장
2019. 1. ~ 2019. 12.	한국국가법학회 제24대 회장
2019. 1. ~ 2019. 10.	행정법이론실무학회 30주년 기념위원회 위원장
2020. 2. ~ 2022. 2.	한국조정학회 제3대 회장
2023. 1. ~ 2024. 12.	한국행정법학회 제7대 회장

다. 국가기관 및 기타 경력

1997. 7. ~ 1997. 8.	제6회 공인노무사 제2차시험 선정·채점위원(행정쟁송법)
1998. 7. ~ 1998. 8.	제7회 공인노무사 제2차시험 선정·채점위원(행정쟁송법)
1999. 7 ~ 1999. 8.	제8회 공인노무사 제2차시험 선정·채점위원(행정쟁송법)
1999. 7. ~ 2001. 7.	국회환경포럼 정책자문위원
2000. 1. ~ 2000. 2.	서울특별시교육청 5급 승진시험 출제위원(행정법)
2000. 4. ~ 2000. 5.	제34회 외무고등고시 제2차시험 시험위원(행정법)
2000. 6. ~ 2005. 4.	서울지방변호사회 서로축구단 부회장
2000. 6 ~ 2000. 7.	제11회 감정평가사 제1차시험 출제위원
2001. 2. ~ 2001. 2.	제17회 입법고시 제1차시험 검증위원
2001. 4 ~ 2001. 4.	2001년도 9급공무원 제1차시험 문제선정위원
2001. 6. ~ 2001. 6.	서울특별시교육청 7급교육행정직 선제위원(행정법)
2001. 6. ~ 2001. 7.	제12회 감정평가사 제1차시험 문제선정위원
2001. 8. ~ 2001. 8.	2001년도 7급공무원 공채 제1차시험 문제선정위원
2001. 11 ~ 2007. 12.	법제동우회 이사

2003. 1. ~ 2005. 1.   명지고등학교 제18회 동창회 회장

2003. 6. ~ 2004. 5.   명지중·고등학교 총동문회 법률위원장

2004. 3. ~ 2006. 3.   명지중·고등학교 총동문회 부회장

2004. 5. ~ 2008. 4.   경희대학교총동문회 제22대, 제23대 이사

2004. 8. ~ 2007. 8.   한국법제연구원 감사

2004. 11. ~ 2004. 11.   서울특별시 5급승진시험 행정법출제위원

2005. 3. ~ 2008. 2.   한국배구연맹 소청심사위원 및 상벌위원

2005. 3. ~ 2025. 3.   국회입법지원위원(제1기 ~ 제11기)

2005. 7. ~ 2005. 8.   제14회 공인노무사 제2차시험 선정·채점위원(행정쟁송법)

2005. 9. ~ 2009. 9.   국무총리실 정부업무평가실무위원회 위원

2006. 6. ~ 2006. 6.   제48회 사법시험 제2차시험 출제 및 채점 위원(행정법)

2006. 6. ~ 2008. 5.   한국스포츠중재위원회 중재인

2006. 7. ~ 2007. 7.   명지중·고등학교 총동문회 상임이사

2006. 4. ~ 2006. 4.   2006년도 9급공무원시험 제1차시험 문제선정위원

2006. 5. ~ 2006. 5.   대전광역시 지방공무원 문제 출제위원

2006. 6. ~ 2008. 6.   『경희법학』 편집위원회 위원

2006. 6 ~ 2009. 6.   『스포츠엔터테인먼트와 법』 편집위원회 위원

2006. 9. ~ 2008. 8.   『중앙법학』 편집위원회 위원

2006. 9 ~ 2008. 8.   『공법연구』 편집위원회 위원

2006. 11. ~ 2010. 10.   전라북도 교육소청심사위원회 위원 및 위원장

2006. 12. ~ 2006. 12.   광주광역시 지방공무원 임용시험 출제위원

2006. 12. ~ 2006. 12.   2006년도 5급 일반승진시험, 특채 및 전직 시험위원

2007. 3. ~ 2015. 2.   대한변호사협회 회지 『인권과 정의』 편집위원회 위원

2007. 4. ~ 2007. 4.   경상남도교육청 지방공무원 임용시험 출제위원

2007. 6.   2009. 6.   재단법인 한국기원 법률 자문위원

2007. 7. ~ 2007. 7.   경기도 지방공무원 임용시험 출제위원

2007. 7.   2008. 7.   법무부·대한변호사협회 법교육 출장강사

2007. 8 ~ 2007. 8.   중앙인사위원회 7급 공채 시험 출제위원(행정법)

2007. 8. ~ 2011. 8.   법제처 법령해석심의위원회 위원

2007. 11. ~ 2007. 11.   제51회 행정고시 제3차시험 위원

2008. 4. ~ 2008. 4.   제45회 세무사자격 제1차시험 문제선정·검토위원

2008. 6. ~ 2008. 6.	제50회 사법시험 제2차시험 출제 및 채점위원(행정법)
2008. 6. ~ 2009. 5.	경희대학교총동문회 제24대 이사
2008. 12. ~ 2008. 12.	경기도 지방공무원 임용시험 출제위원
2009. 3. ~ 2015. 2.	과천발전자문위원회 위원
2009. 6. ~ 2009. 6.	제53회 행정고시 일반행정직 제2차시험 출제 및 채점위원(행정법)
2009. 11. ~ 2009. 11.	제51회 사법시험 제3차시험 위원
2010. 1. ~ 2012. 1.	대한변호사협회 헌법개정연구위원회 위원
2009. 1. ~ 2017. 7.	대한변호사협회 전문분야등록심사위원회 위원
2010. 3. ~ 2020. 3.	대한변호사협회 전문분야 등록변호사(스포츠법, 행정법)
2010. 11. ~ 2010. 11.	제52회 사법시험 제3차시험 위원
2011. 3. ~ 2013. 2.	법제처 국민법제관
2011. 5. ~ 2013. 5.	과천발전자문위원회 위원
2011. 6. ~ 2011. 6.	제53회 사법시험 제2차시험 출제 및 채점위원(행정법)
2011. 4 ~ 2011. 7.	법전협 제1회 변호사 모의시험 출제위원(공법)
2011. 12. ~ 2013. 2.	대한변호사협회 연수원운영위원회 위원
2012. 1. ~ 2012. 1.	제1회 변호사시험 출제 및 채점위원(공법기록형)
2012. 11. ~ 2012. 11.	제54회 사법시험 제3차시험 위원
2013. 11. ~ 2013. 11.	2013년 국가직(5급) 면접위원
2014. 1. ~ 2014. 1.	제3회 변호사시험 출제 및 채점위원(공법사례형)
2014. 3. ~ 2018. 2.	서울지방변호사회 변호사연수원 연구위원
2014. 5. ~ 2016. 5.	법제처 법제자문관
2014. 7. ~ 2018. 10.	과천시 규제개혁위원회 위원
2014. 8. ~ 2020. 8.	『일감부동산법학』 편집위원
2014. 10. ~ 2014. 10.	제1회 대검찰청 전직시험 출제위원
2014. 12. ~ 2015. 8.	법전협 2015년 제1, 2차 변호사 모의시험 출제위원(공법)
2015. 1. ~ 2015. 1.	제4회 변호사시험 출제 및 채점위원(공법선택형)
2015. 1. ~ 2016. 12.	과천시 서울대학교 유치자문위원회 위원
2015. 1. ~ 2020. 12.	과천미래비전자문위원회(행정분과) 위원
2015. 4. ~ 2017. 2.	서울지방변호사회 자치법규평가 TF팀 위원
2015. 6. ~ 2019. 6.	국민체육진흥공단 계약제도 개선위원회 위원
2015. 8. ~ 2015. 8.	제24회 공인노무사 제2차시험 행정쟁송법 출제 및 채점위원

2015. 10. ~ 2015. 10.	제2회 대검찰청 전직시험 출제위원
2015. 11. ~ 2016. 11.	서울지방변호사회 편집위원회 위원
2015. 12. ~ 2021. 2.	대한변호사협회 법제위원회 위원
2015. 12. ~ 2017. 12.	헌법재판소 제도개선위원회 위원
2016. 1. ~ 2018. 1.	『스포츠엔터테인먼트와 법』 편집위원장
2016. 2. ~ 2017. 2.	서울지방변호사회 법제연구원 부원장(비상근)
2016. 2. ~ 2024. 2.	법제처 『법제』 편집위원회 위원, 위원장
2016. 2. ~ 2018. 2.	서울지방변호사회 자치법규 평가특별위원회 위원
2016. 2. ~ 2018. 1.	과천시 정보공개심의위원회 위원
2016. 3. ~ 2016. 10.	대한변호사협회 법제연구원 책임연구위원
2016. 5. ~ 2020. 5.	서울행정법원 시민사법위원회 위원
2016. 7. ~ 2016. 7.	중앙소방학교 지방소방위 승진시험 출제위원
2016. 7. ~ 2016. 7.	제27회 감정평가사시험 제2차시험 출제 및 채점위원
2016. 7. ~ 2016. 7.	법전협 2016년 제2, 3차 변호사 모의시험 출제위원(공법)
2016. 9. ~ 2018. 8.	대전지방법원 헌법행정재판연구회 자문위원
2016. 10. ~ 2016. 10.	2016년 국가직(5급) 면접위원
2016. 10. ~ 2016. 10.	제3회 대검찰청 전직시험 출제위원
2016. 11. ~ 2016. 11.	제3회 법률위험관리 국제학술대회(대만) 발표
2016. 12. ~ 2019. 11.	국무총리 소속 중앙징계위원회 위원
2016. 12. ~ 2017. 1.	제23기 소방간부후보생 선발필기시험 출제위원
2017. 1. ~ 2017. 1.	제6회 변호사시험 출제 및 채점위원(공법기록형)
2017. 2. ~ 2017. 6.	대한체육회 미래기획위원회(제2기) 위원
2017. 3. ~ 2025. 2.	대한변호사협회 회지 『인권과 정의 』 편집위원회 위원
2017. 4. ~ 2022. 12.	인사혁신처 중앙징계위원회 위원
2017. 6. ~ 2017. 11.	법전협 2017년 제2차 변호사 모의시험 채점 위원(공법)
2017. 8. ~ 2019. 8.	과천시 폐기물처리시설 설치기금 기금운용심의위원회 위원
2017. 8. ~ 2017. 8.	제5회 행정사 2차시험 출제 및 채점위원
2017. 9. ~ 2017. 9.	2017년 국가직 5급 일반승진시험 행정법 출제위원
2017. 9. ~ 2019. 9.	헌법재판소 헌법 및 헌법재판제도 연구위원회 위원
2017. 11. ~ 2017. 11.	제59회 사법시험 제3차시험 위원
2018. 1. ~ 2018. 2.	한국헌법학회 헌법개정연구위원회 위원

2018. 2. ~ 2018. 2.	법전협 2018년 제2,3차 변호사 모의시험 출제위원(공법)
2018. 2. ~ 2024. 8.	『행정판례연구』 편집위원회 위원
2018. 11. ~ 2020. 11.	국민권익위원회 소속 중앙행정심판위원회 행정심판사건 자문위원
2019. 1. ~ 2019. 1.	제8회 변호사시험 출제 및 채점위원(공법기록형)
2019. 7. ~ 2019. 7.	제35회 입법고시 제3차시험 위원
2019. 11. ~ 2021. 11.	과천시 분양가심사위원회 위원
2020. 1. ~ 2020. 1.	2020년 소방공무원 채용시험 출제위원
2020. 2. ~ 2020. 10.	법전협 2020년 제2, 3차 변호사 모의시험 출제 및 채점위원(공법)
2020. 3. ~ 2022. 3.	국민권익위원회 비위면직자등취업제한 자문위원회 위원
2020. 5. ~ 2021. 5.	새만금개발청 공적심사위원회 위원
2020. 6.	시인 등단 (『한국불교문학』 신인상 수상)
2020. 8. ~ 2026. 8.	한국의료분쟁조정중재원 비상임조정위원
2020. 9. ~ 2020. 10.	제8회 행정사 제2차시험 출제 및 채점위원
2020. 10. ~ 2022. 10.	새만금개발청 보통고충심사위원회 위원
2020. 10. ~ 2022. 10.	국립생태원 규제입증위원회 위원
2020. 10. ~ 2024. 9.	과천시 출자출연기관 운영심의위원회 위원
2021. 1. ~ 2021. 2.	제10회 변호사시험 채점위원(공법)
2021. 3. ~ 2025. 2.	대한변호사협회 법제위원회 위원(공법검토소위원회 위원장)
2021. 5. ~ 2021. 5.	제9회 행정사 제1차시험 출제위원
2022. 2. ~ 2025. 2.	완주소방서 징계위원회 위원
2022. 2. ~ 2024. 2.	한국농업기술진흥원(농업기술실용화재단) 정보공개심의위원회 위원
2022. 4. ~ 2024. 3.	국민권익위원회 반부패규범자문단 자문위원
2022. 6. ~ 2022. 11.	법전협 2022년 제3차 변호사 모의시험(공법기록형) 공동채점위원
2022. 10. ~ 2024. 10.	중부지방산림청 청원심의회 위원
2022. 12. ~ 2024. 12.	중부지방산림청 정보공개심의위원회 위원
2023. 2. ~ 2023. 2.	국회사무처 제21회 8급 공개경쟁채용시험 출제위원(행정법)
2023. 2. ~ 2025. 2.	완주소방서 고충심사위원회 위원
2023. 3. ~ 2024. 12.	『한국불교문학』 편집위원회 위원
2023. 3. ~ 2026. 3.	감사원 적극행정면책자문위원회 위원
2023. 5. ~ 2025. 5.	지방자치인재개발원 정보공개심의위원회 위원
2023. 6. ~ 2023. 11.	법전협 2023년 제2차 변호사 모의시험 채점위원(공법)

2023. 8. ~ 2026. 8.	한국도평방지위원회 자문단 자문위원
2023. 7. ~ 2025. 6.	서울특별시 강서구 사회적경제위원회 위원
2023. 7. ~ 2025. 7.	한국공무원 불자연합회 부회장
2023. 10. ~ 2024. 10.	국민권익위원회 「행정심판통합자문단」 총괄분과위원
2023. 11. ~ 2026. 11.	지방자치인재개발원 보통징계위원회 위원
2024. 2. ~ 2026. 2.	법제처 『법제』 편집위원회 위원장
2024. 4. ~ 2024. 4.	제40회 입법고시 제2차시험 출제위원(행정법)
2024. 6. ~ 2028. 6.	영산법률문화재단 이사

Ⅱ. 論著

1. 단행본(단독 및 공동)

- 행정계약에 관한 연구 -독일의 이론 및 제도를 중심으로-, 석사학위논문, 서울대학교 대학원 법학과(1985).

- 『Der Gesetzesvorbehalt bei der Leistungsverwaltung in Deutschland und Korea- am Beispiel der Wirtschaftsubventionen(한국과 독일에 있어서의 급부행정의 법률유보-경제보조금의 사례를 중심으로-)』, 독일 Mannheim대 박사학위 논문(1994).

- 『문답스포츠법』(2인 공역), 법영사(2002).

- 『행정판례평석』, 한국사법행정학회(2003).

- 『생활 속의 법-사례와 해설-』(공저), 학우(2005).

- 『재판실무연구(4) 행정소송』(공저), 한국사법행정학회(2008).

- 『법학전문대학원 판례교재 행정법』(4인 공저), 법문사(2009).

- 『스포츠엔터테인먼트법』(5인 공저), 법문사(2010).

- 『행정판례평선』(공저), 박영사(2011).

- 『법학전문대학원 판례교재 행정법 제2판』(4인 공저), 법문사(2011).

- 『법학전문대학원 판례교재 행정법 제3판』(4인 공저), 법문사(2014).

- 『기술과 법』(공저), 피데스(2016).

- 『행정조사의 사법적 통제방안 연구』(3인 공저), 박영사(2016).

- 『로스쿨 법학공부 방법론』(공저), 패스메이커(2017).

- 『법학전문대학원 판례교재 행정법 제4판』(4인 공저), 법문사(2018).

- 『행정법이론과 판례평석』, 박영사(2020).

- 『법학전문대학원 판례교재 행정법 제5판』(4인 공저), 법문사(2024).

- 김용섭교수 정년기념 문집 『직필과 객설』, ㈜법률신문사(2024).

- 佳山 김용섭교수 정년기념논문집 『한국행정법학의 새로운 방향』, 경인문화사(2024).

2. 연구논문

- "헌법과의 대립부분 없나 자원관리법과 기본권제한의 여부에 관한 소고", 경희대학교 대학주보(1982. 11. 22.).

- "지방교육자치에 관한 법률해설", 법제 통권 제339호(1991. 5.).

- "정치개혁입법과 전망- 권영성 발표문 공동번역", 공법연구 제23집 제1호, 한국공업학회(1995. 6.).

- "급부행정의 법률유보에 관한 연구, 법제연구, 제9호, 한국법제연구원(1995.12.).

- "독일의 행정심판에 관한 연구", 법제 통권 제461호, 법제처(1996.5.).

- "사회전체적 과제로서의 부정부패방지", 공법연구, 제24권 제3호, 한국공법학회(1996.7.).

- "운전면허취소·정지처분의 법적 성질 및 그 한계", 판례월보, 제311호, 판례월보사(1996.8.).

- "통일과 헌법적 논의- Gerd Roellecke 교수 발표논문 번역", 경희법학, 제31권 제1호, 경희대학교 법학연구소 (1996.12.).

- "소비자 보호를 위한 소송외적인 분쟁조정- Taupitz 교수 발표논문 번역", 한독법학 제13호, 한독법학회(1996.12.).

- "다른 행정청의 협력을 결한 행정행위(상)", 판례월보, 제316호, 판례월보사(1997.1.).

- "다른 행정청의 협력을 결한 행정행위(하)", 판례월보, 제317호, 판례월보사(1997.2.).

- "법규명령론의 재검토", 행정법연구 제1호, 행정법이론실무연구회(1997.8.).

- "공행정의 질-공법적 시각에서의 접근", 경희법학, 제32권 제1호, 경희대학교 경희법학연구소(1997.8.).

- "행정행위의 부관의 허용성", 판례월보, 제324호, 판례월보사(1997.9.).

- "행정입법과 그 통제- Gerd Roellecke 교수 발표논문 번역", 고황법학 제2권, 고황법학교수회(1997.10.).

- "위법한 부관에 대한 독립쟁송가능성과 쟁송취소가능성", 고시계, 고시계사(1997.10.).

- "행정행위의 하자승계론의 재검토(상)", 판례월보, 제330호, 판례월보사(1998.3.).

- "행정행위의 하자승계론의 재검토(하)", 판례월보, 제331호, 판례월보사(1998.4.).

- "행정행위의 부관에 관한 법리", 행정법연구, 제2호, 행정법이론실무연구회(1998.4.).

- "행정대집행과 그에 대한 권리구제", 고시계, 고시계사(1998.4.).

- "대통령령에 규정된 제재적 처분기준", 법정고시, 법정고시사(1998.8.).

- "하자승계론과 선행행정행위의 구속력론", 부동산고시, 부동산고시사(1998.8.).

- "행정심판의 재결의 관념", 고시연구, 고시연구사(1998.8.).

- "취소소송의 대상으로서의 행정심판의 재결", 행정법연구, 제3호, 행정법이론실무연구회(1998.10.).

- "법치행정의 원리에 관한 재검토", 경희법학, 제33권 제1호, 경희대학교 경희법학연구소(1998.12.).

- "한국의 법치행정의 재조명", 한국법학자대회논문집, 제1권, 한국법학교수회(1998.12.).

- "법규명령형식의 제재적 처분기준", 판례월보, 제340호, 판례월보사(1999.1.).

- "행정심판의 재결에 대한 취소소송", 법조, 제48권 제1호, 법조협회(1999.1.).

- "교원의 징계에 대한 권리구제와 재심결정의 기속력", 고시연구, 고시연구사(1999.4.).

- "대집행에 관한 법적 고찰", 행정법연구, 제4호, 행정법이론실무연구회(1999.4.).

- "행정행위의 통지와 권리구제기간", 고시연구, 고시연구사(1999.6.).

- "환경행정소송에 있어서의 원고적격", 고시연구, 고시연구사(1999.5.).

- "행정심판의 청구인적격에 관한 논의", 법제, 제500호, 법제처(1999.8.).

- "행정심판법 제9조 "법률상 이익"에 관한 고찰(상)", 고시연구, 고시연구사(1999.9.).

- "행정심판법 제9조 "법률상 이익"에 관한 고찰(하)", 고시연구, 고시연구사(1999.10.).

- "주관적 공권과 정치적 계획(Subjektive Rechte und politische Planung)- Gerd Roellecke 교수 논문 번역", 행정법연구, 제5호, 행정법이론실무연구회(1999.11.).

- "독일과 한국에 있어서의 통일과 헌법논의", 경희법학, 제34권 제1호, 경희대학교 경희법학연구소(1999.12.).

- "행정소송과 권력적 사실행위", 고시연구, 고시연구사(2000.1.).

- "행정법상 신고와 수리", 판례월보, 제352호, 판례월보사(2000.1.).

- "행정행위의 통지와 행정심판청구기간", 판례연구, 제13집, 서울지방변호사회(2000.1.).

- "스포츠 행정법의 현황과 과제", 스포츠와 법, 1권, 한국스포츠법학회(2000.2.).

- "행정상 사실행위의 법적 문제", 인권과 정의, 통권 283호, 대한변호사협회(2000.3.).

- "통치행위에 대한 사법적 통제", 고시연구, 고시연구사(2000.4.).

- "인터넷과 행정법상의 과제", 법제연구, 제18호, 한국법제연구원(2000.6.).

- "행정상 공표의 법적 문제", 인권과 정의, 대한변호사협회(2000.7.).

- "행정입법과 그에 대한 통제", 행정법연구, 제6호, 행정법이론실무연구회(2000.11.).

- "행정규칙의 법적 문제", 법률실무연구, 31집, 서울지방변호사회(2001.1.).

- "스포츠보조금의 법적 문제", 스포츠와 법, 제2권, 한국스포츠법학회(2001.2.).

- "경제행정법상 보조금", 고시계, 고시계사(2001.3.).

- "행정규칙의 대외적 구속력", 법조, 제50권 제3호, 법조협회(2001.3.).

- "내인가의 법적 문제", 청담최송화교수 화갑기념논문집 『현대공법학의 과제』, 청담최송화교수 화갑기념논문집 간행위원회(2001.5.).

- "통치행위의 재검토", 고황법학, 제3권, 고황법학교수회(2001.5.).

- "개발허가의 법적 성질", 토지공법연구, 제13권, 한국토지공법학회(2001.11.).

- "정보공개와 개인정보보호의 충돌과 조화", 공법연구, 제29권 제3호, 한국공법학회(2001.12.).

- "기속행위, 재량행위, 기속재량", 판례연구, 제15집 하, 서울지방변호사회(2001.12.).

- "행정재량의 체계적 지위", 고시계, 고시계사(2001.12.).

- "드래프트의 법적문제", 스포츠와 법, 제3권, 한국스포츠법학회(2002.3.).

- "취소판결의 기속력", 법조, 제51권 제10호, 법조협회(2002.10.).

- "거부처분에 관한 약간의 고찰", 고시연구, 고시연구사(2002.12.).

- "2003년 주요판례 분석 –행정법", 법률신문, ㈜법률신문사(2004.2.).

- "보조금교부결정취소를 둘러싼 법적 문제", Jurist, 408호, 청림인터렉티브(2004.9.).

- "행정입법에 대한 의회통제의 문제점 및 개선방안", 행정법연구, 제12호, 행정법이론실무연구회(2004.10.).

- "행정법상 분쟁해결수단으로서의 조정", 저스티스, 통권 81호, 한국법학원(2004.10.).

- "스포츠에이전트의 법적 과제", 스포츠와 법, 제6권, 한국스포츠법학회(2005.4.).

- "방송법상 공법적 제재수단의 문제점", 정보법학, 제9권 제1호, 한국정보법학회(2005.6.).

- "경륜경정법의 입법정책적 방향", 스포츠와 법, 제7권, 한국스포츠엔터테인먼트법학회(2005.10.).

- "스포츠법의 현황과 전망", 한림법학, 제16권, 한림대학교 법학연구소(2005.11.).

- "텔레비전 방송수신료에 관한 행정법적 논의", 인권과 정의, 통권 363호, 대한변호사협회(2006.1.).

- "재결의 기속력의 주관적 범위를 둘러싼 논의", 인권과 정의, 통권 343호, 대한변호사협회(2006.2.).

- "생활체육지도자 자격제도의 문제점과 개선방안", 중앙법학, 제8집 제4호, 중앙법학회(2006.12.).

- "제48회 사법시험 제2차시험 행정법 제2문 채점평", 고시계, 고시계사(2007.2.).

- "양벌규정의 문제점과 개선방안", 행정법연구, 제17호, 행정법이론실무학회(2007.5.).

- "바둑문화의 진흥을 위한 법정책적 과제", 스포츠와 법, 제10권 제3호, 한국스포츠엔터테인먼트법학회(2007.8.).

- "법학전문대학원에서의 송무교육과 법이론교육", 저스티스, 통권 99호, 한국법학원(2007.8.).

- "양벌규정의 입법유형에 관한 검토", 인권과 정의, 통권 375호, 대한변호사협회(2007.11.).

- "2007년 행정법 대법원판례동향", 인권과 정의, 통권 377호, 대한변호사협회(2008.1.).

- "행정소송전단계의 권리구제방법 및 절차", 저스티스, 통권 105호, 한국법학원(2008.8.).

- "바둑문화의 진흥을 위한 특법법 제정의 필요성과 입법방향", 행정법연구, 제22호, 행정법이론실무학회(2008.12.).

- "제50회 사법시험 제2차시험 행정법 제1문 채점평", 고시계, 고시계사(2009.1.).

- "스포츠법제의 현황과 과제", 인권과 정의, 통권 390호, 대한변호사협회(2009.2.).

- "2008년 행정법판례연구", 인권과 정의, 통권 391호, 대한변호사협회(2009.3.).

- "행정법상 일부취소", 행정법연구, 제23호, 행정법이론실무학회(2009.4.).

- "택지개발업무처리지침위반과 영업소폐쇄명령의 적법성", 행정판례연구 14, 한국행정판례연구회(2009.6.).

- "국민체육진흥법의 개정방향", 스포츠와 법, 제12권 제3호, 한국스포츠엔터테인먼트법학회(2009.8.).

- "2009년 행정법 중요판례", 인권과 정의, 통권 391호, 대한변호사협회(2010.2.).

- "스포츠단체의 통합논의와 국민생활체육회의 법정법인화 문제", 스포츠와 법, 제13권 제1호, 한국스포츠엔터테인먼트법학회(2010.2.).

- "도핑규제의 법적 문제", 저스티스, 통권 115호, 한국법학원(2010.2.).

- "행정심판위원회 제도의 현황과 과제", 원광법학, 제26권 제1호, 원광대학교 법학연구소(2010.3.).

- "서원우 -한국행정법학계의 가교"- 윤용택 교수 논문 번역, 행정법연구, 제26호, 행정법이론실무학회(2010.4.).

- "부당결부금지원칙과 부관", 행정판례연구, 한국행정판례연구회(2010.12.).

- "독일과 일본에서의 MDP 논의", 인권과 정의, 통권 412호, 대한변호사협회(2010.12.).

- "법학전문대학원에서의 법학교육과 법조양성시스템 중간점검", 저스티스, 통권 120호, 한국법학원(2010.12.).

- "대중골프장병설의무제도와 조성비예치제도에 관한 공법적 검토", 스포츠와 법, 제14권 제1호, 한국스포츠엔터테인

먼트법학회(2011.2.).

- “2010년 행정법 중요판례”, 인권과 정의, 통권 415호, 대한변호사협회(2011.3.).

- “로스쿨에서의 행정법 교육의 현황과 과제”, 행정법학, 제1호, 한국행정법학회(2011.9.).

- “전파법상 전파의 개념과 법적 성질”, 중앙법학, 제13권 제3호, 중앙법학회(2011.9.).

- “위법한 부관에 대한 행정소송”, 인권과 정의, 통권 423호, 대한변호사협회(2012.2.).

- “제53회 사법시험 제2차시험 행정법 제2문 채점평”, 고시계, 고시계사(2012.2.).

- “2011년 행정법 중요판례”, 인권과 정의, 통권 424호, 대한변호사협회(2012.3.).

- “법적 근거가 없음에도 공행정을 정당화하는 행정판례에 대한 비판적 검토”, 행정판례연구, 제17권 제1호, 한국행
  정판례연구회(2012.6.).

- “국회법상 행정입법검토제도의 현황과 법정책적 과제”, 행정법연구, 제33호, 행정법이론실무학회(2012.8.).

- “변호사시험공법기록형 문제의 바람직한 출제방향”, 법학연구, 통권 73호, 부산대학교 법학연구소(2012.8.).

- “법조직역 진출의 관점에서 본 법실무교육의 내실화와 지향점”, 인권과 정의, 통권 428호, 대한변호사협회
  (2012.9.).

- “검사의 불기소처분기록에 대한 정보비공개의 범위”, 대한변호사협회신문(2012.10.).

- “원격평생교육시설 신고 및 그 수리거부”, 행정판례연구, 제17권 제2호, 한국행정판례연구회(2012.12.).

- “환경행정소송의 원고적격에 관한 논의”, 환경법연구, 제34권 제3호, 한국환경법학회(2012.12.).

- “2012년 행정법중요판례”, 인권과 정의, 통권 432호, 대한변호사협회(2013.3.).

- “검사의 불기소사건기록에 대한 정보공개를 둘러싼 법적 쟁점”, 행정법연구, 제35호, 행정법이론실무학회(2013.4.).

- “위헌법률에 근거한 과세처분의 집행 허용여부”, 대한변호사협회신문(2013.4.).

- “2013년(제55회) 사법시험 출제경향분석과 강평 및 모범답안”, 고시계, 고시계사(2013.8.).

- “바둑진흥에 관한 법률의 제정 필요성과 입법방향-이인제 의원 대표발의 바둑진흥법안을 중심으로-”, 대동 연기영
  교수 화갑기념논문집『스포츠法學의 새로운 地平』, 대동 연기영교수 화갑기념논문집 간행위원회(2013.10.).

- “학교스포츠 경기지원체계에 관한 연구”, 스포츠와 법, 제16권 제4호, 한국스포츠엔터테인먼트법학회(2013.11.).

- “로스쿨에서의 실무역량강화를 위한 커리큘럼(교육과정)의 개선과제”, 법학논집, 제18권 제2호, 이화여자대학교 법
  학연구소(2013.12.).

- “2013년 행정법중요판례”, 인권과 정의, 통권 440호, 대한변호사협회(2014.3.).

- “2013년도 행정법중요판례”, 고시계, 고시계사(2014.4.)

- “변호사시험 합격자 결정방법의 현황과 과제”, 저스티스, 통권 142호, 한국법학원(2014.6.).

- “선박안전 및 재난관리에 관한 법정책적 검토”, 인권과 정의, 통권 442호, 대한변호사협회(2014.6.).

- “행정입법에 대한 법원의 사법통제를 둘러싼 논의”, 행정법연구, 제39호, 행정법이론실무학회(2014.7.).

- “의무이행소송의 바람직한 도입방향-거부처분취소소송 및 부작위위법확인소송과의 관계정립을 중심으로”, 행정법

• 학, 제7호, 한국행정법학회(2014.9.).

• "독립유공자법적용배제결정처분취소소송에 있어 선행처분의 위법성 승계", 행정판례연구, 제19권 제2호, 한국행정판례연구회(2014.12.).

• "2014년 행정법 중요판례", 인권과 정의, 통권 448호, 대한변호사협회(2015.3.).

• "제5회 변호사시험 대비 기록형 모의문제(1) - 공법", 고시계, 고시계사(2015.5.).

• "변리사의 소송대리인 자격제도에 관한 법정책적 논의", 영남법학, 제40집, 영남대학교 법학연구소(2015.6.).

• "개별법상 이의신청제도의 현황분석과 입법적 개선과제 : 이의신청 등과 행정심판의 관계정립을 중심으로", 행정법연구, 제42호, 행정법이론실무학회(2015.7.).

• "법규개념과 행정규칙 -목촌 김도창 박사의 학문세계 및 이론체계를 중심으로-", 공법연구, 제44집 제1호, 한국공법학회(2015.10.).

• "교육, 문화 및 스포츠의 글로벌 법적 이슈에 관한 고찰", 스포츠엔터테인먼트와 법, 제18권 제4호, 한국스포츠엔터테인먼트법학회(2015.11.).

• "정현 박윤흔 박사의 행정법학 -관료와 학자의 병행적 삶 속에서 꽃피운 실용학문", 공법연구, 제44집 제2호, 한국공법학회(2015.12.).

• "지방자치단체의 조례에 대한 적법성 평가 -서울특별시 문화재 보호조례의 문제점에 대한 분석 평가를 겸하여", 행정법연구, 제44호, 행정법이론실무학회(2016.2.).

• "변호사시험 예비시험제도 도입의 문제점 -제3의 대안모색을 겸하여-", 저스티스, 통권 153호 ", 한국법학원(2016.4.).

• "재난 및 안전관리 법제의 현황과 법정책적 과제", 행정법연구, 제45호, 행정법이론실무학회(2016.6.).

• "국제스포츠중재재판소(CAS)를 통한 분쟁해결과 불복절차", 스포츠엔터테인먼트와 법, 제19권 제3호, 한국스포츠엔터테인먼트법학회(2016.11.).

• "독립유공자 서훈취소의 법적 쟁점", 행정판례연구, 22권 제2호, 한국행정판례연구회(2016.12.).

• "민간조정의 활성화를 위한 입법적 과제 -독일과 일본의 법제도와 시사점을 중심으로-", 저스티스, 통권 157호, 한국법학원(2016.12.).

• "국가적 차원의 바둑진흥의 입법적 방안 -조훈현 의원 대표발의 바둑진흥법안을 중심으로-", 스포츠엔터테인먼트와 법, 제20권 제2호, 한국스포츠엔터테인먼트법학회(2017.2.).

• "지진재해대책법제의 현황과 개선과제", 행정법학, 제12호, 한국행정법학회"(2017.3.).

• "행정조사 및 행정절차의 법적 문제", 행정판례연구, 제22권 제1호, 한국행정판례연구회(2017.6.).

• "UNESCO 문화다양성 협약을 둘러싼 법적 문제", 행정법연구, 제51호, 행정법이론실무학회(2017.12.).

• "조정의 활성화를 위한 조정인의 교육과 역량", 조정마당 열린대화, 제9호, 서울중앙지방법원 조정 위원협의회(2017.12.).

- "헌법 제119조 경제질서와 경제민주화에 관한 법적 쟁점 -경제헌법조항의 개정논의를 겸하여-", 법학연구, 통권 55집, 전북대학교 법학연구소(2018.2.).
- "헌법상 재산권보장조항의 공법적 쟁점 및 개헌방향", 한양법학, 제29권 제1집(통권 제61집), 한양법학회(2018.2.).
- "2017년 행정법(I) 중요판례", 인권과 정의, 통권 472호, 대한변호사협회(2018.3.).
- "국회법 제98조의2 제3항의 개정안을 둘러싼 공법적 쟁점 및 대통령의 법률안 거부권 행사의 정당성 여부", 『청강 류지태선생 10주기 기념 현대 행정법의 이해』, 박영사(2018.3.).
- "서울특별시 자치헌장조례에 대한 법적 검토", 행정법연구, 제53호, 행정법이론실무학회(2018.5.).
- "법치주의 관점에서 살펴본 지방분권개헌 논의", 공법연구, 제46집 제4호, 한국공법학회(2018.7.).
- "2018년 행정법(I) 중요판례평석", 인권과 정의, 통권 480호, 대한변호사협회(2019.3.).
- "대법원장 상설자문기구 사법행정자문회의 설치의 타당성", 인권과 정의, 통권 483호, 대한변호사협회(2019.8.).
- "행정법이론실무학회 30년 약사", 『행정법이론실무학회 30년사』, 행정법이론실무학회(2019.10.).
- "사법권의 독립과 사법행정상 직무감독간의 긴장관계", 인권과 정의, 통권 486호, 대한변호사협회(2019.12.).
- "행정법이론실무학회 약사", 행정법연구, 제60호, 행정법이론실무학회(2020.2.).
- "2019년 행정법(I) 중요판례평석", 인권과 정의, 통권 488호, 대한변호사협회(2020.3.).
- "법무담당관 제도의 활성화와 과제", 서울법학, 제28권 제1호, 서울시립대학교 법학연구소(2020.5.).
- "국토계획법상 실시계획 인가의 법적 성질 및 사법통제의 방법과 한계", 행정판례연구, 제25권 제1호, 한국행정판례연구회(2020.6.).
- "행정기본법안의 적극행정조항에 관한 비판적 논의", 인권과 정의, 통권 481호, 대한변호사협회(2020.8.).
- "독일의 변호사양성제도와 시사점", 인권과 정의, 통권 492호, 대한변호사협회(2020.9.).
- "2020년 행정법(I) 중요판례평석", 인권과 정의, 통권 496호, 대한변호사협회(2021.3.).
- "행정기본법의 법체계상 문제점과 일부조항의 입법개선과제", 경희법학, 제56권 제1호, 경희대학교 경희법학연구소(2021.3.31.).
- "변호사시험 성적과 법조직역 진출 -간판중심에서 실력을 존중하는 공정사회로-", 대한변협신문, 대한변호사협회(2021.6.14.).
- "한국행정법학회 10년의 회고와 과제 -청담(晴潭) 최송화 초대 회장 3주기를 추념하며- ", 행정법연구, 제65호, 행정법이론실무학회(2021.8.31.).
- "한국행정법학회의 학술활동 성과분석 및 행정기본법 제정이후 전망 행정법학", 제21호, 한국행정법학회(2021.9.).
- "공무원의 개념과 구분 및 공무원법의 체계", 법학논집, 제26권 제1호, 이화여자대학교 법학연구소(2021.9.30.).
- "공무원법의 제문제", 국가법연구, 제17집 제3호, 한국국가법학회(2021.10.31.).
- "공무원 근무관계의 법적 성질 -특별권력관계론의 청산과제-", 법률신문, ㈜법률신문사(2021.11.4.).
- "변호사법 제109조와 민간조정 활성화를 위한 입법과제", 인권과 정의. 통권 502호. 대한변호사협회(2021.12.1.).

- "2021년 행정법(1) 중요판례평석", 인권과 정의. 통권 504호. 대한변호사협회(2022.3.1.).

- "조정제도에 관한 행정법적 쟁점", 인권과 정의. 통권 506호. 대한변호사협회(2022.6.1.).

- "상고제도의 합리적 개선방향", 동북아법연구. 제16권 제2호. 전북대학교 동북아법연구소(2022.7.31.).

- "특허심판과 특허소송의 관계 재정립에 관한 논의", 인권과 정의. 통권 510호. 대한변호사협회(2022.12.1.).

- "ADR에서 혼합적(hybrid) 방식의 활용방안", 법률신문. ㈜법률신문사(2022.12.21.).

- "2022년 행정법(1) 중요판례평석", 인권과 정의. 통권 512호. 대한변호사협회(2023.3.1.).

- "행정쟁송에서 집행정지의 종기를 둘러싼 법적 쟁점", 법률신문. ㈜법률신문사(2023.2.16.).

- "조정제도의 혁신을 위한 법정책적 과제", 행정법학, 제24호, 한국행정법학회(2023.3.31.).

- "스포츠 반도핑(Anti~Doping) 중재기구의 설립 필요성과 법제화 방안", 인권과 정의. 통권 518호. 대한변호사협회
  (2023.12.1.).

- "2023년 행정법(I) 중요판례평석", 인권과 정의. 통권 520호. 대한변호사협회(2024.3.1.).

- "시행규칙의 법규명령성에 관한 행정법이론 및 판례분석", 인권과 정의. 통권 523호. 대한변호사협회(2024.8.1.).

3. 시론, 법률칼럼, 좌담회 등

- 나의 독일유학기, 법제, 법제처(1995.5.).

- "만하임의 무지개- 사시합격생의 독일유학기", 고시연구, 고시연구사(1995.6.).

- "따로 주문- 따로 계산 필요", 조선일보, 조선일보사(1996.1.9.).

- "잘못된 관행을 고쳐야", 조선일보, 조선일보사(1996.1.15.).

- "국기 관련 법령 정비할 때", 문화일보, 문화일보사(1996.1.25.).

- "국기에 대한 맹세는 없애는 것이 좋다", 법률신문, ㈜법률신문사(1996.1.29.).

- "또 다른 선택, 행정법률가의 길", 사법연수 제18호(1996.5.).

- "사시합격자의 행정부처 진출", 고시계, 고시계사(1996.7.).

- "공무원의 골프금지조치 조속히 해제해야 ", 법률신문, ㈜법률신문사(1996.11.4.).

- "권력형 비리수사 계속 제자리인가 ", 경희대학교 대학주보(1997.2.24.).

- [세계시론] "증언거부 정당한가", 세계일보, ㈜세계일보(1997.4.11.).

- "사회적 약자 외면한 헌법재판소", 경희대학교 대학원보(1997.9.9.).

- "안기부법 개정에 보내는 고언", 경희대학교 대학원보(1998.5.4.).

- "무계획 고속철도 사업의 대안모색", 경희대학교 대학주보(1999.6.8.).

- "부패방지법, 고착화된 제도, 관행을 넘을 것인가", 경희대학교 대학주보(1998.9.28.).

- "병역비리 근절을 위한 몇가지 해법", 경희대학교 대학원보(1999.6.8.).

- [칼럼] "스포츠와 법", 고시정보신문 제77호(1999).

- [칼럼] "지식정보사회에 있어서의 인터넷", 고시정보신문(2000.4.7.).

- "스포츠는 인생축소판", 경희대학교 대학원보(2000.10.11.).

- "법조시장의 현주소와 미래전망", 법률저널 창간4주년기념(2002.5.14.).

- [기획연재 인터뷰] "스포츠법률서비스", 법률저널(2002.12.3.).

- "스포츠 엔터테인먼트 시장의 발전과 법적 대응에 관한 특집좌담회", 쥬리스트(2004.5.).

- [특별기고] "스포츠법과 나", 대한변협신문 제110호, 대한변호사협회(2004.6.).

- [Lawyer 칼럼] "스포츠에이전트의 법적 과제", 리걸타임즈, ㈜리걸타임즈(2004.12.8.).

- "A basic way to solve illegal tapping", The Chonbuk Herald(2005.9.).

- "스포츠에이전트의 법적 과제", 사법연수 제31호(2006.11.).

- [토론문] "정부측 헌법개정시안에 관한 법적 검토", 전주지역개헌공개토론회자료집(2007.3.).

- [로스쿨 제언] "로스쿨 교육이 성공하려면", 교수신문, 교수신문사(2007.12.17.).

- [시론] "올바른 선거문화와 공직선거법", 인권과 정의, 통권 제380호, 대한변호사협회(2008.4.1.).

- [입법비평] "국민 권익 높이고 공무원 부패 방지", 국회보, 국회사무처(2008.5.6.).

- [토론문] "자치입법의 활성화를 위한 중앙정부의 역할", 지방자치법연구, 한국지방자치법학회(2008.12.20.).

- [포럼] "공직이 맑아야 시장이 밝아진다", 문화일보, ㈜문화일보(2008.12.30.).

- [토론문] "법학전문대학원 공법교육에서의 이론교육과 실무교육의 조화", 서강법학, 서강대학교 법학연구소(2008.12.31.).

- [특별인터뷰 : 전북대 김용섭 교수] "바둑특별법제정이 향후 중요과제", 월간 바둑, (재)한국기원(2009.1.).

- "법치주의의 정착 위기와 현실적인 과제- 이명박 정부 1년을 되돌아보며-", 인권과 정의, 통권 제392호, 대한변호사협회(2009.4.).

- [해석사례 해설] "전문공사와 그 부대공사를 함께 도급받은 경우, 그 공사는 전문공사를 시공하는 업종을 등록한 건설업자만 시공할 수 있는지에 관한 유권해석", 법제, 법제처(2009.10.).

- "스포츠단체의 통합논의와 국민생활체육회의 법정법인화 문제", 스포츠포럼21, 제45호, 스퍼츠포럼21(2010.1.).

- "법치주의 정착을 위한 법제도 선진화의 과제 ", 인권과 정의, 통권 제407호, 대한변호사협회(2010.7.).

- [토론문] "연예인의 프라이버시, 공적인가 사적인가", 국회입법조사처세미나자료집(2010.9.).

- [토론문] "공공정책갈등의 해결방안과 ADR의 기능", 저스티스, 통권 제121호, 한국법학원(2010.12.).

- [토론문] "새로운 법조인 양성교육의 올바른 방안모색을 위한 심포지엄", 서울지방변호사회(2011.10.).

- "로스쿨 출신 변호사시험 합격자에 대한 의무연수의 내실화와 지향점", 인권과 정의, 통권 제424호, 대한변호사협회(2012. 3.).

- [논쟁] "사법시험존치, 어떻게 보아야 하나", 중앙일보, ㈜중앙일보(2013.5.11.).

- "국회법 개정안에 대한 공법적 쟁점 및 대통령의 법률안 거부권 행사의 정당성", 리걸인사이트(2015.6.30.).

- [특집 좌담회] "로스쿨 시대에 있어 변호사 직역을 둘러싼 갈등과 그 해결과제의 모색", 인권과 정의, 통권 467호,

대한변호사협회(2017.8.).

- "법치역량 강화를 위한 법무담당관제도 활성화 방향", 법률신문, ㈜법률신문사(2017.8.).

- "조정의 활성화를 위한 조정인의 교육과 역량", 조정마당 열린 대화, 제9호, 서울중앙지방법원 조정위원협의회 (2017.12.).

- "조정(調停)제도 활성화를 위한 입법적 과제", 법률방송뉴스, 법률방송(2021.1.19.).

- [자유기고] "변호사시험 성적과 법조직역 진출 -간판중심에서 실력을 존중하는 공정사회로-", 법조신문, 대한변호 사협회(2021.6.14.).

- [법조열전] "폴리매스형 법학자 玄民 유진오", 리걸타임즈, ㈜리걸타임즈(2021.8.1.).

- [법조열전] "하이브리드형 법률가 로스코 파운드", 리걸타임즈, ㈜리걸타임즈(2021.10.1.).

- [시론] "국회 세종의사당 설치법 통과 의미와 과제", 국민일보, ㈜국민일보사(2021.10.5.).

- [연구논단] "공무원 근무관계의 법적 성질 -특별권력관계론의 청산과제-", 법률신문, ㈜법률신문사(2021.11.4.).

- [법조열전] "한국행정법학계의 代父 김도창 박사", 리걸타임즈, ㈜리걸타임즈(2021.12.1.).

- [시론] "동물의 법적 지위 향상과 동물보호를 위한 법정책 과제", 인권과 정의, 통권 제502호, 대한변호사협회 (2021.12.1.).

- [서초포럼] "이유 없는 판결은 판결인가", 법률신문, ㈜법률신문사(2021.12.23.).

- [서초포럼] "대법관증원론", 법률신문, ㈜법률신문사(2022.1.17.).

- [법조열전] "한국법학계의 태산북두(泰山北斗) 고병국", 리걸타임즈, ㈜리걸타임즈(2022.2.1.).

- [서초포럼] "정권교체와 대통령직 인수위원회", 법률신문, ㈜법률신문사(2022.3.14.).

- [서초포럼] "국가정책의 조율장치 입법평가", 법률신문, ㈜법률신문사(2022.4.11.).

- [특집] "행정법과 조정(調停)제도", 인권과 정의. 통권 506호, 대한변호사협회(2022.6.1.).

- [법조광장] "대통령의 법률안 거부권", 법률신문, ㈜법률신문사(2022.6.29.).

- [법신논단] "행안부내에 경찰민주적 통제 위한 부서 필요", 법률신문, ㈜법률신문사(2022.7.4.).

- [시론] "행정입법에 대한 국회통제를 둘러싼 법적 논의", 고시계, 2022년 8월호, 고시계사(2022.7.26.).

- [법신논단] "재판지연과 입법대책", 법률신문, ㈜법률신문사(2022.8.15.).

- [법신논단] "조정인의 윤리와 역할", 법률신문, ㈜법률신문사(2022.9.5.).

- [법신논단] "특허심판의 임의전치채택 이상적 해결책인가", 법률신문, ㈜법률신문사(2022.10.6.).

- [법신논단] "정부위원회의 통합과 분산", 법률신문, ㈜법률신문사(2022.10.31.).

- [법조광장] "ADR에서 혼합적(hybrid) 방식의 활용방안", 법률신문, ㈜법률신문사(2022.12.21.).

- [법조광장] "한국상법학의 태두(泰斗) 서돈각 박사", 법률신문, ㈜법률신문사(2023.2.5.).

- [한국행정법학회 행정판례평석] "행정쟁송에서 집행정지의 종기를 둘러싼 법적 쟁점 ",법률신문, ㈜법률신문사 (2023.2.16.).

- [시론] "집행정지 제도 취지 흔드는 건보법개정안", 중앙일보, ㈜중앙일보(2023.4.26.).

4. 법과 인문학

- [김용섭 박사의 법과 인문학 단상] "제헌절 공휴일 지정, 헌법의 가치와 이념의 소중함 되새겨야", 뉴스퀘스트, ㈜넥스터스미디어(2023.7.13.).
- [김용섭 박사의 법과 인문학 단상] "스포츠 반도핑(Anti~doping) 중재기구의 설립 필요성", 뉴스퀘스트, ㈜넥스터스미디어(2023.8.14.).
- [김용섭 박사의 법과 인문학 단상] "변호사시험 응시제한제도 개선논의 -오탈자(五脫者) 문제의 새로운 해법(解法)", 뉴스퀘스트, ㈜넥스터스미디어(2023.9.29.).
- [김용섭 박사의 법과 인문학 단상] "국회의 검사에 대한 탄핵소추를 둘러싼 법적 논의", 뉴스퀘스트, ㈜넥스터스미디어(2023.11.13.).
- [김용섭 박사의 법과 인문학 단상] "헌법개정이 전제되지 않는 사형폐지의 위헌성", 뉴스퀘스트, ㈜넥스터스미디어(2023.12.28.).
- [시론] 제22대 국회의원 선거결과의 함의(含意)와 국회의 정상화 비전", 인권과 정의, 통권 제521호, 대한변호사협회(2024.5.1.).
- [법조나침반] "법률가와 추사(秋史) 김정희 선생", 법조신문, 대한변호사협회(2019.7.22.).
- [법조나침반] "워라밸과 백거이의 중은(中隱)철학", 법조신문, 대한변호사협회(2019.8.26.).
- [법조나침반] "스토아철학과 진인사대천명", 법조신문, 대한변호사협회(2019.9.30.).
- [법조나침반] "주역(周易)과 시간학", 법조신문, 대한변호사협회(2019.10.30.).
- [법조나침반] "고통과 수제치평(修齊治平)", 법조신문, 대한변호사협회(2019.11.25.).
- [법조나침반] "법고창신과 벽광(癖狂)정신", 법조신문, 대한변호사협회(2019.12.23.).
- [법조나침반] "시간의 이해와 성공학", 법조신문, 대한변호사협회(2020.2.10.).
- [법조나침반] "신독(愼獨)과 공정한 관찰자", 법조신문, 대한변호사협회(2020.3.7.).
- [법조나침반] "바람과 일기통천(一氣通天)", 법조신문, 2020.4.6. 대한변호사협회(2020.4.6.).
- [법조나침반] "끝과 시작-종처시점(終處始點)", 법조신문, 대한변호사협회(2020.5.11.).
- [법조나침반] "독서와 여행-대기성휘(大器成輝)의 길", 법조신문, 대한변호사협회(2020.6.8.).
- [법조나침반] "수저와 그릇(器), 그 너머", 법조신문, 대한변호사협회(2020.7.6.).
- [법조나침반] "다양성과 화(和)의 철학", 법조신문, 대한변호사협회(2020.8.18.).
- [법조나침반] "타이밍과 시중지도(時中之道)", 법조신문, 대한변호사협회(2020.9.14.).
- [법조나침반] "직업으로서의 법률가(Lawyer)", 법조신문, 대한변호사협회(2020.10.19.).
- [법조나침반] "바둑 -인생의 철리와 망우청락의 세계", 법조신문, 대한변호사협회(2020.11.16.).

- [법조나침반] "나의 종강사 -강산이개 품성난이", 법조신문, 대한변호사협회(2020.12.14.).

- "인간의 시기심과 처세론", 법률방송뉴스 ,법률방송(2021.2.25.).

- "성공적 정치의 요체로서 올바른 인사" 법률방송뉴스, 법률방송(2021.3.23.).

- [권두칼럼] "불교계, 화쟁사상을 기반으로 스스로 갈등·분쟁해결에 나서라", 한국불교문학, 제43호, 한국불교문학 (2021.4.).

- "소락춘일(笑樂春日) -유머와 웃음의 본질", 법률방송뉴스, 법률방송(2021.4.22.).

- [서초포럼] "미생과 완생 그리고 약팽소선(若烹小鮮)", 법률신문, ㈜법률신문사(2021.11.25.).

- [법조열전] "'예술가와 법률가' 이중적 삶의 최고 경지 에테아 호프만", 리걸타임즈, ㈜리걸타임즈(2022.4.1.).

- [서초포럼] "국가상징과 대통령실 문장(紋章)", 법률신문, ㈜법률신문사(2022.5.5.).

- [법조열전] "박학독행의 법률가, 秋史 김정희", 리걸타임즈, ㈜리걸타임즈(2022.6.1.).

- [서초포럼] "추사(秋史)와 교육자", 법률신문, ㈜법률신문사(2022.6.2.).

- "나의 불교이야기 - 사찰순례와 방하착(放下着)", 월간불교문화, 2022년 12월호, 대한불교진흥원(2022.12.1.).

- "나의 기통철학-일기통천(一氣通天)과 기통화평(氣通和平)", 불교평론, 불교시대사(2023.3.12.).

- [김용섭 재가불자 인물탐구] "활연대오의 법학자 무애 서돈각 박사", 한국불교문학, 제44호, 한누리미디어 (2023.3.31.).

- [권두칼럼] "불교계, 인간과 동물이 공존하는 생태계 복원에 앞장서야", 한국불교문학, 44호, 한누리미디어 (2023.3.31.).

- [수요세평] "고통의 본질과 효과적인 대처방법", 전북대신문, 전북대학교 신문방송사(2023.4.12.).

- [김용섭 박사의 법과 인문학 단상] "출사와 은일 그리고 대학교수의 정치참여", 뉴스퀘스트, ㈜넥스터스미디어 (2023.7.3.).

- [김용섭 박사의 법과 인문학 단상] "'시간약속' 그리고 남명 조식 선생의 고사(古事)", 뉴스퀘스트, ㈜넥스터스미디어(2023.7.28.).

- [김용섭 박사의 법과 인문학 단상] "정치인의 거짓말과 직(直)사상 뉴스퀘스트", ㈜넥스터스미디어(2023.9.1.).

- [김용섭 박사의 법과 인문학 단상] "경주 옥산서원과 독락당(獨樂堂)에서 논어 학이(學而)편을 떠올리며", 뉴스퀘스트, ㈜넥스터스미디어(2023.9.11.).

- [김용섭 박사의 법과 인문학 단상] "바둑의 세계 -원방각(圜方角)의 향연", 뉴스퀘스트, ㈜넥스터스미디어 (2023.10.13.).

- [김용섭 박사의 법과 인문학 단상] "로엘레케(Gerd Roellecke) 교수의 삶과 학문세계", 뉴스퀘스트, ㈜넥스터스미디어(2023.10.30.).

- [김용섭 박사의 법과 인문학 단상] "기호유학 사승관계 학맥의 원류를 찾아", 뉴스퀘스트, ㈜넥스터스미디어 (2023.12.1.).

- [김용섭 박사의 법과 인문학 단상] "스토아철학 -평정심(Apatheia)으로 이끄는 길안내자", 뉴스퀘스트, ㈜넥스터스미디어(2023.12.2.).
- [김용섭 박사의 법과 인문학 단상] "우암(尤庵) 송시열의 교육관 -청초안(靑草岸)과 몽괘벽(夢掛壁)", 뉴스퀘스트, ㈜넥스터스미디어(2024.2.1.).
- [김용섭 박사의 법과 인문학 단상] "조선예학과 법도의 산실 강경 죽림서원과 논산 돈암서원 탐방", 뉴스퀘스트, ㈜넥스터스미디어(2024.2.8.).
- [김용섭 박사의 법과 인문학 단상] "바둑과 정치", 뉴스퀘스트, ㈜넥스터스미디어(2024.3.11.).
- [법조광장] "국회의원 선거레이스와 경마(競馬) 그리고 명마(名馬)의 발굴", 법률신문, ㈜법률신문사(2024.4.5.).

5. 하사(賀詞)·축사(祝辭) 및 추도사(追悼辭) 등

- "박균성 교수 화갑기념 논문집 賀詞", 경희법학, 제52권 제2호, 경희대학교 경희법학연구소(2017.6.).
- "격의 없는 동학 연기영교수와 나의 인연", 연기영교수 정년퇴임기념 문집 『아름다운 인연』, 책연(2018.2.).
- "청담(晴潭) 최송화 교수 희수기념 논문집 賀詞", 청담 최송화 교수 희수기념 논문집 『행정판례와 공익』, 박영사(2018.7.).
- "소공(素空) 금태환 교수 논문봉정식 祝辭", 행정법이론실무학회 제247회 학술대회 자료집(2018.10.13.).
- "경호(坰壕) 이광윤 교수 정년기념논문집 賀詞", 토지공법연구, 제87집, 한국토지공법학회(2019.9.).
- "목운(木雲) 부구욱 총장 고희기념호 발간사", 분쟁해결 제3호, 한국조정학회(2021.5.)
- 박노형 교수(KIMC 이사장) 著 "국제상사조정체제: 싱가포르조정협약을 중심으로 출판기념 행사 祝辭", 제2회 KIMC 국제세미나(2021.12.3.)
- [김용섭 박사의 법과 인문학 단상] "덕암(德巖) 배병호 교수 정년기념 하사(賀詞)", 뉴스퀘스트, ㈜넥스터스미디어(2023.8.21.).
- 박균성 교수 정년기념논문집 봉정식 祝辭, 행정법이론실무학회 제269회 학술대회 자료집(2022.10.22.).
- "남하(南河) 서원우 교수님 서거 8주년을 맞이하여", 리걸인사이트(2013.10.).
- "추도사 - 청담(晴潭) 최송화 교수님 영전에 바치며", 법률신문, ㈜법률신문사(2018.9.).
- "추도사 - 윤산(允山) 이홍훈 전 대법관 영전에", 법률신문, ㈜법률신문사(2021.7.15.).
- 一竹거사 광산김공 묘갈명, 용인시 모현 선산 先考 비석 근찬(2017.8.).

6. 서평

- [서평] '경제법시리즈 I, II, III'(신동권 한국공정거래조정원장 저, 박영사 간), 법률신문, ㈜법률신문사(2020.4.9.).
- [서평] '국제상사조정체제: 싱가포르조정협약을 중심으로'(박노형 저, 박영사 간), 법률신문, ㈜법률신문사(2021.12.6.).
- [서평] '법과 나라발전(한국헌법 약사)'(박윤흔 전 대구대총장 저, 국민서관 간), 법률신문, ㈜법률신문사(2022.6.7.).

- [서평] '정책, 규제와 입법'(박균성 전 한국법학교수회장 저, 박영사 간), 법률신문, ㈜법률신문사(2022.7.4.).

- [서평] '금융소비자보호법'(전상수 외 3인, 홍문사 간), 법률신문, ㈜법률신문사(2022.8.8.).

- [서평] '경쟁정책과 공정거래법-한국, 미국 그리고 EU'(신동권 한국해양대학교 석좌교수 저, 박영사 간), 법률신문, ㈜법률신문사(2023.3.2.).

7. 법제처 법제 새법령소개 및 서울지방변호사회 시민과 변호사 행정상담

- 독학시험으로 학사학위수여-독학에 의한 학위취득관계법령, 법제(1990.6./7.).

- 국립사범계학생을 위한 사도장학금제도 신설-사도장학금 관계법령-, 법제(1990.10.).

- 교육의 자주성·전문성 신장-지방교육자치에관한법령-, 법제(1991.5.).

- 교원의 권익신장 도모- 교원지위향상을위한특별법 -, 법제(1991.7/9.).

- 규제완화와 기업활동의 경쟁력강화 -기업활동규제완화에관한특별조치법-, 법제(1995.5.).

- 음주운전으로 운전면허가 취소된 경우, 시민과 변호사(2002.1.).

- 당구장업 신고가 수리되지 아니한 경우, 시민과 변호사(2002.2.).

- 이발소와 단란주점을 양수받아 영업하려는 경우, 시민과 변호사(2002.3.).

- 농업기반공사로부터 농지조성비 납입통지서를 받은 경우, 시민과 변호사(2002.4.).

- 대학교수가 평일에 내기골프를 쳐서 징계처분을 받게 된 경우, 시민과 변호사(2002.5.).

- 골프장 클럽하우스 증축과 원인자부담금, 시민과 변호사(2002.6.).

- 공익상 이유를 들어 건축허가신청을 거부한 경우, 시민과 변호사(2002.8.).

- 사립대학교가 정보공개청구에 응하지 아니한 경우, 시민과 변호사(2002.9.).

- 도로사업으로 인해 잔여지가 생긴 경우의 손실보상청구, 시민과 변호사(2003.4.).

8. 연구용역보고서

- 경희대 규정정비위원회 제1차보고서, 1997년도 경희대학교 정책연구과제, 공동연구원, 경희대학교 (1997.11.).

- 여성기업지원에 관한 법률제정 연구, 연구책임자(단독), 한국여성경제인협회(1997.3.10.).

- 내인가제도 관련법규의 정비방안,연구책임자(단독), 법제처(2001.4.11.).

- 친환경자동차산업육성법및자동차대기오염저감에관한법률안, 연구책임자(단독), 한국자동차공업협회(2003.2.5.).

- 양벌규정에 관한 연구, 연구책임자(단독), 법무부(2006.10.12.).

- 2008년도 법학전문대학원 로스쿨교재 작성연구(행정법), 공동연구원, 한국연구재단(2008. 8.12).

- 대중골프장 조성비로 설립된 법인의 운용효율화를 위한 법정책적 연구, 8. 공동연구원, 문화체육관광부(2009.10.12.).

- 변호사와 유사자격자 간의 동업에 관한 연구, 공동연구원, 대한변호사협회(2010.4.8.).

- 2010년도 법학전문대학원 로스쿨교재 작성연구(스포츠엔터테인트먼트법), 공동연구원, 한국연구재단(2010.8.12.).

- 민원사무체계 재정립 등 민원법령 개선방안 연구, 공동연구원, 행정안전부(2011.9.12.).

- 판결 및 재결례 등에서 발굴된 법령정비과제의 입법피드백 강화를 위한 제도 개선 방안 연구, 연구책임자(단독), 법제처(2013.4.9.).

- 특별한 행정불복 절차 및 행정심판절차 특례 설치요건 등에 관한 연구, 공동연구원, 국민권익위원회(2014.8.10.).

- 행정조사의 사법적 통제방안 연구, 연구책임자, 서울지방변호사회(2016.6.9.).

- 인공광 활용 농업 연구개발 및 육성 법제화 연구, 법률안 제정, 연구책임자, 농촌진흥청(2019.10.12.).

- 변호사자격시험을 위한 행정법판례, 공동연구원, 법학전문대학원협의회(2023.4.7.).

- 현행법상 행정계획의 실태조사 및 주요 분야에 있어서의 행정계획의 입법례 조사, 공동연구원, 한국법제연구원(2023.4.7.).

- 이의신청제도의 운영실태, 국민인식조사 및 제도개선 방안에 관한 연구, 공동연구원, 법제처(2023.4.12.).

- 감사원 감사청구제도 등의 법적 쟁점 및 개선방안 연구, 연구책임자, 감사연구원(2023.6.12.).

- 시행규칙의 구속력에 대한 연구, 공동연구원, 법무부(2023.10.12.).

간행사

어느 주제나 어느 자리를 막론하고 해박한 지식으로 흥미롭게 대화를 이끌어 주시면서 분위기를 주도하고, 법학자임에도 문사철(文史哲)에 관심을 가지며 호고(好古)주의자를 자처하는 온화한 인품의 김용섭 교수님께서 지난 8월 말에 정년을 맞이하셨습니다. 교수님의 학덕을 기리면서 법정책학적 관점에서 고찰한 佳山 선생님의 행정법학에 관한 논문 24편을 4개 장으로 구분하여 <한국행정법학의 새로운 방향>이라는 제목으로 경인문화사에서 정성껏 만든 이 책을 佳山김용섭교수정년기념논문집간행위원회를 대표하여 佳山 선생님께 봉정합니다.

행정법학은 전통적으로 법의 해석과 적용의 범주에 머물렀으나, 현대 사회의 복잡성과 역동적인 변화는 이 분야에 대한 새로운 시각을 요구하고 있습니다. 법정책학적 접근은 행정법의 연구와 실천을 재구성하는 데 중추적인 역할을 할 수 있고, 이는 법의 해석을 넘어서 법의 정책적 효과와 사회적 영향을 고려한 새로운 법제도 설계와 새로운 법정책적 방향을 제시합니다.

이 책에서는 행정법이 단순히 규범적 구속력을 가진 법률집행의 도구로서가 아니라, 보다 폭넓은 사회적, 경제적 맥락에서의 법정책 수단으로 기능할 수 있도록 다양한 행정법학적 주제에 대하여 깊이 있는 논의를 하고 있습니다. 논문을 집필한 佳山 선생님은 현재 한국행정법학회의 제7대 회장으로 활동하고 있고, 행정법이론실무학회, 한국국가법학회, 한국조정학회의 회장을 역임하였습니다. 1984년에 사법시험에 합격한 이래 40년 가까이 법제처와 경희대 법대, 법무법인 아람, 전북대 로스쿨 등에서 수많은 훌륭한 후학을 길러 냈습니다. 법제처에 근무하면서 독일에 국비유학하여 만하임대에서 법학박사학위를 취득하였고, 공직과 학계 및 변호사 실무에 두루 종사하였으며, 정년퇴임 후에도 전북대 명예 교수로 활동하면서 S&L Partners의 파트너 변호사로 활동하고 있는 이론과 실무를 겸비한 실사구시형 학자라고 할 수 있습니다. 佳山 선생님은 연보에서 보는 바와 같이 학계뿐만 아니라 법조영역, 정부정책, 언론 등 다양한 분야에서 수많은 경력을 두루 경험하면서 국가와 사회발전에 기여해 온 행정법학의 권위자로 인정받고 있습니다. 행정판례평석에 관한 저서 2권 단독으로 냈을 뿐만 아니라, 수많은 공저와 180편 이상의 주목할 만한 논문을 통해 행정법학의 발전에 크게 기여한 학자입니다. 최근에 법률신문사에서 <직필(直筆)과 객설(客說)>이라는 정년기념문집을 발간할 정도로 법학자로서는 보기 드물게 역사, 문학 그리고 철학에 조예가 깊은 종합적 지식인의 면모를 가진 학자입니다. 이번에는 정년을 맞이하여 행정법학의 여러 주제 중에서 특히 법정책학적인 주제를 선별하여 새로운 지평을 여는 이 책을 발간하게 되어 佳山 선생님의 인품과 역량을 경외하는 후학의 한 사람으로서 매우 뜻깊게 생각합니다.

佳山 김용섭 교수 정년기념눈문집을 빛내주시기 위해 한국행정판례연구회 회장이며, 건국대 석좌교수인 안철상 전 대법관님께서 하서를 써주셨고, 경희대에서 佳山 선생님의 박사논문 지도를 받은 김재광 한국공법학회 회장님께서 축사를 써주신데 대해 이 자리에서 정년기념논문집 간행위원장으로서 감사드립니다. 책의 제호를 붓글씨로 써 주신 佳山 선생님과 오랜 교분이 있는 하산(荷山) 서홍식 서예가님께도 감사드립니다. 상세한 연보를 정리한 佳山 선생님의 제자인 정태종 전북대 공공인재학부장님께 감사드리고, 힘을 더해 주신 간행위원회 이철진 김앤장 법률사무소 변호사님과 황창근 홍익대 교수님을 비롯한 여러 위원님과 편집위원님께도 고마운 마음을 전하고 싶습니다.

이 책은 법학자, 정책 결정자, 실무자들에게 행정법의 규범적 측면뿐만 아니라, 정책적 측면에서의 중요성을 재인식시키고, 행정법 연구에 있어 법정책학적 접근의 필요성을 강조합니다. 이를 통해 입법정책에 관여하는 법조실무계 뿐만 아니라 행정법을 연구하는 학자들이 행정법이 개별 사례를 넘어서 광범위한 사회적 변화에 어떻게 기여할 수 있는지에 대한 깊이 있는 이해를 하고 유사 사례에 대응할 수 있는 역량을 키워줄 수 있을 것입니다.

행정법학의 새로운 지평을 열고 급격하게 변화는 역동의 시대에 행정법학의 새로운 방향을 탐색하는 이 연구서는 법과 정책의 교차점에서 발생하는 다양한 문제들을 해결하는 데 있어 이론적이고 실질적인 기반을 제공할 것입니다. 행정법학이라는 학문 분야가 당면한 현실적 도전과 과제를 해결하고, 미래 지향적인 해법을 제시하는데 이 책이 크게 기여하게 되기를 바랍니다.

다시 한번 佳山 김용섭 선생님의 정년을 진심으로 축하드리고, 앞으로도 가족과 행복한 시간을 보내시길 바랍니다. 그동안의 쌓은 덕불고 필유린(德不孤 必有隣)의 인덕과 학덕에 더해 다방면의 공력으로 정년퇴직후에 새롭게 펼치는 제2의 인생에 서광(瑞光)이 비치고 늘 건강과 행운이 함께하시기를 기원합니다.

2024년 9월
佳山김용섭교수정년기념논문집간행위원회 위원장 신동권
한국해양대 석좌교수, 前 한국공정거래조정원 원장

하서(賀序)

　가산(佳山) 김용섭(金容燮) 교수님의 영예로운 정년을 진심으로 축하드립니다. 정년은 단순히 한 사람의 직업적 여정의 끝이 아니라, 새로운 창조의 시작을 의미합니다. 이 순간은 인생의 후반전을 시작하는 출발점이며, 더 큰 창조와 성취를 향한 새로운 여정의 서막이라 할 수 있습니다. 김 교수님의 후반전이 그동안의 여정만큼이나 풍요롭고 의미 있는 시간이 되기를 진심으로 기원합니다.

　저는 행정법을 연구하는 동료이자 바둑 친구로서 김 교수님과 오랜 세월을 함께하여 왔습니다. 이번에 가산 김용섭 교수님의 정년을 기념하여 발간되는 논문집 『한국행정법학의 새로운 방향』의 서두에 축하의 글을 쓰게 되어 매우 기쁩니다. 김 교수님께서는 행정법 분야에서 폭넓은 학문적 경력을 쌓아오셨으며, 법률 실무에서도 깊은 전문성과 다양한 경험을 갖춘 뛰어난 학자이자 법률가로 자리매김하셨습니다.

　김 교수님께서 걸어오신 길은 오랜 시간 동안의 헌신과 노력의 산물입니다. 그 여정의 시작은 1984년 사법시험에 합격하여 사법연수원을 수료한 이후부터입니다. 변호사 자격을 취득하신 후 제2군사령부 수사장교로서 군복무를 마치고, 1990년부터 법제처에서 법제관실 사무관과 사회문화행정심판 담당관으로 법률 실무에 몸담으셨습니다. 1996년에는 변호사로서 활동을 시작하면서 경희대학교에서 교수로서의 학문적 여정을 시작하셨고, 2002년 2월부터 법무법인 아람에서 변호사 활동을 잠시 거친 후 2005년 4월 전북대학교로 자리를 옮겨 약 20년 동안 정년을 맞이할 때까지 교수로서 헌신해 오셨습니다.

　저는 한국행정판례연구회와 한국행정법학회 등 여러 학술모임에서 김 교수님과 교류하며, 그분의 학문적 깊이와 열정을 직접 목격할 수 있었습니다. 현재 저는 한국행정판례연구회 회장을 맡고 있고, 김 교수님은 한국행정법학회 회장을 맡고 계셔, 행정법 분야 연구의 발전을 위해 함께 노력하고 있습니다. 특히 김교수님과 저는 지난 10년간 동아시아 행정법학회의 한국 측 이사를 함께 역임하면서 국내외 학문 활동을 공유하고 협력했던 시간들은 매우 소중한 기억으로 남아있습니다.

김 교수님은 각종 학회의 이사, 부회장 등으로 활발히 활동하셨으며, 행정법이론실무학회, 한국조정학회, 한국국가법학회의 회장직을 역임하며 학문적 열정을 불태우셨습니다. 이러한 열정은 스포츠법과 같은 다양한 분야로 확장되었습니다. 특히 두뇌 스포츠인 바둑에 깊은 관심을 가지신 김 교수님은 바둑문화의 진흥을 위한 입법 필요성과 방향을 제안하여 바둑인들의 큰 공감을 얻기도 하셨습니다. 청담(晴潭) 최송화 선생님이 생존해 계시던 시절에는 최 선생님을 중심으로 유수회라는 바둑 모임을 만들어 수담을 즐겼는데, 저는 최 선생님, 김 교수님과 서로 팽팽한 접전을 벌였던 일들을 즐거운 추억으로 간직하고 있습니다.

김 교수님은 이론과 실무를 겸비한 학자로서 양적·질적으로 풍부한 학술 논문을 발표하셨고, 학계와 법조계에서 많은 활약을 펼쳐오셨습니다. 학문적 활동뿐만 아니라 사회적 활동에도 매우 열정적이었으며, 그 부지런함과 성실함으로 많은 후배와 동료들에게 귀감이 되어왔습니다. 또한 한국사와 한학에 대한 깊은 조예를 바탕으로, 과거, 현재, 미래를 아우르는 폭넓은 지식을 쌓아오셨습니다. 김 교수님의 학문적, 사회적 여정은 후학들에게도 깊은 영감을 주고 있으며, 앞으로도 김 교수님이 만들어갈 새로운 역사가 기대됩니다.

다시 한번 김용섭 교수님의 정년을 진심으로 축하드리며, 그동안의 헌신과 노고에 깊이 감사드립니다. 김 교수님의 앞날이 새로운 기회와 도전으로 가득 차 있기를 바라며, 앞으로도 복되고 기쁨이 넘치는 삶을 살아가시기를 기원합니다.

2024년 9월
한국행정판례연구회 회장 안철상
건국대학교 법학전문대학원 석좌교수, 前 대법관

하사(賀詞)

佳山 金容燮 교수님의 정년을 진심으로 축하드립니다. 청년 못지않은 왕성한 학구열을 자랑하는 가산 선생님의 정년 소식은 선뜻 믿어지지 않습니다. 후배로서, 후학으로서 귀중한 축하의 글을 쓰게 된 것을 한편으로는 두려움으로 다른 한편으로는 더 없는 영광으로 생각합니다. 정년기념논집의 제목인 「한국행정법학의 새로운 방향」은 행정법 연구에 있어서 시종일관 日新又日新의 길을 걸어왔던 가산 선생님의 학문세계와 여정을 잘 표현하는 주제라고 생각합니다.

가산 선생님의 경력은 한마디로 표현하기 어려울 정도로 화려합니다. 그 어려운 사법시험을 합격한 점(제26회), 독일에 유학하여 법학박사학위를 취득한 점, 법제처에서 공직을 시작한 점, 경희대학교 법과대학과 전북대학교 법학전문대학원에서 교수를 지낸 점, 등단시인으로서 한국불교문학 신인상을 수상한 점, 빼어난 문필력을 자랑하는 칼럼리스트라는 점, 행정법이론실무학회 회장(제14대), 한국국가법학회 회장(제24대), 한국조정학회 회장(제3대), 한국행정법학회 회장(제7대)을 역임한 점 등이 그러한 사실을 잘 말해줍니다. 몇 사람이 할 수 있는 역할을 홀로 훌륭하게 성취한 것은 실로 외경스럽지 않을 수 없습니다. 실로 아호인 佳山처럼 열정, 성실과 비교불가의 '아름다운 산'이라 하겠습니다. 이제 그 '아름다운 산'을 조심스레 登頂하면서 探究해 보도록 하겠습니다.

가산 선생님은 서울특별시 서초구 서초동에서 출생하여 배재중, 명지고에서 학창시절을 보내고 경희대학교 법과대학을 졸업한 뒤 동 대학원을 수료하였습니다. 그리고 서울대학교 대학원 법학과에서 법학석사학위를 취득 후 동 대학원에서 박사과정을 수료한 뒤, 독일 만하임대학교에서 법학박사학위를 취득하였습니다. 대학원에서 공법학자로서의 길을 선택하여 지금까지 공법학에 일로매진하고 있습니다. 학력에서 볼 수 있듯이 학문에 대한 열정, 도전의식이 얼마나 뜨겁고 강한지를 새삼 확인할 수 있습니다.

가산 선생님의 방대한 업적을 여섯 가지로 나누어 살펴보는 것이 全貌를 파악하는데 도움이 될 것으로 생각합니다. 첫째, 경희대학교 법과대학, 전북대학교 법학전문대학원 등에서의 오랜 교수생활을 통해 수많은 제자들을 길러 사회에 필요한 동량으로 배출하였다는 점을 들 수 있겠습니다. 행정법에 관한 수많은 저서와 논문을 통해 제자들을 훌륭하게 양성하였고 행정법학과 행정법제에 관한 이론과 실무에 관한 최고의 전문가답게 제자들로 하여금 이론과 실무 어느 한쪽에 취우치지 않는 양자를 겸비한 균형 잡힌 사유를 할 수 있도록 지도하였습니다.

둘째, 가산 선생님은 활발한 학회활동을 하여 후학들의 귀감이 되고 있습니다. 앞에서 밝힌 4개 학회장을 제외하고 대표적으로 몇 가지만 꼽자면, 동아시아행정법학회 한국측 이사, 한국스포츠엔터테인먼트법학회 부회장, 한국환경법학회 부회장, 유럽헌법학회 부회장, 한국공법학회 부회장, 2017년 아시아스포츠법학회 준비위원회 위원장, 한국법학교수회 부회장, 행정법이론실무학회 30주년 기념위원회 위원장 등을 들 수 있습니다. 한국행정법학회 회장으로서 참신한 기획을 통해 학회행정의 면모를 일신하였고 학술세미나에 있어서도 탁월한 주제 선정을 통해 학회의 위상을 높였습니다. ADR 특히 조정분야에 괄목할 만한 업적을 남겼을 뿐만 아니라, 특히 황무지와 같던 스포츠법학분야를 개척하고 20년 이상 부회장으로 활동하면서 저서와 다수의 논문을 발간한 功은 오래도록 기억에 남을 것으로 생각됩니다.

셋째, 가산 선생님의 왕성한 공익활동은 타의 추종을 불허합니다. 사법시험·행정고시·외무고시·입법고시·변호사시험 등 각종 국가시험 출제 및 채점위원, 국회환경포럼 정책자문위원, 한국법제연구원 감사, 국회입법지원위원, 전라북도 교육소청심사위원회 위원장, 국무총리실 정부업무평가 실무위원회 위원, 인사혁신처 중앙징계위원회 위원, 국민권익위원회 소속 중앙행정심판위원회 행정심판사건 자문위원, 시인 등단(한국불교문학 신인상 수상), 한국의료분쟁조정원 비상임조정위원, 대한변호사협회 법제위원회 위원(공법검토소위원회 위원장), 한국공무원 불자연합회 부회장, 감사원 적극행정면책자문위원회 위원, 국민권익위원회 「행정심판통합자문단」 자문위원, 법제처 「법제」 편집위원회 위원장, 영산법률문화재단 이사 등 무려 150여 개 직함에 이르는 다양한 공익활동을 훌륭하게 수행하였습니다.

넷째, 가산 선생님은 학문의 길에 들어선 이래 수많은 저서, 논문, 시론·법률칼럼, '법과 인문학', 賀詞·祝辭 및 追悼辭, 書評 등을 집필하였습니다. 즉 20여 권에 이르는 단행본을 펴냈고, 180여 편의 논문을 집필하였으며, 70여 편의 時論·법률칼럼·좌담회를 남겼습니다. 50여 편의 '법과 인문학'에 관한 글을 썼고, 13편의 賀詞·祝辭 및 追悼辭를 집필하였으며, 6편의 書評을 남겼습니다. 그리고 14편의 법제처「법제」새법령 소개 및 서울지방변호사회 시민과 변호사 행정상담에 관한 글을 썼으며, 19편의 연구용역보고서를 작성하였습니다. 방대한 저술 목록 숫자 못지않게 중요한 것이 그 내용이라고 할 수 있는바, 한마디로 요약하자면 '寸鐵殺人'이라 할 수 정도로 주제 선정이나 문제 인식이 的確하다고 생각합니다. 과연 '超人的 學問熱情'이라 아니할 수 없겠습니다.

다섯째, 가산 선생님은 지역사회에도 많은 헌신을 하였습니다. 서울지방변호사회 무료법률삼담위원, 서울특별시 서대문구 무료법률상담위원, 서울특별시 광진구 법률고문, 전라북도 교육소청심사위원회 위원장, 과천발전자문위원회 위원, 과천시 규제개혁위원회 위원, 과천시 정보공개심의위원회 위원, 과천시 분양가심사위원회 위원, 새만금개발청 보통고충심사위원회 위원, 서울특별시 강서구 사회적 경제위원회 위원 등으로 봉사하였습니다.

여섯째, 가산 선생님은 매우 드물게 바둑 애호가였고 이를 학문적으로 승화시켰습니다. 재단법인 한국기원 법률 자문위원을 지냈고, "바둑문화의 진흥을 위한 법정책적 문제", "바둑문화의 진흥을 위한 특별법 제정의 필요성과 입법방향", "바둑문화의 진흥을 위한 특별법 제정의 필요성과 입법방향 – 이인제 의원 대표발의 바둑진흥법안을 중심으로", "국가적 차원의 바둑진흥의 입법적 방안 – 조훈현 의원 대표발의 바둑진흥법안을 중심으로" 등의 논문과 "바둑 – 인생의 철리와 忘憂淸樂의 세계", "바둑의 세계 – 원방각(圓方角)의 향연", "바둑과 정치" 등의 칼럼을 다수 저술하였습니다. 이러한 취미와 학문의 연결은 후학들에게도 방향성을 제시해 줄 수 있다고 생각합니다. 그리고 譜學에도 조예가 깊었고 이와 관련한 글을 다수 집필하였으며 이에 대한 대화를 즐겼습니다.

가산 선생님의 좌우명 가운데 하나가 "작은 일에 최선을 다하는 것이 가장 어렵다(克難

小物 最難)"인데, 선생님은 그 좌우명에 부합되게 "작은 일"에도 최선을 대해 임했습니다. 사물을 대할 때 늘 진지하고 창의적으로 대했고 사람을 대할 때도 恭敬을 다했습니다. 또한 유머감각이 뛰어나서 선생님 주변에는 웃음소리가 끊이질 않았습니다. 그 또한 커다란 인간적 매력이라고 생각합니다. 그러한 에너지가 가산 선생님께서 왕성한 저술작업 및 학문활동을 할 수 있는 원동력이 아닐까 생각합니다. 가산 선생님을 흠모하는 후학들이 많은 까닭도 이에 연유한다고 여깁니다.

가산 선생님은 최교선 여사님과 화목한 가정을 꾸리시고 계시며 변호사 부부인 장남 부부, 기악을 전공한 장녀와 차녀, 공군 F16 조종사인 큰 사위 등을 두어 남들이 부러워하는 그야말로 복이 많은 사람임이 분명합니다. 이처럼 가산 선생님은 가정에서도 행복하고 든든한 '아름다운 산'을 이루셨습니다.

오래전 일이지만 필자가 대학원에 다닐 때의 기억들이 생각납니다. 가산 선생님은 논문 초안을 완성하시면 가끔 필자에게 한번 봐달라고 말씀했습니다. 필자가 선생님의 논문에 대해 감히 말씀드릴 수 있는 상황은 아니었지만 용기를 내어 의견을 말씀드리면 늘 경청하시면서 필자가 궁금해 하던 것을 자상하게 설명해주곤 했습니다. 가산 선생님은 당신의 글에 대해서도 항상 열린 마음을 가지고 다른 사람의 의견에 귀를 기울였습니다.

가산 선생님은 「年譜·論著」에도 나와 있듯이 불교신자로서 불교에 대해서도 깊은 조예를 가지고 있습니다. 이와 같은 불교에 대한 깊은 이해가 경희대 법대와 인연이 깊은 淨賢 박윤흔 선생님(한국공법학회 고문), 無碍 서돈각 교수님 등에 대해 깊이 있는 논문을 쓴 바탕이 되었다고 생각합니다. 두 분 다 생전에 生佛로 통하신 분들이었고 무애 선생님은 대한불교진흥원 이사장을, 정현 선생님은 한국불교대원회 이사장을 지냈습니다. 특히 정현 선생님과는 법제처출신으로 경희대 후임교수(Nachfolger)의 인연을 가지고 있습니다. 가산 선생님이 2015년 한국공법학회가 주관한 「공법학 원로와의 대화 – 박윤흔 교수님」에서 정현 선생님에 대한 논문을 발표하시면서 [후기]에 남긴 글을 소개하고자 합니다. "미국의 시인이자 유대교 랍비인 사무엘 울만(Samuel Ulman(1840-1924))이 「청춘(Youth)」이란 詩

에서 '청춘이란 인생의 어떤 기간이 아니라 마음가짐을 말한다'고 한 것처럼 望九의 팔순 나이에도 건강과 활력을 잃지 않으시고 노익장을 과시하면서 SNS와 청년 못지 않은 열정적 삶을 사시는 모습에 많은 가르침을 받게 됩니다(이하 생략)". 사무엘 울만의 시는 나이 부분만 빼면 가산 선생님에게도 그대로 적용해도 틀린 말은 아닐 것입니다.

가산 선생님을 학회나 다른 모임에서 뵐 때마다 항상 묵직한 손가방을 들고 다니시며 학술 자료를 꺼내 틈나는 대로 보시곤 하던 모습이 인상적으로 와닿았습니다. 그 모습을 보고 처음에는 손가방이 너무 무거워보여서 놀랐고, 다음으로는 손가방 속에 각종 자료들이 가득 담겨 있어서 놀랐으며, 마지막으로는 쉬는 시간에도 자료들을 꺼내어 탐독하는 모습에 놀랐습니다. 寸陰을 아껴 학문에 정진하는 모습을 보면서 후학으로서 부끄러움과 함께 존경의 마음을 더하게 되었습니다. 정년을 맞이하신 가산 선생님께 후학의 입장에서 감히 부탁드리고 싶은 말씀은 손가방의 무게가 좀 가벼워졌으면 하는 것입니다. 물론 사무엘 울만의 시를 보면 期待難望일 것 같기도 합니다.

가산 김용섭 교수님! 부디 옥체만강하시고 사랑하는 가족들과 함께 늘 행복하시기를 기원합니다. 다시 한번 정년기념논집의 발간을 축하드립니다.

2024년 9월
사단법인 한국공법학회 회장 김재광

차례

간행사　　30

하서(賀序)　　33

하사(賀詞)　　35

제1장

도입- 한국행정법학의 토대와 지향점 (3)

1 한국행정법학회 10년의 회고와 과제 – 청담(晴潭) 최송화 초대 회장 3주기를 추념하며 –　　45

2 법치주의의 관점에서 살펴본 지방분권 개헌　　77

3 법무담당관 제도의 활성화와 과제　　106

제2장

새로운 법제도설계와 행정법의 과제 (6)

1 의무이행소송의 바람직한 도입방향 – 거부처분취소소송 및 부작위위법확인소송과의 관계정립을 중심으로 –　　135

2 행정기본법의 법체계상 문제점과 일부 조항의 입법개선과제　　180

3 행정소송 전단계의 권리구제방법 및 절차　　216

4 상고제도의 합리적 개선방향　　251

5 개별법상 이의신청제도의 현황분석과 입법적 개선과제 – 이의신청 등과 행정심판의 관계정립을 중심으로 –　　292

6 국회법상 행정입법검토제도의 현황과 법정책적 과제　　321

제3장

다양한 행정법의 이슈와 법정책학 (9)

1 재난 및 안전 관리 법제의 현황과 법정책적 과제   353

2 지진재해 대책법제의 현황과 개선과제   386

3 서울특별시 자치헌장조례에 대한 법적 검토   434

4 지방자치단체의 조례에 대한 적법성 평가 — 「서울특별시 문화재 보호조례」의 문제점에 대한 분석 평가를 겸하여 — 465

5 변리사의 소송대리인 자격제도에 관한 법정책적 논의   498

6 특허심판과 특허소송의 관계 재정립에 관한 논의   521

7 바둑문화의 진흥을 위한 특별법 제정의 필요성과 입법방향   542

8 국가적 차원의 바둑진흥의 입법적 방안 — 조훈현의원 대표발의 바둑진흥법안을 중심으로 —   568

9 국민체육진흥법의 개정방향 — 대한체육회와 대한올림픽위원회의 통합논의를 중심으로 —   593

제4장

한국행정법학의 새로운 물결- ADR, 조정(調停) (6)

1 행정법상 분쟁해결수단으로서의 조정(調停)   617

2 민간조정의 활성화를 위한 입법적 과제 — 독일과 일본의 법제도와 시사점을 중심으로 —   665

3 조정제도에 관한 행정법적 쟁점   698

4 조정제도의 혁신을 위한 법정책적 과제   732

5 변호사법 제109조와 민간조정 활성화를 위한 입법과제   758

6 스포츠 반도핑(Anti-Doping) 중재기구의 설립 필요성과 법제화 방안   788

제1장

도입- 한국행정법학의 토대와 지향점 (3)

1

한국행정법학회 10년의 회고와 과제[*]

― 청담(晴潭) 최송화 초대 회장 3주기를 추념하며 ―

─────────── 목차 ───────────

Ⅰ. 머리말
Ⅱ. 학회 창립 전후 과정에 대한 회고
Ⅲ. 한국 행정법학회가 해결해야 할 과제
Ⅳ. 맺음말

Ⅰ. 머리말

1. 한국행정법학회는 2010년 6월 25일 창립되었다. 한국행정법학회의 창립 과정의 역사를 되돌아 보는 것은 학회의 지속적인 발전을 위하여 매우 의미 있는 일에 속한다.

한국행정법학회는 한국헌법학회가 1994년 독자적으로 창립하면서 1956년 현민(玄民) 유진오 박사[1]에 의하여 창립한 한국공법학회와의 갈등 분열적 측면에서 학회를 창립한 전철을 밟지 않으려고 1년간의 논의과정을 거쳤다. 이번 기회에 전사(前史)를 포함하여 창립 전후의 과정을 역사적 기록으로 남겨 두려고 노력하였다. 학회의 활동자료, 창립 전후에 최송화 초대 회장[2]과 주고 받은 메일, 학회 개최 통지메일, 석종현 고문으로부터 최근에

---

* 이 논문은 2021년 7월 2일 한국행정법학회 제48회 학술대회에서의 김용섭 교수 기조발제문 "한국행정법학회 10년의 회고와 전망- 학회 창립 전후 과정에 대한 회고와 행정기본법 제정 이후 과제를 중심으로-"의 일부를 분리하여 행정법연구 제65호(2022, 8.)에 게재·수록한 것입니다.

1 김용섭, "[법조열전] 폴리매스형 법학자 현민 유진오", 리걸타임즈(Legal Times), 2021, 8·9, 68-70면.

전달 받은 자료, 개인적으로 보관하고 있는 자료 등이 사초(史草) 역할을 하였다. 당시를 회고하면 로스쿨 출범으로 교육환경이 변화된 상황 속에 창립의 화두를 던지고 적극적으로 학회 창립을 추진한 석종현 고문, 학회 창립이 논의되는 초기에 적극적 반대 입장을 견지한 박윤흔 고문 그리고 중도적 입장에서 중지를 모아 원만히 학회창립의 연착륙을 이끌어 낸 최송화 초대 회장, 그리고 신중한 입장의 김남진 초대 이사장과 김철용 제2대 이사장을 비롯한 한국공법학회 행정법 분과 고문 9분의 합리적인 방향설정으로 한국공법학회와의 갈등과 분열에 대한 우려를 불식하면서 창립의 길을 모색하게 되어 오늘을 맞이하게 된 것이다.

2. 무릇 학회는 학문을 하는 학자와 실무가의 학술 공동체이며, 학술적 의사소통의 플랫폼(Kommunikationsplattform)이다. 이러한 학문의 길은 한 우물만 파는 것이 아니라 널리 배우는 '박학(博學)', 독실하게 뜻을 두는 '독지(篤志)'. 간절하게 질문하는 '절문(切問)', 시대적합적 문제(zeitgemäßige Probleme)등 가까이에 있는 것을 생각하는 '근사(近思)'의 4가지가 중요하다.[3] 한국행정법학회 창립이 논의되던 시기는 2009년 여름으로 새로운 법조양성시스템인 로스쿨이 출범한 상황에서 행정법을 전공하는 학자를 모두 포괄하는 학회 창립 필요성이 학계의 저류에 전혀 없지는 않았다. 약 1년간의 논의 끝에 학회 창립을 화합차원에서 성공적으로 이끌어 낸 것은 행정기본법 제정 과정과 흡사하다. 행정법 관련 학회가 먼저 활동 중이었고 뒤늦게 행정법학회가 창립된 것이다. 한국행정법학회는 그 이름이 상징하고 있듯이 행정법에 관한 대표적인 학회라고 할 수 있다.

최송화 회장이 선공후사(先公後私)와 화이부동(和而不同)의 자세를 견지하며, 자칫 분열로

---

2 청담(晴潭) 최송화 한국행정법학회 초대 회장님의 3주기를 추념하며, 당시 학회 창립의 소명의식을 갖고 발기인과 회원들에게 직접 메일을 보내면서 학회 창립에 노익장(老益壯)을 과시하며 열정을 갖고 임하시던 최송화 회장님의 당시의 모습이 떠오른다. 이하 호칭의 존칭을 생략하기로 한다. 이사장, 이사, 고문, 박사, 교수, 총장, 회장도 마찬가지이다.

3 논어의 자장편에 子夏曰 "博學而篤志, 切問而近思, 仁在其中矣(자하왈 "박학이독지, 절문이근사, 인재기중의.")라고 되어 있다. 이 말은 "널리 배우고 뜻을 독실히 하며, 절실한 심정으로 묻고 가까운 것을 미루어 생각할 줄 알면, 인이 그 가운데에 있을 것이다." 공자가 추구한 학문은 인을 실현하기 위함이고, '조문도 석사가의(朝聞道 夕死可矣)'처럼 진리인 도(道)를 추구하는 과정인 것이다. 한편 맹자는 학문하는 방법은 다름 아닌 잃어버린 마음을 찾는 행위인 "구기방심(求其放心)"으로 보았다. 사람이 닭과 개가 도망치면 찾을 줄 알지만 마음을 잃고서 찾을 줄을 알지 못하니 학문하는 방법은 다름 아닌 잃어 버린 마음을 찾는 것이라고 하였다. 〈맹자, 고자상 상〉.

치달을 수 있었던 상황에서 학회 창립은 하되 회원들의 중지를 모아 합리적 절충점을 찾는 노력을 기울인 점은 오래 기억될 것이다.[4] 다만, 학회의 진로와 방향에 대한 보다 광범위하고 충실한 논의가 이루어지지 않은 점이 아쉽다. 한국공법학회를 형해화 하지 않고 한국공법학회를 母학회로 하는 기본적인 틀을 유지하는 선에서 학회 창립이 이루어 진 것으로 이는 절묘한 타협이라고 할 것이다. 무엇보다 한국행정법학회는 박윤흔 고문, 석종현 고문, 김유환 교수[5], 이계수 교수[6] 등 다양한 생각을 갖고 있는 행정법학자의 공동의 노력으로 일구어 온 소중한 학문공동체이다. 그동안 학회 발전에 헌신해 온 김남진 초대 이사장, 김철용 제2대 이사장, 최송화 초대 회장, 정하중 제2대 회장, 이경운 제3대 회장, 이광윤 제4대 회장, 박정훈 제5대 회장 및 이일세 제6대 회장 등 역대 집행부의 임원 분들께 경의를 표한다.

II. 학회 창립 전후 과정에 대한 회고

1. 기억과 기록의 흔적

역사를 밝히는 일은 객관적인 자료에 의존할 수 밖에 없다. 기억은 중요하지만 기억에만 의존하여 회고할 수는 없다. 그러나 희미해져 가는 기억을 토대로 객관적 자료를 찾으려는 노력을 하였다. 다행인 것은 필자의 메일에 저장된 자료가 거의 대부분이 남아있고, 창립총회 전후의 자료 중 최송화 초대 회장과 주고 받은 메일은 대부분 확보하고 있다.

---

4 김용섭, "한국행정법학회 정체성, 활동방향과 사업계획(안)", 2010. 10. 16. 한국행정법학회 집행이사회 회의 자료 참조, 당시를 회고하면, 신생 학회를 성공적으로 정착하려는 최송화 초대 회장의 열정과 헌신에 깊이 공감한 필자가 당시 집행부의 일원으로 참여하여 학회의 정체성과 방향설정 등을 모색하던 순간이 주마등처럼 스쳐지나간다.

5 김유환 교수는 한국행정법학회의 창립과정에 적극적으로 참여하지 않았으나, 한국법제연구원장으로 취임한 후 재직기간 동안 한국행정법학회의 연합학술대회를 공동개최하는 등 학회에 적극적인 지원을 하여 한국행정법학회의 발전에 크게 기여하였다.

6 이계수, "〈지식의 고고학〉과 행정법학의 '에피스테메', 행정법학", 제20호, 2020; 이계수, "어느 법 연구자의 도시 관찰: 베를린에서 바라본 도시의 법과 정치", 일감법학 제44호, 2019 등 이 교수는 필자가 아는 행정법학자 중 가장 자유롭고 독창적인 사유세계를 구축하고 있다.

당시 행정법이론실무 회장을 맡고 있던 경 건 교수를 비롯한 여러 교수들[7]들에게 창립취지문과 발기인 명단을 보관하는지 여부를 문의하였으나 오래된 자료라 보관하지 않고 있거나 찾을 수 없다는 답신을 받아 불발로 그쳤다. '간절하면 이루어진다'는 동서고금의 진리처럼 결국은 필자의 서재의 서류더미 속에서 찾아내었다. 학회 창립 전사(前史)에 해당하는 일부 자료는 석종현 고문께 연락을 취하여 수집하였다. 박윤흔 고문께도 전화통화를 통하여 창립전후의 과정을 여쭤보았다.

소동파가 설니홍조(雪泥鴻爪)[8]라는 말로 삶의 덧없음을 이야기 하였지만 조용필의 킬리만자로의 표범의 가사[9]처럼 인간은 흔적을 남기려고 노력하는 존재라고 할 수 있다. 그동안 학회의 활동상과 발전과정을 회고하고 자료를 남겨두는 일은 연면이 이어나갈 학회와 후학을 위하여 의미 있는 작업에 속한다.

한국행정법학회의 창립은 기존의 학회 창립과는 사뭇 그 결이 다르다. 그 이유 중의 하나는 한국행정법학회라는 행정법학자 전체를 아우르는 학회의 창립을 기존의 한국공법학회를 중심으로 체계를 구축한 모학회성을 강조하는 입장에서 행정법을 전공하는 학자들의 모임인 행정법학회 창립에 대한 거부감이 작용하였기 때문이다. 이처럼 한국행정법학회의 창립은 많은 우여곡절을 거쳤으며, 한국공법학회의 행정법 분야 고문단과 행정법학자의 집단 지성에 터잡은 대동적 단합의 과정으로 탄생하게 된 것이다. 학회 창립 과정의 흔적은 학회의 정관과 초대 집행부의 조직에 반영되어 있다. 한국행정법학회는 한국공법학회와의 관계설정의 기본틀을 유지하면서 창립되었지만, 10여년이 지나 변화하는 사회적 환경에서 한국공법학회의 틀 안에 계속 머물 것인지는 앞으로 진지하게 논의해야할 과제이다.

---

7 배병호, 조성규, 김태호, 이희정 교수 등이다.

8 소동파의 시에 나오는 설니홍조(雪泥鴻爪)는 인생이란 기러기가 눈 내린 진흙 땅위에 발자국을 남기는 것과 같다는 뜻으로, 덧없고 무상한 인생을 의미한다.

9 조용필이 부른 '킬리만자로의 표범'의 가사 중에 "바람처럼 왔다가 이슬처럼 갈순 없잖아 내가 산 흔적일랑 남겨둬야지 한줄기 연기처럼 가뭇없이 사라져도 빛나는 불꽃으로 타올라야지" 로 되어 있어 흔적을 남겨두는 행위에 의미를 부여하고 있다.

2. 2010년 6월 25일 한국행정법학회 창립과정

가. 전사(前史)

(1) 석종현 고문의 한국행정법학회 설립 제안

최초로 한국행정법학회 설립을 제안한 사람은 석종현 고문이다. 석종현 고문은 2009년 7월 30일 자 "한국행정법학회 창립을 준비하면서"라는 문건에서 학회 창립필요성을 다음과 같이 밝히고 있다.

> "행정법학의 분야에는 이미 여러 학술단체, 즉 토지공법학회, 지방자치법학회, 환경법학회, 행정법판례연구회 등의 전문학술단체들이 왕성한 활동을 하고 있습니다. 그러나 이들을 포괄하는 母學會로서 행정법학회가 없습니다.
> 이제 더늦기 전에 우리는 행정법학회를 창립하여 행정법학자들의 전공 정체성을 찾아야 한다고 봅니다. 행정법학자들의 적극적인 참여와 이해를 촉구합니다."

한국행정법학회의 출범의 발단은 2009년 7월 30일 한국토지공법학회 회장으로 있는 석종현 고문의 한국행정법학회 창립 주비위원회 준비위원회의 개최일시를 2009년 8월 6일(목요일) 18:00로, 장소를 교대역 10번 출구 근처에 있는 한정식 서초대원으로 하면서 34명의 위원 명단[10]과 함께 위 창립추진 문건을 메일로 발송하면서 촉발되었다.

그 후 8월 1일 메일에서 석종현 고문은 준비위원회 위원명단을 92명으로 늘리면서 행정법학회의 창립필요성을 행정법학자의 입장에서 그것이 시대적 당위라고 생각하였기 때

---

10 석종현 고문이 보낸 〈준비위원회 위원 명단〉김해룡(외대) 김영삼(인천대) 김향기(성신여대) 박정훈(서울대) 이종영(중앙대) 김성수(연세대) 은숭표(영남대) 강구철(국민대) 김규하(경기대) 이광윤(성균관대) 오준근(경희대) 김연태(고려대) 김광수(서강대) 최승원(이하여대) 김춘환(조선대) 백종인(전북대) 김민호(성균관대) 김용섭(전북대) 이경운(전남대) 김희곤(전주우석대) 이동수(가톨릭대) 신봉기(경북대) 김세규(동아대) 김남철(부산대) 정준현(단국대) 이일세(강원대) 최영규(경남대) 김재호(충남대) 송동수(단국대) 정남철(숙대) 최봉석(동국대) 김충묵(군산대) 김동건(배재대) 석종현(단국대)(이상 무순 34명), 메일에서 준비위원 34명은 무순으로 학교 및 지역에 따라 임의로 선정하였다고 밝히고 있으면 사전에 동의 절차를 밟고 진행한 것은 아니라고 본다. 아울러 당일 2차 회신에서 한견우(연세대), 정하중(서강대), 김중권(중앙대), 선정원(명지대), 김명길(부산대), 배영길(부경대), 김종회(경상대), 손진상(안동대), 채우석(숭실대), 김현준(영남대), 길준규(아주대), 선정원(명지대), 조인성(한남대) 위원 명단 13인을 추가하여 47인으로 늘린 후 행정법학회 창립은 결정된 것이 아니라 현재 여론 수렴중이며, 준비위원으로 참여를 원하지 않는 분은 거부의사를 전달해 주시기 바란다고 기재되어 있다.

문이라고 밝히고 있다.[11] 그런데 8월 5일자 메일에서는 일부 위원이 빠지고 일부 위원이 추가되는 등 위원명단을 87명으로 알려왔다. 석종현 고문이 확보한 2009. 8. 7 자 한국행정법학회 창립 찬성학자 명단은 115명이다.[12]

(2) 한국공법학회 고문단의 한국행정법학회 일방적 창립추진에 반발

석종현 고문의 한국행정법학회 창립 추진에 대응하여 2009년 8월 4일에 행정법학자 출신 한국공법학회 고문단 회의가 소집되었다. 이날 회의에는 김남진, 김영훈, 박윤흔, 최송화, 석종현, 박수혁, 김해룡 고문 및 박균성 한국공법학회 회장이 참석하였다.

이날의 고문단 회의에서 1956년 유진오박사에 의해 창립된 이래 한국공법학회는 우리나라 공법학의 발전뿐만 아니라 국가발전에 따라 요구되는 법제도발전에 크게 기여하여 왔는데 한국행정법학회의 창립은 이를 형해화 할 수 있다는 점이고, 아울러 설립절차상의 문제 등이 지적되었다. 특히 박윤흔 고문은 다음과 같이 강력한 반대 입장을 표출하였다.[13]

> "공법학회는 행정법학자 모두가 소속된 만큼 행정법학회에 다름 아니다. 그런데 같은 구성원이 중복되는 행정법학회를 또 외부에 설립한다면 한국공법학회는 없어질 수 있다. 제기되는 공법학회의 문제점은 학회운영에서 해결책을 찾아야지 행정법학회를 설립한다고 하여 해결

---

11 석종현 고문이 작성한 2009년 8월 6일자 발기인 창립취지문 초안 중에는 "1994년 공법학회의 회원 중 헌법학자들은 별도로 헌법학회를 창립함으로써 그 정체성을 확립하였습니다. 이에 따라 행정법학도들 역시 별도의 행정법학회를 만들어 전공에 상응하는 학술단체를 만들어야 한다는 논의가 제기되었으나, 공법학회의 위상을 약화시킬 수 있다는 우려 때문에 행정법학회의 창립은 현실화되지 못하였습니다. 그러나 행정법학자의 경우 그 전공에 일치하는 명칭을 사용하는 학술단체가 필요하다는 희망과 인식을 버린 것은 아니었습니다."라고 밝히고 있다.

12 필자는 처음에 학회 창립이 어떻게 돌아가는지 모르고 석종현 고문의 메일에 찬성한다고 표시하여 보냈지만, 박윤흔 고문으로부터 연락받은 후로는 유보적 입장으로 바뀌었다.

13 박윤흔 고문은 당시 필자에게 전화연락을 하여 석종현 고문이 추진하는 한국행정법학회 창립에 필자가 참여하고 있는 부분에 우려를 표했다. 박윤흔 고문은 필자가 1990년 초반 한국공법학회에 회원으로 가입할 때 지도교수인 서원우 교수와 함께 공동으로 추천하여 주신 분이고, 박윤흔 고문께서 한국공법학회 회장으로 활동하던 1995년 독일 만하임대에서 박사학위를 받고 귀국하여 법제처 재직 중인 필자에게 성낙인, 류지태 교수와 함께 부정부패 방지를 주제로 하는 학술대회에 주제 발표의 기회를 주신 분이고 법제처, 불교, 경희대 후임교수라는 인연으로 인해 박윤흔 고문의 권유와 기대를 존중하지 않을 수 없었다.

되지 않는다. 그리고 행정법학회가 창설되면 대내외적으로 한국 행정법학계를 어느 학회가 대표할 것인가. 아마 행정법학회가 대표한다고 할 것이니 공법학회는 허명만 남을 것이다."

이러한 찬반 논의가 극명하게 전개되자, 절충안으로 고문단 회의에서는 학회 회원을 상대로 한 공론화의 절차를 한국공법학회(박균성 회장)에서 주도하는 것으로 하여 그 결과를 보고 논의하기로 하였다.

(3) 석종현 고문 측 공동대표 5인을 통한 창립준비 절차진행과 유보적 입장

(가) 한국행정법학회 창립추진위원회 공동대표 5인[14]중 강구철 국민대 교수가 2009년 8월 7일 한국행정법학회 창립준비 관련하여 이메일로 다음과 같이 알려왔다.

"한국행정법학회의 창립에 적극적으로 찬성하는 다음의 행정법학자들은 2009년 8월 6일 18:00시에 서초대원 한정식에 모여 학회 창립 필요성에 의견을 같이하고, 창립의 적극적인 추진에 동참하기로 결정하였다. 한편, 8월 6일 준비위원회 위원은 모두 87명이었으나, 그 중 참석위원은 24명이다. 휴가기간 중이라 많은 위원들이 위임하거나 참석불가를 통보하였지만, 이들은 학회창립 찬성자 명단에 포함되어 있다. 결과적으로 학회 창립 찬성자 명단 87명 중 24명이 8월 6일 회의에 참석한 것이며, 이에 따라 종전의 준비위원회 위원명단은 찬성자 명단으로 대체하게 되었다.[15]
2009년 8월 6일 행정법학회 창립준비 관련 회의에 참석한 행정법학자들은 그 명칭을 추진위원회로 변경하기로 하고, 그 추진 공동대표 5명을 선임하여 창립관련 업무를 위임하였다."

(나) 2009년 8월 9일 5인의 대표의 명의로 강구철 교수는 다음과 같은 학회 창립에 한

---

14 석종현 고문 측 5인의 대표는 강구철(국민대), 김영삼(인천대), 김춘환(조선대), 김재호(충남대), 이동수(대구가톨릭대)로 되어 있다.

15 석종현 고문 측 〈한국행정법학회 창립 추진위원회 위원명단〉 김영삼(인천대) 김규하(경기대) 김해룡(외대) 은숭표(영남대) 강구철(국민대) 오준근(경희대) 김춘환(조선대) 김희곤(전주우석대) 이동수(가톨릭대) 신봉기(경북대) 김재호(충남대) 송동수(단국대) 정남철(숙대) 채우석(숭실대) 길준규(아주대) 조인성(한남대) 석종현(단국대) 설계경(영산대) 정회근(남서울대) 이민영(가톨릭대) 강현호(성균관대) 이석희(한양대) 조만형(동신대) 조인성(한남대)

국공법학회가 찬반의견을 주도적으로 추진할 것을 알리고 추진위원회의 활동을 지속하지 않겠다는 유보적 입장의 메일을 보내왔다.

> "한국행정법학회 창립관련 추진위원회의 구성에 대하여 메일로 안내한 바 있으나, 오해의 소지가 있어 이를 다시 안내하면서 학회 창립 관련하여 추진위원회를 구성하였으나, 활동을 하고자 하는 것은 아니었습니다. 공법학회가 주관하는 공론화 과정에 참여하여 협조한다는 것을 알리고자 한 것이었습니다. 일단 학회 창립에 대한 행정법학자들의 찬반 의견 수렴은 한국공법학회가 주도적으로 추진할 것입니다. 따라서 추진위원회는 의견 수렴의 활동을 하지 않으니, 의견이 있으신 분들은 공법학회가 주도하는 의견수렴절차에 협조하여 주시기 바란다"

(4) 한국공법학회의 공론화 절차

(가) 한국공법학회는 2009년 9월 4일 한국공법학회 임시총회에서 행정법학회의 설립에 관한 논의를 하였으나, 결론이 나지 않아 공론화 절차를 진행하기로 하였다.

2009년 9월 9일 행정법학회 설립문제에 관한 경과보고를 하면서 공론화 절차를 진행할 것을 회원에게 알렸다. 한국공법학회 집행부는 우선 이 사실을 회원에게 알리고, 회원으로부터 한국공법학회 위상의 지속적인 발전을 위한 의견을 수렴하여 향후 대응방안을 마련하는 것으로 하였다.

(나) 한국공법학회 회장 명의의 설문조사 실시

한국공법학회는 다음의 3가지 안을 회원들에게 이메일로 발송하여 10월 20일까지 의견수렴 절차를 거쳤다. 당시 한국공법학회 총무이사는 김중권 교수이다.

제1안 조속히 설립하는 것이 좋다.
제2안 충분한 논의를 거쳐 설립 여부를 결정하는 것이 좋다.
제3안 설립하지 않고 그 설립취지를 공법학회 제도개선을 통해 실현해 나가는 것이 좋다.

이와 같은 공론화 과정이 마쳐진 후 60명 회원의 의견을 취합하여, 한국공법학회 박균성 회장 명의의 의견 수렴결과[16]를 알려왔다.

제1안-16명 (행정법 8명, 헌법 등 8명): 조속히 설립하는 것이 좋다.

제2안-19명 (행정법 11명 헌법 등 8명):충분한 논의를 거쳐 설립 여부를 결정하는 것이
좋다

제3안-23명 (행정법 15명 헌법 등 8명): 설립하지 않고 그 설립취지를 공법학회 제도개
선을 통해 실현해 나가는 것이 좋다.

(5) 석종현 고문의 한국행정법학회 홈페이지 개설

석종현 고문은 2009년 11월 26일 다음과 같은 내용의 메일을 행정법학자 들에게 송부
하였다.

"회장도 임원진 구성도 하지 못한 채 학회만 만들었습니다. 여의치 못하여 일단 설립을 마
친 점에 대하여 너그러운 이해를 구합니다. 입회신청를 하여 주시기 바랍니다.
정기총회와 제1회 학술대회는 중지를 모아 개최할 예정입니다. 그래서 회장도 임원진 구성
도 하지 못한체 학회만 만들었습니다. 회장은 행정법학자들이 정기총회때 모여서 선출하시
면 될 것입니다. 행정법학자 모두가 함께하는 학회로 출발하고자 하였으나, 여의치 못하여
일단 설립을 마친 점에 대하여 너그러운 이해를 구합니다."

석종현 고문은 2009년 12월 1일자 홈페이지 http://www.kadla.or.kr 개설을 알리면서
"한국행정법학회의 창립에 대하여 일부의 반대의견이 있었으나, 학회 창립은 시대적 요청
이라 확신하기에 조용히 행정법학회의 창립을 마치고, 이어 홈페이지를 완성하여 오픈하
였다" 고 밝혔다.[17]

결과적으로 석종현 고문의 한국행정법학회 창립 시도가 관철되지 못하여 미완(未完)의

---

16 무효표 2명(무기명 투표 1명, 기타 의견 1명)

17 석종현 고문이 행한 일련의 행위 중 이 부분이 바둑으로 치면 악수(惡手)에 속한다고 할 것이다. 이로 인해 다수 행정
법학자의 공감을 얻지 못하고 학회 창립의 주도권을 확보하려던 계획이 실패로 끝나고 타협의 길을 선택하게 되었다
고 평가내릴 수 있다.

일로 그쳤지만 정통성이 있는 한국행정법학회를 창립하는 계기를 만드는데 의미 있는 역할을 한 점을 높이 평가할 수 있다.

(6) 2009년 12월 26일 한국공법학회 행정법분야 고문의 통지문

한국공법학회 행정법분야 5인의 고문(김남진, 김철용, 박윤흔, 김영훈, 최송화)은 통지문을 보냈다. 진일보 한 것은 행정법학회의 설립 필요성에 대하여 더 논의하는 것을 반대하는 것이 아니라 행정법학자 전체를 대표함과 동시에 학문성과 신뢰 및 존중을 기초로 하는 기구가 논의의 주체가 되어야 한다는 점을 밝히고 있다. 통지문의 내용은 다음과 같다.[18]

"석종현 고문은 스스로 행한 약속을 어기고 있으며, 석종현 고문이 현재 거의 모든 행정법학자가 가입하고 있는 한국공법학회가 존재하고 있는 상황아래서 모든 행정법학자를 대표하는 것으로 인식될 수 있는 별도의 '한국행정법학회'를 발기하고 창립할 어떠한 자격이나 대표성도 인정할 수 없는 것입니다. 우리 고문들도 앞으로 행정법학회 설립의 필요성에 대하여 더 논의하는 것 자체를 반대하는 것은 아니며, 행정법학자 전체를 대표함과 동시에 학문성과 신뢰 및 존중을 기초로 하는 기구가 그 논의의 주체가 되어야 한다는 점을 강조하는 것입니다. 우리 고문들은 현재 거의 모든 행정법학자들이 가입되어 있는 공법학회가 그 논의의 주체가 되거나, 아니면 별도로 전국의 모든 행정법학자들을 대표할 수 있는 기구를 구성하여 거기에서 주관하여야 한다는 것을 말씀드립니다."

(7) 2010년 2월 27일 행정법 고문단 회의

2010년 2월 27일 한국공법학회의 행정법분야 고문들은 2009년 9월 4일 한국공법학회 임시총회에서 행정법학회의 설립 여부에 관한 토의가 있은 후 지금까지 현안 의제로 되어온 행정법학회의 설립에 관하여 논의하고자 전국의 모든 행정법학자들의 모임을 아래와 같이 마련하기로 하였다. 최송화 고문이 고문단에서 신임을 받아 비상시국에 나서줄 것을 요청받았다.

---

18 통지문의 말미에 "한국공법학회 회원 중 행정법학자 여러분! 공법학회 회원으로서의 긍지와 품위를 지켜 정당한 절차에 따라 방향이 정하여질 때까지 동요하지 마시고 학문연구와 교육에 계속 매진하시기를 부탁드립니다."로 끝맺고 있다.

최송화 고문은 2010년 3월 24일 한국공법학회와 대법원 헌법연구회가 공동으로 개최하는 학술대회(2010년 5월 1일 13:30부터, 대법원 16층 대회의실)에 앞서 가지게 되므로, 5월 1일 행정법학자 모임에 많은 행정법학자와 연구자(실무가 포함)들께서 참석하여 고견을 피력하기를 요청하였다.

나. 한국행정법학회 창립의 분기점과 학회의 출범

(1) 최송화 고문과의 바둑을 통한 정례적 만남

최송화 고문은 필자의 대학원 은사이지만, 서초동에서 가끔 수담(手談)을 나누었다. 당시 최송화 고문이 회장인 유수회[19]라는 명칭의 바둑모임이 있었다. 이러한 모임으로 자연스럽게 최송화 고문을 비교적 자주 뵙게 된 것이 한국행정법학회를 창립하고 그 이후에도 지속적으로 초대 집행부의 일원이 되는 계기로 작용하였다. 최송화 고문은 서울대 바둑부에서 1998년에 발간한 "오로의 향연(烏鷺의 饗宴)- 서울대 동경대 바둑교류 20년-"이라는 서울대와 동경대와의 바둑기보를 모은 책을 소장하라고 하면서 생전에 필자에게 선물하기도 하였다.[20]

2010년 3월 28일 일요일 최송화 고문과 만나 서초동에서 바둑을 두고난 후 5월 1일의 행정법학자모임과 그 이후의 학회창립에 관한 의견을 구하여 도움이 될 만한 사항을 보내달라고 요청하여 2개의 문건[21]을 보내드렸다. 필자가 보낸 문건의 핵심적인 2가지 사항을 요약하면, "① 행정법학회를 설립한다고 하였을 경우에 기존 학회와의 관계 정립이 선

---

19 유수회(流水會)회원 중 최송화(회장), 연기영, 안철상, 김용섭(총무)은 고정 멤버이고, 박균성, 오준근, 강현호, 진홍기, 김동훈, 김기정, 이남우, 박성현 (존칭 생략) 등은 가끔 모였다.

20 그 책에서 필자의 주례 선생인 김영국 서울대 정치학과 명예교수는 하서(賀序)를 통해 "바둑을 통한 서로의 친목과 인간수련(人間修練)입니다."라고 밝히고 있다. 최송화 당시 서울대 부총장은 '欣然과 可喜의 二十年'이라는 글에서 "유수부쟁선(流水不爭先) 이란 말처럼, 승패를 다투지 않으면서 화국을 향해 흐르는 물처럼 오고간 수담을 통해 동아시아 지성의 대화가 쌓여가고, 그를 통해 평화와 발전의 새 시대를 함께 만들어 갈 것을 바라마지 않습니다"라고 밝히고 있다.

21 필자는 최송화 고문의 요청을 받고 4페이지 분량의 "행정법학자 모임과 관련한 검토"라는 제목의 문건을, 2010년 3월 30일 메일로 보내드렸다. 아울러 3페이지 분량의 "행정법학자 모임진행 및 대응전략 검토"라는 제목의 문건도 보내드렸다. 필자는 한국행정법학회의 본격적인 논의가 되기 시작한 시점부터 최송화 고문을 만나 가끔씩 바둑을 두면서 학회의 기본적 틀을 짜는데 고심하고 계셔서 창립과정에 초기에 창립취지문의 초안 작성, 정관안의 검토, 집행이사를 비롯한 임원 등 집행부 구성에 대한 의견제시 등을 통해 도와드린 바 있다.

행되게 되는데, 만약에 한국행정법학회를 행정법학회의 모학회로 그 위상을 자리매김하게 된다면, 그동안 모학회로서의 기능을 수행해온 한국공법학회와의 관계정립이 애매하게 되므로 모학회라는 표현보다는 행정법의 대표학회가 좋다. ② 한국행정법학회가 설립되더라도 다른 행정법 관련학회와 기능이 중복될 수 밖에 없어 옥상옥의 문제는 남게 된다. 상당부분 행정법의 문제에 있어서 중복되고, 대표 행정법학회로서 독자적 영역으로 발전할 만한 것은 여러 행정법관련학회를 종합하여 행정법분야통합학술대회를 개최하는 것이다.”

최송화 고문은 한국공법학회 여러 고문들은 물론 여러 방면으로 학계의 다양한 의견을 조율하며 치밀하게 준비해 나갔다.[22] 지금 생각해 보니 최송화 고문은 2010년 5월 1일 행정법학자의 모임에 승부수를 던진 것이다. 최송화 고문은 사전에 철저한 준비와 이론적 무장을 하고 행정법학자의 모임에 임할 준비를 하였다고 볼 것이다.

(2) 학회창립의 분기점: 2010년 5월 1일 행정법학자 모임 결의

행정법학자 모임은 한국공법학회와 대법원 헌법연구회가 공동으로 개최하는 학술대회가 시작되기 전인 13:30부터 대법원 16층 대회의실에서 개최되었다. 당일 참석자를 위해 오찬은 대법원 구내식당인 매화식당으로 안내가 되었다.

그날의 행정법학자 모임은 한국행정법학회의 창립의 분기점이 되었다. 경향 각지에서 모인 행정법학자 57명[23]은 행정법학회의 창립을 둘러싸고 진지한 토의 절차를 거쳐 다음

---

[22] 석종현 고문은 2021년 7월 3일 자로 한국행정법학회 학술대회 기조발제문을 잘 읽었고 전사(前史)를 기록해 주어 고맙다는 뜻을 전하면서, “김해룡 고문의 주선으로 최송화 회장과의 3인 청담동 만찬 회동이 이루어 졌고, 이 모임을 통해 허심탄회하게 논의하였으며, 김해룡 고문의 설득으로 본인이 추진하던 학회 창립의 뜻을 접는 계기가 되었다” 는 취지의 문자를 필자의 카톡으로 전해 왔다.

[23] 〈행정법학자 모임 참석자 명단〉 강기홍(한국지방행정연구원) 경 건(서울시립대 법학전문대학원) 권배근(광운대) 길준규(아주대 법학전문대학원) 김기진(명지전문대) 김남진(고문) 김동건(배재대) 김동희(서울대 명예교수) 김성배(대구대) 김연태(고려대 법학전문대학원) 김용섭(전북대 법학전문대학원) 김유환(이화여대 법학전문대학원) 김종보(서울대 법학전문대학원) 김중권(중앙대 법학전문대학원) 김창조(경북대 법학전문대학원) 김 철(숙명여대) 김철용(고문) 김향기(성신여대) 김해룡(고문) 남하균(울산대) 문상덕(서울시립대 법학전문대학원) 박균성(경희대 법학전문대학원) 박윤흔(고문) 박재윤(한양대, 변호사) 박재현(전주대) 박정훈(서울대 법학전문대학원) 박종수(고려대 법학전문대학원) 방동희(한국정보사회진흥원) 서정범(경찰대) 석종현(고문) 선정원(명지대) 송시강(홍익대) 안동인(영남대 법학전문대학원) 안정민(한림대) 이경운(전남대 법학전문대학원) 이기우(인하대 법학전문대학원) 이기춘(부산대 법학전문대학원) 이상철(육군사관학교) 이원우(서울대 법학전문대학원) 이은기(서강대 법학전문대학원) 이일세(강원대 법학전문대학원) 이재삼(경원대) 이철환(전남대 법학전문대학원) 이희정(고려대 법학전문대학원) 정 훈(전남대 법학전문대학원) 정호경(한양대 법학전문대학원) 조성규

2가지 사항을 결의하였다.

1) 한국을 대표하는 행정법학자들의 모임인 한국행정법학회를 창립하기로 한다.
2) 한국행정법학회의 창립에 관한 일체의 사항을 고문단에 위임하여 추진한다.

최송화 고문은 행정법학자 모임을 마친 후 2010년 5월 23일 한국공법학회 행정법분야 고문 김남진, 김원주, 김철용, 박윤흔, 김영훈, 최송화, 석종현, 박수혁, 홍정선, 김해룡 명의로 행정법학자 모임의 결과를 위 2가지 결의사항과 참석자 명단을 포함하여 다음과 같이 논의 과정 및 내용[24]을 행정법학자에게 메일로 발송하였다.

1) 이날 회의는 최송화 고문의 사회로 개회 진행되어 김남진 고문의 인사말씀, 박윤흔 고문의 의사진행발언이 있었고, 이재삼, 박균성, 홍준형, 최승원, 박정훈, 김용섭, 김연태, 김동건, 김창조 교수의 토의가 이어졌다.
2) 진지한 분위기에서 진행된 이날 회의에서 행정법학회의 설립은 필요하지만 한국공법학회를 형해화하지 않으면서 또한 개별 행정법학회와의 적절한 위상도 정립하는 방향에서 행정법학회가 설립되어야 한다는 것을 명확히 하였다.
3) 행정법학회의 창립이 행정법학계의 분열이 아닌 화합과 대동단결의 정신에서 학문적 공동체를 이루어 내어야 하고, 중앙과 지방의 행정법학자는 물론 법학전문대학원과 법과대학의 행정법 교원 및 원로·중진·신진의 행정법학자들을 모두 아우르는 전체 행정법학자들이 참여하는 형태로 한국을 대표하는 명실상부한 행정법학회 "한국행정법학회"를 창립하기로 결의하였다.
4) 그 설립추진의 주체는 고문단으로 하되, 설립추진의 원활한 진행을 위하여 추진준비위원의 위촉, 발기인의 확정, 정관초안 작성 등 창립준비에 관한 일체의 사항을 고문단에 위임하기로 하였으며, 학회창립발기인대회는 너무 늦지 않는 적절한 시기에 개최하기로 결의하였다.

(전북대 법학전문대학원) 차민식(부산항만공사) 최계영(서울대 법학전문대학원) 최봉석(동국대) 최송화(고문) 최승원(이화여대 법학전문대학원) 홍준형(서울대 행정대학원) 전병준() 박인수(영남대 법학전문대학원) 김대환(서울시립대 법학전문대학원) 문재완(외국어대 법학전문대학원) (57)

24 2010년 5월 1일 행정법학자 모임의사록 참조

(3) 최송화 고문의 주도면밀한 창립준비

최송화 고문은 창립 발기인 대회를 갖기 전인 2010년 6월 19일 정관안의 골자를 보내면서 메일로 6월 23일까지 "학회 창립 발기인" 및 "창립 추진 준비위원" 위촉의 수락하도록 하였으며, 위촉의 기준은 위 행정법학자 모임의 결의내용에 따라 학회의 창립에 있어서 중앙과 지방의 행정법학자는 물론 법학전문대학원과 법과대학 등의 행정법 교원 및 원로·중진·신진의 행정법학자들을 모두 아우르는 전체 행정법학자들이 참여할 수 있도록 한다는 것으로 창립발기인과 창립 추진 준비위원의 명단을 6월 24일 확보하였다. 필자는 그 전날 급히 최송화 고문께 학회 창립취지문을 채택하는 것이 중요하다고 말씀드려 6월 25일 새벽에 메일로 창립취지문의 초안을 보내드렸고, 최송화 고문과의 문구수정이 한 두 차례 오고 간 후에 발기인 명단 119인을 수록하여 정관안과 함께 창립취지문을 인쇄하여 2010년 6월 25일 학회 창립을 맞이할 만반의 준비가 마쳐졌다.

(4) 2010년 6월 25일 역사적 한국행정법학회 탄생

2010년 6월 25일 15:40-17:00에 서울대 법과대학/법학전문대학원 15동 301호에서 개최된 2010 한국공법학자대회 중 행정법 공동세션(사회 최송화)에 행정법학자 다수가 모여 학회 창립을 결의하고, 정관안을 상정한 후 토론과 논의를 거쳐 이를 일부 사항을 수정하기로 하고 채택하였다. 당일 창립취지문과, 119인의 창립발기인 명단[25]이 제시되었다. 당일 법정이사를 김남진, 김철용, 박윤흔, 김영훈, 최송화, 석종현, 박수혁, 홍정선, 김해룡 모두 9인으로 하는 법정이사회를 구성하여 제1차 회의를 가졌다. 이사장을 호선으로 하여

---

25 김남진, 김원주, 김철용, 박윤흔, 김영훈, 최송화, 석종현, 박수혁, 홍정선, 김해룡, 강구철, 강주영, 경 건, 금태환, 길준규, 김광선, 김광수, 김규하, 김남욱, 김남철, 김대인, 김동건, 김동희, 김병기, 김선옥, 김성배, 김성태, 김세규, 김수진, 김연태, 김영삼, 김영조, 김영진, 김용섭, 김원중, 김유환, 김재광, 김재호, 김종보, 김종회, 김중권, 김창조, 김 철, 김춘환, 김치환, 김태호, 김현준, 남하균, 문병호, 문상덕, 박균성, 박민영, 박재윤, 박정훈, 박정훈, 박종국, 박종수, 박효근, 방동희, 배병호, 백윤기, 백종인, 변해철, 서정범, 선정원, 송동수, 송시강, 신봉기, 안동인, 오준근, 우성기, 은숭표, 이경운, 이계수, 이광윤, 이기우, 이기춘, 이동수, 이동식, 이동찬, 이민영, 이상천, 이상철, 이상학, 이원우, 이은기, 이일세, 이전오, 이헌석, 이현수, 이호용, 이희정, 임 현, 장경원, 장태주, 전극수, 정남철, 정준현, 정하명, 정하중, 정형근, 정호경, 조성규, 조태제, 차민식, 채우석, 최계영, 최봉석, 최선웅, 최승원, 최영규, 최우용, 최정일, 최철호, 하명호, 한견우, 한귀현, 허성욱, 홍준형 (119인)

김남진 고문을 초대 이사장으로, 회장으로는 최송화 고문을 선임하였다. 창립 총회에서 임원선임 제청안이 통과되었다. 이로써 우여곡절 끝에 한국동란 60년 주년이 되는 날에 한국행정법학회가 출범하게 되었다. 한국행정법학회 제1대의 집행부는 그 후 법정이사회와 임시총회를 거쳐 완성되었다. 즉, 2010년 11월 26일 임시총회가 개최되어 정관 확정보고, 회원 현황[26] 보고, 임원 선임안 의결(감사, 부회장, 이사), 집행이사 및 연구위원 위촉안 보고 그리고 2011년도 사업·재정예산 계획의 승인을 받았다. 이로써 최송화 초대 회장의 집행부가 본격적으로 활동하게 되었다.

3. 학회의 창립취지문과 학회 창립의 당위성 및 정관조항의 특징

가. 학회의 창립취지문

　행정법학은 공행정을 대상으로 하면서 헌법과 더불어 공법학의 한 분야를 형성하고 있다. 행정법은 사법과는 달리 학문적 역사가 비교적 짧은 반면에 학문적 논의의 장이 광범위하여 그동안 개별 행정법학회가 다수 설립되어 운영되어 온 것이 사실이다. 그러나 여러 개별 행정법학회 가운데 행정법 전반을 아우르면서 대외적으로 한국의 행정법학회를 대표하는 성격의 학회의 출범이 필요하다는 데 행정법학자들의 다수가 인식을 공유하여 한국행정법학회의 창립에 뜻이 모아졌다.

　특히 사단법인 한국공법학회 행정법 분야의 고문과 학회창립에 뜻을 같이 하는 여러 행정법학자들은 사단법인 한국공법학회를 형해화하지 않으면서 또한 개별 행정법학회와의 적절한 위상도 정립하는 방향에서 한국행정법학회를 창립하는 것이 正道라고 보아 다각적인 논의를 거쳐 한국행정법학회를 창립하기에 이르렀다.

　한국행정법학회는 정관에서 명기하고 있는 바와 같이 행정법학 및 이에 관련된 학술의 조사·연구·발표 및 보급에 기여하고 회원 상호간의 협력의 도모를 목적으로

---

26 한국행정법학회 2010년 임시총회 회의 자료, 당시 회원은 창립발기인과 창립 찬동인으로 2010년 11월 26일 현재 267명이다.

하면서, 행정법학 및 이에 관련된 학술의 연구·조사, 회지·논문집 기타 도서의 간행, 연구발표회 및 학술강연회의 개최, 학회와 목적을 같이 하는 국내외 단체와의 교류, 학술상의 제정 및 시상 등의 사업을 하기로 한다. 학회의 조직과 운영의 원칙을 첫째, 학회의 정통성과 화합의 학문적 공동체를 이루어 내고, 둘째, 균형적 참여와 조화로운 운영을 도모하며, 셋째, 학문적 전문성과 실천적 연구를 지향하고자 한다.

한국행정법학회의 창립을 통하여 행정법학계의 분열이 아닌 화합과 대동단결의 정신에서 학문적 공동체를 이루어 내어야 할 것이다. 또한 우리는 중앙과 지방의 행정법학자는 물론, 법학전문대학원과 법과대학의 행정법 교원 및 원로·중진·신진의 행정법학자들을 모두 아우르는, 전체 행정법학자들이 참여하는 형태로 한국을 대표하는 명실상부한 한국행정법학회를 창립하고, 화합적 차원에서 한국행정법학회로 발전시켜 나가고자 한다.

한국행정법학회는 공법분야의 통합적 학술단체인 한국공법학회의 발전과 화합에 적극 협력하고, 학회의 문을 행정법학자에 한정하지 않으며, 실무계에도 널리 문을 개방하여 이들과 공동으로 연구하고 교류하는 개방적인 학회로 발전하고자 한다.

끝으로 이번에 출범하는 한국행정법학회는 21세기 한국을 대표하는 행정법학회로서 다른 행정법 관련 학술단체들의 활동을 적극적으로 협력하고 지원하며, 외국의 행정법 관련 학회와의 학술교류 등을 통하여 한국행정법학의 학문적 수준을 한층 높임과 아울러 국제적인 위상 제고에 기여하고자 한다.

2010. 6. 25.

한국행정법학회 창립 발기인 일동

나. 학회 창립의 당위성 및 정관 조항의 특징

한국행정법학회를 창립한다는 것은 한국공법학회로부터 행정법학의 분리가 아니라 한국헌법학회가 그동안 수행해 왔던 것처럼 한국공법학회와 병존하면서 행정법학만의 학문적 수요를 감당할 필요성에 부응하기 위하여 한국행정법학회를 창립할 당위성이 있다.[27] 이 부분은 석종현 고문의 당초의 창립취지문과 기본적으로 맥을 같이한다.

학회 정관은 본문 제43조 부칙 제3조로 구성되어 있다. 학회 정관 제2조에서 목적에 관하여 "이 학회는 행정법학 및 이와 관련된 학술의 조사·연구·발표 및 보급을 기하고 회원 상호간의 협력을 도모함을 목적으로 한다"고 정하고 있다. 정관 조항의 특수성은 제3조(학회 조직 및 운영의 원칙)에서 분명하게 드러난다.

1. 학회의 정통성과 화합의 학문적 공동체
2. 균형적 참여와 조화로운 운영
3. 학문적 전문성과 실천적 연구

이와 같은 학회 조직 및 운영의 원칙은 다른 학회의 정관에서 볼 수 없는 특수한 조항이다. 이 부분은 2010년 5월 1일에 개최된 행정법학자 모임의 학회 창립 결의 취지와 정신을 압축하여 반영하고 있다.

창립당시의 학회 정관 제13조에는 학회에 이사장 1인과 이사장을 포함하여 5인이상 15인 이내의 법정이사를 둔다고 되어 있다. 회장과 부회장을 감사보다 후위에 두도록 배열하였으며, 집행이사를 이사보다 후위에 위치한 것이 특징이다. 집행이사는 회장의 명을 받아 총무·기획·연구·출판·재무·국제·섭외·조직·정보 등이 업무를 분담·처리한다고 되어 있어, 최송화 초대 회장은 창립 당시 기획의 중요성을 강조하여 상위에 위치하도록 하고 있는 점도 특기할 만하다.

학회 정관 제43조에서 한국공법학회 및 다른 행정법 관련 학술단체와의 관계를 규정하고 있다. 즉, "이 학회는 1956년 7월 헌법학자와 행정법학자들이 함께 참여한 가운데 창립되어 현재까지 존속되어 온 공법분야의 통합적 학술단체인 한국공법학회의 발전과 화합에 적극협력하며, 다른 행정법 관련 학술단체들의 활동에 적극 협력·지원한다."라고 규

---

27 오준근, 앞의 논문, 19-20면. 오준근 교수는 2009년 8월 6일 석종현 고문 주도의 창립준비위원회에 참여한 것으로 되어 있다. 오준근 교수는 초대 집행부 국제이사로 활동하면서 창립기념 학술대회에서 "국가발전과 행정법학자의 역할"에 관하여 발표하면서 사회적 수요와 교육적 수요의 관점에서 한국행정법학의 창립 필요성을 이론적으로 뒷받침하고 있다.

정하고 있다. 이 조항은 2010년 5월 1일자의 한국행정법학자 모임에서 나온 결과[28]를 반영한 것이다.

또한 부칙 제3조(설립당초의 법정이사)에서 "이 학회 설립당초의 법정이사는 학회의 정통성과 화합적 출범 및 학회 설립 초기의 안정적 운영을 위하여 2010년 5월 1일 개최된 행정법학자 모임의 결의에 따라 학회의 설립 추진 주체(추진단)로 인정·수권된 학회 창립 추진위원회의 구성원인 한국공법학회 행정법분야 고문들이 된다. 단 설립당초의 법정이사는 그 임기를 1년으로 한다"로 되어 있다.

당초 한국행정법학회 고문단에 관한 정관에 담긴 의미는 불가피하게 한국공법학회 행정법분야 고문을 당연직 법정이사가 되도록 하지만, 그 임기를 1년으로 하여 과도기적으로 참여하고 학회 창립 1년 이후에는 관여하지 않는 입장이었다고 생각한다. 그런데 정관 본칙의 임기 3년을 적용하여 그대로 운영하여 왔고, 법정이사가 계속 늘어나 정관을 개정하여 법정이사의 수를 15인에서 20인으로 늘렸다. 법정이사가 계속 늘어나게 되는 경우에 정관을 개정하여 계속 법정이사를 늘려나갈 것인지 아니면 법정이사의 수를 축소하는 것이 옳은 것인지 이 부분에 대하여 진지하게 논의할 필요가 있다.

4. 최송화 초대 회장과 집행부 및 연합학술대회에 대한 회고

가. 최송화 초대 회장에 대한 회고

최송화 초대 회장은 평소 "역사가 웅변하듯이 새로운 시대는 새로운 사명을 준다"는 지론을 갖고 있었다.[29] 지나간 일이지만, 2010년 6월 25일 한국행정법학회의 창립 과정에 어려움이 많았고, 최송화 회장이 힘들어 하실 때 미력이나마 가까이에서 성심껏 도와드렸다. 한국행정법학회 초대 집행부 기획이사로 활동하면서 최송화 회장께서 꼼꼼하게 일정을 챙기시고 완벽에 완벽을 다하는 자세를 어깨 너머로 배울 수 있었다. 최송화 회장께서 한국행정법학회 회장과 사법정책연구원장을 연이어 맡으신 후 건강이 상하셔서 서울대

---

28 행정법학회와 한국공법학회 및 개별 행정법학회와의 관계(한국공법학회가 모학회이며 행정법학회는 한국을 대표하는 학회로서 개별행정법학회와의 적절한 위상관계)를 정관에 명기하기로 한다.

29 최송화, "뉴 밀레니엄에 즈음한 한국공법학의 회고와 전망", 공법연구 제28집 제4권 제1호, 11면.

병원에 여러 차례 입원과 퇴원을 반복하시고, 성북동 요양병원에서 재활치료를 받고 계실 때 여러 차례 병문안하기도 하였다. 특히 2018년 8월 중순경 이광윤 한국행정법학회 회장과 연락하여 함께 찾아 뵈었고, 그날 김광수 교수와 이계수 교수도 병문안하여 함께 담소를 나누셨는데 애석하게도 2018년 9월 1일 오후에 숙환으로 별세하셨다.

최송화 초대 회장의 3주기를 맞이하여 희수기념 봉정식과 추도식을 회고하면서 한국 법학계의 신사로서 어두운 밤하늘에 북극성과 같이 빛나는 길잡이 역할을 하신 청담(晴潭) 최송화 회장을 추념하고자 한다. 청담(晴潭) 최송화 희수기념 논문집 "행정판례와 공익" 봉정식은 2018년 7월 5일 양재동 엘타워에서 성황리에 개최되었다. 위 논문집에 김동건 간행위원회 위원장의 간행사에 이어, 김남진 학술원 회원, 박윤흔 전 대구대 총장, 권영설 한국공법학회 고문과 박정훈 동아시아행정법학회 한국학회 이사장의 하서와 동아시아 행정법학회 한국학회 이사인 필자에게도 기회가 부여되어 장문의 하사(賀詞)를 작성하였다.[30]

최송화 회장은 논문봉정식에 참석하시어 감사의 말씀[31]을 전하면서, "법학과 벌실무의 연결점이자 만남의 장소라고 할 수 있는 행정판례는 공익과 법치행정의 구현의 현주소이자 바로미터이고, 나아가 실현수단입니다."라고 소감을 피력하시면서 "과거는 생각하기 위해, 현재는 일하기 위해, 미래는 기쁨을 주기위해 존재한다고 할 수 있습니다. 오늘 희수기념논문집을 봉정받고 보니 지난 시절이 주마등처럼 눈앞을 지나갑니다."라고 술회하시면서 "오늘에 이르기까지 후의와 배려를 베풀어주신 많은 선배님, 동학 그리고 후학들에게 더 없이 감사드립니다" 라고 하면서 2페이지 분량의 감사의 말씀을 당일 참석자에게 전하였다.

최송화 초대 회장이 돌아가신 후 2018년 9월 4일 서울대 병원 장례식장에서 행정법이론실무학회가 중심이 되어 추도식 행사를 가졌다. 이계수 교수가 사회를 보고, 이한성 행정법이론실무학회 이사장의 인사말씀, 김광수 교수의 약력보고, 한국공법학회 김유환 회장, 한국행정판례연구회 김동건 회장 및 한국행정법학회 이광윤 회장의 추도사가 있었다.

---

30 청담 최송화 교수 희수기념 논문집 간행위원회, "행정판례와 공익", 2018.

31 최송화, 청담 최송화 교수 희수기념 논문집 봉정식 "감사의 말씀", 2018. 7. 5.

사회를 보는 이계수 교수가 참석자 중에 추도사를 할 수 있는 기회를 부여하여 필자와 성낙인 서울대 총장이 추도사를 하였다. 그 후 이광윤 한국행정법학회 회장은 추도사[32]를 한국행정법학회 홈페이지에 탑재하였고, 필자는 2018. 9. 6. 법률신문에 추도사[33]를 기고하여 게재하였다.

최송화 초대 회장은 일처리에 있어서 매사 신중하시고 격식을 중시하시면서 하나의 작품을 완성하듯이 하나의 문장이라도 좋은 표현이 나올 때까지 여러 차례에 걸쳐 꼼꼼하게 완벽을 기하시는 철저함이 있으셨다. "한사람 보다는 여러 사람의 생각이 더 큰 지혜를 낳는다"는 지론으로 크로스 체크(cross check)를 통하여 합리적 결론을 도출하시었다.

한국공법학의 선각자인 牧村 김도창 박사께서 1973년 발간한 행정법 교과서 서문에서 "내일을 위하여 다리를 놓는 사람들은 자기 위로에 살아야 한다. 그 다리를 건너 미래로 전진하는 이들이 손을 흔들 것이기 때문이다."라고 기술되어 있다. 김도창 박사의 제자인 최송화 회장은 그로부터 20여년이 지난 시점인 1995년에 "오늘을 위하여 다리를 놓는 분들에게 그 다리를 건너 미래로 전진하는 이들은 손을 흔들어야 한다."고 회고하였다.[34]

牧村 김도창 박사는 2002년 5월 최송화 교수 화갑기념논문집 하서(賀序)에서 최송화 회장과의 관계를 설명하면서 "나와의 관계에서는 40년 이상을 두고 학문의 세계에서 고락을 같이 해왔다. 특히나 行政法관계 저술이나 판례연구 등에 있어서 나는 그에게 큰 빚을 지고 있는 셈이다."라고 밝히고 있다.[35] 최송화 초대 회장은 행정법 학자들의 중지를 모아 스승의 길을 따라 한국공법학회의 전통을 유지하면서 새로운 다리인 한국행정법학회를 건설한 것이다.[36] 우리는 한국행정법학회의 초석(楚石)을 놓은 선학을 위해 손을 흔들며 그 다리로 건너 힘차게 전진해야 한다.

최송화 회장은 동아시아 행정법학회 이사장을 맡아 2차례 동아시아 행정법학회를 성공

---

32 이광윤, 故 청담 최송화 선생님 추도사, 한국행정법학회 홈페이지, 2018. 9. 10.

33 김용섭, "추도사 청담 최송화 교수님 영전에 바치며-", 법률신문 2018. 9. 6.

34 최송화, "한국행정법학 50년의 성과와 21세기적 과제", 서울대 법학 제36권 제2호, 1995.

35 김도창, 청담(晴潭) 최송화 교수 화갑기념논문집 "현대공법학의 과제" 하서(賀序), 박영사, 2002. 5.

36 최송화 초대 회장은 한국행정법학회가 창립된 후에도 한국공법학회의 형해화를 막고 한국공법학회가 母학회로서의 역할과 위상을 강조하였다.

적으로 치렀고, 어려운 시기에 한국행정법학회 초대 회장을 맡아 스승과 선학의 학문적 전통을 한국공법학회 및 다른 인접학회들과의 관계설정을 조화롭게 하면서 후학들에게 잘 전수하여 한국행정법학이 국제적 경쟁력을 갖출 수 있도록 하는데 크게 기여하였다. 최송화 초대 회장은 한국행정법학회가 화합적 학문공동체가 될 수 있도록 여러 각도에서 다양한 의견을 청취하시고 임원 선임은 물론 학회 발표 등에 있어서 특정 학교 출신에 치우치지 않도록 배려하면서 신중한 결정을 내리시곤 하였다.[37]

나. 창립학회의 집행부

2010년 6월 25일 학회 창립총회에서 이사장으로는 김남진 고문이, 회장으로는 최송화 고문이 추대되었음은 앞에서 밝힌바 있다. 최송화 초대 회장은 필자를 총무이사를 맡기고 싶어하여 적극 권하였으나 당시 로스쿨이 출범하여 새로운 환경에 적응해야 하기도 했지만, 과천의 집과 주중에 수업을 위해 전주를 오가는 처지라 총무이사의 직을 간곡히 고사하였다. 그 대신에 크고 작은 학회의 일에 성심껏 도와드리겠다고 하면서 기획이사 쪽을 자청하였다. 총무이사로 배병호 교수를 추천하였고, 지방대학에 재직하는 유진식 교수를 비롯한 역량 있는 몇 분을 집행이사로 천거하였으며 학회 창립의 전후 과정에 비추어 서울대 출신 제자를 많이 중용할 수 없을 뿐만 아니라 경향 각지의 인재를 널리 포용하여야 하는 상황임을 잘 알고 계셨다.

최송화 초대 회장 당시의 부회장과 집행이사의 인선에 있어 석종현 고문의 입장도 배려한 것으로 알고 있다. 당시의 부회장은 10년의 세월이 흐르면서 이제는 대부분 정년을 마쳤고, 집행이사도 상당수가 정년을 맞이하였거나 정년을 앞두고 있다. 이러한 점에 비추어 학회 창립 당시의 집행부의 구성은 정상적인 상황을 전제로 한 것이 아니다. 특히 비상국면에서 한국공법학회 고문 중에서 두루 신망이 두터운 최송화 고문이 초대 회장의 적임자로 추대된 것이지만, 속된 말로 70대의 고령에 건강도 좋지 않음에도 본의 아니게 총대를 어깨에 짊어지게 된 것이다. 학회 창립 당시 출판이사는 서울대 박정훈 교수가 맡았는데, 학회의 창립 후 1년이 지난 시점에 전문학술지 '행정법학'을 출간하기에 앞서 편

---

37 김용섭, "청담(晴潭) 최송화 교수 희수기념 논문집 하사(賀詞)", 박영사, 2018.

집위원회와 연구윤리 위원회가 구성되었다.[38] 이화여대 최승원 교수는 정보이사를 맡았다가 한국공법학회 회장 출마 등의 이유로 고사하여 공석이 되기도 하였다.

제1대 집행부

(1) 법정이사: 김남진(이사장), 김철용, 박윤흔, 김영훈, 최송화, 석종현,
　　　　　　　박수혁, 홍정선, 김해룡
(2) 감　사: 강구철(국민대), 배영길(부경대)
(3) 회　장: 최송화(서울대 명예교수)
(4) 부회장: 김영삼(인천대), 김향기(성심여대), 정하중(서강대),
　　　　　　최영규(경남대 부총장), 이경운(전남대), 정순훈(전 배재대 총장),
　　　　　　김선욱(이화여대 총장), 서기석(청주지방법원장),
　　　　　　김기표(전 한국법제연구원장), 이광윤(성균관대), 김재호(충남대),
　　　　　　백윤기(아주대 법학전문대학원장)

이　사: 강기홍(경상대), 경　건(서울시립대), 경재웅(중부대), 고영훈(한남대), 권배근(광운대), 금태환(영남대), 김광수(서강대), 김동건(배재대), 김명길(부산대), 김명용(창원대), 김성원(원광대), 김성태(홍익대), 김세규(동아대), 김수진(인천대), 김연태(고려대), 김영조(상명대), 김용섭(전북대), 김은주(제주대), 김재광(선문대), 김재규(법제처), 김정순(한국법제연구원), 김춘환(조선대), 김호정(한국외대), 김희곤(우석대), 박　민(국민대), 박수헌(숙명여대), 박정훈(서울대), 박해식(변호사), 박효근(대구대), 배병호(성균관대), 서규영(변호사), 서정범(경찰대), 선정원(명지대), 설계경(영산대), 손진상(안동대), 신봉기(경북대), 오준근

(경희대), 유진식(전북대), 이계수(건국대), 이기우(인하대), 이동수(대구가톨릭대), 이상철(국회), 이상철(육군사관), 이일세(강원대), 이재삼(경원대), 이종영(중앙대), 이철환(전남대), 이한성(국회의원), 이헌석(서원대), 전극수(숭실대), 정준현(단국대), 정태용(아주대), 조태제(한양대), 최선웅(충북대), 최승원(이화여대), 최인호(충남대), 최정일(동국대), 최철호(청주대), 한견우(연세대), 황해봉(국민권익위)

집행이사:

      총무이사: 한견우(연세대), 배병호(성균관대)

      기획이사: 김용섭(전북대)

      연구이사: 김연태(고려대), 신봉기(경북대)

      출판이사: 박정훈(서울대)

      국제이사: 이기우(인하대), 오준근(경희대), 유진식(전북대)

      재무이사: 김광수(서강대)

      섭외이사: 김세규(동아대), 이종영(중앙대)

      조직이사: 이일세(강원대), 조태제(한양대)

연구위원: 강문수(한국법제연구원), 강주영(제주대), 권경현(한국개발연구원), 권순형(법원행정처), 길준규(아주대), 김남욱(명신대), 김대인(이화여대), 김도환(변호사), 김명연(상지대), 김민호(성균관대), 김상태(순천향대), 김성배(대구대), 김원중(청주대), 김치환(영산대), 김태호(대법원), 김학신(경찰청), 남하균(울산대), 문병효(강원대), 문봉식, 문상덕(서울시립대), 문현철(초당대), 박노정(공주영산대), 박종수(고려대), 박지원(변호사), 박창석(관동대), 박현정(한양대), 성소미(국회입법조사처), 손병기, 손재영(계명대), 송시강(홍익대), 송영선(한국법제연구원), 안동인(영남대), 안정민(한림대), 오병권(대통령실), 오승규(법무부), 이기춘(부산대), 이동식(경북대), 이민영(가톨릭대), 이상덕(인천지방법원), 이상학(대구대), 이성엽(미국변호사), 이세

정(한국법제연구원), 이승훈(헌법재판소), 이은선(헌법재판소), 이중교(연세대), 이현수(건국대), 이호용(단국대), 이희정(고려대), 장경원(서울시립대), 장교식(건국대), 전 훈(경북대), 전영준(변호사), 정남철(숙명여대), 정은영(부산지방법원), 정하명(경북대), 정호경(한양대), 조성규(전북대), 최계영(서울대), 최봉석(동국대), 최승필(한국외대), 최우용(동아대), 최정민(변호사), 최환용(한국법제연구원), 하명호(고려대), 한귀현(순천대), 한병식(변호사), 허성욱(서울대), 황창근(홍익대), 황창용(원광대)[39]

간 사: 총무간사 - 이현수, 김남철, 최진수

　　　　기획간사 - 송영선, 김성배

　　　　연구간사 - 이희정, 김태호, 전 훈, 최철호

　　　　출판간사 - 안동인, 강지은, 최계영,

　　　　국제간사 - 강기홍, 박재현, 이순태, 최인호

　　　　재무간사 - 최환용

　　　　섭외간사 - 한귀현

　　　　조직간사 - 이기춘, 김형섭

다. 한국행정법학회 주관의 행정법 분야 연합학술대회 회고

행정법 분야 연합학술대회의 개최는 제1회부터 제5회까지 이어지다가 중단되었다.[40]

그런데 필자는 최송화 초대 회장의 집행부에서 학회의 정체성, 방향모색 및 연합학술대

---

[39] 한국행정법학회 2010년 임시총회 회의자료(2010. 11. 26)의 연구위원 위촉안에는 김남철 당시 부산대 교수와 황창용 원광대 교수가 각각 연구위원 명단에 들어 있으나, 2011년 행정법학 창간호 부록의 자료에는 김남철 교수와 황창용 교수가 포함되어 있지 않으며, 문봉식은 회의 자료에는 들어 있지 않은데 창간호 부록에는 들어 있다.

[40] 2019년에는 행정기본법의 제정 방향 모색을 위하여 한국공법학회, 한국행정법학회, 한국국가법학회 등 9개 학회와 2020년에는 행정기본법 제정을 앞두고 2020행정법 포럼을 법제처와 한국법제연구원이 주최하고 한국공법학회를 제외한 상기 학회가 참여하는 방식으로 추진된 바 있다. 이러한 공동학술대회는 한국행정법학회가 주관하는 형태의 연합학술대회라고 보기는 어렵다.

회의 기획을 맡았는데,41 행정법학회 연합(공동) 학술대회에서 현안이 되고 있는 중요한 행정법적인 주제를 선정하여 대규모 통합 학술대회를 개최하는 것은 한국행정법학의 발전을 위하여 매우 중요하다고 판단하였다. 최송화 초대 회장께서도 이와 같은 공동학술대회 내지 연합학술대회를 통하여 한국행정법학의 현안문제를 분석하고, 대안을 제시하여, 행정실제에 있어서 정책의 형성과 집행의 과정에 기여함과 아울러 한국 행정법학의 국제적 위상을 제고하는데 의미가 있다고 보아 적극 추진하셨다.

당시 학술회의의 명칭을 행정법학자 대회로 하는 방안도 고려할 수 있으나, 한국공법학회에서 공법학자대회의 명칭과 유사하므로, "행정법관련학회 연합학술대회" 또는 "행정법학회 공동학술대회", "행정법관련 학회 공동학술대회" 등의 작명이 논의되었으나, 행정법분야 연합학술대회로 결정되었다. 한국행정법학회와 한국법제연구원이 주관이 되어 개별 행정법학회의 참여하에 진행하여 한국행정법학회가 대표적인 한국행정법학회의 역할을 수행하고자 하는데 의미를 두었다.

최송화 초대 회장 재직시 연합학술 대회를 준비하는 과정에서 배병호 총무이사가 재원이 걱정되므로 새로운 일을 추진하는 것을 걱정하자, 최송화 초대 회장께서 "뜻이 있으면 길은 열리게 마련이다"라고 말씀하시면서 하는 일이 가치가 있는 것인가가 중요하고 그 일이 꼭 추진할 만한 일이라면 재원마련은 얼마든지 만들어 낼 수 있는 것 아니냐고 일깨워 주신 일이 기억난다.

최송화 초대 회장이 활동하던 2011년 11월 26일 20개 학회와 기관이 참가한 제1회 행정법분야 연합학술대회의 개최를 필두로 제2대 및 제3대 집행부에서 매년 1차례씩 제2회부터 제5회 행정법 연합학술대회까지 개최된 바 있다. 행정법 분야 연합학술대회의 개최는 학회지로 이어지는 선순환의 구조라고 할 수 있다. 한국행정법학회 행정법 분야 연합학술대회에서는 시의적인 주제를 발굴하여 학술행사를 개최하였으며 행정법 분야 여러 학회가 참여하여 행정법의 현안 문제에 대하여 풍부하게 논의할 수 있는 축제의 장이 되었다. 한국행정법학회가 창립되어 이룬 성과중의 하나라고 할 것이다.

---

41 당시 한국법제연구원 송영선 선생과 국민대 김성배 교수가 기획간사를 맡아 수고를 하였다.

Ⅲ. 한국 행정법학회가 해결해야 할 과제

1. 행정법학의 대상과 외연 확장

행정법학의 정체성과 관련하여 행정법학의 대상이 무엇인지가 논해져야 한다. 그런데 한국행정법학회 정관 제2조 목적에 따르면 "행정법학과 이에 관련된 학술의 조사·연구·발표 및 보급을 기하고"라고 되어 있어 행정법학에 한정하지 않고 이에 관련된 학술활동도 포함하고 있다. 일부 통설적 교과서에서는 아직도 행정법을 국내공법으로 지칭하기도 하지만, 국내법과 공법에 한정하지 않고 행정법의 대상이 확대되는 경향[42]을 주목할 필요가 있다. 따라서 국제협약의 이행과 관련되는 행정법의 문제도 국제행정법과 국내행정법의 종합적 접근이 필요하다.

아울러 독일과 일본의 이론이 혼재된 공정력과 구성요건적 효력, 행정지도와 비공식적 행정작용, 하자승계론과 선행행정행위의 구속력이론, 공무수탁사인과 민간위탁, 수용적 침해와 간접손실보상, 인허가의제와 집중효제도 등 학회 차원에서 학술대회를 개최하여 이를 체계적으로 정리하는 노력이 필요하다. 아울러 행정법에서 다루는 주제 중 행정조사와 양벌규정 등은 형사법학과의 연계가 필요하고, 전교조 법외노조 통보제도 등은 노동법학과 행정법학이 연계하여 심층적으로 규명해 나갈 필요가 있다. 이처럼 행정법과 민사법 등 인접법 영역간의 상호 관계를 유지하는 것이 바람직하다.[43] 나아가 다른 영역과의 융합적 대화의 필요성이 높고, 사법부 영역의 법원조직과 사법행정, 의회 행정의 문제 등에 대하여도 행정법학의 대상으로 파악할 필요가 있다.

행정기본법이 2021년 3월 23일 제정됨에 따라 행정법 패러다임의 전환이 요망된다. 행정기본법과 행정절차법과의 관계를 재정립하고, 시민중심의 민권의 관점에서 접근하는 노력이 필요하다. 한국행정법학회는 법치행정의 원리를 확고히 하여 법치주의의 수준을 한

---

42 배병호, "일반 행정법강의", 동방문화사, 2019, 21면.

43 오준근, "국가발전과 행정법 학자의 역할", 행정법학 창간호, 2011, 21-27면. 오준근 교수는 ① 총론 행정법학의 이론 체계 심화 ② 개별 행정법학의 다변화와 행정법학의 저변확대 ③ 민사법학·형사법학 등 다른 법학분야와 행정법학의 상호관계 정립 ④ 행정학·자연과학 등 다른 학문분야와 행정법학의 상호관계 정립 ⑤ 각종공공기관과의 관계정립 ⑥ 국제사회에서의 위상정립을 들고 있다.

단계 높임과 아울러 그동안 권위주의를 극복하는 과정에서 추구해온 민주주의를 더욱 성숙시키는 방향으로 행정법의 각종 주제를 발굴하여 학술대회를 통하여 보다 심도 있는 논의를 함과 아울러 학문적 실천성을 확보할 필요가 있다. 한국행정법학회는 행정법학자들의 연구역량의 결집이 필요한 행정법학의 중요 주제들에 대한 근본적인 문제해결과 동시에 선도적인 이론개발을 위해 노력할 필요가 있다.

2. 한국행정법학회의 위상 재정립

가. 학회의 비판적 기능과 새로운 활로 모색

학회는 국가사회로부터 어떤 차원의 기대와 역할을 부여되는가를 생각해 보았다. 학회는 입법, 사법, 행정, 언론, 시민단체에 이어 제6부에 해당한다고 생각한다.[44] 대한민국 국가체가 잘못된 방향으로 나아갈 때 비판적 지성세력인 제6부인 학회가 본연의 역할을 다하는 것이다.

아울러 한국공법학회 및 행정법관련 학술단체와의 관계를 새롭게 정립할 필요가 있다. 한국행정법학회는 창립당시 한국공법학회를 모학회로 하면서 다른 행정법관련 학회를 대표하는 학회로 발전해 나가려고 하였다. 이러한 위치설정이 10년이 지난 시점에도 계속 유지할 것인지 논의할 필요가 있다. 학회 창립당시의 설립추진의 주체를 한국공법학회 행정법 고문단으로 하였으나, 향후 계속하여 고문단의 수가 증가되는 부분을 어떻게 극복할 것인가의 문제가 있다.

아울러 법학전문대학원협의회에서 행정법 표준판례연구의 작업은 한국공법학회에서 주도적으로 수행하였지만, 이를 앞으로 한국행정법학회가 주도한다고 한국공법학회가 형해화 하는 것은 아닐 것이다. 한국행정법학회가 창립된 마당에 계속하여 한국공법학회의 지붕아래에 머물 것은 아니고, 한국행정법학회에서 주도적으로 수행하여야 할 과제를 찾아 학회가 중심이 되어 행정법 교육에 관하여도 중심을 잡는 것이 필요하다.

---

44 학회의 재정의 어려움으로 자칫 학술활동이 자율적이기 보다 외부의 용역에 의존하게 될 경우 관변 단체처럼 움직일 수 있는 점을 늘 경계할 필요가 있다.

나. 다른 학회와의 관계 설정 및 연합학술 대회의 개최 방향

한국행정법학회는 융합적 방법론에 입각하여 문제를 해결하고 행정법 분야를 넘어서는 다른 학회와 연합학술대회를 정례적으로 개최할 필요가 있다. 종전에 행정법 분야 연합학술대회의 대주제만 정하고 각 학회에 자율적으로 세부주제를 정하도록 하는 방법으로 개최해 왔다. 그러나, 이러한 방식 보다는 한국행정법학회가 주축이 되어 관련 학회와의 공통적 주제에 관하여 조율을 거친 후 추진하는 것이 바람직하다. 다만, 예산과 재정적 뒷받침이 필요하므로 2년에 1번 정도 개최하되 지나치게 많은 관련학회의 참여 보다 내실 있게 운영하는 것이 필요하다.

한국행정법학회는 행정법에 관한 개별 행정법 학회의 우산 역할을 담당하여야 할 것이다. 개별 학회에서 다룰 수 있는 주제를 가지고 학술대회를 하지 않도록 세심한 배려를 할 필요가 있다. 한국행정법학회 창립 당시 필자가 기획이사로 있으면서 제안하였던 연합학술대회의 주제[45]처럼 지나치게 방대하게 펼칠 것은 아니다. 한국행정법학회는 연합학술대회를 개최할 경우 단일 학회가 발표하기 어려운 중요한 행정법의 이슈나 메타적인 주제를 다루는 학술적 축제의 장을 마련하는 것이 필요하다.

3. 변호사시험제도와 로스쿨의 행정법 교육방향

가. 변호사시험과 로스쿨 교육

로스쿨 출범 이전에는 이론이나 학설에 비하여 판례의 비중이 높지 않았다. 그런데 변호사시험의 행정법도 객관식의 문제가 출제되는 관계로 판례의 태도를 기계적으로 암기하는 경향이 없지 않다. 이는 행정법 실무교육과는 전혀 무관한 것이다. 로스쿨의 교육이 판례 추수적인 입장에서 벗어나 이론이 가미된 판례교육으로 나아갈 필요가 있다.[46]

---

45 2010년 필자가 초대 집행부의 기획이사로 활동하면서 연합학술대회의 주제로 예시된 것이다. 대주제는 한국행정법학의 정체성과 위상, 기조발제는 동일하게 하고, 제1주제는 다른 선진 각국(독, 프, 영, 미, 일) 과의 비교법적 검토를, 제2주제는 - 행정법학의 헌법, 민법 등 다른 법학분야와의 관련으로, 제3주제는 행정학, 입법학, 사회학 등 다른 사회과학과의 관련으로, 제4주제는 행정법총론, 행정법 각론, 행정구제법의 체계 점검으로 정하기도 하였으나, 5차례의 걸치는 연합학술대회에서는 이러한 주제를 제대로 다루지 못하였다.

46 특히 이론교원과 실무교원의 접점이 판례교육과 판례연구에서 찾아질 수 있다. 그런데 이론교원은 실무가 출신 교원에 비하여 이론에 기반을 둔 판례비평에 강점을 발휘할 수 있다.

4차산업 혁명시대 AI와 경쟁하는 법률가는 판례의 기계적 암기만으로는 한계가 있고 탄탄한 이론이 전제가 되지 않으면 법조시장에서 경쟁력을 잃게 된다. 로스쿨에서의 교육은 변호사시험과 연계되어 논의할 필요가 있기 때문에 이러한 행정법과 상법 등에 관한 변호사시험의 객관식시험을 없애는 대신에 사례형과 기록형의 중간형태의 검토의견서를 작성하는 문제로 대체하는 방안을 검토할 필요가 있다.[47]

이와 관련하여, 로스쿨 교육에서 행정쟁송법 일변도의 교육을 지양하고 제도학문으로서의 성격을 강조하는 입장[48]이 있으나, 제도학문은 로스쿨이나 학부에서의 교육방법론으로는 한계가 있다. 일반 대학원이나 로스쿨 전문박사과정에서 제도학문으로서의 성격이 강조되는 것은 무방하다. 그 이유는 제도학문으로서의 행정법이 로스쿨에서 제대로 교육되기 위해서는 변호사시험의 부담을 덜거나 변호사시험의 과목에 이를 포함시키지 않으면 이러한 주장은 공염불이 될 가능성이 높다.

나. 국회 제출 변호사시험법 일부 개정법률안- 행정법 객관식 시험 폐지 대안모색

정부는 2020년 10월 16일 변호사시험을 준비하는 수험생의 부담을 경감하고, 기본적 법률과목인 헌법·민법·형법 등에 대한 심도 있는 학습을 유도하기 위하여 행정법, 상법, 민사소송법, 형사소송법 분야의 경우에는 논술형 시험만 실시하는 것을 주된 내용으로 하는 정부발의 변호사시험법 일부 개정법률안이 국회에 제출되어 계류중이다. 행정법과 상법의 객관식 시험이 줄어드는 만큼을 기록형중 변호사시험 행정법 부분과 상법 부분에서 의견서 부분을 50점 반영하는 것도 고려할 필요가 있다.

그런데 이제까지 법무부는 변호사시험의 공법과목에 있어 헌법과 행정법이 각각 50:50으로 출제되어 왔다. 가령 선택형 시험은 40문제 중 20문제씩 출제되어 왔고, 사례형의 경우에는 각각 100점씩 출제하였으며, 기록형도 헌법소송 50점, 행정소송 50점으로 균형있게 출제되어 왔다. 따라서 한국행정법학회 차원에서 변호사시험의 행정법 선택형을 없애는 것에 찬성하는지 반대하는지[49], 만약에 찬성한다고 할 경우 다른 대안이 없이 행

---

47 송무능력 못지 않게 행정법은 공공부문의 진출 변호사를, 상법은 회사 등 사내변호사를 위한 자문의견이나 검토보고서 작성능력이 실무적으로 중요하기 때문이다.

48 김중권, "행정법학의 危機이냐, 행정법학의 委棄이냐?", 행정법학 제17호, 2019, 202면.

정법 선택형을 없앨 것인지 아니면 헌법과의 균형을 유지하기 위하여 기록형 중에서 헌법 부분을 100점에서 50점으로 낮추는 방안(1안)과 행정법 선택형이 빠지는 부분을 기록형 파트에 송무가 아닌 자문의견서나 검토의견서 작성을 50점 분량으로 추가하는 방안(2안)이 고려될 수 있다.

현재 공법기록형의 출제는 행정소장이나 헌법소송 등 주로 송무중심으로 출제하고 있으나, 검토의견을 작성하도록 하는 것이 실무상 중요하므로, 소장 작성에 더하여 검토의견서 작성을 포함하는 것은 실무교육적 관점에서 전향적으로 검토할 필요가 있다.[50] 현재 변호사시험법에서 공법 중 행정법 영역의 객관식 시험을 없애려고 하는 정부제출 변호사시험법 일부 개정법률안이 국회에서 통과되기 전에 공청회 또는 학술대회를 개최하거나 한국행정법학회의 입장을 국회에 제출할 필요가 있다.

Ⅳ. 맺음말

2010년 6월 25일 창립이래 10여년의 성상을 거치는 동안 한국행정법학회는 명실상부한 대표 행정법학회로 성장하였다. 학회 창립에 초석을 놓은 고문단과 역대 이사장과 회장 및 집행부는 ① 학회의 정통성과 화합의 학문적 공동체 ② 균형적 참여와 조화로운 운영 ③ 학문적 전문성과 실천적 연구라는 학회 조직 및 운영의 3원칙을 준수하며 학회를 안정적으로 운영하여 왔다.

학회는 창립당시의 회원이 267명이었는데 현재 456명으로 200명 가량 증가하였다. 학회가 발전하려면 학자만이 아니라 정부 부처의 행정실무가와 행정법을 특화하려는 법조실무가를 대폭 영입할 필요가 있다. 학회의 개방성 측면 뿐만 아니라 재정의 자립성 확보

---

49 행정법의 객관식 준비를 통해서 나마 행정법 전체의 흐름을 조망하게 되므로 바로 사례형 문제로 한정된 쟁점거리만을 다루고 졸업하게 될 경우 행정공무원의 행정법지식이 현저히 떨어지는 점을 지적하는 입장으로는 김중권, 앞의 논문, 204면 참조할 것.

50 천경훈, "변호사시험 제도의 개선방안", 법학전문대학원 협의회 심포지엄 자료집(2021. 4. 12.), 26면, 각주 15) 천경훈 교수는 "다양한 분야로 진출을 독려해야 할 법학전문대학원 졸업생들을 다시 송무영역에 집중하게 함으로써 전통적 송무영역의 포화상태를 악화시키는" 원인이 될 수 있음을 지적하고 있다.

를 위해 회원 1,000명의 시대를 열어 한국행정법을 대표하는 학회로서의 위치를 확고히 점하는 노력이 필요하다.

한국행정법학회는 화합적 학문공동체로 출범하여 10여년 간 이룩한 업적은 실로 경이롭고 엄청나다. 회고의 영역은 역사의 관점이다. 역사적 자료에 기초하여 비교적 객관적으로 학회의 전사(前史)와 그 이후 10년을 회고하려고 하였다. 청담(晴潭) 최송화 초대 회장의 리더십과 학회 창립과정을 중심으로 살펴보았고, 학술활동 성과분석과 전망 등에 대하여는 다른 학회지에 게재하게 되었음을 밝혀둔다. 한국행정법학회가 앞으로 해결하여야 할 과제에 대하여 지면관계상 행정법학의 대상과 외연확장, 한국행정법학의 위상 재정립 등에 대하여 개괄적으로 살펴보는데 그쳤다.

무엇보다 로스쿨 시스템이 정착됨에 따라 국가기관이나 공공부문에 진출하려는 인재[51]를 양성하고 배출하는 일은 국가의 미래가 걸려 있는 일이니만큼 한국행정법학회는 정부안으로 국회에 제출된 변호사시험법 개정 법률안과 로스쿨 교육의 방법론에도 적극적인 관심을 기울일 필요가 있다.

끝으로, 한국행정법학회가 10년 전 대동적 화합의 공동체로서 출범한 창립정신을 이어받으며 시대적 변화에 맞추어 선제적으로 대응하면서 새로운 해결과제를 모색하는 행정법에 관한 대표학회로서의 위상이 더욱 확고히 되기를 기대한다.

---

51 《관자(管子)》〈권수(權修)〉편에 "1년에 대한 계획으로는 곡식을 심는 일만한 것이 없고, 10년에 대한 계획으로는 나무를 심는 일만한 것이 없으며, 평생에 대한 계획으로는 사람을 심는 일만한 것이 없다.(一年之計, 莫如樹穀, 十年之計, 莫如樹木, 終身之計, 莫如樹人)" 는 문구가 있다. 여기서 곡식을 심거나 나무를 심는 일은 나라의 인재를 양성하는 일의 중요성을 강조하기 위한 비유이다.

참고문헌

김도창, 청담(晴潭) 최송화 교수 화갑기념논문집 "현대공법학의 과제" 하서(賀序), 박영사, 2002. 5.

김용섭, "[법조열전] 폴리매스형 법학자 玄民 유진오", 리걸타임즈(Legal Times), 2021, 8·9.

______, 청담(晴潭) 최송화 교수 희수기념 논문집, "행정판례와 공익" 하사(賀詞), 2018. 7.

______, "추도사- 청담 최송화 교수님 영전에 바치며-", 법률신문 2018. 9. 6.

______, "한국행정법학회 정체성, 활동방향과 사업계획(안)", 2010. 10. 16.

김중권, "행정법학의 危機이냐, 행정법학의 委棄이냐?", 행정법학 제17호, 2019.

배병호, "일반 행정법강의", 동방문화사, 2019.

오준근, "국가발전과 행정법 학자의 역할", 행정법학 창간호, 2011.

이광윤, 故 청담 최송화 선생님 추도사, 한국행정법학회 홈페이지, 2018. 9. 10.

이계수, "<지식의 고고학>과 행정법학의 '에피스테메', 행정법학", 제20호, 2020.

______, "어느 법 연구자의 도시 관찰: 베를린에서 바라본 도시의 법과 정치", 일감법학 제44호, 2019.

천경훈, "변호사시험 제도의 개선방안", 법학전문대학원 협의회 심포지엄 자료집, 2021. 4. 12.

최송화, "김도창 -생애와 학문세계", 한국의 공법학자들, 한국공법학회, 2003.

______, "한국행정법학 50년의 성과와 21세기적 과제", 서울대 법학 제36권 제2호, 1995.

______, "뉴 밀레니엄에 즈음한 한국공법학의 회고와 전망", 공법연구 제28집 제4권 제1호.

______, 청담(晴潭) 최송화 교수 희수기념 논문집 봉정식 감사의 말씀, 2018. 7. 5.

한국행정법학회 2010년 임시총회(2010. 11. 26.) 회의자료집.

행정법학자 모임(2010. 5. 1.) 의사록.

2
법치주의의 관점에서 살펴본 지방분권 개헌*

목차

Ⅰ. 머리말
Ⅱ. 분석틀로서 법치주의
Ⅲ. 지방분권의 개헌논의
Ⅳ. 맺음말

Ⅰ. 머리말

최근에 개헌정국과 맞닿아 지방분권개헌논의가 활발하게 전개되고 있다. 과연 지방분권을 강화하는 내용의 헌법개정이 이루어지면 대한민국의 국가발전과 국익에 합치되는지 아니면 고질적인 지역주의로 인해 국가적 역량의 집중이 어려워 폐해는 없는 것인지 이에 대한 심도 있고 근본적인 성찰이 필요하다. 프랑스 등 외국에서의 지방분권 개헌의 경향에 비추어 우리도 그 방향으로 나아가는 것이 바람직하다는 논의가 대세를 이루고 있다. 그러나, 우리의 실정을 고려하지 않고 법이론적 근거가 확보되지 않은 설익은 지방분권의 개헌방향은 국민의 법생활과 권익보장에 심각한 영향을 미치게 되므로 헌법개정에 있어 지방분권개헌은 충분한 논의를 통하여 신중한 접근이 요망된다.[1] 그러한 점에서

---

* 이 논문은 2018년 5월 12일 행정법이론실무학회 제245회 학술대회에서의 김용섭교수 발제문 "법치주의 관점에서 살펴본 지방분권개헌과 자치헌장조례"의 일부를 분리하여 공법연구 제46집 제4호(2018. 6.)에 게재·수록한 것입니다.

1 김용훈, "지방자치분권을 위한 헌법개정 방향 소고", 지방자치법연구 제18권 제1호, 2018, 100면.

2018. 3. 26. 대통령발의 개헌안이 성급하게 국회에 제출되어 2018. 5. 24. 국회본회의에 상정되었으나 투표에 참여한 의원수가 의결정족수에 못 미쳐 표결 자체가 무산되어 사실상 폐기된 것은 지방분권과 관련하여 뒤에서 살펴보는 바와 같이 논란의 여지가 적지 않기 때문에 결과적으로 다행이라고 할 것이다.

일본에서의 지방분권개혁의 문제는 기본적으로 작은 정부 내지 규제완화 차원에서 논의되었다면, 우리의 경우는 중앙권력의 집중에 따른 제왕적 대통령제의 폐해와 지방권력의 중앙권력 종속화 내지 왜소화 현상의 극복을 위한 정치논리적 측면에서 전개된 측면이 없지 않다. 지방분권은 국가의 권한을 국가와 지방자치단체간의 역할분담하에 분점하는 방식을 의미한다. 서울과 수도권에 인구가 밀집되어 있고 서울특별시는 정치, 사회, 경제의 중심적 지위로서 오랫동안 수도로서 기능해 왔다. 지방분권논의를 국가기관과 공공기관, 우수한 교육 및 의료기관, 대기업과 산업체 등이 집결되어 있는 서울과 수도권 중심에서 지방자치의 구현과 국가의 지역균형발전의 관점에서 접근2하기도 하지만 법적 관점에서는 서울특별시와 경기도 역시 지방자치단체이므로 지방분권의 강화는 역설적으로 수도 서울의 특성이 그대로 유지되면서 국가권력의 권한이 서울특별시, 경기도 등 지방자치단체로의 이행을 의미한다.

최근의 개헌논의는 제19대 대통령의 대선공약과 맞물려서 지방분권에 불을 붙이다 시피 하였다. 아무리 대통령의 공약이라고 할지라도 다수 국민의 표를 얻기 위한 방책으로 주장한 측면이 없지 않기 때문에 차분하게 합리적이며 이성적 판단에 따라 지방분권개헌이 이루어질 필요가 있다. 헌법이론 및 법체계적 정당성과 법리적 논거를 갖추지 못하고 정치논리에 입각하여 개헌을 무리하게 추진할 경우 국가발전과 국익에 도움이 되지 못한다. 충분한 법리 검토없이 성급하게 조례를 '자치법률'로 지위를 격상하거나 지방자치단체를 '지방정부'로 확립된 용어를 변경하는 경우 법치주의의 실질적 요소인 법적안정성을 해하고 국민의 법생활에 일대 혼란이 야기될 수 있는 측면을 간과하지 않을 수 없다.

여기서 더 나아가 국회헌법개정특별위원회 자문위원회안과 같이 조례를 자치법률로 승격하여 국회의 법률과 경합적인 규율을 허용하도록 하는 것은 법치주의의 근간을 무너뜨

---

2 박인수, "지방분권 개헌의 방향 모색", 공법연구 제46집 제2호, 2017, 157면.

릴 수 있으며, 국가법질서의 규범의 서열질서와 통일성의 관점에서 자칫 국민의 법생활의 혼란이 초래될 위험성이 있는 것도 사실이다.

오늘날 국가법으로서의 법률과 지방자치단체의 지역법으로서의 조례의 관계설정이 새롭게 재조명되고 있으며, 지방분권의 논리에 떠밀려 법이론적인 차원의 논의 보다는 정치적 차원의 논리로 발전되고 있는 듯한 양상도 없지 않다. 지방자치단체의 자치사무는 법률에 의하여 인정되는 것인지 아니면 법률과는 무관하게 고유한 사무로 볼 것인지 논란이 있다. 지방자치의 고유한 입법이 국가 이전부터 인정되는 것이라고 본다면 자치사무에 대하여는 조례로 정하고 법률에 근거가 없더라도 문제가 되지 않고 법률과 경합적 효력을 인정하자는 이론이 입론될 여지가 있다. 그러나, 자치사무를 무엇으로 볼 것인지는 국가가 인정할 수 밖에 없으며 지방자치단체마다 구구각색으로 정할 수는 없는 것이라고 보여진다. 따라서 국가의 법률과 대등적 지위를 인정하는 자치법률의 인정은 연방제를 취하고 있지 아니한 우리 헌법질서에서 허용되지 않을 것이다.

본고에서는 법치주의의 관점에 비중을 두고 지방분권개헌 문제를 살펴보았다. 이하에서 분석틀로서 법치주의(II), 지방분권의 개헌논의(III) 그리고 맺음말(IV)의 순으로 논의를 전개하고자 한다.

II. 분석틀로서 법치주의

1. 법치주의의 개념

법치주의 개념은 언제나 새로운 시대의 자유로운 정치질서를 특징으로 한다.[3] 법치주의는 각국에 따라 서로 다른 역사적 발전과정에서 상이하게 전개되어 왔다. 인류사에서 법치주의는 도구적 의미의 지배형식의 하나로서 채택되기 시작하여 특정 개인이나 집단의 주관적·자의적 지배가 아닌 공동체 구성원 전체의 의사의 지배로서 단지 법에 근거하여 행사될 뿐만 아니라 실질적인 내용에 있어서도 정의와 같은 가치론적 이상을 담고 있어

---

3 BeckOK Grundgesetz/huster/Rux GG Art. 20 Rn. 138.

야 하는 그러한 국가의 지도원리를 말한다.[4]

　법치주의란 법에 기초하여 국정이 운영되는 헌법의 기본원리의 하나라고 할 수 있다. 법치주의에 있어서 모든 국가권력이 법적으로 구속되기 때문에 헌법해석상 법치주의를 국민의 대표기관에 의하여 국민의 의사가 반영되는 민주주의 원리와 더불어 국가의 구조원리로 파악할 수 있다.

　법치주의는 기본적으로 공권력의 법적인 근거와 한계의 표준적인 연결점을 제공하여 국가권력의 횡포로부터 개인의 자유의 보호에 주안점을 두고 있다.

　독일에서 법치주의를 서로 다른 개념의 구성요소로서 파악하고 있으며, 가령 개인적 자유와 인권의 보호, 법적 안정성, 독립된 사법부와 법적인 청문을 통한 법적보호의 보장, 공권력의 헌법구속과 행정과 사법의 입법구속, 국가적 권력분립 및 기능분화를 들고 있다.[5] 우리의 경우도 학자마다 달리 설명하고 있으나, 일응 법치주의의 요소로는 인간의 존엄성과 기본권 보장, 권력분립제도, 국가적 행위의 예측가능성, 신뢰보호의 원칙 및 소급효 금지의 원칙, 비례성원칙, 공권력의 침해에 대한 법적 보호와 행정의 법률적합성 및 법적안정성을 들 수 있다.[6]

　지방자치의 조례와 관련하여 풀뿌리 민주주의 내지 지방의회의 민주적 정당성을 강조하여, 헌법과 법률에 기반을 둔 통일적 국가법체계와의 모순되는 제도설계가 되지 않도록

---

4 이헌환, 21세기 법치주의의 신경향, 공법연구 제44집 제1호, 2015, 77면; 이와 관련하여 전통적인 영미법의 법의 지배 모델은 법은 지위고하를 막론하고 모든 사람에게 적용되는 보통법을 의미하고 판례에 의하여 형성된 권리구제의 결과이다. 법의 지배에 있어서는 일반적·추상적인 법률보다는 법적절차가 중요한 의미를 지닌다. 이러한 점에서 적법절차(due process of law)로 발전하였다. 영미법계의 법의 지배와 독일의 대륙법계의 법치국가는 행정의 자의를 합리적인 법에 의하여 억제하여 개인의 기본적인 자유영역을 확대한다는 점에 공통점이 있다. 이에 관하여는 김용섭, "법치행정원리에 관한 재검토", 경희법학 제33권 제1호, 1998, 207-209면.

5 Maunz/Dürig/ GG Art. 23 RN.76.

6 법치주의의 구성요소로서 권영성 교수는 ① 성문헌법주의 ② 기본권과 적법절차의 보장 ③ 권력분립의 확립 ④ 위헌법률심사제의 채택 ⑤ 포괄적 위임금지의 원칙 ⑥ 행정의 합법률성과 사법적 통제 ⑦ 공권력행사의 예측가능성의 보장과 신뢰보호의 원칙을 포함시키고 있고, 허영 교수는 ① 기본권 보장 ② 권력분립제도 ③ 입법작용의 헌법 및 법기속 ④ 법치행정의 보장 ⑤ 효과적인 권리구제제도 ⑥ 신뢰의 보호 내지 소급효력의 금지 및 명확성의 원칙 ⑦ 과잉금지원의 원칙을 들고 있다. 성낙인 교수는 ① 성문·경성헌법을 통한 헌법의 우위확보 ② 헌법이념에 부합하는 기본권과 실질적 적법절차의 보장 ③ 권력분립과 포괄적 위임입법금지 ④ 규범통제와 권리구제의 제도화 ⑤ 파생원칙-신뢰보호의 원칙·소급입법의 금지·체계정당성의 원리를 들고 있다.

지방자치법 분야에서 법치주의의 이념과 논리를 관철하는 것이야 말로 지방분권과 지방자치의 성공적 발전을 위한 필수적 선결조건이라고 할 것이다.[7]

2. 형식적 법치주의와 실질적 법치주의

법치주의는 절대군주체제하의 인의 지배를 극복하고, 행정권의 구속과 국민의 권익보호를 위해 헌법에 합치한 법률과 법에의 기속을 특징으로 한다. 우리의 경우 시민적 법치국가의 형식적 측면만을 강조하는 형식적 법치주의와 이를 극복하는 과정에서 국민의 기본권의 보장을 실현하기 위한 실질적 법치주의를 대립적 관점에서 이해하고 있다.[8]

독일법에서는 오늘날 법치주의를 형식적 법치주의와 실질적 법치주의로 구분하면서 이를 대립적 개념으로 파악하는 것을 극복하였다. 독일의 학자마다 형식적 법치주의와 실질적 법치주의의 요소를 약간씩 달리하여 설명하고 있다. 가령 일설에 의하면 형식적 법치주의의 요소로 국가권력행사에 있어 절차적 내지 조직적인 사전결부로 볼 수 있는 권력분립의 원칙, 행정의 법률적합성, 권리보호를 들고 있으며, 실질적 법치주의의 요소로서 기본권 및 사회국가원리에의 구속으로 이해하기도 한다.[9] 이에 반하여, 형식적 법치주의의 요소로는 권력분립, 국가적 행위의 법률적합성, 재판청구권과 절차보장, 일반적 사법보장청구권 등을 들고, 실질적 법치주의는 법적안정성, 기본권의 직접적 구속, 비례원칙(과잉금지원칙), 자의금지 등을 구성요소로 한다.[10] 독일 연방헌법재판소는 실질적 법치국가는 정의에 입각한 법에 의한 국가작용이 포함되는데 법치국가의 사고에 있어서 정의의 관념을 포함하고 있다고 보고 있다. 따라서 법치주의는 실질적 요소를 포함하고 있는데 국가와 국가의 영향을 받는 영역에 있어서 실질적 정의를 요구하고 확보하는 것을 목표로 한다.[11] 우리 헌법재판소 역시 "조세법률주의는 형식적 법치주의에 그치는 것이 아니고 법률의 목적과 내용 또한 기본권 보장의 헌법이념에 부합되어야 한다는 실질적 법치주의

---

7 문상덕, "지방자치와 법치주의- 분권적 법치국가시스템을 지향하며-", 법과사회 제25권 제4호, 2003, 163면.

8 박균성, 행정법론 (상), 2016, 19-20면.

9 VoBkuhle, Kaufhold, Grundwissen- Öffentliches Recht: Das Rechtsstaatsprinzip, JuS 2010. S. 117.

10 Christoph Gröpl, Staatsrecht I, 2015, S, 106 ff.

11 Michael Kloepfer, Verfassungsrecht I, 2011, S. 298.

를 요구하는 법치주의를 의미한다"고 판시하고 있듯이 우리 헌법은 이념적으로 적법절차를 내포하는 실질적 법치주의를 표방하고 있다. 그러나 오늘날 자유민주적 헌법국가에서는 형식법 법치주의와 실질적 법치주의는 배타적 대립개념이 아닌 상호보완적 개념으로 파악할 필요가 있다.

3. 법률유보와 의회유보

가. 행정의 법률적합성으로서의 법률유보

법치주의의 형식적 측면으로서 행정의 법률적합성의 원칙은 법치행정원칙이라고도 하는데, 행정은 법률에 적합하게 이루어져야 한다는 원칙을 말한다. 법치행정의 원칙의 적극적인 면에 해당하는 법률유보란 행정권의 행사를 위해서는 법률에 그 근거가 필요한가에 관한 법적 근거의 문제이고 어느 범위에서 이와 같은 법률의 근거를 필요로 할 것인가를 둘러싸고 학설의 대립이 있다.[12]

한편 법률유보와 구별되는 법률우위의 원칙은 행정은 법률에 위반되어서는 안 되고, 법률에서 적용하도록 명하면 이를 따라야 하고(적용명령), 법률에서 정한 기준을 위반하지 말 것(회피금지)을 내용으로 하는 법치행정 원칙의 소극적 면에 해당한다.

나. 법치주의의 실질화로서의 의회유보

의회유보는 일정한 요건하에 일정한 규율은 국민의 대표기관인 의회의 전속적 권한사항으로 유보되어 있는 것을 말한다.[13] 이는 달리 말하면 의회민주주의 국가에 있어서 국가의 최고기관으로서 입법기관이 스스로 권리를 포기하거나 의무를 회피하여서는 안된다는 것을 의미한다. 의회유보는 의회는 국민의 대표기관으로 국가적 공동체의 중요한 사항과 기본권의 실현과 관련된 사항에 있어서 대화와 토론을 통한 공개성 원칙과 통합기능적 관점에서 의회를 통한 의사 결정이 보다 합리적이라는 관점에서 의회주의의 원리에 기반을 두고 있다.[14]

---

12 이에 관하여는 박균성, 앞의 책, 23-26면.

13 조정찬, "의회유보와 행정유보", 법제 2010, 10월호, 54면.

국민의 대표기관인 의회에서 결정함이 마땅한 고도의 정치적 사안에 대하여 행정부의 일종인 지방자치단체의 지방의회가 비록 주민의 대표기관이라고 할지라도 지역적 한계성과 그 결정에 대한 대법원에 의한 조례안에 대한 추상적 규범통제를 인정하고 있다는 점에서 지방의회도 국회와 동일한 수준의 민주적 정당성이 있다는 논리는 의회주의에 역행하게 되는 것이다. 의회주의의 현실에서 법률유보의 개념과 더불어 "입법부의 임무영역에 속하는 특정사안을 의회가 스스로 규율하여야 하고, 이를 행정부에 내 맡겨서는 안된다."는 의미의 이른바 의회유보론이 우리 사법부의 판례를 통해 정착되어 나가는 것은 의회주의의 관점에서 매우 고무적이라고 할 것이다.[15]

어떠한 조치의 기본권관련성이 법률의 형태나 법규명령, 조례의 형태를 요구할 때에는 법률유보의 문제이고, 기본권침해의 정도가 입법자가 법률로 스스로 규율해야만 할 사항인 경우에는 의회유보의 문제가 된다. 기본권 실현과 관련되는 사항 등 본질적인 사항에 관하여 국회 스스로 규정해야 하고 행정입법에 위임해서는 안된다. 그 이유는 의회가 민주적 정당성이 있으므로 기본권 실현에 있어 중요하고 본질적인 문제에 있어 의회가 스스로 정하여야 하고 이를 행정부나 지방자치단체의 조례 등에 위임할 수 없다는 것을 의미하기 때문이다.

이와 같은 의회유보론은 독일 연방재판소의 결정[16]을 통해 확립되어 우리나라 헌법재판소와 대법원에서 그 원리를 수용하고 있다. 먼저 헌법재판소는 한국방송공사의 텔레비전 수신료사건을 다룬 헌재 1999. 5. 27. 98헌바70 결정 사건[17]에서 "오늘날 법률유보원칙은 단순히 행정작용이 법률에 근거를 두기만 하면 충분한 것이 아니라, 국가공동체와 그 구성원에게 기본적이고도 중요한 의미를 갖는 영역, 특히 국민의 기본권실현과 관련된 영역에 있어서는 국민의 대표자인 입법자가 그 본질적 사항에 대해서 스스로 결정하여야 한

---

14 김용섭, "텔레비전 방송수신료의 행정법적 논의", 인권과 정의 통권 제363호, 119면.

15 김용섭, 행정입법에 대한 의회통제의 문제점 및 개선방안, 행정법연구 12호, 2004, 24-26,

16 가령 BVerfGE 101, 1(34) 판결의 요지에 의하면 "법치국가원칙과 민주주의에 뿌리를 두고 있는 의회유보는 기본적으로 규범적인 영역에 있어서 심지어 기본권 행사의 영역에 있어서 이러한 국가적인 규율이 허용하는 한, 모든 본질적인 결정은 의회에 맡겨져 있다는 것을 요청한다. 여기에서 규범의 의무는 특정의 대상이 도대체 법률적으로 규정되어야만 하는지의 문제가 아니라 어느 정도로 이러한 규정을 개별적으로 해야 하는 지에 관한 문제이다.

17 이에 관한 평석으로는 김용섭, "텔레비전 방송수신료의 행정법적 논의", 인권과 정의 통권 제363호, 112-131면.

다는 요구까지 내포하고 있다(의회유보원칙). 그런데 텔레비전방송수신료는 대다수 국민의 재산권 보장의 측면이나 한국방송공사에게 보장된 방송자유의 측면에서 국민의 기본권실현에 관련된 영역에 속하고, 수신료금액의 결정은 납부의무자의 범위 등과 함께 수신료에 관한 본질적인 중요한 사항이므로 국회가 스스로 행하여야 하는 사항에 속하는 것임에도 불구하고 한국방송공사법 제36조 제1항에서 국회의 결정이나 관여를 배제한 채 한국방송공사로 하여금 수신료금액을 결정해서 문화관광부장관의 승인을 얻도록 한 것은 법률유보원칙에 위반된다.”고 판시한 바 있다.

대법원 2007. 10. 12. 선고 2006두14476 판결에서 “구 도시 및 주거환경정비법(2005. 3. 18. 법률 제7392호로 개정되기 전의 것)상 사업시행자에게 사업시행계획의 작성권이 있고 행정청은 단지 이에 대한 인가권만을 가지고 있으므로 사업시행자인 조합의 사업시행계획 작성은 자치법적 요소를 가지고 있는 사항이라 할 것이고, 이와 같이 사업시행계획의 작성이 자치법적 요소를 가지고 있는 이상, 조합의 사업시행인가 신청시의 토지 등 소유자의 동의요건 역시 자치법적 사항이라 할 것이며, 따라서 2005. 3. 18. 법률 제7392호로 개정된 도시 및 주거환경정비법 제28조 제4항 본문이 사업시행인가 신청시의 동의요건을 조합의 정관에 포괄적으로 위임하고 있다고 하더라도 헌법 제75조가 정하는 포괄위임입법금지의 원칙이 적용되지 아니하므로 이에 위배된다고 할 수 없다. 그리고 조합의 사업시행인가 신청시의 토지 등 소유자의 동의요건이 비록 토지 등 소유자의 재산상 권리·의무에 영향을 미치는 사업시행계획에 관한 것이라고 하더라도, 그 동의요건은 사업시행인가 신청에 대한 토지 등 소유자의 사전 통제를 위한 절차적 요건에 불과하고 토지 등 소유자의 재산상 권리·의무에 관한 기본적이고 본질적인 사항이라고 볼 수 없으므로 법률유보 내지 의회유보의 원칙이 반드시 지켜져야 하는 영역이라고 할 수 없고, 따라서 개정된 도시 및 주거환경정비법 제28조 제4항 본문이 법률유보 내지 의회유보의 원칙에 위배된다고 할 수 없다.”고 판시하고 있다. 대법원은 조례의 경우에 정면으로 의회유보의 원칙에 관하여 판시한 바 없으나 자치법이라는 관점에서 지방자치단체의 조례의 경우에도 의회유보의 원칙이 적용될 수 있다는 것을 암시하고 있다.

위임입법과 관련하여 헌법 제75조와 제95조에 따라 법규명령의 형식으로 위임할 경우에는 법률에서 대강을 정하고 대통령령이나 총리령 또는 부령에 위임하여야 하고 그렇지 않고 포괄적으로 위임하는 것은 포괄위임금지의 원칙에 반하게 된다. 그러나 조례는 지방자치단체의 주민의 대표기관인 지방의회에서 주민의 의견을 수렴하여 제정되기 때문에 지역적 한계내에서 제한된 민주적 정당성이 부여되는 것으로 보고 있다. 따라서 조례가 주민의 권리를 제한하거나 의무를 부과하는 경우 그밖에 벌칙을 정하는 침익적 사항에 대하여는 법률의 위임이 필요하고 이러한 위임은 포괄적 위임으로 족한 것으로 파악하고 있다.[18]

4. 법치주의와 법적 안정성

법치주의는 형식적 요소로서 행정의 법률적합성을 그 파생원칙으로 하면서 동시에 실질적 요소로서 법적안정성을 또 다른 파생원칙으로 하고 있다. 법치주의의 쌍생아는 행정의 법률적합성과 그 대칭관계에 있는 법적안정성이라고 할 것이다.

법적안정성의 의미는 법의 확실성과 법적 효과에 대한 예견과 예측가능성 및 계산가능성, 법적 평화와 한번 형성되어 통용되고 있는 질서의 안전성, 한번 만들어진 규정을 사회현실에서 관철하는 법적인 힘 등이 포함되어 있는 것으로 이해된다.[19]

이러한 관점에서 현행 헌법과 지방자치법에서 조례의 위치를 법령보다 하위로 위치하였음에도 불구하고 무리하게 지방분권이라는 미명하에 헌법을 개정하여 법률단계로 격상할 경우에는 법률생활의 일대 혼란이 야기될 수 있다. 이러한 경우에는 법치주의에서 말하는 법적 안정성이 손상을 입게 될 수 있다.

---

18 다만 위임조례는 법규명령의 경우처럼 법률의 구체적 위임이 필요한 반면, 자치조례의 경우에는 포괄적 위임으로 족하다고 보는 헌재 1995. 4. 20. 92헌마264, 279결정, 대법원 1997. 4. 25. 96추251판결, 대법원 2000. 11. 24. 2000추29판결 등을 들 수 있다.

19 정종섭, 헌법학원론 제4판, 박영사, 2010, 179면.

Ⅲ. 지방분권의 개헌논의

1. 지방분권의 개념

지방분권은 기본적으로 중앙집권에 대립되는 용어로 지방의 자치역량을 강화시켜 독립적이며 자율적으로 지방자치에 관한 업무를 처리하도록 하는 것을 의미한다. 따라서 지방분권은 중앙의 국가권력을 견제하는 측면이 있는 대항적 개념이라고 할 수 있다.

그러나 이러한 지방분권은 한편으로는 지방할거주의를 가능하게 하므로 국가적 기능의 약화를 초래할 수 있는 것도 사실이다. 국가의 권능이 약화되면 전국적으로 처리하여야 하는 행정의 효율적 추진이 어렵게 되고, 지방에 따라 차별적인 업무와 행정이 이루어지게 되므로 재정자립도가 높은 지방자치단체와 그렇지 못한 지방자치단체간에 이해관계를 달리하게 되고, 지방자치단체의 구역내에 공장이나 생산시설이 없는 지방자치단체의 경우에는 지방분권을 하게 되는 순간 어려움에 봉착할 수 있다. 그래서 나온 개념이 지역균형발전이다. 지방분권과 지역균형발전은 서로 상충되는 개념이다. 지방분권을 선호하는 지방자치단체가 있는 반면에 지역균형발전을 선호하는 지방자치단체가 있는 것이 사실이다. 그럼에도 불구하고 최근 추진되는 지방분권개념은 지방의 일은 지방에 맡겨서 처리하고 국가권력의 견제라는 관점에서 접근하는 순수한 의미의 지방분권으로 이해되면서도 다른 한편으로는 지방분권을 대외적으로 표방하지만 지역균형발전을 염두에 둔 '쌍두마차(雙頭馬車)'라고 여겨진다.

지방분권 및 지방행정체제개편에 관한 특별법 제2조 제1항에서 지방분권에 관한 개념정의를 하고 있다. 즉, "국가 및 지방자치단체의 권한과 책임을 합리적으로 배분함으로써 국가 및 지방자치단체의 기능이 서로 조화를 이루도록 하는 것이다"라고 규정하고 있다. 아울러 동법 제3조에서 "주민의 자발적 참여를 통하여 지방자치단체가 그 지역에 관한 정책을 자율적으로 결정하고 자기의 책임하에 집행하도록 하며, 국가와 지방자치단체간 또는 지방자치단체 상호간에 역할을 합리적으로 분담하도록 함으로써 지방의 창의성 및 다양성이 존중되는 내실있는 지방자치를 실현함에 둔다"고 그 이념적 기본원칙을 천명하고 있다. 이러한 법률적 의미만 놓고 보면 지방분권이라는 개념이 지방의 독립적 자치를 강화하는 것을 반드시 의미하는 것은 아니고 국가와 지방자치단체간의 권한과 책임의 합리적 재조정이라고 할 것이며 기본적으로 국가라는 통일적 법인격내의 지역적 차원의 공공단체라고 할 수 있는 지방자치단체의 자율성의 보장에 방점이 있다고 할 것이다.

결국 지방분권은 중앙집권과 대립되는 개념으로 지방분권이라는 용어만으로 분권의 수준을 어느 정도로 결정할 것인지 가늠할 수 없게 된다. 다시말해 분권의 문제는 국가권력과 지방자치단체간의 권한과 책임의 관계만 설정할 수 있을 뿐이기 때문이다. 이 부분은 각국마다 다르며 지방분권을 헌법에 규정하였다고 하여 국가의 중앙집권이 완전히 배제되는 것도 아니고 그렇다고 완전한 독립적 권한을 지방자치단체가 향유하는 것도 아니라는 점을 간과해서는 안된다. 따라서 개헌을 통해 지방분권을 헌법에 명문화 한다고 해서 국가권력으로부터 완전한 독립과 자율을 누리는 개념으로 오해하여 광범위한 지방조직권, 지방자치권, 지방재정권 등이 인정되어야 하는 것으로 단정해서는 곤란하다.

2. 지방분권과 지역균형발전과의 상관관계

지방분권이란 지역주민의 참여를 통한 민주적 의사결정의 당위성과 필요성의 차원에서 주장되는 민주주의 원리와 맥락이 닿아 있다면, 지역균형발전은 전국의 어느 지역에서도 국민의 기본권의 실현을 위한 일정 수준의 생활여건의 조성을 내용으로 하므로 사회국가원리와 밀접한 연관이 있어 서로 상반된 개념이다.[20] 지방분권속에 당연히 지역균형발전이 포함된 개념은 아닌 것이다. 따라서 지방분권이란 무엇이고, 지역균형발전은 무엇인가를 살펴볼 필요가 있다. 지방분권이란 국가나 중앙정부에 집중되어 있는 권한이나 재원을 지방자치단체에 이양하고 국가의 관여를 최소화함으로써 지방자치단체가 관할하는 지역의 사업은 스스로의 의사에 의해 결정하도록 자기결정권을 보장해 주는 것이라고 볼 수 있다.[21] 이에 반해 지역균형발전은 사회·환경·경제적으로 도시와 농어촌 간 및 지역 간의 균형 있는 발전을 의미하는 것으로 지속가능한 발전을 도모한다. 따라서 국토의 균형발전을 위한 기본계획을 수립할 권한은 우선적으로 국가가 보유하여야 한다. 이러한 점에서

---

20 허진성, "지역균형발전에 대한 헌법적 이해- 지방분권과의 관계를 중심으로-", 헌법학연구 제23권 제4호, 2017, 79면 이하.

21 최우용, 앞의 논문, 35면.

지역균형발전은 지방자치단체의 자유를 확대하는 지방분권과는 모순되는 측면이 없지 않다.[22]

지방자치단체는 권한과 책임은 서로 함께 한다고 할 것이므로 지방분권이 강화되면 될수록 스스로의 권한과 그 자신의 책임하에 공행정이 이루어 질 필요가 있고, 가급적 외부의 지원에 의존하여 국가적 감독을 받지 않도록 하는 것이 중요하다. 따라서 지방분권이 제대로 이루어 지려면 재정의 자립도가 확보될 필요가 있다. 그렇지 아니할 경우 국가나 다른 지방자치단체로 부터의 지원에 의존한다면 그것은 엄밀한 의미의 지방분권이 아니라 지역균형발전에 해당한다고 볼 것이다.

3. 지방분권 개헌에 관한 찬반론

가. 찬성론의 논거

지방분권 개헌을 극단적으로 찬성하는 입장과 점진적으로 찬성하는 입장으로 그 찬성논거가 다르다. 극단적으로 찬성하는 견해의 하나는 양극화의 문제와 지역간 불균형의 문제 그리고 통일의 문제를 동시에 해결할 수 있는 방안의 하나로 지방분권형개헌을 주장하기도 한다.[23] 같은 맥락에서 지방분권개헌은 국가경쟁력을 높이기 위해 필요하다고 보면서 중앙정부는 국가안보, 외교, 국제경제 대응, 금융 및 국가공기업 관리 등의 핵심역량에 집중하고, 주민의 삶의 질에 대한 일은 지방정부의 책임으로 역할분담해야 한다는 논리를 제시하고 있다.[24]

이와 더불어 점진적으로 찬성하는 입장에서는 지방분권은 국가권력의 수직적 분권에 관한 것이므로 자치와 분권을 헌법적 기본원리로 선언하는 것이 시대정신에 부합한다고 할지라도 이를 구현하는 방식에 있어서는 연방제에 준하는 지방분권의 형태만 논의될 수 있는 것이 아니라 현재의 지방자치제도의 골격을 점진적으로 보완하는 자치형 지방분권의 형태에 대하여 충분한 검토가 필요하다는 견해가 바로 그것이다.[25]

---

22 이광윤, 지방분권개헌론의 부당성, 법률신문 2017. 3. 20. 자

23 최우용, "지방분권형 헌법개정의 과제와 방향", 법제 통권 제677호, 2017, 33면.

24 이기우, "지방분권에 관한 헌법개정의 과제와 전망, (사)한국공법학회 2018년 4월 학술대회 자료집, 2018. 4. 6, 108면 이하.

나. 반대론의 논거

과연 지방분권을 강화하여 자치입법을 활성화할 필요가 있는가하는 문제가 제기되며, 자치입법을 활성화하는데 있어 왜 국가의 역할을 강조하는가 하는 의문도 제기된다. 그 이유는 국가의 적극적 역할이 지방자치단체의 자치입법을 활성화하는데 도움을 주기보다는 오히려 국가의 지방자치단체에 대한 과도한 개입으로 인하여 자치적 역량의 발현이 저하될 수 있기 때문이다. 더구나, 자치입법의 활성화는 양적 증대일 뿐이고, 질적 수준을 담보하는 것은 아니라는 점이다. 실제로 규제를 내용으로 하는 조례의 경우에 있어서 양적증대가 반드시 바람직한 것인지, 지원을 내용으로 하는 것이라면 집행에 있어 예산이 수반되는데 재정적 측면이 고려되지 않고서도 질적으로 바람직하다고 할 수 있는 것인지 의문이 든다. 자치입법의 활성화를 논함에 있어 활성화가 왜 필요한지, 자치입법의 활성화를 가로막고 있는 것은 무엇인지에 대하여도 논의하는 것이 중요하다고 본다.

오늘날과 같은 글로벌 무역질서하에서 광역자치단체를 중심으로 경쟁이 치열하다. 세계화 시대에 있어서의 지방화는 국가권력과의 투쟁이 아니라 보다 효율적인 경쟁 시스템을 구축하기 위한 중앙과 지역의 권한재분배에 초점이 주어져야 할 것이다. 그 단위는 기초자치단체가 아닌 광역자치단체 수준에 초점이 주어져야 한다.[26]

이러한 관점에서 국가로부터 독립적이며 고유한 자치권을 가진 지방자치단체라고 하는 관념은 인정되기 어렵다고 할 것이다. 그렇다고 지방자치단체가 국가행정의 상하복종관계로 남아 있어야 한다는 이야기는 아니다. 국가와 지방자치단체간의 관계는 국리민복(國利民福)을 위하여 상호 협력하고 기능과 책임을 분담하는 관계로 설정될 필요가 있다.

다. 검토의견

현재와 같은 중앙집권적인 권력체계로는 무한경쟁이 요구되는 글로벌 경쟁에 대응할 수 없어 지방자치단체의 자율성을 보다 확대하는 지방분권형 국가운영체계로 국가운영방식을 전환하는 것이 세계적 추세이므로 우리의 경우에도 중앙집권적 국가운영체제를 뒷받

---

25 박인수, "지방분권 개헌의 방향 모색", 공법연구 제46집 제2호, 157-158면.

26 이광윤, "지방분권개헌의 부당성", 법률신문 2017. 3. 20. 자

침해 온 헌법을 수직적 권력분립을 위한 분권형 헌법으로 개정하는 것이 필요한 단계라는 찬성론이 주류를 이루고 있다.[27] 문제는 이상론에 사로잡힌 나머지 지방의 현실여건은 고려하지 않은 채 중앙집권적 권한이 분산되기만 하면 대한민국의 경쟁력이 확보되는 듯한 환상을 극복할 필요가 있다. 무엇보다 국가와 지방자치단체간의 역할을 재정립함에 있어 어떻게 하면 기능적으로 자치입법을 활성화하는데 협력할 수 있는가 하는 문제에 초점이 맞추어져야 한다. 한편 자치입법에 있어서 아직도 국가권력내에서 지방자치단체의 자치역량에 대한 의구심 내지 불신감이 팽배해 있다는 점과 지방자치단체의 자율적인 입법기술능력이 결여된 점 등이 문제로 지적될 수 있다. 이와 함께 지방자치단체의 재정건전성의 발목을 잡고 있는 열악한 재정자립도와 예산상의 제약도 자치입법에 있어 걸림돌이라고 할 것이다. 지방분권의 개혁도 중요한 과제이지만 지속적인 주민감소로 인하여 소멸위기에 처해 있는 지방자치단체와 지방자치단체간의 통합도 넘어야 할 산이다.

4. 국회헌법개정특별위원회 자문위원회 개헌안(이하 "국회자문위원회안"이라 함)과 대통령발의 지방분권 개헌안(이하 "대통령발의안"이라 함)의 비교 검토 및 평가

가. 상반된 평가

국회자문위원회안은 지방분권을 상당한 수준에서 강화하여 시대적인 요청에 부응하고 있는 반면에 대통령발의안은 지방분권을 상당히 약화시키고 있어 뚜렷한 대조를 이루고 있다고 평가하는 견해[28]가 있다. 이에 반해, 국회자문위원회안은 물론 대통령발의안의 경우에도 광역지방자치단체(17), 기초지방자치단체(226)의 구분도 하지 않고 입법권 내지 독립명령권을 부여한다는 것은 약 240개의 신봉건제의 형태로 각 행정단위가 준국가되는 준연방국가가 된다는 것을 의미하며, 결과적으로 지방분권은 국민과 주민의 세금부담을 가중시키고 지방권력자들의 자리와 권한만 증대시킬 우려가 있다는 평가가 있다.[29] 생각

---

27 가령, 고문현, "지방분권에 관한 비교헌법적 분석", 토지공법연구 제51집, 2010, 423면.

28 이기우, 앞의 논문, 108면.

29 이광윤, "지방분권 개헌안들의 문제점", (사)한국공법학회 2018년 4월 학술대회 자료집, 2018. 4. 6, 153면 이하.

건대, 전자의 견해에 대하여는 국회자문위원회안과 대통령발의안은 정도의 차이가 있지만, 지방분권을 강화하는 방향으로 개헌안이라는 점에서 공통점을 지니고 있다는 점을 간과하고 있다. 한편 후자의 견해에 대하여는 연방제의 개헌없이 지방분권 개헌이 될 경우 준연방제로 운영될 가능성은 충분이 인정될 수 있으나, 240개의 신봉건제의 형태의 출현으로 인한 국가의 해체주장은 다소 과장된 측면이 없지 않다.

나. 지방분권국가 선언

(1) 비교

국회자문위원회안에서 헌법 제1조 제3항에 "대한민국은 분권형 국가를 지향한다."는 조항을 신설하여 지방분권을 대한민국의 국가특성으로 규정함으로써 집권적 국가적 경향을 청산하고 지방분권적 국가질서를 정립하도록 입법과 집행, 법령의 적용방향을 제시하려는 것이라는 제안이유를 제시하고 있다.

대통령발의안에서도 헌법 제1조 제3항을 신설하여 "대한민국은 지방분권국가를 지향한다"고 하여 그 이유를 대한민국 국가운영의 기본방향이 지방분권에 있음을 분명히 하고 향후 입법과 정부정책의 준거로 삼도록 하려는데 있다는 이유를 들고 있다.

(2) 평가

연방국가는 개별적 주권을 가지는 지방국가들로 구성되기 때문에 정부의 형태 또한 중앙정부와 지방정부의 이원적 구조를 가진다. 지방정부는 중앙정부와 마찬가지로 독자적인 헌법을 보유하며 입법·행정·사법에서의 독자적 권한을 행사하므로 주권을 기반으로 한 고도의 자율성이 보장된다고 할 수 있다. 따라서 중앙정부는 보충성의 원칙에 입각하여 지방정부가 행사하지 않는 범위내에서 열거적 권한만을 행사하며 국가로서의 통일성과 정체성을 유지하는데 필요한 범위내에서 독자적 권한을 가지게 된다.[30]

헌법 제1조에 제3항을 신설하여 대한민국은 지방분권국가를 지향한다는 조항은 자칫하면 대한민국이 통일로 가는 길목에서 대한민국이 상해임시정부의 법통을 승계한 한반도

---

30 박인수, 앞의 논문, 161면.

의 유일한 합법정부로서 국가적 정당성과 정통성을 갖고 있음에도 프랑스 헌법과 같이 공화국의 불가분성(indivisible)을 천명하지 않은 채 분권국가를 지향한다는 조항을 신설함으로 인해 대한민국이 통일의 핵심적 추진세력이 되지 못하고 지방분권국가를 지향하는 수준에 머무는 의미로 축소하여 해석할 위험성이 있다. 특히 이와 같은 내용의 규정의 신설은 권력분립과 관련되는 내용이어서 '국민주권'을 강조하는 제1조와는 전혀 어울리지 않는 내용이다. 만약에 이 조항을 신설한다면 지방자치에 관한 편에서 규율하는 것이 앞서 말한 잘못된 오해를 불식시킬 수 있다.[31]

여기서 사용하는 지방분권국가라는 용어도 헌법적으로 통용되는 개념이라고 보기 어렵다. 국가 형태와 관련해서 연방국가라는 헌법개념은 있어도 지방분권국가라는 헌법개념은 불명확하고 생소한 개념이다. 따라서 대한민국의 국호와 국민주권주의를 규정하고 있는 제1조에 제3항을 신설하여 "대한민국은 지방분권국가를 지향한다"는 조항을 추가하는 것은 헌법체계적으로 타당하지 않다.[32]

다. 지방자치권의 연원과 사무배분의 원칙의 신설 및 지방정부 명칭사용

(1) 비교

국회자문위원회안에서는 헌법 제117조 제1항에서 "지방자치단체는 주민의 복리에 관한 사무를 처리하고 재산을 관리하며, 법령의 범위안에서 자치에 관한 규정을 제정할 수 있다"고 되어 있는 부분을 삭제하는 대신에 "주민은 그 지방사무에 대해 자치권을 가진다. 주민은 자치권을 직접 또는 지방정부의 기관을 통하여 행사한다."로 변경하여 신설하고 있고, 동조 제2항에서 "지방자치단체의 종류는 법률로 정한다"로 되어 있는 부분을 "지방정부는 종전에 의하되, 이를 변경하고자 하는 경우에는 주민투표를 거쳐 법률로 정한다"로 변경하고, 나아가 제3항에서 "정부간 사무배분과 수행은 보충성의 원칙에 따른다"는 조항을 신설하고 있다.

대통령발의안 제121조 제1항에서는 "지방정부의 자치권은 주민으로부터 나온다. 주민은

지방정부를 조직하고 운영하는 데 참여할 권리를 가진다"고 규정하고 있다.

제2항에서 "지방정부의 종류와 구역 등 지방정부에 관한 주요 사항은 법률로 정한다"고 규정하고 있다. 제3항에서 "주민발안, 주민투표 및 주민소환에 관하여 그 대상, 요건 등 기본적인 사항은 법률로 정하고, 구체적인 내용은 조례로 정한다"고 규정하고 있고, 제4항에서 "국가와 지방정부간, 지방정부 상호간 사무의 배분은 주민에게 가까운 지방정부가 우선한다는 원칙에 따라 법률로 정한다"고 규정하고 있다.

(2) 평가

국회자문위원회안과 대통령발의안에는 지방자치단체라는 용어 대신에 지방정부라는 용어를 공통적으로 사용하고 있다. 지방정부의 용어를 학자마다 다양하게 사용하고 있다. 지방정부는 연방국가에서 독립적인 입법·행정·사법권을 갖는 주(州)정부를 지칭하는 개념으로 사용하기도 하고[33] 연방제 국가의 주 내에서 자치단체를 지방정부를 지칭하기도 하는 등 용어의 사용이 불분명하다.

행정학자를 비롯하여 지방자치법을 전공하는 학자 중 일부는 지방정부라는 용어로 대체하여야 한다고 하지만, 행정법학자의 주류적 견해는 지방자치단체라는 용어를 고수하고 있다. 단일국가내에서 친숙하지 않은 '지방정부'라는 용어속에 중앙정부와 대립적인 대등적 위치를 점유하려는 정치적 측면에서 주장되기도 한다.

이와 같은 지방정부라는 용어는 법적인 개념이라기 보다는 행정학적인 용어 내지는 통치에 기반을 둔 대항적 개념이라고 보여진다.

지방의회를 포함하는 지방정부라는 견해는 우리 헌법질서에서 쉽게 이해하기 어렵고, 국가와 더불어 행정주체의 지위를 지니는 공법상 법인으로 자리매김할 수 있는 지방자치단체를 지방정부로 할 경우 법적인 측면보다는 정치적인 측면에 초점이 놓이게 된다. 우리 대한민국이 연방제 국가를 채택하고 있지 않음에도 지방정부라는 중앙정부와 대립되는 국가조직으로 오도할 우려가 있는 잘못된 용어의 사용은 자제할 필요가 있다.

더구나, 현행법상 지방자치단체는 국가의 입법권으로 분리된 고유의 입법영역을 갖는

---

33 http://news.chosun.com/site/data/html_dir/2018/04/16/2018041602492.html

것도 아니고, 국가로부터 독립된 법원을 갖는 것도 아니므로 지방자치단체는 국가와의 대비 속에 지방정부에 해당하지 아니한다.[34] 따라서 연방제 국가가 아니므로 보충성의 원칙에 관한 규율은 무리라고 할 것이다. 아울러 국회자문위원회안에서는 '지방정부'는 종전에 의한다고 규정하고 있으나, 지방정부를 지방자치단체라는 의미로 사용하는 것이라면 용어만 변경하는 것이 어떤 의미가 있는지 의문이고, 더구나 종전에 헌법이나 법률은 물론 법령단위에서 '지방정부'에 관하여 규율한 적이 전혀 없어 무엇을 종전에 의한다는 것인지 알 수가 없다.

라. 입법권의 배분

(1) 비교

국회자문위원회안에서는 헌법 제40조에서 "입법권은 국회에 속한다"고 규정하고 있는 부분을 개정하여 "입법권은 국민 또는 주민이 직접 행사하거나 그 대표기관인 국회와 지방의회가 행사한다"로 개정하는 의견을 지방분권 분과에서 의견을 제시하였으나 국회자문위 정부형태분과에서 이를 받아들이지 아니하고 현행을 유지한 바 있다.

한편 제118조 제1항에서 "외교, 국방, 국가치안 등 국가존립에 필요한 사무 및 금융, 국세, 통화 등 전국적 통일성을 요하거나 전국적 규모의 사업에 대해서는 중앙정부만 입법권을 가진다". 제2항에서 "제1항에 해당하지 않는 사항에 대하여는 중앙정부와 지방정부가 각각 입법권을 갖는다". 제3항에서 "지방정부는 그 관할구역에서 효력을 가지는 법률을 제정할 수 있다". 제4항에서 "중앙정부의 법률은 지방정부의 법률보다 우선하는 효력을 가진다. 다만, 지방정부는 지역특성을 반영하기 위하여 필요한 경우에는 행정관리, 지방세, 주민복리와 관련한 주택, 교육, 환경, 경찰, 소방 등에 대해서 중앙정부의 법률과 달리 정할 수 있다".

대통령발의안에서는 입법권의 분할을 인정하지 아니하고, 헌법 제123조 제1항에서 "지방의회는 법률에 위반되지 않는 범위에서 주민의 자치와 복리에 필요한 사항에 관하여 조례를 제정할 수 있다. 다만, 권리를 제한하거나 의무를 부과하는 경우 법률의 위임이

---

34 홍정선, 신지방자치법[제3판], 박영사, 2015, 93면.

있어야 한다"고 규정하고 있고, 제2항에서 "지방행정부의 장은 법률 또는 조례를 집행하기 위하여 필요한 사항과 법률 또는 조례에서 구체적으로 범위를 정하여 위임받은 사항에 관하여 자치규칙을 제정할 수 있다"고 규정하고 있다.

(2) 평가

지방자치입법과 관련하여 현행 헌법 제117조에서 "지방자치단체는 법령의 범위안에서 자치에 관한 규정을 제정할 수 있다"라고 규정하고 있는 바와 같이, 조례는 법령의 범위를 벗어날 수 없기 때문에 사실상 조례와 규칙이 법령의 하위의 규범서열구조에 놓여있다는 것을 인정하지 않을 수 없다. 국법체계는 통일성을 갖고 운영되어야 하기 때문에 규범서열을 확정하는 것이 매우 중요하다. 이는 법령의 상호모순과 충돌의 해결을 위해서뿐만 아니라 법률생활의 안정성을 위해서도 요청되는 바이다.

일본 헌법에서 입법권 배분의 채택은 ① 연방국가와 단일국가를 준별하는 입장에서 ② 조례의 본질을 행정입법의 일종이라는 관료법학의 관점에서 부정적 입장이 통설과 판례의 입장이다.[35] 우리나라는 단일국가이므로 지방분권이라 함은 국가의 권력인 행정·입법·사법권 중에서 형식적 의미의 행정권의 일부 분야에 대한 결정권을 국가가 독립된 지방자치단체에게 위임하여 행정하는 것을 가리킨다. 따라서 단일국가인 프랑스의 경우에도, 조례의 제정에는 반드시 법률의 위임이 있어야만 한다.

현행 헌법 제117조에서는 법령의 범위 내에서 자치에 관한 규정을 제정할 수 있다고 규정하고 있다. 그러나 국회자문위원회안에서 조례를 자치법률로 변경하여 입법권이 국회만이 아니라 지방의회도 함께 있다고 보고 있다. 이러한 관점에서는 헌법 제37조 제2항에서 법률유보의 개념 속에 자치법률도 포함해야 하고, 조세법률주의에도 자치법률을 포함시켜야 하며, 헌법재판소의 위헌법률심판의 대상에 자치법률을 포함시키는 문제까지 여러 가지 복잡한 논의거리를 제공한다. 아울러 국회에서 제정하는 법률과 자치법률과의 효력의 상위를 둘러싸고 다툼이 발생할 소지가 많게되어 국민의 법생활의 불안정이 초래될 가능성이 많으므로 국회에서 제정하는 법형식만을 법률로 하고 지방의회에서 제정된 조례를

---

35 大津浩, 國と地方の立法權分有の視點から見た憲法改正, 衆議院憲法審査會參考人意見陳述, 平成 29年 4月 20日.

자치법률이라는 명칭을 사용하는 것은 한나라의 법체계를 무너뜨려 법률생활의 안정을 해할 위험이 있다.

기본적으로 조례는 헌법 제75조, 제95조의 적용이 없으므로 법률에서 위임할 경우 포괄위임이 허용되나[36], 기관위임사무의 경우로서 위임조례를 법령에서 정하는 경우 구체적으로 범위를 정하여 위임하여야 한다. 다만, 기본권실현의 중요하고 본질적인 사항은 의회에서 법률로 정해야 한다는 의회유보원칙에 따라 중요사항을 조례에 위임할 수 없을 것이다. 설사 지방자치법 제22조 단서를 삭제한다고 할지라도 법률유보에 관한 중요성설이나 의회유보설에 입각하여 기본권실현의 본질적인 사항은 조례로 정할 수 없고 법률에서 이를 반드시 규율해야 할 것이다.

조례의 국가법령체계내의 위치와 관련하여 헌법 제117조 제1항에 비추어 볼 때, 조례는 법령의 범위를 벗어날 수 없다고 되어 있으므로 법령보다 하위의 규범서열에 놓이게 된다. 따라서 조례와 법령이 모순이 있을 때에는 법령이 조례의 효력을 깨뜨린다.[37] 지방분권 개헌안 중에는 조례를 법률에 준하는 자치법률로 위치를 격상하거나 법률에 위반되지 않는 범위에서 조례를 제정할 수 있도록 그 지위를 강화하는 내용을 담고 있다. 이는 법규명령에 우선하는 자치입법권 조항의 신설로 법률과 법규명령의 중간에 특정한 지방자치단체의 지역내에서만 효력을 지니는 지역법인 조례가 제정되는 것을 염두에 둔 것이다.[38] 그러나 대통령령과 총리령 및 부령은 위임이 있을 경우 실질적 의미의 법률로서 자리매김하게 된다. 그러나 현재의 조례의 위상에 비추어 볼 때 점진적으로 최소한 법령보충적 행정규칙보다는 그 위상을 높일 필요가 있고, 조례를 부령과 같은 위상으로 하는 방안도 검토할 필요가 있다. 그 이유는 대통령령의 경우 국무회의의 심의 사항이며 전부처의 협의가 있어야 하므로, 법률과 대통령령의 바로 밑단계인 부령과 동열로 위치 설정하

---

36 헌재 1995. 4. 20. 92헌마264 결정에서 헌법재판소는 "조례(條例)의 제정권자인 지방의회(地方議會)는 선거를 통해서 그 지역적인 민주적 정당성을 지니고 있는 주민(住民)의 대표기관(代表機關)이고 헌법이 지방자치단체(地方自治團體)에 포괄적(包括的)인 자치권(自治權)을 보장하고 있는 취지로 볼 때, 조례(條例)에 대한 법률(法律)의 위임(委任)은 법규명령(法規命令)에 대한 법률(法律)의 위임(委任)과 같이 반드시 구체적(具體的)으로 범위(範圍)를 정하여 할 필요가 없으며 포괄적(包括的)인 것으로 족하다."고 판시하고 있다.

37 김용섭, "법치행정원리에 관한 재검토", 경희법학 제33권 제1호, 1998, 223면.

38 김해룡, "분권형 국가를 지향하는 헌법의 개정방향", 지방자치법연구 통권 제36호, 2012, 13면.

는 것으로도 그 위상을 높이는 것이 될 것이기 때문이다. 따라서 법령보충적 행정규칙에 정하고 있는 것과 다른 사항을 정하였다는 이유로 조례의 효력을 부인할 것이 아니며, 조례가 법률이나 대통령령에 위반되지 않으면 위법하지 않는 것으로 보도록 제도개선이 필요하다.

마. 행정권의 배분

(1) 비교

국회자문위원회안에서는 신설하는 헌법 제118조 제5항에서 "중앙정부는 법률에서 직접 수행하도록 정한 사무를 제외하고는 지방정부에 위임하여 집행한다". 제6항에서 "지방정부는 당해 입법기관이 제정한 법률을 자치사무로 수행하고, 중앙정부 또는 다른 지방정부에서 위임한 사무를 수행한다". 제7항에서 "지방검찰청장과 지방경찰청장은 법률이 정하는 바에 따라 관할 구역의 주민이 선출한다".

대통령발의안에서는 이에 관한 규정을 따로 두지 않고 있다.

(2) 평가

지방정부가 스스로 자치사무를 지방의 법률로 정하도록 하는 것은 지방자치법 등 국회의 법률로 정하고 있는 국가사무 또는 자치사무와의 충돌의 문제가 야기될 수 있어 법률생활에 일대 혼란이 야기될 수 있다. 참고적으로 권한의 위임과 관련하여 개별 법률에서는 권한의 위임을 할 수 있는 근거규정만을 두고 있을 뿐, 개별법률의 시행령에서 법률의 일정 권한을 지방자치단체의 장 등에게 위임하도록 규정하고 있고, 정부조직법과 대통령령의 형식인 행정권한의 위임 및 위탁에 관한 규정을 통해서도 권한의 위임이 확정되므로 법률의 규정만으로 어떤 사무가 국가사무인지 지방자치단체의 사무인지는 알 수 없다. 한편 전국적 단위로 인사발령이 되도록 되어 있고 임기가 정해져 있지 않은 지방검찰청장이나 지방경찰청장을 지방 법률이 정하는 바에 따라 관할 구역의 주민이 선출한다는 규정은 반드시 헌법에 규정할 사항이라고 보여지지 않는다. 더구나, 자치체경찰이 확립되지 않은 단계에서 지방경찰청장에 대하여 주민이 선출하도록 하는 것 역시 적절하지 않다.

바. 지방정부의 재정권

(1) 비교

국회자문위원회안에서는 신설하는 헌법 제119조 제1항에서 "지방정부는 자기책임 하에 자치사무를 수행하고, 그 사무의 수행에 필요한 경비를 스스로 부담한다". 제2항에서 "위임사무를 처리하는데 소요되는 비용은 위임하는 정부에서 부담한다". 제3항에서 "지방정부에게는 그 사무수행에 필요한 재원이 제1항의 취지에 부합하도록 보장되어야 한다". 제4항에서 "지방정부는 지방세의 종류와 세율 및 징수방법을 법률로 정할 수 있다". 제5항에서 "중앙정부와 지방정부간, 지방정부 상호간 연대의 원칙에 따라 적정한 재정조정이 이루어지도록 지방정부 의견을 청취한 후 법률로 정한다". 제6항에서 "지방정부는 재정건전성의 원칙에 따라 수지균형을 이루도록 투명하게 재정을 운영하여야 한다". 제7항에서 "지방정부의 채무는 법률이 정하는 기준에 따라 관리되어야 한다"고 규정하고 있다.

대통령발의안 제124조 제1항에서 "지방정부는 자치사무의 수행에 필요한 경비를 스스로 부담한다. 국가 또는 다른 지방정부가 위임한 사무를 집행하는 경우 그 비용은 위임하는 국가 또는 다른 지방정부가 부담한다"고 규정하고 있고, 제2항에서 "지방의회는 법률에 위반되지 않는 범위에서 자치세의 종목과 세율, 징수방법 등에 관한 조례를 제정할 수 있다"고 규정하고 있다. 제3항에서 "조세로 조성된 재원은 국가와 지방정부의 사무부담의 범위에 부합하게 배분하여야 한다"고 규정하고 있고, 제4항에서 "국가와 지방정부간, 지방정부 상호간에 법률로 정하는 바에 따라 적정한 재정조정을 시행한다"고 규정하고 있다.

(2) 평가

지방분권은 지방자치단체간의 차별성과 경쟁을 전제로 하고 있어 국가에 의한 수평적 정책인 재정조정제도를 함께 시행해야 전국적 효과를 달성할 수 있다고 보는 견해가 있으나, 지방분권과 재정조정제도는 엄밀히 말하면 친숙하지 않은 제도라고 보여진다.

자치재정권을 확보하기 위해서는 자율적인 예산편성권, 예산집행권, 충분한 재원이 선결적으로 충족되어야 할 것이지만, 근본적인 문제는 지방자치단체의 여건과 처해있는 상황에 따라 충분한 재원확보가 어려운 지방자치단체가 부지기수이고[39] 주민의 인구감소로 소멸위기에 놓여있는 기초지방자치단체가 늘고 있는 현실에서 선결적으로 지방자치단체의 통폐합이 논의될 필요가 있다.

　지방분권이 실효적으로 이루어지기 위해서는 스스로 재원을 조달할 수 있어야 한다. 만약에 그렇지 못할 경우라면 진정한 지방분권과 자치가 이루어진다고 말할 수 없다. 지방자치단체가 재정조정에 의하여 재원을 조달받을 경우에는 지방자치단체의 파산제도를 도입함과 아울러 감사원의 감사를 받도록 제도적 장치를 마련하여야 한다. 지방자치단체 파산제도[40]는 개별 지방자치단체의 자율성과 책임성에 대한 고려를 반영한 제도인데 반해 지방조정제도는 지방자치의 기본권 실현의 맥락에서 사회국가원리에 입각한 지방간의 균형을 도모하는 제도라고 할 수 있다.[41]

사. 지방정부의 기관 등

(1) 비교

　국회자문위원회안에서 현행 헌법 제118조 제1항에서 "지방자치단체에 의회를 둔다"로 되어 있는 부분을 "지방정부에는 지방의회와 집행기관을 둔다. 다만, 지방정부의 법률로 주민총회를 입법기관으로 할 수 있다"로 변경하는 내용을 헌법 제120조 제1항에서 신설하고 있고, 현행 헌법 제118조 제2항에서 "지방의회의 조직·권한·의원선거와 지방자치단체장의 선임방법 기타 지방자치단체의 조직과 운영에 관한 사항은 법률로 정한다"로 되어 있는 부분을 "지방정부의 입법기관과 집행기관의 조직·인사·권한·선거·기관구성과 운영에 관하여 필요한 사항은 해당 지방정부의 법률로 정한다"로 변경하는 내용을 헌법 제120조 제2항에서 신설하고 있다.

　이와 더불어 지역대표형 상원신설을 내용으로 하면서 50인 이하, 하원의원은 300인 이하로 구성하며, 하원의원의 3분의 1 이상은 비례대표로 구성하는 안을 제시하고 있다. 국

---

39 박인수, 앞의 논문, 169면.

40 미국은 1934년에 지방자치단체의 파산 및 회생절차를 담은 연방파산법 제9장을 제정하여 지방자치단체의 회생에 초점을 맞춘 정책을 펼쳐왔다.2013년 7월에 재정파산을 맞은 미국 디트로이트시의 경우 시정개혁의 실패와 기업들의 실적부진이 그 원인이었고, 2007년 일본 유바리시의 재정파산 역시 외래 관광객의 수요예측 실패로 인한 무리한 재정투자와 운영 때문이었다. 이에 관하여는 임승빈, 지방은 중앙을 따르라?, 대한민국정부를 바꿔라, 올림, 2015, 152-153면.

41 허진성, 앞의 논문, 102면.

회자문위원회안은 국회는 상원과 하원으로 구성하고 상원은 역사적 문화적 지리적 동질성을 갖는 지역의 주민을 대표하고, 하원은 국민을 대표한다고 하는데 반하여, 국회자문위원회 정부형태분과의 의견은 국회는 참의원과 민의원으로 조직하며, 참의원은 지역을 대표한다고 되어 있다.

대통령발의안은 제122조 제1항에서 "지방정부에 주민이 보통·평등·직접·비밀 선거로 구성하는 지방의회를 둔다"고 규정하고 있고, 같은 조 제2항에서 "지방의회의 구성방법, 지방행정부의 유형, 지방행정부의 장의 선임방법 등 지방정부의 조직과 운영에 관한 기본적인 사항은 법률로 정하고, 구체적인 내용은 조례로 정한다"고 규정하고 있다.

(2) 평가

지방조직에 관한 사항 중 기본적인 사항을 법률로 정하고 구체적인 사항은 조례로 정한다고 하여 모든 것을 법령으로 정하는 현재보다 조직권이 강화된 것은 사실이지만 무엇이 기본적인 사항인지 명확하지 못한 문제를 지적하기도 한다.[42] 영어로 local government라는 용어를 '지방정부'로 번역하여 사용하는데 이는 지방자치에 대응하는 개념으로도 사용하고 있다. 지방자치단체(municipality)를 지방정부라고 지칭하는 것은 적절한 용어법이라고 보기 어렵다. 지방자치는 일정한 지역을 기초로 하는 지방자치단체에 법인격을 부여하고, 그 단체는 국가로부터 직접적인 통제에서 벗어나 그 단체의 주민이 스스로 그들의 비용과 책임 하에 그 지방의 고유사무를 당해 지방자치단체를 통하여 자율적으로 처리하는 제도를 말한다.[43]

국회자문위원회안에서 지방정부라는 개념과 관련하여 광역자치단체만을 지방정부라고 하는 것인지 아니면 기초자치단체를 지방정부라고 하는 것인지 아니면 양자를 모두 지방정부라고 하는 것인지 정확하지는 않다. 지방정부내에 지방의회를 두고 있으면서 별도로 지방법률로 주민총회를 입법기관으로 할 수 있다는 논리는 입법기관의 중층으로 인해 복잡한 법제정으로 인해 법체계의 혼란이 야기될 위험성이 있다. 국가의 이익을 대변하는

---

42 이기우, 앞의 논문, 135면.

43 한귀현, "독일 지방자치법상의 조례론에 관한 소고- 그 역사적 구조를 중심으로", 독일학 연구 제14권, 1998, 176면.

하원과 지방의 이익을 대변하는 상원이 상호견제하도록 양원제를 도입을 찬성하는 견해도 있으나,[44] 국회의원의 자리만 늘린다는 비판론은 차치하고서라도, 대규모 도시형과 중소도시형 지방자치단체가 다르고, 주민감소로 소멸위기에 놓여있는 농촌형 지방자치단체 간의 이익을 상원의원이 어떻게 적절히 조화롭게 대변할 것인지 의문이다.

아. 국가자치분권회의의 설치 등

(1) 비교

대통령발의안 제97조 제1항에서 "정부와 지방정부가 협력을 추진하고 지방자치와 지역 간 균형 발전에 관련되는 중요정책을 심의하기 위하여 국가자치분권회의를 둔다"고 규정하고 있고, 제2항에서 "국가자치분권회의는 대통령, 국무총리, 법률로 정하는 국무위원과 지방행정부의 장으로 구성한다"고 규정하고 있다. 제3항에서 "대통령은 국가자치분권회의의 의장이 되고, 국무총리는 부의장이 된다"고 규정하고 있고, 제4항에서 "국가자치분권회의의 조직과 운영 등 구체적인 사항은 법률로 정한다"고 규정하고 있다.

국회자문위원회안에서는 이에 관하여 따로 규정을 두고 있지 않다.

(2) 평가

지방분권개헌의 기본방향은 대통령이나 중앙행정기관의 권한을 축소하고 지방에 권한의 이양을 내용으로 하고 있는데, 대통령이 위원장이 되는 제2국무회의적 성격을 띠는 국가자치분권회의를 설치하여 지방자치단체의 이해관계를 조율하는 것이 적절한 것인지 의문이다.

제왕적 대통령제의 폐해를 극복하기 위해 지방분권형 국가시스템을 개선한다고 하면서 대통령이 의장이 되고, 국무총리가 부의장이 되는 제2국무회의와 같은 국가자치분과회의를 신설하는 것은 대통령의 위상과 권한을 강화시키는 것이므로 시대정신에 맞지 않는 논리모순의 규정이 들어간 것이라고 볼 수 있다.

---

44 이기우, 앞의 논문, 133면

Ⅳ. 맺음말

이상에서 법치주의 관점에서 헌법적 문제인 지방분권개헌에 대하여 고찰하였다. 자치입법권의 신장과 강화의 문제는 매우 중요한 공법적 문제에 속한다. 지방분권과 관련한 개헌이 제대로 실현될지는 미지수 이다. 그러나 학계에서는 오랫동안 지방분권개헌에 관한 연구를 수행해 왔으나 개헌의 방식으로 하는 것 보다는 법률단계에서 실현하는 것이 더 바람직한 측면이 없지 않다. 그 이유는 주민의 참여와 주민의 삶의 개선이 이루어지는데 중점이 주어져야지, 국가와 지방자치단체의 이중적 규제 속에 주민의 삶이 오히려 피폐하게 될 수도 있다. 아울러 전국에 산재한 지방자치단체 간에도 여건과 실상이 다양하여 원론적으로 지방분권을 찬성한다고 할지라도 지역 여건에 따라 산업과 공장이 제대로 없는 소비지역에 있어서는 지방에서 과세권을 부여한다고 할지라도 제대로 과세하기 힘든 것도 사실이다. 엄밀히 말하여 지방분권은 기본적으로 재정자립도가 충실한 경우에 국가권력으로 벗어나 자율적으로 지역의 문제는 지역이 스스로 자기책임 하에 수행하는 시스템을 구축하는 것이고, 국가적 간섭을 최소화하는 것을 의미한다. 그러나 우리의 대다수의 지방자치단체는 재정자립도가 열악하여 국가로부터 재원의 조달에 의존하거나 재정조정을 통하여 이를 실현할 수 있을 뿐이다. 그런데 이러한 논리는 지역균형발전의 논리이지 엄밀히 말하면 지방분권의 논리는 아닌 것이다. 지방분권이라고 말하면서 지역균형발전을 지향한다면 지방분권을 통해 대통령의 권한 집중을 분산하려는 당초 입장과는 거리가 멀고 오히려 강력한 중앙권력에 의한 지역균형발전을 기대하게 되는 딜레마에 봉착하게 된다. 더구나 지방분권개헌이 성급히 추진될 경우 오히려 법률관계와 법생활의 불안정을 초래하게 될 위험성이 있어, 오히려 개악(改惡)이 될 수도 있다. 지방분권개헌과 관련하여 재정조정제도를 통하여 지역균형발전을 도모한다고 하지만, 다른 한편 지방분권의 이념인 자율과 책임의 관점에서는 지방자치단체의 파산제와 감사원에 의한 재정통제를 강화해 나가야 한다. 지원은 하되 감독을 하지 않을 경우 주민의 환심을 사서 재선을 위한 지방자치단체장의 포퓰리즘과 도덕적 해이가 겹칠 경우 급속히 공공부문의 재정적자가 초래될 위험성이 있다.

특히 지방분권개헌과 관련한 핵심적 사안의 하나는 자치입법권을 어느 정도로 보장할 것인가의 문제이다. 헌법개정을 통해 조례의 명칭을 지방법률로 승격하여 법률적 차원으로 지위를 강화하는 것으로 지방분권이 실현되는 것도 아니고 오히려 심각한 법체계의 혼란으로 법률관계의 불안정이 초래될 수 있다. 아울러 지방정부라는 용어는 더욱 낯설기만 하다. 이미 정착된 법률상의 지방자치단체의 개념을 버리고 불명료한 지방정부라는 개념을 가져오는 이유를 전혀 알 수가 없다. 광역지방자치단체를 지방정부로 한다는 것인지 아니면 기초자치단체도 지방정부로 한다는 것인지 불명확하기는 하지만 국회자문위원회 안에서는 종전대로 한다고 하고 있는 바, 지방정부라는 용어를 헌법과 법률단계에서 사용한 적이 없기 때문에 종전대로 라는 표현은 지방자치단체를 염두에 둔 것으로 볼 것이다. 그렇다면 확립된 법률용어를 사용하지 않고 연방제를 채택하고 있는 국가에서 사용함직한 용어로 변경하는 것은 적절하지 않다. 공법상 법인인 지방자치단체를 지방정부로 하여 통치권이 부여된 정치적 개념을 사용하는 것이 국익의 관점에서 바람직한 것은 아닐 것이다.

참고문헌

강기홍, "지방분권 개헌의 방향", 지방자치법연구 통권 제57호, 2018.

강기홍, "지방분권형 국가를 위한 지방자치법의 개정방안", 공법학연구 제16권 제3호, 2015.

강명원, "한국지방자치제도 강화를 위한 헌법개정방향 연구", 법제 통권 제679호, 2017.

고문현, "지방분권에 관한 비교헌법적 분석", 토지공법연구 제51집, 2010.

김배원, "현행 헌법상 지방자치제도의 개정 필요성과 방향", 헌법학연구 제16권 제3호, 2010.

김용섭, "서울특별시 자치헌장조례에 대한 법적 검토", 행정법연구 제53호, 2018.

김용섭, "법치행정의 원리의 재검토", 경희법학 제33권 제1호, 1998.

김용섭, "텔레비전 방송수신료에 관한 행정법적 논의", 인권과 정의 363호, 2006.

김성화, "지방분권제도 확립을 위한 중앙행정권한의 지방이양- 제도적 한계와 개선방안을 중심으로
          -", 법제 통권 제679호, 2017.

김수연, "자주재정권 강화를 위한 개헌안 쟁점", 지방자치법연구 통권 제57호, 2018.

김승태·전용주, "지방분권과 지역균형발전:긍정론과 회의론, 그리고 대안", 공공정책연구 제34집
          제1호, 2017.

김용훈, "지방자치분권을 위한 헌법개정 방향 소고", 지방자치법연구 통권 제57호, 2018.

김해룡, "분권형 국가를 지향하는 헌법의 개정방안", 지방자치법연구 통권 제36호, 2012.

문병효, "지방분권과 개헌", 토지공법연구 제79집, 2017.

문상덕, "지방자치와 법치주의- 분권적 법치국가시스템을 지향하며-", 법과사회 제25권 제4호, 2003.

박균성, 행정법론 (상), 박영사, 2016.

박균성, "기조발제 : 법치주의에 따른 행정개혁의 과제", 행정법과 법치주의 학회 창립총회 학술발
          표회 자료집, 2017. 12. 2.

박인수, "지방분권 개헌의 방향 모색", 공법연구 제46집 제2호, 2017.

송시강, "미국 지방정부의 자치권의 범위와 주정부의 통제", 동북아법 제1권 제1호, 2007.

윤재만, "자치입법권의 국가입법권에 의한 제한", 공법학연구 제14권 제1호, 2014.

이광윤, "지방분권개헌론의 부당성", 법률신문 2017. 3. 20. 자.

이광윤, "지방분권에 관한 국회개헌특위 자문위원회 시안의 문제점", 개헌토론회 자료집 2018. 3. 15.

이광윤, "지방분권 개헌안들의 문제점", (사)한국공법학회 2018년 4월 학술대회 자료집, 2018. 4. 6.

이기우, "지방분권에 관한 헌법개정의 과제와 전망", (사)한국공법학회 2018년 4월 학술대회 자료
          집, 2018. 4. 6.

이헌환, "21세기 법치주의의 신경향", 공법연구 제44집 제1호, 2015.

임승빈, 중앙을 지방을 따르라?, 대한민국정부를 바꿔라, 올림, 2015.

장용근, "지방분권과 지방자치, 지방균형에 대한 헌법적 쟁점의 검토", 세계헌법연구 제22권 제1호, 2016.

전학선, "지방분권을 위한 자치입법권의 개선방안", 세계헌법연구 제21권 제3호, 2015.

정종섭, 헌법학원론 제4판, 박영사, 2010.

조성규, "지방자치단체의 자주재정권의 보장과 헌법 개정", 지방자치법연구 통권 제57호, 2018.

조성규, "조례와 법률과의 관계", 국가법연구 제12권 제1호, 2016.

조성규, "법치행정의 원리와 조례제정권의 관계- 조례에 대한 법률유보의 문제를 중심으로-", 공법연구 제36집 제2호, 2007.

조정찬, "의회유보와 행정유보", 법제 2010. 12월호, 2010.

최승원, "조례의 본질", 지방자치법연구 제6권 제1호, 2006.

최우용, "지방분권형 헌법개정에 관한 연구", 지방자치법연구 통권 제55호, 2017.

최우용, "지방분권형 헌법개정의 과제와 방향", 법제 통권 제679호, 2017.

최우용, "지방자치단체의 법적 지위 및 자치입법권론 재론", 동아법학 제29권, 2001.

최용전, "최근 헌법개정안에 나타난 지방분권형 개헌의 방향과 과제", 지방자치법연구 통권 제57호, 2018.

최진혁, "지방분권의 제2도약으로서 대한민국의 자치분권 추진과제에 관한 연구-문재인정부 출범에 부쳐-", 한국지방자치학회보 제29권 제3호, 2017.

허 영, "대통령개헌안 이대로는 안된다." 조선일보 시론, 2018. 4. 17. 자.

허진성, "지역균형발전에 대한 헌법적 이해- 지방분권과의 관계를 중심으로-", 헌법학연구 제23권 제4호, 2017.

Christoph Gröpl, Srtaatsrecht I, C. H. Beck, 2015.

Michael Kloepfer, Verfassungsrecht I, C. H. Beck,, 2011.

Voßkuhle, Kaufhold, Grundwissen- Öffentliches Recht: Das Rechtsstaatsprinzip, JuS 2010.

大津浩, 國と地方の立法權分有の視點から見た憲法改正, 衆議院憲法審査會參考人意見陳述, 平成 29年 4月 20日.

網野光明, 地方分權改革と自治立法權·市町村合併, 地方再生-分權と自律による個性豊かな社會の創造, 綜合調査報告書, 2006.

3

법무담당관 제도의 활성화와 과제*

──── 목차 ────

Ⅰ. 머리말
Ⅱ. 법무담당관 제도의 활성화 논의
Ⅲ. 법치역량 강화를 위한 법정책적 과제
Ⅳ. 맺음말

Ⅰ. 머리말

참여정부시절 사법제도개혁추진위원회에서 법무담당관제도 개선방안을 마련하여, 법치행정의 구현을 위하여 법률전문가가 행정공무원으로 진출하는 기회 확대를 위해 우선 중앙행정기관 및 광역지방자치단체에 개방형 직위로 법무담당관을 두고 상당한 실무경력을 가진 변호사 자격자 중에서 임용하여 해당기관의 정책수립이나 법령입안 등에 관하여 법적 자문을 담당하도록 하는 내용의 건의문을 내놓기도 하였다. 그러나, 행정부처 공무원의 반발과 국민적 공감대를 얻지 못하여 결과적으로 실패한 바 있다.

오늘날 행정현상의 국제규범화 요청과 법치행정의 정착 필요성 그리고 사전적인 분쟁예방의 관점에서 공공부문의 적법한 행정활동에 대한 국민적 기대가 높다. 행정법령은 매우 복잡하고 법적 문제가 서로 얽혀 있음에도 국가나 지방자치단체의 공무원이 정책 입안,

---

* 이 논문은 2017년 7월 5일 국회의원 나경원·대한변호사협회 공동개최 "법무담당관제도 활성화를 위한 토론회"에서의 김용섭교수 토론문을 수정·보완하여 서울법학 제28권 제1호(2020. 5.)에 게재·수록한 것입니다.

결정 및 집행 과정에서 사전에 충분한 법적인 자문과 검토 없이 무리하게 추진하여 행정소송이나 국가배상청구소송에서 패소판결을 받아 국가 등이 막대한 재정적 부담을 지는 경우가 빈번하게 발생한다. 따라서 행정주체의 공행정활동은 법치행정의 원칙에 따라 법에 근거하여 적법하게 이루어질 필요가 있다. 행정부처 공무원이 고의나 중과실이 있는 위법한 직무집행을 하여 국민에게 손해를 입히게 될 경우 직접적인 국가배상책임을 지게 되므로 행정결정을 하기에 앞서 법무담당관제도를 도입하게 되면 적법한 공행정이 이루어지게 되어 국민은 물론 공무원에게도 이점이 적지 않다.

이러한 관점에서 국가기관이나 지방자치단체 등 공공부문에서 변호사를 의무적으로 채용하여 상시적으로 해당기관의 정책수립이나 법령입안 등에 관한 법적 자문을 담당하도록 하는 법무담당관제도의 활성화는 매우 중요한 국가적 과제에 속한다. 법무담당관 논의의 핵심은 고위공직에 변호사가 법무참모로서 역할을 하는 경우뿐만 아니라 현재 직제상 3. 4급의 법무담당관에 변호사로 보임하는 의미로 좁게 파악할 것이 아니다. 이보다 넓게 국가기관이나 지방자치단체에서 변호사를 의무적으로 채용하여 상시적으로 해당기관의 정책수립이나 법령입안 등에 관하여 법적 자문을 담당하도록 하는 조직체계 전반을 의미하는 것으로 파악하고자 한다. 따라서 법무담당관은 법무담당관실에 근무하는 변호사는 물론, 각부 장관의 정책보좌관과 같은 차원의 '장관법무보좌관'이나, 직제상의 '규제개혁법무담당관'의 역할을 맡는 변호사 자격을 갖는 공무원 나아가 개방형 직위로 충원된 변호사출신 공직자 전반을 아우르는 포괄적 개념이라고 할 것이다.

2017년 6월 경 나경원의원이 대표 발의한 법무담당관제의 도입을 내용으로 하는 정부조직법 일부개정 법률안과 지방자치법 일부개정 법률안이 국회에 제출되어, 토론회를 개최하는 등 법무담당관제도의 활성화를 위한 논의의 장이 마련된 바 있다.[1] 그러나, 법무담당관제도의 설계에 관한 철학의 빈곤과 문제점이 노출되어 별다른 진척이 없이 20대 국회 회기말로 법률안 자체가 폐기되기에 이르렀다.

우리의 경우에는 미국과는 달리 정부법무공단이 설립되어 정부가 피고가 되는 소송의 수행을 지원받고 있으며, 정부의 법률제정 및 행정입법의 입안 등과 관련하여 법제처와의

---

1 국회의원 나경원/대한변호사협회 공동주최, 법무담당관제도 활성화를 위한 토론회 자료집, 2017. 7. 5. 참고 바람.

유기적 협력을 통하여 각 부처의 법무담당관실이 업무를 지원받고 있다. 그러나, 각 부처 법무담당관실의 법치역량이 미흡하고 정책의 입안이나 집행의 전후에 있어 사전 또는 사후적으로 법적인 체크 기능이 제대로 작동되지 못하고 있다. 그동안 대한변호사협회와 서울지방변호사회를 중심으로 법무담당관제도의 도입 논의[2]가 활발하였다. 참여정부시절의 실패 경험을 타산지석으로 삼아, 법무담당관제도의 도입은 변호사 등 법조직역의 일자리 확보차원이 아니라 기존의 행정조직인 직제와의 조화 속에 법치역량을 강화하기 위하여 법률전문가를 공공부문에 진출하는 시스템을 만들 때 행정부처 공무원의 저항이 없이 순항(順航)을 기대할 수 있다.[3]

Ⅱ. 법무담당관 제도의 활성화 논의

1. 논의의 출발점

법무담당관제도의 도입은 행정의 조직체계에 법률전문가인 변호사를 의무적으로 채용하여 적극적으로 법치주의를 실현할 수 있는 시스템을 갖추는 것이다. 미국의 법무담당관(General Counsel)은 실질적으로는 정부, 공공기관 및 기업 등에서 상시적으로 근무하면서 법률에 관한 자문 기타 법률 관련 업무를 담당하는 법률전문가를 의미하며, 형식적으로는 정부, 공공기관 및 기업 등의 법무담당관실의 최고책임자를 의미하고 법무담당관실에서 근무하는 변호사와는 구별되는 개념으로 이해한다.[4] 이와 같은 미국의 법무담당관의 개념은

---

2 대한변호사협회는 2003. 12. 12. 특집, '법무담당관제도의 도입' 좌담회를 개최하여, 인권과 정의 통권 2004년 1월호, 6-26면에 실려있고, 아울러 2004. 2. 23. '법무담당관제도'에 관한 공청회를 개최하여, 인권과 정의 통권 333호, 2004년 5월호, 59-103면에 실려 있다. 한편, 2004. 4. 22. 서울지방변호사회와 한국공법학회가 공동주최하여 '법조인력에 의한 법무담당관의 전문화 제고방안' 이라는 제목으로 심포지엄을 개최한 바 있고, 2009. 3. 13. '법무담당관·준법감시인제도 도입 및 활성화'에 관한 심포지엄을 개최한 바 있다.

3 김용섭, "법무담당관제도 활성화를 위한 토론문", 국회의원 나경원/대한변호사협회 공동주최, 법무담당관제도 활성화를 위한 토론회 자료집, 2017. 7. 5. 61면. 이 논문은 위 세미나에서의 필자의 토론문을 기초로 하여 발전시킨 것이다.

4 정진수, "법무담당관제도 및 준법감시인제도 도입 방안", 서울지방변호사회 법무담당관·준법감시인제도 도입 및 활성화에 관한 심포지엄자료집, 2009. 3. 23. 5면.

정부기관이나 지방자치단체를 넘어 공공기관이나 기업 등을 포함한다는 점이 특징이다.

일부 공직 중에 변호사를 계약직으로 충원하기도 하고, 신분이 보장되는 공무원으로 채용하기도 하며, 공무원의 업무에 속하는 영역의 일임에도 국가기관에 '무기계약근로자 및 기간제근로자 관리운용 규정'에 따라 변호사를 낮은 보수에 기간제 근로자로 채용하는 문제점이 지적되기도 한다. 이러한 변칙적인 채용을 염두에 두고 법무담당관제도를 논의하는 것은 아니며, 사법시험 출신이건 로스쿨 출신이건 변호사를 민간경력 채용의 방식이나 계약직 방식으로 채용하는 등 변호사 자격을 갖고 공무원으로 근무하는 인원이 대폭 늘고 제반 채용여건이 개선될 때 공공부문의 법치역량의 강화에 기여하게 되리라고 본다.

2. 참여정부 시절 법무담당관 제도의 도입 실패요인

2005년도 참여정부 당시 사법제도개혁추진위원회 법무담당관 제도의 도입과 관련한 세부적 방안에 대한 반추를 할 필요가 있다. 그 당시 법무담당관제도 도입의 세부적 방안과 관련하여, 제1안인 1급상당의 별정직인 차관보, 부시장·부지사 등 고위직위 신설방안, 제2안인 2, 3급의 국장급의 보좌기관인 법무조정관을 신설하는 방안, 제3안인 장관과 임기를 같이하여 장관이 물러나면 면직되도록 하는 정책보좌관제도를 개편하는 방안, 제4안은 현행 직급인 3, 4급 법무담당관직제를 활용하는 방안을 제시한 바 있다.[5]

제1안과 제2안은 고위직이므로 행정부처의 내부사정에 정통하지 않은 변호사를 외부에서 수혈하여 그 기능을 수행하는데 한계가 있다. 중앙행정기관이나 지방자치단체의 직제상으로는 법무담당관은 3, 4급의 직으로 마련된 과장급의 공무원을 말하고 있으므로, 법무담당관이라는 협소한 개념의 용어를 사용하면서 미국에서와 같은 차관급이나 차관보급을 염두에 두고 법무담당관 제도를 설계한 것은 직제상의 작은 개념을 가지고 큰 그림을 염두에 둔 것으로 비유할 수 있다. 제4안은 법무담당관을 형식적으로는 직제상의 제도로 이해하는 입장이나, 실질적으로는 정부나 지방자치단체 등 공적 부문에 상시적으로 근무하면서 법률에 관한 자문 기타 법률 관련 업무를 담당하는 법률전문가를 의미하므로 개

---

5 사법제도개혁추진위원회, "법무담당관제도 개선방안 검토자료", 2006. 1, 24면 이하, 정석윤, "법무담당관제도 활성화를 위한 제언", 국회의원 나경원/대한변호사협회 공동주최, 법무담당관제도 활성화를 위한 토론회 자료집, 2017. 7. 5. 26-29면

념상 이해에 있어 혼란이 야기될 수 있고, 변호사만을 3, 4급의 법무담당관에 보임하는 제도이므로 기존의 행정부처 공무원의 반발을 살 수 있다.[6] 또한 제4안과 관련하여, 법무담당관에는 법과대학을 나온 법률적 소양이 있는 공무원으로 충원될 수도 있지만, 법무담당관실에 최소한 1인 이상의 변호사를 충원하는 수준으로 법무담당관 제도를 이해할 수도 있다.

따라서 제3안이 뒤에서 살펴보는 바와 같이 행정부처의 반발이 적고 기존의 공무원 조직과의 상생적 방안으로 긍정적 방안이라고 볼 것이다.

이러한 법무담당관 제도의 도입 및 활성화의 과제와 관련하여, 이미 2005년 사법제도개혁위원회 기획추진단은 법무담당관 제도에 대하여 연구·조사·토론 후 2006년에 법무담당관 제도개선 방안을 제시한 바 있다. 당시의 방안에서는 중앙행정기관과 광역자치단체에 개방직의 법무담당관에 변호사의 채용을 의무화 할 것을 제안하고 있다.

그러나, 당시의 법무당담관 제도개선 방안은 행정조직체계를 제대로 고려하지 않고 "떡 줄 사람은 생각도 않는데 김치국부터 마신다" 는 속담처럼 변호사의 행정부처 진출에만 역점을 두어 행정부처의 반발이 초래되어 좌절된 것이라고 할 수 있다. 행정부처내의 법무담당관은 행정고시를 합격한 후라고 할지라도 10년 이상 근무하는 등 서기관으로 승진한 후에도 일정기간 근무해야 그 직을 맡을 수 있는 보직이라는 점을 간과하였다. 서울특별시의 경우는 변호사 경력 4년 이상을 들고 있으나, 부처 업무에 대하여 정통하지 않음에도 변호사 경력 4년 이상 만으로 법무담당관으로 정하여 임용하는 경우 소기의 성과를 거둘 수 있는지 의문이다. 실제로 사법시험 출신이나 로스쿨 출신의 변호사가 행정부처에 진출하더라도 오래 근무하는 인원이 많지 않고 경력관리 차원에서 5년 이내에서 이직하는 사례가 적지 않은 실정에서 변호사가 행정부처에 오래 근무한 후에 법무담당관에 보임될 수 있도록 제도설계를 하는 것이 바람직하다. 그 이유는 법무담당관이 되려면 무엇보다 법률에 대한 이해도 중요하지만 부처의 업무 전반을 정통해야 전문성을 갖춘 법무행정의 자문역할을 충실히 해낼 수 있기 때문이다.

결과적으로, 참여정부시절 법무담당관 제도 개선방안은 체계적이며 혁신적인 사법개혁

---

6 송옥렬, "법무담당관·준법감시인제도 도입 및 활성화방안 토론문", 서울지방변호사회 법무담당관·준법감시인제도 도입 및 활성화에 관한 심포지엄자료집, 2009. 3. 23, 58면

을 통해 정부조직법, 국가공무원법, 지방자치법, 변호사법 등 제반 법령의 정비를 이루어 내야 함에도 미치지 못하였다. 이와 더불어 국민적 공감대를 얻지 못해 법무담당관 제도의 도입 필요성에 대한 인식의 확산이 이루어지지 못한 채, 제도의 도입 논의만 무성하고 결과적으로 제도 도입에는 실패한 것으로 평가된다.

3. 법무담당관 직제의 현황

현재는 장관급 부처의 경우에는 법무담당관에 해당하는 직제는 통상적으로 기획조정실장 밑에 3, 4급의 '규제개혁법무담당관'을 두고 있다. 교육부와 그 소속기관 직제 시행규칙 제3조 제8항에서 "규제개혁법무담당관은 다음 사항에 관하여 기획조정실장을 보좌한다. 1. 소관 법령 및 행정규칙의 심사·조정·총괄 2. 소관 행정심판, 헌법재판 및 소송의 총괄 3. 소관 법규집의 편찬 및 발간 4. 소관 법령의 해석 지원 5. 교육관련 규제법령의 정비 및 규제개혁 총괄 6. 교육부 규제완화위원회의 구성·운영 및 규제심사 지원 7. 국회 및 당정협의 업무총괄 8. 국무회의 및 차관회의 안건에 관한 사항 9. 국정감사 업무 총괄 10. 국회 상황 파악 및 보고 11. 소관 정부입법계획의 수립 및 조정"을 규정하고 있다.[7]

그러나 여성가족부의 경우에는 여성가족부직제 시행규칙 제3조의2 제5항에서 기획조정실장의 보좌기관으로 '법무감사담당관'을 두고 있다. 통일부의 경우에는 종전의 통일부와 그 소속기관 직제 시행규칙에서 기획조정실장의 보좌기관으로 종전에 '창조행정담당관'이라는 조직에서 법무적 사항까지 관장하고 있고 그 명칭도 청단위에서 주로 사용하는 '창조행정담당관'이라는 명칭을 사용하고 있었다.[8] 한편 특허청, 조달청, 병무청의 경우에는 기획조정관 밑에 '규제개혁담당관'을 두고 있다. 농촌진흥청, 중소기업청과 같은 청단위에서는 기획조정관 밑에 '창조행정법무담당관'이라는 이름을 사용하거나, 기상청의 경우에는

---

7 고용노동부, 국토교통부, 기획재정부, 농림축산식품부, 문화체육관광부, 미래창조과학부, 보건복지부의 경우에도 위 교육부의 경우에서 보는 바와 같이, 기획조정실 보좌기관으로 '규제개혁법무담당관'을 두고 있다.

8 김용섭, "법무담당관제도 활성화를 위한 토론문", 국회의원 나경원/대한변호사협회 공동주최, 법무담당관제도 활성화를 위한 토론회 자료집, 2017. 7. 5. 63-64면. 필자는 위 토론회에서 통일부에서의 '창조행정담당관'이라는 명칭 대신에 다른 부처와 마찬가지로 '규제개혁법무담당관'으로 변경할 필요가 있다는 지적을 한 바 있다 이러한 비판을 의식한 것인지는 몰라도, 통일부와 그 소속기관의 직제시행규칙을 2020. 2. 11. 개정하여, 기획조정실 산하에 통일법제지원팀이라는 조직을 만들어 운영하고 있다.

기획조정관 밑에 '창조행정담당관'에서 다른 업무와 마찬가지로 법무업무를 맡아서 처리하고 있다.[9]

이와 같이 현재 각 부처에서는 다양한 형태의 이름으로 되어 있고 '규제개혁담당관'이라는 명칭을 사용하고 있다.[10] 청단위에서는 '규제개혁법무담당관', '창조행정법무담당관', '혁신행정담당관', '법무감사담당관' 등 명칭이 통일되어 있지 않고 다양한 형태의 다른 이름으로 되어 있는 바, 앞으로 법치역량의 강화를 위해 법무업무를 따로 떼어 직제의 명칭을 '법무담당관'으로 통일적으로 하는 것이 필요하다고 할 것이다.

4. 법무담당관 제도 활성화의 필요성

가. 법치행정의 정착 및 법의 지배를 실현

국민의 권리의식의 신장, 행정의 투명성 확대, 법치행정의 정착 필요성 그리고 사전적인 분쟁예방의 관점에서 전문적 능력을 갖춘 변호사의 공직진출의 기회를 보다 확대할 필요가 있다. 무엇보다 법무담당관 제도는 우리사회의 법의 지배의 확립 및 확산을 위하여 법조인력을 효율적으로 운영하는 데 큰 기여를 할 것이므로 적극적인 도입이 필요하다.[11]

더구나, 행정부처에 변호사 출신이 대거 진출하면 행정의 복잡화로 정부의 정책 결정 및 집행 과정에서 법적 문제의 증가에 효과적으로 대처할 수 있다.

따라서 사전에 국가기관의 의사결정을 하기에 앞서 법적 문제에 대한 충분한 검토가 이루어지고, 문제 발생 시 효과적 대응과 해결이 가능할 수 있도록 중앙행정기관의 법적 전문성을 확보함으로써 법치주의에 이바지 하고, 공공부문의 법의 지배에 대한 국민적 기대에 부응하는 것이 될 것이다.

---

9 방위사업청의 경우에는 종전에 기획조정관 산하가 아니라 방위사업감독관 밑에 '법률소송담당관'이라는 직제를 두고 있다가, 최근에 기획조정관 밑에 '혁신행정법무담당관'을 두도록 방위사업청과 그 소속기관 직제 시행규칙을 개정한 바 있다. 산림청의 경우에는 기획조정관 밑에 '법무감사담당관'을 두고 있다.

10 국무총리실 산하 국가보훈처, 식품의약품안전처의 경우에는 기획조정관 밑에 '규제개혁법무담당관'을 두고 있다.

11 정진수, "법무담당관제도 및 준법감시인제도 도입 방안", 2009. 3. 23. 6면.

나. 지방자치단체의 법치역량을 도모

지방자치단체의 정책 입안 및 집행 과정에서 여러 가지 복잡한 법적 문제들이 얽혀 있음에도 불구하고 이를 충분히 검토하지 않고 정책을 집행할 경우 해당 지방자치단체에 상당한 피해가 우려되고, 그 피해는 주민들에게 영향을 미치게 된다. 아울러 지방분권화 경향이 가속화 됨에 따라 지방자치단체의 조례 제정의 활성화의 관점에서 자치입법의 입안능력을 갖춘 유능한 지방공무원이 확보되지 못하고 있으며, 지방공무원의 법률전문성 부족의 문제점이 지적되고 있는 실정이다.[12] 무엇보다 지방자치단체 주민들의 권리의식이 강화됨에 따라 지자체의 잘못된 정책 집행과 관련한 소송이 급격히 증가하고 있으며 이로 인하여 상당한 사회적·경제적 손실이 발생하고 있는 현실을 간과할 수 없다.

지방자치단체에 변호사의 자격을 가진 법무담당관을 두도록 의무화함으로써 지자체의 행정 효율성과 적법성을 제고하는데 기여할 수 있다. 다만, 서울특별시의 경우에는 '법무담당관' 뿐만 아니라 '법률지원담당관'의 직제로 되어 있고, 용인시, 당진시, 거제시, 안성시, 제천시 등의 경우 부시장 밑에 '감사법무담당관'을 두고 있다.[13]

그러나 지방자치단체 중 직제에 법무담당관을 둔 곳은 극히 일부에 불과하고, 법무담당관을 두고 있는 곳에서도 법률전문가인 변호사가 없는 경우가 많아서 지방자치단체가 법적 문제에 효율적으로 대처하지 못하는 측면이 지적되어 왔다.

다. 행정소송의 패소율 낮추고 적법한 행정서비스 제공

현대국가의 행정기능 확대 및 강화에 수반하여 행정법령은 매우 복잡하고 법적 문제가 서로 얽혀 있음에도 국가나 지방자치단체의 공무원이 정책 입안, 결정 및 집행 과정에서 사전에 충분한 법적인 자문과 검토 없이 무리하게 추진하는 사례가 적지 않다. 이로 인해 국민에게 적지 않은 피해가 발생할 뿐만 아니라 행정소송이나 국가배상청구소송에서 패소판결을 받아 국가 등이 막대한 재정적 부담을 지는 경우 역시 비일비재하다.

적법한 행정을 담보하기 위해서는 중앙정부나 지방자치단체에 변호사가 늘어나서 그곳

---

[12] 이에 관하여는 성중탁, 앞의 논문, 50면.

[13] 과천시, 부산광역시 서구 등의 경우 법무담당의 조직을 따로 두지 않고 기획감사실에서 관장하고 있다. 수원시의 경우에는 기획조정실에 '법무담당관'이라는 명칭을 두고 있다.

에서 경력을 쌓으며 오래 근무하는 인적 자원을 활용하는 방안을 적극 검토할 필요가 있다. 법치행정을 위하여 법률전문가인 변호사가 개방직 등을 통하여 행정부처에 진출하는 기회가 확대되어야 하고, 이들을 통하여 해당 행정청의 정책수립이나 법령입안 등에 관하여도 법적 자문을 담당하도록 하는 것이 적법행정을 위해서도 바람직하다.[14]

그러나, 법무담당관제도의 도입 필요성과 관련하여 유럽연합의 기본권 헌장 상의 좋은 행정이라는 관점에서 법치행정의 문제를 논거로 제시하는 견해가 있다. 그러나, 좋은 행정은 공행정의 중요한 핵심 가치임에 틀림없으나, 양질의 행정 서비스의 문제는 적법행정을 기본적 내용으로 하는 법치행정의 원칙과는 다소 내용을 달리하는 차원의 문제로 보여진다.[15]

Ⅲ. 법치역량 강화를 위한 법정책적 과제

1. 기본적 방향

법무담당관제도의 도입 등 법치국가의 실현을 위해 행정부처에 변호사자격자의 채용을 의무화하거나 소송수행자를 지정함에 있어서 변호사 자격자에 한하도록 의무화 하는 부분은 행정부처의 직역이기주의로 인하여 제도화가 이루어지지 못하고 있다.

법치행정의 구현을 위하여 법률전문가가 행정공무원으로 진출하는 기회가 확대되어야 하고, 이를 위하여 각 행정부처에 개방형의 직위는 물론 계약직 또는 일반직 공무원의 형태로 변호사를 다수 채용할 필요가 있다. 가장 기본적 해결 방법의 하나는 법무담당관실

---

14 이러한 절차에 의하여 임용된 변호사가 원칙적으로 '순환보직'의 대상에서 제외하여 순수한 법적 자문에 전념할 수 있도록 공무원 임용령의 '전보'규정에 그 근거를 명시할 필요가 있다는 지적도 있으나, 그와 같은 예외조항을 두는 것이 변호사의 행정부처 진출을 위해 바람직한 것인지 재고가 요망된다. 그 이유는 법무담당관의 업무를 제대로 수행하기 위해서는 부처내의 핵심적인 업무를 두루 정통해야 하며 법률가가 장차관까지는 못가더라도 행정부처의 핵심 보직을 맡을 가능성을 스스로 막을 필요는 없다고 본다. 다시 말해 법무담당관을 평생하기 위해 행정부처에 진출하는 것은 사기진작의 측면에서 바람직하지 않기 때문이다.

15 가령 박진완, "유럽연합의 기본권 헌장상의 좋은 행정에 관한 권리", 법학논고, 2017. 8. 23면. 성중탁, 앞의 논문, 36면.

에 1인 이상의 변호사 채용을 의무화 하여 로스쿨 출신 변호사의 행정부처 진출을 확보하는 방안이다.[16] 나아가 법률전문가인 변호사 자격자를 법무보좌관에 보임하는 방향으로 대통령령인 정책보좌관의 설치 및 운영에 관한 규정을 개정하여 장관법무보좌관제도를 도입할 필요가 있다. 이를 통해 장관의 법무참모로서 해당 행정청의 정책수립이나 법령입안 등에 관하여도 법적 자문을 담당하도록 하는 것이 바람직하다.

범정부 차원에서 법치역량의 강화를 위해 정책의 수립, 법안의 입안, 다른 부처와의 협상, 집행, 해석 및 분쟁조정과 행정심판 및 소송의 모든 단계에 법률전문가의 종합적인 검토가 필요하다. 이를 위해서 정부는 장기적인 관점에서 법조인의 행정부처 인력충원계획을 마련하고 이를 시행해 나갈 필요가 있다.

현재 변호사가 행정부처에 진출하는 통로는 각 부처에서 실시하는 계약직으로 들어오거나, 인사혁신처에서 실시하는 민간경력자 특채 방식으로 공직의 길로 들어서고 있다. 자격증 소지자를 우대하는 경력직 채용의 방식으로 변호사가 공무원으로 행정부처에 진출하고 있다. 로스쿨 시대를 맞이하여 변호사 송무 시장의 불안정과 포화현상으로 인해 공급의 측면에서 행정부처로의 진출환경이 좋아졌다고 볼 수 있으므로 각 중앙부처나 지방자치단체별로는 5급, 6급, 7급 등 다양하게 채용되고 있으며, 많은 경우 변호사 자격을 갖고 있는 민간 경력자를 계약직으로 2년을 임기로 하여 연임이 가능하되 5년의 기간을 최장기간으로 정하여 임용하는 방식으로 충원하고 있다.[17]

2. 법무담당관 직제의 상향 조정

법무담당관이 되려면 무엇보다 법률에 대한 이해도 중요하지만 부처의 업무 전반을 정통해야 전문성을 갖춘 법무행정의 자문역할을 충실히 해낼 수 있다.

무엇보다 공공부문의 법치역량을 강화하기 위해서는 다수의 변호사가 중앙행정부처와 지방자치단체에 적극 진출할 수 있는 제도적 여건을 마련하여 저변을 확대하는 것이 급

---

16 오정면, "신규법조인력의 활용방안", 저스티스 통권 121호, 2010. 12, 248-249면.

17 계약직으로 공직에 들어와서 일반직으로 전환하여 근무하는 경우가 적지 않고, 드문 사례이기는 하지만, 일부 로스쿨 출신 변호사 중에 5급 공채시험을 합격하여 행정부처의 고위공무원으로 진출을 도모하는 경우가 있다.

선무이다. 법무담당관제도의 도입을 중앙행정부처나 광역자치단체의 개방형 법무담당관의 직위에 변호사를 곧바로 보임하는 형태의 협소한 의미로 접근하는 것은 올바른 정책적 방향으로 보기 어렵다. 이보다는 중요 정책에 관하여 사전 또는 사후적으로 법적인 검토를 강화하는 방향으로 큰 그림의 새로운 법무행정조직을 구상할 필요가 있다. 이를 위해서는 장관급 부서에서 시행하고 있는 대통령령에 근거한 정책보좌관 제도를 개편하여 이를 정책법무보좌관제도와 병행하여 운영할 필요가 있다.[18] 이와 더불어 지방자치단체의 적법행정을 보장하기 위하여 광역지방자치단체에 두는 정무부시장이나 정무부지사와 더불어 법무부시장이나 법무부지사를 새로이 신설하는 것을 검토할 단계가 되었다.[19]

대통령령인 정책보좌관의 설치 및 운영에 관한 규정에 따라 별정직 공무원인 장관정책보좌관 제도를 활용하는 방안이 기존 행정부처 공무원의 반발을 최소화하면서 적절한 방안이라고 사료된다.[20]

기본적으로 장관정책보좌관을 두는 것과 같이 변호사 자격자에 한하여 별정직 2급 상당의 '장관법무보좌관'을 두는 것이 바람직하다. 3, 4급의 법무담당관의 경우에는 변호사 자격자에 한하도록 하는 것은 부처의 반발이 있을 수 있으므로 오히려 변호사 자격자는 '장관법무보좌관'제도를 두게 될 경우에 그 자리에 변호사자격자를 충원하는 것은 정책적으로 큰 무리가 없다고 할 것이다.

이러한 관점에서 법무담당관 제도의 활성화를 위해 2원적으로 추진하는 것이 필요하다. 현행 각 부처 직제시행규칙상의 '규제개혁법무담당관' 등은 그 명칭을 '법무담당관'으로 통일하여 3, 4급으로 하되, 법무담당관은 행정부처에 근무하면서 법학적 소양이 있는 공무원이나 변호사 출신을 부처의 형편에 따라 그 업무를 맡도록 하여도 무방하다고 본다. 행정부처에 근무하고자 하는 변호사출신이 법무담당관만 맡게 되는 것을 막고 다양한 업무를 수행하면서 행정직 공무원과 경쟁하여 고위직으로 승진할 수 있도록 하기 위해서도

---

18 정책보좌관의 설치 및 운영에 관한 규정 제5조를 활용하는 방안도 있다. 제5조(명칭 등) 정책보좌관의 세부 명칭 및 정원에 관한 사항은 각 부처의 직제로 정한다.

19 가령 광역자치단체의 경우에는 부시장이나 부지자의 경우 행정부지사는 그대로 두되, 정무부지사를 법무부지사로 변경한다면 반발이 줄어들고 법치행정에 이바지하게 된다고 볼 것이다.

20 정책보좌관의 설치 및 운영에 관한 규정 제4조(면직) 제2조제2항에 따라 별정직공무원으로 임용된 정책보좌관은 임용 당시 기관장의 임기만료와 함께 면직된다. 〈개정 2013. 12. 11., 2017. 7. 26.〉

그와 같이 법무담당관에 한정하도록 하는 것은 바람직 하지 않다고 본다. 이보다는 폭넓게 법무담당관실에 변호사 자격자를 최소한 1인 이상을 확보하도록 의무화 하는 방안이 필요하다.

현재의 중앙부처 정책보좌관제도와 광역지방자치단체의 정무부지사제도는 별정직으로 장관이나 시도지사와 임기를 같이하도록 하고 있으므로, 일정한 경력을 갖춘 변호사를 새로 신설되는 정책법무보좌관 등의 직에 기용하더라도 행정부처 공무원의 반발이 크지 않고 책임행정의 차원에서 그 활용도는 높게 된다. 이는 기존의 직제상 법무담당관의 제한된 역할과 기능을 넘어 각 부처 장관이나 시도지사의 법무참모로서 적법성 차원에서 필수적인 법적인 검토를 거쳐 정책을 시행하게 된다면 공공부문의 법치행정의 역량을 더욱 높일 수 있다.

3. 변호사의 중앙행정기관 등 공공부문에의 진출

가. 개관

1996. 2. 1. 당시 사법시험 출신의 변호사로 행정부처인 각부처에 진출한 인원이 경찰을 제외하고 13인에 불과하였다. 그러나 2009. 12. 1. 중앙행정기관 15개 분야에 228명의 변호사가 채용되어 근무하고 있는 것으로 파악되고 있다. 로스쿨 출신의 공직 참여로 중앙행정기관에 근무하는 변호사의 숫자는 대폭 늘어난 실정이다. 법무무의 탈검찰화로 인하여 변호사 출신이 기존의 검사로 보하던 직책에 채용되어 근무중에 있다. 한편, 광의의 법무담당관제도 논의 속에 법무부의 탈검찰화를 기본적으로 찬성할지라도 그 자리에 보임되는 변호사 출신이 정권의 성향에 따른 동일한 성향을 가진 변호사들만이 보임되는 등 법무부 등 개방직위에 특정단체 출신의 요직 독점 등의 문제점이 지적될 수 있다.[21] 왜냐하면 변호사의 공직진출은 직업공무원제의 보장과 공무원의 정치적 중립성 차원에서 이념성보다는 전문성이 검증된 변호사 중에서 선발하여 개방직위로 충원하는 것이 바람직하기 때문이다. 각종 중앙행정기관에 상당수의 변호사가 다양한 형태의 공무원으로 활

---

21 이에 관하여는 성중탁, 법치행정 구현을 위한 미중물로서 변호사의 공직 진출 확대방안, 국가법연구 제15집 제2호, 2019, 55면.

동하고 있다. 그러나 변호사자격을 갖고 있는 공무원의 현황에 대한 공식적 통계는 없고, 이들에 대하여 인사혁신처 등 국가기관에서 통일적으로 관리하고 있지 않은 실정이다. 로스쿨 출신 변호사가 공직에 진출하는 사례가 점차 늘어나고 있으나, 미국 등 선진 외국에 비해 부족한 실정이다.

나. 나경원 의원 대표발의 정부조직법 일부개정 법률안에 대한 검토

(1) 제안이유와 주요내용

행정의 복잡화로 정부의 정책 결정 및 집행 과정에서 법적 문제 발생이 증가하고 있다. 따라서 사전에 법적 문제에 대한 충분한 검토가 이루어지고, 문제 발생 시 효과적 대응과 해결이 가능할 수 있도록 중앙행정기관의 법적 전문성을 확보하는 것이 더욱 중요해지고 있다. 이에 현행법에 중앙행정기관에 소송 등 법무를 담당하는 보좌기관의 설치 근거를 마련하고, 그 보좌기관에는 1명 이상의 변호사 자격을 가진 공무원을 두도록 함으로써, 중앙행정기관의 법적 전문성을 강화하려는 것이다(안 제2조제5항).

(2) 검토의견

나경원 의원 대표발의 법률안과 같이 법무담당 보좌기관에 변호사를 배치하여 정책입안·시행 및 소송단계에서 법적 전문성을 확보하고 불필요한 법적 분쟁에 따른 국가재정이 낭비되는 것을 방지할 수 있다는 장점이 없지 않다.[22] 그러나, 나경원의원 대표발의 법률안에 의할 경우 소송 등 법무를 담당하는 보좌기관은 과연 어느 정도의 직급을 의미하는지 명확하지 않다. 다만, 각 부처의 사정에 따라 달리 둘 수 있는 여지가 있으나, 나경원의원 대표발의 법률안 비용추계서를 보면 일반직 6급 1호봉으로 되어 있어, 3, 4급의 '규제개혁법무담당관'실에 두는 신입변호사의 채용을 염두에 둔 것으로 보인다. 따라서, 이러한 법률개정의 시도가 본래적 의미의 법무담당관 제도의 도입에 해당하는지에 대하여 다소 의문이 든다.

그러나, 정책보좌관과 같은 별정직의 장관법무보좌관을 두는 경우에는 변호사로 하더라

---

22 김부년, "나경원의원 대표발의 정부조직법 일부개정법률안 검토보고서", 국회 행정안전위원회, 2017. 11, 6면.

도 큰 반발이 없을 것으로 보여지고, 현재와 같은 3, 4급의 규제개혁법무담당관과 같은 직제로 할 경우에는 법무담당관을 반드시 변호사로 충원하는 것은 바람직하지 않을 것이다. 그 이유는 행정부처의 업무에 대한 식견이 없을 경우에 제대로 된 업무처리가 용이하지 않고, 일정한 경력이 있는 변호사를 곧바로 법무담당관에 충원하도록 하는 것은 행정부처 공무원의 반발을 초래할 수 있으며, 법치역량강화의 관점에 비추어 볼 때 변호사 자격자가 행정부처에 진출하여 그 속에서 경쟁하면서 성장하여 자연스럽게 법무담당관의 역할을 맡는 것이 필요하기 때문이다. 또한 법무담당보좌 조직은 행정부처의 핵심적 보직이 아니라서 그곳에서만 승진과 전보만 하게 될 경우에 행정부처에 진출한 변호사의 입장에서 인사 불만의 요인이 될 수 있어, 나경원 의원 대표발의 정부조직법 일부 개정 법률안은 제한된 범위에서 의미가 있다고 할 것이다.[23]

다. 나경원 의원 대표발의 지방자치법 일부개정 법률안에 대한 검토

(1) 제안이유

지방자치단체의 정책 입안 및 집행 과정에서 여러 가지 복잡한 법적 문제들이 얽혀 있음에도 불구하고 이를 충분히 검토하지 않고 정책을 집행할 경우 해당 지방자치단체에 상당한 피해가 우려되고, 또한 그로 인한 피해는 모두 주민들에게 돌아가게 된다. 한편, 지방자치단체 주민들의 권리의식이 강화됨에 따라 지자체의 잘못된 정책 집행과 관련한 소송이 급격히 증가하고 있으며 이로 인하여 상당한 사회적·경제적 손실이 발생하고 있다.

그러나 지방자치단체 중 직제에 법무담당관을 둔 곳은 극히 일부에 불과하고, 법무담당관을 두고 있는 곳에서도 법률전문가인 변호사가 없는 경우가 많아서 지자체가 법적 문제에 효율적으로 대처하지 못하는 측면이 있다. 이에 지방자치단체에 변호사의 자격을 가진 법무담당관을 두도록 의무화함으로써 지자체의 행정 효율성과 적법성을 제고하는데 기여하려는 것이다(안 제112조의2 신설).

---

23 김부년, "나경원의원 대표발의 정부조직법 일부개정법률안 검토보고서", 국회 행정안전위원회, 2017. 11, 7면.

(2) 주요내용: 법무담당관제도 신설

제112조의2(법무담당관) ① 지방자치단체는 다음 각 호의 업무를 수행하는 법무담당관을 두어야 한다.

1. 소송에 관한 사무
2. 행정심판에 관한 사무
3. 조례안 및 규칙안의 입안
4. 그 밖에 지방자치단체의 법무업무 수행에 필요한 사항

② 제1항에 따른 법무담당관은 「변호사법」 제4조에 따른 변호사의 자격이 있는 사람으로 보한다.

(3) 검토의견

지방자치단체에 두는 법무담당관을 어느 단위에 둘 것인지 명확하지 않아 각 지방자치단체에 맡긴 것으로 볼 여지가 있다. 다만, 지방자치단체의 장의 법률적 자문에 응하기 위한 것인지 아니면 보좌기관으로 두는 것인지 그 기관의 성격을 밝힐 필요가 있다.

이와 관련하여, 참여정부시절 사법개혁위원회에서는 2006년도에 법무담당관제도의 도입과 관련하여 "법치행정의 구현을 위하여 법률전문가가 행정공무원으로 진출하는 기회가 확대되어야 합니다. 이를 위하여 우선, 중앙행정기관 및 광역지방자치단체에 개방형 직위로 법무담당관을 두고, 상당한 실무경력을 가진 변호사 자격자 중에서 임용하여 해당기관의 정책수립이나 법령입안 등에 관하여 법적 자문을 담당하도록 하는 것이 바람직합니다." 라는 건의문을 내기도 하였다. 이러한 당시의 건의문에서는 기초자치단체의 경우보다는 광역자치단체에 한정하고 있는데 반해서, 나경원의원 대표발의 지방자치법 일부개정법률안의 경우에는 광역자치단체와 기초자치단체를 불문하고 지방자치단체 전반에 법무담당관제도를 두는 것을 주된 내용으로 하고 있다.

이와 같은 규정의 신설이 헌법과 법률의 범위내에서 자기의 조직을 자주적으로 정할 수 있는 지방자치단체의 조직고권 내지 자치조직권을 침해하는 것은 아닐 것이다. 그렇지만 일률적으로 지방자치단체의 하위단계의 조직인 법무담당관에 대하여만 지방자치법에 규정을 두는 것이 법체계적으로 이례적이라고 보여진다.

서울특별시 등 일부 광역자치단체에는 현재에도 법무담당관 제도를 운영하고 있으므로, 나경원 의원 대표발의 법률안은 고문변호사제도나 법률고문 등 아웃소싱의 방식으로 법적인 문제를 처리하고 있는 광역자치단체의 경우는 물론 법무담당관 제도가 제대로 마련되지 아니한 기초자치단체에 법무담당관제도를 의무화 하도록 하는데 나름대로 의미가 있다고 할 것이다.

오히려 광역자치단체의 법률 보좌관의 역할을 하는 법무부시장이나 법무부지사 직제를 새로이 두고, 하부에 집행기관으로 법무담당관을 두며, 법무부시장이나 법무부지사는 시장과 임기를 같이하는 별정직으로 하는 것은 새로운 갈등유발요인이라고 보기 어렵다. 다만, 기획조정실 밑에 두는 법무담당관을 개방형으로 하여 변호사 자격자만을 법무담당관으로 보임하도록 의무화하는 것은 법률적 소양을 갖춘 기존의 행정직 공무원과의 갈등이 유발될 수 있다. 변호사가 지방자치단체의 공무원으로 많이 충원되어 전반적으로 법치역량을 강화하는 것이 중요하지, 변호사를 곧바로 법무담당관에 보임하여 특정업무에 고착하여 업무를 보도록 하는 것만이 능사는 아닐 것이다.

라. 소결

행정현상의 국제화 요청, 법치행정에 따른 적법성 요청이 강조됨에 따라 최근 로스쿨 출신의 변호사가 활발히 행정부처에 진출하고 있으나, 체계적이지 않다. 따라서 나경원 의원 대표발의 법률안과 같이 6급 일반직을 각 부처에서 채용하여 법무담당관실에 배치할 수 있도록 그 채용을 의무화하거나 지방자치단체에 법무담당관과 실무인력을 변호사로 확보할 수 있도록 의무화한다면 다수의 변호사가 공직에 진출하여 저변을 확산하는 긍정적인 계기로 작용할 것이다.

각부 장관의 법무참모 역할을 제대로 하기 위해서는 정책보좌관제도를 개선하여 '장관 법무보좌관'제도를 신설할 수 있도록 하여, 정책을 법적으로 스크린 할 수 있도록 할 필요가 있다.[24]

---

[24] 법무보좌관은 장관의 법무참모로서 행정소송의 피고가 될 경우 고문변호사를 활용하여 소송수행을 하는 것이 좋을지, 소송수행자의 지정을 통해서 피고로서 대응하는 것이 좋을지, 정부법무공단을 통해서 소송을 수행하는 것이 좋을지, 대형로펌을 통해서 소송을 수행하는 것이 좋을지 장관에게 적절한 조언을 줄 수 있도록 하고, 다양한 법률적 조언을

각부 장관이 행정결정을 최종적으로 집행하기에 앞서 법무보좌관의 검토 사인을 한 후에 정책을 집행하는 시스템으로 국정운영을 가동할 필요가 있다. 다만, 이 경우 변호사 자격자에 한정하는 법무보좌관은 대형로펌의 로비창구가 되거나 퇴임 후에 로펌에 근무할 수 없도록 제도적 장치를 마련할 필요가 있다. 이와는 달리 3, 4급의 법무담당관은 변호사에 한정할 필요는 없다고 본다. 법과대학을 나와서 변호사가 되지는 않았으나, 5급이나 7급 또는 9급으로 시작하여 행정부처의 업무에 정통한 사람이 법무담당관의 직에 있을 경우에 큰 문제가 없다고 본다. 단지 변호사라는 이유만으로 다년간 근무한 행정부처 공무원보다 더 잘할 수 있다는 논리는 맞지 않을 수 있다. 법무담당관을 변호사 자격자에 한하여 충원하도록 하려면 변호사 중에서 공직의 제반 현장업무를 제대로 알고 법률적 조언과 다양한 입법지원 활동도 할 수 있으려면 하루아침에 그와 같은 인력이 길러지는 것은 아니다.

이와 관련하여 현재 광역자치단체 수준에서 부시장이나 부지사 중 행정과 정무로 구분할 것이 아니라 '정무' 부분은 다음 선거를 대비하기 위하여 마련된 것으로 보이는 바, 정무부분을 공익적 관점에서 법치행정을 유도하기 위하여 '법무'로 하여 변호사 자격이 있는 사람을 법무부시장이나 법무부지사에 충원하도록 제도개선을 할 필요가 있다.

나경원 의원 대표발의 법률안과 같이 지방자치법에 법무담당관의 조직에 관하여 별도의 규정을 두어 일률적으로 이를 강제할 것이 아니라 법무담당관을 설치할 수 있는 근거를 대통령령에 마련하고 해당 자치단체의 형편에 따라 조례를 제정하여 변호사 자격자를 충원할 수 있도록 제도화 하는 것이 바람직하다.

4. 소송수행자 지정에 있어 변호사자격자 의무화

그동안 대한변호사협회 등에서 법무담당관 제도 도입을 주장하면서 공직에 변호사의 채용을 의무화하는 방안은 법조시장에 변호사의 포화상태를 해소하기 위한 차원에서 진행되어 행정부처 공무원의 반발이 초래된 바 있다. 따라서 법무부에서 변호사 자격자를 소송수행자로 지정하는 제도 등을 개선하는 방안은 기존의 공무원 조직의 반발이 적으면서

하며, 장관이 그 직을 마치면 함께 면직되는 시스템으로 운영한다면 행정부처의 반발도 크지 않을 것이다.

법치역량을 강화해 나가는 좋은 방안에 해당한다.[25]

즉, 국가를 당사자로 하는 소송에 관한 법률 제3조 제1항, 제2항 및 제5조 제1항에 의하면 법무부장관과 행정청의 장은 소송수행자를 지정할 수 있도록 하고 있는 바, 지정할 수 있는 소송의 범위는 국가가 당사자인 사건과 행정청이 피고인 항고소송사건이며, 지방자치단체가 당사자인 민사소송이나 당사자소송은 불가능하다. 지정할 수 있는 소송의 경우에는 법무부장관은 법무부 직원, 검사, 공익법무관, 소관행정청 직원을 지정하여 국가소송(국가를 당사자 또는 참가인으로 하는 소송)을 수행하게 할 수 있고, 행정청의 장은 그 행정청의 직원 또는 상급행정청의 직원을 지정하여 행정소송을 수행하게 할 수 있다.

국가를 당사자로 하는 소송에 관한 법률의 일부 규정을 개정하여 변호사 자격자에 한하여 소송수행자로 지정할 수 있도록 한다면 행정부처는 변호사 자격이 있는 자를 공무원으로 채용하여 국가를 당사자로 하는 소송을 수행할 수 있게 되므로 행정청이 피고가 되어 수행하는 행정소송이나 국가배상청구소송에서 국가의 소송역량이 증대될 수 있게 된다. 이와 관련하여 변호사법을 개정하여 정부에 근무하는 변호사 자격자에 대하여 일정한 범위에서 소송 등을 수행할 수 있도록 허용하는 내용을 추가할 필요가 있다.

국가를 당사자로 하는 소송에 관한 법률 제3조 제2항에서 "법무부장관은 행정청의 소관사무나 감독사무에 관한 국가소송에서 필요하다고 인정하면 해당 행정청의 장의 의견을 들은 후 행정청의 직원을 지정하여 그 소송을 수행하게 할 수 있다" 라고 되어 있는 부분을 "법무부장관은 행정청의 소관사무나 감독사무에 관한 국가소송에서 필요하다고 인정하면 해당 행정청의 장의 의견을 들은 후 변호사의 자격이 있는 행정청의 직원을 지정하여 그 소송을 수행하게 할 수 있다" 로 개정하여 변호사 자격이 있는 직원을 지정하도록 의무화 할 필요가 있다.

다음으로 행정소송의 수행자 지정과 관련하여, 국가를 당사자로 하는 소송에 관한 법률 제5조 제1항에서 "행정청의 장은 그 행정청의 직원 또는 상급 행정청의 직원(이 경우에는 미리 해당 상급 행정청의 장의 승인을 받아야 한다)을 지정하여 행정소송을 수행하게 할 수 있다"고 되어 있는 부분을 "행정청의 장은 변호사 자격이 있는 그 행정청의 직원 또

---

25 김용섭, "법무담당관제도 활성화를 위한 토론문", 국회의원 나경원/대한변호사협회 공동주최, 법무담당관제도 활성화를 위한 토론회 자료집, 2017. 7. 5. 74-75면.

는 상급 행정청의 직원(이 경우에는 미리 해당 상급 행정청의 장의 승인을 받아야 한다)을 지정하여 행정소송을 수행하게 할 수 있다.”로 개정할 필요가 있다.

나아가 소송총괄관의 임명과 관련하여, 국가를 당사자로 하는 소송에 관한 법률 제8조 제1항에서 “중앙행정기관의 장은 대통령령으로 정하는 바에 따라 법무 및 송무 사무를 담당하는 4급 이상의 소속직원 중에서 소관 소송사무를 총괄할 소송총괄관 1명을 임명하여야 한다.”고 되어 있는 부분은 “중앙행정기관의 장은 대통령령으로 정하는 바에 따라 법무 및 송무 사무를 담당하는 변호사 자격이 있는 4급 이상의 소속직원 중에서 소관 소송사무를 총괄할 소송총괄관 1명을 임명하여야 한다.”로 개정할 필요가 있다.

5. 행정절차법상 청문주재자에 관한 규정 개선

가. 논의의 출발점

최근 법제처에서 행정기본법안을 성안하여 입법예고를 마쳐 정부안으로 국회에 제출하려고 하고 있다. 이 법안에서는 특히 이의신청제도를 신설하려 하고 있을 뿐 청문절차에 대한 개선이 없다. 이의신청은 실제적으로 제도가 실효적이지 않고 청문제도의 실질화를 통해서 달성될 수 있는 문제이다. 청문을 부실하게 하고, 이의신청의 기회를 한번 더 부여할 것이 아니라 청문을 보다 충실히 하는 것이 바람직하다.

주지하는 바와 같이 청문제도란 행정청이 행정결정이나 처분을 하기에 앞서 당사자 또는 이해관계인에게 변명과 유리한 자료를 제출하여 행정의 의사결정과정에 당사자로 하여금 참여할 기회를 보장하여 스스로 방어할 기회를 제공하는 것으로 사전적 권리구제장치이자 행정절차의 핵심적 요소이다.

이와 같은 청문제도는 국민에게 불이익한 침해적 행정처분을 하면서 행정청의 주관적인 의사나 독단과 편견에 의한 결정을 방지하고 객관적이며 공정한 결과를 이끌어내고, 행정결정의 적정성을 확보하기 위한 것으로 청문주재자를 누구로 할 것인지, 청문결과의 구속력을 인정할 것인지, 청문절차를 어떤 구조로 할 것인지가 매우 중요하다.

청문제도는 행정의 민주화 요청에 부응함과 아울러 행정청이 침해적 행정처분을 함에 있어서 당사자에게 청문의 권리를 법적으로 보장하여 실질적 법치주의 이념의 실현에 이바지하는 기능을 수행한다.

나. 행정절차법상 청문에 관한 규정

우리 행정절차법 제2조 제5호는 "청문이란 행정청이 어떠한 처분을 하기 전에 당사자 등의 의견을 직접 듣고 증거를 조사하는 절차를 말한다"고 정의하고 있다. 행정절차법상 청문주재자는 청문의 진행 및 증거조사 등 청문을 주재하는 사람을 말한다. 행정절차법 제28조 제1항은 "청문은 행정청이 소속 직원 또는 대통령령으로 정하는 자격을 가진 사람 중에서 선정하는 사람이 주재하되, 행정청은 청문 주재자의 선정이 공정하게 이루어지도록 노력하여야 한다."고 규정하고 있다. 그런데 소속직원 이외의 청문주재자의 자격을 대통령령으로 정하는 것은 타당하지 않다.[26] 그럼에도 불구하고, 행정절차법 시행령 제15조 제1항은 '대통령령이 정하는 자격을 가진 자'에 관하여 교수·변호사·공인회계사 등 관련분야의 전문직 종사자, 청문사안과 관련되는 분야에 근무한 경험이 있는 전직 공무원, 그 밖의 업무경험을 통하여 청문사안과 관련되는 분야에 전문지식이 있는 자라고 규정하고 있다. 현행 행정절차법 제28조 제3항은 "청문 주재자는 독립하여 공정하게 직무를 수행하며, 그 직무 수행을 이유로 본인의 의사에 반하여 신분상 어떠한 불이익도 받지 아니한다."고 규정하고 있는 등 청문주재자의 독립성과 중립성을 보장하기 위한 선언적 의미의 규정을 두고 있다.[27]

다. 미국의 행정법판사제도의 도입 가능성

우리의 행절절차법상의 청문주재자와 관련하여 미국의 행정법판사제도의 도입논의가 있어 왔다.[28] 미국의 '행정법판사(Administrative Law Judge; ALJ)'란, 행정처분에 관한 청문을 주재하고 결정을 하는 독립성이 보장되는 행정청 소속 공무원이다.[29] 이와 같은 행정법판

---

26 박균성, 「행정법강의」, 박영사, 2020, 451면.

27 현행 행정절차법은 청문주재자의 선정방법으로 소속 직원 중에서 선정하는 방법과 법률전문가 등 전문직을 외부에서 위촉하는 방법으로 구분된다. 특히 행정절차법 제28조 제4항에 따라 해당처분에 대하여 대통령령이 정하는 자격을 가진 사람중에서 선정된 청문주재자는 형법 그밖의 다른 법률에 따른 벌칙의 적용에 있어서 공무원으로 본다는 공무원 의제조항을 마련하고 있다.

28 다른 학자를 대표하여 양승업, "미국 행정법판사의 독립성론에 관한 고찰-우리 청문주재자와의 독립성 비교를 중심으로-", 공법학연구 제11권 제4호, 2010, 243면 이하.

29 이러한 행정법판사와는 달리 행정판사(Administrative Judge)는 임명절차에 있어서 외부기관의 간섭을 받지 않고 행

사는 임기보장을 받으며 공적 또는 사적 영역에서 판사행동강령(Code of Judicial Conduct)의 적용을 받는 행정청 소속 공무원으로 직무상 독립되어 있다. 미 연방 대법원의 2018. 6. 21. 선고된 Lucia v. SEC 판결에서 연방증권감독위원회(SEC)의 행정법판사는 연방헌법상 공무원에 해당하므로 대통령, 법원, 개별 부처의 장관이 임명해야 한다는 것을 명확히 하였다.[30] 행정법판사의 재결은 행정청이 거부하거나 일정한 기간 내에 수정하지 않으면 최종 재결이 된다.

미국 '행정절차법(Administrative Procedure Law; APA)' 제551조 내지 제559조[31], 제701조 내지 제706조, 제1305조, 제1306조, 제3105조, 제5472조, 제7521조가 행정법판사의 권한 및 의무, 임명 및 해임 등을 정하고 있다. 여기서 말하는 행정법판사는 미연방헌법 제3조를 근거로 하는 연방판사와 구분된다. 행정법판사는 사법부에 속한 헌법상의 법원판사와는 다르게 행정청에 소속되어 준입법적 또는 준사법적 자격을 갖고 있는 공무원이다.[32] 미국의 행정법판사라는 용어는 Administrative Law Judge(ALJ)를 직역한 것으로, 행정부에 소속되어 있음에도 판사라는 말이 적절하지 않다고 보아 행정법심판관[33]으로 명명하기도 한다. 우리의 경우 법관의 자격이 부여된 자를 청문주재관으로 임명한다고 하여 행정법판사로 되는 것은 아니고, 직무상 독립성을 보장하고 행정청의 지위체계에서 독립되어 봉급과 임기가 보장될 필요가 있다.

미국에서 APA에서의 재결은 기본적으로 대심형 청문을 지칭하는 정식절차로서 우리나

정위원회 등에서 독자적으로 임명할 수 있고 변호사 자격을 특별한 요건으로 하지 않는다. 이에 관하여는 정하명, "행정법판사의 지위에 관한 미국 연방대법원의 최근 판결례", 법학논고 제67집, 2019, 100면.

30 연방대법원의 판결이후 트럼프 대통령은 행정명령을 발하여, 행정법판사의 임명조건을 완화하여 연방위원회의 위원장의 재량으로 임명하도록 방침을 변경하였다. 이에 관하여는 정하명, 앞의 논문, 105면 이하.

31 APA Section 556(c) 에 의하면 행정법판사(ALJ)는 ①선서 및 확약을 집행하고, ②입증에 대한 결정과 관련증거를 수집하며, ③ 법률에 의한 소환장을 발부하고, ④ 정의의 목적에 도움이 될 경우 증언조서를 채택하거나 증언조서가 채택되도록 하며, ⑤ 청문과정을 규율하고, ⑥ 당사자의 동의에 의하여 문제를 해결·조율하기 위한 협의를 하거나 대안적 분쟁해결수단을 이용하여 문제를 해결하는 등 광범위한 활동을 하도록 권한이 부여된다, 이에 관하여는 양승업, "미국 행정법판사의 독립성론에 관한 고찰- 우리 청문주재자와의 독립성 비교를 중심으로-", 공법학연구 제11권 제4호, 2012.

32 미국의 용어법에 따라 행정법판사라고 호칭되고 있으나, 행정청에 고용되어 있기 때문에 그 결정은 어디가지나 1차적 재결에 불과하므로 행정청이 직권에 의한 심사로 파기할 수 있는 위험성이 있다.

33 이동수, "미국의 행정법심판관제", 법정연구 제2집, 1994.

라의 행정심판의 재결과 유사하다. 따라서 우리나라 행정절차법상의 청문은 미국 제도상으로는 약식재결절차에 해당한다는 점을 염두에 두고 논의를 진행할 필요가 있다. 이처럼 미국은 Lucia v. SEC 판결에 따라 헌법 제3조에 근거를 둔 판사와 동일하게 헌법상의 지위를 갖는 연방 공무원으로 보게 되었으며, 행정법판사의 일차적 결정이 보다 중요한 지위를 갖게 되었다.[34]

APA는 청문주재자가 될 행정법판사(ALJ)에 관하여 상세히 규정하고 있다. 우리의 경우 청문주재자가 당사자의 의견을 듣고 증거조사를 한다는 점에서 미국의 행정법판사와 유사할 수 있으나, 엄밀히 말하여 미국의 행정법판사와는 거리가 있다.[35]

오히려 미국의 약식재결절차가 우리의 청문절차에 해당하고 우리의 행정심판에 해당하는 것이 미국의 정식 재결절차로서, 청문절차보다는 오히려 행정심판과 같이 준사법적 기능을 수행하는 경우에 행정법판사제도를 도입하는 것이 보다 적절한 측면이 있다. 결론적으로, 우리 행정절차법 제2조 제5호는 '청문'을 행정청이 어떠한 처분을 하기 전에 당사자 등의 의견을 직접 듣고 증거를 조사하는 절차를 말한다고 정의하므로, 청문절차에 청문주재관으로 활동하기 위해 미국의 경우와 같은 행정법판사제도를 도입하는 법제를 채택하기 위해서는 청문의 정의에 의견청취 및 증거조사 뿐만 아니라 이의신청 등 1차적 재결을 하는 작용을 포함시킬 것인지, 이러한 청문절차를 거친 경우에 다시금 행정심판을 제기하여 불복할 수 있도록 할 것인지 아니면 행정심판이 제한되는 것으로 할 것인지 여부 등 행정심판 등 다른 제도 전반을 종합적으로 고려하여 도입여부를 신중히 검토할 필요가 있다.[36]

---

34 이에 관하여는 김자봉, "미국 SEC의 증권규제 권한 범위에 관한 연구- Lucia v. SEC 판례에서 행정법판사 (Administrative Law Judge)의 헌법상 지위에 관한 논쟁을 중심으로-", 증권법연구 제20권 제1호, 2019, 105면 이하.

35 변지영, "미국행정법판사 제도", 사법정책연구원, 2017. 235면.

36 청문절차의 경우에 우리는 사전에 행하여지는 데 반하여, 미국의 경우는 우리의 행정심판과 마찬가지로 재결단계에서 행하여지므로, 우리의 청문제도를 미국의 정식재결절차와 그대로 비교하는 것이 적절하지 않다고 보여진다.

라. 청문주재자로서 변호사의 역할

(1) 청문주재자의 공정성·전문성 확보

청문주재자는 청문을 주재하되 적법·공정·타당하게 진행하여야 한다. 그런데, 현행 제도 테두리 내에서는 행정청 내부에서는 '순환보직'이라는 명목 하에 업무담당자가 일정한 주기로 수시로 담당부서를 이동하게 되어 관련 업무에 대한 전문성을 확보하기 어렵고, 경우에 따라서는 인력배치의 어려움으로 법률에 전혀 지식이 없는 공무원이 청문주재자로 선정될 수도 있다. 이처럼 행정청의 소속 직원을 청문주재자로 선정하는 경우 선정된 직원은 소속 행정청의 의견에 영향을 받을 수밖에 없으므로 독립성과 공정성을 담보할 수가 없다. 따라서 청문에 관하여 결재나 의견제시 절차에서 상부의 지시나 감독을 받지 않는 지위가 확보되도록 조치하여 청문주재자의 독립성을 확실히 보장하여야 한다.

또한 변호사 등 외부전문가의 경우에는 공정성의 관점에서 문제가 적으나, 전문성의 관점에서 일정한 경력을 요구할 필요가 있다.

(2) 청문주재를 담당하는 변호사

전문성과 공정성을 갖춘 일정경력의 변호사가 청문을 주재할 경우에 청문은 요식행위가 되지 않고 이해관계인의 권리가 제대로 보장될 수 있다. 따라서 행정청은 전문성 있는 법률전문가를 적극적으로 채용하여 상시적으로 근무할 수 있도록 함으로써 청문주재자의 전문성을 확보해 나갈 필요가 있다. 다만, 행정절차법을 개정하여 "소속직원"을 "변호사 자격이 있는 소속 직원"으로 변경하게 되면 행정부처에서도 변호사채용을 적극 검토하게 되어 법치역량이 강화될 수 있다.

이와 관련하여, 행정절차법상의 청문을 거친 경우 청문에서의 제반 문서와 기록을 행정심판위원회에 필수적으로 제출하여 행정심판에서 활용하도록 하여 행정절차와 행정심판의 연계성을 확보할 수 있도록 방안[37]이 적절한지 아니면 일본의 행정절차법의 경우처럼 청문을 거쳐 내려진 경우에는 심사청구를 제한되도록 하여 불복절차를 간소화하는 개선방안이 적절한지에 대하여도 검토할 필요가 있다.

---

37 심성보, "행정심판과 청문제도의 통합적 관리방안-경기도 사례를 중심으로", 법제 2015. 12.

결론적으로, 「행정절차법」상 청문 제도를 개선하여, 정부 내 변호사를 대폭 채용함으로써 변호사 자격을 갖고 있는 자가 자연스럽게 청문주재관이 되도록 하여 해결하는 것이 필요하다. 현재 변호사 자격을 가진 사람을 정부내 채용하도록 법적으로 강제되어 있지는 않지만 일정한 경력이 있는 변호사 자격을 가진 사람을 청문주재자로 임명하도록 행정절차법을 개정하는 것이 필요하다.

Ⅳ. 맺음말

이상에서 고찰한 바와 같이, 변호사와 같은 법률전문가가 행정부처에 많이 근무하면 할수록 법치국가의 원리의 하나인 법치행정의 원리가 제대로 이루어 질 수 있는 토대를 형성한다. 현대 행정은 법치행정에 기초하고 있으므로, 국가의 정책실현에만 치중하는 브레이크 없는 행정은 행정소송이나 국가배상청구소송에서 국가패소의 결말을 초래하게 된다. 따라서 '법무보좌관'으로 행정부처에 충원되는 변호사는 법률적 해결능력을 갖추고 있으면서 행정부처 내에서 기관장을 법적으로 보좌하면서 정책입안단계에서부터 집행단계에 이르기까지 적법성에 관점에서 사전과 사후적으로 체크하는 기능을 제대로 수행하여 국민을 위한 행정을 실현할 수 있게 된다.

법무담당관제도가 소기의 성과를 거두려면 로스쿨의 교육부터 달라져야 한다. 로스쿨에서 교육은 송무 중심의 변호사만을 염두에 둔 교육이 아니라 행정부처 진출을 위한 행정법 교육을 강화하고, 나아가 정책제도의 설계능력, 법률적 문제해결 능력 등을 전수시키는 등 로스쿨 교과과정의 재조정이 필요하다. 공공부문에서 활동하는 변호사를 양성하기 위해서는 로스쿨에서 송무 중심의 교육을 넘어서서 입법학이나 입법기술에 대한 강좌를 개설하고, 조정이나 ADR에 관한 강좌의 개설을 통해 분쟁해결 능력을 갖추어 나갈 필요가 있다.[38] 국가적 차원에서 변호사시험 합격 후에 실시하는 대한변호사협회 6개월 연수제도를 발전적으로 개선하여 독일의 사례를 참고하여 행정부처에 진출하려는 변호사

---

38 김용섭, "법조직역 진출의 관점에서 본 법실무교육의 내실화와 지향점", 인권과 정의 428호, 2012, 114면.

(Verwaltungsjurist)를 위한 연수 프로그램을 충실히 마련할 필요가 있다.

앞서도 지적한 바와 같이, 행정부처의 법치역량을 강화하기 위해서는 국가를 당사자로 하는 소송에 관한 법률을 개정하여 변호사 자격이 있는 자를 소송수행자로 지정하는 방향으로 제도개선을 하고, 행정절차법을 개정하여 변호사 자격을 가진 행정청의 소속 직원이나 법률전문가 등 외부 전문가에 한하여 청문주재자가 될 수 있도록 제도개선을 할 필요가 있다.

법무담당관 제도의 활성화를 변호사의 행정부처로의 진출이라는 협소한 시각에서 바라볼 것은 아니다. 법무담당관 제도의 도입을 종래와 같이 변호사의 직역확대의 의미로 파악하면 행정부처 공무원의 입장에서는 직역침범의 의미로 받아들여지게 되어 강한 반발이 초래될 수 있다. 결론적으로 중앙행정기관과 지방자치단체 등 공공부문에서의 법치역량의 강화라는 관점에서 접근하여 변호사 출신의 공직 진출을 통해 법치행정의 실현과 이를 통한 국민권익 옹호를 도모하고, 행정부처에 소속된 공무원도 함께 근무하는 변호사의 법적 자문을 받으면서 적정한 행정결정을 수행하는 상생(Win-Win)적인 법무담당관제도를 설계할 필요가 있다.

참고문헌

김부년, "나경원의원 대표발의 정부조직법 일부개정 법률안 검토보고서", 국회 행정안전위원회, 2017. 11.

김용섭, "법무담당관 제도 활성화를 위한 토론문", 국회의원 나경원/대한변호사협회 공동 주최, 법무담당관 제도 활성화를 위한 토론회 자료집, 2017. 7. 5.

김용섭, "법치역량 강화를 위한 법무담당관제도 활성화 방안", 법률신문 2017. 8. 8.

김용섭, "법조직역 진출의 관점에서 본 법실무교육의 내실화와 지향점", 인권과 정의 통권 428호, 2012.

김유환, "지방자치단체의 행정사무에 대한 감사체계", 지방자치법연구 제1권 제2호, 한국지방자치법학회, 2001. 12.

김자봉, "미국SEC의 증권규제권한 범위에 관한 연구- Lucia v. SEC 판례에서 행정법판사(Administrative Law Judge)의 헌법상 지위에 대한 논쟁을 중심으로", 증권법연구 제20권 제1호, 2019.

도두형, "법치행정을 위한 적법절차 확보방안- 법무담당관제를 중심으로-", 인권과 정의 338호, 2004. 10.

문상덕, "정책 중시의 행정법학과 지방자치행정의 정책법무에 관한 연구", 법제, 법제처, 2000.

박가영, "행정절차법상 청문절차", 입법정책 제6권 제1호, 2017.

박균성, 「행정법강의」, 박영사, 2020.

박수헌, "미국의 행정법판사에 관한 고찰", 토지공법연구 제27집, 2005.

변지영, "미국행정법판사 제도", 사법정책연구원, 2017.

백종인, "지방분권강화를 위한 법적 과제", 지방자치법연구 제3권 제1호, 2003. 6.

사법개혁추진위원회 기획추진단, "법무담당관제도 개선방안 검토자료", 2006.

선정원, "법무담당공무원의 전문성 제고방안", 법제논단, 법제처, 2005. 4.

성중탁, "법치행정 구현을 위한 마중물로서 변호사의 공직 진출 확대 방안", 국가법연구 제15집 제2호, 2019.

송옥렬, "법무담당관·준법감시인제도 도입 및 활성화방안 토론문", 서울지방변호사회 법무담당관·준법감시인제도 도입 및 활성화에 관한 심포지엄자료집, 2009. 3. 23.

심성보, "행정심판과 청문제도의 통합적 관리방안-경기도사례를 중심으로", 법제 2015. 11.

오정면, "신규법조인력의 활용방안", 저스티스 통권 121호, 2010. 12.

양승업, "미국 행정법판사의 독립성론에 관한 고찰-우리 청문주재자와의 독립성 비교를 중심으로",
　　　　공법학연구 제11권 제4호, 2012.
윤여진, "법무담당관 활성화를 위한 토론문", 대한변호사협회 공청회 자료집, 2017. 7. 5.
이동수, "미국의 행정법심판관제", 법정연구 제2집, 1994.
이용구, "신규법조인력 활용방안", 저스티스, 한국법학원, 2011. 6.
정석윤, "법무담당관제도 활성화를 위한 제언", 대한변호사협회 공청회 자료집, 2017. 7. 5.
정진수, "법무담당관제도 및 준법감시인제도 도입 방안", 서울지방변호사회 법무담당관·준법감시인
　　　　제도 도입 및 활성화에 관한 심포지엄자료집, 2009. 3. 23.
정하명, "행정법판사의 지위에 관한 미국 연방대법원의 최근 판결례", 법학논고 제67집, 2019.
특집, "법무담당관제도 도입좌담회", 인권과 정의 2003. 1.

제2장

새로운 법제도설계와 행정법의 과제 (6)

1

의무이행소송의 바람직한 도입방향*

— 거부처분취소소송 및 부작위위법확인소송과의 관계정립을 중심으로 —

목차

Ⅰ. 머리말
Ⅱ. 법무부 행정소송법 개정시안의 기본적 방향과 법체계적 특성
Ⅲ. 독일과 일본의 의무이행소송의 입법례 비교
Ⅳ. 의무이행소송과 거부처분취소소송과의 관계
Ⅴ. 의무이행소송과 부작위위법확인소송의 관계
Ⅳ. 맺음말

Ⅰ. 머리말

1. 모든 권리는 궁극적으로 법원의 판결을 통하여 실현된다. 판결은 법이론적 토대 하에서 내려지는 법적 분쟁의 결과물이다. 행정소송법은 공법적 분쟁의 해결시스템이며 동시에 재판청구권의 실질적인 구현을 위한 권리구제장치라고 할 수 있다. 그동안 사회환경의 급속한 변화와 전통적 침해행정위주에서 급부행정으로 행정수요가 변모하였을 뿐만 아니라 행정상 법률관계가 국가와 국민이라는 2면적 대극관계에서 국가와 국민 이외의 제3자

---

* 이 논문은 2014년 3월 28일 국민권익위원회·한국행정법학회 공동학술대회에서의 김용섭교수 발제문을 수정·보완하여 행정법학 제7호(2014. 9.)에 게재·수록한 것입니다.

라고 하는 3면적 다극관계로 발전해 나가고 있음에도 현행 행정소송법은 이와 같은 사회
변화의 추이를 제대로 반영하지 못하였다. 규범이 옷이고 몸이 행정현실이라면 사회변화
에 따른 행정현실의 변화에 따라 몸집이 불어나서 옷을 새롭게 맞추어야 할 시점이 지났
다고 말할 수 있다.[1] 이처럼 국민의 기본권을 신장시키는 급부행정의 비중이 늘어나고 있
는 오늘날 실체법적인 권리에 상응하는 의무이행소송의 도입 등 새로운 행정분쟁시스템
의 완비는 실질적 법치주의로 나아가는데 있어 시금석이자 불가결의 조건이라고 할 수
있다.

2. 우리의 행정소송법은 한국전쟁의 와중인 1951년 8월 24일 제정된 이후 약 33여년만
인 지난 1984년에 전면개정이 있었다. 당시 행정청의 일차적 판단권 존중을 위한 권력분
립적 고려와 사법자제적 요청 등에 따라 독일식의 의무이행소송제도를 도입하지 아니하
는 대신 거부처분취소소송, 부작위위법확인소송만을 도입하되 판결의 기속력을 담보하기
위하여 행정청에 재처분 의무를 부여하고 간접강제 제도를 규정하는 것에 그쳤다. 1994
년 사법개혁의 일환으로 행정소송법 일부개정의 기회가 있었으나 의무이행소송의 도입
등 소송형태에 대하여는 논의가 없었고, 필요적 행정심판전치주의의 완화, 전문행정법원
의 설치, 행정소송의 3심제 도입 이외에 별다른 내용의 변경이 없었다. 그동안 판례[2]는
제정법중심주의에 고착되어 의무이행소송을 무명항고소송의 일종으로 허용하지 아니하였
으며, 국민의 수익적 결정을 받기 위한 신청에 대하여 거부처분이나 부작위의 방식으로
소극적으로 대응한 경우 이에 대한 권익구제절차가 매우 불완전하여 의무이행소송의 도
입 등 보다 실효적인 권리구제장치를 마련해야 한다는 학계의 지적이 지속되어 왔다.[3]

---

1 김용섭, "행정소송법개정 공청회 토론문", 법무부 행정소송법 개정 공청회 자료집, 2012. 5. 24. 67-92면. 이하에서
  필자의 토론문을 인용하는 경우에 별도의 인용표시를 하지 않기로 한다.

2 대법원 1982. 7. 27. 선고 81누 258판결; 대법원 1986. 8. 19. 선고 86누 223판결; 대법원 1989. 9. 12. 선고
  87누 868 판결; 대법원 1992. 11. 10. 선고 92누1629판결을 들 수 있다.

3 우리의 행정법과 행정소송법은 다른 법학 분야와 마찬가지로 독일과 일본의 영향을 많이 받고 있다. 특히 행정의 작용
  형식론 등 행정실체법은 독일의 이론과 법제의 영향을 많이 받은 반면에 행정소송법은 일본의 영향을 적지 않게 받다
  보니, 행정실체법과 행정소송법 상호간에 연계성이 미흡한 측면이 적지 않아 학계에서 지속적으로 입법개정의 필요성
  이 강조되어 왔음은 주지의 사실이다.

3. 2002년 대법원 행정소송법개정위원회가 발족되어 다년간에 걸쳐서 행정소송법의 전면적인 개정을 위한 노력이 경주되어 의무이행소송의 도입과 부작위위법확인소송의 폐지 등을 내용으로 하는 대법원 행정소송법 개정의견4이 2006년에 국회에 제출되었고, 2007년 법무부 행정소송법 개정안5이 의무이행소송의 도입과 거부처분취소소송 및 부작위위법확인소송의 존치 및 양자의 필요적 병합제기를 내용으로 하여 정부안으로 확정되어 국회에 제출되었으며, 2011년 박선영의원 대표발의의 행정소송법 개정법률안6이 2006년 대법원 행정소송법개정의견과 유사한 내용을 담아 국회에 제출되기도 하였다. 그러나 17대 국회와 18대 국회에서 어느 하나의 행정소송법개정 법률안도 제대로 된 심의나 검토보고서의 채택조차 이루어지지 않은 상태에서 회기말이 도래하여 자동폐기된 바 있다. 그 이유가 과연 무엇일까? 여기에 관해서는 여러 가지 원인이 있을 수 있다.7 입법은 모든 이해관계자와 사회구성원의 협력하에 이루어 내는 것으로8, 의무이행소송의 도입만 놓고 보면 2006년 대법원개정의견은 처분개념의 지나친 확대로 행정입법에 대한 항고소송 뿐만 아니라 의무이행소송까지 가능하게 되어 사법부와 행정부간에 긴장관계가 초래된 것이 하나의 원인이 될 수 있다. 2011년 법무부행정소송법개정위원회가 발족되어 행정소송법 전부개정 법률안의 성안을 위해 노력하여 국회통과가 용이한 방향으로 절충하고 합리적인

---

4 대법원개정의견에 의하면 의무이행소송은 "당사자의 신청에 대한 행정청의 처분이나 명령 등의 거부 또는 부작위에 대하여 처분이나 명령등을 하도록 하는 소송"이라고 정의하고 있으며, 의무이행판결과 관련하여 법원은 행정청의 거부처분 등이나 부작위가 위법한 때에는 1. 당사자의 신청에 따른 처분이나 명령 등을 할 의무가 있음이 명백하고 그 의무를 이행하도록 하는 것이 상당하다고 인정하는 경우에는 행정청이 그 처분이나 명령 등을 하도록 선고하고, 2. 그밖의 경우에는 행정청이 당사자의 신청에 대하여 판결의 취지에 따라 처분이나 명령 등을 하도록 선고한다, 그리고 거부처분 등의 경우에는 이를 함께 취소한다. 라고 규정하여, 처분이 확대된 것만 제외하면 이번의 법무부 행정소송법 개정 시안의 기본틀과 같다. 다만 대법원개정의견에서 부작위위법확인소송을 폐지하고 있다.

5 2007년 법무부 개정안에 의하면 의무이행소송은 당사자의 신청에 대한 행정청의 거부처분 또는 부작위에 대하여 처분을 하도록 하는 소송이라고 정의하고 있다. 아울러 행정청의 거부처분에 대하여 의무이행소송을 제기하는 경우에는 거부처분의 취소 또는 무효확인을 구하는 소송과 병합하여 제기한다고 하였으며, 부작위위법확인소송은 대법원의견과 마찬가지로 폐지하였다.

6 박선영의원안에 의하면 의무이행소송은 "당사자의 신청에 대한 행정청의 처분이나 명령 등의 거부 또는 부작위에 대하여 처분이나 명령 등을 하도록 하는 소송"이라고 정의하여 종래의 대법원 안과 같이 의무이행소송의 대상을 넓히고 있다.

7 한견우, "행정소송법 개정의 기본방향", 행정법학 제1호, 236-238면; 한 교수는 행정소송법 개정이 실패한 이유로 ① 학계의 분파적 의견, ② 법무부의 소극적 자세 ③ 국민적 관심과 효과적인 홍보의 부재를 들고 있다.

8 김광수, "행정소송법 개정의 명암', 행정법연구 제37호, 2013, 20면.

조율을 한 긍정적 측면이 있으나, 종전에 제출된 3건의 행정소송법 개정법률안의 기본틀에서 크게 벗어나지 못한 한계를 보여주었다. 법무부는 2012. 5. 24. 행정소송법개정 공청회를 거쳐 2013. 3. 20. 입법예고를 마친 후 법제처 심사절차를 마친 바 있으나 국회제출에 앞서 국무회의 심의, 대통령의 재가 등 후속절차를 남겨두고 있다.9

이와 같이 법무부 행정소송법개정위위원회 당초안에서 내용이 조정된 채 법제처 심사를 마친 바 있는 법무부의 행정소송법개정시안(이하 "법무부 행정소송법 개정시안"이라 한다)10은 국민의 권익구제를 확대하는 방안의 하나로 의무이행소송제도의 도입 등을 골자로 하고 있다. 그동안 여러 차례 입법적 노력이 여러 가지 이유로 무산되고 실패로 돌아갔으나, 이번에는 행정소송법 개정에 대한 국민적 관심이 높아졌다고 할 수 있다.11

4. 이번 법무부 행정소송법 개정시안은 종래의 전통적인 침해행정에 대한 취소소송 중심의 권리구제에서 나아가 급부행정에서의 거부처분이나 부작위에 대한 권리구제의 실효적 보장을 위하여 의무이행소송과 가처분제도를 도입하였다는 점에서 매우 중요한 의미가 있다. 의무이행소송은 행정상의 분쟁을 발본적·일회적으로 해결할 수 있도록 하는 제도로서 거부처분이나 부작위에 대한 기존의 불완전한 권리구제에 비해 보다 효율적이면 신속한 권리구제가 될 수 있다.12 본고에서는 법무부 행정소송법개정시안에서 규정하고 있는 의무이행소송과 관련된 제반 규정을 검토하면서 의무이행소송 이외에 거부처분취소

---

9 당초 법무부행정소송법 개정위원회안과는 달리 입법예고안에서는 예방적 금지소송과 화해권고결정 등이 삭제되고 부작위위법확인소송을 그대로 두기로 한 바 있다

10 법제처 심사를 마쳤으며 가까운 장래에 정부안으로 확정하여 국무회의의 심의를 거쳐 대통령재가를 받아 국회에 제출 예정이다.

11 의무이행소송제도를 도입하는 부분에 대하여는 현재 학계나 법조실무계는 크게 이견이 없으나 행정부처의 입장에서는 행정작용에 대한 통제가 강화되는 부분에 대하여 권력분립의 원칙과 행정의 일차적 판단권의 보장의 입장에서 다소 소극적인 입장에서 이 문제를 바라볼 수 있다고 본다. 이와 관련하여 중국(1989년 제정 1990. 10. 1.부터 시행), 대만(1998년 개정 2000. 7. 1.부터 시행), 일본(2004. 6. 개정 2005. 4.부터 시행) 등 동아시아 4개국 중 3개국이 의무이행소송을 도입하여 시행 중에 있으나 우리나라만이 유일하게 의무이행소송의 제도를 도입하지 못하고 있는 실정이다.

12 다만, 이러한 의무이행소송의 도입으로 인해 행정부에 대한 법원의 통제가 강화되는 결과 법원의 섣부른 판단이 행정에 영향을 미칠 수 있으므로 재량행위 영역에 있어서는 행정청에 대하여 일정한 처분의무를 발하는 차원에 그칠 뿐 특정한 처분을 하도록 명령하는 것은 허용되지 않는다.

소송, 부작위위법확인소송을 계속 존치시킬 필요성이 있는지 여부를 검토하면서, 의무이행소송과 거부처분취소소송, 의무이행소송과 부작위위법확인소송 간의 관계 정립을 모색하기로 한다.

Ⅱ. 법무부 행정소송법 개정시안의 기본적 방향과 법체계적 특성

1. 기본적 방향

행정소송법을 개정한다고 할 경우 기본적 방향이 중요한데, 법무부 행정소송법 개정시안은 국민의 권익구제범위 확대와 국민이 쉽게 이용할 수 있는 행정소송제도의 마련에 기본 방향을 설정하고 있다. 다시 말해 이번 법무부 행정소송법 개정시안은 국민의 권익구제 확대 및 편익증진을 도모하고, 행정현실과 공익을 고려하는 차원에서 행정소송제도 개선을 마련한 것으로 볼 수 있다.[13] 이는 기본적으로 타당한 방향설정이라고 할 것이다.

또한 개정의 방향과 관련하여 항고소송과 당사자소송의 기본 체제를 깨뜨리고, 형성소송, 확인소송, 급부소송으로 체제를 재편하는 과정에서 근본적으로 행정소송시스템을 변혁하는 급진적 변혁방식과, 행정소송법의 기본 골격을 유지하면서 제도를 전반적으로 보완하는 점진적 개선방식을 생각할 수 있다.

이번의 법무부 개정시안은 형식상 전부개정이면서 종래의 항고소송과 당사자소송의 틀을 그대로 유지하는 점진적 개선방식으로 항고소송에서 취소소송, 무효등 확인소송, 부작위위법확인소송의 종래의 틀에 새로운 형태의 항고소송인 의무이행소송을 도입하고, 집행정지제도 이외에 가처분제도의 도입과 당사자소송을 활성화하는 등 기존에 논의되었던 행정소송법개정 법률안의 내용을 적절히 절충하면서 현실적인 대안으로서 타당성을 갖는 제도 도입을 위주로 하여 마련된 것으로 이해할 수 있다.[14]

---

13 정하중, 행정소송법 개정논의 경과, 행정소송법 개정 공청회 발제문 참조; 이혜은, "국민의 편익증진을 위한 행정소송제도 개선방향", 한국행정법학회 행정소송법 개정방향에 관한 공동학술대회 자료집, 2012. 4. 20, 12-14면.

14 이번 개정안은 당사자소송에 있어서 일반적 급부이행소송을 인정한 것은 사실행위에 대한 행정구제의 사각지대를 피하기 위한 것으로 볼 수 있다. 다만, 행정소송법개정위원회안에 들어 있었으나, 2012. 5. 24. 법무부 행정소송법개정

2. 법체계적 특성

(1) 행정소송법의 기본 골격과 2원적 체제유지

종전에 국회에 제출된 바 있는 3개의 기존의 법률안들 모두 제1장, 총칙, 제2장 취소소송 제3장 취소소송 이외의 항고소송 제4장 당사자소송 제5장 민중소송 및 기관소송, 부칙이라는 현행 행정소송법의 틀을 유지하고 있으며, 이번 법무부 행정소송법 개정위원회에서 마련한 행정소송법 개정시안도 민중소송의 명칭을 공익소송으로 변경하는 외에 2원적 체제의 기본틀을 유지하고 있다.

학계의 일각에서는 처분성 여부가 관건인 항고소송과 공법상 법률관계의 존부 여부를 요건으로 하는 당사자소송의 2원적 구조를 해체하고, 이행소송은 행정처분의 이행을 구하는 소에 한정하지 아니하고, 행정청이 행하여야 할 사실행위나 행정계약의 체결이행까지도 소구할 수 있는 제도의 구축이 필요하다고 보면서 이를 위해서는 현행 행정소송법의 근간을 이루는 항고소송과 공법상 당사자소송의 경계를 허물 필요가 있다는 차원에서 근본적 개혁을 주장하는 견해도 있었다.[15] 그러나 그와 같은 큰 틀을 새롭게 구성하는 과정에서 행정소송 시스템에 혼선이 야기될 수 있으므로 현행의 기본골격을 유지한 것으로 이해할 수 있다.

법무부 행정소송법 개정시안에서는 의무이행소송을 항고소송의 범주로 놓고 있지만, 국민이 법률집행의 실체적 청구권이 인정되는 경우 이를 행정청에서 거부한 경우에 거부처분에 대한 의무이행소송이 아니고 곧바로 당사자소송을 통한 권리구제가 실용화된다면, 의무이행소송은 일반적 급부소송과 더불어서 공법상의 법률관계에 관한 포괄적 소송인 당사자소송형태의 일종으로 재분류하는 것도 불가능하지는 않다.

공청회 이후 2013. 3. 20. 법무부 행정소송법 입법예고안에서 예방적 금지소송이 삭제되었는바, 이 부분은 어떤 이유에서 빠지게 된 것인지 적절한 설명이 필요하다고 할 것이다.

15 가령, 김해룡, "국민의 권리구제 확충을 위한 행정소송법 개정방향", 한국행정법학회 행정소송법 개정방향에 관한 공동 학술대회 자료집, 2012. 4. 20, 18-20면.

(2) 항고소송의 명칭을 "권익구제소송"이나 "행정불복소송"으로 변경필요성

기왕에 30년만에 새롭게 행정소송법을 전면 개정하는 차제에 민중소송의 명칭만 공익소송으로 변경하는데 그칠 것이 아니라 항고소송의 명칭도 차제에 새로운 명칭으로 변경할 필요가 있다. 항고소송은 학계에서는 익숙한 용어이지만, 일반 국민에게 상당히 생소하고 낯선 용어인데다가 일본 행정소송법에서 사용하고 있는 용어로서, '새술은 새부대에 담는다'는 관점에서 민중소송을 "공익소송"으로 명칭을 변경한 것만으로는 미약하다고 할 것이다. 더구나 '항고'라는 표현은 검찰의 불기소 처분에 대한 항고나 법원의 결정에 대한 항고의 경우처럼 일단 처분이나 결정이 내려진 후에 불복하는 것을 염두에 두고 있으므로, 부작위에 대한 의무이행소송의 경우에는 항고소송의 측면이 부각되지 않는 문제가 있다.[16]

그러나 법무부 행정소송법 개정위원회에서 논의된 적이 있는 "처분소송", "처분에 대한 소송"이라는 명칭으로 대체할 경우, 부작위에 대한 의무이행소송 등을 포괄하기 어려우므로 그 명칭은 취소소송, 무효등 확인소송, 부작위위법확인소송, 의무이행소송을 포괄하는 상위개념이 되어야 할 뿐만 아니라 이번의 개정의 기본방향이 의무이행소송과 가처분제도의 도입 등 권익구제 확대에 있는 점을 감안하여 볼 때, 개인적 의견으로는 "권익구제소송"이 적절하다고 사료된다.

이러한 관점에서 현행의 골격을 유지한다면, 제1장 총칙, 제2장 취소소송 형태의 권익구제소송, 제3장 취소소송 이외의 권익구제소송, 제4장 당사자소송, 제5장 공익소송 및 기관소송 제6장 보칙 그리고 부칙 순으로 정하는 것이 입법체계상 무난할 것이다.[17]

---

16 항고소송과 당사자소송의 2분법의 틀을 벗어나서 급부(이행)소송, 확인소송, 형성소송으로 나누게 되면, 의무이행소송은 급부소송의 성격이 강하게 부각될 수 있다.

17 취소소송위주의 행정소송의 패턴을 변경하기 위해서는 기본골격을 제1장 총칙, 제2장 권익구제소송 제1절 취소소송 형태의 권익구제소송, 제2절 취소소송외의 권익구제소송, 제3절 당사자소송, 제3장 공익소송 및 기관소송 제4장 보칙 순으로 정하는 것도 고려할 수 있다. 보칙에서는 행정소송의 고지제도를 마련하고 불고지의 효과에 대하여 행정심판법과 유사하게 규정하고, 아울러 필요적 행정심판의 경우를 행정소송법 별표에 규정하도록 하거나 법무부 장관의 정보제공에 관한 규정을 두어, 필요적 행정심판이 되는 법률의 규정을 국민이나 공무원이 일일이 알 수 없으므로 이를 공표하여 국민이나 공무원의 편익을 증진하도록 할 필요가 있다.

(3) 의무이행소송의 도입과 거부처분취소소송 및 부작위위법확인소송의 병치

우리의 경우 의무이행소송을 도입하면서 거부처분취소소송과 부작위위법확인소송을 두고 있다는 점에서 일본의 입법례와 유사하지만, 일본의 경우에는 신청형의 경우에 필요적 병합을 하여야 한다는 점에서 차이가 있다. 다시 말해 일본의 경우 의무이행소송을 제기하려면 거부처분취소소송 또는 부작위위법확인소송을 강제로 병합하여 한꺼번에 심리를 받도록 하고 있다.

그러나 우리는 일본과는 달리 거부처분에 관하여 재처분의무나 간접강제에 관한 사항을 그대로 둔 채, 다시금 의무이행소송에 있어서도 간접강제에 관한 규정을 거부처분의 경우와 거의 대동소이하게 규정하고 있다.

독일의 경우에는 의무이행소송의 제도속에 거부처분취소소송과 부작위위법확인소송이 용해되어 있으며, 별도의 구제장치를 두지 않고, 단지 예외적으로 거부처분에 대하여만 독립된 취소소송을 제기할 수 있는 길을 열고 있을 뿐이다.

법무부 행정소송법 개정시안은 의무이행소송을 도입하면서 거부처분에 관한 규율과 부작위위법확인소송에 관한 규율을 그대로 두고 있으면서 의무이행소송과 병합하여 제기하도록 강제하지 않고 당사자의 선택에 맡겨두는 방식으로 해결하고 있다. 이러한 법무부 행정소송법 개정시안의 입법태도는 일본의 경우처럼 국가가 후견적으로 필요적 병합을 하도록 하는 것보다는 국민에게 부담을 주지 않도록 당사자의 소송선택에 맡기는 것이 타당하다고 본다. 그 이유는 상대적으로 당사자는 승소하기가 용이하지 아니한 의무이행소송을 제기하여 다투지 아니하고, 신속한 응답을 구하기 위해 부작위위법확인소송이나 거부처분 그 자체의 위법성만을 확인받기 위해 거부처분취소소송 만을 제기하는 길을 여는 것이 바람직하기 때문이다. 다만 거부처분취소소송의 판결의 효력과 간접강제 등에 관한 내용이 부작위위법확인소송에도 준용되는 바, 이러한 부분은 과도한 규율로서 의무이행소송제도와의 제도이용상의 중복을 막기 위해서 입법적 교통정리를 하는 것이 필요하다고 할 것이다.

3. 법무부 행정소송법 개정시안의 구체적 내용과 검토

(1) 의무이행소송의 도입의 의미

법무부 행정소송법 개정시안의 제안이유 및 주요내용에 의하면, 의무이행소송은 국민의 권익구제확대를 위한 소송제도개선의 일환으로 도입되는 것이다. 이러한 의무이행소송의 도입취지는 분쟁의 발본적·일회적 해결이 가능한 제도로 선진법제에서 대부분 도입하고 있는 것으로서, 현행 권리구제절차(거부처분취소소송이나 부작위위법확인소송)의 불완전성을 해소하며, 부작위위법확인소송을 존치함으로써 국민의 소송유형 선택의 자유 보장 및 행정청 스스로의 재처분 기회를 보장하려는 것이다.[18]

행정소송법에 의무이행소송이 도입되면, 건축허가나 영업허가에 있어서 특정행위의 발급을 청구하여 법원이 특정한 행정처분을 발급을 명하거나 일정한 행정처분의 발급을 지령하는 내용의 판결을 내릴 수 있게 된다. 아울러 부관과 관련하여 종래에는 의무이행소송이 인정되지 아니하여 부담에 대하여만 독립하여 취소소송을 제기하여 다툴 수 있었으나, 의무이행소송이 가능하게 되면 조건, 기한, 철회권 유보등의 부관이 붙여있는 수익적 행정결정에 대하여 부관이 없는 행정행위의 발급을 신청하여 거부처분을 받게 되면 곧바로 부관이 없는 수익적 행정결정의 발급을 구하는 의무이행소송이 가능하게 된다.[19] 그뿐만 아니라 정보공개거부에 대하여 의무이행소송으로 신속히 구제를 받을 수 있게 되며,[20] 사회보장 급여를 받고자 하는 자는 관할 행정청에 급여를 신청하여야 하는 바, 당사자의 신청에 대하여 거부 또는 부작위 등 행정청의 소극적 작용이 개입되면 이에 대하여 의무이행 소송을 제기하여 구제받을 수 있다.[21]

한편, 행정소송법상 의무이행소송이 도입되는 경우 예상되는 문제로는 권력분립의 원칙

---

18 법무부 행정소송법 전부 개정법률안 입법예고안

19 김용섭, "위법한 부관에 대한 행정소송", 인권과 정의 통권 제423호, 2012, 33-35면.

20 김창석, "의무이행소송 도입의 행정소송에 대한 영향", 저스티스 통권 제75호, 81면. 김창석 부장판사는 정보공개청구소송을 일반적 급부소송 내지 당사자소송의 형태와 의무이행소송중에서 전자의 방식이 낫다고 하지만, 일본의 예에 비추어 의무이행소송으로 권리구제를 강구할 가능성이 높다.

21 하명호, 사회보장행정에서 권리의 체계와 그 구제, 고려법학 제64호, 2012, 198-199면. 하명호 교수에 의하면 급여의 수급권이 직접 보장되어 행정청의 판단이 개입될 여지가 없는 경우에는 당사자소송을 제기하여 지급받을 수 있다고 주장한다.

에 비추어 볼 때 재량영역에서 사법부의 행정부에 대한 통제는 인정되지만 지나치게 과도한 통제나 사법부의 판단으로 행정부의 판단을 대체하는 것은 허용되지 않는다. 따라서 의무이행소송은 국민의 권익보호를 위해 반드시 필요한 경우에 한하여 명확한 기준에 입각하여 허용되어야 하며, 재량영역에 있어 행정부의 판단을 사법부의 판결이 대체하는데 따른 합리적 근거도 요구된다고 생각된다.[22]

(2) 의무이행소송의 도입형태 및 주요내용

법무부 행정소송법 개정시안에 의하면 제3조에서 행정소송의 종류를 항고소송, 당사자소송, 공익소송, 기관소송으로 구분하면서 동조 제1호에서 항고소송을 행정청의 처분이나 부작위에 대한 소송으로 규정하고 있다. 아울러 항고소송을 취소소송, 무효등 확인소송, 부작위위법확인소송, 의무이행소송의 4종류로 명기하고 있으며 예방적 금지소송은 법무부 행정소송법개정위원회 안에는 있었으나 입법예고를 마친 후 법무부 행정소송법 개정시안에는 이를 포함시키지 않고 있다.

한편 법무부 행정소송법 개정시안 제4조 제4호에서 의무이행소송을 규정하면서 "행정청의 위법한 거부처분이나 부작위에 대하여 처분을 하도록 하는 소송"으로 정의하고 있다. 기본적으로 법무부 행정소송법 개정시안처럼 처분개념의 확장을 전제로 하지 않는 의무이행소송의 도입을 찬성한다. 그 이유는 처분개념의 확장을 전제로 하지 않은 이번 법무부 행정소송법 개정시안은 2006년 대법원 개정의견이나 박선영의원 대표발의안과는 다르지만 기존의 학계의 연구성과를 조화롭게 아우르고 있으며, 행정부 등 관계부처와의 협의가 용이하고 행정입법에 대한 법원의 전문적인 심사능력 등에 비추어 합리적이라서 국회통과가 용이하다고 할 수 있다.

또한 법무부 행정소송법 개정시안은 의무이행소송에 관하여 제3장(취소소송외의 항고소송) 제2절(제41조-제47조)에서 세부적인 규율을 하고 있다. 처분 중에 공권력 행사의 거부가 포함되어 거부처분에 대한 취소소송이 가능함과 동시에 의무이행소송이 허용된다. 한편 제4조 제3호에서 부작위에 대한 의무이행소송과는 별도로 부작위위법확인소송을 두어

---

22 황계영, 행정소송법 개정시안에 대한 지정토론문, 법무부 행정소송법개정 공청회자료집, 2012. 5. 24. 127면 참조.

행정청의 부작위가 위법하다는 것을 확인하는 소송도 제기할 수 있는 것으로 되어 있다. 법무부 행정소송법 개정시안은 의무이행소송을 도입하면서 거부처분취소소송과 부작위위 법확인소송이 병치되는 구조로 되어 있으면서 종전의 2007년도 법무부 행정소송법 개정 안이나 일본의 2004년 개정행정사건소송법과는 달리 강제로 병합하여 제기하는 방식을 취하고 있지 않는 점이 특징이다.

(3) 의무이행소송의 법적 성격

의무이행소송의 법적 성격은 기본적으로 이행소송으로 파악된다. 항고소송을 단지 소송 의 대상이 '처분'인 소송들을 지칭하는 상위개념으로 파악하고 형성소송·이행소송·확인소 송이라는 소송유형을 강조하는 관점에서는 의무이행소송은 이행소송으로서, 형성소송인 취소소송과는 별개의 것으로 파악하게 된다.[23]

우리의 헌법재판소도 의무이행소송의 성격은 취소소송이나 확인의 소인 부작위위법확인 소송과는 본질적으로 다르고 소송요건, 본안요건, 판결의 효력, 집행방법 등에 있어서도 본질적으로 구별되는 별도의 소송유형이라고 파악하고 있다.[24] 다만 의무이행 소송에 거 부처분의 취소소송이 내포된 것으로 보게 되면 형성소송이 함께 포함되어 있다고 볼 여 지가 있다.[25]

일본의 경우에는 의무이행소송을 급부소송 내지 이행소송으로 보는 입장이 통설이나,

---

23 박정훈, 앞의 논문, 23면; 한편 박정훈 교수는 "다른 한편으로, 항고소송을 소송의 대상의 측면만이 아니라 소송의 기 능적 측면에서 그 특징을 파악하여, 행정청의 조치에 대한 탄핵 내지 불복이 그 핵심으로 이해하는 견해에 의하면, 의 무이행소송도 항고소송에 포함되는 소송으로서, 그 본질은 행정청의 조치, 즉 거부처분과 부작위에 대한 탄핵을 핵심 으로 하되, 원고의 권리구제의 편의와 피고행정청의 의무의 명시를 위하여 의무이행판결을 선고하는 것으로 본다. 이 러한 관점에서 보면, 원고가 거부처분 취소소송을 병합 제기하지 않더라도, 의무이행소송에는 당연히 거부처분 취소소 송이 결합된 것으로 파악되고, 따라서 - 종래의 판례에 따라 - 처분시를 기준으로 거부처분의 위법성이 인정될 때 그 거부처분을 취소함과 아울러, 판결시를 기준으로 행정청의 의무가 존속하는 경우에는 의무이행판결을 선고하게 되 는 것이다."라고 밝히고 있다.

24 헌재 2008.10. 30. 자 2006헌바 80결정

25 박정훈, 앞의 논문, 23면. 박교수는 의무이행소송을 이행소송으로 파악하는 관점에서 (처분의 신청에 대한) 거부처분 또는 부작위의 위법성은 의무이행소송의 전제 내지 선결문제에 불과하고, 따라서 그 위법성의 판단기준시도 이행소송 의 일반이론에 따라 판결시로 보면서 의무이행판결이 선고되면 그것으로 당연히 거부처분이 취소되는 효과가 발생하는 것으로 이해한다.

의무이행소송은 의무가 없는 상태에서 행정청이 일정한 처분을 할 법적의무를 창설·형성하는 형성소송이라는 견해도 있다.[26]

(4) 의무이행소송의 소송요건

① 의무이행소송의 요건으로서의 거부처분이나 부작위

의무이행소송의 대상은 거부처분이나 부작위를 대상으로 한다. 법무부 행정소송법 개정시안 제2조 제1항 제1호에서는 "처분"이란 행정청이 행하는 구체적 사실에 관한 법집행으로서의 공권력의 행사 또는 그 거부와 그 밖에 이에 준하는 행정작용을 말한다고 규정하고 있고, "처분 등"이란 처분과 행정심판에 대한 재결을 말한다고 규정하고 있으며, 제2호에서는. "부작위"란 행정청이 당사자의 신청에 대하여 상당한 기간 내에 일정한 처분을 하여야 할 법률상 의무가 있음에도 불구하고 이를 하지 아니하는 것을 말한다고 규정하고 있다.

여기서 말하는 거부처분이란 어떠한 형태이건 당사자의 수익적 신청에 대하여 소극적인 의사표시가 표시된 것을 말한다. 거부처분에는 불허가처분, 불합격 처분, 반려처분 등이 여기에 포함되며, 당사자의 신청에 대하여 처분의 발령을 방치하는 부작위와는 구별된다. 여기서 부작위와 거부처분과의 구별이 문제되는 바, 당사자의 신청에 대하여 상당한 기간 내에 일정한 처분을 할 법률상 의무가 있음에도 이를 하지 아니하고 상당한 기간이 경과한 경우에는 부작위가 되는데 반해, 상당한 기간이 경과한 후에 거부를 한 경우에는 거부처분으로 보아야 한다. 대법원판례[27]중 검사임용대상자에 대한 임용결정은 임용대상에서 제외된 자에 대한 임용거부의 의사표시로 파악하여 부작위가 아닌 거부처분으로 보았는바, 일정한 행정청의 의사표시행위가 소극적인 형태로 이루어 졌다고 보아야 하므로 이를 거부처분으로 보는 것이 바람직하다. 또한 실제상은 부작위에 해당하는데 일정기간이 경과하면 거부로 간주하는 거부의제규정을 둔 경우에는 부작위가 아니라 거부처분으로 보는 것이 적절하다.[28]

---

26 山本和彦, 民事訴訟法理論から見た行政訴訟改革論議, 法時 76項 1号, 108面.

27 대법원 1991. 2. 12. 선고 90누5825 판결

28 그 대표적인 예는 공공기관의 정보공개에 관한 법률 제11조 제5항에서 "정보공개를 청구한 날부터 20일 이내에 공공

② 원고적격

법무부 행정소송법 개정시안 제41조에서 "의무이행의 소는 처분을 신청한 자로서 행정청의 거부처분이나 부작위에 대해서 처분을 할 것을 구할 법적 이익이 있는 자가 제기할 수 있다"고 규정하고 있다.[29] 여기서 '처분을 할 것을 구할 법적 이익'이라는 부분은 취소소송의 원고적격[30]과 동일한 취지로 설명된다.

일본의 경우에는 원고적격을 행정개입청구권을 행사하는 비신청형의 경우에는 법률상이익이 있는 자에 한하여 제기할 수 있는 것으로 파악하고 있지만, 거부처분이나 부작위에 대한 신청형의 경우에는 신청을 한 당사자로 보아 양자를 구분하는 방식이다. 이에 반하여 법무부 행정소송법 개정시안은 거부처분이나 부작위에 대해서 처분을 신청한 자라는 요건 외에 별도로 처분을 할 것을 구할 법적 이익이 있을 것을 추가적으로 요구하고 있다. 그러나, 거부처분이나 부작위의 상대방은 수신자이론에 비추어 볼 때 별도로 처분을 할 것을 구할 법적 이익이 필요한 것인지 의문이다.

③ 의무이행소송의 제소기간

개정시안 제42조 제1항에서 행정청의 거부처분에 대한 의무이행소송에 대하여는 취소소송의 제소기간인 처분이 있음을 안날부터 90일, 처분이 있은 날부터 1년의 제소기간에 관한 제21조의 규정을 준용하고, 제42조 제2항에서는 "행정청의 부작위에 대한 의무이행소송은 법령상 처분기간이 정해져 있는 경우에는 그 기간이 지나기 전에는 제기할 수 없

기관이 공개여부를 결정하지 아니한 때에는 비공개의 결정이 있는 것으로 본다" 고 규정하고 있었으나, 2013. 8. 6. 법률 제 11690호로 공공기관의 정보공개에 관한 법률이 개정되면서 동법 제11조 제5항이 삭제되어 앞으로는 20일 이내에 공공기관이 정보공개를 하지 아니한 경우에는 부작위위법확인소송을 제기할 여지가 있다.

29 제38조(부작위위법확인소송의 원고적격) 부작위위법확인의 소는 처분의 신청을 한 자로서 부작위의 위법 확인을 구할 법적 이익이 있는 자가 제기할 수 있다.

30 취소소송의 원고적격의 문제는 법률상 이익이 침해된 자가 제기할 수 있도록 되어 있는 바, 이 부분은 독일의 경우처럼 위법뿐만 아니라 권리의 현실적 침해라고 하는 본안의 승소요건으로 파악하는 것이 타당한데, 우리와 일본의 경우 판결문을 작성하여 본안에서 이 부분을 판단하지 않고 소송요건인 원고적격에 해당하지 않는다고 보아 소각하 판결을 내릴 수 있기 때문에, 주관적 소송인 취소소송에서 위법성뿐만 아니라 권리침해가 본안에서 판단할 사항임에도 미리 본안전 요건에서 선취하여 판단하여 현실적 권리의 침해가 없을 때에는 원고적격을 구비하지 못한 것으로 각하판결을 내리는 문제가 있다고 볼 것이다.

고, 법령상 처분기간이 정해져 있지 아니한 경우에는 특별한 사정이 없는 한 처분을 신청한 날부터 90일이 지나기 전에는 제기할 수 없다"고 규정한다

법무부 행정소송법 개정시안 제42조에 의하면 부작위에 의한 의무이행소송의 제소기간이 법령상 처분기간이 정해져 있는 경우에는 그 기간이 지나기 전에는 제기할 수 없도록 되어 있고, 법령상 처분기간이 정해져 있지 아니한 경우에는 90일이 경과하지 않으면 제기할 수 없도록 규정되고 있다.

행정청이 신청을 방치한지 상당한 기간이 경과하였음에도 90일 전에는 의무이행소송을 제기하지 못하도록 규정하고 있는 것은 국민의 권익구제를 위축시킬 수 있다.

독일의 경우 90일의 제소기간 제한은 부작위 소송의 경우에는 행정심판이 필수적이며 그 심판기관의 처리기간동안 아무런 조치가 없는 경우에 해당하며, 행정절차단계에 있어서 부작위에 대하여는 따로 불복하지 못하도록 하고 있다.[31] 우리의 경우에는 부작위에 대하여 행정심판을 제기할 수 있도록 되어 있다. 다만 그 기간은 상당한 기간이 경과한 시점에 가능한 것으로 되어 있고, 부작위의 위법확인을 위하여 행정심판을 제기하는 것은 의미가 없다고 볼 수 있다.

(5) 소의 변경

개정시안 제43조에서 의무이행소송을 의무이행소송 외의 항고소송이나 당사자소송 또는 민사소송으로 변경하는 경우 및 민사소송을 의무이행소송으로 변경하는 경우에는 제22조를 준용한다고 되어 있다.

(6) 의무이행판결과 거부처분취소판결 동시선고 및 기속력

법무부 행정소송법 개정시안 제44조에서는 약간의 문구를 손질하여 종전의 규정[32]과는

---

31 독일의 경우 제소기간제한을 90일로 한 의미는 재결까지 거친 것을 보고 제기하도록 한 것인 바, 독일의 경우에는 의무이행소송을 제기하기에 앞서 행정심판의 필요적 전치주의가 적용되는데 반하여 일본의 경우에는 행정심판 임의전치주의가 적용되고 있는 점을 감안할 필요가 있다.

32 법무부 행정소송법개정위원회의 안에서는 제47조에서 다음과 같이 의무이행판결에 관하여 규정을 두었다.
제47조 (의무이행판결) 법원은 행정청의 거부처분이나 부작위가 위법한 때에는 다음 각 호의 구분에 따라 판결한다. 거부처분의 경우에는 이를 함께 취소한다.

대동소이한 규정을 두고 있다.

제44조(의무이행판결 법원은 행정청의 거부처분이나 부작위가 위법한 때에는 다음 각호의 구분에 따라 판결한다. 거부처분의 경우에는 이를 함께 취소한다.

1. 당사자의 신청에 따른 처분을 할 의무가 있음이 법령상 명백하고 그 의무를 이행하게 하는 것이 상당하다고 인정하는 경우에는 행정청에게 그 의무를 이행하도록 선고한다.

2. 행정청이 그 처분을 하지 않는 것이 재량권의 한계를 넘거나 그 남용이 있다고 인정하는 경우에는 행정청에게 판결의 취지를 존중하여 처분을 이행하도록 선고한다.

법무부 행정소송법 개정시안에 의하면 행정개입청구권의 실현을 위한 의무이행소송제도를 마련하고 있는지 명확하지 않다. 제44조가 행정개입청구권에 기한 경우를 염두에 둔 것이라면, 행정개입청구권의 행사도 반드시 신청을 전제로 하여야 하는 문제가 있다.[33] 이와 같은 행정청에서 아무런 조치를 취하지 않은 경우에는 행정권발동을 구하는 제3자의 경우에 신속히 권리구제를 강구하여야 하는데, 신청에 대한 부작위를 이유로 의무이행소송을 제기하는 제소기간을 기간의 정함이 없으면 90일이 지난후에 제기하도록 정하고 있기 때문이다.

독일의 경우에는 사건의 성숙성(die Sache spruchrief ist)의 차원에서 접근하고 있다. 의무이행소송에서 승소하기 위해서는 기속행위의 경우에는 청구권이 인정되어야 하며, 재량행위에 있어서는 무하자재량행사청구권이 인정되어야 한다. 다시 말하여 의무이행소송은 거부처분이나 부작위가 위법한 것만으로 승소할 수 없고, 나아가 거부처분이나 부작위에 대하여 행정청에 대하여 일정한 청구권이 인정되어야 하므로, 이와 같은 청구권이 인정되지 않는 경우에는 의무이행소송에서 승소하기가 어렵다. 재량행위의 경우에는 거부처분이 재량권남용으로 위법·취소되더라도 행정청에게 재량의 여지가 존속하기 때문에 지령판결이 선고된다. 기속행위의 경우에도 거부처분이 위법·취소되더라도 나머지 법령상의 요건들을

---

1. 당사자의 신청에 따른 처분을 할 의무가 있음이 명백하고 그 의무를 이행하도록 하는 것이 상당하다고 인정하는 경우에는 행정청이 그 처분을 하도록 선고한다.
2. 그 밖의 경우에는 행정청이 당사자의 신청에 대하여 판결의 취지에 따라 처분을 하도록 선고한다.

33 더구나 행정개입청구권과 관련하여서는 일본법에서는 처분의 신청을 요구하지 않는 대신, '일정한 처분이 없음으로 인하여 중대한 손해가 생길 우려가 있고 그 손해를 회피하기 위해 달리 적당한 방법이 없는 경우에 한하여'라는 보충성의 요건을 제시하고 있다.

전혀 심리하지 않거나 아니면 심리가 용이한 일부의 요건들만 심리하여도 제대로 파악할 수 없는 경우에는 사건의 성숙성이 갖추어지지 않은 것으로 보아 의무이행판결을 하지 않는 대신 지령판결을 선고할 수 있게 된다.

우리 개정시안에 의하면 처분을 할 의무가 명백하고, 그 의무를 이행하도록 하는 것이 상당하다고 인정하는 경우에 의무이행판결을 하도록 정하고 있으나, 이는 상당성이라는 불확정개념을 사용하고 있어 원고의 권리보호에 불리하게 작용할 수 있으므로 사안의 성숙성이라는 독일법적 개념이나 보다 명확한 다른 개념을 사용하는 것이 바람직하다.[34]

아울러, 개정시안 제45조(의무이행판결의 기속력)에서 "행정청에게 당사자의 신청에 따른 처분을 이행하도록 선고하거나 판결의 취지를 존중하여 처분을 이행하도록 선고한 확정판결은 그 사건에 관하여 당사자인 행정청과 그 밖의 관계행정청을 기속한다."고 규정하여 의무이행판결의 기속력에 관한 규정을 두고 있다.

(7) 의무이행판결의 간접강제

거부처분취소판결에 대한 간접강제[35]를 두면서 아울러 의무이행판결에 대하여도 거의 동일한 내용의 간접강제에 관한 규정을 두고 있다. 즉, 제46조(의무이행판결의 간접강제) ① 행정청이 제44조의 확정판결에 따른 처분을 하지 아니하는 경우에는 제1심 수소법원은 당사자의 신청에 의하여 결정으로써 상당한 기간을 정하고 행정청이 그 기간 내에 처분을 하지 아니하는 경우에는 지연기간에 따라 일정한 배상을 하도록 명하거나 즉시 배상을 할 것을 명할 수 있다. 제46조 제2항 내지 제5항은 거부처분취소판결의 간접강제조항과 거의 같게 규율하고 있다.[36]

---

34 정하중, "현행 행정소송법의 문제점과 개정방향", 국회의원 박선영·대한변호사협회 공청회 자료집, 2011. 6. 20, 22면.

35 제36조(거부처분취소판결의 간접강제) ① 행정청이 제32조제2항에 따른 처분을 하지 아니하는 경우에는 제1심 수소법원은 당사자의 신청에 따른 결정으로써 상당한 기간을 정하고 행정청이 그 기간 내에 이행하지 아니하는 경우에는 그 지연기간에 따라 일정한 배상을 할 것을 명하거나 즉시 배상을 할 것을 명할 수 있다.
   ② - ⑤ 〈생략〉

36 ② 법원은 사정의 변경이 있는 때에는 당사자의 신청에 따라 제1항에 따른 결정의 내용을 변경할 수 있다.
   ③ 제1항이나 제2항에 따른 결정을 하는 경우에는 신청의 상대방을 심문하여야 한다.
   ④ 제1항이나 제2항에 따른 결정에 대하여는 즉시항고를 할 수 있다. 이 경우 간접강제의 결정이나 그 변경결정에 대한 즉시항고에는 결정의 집행을 정지하는 효력이 없다.

생각건대, 거부처분의 취소판결의 재처분의무와 간접강제는 삭제하는 것이 좋다. 이는 의무이행소송이 인정되지 않는 경우 우회적인 권리구제장치의 실효성을 확보하기 위한 것이기 때문이다. 만약에 거부처분의 취소판결에서 간접강제제도를 둔다면 의무이행소송에 있어서 거부처분취소판결의 간접강제보다 강화된 실효성 확보방안이 마련될 필요가 있다. 다만 행정청이 법원의 의무이행판결에도 불구하고 따르지 않을 경우에는 법원이 직접 처분하는 것은 권력분립의 원칙에 비추어 보거나 법원의 전문적 역량에 비추어 볼 때 합리적이지 않다. 항고소송 중 의무이행소송의 경우 행정청의 의무이행을 강제하는 제도가 도입될 필요가 있다. 의무이행판결의 집행력을 강화하기 위해 거부처분에 비하여 강제금의 금액을 구체적으로 명기하는 방안도 고려할 필요가 있다.

문제는 가처분결정에 의하여 특정한 행정처분이 내려질 것을 명할 경우에 이를 이행하지 아니한 경우인데, 독일 행정법원법 제172조의 규정과는 달리 법무부 행정소송법 개정시안 제26조 제6항에서는 취소판결의 기속력에 관한 제32조 제1항만을 준용하여 간접강제를 포함시키지 않고 있어 가처분이 발해진 경우 행정부에서 이행하지 않는 경우에 실효성이 약화되는 문제가 있다.

(8) 준용규정- 행정심판전치주의

법무부 행정소송법 개정시안 제47조에서 의무이행소송에 취소소송에 관한 일부 규정(제8조부터 제10조까지, 제13조부터 제19조까지, 제23조, 제26조부터 제35조까지)이 준용되도록 규정하고 있다.[37]

법무부 행정소송법 개정시안 제19조에서 취소소송의 임의전치주의에 관한 사항을 제47조에 따라 의무이행소송에서 준용하고 있다. 그러나 입법정책적 측면에서 거부처분을 이유로 의무이행소송을 제기하기 전에는 반드시 행정심판을 거치도록 할 필요가 있다. 행정절차법에 따른 엄격한 중립적 청문절차를 거친 경우에는 필요적 행정심판전치주의를 완화해 주는 것이 바람직하다.

---

⑤ 제1항이나 제2항에 따른 결정이 확정된 때에는 피고였던 행정청이 소속하는 국가나 공공단체에 그 효력이 미친다.

37 제47조(준용규정) 제8조부터 제10조까지, 제13조부터 제19조까지, 제23조, 제26조부터 제35조까지는 의무이행소송의 경우에 준용한다.

행정심판과 행정소송의 관계는 임의적 전치주의가 채택되면서 법원과 행정심판위원회 간에 상호 경쟁적인 권익구제 장치로 발전해 나가고 있다. 이는 한편으로는 바람직한 측면으로 볼 수도 있으나, 다른 한편으로는 동일한 사안에 대하여 중복하여 심리를 진행하여 어느 쪽에서든 이기면 된다는 식의 논리가 되어 국가의 예산이나 인력의 활용에 있어 소모적인 측면이 없지 않다. 필요적 행정심판 전치주의가 적용되는 경우에는 행정심판의 재결이 내려지기까지 행정소송이 진행되지 않지만, 임의적 전치주의의 경우에는 동시에 진행되는 문제가 있어 소송절차 중지제도의 도입등 제도적 보완이 필요하다.[38]

법무부 행정소송법 개정시안은 취소소송의 제기와 관련한 제19조에서 종전과 마찬가지로 필요적 행정심판전치주의와 관련하여 행정소송법에 행정심판을 거치지 아니하면 행정소송을 할 수 없다고 규정되어 있을 뿐이므로 어떤 법률의 조항이 여기에 해당하는지 행정소송법에 별도의 보칙[39]의 장을 마련하여 국민편의를 위한 정보제공의 규정을 두고 법무부장관이 이를 주기적으로 공표하도록 하는 내용의 규정을 두는 것도 고려할 필요가 있다.

아울러 행정절차법의 청문과 관련하여 제3자가 청문주재관이 되도록 보완하는 것을 전제로, 행정절차법 제21조의 규정에 의한 청문절차를 거친 경우에는 예외적 필요적 행정심판의 경우에도 행정심판을 거치지 아니하고 곧바로 행정소송을 거칠 수 있도록 절차간소화 규정을 두는 것을 고려해 볼 필요가 있다.

---

38 일본 행정사건소송법 제8조 제3항에서 행정심판을 제기한 경우에는 재결이 있을 때 (행정심판을 제기한 날부터 3개월이 경과하여도 재결이 없는 때)까지 필요적으로 행정소송절차를 중지하도록 규정하고 있는 점도 입법적으로 참고할 필요가 있다.

39 행정심판법에서와 마찬가지의 행정소송법에 고지제도를 마련하여 불고지의 효과를 명시할 필요가 있다.

Ⅲ. 독일과 일본의 의무이행소송의 입법례 비교

1. 독일 행정법원법상의 의무이행소송(Verpflichtungsklage)

(1) 급부소송의 특수한 형태

독일은 1960년에 제정된 행정법원법(VwGO) 제42조 제1항에서 대륙법계 국가에서는 최초로 의무이행소송을 도입하였다. 독일의 의무이행소송은 행정소송법체계 내에서 급부소송(Leistungsklage)의 특수한 형태로 이해되고 있다. 다만 의무이행소송이 일반적 급부소송과 다른 특수성은 원고에 의하여 추구하는 급부가 어떤 특정한 행정행위의 발령에 있다는 것이며, 의무이행소송의 핵심은 원고가 과거에 신청하였으나 행정청에서 발령하지 않은 행정행위를 특정한 장래의 시점에서 발령받으려는 데 있다.[40] 의무이행소송이 성공을 거두려면 소를 제기하는 자가 상응하는 행정행위의 발령을 위한 실체법적 청구권이 있어야 한다.[41]

이와 같이 의무이행소송을 둔 이유의 하나는 행정청이 취소판결에 솔직히 따를 것인가 아닌가를 신뢰할 수 없다는 점에 있다. 원고가 소송에서 승소하고도 행정청이 법원의 이행판결에 응하지 않을 경우에 거듭 분쟁이 발생할 수 있는 것을 막고, 소송경제에 반하지 않게 권리구제를 도모하려는 것이다. 즉, 독일에 있어서는 의무이행소송은 행정청에 대한 불신과 권리구제의 완전성의 관점에서 출발한 것이다. 독일의 경우에는 필요적 행정심판 전치주의가 채택되어 있는 관계로 거부소송형태의 의무이행소송을 제기하기에 앞서 원칙적으로 행정심판을 거쳐야 하는 것으로 되어 있다. 그러나 부작위소송 형태의 의무이행소송의 경우에는 행정심판절차의 예외를 인정하고 있다.

의무이행소송을 제기함에 있어서는 거부처분의 취소와 특정행위발급의 이행을 구하는 방식으로 청구취지를 작성하고 있으며, 의무이행판결의 주문에서 거부처분취소판결과 더불어 의무이행판결을 한꺼번에 명기하여 선고하고 있다.[42]

---

40 Matthias Wehr, "Versagungsgegenklage und ablehnender Verwaltungsakt", JURA 1998, S. 575.

41 Pietzner/Ronellenfitsch, Das Assessorexamen im öffentlichen Recht, 8 Aufl. 1993, S. 106 f.

42 만약에 독일의 경우 청구취지에 거부처분의 취소가 없어 의무이행판결만 선고하는 경우라 할지라도 의무이행판결 선고

(2) 거부소송과 부작위소송

독일의 의무이행소송은 그 내용상 거부소송(Versagungsgegenklage)과 부작위소송(Untätigkeitsklage)으로 구분된다. 거부소송은 거부된 행정행위를 행정청으로 하여금 하게하는 소송으로 행정청에 대하여 거부행위의 취소와 더불어 당사자가 발급받으려는 행정행위에 대한 구체적인 처분을 행할 것을 요구할 수 있다. 부작위소송은 행정청이 행정행위의 발령을 방치한 경우에 신청된 행정행위의 발급을 요구하는 소송이라고 할 수 있다. 양자의 구별의 실익은 일정한 기간 내에 거부라는 조치가 있었는가 아니면 아무런 조치도 없었는가 라는 관점에서 구분된다.

(3) 독립취소소송(isolierte Anfechtungsklage)과 재결정지령소송(Bescheidungsklage)의 허용성

독일은 거부처분과 부작위에 대하여 의무이행소송을 인정하고 있다. 그러면서도 이와는 분리하여 거부적 행정행위에 대하여는 취소소송이 원칙적으로 가능하다. 이 경우에는 예외적으로 독립된 취소소송(isolierte Anfechtungsklage)을 제기하는 것이 허용될 수 있다.[43] 이와 같은 독립적 취소소송은 부담등 독립적 성격의 부관의 경우와 재결에 대한 취소소송, 의무이행소송에서 분리하여 거부만 취소소송을 제기하는 경우 등의 사례에 인정되고 있다.

독일의 경우 의무이행소송 중에서 독립된 거부처분의 취소소송을 허용하고 있을 뿐만 아니라 재결정지령소송(Bescheidungsklage)을 따로 제기하는 것도 허용하고 있다. 재결정지령소송이란 행정행위에 따르는 구체적인 조치를 함에 있어 행정청의 재량의 여지가 있다고 법원이 판단한 경우에 행정청으로 하여금 법원의 법해석을 존중하여 행정행위를 행하게 하는 소송을 말한다. 재결정지령소송이 제기된 경우에 특정행위를 발할 수 없고 일정한 행위를 법원의 견해를 따라 취하도록 하는 것으로 무하자재량행사청구권의 소송법상 실현수단으로 볼 수 있다.[44]

의 구속력은 거부처분의 효력을 상실하게 한다고 해석할 여지가 있다.

43 왜 독립되었는가는 원고가 단지 거부만의 취소를 구하기 때문에 그렇다. 그러나 원고가 자신에 대한 신청행위의 발급, 즉 하나의 수익적 행정행위를 받으려면 의무이행소송을 제기해야만 한다.

44 윤가영, "행정개입청구권의 실현관점에서 바라본 의무이행소송, 그 도입의 전망과 문제점", 법학연구 제45권 제1호,

(4) 본안전 요건

의무이행소송의 원고적격은 독일 행정법원법 제42조 제2항에서 "법률상 다른 규정이 없으면 원고가 행정행위의 거부나 부작위로 인하여 자기의 권리가 침해되었음을 주장하는 경우에 한하여 소를 제기할 수 있다"고 규정하고 있는데, 이에 따르면 의무이행소송에서 주장하는 권리침해는 행정행위의 거부 또는 부작위에 의한 것으로서 의무이행소송에 있어서 원고적격은 원고가 행정행위의 발급에 대하여 청구권을 갖고 있다고 주장하는 경우에 허용된다.[45]

한편 의무이행소송의 제소기간은 취소소송에 관한 절차가 준용되는 바, 거부처분의 경우에는 행정심판의 재결을 받은 후 1개월 내에 의무이행소송을 제기하여야 하며, 행정심판이 필요 없는 경우에는 행정처분이 통지된 후 1개월 내에 소송이 제기되어야 한다(행정법원법 제74조 제1항 및 제2항). 다만 부작위상태에 있는 경우에는 제소기간의 제약이 없으나, 행정처분을 신청한 후 행정심판제기후 3개월 이내에 충분한 이유없이 결정이 내려지지 않는 경우에 행정소송을 제기할 수 있다(행정법원법 제75조 제1문).

(5) 본안승소요건

독일 행정법원법 제113조 제5항 제1문에 의하면 위무이행소송의 본안승소요건은 행정행위의 거부 또는 부작위가 위법하고 이를 통하여 당사자의 권리를 침해한 경우에 승소하게 된다. 행정법원법 제113조 제1항 제1문에서 규율하고 있는 요건 하에서 원고는 특정한 행정행위의 발령의 청구권이 있어야 한다. 거부처분이 위법한 경우란 기본권, 법률의 규정, 확약 또는 공법상 계약에 위반되면 위법하게 된다.

사안이 성숙되지 않은 경우에는 독일은 재결정지령판결을 내리는데, 사안의 성숙성이라는 의미는 사실과 법적 상황의 규명하에 종국적인 결정이 원고에게 내려질 수 있는 상태에 있는 것을 말한다.[46]

2004, 262면.

45 박민영,·이동훈, "부작위위법확인소송과 행정상 이행소송- 법무부개정시안을 중심으로-", 법학논총 제31권 제2호, 2009, 135면.

46 Thomas Würtenberger, Verwaltungsprozessrecht, 2006, S. 138 f.

거부처분이나 부작위의 위법성이 인정되면 의무이행소송의 승소로 연결되는 기본공식은 의무이행소송의 소송물이 위법성 일반이 아니라 실체적 청구권의 행사와 관련이 있기 때문에 의무이행소송에 있어서 거부처분이나 부작위가 위법만으로 의무이행판결을 할 수 없고, 단지 재결정지령판결을 할 수 있는데 그친다고 보아야 할 것이다.[47]

(6) 판결의 종류

독일 행정법원법 제113조 제5항에서 "행정행위의 거부 또는 부작위가 위법하고 원고가 이를 통해서 그의 권리가 침해되는 한, 법원은 행정청에 대하여 신청한 직무행위를 사안이 성숙된 경우(wenn die Sache spuruchrief ist)에 일정한 행위를 하도록 의무를 명한다. 이와 다른 경우에는 법원의 판결의 취지에 따라 원고에게 결정할 의무를 명하게 된다."고 규정하고 있다.

법원이 의무이행소송의 이유가 있는 경우 판결에 의하여 스스로 행정처분을 발하는 것이 아니라 행정청에 대한 의무이행판결과 재결정지령판결을 내리는 것이다. 당사자는 의무이행소송을 통하여 자신에게 수익적인 행정행위의 발급을 구할 수 있다. 본안에서 수익적 행정행위의 거부 또는 부작위가 위법하고 이를 통해서 원고의 권리를 침해한다고 판단되면 원고의 청구가 이유가 있게 된다. 거부 또는 부작위는 원고가 행정청에 대하여 행정행위의 발령의 청구권이 있거나 무하자 재량행사를 위한 청구권이 있을 때 위법한 것으로 본다. 전자의 경우에는 의무이행판결(Verpflichtungsurteil)을 내리고 후자의 경우에는 재결정지령판결(Bescheidungsurteil)이 발해진다. 이와 같은 재결정지령판결로는 행정청이 특정한 행정행위를 발할 의무가 없고 단지 원고에게 법원의 견해를 존중하면서 일정한 새로운 처분을 발할 수 있을 뿐이다.

---

47 가령 기속행위인 건축허가의 요건 4개의 요건을 갖추어야 하는데, 2개의 요건의 미비를 들어 거부하였는 바, 행정청의 2개의 거부사유가 위법하여 취소하는 판결을 할 수는 있어도 의무이행소송에서 승소하기 위해서는 법원의 심리를 통하여 4개의 요건을 모두 **충족**한 경우에 비로소 특정행위발급의 청구권이 있다고 볼 수 있기 때문이다. 이러한 경우에는 거부처분취소소송이 아니라 의무이행소송을 제기하는 것이 당사자의 권익구제에 유리하다.

(7) 가명령(einstweilige Anordnung) 및 강제금(Zwangsgeld)

독일 행정법원법 제123조에서 가명령제도를 두고 있는 바, "현상의 변경으로 인하여 신청인의 권리실현이 불가능하게 되거나 현저하게 곤란하게 될 우려가 있을 때에는 발해지는 계쟁물에 관한 것과 중대한 불이익을 피하거나 급박한 강폭을 방지하기 위하여 또는 기타의 이유에 의하여 필요하다고 인정되는 때에 다툼이 있는 법률관계에 있어서 임시의 지위를 정하기 위해 허용되는 것이다"라는 취지로 규정되어 있다.

아울러 행정법원법 제172조에서 의무이행판결 및 가명령에 대한 행정청의 의무를 이행하지 않는 경우에 그 이행을 확보하기 위하여 간접적인 실효성 확보수단인 강제금 제도를 두고 있다.

1. 일본의 의무이행소송(義務付け訴訟)

(1) 의무이행소송제도 도입

일본은 2004. 6. 9. 개정행정소송법이 공포되어 2005년 4월 1일부터 시행되고 있는 바, 개정 행정사건소송법에서 의무이행소송제도 등 다양한 소송형태를 도입하고 있다. 종래 전형적인 것으로 생각되어온 신청에 대한 처분을 구하는 의무이행소송 뿐만 아니라 제3자에 대하여 처분을 구하는 의무이행소송도 법정항고소송으로 정하였다는 점이 특징이다. 즉, 일본행정사건소송법 제3조 제6항에서 1호와 2호에서 의무이행소송을 규율하고 있는 바, 제1호는 비신청형 의무이행소송이고, 제2호는 신청형 의무이행소송으로 규율하는 방식을 취하고 있다. 행정사건소송법 제3조 제6항에서는 이 법률에서 의무이행소송이란 다음에 열거한 경우에 있어서 행정청이 그 처분 또는 재결을 하는 취지를 명하는 것을 구하는 소송을 말하는데, 제1호는 행정청이 일정한 처분을 하여야 함에도 불구하고 이를 하지 아니한 경우를 정하고 있다. 아울러 제2호는 행정청에 대한 일정한 처분 또는 재결을 구하는 취지의 법령에 기한 신청 또는 심사청구가 행하여 진 경우 당해 행정청이 그 처분 또는 재결을 하여야 함에도 이것을 하지 아니한 경우를 정하고 있다.

(2) 처분에 관한 비신청형의 의무이행소송

일본의 경우 비신청형인 직접형 의무이행소송의 소송요건으로 손해의 중대성과 보충성 및 원고적격을 들 수 있는 바, 손해의 중대성과 보충성의 요건과 관련하여 처분의 신청을 전제로 하지 않는 비신청형 의무이행소송에 있어서 "일정한 처분이 없음으로 인하여 중대한 손해가 생길 우려가 있고 그 손해를 회피하기 위해 달리 적당한 방법이 없는 경우에 한하여" 제기할 수 있다는 제한을 두고 있다(제37조의2 제1항, 제3조 제6항 제1호). 행정개입청구권의 행사와 관련되어 이러한 소송을 활용한다. 기속행위가 원칙이며, 비록 재량행위라고 할지라도 행정청이 그 처분을 하는 것이 그 처분의 근거법령으로부터 명백하다고 인정되고, 또한 행정청이 그 처분을 하지 않는 것이 재량권이 범위를 넘거나 그 남용이 있다고 인정될 것을 요하는 이른바 재량권이 영으로 수축하는 경우에는 예외적으로 허용될 수 있다.

(3) 처분 또는 재결에 관한 신청형 의무이행소송

일본의 경우에는 의무이행소송제도와 더불어 거부처분취소소송을 제기할 수 있으나, 신청형의 의무이행소송의 경우에는 이를 거부처분취소소송 및 부작위위법확인소송과 필요적으로 병합하여 제기하도록 규정을 두었다.[48] 만약에 신청형 의무이행소송과 취소소송이나 부작위위법확인소송을 병합하여 제기하지 않으면 의무이행소송은 부적법 각하판결이 내려진다.[49]

다만, 학자에 따라서는 거부처분이나 부작위에 대하여 수익을 목표로 하는 것이 아니라 원고가 수익을 이용하려는 의사는 없고 소의 목표가 거부처분을 제거하거나 응답만을 구하는 경우라면 병합하지 아니하고 독립된 거부처분취소소송의 제기는 가능한 것으로 보는 견해도 있다.[50]

---

[48] 한편 일본의 경우에는 의무이행소송을 도입하면서도 부작위위법확인소송을 항고소송의 일종이면서 확인소송의 형태로 각 개인에게 보장된 신청권을 보호하는 주관소송의 일종으로 병치하고 있으나, 이 역시 의무이행소송과 병합하여 제기하지 않으면 안 된다.

[49] 宮田三郎, 行政訴訟法, 信山社, 2007, 178-179面.

[50] 宮田三郎, 行政訴訟法, 信山社, 2007, 179面.

(4) 거부처분취소소송과 부작위위법확인소송의 병치와 필요적 병합

일본에서는 신청에 대한 부작위에 대하여 의무이행소송을 제기하면서 부작위위법확인소송을 필요적으로 병합하여 제기하도록 규정하고 있다. 일본의 2004년 개정 행정사건소송법에서는 의무이행소송을 도입하되, 부작위위법확인소송을 존치하고, 처분의 신청을 전제로 하는 의무이행소송은 부작위위법확인소송과 거부처분 취소소송 또는 무효확인소송과 병합하여 제기하여야 한다는 제한을 두었다(제37조의3 제3항, 제3조 제6항 제2호).

이 경우 법원은 병합하여 제기된 소송을 분리하지 않고 일괄하여 심리하며, 심리결과 행정청이 일정한 처분을 해야 함이 법령규정에 비추어 명확하거나, 당해 저분을 하지 않음이 명확하게 재량권의 유월·남용에 해당된다고 인정되는 때에는 부작위위법확인소송 내지 거부처분 취소소송을 인용함과 아울러 의무이행청구를 인용하여 처분을 행할 것을 명하는 판결을 내리게 된다.[51]

일본의 2004년 행정소송법의 개정은 구법의 틀을 기본적으로 유지하는 입장에서 부작위위법확인소송은 존속되고 있다. 원고의 주장입증책임의 부담을 덜고 종국적 만족을 구하는 의무이행소송의 중간단계에서의 해결을 위해 부작위 위법확인소송을 의무이행소송과 병용하는 것은 원고의 구체적 사안에 응하는 선택에 맡겨진 것으로 파악하고 있다.[52]

(5) 일부판결의 허용성

신청형의 의무이행소송에서 거부처분취소소송(거부처분 무효확인소송 포함)과 부작위위법확인소송을 병합제기하도록 하고 있는 바, 일본 행정사건소송법 제37조의3 제6항에서 "법원은 심리의 상황 기타 사정을 고려하여 제3항 각호에 정한 소(부작위위법확인의 소 및 거부 처분 또는 거부재결에 대한 취소소송 및 무효확인소송)에 관하여만 종국판결을 하는 것이 보다 신속한 쟁송의 해결에 도움이 된다고 인정하는 때에는 당해 소에 대해서만 종국판결을 할 수 있다"고 규정하고 있다.

이와 같은 규정을 둔 이유는 행정청이 내세운 거부사유의 위법은 증명되었으나, 행정처

---

51 김현준, "의무이행소송과 거부처분취소소송과의 관계 -우리나라 개정안, 독일 행정법원법, 일본의 행소법의 비교-", 토지공법연구 제58집, 2012, 403면.

52 交告尚史, 訴訟類型と判決態樣, ジュリスト No. 1263, 2004. 57面.

분 발급을 위한 다른 요건의 존부에 대하여는 심리가 곤란하여 법원이 확신이 안서는 상황에서 의무이행절차는 일단 중지하고 우선 거부처분취소판결과 부작위위법확인판결에 대하여 종국판결 형식으로 일부판결을 할 수 있도록 하기 위함이다.[53]

(6) 가의무이행(仮の義務付け) 제도 등

일본 개정 행정사건소송법 제37조의5에서 의무이행소송에 특유한 가구제제도인 가의무이행제도를 도입하고 있다. 즉 동조에서 "의무이행소송이 제기된 경우 그 의무이행소송과 관련된 처분 또는 재결이 행해지지 않음으로써 발생할 수 있는 보상할 수 없는 손해를 피하기 위하여 긴급한 필요가 있음과 동시에 본안에 관하여 이유가 있다고 인정할 때에는 법원은 신청에 의해 결정으로 임시로 행정청이 그 처분 또는 재결을 해햐할 취지를 명할수 있다"고 규정하고 있다. 이와 같은 가의무이행제도는 공공의 복리에 중대한 영향을 미칠 염려가 있을 때에는 허용되지 않는다(행정사건소송법 제37조의5 제3항).

행정사건소송법 제33조 제2항에서 규정하고 있는 거부처분취소판결의 재처분의무 규정[54]은 동법 제38조 제1항의 준용규정에 따라 부작위위법확인소송이나 의무이행소송에도 준용되도록 되어 있다. 일본의 경우에 간접강제제도는 따로 두고 있지 않다.

2. 양자의 비교와 우리의 행정소송법개정에의 시사점

일본의 경우에는 거부처분취소판결에 간접강제제도를 두고 있지 않을 뿐만 아니라 의무이행소송의 판결에 대하여도 간접강제제도를 두고 있지 않으나, 독일의 경우에는 거부처분에 대한 취소판결에는 간접강제규정은 없으나, 의무이행판결을 행정청이 이행하지 않거나 가명령을 이행하지 않는 경우에 행정법원법 제172조에서 강제금부과를 통한 간접적 실효성 확보방안을 마련하고 있다.

---

53 윤가영, 앞의 논문, 24면. 이와 관련하여 취소판결의 구속력에 의하여 행정청이 새로운 처분을 하게 되면 원고가 이에 만족할 경우 절차는 그것으로 종결되나, 불복하는 경우에는 의무이행소송의 절차가 재개되는 것으로 설명하고 있다.

54 제33조 제2항: 신청을 각하하거나 기각한 처분 또는 심사청구를 각하하거나 기각한 재결은 판결에 의하여 취소된 경우에는 그 처분 또는 재결을 한 행정청은 판결의 취지에 따라 다시금 신청에 대한 처분 또는 심사청구에 대하여 재결을 하지 않으면 안 된다.

일본의 경우에는 부작위위법확인소송을 존치하고 있는 것이 우리와 마찬가지이지만 의무이행소송과 필요적으로 병합하여 제기하도록 하고 있는 점이 우리와 다른 점이고, 일본의 경우에는 처분 뿐만 아니라 재결의 경우에도 부작위위법확인소송을 제기할 수 있는 것도 다른 점이다.

독일의 경우에는 사안의 성숙성을 기본축으로 하여 기속행위와 재량행위를 구분하여 예외적으로 재량행위임에도 행정개입청구권이 침해될 경우 의무이행소송의 제기를 통하여 문제를 해결하는데 반해, 일본의 경우에는 비신청형과 신청형을 구분하여, 비신청형의 경우에 행정개입청구권의 실현수단으로 예정하고 있다. 법무부 행정소송법 개정시안에서는 행정개입청구권이 침해된 경우 의무이행소송을 제기하여 구제받을 수 있는지 명확하지 않다.

이와 관련하여 독일에서는 의무이행판결에 상응하는 특정행위명령판결(Vornahmeurteil)은 '판결을 하기에 사안이 성숙한 경우(wenn die Sache spruchrief ist)'를 요건으로 하는데, 독일 판례에 의하면 법원은 기속행위의 경우에 행정행위 발급요건 전부에 관해 주도적으로 심리하여 스스로 '판결의 성숙성'을 획득하여야 하고, 임의로 심리를 포기하고 재결정지령판결(Bescheidungsurteil)을 통해 사건을 행정에게 돌려보내서는 아니 된다는 원칙이 확립되어 있다.[55]

이러한 규정을 토대로 의무이행소송의 판결의 효력은 기속행위와 재량행위를 구분하여 인정하고 있다. 특히 재량행위의 경우에는 재결정지령판결의 형태로, 기속행위의 경우에는 의무이행판결의 형태로 구분된다고 설명한다. 그런데 거부처분의 경우에는 복잡한 문제를 야기한다. 본안에서 심리의 대상 및 범위와 관련하여 거부처분을 어떻게 파악할 것인지의 문제이다. 학설은 다양한 형태로 나타나고 있다. 신청의 거부의 적법성이 의무이행소송중 거부소송의 소송물이라는 견해도 있고, 의무이행소송의 청구에 있어서는 암묵적으로 거부처분의 취소를 암묵적으로 내포하고 있다는 견해나 거부의 취소가 의무이행소송의 필요한 전제조건이라는 견해도 있다. 그러나 의무이행소송에 있어서는 원고에게 행정행위 발령의 청구권이 있는가 하는 것이 중요하다. 따라서 종전의 거부처분의 적법성여부는 중요하지 않다. 의무이행소송은 행정청이 적법하게 거부하였다고 할지라도 청구권이

---

55 박정훈, 행정소송법개정 공청회 자료집 간접인용; BVerwGE 10, 202, 204; 11, 95, 98 ff.; 12, 186; 69, 198, 201 등.

인정되는 한 이유가 있는 것이 될 것이다. 역으로 거부가 위법하다고 할지라도 당시에 존재하는 청구권이 시간이 경과하면서 더 이상 존속하지 않게 되었다면 의무이행소송은 근거가 없게 되는 것이다.[56]

IV. 의무이행소송과 거부처분취소소송과의 관계

1. 문제의 제기

법무부 행정소송법 개정시안은 의무이행소송을 도입하면서 거부처분취소소송을 그대로 두는 양립적 입법태도를 보이고 있다. 이러한 입법태도는 의무이행소송을 허용하면서도 거부처분에 대한 취소소송을 따로 제기하는 것이 불가능한 것은 아니며 의무이행소송과 거부처분취소소송간의 병합제기를 반드시 하여야 하는 것은 아니라는 점에서 독일의 입법례와 비슷하다.[57] 독일의 경우에는 의무이행소송을 제기하지 않고서도 거부처분만을 따로 떼어 독립된 취소소송(isolierte Anfechtungsklage)을 제기할 수 있고, 일본의 경우에는 의무이행소송과 거부처분취소소송을 반드시 병합하여 제기하여야 하는데 반하여 법무부 행정소송법 개정시안의 경우에는 당사자의 선택에 맡겨두고 있는 바, 이러한 입법방향이 바람직 한 것인지 검토하기로 한다.

아울러 법무부 행정소송법 개정시안에 의하면 의무이행소송을 도입하면서 간접강제제도를 두고 있으면서 거부처분의 취소소송에 대한 기속력과 재처분의무에 관한 규정 뿐만 아니라 간접강제에 관하여도 상세한 규정을 마련하고 있다. 그러나, 의무이행소송을 제기

---

56 박정훈 교수는 독일의 경우 법원에 신청된 행위로서 의무화소송에서 받아들여지기 위해서는 첫째로, 거부처분이 존재하여 하고, 둘째로, 거부가 위법하여야 하며, 셋째로, 거부가 권리침해가 되어야 한다는 것이라고 설명하고 있으나, 거부처분취소소송의 승소요건을 될 수 있어도, 법률집행의 청구권의 행사와 관련되는 의무이행소송에 있어 타당한 주장인지는 다소 의문이다.

57 정남철 교수는 행정소송법개정안의 내용 및 문제점- 특히 행정소송의 개혁과 발전을 위한 비판적 고찰을 중심으로-, 법제연구 제44호, 292면에서 "독일의 경우에는 행정법원법에서 거부처분에 대해 취소소송을 제기할 수 없고 의무이행소송만 제기할 수 있다"고 밝히고 있으나, 위와 같은 외견상의 규정과는 달리 일반적으로 의무이행소송의 제기에 앞서 거부처분에 대하여만 독립된 취소소송이 가능한 것으로 보는 것이 통설과 판례의 입장이다.

하여 특정한 행정처분의 발급을 받을 경우라면 거부처분취소소송을 제기할 실익이 없게 된다. 따라서 행정소송법의 소송유형과 관련하여 제도설계를 의무이행소송을 제기하는 경우와 의무이행소송의 제기없이 거부처분취소소송의 제기만으로 거부처분의 공정력을 배제하는 것으로 만족하는 형태로 나누는 것이 당사자의 선택에 의한 권리구제의 강구라고 관점에서 합리적이라고 할 수 있다.

이하에서는 거부처분취소소송을 통한 권리구제의 한계를 살펴보고, 의무이행소송과 거부처분취소소송의 양자의 관계에 관한 논의를 살펴보기로 한다. 법무부 행정소송법 개정시안에서는 의무이행소송 제도를 도입하면서 종전의 거부처분취소소송의 기본구조 - 판결의 기속력과 이에 따른 재처분의무규정 및 간접강제에 관한 조항- 를 그대로 존치하고 있는데, 이것이 타당한지 또한 타당하다면 그 논거는 무엇인지 검토하기로 한다.

2. 거부처분취소소송을 통한 권리구제의 한계

우리 현행 행정소송법은 거부처분에 대한 취소소송과 부작위에 대한 위법확인소송을 인정하면서 간접강제제도를 통하여 의무이행소송의 대용물로서 기능하도록 제도적 장치를 마련하고 있다.[58]

그동안 거부처분에 대해서는 행정소송법상 거부처분 취소소송 및 거부처분 취소판결의 기속력(제30조 제2항)과 간접강제(제34조)를 통하여 상당수의 분쟁이 해결되었으나, 거부처분의 취소판결이 법원에 의하여 선고되더라도 행정청측에서는 법원의 취소판결을 무시하고 다시금 동일한 과오를 반복하거나 이를 회피하기 위해 법령과 조례를 개정하거나 허가기준을 새로 변경하여 다시금 거부처분을 발하더라도 재처분의무를 이행한 것이 되어 불합리한 결과가 되고, 거부처분의 취소판결의 기속력의 시적범위가 처분시로 되어 있어 거부처분 당시는 위법하여 취소소송을 제기하여 승소하더라도 나중에 변경된 사실 또는 법령을 근거로 다시금 거부처분을 할 수 있어 종국적인 만족을 구하지 못하는 한계가

---

58 거부처분에 대하여는 행정심판단계에서는 거부처분취소심판과 의무이행심판을 제기하여 권리구제가 가능한 것으로 해석되고 있으나, 실제 권리구제면에서 거부처분취소심판을 통하는 경우에 설사 승소하더라도 처분청이 이에 응하지 아니할 경우에 다시금 의무이행소송을 제기하는 경우가 있어, 기속행위의 경우에는 거부처분취소심판의 경우보다는 곧바로 의무이행심판을 제기하여 다투는 것이 유리하다.

있다.[59]

한편 대법원판례[60]에 의하면 국민의 신청에 대한 행정청의 거부행위가 처분성을 획득하려면 그 신청에 따른 행정행위를 해 줄 것을 요구할 수 있는 법규상 또는 조리상의 권리 즉 신청권을 가져야만 한다고 보고 있다. 판례에 의하면 이처럼 거부처분이 성립하려면 법규상 또는 조리상의 신청권이 있어야 하는 것으로 파악하고 있어 항고소송의 대상이 되지 않아 권익구제가 되지 않는 사례가 적지 않다.

3. 의무이행소송과 거부처분취소소송의 관계를 둘러싼 논의

(1) 법무부 행정소송법 개정시안의 입장

법무부 행정소송법 개정시안은 의무이행소송과 거부처분 취소소송의 관계와 관련하여 의무이행소송을 도입하면서 거부처분취소소송을 명문으로 금지하지 않을 뿐만 아니라, 거부처분 취소판결의 기속력에 관한 현행 제30조 제2항의 규정을 존치하기로 하였으며 거부처분의 취소판결에 대한 간접강제규정도 의무이행소송과 마찬가지로 마련하고 있다.

이와 같이 의무이행소송을 두면서 별도로 거부처분취소소송을 활용할 수 있도록 규정을 둔 취지는 원고가 자신의 법적 이익이 있는 경우에는 위법한 거부처분에 대하여 곧바로 의무이행소송을 제기할 수 있도록 하기 위함이며, 다만 원고가 원할 경우에는 거부처분취소소송을 제기할 수 있도록 하기 위하여 현행법상의 거부처분취소소송제도를 그대로 존속시켰다고 설명하고 있다.[61] 이러한 입장은 의무이행소송과 거부처분취소소송 중에 자신에게 유리한 소송형태를 선택할 수 있도록 함으로써 국민의 권리구제의 편의를 제고할

---

59 박정훈, "원고적격·의무이행소송·화해권고결정", 행정소송법 개정 공청회 자료집, 2012. 5. 24. 20면.

60 대법원 1997. 4. 15. 선고 96누 3654 판결에서 "국민으로부터 어떤 신청을 받은 행정청이 그 신청에 따르는 내용의 행위를 하여 그에 대한 만족을 주지 아니하고 형식적 요건의 불비를 들어 그 신청을 각하하거나 또는 이유가 없다고 하여 신청된 내용의 행위를 하지 않을 뜻을 표시하는 이른 바 거부처분도 행정처분의 일종으로서 항고소송의 대상이 되는 것이나, 이 경우 그 거부행위가 행정처분이 된다고 하기 위하여는 국민이 행정청에 대하여 그 신청에 따른 행정행위를 하여 줄 것을 요구할 수 있는 법규상 또는 조리상의 권리가 있어야 하는 것이며, 이러한 근거 없이 한 국민의 신청을 행정청이 받아들이지 아니하고 거부한 경우에는 그 거부로 인하여 신청인의 권리나 법적 이익에 어떤 영향을 주는 바가 없어서 이를 항고소송의 대상이 되는 행정처분이라고 할 수 없다"고 판시하고 있다.

61 정하중, "행정소송법 개정 논의경과", 법무부 행정소송법 개정공청회 자료집, 2012. 5. 24, 6면.

수 있으며, 거부처분 취소소송에는 승소할 수 있으나 의무이행소송에서는 승소의 자신이 없는 원고의 경우에는 의무이행소송을 제기함이 없이 거부처분취소소송만을 제기할 필요가 있다는 데 논거를 두고 있다.[62]

(2) 2006년도 대법원 개정의견의 입장- 독일법의 경향

2006년 국회에 제출된 대법원 개정의견[63]은 의무이행소송으로 단일화하면서 거부처분 취소소송에 관한 규율을 폐지하는 방안이었다. 이러한 입장은 기본적으로 행정소송법에서 거부처분에 대한 기속력에 관한 규정이나 간접강제 규정을 철폐하고, 거부처분취소소송의 관한 사항을 행정소송법에서 따로 규율하지 아니하고 의무이행소송과 취소소송으로 나누어 기본적으로 거부처분에 대하여는 의무이행소송을 제기하여 다투도록 하고, 다만 독일의 경우처럼 예외적으로 독립 취소소송을 제기할 수 있도록 하는 것이 바람직하다는 관점이라고 할 수 있다. 이러한 입장은 독일 행정법원법의 경향을 일부 반영하고 있다고 할 수 있다.

이와 관련하여 취소소송 판결의 기속력에 관한 규정은 그대로 두더라도, 거부처분취소 판결의 재처분의무와 간접강제규정이 존속할 경우라면 현행법상 거부처분취소소송의 문제점이 그대로 존속되는 것을 의미하므로 거부처분에 있어서는 의무이행소송이 분쟁의 일회적 해결을 실현시킬 수 있는 실효성이 있는 권리구제수단이 되기 때문에 굳이 종전과 같은 거부처분취소소송을 존속시킬 필요가 없다는 입장[64]이 설득력을 얻을 수 있다.

또한 현재 의무이행소송을 제기할 실익은 없지만 추후에 수익적 행정행위를 발급받기 위한 가능성을 열어두기 위하여 현재의 거부처분을 취소할 필요가 있는 경우에는 독일과 같이 예외적으로 독립취소소송을 실무상으로 인정할 수 있을 것이다.[65] 같은 맥락에서 의

---

62 박정훈, "원고적격·의무이행소송·화해권고결정", 법무부 행정소송법 개정 공청회 자료집, 2012. 5. 24. 22면.

63 2007년 대법원 행정소송법 개정의견은 여러 쟁점에 관하여 깊은 논의를 이끌어내기도 했으나, 화해권고결정과 같은 일부 쟁점에 있어서는 충분한 검토가 부족하였고, 더구나 처분의 범위를 지나치게 넓게 정함으로 인한 사법부와 행정부, 사법부와 헌법재판소간의 갈등과 아울러 행정법 학자간의 광범위한 공감대를 형성하는데 다소 실패하였다고 하여도 과언이 아니다.

64 정하중, 현행 행정소송법의 문제점과 개정방향, 국회의원 박선영·대한변호사협회 공청회 자료집, 2011. 6. 20, 20면.

65 독일의 경우 거부처분과 부작위의의 근본적인 차이는 처분의 효력 즉 존속력과 구속력이 있는가의 문제이고, 거부처분

무이행소송 하에서는 거부처분취소소송은 독일 행정소송법제상의 독립취소소송만을 인정하고 위법한 거부처분에 대한 적극적인 권리구제는 의무이행소송으로 단일화하여 운용하는 것이 바람직하다는 견해[66]도 제시되고 있다.

(3) 2007년 법무부 행정소송법 개정안의 입장- 일본법의 경향

의무이행소송과 거부처분취소소송의 병치를 전제로 하여, 의무이행소송을 제기함에 있어 반드시 거부처분 취소소송을 병합 제기하여야 하는가에 대하여 2007년 법무부 행정소송법 개정안 제43조 제2항에 의하면 행정청의 거부처분에 대하여 의무이행소송을 제기하는 경우에는 거부처분의 취소 또는 무효확인을 구하는 소송을 병합하여 제기하도록 규정하고 있다. 이는 2004년에 개정된 일본의 행정소송법상 신청형 의무이행소송에 있어 병합제기에 관한 제도의 영향을 받았다고 볼 수 있다.

(4) 검토

이번의 마련된 법무부 행정소송법 개정시안은 2006년 국회에 제출된 대법원개정의견과는 달리 의무이행소송과 별도로 거부처분취소소송을 병치하고 있다. 한편 2007년 국회에 제출된 법무부 개정안과 달리 의무의행소송과 거부처분취소소송 내지 거부처분무효확인소송과 병합제기를 하지 않아도 되는 것으로 규정하고 있다. 법무부 행정소송법 개정시안은 일본의 2004년 개정 행정사건소송법과는 달리 필요적 병합제기 규정을 두지 않았기 때문에, 의무이행소송을 제기하면서 반드시 거부처분취소소송 등을 병합 제기할 필요가 없으나 당사자가 임의적으로 선택하여 관련청구로 병합하는 것은 무방하다. 거부처분취소소송의 경우와 마찬가지로 원고의 소제기 편의를 위해서 병합제기 의무를 부과하지 않는 것이 타당하다고 생각한다.[67]

의무이행소송과 거부처분취소소송은 항고소송의 일종이라는 점에서는 공통적이지만, 다

에 대한 취소소송을 허용할 것인가의 문제는 처분의 구속력을 배제하고자 하는 차원에서 논의되며, 의무이행소송이 원칙적인 소송이며, 독립된 취소소송은 예외적으로 인정되는 것이 독일의 일반적인 태도이다.

66 김병기, "한국행정소송제도 개혁의 쟁점과 과제", 법과 기업연구 제1권 제3호, 2011, 162면.

67 동지 박정훈, "원고적격·의무이행소송·화해권고결정", 법무부 행정소송법 개정 공청회 자료집, 2012. 5. 24. 23면.

른 한편 의무이행소송은 급부소송의 성질을, 거부처분취소소송은 형성소송의 성질을 갖는다는 점에서 각각 그 성질을 달리한다. 가령 인·허가 신청에 대한 거부처분이 있는 경우 곧바로 인·허가 등 새로운 행정결정을 받기 위해서는 의무이행소송을 제기하는 것이 유리하다. 거부처분의 취소라고 하는 목표를 갖고 독립된 거부처분취소소송을 제기한다고 할지라도 거부처분이 판결에 의하여 취소되더라도 곧바로 허가나 인가 등 행정처분이 발급되지 못하는 한계가 있다. 단지 행정청이 다시금 신청에 대한 처분을 하지 않으면 안 되는 재처분의무가 있을 뿐이다. 그 경우 다른 이유를 들어 거부처분을 할 위험성이 있기 때문에 의무이행소송을 제기하는 것이 보다 실효적인 구제수단이 된다. 다만 신청의 거부에 대하여 취소소송이나 무효확인소송은 미약한 권리구제수단이 되는 것은 분명하지만 만약에 의무이행소송을 제기하여 본안에서 승소가능성이 없는 경우라면 의무이행소송만을 허용할 것이 아니라 독립된 거부처분취소소송이나 무효확인소송의 제기를 당사자의 선택에 맡겨 인정하는 것이 좋다고 본다.

4. 의무이행판결 선고시 '거부처분의 경우에는 이를 함께 취소한다'는 규정 필요성

법무부 행정소송법 개정시안 제44조는 의무이행판결에 관하여 "법원은 행정청의 거부처분이나 부작위가 위법한 때에는 다음 각 호의 구분에 따라 판결한다. 거부처분의 경우에는 이를 함께 취소한다."고 규정하고 있다. 직접 취소처분하는 것처럼 규정되어 있지만, 법원이 거부처분을 직접 취소하는 것은 권력분립의 원칙에 반할 수 있어, 위 표현은 거부처분취소판결을 동시에 하는 것으로 보아야 한다.

그러나, 이와 같이 당사자의 청구가 없음에도 불구하고 법원이 동시에 취소판결을 내리도록 하는 것은 소송물의 관점에서 이해하기 어려운 측면이 있다.[68] 오히려 그와 같은 규정을 두지 않더라도 해석론으로 의무이행판결이 내려지면 법원이 동시에 거부처분을 취소판결할 필요가 없고, 의무이행판결에 따라 행정청에서 일정한 처분을 하게 되면 파훼적 효력이 생기기 때문에 거부처분의 구속력은 잃게 된다고 볼 수 있기 때문이다.

---

68 김연태, "의무이행소송·예방적 금지소송", 법무부 행정소송법 개정 공청회 자료집, 2007. 5, 32면; 오에스더·하명호, "의무이행소송의 도입과 그 방향," 안암법학 제38권, 2012, 113면,

따라서 법원에서 당사자가 청구취지에서 거부처분의 취소를 구하지 않았음에도 의무이행판결을 하면서 거부처분의 취소를 동시에 판결 선고할 것이 아니라 행정청이 의무이행판결에 따라 의무를 명하게 되면, 그에 따라 거부처분은 효력을 상실하게 되므로 법무무 행정소송법 개정시안과 같은 규정을 두는 것은 적절하지 않다.

일본의 경우 의무이행소송의 소송물은 신청한 행정처분의 위법한 거부 또는 방치되어 자기의 법률상 이익이 침해되었다는 원고의 법적 주장이라는 견해가 있다.[69] 이와는 달리 의무이행소송의 소송은 급부소송의 일종으로 이해하면서 그 소송물은 원고가 갖는 실체법상 급부청구권으로 보는 견해도 있다.[70]

우리의 경우에는 의무이행소송은 거부처분의 위법을 전제로 하여야 하는 것인지 아니면 거부처분의 위법과는 무관하게 청구권에 기하여 의무이행을 발급한 의무가 있음을 법원의 판결에 의하여 내리는 것인지 먼저 규명할 필요가 있다.

V. 의무이행소송과 부작위위법확인소송의 관계

1. 논의의 출발점

행정심판법에 의하면 부작위에 대하여는 의무이행심판으로 권리구제를 강구하도록 되어 있는데, 법무부 행정소송법 개정시안에 의하면 의무이행소송을 두면서 별도로 부작위위법확인소송도 병치하고 있다. 이와 같은 입법태도는 일본의 입법례의 영향을 받은 것으로 보인다. 당초 2012년 법무부 행정소송법개정위원회 안에는 의무이행소송을 하면서 부작위위법확인소송을 폐지하는 쪽으로 가닥을 잡았으나, 법무부 행정소송법개정시안 제4조 제3호[71] 및 제38조[72] 등을 두어 부작위위법확인소송을 존치하여 부작위에 대한 의무이행소송

---

69 宮田三郞, 行政訴訟法, 信山社, 2007, 172面.

70 塩野 宏, 行政法 II 行政救濟法, 2005, 216面.

71 제4조(항고소송) 항고소송은 다음과 같이 구분한다.
　　1. 취소소송: 행정청의 위법한 처분등을 취소하거나 변경하는 소송
　　2. 무효등 확인소송: 행정청의 처분등의 효력 유무나 존재여부를 확인하는 소송

과 더불어 부작위위법확인소송을 제기할 수 있는 길을 열고 있다.[73] 이러한 입법태도가 바람직한 것인지 나아가 의무이행소송과 부작위위법확인소송과의 관계를 어떻게 정립할 것인지 규명할 필요가 있다.

2. 부작위위법확인소송을 통한 권리구제의 실효성 미약

행정소송법 제4조 제3호에 규정된 부작위위법확인의 소는 행정청이 당사자의 법규상 또는 조리상의 권리에 기한 신청에 대하여 상당한 기간 내에 그 신청을 인용하는 적극적 처분 또는 각하하거나 기각하는 등의 소극적 처분을 하여야 할 법률상의 응답의무가 있음에도 이를 하지 아니하는 경우에 그 부작위가 위법하다는 것을 확인함으로써 행정청의 응답을 신속하게 하여 부작위 또는 무응답이라고 하는 소극적인 위법상태를 제거하는 것을 목적으로 하는 제도라고 할 것이다.[74]

더구나 우리 판례에 의하면 부작위의 경우에는 거부처분의 경우와 마찬가지로 법규상·조리상의 신청권이 인정되어야 할 뿐만 아니라 부작위위법확인소송은 처분의 신청을 한 자로서 부작위 위법의 확인을 구할 법률상의 이익이 있는 자만이 제기할 수 있다 할 것이며, 이를 통하여 구하는 행정청의 응답행위는 행정소송법 제2조 제1항 제1호 소정의 처분에 관한 것이라야 한다. 아울러 부작위의 위법확인과 관련하여 본안에서 행정청의 무응답행위만을 심리할 수 있을 뿐 행정청이 실체적 심리를 하여 원고가 신청한 대로 처분을 할 의무가 있음을 심리하는 실체적 적극적 심리가 허용되지 않는 것으로 보게 되어 부작위에 대한 권리구제는 응답을 강제하는데 그친다. 따라서 부작위위법확인소송에서 승소하고서도 행정청이 다시금 거부할 경우에는 거부처분을 다투어야 하므로 무용의 절차를 반

---

3. 부작위위법확인소송: 행정청의 부작위가 위법하다는 것을 확인하는 소송
4. 의무이행소송: 행정청의 위법한 거부처분이나 부작위에 대하여 처분을 하도록 하는 소송

72 제38조(부작위위법확인소송의 원고적격) 부작위위법확인소송은 처분의 신청을 한 자로서 부작위의 위법의 확인을 구할 법적 이익이 있는 자만이 제기할 수 있다.

73 필자는 2012. 5. 24. 법무부 행정소송법 개정 공청회 과정에서 부작위위법확인소송을 폐지하는 것의 문제점을 지적한 바 있고, 일본의 경우에도 의무이행소송과 더불어 부작위위법확인소송을 두고 있는 점을 감안하여 입법예고안에 다시 들어가게 된 것이 아닌가 짐작한다.

74 대법원 1995.09.15. 선고 95누7345 판결.

복해야 하고 권리구제가 제대로 실현되지 못하는 문제점이 지적되어 왔다.[75]

3. 의무이행소송과 부작위위법확인소송 양자의 관계

(1) 의무이행소송과 부작위위법학인소송의 양립을 찬성하는 견해

당초 2012년 법무부 행정소송법개정위원회의 개정안에는 의무이행소송을 도입하면서 부작위위법확인소송을 삭제하고 있었다. 이와 관련하여 필자는 2012. 5. 24. 법무부 행정소송법 개정 공청회에서 재검토가 필요하다는 점을 역설하였다.[76] 이를 요약하면 첫째로, 거부처분 취소소송과 의무이행소송은 병행이 가능한 반면에 부작위 위법확인소송과 의무이행소송의 경우에는 의무이행소송만이 가능하도록 하고 있어 이 부분에 대하여 통일적이지 않은 문제가 있다. 둘째로, 일정한 이행의무를 실현하지 않더라도 응답 자체를 하지 않는 부작위위법확인 소송 그 자체만을 제기하도록 하는 것도 당사자의 권익구제 관점에서 의미가 있다. 셋째로, 만약에 부작위위법확인소송을 인정하지 않는다면 행정청에서는 응답의무가 있음에도 불구하고 거부처분을 하지 않고 부작위로 나아가는 것을 조장할 우려가 있는 바, 이에 대한 통제장치로 의무이행소송을 마련하는 것으로 충분하다고 할 수 없다.

이러한 관점에서 앞으로 의무이행소송을 도입하면서 거부처분취소소송과 부작위위법확인소송을 그대로 두게 되면 당사자의 선택에 따라 권리구제를 강구할 수 있게 된다는 점을 강조한 바 있다.

우여곡절 끝에 법무부 행정소송법 개정시안이 의무이행소송과 부작위위법확인소송을 다시금 병존하는 방향으로 선회를 하였는 바, 의무이행소송에 있어서 본안승소요건을 갖추고 있지 못하다고 인정되는 경우에 의무이행소송의 제기를 위해서는 권리구제의 확신이 없을 수 있기 때문에 이러한 경우에는 단지 행정청의 부작위위법확인소송을 제기하여 이

---

75 그동안 부작위위법확인소송은 의무이행소송제도에 갈음하여 행정심판에서 의무이행심판을 도입하는 대신 행정소송법에서는 부작위위법확인소송을 인정하고 있으나, 그 제도의 도입취지와는 다르게 운용되어 왔으며, 판례에서 부작위위법확인소송의 심리를 실체적 심리를 하지 않고 단지 응답의무여부만으로 한정하여 권리구제가 실질적이지 못한 측면이 지적되어 왔다.

76 김용섭, "행정소송법개정공청회 토론문", 법무부 행정소송법 개정공청회 자료집, 2012. 5. 24, 73면.

에 대한 판결만 받음으로써 판결의 기속력에 의해 행정청의 신속한 응답행위를 촉구하는 의미가 있다고 볼 수 있다는 점에서 바람직한 방향전환이라고 사료된다.

일본의 경우에는 의무이행소송과 부작위위법확인소송 간의 양자를 병치하되, 필요적 병합으로 다루고 있다. 일본에서 의무이행소송을 도입하는 단계에서 의무이행소송의 도입을 제도화하게 되면 부작위위법확인소송은 폐지하는 것이 좋다는 견해[77]가 제시된 바 있었으나, 阿部泰隆 변호사가 주장한 바 있는 "의무이행소송을 제기하더라도 부작위위법확인소송을 제기할 실익이 있다"는 견해가 받아들여져 양자를 병치하는 쪽으로 결론이 내려진 것으로 알고 있다.

(2) 의무이행소송으로 통합하고, 부작위위법확인소송을 폐지하는 견해

2012년 법무부 행정소송법개정위원회에서 채택한 입장으로 이는 의무이행소송의 도입 및 부작위위법확인소송의 폐지를 내용으로 한다. 이 점은 당시 법무부 공청회에 참석하여 주제발표를 한 박정훈 교수의 발제문에서 "금번 개정안의 가장 혁신적인 부분의 하나가 의무이행소송의 도입이다. <중략> 우리의 개정안은 부작위위법확인소송을 전면 폐지하였고, 의무이행소송을 처분의 신청을 전제로 하는 것과 그렇지 않는 것으로 구분하지 아니함과 동시에, 양자에 대하여 일본법과 같은 제한들을 두지 아니함으로써, 의무이행소송을 전면적으로 인정하고 있다고 할 수 있다."[78]고 밝힌 점에 비추어 이를 알 수 있다.

이처럼 우리나라의 다수 견해는 의무이행소송은 행정청의 부작위나 거부가 위법하다는 것을 전제로 하므로 부작위위법확인소송은 독립된 존재의의를 상실하므로 의무이행소송의 도입과 동시에 부작위위법확인소송을 둘 이유는 없다고 보고 있다.[79]

한편, 재량행위의 경우처럼 특정처분을 명하는 의무이행판결을 행하기에 여건이 성숙되지 아니한 경우에는 행정청의 부작위의 위법확인판결을 통해 행정청에게 신속한 응답의무를 과하는 것에 의미가 있다고 볼 수도 있지만, 이에 대해 독일의 재결정지령판결

---

77 高橋滋, 訴訟類型論 ジュリスト No. 1234, 2002, 29.

78 법무부 행정소송법 개정 공청회에서 박정훈 교수의 발제문(원고적격·의무이행소송·화해권고결정, 27-28면) 중 일부를 인용한 것이다.

79 박민영·이동훈, "부작위위법확인소송과 행정상 이행소송", 법학논총 제31권 제2호, 2009, 144면.

(Bescheidungsurteil)을 통해 소기의 목적을 달성할 수 있으므로 이와 같은 경우를 위해 부작위위법확인소송을 존치할 이유는 없다는 견해[80]도 같은 맥락이다.

(3) 검토

부작위위법확인소송과 의무이행소송 양자간에는 보다 실효적인 권리구제를 강구하기 위해 의무이행소송으로 통합되는 것이 바람직한 측면이 있지만, 앞서도 살펴본 바와 같이 처분이나 재결에 대해 부작위위법의 확인만을 받을 실익이 있는 경우가 있을 수 있다.[81] 행정청이 당사자의신청에 응답을 전혀 하지 않는 경우에 대한 통제로서의 의미가 있다.

그 이유는 거부처분을 하려면 행정절차법상의 이유제시의무 등 제반 요건을 갖추어야 하는데 부작위의 경우에는 계속 방치하고 있는 결과가 되므로 부작위의 부분에 대하여는 당사자는 가부간에 행정청의 결정을 받고 싶어하는데 행정청에서 아무런 조치를 취하지 않아 시간을 낭비하고 당사자를 애태우게 하는 점을 간과해서는 안되기 때문이다. 그런데 부작위에 대하여 응답을 해 주지 않는 행위 그 자체의 위법만을 구하기 위해 의무이행소송을 제기하여야 한다면 그 자체로 승소가능성이 없어 패소될 수 있으므로 그 패소의 위험을 당사자가 부담하도록 할 이유는 없다고 본다. 거부처분이 내려지면 부작위는 의미가 없다고 하지만 다시금 거부처분에 대하여 취소소송을 제기하여 다투기 위하여 소를 변경하여 다툴 수 있는 여지가 있다.[82]

이와 관련하여 대법원 2009.07.23. 선고 2008두10560 판결에서 "당사자가 동일한 신청에 대하여 부작위위법확인의 소를 제기하였으나 그 후 소극적 처분이 있다고 보아 처분취소소송으로 소를 교환적으로 변경한 후 여기에 부작위위법확인의 소를 추가적으로 병합한 경우, 최초의 부작위위법확인의 소가 적법한 제소기간 내에 제기된 이상 그 후 처분취소소송으로의 교환적 변경과 처분취소소송에의 추가적 변경 등의 과정을 거쳤다고

---

80 이일세, 부작위위법확인소송의 쟁점에 관란 고찰, 강원법학 제35권, 2012, 889면.

81 이와 관련하여 부작위위법확인소송의 대상은 처분을 요구하여야 하는 것이고, 비권력적 사실행위나 사경제적 계약체결 등을 구하는 신청 등에 대한 무응답은 부작위위법확인소송의 대상이 될 수 없다.

82 제39조에서 소의 변경에 관한 규정을 두고 있어 부작위위법확인소송을 부작위위법확인소송 외의 항고소송이나 당사자 소송 또는 민사소송으로 변경하는 경우 및 민사소송을 부작위위법확인소송으로 변경하는 경우에는 제22조를 준용한다.

하더라도 여전히 제소기간을 준수한 것으로 봄이 상당하다"고 판시한 바 있다. 따라서 의무이행소송을 제기하지 아니하고 부작위위법확인소송만을 제기하여 다투도록 하는 것이 타당하다고 할 것이다.

4. 보론: 부작위를 이유로 의무이행소송을 제기하는 경우 재결의 포함여부

법무부 행정소송법 개정시안에서는 처분에 대하여만 부작위위법확인소송이나 의무이행소송을 제기할 수 있고, 재결에 대하여 부작위위법확인소송이나 의무이행소송을 인정할 수 있는지 명확하지 않다.

종전에 재결신청에 대한 부작위가 부작위위법확인소송의 대상이 되는지여부와 관련하여 재결신청을 배제할 이유가 없다고 보아 긍정하는 견해[83]도 있지만 부정설은 법제 2조제1항 제2호는 '처분등'이 아닌 '처분'을 하지 아니한 것만을 부작위로 정의하고 있으므로, 현행법의 해석상 재결신청에 대한 부작위를 부작위위법확인소송의 대상이 되는 것으로 해석할 수 없어 재결신청에 대한 부작위는 부작위위법확인소송의 대상이 되지 않는다는 견해가 유력하다.[84] 대법원은 도로건설 사업구역에 포함된 토지위의 지장물에 대하여 그 토지 소유자가 재결신청을 청구하였으나, 그 중 일부에 대해서는 사업시행자가 손실보상 대상에 해당하지 않아 재결신청대상이 아니라는 이유로 수용재결 신청을 거부하면서 보상협의조차 하지 않은 사안에서, 사업시행자가 수용재결신청을 거부하거나 보상협의를 하지 않으면서 아무런 조치를 취하지 않은 것은 공익사업법에서 정한 재결신청청구제도의 취지에 반하여 위법하다고 판시하였다.[85]

아울러 부작위위법확인소송은 처분이나 재결에 대하여 신청을 한 자에 한하여 제기할 수 있으며, 신청권은 법률의 명문의 규정이 있을 필요는 없고 법령의 해석을 통하여 도출될 수 있는 것으로 보고 있다. 부작위에 있어서 신청권은 소송요건으로 보는 입장이 통설

---

83 사법연수원, 「행정구제법」, 2012, 123면; 서울행정법원 실무연구회, 「행정소송의이론과 실무」 개정판, 2013, 78면.

84 지상목, 재결신청에 대한 부작위가 부작위위법확인소송의 대상이 되는지 여부, 행정재판실무편람(Ⅲ),서울행정법원, 2003, 41면.

85 대법원 2011. 7. 14. 선고 2011두 2309 판결; 이 대법원판결은 보상제외처분취소청구사건에서 내린 결론으로 재결에 대하여 제기한 부작위위법확인청구사건에 대한 판결의 사례로 보기 어렵다.

과 판례의 입장이다. 본안에서 승소여부는 상당한 기간의 경과 여부에 있는 바, 법령에서 표준적인 처리기간을 설정한 경우에 그 기간을 지난 경우에 곧바로 위법한 것이 아니라 법원의 판단에 있어 중요한 요소가 되는 것으로 볼 필요가 있다. 따라서 의무이행소송과는 별도로 부작위위법확인소송 제도를 두는 의의는 신속한 부작위상태를 해소하려는데 있다고 할 것이다.[86]

한편 법무부 행정소송법 개정시안 제2조에서 규정하고 있는 부작위의 개념에서 보는 바와 같이 당사자의 신청에 대하여 상당한 기간내에 일정한 처분을 하지 아니하는 것을 말하는 데, 90일이 지나기 전에는 의무이행소송을 제기할 수 없도록 하고 있으며, 처분에 대하여만 부작위를 인정하고 재결에 대한 부작위에 대한 통제가 미흡한 실정이므로 처분뿐만 아니라 재결에 대한 부작위의 개념을 인정하기 위해 '처분'에 한정할 것이 아니라 '처분 등'으로 명기하는 것이 적절하다고 본다.

VI. 맺음말

이상의 고찰을 통하여 이번의 법무부 행정소송법 개정시안의 핵심적인 사항중의 하나는 의무이행소송제도의 도입을 통하여 거부처분과 부작위에 대한 권익구제를 강화하는 것을 내용으로 하므로 전통적인 침해행정보다는 급부행정에 있어 권리구제를 확대하는 방향성을 확인할 수 있다. 종래 우리의 행정법이론체계는 침해행정위주로 짜여져 있고, 소송의 형식도 항고소송중 취소소송을 중심으로 이루어져왔다. 그동안 우리의 현행 행정소송법체계가 국민의 권리구제를 실현하는데 문제가 있다는 인식은 오래전부터 있어왔다. 따라서 행정소송제도의 개혁은 개인의 권리구제의 확대와 사법에 의한 행정의 적법성 통제 확보에 그 당위성이 있다고 할 수 있다.[87]

이번의 개정은 우회적인 권리구제장치를 탈피하고 급부행정에서 실효적인 권익구제를

---

86 塩野 宏, 行政法 II 行政救濟法, 2005, 210-212面.

87 김병기, "한국행정소송제도 개혁의 쟁점과 과제", 법과 기업연구 제1권 제3호, 2011, 154면.

마련하고, 국민이 선택할 수 있는 소송유형의 다양화를 지향하며, 취소소송중심주의를 탈피하는데 있다고 볼 수 있다. 앞서 살펴본 바와 같이 현행의 거부처분취소소송과 부작위위법확인소송은 국민의 권익구제에 다소 우회적이고 불충분하다는 비판이 있어왔고 학계에서도 오랫동안 의무이행소송의 도입이 필요하다는 것을 역설해 왔다.[88] 특히 행정청의 거부처분에 대한 취소판결이 확정되었음에도 다른 처분 이유를 들어 행정청이 계속하여 거부처분을 하는 경우 소송에서의 승소를 무색하게 하기 때문이다. 이러한 반성적 고려에서 무엇보다 이번 법무부 행정소송법 개정시안의 핵심적 내용 중의 하나는 거부처분과 부작위위법확인소송에 내재된 권리구제상의 한계와 문제점을 근본적으로 해결하기 위하여 거부처분과 부작위에 대하여 특정한 처분의 발급을 구하거나 법적인 견해를 존중하여 일정한 처분을 하도록 행정청에 명하는 의무이행소송을 도입하기로 한 것이다.

이번 법무부 행정소송법 개정시안은 전체적으로 행정소송시스템의 골격을 새롭게 짜는 행정분쟁시스템의 새로운 구축이라는 관점에서는 다소 미흡하게 느낄 수도 있겠으나, "학리는 절대이어도, 입법은 타협이다"라는 언명을 반추할 필요가 있다.

2012년 법무부 행정소송법 개정위원회에서 판례와 학설이 통일되어 있지 않은 행정법의 세계에서, 그리고 사법부와 행정부의 영역의 관점에서 보면 민감한 긴장이 흐를 수 있는 행정통제의 시스템을 합리적이면서 적절히 절충하여, 법무부 행정소송법 개정시안으로 성안되어 법제처에서 심사를 마쳤으나, 국회로 제출하기에 앞서 국무회의의 심의와 대통령의 재가 등 후속절차를 남겨두고 있다.

우리 헌법이 포괄적인 권리구제와 실질적 법치주의에 입각하고 있기 때문에 행정청의 행위발급이 거부처분이나 부작위로 인하여 막히게 될 때 거부처분취소소송이나 부작위위법확인소송이라고 하는 우회적인 권리구제수단에 만족하지 않고 직접적인 권리구제수단을 강구할 수 있도록 의무이행소송의 도입을 적극적으로 지지한다. 이번에 마련된 법무부 행정소송법 개정시안이 정부안으로 확정된 후 19대 국회 회기중에 반드시 통과되어, 국민들로부터 크게 호응을 받는 바람직한 행정소송시스템이 구축되기를 기대한다.

---

88 다만, 행정심판법에서 의무이행심판제도가 도입되어 행정심판을 활용하는데 그치고 있다. 의무이행소송은 2면관계에 있어서는 당사자의 급부행정의 신청에 대하여 거부나 부작위의 경우 거부처분취소소송이나 부작위위법확인소송을 통한 구제의 한계를 극복하고 3면관계에 있어서는 제3자에 의한 행정권의 규제발동청구권의 차원에서 인정할 수 있다.

참고문헌

권은민, "부작위위법확인소송의 현실과 전망", 사법연구자료 제25집, 1999.

김광수, "행정소송법 개정안의 명암", 행정법연구 제37호, 2013.

김광수, "대만 행정소송법의 개정과 실시현황", 행정법연구, 2003.

김남진, "의무화소송", 공법연구 제7집, 1979.

김병기, "한국행정소송제도 개혁의 쟁점과 과제", 법과 기업연구 제1권 제3호, 2011.

김연태, "처분의 발급을 구하는 소송유형 - 현행 제도의 문제점과 입법적 개선방안-", 고려법학 제39호, 2002.

김연태, "새로운 유형의 항고소송 도입에 따른 소송법적 문제 및 그 해결방안에 관한 연구, 한국행정법학회 정책연구용역보고서", 법원행정처, 2011.

김연태, "의무이행소송·예방적 금지소송", 법무부 행정소송법개정 공청회 자료집, 2007.

김용섭, "행정소송법 개정 공청회 토론문", 법무부 행정소송법 개정공청회 자료집, 2012. 5. 24.

김용섭, "취소판결의 기속력", 법조 통권 제553호, 2002.

김용섭, "거부처분의 법적 문제", 법제 2002. 10.

김용섭, "독일의 행정심판에 관한 연구", 법제 1996.

김용섭, "위법한 부관에 대한 행정소송", 인권과 정의 통권 423, 2012. 2.

김용진, "소송상 쟁점사항과 소송물이론", 충남대학교 법학연구 제12권 제1호, 2001.

김중권, "규범집행에 관한 권리로서의 행정법상 주관적 공권에 관한 소고", 공법연구 제40집 제4호, 2012.

김중권, "행정소송법개정안의 문제점에 관한 관견", 법률신문 제3315호, 2004. 11. 18.

김창석, "의무이행소송 도입의 행정소송에 영향", 저스티스 제75호, 2003.

김철용, "시론: 행정소송법 전부개정법률안의 입법예고에 즈음하여", 고시계 2013. 5.

김춘환, "의무이행소송의 허용성", 조선대 법학논총 제2집, 1996.

김현준, "의무이행소송과 거부처분취소소송의 관계-우리나라 개정안, 독일 행정법원법, 일본의 행소법의 비교-", 토지공법연구 제58집, 2012.

김현준, "신청권과 무하자재량행사청구권·행정개입청구권 -의무이행소송론 서설-", 행정법연구 제28호, 2011.

류승훈, "판례와 함께 살펴본 소송물론의 현대적 과제", 법학논고 제37집, 2011.

박균성, "의무이행소송·예방적 금지소송에 대한 지정토론문", 법무부 행정소송법 개정 공청회 자료집, 2007. 5. 23.

박균성, "의무이행심판의 발전방안", 법제, 2005. 10.

박민영·이동훈, "부작위위법확인소송과 행정상 이행소송-법무부 개정시안을 중심으로-", 법학논총, 제31권 제2호, 2009.

박정훈, "원고적격·의무이행소송·화해권고결정", 법무부 행정소송법 개정공청회 자료집, 2012. 5. 24.

박정훈, "항고소송의 대상과 유형", 대법원 행정소송법 개정안 공청회 자료집, 2004. 10. 28.

박정훈, "행정소송법 개정의 주요쟁점", 공법연구 제31집 제3호, 2006.

박정훈, "취소소송의 소송물에 관한 연구- 취소소송의 관통개념으로서 소송물 개념의 모색-", 법조 통권 526호, 2000. 7

박재현, "프랑스의 injonction(이행명령)과 한국의 부작위위법확인소송", 공법학연구 제7권 제1호, 2006.

박웅광, "일본 행정사건소송법상 의무이행소송 -의무이행소송의 유형구분을 중심으로-", 공법연구 제42집 제4호, 2014.

백윤기, "행정소송법 개정에 관한 소고- 대법원과 법무부 개정안의 상호비교를 중심으로-", 행정법연구 제18호, 2007.

백윤기, "거부처분의 처분성인정요건으로서의 신청권", 행정법연구 제1호, 1997.

사법연수원, 「행정구제법」, 2012.

서울행정법원실무연구팀, 「행정소송의 이론과 실무」 -개정판-, 사법발전재단, 2013.

오에스더·하명호, "의무이행소송의 도입과 그 방향", 안암법학 제38권, 2012.

윤가영, "행정개입청구권의 실현관점에서 바라본 의무이행소송, 그 도입의 전망과 문제점", 부산대학교 법학연구, 제45권 제1호, 2004. 12.

이비안, "이익형량의 입장에서 바라본 행정법: 무하자재량행사청구권 및 신청권", 부산대 법학연구 제53권 제1호, 2012.

이상천, "부관 통제로서의 진정일부취소소송 활용에 관한 소고", 홍익법학 제14권 제1호, 2013.

이 원, "의무이행심판에 관한 소고", 법제 2002. 1.

이일세, "부작위위법확인소송의 쟁점에 관한 고찰", 강원법학 제35권, 2012.

이혜은, "국민의 편익증진을 위한 행정소송제도 개선방향", 한국행정법학회 행정소송법 개정방향에 관한 공동학술대회 자료집, 2012. 4. 20.

정이근, "중국 행정소송상 의무이행소송에 관한 검토", 공법학연구 제11권 제1호, 2010.

정남철, "행정소송법 개정안의 내용 및 문제점 -특히 행정소송의 개혁과 발전을 위한 비판적 고찰을 중심으로-" 법제연구 제44호, 2013.

정하중, "법무부의 행정소송법개정안에 대한 입법론적 고찰", 지방자치법연구 통권15호, 2007.

정하중, "행정소송법 개정 논의경과", 법무부 행정소송법 개정공청회 자료집, 2012. 5. 24.

정하중, "현행 행정소송법의 문제점과 개정방향", 국회의원 박선영·대한변호사협회 공동주관 공청
　　　　회 자료집, 2011.

조만형, "의무이행소송 도입을 위한 행정소송법 개정의 과제", 토지공법연구 제24집, 2004.

조연팔, "무하자재량행사청구권의 법리에 관한 연구", 공법학연구 제11권 제2호, 2010.

지상목, "재결신청에 대한 부작위가 부작위위법확인소송의 대상이 되는지 여부", 행정재판실무편람
　　　　(III), 서울행정법원, 2003.

최계영, "용도폐지된 공공시설에 대한 무상양도신청거부의 처분성", 행정법연구 2005.

최송화, "현행 행정소송법의 입법경위", 공법연구 제 31집, 제3호, 2003.

최우용, "일본 개정 행정사건소송법의 주요내용과 논점", 동아법학 제40호, 2008.

하명호, "사회보장행정에서 권리의 체계와 그 구제", 고려법학 제64호, 2012.

한견우, "행정소송법 개정의 기본방향", 행정법학 제1호, 2011.

한견우, "현행 행정소송법의 대법원개정안 및 법무부개정안의 문제점과 개선방향", 공법연구 제39
　　　　집 제1호, 2010.

홍준형, "행정의 의무이행을 관철시키기 위한 소송 -독일의 행정법발전에 있어서 소송법과 실체법
　　　　의 상호작용-", 공법연구 제21집 1993.

Christian Bickenbach, Das Bescheidungsurteil als Ergebnis einer Verpflichtungsklage,
　　　　Duncker & Humblot·Berlin, 2006.

Matthias Wehr, Versagungsgegenklage und ablehnender Verwaltungsakt, JURA 1998.

Walter Frrenz, Die Verpflichtungsklage, JA 2011.

Walter Frrenz, Die Anfechtungsklage, JA 2011.

塩野 宏, 行政法 II 行政救濟法, 2005.

小早川光郎外 2, 行政法の新構想 III- 行政救濟法, 有斐閣, 2008.

西川知一郎, 行政關係訴訟, 青林書院, 2009.

宮田三郎, 行政訴訟法, 信山社, 2007.

行政事件訴訟實務研究會 編集, 行政訴訟の實務, ぎょうせい, 2007.

高橋 滋, 訴訟類型論, ジュリスト No. 1234, 2002.

交告尙史, 訴訟類型と判決態様, ジュリスト No. 1263, 2004.

山本和彦, 民事訴訟法理論から見た行政訴訟改革論議, 法律時報 76卷 1号.

人見 剛, 行政事件訴訟法改正と行政救濟法の課題, 法律時報 79卷 9号.

大貫裕之, 行政訴訟類型の多様化と今後の課題, ジュリスト No. 1310, 2006

永谷 典雄, 改正行政事件訴訟法の實務上の諸問題, 法律のひろば, 2006. 5.

石崎誠也, 社會福祉行政上の處分と義務付け訴訟の機能, 法律時報 79卷 9号.

2

행정기본법의 법체계상 문제점과
일부 조항의 입법개선과제*

――――― 목차 ―――――

Ⅰ. 머리말
Ⅱ. 행정기본법의 법체계상의 문제점
Ⅲ. 행정기본법 일부 조항의 문제점과 입법적 개선과제
Ⅳ. 맺음말

Ⅰ. 머리말

도예가가 도자기를 만들다 마음에 안들면 이를 깨트려 버려도 되지만, 국가의 법률은 그럴 수 없기 때문에 전체 법체계와의 조화 속에서 신중하게 제정될 필요가 있다. 그런데, 법제처는 행정기본법 공포·시행에 따른 보도자료에서 "학설과 판례에서 확인된 법원칙과 기준의 성문법화가 법치주의 완성으로" 치켜세우며, 행정기본법의 제정은 "건국이래 처음으로 행정법 분야의 기본법이 만들어진 것으로 이는 행정실체 규정에 관한 단일 법전이 없는 일본·독일 등 여러 선진국에 앞서는 입법성과"라는 평가를 내리고 있다.[1]

정부는 전체적으로 4개장 본문 43조와 부칙으로 구성된 행정기본법안을 성안하여 2차례 입법예고를 거친 후 2020년 7월 8일 국회에 제출하였고, 국회는 2020년 9월 21일 법

---

* 이 논문은 김용섭 교수가 작성·제출하여 경희법학 제59권 제1호(2021. 3.)에 게재·수록한 것입니다.

[1] 법제처 2021. 3. 23. 자 행정기본법 공포·시행에 따른 보도자료 참고, 다만, 행정기본법이 제정되었다고 하여 행정법에 관한 단일 법전이 생긴 것은 아니라고 할 것이다.

제사법위원회 법안심사소위원회에 회부하여 논의를 거친 후 제4조 적극행정의 추진에 관한 내용을 수정 보완하고, 공법상 계약의 변경·해지 및 무효에 관한 조항과 제40조 규제에 관한 법령 등의 입안·정비원칙에 관한 사항을 각각 삭제하는 등 일부 조항2의 수정을 거쳐 4개장 본문 제40조와 부칙의 행정기본법안이 지난 2월 26일 국회를 통과하여 정부에 이송된 후 국무회의의 심의를 거쳐 대통령이 재가한 후 3월 23일에 관보에 게재되어 법률 제17979호로 공포·시행되기에 이르렀다.

2019년 9월 행정기본법 제정 준비작업을 위하여 학계, 법조계 및 관계의 전문가로 구성된 행정법제혁신 자문위원회가 구성되어 1년이내의 기간내에 성안이 마쳐진 것이다. 행정기본법안은 사실상 입법예고 단계에서부터 그 법률안의 명칭이나 세부 규정안을 둘러싸고 논란이 적지 않았고 특히 행정절차법과의 관계 정립 등의 문제로 법체계의 관점에서 대한변협 측에서 신중론을 제기하기도 하였다.3

행정기본법은 정부의 성안단계에서 동일한 입법예고안으로 3차례 지역 공청회를 개최하였다. 그런데 국회법 제58조 제6항4에서 위원회는 원칙적으로 제정법률안과 전부개정법률안에 대해서는 공청회 또는 청문회를 개최하여야 한다. 따라서, 행정기본법안은 새로 제정되는 법률안일 뿐만 아니라 행정법의 근간이 되는 중요한 법률안으로 입법과정의 충분한 논의를 위해 국회 차원에서 공청회 또는 청문회의 절차를 거쳤어야 했다. 그러나 국회 법제사법위원회의 소위원회의 심의만 거쳤을 뿐 국회의 공청회 또는 청문회의 절차를 거치지 아니하고 일부 조항에 한정하여 수정한 후 국회 본회의를 통과하였다. 행정기본법의 제정은 행정법의 통칙에 관한 법률이 마련되었다는 의미가 있으나, 행정법의 근간이 되는

---

2 국회심의 후 정부안 중 제2조 제1호의 법령 등의 범위를 확대하고, 제3조에 적법절차에 관한 내용을 추가하며, 제20조 자동적 처분에 관하여 법률로 정하도록 변경하고, 과징금에 관한 조문과 공법상 계약에 관한 조문의 순서를 변경하였고, 처분의 재심사와 관련하여 법원의 확정판결이 있는 경우에는 제외하도록 수정하였으며, 대통령령으로 정하는 사항을 개별 법률에서 그 적용을 배제한 사항으로 변경하였고, 정부안의 제43조 정부 법제업무운영규정에 관한 사항을 항으로 옮기는 등 종전의 43개 조문에서 40개 조문으로 조문 수가 줄어들었다.

3 필자는 대한변협 법제위원회 위원으로 활동하면서 대한변협 2020. 11. 13. 자 행정기본법률안(정부발의, 210632호) 및 2020. 4. 7. 자 행정기본법안(법제처, 발의전)의 검토의견을 작성하였고 그 중 일부 내용은 이 논문에 반영하였다. 필자가 작성한 부분에 대하여는 따로 인용표시하지 않기로 한다.

4 제58조(위원회의 심사) ⑥ 위원회는 제정법률안과 전부개정법률안에 대해서는 공청회 또는 청문회를 개최하여야 한다. 다만, 위원회의 의결로 이를 생략할 수 있다.

행정기본법이 너무 졸속으로 제정되어 그 내용이 다소 부실한 것이 아닌가 하는 우려가 없지 않다.5

이 법률의 제안이유에서 "행정 법령은 국가 법령의 대부분을 차지하고 국민 생활과 기업 활동에 중대한 영향을 미치는 핵심 법령이나, 그동안 행정법 분야의 집행 원칙과 기준이 되는 기본법이 없어 일선 공무원과 국민들이 복잡한 행정법 체계를 이해하기 어렵고, 개별법마다 유사한 제도를 다르게 규정하고 있어 하나의 제도 개선을 위하여 수백 개의 법률을 정비해야 하는 문제점이 있었다"고 지적하고 있다. "이에 따라 학설·판례로 정립된 행정법의 일반원칙을 명문화하고, 행정 법령 개정 시 신법과 구법의 적용 기준, 수리가 필요한 신고의 효력 발생 시점 등 법 집행의 기준을 명확히 제시하며, 개별법에 산재해 있는 인허가의제 제도 등 유사한 제도의 공통 사항을 체계화함으로써 국민 혼란을 해소하고 행정의 신뢰성·효율성을 제고하는 한편, 일부 개별법에 따라 운영되고 있는 처분에 대한 이의신청 제도를 확대하고, 법령이나 판례에 따라 인정되는 권익보호 수단에 더하여 처분의 재심사 제도를 도입하는 등 행정 분야에서 국민의 실체적 권리를 강화함으로써 국민 중심의 행정법 체계로 전환할 수 있도록 하고, 이를 통하여 국민의 권익 보호와 법치주의의 발전에 이바지하기 위하여 이 법을 제정하려는 것"이라는 점을 밝히고 있다

행정기본법의 제정이 그 제안이유에서 밝히고 있는 것처럼 긍정적인 기능을 하여 우리 사회의 법치주의의 완성을 이끌어 내면 좋겠으나, 현 단계에서 그와 같은 낙관적인 전망을 하기에는 다소 이르다고 볼 것이다. 본고에서는 행정기본법의 법체계상 문제점이 해소되지 않고 있는 부분을 살펴보고, 일부 조항 중에 법이론적으로 문제가 되는 부분을 중점적으로 검토하기로 한다.

국회의 입법과정은 종종 학문적으로 볼 때 비합리적인 정치적인 관점에서 진행되기도

---

5 국회 제384회 법사위 소위 제2차(2021. 2. 24.) 회의록 25쪽을 보면, 당시 회의에 참석한 법무부 차관은 이 법률이 법제처 소관이기 때문에 법무부에서는 특별한 의견을 제시하지 않는다는 취지의 발언을 하고 있다. 이는 공직자로서 올바른 법률을 제정하기 위한 노력과는 거리가 있는 태도라고 할 것이다. 아울러 대한변협 행정기본법률안(정부발의, 210635호)에 대한 검토의견에서 행정상 강제 중 즉시강제와 직접강제에 관한 부분이 인권 침해적 요소가 있다는 취지의 비판적 의견이 제시되었음에도 국회 법사위 전문위원은 다른 부분에서는 대한변협 검토의견을 적절히 제시하면서도 직접강제와 즉시강제에 관한 부분에서는 마치 아무런 문제가 없는 것처럼 별다른 논의 없이 넘어간 것도 쉽게 이해하기 어려운 대목이다.

하지만 제대로 된 입법은 합리적이며 객관적 자료와 증거에 기반하여 제정될 필요가 있다. 국가사회를 위하여 법률이 제정된 후에 있어서도 그 법률의 문제점이 없는 것인지 비판적 관점에서 고찰하여 입법개선 과제를 도출하는 것이 법률가나 법학자의 역할과 임무라고 할 것이다.[6] 행정기본법의 대부분의 조항은 그 시행일이 공포한 날부터, 행정기본법 제22조 제재처분의 기준 등에 관한 일부조항의 경우에는 공포 후 6개월이 경과한 날부터 시행된다. 행정기본법 제30조의 행정상 강제에 관한 조항, 제32조 직접강제에 관한 조항, 제33조 즉시강제에 관한 조항, 제34조의 수리에 따르는 신고의 효력에 관한 조항, 제36조의 이의신청에 관한 조항 및 제37조의 재심사에 관한 조항의 경우에는 공포 후 2년이 경과한 날부터 시행되기 때문에 이 법률에 내재하고 있는 문제점에 관하여 비판적으로 검토함으로써 향후 입법개선에 참고가 되도록 하는데 연구의 목적이 있다.

II. 행정기본법의 법체계상의 문제점

1. 행정기본법의 법체계상 지위와 행정절차법과의 병존 문제

1) 기본법의 다양한 형태

법률의 명칭을 과연 행정기본법으로 하는 것이 적절한 지에 대하여는 행정법 학자 간에 논란이 많이 제기된 바 있다.[7] 행정기본법이 선언적인 방침적 규정일 뿐만 아니라 입법지침[8]이나 해석지침 나아가 국민의 권리·의무에 관한 실체적 내용을 포함하고 있다. 법률의 명칭과 관련하여 기본법이라는 명칭의 법률은 일본 법제의 영향을 받은 것이라는 강력한

---

6 Armin Steinbach, "Rationale Gesetzgebung", ZRP 2020, S. 91 ff.

7 기본법의 본질에 관한 상세한 논문으로는 박정훈, "입법체계상 기본법의 본질에 관한 연구 – 일본의 기본법을 중심으로 –", 법조 통권 제639호, 2009, 272면 이하. 홍정선, "행정기본법 국회제출안의 주요내용 및 제정의 의미", 2020년 행정법포럼(2020. 10. 20.)자료집, 27-28면. 홍정선 명예교수는 기본법 제명과 관련한 자문위원회 분과위에서 행정기본법, 행정일반법, 일반행정법, 행정의 원리와 운용에 관한 법률, 행정작용기본법 등 다양한 안을 제시하고 논의하였다고 하지만, 개인적으로는 '행정통칙법'이라는 명칭이 법률의 내용과 부합하여 적절하다고 사료된다.

8 특히 행정기본법 제16조(결격사유), 제22조(제재처분의 기준), 제28조(과징금의 기준) 제2항, 제31조(이행강제금의 부과) 및 제38조(행정의 입법활동) 제2항 등이 입법지침에 관한 규정이다.

비판론9이 제기된 바 있다.

우리나라 법률 중에 기본법이라는 명칭이 들어가 있는 법률은 현재 행정규제기본법, 행정조사기본법 등 모두 68개 가량 되는 것으로 조사되고 있다.10 기본법이라는 명칭이 들어가 있지 않지만 국민체육진흥법은 체육에 관한 기본법의 성격을 띠고, 정부조직법은 정부조직에 관하여, 지방자치법은 지방행정조직에 관하여 기본법으로서 기능하고 있다고 할 것이다. 기본법은 독일의 기본법처럼 헌법과 동일한 의미로 사용되기도 하지만, 우리나라의 기본법은 교육기본법의 경우처럼 정책의 기본방향을 제시하는 프로그램적 규범으로, 환경정책기본법처럼 헌법과 집행 법률을 매개로 하는 연결규범, 건설산업기본법의 경우처럼 정책 뿐만 아니라 집행에 관한 사항까지 포괄하는 규범 등 다양한 형태로 이루어져 있다.

통상적으로 기본법이 다른 법률보다 우선하는 효력이 있는지, 부합적 효력이 있는지에 대하여는 일률적으로 말할 수 없다. 다른 법률과의 관계에서 우선적 효력이나 부합적 효력11을 인정한 경우에는 입법자는 당해 기본법에 어긋나게 제정될 수 없는 의미로 파악하고 있다.12 법률 체계 내에서 다른 법률에 우선하는 기본법을 인정하는 것이 우리 헌법체계내에서 용인될 것인지는 다소 부정적이다. 이는 일부 지방자치단체가 조례 중에서 기본조례를 제정하면서 다른 조례보다 최상위의 조례로서의 효력을 인정하려는 논의가 있었다.13 그러나 이를 인정하려면 지방자치법에 명문의 규정을 두어야 하듯이 행정기본법이 다른 법률보다 우선적 효력을 지니려면 헌법에 명문의 규정을 두어 법률 상호간에 차등적 효력을 인정하여야 가능할 것이다.

---

9 김현준, "기본법의 정체성 문제와 이른바 행정기본법 명명의 오류", 법조 제68권 제4호(통권 736호), 2019. 8, 7면.

10 김현준, 앞의 논문, 7-41면.

11 중소기업기본법 제4조의3(다른 법률과의 관계) 중소기업 보호·육성에 관한 법률을 제정하거나 개정할 때에는 이 법의 목적에 맞도록 하여야 한다.

12 행정기본법이 다른 기본법 보다 우선적 효력이 있어 기본법의 기본법이 되지 않는 경우라면 행정기본법이라는 명칭을 사용할 필요는 없다.

13 김용섭, "서울특별시 자치헌장조례에 대한 검토", 행정법연구 제53호, 2018, 51-58면.

2) 행정절차법과 행정기본법의 병존 문제

　행정기본법에 행정청, 처분, 당사자, 신고, 처분의 기준 등 상당 부분이 행정절차법에서 규정하고 있는 내용과 관련이 있다. 따라서 자기완결적 신고에 관한 사항은 행정절차법에서 규정하고, 수리를 요하는 신고에 관한 사항은 행정기본법에서 분리하여 규정할 것이 아니라 통일적인 규율이 필요하다고 할 것이다.[14] 제재처분의 기준에 관하여는 행정기본법 제22조에 따라 법률로, 처분기준에 관하여는 행정절차법 20조에 따라 기본적으로 행정규칙으로 규율하는 상이한 내용의 규정을 두고 있다. 제재처분의 기준을 개별 법률에 따라 대통령령이나 부령의 별표에서 상세하게 규정을 두고 있는 다수의 입법례를 감안할 때 행정기본법과 행정절차법에서 상이하게 규율할 것이 아니라 통일적으로 규율할 필요가 있다.[15]

　아울러 행정기본법 제34조에서 법률로 신고의 수리가 필요하다는 것을 명시하여야 수리를 요하는 신고로 좁게 해석한다면 대통령령이나 부령에서 신고에 수리가 필요하다는 내용을 둘 경우 이를 근거로 수리를 요하는 신고로 볼 수 없다는 논리가 된다. 그러나 입법기술적으로 수리를 요하는 신고에 해당한다는 것을 명시적으로 법률에서 규율하는 것이 용이하지 않을 뿐 아니라 대통령령이나 부령에 위임하여 정하는 것이 불가능한 것은 아니다.

　한편, 학계 일각에서는 행정절차법이 처분의 절차 위주로 규율하고 있는 반면에 행정기본법이 처분과 공법상 계약에 관한 실체적 규율을 하고 있어, 행정절차법과 행정기본법은 그 규율범위가 다르기 때문에 충돌의 문제가 야기될 여지가 없다고 보고 있다.[16] 그러나 과연 양 법률간에 규범의 충돌과 중복이 없다고 할 것인지 의문이다. 무엇보다 양 법률에서 규정하고 있는 다른 법률과의 적용이 문제가 될 수 있다. 행정기본법은 행정에 관하여 다른 법률에 특별한 규정이 있는 경우를 제외하고는 이 법에서 정하는 바에 따르도록 하고(제5조 제1항), 행정에 관한 다른 법률을 제정하거나 개정하는 경우에는 이 법의 목적

14　김대인, "행정기본법과 행정절차법의 관계에 대한 고찰", 법제연구제59호, 2020, 56면.

15　같은 견해로는 유진식, "행정기본법(안)의 검토- 행정법의 법전화의 관점에서-", 2020년 행정법포럼(2020. 10. 20.)자 료집, 225-226면.

16　김대인, 앞의 논문, 27면 이하.

과 원칙, 기준 및 취지에 부합되도록 하여야 한다(제5조 제2항)고 규정하는데, 행정절차법 제3조 제1항[17]에도 행정기본법 제5조 제1항과 유사한 규정이 존재하고 있기 때문이다.

행정기본법이 제정됨에 따라 처분, 신고 등과 관련하여 행정절차법과의 사이에 충돌이 생길 경우에 어떻게 그 충돌을 해결하여야 하느냐 하는 문제가 야기된다. 이 경우 신법우선의 원칙을 적용하여 새로 제정된 행정기본법이 우선한다고 볼 수도 있겠으나, 법률의 충돌 문제를 반드시 신법우선의 원칙만으로 해결할 수는 없다. 양 법률 상호간에는 다른 법률이 우선되므로 어느 법을 우선할 것인지와 관련하여 '형님 먼저 아우 먼저 식'의 규율을 하고 있다고 볼 수 있다.[18]

이러한 관점에서 행정절차법과 행정기본법을 병립 시행할 것이 아니라 양자를 통합하여 하나의 단일한 법률체계를 정립하는 것이 향후 입법적 과제이다. 양 법률을 하나의 법률로 완전히 통합하기 전이라도 처분과 신고 등 일부 규정은 행정절차법으로 통일적으로 규율하는 것이 필요하다. 그 이유는 행정절차법은 행정절차에 관한 근간이 되는 기본법이라고 할 수 있기 때문이다. 그런데 행정절차법에서 총칙, 처분절차, 신고, 행정지도, 행정상 입법예고, 행정예고에 관한 규율을 두고 있는데, 행정기본법에서도 행정절차법의 규정과 완전히 중복되지는 않지만 일부 동일한 제도에 관하여 규율하고 있어, 공무원이 두 법률을 대조하면서 그 적용여부를 검토하여야 하는 문제가 있다. 오히려 행정기본법 제34조의 신고에 관한 사항은 떼어내어 행정절차법의 신고의 장에서 함께 규율하는 것이 바람직하다. 독일의 행정절차법에서 절차적 규율만이 아니라 직권취소와 철회, 부관, 확약, 공법상 계약, 계획확정절차 등을 함께 규율하고 있는 점을 참고하여 행정절차법을 전면적으로 개정하거나 행정기본법과 행정절차법을 통합하여 새로운 행정통칙법을 제정하는 것이 바람직한 입법방향이다. 따라서 행정기본법 제3장 제1절 처분에 관한 규율을 행정절차법상의 처분 규정과 함께 규율하는 것이 담당공무원이 통일적인 법적용과 업무처리의 편리

---

17 행정절차법 제3조 제1항 ① 처분·신고·행정상 입법예고·행정예고 및 행정지도의 절차(이하 "행정절차"라 한다)에 관하여 다른 법률에 특별한 규정이 있는 경우를 제외하고는 이 법이 정하는 바에 의한다.

18 행정에 관한 기본규범인 행정기본법을 제정함에 있어 다른 행정법 규범체제와 호응을 이룰 수 있도록 법체계의 중복이나 충돌의 해소를 제거하고 충실한 내용을 담아내는 등 입법에 만전을 기하고 신중히 검토하여 법제정하는 것이 적절한 입법태도였다고 할 것이다.

성을 위해 합리적이라고 사료된다.

3) 행정기본법에 수리를 요하는 신고에 관한 규정의 문제점

행정기본법 제34조에 수리여부에 따른 신고의 효력에 관한 규정을 두고 있다. 행정절차법의 신고에 관한 규율과는 달리 "법령 등으로 정하는 바에 따라 행정청에 일정한 사항을 통지하여야 하는 신고로서 법률에 신고의 수리가 필요하다고 명시되어 있는 경우(행정기관의 내부 업무처리 절차로서 수리를 규정한 경우는 제외한다)에는 행정청이 수리하여야 효력이 발생한다"고 규정하고 있다. 행정기본법에 따르면 법률에서 수리를 요하는 것으로 되어 있지 않고 대통령령이나 부령등 법령에서 규율하고 있을 때 어떻게 파악할 것인지 명확하지 않다.[19] 이 규정은 부칙 제1조 시행일에서 공포 후 2년이 경과한 날부터 시행한다고 되어 있어, 그동안 법령정비 작업을 하여 수리를 요하는 신고에 해당하는 규정을 명시하지 못하는 경우 자기완결적 신고로 귀결되므로 법률개정작업이 지체되어 행정청의 수동적 개입인 수리를 요함에도 이를 자기완결적 신고로 보게 되어 공익을 해할 위험성이 있게 된다.

이러한 행정기본법 제34조의 규정에 대하여 행정기본법의 가장 큰 성과중의 하나라는 적극적 찬성론[20]도 있지만, 다음과 같은 이유로 이러한 입법방식은 문제가 있다고 보여진다. 첫째로 신고의 유형을 자기완결적 신고와 수리를 요하는 신고로 확연이 구분이 어려운 하이브리드형 신고[21]가 있는 점, 둘째로 수리를 요하는 신고를 가급적 줄여 규제완화를 하여야 하는데, 오히려 법률에 수리를 요하는 신고를 정당화 해주어 자기완결적 신고보다 수리를 요하는 신고가 늘어나는 현상이 초래될 수 있는 점, 셋째로 법률에서 신고중에 단지 수리라는 명칭을 사용한다고 해서 법원에서 이를 기계적으로 수리를 요하는 신고로 파악하지 않을 가능성이 있는 점, 넷째로 등록이라는 명칭으로 되어 있는 경우에도

---

19 이재훈, "행정기본법(안)의 신고 조항에 대한 소고", 2020년 행정법포럼(2020. 10. 20.) 자료집, 162면. 이에 관하여 대통령령에 규정된 경우에는 수리를 요하는 신고가 아니라는 견해도 있으나, 행정기관의 내부업무 처리절차로서 수리를 규정한 경우는 제외한다는 행정기본법 제34조의 반대해석에 비추어 볼 때 수리를 요하는 신고로 볼 여지가 있다.

20 정호경, "행정기본법의 주요쟁점- 행정작용법을 중심으로", 2020년 행정법포럼(2020. 10. 20.) 자료집, 154면.

21 김용섭, 「행정법이론과 판례평석」 박영사, 2020, 115면, 필자는 자기완결적 신고와 수리를 요하는 신고의 2분법적 구분의 상대화 경향과 그 중간영역의 하이브리드(hybrid)형 신고가 대법원판례에서 등장하고 있음을 지적한 바 있다.

이를 수리를 요하는 신고로 파악하고 있는 일부 판례에 비추어 볼 때 이러한 경우에는 수리를 규정하지 않은 것으로 볼 수 있는 점 등을 종합해 보면 행정기본법 제34조의 규정은 문제가 많다고 할 것이다.

행정기본법 제34조는 수리를 요하는 신고에 있어서 신고서의 기재사항 및 첨부서류에 흠이 없고, 법령등에 규정된 형식상의 요건을 충족하는 경우 그 신고서의 효력발생에 관하여서만 규정하고 있을 뿐, 신고서의 기재사항 및 첨부서류에 흠이 있거나 형식상의 요건을 충족하지 못하는 신고의 효력에 관하여는 아무런 내용도 규정하고 있지 않다. 이와 관련하여, 신고서의 기재사항 및 첨부서류에 흠이 있거나 형식상의 요건을 충족하지 못하는 신고라고 하여 일률적으로 그 신고의 효력을 부정하는 것은 바람직하지 않다.[22]

법제처 행정기본법 입법예고안에서 수리를 요하는 신고에 있어서 행정절차법 제40조 제2항의 신고에 관한 규정을 준용하도록 하던 내용이 정부제출안에서 삭제된 채 국회에 제출되어 행정절차법의 준용여부가 문제가 된다. 앞으로 행정절차법과 통일적 규율을 하는 쪽으로 입법개선을 하되, 신고서의 기재사항의 흠결을 쉽게 보정할 수 있는 경우라면 해당 신고의 효력을 일률적으로 부정하는 것보다는 상당한 기간을 정하여 그 흠결의 보완을 명하도록 하고 그 보완이 이루어진 경우에는 최초의 신고시에 신고의 효력이 발생하는 것으로 규율할 필요가 있다.

2. 처분과 제재처분의 구분의 문제점

1) 양자의 병립의 문제점

행정기본법 제2조 제4호에서 처분의 개념을 행정절차법, 행정심판법 및 행정소송법에서 규정하고 있는 바와 같이 "행정청이 구체적 사실에 관하여 행하는 법집행으로서의 공권력의 행사 또는 그 거부와 그밖에 이에 준하는 행정작용을 말한다"고 되어 있다. 따라서 제재처분이 위 법률상의 처분 개념에 당연히 포함되는데, 행정기본법 제2조 제5호에서 제재처분에 관한 별도의 규율을 하는 체제를 취하고 있다.

---

22 행정절차법상 자기완결적 신고의 경우처럼 신고서의 기재사항 및 첨부서류의 흠결이나 형식상의 흠결이 있고 그 흠결의 보정이 불가능하거나 상당한 노력과 시간을 필요로 하는 경우라면 그 신고의 효력을 부정하는 것이 합리적이다.

즉, 동법 제2조 제5호에서 제재처분에 관한 용어정의를 하면서 "법령 등에 따른 의무를 위반하거나 이행하지 아니하였음을 이유로 당사자에게 의무를 부과하거나 권익을 제한하는 처분을 말한다. 다만, 제31조 제1항 각 호에 따른 행정상 강제는 제외한다"고 규정하고 있다. 따라서 제재처분이 처분의 개념에 포함되는 것인지 아니면 제외되는 것인지 명확하게 규율하고 있지 않다.[23] 더구나 행정절차법에서는 불이익처분인지 아닌지에 따라 그 법률의 적용여부가 달라지는데 불이익 처분의 일종인 제재처분만을 따로 규율하는 것이 적절한지 의문이다.[24]

2) 제재처분의 기준(제22조)

행정기본법과 행정절차법 2개의 법률에서 상이하게 사용하는 제재처분의 기준과 처분기준은 엄밀히 말하면 처분기준이 제재처분의 기준보다 넓은 개념이다. 왜냐하면 처분기준은 수익적 처분의 기준을 포함하여 불이익한 제재처분의 기준을 포함하기 때문이다. 그럼에도 불구하고, 행정기본법은 제재처분의 기준과 관련하여 제22조[25]에서 규율하고 있다. 제1항은 입법자에 대한 입법의 준칙으로서의 의미가 강하고, 제2항은 행정청이 재량적 제재처분에 대한 행위기준을 제시하고 있다.

그런데 행정절차법 제20조[26]에서 처분기준의 설정·공표의무를 규정하고 있는데, 어떤

---

23 행정기본법 제2조 제5호에서 규정하고 있는 제재처분은 법령 체계상 동조 제4호의 '처분'의 하나에 불과하다는 점에서 이를 '처분'과 제재처분을 별도의 정의 규정으로 구분하여 규율하는 것은 적절하지 않다.

24 제15조(처분의 효력)의 처분의 개념에 제재처분이 빠질 수 없을 뿐만 아니라 행정상 강제도 여기에 포함될 수 있어 다소 해석상 오해를 불러일으킬 수 있다.

25 제22조(제재처분의 기준) ① 제재처분의 근거가 되는 법률에는 제재처분의 주체, 사유, 유형 및 상한을 명확하게 규정하여야 한다. 이 경우 제재처분의 유형 및 상한을 정할 때에는 해당 위반행위의 특수성 및 유사한 위반행위와의 형평성 등을 종합적으로 고려하여야 한다.
　② 행정청은 재량이 있는 제재처분을 할 때에는 다음 각 호의 사항을 고려하여야 한다.
　1. 위반행위의 동기, 목적 및 방법
　2. 위반행위의 결과
　3. 위반행위의 횟수
　4. 그 밖에 제1호부터 제3호까지에 준하는 사항으로서 대통령령으로 정하는 사항

26 제20조(처분기준의 설정·공표) ① 행정청은 필요한 처분기준을 해당 처분의 성질에 비추어 되도록 구체적으로 정하여 공표하여야 한다. 처분기준을 변경하는 경우에도 또한 같다.
　② 제1항에 따른 처분기준을 공표하는 것이 해당 처분의 성질상 현저히 곤란하거나 공공의 안전 또는 복리를 현저히

법형식으로 규정할 것인지는 명확히 정하고 있지 않다. 일반적으로 행정규칙 형식으로 처분기준을 설정할 경우 공표의무를 규정하고 있는 점에 의미가 있다. 양자를 비교하면 행정절차법의 규율은 행정기본법상의 제재처분기준과 부분적으로 규율범위가 중복된다.

3) 제재처분의 제척기간(제23조)

행정기본법 제23조는 법령 등의 의무위반행위에 대한 제재처분 중 인허가의 정지·취소·철회, 등록말소·영업소 폐쇄와 정지처분을 갈음하는 과징금 부과에 한정하여 해당 의무위반행위가 종료한 날부터 5년이 지나면 제재처분을 부과할 수 없도록 제척기간에 관하여 규정하고 있다.

여기서 명시적으로 열거하지 않은 공무원의 징계처분이나 일정 자격부여자에 대한 자격취소의 경우에는 제척기간의 적용이 없다. 이러한 경우는 개별 법률에서 별도로 규율하기 때문으로 보인다. 결국은 제재처분을 발하는 경우 행정기본법이 근거법률이 되지는 아니할 것이고 제재처분을 규정한 개별 법률에 따라 제재처분이 발하여질 것이므로 제재처분을 발함에 있어서 고려할 사항은 해당 제재처분의 근거 법률에서 정하도록 하면 충분할 것이다. 판례상 실권의 법리가 3년 정도 이므로 국민의 권익을 위해 제재처분의 제척기간을 3년으로 단축할 필요가 있다.[27]

한편, 행정기본법은 모든 제재처분에 대한 일반적인 제척기간을 규정하는 것이 아니라 제재처분 중 인허가의 정지·취소·철회, 등록말소, 영업소 폐쇄와 정지를 갈음하는 과징금 부과라는 특정한 유형의 제재처분에 대해서만 제척기간을 규정하는 태도를 취하고 있다.

이와 같은 규정의 문언은 그 반대해석상 행정기본법 제23조에서 명문으로 규정하는 제재처분 이외에 다른 제재처분에 관해서는 행정기본법상 제척기간에 관한 규정이 적용되지 않는다고 할 수 있다. 이러한 관점에서 행정기본법 제23조에서 적시하는 인허가의 정지·취소·철회, 등록말소, 영업소 폐쇄와 정지를 갈음하는 과징금 부과 외에 이와 유사한

해치는 것으로 인정될 만한 상당한 이유가 있는 경우에는 처분기준을 공표하지 아니할 수 있다.

③ 당사자등은 공표된 처분기준이 명확하지 아니한 경우 해당 행정청에 그 해석 또는 설명을 요청할 수 있다. 이 경우 해당 행정청은 특별한 사정이 없으면 그 요청에 따라야 한다.

27 같은 의견으로는 정하중, "행정기본법 제정안에 대한 소고", 법제 2020. 6, 15면.

자격취소 등의 제재처분을 배제하는 것이 적절한지는 의문이다.

행정기본법 제23조에서 적시하는 제재처분 외에 다른 제재처분을 상정할 수 없다면, 제23조는 공연히 법문만 복잡하게 만들고 큰 의미가 없는 기술적 내용이므로 이를 개정할 필요가 있다. 아울러 행정청이 위반사실을 인지하고도 고의적으로 미루다가 5년의 경과 직전에 비로소 제재처분을 할 수도 있어 이러한 경우에는 실권의 법리가 적용되지 않는다고 해석할 필요가 있다.[28]

3. 행정통칙법의 제정 필요성

입법자는 행정기본법이 어떤 기본법의 유형을 염두에 두고 법률을 제정한 것인지 명확하지 않다. 법제처는 당초 행정기본법을 기본법의 기본법이나 다른 법률보다는 우선적 효력이 인정되는 기본법을 예상하고 추진하다가 다른 법률과의 관계의 논의과정에서 우선적 효력을 인정하기에 한계가 있어 일반법과 부합적 효력규정으로 절충한 것으로 보인다.[29] 행정기본법 제5조 다른 법률과의 관계를 보면 제1항은 "행정에 관하여 다른 법률에 특별한 규정이 있는 경우를 제외하고는 이 법에서 정하는 바에 따른다"고 규정하여 이 규정만 놓고 보면 다른 기본법과의 차별성이 없고 일반법이라는 것을 나타내 주고 있다.[30] 다만, 제2항에서 "행정에 관한 다른 법률을 제정하거나 개정하는 경우에는 이 법의 목적과 원칙, 기준 및 취지에 부합되도록 하여야 한다"고 부합적 효력을 규정하고 있어 다른 법률이 이에 따르도록 유도하고 있다. 행정기본법과 부합적 효력을 규율하고 있는 일부 기본법[31]간의 충돌의 문제가 야기될 수 있다. 더구나 행정절차법이나 행정규제기본

---

28 이상학, "행정기본법 제정안의 평가와 주요쟁점 검토", 한국비교공법학회 학술대회 발표집, 2020. 99면.

29 그러나 행정기본법에 우선적 효력을 인정하려면 다른 법률과의 관계에서 국세기본법 제3조, 민방위기본법 제5조, 청소년기본법 제4조 제1항, 저탄소녹색성장기본법 제8조 제1항처럼 우선적 효력을 명확히 하여야 한다.

30 일반법 성격의 기본법의 예로서는 국어기본법, 군인복지기본법,, 행정규제기본법 제3조 제1항이 있고, 비록 기본법이라는 명칭을 사용하지는 않지만 행정절차법 제3조 제1항, 행정심판법 제4조 제2항, 행정소송법 제8조 제1항 등을 들 수 있다.

31 가령, 사회보장기본법 제4조에서는 "사회보장에 관한 다른 법률을 제정하거나 개정하는 경우에는 이 법에 부합되도록 하여야 한다"; 과학기술기본법 제3조에서는 "과학기술에 관한 다른 법률을 제정하거나 개정할 때에는 이 법의 목적과 기본이념에 맞도록 하여야 한다": 그밖에 환경정책기본법 제6조, 중소기업기본법 제4조의3, 물류정책기본법 제6조 등에서도 부합적 효력을 규정하고 있다.

법에서는 적용범위와 관련하여 적용제외를 두고 있는 반면에 행정기본법에서는 아무런 제한이 없어 어느 법률이 우선 적용되는지 담당 공무원이 법적용에 있어 혼선이 발생할 수 있다.

행정기본법은 당초 행정법의 법전이 통일되어 있지 않아 통합법전을 지향하였으나, 입안 과정에서 통합법전도 아니고 기본법의 기본법도 아닌 애매한 상황으로 발전한 것으로 보여진다. 기본법이 다른 법률보다 우선적 효력이 인정될 것인지에 대하여는 다소 논란이 있다. 이는 앞서도 언급한 바와 같이 법률 상호간에 특정 법률이 다른 법률보다 상위의 효력이 우리 헌법체계 내에서 허용될 것인가의 문제이다.[32]

각국의 입법례에 비추어 보더라도 우리의 경우처럼 행정절차법이나 행정기본법 중 어느 하나만을 제정·시행하고 있거나 두 개의 법률을 통합하여 규율하고 있는 것이 일반적이지 상당부분 겹치는 내용의 법률을 분리하여 2개의 법률로 규율하여 병립하여 시행하고 있는 입법례는 우리의 경우 이외에 쉽게 보기 어렵다.

행정기본법이 당초 구상하였던 시간이 오래 걸리는 통합법전의 작업을 포기한 것이라면, 행정기본법이라는 명칭으로 제정하게 되어 다른 기본법과의 위상을 정립하는데 어려움이 있다. 따라서 행정절차법과 행정기본법을 병립 시행하는 것보다는 양자를 통합하여 하나의 단일한 법률체계를 형성하는 것이 바람직하다. 행정기본법과 행절절차법을 포괄하는 '행정통칙법'으로 행정기본법의 법률 명칭을 변경하고 행정절차법을 포함하여 행정법의 통칙적인 절차적 및 실체적인 사항을 통합하는 것이 장기적인 관점에서 논의해야 할 국가의 입법정책적 과제이다.

---

32 조례 중 지방자치단체의 차원에서 헌장조례나 기본조례를 제정하여 이것을 조례중의 더 우선적 효력이 있는 것으로 보려는 움직임이 있었으나, 지방자치법이나 다른 상위법률에서 조례 상호간의 차별적 효력을 규율하고 있지 않음에도 지방자치단체 차원에서 효력의 차이가 있는 조례를 인정하는 것이 법체계적으로 문제가 있는 것과 마찬가지이다.

Ⅲ. 행정기본법 일부 조항의 문제점과 입법적 개선과제

1. 문제의 제기

행정기본법을 제정하던 초기에 법제처가 내건 캐치플레이즈는 행정법의 원칙이 제대로 입법적으로 규율되고 있지 않아 국민에게 불편이 초래되고 있다는 것이고, 행정기본법이 제정되면 적극행정과 법치행정의 두 마리의 토끼를 잡을 수 있는 것처럼 홍보를 하기도 하였다. 그러나 행정기본법의 제안이유와 주요내용에서 적극행정에 관하여 별다른 언급이 없는 점은 매우 이례적이다.

행정법의 일반원칙의 성문화는 판례를 통해 형성된 법원칙을 법제화하는 의미도 있지만, 이와 같은 행정기본법에 기술된 법원칙 이외에도 판례를 통해 형성된 적법절차원칙이나 자기구속의 원칙에 관하여 명문의 규정을 두지 않아 행정법의 일반원칙 상호간의 효력상의 우위가 있는지 불분명하다. 직접강제 및 즉시강제와 관련한 행정기본법의 규율이 행정강제의 일반법으로 기능할 경우 국민의 권익침해의 위험성이 있다. 이하에서는 이러한 일련의 문제 조항과 직권취소와 철회, 이의신청과 재심사 등의 문제점과 입법적 개선과제에 대하여 비판적으로 검토하기로 한다.

2. 적극행정조항의 문제점과 입법적 개선과제

1) 적극행정조항의 수정

적극행정과 관련하여 법률적 근거가 없이 제정된 대통령령인 적극행정 운영규정, 지방공무원 적극행정 운영규정이 있고, 법률적 근거가 있는 공공감사에 관한 법률 시행령 제13조의3(적극행정에 대한 면책의 기준)이 있다. 또한, 총리령인 공무원징계령 시행규칙 제3조의2(적극행정 등에 대한 징계면제), 감사원규칙인 적극행정면책 등 감사소명제도의 운영에 관한 규칙, 부령인 공무원징계령 시행규칙, 지방공무원 징계규칙, 군인징계령 시행규칙 등이 있다.[33] 적극행정의 면책 등과 관련한 법률의 규정으로는 감사원법 제34조의4,

---

33 이진수, "행정기본법 제정의 의미와 평가", 법제연구 제59호, 2020, 15면.

공공감사에 관한 법률 제23조의2 제1항, 재난 및 안전관리기본법 제77조의2 등을 들 수 있다. 한편, 중소기업기본법 제23조 제4항에서 "적극적인 규제개선을 위한 직무집행으로 인하여 발생한 위법행위 등을 이유로 담당공무원 등을 징계하는 경우 중소기업 옴부즈만은 해당 징계권자에게 그 징계의 감경 또는 면제를 건의할 수 있다"고 규정하여 적극행정조항에 유사한 규정을 두고 있다.

행정기본법에 적극행정에 관한 조항을 두려는 시도는 많은 우여곡절을 겪었다. 법제처의 제1차 입법예고안에서는 법치행정의 원칙 보다 앞의 절에서 규율하면서 행정의 원칙으로 하였다. 법제처의 제2차 입법예고안에서는 행정의 책무로 하면서 행정법의 원칙의 다음의 순서로 위치하였다. 국회제출의 정부안에서는 적극행정에 관한 사항을 행정의 책무로 하면서 총칙으로 옮겨 제4조에서 규율하였다. 그러나 국회 심의과정에서 정부안 제4조의 제명이 '적극행정의 추진'이라고 되어 있던 것을 학계의 비판론[34]을 수용하여, '행정의 적극적 추진'으로 수정함과 아울러 "공무원은 국민 전체에 대한 봉사자로서 공공의 이익을 위하여 적극적으로 직무를 수행하여야 한다"는 조항을 "행정은 공공의 이익을 위하여 적극적으로 추진되어야 한다"는 내용으로 공무원을 행정으로 수정하는 등 당초 적극행정 원칙을 명문화 하려던 원칙에서 후퇴하게 되었다.[35]

이러한 관점에서 행정기본법안 제4조 제1항에서 "공무원은 국민전체에 대한 봉사자로서 공공의 이익을 위하여 적극적으로 직무를 수행하여야 한다"고 의무규정을 두고 있는 것을 국회 심의과정에서 "행정은 공공의 이익을 위하여 적극적으로 추진되어야 한다"로 수정하여 행정의 적극적 추진이라는 제명으로 수정한 것이고, 이는 엄밀히 말하여 공무원의 적극행정의무를 규정한 것은 아니다. 행정의 법원칙을 규정한 행정기본법 제8조의 법치행정의 원칙과의 관계에서 어느 것을 우선할 것인지가 명확하지 않아 담당공무원의 입장에서 매우 혼란스러운 상황이 도출될 수 있었으나, 적극행정이라고 할지라도 법치

---

34 행정기본법에 적극행정 원칙의 명문화에 관한 대표적 비판론자로는 필자("행정기본법안의 적극행정조항에 관한 비판적 논의" 인권과 정의 통권 제491호, 4-7면)를 비롯하여 이광윤 성균관대 명예교수(행정기본법안 유감, 법률신문 2020. 9. 21. 자)와 충북대 최선웅 교수(2020. 3. 18. 개최된 행정기본법 제정안 충청권 온라인 공청회 발언) 등을 들 수 있다.

35 그럼에도 불구하고, 공무원에 대한 적극행정의 법적 근거로 삼아 소극행정에 대한 제재수단을 강화하려고 할 경우 법치주의적 관점에서 문제점을 지적하지 않을 수 없다.

행정원칙의 한계 내에서 적극행정이 이루어져야 하기 때문에[36] 국회의 심의 과정에서 제3조 제1항에 '적법절차에 따라'를 추가한 것은 공정하고 합리적인 수행을 법절차를 무시하고 적극적으로 이루어질 경우를 대비한 측면이 있으므로 적절한 문구가 추가되었다고 평가된다.

2) 법률차원에서 적극행정과 소극행정의 명확한 개념구분 필요성

대통령령 형식의 적극행정 운영규정 제2조 제1호에 따르면, "적극행정"이란 공무원이 불합리한 규제를 개선하는 등 공공의 이익을 위해 창의성과 전문성을 바탕으로 적극적으로 업무를 처리하는 행위를 말한다. 그리고 동 규정 제2조 제2호에 따르면 "소극행정"이란 공무원이 부작위 또는 직무태만 등 소극적 업무행태로 국민의 권익을 침해하거나 국가 재정상 손실을 발생하게 하는 행위를 의미한다. 이러한 개념 이해에 의하면, 적극행정과 소극행정은 서로 대칭되는 개념이 아님을 알 수 있다. 적극행정으로 위법한 행정을 한 경우에는 그 행위는 위법으로 평가받지만 예외적으로 면책으로 처리한다는 것이고, 소극행정은 성실의무 위반의 하나로 공무원징계령 시행규칙에서 열거하고 있다.[37]

적극행정은 성실의무를 전제로 하므로 법위반이나 비위사실의 경우에 적극행정이라는 이유로 당연히 면책이 정당화 될 수 없다. 다만, 적극행정은 공무원에 대한 인사상 우대조치의 근거가 되고, 소극행정은 공무원에 대한 불이익처분의 근거가 된다.[38] 모법의 근거가 없는 대통령령인 적극행정 운영규정에 따라 적극행정과 소극행정의 개념을 구분하는 것은 바람직하지 않다. 따라서 대통령령으로 제정된 적극행정 운영규정 제19조에 근거하여 소극행정에 대한 징계의결 등의 요구를 하는 것은 어느 정도 정당화 되지만, 이를 넘어 소극행정의 범위를 넓혀 제재를 할 경우에는 법률유보의 원칙상 법률의 근거가 있어야 한다.

---

36 박정훈, "적극행정실현의 법적과제- 적극행정법으로의 패러다임 전환을 위한 시론-", 공법연구 제38집 제1권, 2009, 340면.

37 이진수. 앞의 논문, 17면.

38 김봉철, "적극행정 면책제도에 관한 법제적 연구- 적극행정 면책제도의 활성화를 위한 입법조치와 법제 개선방안을 중심으로-", 법제연구 제59호, 2020, 365-366면.

그럼에도 적극행정을 하지 않으면 소극행정에 해당하는 것으로 민원인들이 잘못 이해하여 적극행정이 아닌 정상적인 평범한 행정을 소극행정으로 취급하여 적정한 행정을 한 공무원에 대하여 지속적으로 민원을 제기하게 될 우려가 있다. 이로 인해 공무원이 소극행정으로 몰려 제재처분 받는 것이 두려워 법적 한계를 벗어나서 무리하게 행정을 하는 과정에서 오히려 공익이 훼손될 수도 있다. 지금까지 적극행정이 잘 이루어지지 않은 원인으로는 여러 가지 요인이 작동하지만 엄격한 감사를 통한 책임추궁, 행정관료에 대한 정치우위 현상 등을 들 수 있다.[39]

행정 실제에 있어서 적극행정도 아니고 소극행정도 아닌 회색지대라고 할 수 있는 평상시의 행정 활동이 대부분인 상황에서 적극행정과 소극행정의 객관적 기준이 명확하지 않아 공무원이 갈피를 잡지 못하고 우왕좌왕하여 오히려 적시에 국민에게 적절하고 좋은 행정서비스를 제공하지 못할 가능성이 있다. 더구나 행정기본법상 그 개념이 명확하지 않은 적극행정의 활성화를 위한 시책과 이를 빌미로 소극행정에 대한 제재조치는 공무원 사회에서도 적지 않은 반발이 예상되며, 공직사회에 엄청난 후폭풍을 초래할 수 있다. 따라서 행정기본법이나 국가공무원법에 적극행정과 소극행정에 관한 명확한 개념 정의규정을 마련할 필요가 있다.

3) 국가배상책임과의 관계

국가배상법상 공무원이 직무수행 중 고의 또는 중과실로 타인에게 손해를 입힐 경우, 확립된 판례에 따르면 피해자는 가해 공무원에 대하여 직접적인 국가배상책임을 추궁할 수 있다. 그동안 적극행정은 법치행정의 틀 속에서 이루어져 왔고, 공무원의 고의 또는 중과실에 의한 적극행위의 경우에도 징계감면사유로 기능해왔다. 따라서 공무원이 적극행정을 하였다고 하여 징계책임은 면책될 여지는 있어도 국가배상책임이 감경되지는 않는다고 할 것이다. 그럼에도 불구하고 적극행정에 대하여 징계면책의 차원을 넘어 행정기본법에서 이를 의무화하는 것이 위법과 적법의 경계영역에서 선례가 없어 신중하게 처리하

---

39 김용섭, "행정기본법안의 적극행정조항에 관한 비판적 논의" 인권과 정의 통권 제491호, 4-7면, 김윤권, "적극행정의 동인과 제약에 관한 연구", 한국행정학회 학술발표논문집, 2019, 1348면.

여야 하는 상황에서 공무원이 무리하게 적극행정을 추진하다가 오히려 국가배상책임을 지게 되는 문제가 있다.[40]

4) 입법적 개선과제

행정기본법 제4조 제1항이 국회에서 수정되었지만, 행정기본법 제4조 제3항에서 "제1항 및 제2항에 따른 행정의 적극적 추진 및 적극행정 활성화를 위한 시책의 구체적인 사항 등은 대통령령으로 정한다"고 규정하여 적극행정이라는 용어를 남겨 두었다. 그와 같은 용어가 남아 있어 법제처에서는 적극행정의 제도적 발판을 마련하였다고 평가하고 있다. 그러나 행정기본법 제4조 제3항에서 대통령령에 광범위하게 위임할 수 있는 것으로 잘못 해석할 경우 공무원에 관한 중요하고 본질적인 사항으로 구체적인 내용이 법률에 규정하여야 함에도 이를 대통령령에 포괄적으로 위임함으로써 의회유보의 원칙이나 포괄위임금지의 원칙에 반할 수 있다. 따라서, 현행 행정기본법 제4조 제3항에 규정되어 있는 적극행정 활성화를 위한 시책에 관한 내용은 수정하거나 삭제하고, 이와 같은 규율이 필요하다면 적극행정 운영에 관한 법률을 별도로 제정하거나 국가공무원법에 적극행정의무에 관한 규정을 두는 것이 바람직하다고 할 것이다.[41]

3. 행정법 일반원칙의 법정화의 문제점과 개선과제

1) 총괄적 문제점

행정기본법 제2장 제8조에서 제13조까지 행정의 법 원칙을 규율하고 있다. 즉, 법치행정의 원칙(제8조), 평등의 원칙(제9조), 비례의 원칙(제10조), 성실의무 및 권한남용금지의 원칙(제11조), 신뢰보호의 원칙(제12조) 및 부당결부금지의 원칙(제13조)이 바로 그것이다. 행정기본법 제1조 목적에서는 '행정의 법원칙'이라고 명기하지 아니하고 '행정의 원칙'으로 표현하고 있어 과연 그러한 표현이 적절한 것이지 의문이다. 이것은 적극행정의 원칙

---

40 공무원에게 적극행정을 기대하려면 구상권 행사를 제한하는 등 국가배상책임을 합리적으로 배분할 수 있는 제도적 개선 방안을 우선적으로 마련할 필요가 있다.

41 김용섭, "행정기본법안의 적극행정조항에 관한 비판적 논의" 인권과 정의 통권 제491호, 4-7면.

을 행정의 원칙으로 명기하려다가 그 부분이 수정·삭제되었음에도 그대로 존치한 것이 아닌가 하는 의문이 든다.

이 법률 제2장의 표제가 행정법의 일반원칙으로 되어 있다. 이 법률 제1조 목적에서는 '행정의 법 원칙과 기본사항을 규정하여'라고 하지 않고 '행정의 원칙과 기본사항을 규정하여' 라고 표현하고 있어 행정의 적법성의 의미가 다소 퇴색될 수 있다. 따라서 이 법률 제1조의 목적 규정은 '행정의 원칙'이 아니라 '행정의 법원칙'으로 수정할 필요가 있다.

2) 법치행정의 원칙의 법정화 문제점

행정기본법 제8조의 법치행정의 원칙에 관한 규율과 관련하여 도그마틱으로 인정된 것을 입법화한 것은 의미가 있다. 다만, 행정기본법 제8조 후단에서 "국민생활에 중요한 영향을 미치는 경우"에는 행정이 법률에 근거할 것을 요구하는 내용으로 되어 있다. 이는 의회유보설 내지 중요성설을 명문화 한 것으로 본다면 법률로 그대로 두어도 무방하다. 그러나, 이 부분은 의회에 관한 사항이기 때문에 중요성설에 관한 판례 및 이론에 맡기는 것이 타당해 보인다. 아울러 행정기본법 제8조 전단에 "행정작용은 법률에 위반되어서는 아니되며, 국민의 권리를 제한하거나 의무를 부과하는 경우"에도 법률에 근거하여야 하는 것으로 규정하고 있다. 그런데 문제는 행정작용을 어떤 의미로 해석할 것인가의 문제가 있다.[42] 행정작용의 개념에 행정입법을 포함하는 의미라면 법률에 위반되어서는 아니되며, 법률에 근거하여야 하는 것으로 규정하는 것이 적절하겠으나, 만약에 행정작용에 행정입법 작용이 배제되는 의미라면 '법률' 대신 '법령등'으로 규정하는 것이 타당하다고 사료된다.

3) 평등원칙과 비례원칙의 법정화 문제점

행정기본법 제9조에서 평등원칙을 명문화하고 있다. "행정청은 합리적 이유 없이 국민

---

42 법제처 행정기본법의 논의 초안 제2조 제3호에서 "행정작용"이란 행정청이 행정목적을 달성하기 위하여 행하는 일체의 작용을 말한다고 되어 있었다. 이러한 개념적 이해에 따르면 행정입법도 행정작용에 포함될 수 있었고, 행정작용이라는 말 속에 행정청이 하는 작용이라는 것이 전제되어 있었다. 그러나 정부안의 행정기본법에서는 이와 같은 행정작용에 관한 용어 정의 규정은 없어지게 되었고 그대로 국회에서 통과되어 제3장에 행정작용이라는 제목만 남게 되어 제4장의 행정의 입법활동을 제외하는 개념으로 사용하고 있어 혼란스럽다.

을 차별해서는 아니된다”고 규정하고 있다. 이와 같은 내용의 평등원칙은 헌법 제11조 제 1항에 근거하고 있는 헌법상의 원칙으로부터 비롯된 행정법의 일반원칙이라고 할 것이다. 다만, 평등원칙만 명문화하였을 뿐 자기구속의 원칙에 관하여는 명문의 규정을 두지 않고 있다.[43]

한편, 행정기본법 제10조에서 비례원칙에 관하여 규율하고 있다. 평등원칙의 경우에는 행정청으로 되어 있는데, 비례원칙의 경우에는 다른 법원칙과 같이 행정청으로 통일하지 않고 법치행정의 원칙의 경우와 동일하게 행정작용으로 하고 있는 점이 지적될 수 있다. 비례원칙의 3가지 내용인 적합성원칙, 필요성(최소침해)원칙, 상당성원칙을 명문화 하고 있다. 즉, “행정작용은 ① 행정목적을 달성하는데 유효하고 적절할 것 ② 행정목적을 달성하는데 필요한 최소한도에 그칠 것 ③ 행정작용으로 인한 국민의 이익침해가 그 행정작용이 의도하는 공익보다 크지 아니할 것으로 규정하고 있으나, 그 문구의 표현이 비례원칙을 정확히 표현한 것으로 보기 어렵다.[44] 그러나 수익적 규율과 관련하여 과잉급부금지의 원칙이 적용될 수 있는데 이와 같은 비례원칙의 규정만으로 그와 같은 급부행정 영역에서의 비례원칙에 대한 규율을 포함하고 있다고 보기 어렵다.

4) 성실의무 및 권한남용금지의 원칙의 법정화 문제점

성실의무는 행정절차법 제4조에서 규율하고 있는 신의성실의 원칙과 유사한 원칙을 의미하는 것인지 아니면 국가공무원법상의 공무원의 성실의무와 동일한 것인지 명확하지 않다. 아울러 권한남용금지의 원칙은 판례상 형성 단계에 있는 행정법의 일반원칙이라고 할 것이다. 권한남용금지의 원칙은 법치국가원리 내지 법치주의에 기초한 것으로 행정법상 권한의 남용이란 행정기관의 권한을 법상 정해진 공익목적에 반하여 행사하는 것을 말한다.[45]

---

43 김남진, “행정의 법원칙의 성문법원화”, 학술원통신 제362호, 2020. 9. 1. 9면.

44 비례원칙의 경우 행정작용을 주체로 설정할 것이 아니라 평등원칙의 경우처럼 행정청을 주체로 설정할 필요가 있다. 비례원칙의 문구가 정확하지 않으므로 다음과 같이 문구 수정이 필요하다. 1. 행정목적을 달성하는데 유효하고 적절한 수단일 것 2. 그 수단이 행정목적을 달성하는데 필요한 최소한도에 그칠 것 3. 그 수단으로 인한 국민의 이익침해가 그 수단으로 달성하려는 공익보다 크지 아니할 것

45 박균성, 「행정법강의」 박영사, 2021, 41면. 박 교수는 권한남용금지의 원칙의 적용에 있어서는 재량행위 뿐만 아니라

행정기본법 제11조의 성실의무 및 권한남용금지의 원칙은 행정법 학계에서 일반적으로 인정된 법원칙이라기 보기 어렵다. 성실의무는 국가공무원법상의 공무원의 의무의 하나인 성실의무 내지 법령준수의무와 중복된다고 볼 여지가 있으므로 의무라는 표현 대신에 신의성실 원칙으로 그 용어를 명확히 규정할 필요가 있다.

또한 권한남용금지의 원칙은 대법원판례[46] 중에 국세기본법 제81조의4 제1항에서 규정하고 있는 다른 목적 등을 위하여 조사권을 남용해서는 아니된다는 규정의 해석과 관련하여, 세무조사의 적법 요건으로 객관적 필요성, 최소성, 권한남용의 금지 등을 규정하고 있는데, 이러한 판결의 내용중에 설시된 것 만으로 권한남용금지의 원칙을 비례원칙이나 평등원칙처럼 정착된 행정의 법원칙이라고 보는데 한계가 있다. 이 원칙이 행정기본법에 규정됨으로 인해 성문화된 행정의 법원칙이 되었다.[47]

5) 신뢰보호원칙과 부당결부금지원칙의 법정화 문제점

행정기본법 제12조에서 신뢰보호의 원칙에 관하여 규율하고 있다. 이와 같은 규율은 판례에서 확립된 원칙을 그대로 명문화 하는 입법방식은 아니다. 특히 신뢰보호 원칙은 법령개정[48]과 관련하여서는 행정기본법의 규정과 다르게 적용된다. 행정절차법 제4조에서 규율하고 있는 새로운 해석 및 관행에 따른 소급하여 불리하게 처리할 수 없다는 신뢰보호 원칙과도 다르게 규정하고 있다. 행정청의 공적인 견해표명으로 인하여 형성된 국민의 신뢰 역시 보호할 가치가 있는 이익이라는 점에서 공익이나 제3자의 이익과 형량을 하여야 할 것이고 보호가치 있는 이익이 제3자의 이익보다 언제나 열위에 놓이는 것은 아니라고 할 것이다.

따라서 행정기본법 제12조 제1항에서 "제3자의 이익을 현저히 해칠 우려가 있는 경우"에 해당하는지 여부는 신뢰를 보호받아야 할 당사자의 이익과 제3자의 이익을 비교·형량하여 후자가 전자보다 더 큰 경우에 신뢰보호의 원칙을 적용하지 아니한다는 법리를 표

기속행위에도 적용되는 법원칙으로 보고 있다.

46 대법원 2016. 12. 15. 선고 2016두47659 판결.

47 박균성, "권한남용금지의 원칙과 그 한계", 법조 통권 723권, 2017. 625면 이하

48 대법원 2006. 11. 16. 선고 2003두12899판결.

현한 것으로 보이지만, 명확히 양 법익의 형량을 하여야 하는 것으로 문구의 개정이 필요하다. 행정기본법 제12조 제2항은 "행정청은 권한 행사의 기회가 있음에도 불구하고 장기간 권한을 행사하지 아니하여 국민이 그 권한이 행사되지 아니할 것으로 믿을 만한 정당한 사유가 있는 경우에는 그 권한을 행사해서는 아니된다"고 규정하여 이른바 실권의 법리를 명문화 한 것이다. 다만, 공익 또는 제3자의 이익을 현저히 해칠 우려가 있는 경우는 예외로 한다고 되어 있어 실권의 법리가 적용되는 경우에도 해석상 그 한계로 기능하고 있다. 이와 같은 실권의 법리의 명문화는 행정절차법 제4조 제2항에서 규율하고 있는 법령의 소급적용금지에 관한 규정과 상이한 내용의 규율을 한 것일 뿐만 아니라, 그동안 대법원판례[49]에서 발전된 공적인 견해의 표명으로 인한 일반적인 신뢰보호 원칙이 적용되는 법리를 구체적으로 명문화 한 것은 아니라고 할 것이다.

행정기본법 제13조에서는 부당결부금지원칙을 명문화 하고 있다. 부당결부금지원칙이 헌법적 효력이 있는지 아니면 법률상의 효력이 있는지 논란이 있다. 헌법적 효력이 있다고 파악한다면 개별 법률의 규정이 부당결부금지원칙에 반하는 경우에 허용되지 않게 된다.[50] 행정기본법에 "행정청은 행정작용을 할 때 상대방에게 해당 행정작용과 실질적인 관련이 없는 의무를 부과해서는 아니된다"고 명문의 규정을 두게 됨에 따라 개별 법률에서 부당결부를 내용으로 하는 규정의 신설을 억제하기 위해 부당결부금지 원칙을 원용할 수 있는지 논란이 야기될 수 있다.

6) 입법적 개선과제

판례를 통해 형성된 법리인 행정의 법원칙을 일부 사항에 대하여 성문화한 것이 행정법의 일반원칙이 탄력적으로 적용되어야 할 상황을 제대로 포섭하지 못할 여지가 생겨나게 되는 문제점이 지적될 수 있다. 여기서 열거하지 않은 행정법의 일반원칙의 발전, 가령 행정관행이 성립된 경우 행정청은 특별한 사정이 없는 한 같은 사안에서 행정관행과 동일한 결정을 내려야 한다는 행정의 자기구속의 원칙[51]이나 개인의 권익을 제한하는 모든

---

49 대법원 2005. 11. 25. 선고 2004두6822, 6839, 6846 판결.

50 박균성, 앞의 책, 44-45면.

51 대법원 2009. 12. 24. 선고 2009두7967 판결.

국가작용은 적법절차에 따라야 하는 적법절차원칙[52] 등 이곳에서 열거하지 않은 행정의 법원칙이 소홀히 취급될 수 있다.

행정기본법상 행정의 법원칙을 규정함에 있어 법치행정의 원칙, 비례원칙과 신뢰보호의 원칙은 그 주체를 각각 '행정작용'으로, 평등원칙, 성실의무 및 권한남용금지의 원칙, 부당 결부금지의 원칙은 그 주체를 '행정청'으로 사용하는 것은 통일성이 없다. 또한 법치행정, 평등원칙, 비례원칙, 신뢰보호원칙은 '국민'을 상대방으로 표현하고 있는 반면에 부당결부 금지의 원칙은 '국민'이라고 하지도 않고, 처분의 상대방을 의미하는 '당사자'라는 표현도 아닌, 단지 '상대방'이라는 표현을 사용하고 있다. 또한 성실의무와 권한남용금지의 원칙의 경우에는 '국민'이나 '상대방'도 언급하고 있지 않아 다소 통일적이지 않다.

근본적으로 행정기본법에 행정의 법원칙을 명문화하는 것은 창설적 효력이 있는 것은 아니고 행정기본법에 명문으로 규정하지 아니하더라도 이미 행정의 법원칙으로 판례를 통해 확립되어 있는 법리를 확인하는 것이라고 할 수 있다. 따라서 이와 같은 행정의 법원칙은 성문화의 틀 속에 가두어 둘 것이 아니라 이를 판례의 발전에 맡기는 것이 타당하다. 따라서 행정기본법에서 일부 행정의 법원칙을 규율하는 것이 판례의 형성에 긍정적인 영향을 미칠 것인지는 의문이다.

4. 행정상 강제(제30조), 직접강제(제32조) 및 즉시강제(제33조) 조항

1) 문제의 제기

직접강제 및 즉시강제에 관한 규정과 관련하여, 법제처의 행정기본법안 조문별 제정이 유서를 살펴보면 행정강제에 관하여는 특별한 문제가 없고 새로운 사항을 밝히고 있지 않는 선언적인 규정으로 설명하고 있다.

행정기본법 제30조 제1항에서 행정상 강제의 수단을 행정대집행, 이행강제금의 부과, 직접강제, 강제징수, 즉시강제를 명문화하고 있다. 즉, "행정청은 행정목적을 달성하기 위하여 필요한 경우에는 법률로 정하는 바에 따라 필요한 최소한의 범위에서 다음 각 호(1.

---

52 정영철, "행정법의 일반원칙으로서의 적법절차원칙", 공법연구 제42집 제1호, 2013, 579면 이하, 대법원 2014. 6. 26. 선고 2012두911 판결; 대법원 2012. 10. 18. 선고 2010두12347 전원합의체 판결.

행정대집행 2. 이행강제금의 부과 3. 직접강제 4. 강제징수 5. 즉시강제) 의 어느 하나에 해당하는 조치를 할 수 있다"라고 되어 있다.

문제는 '법률로 정하는 바에 따라' 라는 문구가 '필요한 최소한의 범위'를 수식하고 있을 뿐 여기서 말하는 '법률'은 다른 법률을 의미하는지 아니면 행정기본법도 포함되는지 명확하지 않다.

만약에 여기서 말하는 법률로 정하는 것에 행정기본법이 포함된다고 해석된다면, 이것은 직접강제과 즉시강제의 일반적 근거조항이 되거나, 즉시강제와 관련하여 경찰법상의 일반적 수권조항을 행정기본법에 명문화 한 것으로 해석하여 운영될 위험성이 존재하게 된다. 이러한 입법태도에 대하여 법제처를 비롯하여 행정법학자의 주류적 견해는 선언적 규정에 그칠 뿐이고 새로운 내용을 입법한 것은 아니라고 하고 있다. 그럼에도 불구하고, 일부 견해[53]에 의하면 이 법률의 규정이 직접강제나 즉시강제에 관한 일반법적 근거를 마련한 것으로 설명하고 있다. 따라서 이에 관한 시행일이 공포 후 2년이 경과한 날이므로 향후 이 부분에 학계에서 깊이 있는 논의가 필요하다.

2) 직접강제(제30조 제3호 및 제32조)의 문제점 및 입법적 개선과제

법제처는 직접강제의 제정취지를 "행정상 강제집행의 한 유형으로 개별 법률에 따라 인정되는 직접강제에 공통적으로 요구되는 절차 및 집행상의 한계에 대한 기본원칙을 선언적으로 규정함"이라고 설명하고 있다.[54]행정기본법 제30조 제3호에서 "직접강제란 의무자가 행정상 의무를 이행하지 아니하는 경우 행정청이 의무자의 신체나 재산에 실력을 행사하여 그 행정상 의무의 이행이 있었던 것과 같은 상태를 실현하는 것"이라고 규정하고 있다. 직접강제는 그동안 개별법에 명문의 규정이 있는 경우에 예외적으로 허용됨에도 행정기본법 제32조에서 "행정대집행이나 이행강제금의 부과의 방법으로 행정상 의무이행을 확보할 수 없거나 그 실현이 불가능한 경우에 실시하여야 한다"고 규정하고 있다. 직접강제를 실시할 수 있는 경우는 보충적으로 행해지고, 행정기본법 제30조 제1항에 따른 필

---

53 정하중, "행정기본법 제정안에 대한 소고", 법제 2020. 6, 17-18면.
54 법제처, "행정기본법안 조문별 제정이유서", 2020. 7, 91면.

요한 최소한의 범위로 직접강제를 할 수 있다는 선언적인 잠금장치를 마련하고 있을 뿐이다.

이와 관련하여 법제처의 행정기본법안 조문별 제정이유서에서 외국의 입법례 중의 독일의 행정집행법 제12조[55] 직접강제에 관한 규정을 참고 입법으로 제시하고 있다. 그러나 독일의 행정집행법(Verwaltungs-vollstreckungsgesetz; VwVG) 제12조 직접강제에 관한 규정과 같은 명문의 규정을 행정기본법에 두는 것만으로는 곤란하다. 왜냐하면, 독일의 경우 연방 차원의 연방의 집행공무원을 통한 공권력 행사에 있어서 직접강제에 관한 법률(Gesetz über den unmittelbaren Zwang bei Ausübung öffentlicher Gewalt durch Vollzugsbeamte des Bundes; UZwG) 뿐만 아니라 각주 단위의 지방행정집행법(Landesverwaltungsvollstreckungsgesetz)이나 공공안전 및 질서에 관한 법률(Gesetz über die öffentliche Sicherheit und Ordnung)에서 직접강제(unmittelbarer Zwang)에 관한 상세한 절차적 규율이 마련되어 있어 인권침해의 큰 문제가 발생할 여지가 없다. 그러나 우리 행정기본법의 경우 직접강제를 규율하는 개별 법률에 상세한 절차적 규율이 마련되지 않은 단계에서 행정기본법에 일반법으로 기능하는 간략한 규정을 두는 것은 매우 우려스럽다.

법제처의 행정기본법안 조문별 제정이유서에서 이를 단지 선언적 규정에 그칠 뿐이라고 하지만, 행정기본법 제32조 제2항 및 제3항의 통제장치로는 인권침해의 위험성이 있으므로 직접강제에 관한 광범위한 수권을 허용한 일반조항의 신설로 볼 것은 아니다. 따라서 이에 관한 입법적 개선과제로 직접강제를 할 경우 절차적 통제를 강화하는 내용의 법률을 제정하거나 행정기본법 제30조 제1항의 '법률로 정하는 바에 따라'를 보다 명확하게 '직접강제의 근거가 되는 다른 법률로 정하는 바에 따라'로 개정할 필요가 있다.

3) 즉시강제(제30조 제5호 및 제33조)의 문제점 및 입법적 개선과제

법제처는 즉시강제의 제정취지를 "즉시강제는 행정청이 미리 예측하고 대응할 수 없는 급박한 공익상 장해에 대한 대응수단으로 행정작용의 체계상 불가피한 반면에 국민의 권리와 자유에 대한 침해 우려가 매우 큰 점에서 이에 대한 기본적인 원칙과 한계에 대한

---

55 "대집행이나 이행강제금으로 목적을 달성할 수 없거나 대집행이나 이행강제금이 불가능할 경우 집행청은 의무자에 대하여 작위, 수인, 부작위를 강제하거나 그 행위를 스스로 실행할 수 있다."

선언적 규정을 마련함"이라고 설명하고 있다.[56]

행정기본법 제30조 제1항 제5호에서 "즉시강제란 현재의 급박한 행정상의 장해를 제거하기 위한 경우로서 다음 각목 (가. 행정청이 미리 행정상 의무를 명할 시간적 여유가 없는 경우 나. 그 성질상 행정상 의무의 이행을 명하는 것만으로는 행정목적 달성이 곤란한 경우)의 어느 하나에 해당하는 경우에 행정청이 곧바로 국민의 신체 또는 재산에 실력을 행사하여 행정목적을 달성하는 것"이라고 규정하고 있다.

행정상 즉시강제는 국민의 인권침해적 요소가 크므로 법률적 근거가 마련되어야 하며, 감염병의 예방 및 관리에 관한 법률, 소방기본법, 출입국관리법, 경찰관직무집행법 등 개별법에 근거하여 허용되고 있다. 그런데 행정기본법상 즉시강제에 관한 규정이 경찰관직무집행법상 일반적 수권조항으로의 기능을 할 것인가의 문제를 야기한다. 경찰의 개입을 정당화하는 일반적 수권조항을 인정할 것인가와 관련하여 학설의 대립이 있고, 이 문제는 충분한 논의를 통해 입법적으로 해결할 필요가 있다.[57]

헌법재판소[58]도 "행정상 즉시강제는 법치국가의 요청인 예측가능성과 법적 안정성에 반하고, 기본권 침해의 소지가 큰 권력작용이므로 행정강제는 행정상 강제집행을 원칙으로 하고, 행정상 즉시강제는 예외적으로 인정되어야 한다"는 취지로 결정한 바 있다. 이처럼 강제집행과 즉시강제는 원칙과 예외의 관계에 있다.[59] 따라서, 이를 선언적 규정이라고 하면서 일반적 수권조항으로 기능하게 될 경우에 대비하여 변호사의 즉시강제에의 참여권 등 인권 침해를 막기 위한 잠금장치를 마련할 필요가 있다. 앞서 살펴본 직접강제의 경우와 마찬가지로 즉시강제의 경우에도 행정기본법 제31조 이행강제금의 부과에 관하여 '이행강제금의 부과의 근거가 되는 법률에는'이라는 수식어를 포함시켜 규정하였듯이 행정기본법 제33조 제1항에서 즉시강제의 근거가 되는 다른 법률에 명문의 규정을 둔 경우에 한하여 즉시강제가 허용된다는 점을 분명히 밝혀두는 것이 바람직하다.

---

56 법제처, 앞의 자료, 94면.

57 따라서 행정기본법에 도입된 즉시강제의 일반법적인 근거조항으로 인해 자칫 경찰이 경찰권 발동이 가능한 일반수권조항을 인정한 것으로 오인하여 이 규정을 근거로 쉽사리 국민생활에 개입을 하게 된다면 심각한 인권침해 우려가 있다.

58 헌재 2002. 10. 31. 2000헌가12결정

59 김연태, "현행 행정집행제도의 체계상의 문제점", 강원법학 제49권, 2016, 724면.

5. 위법 또는 부당한 처분의 취소(제18조) 및 적법한 처분의 철회(제19조)

1) 직권취소와 철회의 문제점

행정기본법 제18조에서 위법 또는 부당한 처분에 대하여 직권취소를 인정하고 있다. 직권취소의 사유에 '위법' 뿐만 아니라 '부당'을 포함시켜 입법한 것은 행정실제를 도외시한 내용의 입법으로 평가된다. 행정기본법 제18조에서 규정하고 있는 '부당'의 경우는 재량을 다소 그르친 합목적성 위반으로 이는 적법한 경우에 해당하므로 이를 직권취소의 사유로 포함하는 것은 바람직하지 않다. 그 이유는 통상적인 위법한 처분에 대하여 직권취소가 가능할 뿐이고 부당한 경우에는 직권취소가 이론적으로 불가능하고, 불이익처분의 경우에 단지 행정심판단계에서 부당을 이유로 권익구제가 이루어 질 수 있다. 그러나 행정의 실제에서 불이익한 처분을 한 처분청이 위법한 것을 인정하여 스스로 직권시정을 하면 좋은데 그런 경우는 매우 드물다. 불이익한 처분의 경우 부당을 이유로 직권취소는 더욱 어렵다고 보아야 한다. 그러나 행정실제에서 행정청이 다수 민원의 압력에 굴복하여 수익적 처분에 대하여 부당을 이유로 직권취소할 가능성이 있다. 따라서 직권취소에 위법한 처분 뿐만 아니라 부당을 포함시키는 것은 이론적으로나 실제적으로 문제가 있다.

2) 입법적 개선과제

직권취소와 철회의 구별은 처분 당시의 하자인가 후발적 사유인가를 기준으로 하는 것이 타당하다.[60] 그 법적 효과가 소급효인가 장래효인가를 가지고 양자의 구별할 것은 아니라고 보여진다. 행정기본법은 직권취소의 경우에 소급효를 원칙으로 하고 장래효를 예외적으로 규정하고 있으나, 철회의 경우에 처분의 전부 또는 일부의 장래효만 규정하고 있다. 그러나 철회의 경우 원칙적으로 장래를 향해 효력이 있는 것으로 보는 것이 옳지만 예외없이 언제나 장래효로 볼 것이 아니다. 행정기본법 제19조 제1항에서 열거한 3가지의 철회의 사유에 철회유보의 경우, 부담을 불이행한 경우 등을 추가적으로 열거하고, 보조

---

60 대법원 2020. 4. 29. 선고 2017두31064 판결에서도 "처분청은 비록 처분 당시에 별다른 하자가 없었고, 또 처분 후에 이를 철회할 별도의 법적 근거가 없더라도 원래의 처분을 존속시킬 필요가 없게 된 사정변경이 생겼거나 중대한 공익상의 필요가 발생한 경우에는 그 효력을 상실케 하는 별개의 처분으로 이를 철회할 수 있다"고 판시하고 있다.

금의 경우 소급적 반환에 관한 특별규정을 마련하는 등 철회의 경우에도 예외적으로 소급효를 인정할 필요가 있다.[61]

　행정기본법의 직권취소와 철회에 관한 규율은 상세하지 않고 불완전한 내용으로 구성되어 있다. 앞서도 설명한 바와 같이 행정실무상 불이익한 처분에 대한 직권취소가 잘 이루어지지 않는 점에 비추어 수익적 결정에 대하여 부당을 이유로 직권취소를 허용하는 것은 국민에게 불측의 권익침해를 초래할 위험성이 있으므로 부당 부분은 삭제하는 방향으로 입법개선이 이루어질 필요가 있다. 독일의 행정절차법 제48조(위법한 행정행위의 직권취소)와 제49조(적법한 행정행위의 철회)에서 규정하고 있다. 독일의 입법례를 참고하여, 위법한 행정행위의 취소를 수익적 위법한 행정행위에 대한 직권취소와 불이익한 위법한 행정행위에 대한 직권취소로 나누어 규율하고, 철회를 수익적 적법한 행정행위에 대한 철회와 불이익한 적법한 행정행위에 대한 철회로 구분하여 손실보상 등 보다 상세히 규율할 필요가 있다.[62]

6. 이의신청과 재심사 제도의 문제점과 입법적 개선과제

1) 이의신청제도(제36조)

　행정기본법 제36조에서 처분에 대한 이의신청제도를 도입하고 있다. 이와 같은 이의신청제도를 명문화하는 취지는 개별법상의 이의신청제도가 마련되어 있지 않은 경우에 이의신청이 허용되지 않는다는 입장에서 새로운 제도를 신설한 것으로 의미를 부여할 수도 있다. 이 보다는 이의신청에 관한 일반법이 없어 법적 근거를 분명히 하려는 측면이 강하다고 볼 것이다.[63] 개별법상의 이의신청제도는 드문 예이기는 하지만 특별행정심판의 일종[64]이 되기도 하지만 대부분의 경우에는 간이한 불복제도를 의미한다.[65] 행정기본법 제

61　김용섭, 「행정법이론과 판례평석」 박영사, 2020, 239면.

62　Steffen Detterbeck, "Allgemeines Verwaltungsrecht mit Verwaltungsprozessrecht, 17 Aufl., C.H. Beck, 2019, S. 217-264.

63　백옥선, "행정기본법(안)의 이의신청 조항에 대한 검토 및 향후 법적 과제", 법제연구 제59호, 2020, 71면.

64　가령 공익사업을 위한 토지등의 취득 및 보상에 관한 법률상의 이의신청은 특별행정심판의 일종으로 파악된다.

65　김용섭, "개별법상 이의신청제도의 현황분석과 입법적 개선과제─ 이의신청 등과 행정심판의 관계정립을 중심으로─", 행정법연구

36조 제3항의 규정취지를 보면 이의신청제도는 간이한 불복절차를 염두에 두고 규정하고 있다고 보여진다. 다만 특별행정심판의 일종으로 기능하는 이의신청 절차를 배제한다는 명문의 규정이 없어, 다소 혼란이 야기될 수 있다. 따라서 행정기본법에서 정하는 이의신청이 특별한 행정심판절차가 아닌 간이한 불복제도라는 것을 명확이 규정할 필요가 있다.

그러나 간이한 불복절차에 관한 현행 입법례는 다양하다. 대법원 판례[66]는 이와 같은 이의신청의 결과를 통보받은 경우에 처분 시점을 기준으로 행정심판의 청구기간이나 행정소송의 제소기간을 이의신청에 대한 결과통보일이 아니라 처분을 안날로부터 기산하는 것이 일반적이다. 그러므로 행정기본법에 따르면 행정심판의 청구기간이나 제소기간이 늘어나는 이점이 있다. 그러나 간이한 불복절차의 일종인 이의신청 제도는 행정실무상 활용도가 매우 미흡하다. 그 이유는 행정청이 불이익한 처분에 대하여 직권으로 취소하면 될 사안도 담당공무원이 책임을 부담하게 되므로 스스로 잘못을 인정하지 않고 불복절차를 거쳐서 시정하도록 직권취소를 하지 않는 경우가 대부분이기 때문이다. 행정기본법에서 이의신청에 관한 일반적 근거조항을 마련하여 이를 광범위하게 인정한다고 하더라도 중립적 제3자의 기관에 의한 공정한 심사가 이루어지지 않게 되어 실질적으로 구제되지도 않고 불필요한 무용의 절차를 거치는 결과가 되기 십상이다.[67]

따라서 행정기본법에 실효적 구제수단이 될 수 없는 이의신청제도를 마련하기 보다는 행정절차법상 청문절차에 대한 전반적인 개혁이 발본적인 제도개선이라고 할 것이다. 청문제도는 국민에게 불이익한 침해적 행정처분을 하면서 행정청의 주관적인 의사나 독단과 편견에 의한 결정을 방지하고 객관적이며 공정한 결과를 이끌어내고, 행정결정의 적정성을 확보하기 위한 것이다.

이의신청은 실제적으로 제도가 실효적이지 않으므로 청문제도[68]의 실질화를 통해서 사

제42호, 2015.

66 대법원 2014. 4. 24. 선고 2013두10809 판결 등

67 이의신청제도는 국민권익을 위해 그다지 활용도가 높지 않고, 행정에 부담을 가중시키는 제도로 전락하게 되어 입법개선이 필요하다.

68 청문제도란 행정청이 행정결정이나 처분을 하기에 앞서 당사자 또는 이해관계인에게 변명과 유리한 자료를 제출하여 행정의 의사결정과정에 당사자로 하여금 참여할 기회를 보장하여 스스로 방어할 기회를 제공하는 것으로 사전적 권리구제장치이자 행정절차의 핵심적 요소이다. 청문제도는 행정의 민주화 요청에 부응함과 아울러 행정청이 침해적 행정

전적 권익구제가 확충될 수 있다. 청문제도를 부실하게 운영하고, 이의신청의 기회를 폭넓게 부여한다고 권익구제가 확대되는 것이 아니므로 청문을 보다 충실히 하는 것이 바람직하다.

따라서 청문시 청문주재자를 변호사로 하고 청문결과의 구속력을 인정하는 방향으로 제도개선이 필요하다.

2) 재심사 제도(제37조)

행정기본법 제37조 제1항에서 "당사자는 처분(제재처분 및 행정상 강제는 제외한다)이 행정심판, 행정소송 및 그 밖의 쟁송을 통하여 다툴 수 없게 된 경우(법원의 확정판결이 있는 경우는 제외한다)라도 다음 각호[69]의 어느 하나에 해당하는 경우에는 해당 처분을 한 행정청에 처분을 취소·철회하거나 변경하여 줄 것을 신청할 수 있다"고 규정하고 있다. 행정기본법 제37조은 처분의 재심사제도를 제한적으로 도입한 것이 특징이다. 행정기본법 제37조의 처분에 대한 이의신청에서는 처분개념에 제재처분을 배제하지 않는 반면에, 행정기본법 제38조의 처분의 재심사에서는 제재처분을 재심사의 대상에서 제외하고 있으나, 합리적 이유가 제시되고 있지 않다.

행정기본법 제2조 제3호에서 당사자는 처분의 상대방을 의미하므로 처분의 재심사는 처분의 제3자에게는 허용되지 아니하고 처분의 상대방에 한하여 허용된다.[70] 이는 독일의 행정절차법에서 규정하고 있는 제도를 벤치마킹한 것이고, 우리의 1987년 행정절차법안에 담겨 있던 규정과 유사하다.[71]

처분을 함에 있어서 당사자에게 청문의 권리를 법적으로 보장하여 실질적 법치주의 이념의 실현에 이바지하는 기능을 수행한다.(김용섭, "법무담당관 제도의 활성화와 과제", 서울법학 제28권 제1호, 2020, 341면 참고바람)

69 1. 처분의 근거가 된 사실관계 또는 법률관계가 추후에 당사자에게 유리하게 바뀐 경우 2. 당사자에게 유리한 결정을 가져다주었을 새로운 증거가 있는 경우 3. 민사소송법 제451조에 따른 재심사유에 준하는 사유가 발생한 경우 등 대통령령으로 정하는 경우

70 처분의 제3자의 경우에도 허용하자는 입장으로는 이상학, "행정기본법 제정안의 평가와 주요쟁점 검토", 한국비교공법학회 학술대회 발표집, 2020.109면, 그러나 처분의 제3자에게 재심사를 허용할 경우에는 수익적 처분을 받은 상대방의 지위를 불안정하게 할 위험성이 있다.

71 이에 관하여는 김남진, "행정행위의 불가쟁력과 재심사 행정심판법 제39조 보완을 제의하며-", 법제 99. 11, 7면

국회의 심의과정에서 정부제출안에서 수정된 부분으로 법원의 확정판결이 있는 경우에는 재심사를 허용하지 않는 내용으로 수정하였다. 이는 제도의 안정적 정착을 위해 판결의 기판력을 존중하는 측면에서 바람직한 내용변경이라고 할 것이다.

이러한 재심사 제도는 기본적으로 불가쟁력이 발생한 처분에 대하여 처분의 근거가 된 사실 관계나 법률관계가 당사자에게 유리하게 바뀐 경우 등 새로운 사유가 발생한 경우에 다시금 심사를 할 수 있도록 제도를 마련한 것이다. 그러나 이러한 규정의 신설이 항상 당사자에게 유리한 것은 아니다. 이러한 제도의 신설이 없더라도 거부처분에 대하여는 다시금 신청을 할 수 있었으나, 행정기본법이 공포된 후 2년후 시행되지만 그 사유를 안 날로부터 60일 이내에 하여야 하는 제한을 받게 되었다. 특히 논란이 되는 조항은 행정기본법 제37조 제5항으로 재심사의 결과 중 처분을 유지하는 결과 즉, 재심사를 각하하거나 기각하는 결정에 대하여는 행정심판, 행정소송 및 그 밖의 쟁송수단을 통하여 불복할 수 없다고 규정하고 있다. 이와 같은 규정에 대하여 찬반 양론[72]이 있다. 처분을 유지하는 경우도 행정쟁송을 허용하는 방향으로 개정이 필요하다는 견해도 있으나, 재심사제도가 불가쟁력에도 불구하고 인정되는 측면을 고려할 때 재심사의 결과인 처분을 유지하는 결과에 대하여 불복을 허용한다면 법률관계를 불안정하게 할 수 있다.[73]

7. 행정의 입법활동(제4장)에 관한 규정의 의미와 한계

1) 행정의 입법활동에 관한 사항(제38조)

행정기본법 제4장의 내용 중 일부는 법제처의 활동의 핵심인 대통령령 형식의 법제업무운영규정의 법률적 근거를 행정기본법에 마련하려는 것으로 행정기본법의 입법취지와 다소 동떨어진 측면이 없지 않다. 국회에 제출한 정부안 제40조에 규제에 관한 법령 등의 입안·정비원칙과 관련하여서는, 국회의 심의 과정에서 적절히 삭제하였다. 이는 행정

---

72 대표적 반대론의 입장으로는 정호경, 앞의 논문, 153면. 재심사의 결과 전체에 대하여 불복이 불가능한 것이 아니라 처분을 유지하는 경우에 쟁송을 허용하지 않는 것이고, 만약에 재심사를 통하여 처분의 취소·철회·변경 등의 경우에는 행정쟁송이 허용된다고 볼 것이다.

73 따라서 행정기본법 제37조 제5항은 법적 안정성을 확보하기 위해 불가피하다고 할 것이다. 이러한 제한적 규정으로 인해 재심사가 국민의 권익신장에 크게 기여하지 못하고 장식적인 규정으로 전락할 가능성이 있다.

규제기본법에서 함께 규율하는 것이 입법기술적으로 바람직한 측면이 있어 행정기본법에서 삭제한 것은 타당하다고 할 것이다.[74]

문제는 행정의 입법절차와 관련하여 행정절차법에 입법예고 제도를 마련하고 있을 뿐 입법절차에 참여하는 국민의 권리가 제대로 보장되고 있지 않은 실정이다. 행정기본법 제38조 제2항의 행정의 입법활동의 기준에 관한 규정만으로는 부족하고 행정입법 과정에 국민의 입법참여나 절차적 통제에 관한 실질적인 규율을 둘 필요가 있다.[75]

2) 행정법제의 개선(제39조)

행정기본법 제39조 제1항 중 "법령이 헌법에 위반되거나 법률에 위반되는 것이 명백한 경우"에서 가리키는 '법령'은 '법률'을 제외한 법규명령이나 조례 규칙 등 법률의 하위규범을 의미하므로 그에 맞도록 '법령등(법률을 제외한다)'으로 수정하고, 주어를 정부로 할 것이 아니라 국가나 지방자치단체로 표현을 수정할 필요가 있다. 일반적으로 법령이라고 하면 법률과 법률보다 하위에 있는 규범을 가리키는데, 행정기본법 제39조 제1항에서의 '법령'은 그 범주상 '법률'을 포함하지 않는 표현이라고 보아야 한다.

만일 행정기본법 제39조 제1항의 '법령'이 '법률'까지 포함하는 표현이라고 한다면 그 문언은 "법률이 법률에 위반되는 것이 명백한 경우"가 되므로, 이는 자기모순이다. 법률과 법률 상호간에 내용이 서로 부합하지 아니하는 것은 위반의 문제가 아니라 충돌의 문제이다. 따라서 행정기본법 제39조 제1항의 '법령'에는 법률이 포함되지 아니함을 명백하게 하는 표현으로 수정할 필요가 있다.

---

74 대한변협의 행정기본법률안 검토의견서에서 규제에 관한 법령등의 정비원칙에 관하여는 행정규제기본법에서 함께 규율하는 것이 바람직하고, 행정기본법에서 이를 삭제하는 것이 타당하다는 의견을 제시한 바 있다. 이를 국회 심의과정에서 적절히 반영한 것으로 평가할 수 있다.

75 김용섭, "행정입법의 문제점 및 개선방안", 행정법연구 제12호, 2004, 38-40면 이와 관련하여 '행정입법절차법'이나 '법률제정기본법'을 제정하는 등 보다 실질적인 법률제정이 필요하다고 할 것이다.

Ⅳ. 맺음말

이상에서 고찰한 바와 같이 행정기본법은 국회에서 충분한 논의를 거치지 못하고 다소 성급하게 제정된 측면이 있다. 그럼에도 불구하고 행정법 통칙에 관한 규율을 담고 있는 행정기본법의 제정으로 향후 한국 행정법학의 발전에 기여하고, 행정 공무원의 법치역량을 높여 우리의 행정이 선진국의 수준으로 올라서기를 기대하고 희망해 본다. 이러한 관점에서 짧은 시간이지만 법제처를 중심으로 행정기본법의 성안과 국회통과를 위해 노력해 온 점은 높이 평가할 만하다. 다만, 앞에서 살펴본 법체계의 정합성 문제와 일부 조항의 문제점은 조속히 개선하여 일선 행정현장의 혼선을 최소화하고, 나아가 실질적 법치주의의 실현을 통한 국민의 권익보호를 신장하는 계기가 되기를 바란다.

이 논문의 핵심적 사항을 요약하기로 한다. 첫째로, 행정기본법의 명칭을 '행정통칙법'으로 변경할 필요가 있다. 행정기본법에 담고자 하는 사항과 행정절차법의 규율이 중복되어 처분, 신고, 공법상 계약 등 실체법적 규정을 행정절차법에 담거나 행정기본법에 행정절차법을 포함하여 단일의 행정통칙법으로 발전해 나갈 필요가 있다. 둘째로, 적극행정과 관련하여서는 국회의 수정 취지를 반영하여 무리하게 적극행정의 토대를 마련한 것으로 확대해석하는 것을 경계한다. 공무원의 적극행정에 관한 사항은 국가공무원법에서 통일적으로 규율하는 것이 바람직하다. 대통령령 형식의 적극행정 운영규정에 관한 법률적 근거를 무리하게 행정기본법에 마련할 것이 아니라, 적극행정이나 소극행정의 개념을 법률 차원에 명확히 설정할 필요가 있다. 적극행정에 대한 징계감면조치를 넘어 하위 법령에서 폭넓게 소극행정을 규정하여 이를 이유로 처벌과 제재를 할 경우에는 포괄위임금지 원칙이나 의회유보 원칙에 반할 가능성이 있다. 셋째로, 행정상 강제 중에 직접강제와 즉시강제에 관한 부분은 인권침해적 요소가 있음을 지적한다. 직접강제나 즉시강제에 관한 개별 법률에 의하도록 하고 일반법으로 기능할 경우에는 이에 관한 상세한 절차를 규율하는 별도의 법률을 제정하는 등 절차적 통제를 보다 강화할 필요가 있다. 넷째로, 위법 또는 부당한 처분의 취소와 적법한 처분의 철회의 경우에 독일의 입법례를 참고하여 보다 상세하게 규율할 필요가 있다. 부당을 이유로 수익적 처분에 대한 직권취소를 허용하는 경우 제3자의 법적 지위를 불안하게 할 위험성이 있어 부당 부분은 삭제하는 것이 타당하다. 다섯째로, 이의신청과 재심사는 그와 같은 제도의 신설 만으로 국민의 권익이 실질적으로 확대한 것으로 단정하기는 어렵고 이의신청 보다 청문절차를 충실히 보완하고, 재심사제도와 관련하여서는 오히려 거부처분에 대한 불복의 기회를 차단하는 결과가 되지 않도록 제도 운영에 앞서 제도적 미비점을 개선할 필요가 있다.

끝으로, 상세히 다루지 않았지만 제3장 제4절 과징금(제28조 및 제29조), 제5절 행정상 강제(제30조 내지 제33조) 및 위반사실에 대한 공표제도 등은 따로 통합적인 '행정집행법'의 제정으로, 제4장 제38조 행정의 입법활동 등과 관련하여서는 입법지침을 형식적으로 규정하는 차원이 아니라 실질적인 내용을 담는 '행정입법절차법'의 제정으로 각각 대처하는 것이 바람직하다.

참고문헌

김남진, "행정의 법원칙의 성문법원화", 한국학술원 통신 제326호, 2020. 9. 1.

김남진, "행정행위의 불가쟁력과 재심사- 행정심판법 제39조 보완을 제의하며-", 법제 99. 11.

김대인, "행정기본법과 행정절차법의 관계에 관한 고찰", 법제연구 제59호, 한국법제연구원, 2020.

김봉철, "적극행정 면책제도에 관한 법제적 연구- 적극행정 면책제도의 활성화를 위한 입법조치와 법제 개선방안을 중심으로-", 법제연구 제59호, 2020.

김수욱, "행정기본법안 관련 토론문", 법제처, 국회법제실, 대한변호사협회, 한국법학교수회, 한국법제연구원, 입법이론실무학회 공동주최 "공정한 법치국가를 위한 입법과제 심포지엄 자료집, 2019. 12. 17.

김연태, "현행 행정집행제도의 체계상의 문제점", 강원법학 제49권, 2016.

김용섭, 「행정법이론과 판례평석」 박영사, 2020.

김용섭, "법무담당관 제도의 활성화와 과제", 서울법학 제28권 제1호, 2020.

김용섭, "행정기본법안의 적극행정 조항에 관한 비판적 논의", 인권과 정의 통권 제491호, 2020. 8.

김용섭, "행정입법의 문제점 및 개선방안", 행정법연구 제12호, 2004.

김용섭, "개별법상 이의신청제도의 현황분석과 입법적 개선과제- 이의신청 등과 행정심판의 관계정립을 중심으로-", 행정법연구 제42호, 2015.

김용섭, "서울특별시 자치헌장조례에 대한 검토", 행정법연구 제53호, 2018.

김윤권, "적극행정의 동인과 제약에 관한 연구", 한국행정학회 학술발표논문집, 2019. 12.

김중권·김연수, "21세기 국가모델을 위한 가칭 행정기본법의 제정을 통한 행정법과 행정법제의 개혁", 공법연구 제41집 제3호, 2013.

김현준, "기본법의 정체성 문제와 이른바 행정기본법 명명의 오류", 법조 통권 제735호, 2019. 8.

박균성, 「행정법강의」 박영사, 2021.

박균성, "권한남용금지의 원칙과 그 한계', 법조 통권 723권, 2017.

박 윤, "적극행정의 개념에 관한 연구", 한국인사행정학회보 제18권 제4호, 2019.

박정훈, "적극행정 실현의 법적 과제-'적극행정법'으로의 패러다임 전환을 위한 시론-", 공법연구 제38집 제1호, 2009.

박정훈, "입법체계상 기본법의 본질에 관한 연구- 일본의 기본법을 중심으로-", 법조 통권 639호, 2009. 12.

법제처, "행정기본법안 조문별 제정이유서", 2020. 7.

백옥선, 행정기본법(안)의 이의신청 조항에 대한 검토 및 향후 법적과제, 법제연구 제59호, 한국법
제연구원, 2020.

이상학, "행정기본법 제정안의 평가와 주요쟁점 검토", 한국비교공법학회 학술대회 발표집, 2020.

이종수 "'적극행정'의 활성화를 위한 쟁점과 방안고찰", 지방행정연구 제30권 제4호, 2016.

이재훈, "행정기본법(안)의 신고 조항에 대한 소고", 2020년 행정법포럼자료집, 2020. 10. 20.

이진수, "행정기본법 제정의 의미와 평가", 법제연구 제59호, 한국법제연구원, 2020.

정영철, "행정법의 일반원칙으로서의 적법절차원칙", 공법연구 제42집 제1호, 2013.

정하중, "행정기본법 제정안에 대한 소고", 법제 2020. 6.

정호경, "행정기본법의 주요쟁점-행정작용법을 중심으로". 2020년 행정법포럼자료집, 2020. 10. 20.

최무현, "적극행정의 개념적 다양성에 기반한 발전방향에 관한 연구', 한국인사행정학회보 제18권
제4호, 2019.

한국공법학회, "21세기 국가모델을 위한 가칭 행정기본법 제정을 위한 연구 최종보고서", 2016, 11.

홍정선, "행정기본법 국회제출안의 주요내용 및 제정의 의미", 2020년 행정법포럼자료집, 2020.
10. 20.

Armin Steinbach, "Rationale Gesetzgebung", ZRP 2020.

Steffen Detterbeck, "Allgemeines Verwaltungsrecht mit Verwaltungsprozessrecht, 17 Aufl.,
C.H. Beck, 2019.

3

행정소송 전단계의 권리구제방법 및 절차*

목차

I. 序論

II. 韓國의 行政訴訟 前段階의 權利救濟制度에 관한 基本
    的 理解

III. 行政訴訟 前段階의 典型的인 節次法的 權利救濟方法
    및 節次

IV. 行政訴訟 前段階의 非典型的인 補充的 權利救濟方法
    및 節次

V. 結論

I. 序論

권리구제란 국민이 법규정을 통하여 보장된 자신의 권리를 실현하기 위한 절차적 수단을 말하며, 권리구제의 목적은 국민의 권리실현(Rechtsverwirklichung)에 있다.[1] 이와 같은 권리구제에 관하여 각국은 다양한 형태의 권리구제제도를 법제화하고 있다. 오늘날 현대적 법치국가에 있어서 행정권에 의하여 국민의 권익이 침해되었을 경우에 법원에 행정소송을 제기하여 권익을 구제받는 것이 일반적이고 가장 전형적인 방법이 된다. 그러나 현행

---

* 이 논문은 2008년 5월 24일 대만 타이페이 제8회 동아시아 행정법학회에서의 김용섭교수 발제문을 수정·보완하여 저스티스 제105호(2008. 8.)에 게재·수록한 것입니다.

1 Vgl. Christiane Seidel, AuBerordentliche Rechtsbehelfe, Duncker & Humbolt·Berlin, 2004. S. 25.

행정소송법상 개괄주의가 채택되었음에도 불구하고, 법원을 통한 권익구제는 일정한 한계가 있다. 즉, 행정소송을 통한 권리구제는 사법권의 본질에서 오는 한계, 소송절차에 의한 제약, 시간 및 비용의 과다로 인한 한계가 존재한다.[2]

행정소송 전단계에서 권리구제가 가능하다는 의미는 국민이 법원의 도움을 받지 아니하고도 자신의 권리를 실현하고 방어할 수 있는 기제가 있다는 의미가 된다. 행정소송을 제기하기 전에 반드시 사전절차로서 행정심판을 거쳐야 하는 것은 아니다. 행정소송법 제18조 제1항[3]에서 행정심판 임의전치주의를 채택하는 관계로 개별 법률에서 행정심판을 거치지 않으면 행정소송을 제기할 수 없다고 규정하고 있지 않는 한, 행정심판 절차를 거치는 것이 행정소송을 제기하기 위한 전단계의 구속적인 전제조건은 아니다.

한국에서 행정소송전 권리구제방법이 무엇을 의미하는지에 관하여 확립된 견해가 있는 것은 아니다. 우선 권리구제의 직접성을 기준으로 하여 행정소송전 권리구제를 행정심판, 행정절차, 고충민원, 직권취소, ADR 등 직접적 권리구제와 진정, 청원 등 간접적 권리구제로 구분이 가능하다. 다음으로, 법익침해가 있었는지를 기준으로 행정절차 등의 사전적 권리구제와 행정심판 등의 사후적 권리구제로 구분할 수 있다.[4] 여기서의 고찰방식인, 법적측면을 고려한 권리구제인가 아니면 정책적 측면을 고려한 권리구제인가를 기준으로 행정소송전단계의 권리구제방법을 전형적인 법적 권리구제방법과 비전형적인 보충적 정책적 권리구제방법으로 구분할 수 있다. 이러한 분류방법에 의할 경우에 전형적인 절차법적 권리구제 방법으로는 행정심판, 행정절차를 들 수 있다. 이에 반하여 정책적 측면을 고려하는 비전형적인 보충적 권리구제방법으로는 고충민원처리, 청원, 진정, 직권취소, 행정형 ADR을 들 수 있다.[5]

---

2 金鐵容, "행정심판법의 문제점과 행정심판의 과제", 고시계, 1994. 12, 132면.

3 행정심판법 제18조(행정심판과의 관계) ① 취소소송은 법령의 규정에 의하여 당해 처분에 대한 행정심판을 제기할 수 있는 경우에도 이를 거치지 아니하고 제기할 수 있다. 다만, 다른 법률에 당해 처분에 대한 행정심판의 재결을 거치지 아니하면 취소소송을 제기할 수 없다는 규정이 있는 때에는 그러하지 아니하다.

4 다만, 청원이나 고충민원처리는 일률적으로 말할 수 없고, 사안에 따라 사전 또는 사후적 권리구제가 된다.

5 「부패방지 및 국민권익위원회의 설치와 운영에 관한 법률」에 규정되어 있는 국민감사청구제도나 부패방지업무도 간접적으로 국민의 권익신장에 이바지하는 국민권리제도에 포함될 수 있으나 범위가 너무 넓어지는 관계로 이에 관하여는 고찰을 생략하기로 한다.

본 주제발표는 행정소송전단계의 권리구제방법과 절차가 고유의 특성을 발휘하면서 국민의 권익을 실현하는 실효성 있는 권리구제로 기능하고 있는지에 대한 문제의식을 가지고, 개괄적으로 한국에서의 행정소송 전단계의 권리구제방법과 이를 구체적으로 실현하는 권리구제절차에 대하여 논의를 진행하기로 한다.

II. 韓國의 行政訴訟 前段階의 權利救濟制度에 관한 基本的 理解

1. 行政訴訟前段階의 權利救濟制度 槪觀

가. 典型的 權利救濟方法

행정소송 전단계의 대표적인 권리구제제도로는 우선 행정심판을 들 수 있다. 행정심판은 위법한 처분뿐만 아니라 부당한 처분에 대하여도 권리구제가 가능하며, 처분에 대한 적극적 변경이 가능함은 물론 거부처분이나 부작위에 대하여 의무이행심판이 인정되는 등 행정소송에 버금가는 권리구제장치로 기능하여 왔다고 할 것이다.[6]

그런데, 1998년부터 시행되고 있는 행정심판의 임의절차화 내지 행정소송과 행정심판의 자유선택주의의 채택으로 인해, 당사자는 소송전략적 관점에서 권리구제방법의 선택을 고려하게 되었다. 그 과정에서 동일한 사안에 대하여 행정심판제도의 운영주체인 국민권익위원회와 행정소송의 운영주체인 사법부간에 권리구제의 실현가능성을 놓고 서로 경쟁하는 관계로 발전하였다고 할 수 있다.[7]

한편 행정절차는 법익침해 이전단계에 일정한 절차를 거치게 됨으로서 신중하고 적정한 결정을 가능하게 되어 사전적 권리구제장치로 정착되어 가고 있다. 행정절차가 사전적 권리구제제도라는 점에서 행정청의 처분이나 부작위가 행하여진 후에 권익구제를 하는 사

---

6 행정심판제도의 변천과 운영실태에 관하여는 국무총리행정심판위원회·법제처, 행정심판 20년사, 27면 이하; 李炳權, 행정심판제도의 변천과 운영실태에 관한 소고, 법제, 1999. 4, 32면 이하; 金基杓, 신행정심판법론, 2003, 55면 이하 참조 바람.

7 金容燮, "취소소송의 대상으로서의 행정심판의 재결", 행정법연구, 1998, 207-208면.

후적 권리구제제도인 행정심판과는 구분되지만, 양자 모두 법적인 측면을 고려하여 판단을 내린다는 점에서 전형적인 절차법적인 권리구제제도에 속한다. 이와 같은 행정절차상의 권리구제기능은 법원에 의한 사후적인 권리구제의 비효율성으로 인한 권리보호의 공백이나 약점을 보완하는 기능을 수행한다.[8]

나. 非典型的 權利救濟方法

위에서 살펴본 행정심판과 행정절차와는 달리 비전형적이면서 보충적 권리구제제도로는 고충민원의 처리, 청원, 진정, 직권취소, ADR을 들 수 있다.

우선 고충민원처리제도는 전형적인 절차법적 권리구제장치를 보완하는 것으로 일종의 행정 옴부즈만의 기능을 수행하고 있으나 그 법적 효과는 시정권고에 그치고 있어 실효성 있는 권리구제로서의 역할이 미흡한 것으로 평가되고 있다.[9]

다음으로 청원은 고충민원처리와 마찬가지로 비전형적 권익구제이면서 비쟁송적 성질을 갖고 있으며 기존의 행정절차, 행정심판, 행정소송의 전통적인 권리구제제도의 사각지대에서 보충적 구제제도로서의 기능을 수행하고 있다.[10]

또한 진정은 국가기관에 자신의 불만을 표시할 수 있고 이에 터잡아 행정청 등에서 직권취소 또는 변경 등 시정조치를 하는 경우가 있어 간접적인 권리구제로서의 기능을 수행하나, 실효적인 권리구제로 보기 어렵고 다분히 불만해소 측면이 강하다.

나아가 직권취소는 성립 당시의 위법 또는 부당을 이유로 그 효력을 소멸시키는 경우로서, 불이익한 행정행위의 경우에 권리구제수단으로서의 기능을 수행하지만, 주로 수익적 행정행위에 직권취소가 활용되고 있어 실제로 권리구제로서의 기능 보다는 제재적 측면

---

8 W.-R. Schenke, Mehr Rechtsschutz durch eine einheitliche ProzeBordnung?, DÖV 1982, S. 709; 柳至泰, 행정절차에 있어서의 권리보호기능과 그 한계, 저스티스 제22권 1989, 17면.

9 金賢祚, "한국 민원행정제도의 개선방안- 고충처리제도를 중심으로", 동의논총 40집, 2004 147면.

10 그러나 사법부에 의한 행정소송은 원고적격, 처분성, 소제기기간의 도과 등으로 인하여 권익이 구제되지 못하는 사례가 적지 않고 실제적으로 재판이 확정되기 까지는 시간이 많이 걸리고, 대부분 행정부에 증거가 있는 경우가 적지 않을 뿐만 아니라, 기존의 권익구제장치가 갖는 경직성과 형식성으로 인해 억울하면서도 권익구제를 못 받는 국민이 적지 않게 되기 때문에 이들에 대한 고충민원처리와 청원제도를 마련하여 불만을 해소하는 기능을 수행함과 동시에 집단민원의 제기 등 행정의 원활한 수행에 지장을 초래할 수 있는 사태를 미연에 방지하는 기능을 수행한다.

이 강조된다.

끝으로, ADR은 재판외 분쟁해결제도 내지 대체적 분쟁해결제도라고 할 것인바, 행정절차 단계, 행정부가 제공하는 각종 분쟁조정위원회를 통한 단계, 행정심판 및 행정소송단계에 각각 ADR이 가능하지만[11], 여기서는 행정형 ADR로서 환경분쟁조정제도를 들 수 있다. 이 역시 행정소송 전단계의 비전형적인 권리구제방법으로 볼 수 있다.[12]

2. 憲法的 基礎

가. 憲法 第107條 第3項

행정소송 전단계에 있어서의 권리구제와 관련하여 헌법 제107조 제3항에서 "재판의 전심절차로서 행정심판을 할 수 있다. 행정심판의 절차는 법률로 정하되, 사법절차가 준용되어야 한다"고 규정하고 있는 바, 이 조항은 행정심판이 행정소송의 전심으로 기능하는 행정심판에 관한 헌법적 근거조항이다. 헌법은 전심절차의 필요성을 인정하면서 개인의 권리를 효율적으로 구제할 수 있도록 행정심판의 절차를 법률로 정하고 사법절차가 준용되어야 한다고 규정하고 있다.[13] 다만, 비록 헌법에 행정심판을 재판의 전심절차로서 규율하고 있다고 할지라도 이로 인해 반드시 필요적 전치주의를 요구하는 것은 아니다.

위 헌법조항은 행정심판에 사법절차가 준용될 것만을 요구하고 있으므로 위와 같은 사법절차적 요소를 엄격히 갖출 필요는 없다고 할 수 있다. 그러나 행정심판에 있어 적어도 사법절차의 본질적 요소를 전혀 구비하지 아니하고 있다면 준용의 요구마저 갖추지 못한 결과가 되어 헌법에 위반된다고 할 수 있다.[14]

---

11 金容燮, "行政法上 紛爭解決手段으로서의 調停", 저스티스, 2004. 10. 5면 이하.

12 행정법상 ADR에 관하여는 金容燮, "行政法上 紛爭解決手段으로서의 調停", 저스티스, 2004. 10. 5면 이하; 金裕煥, "국민참여에 의한 행정분쟁해결제도", 저스티스, 2004. 10, 40면 이하; 金裕煥, "행정사건에 대한 재판외 분쟁해결제도", 법학논집, 제6권 제2호, 2001; 黃海鳳, "행정법상 분쟁조정제도와 국민참여에 의한 행정분쟁해결제도", 법제, 2005. 7. 8월호; 金井順, "행정법상 재판외 분쟁해결법제연구", 한국법제연구원 연구보고서, 2006. 등이 있다.

13 여기서 사법절차의 특징적 요소로는 첫째로, 심판기관의 독립성과 공정성이 보장되어야 한다. 둘째로 심리절차에 있어서 대심적 구조가 갖추어저 구술심리절차를 통한 변론의 기회가 보장되어야 한다. 셋째로, 당사자에게 증거제출권 등 절차적 권리가 보장되어야 한다.

14 헌재 2000. 6. 1. 98헌바 8 결정

이와 관련하여 ADR에도 헌법 제107조 제3항에서 말하는 사법절차가 준용되어야 하는지 문제가 제기되는데, ADR이 행정심판이 아니기 때문에 헌법 제107조 제3항에서 말하는 사법절차가 ADR에도 직접 준용될 것은 아니라고 본다.[15] 다만, 행정부의 조정의 효력을 사법상의 화해와 동일한 효력으로서 인정하는 경우에는 사법절차가 엄격히 적용될 필요가 없겠지만, 행정부의 조정의 효력에 재판상 화해와 같은 효력을 인정할 경우에는 보다 엄격한 사법절차의 준용이 필요하고, 분쟁조정기구의 독립성과 중립성이 있어야 하며, 신중하고 공정한 절차에 의하여 분쟁종결의사가 인정되어야 할 것이다.[16]

나. 憲法 第27條 第1項: 裁判請求權

우리 헌법 제27조 제1항에서는 "모든 국민은 헌법과 법률이 정한 법관에 의하여 법률에 의한 재판을 받을 권리를 가진다"고 규정하고 있다. 위 규정에 따라 공권력으로부터 자신의 권리를 침해받은 자는 행정소송을 제기하는 등 권리구제를 받을 수 있다.

여기서 행정심판이 헌법 제27조 제1항의 재판청구권을 침해하는지 여부가 문제가 된다. 사전절차로서의 행정심판이 국민의 재판을 받을 권리 내지 재판청구권을 침해하는지에 관하여 학설의 대립이 있다. 일설[17]에 의하면 행정심판을 필수적 전치절차가 아닌 임의적 전치절차로 하여 당사자의 선택에 따라 직접 행정소송을 제기하는 것이 가능하기 때문에 행정심판을 위헌으로 주장하는 견해는 더 이상 찾아보기 힘들다고 하면서, 다만 전심절차가 필수적으로 요구되는 경우에는 별도의 검토가 필요할 것이라고 보고 있다. 이러한 관점에서 행정심판의 재판청구권침해의 위헌여부는 행정청에 대하여 불복절차를 반드시 거쳐야 행정소송을 제기할 수 있는 필요적 전치주의에서 주로 논의된다고 본다. 이에 대하여 행정심판에 사법절차를 준용하여야 한다는 헌법적 요청이 상대화될 수 있는가의 관점에서 문제를 제기하면서, 임의적인 전심절차의 경우에도 불복의 경우 행정소송을 제기할 수 있다는 유보 하에 개인의 법적 지위에 영향을 미친다는 점에서는 필수적인 전심절차와 차이가 없다고 본다. 이러한 견지에서, 행정심판의 경우에는 필수적이든 임의적이든

---

15 全光錫, 한국헌법론, 2006, 604면.

16 헌재 1995. 5. 25. 91헌가7 결정

17 張永洙, 기본권론(헌법학Ⅱ), 2003, 643면.

사법절차가 준용되어야 한다는 견해가 있다.[18]

　헌법재판소는 필수적인 전심절차와 임의적인 전심절차를 나누어, 전자의 경우에 한하여 사법절차를 준용하여야 하며, 후자의 경우에는 사법절차를 준용할 필요는 없다고 보고 있다.[19] 생각건대, 현행 행정소송법이 임의적 전치주의를 채택하고 있어 행정심판을 제기할 것인가 여부가 당사자의 선택에 맡겨 두는 이른바 당사자 선택주의 내지 임의절차화로 인해 사법절차가 엄격하게 적용되어야 하는 것은 아니라고 볼 것이다. 물론 행정소송의 전심절차로 필요적으로 전치되는 행정심판은 사법절차가 준용되겠지만, 행정소송법상 임의절차가 원칙이므로, 이 경우 당사자가 언제든지 행정소송을 제기함으로써 재판청구권을 행사할 수 있기 때문에 임의적 전치주의가 적용되는 한 행정심판에 사법절차가 준용되지 않는다고 할지라도 그 자체만으로 위헌성이 있다고 보기는 어렵다.[20]

다. 憲法 第26條: 請願權

　헌법 제26조의 청원권에서 청원, 고충민원처리 및 진정의 헌법적 기초를 찾을 수 있다. 헌법 제26조 제1항은 "모든 국민은 법률이 정하는 바에 의하여 국가기관에 문서로 청원할 권리를 가진다"고 규정하고 있다. 그리고 동조 제2항에서는 "국가는 청원에 대하여 심사할 의무를 진다"고 규정하고 있다.[21] 이러한 헌법규정을 바탕으로 헌법재판소는 헌법상 보장된 청원권은 공권력과의 관계에서 일어나는 여러 가지 이해관계, 의견, 희망 등에 관하여 적법한 청원을 한 국민에게 국가기관이 청원을 수리할 뿐만 아니라 이를 심사하여 청원자에게 적어도 그 결과를 통지할 것을 요구할 수 있는 권리라고 한다.[22]

　아울러 행정옴부즈만의 일종이라고 할 수 있는 고충민원처리에 관하여는 직접적 헌법적

18　全光錫, 한국헌법론, 제3판, 604면

19　헌재 2001.6.28., 2000헌바30 결정

20　姜京根, 헌법, 2004, 872면. 한편 강경근 교수는 법관의 재판을 배제하는 행정심판은 위헌이라고 보면서, 행정심판을 최종심으로 하는 것, 즉 행정심판에서 법원의 사실적·법률적 심사를 배제하고 대법원으로 하여금 최종심 및 법률심으로서 단지 법률적 측면의 심사만 할 수 있도록 한 것을 그 예로 들고 있다.

21　한편 청원법 제9조 제2항에서 "청원을 관장하는 기관이 청원을 접수한 때에는 특별한 사유가 없는한 90일 이내에 그 처리결과를 청원인에게 통지하여야 한다"고 규정하고 있다.

22　헌재 1994. 2. 24. 93헌마213 결정

근거규정은 없다. 그럼에도 불구하고 고충민원처리의 헌법적 근거를 청원권에서 찾을 수 있다고 보는 견해[23]도 있다. 행정옴부즈만의 기능을 하는 고충민원처리제도는 엄밀히 말하여 법률에 의하여 인정되는 제도라고 할 것이다.[24]

진정은 절차와 요건이 법령에 따로 정해진 것이 아니고, 진정의 제기에 의해 행정기관이 어떠한 행위를 한다고 하여도 그것은 행정기관 스스로 직권에 의한 행정작용에 불과하게 되므로, 이는 전형적인 사법적 권리구제절차와는 다르다.[25] 진정은 특성상 비형식적이고 포괄적이며 특히 공무원의 비위와 관련된 사항을 해당 공무원의 직무감독의 관청 또는 상급 감독관청에 대하여 표출함으로써 행정기관내부의 통제를 가능하게 하므로 헌법상 청원권에서 그 근거도출이 가능하다. 이러한 관점에서 진정은 넓은 의미의 청원이라고 할 수 있다.[26]

라. 憲法上 法治國家原理 내지 實質的 法治主義

법치국가원리 내지 실질적 법치주의는 국민의 대표기관인 의회가 제정하는 법률에 의하여 국가활동이 기속되는 동시에 법률의 적용을 보장하는 재판제도를 가짐으로써 인권보장의 목적을 달성하려는 제도를 의미한다.[27] 즉, 행정의 법과 법률에의 기속과, 위법 또는 부당한 행정작용에 대한 시정이 바로 그것이다. 이와 같이 행정과 법과의 관계에서 법치국가원리의 실질적 목적은 행정권의 작용을 법에 종속시켜 그 자의를 불허함으로써 개인의 자유와 권리를 보장하는 것이고, 법치국가에서의 행정작용도 실제에 있어서 행정권이 법적 기속으로부터 벗어나 위법 또는 부당하게 행하여지는 경우가 있을 수 있으므로 이에 대한 취소 또는 변경을 가능하도록 함으로써 법의 적정한 집행을 도모하게 된다.[28]

---

23 趙在炫, "헌법상 청원권과 옴부즈만제도에 관한 고찰", 한국부패학회보, 제12권 제2호, 2007. 6, 81면.

24 權寧星, 헌법학원론, 2008, 819면, 권영성교수에 의하면 옴부즈만이 행사하는 권한은 복합적 성격의 것이지만 기본적으로 집행작용에 속하는 것이므로, 이로 인해 비록 옴부즈만의 활동이 권리구제의 효과를 가져온다할지라도 이는 옴부즈만제도를 채택한 결과이지, 옴부즈만의 본질이 사법작용이기 때문에 그런 것은 아니라고 설명한다.

25 진정은 그 자체가 직접적인 권익구제제도로서 기능한다기 보다는 이에 따라 행정청의 시정조치가 내려지게 되는 경우가 있을 수 있으므로, 진정은 간접적으로 권리구제기능을 수행하게 된다.

26 Christiane Seidel, Außerordentliche Rechtsbehelfe, 2004, S. 36.

27 鄭夏重, 행정법개론, 2008, 31면.

행정심판, 청원 등도 헌법과 법률에 따른 권리구제를 도모하고 기본권의 보장과 관련되므로 법치국가원리 내지 실질적 법치주의와 밀접한 관련이 있다. 나아가, 행정절차와 직권취소의 헌법적 기초도 법치국가원리로부터 도출할 수 있다. 헌법 제12조 제1항은 신체의 자유의 침해에 있어 적법절차의 원칙을 준수하도록 요구하고 있다. 이와 같은 적법절차원칙이 행정청의 행정작용으로 인한 불이익한 처분에 있어서도 적용되는 것으로 보고 있다. 우리 헌법재판소 역시 행정절차를 헌법 제12조 제1항의 적법절차조항으로부터 도출하고 있다.[29] 행정절차법을 제정하여 행정과정에 대한 국민의 참여를 통하여 행정결정의 공정성과 투명성 및 신뢰성을 확보하고, 국민의 권익을 보호하여야 한다는 이념은 헌법상의 원리인 법치국가원리를 구체화한 것이라고 할 수 있다.[30] 또한 합리적인 행정절차를 보장할 수 있는 법적인 근거로서 행정절차법을 제정한 것은 기본권보호를 위해 매우 중요한 의미를 지닌다.[31]

한편, 직권취소는 권한 있는 행정기관이 직권으로 행정행위의 효력을 상실시키는 행위로서, 그 자체가 행정행위이다. 또한 처분권한에는 위법 부당한 행위의 시정을 위한 취소권까지 포함되어 있다고 보아야 하므로 직권취소는 헌법상의 법치국가원리로부터 도출될 수 있다.

문제는 ADR과 법치국가원리와의 관계인데, 행정사건은 전통적으로 법의 지배 내지 법치주의가 지배하는 영역인데, 자율적으로 해결하는 재판외 분쟁해결제도가 어떻게 정당화될 것인가의 문제이다.[32] 국가는 분쟁을 해결하는 시스템의 최종적인 해결창구는 사법권을 행사하는 법원으로 하되, 그 전단계에 있어서는 행정형 재판외 분쟁해결수단(ADR)인 각종 분쟁조정위원회 등을 통하여 권익구제를 도모하도록 하는 것은 실질적 법치주의에 합치된다고 할 것이다.

---

28 李尙圭, 행정쟁송법, 2000, 6면.

29 헌재 1990. 11. 19. 90헌가 48 결정

30 吳峻根, 행정절차법, 1998, 80면.

31 許營, 한국헌법론, 2008, 304면.

32 金容變, "행정법상 분쟁해결수단으로서의 조정", 저스티스 통권 제81호, 2004. 7-8면.

마. 檢討意見

이와 같은 행정소송 전단계의 권리구제가 단일의 헌법의 규정이나 헌법원리로부터 통일적으로 도출되는 것은 아니다. 헌법적 근거도출의 연결고리는 헌법 제107조 제3항, 헌법상 재판청구권과 청원권, 법치국가원리 내지 실질적 법치주의라고 할 것이다.

행정소송 전단계의 권리구제방법은 법률의 구체화를 통하여 실현된다. 비록 국가에게 국민의 기본권 보장 차원에서 구체적인 권리실현을 위한 절차를 형성할 의무가 있으므로, 기본권보호를 최적화하고, 절차를 통하여 기본권보호를 도모하는 것이 기본권실현을 위하여 중요한 사항에 속한다. 다만, 입법자가 행정소송 전단계의 권리구제방법과 절차를 반드시 마련하여야 할 의무가 있는 것은 아니다. 따라서 기본권보호 의무를 어떤 방식으로 어느 정도로 고려하여야 하는지는 개별 법률의 입법자에게 유보되어 있다고 할 것이다.[33]

3. 統合的 權利救濟機關으로 새롭게 出帆한 國民權益委員會

가. 「腐敗防止 및 國民權益委員會 設置와 運營에 關한 法律」의 制定

이명박 대통령 당선자를 위한 인수위원회가 발족되어 추진한 과제 중에 정부조직개편과 위원회의 정비가 있다.[34] 각종 위원회의 정비 일환으로 2008. 2. 29. 「부패방지 및 국민권익위원회의 설치와 운영에 관한 법률」을 제정하여[35], 종래 국민고충처리위원회, 국가청렴위원회, 국무총리행정심판위원회의 기능을 통합하여 국민권익위원회를 발족시켰다. 다만, 법제정과정에서 충분한 논의를 거치지 않아 법리적으로 문제점을 지적하는 학자들의 비판적 견해가 존재하고 있다.[36]

---

33 Sodan/Ziekow, Verwaltungsgerichtsordnung GroBkommentar, 2 Aufl., S. 1312,

34 작은 정부 내지 실용정부를 표방하면서 출범한 이명박 대통령은 취임과 더불어 정부조직의 축소개편을 단행하였다. 종전의 중앙부처 18부 4처의 체제를 15부 2처로 하면서, 각종 위원회에 대한 정비에 착수하여, 종래에 대통령 소속의 국가청렴위원회와 국민고충처리위원회 나아가 법제처에서 수행하던 국무총리행정심판위원회를 통합하여 국무총리 소속하의 국민권익위원회로 일원화 하는 기구통합과 제도개선이 이루어졌다.

35 이 법률의 제정과 더불어 부패방지법과 국민고충처리위원회의 설치 및 운영에 관한 법률은 폐지하였다.

36 이에 관하여 체계적인 논문의 형태로 나온 것은 없으나, 이와 같은 조직개편문제와 관련하여 국민권익위원회가 기존의 국가청렴위원회와 국민고충처리위원회의 기능을 함께 수행한다는 점에서 행정심판기능의 특수성을 간과했다는 지적과, 또한 준사법적 기능을 수행하는 행정심판기관과 제도개선을 목적으로 삼는 국민고충처리위원회나 국가청렴위원회와는

나. 國民權益委員會의 出帆의 意義

(1) 작은 政府 내지 작고 强한 國家의 指向

공행정은 시민의 납세를 통하여 재정을 조달하여야 하기 때문에 국가적 과제의 수행은 세금을 유효적절하게 사용하는가에 성패가 달려있다. 공행정이 비대하면 할수록 불필요한 규제가 늘어나고 국가재정의 압박을 받게된다.[37] 효율성을 갖는 작은 정부는 시대적 추세이며, 군살을 뺀 작고 강한 국가(slanker Staat)는 바람직한 정부조직의 개편방향이라고 할 수 있다. 공무원 조직의 계속적 비대화로 행정능률이 떨어짐은 물론 생산성, 더 나아가 행정비용의 증가, 규제의 존속이 수반되게 된다. 이러한 관점에서 그동안 참여정부에서 늘어난 정부조직을 감량하고 위원회 조직을 축소하는 방향은 기본적으로 옳고, 유사기능을 통폐합하여 효율적인 권익구제로 나아가는 것은 긍정적으로 바라볼 수 있다.

다만, 국민고충처리위원회와 국가청렴위원회는 대통령 소속에서 국무총리 소속으로 그 소속기관이 변경되어,[38] 대외적 위상이 약화될 우려가 있으며, 아울러 국무총리행정심판위원회의 경우에는 국무총리소속하의 법제처에서 잘 수행하던 기능을 국민권익위원회로 이관한 관계로 종전 못지 않게 잘 기능할지 우려와 기대가 교차한다.

(2) 統合시스템을 통한 實質的 權益救濟機關化

이번의 기구통합이 국민의 입장에서 권리구제 및 권익보호를 위한 기능을 효율적으로 정비하여 억울하고 권리침해 당한 사람들이 한 곳에서 원스톱 서비스를 받을 수 있도록 쟁송, 행정권고, 재량에 의한 권리구제 및 공직자의 부패예방을 위한 신고 등의 업무를 국민권익위원회에서 한꺼번에 처리할 수 있도록 하려는 것이라는 이유를 들고 있다.[39]

그동안 각자 흩어져서 수행하던 국민권익구제 업무를 통합하여 중복되는 조직 및 부분

그 성격이 판이하게 다르므로 이를 통합하는 것이 다소 무리라는 지적이 나오고 있다.

37 金容燮, "공행정의 질- 공법적 시각에서의 접근", 경희법학, 제32권 제1호, 1997, 221면.

38 특히 국민고충처리위원회의 경우에는 의회에 둘 것인지 대통령 소속에 둘 것인지 논란이 되었으나, 옴부즈만의 기능에 비추어 적어도 대통령 소속으로 두는 것이 적절한 측면이 있으며, 국가청렴위원회의 부패방지업무는 행정부만이 아니라 전 국가기관을 대상으로 하므로 국무총리 소속으로 하는 것이 적절한 것인지 논란의 여지가 있다.

39 원스톱 행정을 도모한다고 하지만 행정심판에 대하여 불고불리의 원칙이 적용되는 것이고, 당사자가 행정심판을 제기한 것을 일방적으로 고충민원으로 이관하여 처리하는 것이 가능한지 의문이라 할 것이다.

을 기능중심으로 간소화하고 한 곳에서 원스톱 서비스로 처리할 수 있도록 한다는 측면에서 의미가 있다. 따라서 유사한 기능을 수행하는 3기관의 기계적 통합을 넘어서 업무적 통합을 이룩함으로써 시너지 효과를 창출하고, 나아가 국민의 입장에서도 서로 다른 기관을 방문하는 불편을 최소화 하며, 원스톱 시스템의 구비를 통한 효율적 권리구제를 도모할 수 있는 긍정적 측면이 있다.

다. 向後課題

(1) 옴부즈만 形態로의 統合에 따른 問題點

종전에 옴부즈만 형태의 권리보호 수행기관으로 국민고충처리위원회, 국가인권위원회, 부패방지위원회, 국무총리행정심판위원회를 들면서 최소조직의 원칙에 따라 단일 창구를 가진 조직으로 설계되는 것이 필요하다는 관점에서 국민권익위원회와 같은 통합기구를 옴부즈만 형태라고 보는 견해[40]도 있다. 그러나 기본적으로 이들 기관은 국민의 권익을 옹호하는 기관에 해당한다는 점에서는 공통점이 있다고 할 수 있으나 국무총리행정심판위원회가 고충민원과 동일하게 옴부즈만의 기능을 수행한다고 보는 것은 행정심판의 헌법적 근거와 행정심판법의 규정취지에 비추어 받아들이기 어려운 측면이 있다.[41]

국민권익위원회는 그 주된 기능을 고충민원처리와 부패방지에 두게 될 경우에는 행정심판업무는 그 기능이 위축될 수 있다. 또한, 국민권익위원회의 부위원장이 국무총리행정심판위원회의 위원장을 맡게 됨으로 인해 행정심판기능이 상대적으로 취약하게 될 가능성이 있다.

---

40 吳峻根, "국민의 권리구제 효율화를 위한 옴부즈만 관련 법제정비방안", 공법연구 제33집, 제3호, 2005. 5. 404-405면

41 우선 국무총리행정심판위원회와 국민고충처리위원회, 국가청렴위원회라고 하는 3가족을 한지붕인 국민권익위원회에 둠으로써 서로 배경이 다른 세가족이 한지붕에 모이게 되었다. 비록 행정심판과 옴부즈만으로서의 국민고충은 권익구제라는 점에서는 동일하지만 법적으로 접근하는가 아니면 정책적 고려의 관점에서 접근하는가라고 하는 기본적인 접근 자체가 다르기 때문에 고충민원의 관점에서 국무총리행정심판위원회가 운영되어 질 경우에 행정심판이 그동안 수행해 온 법치행정의 긍정적인 기능이 위축될 수 있다.

(2) 獨立性의 確保 및 專門人力의 擴充을 통한 機關位相의 强化

국민권익위원회의 성격이 고충민원처리 및 부패방지 나아가 국무총리행정심판위원회의 운영을 통합적으로 하기 위하여 국무총리 소속하에 둔 기구이지만, 위원회의 위상을 강화하고 독립성 확보를 위한 법적 제도적 보완이 필요하다.

국가권익위원회의 고충민원처리에 있어서의 궁극적 목적은 국민의 권리구제에 있으므로 행정처분에 대한 조사권강화와 이에 필요한 전문인력 확충을 통한 시정권고 등에 대한 이행력을 확보함으로써 그 목적을 달성할 수 있을 것이다.

국민으로부터 신뢰받는 행정부내의 전문적인 국민권익구제기관으로 탈바꿈하기 위해서는 역량있는 전문인력이 확충될 필요가 있다. 아울러 고충민원의 처리와 관련하여 옴부즈만의 기능을 제대로 수행하기 위해서 독임제 옴부즈만제도의 도입도 검토할 필요가 있다.

국무총리행정심판위원회의 경우 그 위원이 주축이 되겠지만, 근본적으로는 실무진에 의한 사전 검토에 의존하는 경향이 없지 않으므로 유능한 실무인력의 보강이 절실하다. [42]

(3) 바람직한 代案的 權利救濟機關으로 變化摸索

새롭게 출범한 국민권익구제위원회가 행정부내의 정부기관화되어 힘센 부처의 눈치를 보게 될 경우에는 오히려 종전의 대통령 소속기관으로 있을 경우에 비해 국민의 권익구제에 공백이 생길 수 있다.

고충민원의 처리가 실효적인 권리구제가 되지 못하고, 단지 관공서에 대한 불만해소창구 내지 기관이 되거나 부패신고가 있어도 공무원을 두둔하는 장치로서 기능하지 않기 위해서는 국민권익위원회의 존립목적에 맞는 역할을 충실히 수행하여야 한다. 국무총리행정심판위원회가 행정소송 전단계의 단순한 통과역(Durchlaufstation)으로서의 역할만 수행하여서는 곤란하다.[43]

따라서 새롭게 출범한 국민권익위원회는 국민의 점증하는 권리구제욕구를 충족함과 아

---

42 국민권익위원회는 일반 행정관료와 더불어 사법연수원 출신의 변호사들에게 문호를 개방하여 전문성을 높여 나갈 필요가 있다. 이들의 충원은 실질적 법치행정의 실현을 위해서 뿐만 아니라 다량 배출된 법조인력의 공직사회에의 진출이라는 관점에서도 바람직한 측면이 있다.

43 Stefan Vetter, Mediation und Vorverfahren, Duncker&Humblot. Berlin, S. 7.

울러 고충민원처리와 부패방지업무의 상충된 역할을 잘 조정하여야 한다. 동시에 국무총리행정심판위원회가 실효적인 권리구제기관으로 자리잡아 행정소송 전단계의 매력적인 전심절차로서 바람직한 대안적 권리구제기관이 될 수 있도록 변화를 모색할 필요가 있다.

III. 行政訴訟 前段階의 典型的인 節次法的 權利救濟方法 및 節次

1. 行政審判

가. 現況

한국에서는 1998년 전문법원인 행정법원이 출범하였으며, 행정소송전에 행정심판을 거치지 않아도 되는 행정심판의 임의 절차화로의 권익구제제도의 일대변혁이 있었다.

1996년부터 2007년까지 12년간 국무총리행정심판위원회의 연도별 사건처리 현황은 아래의 도표와 같다. 행정심판사건의 현황을 보면 행정심판사건이 증가추세에 있으며, 2004년 20,000건이 상회한 후 2006년에는 20,000건에 약간 하회하다가 다시 증가추세에 있다. 10년간 연평균 인용률은 약 20.7퍼센트의 비율을 유지하고 있으나, 최근 5년간은 약 16.5퍼센트에 달하여 그 인용률이 비교적 낮은 편이다. 이러한 통계수치에 비추어 볼 때, 그동안 행정이 법에 근거하여 이루어지고 있다고 볼 수도 있지만, 운전면허사건이 차지하는 비중이 지나치게 높고, 아울러 상대적으로 낮은 인용률은 점점 행정심판을 통한 분쟁해결기능과 권리구제기능이 약화되어가고 있다고 볼 수 있는 측면을 무시할 수 없다.

區分 年度	接受件數	審理·議決				認容率(%)	取下·移送
		計	認容	棄却	却下		
1996	3,991	3,346	1,455	1,770	121	43.5	100
1997	8,131	7,231	2,779	4,102	350	38.4	85
1998	6,855	7,336	2,423	4,657	256	33.0	118
1999	8,028	8,055	2,066	5,589	400	25.6	76
2000	9,226	8,844	1,900	6,266	678	21.5	128
2001	12,692	12,252	2,891	8,624	737	23.6	106
2002	11,725	10,678	2,175	7,858	645	20.4	576
2003	13,831	13,165	2,501	10,028	636	18.9	281
2004	20,082	19,114	3,372	14,945	797	17.6	526
2005	22,292	21,131	3,102	17,157	872	14.6	884
2006	19,540	18,743	2,968	15,160	615	15.8	478
2007	23,326	23,178	3,719	18,818	641	16.0	527

(출처 :국민권익위원회 사이트 www.acrc.go.kr)

나. 行政審判의 意義 및 機能

행정심판이란 행정청의 위법 또는 부당한 처분 또는 부작위에 대하여 국민의 청구를 전제로 하여 행정심판위원회를 통하여 권리구제를 강구하는 행정쟁송절차를 말한다.44 이처럼 행정심판은 행정청 스스로가 처분청이 내린 결정의 적법성 또는 타당성의 관점에서 자기통제를 하면서 권리구제를 실현하는 공행정 작용이라고 할 수 있다.

행정심판을 통한 권리구제는 위법한 처분뿐만 아니라 재량행위와 관련한 부당한 처분에 대하여도 가능하므로 심리의 범위가 확대되어 권리구제가 확대되는 장점이 있다.

나아가 행정심판은 처분의 적극적 변경이 허용되고, 행정소송에서는 인정되지 않는 적극적 이행의무를 명하는 의무이행심판을 제기할 수 있다. 행정심판에 있어서는 비용이 거

---

44 행정심판과 구별하여야 할 개념중에 이의신청과 특별행정심판을 들 수 있다. 먼저 행정심판은 종전에 원칙적으로 처분청의 직근 상급행정청이 재결청이던 것이 행정심판법의 개정으로 재결청의 개념이 없어지게 되어 행정심판위원회가 재결기능을 수행하게 된데 반하여 이의신청은 처분청에 대하여 재심사를 청구하는 쟁송절차라는 점에서 구별된다. 다음으로 특별행정심판은 조세심판, 특허심판, 중앙노동위원회의 재심 등 특정 분야의 행정심판으로 각 개별법에서 따로 정한 특별절차 및 특례절차에 의하여 행하여 지는 행정심판으로,행정심판법에 의하여 규율되는 일반행정심판과는 구별된다.

의 들지 않는데다가 신속한 결정이 이루어 져서 행정소송의 제기에 앞서 또는 행정소송의 제기와 더불어 행정심판청구를 하는 것이 유리하다. 행정소송과 행정심판이 각각 제기된 경우, 서로 상반된 결정이 내려지기도 하지만, 국민의 입장에서는 어느 곳에서나 인용되면 족하므로 다양한 권리구제수단이 마련된 것이라고 할 것이다.

다. 行政審判의 本質

(1) 行政審判의 目的

행정심판은 근본적으로 행정청에 의한 내부통제로서 외부통제인 행정소송과는 구별되며, 특히 그 심리범위가 위법여부 만이 아니라 부당성에 대하여도 판단한다는 점이 특색이다. 행정심판의 존재이유로, 간이 신속한 구제, 구제대상의 확대, 행정청의 전문지식의 활용, 법의 부담경감, 자율적 행정통제 등을 열거하기도 한다[45]. 그러나 행정심판의 중요한 3대 기능은 자기통제기능, 부담경감기능[46], 권리구제기능이라고 할 수 있다.

행정심판법 제1조에서 "행정심판절차를 통하여 행정청의 위법 또는 부당한 처분 그밖에 공권력의 행사·불행사 등으로 인한 국민의 권리 또는 이익의 침해를 구제하고, 아울러 행정의 적정한 운영을 기함"을 목적으로 정하고 있어, 행정심판의 기능은 1차적으로는 주관적 권리구제 장치로서 국민의 권익구제에 있고, 행정의 적정한 운영을 위한 행정의 자율적 통제는 2차적 목적이라고 할 수 있다.[47] 그러나 엄밀히 살펴보면 권리구제기능과 자기통제기능 중에 행정심판에 있어 자기통제기능이 본질적인 기능이라고 할 수 있다. 왜냐하면 행정심판을 통하지 않더라도 국민의 권익구제가 불가능한 것은 아니며, 부담경감기능도 자기통제과정에서 가능하게 되기 때문이다.[48]

법원의 관점에서도 행정심판을 거치면서 논점이 명확하게 되어 판단이 용이하지만, 당

---

45 金鐵容, 행정법 I, 2008, 550-551면.

46 부담경감기능 중에 종래에는 법원의 부담을 경감하는 측면만을 고려하였으나 행정청의 부담을 경감하는 측면도 고려에 넣을 필요가 있다. 만약에 자기통제가 실현된다면 더 이상 행정공무원이 법원의 소송에 대응하지 않아도 되기 때문에 행정청의 부담도 경감하게 된다고 할 수 있다.

47 朴松圭, 행정심판법, 1998, 33면; 金基杓, 신행정심판법론, 2003, 37면.

48 Stefan Vetter, Mediation und Vorverfahren, Duncker&Humblot. Berlin, S. 15.

사자의 입장에서도 행정심판에서 패할 경우 이와는 다른 법적 논리와 주장으로 행정소송
에 임할 수 있기 때문에 권리구제를 위하여 적절한 대응전략을 수립할 수 있게 된다.

(2) 行政審判의 法的 性質

(가) 行政節次로서의 行政審判

한국에서 행정절차법이 1998. 1. 1.부터 시행된 관계로 그동안 행정심판을 행정절차의
일종으로 이해하기 보다는 행정소송의 전심절차로 파악하는 견해가 다수견해이며, 최근에
행정소송과 행정절차의 중간에 존재하는 절차로 이해하는 관점이 큰 무리가 없게 되었
다.[49] 다만, 행정심판은 분쟁에 대한 심판작용이면서 동시에 그 자체가 행정행위라는 이
중적 성격을 가지고 있다는 견해[50]도 있다. 그러나 행정심판은 행정행위의 일종은 아니며
어디까지나 넓은 의미의 행정절차의 일종이라고 할 수 있다. 우리의 경우에 행정심판은
행정절차적 요소와 준사법절차의 요소를 모두 갖추고 있다. 따라서 행정심판법이 행정절
차법과 상호 연계되어 규율될 필요가 있다.[51]

(나) 行政訴訟의 前審節次로서의 行政審判

행정심판은 행정소송과 연계된 권리구제제도로서의 의미를 갖는다. 특히 필요적 행정심
판전치주의가 적용되는 경우에는 더욱 그렇다. 그러나 임의적 전치주의가 적용되는 한 앞
서도 밝힌 바와 같이 행정심판과 행정소송은 경쟁적 권리구제제도로서 기능하게 되었기

---

49 朴正勳, "세계속의 우리나라 행정소송·행정심판·행정절차", 저스티스 통권 92호, 2006, 306면 이하.

50 金東熙, 행정법 I, 2007, 590면.

51 가령 우선 처분의 실정법적 개념정의와 관련하여 행정심판법 제2조제1항 제1호에서" 처분이라 함은 행정청이 행하는
　　구체적 사실에 관한 법집행으로서의 공권력의 행사 또는 그 거부와 그밖에 이에 준하는 행정작용을 말한다"라고 규정
　　하고 있으며, 행정절차법 제2조 제2호에서 동일한 용어정의 규정을 두고 있다.
　　한편 행정심판법 제42조에서는 서면으로 행정심판을 제기하는 경우에 한정하여 이를 제기할 수 있는지 여부, 제기하
　　는 경우의 심판청구절차 및 청구기간에 관한 고지에 관한 규정을 두고, 오고지와 불고지의 경우 행정심판법 제18조
　　제5항 및 제6항에서 행정심판청구기간에 미치는 영향을 규율하고 있다. 그러나, 행정절차법 제26조에서는 (서면 뿐만
　　아니라 구두로) 처분을 하는 때에는 당사자에게 행정심판 및 행정소송을 제기할 수 있는지 여부, 기타 불복할 수 있는
　　지 여부, 청구절차 및 청구기간 기타 필요한 사항을 알려야 한다고 규정하고 있어 고지에 관하여 좀더 넓게 규율하고
　　있다. 그 연계성과 관련하여서는 행정절차법상의 청문절차를 거친 경우에 바로 행정소송을 제기할 수 있도록 선행절차
　　를 면제하는 것도 고려해 볼 수 있다.

때문에 행정소송에 연동하여 청구인 적격이나 처분성의 개념 등을 같은 맥락에서 좁게 파악할 것은 아니라고 본다.

(다) ADR[52] 로서의 行政審判

행정심판을 ADR의 일종으로 볼 수 있는지에 대하여는 견해의 대립이 있다. 우선 행정소송이 민사소송의 변종임을 전제로 하여 민사소송제도가 갖는 분쟁해결제도의 한계를 극복할 필요성을 강조하면서 행정심판을 대안적 분쟁해결제도인 ADR(Alternative Dispute Resolution)로 이해하는 견해[53]가 있다. 그러나 행정심판의 재결 등과 같이 널리 국가기관이 유권적 권위에 의해 분쟁을 해결하는 것은 재결(adjudication)의 범주에 해당하는 것이고 따라서 이를 재판외 분쟁해결방법으로 지칭하는 것은 적절하지 못하다는 견해가 있다.[54] 생각건대, 현행 행정심판의 구조상 행정심판은 최종적인 결과가 재결이며 이는 당사자의 합의 방식이 아닌 국가기관의 권위적인 결정에 의하여 이루어지기 때문에 재판외 분쟁해결제도라고 보기 어렵고, 다만, 행정심판위원회에서 조정형태의 ADR을 운용할 수 있음은 별개의 문제이다. 이와 관련하여 전심절차를 조정적 절차로 만들어 나가는 것이 필요하다고 할 것이다. ADR의 특징중의 하나가 협력적인 의사소통과 합의지향적 협력인 점에 비추어 볼 때 자율적인 분쟁해결과 이를 통한 권리구제를 도모할 수 있고, 행정결정이 만족적일 수 있으며, 국가와 시민과의 관계를 전통적인 우월적인 권력관계로만 볼 것이 아니라 협력적 파트너로 이해할 수 있게 되는 장점이 있게 된다.[55]

라. 行政審判을 通한 權利救濟의 特徵

행정심판은 약식쟁송에 속하지만, 청구인, 피청구인, 청구취지, 청구원인 등 일정한 기재

---

52 金容燮, "행정법상 분쟁해결 수단으로서의 조정", 저스티스, 2004. 10. 5면 이하

53 崔靈圭, "공법·처분·법률상 이익- 행정심판을 통한 권리구제의 확대를 위한 시론", 晴潭 崔松和 교수화갑기념 논문, 현대공법학의 과제, 2002, 454면 이하

54 金裕煥, "행정사건에 대한 재판외 분쟁해결제도", 법학논집, 제6권 제2호, 2001 참조

55 아울러 ADR의 특징인 분쟁해결과 권리구제에 있어서의 단심적 측면이 강조될 수 있다. 왜냐하면 행정심판에 있어서는 당사자의 합의를 이끌어 내거나 인용재결이 내려지면 재결의 기속력에 따라 한번에 사건이 종결될 수 있기 때문이다.

사항을 작성한 청구서를 행정심판위원회에 제출하여 청구하는 것을 원칙으로 한다.[56] 이와 같은 일반적인 청구와 더불어 국무총리행정심판위원회 소관사건중 운전면허처분관련사건과 보훈처분관련사건, 산재 및 고용보험료부과처분관련사건 등 청구건수가 많고 처분청의 업무환경이 뒷받침되는 사건에 대하여 온라인 청구를 인정하고 있다.[57] 이와 같은 온라인 청구제도는 일반인의 행정심판제기의 장애를 제거하는 데 기여하며, 이와 같은 제도로는 행정심판법상의 보정제도를 들 수 있다.

  행정심판에 있어서 심리구조는 대심구조를 채택하고 있지만, 이것만으로는 부족하고, 심판청구인이 실질적으로 피청구인과 대등한 지위에서 공격과 방어를 할 수 있어야 대심구조는 실효를 거둘 수 있다. 당사자의 절차상의 권리로는 위원등의 기피신청권, 보충서면제출권, 구술심리신청권, 증거제출권, 증거조사신청권, 행정청의 의견서제출권, 의견진술권을 들 수 있다.[58] 그러나 이와 같은 절차상의 권리만으로는 부족하다고 할 것이다. 심판청구에 관계되는 자료는 대부분 피청구인인 행정청이 보유하고 있다고 할 것이므로 심판청구인의 방어권 보장차원에서 처분청이 보유하는 자료제공요구권이나 자료열람청구권이 부여될 필요가 있다.[59]

  행정심판에 있어서 지나치게 권리구제적 측면을 강조하게 되는 경우에는 재결이 잘못된 경우에도 불복을 허용하지 않게 되는 문제점이 지적되고 있으며, 이와 더불어 지방자치단체의 자치사무에 대하여도 부당을 이유로 행정심판을 허용하고, 행정심판의 재결의 기속력을 인정하는 결과 지방자치의 본지가 훼손되는 문제가 야기되기도 한다.

  한편 행정심판을 제기한 후에 일정기간이 지난 후에도 행정심판이 이루어지지 않을 경우에 임의전치가 적용되는 경우라면 바로 소송을 제기할 수 있는 여지가 있어 상대적으로 크게 문제가 될 여지가 없지만, 행정심판을 필요적으로 경유하여야 하는 경우에는 행정심판이 제기된 후 60일이 경과되면 바로 행정소송을 제기할 수 있도록 되어 있으나,

---

56 종전에는 국무총리행정심판위원회의 경우에는 재결청에 제출하여 재결청이 국무총리행정심판위원회로 문서를 송부하였는 데, 앞으로는 절차의 간소와 신속한 재결을 위해 당사자가 국민권익구제위원회에 소속된 국무총리행정심판위원회에 직접 제출할 수 있도록 하였다.

57 국민권익위원회 홈페이지(www. acrc.go.kr) 행정심판사이트 참조.

58 金鐵容, 행정법 I, 2007. 563-564면.

59 金鐵容, "행정심판법의 문제점과 행정심판의 과제", 고시계, 1994, 12, 129면.

그 기간을 준수하지 않아도 되는 훈시규정으로 해석하게 되어 행정심판을 받을 기회를 잃게 되는 문제가 있다 할 것이다. 따라서 이에 대한 적절한 통제를 하지 않을 경우에는 신속하면서도 효율적인 권리구제를 강구할 수 있는 길을 막게 된다.[60]

2. 行政節次

가. 行政節次의 意義와 機能

행정절차는 행정청이 일정한 행정적 결정을 하는 과정에서 거치게 되는 일련의 과정을 말한다. 행정절차는 절차적 적정성의 확보를 통하여 행정의 민주화, 행정작용의 적정화, 행정의 능률화를 도모하고, 사전적 권리구제를 수행하여 사법기능을 보완한다.[61]

행정절차는 종국적 처분에 앞서 상대방에게 의견진술이나 자료 제출 기회를 부여하여 행정의 민주화와 행정작용의 적정화를 확보할 수 있을 뿐만 아니라, 일정 절차를 거쳐야 함으로 인해 일견 행정능률에 역행하는 것 같지만, 올바른 결정을 함으로써 무용의 절차를 반복하지 않아도 되므로 오히려 능률성 확보에 기여한다. 이와 같이 행정절차는 사전적 구제기능을 수행함으로써 사법기능의 결함을 보완하는 등 국민의 권리구제에 이바지한다.

나. 節次的 適正性의 確保를 通한 權利救濟

한국의 행정절차법[62]에 규정되어 있는 절차 중에서 처분절차가 중핵적 내용으로 되어 있다. 처분절차는 수익적 처분과 불이익처분으로 구분하여 규율하고 있다.

수익적 처분과 불이익처분의 공통적인 절차로는 투명성의 원칙과 신의성실 및 신뢰보호

---

60 독일의 경우에는 연방행정법원법 제75조에서 명문의 규정을 두어 부작위 소송을 제기할 수 있도록 하고 있으므로, 이와 유사한 제도적 보완이 필요하다.

61 金東熙, 행정법 Ⅰ, 2007, 362-363면.

62 우리나라는 1996년 행정절차법을 제정·공포하여 1998년 1월 1일부터 시행하고 있다. 행정절차법은 행정청이 각종 처분을 하거나 법령·정책·제도 등을 제정·수립 또는 변경하는 경우 이에 대한 합리적 기준과 공정한 절차를 마련하고 국민 의견을 직접 듣고 반영할 수 있는 기회를 보장하여 국민의 권익보호와 행정의 공정성·투명성을 확보하기 위하여 제정한 것이다. 행정절차법은 처분절차, 신고절차, 행정상 입법예고절차, 행정예고절차, 행정지도절차 등 5개 분야를 규정하고 있다.

의 원칙을 구체화한 처분기준의 설정·공표제도, 처분의 방식에 있어서의 문서주의, 처분의 신중성과 공정성을 보장차원에서 처분의 이유제시제도, 처분내용의 정정, 행정심판사항의 고지제도 등을 들 수 있다.[63]

　불이익처분과 관련되는 절차로는 국민의 권리, 이익을 제한하거나 의무를 부과하는 처분을 하는 경우 이를 반드시 알려야 하는 행정처분의 사전통지(행정절차법 제21조)제도, 행정과정에 국민이 참여할 수 있는 기회를 제공하여 국민의 권리 이익에 대한 위법·부당한 침해를 방지하도록 의견진술기회를 부여해주는 절차인 의견제출절차(행정절차법 제27조), 국민이 가지는 절차적 기본권에 대한 제도적 보장의 한 내용으로서 청문절차(행정절차법 제28조 내지 제37조), 당사자등의 권리구제뿐 아니라 널리 의견을 수렴하는 절차로서 다중의 공통적 이익을 도모하는데 주안점을 두는 절차인 공청회(행정절차법 제38조 및 제39조)가 있다.

다. 行政節次를 通한 權利救濟의 特徵

　불이익처분에 있어 처분의 상대방은 매우 불안전한 지위에 있게 되므로 그에 대한 불복방법등을 사전에 충분히 고지하는 등 당사자의 권리구제의 편의를 제공할 필요가 있는바, 이와 같은 사전구제절차를 행정절차법에 명확히 규정하고 있다.[64] 이처럼 행정절차는 행정심판과 마찬가지로 그 기능이 국민의 권익보호를 위한 절차법적 권익보호제도라는 점에서 공통성이 있다. 행정심판은 당사자간의 분쟁을 준사법절차를 통하여 해결하는 쟁송제도인데 반하여, 행정절차는 행정작용을 함에 있어서 행정청이 지켜야 할 할 절차를 말한다. 행정심판은 심판청구의 제기가 있어야 심리가 개시되는 수동적인 절차인데 반하여, 행정절차는 일반적으로 당사자의 신청을 전제로 하지 않고 일정한 행정작용을 하려는 행정청이 거쳐야 하는 능동적인 절차이다.[65]

　여기서 사전적 권리구제에 있어 중요한 청문절차에 한정하여 간단히 살펴보기로 한다. 행정절차법에서는 청문은 다른 법령등에서 청문을 실시하도록 규정하고 있는 경우와 행

---

63 金東熙, 앞의 책, 379-382면.

64 辛奉起, "한국의 행정절차와 행정정보에 대한 자유로운 접근", 공법연구 제35집 제4호, 2007, 274면.

65 金基杓, 신행정심판법론, 2003, 55면.

정청이 필요하다고 인정하는 경우에 실시하도록 되어 있다(행정절차법 제22조 제1항). 청문절차에서 당사자의 의견을 들을 뿐만 아니라 증거를 조사하는 등 재판에 준하는 절차를 거쳐 행하는 의견진술절차이기 때문에 청문주재자가 누가 되는가가 중요하다. 그런데 소속직원이 청문주재자가 될 수 있도록 되어 있어 독립성과 중립성을 해할 여지가 있다. 다만, 당사자 등은 청문이 통지가 있는 날부터 청문이 끝날 때까지 행정청에 대하여 당해 사안의 조사결과에 관한 문서 기타 처분과 관련되는 문서의 열람 또는 복사를 요청할 수 있도록 규정하고 있어(행정절차법 제37조 제1항) 이 규정은 행정심판과 대비해 볼 때 당사자의 방어권을 보장하는 진일보한 규정이라고 할 것이다.

IV. 行政訴訟 前段階의 非典型的인 補充的 權利救濟方法 및 節次

1. 苦衷民願處理制度

가. 苦衷民願處理制度의 意義 및 機能

고충민원처리제도는 국민이 고충민원을 제기하는 경우 이를 효율적으로 처리하여 국민의 권익을 보호하고 공정한 행정운영을 기하기 위한 제도이다. 고충민원이라 함은 행정기관의 위법·부당하거나 소극적인 행정행위(사실행위·부작위를 포함한다) 및 불합리한 행정제도로 인하여 국민의 권리를 침해하거나 국민에게 불편·부담을 주는 사항에 대한 민원을 말한다.

다른 나라의 옴부즈만[66]이 의회 소속으로서 각 기관의 대리인 역할을 하고 있는데 반하여 우리나라의 국민권익위원회는 2008. 2. 29. 부패방지 및 국민고충처리위원회 설치와 운영에 관한 법률(이하 "동법"이라 한다)이 제정시행되어 출범한 기관으로 종전의 대통령 소속기관에서 국무총리 소속기관으로 변경되었음에도 불구하고 일종의 행정형 옴부즈만

---

[66] 고충민원처리제도는 부적정한 행정작용으로부터 개인의 권익구제를 위한 사법외적인 제도로서 다른 나라의 옴브즈만과 유사한 역할을 하고 있다. 옴브즈만 제도는 1809년 스웨덴의 헌법에서 최초로 창설되었던바, 이후 수차의 기구개혁이 있었으나 제도 자체는 그대로 존속하여 오늘에 이르고 있다.

으로 남아 있다고 할 수 있다.[67]

고충민원처리제도는 기존의 권리구제제도가 제 기능을 발휘하지 못하는 경우를 대비한 보충적인 권리구제방법이라고 할 수 있다. 따라서 고충민원제도는 비쟁송적 수단에 의한 보충적인 행정구제제도로서 전통적인 행정구제제도인 행정쟁송절차의 결점을 보완하고 그 부담을 경감시키는 역할을 한다. 국민권익위원회가 하는 시정권고나 의견표명은 관계 행정기관을 구속하는 법적 구속력이 없다. 따라서, 고충민원처리제도는 엄격한 의미에서의 법적인 권리 구제제도라기 보다는 비구속적인 조정제도의 성격이 강하다.[68]

나. 苦衷民願處理節次

(1) 苦衷民願의 申請 및 調査

(가) 苦衷民願의 申請

고충민원을 신청하고자 하는 자는 국민권익위원회에 고충민원을 신청함으로써 조사와 처리가 이루어지게 되었다. 국민권익위원회에서는 기존의 국민고충처리위원회의 업무이외에 민원사항 처리실태 확인·지도업무, 온라인 국민참여포탈의 통합운영과 정부민원안내콜센터의 설치·운영, 다수인 관련 갈등 사항에 대한 중재·조정 및 기업애로 해소를 위한 기업고충민원의 조사·처리 등의 추가적인 업무를 수행하게 되었다(동법 제12조 및 동법 시행령 제11조, 제12조 등).

누구든지(국내에 거주하는 외국인을 포함한다) 위원회 또는 시민고충처리위원회에 고충민원을 신청할 수 있고, 문서(전자문서를 포함한다)로 신청하되, 문서에 의할 수 없는 특별한 사정이 있는 경우에는 구술로 신청할 수 있다(동법 제39조 제1항 및 제2항).

(나) 苦衷民願의 調査

국민권익위원회는 고충민원을 접수한 경우에는 지체 없이 그 내용에 관하여 필요한 조사를 하여야 한다. 그러나 제43조(고충민원의 각하 등) 제1항 각 호의 어느 하나에 해당

---

67 李尙圭, 행정쟁송법, 2000, 208~209면

68 李尙圭, 앞의 책, 209면.

하는 사항, 고충민원의 내용이 거짓이거나 정당한 사유가 없다고 인정되는 사항, 그 밖에 고충민원에 해당하지 아니하는 경우 등 위원회가 조사하는 것이 적절하지 아니하다고 인정하는 사항 등은 조사하지 아니할 수 있다(동법 제41조 제1항). 이와 더불어 조사의 중지 또는 중단과 조사의 방법에 관하여도 규율하고 있다(동법 제41조 제2항 및 제3항, 동법 제42조).

(2) 委員會의 措置

(가) 是正措置의 勸告

국민권익위원회는 고충민원에 대한 조사결과 처분 등이 위법·부당하다고 인정할 만한 상당한 이유가 있는 경우에는 관계 행정기관 등의 장에게 적절한 시정을 권고할 수 있고 고충민원에 대한 조사결과·신청인의 주장이 상당한 이유가 있다고 인정되는 사안에 대하여는 관계 행정기관 등의 장에게 의견을 표명할 수 있다(동법 제46조).

문제는 국민권익위원회의 시정권고에 대하여 집행력을 확보하지 못한 경우에 시정권고를 하였음에도 강제집행력이 없으므로 유명무실하게 될 우려가 있다. 그 대처방법으로 위법처분을 한 공무원에 대한 징계요구권, 형사고발권 및 당해 처분에 대한 시정명령권을 주장하는 견해[69]가 있다.

(나) 合意의 勸告 및 調停

국민권익위원회는 조사 중이거나 조사가 끝난 고충민원에 대한 공정한 해결을 위하여 필요한 조치를 당사자에게 제시하고 합의를 권고 할 수 있다(동법 제44조). 시정권고의 방식보다는 합의의 권고 및 조정 방식인 ADR의 방식에 의한 권리구제가 보다 실효적인 기능을 수행한다.

국민권익위원회는 다수인이 관련되거나 사회적 파급효과가 크다고 인정되는 고충민원의

---

69 柳濟烈, "옴부즈만제도로서의 국민고충처리위원회에 관한 고찰", 공법연구 제24집 제2호, 1996, 361면; 그러나, 이러한 견해는 옴브즈만 본래적 기능인 행정기관의 법령준수여부감시 및 위법·부당한 행정작용에 대해서 민원이 제기되는 경우 또는 직권으로 공무원의 직무집행을 조사하고 그 결과 필요하다고 인정되는 경우에 관계기관에 시정하도록 권고하는 업무를 수행하는 기능을 넘어선 과도한 권한의 부여라고 할 수 있다. .

신속하고 공정한 해결을 위하여 필요하다고 인정하는 경우에는 당사자의 신청 또는 직권에 의하여 조정을 할 수 있다. 당사자의 신청이 없더라고 직권으로 조정할 수 있는 길을 열었다는 점에서 의미가 있다. 조정은 당사자가 합의한 사항을 조정서에 기재한 후 당사자가 기명날인하고 국민권익위원회가 이를 확인함으로써 성립하며 이는 민법상의 화해와 같은 효력이 있다(동법 제45조).

(다) 勸告內容 等의 公表

국민권익위원회는 부패방지 및 국민권익위원회의 설치와 운영에 관한 법률 제46조 및 제47조에 따른 권고 또는 의견표명의 내용, 동법 제50조 제1항에 따른 처리결과, 동법 제50조 제2항에 따른 권고내용의 불이행사유 등을 공표할 수 있다. 다만, 다른 법률의 규정에 따라 공표가 제한되거나 개인의 사생활의 비밀이 침해될 우려가 있는 경우에는 그러지 아니하다(동법 제53조).

다. 苦衷民願處理制度를 通한 權利救濟의 特徵

고충민원처리제도는 전통적 권리구제수단인 행정쟁송으로는 구제할 수 없는 국민의 불만사항에 대하여 이를 청취하고 행정적 해결책을 강구할 수 있다는 점에 장점이 있으며, 행정심판제도를 보완하는 관계에 있다고 할 수 있다. 다만, 행정심판은 행정구제를 위한 쟁송제도의 일종인데 반하여 고충민원은 법적 구제제도라기 보다는 비구속적인 조정제도로서 외국의 옴부즈만제도와 유사한 비쟁송적이고 보충적인 행정구제제도이다.[70]

또한 청구 대상에 있어서 고충민원은 처분이나 부작위뿐만 아니라 행정기관의 사실행위와 불합리한 행정제도도 대상으로 할 수 있다. 청구권자의 범위도 고충민원은 신청자격에 제한이 없으므로 권익을 침해당한 자 뿐만 아니라 불편이나 부담을 겪는 자 등도 청구기간의 제한없이 신청할 수 있다. 다만, 동법 제43조 제1항[71]에서 고충민원의 각하 및 관계

---

[70] 金基杓, 신행정심판법론, 2003, 50면.

[71] 가령 행정심판, 행정소송, 헌법재판소의 심판이나 감사원의 심사청구 그밖에 다른 법률에 따른 불복구제절차가 진행중인 사항이거나 판결 등에 의하여 확정된 권리관계에 관한 사항에 대하여는 각하하거나 관계기관이 이송할 수 있다고 되어 있어 고충민원제도가 보충적 권리구제제도로서의 한계성을 보여준다.

기관에 이송사유를 광범위하게 규정하고 있기 때문에 보충적 권리구제방법으로서의 기능
이 제대로 발휘할 수 없는 문제가 있다.

고충민원에 대한 결정은 기속력 등 법적 구속력이 인정되지 않으며 관계 행정기관에 대
한 권고적 효력을 가지는데 그치는 것이 한계점으로 지적된다. 이러한 한계점들로 인하여
고충민원처리제도가 국민의 권익구제를 위한 실효적인 제도라고 보기에는 무리가 따른다.

2. 請願

가. 請願의 意義와 機能

청원은 국가기관에 대하여 권익의 구제 또는 공익을 위한 일정한 권한 행사를 요구하는
것이다.[72] 행정행위로 인해 기본권이 침해될 우려가 있는 경우 관계당사자는 관련국가기
관에 기본권의 침해를 예방하기 위해 문서로 청원할 수 있다(청원법 제4조 제5호).

청원은 국가의 사법작용에 대하여 권리구제가 미치지 못하는 영역에 있어서 기능을 발
휘하는 비사법적 또는 정치적 권리구제수단이라고 할 수 있다. 청원은 고충민원처리제도
와 인접된 권리구제제도로서 유사한 기능을 수행한다. 오늘날과 같은 현대국가에서 국민
의 요구사항이 증가하고 있고, 국가의 사법작용에 의한 권리구제의 실효성을 기대하기 어
려운 부분이 존재하므로 청원은 특히 법제정과정이나 법집행과정 중 기존의 권리구제방
법상의 공백이 있는 영역에서 청원을 통하여 문제인식과 관심제고를 이끌어 낼 수 있다.

나. 一般請願의 節次

(가) 請願事項

청원사항은 피해의 구제, 공무원의 위법·부당한 행위에 대한 시정이나 징계의 요구, 법
률·명령·조례 규칙 등의 제정·개정 또는 폐지, 공공의 제도 또는 시설의 운영 그 밖에 국
가기관 등의 권한에 속하는 사항에 한해 청원할 수 있다(청원법 제4조).[73]

---

72 청원법 제3조에서 "국가기관, 지방자치단체와 그 소속기관, 법령에 의하여 행정권한을 가지고 있거나, 행정권한을 위임
또는 위탁받은 법인·단체 또는 그 기관이나 개인에 대하여 청원할 수 있다"고 규정하고 있다.

73 한편 청원법에서는 청원금지사항을 규율하고 있다. 즉, 감사·수사·재판·행정심판·조정·중재 등 다른 법령에 의한 조사·불
복 또는 구제절차가 진행 중인 때, 허위의 사실로 타인으로 하여금 형사처분 또는 징계처분을 받게 하거나 국가기관

이와 관련하여 헌법재판소는 청원대로 입법이 이루어지지 않았거나[74] 그 처리내용이 청원인이 기대한 바에 미치지 않는다고 하더라도[75] 헌법소원의 대상이 되는 공권력의 행사 또는 불행사가 있다고 볼 수 없다는 입장이다.

(나) 請願의 方法과 節次

청원은 청원인의 성명(법인인 경우에는 명칭 및 대표자의 성명을 말한다)과 주소 또는 거소를 기재하고 서명한 문서(「전자정부법」에 의한 전자문서를 포함한다)로 하여야 한다.[76]

다수인이 공동으로 청원을 하는 때에는 그 처리결과를 통지받을 3인 이하의 대표자를 선임하여 이를 청원서에 표시하여야 한다. 청원서에는 청원의 이유와 취지를 밝히고, 필요한 때에는 참고자료를 첨부할 수 있다.

청원서는 청원사항을 관장하는 기관에 제출하여야 한다. 청원서를 접수한 기관은 청원사항이 그 기관이 관장하는 사항이 아니라고 인정되는 때에는 그 청원사항을 관장하는 기관에 청원서를 이송하고 이를 청원인 에게 통지하여야 한다(청원법 제7조 및 제9조).

다. 特別請願: 國會 및 地方議會에 대한 請願

국회에 청원을 하려는 자는 의원의 소개를 얻어 청원서를 제출하여야 한다(국회법 제123조). 이에 대하여 헌법재판소는 국회에 청원을 할 때 의원의 소개를 얻어 청원서를 제출 하도록 하는 것은 국회에 청원을 하려는 자의 청원권을 침해하는 것이 아니라고 한다.[77]

지방의회에 대한 청원의 경우에도 지방자치법에서는 지방의회의원의 소개를 받아 청원을 하도록 규정하고 있다(지방자치법 제73조). 이에 대하여 헌법재판소는 지방의회에 청원을

등을 중상 모략하는 사항인 때, 사인간의 권리관계 또는 개인의 사생활에 관한 사항인 때, 청원인의 성명·주소 등이 불분명하거나 청원내용이 불명확한 때에는 이를 수리하지 아니하고, 그 사유를 명시하여 청원인에게 통지하여야 한다(청원법 제5조).

74 헌재 2000. 6. 1. 2000헌마18 결정.

75 헌재 2004. 10. 28. 2003헌마898 결정.

76 청원법이 2007.1.3. 개정되어,. 전자문서에 의해서도 청원이 가능하게 되었다.

77 헌재, 2006. 6. 29. 2005헌마604 결정.

하고자 할 때 반드시 지방의회 의원의 소개를 얻도록 한 것이 청원권의 과도한 제한에 해당하지 않는다는 소극적인 입장[78]으로 국회에 청원을 하려는 경우와 같은 입장이다.

라. 請願을 通한 權利救濟의 特徵

청원은 행정절차, 행정심판, 행정소송절차 등 공식적인 권리구제절차 이외의 권익구제절차로서, 비용부담이나 기간 구속의 제약이 없고, 이기적이건 이타적이건 간에 현실적인 권익침해를 전제로 하지 않고 관할 당국이나 국회 등에 사실상 또는 잠재된 권리의 침해, 자원배분의 결핍, 불의를 제거하기 위하여 행해진다.[79] 청원은 행정쟁송과는 달리 권리 또는 이익이 침해된 경우에만 제기할 수 있는 것은 아니다.[80] 따라서 청원은 권리나 이익을 침해받은 자뿐 아니라 제3자나 공공이익을 위하여도 할 수 있으며, 청원에 대하여는 심사절차, 판정형식, 판정내용이 법으로 정하여 있지 않고, 청원에 대한 결정의 효력이 구속력을 발생하는 것이 아니다.[81]

실제적으로 행정쟁송사항에 대하여는 엄격한 증거법칙이 적용되므로, 비록 억울하더라도 구제받을 수 있는 길이 봉쇄되는데 반하여, 행정쟁송이외의 사항에 대한 권익구제의 경우에는 청원을 통하는 것이 권익구제에 도움을 줄 수 있다. 법률의 제정이나 개정 및 폐지에 대한 청원과는 달리, 구체적 사안과 관련하여 행정기관에 대한 청원을 할 경우 그 청원이 받아들여져서 문제가 해결될 가능성이 다소 높다는 견해가 있다.[82] 그러나 국가는 청원된 내용을 수리·심사하여 통지해야할 의무를 진다고 할지라도 청원한 내용대로 구체적인 조치를 취해야 할 국가의 의무는 없고 구체적인 조치를 취할 것인지 여부는 국가기

---

78 헌재 1999. 11. 25. 97헌마54 결정. 헌법재판소는 지방의회의 소개를 거치는 청원제도의 청원권 제한 여부와 관련하여 "지방의회에 청원을 할 때에 지방의회 의원의 소개를 얻도록 한 것은 의원이 미리 청원의 내용을 확인하고 이를 소개하도록 함으로써 청원의 남발을 규제하고 심사의 효율을 기하기 위한 것이고, 지방의회 의원 모두가 소개의원이 되기를 거절하였다면 그 청원내용에 찬성하는 의원이 없는 것이므로 지방의회에서 심사하더라도 인용가능성이 전혀 없어 심사의 실익이 없으며, 청원의 소개의원도 1인으로 족한 점을 감안하면 이러한 정도의 제한은 공공복리를 위한 필요·최소한의 것이라고 할 수 있다"고 판시하여 소극적으로 받아들이고 있다.

79 Horst Dreier, GG Grundgesetz kommentar, 2004, S. 1482.

80 金哲洙, 헌법학개론, 731면.

81 金南辰/金連泰, 행정법 I, 2008, 601면.

82 張永洙, 헌법학, 2006, 537면

관의 자유재량에 속하므로 청원이 받아들여져 문제가 해결될 가능성이 높다고 볼 것은 아니다.[83] 결국 청원은 권리구제의 제기기간의 제한이 없어, 행정쟁송절차를 다 거치고도 구제를 받지 못하는 경우에 청원을 하는 경우가 일반적이므로 실제적 권리구제로서의 기능보다는 불만해소적 측면이 강한 것도 부인할 수 없다.

3. 陳情 및 職權取消

가. 陳情

진정은 청원과 마찬가지로 국가기관에 대한 적극적인 청구행위라는 점에서 동일하지만 진정은 구두 또는 비공식적인 방법에 의해서도 제출이 가능하므로, 법적행위에 속한다기보다는 비공식적 사실행위라고 할 수 있다. 진정은 그 절차가 형식화 되어 있지 않고 권리구제 기간의 제약이 있는 것이 아니다. 진정을 하였다고 하여 국가기관이 이에 따른 법적인 처리의무가 발생하는 것은 아니다.

진정을 받아들여 구체적 조치를 취할 것인지 여부는 행정기관의 자유재량에 속한다. 행정청이 진정을 받아들여 진정대상인 행위를 취소 변경하더라도 그것은 직권취소에 불과하다.

대법원 판례도 행정기관이 진정을 거부하는 통지를 하였다 하더라도 이로써 진정인의 권리·의무나 법률관계에 하등의 영향을 미치는 것이 아니라고 하고 있다.[84] 그러나 진정의 형식이라도 그 내용이 행정심판을 청구하는 내용이면 행정심판으로 처리하여야 한다.[85]

나. 職權取消

직권취소는 행정청이 그가 행한 처분을 상대방의 쟁송제기 없이 스스로 직권으로 취소하는 것을 말한다. 직권취소를 통한 권리구제는 다량으로 행하는 행정처분에 있어 실효적인 권리구제가 될 수 있지만, 행정청에 이니셔티브가 있어 직권취소를 할 것을 의무화 할

---

83 대법원 1990. 5. 25. 선고 90누1458 판결

84 대법원 1991. 8. 9. 선고 91누4195 판결

85 대법원 2000. 6. 9. 선고 98두2621 판결; 대법원 1995. 9. 5. 선고 94누16250 판결

수는 없다. 따라서 법적 판단의 문제로서의 성격도 갖지만 위법한 행정행위를 스스로 시정하여 직권취소를 할 것인지는 행정청의 정책적 판단에 맡겨져 있다. 일반적으로 수익적 행정행위의 취소는 권리구제의 측면이 상대적으로 약하고, 오히려 당사자에 대하여는 제재로서의 성격이 강하다. 다만, 제3자의 요청에 의하여 직권취소를 할 경우에는 불이익을 당하는 제3자의 권리를 사전적으로 구제하는 결과를 가져올 수 있다.

권리구제와 관련하여 직권취소는 행정청이 국민에 대하여 불이익한 행정행위를 발한 경우에 의미가 있다. 왜냐하면 당사자가 행정쟁송의 제기를 하기 전에 행정청이 스스로 잘못을 시인하고 직권취소하는 것이 국민의 권리구제에 효율적이기 때문이다. 그런데 행정실제에 있어 행정청이 스스로 잘못을 시인하는 결과가 되므로 직권취소를 통한 시정조치를 내리는 것을 주저하게 된다.

다. 陳情과 職權取消를 通한 權利救濟의 特徵

진정이란 널리 법정의 형식과 절차에 의하지 않고 행정청에 대하여 어떠한 희망을 진술하는 것이다. 진정은 국민의 권익구제를 목적으로 간접적인 방식에 의해 보충적으로 행하는 행정구제제도의 일종으로 볼 수 있다. 그러나 진정은 권리행사가 아니므로 법적 구속력이나 효과를 발생하지 않는 사실행위에 그치는 경우가 많다.[86] 따라서 진정에 대한 회답은 많은 경우에 법적 의미를 가지지 못한다는 점에서 한계가 있다.

한편, 직권취소는 장래에 향하여 행정목적 실현을 위한 수단으로 행하여지며, 주로 수익적 행정행위가 문제된다. 수익적 행정행위의 직권취소는 권리구제측면에서 논의된다기 보다는 제재적 성격이 강하다. 반면에 부담적 행정행위에 있어서 직권취소는 적절히 운영될 경우에 효율적인 권리 구제방법이 될 수 있다. 다만, 행정청에 근무하는 공무원의 경우 자신이 위법한 행정행위를 한 경우라고 할지라도 책임의 문제가 있기 때문에 이를 자율적으로 시정하지 않으려는 경향이 있다. 따라서 행정결정과정의 의도하지 않은 잘못에 대하여는 책임을 묻지 않으면 모르되, 행정청의 직권취소는 제한적으로 이루어지는 것이 현실이다.

---

86 金道昶, 일반행정법론(상), 1993, 490면; 金基杓, 신행정심판법론, 2003, 45면.

4. 行政事件과 ADR

가. ADR의 意義

ADR이란 Alternative Dispute Resolution의 약자로서 재판외 분쟁해결제도 또는 대체적 분쟁해결제도라고 지칭한다. 행정사건에 있어서의 ADR은 행정절차에 있어서의 ADR, 행정심판에 있어서의 ADR, 행정소송에 있어서의 ADR로 구분이 가능하지만, 여기서 말하는 행정소송 전단계의 권리구제로서의 ADR은 주로 행정부 산하에 설치된 각종분쟁조정위원회에서 당사자 간의 합의를 기초로 사인간의 분쟁을 해결하는 제도를 말한다.

개별법상 인정되는 각종 분쟁조정위원회는 그 수가 점점 늘어가고 있으나, 그 대표적인 예로서는 환경분쟁조정법에 의한 환경분쟁조정제도를 들 수 있다.[87] 이처럼 분쟁조정위원회 형태의 행정기관에 소속된 재판외 분쟁해결제도가 상당수 존재하고 있다. 진정한 의미에서 공법의 영역에서 존재하는 행정기관에 의한 재판외 분쟁해결제도의 예는 많지 않다.[88] 그 중에 환경분쟁조정위원회를 통한 분쟁해결제도와 「공공기관의 갈등 예방과 해결에 관한 규정」에 의한 갈등의 예방 및 해결을 통한 간접적인 권리구제제도에 한정하여 살펴보기로 한다.[89]

나. 行政型 ADR로서의 環境紛爭調整制度

(1) 槪說

환경분쟁조정위원회는 환경분쟁조정법 제4조에 근거하여 조직된 위원회로서 합의제 행

---

87 ①전자거래기본법에 의한 전자거래분쟁조정제도　②인터넷주소자원에 관한 법률에 의한 인터넷주소분쟁조정제도 ③지방자치법에 의한 지방자치단체분쟁조정제도, ④국가배상법에 의한 국가배상심의제도, ⑤의료법에 의한 의료심사조정제도, ⑥건설업법에 의한 건설업분쟁조정제도, ⑦남녀고용평등법에 의한 고용평등조정제도, ⑧저작권법에 의한 저작권심의조정제도, ⑨컴퓨터프로그램보호법에 의한 프로그램심의조정제도, ⑩소비자보호법에 의한 소비자분쟁조정제도, ⑪보험업법에 의한 보험분쟁조정제도, ⑫증권거래법에 의한 증권분쟁조정제도, ⑬노동쟁의조정법에 의한 노동쟁의조정제도, ⑭정기간행물등록등에 관한 법률과 방송법에 의한 언론중재제도 ⑮건축법에 의한 건축분쟁조정제도 등을 들 수 있다.

88 金裕煥 교수는 공법영역의 행정사건에 대한 재판외 분쟁해결제도의 예로서 환경분쟁조정제도, 지방자치단체분쟁조정제도, 국가배상심의제도, 토지수용 전단계의 협의수용 등을 들고 있다.

89 金裕煥, "행정사건에 대한 재판외 분쟁해결제도", 법학논집, 이화여자대학교 법학연구소, 2001, 88~89면. 김교수는 협의에 의한 토지수용 제도를 이에 포함시키지만, 이것은 엄밀히 말하여 행정계약의 일종이라고 보아야 할 것이고 전형적인 재판외 분쟁해결제도의 예로 열거하기는 곤란하다.

정기관이다. 환경분쟁조정법은 환경분쟁조정위원회를 통하여 환경분쟁을 신속·공정하게 해결하고 그 실효성을 확보하기 위한 규정 등을 마련하고 있다. 이와 같이 환경분쟁조정제도는 행정형 ADR로서, 법원이전 단계에서 전문성을 갖춘 위원들의 합의를 통하여 분쟁이 해결되기 때문에 실효적인 권리구제로서 자리잡고 있다.[90]

환경분쟁조정제도의 유형으로는 알선, 조정, 재정을 들 수 있다. 먼저 알선이란 알선위원이 분쟁당사자의 의견을 듣고 사건이 공정하게 해결되도록 주선함으로써 분쟁당사자간의 화해를 유도하여 분쟁을 해결하는 절차를 말한다(환경분쟁조정법 제27조이하).

다음으로 조정은 중립적 제3자인 조정기관이 조정안을 제시하여 분쟁당사자들이 이를 받아들임으로써 분쟁을 해결하는 절차를 말한다(환경분쟁조정법 제30조 이하). 다만, 환경분쟁조정법에는 중대한 환경피해가 발생하여 이를 방치하면 사회적으로 중대한 영향을 미칠 우려가 있다고 인정되는 경우의 분쟁으로서 당사자의 신청이 없더라도 직권으로 조정절차를 개시할 수 있도록 직권조정제도를 두고 있는 것이 특색이라고 할 것이다(환경분쟁조정법 제30조).

나아가 재정은 준사법적 절차에 따라 당사자의 신청을 전제로 하여 제3의 기관에서 적극적인 사실조사 및 심문등을 통하여 법률적 판단으로 분쟁을 해결하는 제도이다(환경분쟁조정법 제36조 이하).[91] 재정제도는 분쟁해결에 보다 적극적으로 개입하는 형태로서 건축분쟁조정위원회와 환경분쟁조정위원회에서 인정하고 있으며, 조정과 중재의 중간형태라고 볼 수 있다.

(2) 環境紛爭調整制度를 通한 權利救濟의 特徵

환경분쟁조정제도는 우리나라의 공법의 영역에서 존재하는 재판외 분쟁해결제도 가운데 가장 대표적인 것이며 현재 존재하는 행정형의 ADR의 전형에 해당한다고 할 수 있다. 환경분쟁은 대개 그 해결을 위해서는 전문적인 과학기술 지식이 요구되는 경우가 많아 일반적인 소송에서처럼 당사자에게 주장, 입증을 일임하기에 적절하지 않는 경우도 많고,

---

90 金井順, "행정법상 재판외 분쟁해결법제연구", 한국법제연구원, 2006, 22~23면.

91 金炯振, "환경분쟁조정법의 제문제", 법조, 2001. 11, 128면.

실제로 감정에 의할 경우에 비용이 많이 들며 법원판결에 의하여 어느 일방의 승리가 내려지는 일도양단식의 분쟁해결 방식보다는 정책적인 이익조정이 필요한 경우가 많기 때문에 조정제도를 두게 된 것이다.

원래 환경분쟁조정제도는 환경피해로 인한 공법적 분쟁 뿐 아니라 주로 피해에 대한 배상을 중심으로 하는 사법적 분쟁의 해결을 위한 제도이다. 그러나 환경분쟁은 사적 당사자 사이에서도 발생할 수 있는 것이지만 국가나 지방자치단체 상호간 또는 국가나 지방자치단체 등의 행정주체와 사인 사이에서도 발생할 수 있다. 이 경우에는 국가 또는 지방자치단체의 행위로 인한 환경침해에 대한 손해배상의 문제라든가 또는 환경침해적 행정결정에 대한 환경분쟁은 사법적 성격의 환경분쟁과는 다소 다른 의미를 가진다.[92]

환경분쟁조정제도는 당사자의 신청이 없더라도 직권으로 조정절차를 개시하는 경우가 있으며, 위원회에 조사권이 부여되어 있어 소송 전단계에 많이 활용되고 있으며, 나름대로 실효적인 권리구제로 평가된다.[93] 환경분쟁조정위원회의 조정은 조정조서와 마찬가지의 합의가 있는 것으로 본다. 재정의 경우에는 소송이 제기되지 아니하거나 소송이 제기되지 아니한 때 또는 지방조정위원회의 재정위원회의 재정에 불복신청을 중앙조정위원회에 신청하지 아니한 경우에는 당사자간에 재정내용과 동일한 합의가 성립된 것으로 보기 때문에 재판상 화해가 아니라 민법상 화해와 동일한 효력이 인정된다고 할 수 있다.[94]

다. 「公共機關의 葛藤 豫防과 解決에 關한 規程」에 의한 紛爭解決

(1) 槪說

공공기관의 갈등 예방과 해결에 관한 규정(이하 "동 규정" 이라 한다)[95]의 목적은 중앙행정기관의 갈등예방과 해결에 관한 역할·책무 및 절차 등을 규정하고 중앙행정기관의

---

92 金裕煥, "행정사건에 대한 재판외 분쟁해결제도", 법학논집, 이화여자대학교 법학연구소, 2001, 89~90면.

93 李龍雨, 행정사건에 대한 ADR의 적용에 관한 법이론적 고찰, 중재연구 제13권 2호, 2004, 473면.

94 의료분쟁조정법상 의료심사조정위원회의 조정조서(법 제37조 제4항), 소비자기본법상의 소비자분쟁조정위원회의 조정조서(법 제67조 제4항), 저작권심의위원회의 조정조서(법 제117조 제5항), 등의 경우에는 재판상 화해와 같은 효력이 인정되는 것으로 되어 있다.

95 당초 2005. 5. 27. 정부제출안으로 공공기관의 갈등관리에 관한 법률안이 국회에 제출되었으나, 장기간 처리되지 않자 정부에서는 2007. 2. 12. 대통령령의 형식으로 이 규정을 제정하여 시행하게 되었다.

갈등예방과 해결능력을 향상시킴으로써 사회통합에 이바지하는 데 있다. 따라서 동 규정에 따라 갈등의 사전예방을 위해 갈등영향분석을 하도록 하고, 국민을 참여시켜 사전에 갈등이 증폭되는 것을 억제하여 적정한 행정이 가능하도록 하는 간접적인 사전적 권리구제기능을 수행한다고 할 수 있다.

(2) 公共機關의 葛藤 豫防과 解決의 限界

동 규정에 의하면 갈등의 성격과 내용이 구체적이지 않고 모호할 뿐만 아니라 그 법형식이 법률이 아닌 대통령령 형식으로 되어있고 ADR에 관한 기본법적 성격을 띠지 못하므로, 이를 법률로 승격하여 ADR 전반에 관한 기본방향과 원칙 등을 규율할 필요가 있다. 이 규정은 중앙행정기관에 적용함을 원칙으로 하고 지방자치단체나 공공기관의 경우에는 동일한 취지의 갈등 관리제도를 운영할 수 있다고 하여, 동 규정의 적용을 받지 않게 되어 있어 그 적용상의 한계가 있다.

아울러 중앙행정기관은 협의결과를 성실하게 이행하도록 노력하여야 한다(동 규정 제21조 제2항)고 규정함으로써 법적 의무화 하시 않게 되어 당사자가 이행하지 않을 경우 제재수단이 없으므로 그 결과 도출된 합의안은 지켜져야 한다는 의식과 중앙행정기관의 실천력이 전제되어 있지 않는다면 그 목적은 달성될 수 없을 것이다.[96]

V. 結論

행정청의 위법 또는 부당한 처분에 의하여 권익이 침해된 경우에 법원에 행정소송을 제기하여 권리구제를 받으려면 복잡한 소송절차와 엄격한 형식주의에 따르기 때문에 쏟은 시간과 비용, 노력에 비해 반드시 성공적인 구제가 된다는 보장이 없다. 따라서 행정소송 전단계의 다양한 권리구제방법을 강구하게 된다.

앞서 살펴본 바와 같이 한국의 행정소송 전단계의 권리구제방법 중 행정심판과 행정절

---

96 金井順, 앞의 논문, 56면

차, ADR이 제도상의 일부 결함에도 불구하고 비교적 성공적인 권리구제로서 기능하고 있다고 할 것이다. 고충민원처리와 청원도 행정소송이나 행정심판이 해결하지 못하는 사각지대에서 보충적인 권리구제로서 기능하고 있으나, 실제에 있어서는 그다지 실효적인 권리구제라고 보기 어렵다. 진정은 그 자체로서 권리구제로서의 의미가 크지 않고, 아울러 직권취소도 부담적 행정행위에 있어서 거의 활용이 되지 않고 있다.

　이제 새롭게 출범한 국민권익위원회가 부패방지, 고충민원, 행정심판이라고 하는 한지붕 세가족의 체제를 잘 수행하게 될 것인지는 권리구제시스템에 있어서 하나의 새로운 도전이라고 할 것이다. 이제 국민권익위원회는 단지 중복적으로 존재하던 기구의 통합을 넘어서서 업무처리에 있어서도 획기적인 변화를 가져오는 질적 통합을 이루어 내고 시너지효과97를 발휘할 때만이 국민으로부터 신뢰받는 권리구제기관이 될 것이다. 나아가 행정부내에 위치하고 있는 각종 분쟁조정위원회제도에 대하여도 국민권익위원회에서 흡수하는 방안 등을 포함하여 종합적인 권리구제시스템을 갖추면서 독립적이며 전문성이 있는 효율적인 국민권익위원회제도로 발전해 나갈 필요가 있다.

　끝으로 중복되거나 효율성이 떨어지는 행정소송 전단계의 권리제구제방법과 절차를 점검하여 행정소송전단계의 권리구제제도 전반에 대한 다각적이고 지속적인 입법정책적 개선노력을 기울여 나갈 필요가 있다. 향후 행정사건에 있어서도 조정 등 ADR에 의한 분쟁해결을 통한 행정소송전단계의 권리구제에 보다 많은 정책적 관심이 필요하며, 행정소송의 판결이나 행정심판의 재결처럼 일방적 결정에 의존하는 것이 아니라 자율적, 쌍방향의 탄력적 분쟁해결을 이끌어 내며, 상황에 적합한 결정을 이끌어 내는 ADR의 시대가 행정법 영역에서 열리게 되기를 기대한다.

---

97 행정심판이 갖고 있는 자기통제기능과 권리구제기능의 조화, 고충민원처리를 수행하는 옴부즈만의 본래적 구제기능에 근접하는 역활, 나아가 부패를 방지하여 깨끗한 공직풍토를 만들고자 하는 부패방지 기능을 종합적이고 효율적으로 발휘함으로서 국민의 권익구제의 실질화를 도모하는 것이야 말로 기구통합의 시너지 효과라고 할 수 있다.

4

상고제도의 합리적 개선방향*

──────── 목차 ────────

Ⅰ. 머리말

II. 상고제도 개선의 필요성과 상고제도 개선방안에 관한
   논의

III. 상고심사제 방안과 대법관의 대량증원론 검토

IV. 대법원의 Two bench를 위한 대법관 일부 증원 +
   고등법원 상고허가제 + 심리불속행제도 개선

V. 상고제도 개선과 향후 검토 과제

VI. 맺음말

I. 머리말

대한민국 건국 이후 사법부는 민주공화국의 기초를 튼튼히 하면서 국민의 권리구제와
기본권 신장을 위한 소임을 충실히 수행해 왔다. 그러나 대법원에 2015년 이래 매년 4만
건 이상의 본안사건이 접수되고 있고, 2020년 한 해 동안에만 4만 6,231건의 본안사건이
접수되어 3만 8,890건이 처리된 바 있다.[1] 이에 따라 상고법원인 대법원이 충실하면서 신

---

* 이 논문은 2022년 1월 12일 대한변호사협회 정책토론회 "상고제도 개선방안, 어떻게 해야하나"에서의 김용섭교수 발
  제문을 수정·보완하여 동북아법연구 제16권 제2호(2022. 7.)에 게재·수록한 것입니다.

1 법원행정처, "2021 사법연감(2020. 1. - 2020. 12.)", 2021. 674면.

속한 심리와 중요사건의 심층적 논의를 통한 권위 있는 판결의 생산이 물리적으로 불가능한 구조라는 지적이 있다.[2] 이처럼 대법원은 상고심으로서 국민의 권리구제에 있어서도 충실하지 못하고, 법 해석의 통일이라는 최고법원의 역할도 제대로 수행하지 못하고 있는 것이 아닌가 하는 국민적 우려가 있다.

국민에게 3심제를 보장한다는 명분으로 1990년 상고허가제를 폐지하고 심리불속행제도를 마련하였으나, 여과장치 없이 상고를 허용하여 약 75퍼센트의 민사사건을 서류만으로 기각판결을 하면서 마치 국민의 재판청구권을 실질적으로 보장하는 것처럼 기만해온 것이 문제이다. 이와 같은 대법원의 심리불속행제도는 미국[3], 독일, 일본 등 선진 각국에서 시행하고 있는 상고허가제 보다 낙후된 제도로 전락하였다. 왜냐하면 대법원의 과도한 업무량으로 인해 심리불속행제도는 실질적으로는 대법원 재판연구관의 검토보고서에 의하여 수행되며 판결 이유를 제대로 기재하지 않은 채 사건이 종결되기 때문이다. 판결에 이유가 없는 판결은 재판이라는 이름으로 정당화 될 수는 없고, 이는 우리나라 사법의 후진성과 야만성을 적나라하게 보여주는 것이라고 할 수 있다.[4]

상고심인 대법원에 사건이 많이 몰리면 - 대형 병원에 환자가 많이 몰리면 의사를 늘리거나 경미한 환자를 다른 병원으로 보내 치료하듯이- 대법관을 증원하거나 상고허가제를 도입하는 등 사안의 경중을 필터링하는 것은 일반적 상식이고 필연지사이다.

우리 헌정사를 살펴보면, 상고제도와 관련하여 대법원의 이원적 구성, 고등법원 상고부 설치, 상고허가제 등 다양한 시도를 하여 왔고, 대법원은 1994년부터 민사·가사·행정사건

---

2 박노수, "상고제도 개선의 필요성과 개선노력의 경과", 대법원 재판제고, 이대로 좋은가?-상고제도 개선을 중심으로-, 대법원 주최 토론회 자료집, 2021. 5. 21. 자, 7면.

3 미국의 상고허가제에 관하여는 문재완, "미국 상고허가제(certiorari)의 이론과 실제", 외법논집 제23집, 2006. 8. 이제우, "미국 연방대법원의 상고허가제에 관한 연구- 연혁, 사건선별 기준과 심리절차를 중심으로-", 법과 정책 제25집 제3호, 2019. 12. 등을 참고 바람

4 김용섭, "이유없는 판결은 판결인가", 법률신문 2021. 12. 23. 자 참고적으로 심리불속행기각판결의 이유는 대체적으로 "상고인의 상고이유에 관한 주장은 상고심절차에 관한 특례법 제4조에 해당하여 이유 없음이 명백하므로 위 법 제5조에 의하여 상고를 모두 기각하기로 하여 관여 대법관의 일치된 의견으로 주문과 같이 판결한다."라고 사실상 부동문자로 기재되어 판결문에 구체적인 이유의 설시가 되어 있지 않다. 한편 하급심 판결문 중 판결 이유에서 사실관계와 입증 방법이 적절하게 대칭하지 않고 한꺼번에 증거를 제시하여 일괄적인 사실 인정을 하는 판결문의 형식도 당사자가 재판부에 불신을 갖고 결과에 승복하지 않고 끝까지 다투는 원인으로 작용한다.

에 한하여 심리불속행 제도를 시행하고 있다. 종전에 운영되어 온 상고제도를 비롯하여 새로운 관점에서 대법관 증원론, 상고법원설치(안), 고등법원 상고심사제 등이 논의되고 있다. 각 제도의 장단점이 있다 보니 백화제방(百花齊放)의 논의만 무성한 실정이다.

김명수 대법원장은 취임사에서 상고심의 기능을 정상화하기 위하여 상고허가제, 상고법원, 대법관 증원, 대법원의 이원적 구성 등 여러 방안들을 보다 개방적인 자세로 검토하고 사회 각계의 의견을 두루 수렴하겠다는 포부를 밝힌 바 있다.[5] 이와 같은 상고제도 개선과 같은 중차대한 사법개혁의 문제는 특정 제도의 도입으로 그치는 단선적 접근이 아니라 국회가 입법정책적 관점에서 국민의 사법시스템이 될 수 있도록 사법시스템 전반을 종합적으로 검토하여 새롭게 제도적 틀을 짤 필요가 있다. 삼세판 승부라는 국민감정의 관점에서 접근할 사안은 아니다. 보다 근본적으로 대법원에 왜 상고가 늘어나는지, 사법적 접근을 통한 사법적 정의를 실현하고 국민의 권익구제를 실현할 수 있을 방안을 종합적으로 검토할 단계이다. 더 나아가 ADR의 활성화를 통해 법원에 사건이 몰리는 것을 억제하고, 모든 사건의 3심제보다는 소액사건 등 특정 사건은 2심제, 중요한 사안은 4심제[6]도 용인하는 전향적인 자세로 접근할 필요가 있다.

상고제도 개선은 하급심의 내실화와 함께 추진하되, 제1심 사건 수를 대폭 줄이기 위해 ADR(Alternative Dispute Resolution)의 활성화와 조정전치주의의 도입 등 거시적인 시각으로 바라볼 필요가 있다. 아울러 기본적으로 심급제를 3심제에서 2심제를 기본으로 하고, 예외적으로 3심제를 운영하는 것이 국민의 일상의 평화를 위해서도 바람직한 측면이 있다. 모든 정책과 제도는 바람직한 긍정적 측면이 있고 예상하지 못한 부작용과 역기능이 있게 마련이다. 제도의 개혁은 법 제도를 고치는 것으로 쉽게 달성할 수 있는 것이 아니라 운용 형태에 대한 점검과 지속적이고 주기적인 피드백이 필요하다.

이 글에서는 국민을 위한 사법시스템의 구축을 위하여 국회에 계류 중인 법률안과 대법원 상고제도개선 특별위원회 안을 중심으로 비판적 관점에서 검토하기로 한다.

---

5 개방적인 자세로 사회 각계의 의견을 두루 수렴하는 것도 중요하지만, 사공이 많은 경우 배가 산으로 올라가게 되는 점도 간과해서는 안 된다.

6 현재 허용되지 않고 있는 재판에 대한 헌법소원제도를 인정하면 4심제가 될 수 있다.

II. 상고제도 개선의 필요성과 상고제도 개선방안에 관한 논의

1. 상고제도 개선의 필요성

2020년 기준 대법원에 접수되는 본안사건은 4만 6,231건, 대법관 1인당 처리 건수는 3,852건에 이르고 있다. 이로 인해 상고사건 심리에 있어 실질적이고 깊이 있는 토론이 제한되고, 대법원은 상고심절차에 관한 특례법상 심리불속행제도를 활용하여 상고사건 상당수가 심리를 진행하지 않고 종결하고 있다. 그 비율은 2019년 기준 민사, 가사, 행정 본안사건 1만 6,990건 중 1만 2,258건, 비율로는 72.1%, 즉, 약 4건 중 3건이 대법원의 실질적 심리를 받아보지도 못하고 종결되는 상황이다. 한편, 상고심의 실질적 심리를 거치더라도 파기되는 비율은 2018년 기준으로 민사, 행정사건 4.3%, 형사사건 1.8%에 그치는 등 매우 미약한 실정이다.

이러한 통계에 비추어 보더라도 상고제도는 전면적으로 개선할 절박성이 있다. 1인의 대법관이 처리해야 하는 사건이 지나치게 많을 뿐만 아니라 적정 수를 과도하게 초과하여 상당수의 사건이 대법원 재판연구관에 의한 판결이 아닌가 하는 의구심이 생기게 된다.[7]

현재 대법원의 재판업무 부담은 지나치게 과도하며, 이 문제에 대한 해결책이 조속히 마련되어야 한다는 점에 국민적 공감대가 형성되어 있다. 중립적 제3권력인 사법부는 재판절차를 통해 사법적 정의를 실현하고 국민의 권리를 구제한다. 법원의 재판업무 부담 경감을 통하여 사법 정의의 실현과 권리구제를 위하여 ADR의 활용방안을 다각적으로 강구할 필요가 있다. 전 세계적인 ADR 확산추세에 비추어 볼 때 분쟁해결을 국가가 독점하는 시대는 지났다. 특히 민사적 분쟁은 당사자 자치의 원칙이 지배하므로 민간 조정인에 의한 양 당사자의 합의의 도출을 통하여 분쟁을 해결하는 것을 권장하는 시스템을 국가가 앞장서서 마련한 필요가 있다.

---

7 대법관 1인당 1년간 충실하게 심리하고 전원합의체에서 논의하면서 적정하게 처리할 수 있는 적정 사건 수를 먼저 확정할 필요가 있다. 대법관이 실제적으로 처리 할 수 있는 정도를 넘어서는 사건을 대법원에 접수되도록 하여 대법관의 처리용량을 현저하게 초과하는 것은 심각한 문제이다. 이로 인해 일반 국민은 심리불속행해서는 안 되는 사건이 본안 심리조차 받지 못한 채 대량으로 부실하게 처리되는 것이 아닌가 하는 의구심과 합리적 의심을 갖고 있다.

2. 상고제도 개선방안에 관한 논의

가. 기존의 상고제도 개선방안

우리나라 사법부는 건국 이후 지난 74년 동안 다양한 형태의 상고제도를 운영하여 왔다. 대법원의 이원적 구성(1959년), 고등법원 상고부 설치(1961년), 대법원의 상고허가제(1981년) 등은 이미 시행되었다가 폐지된 바 있다. 한편 2006년 사법개혁위원회의 고등법원 상고부 재설치 방안과 2014년 상고법원 설치 방안은 논의하다가 시행되지 못하고 폐기된 바 있다.

이러한 상고제도 개선 논의는 대법원의 현상적인 문제에 포커스를 맞추어 논의되어 왔고, 하급심의 내실화와 ADR을 통한 분쟁 해결을 고려하지 않고 논의되어 온 측면이 없지 않다.

여기에서는 우선 여러 방안 중에서 고등법원 상고부 설치 방안과 상고법원 설치방안에 대하여 간략히 살펴보기로 한다. 고등법원 상고부 설치 방안의 경우 현행 심리불속행 제도에 비하여 재판부가 충분한 심리를 할 수 있고, 고등법원 소재지마다 상고부가 설치되어 지역 주민의 상고심 법원 접근성을 높일 수 있다는 장점을 근거로 주장되었다. 이러한 방안에서는 고등법원 상고부에서 처리할 사건과 대법원에서 처리할 사건을 구분하는 것이 관건이다. 다만, 상고심 재판의 통일성을 달성하기 어려울 수 있고, 국민의 대법원의 재판을 받을 권리를 제한하는 것이라는 비판도 있다. 대법원에서 재판을 받을 권리가 헌법으로부터 도출되는 것은 아니라고 본다면 상고심 법원과 대법원으로 상고심을 분리하는 것이 불가능한 것은 아니다.

한편 양승태 대법원장 시절에 추진되었던 상고법원 설치 방안[8]의 경우 대법원에서 모두 담당하던 법해석 통일 기능과 권리구제 기능을 대법원과 상고법원이 각각 나누어 담당함으로써 각 기능을 조화롭게 강화할 수 있다는 장점을 근거로 주장되었다. 그러나 국민의 권리구제 기능을 상고법원으로 하여금 담당하게 한다는 점에서 고등법원 상고부 설치론에 대한 비판이 동일하게 적용될 수 있다. 또한 대법원이 담당하는 사건과 상고법원이 담

---

8 이에 관하여 찬성하는 입장으로는 윤남근, "우리나라 상고제도의 개선방안-상고법원안과 대법관 증원론을 중심으로-, 인권과 정의 통권 제455호, 49면 이하

당하는 사건 사이의 분류기준이 추상적이어서 형평성 논란이 제기될 수 있다.

상고법원 설치안과 관련하여 상고법원이 최종법원의 기능을 수행하기에는 민주적 정당성이 취약하다는 비판론이 제기되기도 한다. 그러나 상고법원에서 최종적 상고심 관할권을 행사한다고 하더라도 비교법적으로나 헌법해석론상 최고법원이 최종심을 담당하는 것이 헌법상 요청이라고 단정할 수 없어 상고법원의 설치가 우리 헌법질서에 반한다고 보기는 어려울 것이다.9

고등법원 상고부는 기본적으로 현재의 조직하에 운영하는 것이고 상고법원의 설치는 기존의 법원조직과는 별도로 각급법원 형태로 두는 것이다. 그런데 이와 같은 2개의 방안을 마련하더라도 당사자의 선택에 따라 경쟁적으로 상고를 제기할 수 있도록 하는 것도 검토할 필요가 있다. 왜냐하면 경쟁시스템으로 국민의 권리구제에 적합한 기관이 어느 기관인지 경쟁을 촉진하는 것이 필요하기 때문이다.10

나. 대법원 상고제도개선특별위원회의 3가지 개선방안

현행 상고제도의 대안으로 그동안 ⅰ) 상고허가제 도입, ⅱ) 고등법원 상고부 설치, ⅲ) 상고법원 설치, ⅳ) 대법관 증원 등이 논의되어 왔다.

그런데 대법원 상고제도개선 특별위원회에서는 상고허가제 대신에 상고심사제, 고등법원 상고부 설치, 대법관 증원에 대하여 집중검토를 하였고, 양승태 대법원장 시절에 논의하였던 상고법원의 설치에 대하여는 특별히 방안으로 채택하지 않았다. 현재 상고제도개선 특별위원회에서는 ① 상고심사제 방안 ② 고등법원 상고부와 상고심사제를 혼합하는 방안 ③ 대법원 2원적 구성(대법관 증원포함) 방안의 세 가지 방안이 제시되었고, ① 상고심사제 방안이 11명의 위원 중 7인이 찬성하였고, ②와 ③의 방안이 각각 2인씩 찬성하였다.

제1안은 뒤에서 상세히 검토하기로 한다. 제2안은 고등법원 상고부와 상고심사제를 혼

---

9 김종철, 이준일, 이상경, 허진성, "대법원의 역할과 상고심 개선의 헌법적 쟁점에 관한 연구- 상고법원 도입방안 논의를 중심으로-", 공법연구 제44집 제1호, 2015, 49면.

10 조세불복절차에 국세청의 심사청구와 조세심판원 심판청구 중에 택일 할 수 있도록 하는 것과 같은 차원의 제도설계이다.

합하는 방안으로 민·형사를 구분하는 방식이다. 상고제도개선 특별위원회 11명의 위원 중 2명의 위원이 찬성하였으며, 특히 형사사건 상고절차는 고등법원에 상고부를 두고, 대법원과 고등법원 상고부가 상고사건을 분담처리하고, 민사사건의 경우에는 다수의견과 같이 상고심사부를 도입하되 고등법원 상고부와 상고심사제를 혼합하는 방안이다. 제2안의 경우는 제1안과 마찬가지로 대법관의 증원을 고려하지 않고 있는 방안으로 다소 복잡하며 한계가 있다.

제3안은 대법원의 이원적 구성방안으로 대법관 증원과 함께 재판업무를 담당하는 대법관이 아닌 대법원 판사를 두어 대법원의 사건처리 역량을 양적으로 증대시키는 방안이다. 현재의 심리불속행제도는 유지하되, 심리불속행 상고기각판결의 경우 실질적인 이유를 간략히 기재하도록 개선하는 내용이다. 제3안은 민홍기 변호사께서 발표하는 사항이라 따로 검토하지 않았다. 제3안도 대법원의 사건부담을 덜기 위한 노력이지만 대법관 이원적 구성은 상당수의 대법원판사의 충원이 필요하여 하급심의 부실화를 초래할 가능성이 높다. 대법원은 권리구제기관을 지향할 것인지, 법률심으로 법령해석의 통일을 도모하는 방향으로 갈 것인지 진로와 방향을 명확히 하여야 한다.

생각건대, 대법원에서 상고심사부를 두어 본안 심리에 관여하지 않는 것보다는 고등법원에 상고심사부를 두고 외부 위원이 중심이 되어 이를 판단하고 이유를 설시하도록 하며 이에 대하여 대법원에 불복할 수 있도록 하는 것이 바람직하다. 이와 관련하여 헌법상 재판청구권은 대법원을 통한 권리구제가 종국적이어야 하는 것을 의미하는 것은 아니다. 결국 법원은 실제적 사건 처리할 수 있는 범위로 사건을 축소(ADR, 상고허가제 등)하거나 대법관과 법관 출신의 재야 변호사에 한정하기 보다는 오랜 기간 경력의 변호사 출신 중에 신망이 두터운 자원을 하급심의 법관으로 발탁하고, 로스쿨의 재판연구원도 대폭 증원하는 등 전방위적 대응이 동시에 이루어질 필요가 있다.[11]

---

11 현재 법원은 사법적 구제와 관련한 2가지 딜레마에 봉착해 있다. 하나는 사건의 처리가 정체되고 장기화 되고 있어 '지체된 정의는 정의가 아니다'라는 비난이고, 다른 하나는 판결이유가 없는 판결에 대한 국민의 사법불신이다. 따라서 현재의 대법관의 규모로 감당할 수 있는 수준의 사건을 맡아 다수가 참여하는 합의체에서 심도 있게 토의함으로써 법해석의 통일과 함께 국민의 권리구제를 실질적으로 보장할 필요가 있다.

3. 상고제도 개선을 위한 다각적 방안 모색

상고제도 개선을 위한 논의는 그 동안 운영되었거나 논의된 방안 중 하나의 방안만을 고집할 것이 아니라, 다양한 방안을 보다 다각적인 시각에서 검토하고 논의할 필요가 있다.

최근 10년간 대법원의 사건 처리 현황을 보면, 본안사건을 기준으로 접수 건수가 2009년 약 32,000건에서 2020년 4만 6,231건으로 늘어나는 등 지속적으로 증가 추세를 보이고 있다.[12] 이러한 대법원의 기능부전을 초래한 문제에 대처하기 위해서는 고등법원의 상고허가제를 도입하여 적정한 사건을 충실하게 심리하는 방향으로 나가지 않으면 대법관에 의한 재판이 아니라 재판연구관에 의한 재판으로 전락될 위험성이 있다.

현재 대법원은 대법원장과 13명의 대법관으로 구성되어 있으나, 13명의 대법관 중 법원행정처장은 사법행정을 총괄할 뿐 재판업무에 직접 종사하지 아니하고 있다. 따라서 대법원장과 법원행정처장을 제외한 12명의 대법관이 상고사건을 처리하고 있어 이를 기준으로 대법관 1인당 본안사건 처리 건수는 2009년 2,509건에서 2018년 3,852건으로 증가하였다.[13]

상고제도의 개선은 대법원의 심리불속행제도만으로 해결될 수 있는 사안은 아니고, 수원지의 물의 공급을 축소하듯이 법원에 사건이 몰리는 것을 근본적으로 억제하기 위해 대법관의 4인 내지 6인의 소폭 증원이 필요하다. 법원조직법의 개정을 하여 대법관을 증원한 경우에는 사건처리에 미치는 영향을 5년 후에 다시 점검할 필요가 있다. 정치권이나 국회는 법률을 제정하면 문제가 해결된 것으로 착각하기도 하지만 개혁이라는 이름하에 많은 부작용이 초래되는 경우가 적지 않다. 앞으로 새로운 제도의 신설을 내용으로 하는 입법을 할 경우 법률의 부칙에 규정을 마련하여 5년 후에 반드시 전문기관의 검토보고서를 작성하여 국회에 제출하도록 하는 제도의 존속과 개선 또는 폐지를 점검하는 시스템을 마련할 필요가 있다.

---

12 2015년에 4만 1,850건, 2016년에 4만 3,693건, 2017년에 4만 6,412건, 2018년에 4만 7,979건, 2019년에 4만 4328건이 접수된 것으로 통계가 나와 있다. 이에 관하여는 법원행정처, 2021 사법연감, 674면.

13 다만, 대법원에는 2018.12.31. 현재 119명의 재판연구관이 있어 대법관 1명이 전적으로 부담하는 업무량으로 보기는 어렵고, 대법원에 두는 법관이 아닌 재판연구관에 의한 상당수의 사건 해결이라는 문제점이 지적될 수 있다.

III. 상고심사제 방안과 대법관의 대량증원론 검토

1. 대법원 상고제도개선 특별위원회의 상고심사제 방안

가. 주요내용과 핵심사항

상고심사제 방안은 상고의 유형을 법정상고와 심사상고로 구분하고, 적법한 상고이유를 포함하고 있는지 여부에 대한 심사를 강화하여 대법원이 보다 근본적인 중요성을 가지는 사건에 심리를 집중하는 방안이다.[14]

이 방안은 상고허가제와 유사하지만, 대법원이 반드시 본안심리를 해야 하는 법정상고사건과 상고이유 주장의 당부를 판단하는 본안전 심사절차인 심사상고사건으로 구별하고 있다. 이 방안은 상고심을 법률심으로 하여 대법원은 통일된 법령해석과 법적 기준의 제시가 필요한 사건을 집중처리 함으로써 온전한 법률심으로서의 기능을 수행할 수 있게 하려는 것으로, 우리나라의 법관 수나 배치 현황 등에 비추어 대법관이나 대법원판사를 늘리는 것이 적절하지 않다는 관점이다. 아울러 대법관이 아닌 법관을 두는 것이나 고등법원 상고부에 상고법관을 두는 것은 법관의 새로운 층위를 만들어 폐지된 고등부장판사 승진제도를 부활시키는 것으로 바람직하지 않다는 관점에서 마련된 것이다.[15]

나. 비판적 검토

2021. 9. 8. 제15차 사법행정자문위원회에 보고한 상고제도개선 특별위원회 위원 11인 중 7인이 찬성한 상고심사제 방안[16]은 적법한 상고이유를 포함하고 있는지 여부에 대한 심사를 강화하거나 상고이유 자체를 보다 강화하여 대법원이 보다 근본적인 중요성을 가지는 사건에 심리를 집중하는 방안이다. 그러나 권리상고를 둔다면 상고가 줄어들지 않을 가능성이 있고, 심사상고의 주체를 대법원으로 하여, 엄격한 심사를 하지 않을 경우에는

---

14 대법원, "상고제도 개선특별위원회 연구·검토 결과보고", 대법원사법행정자문회의 제15차 회의자료, 2021. 9.자 8면 참고

15 위 결과보고, 11-16면.

16 박노수, "대법원 상고제도개선 특별위원회 논의 경과와 내용", 상고심토론회 상고개혁, 어떻게 할 것인가, 더불어민주당 박주민 의원, 이탄희 의원, 민주사회를 위한 변호사모임, 참여연대, 2021. 7. 15. 54-56면.

다시금 심리불속행으로 수많은 사건을 처리할 위험성이 있다. 또한 심사상고 이외에 법정 상고를 인정하게 되어 상당수의 사건이 필수적으로 대법원에 올라가게 되므로 현재의 대법관의 숫자로 볼 때 여전히 심리불속행으로 종결될 가능성이 높게 된다. 이러한 방식은 당사자인 국민에게 기대감만 높여주는 결과가 된다.

대한변협은 대법관 증원론의 관점에서 상고심사제를 비판하는 입장이다. 대한변협의 입장은 대법관의 대량증원을 하면 대법원을 지금보다 더 다양한 배경을 가진 대법관들로 구성할 수 있을 것이며, 이는 우리 사회의 가장 중대한 취약점으로 지적되는 다양성과 포용력의 결핍 문제를 해소하는 데에 중요한 역할을 할 것으로 기대하고 있다. 그러나 대법관의 숫자가 많아지면 다양한 배경을 가진 사람을 임용할 가능성은 있으나, 이러한 숫자의 증가만으로 당연히 다양한 배경의 대법관이 임명된다는 보장이 있는 것은 아닐 것이다. 혹여 전문성이 떨어지는 대법관의 임명은 산적한 사건의 신속한 처리에 역행할 가능성이 있다.

2. 이탄희 의원 대표발의 법원조직법 개정법률안

가. 제안이유 요약과 주요내용

(1) 대법원은 국민의 기본권과 일상생활에 관한 중요한 법적 다툼에 있어 최종적인 사법적 판단을 함으로써 우리 사회의 방향성을 제시하는 중요한 기관이다. 현재 대법관은 총 14명으로 대법원장과 사법행정업무만을 담당하는 법원행정처장을 제외하면 실질적으로 상고심 재판은 12명의 대법관이 담당하고 있다.

만약 대법관이 증원될 경우 대법관 구성을 보다 다양화 할 수 있으며 토론과 합의를 통해 우리 사회의 다양한 현실과 소수의견이 반영될 수 있다. 나아가 대법관이 사건당 보다 많은 시간과 역량을 투입할 수 있게 되어 대법관의 과도한 사건 부담 해소는 물론 보다 신속하고 철저한 사건 처리를 통해 국민의 재판청구권을 보장할 수 있을 것으로 기대할 수 있다.

이에 대법관의 수를 48명으로 증원하여 '대법관 1명당 인구수'가 108만명이 되도록 함으로써 보다 충실한 상고심 심리와 대법관 다양화는 물론 대법원이 법령 해석 통일 기능과 국민의 권리구제 기능을 충실하게 수행할 수 있도록 하려는 것이다(안 제4조).

(2) 개정안은 이와 같은 점을 고려하여 전원합의체 구성 최저비율을 전원의 3분의 2 이상에서 2분의 1 이상으로 완화하고 있으나, 전체 대법관 대비 전원합의체에 참여하는 대법관의 비율이 감소하게 되는 문제점이 지적될 수 있다.

한편, 개정안 부칙 단서는 34명의 대법관 증원을 공포한 날부터 3년의 시한을 두고 매년 12명(3년차에는 10명)씩 증원하도록 규정하고 있다.

<table>
<tr><td align="center">부   칙</td></tr>
<tr><td>이 법은 공포한 날부터 시행한다. <u>다만, 이 법에 따라 증원되는 대법관의 정원 34명 중 12명의 증원은 공포 후 1년이 경과한 날부터 시행하고, 12인의 증원은 공포 후 2년이 경과한 날부터 시행하며, 10인의 증원은 공포 후 3년이 경과한 날부터 시행한다.</u></td></tr>
</table>

나. 대한변호사협회의 입장

대한변협은 오래전부터 대법원 상고를 인위적으로 제한하는 상고허가제, 「상고심절차에 관한 특례법」상 심리불속행 제도, 상고법원 제도 등은 국민의 재판을 받을 권리를 중대하게 제약하는 반인권적 제도라고 보고, 상고심절차 개선책으로서는 우선 대법관의 수를 일정 부분 확대하고 그 확대된 대법관의 수로도 감당할 수 없을 정도로 상고사건이 폭주할 때 비로소 상고사건의 수를 제한하는 방안을 모색하는 것이 적절하다는 입장을 표명하여 왔다.

대한변협의 논거는 대법원의 최고법원성을 유지하기 위하여 반드시 대법관의 숫자를 소규모로 유지하여야 할 이유는 없다고 보고 대량 증원을 찬성하는 입장이라고 할 수 있다.

다. 대법관 대량증원론의 문제점

(1) 이탄희 의원 대표발의 법원조직법 일부법률 개정안이 담고 있는 대법관 증원 방안의 경우 충실한 상고심 심리 및 상고심 사건 적체 해소에 기여할 수 있고, 대법관 구성의 다양성 확보가 가능하며, 현 사법체계를 변화시키지 아니하고도 국민의 재판청구권을 보

장하며 실현할 수 있다는 이유를 들고 있다.

우리 헌법 제27조 제1항에서는 "모든 국민은 헌법과 법률이 정한 법관에 의하여 법률에 의한 재판을 받을 권리를 가진다"고 규정하고 있다. 여기서 재판을 받은 권리에 대법원에서 재판을 받을 권리를 의미하는지 여부가 논란이 되고 있다. 심급제도는 한정된 사법 자원의 효율적 활용의 관점에서 파악하여야 하고, 국민에게 대법원에 의한 재판을 받을 권리가 당연히 도출되는 것은 아니라고 볼 것이며, 이는 입법정책적 사항이라고 볼 것이다.

반면, 대법관의 수가 증가하면 상고심 재판에 대한 기대가 그만큼 늘어나게 되고, 사건 수의 증가에 따라 지속적인 대법관 증원이 필요하다. 대법관의 총수를 48명으로 할 경우 물리적으로 전원합의체를 구성하기 어려워질 수도 있다. 장관급 대법관을 대량 증원하는 것이 과도한 사법비용을 유발시킬 수 있고 건물을 별도로 신축해야 하는 문제가 있다.[17]

이 경우 전원합의체의 운영이 어려워 소부 중심으로 운영될 우려가 있다는 지적[18]이 있다. 그러나 한편에서는 독일이나 프랑스 등 외국의 사례[19]로 대법관이 120명을 초과하는 경우에도 연합부를 운영하여 법률 해석 통일 기능을 수행하고 있으므로 합의체 운영이 불가능한 것은 아니라는 지적이 있으며, 전원합의체의 운영 방법은 대법관의 의사를 제대로 반영하기 위한 절차적 문제로서 판결을 위한 본질적 문제는 아니라는 반론이 있다. 대법원이 부의 합의체를 중심으로 운영하는 투벤치(two bench)로 8인 또는 9인이 하나의 독립된 부, 법해석의 통일성을 기할 필요가 있는 경우에 전원의 대법관이 참여하는 전원합의체를 예외적으로 하고, 각 부에서 독자적으로 대법원의 전체의사로 간주할 수 있는 조항을 두는 등 법원조직법에 이에 관한 규정을 마련하는 것이 필요하다.

---

17 독일의 연방헌법재판소의 재판관이 차관급인 것처럼 대법관의 숫자가 늘어나면 차관급으로 하여도 무방하고 반드시 장관급으로 하여야 할 논리 필연적 이유는 없다.

18 유제민, "상고제도 개편논의의 역사와 현황-" 충실한 재판을 위한 상고심 개선 국회토론회, 2019. 9. 3. 참고, 제20대 국회 사법개혁특별위원회 법원·법조개혁소위원회 제3차 회의(2018. 12. 20.)에서는 대법관 수를 현재(14명)의 2배 정도 늘리는 것으로는 근본적인 상고제도 개선이 어렵다는 법원행정처 차장의 발언이 있었다. 이 점에 비추어 김명수 대법원장 체제에서도 기본적으로 대법관 증원에는 반대하는 입장이라고 보여진다.

19 독일의 경우 연방일반법원 내에 민사사건 연합부와 형사사건 연합부를 구성하도록 하여 같은 연합부 소속의 다른 부 판결 등에 배치되는 판결을 하는 경우 이를 심리하도록 하고 있으며, 연합부로도 해결할 수 없는 경우에는 대연합부를 구성(대법원장과 각 연합부 소속 판사 23명 이상 총 24명으로 구성)하여 심리하도록 하고 있다. 이에 관하여는 허병조(국회 법제사법위원회 전문위원), 법원조직법 일부개정법률안 검토보고서, 2020. 9. 참고.

이와 같이 대법원의 업무 부담을 경감하고 대법원의 기능을 정상화하기 위하여 여러 방안이 논의되고 있고, 어느 방안이 가장 합리적인 것인지에 대한 사회적 합의가 선행되어야 할 것으로 보인다. 대법관의 대량증원을 내용으로 하는 법원조직법 개정안은 대법관의 수를 현재보다 34명 늘려 48명으로 증원하려는 것으로, 대법관을 증원하면 대법관 1인당 처리하여야 하는 사건 수가 현재보다 그만큼 줄어들게 되므로 상고사건에 대하여 충실한 심리가 가능하나 중요한 사건에 관하여 법령 해석 통일 및 정책법원으로서의 기능을 수행하는 데 기여할지 의문이다.

(2) 또한 대법관의 경우, 인사청문회와 국회 동의절차를 거쳐야 하므로 대법관 대량증원으로 인한 임명과정에서 적임자를 일순간에 충원하기가 용이하지 않은 문제가 있다. 이탄의 의원 대표발의 법원조직법 일부 개정법률안 부칙 단서도 이러한 문제 인식하에 대법관 34명이 동시에 증원되는 경우에 임기 종료 전에 퇴직하는 사람이 없는 한 증원되는 34명의 대법관이 6년 후 한꺼번에 퇴직하게 되어 대법원의 업무 연속성을 저해할 수 있다는 우려를 불식시키기 위한 취지로 이해된다. 그러나 대통령이 집권한 후 5년의 임기내 특정 집권 세력 내에서 34명의 대법관이 임명될 경우 다양한 경력의 대법관 충원이 용이하지 않고 오히려 이념적 편향이 있는 인사의 쏠림 현상으로 사법의 정치화가 가속화될 위험성이 있다.

또한 대법관의 업무량 경감은 근원적으로는 하급심 강화로 해결해야 할 문제로, 대법관 수가 늘어나면 상고심 재판에 대한 기대가 늘어나 상소율을 높이는 심리적 계기를 제공할 수 있고, 사건 수가 늘어나는 만큼 대법관의 수를 계속 늘려가야 한다는 결과가 되어 앞으로 적정한 대법관의 수가 어느 정도에 이를지 예측하기 어려우며, 현행보다 전원합의체의 운영이 어렵다는 반대의견도 경청할 만하다.

IV. 대법원의 Two bench를 위한 대법관 일부 증원 + 고등법원 상고허가제 + 심리불속행제도 개선

1. Two bench를 위한 대법관의 일부 증원

가. 대법원의 최고법원으로서의 기능 유지

헌법 제102조 제3항에 따라 법원은 최고법원인 대법원과 각급법원으로 구성되도록 되어 있다. 최고법원인 대법원은 하급 법원에서 내린 법률판단의 잘못을 시정하는 법률심으로 기능할 필요가 있다. 그러나 대법원은 최고법원이라고 하여 모든 사건에 있어 최종심이 되어야 하는 것은 아니다.[20] 대법원은 전원합의체를 통한 통일적 법해석을 통해 하급심의 권리구제기능을 향도할 필요가 있다. 이러한 점에서 대법원의 권리구제 기능은 보충적으로 이해하고 대법원의 주된 기능은 주권자인 국민을 위하여 통일적인 법 해석을 하는 것으로 볼 필요가 있다. 우리 헌법 제102조에서 전원합의체를 기본으로 하고 있고, 부를 둘 수 있도록 제도가 마련되어 있어 경미한 사건에 이르기까지 모든 사건을 상고심을 대법원에서만 처리하여야 하는 것은 아니다. 대법원은 중요한 법률적 쟁점을 내포하고 있거나 사회적 영향력이 큰 법률문제에 대하여 사건을 심리하여 최종적으로 법이 무엇인지 확인하고 선언하는 역할을 하는 것이 타당하다.

대법원의 기능 및 역할과 관련하여 그동안 상반된 입장의 차이가 존재하고 있다. 대법원의 주된 기능을 권리구제에 역점을 두는 대한변협의 입장에서는 대법관 증원론이나 대법원 2원적 구성론을 우선적으로 고려하게 된다. 아울러 대법원의 주된 기능을 법령해석의 통일로 보는 입장에서는 상고허가제나 심리불속행제도를 통해서 대법원의 사건부담을 경감하는 방안을 선호하게 된다.

그러나 이러한 견해는 다소 양립하기 어려운 것이다. 대법관의 대폭 증원론을 내세우게 되면 대법관에 의한 통일적 법 해석은 어려워지고 사건 처리는 용이하게 되며 대법원은 권리구제를 위한 사건의 최종적 종말처리기관으로 전락할 수 있다.

---

20 김종철, 이준일, 이상경, 허진성, "대법원의 역할과 상고심 개선의 헌법적 쟁점에 관한 연구-상고법원 도입방안 논의를 중심으로-", 공법연구 제44집 제1호, 29면.

헌법상 재판청구권의 의미를 대법원에서 재판받을 권리를 의미하지 않지만 대법원의 사건이 지나치게 많은 점을 감안하면 대법관의 소폭 증원과 상고허가제의 도입을 패키지로 구상하는 방안도 검토할 수 있다고 본다. 무엇보다 법해석 통일성의 관점에 초점을 놓게 되면 대법관의 증원은 적정한 규모로 이루어질 필요가 있다. 앞서도 언급한 바와 같이 우선 대법관 4인 또는 6인을 증원을 한 후 5년 후에 점검하여 늘리는 것이 좋은지 아니면 규모를 축소하는 것이 좋은지 검토할 필요가 있다. 아울러 심리불속행제도의 문제점 중 판결에 이유를 기재하는 것은 대법원 재판연구관의 검토보고서를 일부 활용하여 간략하게라도 이유를 명시하도록 개선하고 독일의 상고허가제와 일본의 상고수리제를 벤치마킹하여 고등법원의 상고허가제를 도입할 필요가 있다.

나. 투벤치의 방식의 모델- 독일 연방헌법재판소 모델

(1) 현재 대법원의 사건은 대법원장과 법원행정처장을 제외한 12인의 대법관이 담당하고 있다. 여기에서 대법관을 6인만 늘리더라도 현재의 대법관 1인당 처리사건의 숫자를 3분의 2로 줄일 수 있게 된다. 그러나, 대법관 대량증원의 경우 이에 수반되는 재판연구관의 증원이 뒤따르게 되어 하급심 법관의 상당수 인력차출로 하급심의 부실화를 초래할 수 있다. 아울러 대법관의 증원에 따르는 기대심리로 필터기능을 마련하지 않으면 대법원에 사건 수가 더욱 늘어날 가능성이 있으며 하급심 내실화에 역행하는 결과가 될 것이다.

따라서 대법관의 증원은 6인 정도로 소폭으로 하되[21], 독일 연방헌법재판소와 같은 모델로 기본적으로 상호 조직적·인적으로 독립된 2개의 재판부로 구성하고 하나의 재판부에는 8명 또는 9명의 대법관으로 구성하는 체제로 나아가고 법원조직법에 각 재판부의 권한에 대하여 규율할 필요가 있다. 우리의 대법원은 대법원장과 13명의 대법관이 전원합의체를 형성하고 있다. 그런데 우리 헌법은 제102조 제1항에서 대법원에 부를 둘 수 있다고 되어 있어, 이 규정에 따라 소부나 전문부를 둘 수도 있지만, 투벤치 형태의 합의체를 독립하여 운영할 수 있다고 본다.[22]

---

21 이는 대한변협의 공식적 방안이다. 대한변호사협회, "상고제도 개선 논의 경과 안내 및 의견 요청에 대한 검토의견", 2021. 7. 20. 자. 대한변협은 위 검토의견에서 상고심사제 방안과 대법원 2원적 구성방안에 대하여 반대하는 입장이다.

22 참고적으로 제18대 국회 사법개혁특별위원회 소위에서는 상고제도 개선 추진 방안 중 하나로 대법관을 20명으로 증

이를 위해 대법관의 인원을 6인(또는 4인)을 증가하여 20인(또는 16인) 규모로 증원하되, 독립된 전원합의체를 9인(또는 8인) 규모의 각각의 독립된 제1부(가칭 사법재판부)와 제2부(가칭 공법재판부)로 나누는 방안을 제안한다. 제1부에 민사, 상사, 가사, 특허사건을, 제2부에 행정, 형사, 국제 등의 사건을 담당하여 처리하도록 하는 모델이다.

투벤치 모델에 따라 독립된 관할과 권한을 가진 2개의 재판부로 구성되면 동일한 쟁점에 대하여 서로 다른 의견으로 법적 평가를 달리하는 경우에는 전체 재판관이 참여하는 전원합의체에서 법해석을 통일을 모색하는 것이 필요하다.

(2) 이와 관련하여 독일의 연방헌법재판소의 모델이 도움이 될 수 있다. 독일의 연방헌법재판소법 제2조 제1항에 따라 연방헌법재판소의 재판부는 2개의 재판부(senate)로 구성되도록 되어 있다. 이와 같은 2개의 재판소는 한 개의 재판소 내의 쌍둥이로 각각은 독립된 재판소로서 기능하게 된다. 제1재판부는 기본권재판부(Grudrechtssenate)로, 제2재판부는 국가법재판부(Staatsrechtssenate)로 명명되어 구분하고 있다. 독일 연방 헌법재판소의 관할 사항은 기본법 제93조와 독일 연방헌법재판소법 제13조에서 규정하고 있고, 연방헌법재판소법 제14조에서 각 재판부의 관할 사항을 규정하고 있다. 제1재판부에 연방헌법재판소장이 위치하고 있으며, 제2재판부에 부소장이 위치하며 어느 관할에 속하는지 명확하지 않은 경우에는 소장, 부소장, 4인의 연방헌법재판관의 6인의 회의체(Sechser-Ausschuss)에서 결정한다. 아울러 한 개 위원회에 사건이 몰리는 경우에는 조정할 수 있는 예외조항을 두어 사건이 하나의 재판부에 편중되지 않도록 배려하고 있다.

독일의 경우 연방헌법재판소에서 하나의 재판부를 구성하는 8인의 재판관은 양 재판부 소속 재판관 전원합의체인 전원재판부(Plenum)에서 결정하는 연방헌법재판소의 업무분장의 내용에 따라 각각 자신의 전문분야에 해당하는 사건을 주로 담당한다. 또한, 연방헌법재판소에 제기된 사건의 결정에 있어서 모든 재판관은 기본적으로 독립적이다. 다만, 동일한 헌법적 쟁점에 대하여 각 재판부 상호간에 이견이 발생한 경우 이를 통일적으로 해결하기 위한 전체 재판관 회의를 개최하여 해결하는 장치를 두고 있다.[23]

원하고, 2개부를 설치하여 부별 전원합의체를 운영하는 방식이 논의된 바 있다.

(2) 이탄희 의원 대표발의안과 같이 대법관의 증원을 48명까지 하는 법률안은 심각한 문제가 야기될 수 있다. 그 이유는 대법관의 증원이 하급심이나 국가법체계에 어떤 효과를 가져올지 알 수 없을 뿐만 아니라, 기존의 대법관의 숫자보다 3배수나 넘는 규모를 유지하려는 것은 객관적 합리성을 담보하기 어렵다. 우선 일부만 증원하는 선에서 해결을 도모하는 것이 옳다고 본다. 아직 그 효과가 발휘되지 않고 있고, 단계적으로 할 필요가 있는데, 이념적 대립이 극심한 우리의 경우 특정 정파에서 대통령으로 당선된 경우 독식을 하게 되는 문제가 있다.

2. 고등법원의 상고허가제의 도입 필요성 검토

가. 개관

고등법원의 상고허가제 방안은 고등법원에서 상고허가 여부를 심사하고, 고등법원의 불허가에 대하여 특별항고를 허용하는 제도를 구상하고 있다. 만약 특별항고를 하는 경우 대법원에 일체의 사건 기록을 올려보내 이에 대한 결정을 하고, 본안에 있어서는 상고심절차에 관한 특례법에 따라 심리불속행 할 수 있다. 만약에 고등법원의 상고허가를 한 경우에는 심리불속행 할 수 없도록 잠금장치를 마련할 필요가 있다.

상고허가제도를 두게 되면 필터 기능을 수행하여 대법원이 해야 할 일과 그렇지 않은 일을 구분할 수 있게 된다. 현재와 같이 무조건 대법원에 사건이 몰리는 현상이 억제될 수 있다. 상고허가제가 4심제이고 하급법원에서 종국적인 사법적 판단을 담당하도록 하는 것은 헌법이 보장하고 있는 국민의 기본권인 재판청구권을 중대하게 제한하는 것으로서 받아들여질 수 없다는 비판론이 있으나, 대형병원에 경미한 환자가 몰려 중병을 치료해야 하는 환자를 제대로 치료할 수 없는 것과 마찬가지 이치로 모든 사건에 대하여 대법원에 상고를 허용하는 것이 타당한 것인지는 의문이다. 제한된 사법자원을 활용하여 상고심의 판결을 받도록 해야 한다면 한정된 사건을 처리할 수 밖에 없도록 필터링이 필요한 것이다. 절차의 반복 지연을 막고 대법원에 재판받을 수 있는 기회를 합리적으로 조정할 수

---

23 이세주, "독일 연방헌법재판소의 헌법재판실무상의 시사점에 대한 고찰", 공법연구 제45집 제1호, 2016, 275면. 다만 이러한 전체 재판관 회의가 자주 개최되지는 않고 있는 것으로 알려지고 있다.

있게 된다. 이를 통해 대법원이 법해석의 통일을 하는 최고법원으로서의 기능을 유지하는 데 기여할 수 있다. 고등법원은 상고심사위원회는 상고의 허가기준을 명확히 하고 이유를 간략히 제시할 필요가 있다.

나. 1981. 3. 부터 1990. 9. 까지 시행된 상고허가제

(1) 우리나라에서는 이미 1981년 1월 24일 국가보위입법회의에서 「소송촉진등에관한특례법」이 의결되어 1981년부터 1990년까지 상고허가제를 실시하였다. 국민의 상고심 재판을 받을 기회를 과도하게 제한한다는 이유로 동 제도가 폐지된 바 있으나, 독일과 일본, 미국과 영국 등 외국의 입법례도 상고허가제를 실시하고 있어 고등법원의 재판부에 상고허가신청서를 제출하여 이를 허가하도록 하는 제도를 다시 검토할 필요가 있다. 우리나라에서도 상고허가제를 통하여 상고심법원으로 넘어오는 사건 수를 제한함으로써 남상고를 방지하고 상고심의 본래 역할인 판례 통일 기능을 수행할 수 있도록 할 필요가 있다.

(2) 「소송촉진등에관한특례법」 제11조 내지 제13조에서 규정하고 있는 상고허가제도에 관한 규정은 다음과 같다.

제11조(상고이유의 제한) ① 민사소송법 제393조 및 제394조의 규정에 불구하고 상고는 판결에 영향을 미친 다음 각 호의 1에 해당하는 사유가 있음을 이유로 하는 때에 한하여 이를 할 수 있다.

1. 헌법에 위반하거나 헌법의 해석이 부당한 때
2. 명령·규칙 또는 처분의 법률위반여부에 대한 판단이 부당한 때
3. 법률·명령·규칙 또는 처분에 대한 해석이 대법원판례와 상반된 때

② 제1항제3호에 규정된 사유가 있는 경우에 대법원이 종전의 대법원판례를 변경하여 원심판결을 유지함이 상당하다고 인정할 때에는 상고를 기각하여야 한다.

제12조(허가에 의한 상고) ① 대법원은 제11조에 규정된 상고이유가 없는 경우에도 법령의 해석에 관한 중요한 사항을 포함하는 것으로 인정되는 사건에 관하여는 그 판결확정전에 당사자의 신청이 있는 때에 한하여 대법원규칙이 정하는 바에 따라 상고를 허가할 수 있다.

② 제1항의 규정에 의하여 상고가 허가된 경우에 대법원은 원심판결을 파기하지 아니하

면 현저히 정의와 형평에 반한다고 인정할 만한 중대한 법령위반이 있을 때에는 원심판결을 파기하여야 한다.

　제13조(재항고) 제11조 및 제12조의 규정은 항고법원의 결정과 고등법원의 결정 및 명령에 대한 재항고의 경우에 이를 준용한다.

다. 외국의 사례

　우선, 독일의 경우 약 130명의 대법관이 민사·형사 사건을 담당하고 있고, 행정·재정·노동·사회 분야의 전문 대법원이 따로 존재하고 있다. 민사사건에 관하여는 2002년부터 상고허가제를 채택[24]하고 있으며, 형사사건에 관하여는 고등법원과 연방일반법원이 사건의 중요도에 따라 상고심을 나누어 담당하고 있다.[25].

　독일 민사소송법(Zivilprozessordnung)은 제543조에서 상고허가제를 두고 있다.

<table>
<tr><td align="center">독일 민사소송법</td></tr>
<tr><td>

§ 543 zulassungsrevision

(1) Die Revision findet nur statt, wenn sie

1. das Berufungsgericht in dem Urteil oder

2. das Revisionsgericht auf Beschwerde gegen die Nichtzulassung

zugelassen hat.

(2) Die Revision ist zuzulassen, wenn

1. die Rechtssache grundsätzliche Bedeutung hat oder

2. die Fortbildung des Rechts oder die Sicherung einer einheitlichen Rechtsprechung eine Entscheidung des Revisionsgerichts erfordert.

Das Revisionsgericht ist an die Zulassung durch das Berufungsgericht gebunden.

</td></tr>
</table>

---

24 항소법원이 판결에서 상고를 허가한 사건과 상고법원이 항소법원의 상고불허가에 대한 항고사건에서 상고를 허가한 경우에만 상고가 가능하게 된다.

25 형사사건의 경우에도 법령위반이 판결에 영향을 미쳤다는 것이 상고이유로 인정되어야 하기 때문에 실제로 상고신청의 약 25% 정도만 수리되는 것으로 알려져 있다.

이와 더불어 독일 민사소송법은 제544조에서 상고불허가에 대한 불복신청제도를 두고 있다. 중요한 것은 상고법원인 연방대법원이 상고허가를 하는 것이 아니라 항소법원이 상고허가 여부를 결정하는 상고허가제가 적용되고 있다. 상고불허가에 대한 소원은 소가가 2만 유로를 넘는 경우와 항소법원이 항소를 부적법각하로 파기한 경우에 한한다.[26]

다음으로 일본 민사소송법 제318조에서도 상고수리제를 규정하고 있다. 일본 최고재판소의 경우 15명의 재판관으로 구성되어 있으며, 최고재판소에서 헌법사건도 함께 다루고 있다. 민사사건에 관하여 최고재판소와 고등재판소로 상고심이 이원화[27]되어 있고, 형사사건에 관하여는 최고재판소가 상고 수리 여부를 결정하는 상고수리제[28]를 실시하고 있다.[29]. 일본의 경우 민사소송의 경우 3심제가 채택되어 있어 최종단계인 최고재판소가 통상 상고심이 된다.

일본 민사소송법

제318조(상고수리의 신청)

1. 상고를 해야 할 법원이 최고재판소인 경우에는 최고재판소는 원판결에 <u>최고재판소의 판례(이것이 없는 경우에는 대심원 또는 상고재판소 또는 항소재판소로 있는 고등재소의 판례)와 상반되는 판단이 있는 사건</u> 그 외의 법령의 해석에 관한 중요한 사항을 포함하는 것으로

---

26 제544조(상고불허가에 대한 불복신청) (1) 항소법원을 통한 상고불허가는 소원할 수 있다.

　(2) 불허가소원은 상고를 하려는 소가가 2만 유로를 넘는 경우 또는 항소법원이 항소를 부적법 각하한 경우에만 허용된다.

　(9) 상고법원은 항소 법원이 항소인의 법적인 청문의 권리를 현저하게 침해한 경우 8항을 적용하지 아니하고 소원을 인용하는 결정 속에서 기각된 판결을 취소하고 법적 분쟁을 새로운 변론과 결정을 하도록 항소 법원에 회부할 수 있다.

27 간이재판소가 제1심인 사건은 고등재판소가 상고심이지만, 그 밖의 민사상고는 최고재판소에서 담당하고 있다. 일본의 최고재판소로의 상고이유는 헌법위반과 현저한 절차법 위반으로 한정되고, 그 외 법령 해석에 관한 중요한 사항을 포함하고 있음을 이유로 하는 상고는 최고재판소가 상고수리 여부로 결정한다.

28 형사사건의 상고이유는 헌법위반과 판례저촉으로 제한되고, 그 밖의 법령 해석에 중요한 사항을 포함하고 있음을 이유로 하는 상고는 민사사건과 마찬가지로 최고재판소가 상고수리 여부를 결정한다.

29 최근 민사 상고사건 수리신청은 늘고 있으나 최고재판소의 수리는 민사사건의 경우 연 2.5% 이하로 낮다. 형사사건의 경우에는 최고재판소의 직권조사와 원심판결제도로 인하여 상고수리 신청사건이 연 100건 미만이며, 그 중 수리되는 사건은 거의 없는 것으로 알려져 있다.

인정되는 사건에 관하여 신청에 의해 결정으로, 상고심으로서 사건을 수리할 수 있다.

2. 전항의 신청(이하 「상고 수리의 신청」이라고 함)에 있어서는 제312조 제1항 및 제2항에 규정하는 사유를 이유로 할 수 없다.

3. 제1항의 경우에 최고재판소는 상고수리 신청의 이유 중에 중요하지 않다고 인정하는 것이 있는 때에는 이를 배제할 수 있다.

4. 제1항의 결정이 있었을 경우에는 상고가 있던 것으로 본다. 이 경우에는 제320조의 규정의 적용에 대해서는 상고수리의 신청의 이유 중 전항의 규정에 의하여 배제된 것 이외의 것을 상고의 이유로 본다.

5. 제313조부터 제315조까지 및 제316조제1항의 규정은 상고수리의 신청에 대하여 준용한다.

상고신청이 있는 경우와 상고수리신청이 있는 경우로 구분된다. 양쪽 모두 인정되지 않는 경우가 강하지만 양자 중에서 상고수리 신청 쪽이 많은 편이다. 통상의 경우에는 제1심 지방재판소의 경우에는 제3심은 최고재판소가 되는데 반해, 제1심이 간이재판소의 경우에는 제3심은 고등재판소가 된다.

상고수리신청의 이유는 민사소송법 제318조 제1항에 규정되어 있다. 최고재판소의 판례와 상반되는 판단이 있는 사건 그외에 법령의 해석에 관한 중요한 사항을 포함한다고 인정되는 경우에 수리된다.

여기서 말하는 법령의 해석에 관한 중요한 사항을 포함하는 사건에 해당하면 상고로서 수리되는데 이는 당해 사건만이 아니라 다른 사안에도 적용될 수 있는 해석을 포함하는 의미를 지니게 되어 판례로서 공표되어 많은 사안에 해석으로서 사용된다는 것을 말한다. 사실인정은 경험칙에 기한 증거평가의 문제이므로 법령해석에 해당하지 않게 되고, 사실인정의 부당성만을 심리하는 상황은 법령해석에 관한 중요한 사항에는 해당하지 않게 된다. 민사소송법 제318조 제1항에서는 판례와 상반하는 판단이라는 문구가 있다. 이는 법령해석에 관한 중요한 사항에 포함되는 사건의 하나의 예가 최고재판소의 판례에 위반되는 것이라고 할 수 있다. 한편 중요한 법률판단을 하더라도 판결의 결론에 영향을 미치지 않는 경우에는 상고로서 수리될 필요가 없다는 견해도 있으나, 그러나 법해석으로 최고재판소가 통일적 견해를 나타내거나 다른 사안에 도움이 되는 경우라면 상고가 수리될 수 있다고 본다.[30]

라. 검토

우리의 경우 일본의 상고수리신청제도와 독일의 상고허가제를 벤치마킹하여 고등법원에서 상고를 허가하거나 허가를 거부한 경우에 대법원에 특별항고를 하여 이를 인용하는 경우에는 상고를 할 수 있도록 제도를 마련할 필요가 있다. 일각에서 상고허가제는 실질적으로 심리불속행 제도와 큰 차이가 없고, 대법관의 전관예우의 문제를 지적하여 반대하고 있으나, 대법관의 전관예우의 문제는 대법원이나 상고심 사건 수임 제한이나 변호사 개업제한 등 다른 대처방법으로 해결할 문제이다.

대법원에서 고등법원의 상고불허가 결정에 특별항고를 받아들이는 것은 고등법원의 상고허가와 동일한 것이지만, 대법원에서 이를 인용하는 것은 별개의 문제이다. 이와 같은 고등법원의 상고허가제의 장점은 국가적, 사회적으로 중요한 법리 쟁점을 포함하고 있는 상고사건에 심리를 집중하고, 대법원은 개별적인 권리구제 보다는 법령해석의 통일성을 도모하는 것이다.

다만, 이 제도의 단점으로는 대법원에서 판단 받을 수 있는 기회가 줄어드는 것이다. 그러나 고등법원에서 상고불허가 한 경우에도 대법원에 즉시항고나 특별항고의 방식으로 불복의 기회를 부여한다면 상고제한 없이 대법원에 사건을 접수하도록 하고 부실한 심리불속행 제도를 통해 부실하게 사건을 해결하는 것이 보다 바람직하다고 할 것이다. 고등법원 상고허가제 방안은 대법원이 자의적인 판단을 억제하기 위하여 바람직한 측면이 없지 않다. 그러나 이에 대하여 4심제로 운영한다는 비난이 있다. 그러나 고등법원에서 상고허가 여부를 심사하는 것은 엄밀한 의미의 판결이 아니므로 이를 대법원에서 심사하면 3심이고 고등법원에서 하면 4심이라는 것은 논리적 타당성이 없는 주장이다.

현행 제도는 국민에게 대법원에 상고를 할 수 있는 기회를 주어 심급상의 이익을 보장하고 있을지 모르겠으나, 최고법원인 대법원에 사건이 폭주하여 사실상 대부분의 사건이 심리불속행으로 처리 되어 판결이유가 적시된 판결문도 받지 못하고 어떤 이유에서 패소한지 모르는 깜깜이 판결문을 받는 문제가 있다. 따라서 많은 경우에 상고심인 대법원에

---

30 법해석으로서 중요한 것을 포함하지 않지만 당해 사안의 결론에 영향을 미치는 경우에는 조문상으로는 상고수리의 이유가 되지 않지만 상고심에서 판단할 필요가 있어 상고심의 심리를 인정하는 견해가 유력하다.

의한 판결은 허울 좋은 개살구에 불과한 경우가 비일비재하여 소송당사자나 변호사의 불만의 원인으로 기능한다.

고등법원의 상고허가제를 어떻게 운영하느냐에 따라 사건 수가 많게도 적게도 되므로 지금과 같이 모든 민사사건의 경우 상고를 허용하게 되는 경우 대법원에서 제대로 심리하여 여러 사건에서 충실한 내용의 판결을 이루어지지 않는 실정이다. 그렇다면 고등법원 상고허가제를 통해 법해석의 통일성의 관점에서 엄격하게 심사하여 사건처리의 지연이나 권리 확정 지연의 목적으로 상고제도가 남용되는 것을 억제할 필요가 있다.

또한 고등법원의 상고허가제를 채택하게되더라도 현행의 심리불속행제를 폐지할 것이 아니라 이를 존치하면서 판결이유를 기재하는 등 제도를 개선하되, 고등법원의 상고허가에 대하여는 따로 심리불속행을 할 수 없도록 하는 장치를 마련할 필요가 있다. 또한 제1심 판결과 원심판결이 다른 경우에도 심리 불속행하지 않고 심리 후에 최종적으로 판단을 내릴 수 있도록 하여 사법의 불신을 해소하고 최고법원의 위상을 정립해 나갈 필요가 있다.

아울러 고등법원은 상고허가를 신청받은 경우에 상고허가심사위원회를 별도로 설치하고, 상고허가심사위원회에는 변호사, 학계, 전문가 등과 함께 법관이 참여하는 회의체에서 심사하는 제도적 장치를 마련할 필요가 있다.

3. 심리불속행제도의 개선

가. 이유 기재 없는 판결의 문제점

(1) 우리 헌법 제2조는 모든 권력은 국민으로부터 나온다고 되어 있다. 그렇다면 재판을 담당하는 대법관을 비롯한 모든 법관은 국민으로부터 수탁받은 권력을 행사하는 지위에 있는 것이다. 따라서 재판의 판결은 공개가 원칙이고 이와 같은 결론의 도출이 타당한 것인지 학계나 여론을 통한 검증 절차가 필요하다. 우리의 사법부가 소액사건에서 판결 이유를 기재하지 않아도 되는 것이 정녕 국민을 위한 것인지를 묻지 않을 수 없다.

그런데 법원이 아무리 신속한 재판이 요청이라고 하지만 적어도 간결한 형태일지라도 재판인 한 결론에 이르게 된 논리적 과정을 설명할 책임이 있다. 따라서 판결에 이유를 설시하거나 중요한 사실관계나 법률 적용의 과정을 밝히지 않는다면 판결이 정당화될 수는 없다고 볼 것이다. 사법작용에 속하는 재판은 법률적 쟁송을 전제로 법관에 의하여 법을 적용하고 해석하여 올바른 법이 무엇인가를 발견하고 확인하는 것이다. 그런데 신속한 재판이라는 미명하에 이유조차 제대로 밝히지 않는 판결 아닌 판결을 받게 되는 국민은 당혹스럽기 그지 없다.[31] 이처럼 소액사건에 대한 판결과 대법원의 상고심절차에 관한 특례법에 따른 판결은 이유를 기재하지 않아도 무방하도록 되어 있다. 이는 국민의 사법적 불신의 진앙지가 되고 있음을 간과해서는 안 된다.[32]

(2) 참고적으로 행정절차법 제23조 제1항은 "행정청이 처분을 할 때에는 신청내용을 모두 그대로 인정하는 처분인 경우나 단순·반복적인 처분 또는 경미한 처분으로서 당사자가 그 이유를 명백히 알 수 있는 경우 그리고 긴급히 처분을 할 필요가 있는 경우를 제외하고는 당사자에게 그 근거와 이유를 제시하여야 한다"고 규정하고 있다. 그리고 신청내용을 모두 그대로 인용하는 경우를 제외한 이유제시의 예외사유에 해당하는 경우에도 처분 후 당사자가 요청하는 경우에는 그 근거와 이유를 제시하여야 한다고 규정하고 있다. 이처럼 행정절차법은 불이익처분뿐만 아니라 거부처분 등 모든 행정처분의 경우에 원칙적으로 이유제시를 하여야 한다. 행정처분을 함에 있어 제시되어야 하는 근거와 이유는 처분의 법적 근거와 그와 같은 법령을 적용한 이유라고 할 것이다. 국민에게 행정처분을 할 경우에 이유를 제시하지 않으면 하자있는 처분으로 위법한 처분이 된다.

이와 같은 이유제시의 의무를 두고 있는 이유는 행정청이 신중하게 결정을 내려 자기통제를 하고(판단의 신중성과 합리성 확보), 당사자는 그 이유와 근거를 토대로 행정처분에 대한 불복을 할 것인지 고려하고(상대방에 대한 불복의 편의 제공), 이유와 합당한 논거를 제시함으로써 당사자를 설득하게 되는 기능(근거제시와 설득기능)을 갖게 된다.[33]

---

31 이와 같은 상고제도의 개선은 사법시스템에 적지 않은 변화를 가져오는 것이므로 국민적 공감대의 형성이 필요하다. 현재 법원은 신속한 재판을 위하여 소액사건심판법과 상고심절차에 관한 특례법에 따라 판결이유를 기재하지 않고 있어 이 부분에 대한 국민의 불신이 극에 달해 있는 상황이면서 법관 수 대비 사건 적체 현상이 심각하여 이유를 달면서 판결을 하도록 요구하는 것도 쉽지 않은 딜레마 상황에 빠져 있다.

32 현행법상 이유기재가 없이 내리는 판결에는 다음의 3가지 경우이다. 첫째, 소액사건심판법상 3,000만원 이하의 소액사건의 경우 둘째, 가사소송법 마류 사건의 경우 셋째, 상고심절차에 관한 특례법상의 심리불속행의 상고기각판결의 경우이다.

33 芝池義一, 行政法讀本, 有斐閣, 2009, 222面

행정처분을 함에 있어 어느 정도로 상세하게 이유를 제시하여야 하는지는 개별법령에 별도의 규정이 있는 경우에는 그에 따라야 한다. 행정절차법에서는 이에 관하여 아무런 규정을 두지 않고 있다. 판례는 어떠한 사실관계에 기초하여 어떠한 법령을 적용하여 당해 처분이 이루어진 것인지를 그 처분서의 기재 자체로 알 수 있을 정도면 족한 것으로 보고 있다. 즉, 근거법령과 해당되는 사실관계가 기재되지 않아 상대방이 처분이유를 이해할 수 없어 권리구제를 강구하는데 어려움이 있다면 이유제시 의무를 위반한 것으로 보고 있다.

(3) 상고심절차에 관한 특례법에 따른 대법원의 심리불속행 기각판결은 판결이유가 정형화된 부동문자[34]로 기재되어 있다. 그러나 제1심과 원심의 판결이 다른 경우로서 결론이나 이유에 있어 현저한 차이가 존재하는 경우, 최고법원인 대법원에서 가부간에 이유를 들어 판정을 내려주는 방향으로 제도개선이 필요하다.

법원의 판결은 이치에 맞는 이유가 담겨질 때 스스로 권위를 갖게 된다. 판결에 이유를 기재하도록 하는 것은 재판과정에서 주장과 항변이 오고 가는 치열한 공방이 있을 경우, 이에 대하여 법원은 어떤 결론은 어떤 이유로 도출하였는지를 밝힐 필요가 있다. 이 점에서 신속한 재판을 위한다는 이유로 판결 이유 조차 기재되지 않는 부실한 판결을 조장할 수 있어 소액사건심판법의 개정이 시급하다고 할 것이다.

(4) 소가 3,000만원 이하의 소액사건을 판결하는 경우에 이유를 제시하지 않아도 무방하도록 되어 있는 것이 바람직한 것인지 검토하기로 한다.

소액사건심판법에서는 판결문에 이유를 기재하지 않아도 무방하도록 하고 있다. 그러나 법원의 판결에 이유가 없다는 것은 국민을 설득하지 않고 법원에 대한 자신의 결정의 정당성을 평가받지 않겠다는 것이다. 소액사건의 판결문에서 이유를 전혀 제시하지 않는 것은 국민의 사법에 대한 신뢰를 저해하고 자신의 결정이 자의적으로 행해질 위험성이 있으며, 조선시대의 원님재판보다 못한 결과를 초래하게 되므로 이에 관하여 입법적 제도개

---

34 심리불속행 기각의 예: "이 사건 기록과 원심판결 및 상고이유를 모두 살펴보았으나, 상고이유에 관한 주장은 상고심절차에 관한 특례법 제4조 제1항 각 호에 정한 사유를 포함하지 아니하거나 이유가 없다고 인정되므로, 위 법 제5조에 의하여 상고를 기각하기로 하여 관여 대법관의 일치된 의견으로 주문과 같이 판결한다."

선이 이루어질 필요가 있다.

물론 법원의 사건 수가 많아 고육지책이라고 하지만, 과연 이와 같은 이유의 적시조차 없는 판결을 재판이라고 국민에게 승복하라고 하는 발상 자체가 넌센스이다. 하급심의 경우 소액사건에 있어 양 당사자가 동의한 경우는 몰라도 판결에 이유를 붙여야 하고, 특히 일부 인용판결의 경우에는 명확히 그 이유를 설시하는 것이 필요하다.[35] 대법원은 이유를 보다 압축적으로 제시하면서도 핵심적 내용을 전달하는 방식으로 판결서를 간결하게 작성하는 제도 개선방안을 모색할 필요가 있다. 국민에게는 청구취지 뿐만 아니라 청구이유를 작성하도록 하고 법원은 판결을 하면서 이유를 전혀 기재하지 않아도 무방하다고 하는 것은 국민의 사법에 대한 신뢰를 저해하고 자신의 결정이 자의적으로 행해질 위험성이 있어 조속히 입법개선이 이루어질 필요가 있다.

나. 심리불속행의 기준 명확화 및 적용제외 명문화

대법원은 심리불속행의 심사절차와 객관적 기준을 대법원규칙으로 명확히 규정할 필요가 있다. 아울러 제1심 판결과 원심판결이 다른 경우 고등법원 상고허가제를 도입할 경우에 상고허가를 한 경우에는 대법원에서 심리불속행할 수 없도록 제도 개선을 할 필요가 있다. 필자가 제안하는 상고심특례에 관한 법률 개정안을 참고적으로 제시한다. 고등법원의 상고허가제를 도입할 경우 독일과 일본의 입법례를 참고로 하여 중요한 법률적 쟁점이 있는 경우와 판례에 배치되는 경우로 한정할 필요가 있다. 따라서, 채증법칙 위반이나 사실오인의 경우에는 상고허가의 대상에서 제외하는 것이 바람직하다.

---

35 헌재 2008. 5. 29. 2007헌마 1408 결정 재판관 김희옥, 재판관 김종대, 재판관 송두환의 반대의견과 헌재 2012헌마664 상고심절차에 관한 특례법 제4조 제1항 등 위헌확인 사건에서 재판관 이정미, 재판관 김창종의 반대의견이 있으며, 헌법재판소의 소액사건심판법 상의 판결이유 기재생략의 재판청구권침해에 대하여는 재판관 권성, 재판관 송인준, 재판관 주선희의 반대의견이 있다.

상고심절차에 관한 특례법 개정안(필자 제안 밑줄 및 고딕)

제4조(심리의 불속행) ① 대법원은 상고이유에 관한 주장이 다음 각 호의 어느 하나의 사유를 포함하지 아니한다고 인정하면 더 나아가 심리(審理)를 하지 아니하고 판결로 상고를 기각(棄却)한다. **다만, 제1심 판결과 원심판결의 결론과 이유가 현저히 다른 경우에는 그러하지 아니하다.**

1. 원심판결(原審判決)이 헌법에 위반되거나, 헌법을 부당하게 해석한 경우

2. 원심판결이 명령·규칙 또는 처분의 법률위반 여부에 대하여 부당하게 판단한 경우

3. 원심판결이 법률·명령·규칙 또는 처분에 대하여 대법원 판례와 상반되게 해석한 경우

4. 법률·명령·규칙 또는 처분에 대한 해석에 관하여 대법원 판례가 없거나 대법원 판례를 변경할 필요가 있는 경우

5. 제1호부터 제4호까지의 규정 외에 중대한 법령위반에 관한 사항이 있는 경우

6. 「민사소송법」 제424조제1항제1호부터 제5호까지에 규정된 사유가 있는 경우

② 가압류 및 가처분에 관한 판결에 대하여는 상고이유에 관한 주장이 제1항제1호부터 제3호까지에 규정된 사유를 포함하지 아니한다고 인정되는 경우 제1항의 예에 따른다.

③ 상고이유에 관한 주장이 제1항 각 호의 사유(가압류 및 가처분에 관한 판결의 경우에는 제1항제1호부터 제3호까지에 규정된 사유)를 포함하는 경우에도 다음 각 호의 어느 하나에 해당할 때에는 제1항의 예에 따른다.

1. 그 주장 자체로 보아 이유가 없는 때

2. 원심판결과 관계가 없거나 원심판결에 영향을 미치지 아니하는 때

제5조(판결의 특례) ① 제4조 및 「민사소송법」 제429조 본문에 따른 판결에는 **양 당사자가 동의하는 경우에는** 이유를 적지 아니할 수 있다.

V. 상고제도 개선과 향후 검토 과제

1. 하급심 내실화를 위한 사법시스템의 구축

소극적 차원의 상고제도의 개선을 모색하기 보다 상고제도 개혁을 위한 사법제도 전반에 걸친 새로운 시스템을 구축할 필요가 있다. 그 이유는 사법불신과 국민을 위한 사법이 이루어지지 않고 있기 때문이다. 선행 대법원의 상고제도 개선 논의는 대법원의 사건 수 증가와 정책법원화가 이루어지지 않고 있는 현실을 지적하고, 사건을 줄이거나 대법원이 아닌 다른 법원에서 처리하는 것을 전제로 접근하였다.

무엇보다 하급심을 내실화하는 전제에서 상고제도의 개선이 모색되어야 하고 만약 상고제도의 개선이 하급심의 황폐화나 불량화를 초래한다면 그것을 개혁이라고 말하기 어렵다. 우리나라에서 상고심 사건이 많아지게 되는 중요한 원인은 상급심으로 올라갈수록 더 풍부한 경력을 가진 법관이 재판을 담당하는 구조로 되어 있기 때문이다. 그러므로 상고심 사건의 수를 줄일 수 있는 근본적인 방안은 사실심 특히 제1심을 현재보다 훨씬 더 풍부한 경력을 가진 법관이 담당하도록 사법구조를 근본적으로 개혁하는 것이다. 이를 위해서는 대법원의 사건 수를 줄임으로써 대법원 재판연구관의 조직을 대폭 하급심의 사건 처리에 충당할 필요가 있다.

상고사건의 적정한 처리를 담보하기 위해서는 인위적으로 상고사건이 대법원까지 올라오지 못하도록 억제하는 방법과 더불어 사실심법원의 심리과정이 보다 충실하게 당사자들의 공격과 방어기회를 보장하는 방향으로 진행되어야 한다. 하급심의 판단이 당사자 쌍방을 승복시킬 수 있으려면 역량 있는 법관의 확보와 함께 하급심의 내실화가 선행되어야 한다. 대법원에서 너무나 많은 사건을 부실한 재판을 할 바에는 일본에서와 같이 간이법원을 두고 3심을 고등법원으로 하는 방안이 바람직하다.[36] 아울러 하급심의 내실화를

---

36 우리의 경우에는 소액사건심판법 제3조에서 일정한 사유가 있는 경우에는 대법원에 상고할 수 있도록 하고 있다. 소액사건심판법 제3조에서 규정하고 있는 상고 및 재항고 이유는 다음과 같다.
제3조 (상고 및 재항고) 소액사건에 대한 지방법원 본원 합의부의 제2심판결이나 결정·명령에 대하여는 다음 각호의 1에 해당하는 경우에 한하여 대법원에 상고 또는 재항고를 할 수 있다.
1. 법률·명령·규칙 또는 처분의 헌법위반여부와 명령·규칙 또는 처분의 법률위반여부에 대한 판단이 부당한 때

위하여 법원에 접수하는 사건 수도 대폭 줄이려는 노력이 필요하므로 가사조정에만 적용되는 필요적 조정전치주의를 점진적으로 늘려나가고 ADR기본법을 제정하여 조정 등을 민간에서 적극 활성화 하고 법원에 민사사건이 몰리는 것을 원천적으로 줄여나갈 필요가 있다.

2. 법관에 대한 직무감독권의 행사의 법적 근거 마련

가. 사법권의 독립의 의미

사법권의 독립은 다른 국가기관으로부터의 독립이나 사회적 압력단체로부터의 독립 그리고 사법행정상의 직무감독으로부터의 독립을 들 수 있다. 사법권의 독립이 제대로 보장되고 있는지 여부는 자유민주적 법치국가의 시금석이다. 우리 헌법은 "법관은 헌법과 법률에 의하여 그 양심에 따라 독립하여 심판한다"고 규정하고 있다. 모든 헌법기관은 국민으로부터 수탁받은 권력이고, 국민은 재판청구권을 갖고 있기 때문에 사법행정권에 기한 법관에 대한 직무감독은 국가적 사법보장의무를 충족하기 위하여 필요한 조치이다. 다시 말해 법관은 그의 판결이나 직무영역에 있어 사법행정상의 개별적인 간섭으로부터 보호하고 있다. 이는 재판의 공정성을 위한 것이다. 아울러 법관의 독립성을 유지하기 위한 여러 가지 제도적 장치가 마련되어 있다. 그러나 법관은 자신의 소관에 속하는 재판업무를 적절한 시간 내에 규정에 맞게 처리해야 한다. 법관은 교수가 아니다. 사법권 독립은 책임성의 상호보완적 의미로 파악해야 하는 수단적 개념이다.[37] 사법부의 독립이 사법기관의 독점적 지위를 보장해 주는 것이 아니라 국민과 함께하는 사법이 될 수 있어야 하고, 무엇보다 국민으로부터 수탁받은 공권력이라는 것을 잊지 말아야 한다. 국민을 위한 사법이 되기 위해 효율적인 권리구제가 보장될 수 있도록 사법행정권을 행사하여 법관에 대한 직무상 감독을 할 필요가 있다. 다만, 직무상 감독권의 일종인 사법행정권의 행사는 법관의 독립을 침해하지 않는 범위 내에서 이루어져야 한다.

---

   2. 대법원의 판례에 상반되는 판단을 한 때

37 최 선, "권력분립 원리와 사법권 독립", 법과 사회 통권 제60호, 2019, 4, 81면.

나. 직무감독권의 행사의 명문화

독일 법관법(Deutsches Richtergesetz, DRiG) 제26조[38]에 의하면, 법관은 법관의 독립을 침해받지 않는 범위 내에서 직무감독을 받는다. 만약에 직무감독의 정도가 그의 독립성을 침해하였다고 주장하면 법관의 신청에 의하여 직무법원은 법관법이 정하는 바에 따라 결정한다고 규정하고 있다. 우리도 가칭 법관직무법을 제정하거나 법원조직법을 개정하여 사법권의 독립과 직무감독간의 긴장관계에서 직무감독을 통한 법관의 독립의 침해여부의 한계와 기준을 설정하는 것이 사법개혁에 있어 매우 중요하다.[39]

대법원장이 사법농단의 전철을 밟지 않으려고 법관에 대한 재판사무 감사 등 직무감독권을 적절히 행사하지 않는 것도 문제이다. 국민의 재판받을 권리를 실질화 하기 위하여 대법원장의 직무권한을 법률로 명확히 하여야 하고, 대법원장의 권한분산 및 축소를 할 필요가 있다. 법원조직법을 개정하여 대법원장의 권한을 고등법원장 등 각급법원장과 분산하는 것이 어렵다면 대법원장의 권한을 위임하는 방식으로 권한의 위임을 통하여 대법원장의 권한을 대폭 고등법원장이나 각급 기관장에게 명확하게 넘기는 작업이 우선되어야 한다. 사법의 정치화로 인한 사법농단이 문제였다면 그 해결점은 사법의 비정치화의 길이라고 할 것이다. 국민이 바라는 사법부의 올바른 자리매김을 위해서는 법원은 국민으로부터 수탁받은 제3의 중립적 권력기관으로 분쟁을 공정하고 효율적으로 처리하고 위법한 공행정을 통제하는 기관으로 새롭게 태어날 필요가 있다.

법관은 어떠한 상급기관의 통제도 받지 않는 왕과 같은 절대적 존재가 아니다. 사법권의 독립은 정당하게 재판권을 행사하는 법관에 대하여 주장할 수 있는 것이고, 그렇지 못한 법관의 경우에는 제반 근무평정을 인사고과에 반영할 필요가 있다. 그런에 고법부장제

---

38 § 26 Dienstaufsicht

(1) Der Richter untersteht einer Dienstaufsicht nur, soweit nicht seine Unabhängigkeit beeinträchtigt wird.

(2) Die Dienstaufsicht umfaßt vorbehaltlich des Absatzes 1 auch die Befugnis, die ordnungswidrige Art der Ausführung eines Amtsgeschäfts vorzuhalten und zu ordnungsgemäßer, unverzögerter Erledigung der Amtsgeschäfte zu ermahnen.

(3) Behauptet der Richter, daß eine Maßnahme der Dienstaufsicht seine Unabhängigkeit beeinträchtige, so entscheidet auf Antrag des Richters ein Gericht nach Maßgabe dieses Gesetzes.

39 김용섭, "사법권 독립과 사법행정상 직무감독간의 긴장관계", 인권과 정의 통권 제486호, 2019. 12., 5면.

도를 폐지하고 법관의 워라밸은 신속한 재판에 역행하여 재판이 너무 늘어나고 있다. 사법에 대한 국민의 불만이 지속되면 재판과 경쟁하여 시간과 비용 등 가성비에 있어 경쟁력이 있는 대체적 분쟁해결(ADR) 수단이 각광을 받게 될 수 밖에 없다.

독일은 법관법에서 법관에 관하여 상세하게 규율하고 있다. 법관의 자격과 직무 및 활동범위 등에 관하여 법관의 독립성을 침해하지 않는 적정한 균형 하에 법률을 제정하여 법관의 직무해태와 부실한 재판에 대한 인사고과와 감독 등에 관한 기본적 사항을 규율할 필요가 있다.

정부여당의 압력이나 국민여론 또는 시민단체 심지어 법원내부의 특정세력에 중립적이면서 독립적인 법관이 휘둘리면 사법권의 독립은 치명적 손상을 입게 될 수 있다. 사회변화에 발맞추어 사법이 변하지 않았고, 제왕적 대법원장을 정점으로 하는 일사불란한 전국적 단위의 법관인사는 지양될 필요가 있다. 대법원장은 대법원만의 수장으로 그치고 대법원과 각급 법원과의 분리의 관점에서 변화와 개혁을 도모하는 사법개혁이 불가피한 측면이 없지 않다. 그러나 최근에 국회에 법원행정처의 폐지와 사법행정위원회의 설치를 주된 내용으로 하는 법원조직법 개정안의 발의 등의 사법개혁논의는 대법원장의 의사결정 체계의 변화만을 모색하고 있어 이에 관한 심도 있는 논의가 필요하다.

21세기의 사법은 국민과 함께하는 사법부로 변모를 일신할 필요가 있다. 다만, 사법부의 독립을 해치지 않아야 하고, 사법행정의 자율성을 도모하는 방향으로 이루어져야 한다. 아울러 사법의 민주화라는 이름 하에 법치주의가 손상되는 방향의 개혁이 되어서는 곤란하다. 사법부의 독립이 사법기관의 독점적 지위를 보장해 주는 것이 아니라 국민과 함께하는 사법이 될 수 있어야 한다.

3. 소액사건이나 경미한 사건의 경우 조정전치주의의 도입

소액사건을 필요적 조정전치주의를 한다고 하여 이를 이유로 재판청구권의 침해라고 하기 어렵다. 조정전치는 일종의 부제소합의로서 사적자치의 문제이므로 분쟁해결을 중립적 조정인의 참여하에 사전적으로 원만히 해결하므로 바람직한 측면이 있다. 따라서 갈등과 분쟁해결을 반드시 직업 법관에 의한 재판을 통해 이루어져야 하는 것은 아니고, 더구나 민사적 분쟁의 해결을 국가권력인 법원이 독점해야 하는 것은 아니다.

그런데 소가 3,000만원의 이하의 사건을 소액사건으로 분류하는 것이 적정한 것인지 이를 대법원규칙에서 정하는 것이 헌법적으로 문제가 없는 것인지에 대하여 검토하기로 한다. 우선 소송물의 목적가액을 소액사건심판법에서 정하지 않고, 대법원 규칙인 소액사건심판규칙으로 정하도록 위임하고 있어 헌법상 포괄위임원칙 내지 의회유보의 원칙에 반할 가능성이 높다. 헌법재판소는 텔레비전 방송수신료 사건[40]에서 2,500원의 수신료 금액의 결정은 본질적 사항으로 국회가 스스로 정하여야 하는 사항임에도 문화관광부 장관의 승인을 얻어야 하는 사항으로 본 한국방송공사법의 수신료 규정에 대하여 헌법불합치 결정이 내려진 바 있다.

그러나 소액사건의 범위를 벌률인 소액사건심판법에서 정하지 아니하고, 소액사건심판규칙에 위임하여 위 규칙을 개정하여 2017년 1월부터 소액사건의 목적가액을 2,000만원에서 3,000만원으로 상향한 것이다. 그러나 3,000만원은 일반인의 평균 연봉에 해당하는 적지 않은 금액인데 이를 소액사건으로 분류하여 판결이유를 기재하지 않아도 되도록 하는 등 재판 절차상의 특례를 두는 것은 문제가 있다. 독일의 경우에는 750유로를 소액으로 분류하므로 약 1,000만원 정도를, 일본의 경우에는 간이법원이 관할하는 사건은 소가가 140만엔으로 그 중 60만엔 (약 620만원)을 소액사건으로 처리하여 간이한 절차를 선택할 수 있도록 하여 1심으로 종결되도록 하고 있다.[41] 우리의 경우 소액사건이 전체 민사사건의 70퍼센트를 점하고 있는데, 국민이 실로 부실한 재판을 받게 되는 셈이다.

민사분쟁을 법원의 판결절차를 통하여 해결하려면 비용이 많이 들고 시간이 오래 걸릴 뿐만 아니라 판결이 확정되어도 강제집행과정에 어려움이 따르며, 이를 법관에 의하여 일도양단의 판결에 의하려면 대법관도 대폭 늘려야 하고 국가재정에 큰 부담이 따른다.[42]

모든 민사소송사건에 전면적 조정전치주의를 도입하는 방안, 단독사건에 관하여 조정전치주의를 도입하는 방안 그리고 소액사건에 관하여 조정전치주의를 도입하는 방안이 고려될 수 있다. 전면적 조정전치주의는 법률과 정의에 의하여 분쟁이 해결된다는 법치주의적 의식을 마비시킬 수 있어 바람직하지 않다.[43] 소송과 조정의 조화로운 발전을 위해서

---

40 헌재 1999. 5. 27. 98헌바70 결정

41 김용섭, "이유없는 판결은 판결인가", 법률신문 2021. 12. 23. 자

42 이시윤, "[시론] 조정전치주의의 입법안에 대하여"「고시계」2000. 3, 2-3면.

는 소가 3,000만원 이하의 소액사건 중 일부에 한하여 조정전치주의를 도입할 필요가 있다. 민사소액사건의 경우에는 판결문을 작성하지 않아도 되므로, 사건이 많아 신속한 재판을 허용하기 위한 것이기는 하나 판결의 이유가 없어도 된다는 것은 판결의 정당성이 부인되는 것이라고 할 수 있다.[44]

일본의 경우에는 민사소송법에 의한 민사조정이나 가사사건절차법에 의한 가사조정의 전치를 마련하고 있다. 한편 일본의 ADR법 제27조에서 조정전치에 관한 특칙을 마련하고 있다. 따라서 당사자가 인증 ADR기관의 분쟁해결절차에 의하여 화해가 성립되지 않은 것을 이유로 당해 인증분쟁해결절차가 종료된 경우에는 일본의 민사조정법 제24조의2와 가사사건절차법 제257조의 규정은 적용되지 않는다. 인증을 받은 ADR기관을 이용한 경우에는 다시 조정의 절차를 밟지 않고도 곧바로 소를 제기할 수 있기 때문에 ADR기관의 이용이 촉진될 수 있다.[45]

프랑스는 조정제도 활용을 유도하기 위하여 특별한 규정들을 두고 있다.[46] 5,000유로 이하의 금전지급을 구하는 청구 등 일부 사건에 대하여는 민간조정이나 사법조정 등을 거치지 않으면 소를 제기하지 못하도록 조정전치주의를 채택하고 있고, 이태리는 위헌성 극복을 위해 소송을 제기하는 경우 재판의 개시 전에 당사자들에게 반드시 조정참여 의사를 확인하는 절차로서 '사전조정회의(preliminary mediation meeting)'에 참석하도록 하되, 언제든지 당사자가 원하는 경우 소송절차로 복귀하도록 하는, 소위 완화된 조정주의를 2013년 9월 20일부터 도입하여 현재에 이르고 있다.[47]

지금 법원으로 사건이 폭주하여 심리가 충실하지 않고 오래 걸리는 문제를 단선적인 법관 증원의 방식으로만 해결할 것은 아니다. 소가가 3,000만원 이하인 사건의 경우에도 복잡한 사건이 적지 않다. 만약 이와 같은 사건에 대하여 판결문에 이유를 작성하지 않는

---

43 이시윤, 앞의 시론, 3면.

44 조정을 거친 경우에는 판결이유를 작성하도록 제도 개선하여 조정전치를 유도하는 것도 하나의 법정책적 방법이 될 수 있다.

45 김용섭, "변호사법 제109조와 민간조정 활성화를 위한 입법과제", 인권과 정의 통권 제502호, 2021. 48면.

46 박현정, "프랑스 조정제도와 시사점" 「인권과 정의」, 2020.

47 이에 관하여는 오재창, "민간형 조정 활성화를 통한 소송과 조정의 균형 모색—사법자원의 효율적 분배라는 거시적 관점에서 본 민간형 조정활성화 관점에서—"「분쟁해결」제3호, 2021., 140~143면.

다면 과감하게 민간 조정을 통해서 해결하도록 할 필요가 있다.

4. ADR의 활성화 및 디스커버리 제도 도입

가. ADR의 활성화와 변호사법 개정

(1) ADR의 일종인 조정이 활성화 되면, 조정은 변호사의 새로운 블루오션이 될 수 있다. 우리사회가 갈등공화국의 오명을 벗을 때가 되었다. 우리 사회의 갈등과 분쟁을 민간형 조정 활성화를 통하여 원만히 분쟁을 해결하는 시스템이 정착되어 조정의 시대를 앞당길 필요가 있다.

변호사가 조정에 관여하는 형태는 조정의 대리인으로 활동하는 경우와 조정인으로 활동하는 경우로 구분할 수 있다. 양자를 구별하여 조정인의 대리인의 경우에는 대리인의 이익을 우선에 두고, 조정인으로 활동하는 경우에는 중립적 위치에서 양 당사자의 이익을 모두 고려하도록 할 필요가 있다. 우리의 경우 조정은 국가주도형의 법원형 조정과 행정형 조정이 발전한 반면에 민간형 조정이 제대로 활성화되어 있지 못한 실정이다. 이러한 민간형 조정제도의 발전을 가로막는 것 중의 하나가 변호사법 제109조라고 할 것이다.

대체적 분쟁해결제도인 ADR(Alternative Dispute Resolutioon)의 원형인 조정은 단순한 대체적 분쟁해결 수단의 성격을 갖고 있으면서 판결보다 나은 분쟁해결 수단 BDR(Better Dispute Resolution)의 위치를 점하고 있다. 민간조정인을 양성하기 위한 법률을 제정하여 조정인을 양성하는 것이 문제해결의 지름길이라고 본다. 이를 위해 변호사법을 개정하여 조정을 법률적 업무로 하여 변호사에게만 허용할 것이 아니라, 민간인 중에 조정 교육을 통하여 공인 조정인의 양성을 통한 소액사건의 분쟁해결을 허용할 단계가 되었다. 독일이나 일본의 민간조정 활성화를 위한 입법모델을 참고하여 우리 실정에 맞는 민간형 조정이 활성화 될 수 있는 법제도적 장치가 마련될 필요가 있다.

독일에서 조정은 법률적 사무가 아니라는 법원의 판결이 선고된 바 있고, 독일 재판외 법률서비스법(RDG) 제2조 제3항 제4호[48]에서 당사자의 대화 속에 법적인 규율제안을 통

---

48 Gesetz über auBergerichtliche Rechtsdienstleistungsgesetz § 2

  (3)Rechtsdienstleistung ist nicht:

하여 그 활동이 개입하지 않는 한 조정과 대안적 분쟁의 화해적 형태는 법률서비스가 아니라는 것을 명확히 한 점을 다시 한번 환기할 필요가 있다.

우리의 경우에 민간조정을 활성화 하기 위해서 비변호사가 실비변상을 넘어 유료로 조정을 하는 것을 허용하기 위해서는 변호사법 제109조 제1호의 예외사유를 입법적으로 해결하지 않으면 안 된다. 아울러 비변호사에 의한 조정제도를 활성화하기 위한 방법으로는 인증조정인을 양성하는 독일식의 방법과 법무대신의 ADR기관 인증을 통하여 비변호사의 법률사무처리 금지라는 변호사법의 장벽을 극복하는 일본식의 방식이 검토 될 수 있다.[49] 이러한 관점에서 변호사법 제109조에 따라 대체적 분쟁해결수단의 일종인 조정을 변호사나 유사 직역자만이 전담할 것이 아니라 새로 제정되는 조정 관련 법률에 인증조정인 자격제도를 별도로 마련할 필요가 있다. 소액사건 중 1,000만원 이하의 사건을 시군법원을 전국적으로 확산하여 조정으로 처리하고, 소액사건의 처리에 민간 공인된 조정인에 의한 민간조정을 거치도록 한다면 많은 소액분쟁을 적절하고 실효적으로 해결할 수 있다고 본다.[50]

(2) 독일의 경우처럼 우리의 경우에도 변호사법이나 변호사윤리장전을 개정하여 의뢰인의 이익을 위해 다양한 분쟁해결 제도 중 적절하고 바람직한 분쟁해결 수단을 조언할 수 있도록 변호사의 의무규정을 마련하여 변호사가 무리하게 소송을 하도록 유도하면서 의도적으로 조정을 회피할 수 없도록 변호사법 관련 규정에 독일법제와 유사한 제도의 도입을 신중히 검토할 필요가 있다.[51]

이와 관련하여, 독일변호사 직무규정(BORA) 제1조 제3항[52]에서 "모든 법률사건에 있어

---

4. die Mediation und jede vergleichbare Form der alternativen Streitbeilegung, sofern die Tätigkeit nicht durch rechtliche Regelungsvorschläge in die Gespräche der Beteiligten eingreift,

49 김용섭, "민간조정의 활성화를 위한 입법적 과제- 독일과 일본의 법제도와 시사점을 중심으로-" 「저스티스」 통권 제157호, 2016. 12.

50 김상수, "소액분쟁의 해결과 ADR-법원역할의 강화를 기대하며", 서강법률논총 제8권 제2호, 2019, 8, 18-21면.

51 김용섭, "변호사법 제109조와 민간조정 활성화를 위한 입법과제", 인권과 정의 통권 제502호, 2021, 48면.

52 (3) Als unabhängiger Berater und Vertreter in allen Rechtsangelegenheiten hat der Rechtsanwalt seine Mandanten vor Rechtsverlusten zu schützen, rechtsgestaltend, konfliktvermeidend und streitschlichtend zu begleiten, vor Fehlentscheidungen durch Gerichte und Behörden zu bewahren und gegen verfassungswidrige Beeinträchtigung und staatliche Machtüberschreitung zu sichern.

서 독립된 상담자 및 대리인으로서 변호사는 법원과 관청의 잘못된 결정으로부터 보호하고 헌법위반적 침해 및 국가적 권력남용에 안전을 위해 의뢰인을 법적 손실로부터 보호하고, 법형성적, 갈등회피 및 분쟁조정을 도모하여야 한다"고 규정하고 있다. 변호사는 의뢰인에게 법형성적, 갈등회피적이며 분쟁조정을 모색하는 등 적절한 분쟁해결 방법을 제시하여야 하는 규정을 두고 있다. 아울러 독일 변호사직무규정(BORA) 제18조에서 "조정인으로서 변호사의 조정은 변호사 직무규정에 의하여 인정된다"고 규정하고 있다. 무리하게 소송을 제기하는 변호사를 억제할 때 법원으로 사건이 몰리지 않게 되고 법관이 충실하게 심리를 하고 판결이유도 제대로 밝히게 될 것이다.

나. 증거개시(Discovery) 제도의 도입 검토

민사소송의 당사자는 자신이 주장하는 사실에 대하여 증명책임을 지는 것이 원칙이다. 현실적으로 대부분의 민사소송에 있어서 국가, 지자체, 기업, 의료기관 등에 증거가 집중되어 있어 일반 국민, 소비자, 환자 등은 자기가 증명하여야 할 사실에 대한 증거의 입수가 매우 어렵다.[53]

이에 민사소송법에 문서제출명령제도가 도입되었으나, 문서제출명령에 대한 법원의 소극적 운용, 문서제출 명령 불이행에 대한 제재 미흡 등으로 인해 증거의 구조적 편중에 따른 사실심의 불합리성은 개선되지 못하고 있는 상황이다.

앞으로 증거개시제도인 미국의 디스커버리제도[54]의 도입을 제도화 한다면 하급심의 심리 내실화와 조정 등 ADR에 의한 사건 처리를 촉구할 수 있는 계기가 마련되어 소송에 소요되는 비용도 절감될 것으로 기대된다.[55] 그러나 디스커버리 제도가 재판비용을 증가시키는 것은 아닌지 국민의 재판받을 권리를 보장하는 장치인지 충분히 심도 있게 논의한 후 도입하고, 이 제도를 도입하더라도 변호사법을 개정하여 변호사의 비닉의무와 그 제한에 관한 사항[56]을 명문화하는 것이 필요하다. 미국법상 변호사와 의뢰인간의 비닉특

---

53 2021. 6. 18. 국회에 발의한 조응천의원 대표발의 민사소송법 일부개정법률안, 제안이유

54 김형두, "새로운 법조양성체제하에서 미국식 디스커버리의 도입방안", 법학평론 제9권, 2019. 4. 변진석, 미국민사소송에서 증거개시의 제한-남용방지를 위한 비례성의 원칙-. 미국헌법연구 제29권 제1호, 2018. 4. 참고

55 대한변호사협회, "사법행정자문회의 대한변호사협회 제안 안건― 디스커버리(증거개시제도) 도입", 2021. 12. 8.

권(Attorney ‑Client Privilege)는 의뢰인이 변호사에게 법적 자문을 받을 목적으로 이루어진 의사교한 내용의 비밀을 보호하고 이의 공개를 막을 권리를 말한다. 이러한 비닉특권을 명문화하는 변호사법 일부개정법률안이 2017년 9월에 나경원 의원 대표발의로, 2018년 1월에 유기준의원 대표발의로 국회에 발의되었으나 19대 국회 임기만료로 자동폐기 된 바 있다.

VI. 맺음말

이상에서 살펴본 바와 같이 상고제도의 개선은 하급심의 내실화를 도모하고, 전방위적인 개혁을 통해 ADR 시대의 도래에 발맞추어 사법시스템을 새롭게 구축하는 방향으로 추진할 필요가 있다.

대한민국의 최고법원인 대법원이 모든 사건을 처리하는 분쟁의 최종적 종말처리장이 되어서는 곤란하다. 오히려 사소한 사건의 처리보다는 중요한 사건에, 그리고 이러한 개별 분쟁을 넘어 사법의 중요한 정책결정과 법해석의 통일을 도모할 필요가 있다. 그동안 상고심 개선방안 중에 어느 방안이 타당한가라는 단선적 차원에서 접근하였다면 필자가 제시하는 방안은 대법원 일부 증원을 통한 사법재판부와 공법재판부의 Two bench의 방식과 고등법원 상고허가제를 접목하고, 심리불속행제도를 개선하면서 ADR을 활성화하고 조정전치주의를 도입하는 등 하급심 내실화도 함께 도모하는 다양한 방식을 믹스하는 종합적 해결방식이이라고 할 것이다. 상고심절차에 관한 특례법상 심리불속행 상고기각판결에서 이유를 제대로 기재하지 않는 문제점도 대법원 재판연구관의 검토보고서를 토대로 보완할 필요가 있다. 상고제도의 개선은 상고제도만 개선한다고 해결할 수 있는 단순한 문제는 아니다.[57]

끝으로 상고허가제를 도입하여 고등법원에서 하게 될 경우 하급심 판사만에 의하여 일

---

56 변호사의 비닉특권에 관하여는 김창군, 김유정, "미국법상 변호사·의뢰인의 비닉특권에 관한 연구", 국제법무 제12집 제2호, 2020, 11.

57 그렇다고 필자가 이 글에서 검토한 방안이 결코 특허처방(Patenrezept)이 될 수는 없다.

방적으로 결정할 것이 아니라 전문가 그룹이 참여하는 위원회 형태가 되는 것이 바람직하고, 상고심사위원회의 위원의 위촉은 대법원이나 고등법원이 아닌 대한변호사협회나 한국법학원에서 추천하는 경륜과 식견이 있는 위원이 참여할 수 있도록 제도적 방안을 마련할 필요가 있다.[58]

---

58 상고제도 개선의 첨예한 대립 주체인 대법원과 대한변협은 국민의 실질적 재판받을 권리의 보장을 위하여 상생적 합의와 협력이 필요하다. 대법원은 대법관 소규모 증원론으로 투벤치를 하는 방향을 수용하고, 대한변협은 국민을 위한 실질적인 권리구제를 위하여 고등법원 상고허가제를 받아들이는 합리적 절충점을 모색하기를 희망한다.

참고문헌

김도훈, "재판에서의 이유 기재 생략에 관한 고찰", 인하대학교 법학연구 제15집 제3호, 2012.

김상수, "소액분쟁의 해결과 ADR-법원역할의 강화를 기대하며-", 서강법률논총 제8권 제2호, 2019.

김성태, "민사소액사건에 있어서 판결서 이유기재 생략에 관한 소고", 비교법연구 제17권 제3호, 2017. 12.

김용섭, "민간조정의 활성화를 위한 입법적 과제- 독일과 일본의 법제도와 시사점을 중심으로-"「저스티스」통권 제157호, 2016.

김용섭, "변호사법 제109조와 민간조정 활성화를 위한 입법과제", 인권과 정의 통권 제502호, 2021.

김용섭, "사법권 독립과 사법행정상 직무감독간의 긴장관계", 인권과 정의 통권 제486호, 2019. 12.

김용섭, "이유없는 판결은 판결인가", 법률신문 2021. 12. 23. 자

김일환, "독일 헌법상 사법관련 규정의 비교법적 고찰- 우리 법질서에 갖는 시사점과 더불어-", 인권과 정의 통권 제357호, 2006, 5.

김종철, 이준일, 이상경, 허진성, "대법원의 역할과 상고심 개선의 헌법적 쟁점에 관한 연구-상고법원 도입방안 논의를 중심으로-", 공법연구 제44집 제1호, 2015. 10.

김창군, 김유정, "미국법상 변호사·의뢰인의 비닉특권에 관한 연구", 국제법무 제12집 제2호, 2020. 11.

김형두, "새로운 법조양성체제하에서 미국식 디스커버리의 도입방안", 법학평론 제9권, 2019. 4.

대법원, "상고제도 개선특별위원회 연구·검토 결과보고", 대법원사법행정자문회의 제15차 회의자료, 2021. 9. 8.

대한변호사협회, "상고제도 개선 논의 경과 안내 및 의견 요청에 대한 검토의견", 2021. 7. 20.

대한변호사협회, "사법행정자문회의 대한변호사협회 제안 안건-- 디스커버리(증거개시제도) 도입", 2021. 12. 8.

문재완, "미국 상고허가제(certiorari)의 이론과 실제", 외법논집 제23집, 2006. 8.

박노수, "대법원 상고제도개선특별위원회의 논의 경과와 내용", 상고심토론회 상고제도 개혁 어떻게 할 것인가?, 더불어 민주당 박주민의원, 이탄희 의원, 민주사회를 위한 변호사모임, 참여연대, 2021. 7. 15.

박노수, "상고제도 개선의 필요성과 개선노력의 경과", 대법원 재판제도, 이대로 좋은 가?-상고제도 개선을 중심으로-, 대법원 주최 토론회 자료집, 2021. 5. 21.

박종현, "심리불속행 상고기각판결에서 이유기재 생략제도의 위헌성 검토", 공법학연구 제14권 제2호, 2013.

박태신, "판결서 이유 기재 생략에 관한 소고", 민사소송 제23권 제2호, 2019.

박태신, "일본 민사소송법에 있어서 소액심판절차의 특칙 등에 관한 연구- 우리나라의 소액사건심판법 개정을 위한 시사점을 고려하면서-", 홍익법학 제19권 제3호, 2018.

법원행정처, "2021 사법연감(2020. 1 - 2020. 12.)", 법원행정처 2021.

변진석, "미국민사소송에서 증거개시의 제한-남용방지를 위한 비례성의 원칙-". 미국헌법연구 제29권 제1호, 2018. 4.

유제민, "상고제도 개편논의의 역사와 현황-", 충실한 재판을 위한 상고심 개선 국회 토론회, 2019. 9. 3.

윤남근, "우리나라 상고제도의 개선방안-상고법원안과 대법원 증원론을 중심으로-", 인권과 정의 통권 제 455호, 2016. 2.

이세주, "독일 연방헌법재판소의 헌법재판실무상의 시사점에 대한 고찰", 공법연구 제45권 제1호, 2016.

이종수, "독일의 사법제도에 관한 소고-특히 법관인사 등 사법행정을 중심으로-", 법학연구 제27권 제2호, 연세대 법학연구원, 2017.

이제우, "미국 연방대법원의 상고허가제에 관한 연구- 연혁, 사건선별 기준과 심리절차를 중심으로-", 법과 정책 제25집 제3호, 2019. 12.

이호원, "주요 국가의 상고제한제도- 미국, 프랑스, 독일, 일본 제도를 중심으로-", 인권과 정의 통권 제460호, 2016. 9.

임지봉, "미국헌법상 사법권 관련 규정의 구조와 내용", 미국헌법연구 제16권 제2호, 2005.

장주영, "대법관 증원을 통한 상고심 개편방향", 인권과 정의 통권 제447호, 2015.

전휴재, "소액사건심판법상 이행권고결정의 제도적 문제점에 관한 연구-헌법상 재판청구권과의 관계를 중심으로-", 저스티스 통권 제184호, 2021. 6.

정선주, "재판청구권 보장과 ADR-조정과 중재를 중심으로", 저스티스 170집 제3호, 2019.

정선주, "상고의 제한과 그 개선방안", 사법행정 제33권 제9호, 1992. 9.

최 선, "권력분립 원리와 사법권 독립", 법과사회 제60호, 2019.

호문혁, "상고제도의 목적과 상고심 부담 경감제도", 민사소송 제9권 제2호, 2005.

황도수, "사법개혁- 우리나라와 독일의 최고법원 비교고찰-", 인권과 정의 통권 제411호, 2010. 11.

Herbert Mertin, "Selbstverwaltung der Justiz als Verfassungsauftrag?", ZRP 2002.

Jost Hüttenbrink, "Neue Strukturen in der Verwaltungsgerichtsbarkeit?", DVBl 12/2016.

Bernhard Stüer, "Zukunft der Verwaltungsgerrichtsbarkeit", DVBL 13/2016.

Wolfgang Durner, "Reformbedarf in der Verwaltungsgerichtsordnung", NVwZ 13/2015.

Christine Steinbeiß-Winkelman, "Verwaltungsgerichtsbarkeit zwischen Überlasten, Zuständig -keitsverlusten und Funktionswandel", NVwZ 11/2016.

Raimund Wimmer/Ulrich Wimmer, "Verfassungsrechtlicher Mediation", NJW 2007, 3242.

芝池義一, 行政法讀本, 有斐閣, 2009.

小柳 誠, 最高裁不受理事件の意義とその影響, 稅務大學校論集 第88号, 2017. 6

5

개별법상 이의신청제도의 현황분석과 입법적 개선과제*

— 이의신청 등과 행정심판의 관계정립을 중심으로 —

목차

Ⅰ. 머리말

Ⅱ. 이의신청의 개념 및 법적 규율

Ⅲ. 이의신청 등과 행정심판의 관계

Ⅳ. 개별법상 이의신청제도의 문제점과 입법적 개선과제

Ⅴ. 맺음말

Ⅰ. 머리말

1. 2015. 5. 현재 약 140여개의 법률에서 이의신청, 심사청구, 재심사청구, 심판청구 등 넓은 의미의 이의신청제도를 두고 있다.[1] 그러나, 개별법에서 규정하고 있는 이의신청제도

---

* 이 논문은 최계영, 김용섭, 김병기, "특별한 행정불복절차 및 행정심판절차특례설치요건 등에 관한 연구" 한국행정판례 연구회, 국민권익위원회 2014년도 연구결과보고서 중에서 김용섭 교수가 작성한 부분을 발전시켜 행정법연구 제42호 (2015. 7.) 에 게재·수록한 것입니다.

[1] 실정법상의 이의신청의 용어에 국한하지 않고 심사청구, 재심사청구, 심판청구 등을 포함하여 개별법상 이의신청제도로 파악하고자 한다. 다만, 공탁법, 상업등기법, 부동산등기법, 질서위반행위규제법, 후견등기에 관한 법률 등과 같이 법원 등에 이의를 제기하는 이의신청절차는 행정불복절차로 보기 어려우므로 개별법상 이의신청제도의 개념 범주에서 제외하고, 지방재정교부금법 또는 지방교부세법 등에서 규율하고 있는 바와 같이 지방자치단체의 장이 중앙행정기관에 대하여 제기하는 이의신청은 국민이 제기하는 행정상 불복절차라고 보기 어려우므로 역시 여기서의 고찰범위에서 제외하기로 한다.

는 법적 규율면에서 체계성이 없고, 행정심판법에서 규정하는 일반 행정심판제도와의 관계가 명확하지 아니하여 국민은 권익이 침해되고도 어느 절차를 거쳐야 하는 것인지 용이하게 알 수 없다. 따라서 간이한 불복절차인 이의신청 등을 거쳐 그 결과를 받아 보고 행정심판이나 행정소송을 제기하려다가 쟁송제기기간이 도과되어 오히려 권리구제의 걸림돌로 작용하고 있다.

그 단적인 예가 민원사무처리에 관한 법률 제18조에서 규정한 민원 이의신청제도라고 할 것이다. 대법원 2012. 11. 15. 선고 2010두8676 판결에서 "민원사무처리에 관한 법률에서 정한 민원 이의신청의 대상인 거부처분에 대하여는 민원 이의신청과 상관없이 행정심판 또는 행정소송을 제기할 수 있으며, 또한 민원 이의신청은 민원사무처리에 관하여 인정된 기본사항의 하나로 처분청으로 하여금 다시 거부처분에 대하여 심사하도록 한 절차로서 행정심판법에서 정한 행정심판과는 성질을 달리하고 또한 사안의 전문성과 특수성을 살리기 위하여 특별한 필요에 따라 둔 행정심판에 대한 특별 또는 특례 절차라 할 수도 없어 행정소송법에서 정한 행정심판을 거친 경우의 제소기간의 특례가 적용된다고 할 수도 없으므로, 민원 이의신청에 대한 결과를 통지받은 날부터 취소소송의 제소기간이 기산된다고 할 수 없다. 그리고 이와 같이 민원 이의신청 절차와는 별도로 그 대상이 된 거부처분에 대하여 행정심판 또는 행정소송을 제기할 수 있도록 보장하고 있는 이상, 민원 이의신청 절차에 의하여 국민의 권익보호가 소홀하게 된다거나 헌법 제27조에서 정한 재판청구권이 침해된다고 볼 수도 없다"고 판시하고 있다.

이러한 대법원 판결의 태도에 비추어 볼 때, 일반 국민이 민원사무처리에 관한 법률 제18조에서 규정하고 있는 약식의 권익구제절차인 민원 이의신청제도를 이용하려다가 쟁송제기기간의 도과로 정식의 권익구제절차인 행정심판이나 행정소송을 제대로 활용조차 못하는 역설적인 상황이 초래된다.

2. 종래 행정심판의 필요적 전치주의가 폐지되고, 임의절차를 명문화한 현행 행정소송법 제19조 제1항에 따라 행정청의 위법한 처분으로 인하여 자신의 권익이 침해된 자는 원칙적으로 행정심판과 행정소송을 선택적으로 청구할 수 있게 되었다. 양자는 권리구제의 관점에서 경쟁관계라고 할 수 있다. 행정심판제도가 갖는 경쟁력은 재결의 기속력에 의하여

단심으로 분쟁이 해결되므로 신속한 권리구제가 가능하다는 점이다. 이에 반해 행정소송의 경우 피고 행정청이 불복하게 되면 대법원까지 가야 판가름이 나므로 행정심판에 비하여 시간과 비용이 많이 드는 결점을 지적할 수 있다.

오늘날 행정심판의 재결기관화로 인하여 행정심판의 권리구제기능이 강조되고 있으나, 행정심판을 거치지 않더라도 권익구제가 불가능한 것이 아니라는 점에서 자기통제기능이 행정심판의 본질적 기능이라고 할 수 있다.[2] 이론적으로 개별법상의 이의신청 등 불복절차 전반에 관하여 행정의 자기통제를 위해 임의절차로서 확대 도입되는 것이 필요하다는 견해도 있으나[3], 개별법상의 이의신청 등의 남설이 오히려 행정심판이나 행정소송 등 정식의 권리구제의 실현을 약화시키는 측면을 간과할 수 없다.

종전에는 필요적 행정심판의 전치요건의 충족여부를 위하여 개별법상 이의신청제도 중에서 어떠한 것이 행정심판에 속하는 것인지를 판단하는 것이 중요한 의미를 가졌다. 그러나 행정심판의 자유선택 내지 임의절차화가 된 이후에는 이의신청 등을 행정심판으로 볼 것인지 아니면 간이한 불복절차로 볼 것인지를 둘러싸고 권익구제 절차의 무용한 반복을 피하기 위해서 그 성격을 규명할 필요성이 커졌다고 할 것이다.

3. 본고에서는 입법정책적 관점에서 개별 실정법상의 이의신청제도에 대한 현황을 실증적으로 분석하고 문제점을 도출하여 바람직한 입법적 개선방안을 모색하고자 한다. 논의의 진행은 우선 이의신청의 개념 및 법적 규율(II)에 대하여 검토하기로 한다.

다음으로 이의신청 등과 행정심판의 관계(III)를 모색하되, 특별행정심판과 간이한 불복절차와의 구분에 대하여 고찰하기로 한다. 개별법상의 이의신청제도는 다양한 형태로 입법적 규율이 가해지고 있는 바, 입법에 의하여 특별행정심판이나 간이한 불복절차로 쉽게 판명이 되는 경우에는 큰 문제가 없다. 한편 입법에 의하여 이의신청 등과 행정심판의 관계가 법률의 규정을 통하여 명확하지 아니한 경우에는 해석론으로 어느 유형에 속하는지 기존의 이론과 판례의 고찰을 통하여 판단척도를 제시하기로 한다. 제3의 새로운 유형이

---

2 김용섭, "행정소송 전단계의 권리구제방법 및 절차", 저스티스 통권 제105호, 2008, 202면.

3 박정훈, "행정심판제도 발전방향-'사법절차의 준용'의 강화", 행정법학 제2호, 2012, 24면.

라고 할 수 있는 행정절차의 특례에 대하여도 그 방향성을 모색하기로 한다.

나아가 개별법상 이의신청제도의 문제점과 입법적 개선과제(IV)를 검토하면서 이의신청 등의 기간과 권리구제, 특별행정심판의 개선과제 및 이의신청 등과 행정심판의 관계정립의 방향에 대하여 살펴보기로 한다. 맺음말(V)에서는 앞에서의 논의를 요약하고, 향후 과제를 모색하면서 결론을 맺는 순서로 논의를 진행하고자 한다.

II. 이의신청의 개념 및 법적 규율

1. 이의신청의 개념

이의신청의 강학상의 의미는 행정청의 처분이나 부작위에 대하여 당해 행정청에 다시금 불복을 제기하여 권리구제를 강구하는 제도로, 상급기관에 제기하는 심사청구와는 구별된다. 같은 맥락에서 이의신청을 행정청의 상대방이나 제3자로 하여금 행정심판이나 행정소송과 같은 본격적인 권리구제로 나서기 이전에 처분청에게 그 위법성이나 부당성을 환기시키고 처분청은 그에 대한 재고를 통하여 자신의 처분이나 부작위에 대하여 스스로 시정할 기회를 얻게 되는 제도로 이해하기도 한다.[4]

그런데 실제로 개별법상으로 규정되어 있는 이의신청은 강학상의 의미와는 다르게 직근 상급기관이나 제3의 기관에 제기하는 경우에도 이의신청이라는 용어가 사용되기도 하고[5], 당해 행정청에 불복하는 경우에도 이의신청이 아니라 심사청구[6]라는 용어를 사용하고 있어 실정법상의 용어와 강학상의 개념이 반드시 일치하는 것은 아니다.

따라서 여기서는 개별법상의 이의신청, 심사청구[7], 재심사청구[8] 등 다양한 명칭으로 사용되고 있는 불복절차 전반을 포괄하여 이의신청제도 내지 이의신청 등으로 파악하고자

---

4 김성수, "부담금에 대한 이의신청제도 강화방안", 토지공법연구 제51집, 2010, 186면.

5 가령 국민기초생활보장법 제40조, 긴급복지지원법 제16조, 건축사법 제38조의3 제4항 등을 들 수 있다.

6 가령 국민연금법 제108조, 석면피해구제법 제35조.

7 노인장기요양보호법 제36조, 국민연금법 제108조 등.

8 국민연금법 제110조 등.

한다.[9]

개별법상의 이의신청제도는 그 절차와 결정에 관하여 행정심판법과 같은 일반법은 없기 때문에 어느 하나의 범주로 일반화하기 어렵고 기본적으로 특별행정심판 내지 행정심판의 절차의 특례로 볼 수 있는 유형과 간이한 불복절차로 볼 수 있는 유형으로 구분할 수 있다.[10] 다만 개별법의 명문의 규정에 의하여 양자를 구별해야 하지만 실제운영에 있어 양자의 구별이 용이하지 않으므로 해석을 통해 이를 명확히 확정할 필요성이 있다.[11]

2. 이의신청 등에 관한 법적 규율

이의신청 등에 관한 법적 규율로는 헌법 제107조 제3항, 행정심판법 제3조 제1항 및 제4조를 들 수 있다. 아울러 개별법에서 이의신청 등에 관하여 규율하고 있다.

(1) 헌법 제107조 제3항

개별법상의 이의신청제도가 특별행정심판이나 행정심판의 절차특례가 되는 경우에는 헌법 제107조 제3항과 관련된다. 동조 제3항에서 "재판의 전심절차로서 행정심판을 할 수 있다. 행정심판의 절차는 법률로 정하되, 사법절차가 준용되어야 한다"고 규정되고 있으므로 이 조항은 행정소송의 전심으로 기능하는 일반행정심판 뿐만 아니라 특별행정심판에 관한 헌법적 근거라고 할 것이다. 따라서 특별행정심판이나 행정심판의 절차특례도 헌법 제107조 제3항의 규정에 따라 그 심판절차에 준사법절차가 준용되어야 한다.

여기서 헌법에서 규정하고 있는 '사법절차의 준용'은 사법절차의 핵심인 중립성과 책임성 및 절차의 신중성을 의미하므로 좁은 의미의 세부적 절차규정만 아니라 행정심판의

---

9 일본의 입법례는 종전에 이의신청과 심사청구를 엄격히 분리하여 규정하고 있었으나, 2014년 행정불복심사법의 개정으로 처분청에 하는 이의신청을 없애고 심사청구로 일원화 한 것이 특징이다.

10 최진수 교수는 이의신청 등 간이한 불복절차를 '사후적 행정절차'로 파악하고 있으나, 제3의 유형으로 일반적으로 법익이 침해된 후에 불복하는 절차인 간이한 불복절차를 청문 등과 같은 사전적 행정절차를 거친 제1차적 결정이 이루어지고 난 후에 사후적으로 거치는 행정절차로 파악하고 있어 행정절차법상의 행정절차의 특례를 의미하는 것인지 아니면 간이한 불복절차를 의미하는 것인지 애매하다. 이에 관하여는 최진수, 행정심판 제도의 구조에 관한 고찰, 공법연구 제43집 제2호, 2014, 194면.

11 채우석, 특별행정심판제도의 전문성·특수성, 토지공법연구 제58집, 2012, 331면.

조직과 구성 및 절차 전체에 관한 것으로 이해할 필요가 있다.[12] 아울러 사법절차의 요소로는 판단기관의 독립성과 공정성, 대심적 심리구조, 당사자의 절차적 권리보장 등을 들 수 있다. 위 헌법조항은 사법절차에 준하는 객관성과 공정성을 갖춘 행정심판절차의 보장을 통하여 행정심판제도의 실효성을 확보하고자 한 것이며[13], 행정심판에 사법절차가 '준용'될 것만을 요구하고 있으므로 행정심판에 사법절차의 요소를 엄격히 갖출 필요는 없다고 할지라도 적어도 사법절차의 본질적 요소를 전혀 구비하지 아니하고 있다면 '준용'의 요구에마저 위반된다고 할 수 있다.[14]

(2) 행정심판법 제3조 제1항 및 제4조

현행 행정심판법 제3조 제1항은 "행정청의 처분 또는 부작위에 대하여는 다른 법률에 특별한 규정이 있는 경우 외에는 이 법에 따라 행정심판을 청구할 수 있다."고 규정하고 있어 행정심판법이 일반법으로서 기능하고 있음을 알 수 있다. 한편, 행정심판법 제4조에서 특별행정심판 등에 관하여 규정하고 있는 바, 제1항에서는 "사안의 전문성과 특수성을 살리기 위하여 특히 필요한 경우 외에는 이 법에 따른 행정심판을 갈음하는 특별한 행정불복절차(이하 '특별행정심판'이라 한다)나 이 법에 따른 행정심판절차에 대한 특례를 다른 법률로 정할 수 없다."고 규정하고 있다. 종전의 행정심판법 제43조 제1항[15]과 궤를 같이하는 규정이지만, 종전에 비하여 청구인에게 불리한 내용인지 여부를 구분하지 않고 있는 점에 차이가 있다고 할 것이다. 아울러 제2항에서는 "다른 법률에서 특별행정심판 또는 이 법에 따른 행정심판절차에 대한 특례[16]를 정한 경우에도 그 법률에서 규정하지 아

---

12 박정훈, "행정심판제도의 발전방향- '사법절차의 준용'의 강화", 행정법학 제2호, 2012, 7면.

13 헌재 2002. 10. 31. 2001헌바40 결정.

14 헌재 2000. 6. 1. 98헌바8 결정.

15 제43조 ① 행정심판에 관하여는 사안의 전문성과 특수성을 살리기 위하여 특히 필요한 경우가 아니면 청구인에게 불리한 내용으로 이 법에 대한 특례를 다른 법률로 정할 수 없다.

16 특별행정심판은 행정심판법에 따른 행정심판절차에 갈음한 불복절차인데 반해 행정심판절차의 특례는 광업법 제92조에서 "이의신청에 관하여 제90조부터 제94조까지 규정한 것 외에는 행정심판법을 준용한다"고 규정하고 있는 입법례와 같이 광업법 제90조부터 제94조까지를 말한다. 실무적으로나 이론적으로 양자의 구별에 대하여 자세히 다루고 있지 않다.

니한 사항에 관하여는 이 법에서 정하는 바에 따른다"고 규정하고 있어 개별법에서 행정심판법의 적용을 배제하지 않는 한 행정심판법이 보충적으로 적용되고 있음을 명백히 밝히고 있다.

또한 제3항에서는 "관계 행정기관의 장이 특별행정심판이나 이 법에 따른 행정심판 절차에 대한 특례를 신설하거나 변경하는 법령을 제정·개정할 때에는 미리 중앙행정심판위원회와 협의하여야 한다"고 규정하고 있다. 여기서 문제는 중앙행정심판위원회의 협의절차는 동의까지는 아니더라도 입법취지에 비추어 특별행정심판의 남설을 막기 위한 것이므로 중앙행정심판위원회와 협의과정에서 제시하는 적절한 가이드라인을 해당부처는 존중할 필요가 있다.

이와 같이 행정심판법 제4조를 마련한 이유는 개별법에 규정된 특별한 행정심판절차와 행정심판법에 따른 행정심판과의 관계가 명확하지 아니하여 각 행정심판운영기관 간 업무처리에 다소 혼란을 일으키고 있고, 특별한 사유 없이 개별법에 이의신청 등을 특별한 행정심판절차로 제도화하는 사례가 늘어나고 있어 중앙행정심판위원회가 중심이 되어 그 남설을 억제할 필요가 있기 때문이다.

Ⅲ. 이의신청 등과 행정심판의 관계

1. 유형적 고찰

개별법상 이의신청제도를 2가지 유형으로 파악하고 그 전제하에서 분석하고자 한다. 이의신청 등은 일반적으로 특별행정심판[17] 내지 행정심판절차의 특례에 해당하는 경우[18]와

---

17 특별행정심판이란 행정심판법에 따른 행정심판이 아니라 개별법에서 정한 다른 기관에서 심리·재결을 하는 행정심판으로 그 예로는 조세심판(조세심판원), 특허심판(특허심판원), 토지수용 재결에 대한 이의신청(중앙토지수용위원회), 부당해고에 관한 구제명령에 대한 재심(중앙노동위원회), 공무원 징계처분에 대한 불복(소청심사위원회), 공정거래 관련 처분에 대한 이의신청(공정거래위원회), 국민건강보험 급여결정에 대한 심판(국민건강분쟁조정위원회), 산재보험 급여결정에 대한 재심사(산업재해보상보험재심사위원회), 고용보험 급여결정에 대한 재심사(고용보험심사위원회) 등을 들 수 있다.

18 김광수 교수는 2015. 3. 5. 국회 지속가능경제연구회에서 주관한 행정심판제도 발전방안토론회에서 "행정심판제도 발전방안"이라는 제목으로 주제발표를 하면서, "이의신청, 심사청구, 심판청구 등 행정심판과 명확히 구별되지 않는 경우

간이한 불복절차에 해당하는 경우로 구분된다.

개별법에서는 이의신청, 심사청구 등에 관하여 다양한 형태의 규정을 두고 있는 바, 이와 같은 이의신청 등이 특별행정심판으로 분류될 수 있는지, 간이한 불복절차에 해당하는지를 분석하기 위해서는 우선은 법률의 규정이 중요한 척도로서 기능한다. 개별법에서 정하고 있는 불복절차가 특별행정심판에 해당하는 경우에는 당해 특별행정심판이 행정심판을 대체하므로 행정심판법에 따른 일반 행정심판을 제기할 수 없다. 문제가 되는 것은 개별법에서 정한 이의신청절차에서 행정심판절차를 적용할 것인지 여부에 대하여 아무런 규정을 두고 있지 아니한 경우 특별행정심판 내지 행정심판 절차의 특례인지 아니면 간이한 불복절차인지 양자의 구분을 명확히 할 필요가 있다.

이의신청절차가 특별행정심판에 해당하거나 행정심판절차의 특례에 해당하는 경우, 즉 개별법에서 정하지 아니한 사항에 대하여는 행정심판법의 규정을 적용받게 된다. 따라서 이 경우에는 이의신청 등을 거친 때에는 행정심판법에 의한 행정심판을 청구할 수 없다. 특별행정심판에 해당하는 이의신청 등과 행정심판법상의 행정심판은 법적 성질이 동일하므로 특별행정심판으로 보는 이의신청 등에 있어 기본적 사실관계의 동일성이 있다고 인정되는 한도 내에서만 당초 처분의 근거로 삼은 사유와 다른 사유를 추가 또는 변경할 수 있게 된다.[19]

그러나 이의신청절차가 간이한 불복절차인 경우에는 개별법에서 정하지 아니한 사항에 대하여 행정심판법의 규정을 적용하지 않게 되므로 이러한 유형의 이의신청 등은 행정심판과는 별개의 내부시정제도이다. 이 경우에는 이의신청 등을 거친 때에도 행정심판법에 의한 행정심판을 다시 청구할 수 있으며 기본적 사실관계의 동일성이 없는 사유라고 할지라도 처분의 적법성과 합목적성을 뒷받침하는 처분사유로 추가·변경할 수 있다.[20]

위와 같은 개념상의 구분 필요성은 특별행정심판의 경우에는 행정심판법 제51조에서 심

를 행정심판법에서 '행정심판 절차의 특례'라고 부른다" (발제문 15면)고 주장하고 있으나, 행정심판절차의 특례가 지나치게 넓어져 위 주장에 동의하기는 어렵다.

19 대법원 2014. 5. 16. 선고 2013두 26118 판결(김용섭, "2014년 행정법 중요판례", 인권과 정의 통권 448호, 2015. 3, 132-133면.)

20 대법원 2012. 9. 13. 선고 2012두3859 판결(김용섭, "2012년 행정법 중요판례", 인권과 정의 통권 432호, 2013. 3, 108-109면.)

판청구에 대한 재결이 있으면 그 재결 및 같은 처분 또는 부작위에 대하여 다시 행정심판청구를 할 수 없으므로 개별법상의 특별행정심판절차를 거친 후에 일반행정심판을 별도로 제기하지 못하는데 반해서, 개별법상의 간이불복절차의 경우에는 이를 거친 후에도 행정심판을 제기하는 것이 가능해 진다.[21] 한편 특별행정심판절차에 해당한다면 법률을 제정하거나 개정하는 과정에서 중앙행정기관의 장은 중앙행정심판위원회와 협의절차를 거쳐야 한다.

2. 법률에 명확한 명문의 규정을 두고 있는 경우

개별법에서 불복절차를 규정하면서 ① 이의신청 등을 행정심판으로 본다는 의제규정을 두고 있는 경우 ② 이의신청 등의 절차를 거치지 아니하고는 행정소송을 제기할 수 없다고 규정한 경우에는 특별행정심판으로 보는데 큰 문제가 없어 보인다. ③ 개별법에서 일부 규정한 것 외에 행정심판법을 준용하도록 규정하고 있는 경우 ④ 이의신청 등에 대하여 이 법에서 정하고 있지 아니한 사항을 행정심판법에 따른다고 규정하고 있는 경우 ⑤ 행정심판법 제6조에도 불구하고 위원회가 심리·의결하여 재결한다고 규정하는 경우에는 행정심판의 절차의 특례로 볼 여지가 있다. 특별행정심판이나 행정심판의 절차의 특례 유형에 속하더라도 실제로 객관성, 공정성이 확보되지 아니한 경우에 입법론적으로 정비하는 문제는 다른 차원의 문제이다.

한편, ① 개별 법률에서 이의신청 등을 거치지 아니하고 행정심판을 제기할 수 있다고 규정하고 있는 경우 ② 개별법에서 이의신청 등과 관계없이 행정심판법에 따른 행정심판을 청구할 수 있다고 규정한 경우 ③ 개별법에서 이의신청등과 관계없이 행정심판법에 따른 행정심판 또는 행정소송법에 따른 행정소송을 제기할 수 있다고 규정하는 경우 ④ 이의신청 등에 대한 결정에 불복하는 자는 행정소송을 제기할 수 있다고 규정하는 경우에는 간이한 불복절차로 보는 것이 타당하다.

---

21 이와 더불어 개별법상 이의신청중에서도 간이한 불복절차로 보기보다는 행정절차를 다시 한 것과 같은 행정절차의 기회를 다시 부여하는 것과 같은 내용의 행정절차의 특례로 볼 수 있는 경우도 있다. 이러한 경우에는 간이한 불복절차로 보기보다는 행정절차의 특례로 보기 때문에 원처분이 발해진 때로부터 제소기간이 기산되는 것이 아니라 이의신청에 따라 그 결정이 내려진 후에 제소기간이 진행되는 차이가 있다.

3. 법률에 명확한 명문의 규정을 두고 있지 아니한 경우

(1) 문제의 제기

앞에서 살펴본 바와 같이 이의신청 등이 특별행정심판이나 행정심판의 특례절차에 해당한다고 보기 위해서는 개별법에서 명문의 규정을 두고 있으면 입법론적인 타당성은 차치하고 그 성질을 판단하는데 어려움이 없다. 그러나 가령, 학술진흥법 제21조에서 규정하고 있는 바와 같이 30일 이내에 이의신청을 할 수 있고, 30일 이내에 이의신청에 대하여 결정하여 그 결과를 통보하여야 한다고 규정하는 경우 위 이의신청이 과연 특별행정심판이나 행정심판의 특례절차에 해당하는지 아니면 간이한 임의적 불복절차인지 알기 어렵다.

이의신청 등과 행정심판의 관계에 관하여 아무런 규정이 없거나 설사 규정이 있다고 할지라도 불분명한 경우 이를 간이한 불복절차로 볼 것인지 특별행정심판 내지 행정심판의 특례에 해당하는지 문제가 된다.[22] 개별법에 규정된 이의신청절차가 어느 범주에 속하는지 여부의 구체적인 판단은 일차적으로 개별법의 규정에 따라야 할 것이다. 개별법의 규정이 명확하지 않은 때에는 행정심판에 해당하지 않는다고 해석하는 것이 타당할 것이다. 그래야만 이의신청 등을 거친 후에도 다시 행정심판에 의한 권리구제절차를 밟을 수 있어 국민이 권리구제에 유리하기 때문이다.

(2) 견해의 대립

① 심판기관기준설

이 견해는 이의신청은 당해 처분을 행한 처분청 자체에 대하여 하는 불복절차이고, 행정심판은 처분청의 직근 상급행정청에 제기하는 불복절차로서 양자는 그 심판기관이 다르다고 하는 점에 근본적 차이가 있다고 한다.[23]

심판기관에 따라 이의신청과 행정심판을 구분하는 것이 전통적인 통설적 견해이지만 이는 형식적인 기준으로 우리 실정법에서 이의신청 등의 입법형태가 다양하기 때문에 심판

---

22 정혜은, "개별 법령상 규정된 이의신청 등 불복절차를 거친 경우, 취소소송의 제소기간의 기산점", 행정재판실무 Ⅲ, 2010, 175면.

23 박균성, 행정법강의, 2015, 629면.

기관이라는 단일 기준으로 판별하는 것은 한계가 있다.

② 준사법절차보장설

이 견해는 행정심판의 개념을 준사법절차가 보장되는 것이라는 관점에서 개별법에서 정하는 이의신청 중에서 준사법절차가 보장되는 것만을 행정심판으로 본다.[24]

실제에 있어서 이의신청을 거친 경우에는 따로 행정심판을 거치지 못하도록 규정한 경우라면 준사법절차가 보장되지 않는 경우라고 할지라도 이를 입법론적인 논의는 차치하고 해석론상 특별행정심판이나 행정심판절차의 특례라고 볼 수밖에 없다.[25] 이와 같은 사법절차에 준하는 단일의 실질적인 기준에 의하기보다는 법률의 규정 뿐만 아니라 여러 가지 복수의 기준을 종합하여 판정할 필요가 있다.[26]

③ 행정심판필적설

이 견해는 개별법에 아무런 규정을 두고 있지 아니한 경우에는 행정심판법에서 규정된 것처럼 어느 정도 독립적이고 중립적인 심판기관이 갖추어져 있고, 심판절차가 행정심판절차에 필적할 만큼 당사자에게 절차적 권리가 보장되어 있는지 등을 기준으로 판단하여야 한다고 본다.[27]

행정심판에 필적하는 것인지 여부도 중요한 기준이 되지만, 특별행정심판의 경우는 일반 행정심판과는 다른 사안의 전문성과 특수성을 우선적으로 고려하여야 할 것이므로 행정심판법에서 규정하는 정도로 족한 것인지는 의문이다.[28]

---

24 박균성, 앞의 책, 629-631면.

25 이의신청에 관한 개별법의 규정을 특별행정심판에 걸맞게 정비하는 것은 별개의 문제이다. 개별법의 규정에 따른 이의 신청을 특별행정심판으로 보게 되면, 행정심판을 통한 권리구제를 실현하는데 한계와 헌법의 사법절차 준용의 요청을 충족 못시키는데도 이를 행정심판으로 보는 문제가 있다.

26 특별행정심판의 요건이라고 할 수 있는 '다른 법률에 특별한 규정이 있는 경우'란 다른 법률에서 행정심판법에 따른 행정심판을 제기할 수 없다는 명문의 규정을 둔 경우나 적어도 특별행정심판을 거친 후 바로 소송을 제기하도록 하는 명문의 규정을 둔 경우만을 의미한다고 보는 것이 합당할 것이다.

27 하명호, "행정심판의 개념과 범위- 역사적 전개를 중심으로 한 해석론-", 인권과 정의 통권 제445호, 2014. 11, 19-21면.

28 일반 행정심판의 경우도 중앙행정심판위원회와 시·도 행정심판위원회는 다소 운영에 있어 차이가 있는 바, 일반 행정

④ 종합판단설

이의신청을 규정하고 있는 취지라고 할 수 있는 행정의 전문성·특수성 등의 이유로 행정심판의 특례로서 이의신청이 필요한 경우인지 여부, 이의신청절차가 행정구제절차로서의 객관성·공정성·전문성을 갖추었는지 여부, 행정심판을 허용하는 것이 행정에 대한 적법성 통제 및 개인의 권익구제의 측면에서 의미가 있는지 여부 등을 종합적으로 고려하여 판단하는 것이 바람직하다는 견해가 있다.[29] 그러나, 이 견해는 여러 요소를 고려하지만 종합적이며 객관적인 기준으로는 한계가 있다고 보여진다.

이러한 견해보다 진일보 한 행정심판 실무가의 입장[30]이 행정부 내에서 그동안 통용되어 왔다. 즉, 개별 법률에서 행정처분의 전문성·특수성을 고려하고, 이의신청에 대한 결정의 긴급성이 요구되며, 심리의 전문성·특수성을 살리기 위한 전문위원회 등에 심리를 의뢰하는 구조를 갖추고 있는 상태에서 이의신청절차를 규정(예컨대, 구 지가공시 및 토지 등의 평가에 관한 법률의 규정에 의한 공시지가 및 개별공시지가의 결정에 대한 이의신청) 하고 있다면 이는 행정심판법 제3조 제1항의 규정에 의한 다른 법률에 특별한 규정이 있는 경우에 해당한다고 본 반면에, 행정처분이 특별히 전문적이지도 않고, 개별 법률에서 당해 사안을 심리하기 위한 전문위원회도 두지 않고, 설령 전문위원회를 두더라도 객관성 및 공정성을 담보할 수 없어 단순히 처분권자의 재고의 기회만을 제공하는 의미에서 이의신청절차를 규정(국민기초생활보장법의 규정에 의한 처분 또는 결정에 대한 이의신청) 하고 있다면 이는 체계적인 심리절차가 보장되지 않고 단순히 처분권자의 배려를 기대할 수밖에 없을 가능성이 많으므로 이의신청을 거쳤다 하더라도 행정심판절차를 통하여 정식으로 불복할 수 있는 것으로 보고 있다.

그러나, 이 견해는 사안의 전문성과 특수성의 측면과 객관성, 공정성의 관점을 아울러 판단척도로 제시하는 등 종합적 판단을 하고 있으나, 특별행정심판을 인정하는 범위가 넓

심판에 필적한다고 할 경우 어느 수준에 필적한다는 것인지도 명확히 할 필요가 있다.

29 김남철, "행정심판과 행정절차제도와의 조화방안- 특히 이의신청절차와 행정심판과의 조화방안 모색을 중심으로-", 법학연구, 제53권 제4호, 2012, 123면.

30 김승열, "특별행정심판에 관한 연구- 개별법상 각종 불복절차의 분석-", 행정심판제도개선연구논문집, 법제처, 2004, 212면.

게 되는 단점이 있다.

(3) 판례의 태도

대법원판례[31]에 의하면 "부동산 가격공시 및 감정평가에 관한 법률 제12조, 행정소송법 제20조 제1항, 행정심판법 제3조 제1항의 규정내용 및 취지와 아울러 부동산 가격공시 및 감정평가에 관한 법률에 행정심판의 제기를 배제하는 명시적인 규정이 없고 부동산 가격공시 및 감정평가에 관한 법률에 따른 이의신청과 행정심판은 그 절차 및 담당기관에 차이가 있는 점을 종합하면, 부동산 가격공시 및 감정평가에 관한 법률이 이의신청에 관하여 규정하고 있다고 하여 이를 행정심판법 제3조 제1항에서 행정심판의 제기를 배제하는 '다른 법률에 특별한 규정이 있는 경우'에 해당한다고 볼 수 없으므로, 개별공시지가에 대하여 이의가 있는 자는 곧바로 행정소송을 제기하거나 부동산 가격공시 및 감정평가에 관한 법률에 따른 이의신청과 행정심판법에 따른 행정심판청구 중 어느 하나만을 거쳐 행정소송을 제기할 수 있을 뿐 아니라, 이의신청을 하여 그 결과통지를 받은 후 다시 행정심판을 거쳐 행정소송을 제기할 수도 있다고 보아야 하고, 이 경우 행정소송의 제소기간은 그 행정심판재결서정본을 송달 받은 날부터 기산한다"고 판시하였다.

(4) 검토

위에서 살펴본 제반 학설과 판례를 토대로 특별행정심판 내지 행정심판절차의 특례인지 아니면 간이한 불복절차인지의 구분과 관련한 9개의 중요한 판단척도를 제시할 수 있다. ① 사안의 전문성과 특수성이 있는지 여부 ② 헌법상의 사법절차가 준용되는지 여부 ③ 심판기관이 독립성을 갖추고 있는지 여부[32] ④ 제도 운영의 공정성과 중립성이 보장되고 있는지 여부[33] ⑤ 중앙행정심판위원회의 협의절차를 거쳤는지 여부[34] ⑥ 대심구조를 취하

---

31 대법원 2010. 1. 28. 선고 2008두 19987 판결.

32 독립된 제3자기관이나 전문성을 갖춘 심의기구 인지 여부 등을 고려할 필요가 있다.

33 위원회의 위원에 대한 제척·기피·회피제도, 위원의 위촉에 있어 외부기관에서 임명하는 방식인지, 민간위원의 비율이 과반수를 넘는지, 위원이 전문성을 갖추고 있는지 여부 등을 종합적으로 고려할 필요가 있다.

34 협의시 중앙행정심판위원회에서 부정적 의견을 제시한 사실이 있음에도 무리하게 입법으로 관철한 것인지 여부도 고려

고 당사자의 절차적 권리를 보장하고 있는지 여부 ⑦ 재결의 형식으로 발하는 것인지 여부 ⑧ 처분권자의 재고의 기회만 제공하는 것인지 여부 ⑨ 이의신청 등을 처분청에 하는 것인지 직근 상급행정청이나 독립된 제3의 기관에 하는 것인지 여부.

이와 같은 형식적, 실질적 제반 요소를 종합적으로 고려하여 판단하는 것이 타당하다고 본다.

4. 제3의 유형: 행정절차의 특례

(1) 새로운 유형

이의신청 등을 일반적으로 그 용어만 가지고 그 유형과 성질을 논하는 것은 한계가 있다. 개별법상으로 당해 처분청에 제기하는 것만이 아니라 상급행정청에 제기하는 이의신청도 있다. 이의신청 등을 특별행정심판의 유형과 간이불복절차의 유형으로 구분하는 것이 일반적이라는 점을 설명한 바 있다.

그러나 이의신청이 특별행정심판이나 간이한 불복절차의 어디에도 해당하지 않고 행정절차를 다시 한번 더 거치게 되어 최종적으로 나중의 절차가 행정청의 최종적인 의사로 볼 수 있는 경우에는 불복절차로서의 의미보다는 행정절차법상의 행정절차의 특례에 해당한다고 볼 수 있다. 개별법에서 이의신청 등의 결정에 대하여 행정심판을 청구할 수 있다고 규정하는 경우가 이에 해당한다.[35]

(2) 입법례

공인회계사법 제52조의 3에서 과징금 부과처분에 불복이 있는 자는 금융위원회에 이의신청할 수 있다고 하면서 동조 제3항에서 "제2항의 규정에 의한 결정에 대하여 불복이 있는 자는 행정심판을 청구할 수 있다"고 규정하고 있고, 금융지주회사법 제67조에서 과징금 부과처분에 불복이 있는 금융지주회사 등은 그 처분의 고지를 받은 날부터 30일 이내에 금융위원회에 이의신청을 할 수 있다고 규정하면서, 동조 제3항에서 "제2항의 규정

할 필요가 있다.

[35] 다만, 이 경우를 간이한 불복절차로 보면서 제소기간이나 소송의 대상에 대하여 특례로 정한 것으로 파악할 여지도 있으나, 이와 같은 입법례는 매우 의미있는 규정이므로 이를 간이한 불복절차의 범주에서 독립하여 행정절차의 특례로 파악하여 이론적으로 발전시켜 나갈 필요가 있다.

에 의한 결정에 불복이 있는 자는 행정심판을 청구할 수 있다"고 규정하고 있다. 이러한 경우에는 이의신청은 행정심판의 특례절차에 해당하지 않음(weder)은 물론 간이한 불복절차에도 해당하지 않아(noch) 제3의 유형인 행정절차의 특례에 해당한다고 볼 수 있다.

농약관리법 제26조 제4항에서 "농촌진흥청장은 제3항에 따라 심사결과를 알릴 때에는 신청인이 심사결과의 통지를 받은 날부터 90일 이내에 행정심판을 청구할 수 있다는 뜻을 부기하여야 한다"고 규정하고 있다. 이 규정은 공인회계사법이나 금융지주회사법과는 달리 간접적인 형태로 규율하긴 하였으나 법문의 규정취지에 비추어 제1차적 결정이 아니라 이의신청 등에서 제2차적 결정을 하는 것을 최종적인 처분으로 보고 이로부터 제소기간을 기산하며, 아울러 이 규정은 이의신청이 마쳐지므로 인해 최종적인 처분이 확정된 것으로 보아, 이러한 이의신청의 결과에 대하여 불복고지를 하도록 의무화한 것으로 볼 수 있다.

(3) 이의신청 등과 청문

이의신청과 청문을 비교한다면, 행정절차법에서는 청문은 다른 법령 등에서 청문을 실시하도록 규정하고 있는 경우와 행정청이 필요하다고 인정하는 경우에 실시하도록 되어 있다.[36] 청문절차에서 당사자의 의견을 들을 뿐만 아니라 증거를 조사하는 등 재판에 준하는 절차를 거쳐 행하는 의견진술절차에 해당한다.[37] 다만, 당사자 등은 청문의 통지가 있는 날부터 청문이 끝날 때까지 행정청에 대하여 당해 사안의 조사결과에 관한 문서 기타 처분과 관련되는 문서의 열람 또는 복사를 요청할 수 있도록 규정하고 있어[38] 이 규정은 이의신청 등이나 행정심판과 대비해 볼 때 당사자의 방어권을 보장하는 진일보한 규정이라고 할 것이다. 따라서 만약에 이의신청 등이 행정절차의 특례로 보게 되면 쟁송제기기간의 측면만 고려할 것이 아니라 제1차 처분 당시에 청문을 거치지 않은 경우에는 이의신청 단계에서 청문절차를 밟도록 입법으로 명확히 할 필요가 있다.

---

36 행정절차법 제22조 제1항.

37 이 경우에는 청문주재자가 누가 되는가가 중요하기 때문에, 대개의 경우 소속직원이 청문주재자가 되므로, 행정결정의 독립성과 중립성을 해할 여지가 있다.

38 행정절차법 제37조 제1항.

(4) 소결

이러한 관점에서 개별법상의 이의신청은 다음 3가지의 유형으로 구분이 가능하다. 제1유형은 가장 일반적인 형태가 간이한 불복절차로 보아 행정심판에 해당하지 않는 유형이다. 이 경우에는 이의신청을 거친 후에 행정심판이나 행정소송을 제기할 수 있게 된다. 제2유형은 특별행정심판이나 행정심판의 특례절차로 보아 행정심판에 해당하는 것으로 보는 유형이다. 이 경우는 이의신청을 거친 경우에는 행정심판을 제기할 수 없게 된다. 제3유형은 행정불복절차로 보기보다는 행정절차법상의 행정절차의 특례의 하나로 파악할 수 있는 범주라고 할 것이다. 이는 이의신청을 마친 후에 비로소 행정청의 최종적인 의사가 표시된 것으로 보게 된다. 최종적인 행정청의 의사가 처분이 되어 이때로부터 행정심판이나 행정소송의 쟁송제기기간을 기산하게 된다는 점에서 의미가 있다고 할 것이다.[39]

Ⅳ. 개별법상 이의신청제도의 문제점과 입법적 개선과제

1. 이의신청 등의 기간과 권리구제

(1) 이의신청 등의 기간

개별법상의 이의신청 등의 기간이 제각각이고 너무 짧으면 법률관계의 불안정이 조기에 종결되는 장점이 있으나, 당사자의 권리구제를 단기간에 막는 단점이 있으므로 적절한 이의신청 등의 기간과 심리기간을 보장해야 한다고 주장하는 견해[40]가 있다. 그러나 이의신청 등 전반에 걸쳐 일률적으로 이의신청 등의 기간이나 심리기간이 늘어나는 것이 언제나 바람직한 것은 아니다. 이의신청 등이 특별행정심판에 해당하는 것인지 아니면 간이한 불복절차에 해당하는 것인지 차별적인 고찰이 필요하다.

이의신청 등을 거친 경우 행정소송의 제소기간이나 행정심판의 청구기간의 기산점이 문제가 되므로 이의신청 등의 신청기간을 짧게 하거나 아울러 심리기간을 짧게 하고, 그 심

---

39 개별법상 이의신청절차가 행정절차의 특례로 보게 되면 불이익변경금지의 원칙이 적용되지 않을 수 있게 된다.

40 류광해, "개별 행정법상 '이의신청제도'의 현황 검토", 법조 통권 689호, 2014. 2, 160-189면.

리기간 동안에는 행정심판의 제기기간이 도과되지 않도록 제도설계를 할 필요가 있다.[41]

이와 관련하여 민원사무처리에 관한 법률 제18조의 규정을 개정하여, 거부처분에 대한 이의신청의 제기기간을 종전의 90일에서 30일로 단축함으로써 이의신청의 결과를 받더라도 그 때로부터 행정심판이나 행정소송을 제기하더라도 쟁송제기기간이 도과하지 않지만, 종전처럼 90일내에 제기할 수 있도록 그대로 둘 경우에는 이의신청의 결과 후에 행정심판이나 행정소송을 제기하여 권리구제를 받을 수 있는 시간적 여유가 없어 국민의 예기치 못한 불이익이 초래될 수 있으므로 법적 불안을 해소하는데 기여할 수 있다.

이의신청 등을 간이한 불복절차로 보는 경우에는 이의신청 등의 기간을 짧게 정하더라도 무방한 반면에, 만약에 이의신청 등을 특별행정심판이나 행정심판의 절차의 특례로 보는 경우에도 이의신청 등의 기간과 심리기간을 특별한 사정이 없는 한 일반 행정심판절차보다 지나치게 짧지 않게 정하는 것이 중요하다. 아울러 특별행정심판에 해당하는 이의신청 등의 경우에는 처분이 있음을 안 날과 처분이 있은 날의 구분이 없이 신청기간을 정하고 있는 경우가 대부분의 입법례이므로 이에 관하여도 행정심판법에 명문의 규정[42]을 두어 해결할 필요가 있다.

(2) 심리기간

다음으로 심리기간에 대하여는 이의신청 등을 간이불복절차로 보는 경우라면 이를 단기로 하여 그 절차를 거친 후에 행정심판이나 행정소송을 제기할 수 있는 여유를 두는 것이 필요하다. 그러나 이의신청 등이 특별행정심판에 해당하는 경우라면 일반 행정심판의 경우보다 단기로 규정하여 충실한 심리가 이루어지지 못하고 졸속의 결정을 내리도록 하는 것은 결코 바람직하지 않다. 따라서 적절한 심리기간을 보장할 필요가 있다.

---

41 개별법에서 정한 이의신청이 간이한 불복절차로서 특별행정심판이나 행정심판의 절차 특례가 아닌 경우에는 이의신청에 대한 결정이 있기까지의 기간 동안 행정심판의 청구기간이나 행정소송의 제소기간의 진행은 중단된다는 의제규정을 두어 해결하는 방법을 모색할 수 있다.

42 가령 행정심판법에 "법령에서 이의신청 등을 제기함에 있어 처분을 안날과 처분이 있은 날을 별도로 구분하지 아니한 경우에는 처분이 있음을 안 날로부터 기산한다."라는 조항을 둘 수 있다.

(3) 행정쟁송 제기기간

이의신청 등을 행정심판청구에 갈음하는 특별행정심판이나 행정심판의 절차의 특례를 규정한 것이라면 행정심판을 거친 것이 되어 재결서 정본의 송달을 받은 날을 기준으로 제소기간을 기산하여야 한다.

이의신청 등을 특별행정심판으로 보는 경우라도 조기에 법률관계를 확정할 필요성 때문에 일반 행정심판의 경우보다 지나치게 단기로 규율하는 경우가 적지 않다. 그러나, 현대 행정심판의 기능이 국민의 권리구제의 실질적인 확보에 있다면 행정심판청구기간이나 행정소송의 제소기간을 일반 행정심판에 비해 지나치게 단기로 규율하는 것은 국민의 권리구제의 기회를 제한하기 때문에 개선되어야 한다. 특별한 긴급성에 의하여 행정법관계의 조속한 안정이 필요한 경우를 제외하고는 행정심판을 통하여 권리구제의 기회를 확보한다는 관점에서 일반 행정심판에서 규정하고 있는 정도의 행정심판청구기간은 보장되어야 할 것이다.

이의신청 등을 간이한 불복절차로 보는 경우에는 이의신청 등을 제기하더라도 원래의 처분시를 기준으로 제소기간을 계산하기 때문에 이의신청 등을 거친 후에 자칫 행정쟁송의 제기기간이 도과되는 문제가 생기게 된다.

대법원 2014. 4. 24. 선고 2013두10809 판결[43]에서 취소소송의 제소기간의 기산점과 관련하여 "공공감사법상의 재심의신청 및 광역시교육청 감사규정상의 이의신청은 자체감사를 실시한 중앙행정기관 등의 장으로 하여금 감사결과나 그에 따른 요구사항의 적법·타당 여부를 스스로 다시 심사하도록 한 절차로서 행정심판을 거친 경우의 제소기간의 특례가 적용될 수 없다고 보고, 이의신청에 대한 결과통지일이 아니라 을 법인이 위 처분이 있음을 알았다고 인정된 날부터 제소기간을 기산하여 위 소가 제소기간이 도과하여 부적법하다고 본 원심판단을 정당하다"고 판시하였다.[44]

이 문제를 극복하는 방법으로 이의신청 등의 결과를 확인적 행정처분으로 보거나, 이의

---

[43] 이에 관한 평석으로는 유진식, "행정처분에 대한 불복제도와 제소기간- 대법원 2014. 4. 24. 선고 2013두 10809 판결-", 한국행정판례연구회 월례발표자료, 2015. 3. 20.

[44] 민원 이의신청과 관련한 대법원 2012. 11. 15. 선고 2010두 8676판결에서도 제소기간과 관련하여 같은 맥락의 판결이 내려진 바 있다.

신청 등을 넓게 행정심판이라고 해석하여 제소기간의 기산점을 재결서의 송달시로 보는 착안점[45]은 공감은 가나, 이는 간이한 불복절차인 이의신청 등과 행정심판과의 차이점을 간과한 것으로 이는 고지제도를 보다 활성화 하거나 개별법상 이의신청 등을 거친 경우 제소기간의 기산점을 개별법에 명시적으로 규정하는 것이 바람직하다.[46]

2. 특별행정심판제도의 개선과제

(1) 문제점

우선 특별행정심판제도의 개선과제를 논하기 전에 특별행정심판이 무엇인지 개념정립이 중요하다. 특별행정심판이란 행정심판법에 따른 행정심판이 아니라 행정의 복잡성과 다양성으로 인하여 전문성과 특수성을 살려야 할 필요가 있는 특정분야의 행정심판으로서 일반 행정심판에 갈음하는 불복절차로 각 개별법에서 따로 정한 특별절차에 의하여 행하여지는 행정심판을 말한다. 이와는 달리 행정심판법 제4조에서 명시하고 있는 '이 법에 따른 행정심판의 절차의 특례'의 의미는 개별법에서 일반 행정심판과는 다른 특례를 두고 있는 경우로서 이러한 경우는 특별행정심판 준하여 다루어지고 있다. 이 경우에는 사안의 전문성과 특수성을 갖추어야 할 뿐만 아니라 중앙행정기관에서 행정심판의 특례를 신설하거나 변경하는 법령을 제정·개정할 때에는 특별행정심판의 경우와 마찬가지로 미리 중앙행정심판위원회와 협의를 거쳐야 한다. 이와 같은 협의과정에서 특별행정심판의 신설요건의 검토와 행정심판법이 정하는 절차와의 불일치 여부를 검토할 수 있다.[47]

위에서 살펴본 바와 같이 개별법령에서 인정되고 있는 특별행정심판 내지 행정심판의 절차의 특례가 일부를 제외하고는 상당부분 처분청에서 다시금 심판을 하거나 상하계층 관계에 있는 상급기관에 설치되어 독립성이 약한 위원회에서 심의함으로써 공정하고 객관적인 행정심판을 통한 국민의 권리이익의 구제에 미흡하다고 할 것이므로 특별행정심판제도가 국민의 권익의 구제를 위하여 충실한 역할을 수행하기 위해서는 사안의 전문성

---

45 하명호, 앞의 논문, 22-26면.

46 정혜은, "개별 법령상 규정된 이의신청 등 불복절차를 거친 경우, 취소소송의 제소기간의 기산점", 행정재판실무 Ⅲ, 2010, 184면.

47 정형근, "개정행정심판법의 주요 쟁점에 관한 검토", 행정법연구 제27호, 2010, 132면.

과 특수성의 요건에만 의존할 것이 아니라 다음과 같은 추가적인 요건을 충족하도록 입법론적인 대응이 필요하다.

개별법에서 이의신청 등이 특별행정심판에 해당한다는 취지의 명문의 규정을 둔 경우일지라도 이의신청이 실제로 특별행정심판으로 보기 어려운 경우까지 정당화되는 것은 아니다. 이러한 경우에는 입법적으로 개선해 나가지 않으면 헌법 제107조 제3항에 반하는 문제가 있다. 그런데 헌법재판소는 필요적 행정심판전치주의가 적용되는 특별행정심판에 한하여 행정심판의 사법절차의 준용의 요구를 충족하지 않으면 안 된다고 판시하고 있다. 그러나 사법절차의 준용여부는 특별행정심판인가 아닌가의 관점에서 중요한 의미를 지니고 종래처럼 필요적 전치주의에 해당하는가 아니면 임의적 전치주의가 적용하는가의 차원의 문제로 축소하여 볼 것은 아니다. 따라서 임의적 전치주의라고 할지라도 헌법상의 사법절차의 준용의 요청은 필요하다고 볼 것이다.[48]

한편, 행정심판법 제4조 제3항에 의해 사안의 전문성과 특수성을 살리기 위하여 특히 필요한 경우에 한하여 행정심판법에 따른 행정심판을 갈음하는 특별행정심판이나 행정심판절차의 특례규정을 둘 수 있도록 하고, 특별행정심판이나 행정심판절차의 특례규정의 남설을 방지하기 위하여 중앙행정기관의 장이 개별법에 특별행정심판을 신설하거나 국민에게 불리한 내용으로 변경하고자 하는 경우 미리 중앙행정심판위원회와 협의하도록 하였다.

정부제출 법률안의 경우에는 행정심판법 제4조 제3항에 따라 특별행정심판이나 행정심판 절차의 특례를 정할 경우에 관계기관의 장은 사전에 중앙행정심판위원회와 협의절차를 거치도록 하고 있어 특별행정심판절차의 남설을 억제할 수 있는 제도적 장치가 마련되어 있다. 이에 반해, 의원입법의 경우에 이에 관한 아무런 통제절차를 두지 않아 개별법에서 특별행정심판이나 행정심판의 절차특례가 우후죽순처럼 새로 신설되더라도 제대로 통제되지 않고 있는 실정이다.

---

48 최진수, "행정심판 제도의 구조에 관한 고찰", 공법연구 제43집 제2호, 2014, 189면. 최교수는 헌법 제107조 제3항 후문은 사법절차에 준하는 객관성과 공정성을 갖춘 행정심판절차의 보장을 통하여 행정심판제도의 실효성을 확보하고자 하는 취지의 규정이므로 헌법재판소의 결정태도와는 달리 행정심판이 필요적이든 임의적이든 모두 적용된다고 보고 있다.

(2) 입법적 개선과제

① 심판기구의 독립성확보

행정심판이 행정소송의 전심절차로 행정에 대한 국민의 권리구제 제도로 정착되기 위해서는 조직적인 면이나 인적인 면에서 독립적 지위를 갖는 제3의 행정기관에 의하여 행정심판청구사건이 심리·재결될 필요가 있다. 이러한 독립된 제3의 기관에 의한 분쟁의 해결은 국민의 권리구제에 이바지할 수 있다. 따라서 이러한 행정심판기관의 독립성을 강화하기 위하여 재결청과 행정심판위원회를 따로 두지 않고 심리기능과 재결기능을 일원화하여 일반 행정심판기관을 설치하게 된 것이라고 할 수 있다.[49] 그러나, 행정심판이 제3의 중립적 기관에 의하여 이루어질수록 권리구제기간이 단축되는 등 권익구제기능은 강화되지만 행정부처 공무원의 전문적 지식의 활용 요청과 자기통제의 기능이 약화될 수 있는 점도 간과할 수 없다.

심판기구의 독립성 확보와 관련하여 단순히 기관이 독립적이라는 것만으로 충분하지 않고 실제 운영에 있어 전문성을 확보하고 있는지 여부가 중요하다고 본다. 위원 구성이 어떻게 되어 있는지 여부가 전문성의 확보에 있어 중요하고, 위원을 누가 위촉하는지 상급 행정기관에서 위촉하는지 여부 등은 행정심판의 재결의 객관성과 공정성 확보차원에서 중요하다.[50]

이러한 행정의 자기통제 내지 행정의 전문적 지식 활용의 관점에서 개별법에서 볼 때 특별행정심판 내지 행정심판의 절차 특례가 다수 규율되고 있다. 이와 같은 특별행정심판 절차는 사안이 복잡하고 전문적이며, 일반 행정심판 사건과는 다른 특수성이 있는 분야에 한정하기 때문에 일반 행정심판과는 구별되는 특별한 불복절차의 필요성이 있다. 실제로 특별행정심판은 전문적인 제3의 독립성이 있는 합의제 행정기관에 의하여 행하여지기도 하지만 독임제 행정청에서 신속히 내려지기도 한다.

---

49 이로 인하여, 종전과 같이 행정심판위원회에서 심리·의결한 후 재결청에 보내서 다시금 재결이 내려지는 경우에 비하여 비록 해당부처 공무원의 전문 지식을 활용하는데 한계가 있지만, 제3의 중립적 기관에 의하여 행정심판이 이루어질 뿐만 아니라 적어도 권리구제기간이 단축되어 신속한 권리구제를 기할 수 있게 되었다.

50 일본의 2014년 개정 행정불복심사법에서 자문기관으로 행정불복심사회를 두지만 위원은 양의원의 동의를 얻어서 총무 대신이 임명하는 9인의 위원으로 되어 있는 부분은 위원 위촉과 관련하여 우리에게 시사하는 바가 크다.

독립적 제3의 기관이 아니더라도 전문위원회의 형식을 취하고, 그 위원의 구성에 있어 임명권자의 영향이 적게 미치게 하고, 민간인 위원의 비율이 과반수를 넘게 하며, 위원에 대한 제척·기피·회피 제도를 마련할 필요가 있다.

② 대심구조의 유지, 당사자의 절차적 권리보장

일반적으로 행정심판법에 규정된 심판절차에 해당하는 정도의 심리절차의 대심구조화, 심리절차의 객관화 등의 요건을 갖출 것을 요한다.

이의신청 등에 대하여 사전에 심의기구에 의한 심의나 자문의 절차를 마련하는 것에 그칠 것이 아니라 심리과정에서 양 당사자의 주장이 교차적으로 이루어지고 사실인정과 입증이 보장되도록 할 필요가 있다.

행정심판에 있어서 심리[51]구조는 대심구조를 채택하고 있지만, 이것만으로는 부족하고, 심판청구인이 실질적으로 피청구인과 대등한 지위에서 공격과 방어를 할 수 있어야 대심구조는 실효를 거둘 수 있다. 이를 위해서는 심판청구에 관계되는 자료는 대부분 피청구인인 행정청이 보유하고 있다고 할 것이므로 심판청구인에게 처분청이 보유하는 자료제공요구권이나 자료열람청구권이 부여될 필요가 있다.[52]

③ 재결의 형식으로 발할 것

중앙토지수용위원회의 이의신청의 경우처럼 재결의 형식으로 발하기도 하지만, 민원사무처리에 관한 법률에서와 같이 이의신청에 대한 결과통지의 방식으로 재결서의 형식을 갖추지 아니하고 알리는 경우가 대부분이다. 특별행정심판제도로 보기 위해서는 이의신청 등을 재결의 형식으로 발하는 것이 중요하다. 재결 중에서도 전형적인 불복에 대한 심사로서의 행정심판의 재결과 1차적 행정권의 행사로서의 행정심판의 재결로 구분할 수 있

---

[51] 행정심판의 심리란 재결의 기초가 될 사실관계 및 법률관계를 명백히 하기 위하여 당사자 및 관계인의 주장과 반박을 듣고, 증거 기타의 자료를 수집·조사하는 일련의 절차를 말한다. 헌법 제107조 제3항에 따라 행정심판법은 대심주의, 구술심리주의를 채택하는 등 심리절차를 준사법화하고 있다. 심리는 적법·위법의 판단인 법률문제 뿐만 아니라, 당·부당의 판단인 재량문제를 포함한 사실문제에 대하여도 심리할 수 있다. 심리절차는 기본적으로 대심주의·처분권주의, 직권심리주의, 구술심리주의 또는 서면심리주의, 비공개주의를 원칙으로 하고 있다. 심리기관의 증거조사는 심리기관이 인적·물적 증거를 조사하는 심리상의 절차를 말하며, 당사자의 신청 또는 직권에 의하여 행정심판위원회가 할 수 있다.

[52] 김철용, "행정심판법의 문제점과 행정심판의 과제", 「고시계」, 1994, 12, 129면.

으며 엄밀한 의미의 재결은 전자에 한정된다고 볼 것이다. 독점규제 및 공정거래에 관한 법률 제53조에서 "공정거래위원회의 처분에 대하여 불복이 있는 자는 그 처분의 통지를 받은 날부터 30일 이내에 그 사유를 갖추어 공정거래위원회에 이의신청을 할 수 있다"고 되어 있고 "이의신청에 대하여는 60일 이내에 재결을 하여야 한다"고 되어 있다. 공정거래위원회의 이의신청에 대한 재결은 불복에 대한 심사로서의 행정심판의 재결로서의 성격을 띤다고 볼 것이다.

④ 의원입법을 통한 이의신청제도 신설에 대한 통제

위에서 살펴본 바와 같이 협의의무의 주체가 관계 행정기관의 장에 한정되므로, 국회의원이 발의한 의원입법을 통해 법률이 제정되거나 개정되는 경우에는 협의의무가 배제되므로 특별한 행정심판절차의 남설을 억제하는데 한계가 있다.

따라서 의원입법의 경우에도 국회법이나 국회규칙에 상임위원회의 심의과정에서 관련 단체의 의견 및 전문가의 의견이나 정부의 의견을 청취하여 참고하도록 하는 내용의 국회법 개정안[53]을 마련하여 이의신청 등 특별행정심판제도가 쉽게 남설되지 못하도록 할 필요가 있다.

이와 더불어 의원입법뿐만 아니라 정부입법에 있어서 특별행정심판절차를 두려면 다른 법률에서 특별회계나 기금을 설치할 때에는 미리 국가재정법 [별표]에 이를 반영하도록 하는 입법례와 마찬가지로 행정심판법에 [별표]를 두어 [별표]에 열거한 경우에만 특별행정심판으로 보도록 행정심판법을 개정[54]하여 명확히 입법적으로 해결하는 방안을 모색할 필요가 있다.

---

53 국회법개정방안: "국회 상임위원회의 위원장은 개별 법률에서 특별행정심판을 신설하는 경우에는 관련단체 및 관계 전문가의 의견 또는 정부의 의견을 청취하여야 한다."

54 행정심판법 개정방안: "법률에서 이의신청 등을 규정하면서 사안의 전문성과 특수성에 비추어 행정심판에 갈음하는 특별행정심판제도로 보기 위해서는 이 법 [별표]에 명시적으로 규정하여야 한다."

3. 이의신청 등과 행정심판의 관계정립의 방향

(1) 문제점

행정심판과 이의신청 등은 국민의 권리구제수단의 일종이라는 점에서 그 목적이 같다. 이의신청제도에 관한 일반법이 없는 실정에서 행정심판법에서 특별행정심판 내지 행정심판의 절차의 특례에 대한 일부 규율만 있을 뿐이다. 그동안 1951년 소원법의 제정, 1980년 제8차 헌법개정에서 헌법 제108조 제3항(현행 헌법 제107조 제3항)의 신설, 1984년 행정심판법의 제정, 1995년 행정심판법 일부개정(행정심판의 임의절차화 등), 1997년 행정심판법 일부개정(집행정지제도개선 등), 2008년 행정심판법 일부개정(행정심판위원회의 재결기관화 등), 2010년 행정심판법 일부개정(절차적 권리와 중앙행정심판위원회 명칭변경) 등 여러 차례 행정심판법의 변천 과정에서 개별법에 규정된 이의신청제도와의 관계설정에 있어서는 제대로 입법적인 보완이 이루어지지 못하였으며, 이에 관하여 행정심판법에 통칙적 규율이 결여되어 있다.

(2) 입법적 개선과제

개별법에 규정된 이의신청 등에 대하여 법령에서 명문으로 특별행정심판으로 보는 규정을 두는 경우나, 이의신청을 거친 후에도 행정심판을 제기할 수 있다고 규정하여 특별행정심판이 아닌 간이한 불복절차로 보는 규정을 둔 경우라면 큰 문제가 없고, 입법론적으로 해결하여야 할 사안으로 본다. 일부 학자[55]를 중심으로 행정심판법에 이의신청 등에 관한 통칙적인 규정을 둘 필요가 있다는 지적이 있는 바, 타당하고 현실적인 방향제시라고 볼 것이다.

이와 같이 행정심판법에 총칙적 규정을 마련하고 있지 않아 이의신청 등을 특별행정심판으로 보게 된다면 행정심판을 통해서 권리구제를 강구하는 경우에 비하여 당사자에게 불충분한 권리구제장치로 기능할 수 있다. 따라서 개별법에 규정된 이의신청 등을 특별행정심판으로 보는 것은 가능한 한 제한적으로 해석할 필요가 있다.

---

55 김남철, "행정심판과 행정절차제도와의 조화방안- 특히 이의신청절차와 행정심판과의 조화방안 모색을 중심으로-", 부산대 법학연구 제53권 제4호, 통권 74호, 2012, 24-25면.

이와 관련하여 대법원 2010. 1. 28. 선고 2008두 19987 판결[56]이 적절한 기준을 제시해 주는 바, 개별법에서 이의신청제도를 두고 있기는 하지만, 행정심판과의 관계에 관하여 아무런 규정을 두지 않은 경우에는 개별법에 의한 이의신청과 행정심판법에 따른 행정심판청구 중 어느 하나만 거쳐 행정소송을 제기할 수 있을 뿐 아니라 이의신청 후 다시 행정심판을 거쳐 행정소송을 제기할 수도 있다고 해석하는 것이 바람직하다. 이러한 대법원의 판례 취지에 입각한 명문의 규정을 행정심판법에 마련해 둘 필요가 있다.[57]

V. 맺음말

1. 이상에서 고찰한 바와 같이 개별법상의 이의신청제도의 현황을 분석하고, 이의신청제도의 문제점과 입법적 개선방안을 개괄적으로 모색하였다. 이의신청 등은 기본적으로 2가지 유형으로 구분이 가능하며 제1유형은 특별행정심판 내지 행정심판의 절차의 특례인 경우이고 제2유형은 간이한 불복절차가 바로 그것이다. 양자를 법률에서 명확히 구분하는 것이 당사자의 권익구제에 효율적으로 기능하게 된다. 다만, 개별법에서 이의신청 등의 결과를 행정청의 최종적인 처분으로 보고 이에 대하여 행정심판 등을 제기하여 다툴 수 있도록 하는 내용으로 규정되어 경우에는 이러한 내용의 이의신청 등은 전통적인 분류법과 다른 제3유형인 행정절차의 특례로 파악할 수 있고 그 방향성을 모색할 필요가 있다고 본다.

입법적 개선과제로 우선 개별법상의 이의신청 등의 기간과 심리기간 및 행정쟁송 제기기간의 재조정을 통한 권리구제를 강구할 필요가 있다. 이 문제는 이의신청 등의 성질에 비추어 차별적 고찰이 필요하다. 특별행정심판제도의 개선과제의 모색이 필요하며 특히, 정부제출 법률안의 경우에만 중앙행정심판위원회의 협의의무가 있으나, 의원입법으로 이

---

56 김용섭, "2010년 행정법 중요판례", 인권과 정의 통권 제415호, 2011. 3, 80-81면.

57 가령, 행정심판법 제4조의2(이의신청 등과 행정심판의 관계)를 신설하여 "개별법에서 이의신청 등을 두면서 행정심판과의 관계를 명확히 밝히고 있지 아니한 경우에는 이의신청 등은 특별행정심판이 아닌 간이한 불복절차로 본다."라는 규정을 신설할 필요가 있다.

의신청제도를 신설하는 경우에도 이와 유사한 통제장치를 마련하여 이의신청이 남설되지 않도록 제도적 장치를 마련할 필요가 있다. 나아가 이의신청에 대한 총칙적 규율이 결여되어 있으므로 행정심판법에 이의신청 등과 행정심판의 관계에 관한 규율을 마련하여 입법적으로 대처할 필요가 있다.

2. 행정절차법 제26조와 행정심판법 제58조에 고지제도를 마련하고 있으나, 행정청에서조차 이의신청 등과 관련하여 상세한 고지를 하지 않고 있다. 일반 국민의 경우 이의신청 등을 거친 후 무엇을 소송대상으로 하여야 하며, 언제를 행정쟁송 제기기간의 기산점으로 할 것인지 쉽게 알 수 없어 매우 혼란스럽다. 개별법의 규정이 명확하지 않을 뿐만 아니라 행정심판과 이의신청 등의 불복제도가 혼재되어 있어 예기치 않은 불의타를 입게 되는 등 국민의 권익구제의 효율적 실현이 지장을 받고 있다.

이러한 문제점을 극복하려면 행정심판법과 행정절차법에 규정된 고지제도의 활용 만으로는 부족하고, 보다 자세히 쟁송제기기간을 알림과 동시에 이의신청 등을 한 후 행정심판을 제기할 수 있는지, 이의신청 등이 어떤 절차인지 처분 당시부터 자세히 고지하도록 의무화할 필요가 있다.

개별법에 이의신청 등과 더불어 고지제도를 마련하고 있는 입법례[58]가 일부 있으나, 고지제도를 마련해 놓고 있지 않은 경우에는 개별법상의 이의신청 등을 거친 후 이의신청 등의 결과를 통보 받은 때로부터 행정심판이나 행정소송의 제기를 하게 될 경우 불이익하게 된다. 따라서 이의신청 등의 경우에도 이의신청 등을 거치는 과정에서 행정심판을 거치지 않아도 되는 것인지 보다 명확히 고지하도록 하고 그러한 고지절차를 제대로 하지 않은 경우에는 행정소송에서 제소기간의 불이익이 초래되지 않도록 제도화하는 것이 필요하다.[59] 이와 관련하여 그동안 행정소송법 개정안 마련과정에서 행정소송법에 고지제

---

58 농약관리법 제26조 제4항에서 심사결과를 알릴 때 신청인이 심사결과의 통지를 받은 날부터 90일 이내에 행정심판을 청구할 수 있다는 뜻을 부기하여야 한다고 규정하고 있다. 아울러, 도로법 제71조 제3항에서 이의신청을 각하 또는 기각하는 결정을 한 때에는 이의신청인에게 행정심판 또는 행정소송을 제기할 수 있다는 취지로 결과통보와 함께 통보하도록 하고 있다. 아울러 공공기관의 정보공개에 관한 법률 제18조 제4항, 주민등록법 제21조 제3항에서도 같은 맥락의 불복고지제도를 마련하고 있다.

59 민사소송법상의 불변기간의 추완사유인 '당사자가 책임질 수 없는 사유'에 해당하여 법정 제소기간이 경과한 후에도 소

도를 도입하는 부분에 대하여 다소 소극적이었으나, 국민의 권익구제 관점에서 행정소송법의 개정 시에 행정심판법에서 규정한 것과 마찬가지로 오고지나 불고지의 효과에 관하여 명문의 규정을 마련할 필요가 있다.[60]

송행위의 추완이 허용된다고 보는 방식과 행정심판법을 유추적용하는 방법이 있으나, 현재 행정소송실무에 있어서 2가지 경우를 모두 허용하고 있지 않은 실정이다.

60 김학세, "행정쟁송의 제기기간 등에 관한 논의와 최근의 동향", 변호사, 제33집, 2003, 48면.

참고문헌

권태웅, "행정심판법에 대한 특례규정의 개정방향", 법제 통권 462호, 1996.

김광수, "행정심판제도 발전방안", 국회지속가능경제연구회, 국민권익위원회 공동주최 행정심판제도 발전방안토론회자료, 2015. 3. 5.

김남철, "행정심판과 행정절차제도와의 조화방안- 특히 이의신청절차와 행정심판과의 조화방안 모색을 중심으로-", 법학연구 제53권 제4호, 부산대학교, 2012.

김대인, "한국 행정심판법의 운영현황과 발전방안", 국민권익위원회/(사)한국행정법학회 공동주관 제1회 행정심판 국제심포지엄 자료집, 2014. 11. 28.

김성수, "부담금에 대한 이의신청제도 강화방안", 토지공법연구 제51집, 2010.

김승열, "특별행정심판에 관한 연구- 개별법상 각종 불복절차의 분석-", 행정심판제도 개선연구 논문집, 법제처, 2004.

김용섭, "행정소송 전단계의 권리구제와 방법", 저스티스, 2008. 8.

김용섭, "행정심판위원회제도의 현황과 과제", 원광법학 제26권 제1호, 2010.

김용진, "이의신청 등과 행정심판", 법제 1999. 12.

김철용, "행정심판법의 문제점과 행정심판의 과제", 고시계, 1994. 12.

김학세, "행정쟁송의 제기기간 등에 관한 논의와 최근의 동향", 변호사 33집, 서울지방변호사회, 2003.

나채준, "사회복지분야의 특별행정심판제도 정비방안 연구", 한국법제연구원 2013.

류광해," 개별 행정법상 '이의신청제도'의 현황 검토", 법조 통권 689호, 2014. 2.

박균성, 행정법강의, 박영사, 2015.

박정훈, "행정심판제도의 발전방향- '사법절차의 준용의 강화'", 행정법학 제2호, 2012.

손윤석, "사회보험 관련법상 특별행정심판제도에 대한 고찰-일반행정심판제도와의 통합에 관한 논의를 중심으로", 법학연구 제53권 제1호, 2012.

신봉기, "특별행정심판의 개념과 허용요건", 법학논고, 제32집, 경북대 법학연구원, 2010. 2.

신봉기, 김광수, 길준규, "특별행정심판 제도에 관한 연구", 경북대산학협력단, 2009.

심태규, "개별공시지가에 대하여 이의가 있는 자가 행정심판을 거쳐 행정소송을 제기하는 경우 제소기간의 기산점", 대법원판례해설 제84호, 2010.

여경수, "헌법상 행정심판의 기능과 다른 권리구제수단과의 비교", 법학연구 제23권 제2호, 2012.

유진식, "행정처분에 대한 불복제도와 제소기간- 대법원 2014. 4. 24. 선고 2013두10809판결-", 한국행정판례연구회 월례발표자료, 2015. 3. 20.

이상희, "특별행정심판제도의 실태분석 및 발전방안", 법제 1999. 3.

정형근, "개정 행정심판법의 주요쟁점에 관한 검토", 행정법연구 제27호, 2010.

정혜은, "개별 법령상 규정된 이의신청 등 불복절차를 거친 경우, 취소소송의 제소기간의 기산점", 재판자료 제120집, 행정재판실무연구 III, 2010.

이종영, "이의신청의 사물관할", 중앙법학 제5집 제2호, 2003.

이희훈, "집회시 경찰의 사전차단조치에 대한 문제점과 개선방안- 집시법상 절대적 집회금지규정과 금지통고제도 및 이의신청제도를 중심으로", 토지공법연구 제39집, 2008.

채우석, "특별행정심판제도의 전문성·특수성", 토지공법연구 제58집, 2012.

최계영, 김용섭, 김병기, "특별한 행정불복절차 및 행정심판절차 특례설치요건 등에 관한 연구", 국민권익위원회 연구용역보고서, 2014. 10.

최진수, "행정심판제도의 구조에 관한 고찰", 공법연구 제43집 제2호, 2014. 12.

하명호, "행정심판의 개념과 범위- 역사적 전개를 중심으로 한 해석론-", 인권과 정의 통권 제445호, 2014. 11.

홍준형, "행정심판절차의 개선방안에 관한 고찰", 행정심판제도개선연구 논문집, 법제처, 2004.

6

국회법상 행정입법검토제도의
현황과 법정책적 과제*

─── 목차 ───

Ⅰ. 머리말
Ⅱ. 행정입법에 대한 의회통제의 의의와 필요성
Ⅲ. 국회법상 행정입법에 대한 의회통제의 현황
Ⅳ. 국회법상 행정입법에 대한 의회통제의 법정책적 과제
Ⅴ. 맺음말

Ⅰ. 머리말

오늘날 행정수요의 증가와 행정활동에 대한 시민의 의존도가 높아감에 따라 행정입법이 지속적으로 증가하고 있다. 2012. 5. 31. 현재 법제처 통계상으로 전체 법령의 수는 헌법 1, 법률 1,240, 대통령령 1,462, 총리령 46, 부령 1,098, 기타(국회 규칙등) 311로, 헌법을 제외한 법령의 합계 4,157로 하위법령인 행정입법의 수가 법률보다 2배가량 많다.[1]

권력분립주의의 원칙상 국민의 권리와 의무에 관한 중요한 사항은 입법부에 의하여 법률의 형식으로 정하여야 할 것이나, 행정의 전문성을 요하는 사항이나 수시로 변화하는 사실관계를 탄력적으로 규율할 필요가 있는 경우 하위규범인 행정입법에 위임하여 정하

---

* 이 논문은 김용섭교수가 작성·제출하여 행정법연구 제33호(2012. 8)에 게재·수록한 것입니다.

1 행정입법 중에는 고시, 훈령, 예규등 행정규칙이나 조례, 규칙 등 자치법규에 대한 통계를 산정하지 않은 통계이므로 이러한 넓은 의미의 행정입법을 포함시키면 행정입법이 법률보다 그 수에 있어서 압도적으로 많다고 할 것이다.

게 된다.[2] 사회의 급속한 변화는 잦은 정책의 변경을 유발하여 이로 인해, 행정입법의 제·개정과 폐지가 빈번히 일어나고 있다. 그런데 행정부에서 제정되는 하위법령이 법률의 위임이 없거나 설사 위임이 있더라도 그 위임의 한계를 벗어나서 제정되기도 하고, 실제로 정책적 타당성이 없음에도 행정편의적 관점에서 제정되기도 한다.[3] 행정입법은 법률보다 그 제정절차가 용이하고 행정부처가 국회의 간섭을 덜 받으면서 주도적으로 정책을 추진할 수 있기 때문에 심지어 법률에서 규율하여야 할 사항까지도 행정입법에서 규율하는 등 국민의 권익이 침해되는 문제가 발생하고 있다.

더구나, 행정입법은 일반 추상적인 규율이고 그 수범자가 불특정 다수인이기 때문에 개별적 구체적인 처분보다 국민에게 미치는 영향이 지대하다.[4] 법률에서 재량권 행사를 부여한 경우라고 할지라도 이에 관하여 재량처분의 기준인 재량준칙을 설정하여 법집행을 하는 경우가 일반적이다.[5] 그러나 법률에서 행정청에 재량권을 부여한 것은 행정청에 자의를 행하라는 것이 아니라 법률에서 일의적으로 명확하게 규율할 수 없기 때문에 행정청이 구체적인 상황에서 의무에 합당한 재량권을 행사하여 합리적이며 타당한 결정을 내리라는 권능을 부여한 것이다. 의회가 부여한 재량권행사가 당초 입법목적대로 운영되지 아니한 경우 정책통제기관인 의회는 재량권행사의 적정성에 대하여 통제할 수 있다고 본다.[6]

그동안 행정입법에 대한 국회의 직접적 통제의 필요성에 관하여 학계에서 활발하게 논의[7]된 바 있으나 제도개선은 이루어지지 않고 답보상태에 있다. 우리나라는 국회법 제98

---

2 헌법재판소 2008. 5. 29. 2006헌바78 결정.

3 한편 법률에 규정하여야 할 사항을 대통령령에 규정하는 경우도 있고, 법률에 규정하여야 함에도 현실적으로 제정절차에 걸리는 시간과 부처협의 등의 절차상의 문제로 인하여 행정입법을 제정하면서 외부적으로 표방하는 제, 개정이유와는 달리 실제적 제정의도를 감춘 경우도 있다. 이와 관련하여, 김성배, "무권한의 법규명령에 대한 국회의 통제기준", 국회·유럽헌법학회 공동학술대회 자료집, 2009. 4. 13, 105면 이하.

4 최송화, "행정재량의 절차적 통제", 서울대학교 법학 제39권 제2호(통권 107호), 1998. 8, 72면, 정하명, "행정입법의 국회제출제도", 공법연구 제32집 제4호, 2004, 429면.

5 법령적용에 있어 규범간의 충돌이 없는 경우에는 하위법령이 우선 적용되기 때문에 행정부처의 담당 공무원은 행정입법을 법률보다 우선적으로 적용하는 것이 일반적이다.

6 가령 법률에서 재량권을 부여하였음에도 재량준칙을 제정하면서 행정입법에서 재량권의 행사가 아니라 기속행위로 운영되도록 규정하는 부분에 대하여도 적절히 통제할 필요가 있다.

조의 2에서 행정입법검토제도가 마련되어 시행되고 있는 바, 이는 행정입법을 국회 상임위원회에 제출하고 대통령령 등에 대한 위법여부를 검토하여 중앙행정기관의 장에게 통보하는 제도이다. 그러나, 행정입법의 효력발생 전에 의회의 동의 또는 승인을 받도록 하거나 일단 성립되어 유효하게 시행중인 행정입법의 효력을 사후적으로 소멸시키는 권한을 유보시키는 행정입법에 대한 통제방법인 의회의 동의 또는 승인권의 유보제도는 인정하고 있지 않다.[8] 아울러 이러한 국회법상의 행정입법검토제도는 법령이 제정되거나 개정되기 전단계의 통제가 아니라 법령이 제정되고 난 후의 사후적인 통제제도로서 매우 약한 형태의 직접적 통제제도라고 할 것이다. 실제로 행정입법 검토 후 통보를 하더라도 행정부에서 이에 제대로 따르지 않는 경우가 많고, 설사 행정부처의 공무원이 이에 응하지 않더라도 아무런 불이익이 없게 되는 문제가 있다.[9]

따라서 행정입법에 대한 의회의 통제에 있어서 핵심적인 과제는 행정부가 따를 수밖에 없는 실효적인 통제가 될 수 있도록 하는 것이다. 여기서는 이와 같은 사항을 염두에 두면서 국회법상의 입법검토제도의 현황과 법정책적 과제에 대하여 모색하고자 한다.

이 글은 우선 행정입법에 대한 의회통제의 의의와 필요성을 살펴보고(Ⅱ), 국회법상 행정입법에 대한 의회통제의 현황(Ⅲ)을 고찰하며, 국회법상 행정입법에 대한 의회통제의 법정책적 과제(Ⅳ)에 대하여 살펴보면서 다각적인 방향을 모색하기로 한다. 이와 더불어

---

7 이에 관하여는 크게 2차례에 걸쳐 논의하였던 바, 2004년 5월 27일 개최된 행정법이론실무학회와 국회법제실간의 공동학술발표대회에서 "의회에 의한 행정입법통제제도"로 서원우 서울대 명예교수의 기조연설에 이어 김용섭, 김종두, 이한규, 김병기 교수의 발표와 이경운 교수의 사회 하에 박정훈, 이한길, 안철상, 최정일 교수(당시 법제처 국장)의 활발한 토론이 있었다. 한편 2009년 4월 13일 개최된 국회와 유럽헌법학회 공동학술대회에서 "국회의 행정입법 통제에 관한 연구"라는 대 주제로 석종현 유럽헌법학회 고문의 기조발제와 김춘환, 전학선, 강대출, 김대인, 김성배, 장영수, 정남철, 안동인, 정하명, 유진식, 전훈, 김동건 교수의 발표가 있었다.

8 헌법 제76조에서 "대통령이 긴급재정·경제명령이나 긴급명령을 발한 때에는 지체없이 국회에 보고하여 그 승인을 얻어야 하며, 승인을 얻지 못한 때에는 그때부터 효력을 상실한다."고 규정한 것은 행정입법에 대한 직접적 통제의 한 형태라고 볼 수 있다. 다만, 대통령의 긴급재정·경제명령은 실질적으로는 대통령이 1인의 의회로서 발하는 법률적 효력을 지니는 명령이라고 할 것이어서 통상적인 행정입법에 대한 통제의 범주로 넣기에는 다소 무리라고 할 것이다.

9 여기서 말하는 사후적이라는 의미는 법익이 침해가 일어난 후의 의미가 아니라 법령이 제정되거나 개정되고 난 후의 통제라는 의미이다. 아울러 현재의 국회의 행정입법검토제도는 국회의 시정명령권을 인정하지 않고 있으며, 국회에서 행정입법을 검토하여 중앙행정기관의 장에게 통보한 경우 법적인 구속력을 인정하지 않고 있어 실제적으로는 의회 통제제도로서의 역할이 미흡한 것으로 볼 것이다.

2012. 7. 2. 국회에 제출된 이춘석의원 대표발의 국회법 일부개정 법률안의 내용을 검토하기로 한다. 끝으로 행정입법에 대한 의회의 직접적 통제에 대한 향후과제 등에 언급하면서 맺음말(V)로 결론을 맺는 순서로 논의를 진행하기로 한다.

Ⅱ. 행정입법에 대한 의회통제의 의의와 필요성

1. 행정입법에 대한 의회통제의 의의

행정입법에 대한 의회통제의 문제는 기본적으로 정치적 통제로서 행정입법이 법률에 위반되어 제정된다는 행정부에 대한 불신으로부터 비롯된다.[10] 현대 행정의 복잡화·전문화로 인하여 행정입법의 비중이 증가하고 있을 뿐만 아니라 법률에 합치되지 않는 내용의 행정입법이 행정부 주도로 제·개정되고 있어, 이로 인해 국민의 권리보호의 관점에서 행정입법에 대한 의회통제의 필요성이 대두된다.

행정입법에 대한 의회통제의 문제는 의회와 행정부와의 관계설정을 어떻게 할 것인가, 나아가 행정부에 대한 의회의 영향력의 문제와 관련된다.[11] 행정입법에 대한 의회통제장치가 제대로 작동된다면 행정권력의 남용을 억제하여 국민의 권리가 가일층 보호될 수 있게 된다.[12]

의회를 통한 행정입법에 대한 통제에 있어 사전적인 통제 메커니즘이 단순히 법령을 제

---

10 통제는 일반적으로 당위의 목표와 현실적 소여와의 비교에서 내려지는 결정을 말한다. 그런데 의회에 의한 행정입법의 통제에 있어서는 전통적인 통제의 개념에 따라 당위상태와 존재상태의 상호적 비교와 더불어 결정과정에서의 동시적으로 상이한 결정주체간의 협력 내지 관여방식으로 이해할 필요가 있다.

11 서원우, "행정입법에 대한 통제 -의회에 의한 통제를 중심으로-", 행정법연구 제12호, 2004, 13면; 한편 의회에 의한 행정입법에 대한 통제의 문제는 의회가 행정부에 대하여 행정부 스스로 원하지 않는 것을 하도록 할 수 있는 힘 내지 정당성이 있느냐와 밀접한 관련이 있다. 우리의 정부형태가 대통령제를 취하고 있더라도 행정부 주도의 정책지향에 대하여 의회가 통제역할을 수행하는 것이 헌법적으로 정당화된다. 왜냐하면 우리 헌법은 의회중심주의를 표방하고 있고, 법률에서 행정입법에 위임할 수 있도록 규정되어 있기 때문이다. 아울러 법치행정의 원칙에 따라 모든 행정활동은 법률에 위반해서는 안된다는 법률우위의 원칙에 비추어 보아서도 이 점은 분명해진다. 의회의 행정입법에 대한 통제는 의회의 관여를 통한 통제와 의회가 법률을 제정하거나 법률화 작업 등을 통한 통제가 있을 수 있다.

12 김용섭, "행정입법에 대한 의회통제의 문제점 및 개선방안", 행정법연구 12호, 2004, 20면.

정한 후에 행하는 사후적인 통제의 경우보다 더 효과적으로 영향력을 행사할 수 있다.

우리의 경우에는 미국이나 독일 등 선진국 수준의 행정입법에 대한 직접적 통제제도는 마련되어 있지 않은 대신에13, 현재 국회에서 행정입법의 법률에의 위반 여부를 검토하여 정부의 자의적인 행정입법을 방지하려는 취지에서 행정입법의 국회 제출 및 검토·통보제도를 두고 있다.

2. 행정입법에 대한 의회통제의 필요성

(1) 민주적 정당성제고

행정입법이 의회입법을 침식하여 법치주의와 민주주의를 형해화하고 공동화할 우려가 있으므로, 의회의 국민의 민주적 대표기관성 내지 민주적 정당성확보 차원에서 의회주의를 복권시키기 위하여 행정입법에 대한 의회 통제가 필요하다.14 우리의 경우 행정입법의 제정에 있어 행정절차법상의 일정한 요건하에 입법예고절차만 있을 뿐 국민이 입법에 참여할 수 있는 장치가 미흡하므로 국민의 대표기관인 국회의 통제 내지 관여의 방식으로 민주적 정당성을 확보할 필요가 있다.

행정입법에 대한 의회의 통제는 행정의 책임성을 약화시키는 측면이 있어 행정입법에 대한 의회통제의 한계를 강조하는 견해가 있을 수 있다. 그러나, 국민의 대표기관인 의회가 행정입법을 직접적으로 통제하는 과정에서 행정입법 제정에 있어 민주적 정당성을 제고할 수 있는 장점이 있다. 더구나 행정국가화의 경향에 따라 행정부가 법률의 수권의 범위를 벗어나서 광범위하게 행정입법이 제정되어 법률의 형해화를 초래할 수 있는 바, 이를 억제하고 의회의 입법권의 강화요청에 부응하기 위해서는 의회의 사전적인 통제장치를 마련하여 행정입법의 민주적 정당성을 높일 필요가 있다.

---

13 미국과 독일의 행정입법에 대한 의회통제에 관하여는 김병화, "위임입법의 통제에 관한 연구", 서울대 법학박사학위 논문, 1999. 2. 참조바람.

14 서원우, 앞의 논문, 1면.

(2) 의회중심주의의 정착

기본권 실현에 있어 중요하고 본질적인 사항은 반드시 법률에 규율되어야 하는데, 행정입법에 이와 같은 내용이 규정될 경우에는 법률의 형해화를 초래하게 된다. 이러한 관점에서 의회가 실질적으로 행정을 통제하는 국정의 중심축으로 기능하여야 하며, 대강의 사항만을 법률에 규정하고 알맹이가 되는 내용은 행정입법에 규율할 경우, 국회는 행정부의 들러리로 법률을 통과시켜 주는 통법부의 역할에 머무는 것에 다름 아니다.[15] 따라서 의회에 의한 행정입법에 대한 직접적 통제는 정책결정기관으로서의 의회의 우위를 확보하여, 법치행정의 원칙을 확고히 정립하는데 기여한다. 따라서 의회유보원칙의 확립요청에 부응하고 의회중심주의를 정착시키기 위하여 의회에 의한 행정입법에 대한 직접적 통제는 절실히 필요하다.

(3) 기능적 권력분립의 요청

엄격한 권력분립의 요청에 의하면 행정입법은 행정의 영역이기 때문에 의회의 관여나 통제가 억제되어야 하겠지만, 기능적 권력분립의 관점에서는 입법·사법·행정간의 견제와 균형이 필요하며, 행정국가 내지 적극적 복리국가의 현상에 직면하여 행정권의 남용억제를 위하여 의회의 행정입법에 대한 통제의 필요성이 증대된다.

한편 재량권의 행사와 관련하여 법률에서 재량권 행사의 일반적 기준인 재량준칙을 정하기 보다는 하위법령에 위임하여 정하는 것이 일반적이다. 다만, 법률에서 재량권을 행정청에 부여하고, 재량준칙을 행정입법을 통하여 제정하도록 위임한 경우에도, 국회는 재량권행사의 기준이 적정한지, 당초 재량권을 부여한 목적에 위배되는 것은 아닌지에 대한 적절한 통제가 필요하다.

(4) 사법적 통제와의 차별적 접근

행정입법에 대한 사법적 통제는 규범통제소송의 방식과 집행을 매개로 하지 않고 직접

---

15 김용섭, "법적근거가 없음에도 공행정을 정당화하는 행정판례에 대한 비판적 검토", 행정판례연구 제17-1집(2012. 6.), 8-11면.

적 효력이 있는 규범에 대한 항고소송의 제기방식이 있을 수 있다. 현행 소송법상 규범통제소송은 일반적으로 인정하고 있지 않으며, 집행을 매개로 하는 행정입법의 경우에는 법령이 제정되고 난 후 법령의 적용하여 처분을 통하여 국민의 권익이 침해된 경우에 간접적 사후적으로 통제를 하는 것이며, 다만, 집행을 매개로 하지 않고 직접적 효력이 있는 경우에 이에 대한 항고소송의 제기가 가능하다. 따라서 대법원에서 최종적으로 행정입법에 대하여 위헌 또는 위법으로 판단되더라도 법률과 같이 헌법재판소의 위헌법률심판의 결정의 기속력이 인정되는 것과는 달리 행정입법의 효력을 부인하고 있지 않고 당해 사건에 적용을 거부하는데 그친다. 행정입법에 대한 일반 법원의 통제는 간접적이며 부수적인 통제이고, 설사 명령이나 규칙이 헌법이나 법률에 위반된다고 할지라도 당연무효가 되는 것은 아니기 때문이다.

아울러 사법적 통제에 있어서는 통제의 척도가 적법성 여부에 한정되기 때문에 의회의 통제를 논의함에 있어서는 사법적 통제의 한계를 극복하고 차별적인 접근을 할 필요가 있다. 따라서, 행정입법에 대한 의회의 통제에 있어서는 사법적 통제와는 달리 적법성 통제에 한정할 필요는 없으며, 재량권을 부여한 경우에 그 정책적 당부, 행정입법이 공정한 것인지 아닌지 등에 대한 의회의 통제가 필요하다. 이와 같이 행정입법에 대한 합법성 통제에 그치지 아니하고 경제성, 효율성, 공정성, 합목적성 등의 적정성 통제를 가능하게 할 때, 전통적인 사법적 통제의 한계를 극복할 수 있게 된다.

Ⅲ. 국회법상 행정입법에 대한 의회통제의 현황

1. 논의의 출발: 의회통제의 대상이 되는 행정입법의 범위

행정입법이란 행정부에 의하여 제정되는 일반적·추상적 규정을 말한다. 행정입법은 다양한 관점에서 분류가 가능하다. 발령권자가 누군가에 따라 대통령령, 총리령, 부령으로 구분할 수 있으며, 위임여부에 따라 위임명령, 집행명령, 독립명령으로 구분가능하며, 대외적 구속력이 있는 법규성 여부에 따라 법규명령과 행정규칙으로 구분하기도 한다. 아울러 행정입법을 넓은 의미로 파악하여 법규명령, 행정규칙, 조례 등 자치법규에까지 그 범위를 넓혀서 파악하는 견해가 있는 반면, 대외적 구속력과 재판규범으로서의 의미를 지니지 아니하는 행정규칙은 행정입법 개념에서 제외시키는 견해도 있다.

현재 의회통제의 대상이 되지 아니하는 조례와 규칙을 제외하면, 의회 통제의 대상이 되는 행정입법은 대통령령, 총리령, 부령, 고시, 훈령, 예규, 통첩 등 행정규칙을 포함하는 개념으로 파악한다. 행정입법 중 법규명령과 행정규칙의 분류는 매우 혼란스러운데, 이에 대해서는 실질설과 형식설의 대립이 있으나, 개념적 혼란을 피하기 위하여 2단계로 구분하는 것이 간명하다.[16] 먼저 1단계로 형식적인 관점에서는 법규명령은 그 제정형식이 대통령령, 총리령, 부령형식의 법률하위의 법형식을 말한다. 행정규칙은 그 내용을 불문하고 고시, 훈령, 예규, 통첩 등의 헌법이 예정하지 아니한 법형식인 행정규칙으로 구분할 수 있다. 다음 2단계로 실제적, 내용적 관점에 따라 규율내용, 수범자, 대외적 구속력이 중요한 기준이 된다. 이러한 관점에서는 대외적 구속력이 인정되는 법규범으로서 성질을 지니는 법규명령과 기본적으로 행정조직 내부에서 상급행정기관이 하급행정기관에 대하여 그 조직이나 업무처리의 절차·기준 등에 관하여 발하는 일반적·추상적 규정인 행정규칙으로 구분할 수 있다. 형식과 내용이 불일치하는 현상중의 하나로, 행정규칙중에서 법령보충규칙은 상위법령과 결합하여 법규적 효력을 지니므로 행정입법의 통제에 있어서 법규명령과 동일하게 취급될 수 있다.[17]

아울러 국회규칙이나 대법원규칙, 중앙선거관리위원회 규칙, 헌법재판소규칙 등의 경우에는 심사대상에서 배제된다. 그러나 이 부분을 의회의 행정입법에 대한 통제의 대상에 포함시키지 않는 것은 그 이유가 헌법기관을 존중하기 위한 취지라고 보여지지만, 법체계의 서열질서에 비추어 볼 때 의회의 통제의 대상을 중앙행정기관의 법령에 한정하고, 이들 헌법기관의 규칙을 의회통제의 대상에서 배제하는 것은 합리적 이유가 없다고 볼 것이며 따라서 입법정책적 관점에서 의회통제의 대상을 이러한 헌법기관의 규칙까지 포함

---

16 김용섭, "법규명령형식의 제재적 처분기준", 행정판례평석, 한국사법행정학회, 2003, 75-78면.

17 행정규칙으로 국민의 권리의무에 관한 대외적인 효력을 지니는 법규적인 내용을 규율하는 것은 위헌으로 무효라고 보는 견해가 있다. 그러나 이를 일률적으로 무효로 볼 것은 아니다. 현형 행정규제기본법 제4조 제2항에서는 고시 등에 위임할 수 있는 여지를 남겨 두면서 다만, 전문적·기술적 사항이나 경미한 사항으로서 업무의 성질상 위임이 불가피한 사항에 관하여 구체적으로 범위를 정하여 위임한 경우에는 고시 등으로 정할 수 있다고 되어 있으므로 위임할 수 있는 경우를 제한하고 있다.

하여 그 통제의 범위를 전 국가기관으로 확대할 필요가 있다.[18]

2. 현행 국회법 제98조의 2 규정의 내용

(1) 중앙행정기관의 장의 행정입법 제출의무

중앙행정기관의 장은 법률에서 위임한 사항이나 법률을 집행하기 위하여 필요한 사항을 규정한 대통령령·총리령·부령·훈령·예규·고시등이 제정·개정 또는 폐지된 때에는 10일 이내에 이를 국회 소관 상임위원회에 제출하도록 되어 있다. 제출기간이 10일 이내이나, 그 제출기간 이내에 이를 제출하지 못한 경우에는 그 이유를 소관상임위원회에 통지하도록 규정되어 있다.

(2) 대통령령의 경우 입법예고안의 제출의무

대통령령의 경우에는 입법예고를 하는 때(입법예고를 생략하는 경우에는 법제처장에게 심사를 요청하는 때를 말한다)에도 그 입법예고안을 10일 이내에 제출하여야 한다. 같은 맥락에서 행정절차법 제42조 제2항에서 "행정청은 입법예고를 하는 경우에는 대통령령을 국회 소관 상임위원회에 제출하여야 한다."고 규정하고 있다. 입법예고의 경우에는 아직 입법초기 단계임에도 이와 같이 제출하도록 하는 것은 사전적 통제장치로서의 기능을 수행하는 측면이 있다고 할 것이다. 입법예고를 하지 않는 경우라면 법제처장에게 심사를 요청하는 때에 제출하여야 한다.

(3) 상임위원회의 검토 및 통보제도

상임위원회는 위원회 또는 상설소위원회를 정기적으로 개회하여 그 소관중앙행정기관이 제출한 대통령령·총리령 및 부령(이하 이 조에서 "대통령령등"이라 한다)에 대하여 법률에의 위반여부등을 검토하여 당해 대통령령등이 법률의 취지 또는 내용에 합치되지 아니하다고 판단되는 경우에는 소관중앙행정기관의 장에게 그 내용을 통보할 수 있다. 이 경

---

18 다만, 대법원 규칙 등 헌법기관의 규칙을 통제의 대상으로 삼을 경우에 국회규칙에 관하여는 자율적 통제의 문제가 야기되므로, 이 경우에는 입법정책적 관점에서 행정부인 법제처에 통보하여 행정부에 의한 상호 통제가 필요하다고 본다.

우 중앙행정기관의 장은 통보받은 내용에 대한 처리 계획과 그 결과를 지체 없이 소관상 임위원회에 보고하여야 한다. 한편, 전문위원은 대통령령등을 검토하여 그 결과를 당해위 원회 위원에게 제공하도록 되어 있다.

3. 국회법 제98조의 2의 변천과정

(1) 개관

1997년도에 국회법에 행정입법의 단순한 국회송부제도를 도입하였다. 이는 국회의 직접 통제제도의 첫걸음으로서의 의미가 있다. 그러나 이 제도는 국회에서 자료확보차원의 의 미가 있을 뿐 국회의 후속조치가 마련되어 있지 않아 유명무실하다는 평가가 있었다. 이 러한 행정입법 국회송부제도는 2000년에 국회입법검토제도로 변경되었는데, 행정입법의 전반적인 사항의 제출을 받은 후에 소관 상임위원회에 제출된 대통령령, 총리령, 부령에 대하여만 법률위반 여부 등을 검토하여 그 내용을 소관 중앙행정기관의 장에게 통보할 수 있다고 규정하고 있으며, 그 검토의 책임을 전문위원에게 부여하고, 그 검토결과를 상 임위원회 위원에게 제공하는 방식으로 통제하였다. 그러나 이 제도 역시 행정입법에 대한 의회통제로서는 상당히 미약한 통제수단으로 평가되었다.[19] 그 후 2005년에 국회법을 개 정하여 대통령령안에 대한 입법예고안을 제출하도록 하여 사전통제시스템의 방식의 일부 를 도입하였으며, 통보받은 내용에 대한 처리계획과 그 결과를 지체 없이 소관 상임위원 회에 보고하도록 하는 내용으로 제도 변경이 이루어져 의회통제의 실효성을 종전에 비해 강화하는 방향으로 법률개정이 이루어 졌다.

(2) 1997년 국회법 개정

구 국회법(1997. 1. 13. 법률 제5293호)에서는 "대통령령, 총리령, 부령 및 훈령, 예규, 고시 등 행정규칙이 제정 또는 개정된 때에는 7일 이내에 이를 국회에 송부하여야 한다" 라고 규정하여 훈령, 예규, 고시 등 아무 제한을 두지 않고 행정규칙도 제정 또는 개정된 때에 7일 이내에 국회에 송부하도록 하였다. 그러나, 국회에 제출된 행정입법에 대하여

---

19 김대현, "행정입법에 대한 의회통제에 관한 연구- 미국의 경우를 중심으로", 중앙대 박사학위논문, 2010. 2. 223면.

어떠한 조치를 취하는 것인지에 대한 명문의 규정이 없었기 때문에 국회는 정보수집적 의미에서 국회 법제실에서 내부 분석작업을 수행하는데 그쳤으며 의회에 의한 행정입법 통제장치로서는 매우 미흡한 것으로 지적되었다. 이 제도는 상임위원회가 아닌 국회에 행정입법 전체를 송부하도록 하는 내용의 통제제도로서 영국의 국회제출절차와 유사하다. 영국에서는 이 제도가 약한 통제로서 개별 법령에 인정되는 경우에 한하는 데 반하여 우리의 경우에는 일률적인 송부제도로서 그 실제의 활용도는 그리 크지 않았다고 평가할 수 있다.[20]

(3) 2000년 국회법 개정

2000년 개정 국회법(2000. 2. 16. 법률 6226호)에서는 중앙행정기관의 장은 법률에서 위임한 사항이나 법률을 집행하기 위하여 필요한 사항을 규정한 대통령령, 총리령, 부령, 훈령, 예규, 고시 등이 제정, 개정 또는 폐지된 때에는 10일 이내에 이를 국회 소관상임위원회에 제출하도록 하고, 각 상임위원회가 위원회 또는 상설소위원회를 정기적으로 개회하여 그 소관 중앙행정기관의 장이 제출한 대통령령, 총리령 및 부령에 대하여 법률에의 위반 여부 등을 검토하고 당해 대통령령 등의 법률의 취지 또는 내용에 합치되지 아니하다고 판단되는 경우에는 소관 중앙행정기관의 장에게 그 내용을 통보할 수 있도록 명문화하였다. 국회 상임위원회에 제출하는 기간을 7일에서 10일로 연장하였으며, 제·개정뿐만 아니라 '폐지'의 경우에도 제출하도록 하였으며, 검토후 전문위원이 위원회 의원에게 제공함과 아울러 부령이상의 법규명령의 경우에는 행정부처에 통보하는 제도를 도입하였으며[21], 제출처를 당초 국회에서 국회 소관상임위원회로 변경한 것이 특징이다.

(4) 2005년 국회법 개정

아울러 2005. 7. 28 국회법 제98조의 2가 개정되면서 제1항 단서에 "다만, 대통령령의 경우에는 입법예고를 하는 때(입법예고를 생략하는 경우에는 법제처장에게 심사를 요청하

---

20 김용섭, "행정입법에 관한 의회통제의 문제점 및 개선방안", 행정법연구 제12호, 2004, 28-29면.

21 김용섭, 앞의 논문, 30면.

는 때를 말한다)에도 그 입법예고안을 10일 이내에 제출하여야 한다."고 규정하여 입법예고의 경우에 입법예고시에, 입법예고를 생략하는 경우에는 법제처장에게 심사를 요청하는 때에 대통령령안을 제출하도록 추가하였다.

또한 종전에는 "상임위원회는 위원회 또는 상설소위원회를 정기적으로 개회하여 그 소관중앙행정기관이 제출한 대통령령·총리령 및 부령(이하 이 조에서 "대통령령등"이라 한다)에 대하여 법률에의 위반여부 등을 검토하여 당해 대통령령등이 법률의 취지 또는 내용에 합치되지 아니하다고 판단되는 경우에는 소관중앙행정기관의 장에게 그 내용을 통보할 수 있다."고만 규정되어 있었고 그 처리계획에 대하여는 아무런 규정이 없었는데, 2005. 7. 28. 국회법 제98조의 2가 개정되면서 "이 경우 중앙행정기관의 장은 통보받은 내용에 대한 처리 계획과 그 결과를 지체 없이 소관상임위원회에 보고하여야 한다"라고 하여 그 처리계획과 그 결과의 보고의무를 명문화 하였다.

4. 현행 국회법상 상임위원회 행정입법검토제도의 특징

먼저 현행 국회법상 상임위원회 행정입법검토제도는 독일의 동의권 유보나 미국의 입법적 거부의 단계에 이르지 못하고 본회의에 의한 결의가 아닌 16개 소관 상임위원회에 행정입법을 제출하고, 제출된 행정입법 중에서 대통령령, 총리령, 부령에 대하여 검토하여 통보하는 제도로 운영되고 있으며, 통보한 경우에도 그 이행여부가 법적으로 구속되는 것이 아니므로 행정입법에 대한 의회의 통제는 매우 미약한 형태라고 할 것이다.

현행 국회법상 행정입법검토제도 방식은 주로 사후적인 통제에 그치며, 대통령령의 경우에는 입법예고를 할 경우 입법예고안을 제출하도록 하여 사전적 통제의 외관을 갖추었으나 의회의 후속적인 검토처리기한과 국무회의에서의 반영여부 등을 정하지 않아 사전적 통제장치로서의 기능이 약화되고 있다.

아울러 제출된 행정입법 중 대통령령, 총리령, 부령에 대하여만 검토를 하며 헌법기관의 규칙에 대하여는 통제장치조차 마련되어 있지 않다. 더구나 행정규칙의 경우에는 법령보충적 행정규칙이라고 할지라도 이에 대한 검토·통보제도가 법제화되어 있지 않다. 현행 국회법상의 입법검토제도는 상임위원회 별로 행정입법을 검토하도록 하고 있을 뿐 국회 내에 종합적 통제총괄기구가 없는데다가 행정입법의 제출과 연동되지 아니한 상시적 통제시스템이 제대로 마련되어 있지 않은 실정이다.

한편, 국회의 행정입법에 대한 검토기간이 법령상으로 정해진 바가 없어 상임위원회에서 다른 업무에 밀려 행정입법의 검토가 적시에 이루어지지 않고 있으며, 소관 상임위원회 마다 행정입법에 대한 통제의 강도가 다르며 실적도 달라 제대로 된 통제가 이루어지지 못하고 있다.

Ⅳ. 국회법상 행정입법에 대한 의회 통제의 법정책적 과제

1. 기본적 방향

(1) 낮은 단계에서 보다 높은 단계의 직접적 통제제도 도입필요성

행정입법에 대한 직접적 통제제도는 행정입법을 발하기 전에 의회의 동의나 승인을 받도록 하거나 일단 유효하게 성립한 행정입법의 효력을 소멸시키는 권한을 의회에 유보하는 등 직접적으로 통제하는 것을 말한다. 물론 이와 같은 직접적 통제라고 할지라도 낮은 단계와 높은 단계가 있을 수 있다. 의회의 전문성과 업무량증가, 실효성 있는 통제가 되는지 여부에 달려있는 문제인데, 현행 제도는 가장 낮은 단계의 직접적 통제제도이지만 조금 더 강화된 형태이면서 실효적인 통제장치로 운영될 필요가 있다. 독일에서 연방의회의 통제모델 중에서 동의유보(Zustimmmungsverordnung), 변경유보(Änderungsvorbehalt), 폐지유보(Kassationsvorbehalt)의 단계까지는 미치지 않더라도 청문 내지 보고유보(Anhörungs-und Kenntnisverordnungen)라고 하는 가장 낮은 단계의 사전적 통제제도는 도입할 수 있다고 본다.[22] 이러한 청문 내지 보고유보는 법규명령의 효력을 종국적인 법규명령의 효력발생 이전에 초안의 청문과 보고를 통하여 법규명령발령자에 대하여 내용적인 문제와 관련하여 의회가 의견을 표시할 수 있는 기회를 부여하고, 이러한 기회를 통하여 의회의 의견을 법

---

22 이에 관하여는 최정일, "독일과 미국에서의 의회에 의한 위임입법의 직접적 통제에 관한 연구". 행정법연구 제21호 (2008), 66-67면. 최정일 교수는 우리가 미국과 독일에서 발전한 의회의 행정입법에 대한 직접적 통제제도인 동의권 유보와 입법적 거부의 도입을 포기하는 것은 정당한 논리라고 볼 수 없다고 주장한다.

령제정과정에 반영할 수 있는 가능성이 있어야 법규명령의 효력이 발생하게 되는 점이
특징이다.[23]

아울러 개별적 법률에서 수권을 하는 경우 수권의 기한을 정하는 방법이나 재위임을 하
면서 일정한 한계를 설정하는 방안등이 고려될 수 있다.

(2) 사후적 통제에서 사전적 통제로 방향전환 필요성

현재의 법원을 통한 사법적 통제는 권익이 침해된 후에 재판의 전제로서 법령에 대한
위헌위법여부를 심사하는 사후적 통제이고, 의회에 의한 행정입법검토제도는 법령의 제정
내지 개정을 함에 있어 법령을 공포하기 전에 통제하는 사전적 통제라기보다는 법령이
제정되거나 개정되고 난 후에 통제하는 사후적 통제의 측면이 강하다고 할 것이다.[24] 물
론 대통령령의 경우에는 입법예고 또는 법제처장에게 제출시에 국회에 제출하도록 하여
공포전에 제출하는 점에 비추어 사전통제적 측면이 강하다. 이처럼 행정입법이 제정되기
전단계인 사전통제장치가 국민의 권익보호의 관점에서 바람직한 측면이 있다. 그러나 대
통령령의 경우 입법예고 후에 법제처 심사과정이나 의견수렴과정에서 내용이 변경될 수
있고, 국회의 검토와 통보가 늦어질 경우에는 행정입법제정 절차를 중단하도록 되어 있지
아니하므로, 국회의 검토의견이 통보되기도 전에 법령이 공포될 수 있는 문제가 있다.

한편, 기본적으로 행정입법에 대한 사법적 통제는 사후적 통제이면서 적법성 통제이기
때문에 의회에 의한 통제는 동일한 연장선상에서 통제에 그칠 것이 아니라 통제의 범위
를 넓혀 사전적 내지 절차적 통제로 나아가는 것이 사법적 통제와의 상호보완적 관점에
서 바람직하다.

(3) 적법성 통제에서 적정성 통제로 통제척도 보완필요

현행 국회법 제98조의 2에서는 행정입법에 대하여 적법성의 통제만 허용되고, 합리성,
적정성의 여부를 이유로 하는 의회의 통제는 허용되지 않는 것으로 보고 있다. 이와 같이

---

23 Claus Pegatzky, Parlament und Verordnungsgeber,Nomos Verlag, 1999, S. 174 f.

24 김용섭, 앞의 논문, 27면.

해석하는 이유는 "당해 대통령령 등이 법률의 취지 또는 내용에 합치되지 아니하다고 판단되는 경우"라는 문구를 사용하여 적정성에 대한 판단척도를 제시하고 있지 않기 때문이다.

행정규칙을 비롯한 행정입법에 대한 통제란 행정규칙의 적법성과 적정성을 확보하기 위하여 그것을 심사하고 시정하는 국가작용을 의미한다.[25] 그런데 실제로 행정입법에 대한 적법성에 대하여만 통제하고 있을 뿐 적정성이나 타당성에 대한 통제는 하고 있지 않은 실정이다. 그러나 재량영역에 있어서 그 재량권의 범위내라고 할지라도 재량권의 행사가 왜곡되는 경우에는 의회가 이를 시정할 수 있는 기회를 갖도록 하는 것이 타당하다고 보여진다. 그런데 이와 같이 행정입법에 대한 의회 통제를 적법성의 통제에 한정한다면 사법적 통제와 중복되므로 의회통제의 경우에는 그 통제의 범위를 다소 넓힐 필요가 있다고 할 것이다. 따라서 의회의 통제는 적법성심사는 물론 합목적성이든가 경제성 등에 대하여도 통제할 수 있도록 하는 것이 바람직하다. 이와 같은 적정성에 대한 통제에 대하여는 국회가 행정부의 행정입법권을 침해한다는 반론이 있을 수 있으나, 국회가 본래 정책결정기관이면서 정책통제기관으로서 지위에서 행정입법의 규정내용이 타당하고 합리적인지를 심사하는 것은 그 본연의 임무에 충실한 것이기 때문데 크게 문제 될 것이 없다고 본다.[26]

(4) 행정부에 대한 행정입법 통제에서 전 국가기관에 대한 입법통제로 확대요청

행정입법에 대한 통제를 중앙행정기관에 한정하고 있어 대통령령, 총리령, 부령과 중앙행정기관에서 제정한 고시, 훈령 등에 한정하고 있으나, 국회에 총괄기구가 마련되고 전문성을 갖춘 조직이 마련된다는 전제하에, 헌법재판소, 대법원, 중앙선거관리위원회의 규칙에 대하여도 행정입법에 대한 통제를 할 수 있도록 규정함으로써 그 범위를 넓히는 것도 고려할 수 있다고 본다. 그러나 이에 대하여 배제한 이유는 헌법기관의 독립성을 존중한다는 것이나, 종래에 중앙행정기관이 발령한 행정입법에 대한 검토에 한정하는 것에 대

---

25 이경운, "행정규칙의 효력과 통제", 전남대 법률행정논문집 제3집(1993. 12), 69면.

26 김대현, 앞의 논문, 224면.

하여 대법원규칙이나 중앙선거관리위원회규칙을 심사하지 않는 것이 논리적 모순이라는 법제처의 의견이 있었던 점을 감안할 때 규범의 서열질서의 관점과 규칙에 위임이 제대로 된 것인지 여부 등에 대하여 검토하는 것은 헌법상의 독립기관이라고 해서 예외가 될 수는 없다.

아울러 현행 국회법상으로 지방자치단체의 조례와 규칙이 의회통제의 대상이 되지 않지만, 자치법규인 조례와 규칙에 대하여도 의회가 위법한 경우나 적정하지 않다고 판단되는 경우에 지방자치단체의 장에게 적절한 의견을 제시하는 형태의 낮은 단계의 통제장치를 마련하는 것도 입법정책적으로 고려할 수 있다.

(5) 통일적인 행정입법 검토 기준의 확립 필요성

국회의 행정입법에 대한 체계적이고 효과적인 통제를 위해서는 국회 소관 상임위원회별로 공통으로 적용될 검토 및 통보기준을 명확히 정립하여야 한다. 현재 국회법제실에서 제정한 기준에 의하면 ① 상위법의 위임근거 없는 국민의 권리제한, 의무부과여부 ② 상위법의 취지 및 위임입법의 일탈 여부 ③ 하위법령으로의 포괄적 재위임 여부 ④ 법률의 제개정에 따른 대통령령 등의 정비여부 ⑤ 하위법령내용의 타당성 및 합리성여부를 들고 있는 바, ①-④까지는 합법성 내지 적법성심사에 해당하고, ⑤가 적정성 내지 합목적성 심사에 해당한다. 그런데 국회법 제98조의 2에서 합목적성 심사를 할 수 있는가의 문제가 야기되는데, 위 법률의 문구상 명시적으로 허용되지 않지만, 법제실은 법령정비 차원에서 이를 심사하고 있다. 하위법령 내용의 타당성 및 합리성여부의 판단기준에는 행정편의적 입법, 투명성 및 명확성이 결여된 입법, 중요한 고려사항을 누락한 입법, 상위법의 취지에 부합하지 않는 입법, 행정법의 일반원리에 위반되는 입법, 헌법에 부합되지 않는 입법이 이에 해당한다고 설명하는 견해[27]도 있으나, 법령내용의 합리성 타당성 심사의 구체적인 기준으로서 상위법의 취지에 부합하지 않는 입법, 행정법의 일반원리에 위반되는 입법, 헌법에 부합되지 않는 입법도 포함시켜서 설명하는 것은 위와 같은 심사기준이 적법성 심사에 가깝기 때문에 적절한 것인지 의문이다.

---

27 김대인, "행정입법의 내용에 대한 통제기준", 국회·유럽헌법학회 공동학술대회 자료집, 2009. 4. 13. 86-102면.

2. 국회법상의 상임위원회 행정입법검토제도의 개선방안

(1) 조직 및 절차적 측면

1) 국회내 행정입법의 상시적 검토를 위한 총괄적 기구 설치

현재는 16개 소관 상임위원회별로 행정입법에 대한 검토가 이루어지고 있으며, 다른 상임위원회와의 상관관계나 행정부처에서 보는 바와 같이 협의 절차 등이 이루어지고 있지 않은 실정이다. 따라서 상임위원회 별로 행정입법에 대한 검토실적이 다르고, 의회의 검토기준의 통일적인 운영이 안되고 있으며, 행정입법검토는 상임위원회의 주된 업무인 법안심사의 업무에 밀려 소홀히 다루어지고 있으며 심사일정이나 처리기간이 정해진 바도 없으며 객관적인 심사기준이 마련되어 있지 못한 실정이다.

현재 국회 내에 상임위원회에 의한 행정입법통제는 상시적인 검토라기보다는 소관 중앙행정기관의 장이 행정입법의 제출을 전제로 한 의회의 검토제도로서 행정입법에 대한 통제를 효율적으로 할 수 있으려면 법제실에 총괄기구를 두고 상임위원회와 입법조사처의 협조를 받아 처리하는 것이 필요하다.[28] 아울러 총괄기구에서 검토 심사한 사항은 국회의 본회의의 의결을 거쳐 소관 중앙행정기관의 장에게 시정하도록 하고 그 이행여부를 점검하여 이행을 제대로 하지 않은 경우에는 당해 부처의 예산중의 일부를 삭감하는 방법으로 그 이행을 담보하는 조치를 강구할 필요가 있다. 국회내 총괄기구에 의한 상시적 검토를 위하여는 이에 관하여 행정부를 능가할 수 있는 전문인력의 확보와 지속적인 교육이 필요하다.

2) 상임위원회 검토제도에서 본회의의 의결을 거친 후 통보하는 제도로 변경

현행제도는 상임위원회에서 직접 검토한 후 통보하는 제도인데 상임위원회에 속해 있는

---

28 국회 상임위원회에 두는 방안으로는 운영위원회나 법제사법위원회에 두는 방안이 검토될 수 있는데, 주된 업무가 법안심사의 업무이므로 상시적인 행정입법검토제도를 수행하기에 다소 어려운 점이 있으며, 오히려 2009년 4월부터 법제실에서는 행정입법에 대한 분석. 평가하고 그 결과를 상임위원회에 제출할 수 있도록 관련 규정이 정비된 바 있으므로, 국회 법제실에 총괄기구를 두는 방안도 크게 무리가 따르는 방안이라고 보여지지 않는다. 다만, 국회에서 전체적으로 검토한 것을 상임위원회의 심의를 거쳐 본회의의 의결을 거친 후에 통보하는 것이 정책적으로 바람직한 방향이라고 할 것이다.

소수의 국회의원들의 의사를 국회의 의사로 간주할 수 있는지 의문이며, 경우에 따라 위헌성 시비가 있을 수 있으므로 행정입법에 대한 검토후 통보할 경우에는 본회의 의결절차를 거치도록 하는 것이 바람직하다.[29]

이러한 상임위원회 검토제도는 상임위원회 별로 차등적인 행정입법검토제도로 인하여 부처별로 통제의 정도를 달리하여 통일성이 결여되는 점이 지적될 수 있으며, 따라서 통일적 총괄기구가 마련되기 전이라도 국회상임위원회는 법제실, 입법조사처와의 협조하에 행정입법검토가 이루어질 필요가 있다.[30]

3) 제출기간과 제출의무제도의 개선

제출기간은 제정이나 개정 또는 폐지된 때를 기준으로 10일 이내에 제출하도록 되어 있는 바, 종래의 7일에 비하여는 기간이 늘어났지만 행정부처 공무원이 다른 업무를 하다 보면 10일의 기간도 적정한 것인지 의문이다. 그러나, 너무 오랜 기간을 두게 되면 국회의 의견을 개진할 기회를 갖지 못하게 되어 행정부처에서 반영할 기회를 놓치게 되는 문제가 있다. 아울러 대통령령의 경우에는 입법예고안을 제출하도록 되어 있는데, 현재 대통령령안은 사전적인 통제절차의 외관을 취하고 있어 국무회의 개최전에 국회의 의견을 반영할 기회를 마련하게 되어 있으나, 총리령과 부령은 공포후에 제출할 것이 아니라 법제처에서 심사에 반영할 수 있도록 성안되어 부처협의를 마친 시점에 국회에 제출하도록 하는 것이 바람직하다. 현재 법령이 공포된 후에 별도로 복사하여 국회에 제출하도록 요구하는 것은 행정낭비적 요소가 많으며, 전자정부의 문서감축의 취지에도 반한다고 보여진다.

국회에서 대통령령, 총리령, 부령, 고시등 관보에 실린 법령에 대하여 이를 다시금 제출하도록 할 것이 아니라 당해 행정입법의 제·개정 및 폐지의 취지와 내용에 대한 설명자

---

29 김용섭, 앞의 논문, 30면.

30 법률안을 제정하고 개정하는 과정에 있어서 1단계 사전검토단계에서는 국회입법조사처에서 다른 나라의 입법례 등을 조사하는 등 사전 검토를 하고, 나아가 법제실에서 의원실의 요청을 받아 법률안을 입안하며, 국회에 제출된 후에는 상임위원회의 전문위원이나 입법조사관에 의한 심의보고서가 작성되는 등 다각적인 협조체제를 하고 있는 점에 비추어 행정입법검토제도의 경우에도 국회내 기관간의 협력체제의 구축이 필요하다.

료 및 심사자료를 국회에 송부하도록 하는 것이보다 바람직하다. 국회에서는 행정입법을 국회에 제출시 상당수의 분량을 복사하여 제출할 것을 요구하고 있으나, 정보시대에 인터넷을 활용한다면 행정부처의 업무부담도 줄임과 동시에 문서감축의 추세에도 부응할 수 있다고 본다. 보다 근본적으로 정보화사회의 진전과 전자정부로의 이행에 따라 전자정부구현을위한행정업무등의전자화촉진에관한법률 제5장에서 문서업무의 감축에 관한 제반 규정을 마련하고 있는데 국회에 관보에 게재된 내용을 제출하도록 하는 것은 바람직하지 않다.

4) 국회의 처리기간제도 개선

현행 국회법상의 제출된 법령에 대하여 소관상임위원회의 전문위원의 검토처리기간이 정하여지지 아니하여 전문위원회의 관심이나 업무여건에 따라 차등적이며 상임위원회별 실적이 상이한 문제를 극복하기 위해서는 의회의 처리기간제도를 두고, 그 기간내에 별도의 검토가 없으면 특별한 이의가 없는 것으로 보고 절차를 진행해 나가는 방식이 적절하다.

그런데 현재 국회법의 관련 조문에는 행정입법의 검토시한, 검토방법 및 절차에 관한 규정이 없어 처리기간이 소관 상임위원회 별로 들쑥날쑥한 실정이다.[31] 이러한 문제를 해결하기 위해서는 국회가 제출 받은 때로부터 10일 내에 검토하여 통보한 후 반영하거나 시정조치를 할 수 있도록 국회 자체의 처리기간을 제도화 하고, 검토의 기준도 국회법에 명시함과 아울러 검토의 절차에 대하여도 명시하는 것이 필요하다. 그렇지 않을 경우에는 국회의 처리가 상당시간 경과한 후에 보내지는 등 행정부의 공무원이 이에 따르지 않을 가능성이 높아지며, 행정업무의 예측가능성을 해할 수 있다.

(2) 내용적 측면

1) 입법예고안의 제출 범위의 확대 및 국회의 검토의견 반영시스템 마련

행정입법이 시행된 후에 있어서는 사법적 통제를 통한 구제가 가능한 반면에, 잘못 만들어지는 행정입법에 대한 효과적인 통제는 행정입법 시행전, 사전적 통제장치를 마련함

---

[31] 정운경, "행정입법에 대한 국회의 통제방안", 중앙대 석사학위논문, 2010, 60면.

이 보다 바람직하다. 대통령령, 총리령, 부령을 공포하기 전에 법령초안을 국회에 제출하여 검토하는 방향으로 제도개선이 필요하다. 현재는 대통령령의 경우에만 사전적 통제로서 입법예고안을 보내도록 하고 있으나, 총리령이나 부령의 경우에도 대통령령과 마찬가지로 입법예고안을 보내거나 법제처 제출시에 이를 국회에도 보내도록 하는 것이 타당할 것으로 사료된다. 대통령령안을 국무회의에 심의함에 있어서는 국회의 의견을 첨부하여 안건을 상정할 수 있도록 하는 것이 바람직하다고 할 것이다.

행정입법의 공포에 있어 국회의 적극적인 동의나 승인절차가 있어야 하는 것은 아니지만 국회의 입법사항인지에 대한 사전의 스크린 장치를 마련하여 행정입법을 공포하기에 앞서 국회의 검토의견을 적극적으로 반영할 수 있는 시스템을 마련할 필요가 있다.

2) 검토대상에 이른바 법령보충적 행정규칙 포함 필요성

검토대상에 행정규칙을 포함시키는 것이 적절한지는 법규명령과 행정규칙의 차이점을 인식하는 것이 선행되어야 한다. 현실적으로도 일반적 구속력을 갖는 법규명령과 중앙 또는 지방행정기관에 의하여 발령되는 고시·훈령·통첩 등 행정규칙은 그 생성과정 및 효력에 있어서 매우 다르다. 우리 행정절차법에 의하면, 국민의 권리·의무 또는 일상생활과 밀접한 관련이 있는 법령 등을 제정·개정 또는 폐지하고자 할 때에는 당해 입법안을 마련한 행정청은 이를 예고하여야 하고(제41조), 누구든지 예고된 입법안에 대하여는 의견을 제출할 수 있으며(제44조), 행정청은 입법안에 관하여 공청회를 개최할 수 있는데 반하여(제45조), 고시나 훈령 등 행정규칙 등을 제정·개정·폐지함에 관하여는 아무런 규정이 없다. 또한 법규명령은 법제처의 심사를 거치고(대통령령은 국무회의에 상정되어 심의된다) 반드시 공포되어야 효력이 발생되는데 반하여, 행정규칙 등은 법제처의 심사를 거칠 필요도 없고 공포 없이도 효력이 발생된다.

결국 위임입법에 대한 국회의 사전적 통제수단이 전혀 마련되어 있지 아니한 우리나라에서는, 행정규칙 등은 그 성립과정에 있어서 타기관의 심사·수정·통제·감시를 받지 않고 또 국민에 의한 토론·수정·견제·반대 등에 봉착함이 없이 은연중 성립되는 것이 가능하다. 그러다 보니 행정기관으로서는 당연히 규율의 방식으로서 법규명령보다 행정규칙 등을 선호하게 되고, 이는 결국 국민의 자유와 권리를 행정의 편의에 맡겨버리는 위험을 초

래할 수밖에 없다.[32]

이른바 "법령보충적 행정규칙"의 경우에는 다수설과 판례에 의할 때, 대외적 구속력을 지닌다고 할 것이고, 이러한 경우에는 해석을 통해서 대통령령, 총리령, 부령과 마찬가지로 국회의 통제를 받는다고 볼 여지도 있으나, 이를 보다 명확히 하기 위해서는 이에 대한 명문의 규정을 두는 것이 바람직하다. [33]

근본적으로 의회에 대해 행정규칙 전부를 제출하도록 하고 이에 대하여 전반적으로 검토하여 통보하는 것은, 행정규칙의 제정이 행정부에 유보된 영역이라고 볼 여지가 있다는 점 뿐만 아니라 의회의 전문적 인력과 심사능력이 부족한 현실에 비추어 법규적 내용의 법령보충적 행정규칙에 한정하는 것이 바람직하다.

(3) 시정요구권조항의 신설과 행정입법제정시 반영조치의무화

1998년 국회 제도운영개혁위원회는 정치개혁입법특별위원회에 시정요구권을 포함한 국회법 제98조의2의 개정안을 건의한 바 있으나, 이는 받아들여지지 아니하였다.

당시 개정안 제98조의 2 제3항에서 "상임위원회는 제2항의 규정에 의한 심사결과 당해 행정입법이 법률의 취지 또는 내용에 합치되지 아니하거나 적정하지 아니한 경우에는 당해 중앙행정기관의 장에게 그 시정을 요구할 수 있다. 이 경우 당해 중앙행정기관의 장은 정당한 이유가 없는 한 이에 응하여야 한다"고 규정하고 있어 시정요구권을 부여하고, 적법성 통제뿐만 아니라 적정성 통제까지 가능하도록 규정하고 있었던 점을 감안하여 변화된 환경하에서 시정요구권을 입법화 하는 것은 실효적인 행정입법통제의 장치가 된다고 할 것이다.

다만, 행정입법이 공포·시행된 후에 국회가 이를 심사하여 강제적으로 무효로 할 경우에는 법원 등의 명령규칙 심사권을 침해할 우려가 있으므로 행정입법이 공포되기 전에 국회의 검토의견을 제시하여 이를 반영할 수 있도록 하거나 그렇지 아니할 경우에는 사후적으로 이를 시정할 수 있도록 제도적 정비를 해 나갈 필요가 있다.

---

32 헌재 2008. 11. 27. 2005헌마161 결정.

33 김용섭, 앞의 논문, 3면,

(4) 개별 법률에서 수권에 관한 내용이나 재위임의 한계를 규율하는 방법

먼저 개별 법률에서 부여한 수권의 근거를 폐지하거나 기한부 수권을 정하거나 국회에 대한 행정권의 이유제시의무를 부과하는 등의 직접적인 통제수단을 강구할 수 있으며 이는 헌법에 위반된다고 보여지지 않는다.[34]

다음으로, 수권법률조항에 근거한 국회동의권유보 등의 행정입법 통제수단을 강구할 수 있는데, 개별 법률을 제정하면서 위임이 남용될 가능성이 예견된다면 위임을 하면서 동의를 받거나 보고하여 의견을 반영할 수 있도록 개별 법률에 규정을 두는 것은 현행법의 해석상 위헌시비를 벗어날 수 있다고 본다.

법률로부터 위임을 받은 사항에 대하여 전혀 규정하지 않은 채 모든 사항을 재위임하는 것은 '위임받은 권한을 그대로 다시 위임할 수 없다'는 복위임금지의 법리에 반할 뿐 아니라 수권법의 내용변경을 초래하는 것이 되어 허용될 수 없다.[35]

나아가, 재위임의 경우에 있어서 두가지 관점이 고려될 수 있다. 재위임을 함에 있어 개별 법률에서 국회의 동의를 받아서 재위임을 할 수 있도록 규정하는 방안이 있을 수 있다. 아울러 재위임 자체를 법령에서 단계적으로 할 수 있도록 규정하는 방안이 고려될 수 있다. 위임에 있어서는 이른바, 법률에서는 대통령령으로, 대통령령에서는 총리령이나 부령으로 1단계만 가능하고 2단계이상을 건너뛰어 위임하는 것을 금지하는 원칙을 말한다. 헌법재판소의 소수의견 중에는 2단계 위임금지의 원칙을 말하고 있지 않고 단계적 위임의 원칙을 설시하고 있는 바, 동일한 맥락이라고 할 것이다. 헌법재판소의 선례와 다수의견은 법령의 내용이 전문적·기술적 사항이나 경미한 사항으로서 업무의 성질상 위임이 불가피한 경우에는 행정규칙으로의 직접적 위임이 허용되어야 한다고 주장한다.[36] 그러나, 헌법재판소 (2009. 2. 26. 2005헌바94, 2006헌바30(병합) 결정의 반대의견에 의하면 "우리 헌법은 제40조에서 국회입법의 원칙을 천명하면서, 다만 헌법 제75조, 제95조, 제108

---

34 김철용 교수는 "국회가 원칙적인 입법권자인 이상 행정권에 법규명령의 제정권을 부여하면서 정한 구체적인 범위가 지켜지고 있는가의 통제는 1차적으로 국회에 있는 것이므로, 국회는 헌법이 허용하는 범위내에서 법규명령, 특히 위임명령에 대한 직접적인 통제제도(예: 기한부수권, 국회에 대한 행정권의 이유제시 의무, 동의 유보) 의 도입을 강구하여야 한다"고 역설하고 있다.(김철용, 행정법, 고시계사, 2012, 139면.)

35 전학선, "위임입법 일탈에 대한 통제기준 모색 연구," 국회·유럽헌법학회 공동학술대회 자료집, 2008. 4. 13, 51면.

36 헌재 2004. 10. 28. 99헌바91 결정 참조.

조, 제113조 제2항, 제114조 제6항에서 법률의 위임을 받아 발할 수 있는 법규명령으로 대통령령, 총리령과 부령, 대법원규칙, 헌법재판소규칙, 중앙선거관리위원회규칙 등을 한정적으로 열거하고 있다. 그런데 우리 헌법은 그것에 저촉되는 법률을 포함한 일체의 국가의사가 유효하게 존립될 수 없는 경성헌법이므로 헌법에 규정된 원칙에 대하여는 헌법 자신이 인정하는 경우에 한하여 예외가 허용될 뿐 법률 또는 그 이하의 입법형식으로써 그 예외를 인정할 수는 없다. 즉 우리 헌법과 같이 법규명령의 형식이 헌법상 확정되어 있고 구체적으로 법규명령의 종류·발령주체·위임범위·요건 등에 관한 명시적 규정이 있는 이상, 법률로써 그와 다른 종류의 법규명령을 창설할 수 없고 더구나 그러한 법규사항을 행정규칙 기타 비법규명령에 위임하여서는 아니 된다. 행정적 제재의 요건이나 범죄의 구성요건을 이루는 사항을 경미한 사항이라고 할 수 없을 뿐 아니라, 만일 복잡하고 전문화된 규율대상에 대하여 행정부처가 탄력적이고 기능적합적으로 대응하여야 할 필요성이 있다면 이는 이른바 단계적 위임에 의하여 충분히 해결할 수 있으며, 즉 법률이 헌법에 정하여진 법규명령에 대하여 위임을 하고, 다시 법규명령이 구체적 범위를 정하여 행정규칙 등에 위임하는 형식을 갖춤으로써 헌법적 결단에 합치하면서도 국가의 적극적 기능을 확보할 수 있는 것이다(헌재 2008. 11. 27. 2005헌마161, 공보 146, 1758, 1772)."라고 판시하고 있어 단계적위임을 건너뛰고 법률에서 곧바로 행정규칙의 일종인 고시에 정하도록 하는 경우에는 행정규칙의 효력을 부인하는 것이 타당하다고 할 것이다. 이와 같은 단계적 위임의 법리를 발전시켜 이러한 단계를 생략한 채 위임이 허용되지 않도록 법률에서 위임을 규율하면서 한계를 설정하거나, 가칭 행정입법절차법 등을 제정하여 이러한 단계적 위임의 법리를 제도화할 필요가 있다. 이를 통하여 법률에서 대통령령으로 단계적 위임을 하지 않고 곧바로 부령이나, 행정규칙으로 위임하는 것을 억제할 수 있을 뿐만 아니라, 법률에서 대통령령에 위임하였을 경우 대통령령에서 재위임을 하면서 부령으로 단계적 위임을 하지 아니하고 곧바로 고시나 훈령 등 행정규칙으로 재위임하는 것을 억제할 수 있을 것이다.

3. 2012. 7. 2. 이춘석 의원 대표발의 국회법 일부개정법률 발의안 검토

(1) 개설

지난 18대 국회회기중인 2011. 3. 2. 이춘석의원을 포함하여 22인의 위원이 발의한 국회법 일부개정법률안(의안번호 10260)이 임기만료로 통과되지 아니하여 폐기된 바 있으나, 새로 개원한 19대 국회에서는 이춘석의원 대표발의로 2012. 7. 2. 국회에 제출되었는바, 국회법 제98조의 2에 관한 사항은 지난 회기에 국회에 제출하였던 것과 제안이유만 일부 달라졌을 뿐 동일한 내용으로 국회법 일부 개정법률안(의안번호 423)이 제출되었다.[37]

(2) 제안이유의 요지

현행 국회에서는 행정입법의 국회 제출 및 검토·통보제도를 두고 있으나, 국회에 제출되는 행정입법 중 대통령령·총리령·부령에 대해서만 법률에의 위반여부를 검토할 수 있도록 하고 있으며, 이들 행정입법이 법률에 합치되지 않는 경우에도 그 시정을 요구할 수 있는 근거 규정이 없어 행정입법 통제제도의 실효성을 확보하기가 어려운 실정이다.

이에 대통령령·총리령·부령·훈령·예규·고시 등이 법률에 합치되지 않는다고 판단되는 경우 의원이 소관 상임위원회에서 그 합치여부에 대하여 검토할 것을 동의(動議)할 수 있도록 하고, 그 내용이 법률에 합치되지 아니한다고 인정하는 경우 중앙행정기관의 장에게 그 시정을 요구하여 그 결과를 보고하도록 하는 등 행정입법 통제제도의 실효성을 확보하려는 것이다.

(3) 법률안의 주요내용

1) 행정규칙에 대한 제출제도 변경

이춘석의원 대표발의안에 의하면 훈령·예규·고시 등이 제정·개정 또는 폐지된 경우 상임위원회의 요구가 있을 때에 20일 이내에 이를 상임위원회에 제출하여야 한다고 하여

---

37 새로 제출된 법률안에는 121조 국무위원의 출석요구에 관한 사항의 개정을 하면서 본회의 또는 위원회에서 특정한 사안에 대하여 질문하기 위하여 검찰총장 또는 그 대리인의 출석을 요구할 수 있도록 하는 내용도 포함하고 있으나, 종전 18대 국회에 제출된 적이 있는 이춘석 의원 대표발의 국회법 개정법률안에는 국회법 제98조의 2에 관한 사항만 다루고 있는 점이 다른 점이라고 할 것이다.

상임위원회의 요구가 있을 때 제출하도록 하여 모든 경우에 제출하는 것이 아니며, 제출
기간도 10일에서 20일로 연장하고 있다.

2) 국회의원의 행정규칙에 대한 검토 동의제도 신설

이춘석의원 대표발의안에 의하면 국회의원은 대통령령·총리령·부령·훈령·예규·고시 등
(제1항 및 제2항에 따라 제출된 것 외에 시행 중인 것을 말한다)이 법률의 취지 또는 내
용에 합치되지 아니한다고 판단하는 경우에는 그 합치 여부에 대하여 상임위원회에서 검
토할 것을 동의할 수 있으며, 그 동의는 대통령령·총리령·부령에 대하여는 5인 이상의 연
서로, 훈령·예규·고시 등에 대하여는 3인 이상의 연서로 하도록 규정하고 있다. 아울러
전문위원은 제출되거나 동의에 따라 의제가 된 대통령령·총리령·부령·훈령·예규·고시 등
을 검토하여 그 결과를 당해 상임위원회 위원에게 제공하도록 규정하고 있다.

3) 시정요구 및 처리결과 보고의무

이춘석의원 대표발의안에 의하면 상임위원회는 위원회 또는 소위원회를 개회하여 제출
되거나 의원의 동의에 따라 의제가 된 대통령령·총리령·부령·훈령·예규·고시 등이 법률
의 취지 또는 내용에 합치되지 아니한다고 인정하는 경우 소관 중앙행정기관의 장에게
그 시정을 요구할 수 있다. 이 경우 중앙행정기관의 장은 시정요구 받은 사항을 지체 없
이 처리하고 그 결과를 소관 상임위원회에 보고하여야 한다고 규정하고 있다.

(4) 이에 대한 검토

기본적으로 이춘석의원 대표 발의 법률안은 현행 국회법상의 입법검토제도에 비하여 진
일보 한 것은 사실이다. 그동안 학계등에서 논의되었던 행정입법에 대한 의회통제를 활성
화하기 위한 사항이거나 앞서 다룬 통제를 강화하는 내용의 개선방향이 제대로 반영되어
있지 않다고 할 것이며, 이는 행정입법검토제도에 대한 획기적이며 근본적인 제도개선에
대한 고민을 반영하여 제출된 것은 아니다. 이러한 이춘석의원 발의의 국회법 개정법률안
은 현행 국회 상임위원회에 의한 행정입법검토제도의 기본적인 골격은 그대로 유지하고
있으며, 시정명령제도의 도입을 통하여 일부 개선의 방향성을 모색하고 있는 점에 그치고

있다. 다만, 현행 국회입법검토제도에 비교하여 매우 긍정적인 측면은 행정규칙에 대하여도 단순히 소관 상임위원회에 제출하는데 그치지 아니하고 검토후에 통보하는 내용으로 개선되었다는 점이다. 또한 행정입법검토의 주체를 전문위원에서 국회의원으로 변경하여 국회의원이 상시적으로 행정입법에 대하여 통제할 수 있도록 하고 있는 점이 특징이다.

종래의 국회 상임위원회 입법검토제도는 단선적인 차원에서 현재까지는 소극적인 방식으로 행정부처에서 넘어온 대통령령이하 행정입법에 대하여 전문위원이 검토하여 상임위원회의 위원에게 보고한 후, 상임위원회에서 의결하여 행정부에 통보하는 방식으로 통제하였는데, 이춘석 의원 대표발의 법률안에 의하면 국회의원이 이니셔티브를 갖고 적극적으로 통제할 수 있다는 점에서 전향적인 입법이라고 보여진다. 다만, 국회의 법제실, 입법조사처 등 국회내 관련기관의 협조체계를 구축하고 종합적인 행정입법검토제도가 행하여져야 할 필요가 있다는 점을 간과하고 있다. 행정입법에 대한 의회의 시정요구권을 인정하고 있는 점은 진일보 한 것으로 평가할 수 있다. 그러나, 행정입법에 대한 통제에 있어사전적 통제장치를 마련하고 있지 않은 점이라거나 적법성에 대한 통제에서 나아가 적정성 내지 타당성에 대한 통제를 내용으로 하고 있지 아니하여 사법적 통제와 중복되는 점등이 지적될 수 있다.

V. 맺음말

이상에서 고찰한 바와 같이 의회에 의한 행정입법에 대한 실효적 통제의 관점에서, 현행 국회법 제98조의 2에서 규율하고 있는 행정입법검토제도를 대폭 개선할 필요가 있음을 확인할 수 있었다. 국회가 행정입법에 대한 직접적 통제를 하는 이유는 국회가 국정의 중심체로서 행정부에 의한 독주를 견제하고 이를 통해 국민의 권익침해를 막기 위한 것이다. 다만, 현재 국회의 업무패턴을 감안할 때 국회 상임위원회의 행정입법 검토제도만으로 행정입법에 대한 실효적인 통제를 확보하는데 한계가 있다. 따라서 법률제정의 기본원칙과 절차의 규율과 관련되는 가칭 법률제정절차법을 마련하여 법률에서 하위법령으로 위임할 경우 위임의 근거와 범위 등을 명확히 규율할 필요가 있다. 또한 법률을 제정함에

있어 충분한 토론절차를 거쳐 날치기통과나 절차를 생략하는 졸속입법을 억제하여야 함
과 아울러, 최근 활발히 논의되고 있는 입법평가제도[38]를 신중히 검토하여 도입할 필요가
있다.

아울러, 현행 행정절차법의 개정을 통하거나 가칭 행정입법절차법을 제정하여 행정입법
에 대한 의회의 통제를 강화하는 내용의 제도적 틀을 마련하는 것이 시급히 요청된다.[39]

의회를 통한 행정입법 통제의 실효성을 확보하기 위한 향후의 과제로 다음과 같은 방안
이 고려될 수 있다. 첫째, 사전적 통제 메커니즘을 개발하는 등, 대통령령의 경우 입법예
고안을 송부하는데 그칠 것이 아니라 보다 근본적이며 실효적인 장치를 마련할 필요가
있다. 둘째, 선진국인 독일의 동의거부제도와 미국의 입법적 거부제도 등을 면밀하게 연
구하여 우리의 헌법체계내에 수용가능한 범위내에서 이를 도입할 필요가 있다. 셋째, 행
정입법절차에 있어 단지 입법예고에 그치고 있으나, 좀 더 폭넓은 참여와 전문가의 의견
을 반영할 수 있도록 절차적 통제를 보다 강화할 필요가 있다. 넷째, 적기에 시행되지 않
는 행정입법에 대한 통제장치 마련할 필요가 있다. 다섯째, 법률제정단계에 행정부에서
시행령에 담을 내용을 국회에 송부하도록 제도를 마련하는 것이 행정입법에 대한 의회의
실효적이며 효율적인 통제를 촉진하는 장치가 될 수 있다.

끝으로, 행정입법에 대한 의회의 통제를 강화하기 위해서는 국회의 전문인력의 확충과
교육이 강화되어야 하고, 나아가 의회내 행정입법의 상시적 검토와 통제를 위한 총괄기구
를 조속히 마련할 필요가 있다. 이와 관련하여 행정입법에 대한 의회통제를 위한 종합적
총괄기구를 국회내 어느 곳에 위치시킬 것인가 문제가 대두되나, 국회 법제실에 설치하는
것이 바람직하다고 본다.[40] 아울러 국회 상임위원회의 전문위원, 법제실 법제관, 입법조사

---

38 이에 관하여는 김기표, "입법영향평가의 제도화에 관한 연구", 경희대 법학박사 학위논문(2011.8); 박영도, "입법평가제
　도에 관한 연구", 법제통권 제531, (2002. 3.) 외 다수 논문 참조

39 김용섭, 앞의 논문, 38-40면. 홍준형 교수도 영국의 제정문서법과 같은 가칭 행정입법절차법을 제정하거나 행정절차법
　의 입법적 보완차원에서 행정입법의 예고를 넘어 포괄적인 행정입법절차를 도입하는 방안을 검토해 볼 만하다고 제안
　하고 있다.(홍준형, "행정입법에 대한 국회의 통제", 공법연구 제32집 제5호(2004. 6), 139-158면, 석종현 교수가
　2009년 4월 13일 국회·유럽헌법학회 공동학술대회 기조발제에서 제안하는 '행정입법심사에 관한 법률'의 제정도 같은
　맥락에서 이해할 수 있으나, 그 구체적인 내용을 보면 사전제출을 의무화 하는 등 기본적으로 국회법상의 행정입법검
　토제도를 보완하는 내용이기 때문에 국회법에서 규율하면 되는 것이고, 별도로 법률을 제정하여 대처할 실익은 그다지
　크지 않다고 할 것이다.

처의 조사관 등이 유기적 협력하에 종합적으로 행정입법을 검토하고, 이를 소관 상임위원
회 별로 통보할 것이 아니라 본회의의 의결을 거쳐 적기에 행정부처에 통보할 필요가 있
으며, 이러한 통보에도 불구하고 이를 행정입법에 제대로 반영하지 않은 담당 공무원과
행정부처에 대하여는 인사상, 예산상의 불이익이 초래될 수 있는 시스템을 마련하는 등
법정책적 차원에서 다각적인 제도개선이 요망된다.

---

40 국회 상임위원회에 총괄기구를 설치할 경우에는 운영위원회나 법제사법위원회에 두는 방안이 있을 수 있으나, 위 상임
   위원회도 고유한 업무가 있으며 인력이 한정되어 있어 총괄적인 업무수행이 적절하지 않을 수 있다. 오히려 중·단기적
   으로는 국회 법제실이 행정입법에 관한 분석·평가 업무, 국회의원의 법제활동에 대한 지원업무를 수행해 온 점에 비추
   어 보거나 국회입법지원으로 활동하는 외부의 전문가를 쉽게 활용할 수 있어 총괄기구를 법제실에 두는 것이 바람직
   하고, 운영을 하면서 법제실의 조직으로 운영하기 어려울 경우에는 장기적인 관점에서 국회내 행정입법검토를 위한 별
   도의 조직을 만들어 업무를 관장하는 것이 적절하다고 본다.

참고문헌

김철용, 『행정법』, 고시계사(2012).

김기표, "입법영향평가의 제도화에 관한 연구", 경희대 박사학위논문(2011. 8.).

김대인, "행정입법의 내용에 대한 통제기준", 국회·유럽헌법학회 공동학술대회 자료집(2009. 4. 13.).

김대현, "행정입법에 대한 의회통제에 관한 연구- 미국의 경우를 중심으로", 중앙대 박사학위논문
　　　(2010. 2.).

김병화, "위임입법의 통제에 관한 연구", 서울대 박사학위 논문(1999. 2.).

김성배, "무권한의 법규명령에 대한 국회의 통제기준", 국회·유럽헌법학회 공동학술대회 자료집
　　　(2009. 4. 13.).

김용섭, "행정입법에 대한 의회통제의 문제점 및 개선방안", 행정법연구 제12호(2004).

김용섭, "법적근거가 없음에도 공행정을 정당화하는 행정판례에 대한 비판적 검토", 행정판례연구
　　　제17-1집(2012. 6.).

김용섭, "법규명령형식의 제재적 처분기준", 행정판례평석, 한국사법행정학회(2003).

김종두, "국회의 행정입법통제제도", 행정법연구 제12호(2004).

박영도, "입법평가제도에 관한 연구", 법제 통권 제531호(2002. 3.).

서원우, "행정입법에 대한 통제 -의회에 의한 통제를 중심으로-", 행정법연구 제12호(2004).

이경운, "행정규칙의 효력과 통제", 전남대 법률행정논문집 제3집(1993. 12.).

장영달, "행정입법에 대한 국회 통제제도 연구", 한양대 박사학위 논문(2006. 8.).

전학선, "위임입법 일탈에 대한 통제기준 모색 연구," 국회·유럽헌법학회 공동학술대회 자료집
　　　(2008. 4. 13.).

정운경, 행정입법에 대한 국회의 통제방안, 중앙대 석사학위논문(2010).

정하명, "행정입법의 국회제출제도", 공법연구 제32집 제4호(2004).

최송화, "행정재량의 절차적 통제", 서울대학교 법학 제39권 제2호 통권107호(1998. 8.).

Claus Pegatzky, 『Parlament und Verordnungsgeber』, Nomos Verlag(1999).

Barbara Remmert, "Rechtsprobleme von Verwaltungsvorschriften", JURA(2004. 11).

Thomas von Danwitz, "Rechtsverordnungen", JURA(2002 .2).

제3장

다양한 행정법의 이슈와 법정책학 (9)

1
재난 및 안전 관리 법제의 현황과
법정책적 과제*

<table>
<tr><td align="center">목차</td></tr>
</table>

Ⅰ. 머리말
Ⅱ. 재난 및 안전의 개념
Ⅲ. 재난 및 안전 관리 법제의 현황
Ⅳ. 재난 및 안전관리의 법정책적 과제
Ⅴ. 맺음말

Ⅰ. 머리말

　과학과 기술의 발전이 첨단화된 21세기는 산업구조의 고도화·복잡화 및 기후변화 등에 기인하여 자연재난은 물론 테러, 신종 감염병 확산 등 사회적 재난이 빈발하고 있다. 국외적으로는 2001. 9. 11. 발생한 뉴욕빌딩 항공기 테러공격, 2005. 8. 발생한 미국 허리케인 카트리나에 의한 피해[1], 2011. 3. 11. 발생한 일본 대지진과 쓰나미 및 후쿠시마 원발사고 등의 복합 재난을 떠올릴 수 있다.[2] 국내적으로는 2003. 대구지하철방화사건, 2014.

---

* 이 논문은 2016. 4. 23. 행정법이론실무학회 제233회 정기학술대회에서의 김용섭교수 발제문을 수정·보완하여 행정법연구 제45호(2016. 6.)에 게재·수록한 것입니다.

1 세리 핑크(Sheri Fink) 지음, 박중서 옮김, 『재난, 그 이후 (Five Days at Memorial) - 시스템이 붕괴된 사회에서 삶과 죽음의 책임은 누구에게 있는가?』, RHK(알에치코리아), 2013.

2 2016. 4. 14. 일본 구마모토의 지진과 연이은 남미 에콰로드의 강진이라는 지구상의 연쇄 재난으로 인해 최근 대량 인명피해가 발생하고 있다.

마우나리조트 체육관강당 붕괴사고, 2014. 4. 16. 세월호 참사 그리고 2015. 5. 발생한 메르스(MERS: 중동호흡기증후군)사태 등의 재난을 주목할 만하다. 우리 인류는 대형 재난 위험에 직면하고 있고, 각종 안전한 생활을 위협하는 새로운 위험요인들이 생활전반에 걸쳐 상존하고 있다. 이처럼 각종 재난의 대형화·빈발화로 인해 국민생활의 안전에 대한 불안감이 증대하고 있으며, 정부의 재난관리 능력에 대한 국민의 기대욕구 증폭 등으로 국가의 재난 및 안전관리의 중요성이 강조되고 있다.[3]

독일의 사회학자인 울리히 벡(Ulrich Beck) 교수가 1986년 체르노빌 원자력사고가 난 직후에 저술한 위험사회(Risikogesellschaft)[4]라는 책에서 현대사회를 '위험사회'로 규정한 바 있다. 국가는 사고나 재난으로부터 국민을 안전하게 보호할 의무가 있으며 재난이 발생한 경우의 신속한 대응조치 못지 않게 사전적인 리스크 관리 역시 중요하다.

오늘날 안전국가(Sicherheitsstaat), 사전배려국가(Vorsorgender Staat), 예방국가(Präventionsstaat)가 논의되기도 하지만, 위험사회로의 진전은 국가가 위험으로부터 국민을 안전하게 보호하는 것이 그 존립목적과도 관계가 있다는 것을 의미한다. 오늘날 국가의 국민 안전확보가 국가목표조항(Staatszielbestimmung)으로서의 의미를 넘어 국민의 안전하게 생활할 권리인 기본권으로서 안전권을 헌법상 열거되지 않은 기본권의 하나로 파악할 수 있다.[5]

재난 및 안전관리의 핵심은 재난의 발생을 억제하고 예방하는 것이다. 헌법 제34조 제6항에서 "국가는 재해를 예방하고 그 위험으로부터 국민을 보호하기 위하여 노력하여 한다."고 규정하고 있다. 자연재해이든 인적재난 등 사회재난이든 재난을 예방하는데 초점이 맞추어 져야 한다. 물론 자연재해 중에는 지진, 태풍, 화산폭발 등과 같이 사전에 예방할 수 없는 것이 있으나, 이런 재해 또한 이미 과학의 발달에 따라 징후 등을 탐색하여 충분히 예측 가능하므로 그러한 자연재해가 닥쳤을 때를 대비해 사전에 상당한 정도의 대비를 할 수 있다. 재난 발생의 예방과 더불어 재난시 초동단계부터 효율적인 대응체계를 마

---

3 김용섭, "선박안전 및 재난관리에 관한 법정책적 검토", 『인권과 정의』 통권 제442호(2014), 7면.

4 Ulich Beck, 『Risikogesellschaft: Auf dem Weg in eine andere Moderne』, 1986. 여기서 울리히 벡이 말하는 위험 개념은 경찰권발동의 전제로서 말하는 '위험'(Gefahr)개념이 아니라 오늘날 과학기술의 발전에 수반되어 나타나고 있는 위험(Risiko)을 말한다.

5 우리 헌법상 안전권이 기본권 조항에는 명시되어 있지 않으나 평화적 생존권과 마찬가지로 헌법 제37조 제1항 및 헌법 제10조의 인간의 존엄과 가치 및 행복추구권에 의하여 안전기본권을 도출하는 것이 가능하다고 할 것이다.

련하여 피해가 확산되지 않도록 신속한 조치를 취할 수 있는 재난 및 안전관리법제를 정비할 필요가 있다.

2014. 4. 16. 발생한 세월호 참사는 우리 국민에게 많은 슬픔과 재난 및 안전관리의 중요성을 인식하게 한 사건이라고 할 것이다. 세월호 참사이후 재난 및 안전관리 법제에 있어 상당한 수준의 법제정비와 보완이 이루어진 것도 사실이다. 그럼에도 불구하고, 재난법제와 안전법제가 부처별로 달리 제정되어 운영되고 있고, 체계정합성이 있지 않을 뿐만 아니라 재난 따로 안전 따로 법제도가 마련되어 있다. 더구나 재난 및 안전관리 기본법이라는 법률의 명칭만 보면 기본법으로 되어 있으나, 재난과 연계되어 안전관리를 하고 있어 안전법제 전반을 아우르는 차원의 기본법으로서의 역할을 제대로 수행하는데 한계가 있다고 보여진다.

본고에서는 거시적인 관점에서 재난 및 안전법제 전반에 관하여 현황을 파악하고 법정책적 과제를 모색하고자 한다.

Ⅱ. 재난 및 안전의 개념

1. 재난의 개념

(1) 재난의 의의

'재난관리(Katastrophenschutz)'를 위한 논리적 전제는 '재난(Katastrophen, disaster)'의 개념이 무엇인가를 명확히 하는 것으로부터 시작된다.

재난(Katastropehen, disaster)은 사회환경의 변화, 기상이변 및 과학기술의 발전에 따라 나타나는 새로운 종류의 재난이 출현함에 따라 그 개념이 유동적으로 이해되고 있다.

이론적으로는 재난개념은 광의의 재난과 협의의 재난으로 나눌 수 있다. 협의의 재난은 자연재해나 국가기반체계의 마비, 감염병의 확산 등 인간의 생명과 재산에 피해를 야기하는 것이라고 할 수 있다. 광의의 재난은 협의의 재난에서 더 나아가 개인뿐만 아니라 공공이나 국가에 대한 위협을 야기하는 테러와 국가위기관리도 포함되는 것으로 이해할 수 있다.

이와 관련하여 미연방법원 판사인 리차드 포스너(Richard Posner)는 과학기술이 발달한 현대사회에서의 재난의 유형을 ① 대유행병, 소행성 충돌, 화산폭발 등의 자연적 재난(natural catastrophe) ② 나노기술, 인공지능이나 유전자 조작식품 등의 과학적 사고(scientific accidents) ③ 자연자원의 고갈, 지구온난화, 생물다양성의 절멸 등 의도하지 않은 인위적 재난(other unintended man-made catastrophe) ④ 핵위험, 생화학무기, 사이버테러 등의 고의적 재난(intentional catastrophe)의 4가지로 분류하고 있다.[6]

그런데, 재난 및 안전 관리 기본법 제3조 제1항에서는 "재난이란 국민의 생명·신체·재산과 국가에 피해를 주거나 줄 수 있는 것으로 ㈎ 자연재난: 태풍, 홍수, 호우, 강풍, 풍랑, 해일, 대설, 낙뢰, 가뭄, 지진, 황사, 조류 대발생, 조수, 화산활동, 그 밖에 이에 준하는 자연현상으로 인하여 발생하는 재해 ㈏ 사회재난: 화재·붕괴·폭발·교통사고(항공사고 및 해상사고를 포함한다)·화생방사고·환경오염사고 등으로 인하여 발생하는 대통령령으로 정하는 규모이상의 피해와 에너지·통신·교통·금융·의료·수도 등 국가기반체계의 마비, 감염병의 예방 및 관리에 관한 법률에 따른 감염병 또는 가축전염병예방법에 따른 가축전염병의 확산 등으로 인한 피해"라고 규정하고 있다. 동법에서의 재난의 개념은 종전의 '자연재해개념'과 '인적재난개념' 및 '사회적 재난(국가기반체계 마비 등)'[7]을 포괄하는 개념이라 할 수 있다. 재난 및 안전관리 기본법상의 정의규정에 의할 경우에는 대통령령이 정하는 규모 이상의 피해에 한정하기 때문에 사회적 재난중에서 경미한 피해가 야기되는 경우에는 재난개념에서 배제되는 문제가 있다.

(2) 재난과 재해의 관계

현행 헌법에서는 재난에 관한 용어를 사용하고 있지 않고, 재해라는 용어를 사용하고 있다. 헌법 제34조 제6항에서 "국가는 재해를 예방하고 그 위험으로부터 국민을 보호하

---

6 Richard A Posner, Cathastrophe: 『Risks and Response』, Oxford University Press, 2004, pp.12-71; 주강원, "재난과 재난법에 관한 소고", 『홍익법학』 제15권 제2호(2014), 420면.

7 재난 및 안전관리 기본법 제3조 제2호에는 "해외 재난"이 라는 개념정의가 있다. 즉 해외재난이라 함은 대한민국 영역 밖에서 대한민국 국민의 생명·신체 및 재산에 피해를 주거나 줄 수 있는 재난으로서 정부차원에서 대처할 필요가 있는 재난을 말한다.

기 위하여 노력하여야 한다”라고 규정하고 있을 뿐이다.

 ‘재난’과 ‘재해’는 상당히 다양한 의미로 사용되고 있는데 일부 견해[8]에 의하면 일반적으로 인간의 사회적 생활과 인명, 재산이 자연현상 등과 같은 외력에 의해 피해를 받았을 경우 이를 ‘재해’라고 하며, 재해를 유발시키는 원인을 ‘재난’이라고 파악한다. 같은 맥락에서 인간의 생존과 재산의 보존이 불가능할 정도로 생활질서를 위협받은 상태를 초래시키는 사고 또는 현상을 ‘재난(Disaster)’이라고 하며, 이로 인한 피해를 ‘재해(Hazard)’라고 한다. ‘재해’를 좀 더 구체적으로 정의하면 ‘자연적 또는 인위적 원인으로 생활환경이 급작스럽게 변화하거나 그 영향으로 인하여 인간의 생명과 재산에 많은 피해를 주는 현상’이라고 할 수 있다.[9]

 그러나 재난과 재해가 원인과 결과의 문제라기보다는 재난과 재해는 기본적으로 혼용되는 개념이며 재난 및 안전관리 기본법상 재난개념 속에 재해가 포함되는 것으로 이해할 수 있다. 그러한 관점에서는 재난이 재해보다 더 넓은 개념이라고 할 것이다. 재난과 재해를 개념상 구분할 수 있으나, 실정법상으로는 재난과 재해라는 용어가 혼용되어 사용하고 있다.[10]

2. 안전의 개념

(1) 안전의 의의

 우리의 삶에 있어 완전무결한 안전이란 상상할 수 없는 환상에 불과하다. 일생동안 살아가는 우리의 삶이 여러 가지 위험에 노출되기 마련이다.[11] 안전은 영어로 ‘safety’이고, 독일어로 ‘Sicherheit’로서 이와 상반되는 개념은 위험(Gefahr)과 리스크(Risiko)를 들 수 있다. 전통적인 경찰 영역에서의 위험과 식품이나 환경분야에서 발전한 리스크와의 이분법

---

8 안영훈, “국가재난의 효율적 현장대응체계 강화방안”, 2009. 7. 14. 발표자료집, 5면.

9 최중권, 『재난관리법제상 손해배상에 관한 연구』, 단국대학교박사학위논문, 2001, 6면.

10 윤장근, 『재해위험 피해의 경제적 손실과 보험기능 도입 및 활성화 방안』, 연세대학교박사학위논문, 2004, 6면. 재난이란 용어는 영문으로는 disaster, hazard, emergency, catastrophe, crisis, risk로 표현되고 있고, 우리말로는 재해, 재난, 위기, 위험, 위난, 리스크 란 용어가 혼용되고 있다

11 볼프강 조프스키(Wolfgang Sofsky) 지음, 이한우 옮김, 『안전의 원칙(Das Prinzip Sicherheit)-위험사회, 자유냐 안전이냐』, 푸른 숲, 2007, 2, 33면.

적 구별이 바로 그것이다. 그러나 여기서는 위험, 리스크와 잔존리스크(Restrisk)[12]라고 하는 3분류 방식이 타당하다고 사료된다. 가령 위험방지는 국가적 개입이 정언적으로 명해지고, 전통적인 경찰의 임무로서 논해진다. 잔존리스크는 순수과학적 평가만으로 결정할 수 없고 규범적 평가와 의사결정의 필요성에 따라 법적으로 요청된 안전성의 수준을 충족하는 법적으로 허용되는 리스크를 말한다. 리스크는 위험 전단계의 리스크 삭감이 목표로서 국가개입이 허용되나 기술적 가능성과 비용과의 비례성을 감안하여 판단한다.[13]

안전이란 국가와 사회 그리고 재난의 위험으로부터 개인의 생명, 재산, 자유를 보호하는 것을 말한다. 안전개념과 관련하여 국가에 대한 안전과 국가에 의한 안전이라는 관점에서 살펴볼 수 있다. 국가로부터의 안전은 국가권력의 위험성으로부터 국민의 안전을 의미하며, 국가가 사회 권력의 위험성을 보호하여야 한다는 점에서는 국가에 의한 안전을 말하게 된다. 경우에 따라 사회 제 세력에 의한 테러의 규모가 경찰력의 한계에 봉착할 경우에는 행정응원의 차원에서 군대의 병력에 의한 대응도 필요하다.[14] 근대적 법치국가에 있어서는 국가로부터 시민생활의 자유가 중요한 개념이라면 위험사회의 도래에 따라 국가에 의한 국민의 안전 확보가 국가의 중요한 핵심적 목표가 되고 있다.

국가는 잠재적 위험에 직면하여 발생할지 모르는 재난을 방지하는 기본권의 보호의무의 수행자로서의 측면과 재난의 예방을 빙자하여 국가에 의한 국민의 기본권 침해와 남용 가능성이라는 측면에서 국가는 야누스의 두 얼굴의 모습을 띠고 있다. 가장 심각한 것은 자유의 축소에 비례하여 위험이 줄어든다면 균형을 갖추었다고 볼 수 있으나, 온갖 노력에도 불구하고 안전은 확보되지 않으면서 자유만 파괴된다면 이는 최악의 사태인 그 자체가 재앙이라고 할 것이다.[15]

---

12 下山憲治, リスク行政の法的構造, 敬文堂, 2007. 24面.

13 岡田正則, "災害·リスク對策法制の現狀と課題", 法律時報 弟89卷 弟9号, 4面.

14 김용섭, "선박안전 및 재난관리에 관한 법정책적 검토", 『인권과 정의』 통권 제442호(2014), 참조.

15 볼프강 조프스키(Wolfgang Sofsky) 지음, 이한우 옮김, 앞의 책, 243면.

(2) 안전과 재난의 관계

우리 헌법전문에서는 "안으로는 국민생활의 균등한 향상을 기하고 밖으로는 항구적인 세계평화와 인류공영에 이바지함으로써 우리들과 우리들의 자손의 안전과 자유와 행복을 영원히 확보할 것을 다짐하면서"라고 규정하고 있어, 헌법전문에서 안전의 확보를 자유 및 행복의 확보와 더불어 천명하고 있다. 재난은 표출된 위험 즉 재난발생과 그 복구에 주안점이 놓여진다. 그러나 안전은 잠재적 위험 즉 재난이나 위험이 발생하기 전 단계에 리스크 관리적 측면이 문제된다. 재난과 안전의 관계를 재난은 그 규모가 커서 국가적 대응이 필요하거나 사회적 파급력이 큰 위험원을 말하고, 안전은 위험원으로부터 온전한 상태를 의미하는 것으로 파악하면서 일상의 생활안전은 재난개념에는 포함되지 않지만 안전관리체계에는 포함되는 것으로 이해하기도 한다.[16] 아울러 재난의 관점에서 안전적인 요소인 사전 재난예방이 있을 수 있지만, 재난발생 이후에 있어서 안전의 문제가 논의되지 않는 것은 아니다. 다만, 주안점을 어디에 둘 것인가 문제라고 할 것이다.

안전에 있어서는 재난에 있어 대응하는 통일적 접근법도 필요하지만, 안전영역에 있어서는 개별 전문분야별로 대처해 나가면서 안전의 사각지대를 없애고 안전시스템에 맞게 운영될 수 있도록 철저히 집행해 나갈 필요가 있다.

Ⅲ. 재난 및 안전 관리 법제의 현황

1. 재난관리 및 안전관리

(1) 재난관리

재난관리(disasters management)란 다양한 재난요소에 대한 발생을 예방하고, 발생 가능한 위험을 최소화 시키며, 발생한 재난에 대해서 신속하고, 효과적으로 대응하여 가능한 한 빠른 시간 내에 정상상태로 복구를 돕는 전반적인 활동을 의미한다.

---

16 나채준, "글로벌시대의 안전법제의 입법적 과제", 제5회 행정법연합학술대회 자료집, 2016. 4. 15. 23면.

재난 및 안전관리 기본법 제3조제3호에서 "재난관리란 재난의 예방·대비·대응 및 복구를 위하여 행하는 모든 활동을 말한다."고 정의하고 있다. 이처럼 재난관리는 재난을 사전에 대비하고 위험요소를 제거하는 활동과 재난이 발생하였을 때 이를 수습하고 복구하는 제반활동을 말한다.

이러한 재난 및 안전관리 기본법상 재난관리의 과정은 4단계 즉, '예방단계', '대비단계', '대응단계' 및 '복구단계'로 구분할 수 있다.[17] 먼저 예방단계는 미래에 발생할 가능성이 있는 재난을 사전에 예방하고, 재해발생의 기회를 줄이며, 피할 수 없는 재해의 피해를 완화시킬 수 있는 활동을 말하고, 재난대비단계는 재난에 대한 예방단계의 제반 활동에도 불구하고 재난의 발생 확률이 높아진 경우, 재난발생시 효과적으로 대응할 수 있도록 사전에 대비체제를 갖추는 단계라고 할 수 있다.

그리고 대응단계는 재난이 발생한 경우 신속한 대응활동을 통하여 인명과 재산피해를 최소화하고, 재난의 확산을 방지하고, 복구가 원활히 이루어 질 수 있도록 활동하는 단계를 말하고, 복구단계는 급한 재난상황이 어느 정도 마무리 된 후에 재난 이전의 상태로 회복시키는 활동을 하는 단계를 말한다.

그러나 재난관리의 예방·수습·복구의 과정들은 서로 독립적인 과정이라기보다는 서로 영향을 주고받는 상호 유기적이며, 순환적인 성격을 가지고 있다. 따라서 재난을 극복하기 위해서는 재난관리의 예방·수습·복구의 과정이 과학적이고 효율적으로 하나의 관리체제 속에서 유기적으로 각각의 고유한 기능을 수행할 때 효율적인 재난관리가 이루어질 수 있으며, 피해를 최소화 할 수 있다. 재난관리 과정에서 특히 복구에 있어서는 일종의 분배적 성격을 가진다.

(2) 안전관리

재난 및 안전관리 기본법 제3조제4호에서 "안전관리란 재난이나 그 밖의 각종 사고로부터 사람의 생명·신체 및 재산의 안전을 확보하기 위하여 하는 모든 활동을 말한다"고

---

17 광의의 재난관리의 단계 중 예방단계와 복구단계는 대체로 긴급대응을 필요로 하는 관리 분야가 아니라는 점에서 안전관리와 크게 구별되지 않는다. 따라서 긴급관리의 특징을 갖는 대비단계와 대응단계 만을 최협의의 재난관리라고 보는 견해도 있다.

규정하고 있다. 아울러 저수지·댐의 안전관리 및 재해예방에 관한 법률 제2조 제7호에서 "안전관리란 저수지·댐으로 인한 재해를 방지하고 공공의 안전을 위하여 저수지·댐관리자가 시설물의 안전관리에 관한 법률 및 농어촌정비법 등 관령법령에 따라 행하는 안전점검, 정밀안전진단, 유지·보수·보강, 사용제한, 철거 등 모든 행위를 말한다"고 규정하고 있다. 이와 같은 실정법에서 개념정의를 하고 있는 안전관리는 기본적으로 위험억제 내지 리스크관리와 관련된다. 인간이 갖는 위험을 최소화하는 일련의 활동 전체가 포함된다고 할 것이다. 재난관리와 안전관리는 기본적으로 동일한 측면이 있으나, 재난관리보다는 안전관리가 재난에 한정하지 않기 때문에 보다 넓은 개념이다.

현대적 의미의 안전관리란 재난을 인간의 힘에 의하여 관리함으로써 그 피해를 최소화하기 위한 일련의 활동과 그 과정 이라고 정의할 수 있다.

재난과 안전관리의 문제는 다른 관점에서는 재난을 전제로 한 경우라면 방재의 문제라고 할 것이다. 다시말해 재난의 예방이 주된 관점이 된다고 할 것이다. 그러나, 안전관리는 재난예방을 넘어서는 위험과 리스크를 저감시키는 일련의 활동을 말한다. 재난의 단계별로 일련의 시스템에 따라 움직이는 재난관리 법제는 신속하게 국가의 총력적인 차원에서 접근할 필요가 있다.

2. 재난관리 법제의 현황

(1) 재난관리 법제 현황

1) 재난 및 안전관리기본법

재난 및 안전관리 기본법은 국가는 재해를 예방하고 그 위험으로부터 국민을 보호하기 위하여 노력하여야 한다고 규정한 헌법 제34조 제6항의 정신을 실현하기 위하여 제정된, 재난 및 안전관리에 관한 기본법적 성격의 법률로서 국민안전처 소관 법률이다. 이 법은 각종 재난으로부터 국토를 보존하고 국민의 생명·신체 및 재산을 보호하기 위하여 국가와 지방자치단체의 재난 및 안전관리체제를 확립하고, 재난의 예방·대비·대응·복구와 안전문화활동, 그 밖에 재난 및 안전관리에 필요한 사항을 규정함으로 목적으로 한다.(제1조 목적규정) 이 법은 재난을 예방하고 재난이 발생한 경우 그 피해를 최소화하는 것이 국가와 지방자치단체의 기본적 의무임을 확인하고, 모든 국민과 국가·지방자치단체가 국민의 생명 및 신체의 안전과 재산보호에 관련된 행위를 할 때에는 안전을 우선적으로 고려함으로써 국민이 재난으로부터 안전한 사회에서 생활할 수 있도록 함을 기본이념으로 한다.

재난 및 안전관리 기본법은 제6조에서 국민안전처 장관은 국가 및 지방자치단체가 행하는 재난 및 안전관리업무를 총괄·조정한다고 규정하고 있어 세월호 참사 이후 조직개편에 따라 종전의 안전행정부와 소방방재청, 해양경찰청 등으로 분산되어 있는 조직을 국무총리 소속하의 국민안전처로 통합하였다.

이 법은 크게 안전관리와 재난관리 두 부분으로 구분할 수 있다. 우선 안전관리와 관련되는 규정은 다음과 같다.

제2장 (안전관리기구 및 기능) 제1절은 주로 안전과 관련되는 기구를 정하고 있다. 즉, 중앙안전관리위원회(제9조), 안전정책조정위원회(제10조), 안전관리민간협력위원회(제12조의 2) 등의 기구의 설치·운영에 대하여 규율하고 있다.

제3장 안전관리계획, 제4장 재난의 예방에서 재난관리책임기관의 장의 재난예방조치(제25조의 2), 국가기반시설의 지정 및 관리 등(제26조), 특정관리대상시설 등의 지정 및 관리 등(제27조), 재난안전분야 종사자 교육(제29조의 2), 재난안전을 위한 긴급안전점검 등(제30조), 재난예방을 위한 안전조치(제31조), 정부합동안전점검(제32조), 재난분야 위기관리 매뉴얼 작성·운용(제34조의 5), 다중이용시설 등의 위기상황 매뉴얼 작성·관리 및 훈련(제34조의 6), 재난대비훈련(제35조) 등에 관하여 규율하고 있다. 아울러 제8장 안전문화 진흥에서 대국민 안전교육의 실시(제66조의 5), 안전교육전문인력 양성 등(제66조의 6), 정부합동 재난원인조사(제69조) 등 안전관리에 관한 사항을 규정하고 있다.

한편, 좁은 의미의 재난관리는 재난대응과 복구를 의미한다. 이러한 협의의 재난관리와 관련하여서는 제2장 제2절에서 중앙재난안전대책본부(제14조), 수습지원단 파견 등(제14조의2), 중앙 및 지역사고수습본부(제15조의 2), 지역재난안전대책본부(제16조), 제3절 재난안전상황실 등을 규정하고 있다. 제6장에서 재난의 대응과 제7장에서 재난의 복구에 관하여 규율하고 있다. 제6장 재난의 대응과 관련하여서는 재난사태 선포(제36조), 응급조치(제37조), 재난예보·경보의 발령 등(제38조), 동원명령 등(제39조), 대피명령(제40조), 위험구역의 설정(제41조), 강제대피조치(제42조), 통행제한(제43조), 응원(제44조), 중앙긴급구조통제단(제49조), 긴급구조(제51조), 해상에서의 긴급구조(제56조), 항공기 등 조난사고시의 긴급구조 등(제57조)에 관하여 규율하고 있다. 제7장 재난의 복구와 관련하여서는 재난피해신고 및 조사(제58조), 특별재난지역의 선포(제60조), 특별재난지역에 대한 지원(제61조), 비용부담의 원칙(제62조), 응급지원에 필요한 비용(제63조), 손실보상(제64조), 치료 및 보상(제65조), 재난지역에 국가보조 등의 지원(제66조) 등 재난복구에 관하여 규율하고 있다.

2) 초고층 및 지하연계 복합건축물 재난관리에 관한 특별법

이 특별법은 국민안전처 소관 법률이다. 이 법은 초고층 및 지하연계 복합건축물과 그 주변지역의 재난관리를 위하여 재난의 예방·대비·대응 및 지원 등에 필요한 사항을 정하여 재난관리체제를 확립함으로써 국민의 생명, 신체, 재산을 보호하고 공공의 안전에 이바지함을 목적으로 한다.

이 법에서 말하는 초고층 건축물은 층수가 50층 이상 또는 높이가 200미터 이상인 건축물을 말한다. 지하연계 복합건축물은 층수가 11층 이상이거나 1일 수용인원 5천명이상인 건축물로서 지하부분이 지하역사 또는 지하도상가와 연결된 건축물이면서 건축물 안에 건축법상의 문화 및 집회시설, 판매시설, 운수시설, 업무시설, 숙박시설, 위락시설 중 유원시설업의 시설 또는 대통령령이 정하는 용도의 시설이 하나 이상 있는 건축물을 말한다.(제2조제1호 및 제2호)

제2장 예방과 대비에서는 사전재난영향성 검토협의(제6조), 재난예방 및 피해경감계획의 수립, 제출 등(제9조, 제10조), 통합안전점검의 실시(제13조), 교육 및 훈련(제14조), 종합방재실의 설치·운영(제16조), 종합재난관리체제의 구축(제17조), 피난안전구역 설치(제18조), 유해·위험물질의 관리 등(제19조), 설계도서의 비치 등(제20조)에 대해 규율하고 있다. 아울러 제3장 재난대응 및 지원에 관하여는 4개 조문을 두고 있다. 재난대응 및 지원체계의 구축(제21조), 초기대응대 구성·운영(제22조), 재난정보의 공유 및 전파(제23조)[18], 대피 및 피난유도(제24조) 등이 바로 그것이다.

---

18 제23조(재난정보의 공유 및 전파) 초고층 건축물 등의 관리주체는 그 건축물 등의 재난에 관한 정보를 관계지역안의 상시근무자, 거주자 밀 이용자에게 신속하게 전파 및 공유하여야 한다.

3) 자연재난의 관리와 관련된 법제

자연재난의 관리와 관련하여서는 여러 법률이 있다. 가령 자연재해대책법, 재해구호법, 농어업재해대책법, 급경사지재해예방에 관한 법률, 재해위험 개선사업 및 이주대책에 관한 법률, 재해경감을 위한 기업의 자율활동 지원에 관한 법률, 지진·화산 재해대책법, 저수지·댐의 안전관리 및 재해예방에 관한 법률 등을 들 수 있다.

4) 국가적 재난대비에 관한 법제

국가적 재난대비에 관하여는 여러 법률이 있다. 가령 국민보호와 공공안전을 위한 테러방지법, 민방위기본법, 비상대비자원관리법 등을 들 수 있다. 여기서는 국민보호와 공공안전을 위한 테러방지법에 대하여 간단히 살펴보기로 한다.

국민보호와 공공안전을 위한 테러방지법이 2016. 3. 3. 제정되어 시행되고 있다. 동법은 테러의 예방 및 대응활동 등에 관하여 필요한 사항과 테러로 인한 피해보전 등을 규정함으로써 테러로부터 국민의 생명과 재산을 보호하고 국가 및 공공의 안전을 확보하는 것을 목적으로 한다.

이 법률은 국가테러대책위원회(제5조), 대테러센터(제6조), 대테러 인권보호관(제7조), 전담조직의 설치(제8조) 등의 조직에 관한 규정과 테러위험인물에 대하 정보수집(제9조), 테러취약요인 사전제거(11조), 테러선동·선전물 긴급삭제 등 요청(제12조), 외국인테러전투원에 대한 규제(제13조) 등의 테러방지활동에 관하여 규율하고 있다. 이와 더불어 신고자보호 및 포상금(제14조), 테러피해의 지원(제15조), 특별위로금(제16조) 등 각종 지원활동에 관하여 규율하고 있으며, 테러단체구성죄 등(제17조), 무고, 날조(제18조) 등에 관하여 규율하고 있다. 이 법률은 테러의 발생을 사전적으로 억제하기 위한 공공안전법제에 속한다고 할 것이고, 테러가 발생한 경우에는 재난 및 안전관리 기본법의 시스템으로 옮겨가게 된다. 이러한 관점에서 재난의 개념에 명문으로 테러를 포함시키는 것이 바람직하다.

5) 수상에서의 수색 구조 등에 관한 법률

4. 16 세월호 참사 이후 종전의 수난구호법을 폐지하는 대신 수상에서의 수색구조 등에 관한 법률을 새로 제정하게 되었다. 세월호 참사이후 해수면과 내수면을 포함하는 용어로

수상으로 정하였고, 유관기관과의 체계적인 협력체계가 구축될 수 있도록 수난구호협력기관에 재난 및 안전관리 기본법상의 긴급구조기관을 명시하는 등 일련의 수상에서의 수색과 구조를 원활히 하기 위한 제도개선을 이루었다.

(2) 4·16 세월호참사 진상규명 및 안전사회 건설 등을 위한 특별법

이 특별법은 제1조 목적에서 규정하고 있는 바와 같이, 이 법은 2014년 4월 16일 전라남도 진도군 조도면 부근 해상에서 여객선 세월호가 침몰함에 따른 참사의 발생원인·수습과정·후속조치 등의 사실관계와 책임소재의 진상을 밝히고 피해자를 지원하며, 재해·재난의 예방과 대응방안을 수립하여 안전한 사회를 건설·확립하는 것을 목적으로 한다. 이 법률은 크게 진상규명과 안전사회 건설이라는 양대목표를 지향하고 있다. 우선 진상규명과 관련하여 4.·16 세월호 참사 특별조사위원회의 설치 등(제3조 내지 제21조), 진상규명조사(제22조 내지 제30조) 및 청문회(제31조 내지 제36조) 그리고 제4장 보칙과 제5장 벌칙에 관하여 규정하고 있다.

특히 4.·16 세월호 참사 특별조사위원회는 4.·16 세월호참사의 진상을 규명하고 안전사회 건설과 관련된 제도를 개선하며 피해자 지원대책을 점검하는 업무등을 수행하기 위하여 4·16 세월호참사 특별조사위원회를 두며, 위원회에는 진상규명소위원회, 안전사회소위원회, 지원소위원회를 세분하여 업무를 수행하도록 하였다(제16조).

(3) 재난관리법제에 대한 종합분석

첫째로 현재 재난관리 법제는 부처별로 다양한 형태로 이루어져 있는 실정이다. 국가안전처는 재난 및 안전관리와 관련하여 총괄·조정의 업무를 수행하고 있으며, 초고층 및 지하연계 복합건축물 재난관리에 관한 법률 등 여러 재난 및 재해대책 법률의 소관부처로서 역할을 수행하여 오고 있다. 농업재해 및 어업재해와 관련한 농어업재해대책법은 농림축산식품부의 소관 법률이다.

둘째로, 재난과 재해라는 용어가 혼용되고 있고, 개별법간의 용어의 통일성이 미흡하다. 즉「재난 및 안전관리기본법」에서 재난, 재해, 안전 등에 대한 용어의 명확한 개념을 제공하고 있지 못할 뿐만 아니라 재난 및 안전관련 개별법령에서 용어의 통일성이 결여되고

있다.[19]

셋째로, 재난관리를 재난예방과 대비와 같은 사전적 예방조치를 포함하고 있으나, 이와 같은 상황은 상시적인 업무에 속하기 때문에 재난관리의 성격보다는 안전관리의 성격이 강하다고 볼 것이다. 아울러 국가재난법제와 관련하여 재난 및 안전관리기본법, 민방위기본법 및 소방기본법이 혼재하고 있어 재난관리에 있어 법적용의 우선순위가 모호하고, 법률 적용사항에 있어 중복적인 업무부담의 가중현상이 있다.[20]

넷째로, 4·16 세월호참사 진상규명 및 안전사회 건설 등을 위한 특별법과 관련하여, 일본의 경우에는 2006년 3월에 항공사고, 철도사고에 있어서도 재발방지를 위한 원인규명을 한층 고도화하고 사고조사를 보다 원활하고 적확히 추진하기 위해 사고조사체제를 일층 정비할 필요성에 부응함과 아울러 2008년 5월에 국제해사기관(IMO)에 있어서 종전의 해난심판에 있어서 책임추급 및 전제에 해당되기 때문에 동종의 사고의 재발방지를 위한 원인규명기능이 불충분하다는 인식하에 선박사고에 관한 원인규명기능과 징계기능을 분리하는 것을 내용으로 국제규범의 변동도 일조하였다.[21]

이와 같은 배경하에서 일본은 종전의 항공·철도사고조사위원회를 확충 개편하고, 국토교통부 소관의 운수안전위원회를 설립하여 종전의 해난심판청의 원인규명기능을 운수안전위원회가 담당하는 것으로 하고, 해난심판청이 담당하고 있는 징계기능에 관해서는 국토교통성의 특별 기관으로서 설립하는 해난심판소가 담당하는 국토교통성 설치법등의 일부를 개정하는 법률안이 2008년 정기국회에 제출되어 가결되어 같은해 10월 1일부터 시행되었다.[22] 이처럼 선박사고 뿐만 아니라 항공사고와 교통사고 전반을 효율적으로 조사하기 위한 특별위원회제도를 마련하는 것이 우리의 경우 4·16. 세월호참사 특별법의 제정을 둘러싼 정치적으로 소모적인 논의를 줄일 수 있다는 점에서 타산지석으로 삼을 수 있다.

---

19 조성제, "재난 및 안전관리와 관련한 법·제도 개선에 관한 연구", 『한국위기관리논집』 제6권 제2호(2010), 7면.

20 이재은, "국가재난법제의 정비와 실효성 확보방안", 『한국위기관리논집』 제10권 제12호(2014), 11-12면.

21 해상사고의 안전조사를 위한 국제표준과 권고방식 코드를 SOLAS 조약의 채택 결의가 2010년 1월에 발표될 것이 예정된 바 있다. 우리의 경우에는 해양사고의 조사 및 심판에 관한 법률에 따라 설치된 중앙해양안전심판원에서 사고원인 규명과 징계사건을 모두 관장하고 있다.

22 宇賀克也, "運輸安全委員會の現狀と課題", ジュリスト No. 1399, 2010, 11面.

일본의 운수안전위원회 설치법 제28조의2에서 위원회는 사고 등 조사의 실시에 임하여서 피해자 및 그 가족 또는 유족의 심정을 충분 배려하면서 이들에 대한 당해사고 등 조사에 관한 정보를 적시에 아울러 적절한 방법으로 제공하여야 한다고 되어 있는 점을 향후 우리 재난관리법제의 정비시에 참고할 필요가 있다.

3. 안전관리 법제의 현황

(1) 각부처 소관 안전관리 법제

국민안전처 소관 안전관리에 관한 법제에는 다중이용업소의 안전관리에 관한 특별법, 위험물안전관리법, 승강기기설 안전관리법, 저수지·댐의 안전관리 및 재해예방에 관한 법률, 화재예방, 소방시설 설치·유지 및 안전관리에 관한 법률, 어린이놀이시설 안전관리법, 보행안전 및 편의증진에 관한 법률 등이 있다.

경찰청 소관 공공의 안전을 확보하기 위한 법제로는 총포·도검·화약류 등의 안전관리에 관한 법률, 사격 및 사격장 안전관리에 관한 법률을 들 수 있다.

산업통상자원부 소관 안전관리법제로는 제품안전기본법, 송유관 안전관리법, 전기용품안전관리법, 어린이제품 안전 특별법, 품질경영 및 공산품 안전관리법, 고압가스 안전관리법, 액화석유가스의 안전관리 및 사업법, 도시가스사업법 등을 들 수 있다.

식품안전처 소관의 식품안전관리 법제로는 식품안전기본법, 어린이식생활안전관리특별법, 수입식품안전관리 특별법 등이 있다. 아울러 국토교통부 소관의 시설물의 안전관리에 관한 특별법, 교육부 소관의 학교안전사고 예방 및 보상에 관한 법률, 환경부소관의 석면안전관리법, 보건복지부 소관의 생명윤리 및 안전에 관한 법률, 고용노동부 소관의 산업안전보건법, 미래창조과학부 소관의 연구실 안전환경 조성에 관한 법률 등이 있다.

한편, 교통수단의 안전을 확보하기 위한 법제로는 육상교통안전과 관련하여 교통안전법, 교통안전공단법, 항공기 안전과 관련한 법제로는 항공안전 및 보안에 관한 법률, 군용항공기비행안전성 인증에 관한 법률 등을 들 수 있다. 선박안전 관련 법제로서는 선박안전법, 선원법, 선박직원법, 해운법, 해사안전법 등이 있다.

원자력안전법제로는 원자력안전법, 생활주변방사선 안전관리법, 원자력안전위원회의 설치 및 운영에 관한 법률을 들 수 있다. 2015. 6. 22 개정되어 2016. 6. 23부터 시행되는 원자력안전법 제103조의2에서 정보공개의무를 신설한 것은 특기할 만하다.[23] 원자력안전위원회 설치 및 운영에 관한 법률 제18조(청렴의무)의 규정은 특기할 만하다. 즉, 이 규정에 의하면 "제15조에 따른 전문위원회의 위원은 이 법에 따라 심의 또는 규제를 받는 원자력 관련 사업에 종사하는 사람으로부터 금품이나 그 밖의 이익을 제공받아서는 아니 된다"고 그 대상자를 제한하고 있는 바, 원자력사고와 같이 대형재해로 발전할 수 있는 위험영역에 있는 모든 종사자 들의 청렴의무를 새롭게 정하고, 벌칙도 다른 안전영역에 비하여 가중하는 형태의 입법이 필요하다고 사료된다.

(2) 안전관리 법제에 대한 종합검토

현행의 안전관련 법령은 과도하게 분산되어 있으며 상호연계성이 부족할 뿐만 아니라 개별 법령에 따라 각각의 안전기준도 상이하다.[24] 이뿐만 아니라 국민의 생명과 안전을 보장하기 위한 안전법제가 방대하게 각 부처별로 산재되어 있어 안전검사와 안전점검 등 체계적이며 통일적인 안전관리시스템이 가동되고 있다기 보다는 부처에 따라 중복적인 안전검사와 안전점검이 이루어지고 있으며, 여러 개별 법률에도 불구하고 안전의 사각지대가 생기는 문제가 있다.

현행 안전관리에 관한 법제로는 법률명에 "안전" "안전관리", "안전사회" 등을 명기하고 있는 경우에 한정되지 않고 건축법, 체육시설의 설치·이용에 관한 법률, 식품위생법 등 안전을 법률명에 명기하지 않더라도 안전에 관한 규율을 하고 있다. 건축법, 도로법, 철도법, 고압가스안전관리법, 원자력안전법, 소방법 등 열거하기 힘들 정도로 다수의 안전관련 법률이 있으나, 이러한 안전관련 법률은 사고의 예방과 관련된 시설물의 안전규격과 그를 위한 사전허가절차, 그 밖의 정기 및 수시 안전점검 등에 관한 규정만 두고 있을 뿐 이들 법령과 관련된 사고의 발생시 이에 대한 수습 및 복구를 위한 법적 장치까지 마련하고

---

23 제103조의 2(정보공개의무) ① 위원회는 공공의 안전을 도모하기 위하여 원자력이용시설에 대한 건설허가 및 운영허가 관련 심사결과와 원자력안전관리에 관한 검사결과 등 대통령령으로 정하는 정보를 적극적으로 공개하여야 한다. 다만, 국가의 중대한 이익을 현저히 해칠 우려가 있는 경우 공개하지 아니할 수 있다.
　② 제1항에 따른 정보공개의 방법, 절차 등에 필요한 사항은 대통령령으로 정한다.

24 나채준, 앞의 글, 29면.

있는 경우는 매우 드물다.

부처별로 마련된 각종 안전관리에 관한 법률에서 규율정도의 차이는 있으나, 안전교육과 안전검사 및 안전점검에 관한 사항을 두고 있는 것이 일반적이다. 다만 실제적으로 안전교육과 안전검사를 이수하지 않은 경우에 제재가 적절한 것인지 검토가 요망된다. 아울러 안전검사를 자율적으로 하는 경우에는 실제적으로 충실한 안전검사가 이루어지지 못하여 재난발생의 원인으로 작용할 수 있으므로 자율적 규제전반에 대한 점검과 입법적 보완이 필요하다.

각종 공적기관에 의한 자율규제가 제 기능을 발휘하지 못하는 경우에는 국가기관에 의한 직접규제로 대체되거나 자율적 규제와 국가적 규제의 다원적 규제시스템이 가동되도록 할 필요가 있다.[25]

IV. 재난 및 안전관리의 법정책적 과제

1. 재난 및 안전관리 정책의 지향점

재난 및 안전관리 분야의 기본법으로서 재난 및 안전관리 기본법이 제정되어 있으나, 자연재해대책법이나 농어업재해대책법 등 재난 및 재해와 관련하여서도 여러 법령이 산재하고 있고, 안전관련 분야에서도 각 부처별로 다양한 안전관리정책을 펼치고 있으나, 통일적이며 일관적인 자세로 정책을 추진하고 있다고 볼 수 없다.[26]

따라서, 재난 및 안전관리 정책의 지향점은 첫째로, 위험의 사전예방을 지향해야 하며 재난·재해의 발생 이전과 발생이후의 연계구조하에 행정시스템을 구축하여야 하고 둘째로, 테러 등의 국가위기시에는 종래와 같은 소극적 경찰작용으로는 한계가 있으므로 예방적 선제적 경찰작용이 이루어져야 한다. 셋째로, 부처간의 업무협조가 원활히 이루어져야

---

25 原田大樹, 「自主規制の公法學的研究」, 有斐閣, 2007, 278-279面.

26 이홍훈, "국민의 생명과 안전을 보장하기 위한 법적 대응과 과제- 기조발제", 한국법제연구원·한국행정법학회 공동학술대회, 행정법분야 연합학술대회 자료집, 2013. 12. 13, 3면.

할 뿐만 아니라 민관협력체제를 구축하여 재난이 발생한 경우에 초동단계에서부터 신속히 재난에 대처할 필요가 있다.[27] 넷째로, 재난 및 안전 관련 공무원과 관계자에 대하여 지속적인 교육과 훈련을 실시하고, 재난전문인력의 양성에 박차를 가할 필요가 있다.

다섯째로, 원자력분야 등 고도의 위험이 야기되는 안전분야에 있어서 부정부패는 엄청난 재앙으로 발전할 수 있으므로 형사처벌을 강화하고, 특히 안전영역에 있어 공직내부의 부패의 사슬구조를 차단해야 한다.

2. 재난관리 법제의 개선과제

(1) 재난관리의 효율적 시스템구축

미국, 일본, 독일 등의 선진국의 경우에는 기초자치단체에서 모든 책임을 지고 재난을 극복하고 보충적으로 국가적 차원에서 지원해 주는 시스템을 유지하고 있는데 반면에, 우리의 경우에는 중앙부처인 국민안전처가 비대한 반면에 일선 지방자치행정기구의 재난관리전문인력이 미흡하고, 다른 업무와 병행하여 업무를 처리하는 관계로 대규모 재난의 대처에 문제가 있는 것이 지적되고 있다.

재난현장에서 즉각적이면서 신속하게 재난대응이 이루어질 때에만 피해를 최소화하게 된다. 종전에 상급기관에 보고하는데 신경을 쓰고 현장의 책임자가 주도적으로 재난극복과 피해저감을 위한 일련의 조치를 취하지 못하고 우왕좌왕하여 피해를 확대시켰던 사례가 드물지 않았다. 따라서 제도적으로 재난발생의 초동단계에 일련의 재난관리시스템이 적절히 작동되고 있는지, 재난관리의 효율적 시스템과 인프라를 구축할 필요성이 크다.

(2) 유기적 협력체계 구축

재해와 재난은 어느 시대, 어느 사회이건 다소 불가피하게 발생하는 측면이 있다. 평상시에 이와 같은 재해와 재난을 억제하는 사전예방적 안전관리에 역점을 둘 필요가 있다. 그럼에도 불구하고 재해와 재난이 발생한 경우에는 신속하고 효율적으로 대응하여 피해를 최소화하기 위해 유기적 협력체계를 구축할 필요가 있다. 따라서 재난관리시스템을 구

---

27 김용섭, 앞의 글, 16면.

축하는 것이 절실히 요청된다. 향후 대규모 재난이나 복합재난이 발생하였을 경우에 효율적으로 대처해 나갈 조직의 틀을 확보하는 것도 중요하지만 재난유형별로 차별적인 접근이 필요하며, 특히 재난발생시 정부부처내 정부와 지방자치단체간, 공적 부문과 사적 부문간의 유기적 협력체계를 마련할 필요가 있다.[28]

향후 우리는 재난 및 안전관리의 콘트롤 타워로서 역할을 하고 있는 국민안전처와 안전관리 법령의 소관부처와의 관계, 정부와 지방자치단체간, 관민협조체제 등을 구축하여야 한다. 행정절차법 제7조에서 규정하고 있는 행정청간의 협조에 관한 규정과 더불어, 같은 법 제8조[29]에 행정응원에 관한 규정이 있으나, 이와 같은 규정은 재난시를 염두에 둔 규정이라기보다는 평상시의 협력관계를 마련하기 위한 것이므로 재난 및 안전관리 법제에서 특별한 협력체계를 마련하기 위한 별도의 규정을 둘 필요가 있다.

(3) 정보의 공유 및 공개

재난 및 안전관리와 관련한 법제에서 간혹 정보의 공유를 내용으로 하는 규정이 마련되어 가고 있는 추세로 보여지나, 재난 및 안전관리 기본법에 정보공유에 관한 사항이 규정되어 있지 아니하므로 재난 및 안전관리에 관한 개별 법률에 정보의 공유나 공개에 관한 규정을 마련하지 않은 경우에 이를 원용할 수 있도록 하는 내용으로 법제도화가 필요하다.

2015년의 국내 메르스 사태에 있어서 환자 및 의료기관의 정보공개를 둘러싸고 논란이 있었다. 우리의 경우와 유사한 독일의 감염보호법(Infektionsschutzgesetz: IfSG)[30]에서는 감염병에 대한 대응의 기본원칙으로 관련 정보의 공개에 관한 규정을 마련하고 있다.[31] 우리

---

28 독일의 경우에는 1차적 책임구조기관, 2차적 책임구조기관, 민간협력시 구조체계, 공동훈련 등의 시스템을 구축하고 있다. 아울러 독일은 연방정부와 주정부 및 지방자치단체, 구조단체, 그리고 기업등이 참여하는 유기적인 협력적 거버넌스를 구축하고 있다.

29 행정절차법 제8조에서 "행정청은 1. 법령등의 이유로 독자적인 직무 수행이 어려운 경우 2. 인원·장비의 부족 등 사실상의 이유로 독자적인 직무 수행이 어려운 경우 3. 다른 행정청에 소속되어 있는 전문기관의 협조가 필요한 경우 4. 다른 행정청이 관리하고 있는 문서(전자문서를 포함한다. 이하 같다)·통계 등 행정자료가 직무 수행을 위하여 필요한 경우 5. 다른 행정청의 응원을 받아 처리하는 것이 보다 능률적이고 경제적인 경우에는 다른 행정청에 행정응원(行政應援)을 요청할 수 있다."고 규정하고 있다.

30 정확한 법률 명칭은 인간에 대한 감염병의 예방 및 관리에 관한 법률(Gesetz zur Verhütung und Bekämpfung von Infektionskrankenheiten beim Menschen)이다.

도 메르스 사태를 거친 후 감염병의 예방 및 관리에 관한 법률을 개정하여 정보공개를 명문화하였다. 동법 제34조의 2 제1항에서 "보건복지부 장관은 국민의 건강에 위해가 되는 감염병 확산시 감염병 환자의 이동경로, 이동수단, 진료의료기관 및 접촉자 현황 등 국민들이 감염병 예방을 위하여 알아야 하는 정보를 신속히 공개하여야 한다. 다만 공개된 사항 중 사실과 다르거나 의견이 있는 당사자는 보건복지부장관에게 이의신청을 할 수 있다"고 감염병위기시 정보공개에 관한 내용을 규정하고 있다.

이와 같은 규정은 개인정보보호의 관점에서 정보를 제대로 공개하지 못하면 재난이 확산되는 문제를 극복하기 위한 것으로, 정보공개의 법적 근거를 마련할 필요가 있다. 각종 재난 발생시 정부가 보유하고 있는 공공재인 정보를 적극적으로 공개하여 재난 상황에 있어서 일반국민이 신속하고 적절히 대응할 수 있도록 할 필요가 있다.

우리의 경우 재난발생시에 재난관리를 위해 설치된 상급기관에 대한 보고의무도 중요하지만, 피해에 가장 민감한 일반 국민이나 피해자의 가족 등에 대하여 상세한 피해상황의 보고의무를 마련할 필요가 있다.

3. 안전관리 법제의 개선과제

(1) 자유와 안전

현대사회가 위험사회로 변모함에 따라 자유와 안전간에 "자유의 삭감은 안전의 증가"라고 하는 차원의 트레이드오프(trade-off)가 논의되고 있다.[32] "안전 없이 자유 없다"라는 말과 같이 안전을 확보하기 위해서는 자유의 제한이 불가피하게 수반될 수 밖에 없다는 것을 의미한다. 그러나 자유와 안전간에 가치충돌이 결국에는 더 많은 안전을 원하는지 더 적은 자유로 수용할 것인지 문제가 된다. 다시말해 자유와 안전의 양자가 21세기에 있어서도 여전히 법치국가적 밸런스가 유지되고 균형잡힌 관계를 유지할 수 있는지, 아니면 안전문제가 강조되어 종국적으로 국가목적이 확고히 이동될 것인지에 대한 질문이 제기된다.[33]

---

31 이에 관하여는 강기홍, "메르스사태와 중앙·지방간 법적 거버넌스," 『인권과 정의』 통권 452호(2015), 25면 이하.

32 愛敬浩二, "自由と安全のトレードオフ"?, ジュリスト No. 1422, 2011, 29-35面.

국가로부터의 안전은 국가권력의 위험성으로부터 국민의 안전을 의미하며, 국가가 사회권력의 위험성을 보호하여야 한다는 점에서는 국가에 의한 안전을 말하게 된다. 경우에 따라 사회 제 세력에 의한 테러의 경우에는 군대에 의한 대응도 필요할 정도로 협력국가 내지 국가와 민간의 협력이 절실히 요망된다.

국가는 잠재적 위험에 직면하여 발생할지 모르는 재난을 방지하는 기본권의 보호의무의 수행자로서의 측면과 재난의 예방을 빙자하여 국가에 의한 국민의 기본권 침해와 남용 가능성이라는 측면에서 국가는 야누스의 두 얼굴의 모습을 띠고 있다. 가장 심각한 것은 자유의 축소에 비례하여 위험이 줄어든다면 균형을 갖추었다고 볼 수 있으나, 온갖 노력에도 불구하고 안전은 확보되지 않으면서 자유만 파괴된다면 이는 최악의 사태인 그 자체가 재앙이라고 할 것이다.[34]

자유와 안전 양자의 조화를 위한 법제로서는 2016. 3. 제정되어 시행중인 국민보호와 공공안전을 위한 테러방지법을 들 수 있다. 동법 제3조 제1항에서는 "국가 및 지방자치단체는 테러로부터 국민의 생명·신체 및 재산을 보호하기 위하여 테러의 예방과 대응에 필요한 제도와 여건을 조성하고 대책을 수립하여 이를 시행하여야 한다. 제2항에서는 국가 및 지방자치단체는 제1항의 대책을 강구함에 있어 국민의 기본적 인권이 침해당하지 아니하도록 최선의 노력을 하여야 한다. 제3항에서는 이 법을 집행하는 공무원은 기본권을 존중하여 이 법을 집행하여야 하며 헌법과 법률에서 정한 적법절차를 준수할 의무가 있다고 규정하고 있다.

결국 재난시의 재난의 효율적인 극복을 위해 개인정보에 관한 사항을 공개하여야 하는 등 사생활의 비밀과 자유가 침해될 수 있다. 따라서 국가에 의한 안전확보를 빌미로 하여 이루어지는 개인의 자유영역의 축소를 경계하여야 하고, 자유와 안전간의 적절한 조화점을 찾을 필요가 있다.

---

33 이상해, "자유와 안전간의 조화와 긴장관계- 전통적 법치국가로부터 테러위협에 대응한 예방국가로의 전환과 관련하여 -", 『토지공법연구』 제42집(2008), 654면.

34 볼프강 조프스키(Wolfgang Sofsky) 지음, 이한우 옮김, 앞의 책, 243면.

(2) 리스크 관리와 사전예방

미국 뉴욕의 2001. 9. 11. 항공기에 의한 테러나 지난해 11월 130명의 사망자를 낸 파리 테러와 같은 재난은 직접적으로는 생명을 순식간에 앗아가고, 간접적으로는 사회의 활력을 잃게 할 수 있는 두려움(Angst)을 확산하게 된다. 이러한 테러가 있을 경우 해당 국가는 국민의 안전에 책임을 다해야 한다.[35] 그 이유는 국가의 존재이유는 국민의 안전의 확보에 있기 때문이다. 그런데 테러는 2가지 측면에서 국민에게 두려움을 제공하게 된다. 하나는 국가가 테러에 대응하는 법령을 제정하여 운영하는 과정에서 국가로부터 개인의 기본권이 침해당하는 두려움이고, 다른 하나는 사회적 불순세력에 의하여 유발되는 개인의 안전에 위협적인 요인을 제거하지 못하는 것에 기인한 두려움의 문제가 바로 그것이다.

만약 항공기에 핵무기를 탑재한 테러리스트에 대하여 사전에 이를 억제하지 않아 위험이 구체화 될 경우 재앙으로 발전할 수 있게 된다. 따라서 전통적인 구체적인 위험을 전제로 하는 위험방지(Gefahrenabwehr) 보다는 구체적 위험의 전단계(前段階, Vorfeld)에서 위험을 억제하는 위험사전예방(Gefahrenvorsorge)이 경찰업무의 새로운 전개과정으로 이해할 수 있다.[36]

결국 리스크관리는 안전과 위험사이를 정량화하여 최악의 사태가 발생하기 전에 어떤 대책을 강구하고 미래를 지향한 리스크 삭감을 목적으로 한다.[37]

(3) 안전과 규제의 관계설정

안전과 규제의 상관관계는 동전의 양면과 같다. 안전을 위해 규제가 강화되어야 한다는

---

35 김용섭, "재난 및 안전관리 법제의 현황과 법정책적 과제", 행정법이론실무학회 제233회 정기학술발표회 자료집, 2016. 4. 23, 1-37면.

36 서정범/박병욱, "경찰법상의 위험개념의 변화에 관한 법적 고찰 - 전통적 위험개념의 작별(?) -", 『안암법학』 제36호 (2011), 94면.

37 같은 맥락에서 국민보호와 공공안전을 위한 테러방지법 제9조에서 테러위험인물에 대한 정보수집 등을 규율하는 이유도 테러를 사전예방하기 위하여 사생활의 비밀과 자유 등의 기본권의 제약이 따르는 것이므로, 향후 동법 시행령을 제정함에 있어 국가기관은 국민의 안전확보를 빌미로 하여 부당한 개인의 자유영역의 축소를 경계하여야 하고, 자유와 안전간의 적절한 조화점을 찾을 필요가 있다.

논리가 지배적이지만, 규제완화의 논리에 밀려 안전영역에서도 규제완화가 그동안 적지 않게 이루어져 왔다. 우리의 경우 행정규제기본법[38]에서 규제를 전반적인 것으로 규율하고 있는데, 여기서 규제를 폭넓게 할 것이 아니라 재난, 환경, 식품위생 등의 안전관리 영역에 있어서는 규제완화의 차원에서 접근하는 것보다는 적정한 규제라는 관점에서 접근하는 것이 타당하다.

행정규제기본법 제3조제2항제4호에서 적용예외와 관련하여 병역법, 통합방위법, 향토예비군설치법, 민방위기본법, 비상대비자원 관리법 및 재난 및 안전관리 기본법에 규정된 징집·소집·동원·훈련에 관한 사항에 한정하고 있고, 재난 및 안전관리 기본법의 재난관리나 안전관리에 관한 사항을 포함시키지 않고 있다. 그러나, 행정규제기본법에 재난 및 안전과 관련한 규제부분은 행정규제기본법의 적용범위에서 제외시키거나 행정규제기본법 제13조 제1항[39]에서 정하고 있는 긴급한 규제의 신설·강화심사의 경우라는 일반적인 기준으로 해결할 것이 아니라 재난 및 안전에 관한 규제를 강화할 수 있는 근거조항을 명시할 필요가 있다.

재난 및 안전관리 분야는 생명과 신체의 안전에 직결되므로 규제완화가 억제되고 오히려 규제를 강화해야 할 분야이다. 그러나 공무원의 전문적인 역량이 미흡하여 민간에 권한을 위탁하거나 대행하게 할 경우처럼 민간의 자주적 규제에 맡기는 것은 안전기준의 엄격한 적용을 회피할 가능성이 있으므로 행정청은 권한의 위탁이나 대행후에도 감독권한을 적절히 행사할 필요가 있다.

---

38 행정규제기본법 제2조 제1호에서 "행정규제"란 국가나 지방자치단체가 특정한 행정 목적을 실현하기 위하여 국민(국내법을 적용받는 외국인을 포함한다)의 권리를 제한하거나 의무를 부과하는 것으로서 법령등이나 조례·규칙에 규정되는 사항을 말하고 동법 제2조 제2호에서 "법령등"이란 법률·대통령령·총리령·부령과 그 위임을 받는 고시(告示) 등을 말한다.

39 행정규제기본법 제13조(긴급한 규제의 신설·강화 심사) ① 중앙행정기관의 장은 긴급하게 규제를 신설하거나 강화하여야 할 특별한 사유가 있는 경우에는 제7조, 제8조제3항, 제9조 및 제10조의 절차를 거치지 아니하고 위원회에 심사를 요청할 수 있다. 이 경우 그 사유를 제시하여야 한다.

4. 재난 및 안전관리 기본법의 문제점 및 개선방안

(1) 재난관리와 안전관리의 이원적 법제의 필요성

재난 및 안전관리 기본법은 재난관리와 안전관리라고 하는 두 마리의 토끼를 잡으려고 하고 있으나, 어느 한쪽도 만족스러운 규율을 하고 있다고 보기 어렵다.

오히려 재난관리와 관련하여서는 재난대책과 복구에 효율적으로 대응할 수 있고 선택과 집중을 할 수 있도록 차제에 재난과 재해 관련 법제를 종합화하여 재난관리기본법으로 하면서 주로 재난발생시 그 대책과 복구에 주안점을 두고 규율하는 것이 바람직하다. 안전관리의 측면에서는 기본법을 별도로 마련하면서 재난과 안전과의 관계를 규율하고 아울러 각종 부처별로 산재된 안전관리에 관한 법률을 향도하는 안전관리기본법을 별도로 마련하여 이원적 법제로 나아가는 것이 바람직하다고 사료된다.[40]

재난은 일단 발생하면 대규모 피해로 이어질 가능성이 크기 때문에 국가차원에서 평상시에 재난 예방과 안전관리를 철저히 함으로써 피해를 최소화하는데 주력하고, 일단 재난이 발생하면 신속한 응급조치와 재난구호 등을 통해 재난으로 인한 피해를 최소화하는 것이 필요하다. 이러한 관점에서 안전관리는 평상시에 지속적으로 수행해야 하는 국가적 과제이고, 재난관리는 비상시에 효율적으로 대처해야하는 과제임에도 재난 및 안전관리 기본법은 재난관리와 안전관리가 혼재되어 있다.

(2) 재난개념의 재분류 및 범위설정의 명확화

먼저 재난의 유형구분의 문제점을 지적하면, 재난 및 안전관리 기본법(법률 제11994호, 2013.8.6.)이 2014. 2. 7. 시행되면서 재난의 개념을 현행 법률과 같은 체제로 자연재난과 사회재난으로 구분하였다. 이와 같은 자연재난과 사회재난의 구분은 재난 및 사고의 유형별로 예방·대응 및 복구 등의 업무를 주관하여 수행하는 중앙행정기관을 명확히 하기 위한 법적 근거를 마련하였다고 2013년 당시 정부제출 법률안의 제안이유와 주요내용에서 밝히고 있다.[41]

---

40 한창희·표석환, "방재정책 개선방안에 관한 연구: 재난 및 안전관리 기본법 개정안을 중심으로", 『손해사정연구』 제6권 제2호(2014), 67-70면.

앞으로 재난 및 안전관리 기본법을 개정하여 재난의 유형을 자연재난과 사회재난으로 이분적 발상에서 벗어나 자연재난, 인적재난, 사회재난, 신종재난, 복합재난 등 다양한 재난 유형에 따른 대응체계를 달리하는 방향으로 개선해 나갈 필요가 있다.[42]

다음으로, 재난의 범위와 관련하여 대통령령인 재난 및 안전관리 기본법 시행령에 위임하고 있으나, 시행령에서 구체적으로 규율하지 않고 막연하게 규율하고 있는 문제점을 지적할 수 있다. 재난 및 안전관리 기본법 시행령 제2조(재난의 범위)에서 재난 및 안전관리 기본법 제3조제1호나목에서 "대통령령으로 정하는 규모 이상의 피해란 1. 국가 또는 지방자치단체 차원의 대처가 필요한 인명 또는 재산의 피해 2. 그 밖에 제1호의 피해에 준하는 것으로서 국민안전처장관이 재난관리를 위하여 필요하다고 인정하는 피해의 어느 하나에 해당하는 것을 말한다"고 규정하고 있다. 그런데 이와 같은 재난의 범위에 관한 규정은 재난에 해당하는지 여부를 명확하게 설정하지 아니하므로 문제가 있다. 인명과 재산의 피해중에 국가 또는 지방자치단체 차원의 대처가 필요한 것이 어느 정도인지, 아울러 제2호에서 정하는 국민안전처장관이 재난관리를 위하여 필요하다고 인정하는 피해는 도대체 어느 정도인지 법령의 문구만으로는 알 수 없기 때문이다.

한편 대규모재난과 관련하여 재난 및 안전관리 기본법 제14조(중앙재난안전대책본부 등)제1항에서는 "대통령령으로 정하는 대규모 재난의 대응·복구 등에 관한 사항을 총괄·조정하고 필요한 조치를 하기 위하여 국민안전처에 중앙재난안전대책본부(이하 "중앙대책본부"라 한다)를 둔다."고 규정하고 있고, 그 위임을 받아 법 제14조제1항에서 "대통령령으로 정하는 대규모 재난이란 1. 재난 중 인명 또는 재산의 피해 정도가 매우 크거나 재난의 영향이 사회적·경제적으로 광범위하여 주무부처의 장 또는 법 제16조제2항에 따른 지역재난안전대책본부의 본부장의 건의를 받아 법 제14조제2항에 따른 중앙재난안전대책본부의 본부장이 인정하는 재난 2. 제1호에 따른 재난에 준하는 것으로서 중앙대책본부장이 재난관리를 위하여 법 제14조제1항에 따른 중앙대책본부의 설치가 필요하다고 판단하

---

41 이를 통해 자연재난은 소방방재청이 사회재난은 안전행정부가 담당하는 구조로 변경된 것이다. 이는 엄밀히 말해 안전행정부가 재난 및 안전분야에 대한 충분한 역량을 갖추지 못한 상태에서 부처 확대정책의 일환으로 사회재난을 맡은 측면이 있다고 할 수 있다.

42 이재은, "한국의 복합재난 대응과 위기관리체계 발전방향", 『한국위기관리논집』 제19권 제8호(2014), 26면.

는 재난 중 어느 하나에 해당하는 재난을 말한다"고 규정하고 있어, 재난관리 당국에만 맡겨 둘 것이 아니라 법률에서 대규모 재난에 관한 객관적이며 보다 명확환 기준을 제시할 필요가 있다.

(3) 대규모 재난과 복합재난에 대한 대응체계 마련

국민안전처는 화학물질 유출이나 해상 기름유출, 전력, 통신망 사고 등 새로운 형태의 재난과 국민생활과 직결된 대규모, 복합재난 등에 상시 대응할 수 있는 능력을 갖추도록 하기 위해서는 부처간의 협업차원을 넘어서서 긴밀한 연결체제를 구축하여야 한다.

재난 및 안전관리기본법은 대규모 재난에 관한 규율을 하고 있을 뿐, 복합재난대응체계를 갖추고 있지 못한 실정이다. 특수재난에 대한 대처와 관련하여 국민안전처와 그 소속기관 직제에 따르면 제14조제3항제1호에 따라 특수재난실장은 "도로·지하철·철도·항공기·해양선박 등 관련 대형 교통사고, 유해화학물질 등 관련 환경오염사고, 감염병 재난, 가축질병, 원자력안전 사고, 다중 밀집시설 및 산업단지 등에서의 대형사고, 전력·가스 등 에너지 관련 사고, 정보통신 사고(정보통신기반 보호법 제2조제3호 및 정보통신망 이용촉진 및 정보보호 등에 관한 법률 제2조제1항제7호에 따른 침해사고와 중앙행정기관·지방자치단체 및 공공기관의 정보통신망에 대한 사이버공격은 제외한다) 등(이하 "특수재난"이라 한다) 대책 지원 및 업무 협조"를 수행하도록 되어 있어 향후 복합재난과 같은 특수한 재난이 발생하였을 경우 효율적으로 대응하고 복구할 수 있는지 여부가 향후 국민안전처의 역량을 가늠하게 될 것이다.

(4) 국가와 지방자치단체의 협력체계 및 지방자치단체의 초동단계 현장즉응형 재난관리 체제 구축

재난관리를 효율적으로 하기 위해서는 국가주도만으로는 그 목표를 달성하기 어렵다. 중앙부처간에 긴밀히 협조함은 물론 국가와 지방자치단체의 유기적 협력이 필요하다. 방재행정은 기본적으로 중앙부처간 국가와 지방자치단체간, 공공부문과 사적부문간의 유기적 협조체제가 잘 이루어지는지 여부에 달려있다고 할 것이다.[43]

우리의 재난 및 안전관리기본법은 기본적으로 국가주도형 재난관리체제로 구축되어 있는 바, 이 부분은 다른 선진국의 모델과 마찬가지로 기초 지방자치단체에 의하여 일차적으로 책임을 지고 현장에서 대처하도록 하여야 한다. 우리도 재난 및 안전관리기본법 제51조와 제52조에서 긴급구조활동이 지역통제단장이나 시·군·구긴급구조통제단장이 중심이 되어 긴급구조활동을 전개한다는 점에서 선진국의 재난대응체계를 유지하고 있으나, 지방자치단체의 재난상황실의 경우에는 재난전담직원이 배치되지 못하고 비전담인력의 기존 업무와 병행하는 관계로 초동단계의 대응에 미숙하게 대처하는 원인이 초래될 수 있다.[44]

특히 기초자치단체장의 초동대응이 매우 중요한 바, 재난시 기초자치단체장이 신속하고 정확하게 대응하기 위해서는 평상시 위기에의 대비체제를 갖추어야 한다. 위기시의 대비에 있어 중요한 사항은 첫째로, 상명하복(Top-down) 방식의 응급체제를 구축할 것 들째로, 직원의 대응능력을 향상할 것 셋째로, 주민과의 리스크 커뮤니케이션, 상급자치단체 및 재난관리기구와 연대 강화 등을 염두에 둘 것이다.[45]

V. 맺음말

이상에서 고찰한 바와 같이 재난과 안전의 개념을 명확히 하고, 재난 및 안전관리법제의 현황과 과제를 살펴보았다. 그동안 정부는 각종 대형재난이 발생한 후에 법률을 제정하거나 재난 및 안전관리 조직을 정비하는 등 발빠르게 대처하여 왔다.[46] 2014. 4. 16. 발

---

43 문현철, "국가재난관리체제에 있어서 중앙정부와 지방자치단체의 역할에 대한 법적 고찰", 『국가위기관리연구』 제3권 제2호(2009), 97면.

44 대규모 재난이 발생할 경우에 대형병원으로 환자가 몰리게 되는데 대형병원에서 재난훈련의 실시도 평상시에 할 수 있도록 이에 관한 법적인 근거규정을 마련할 필요가 있다.

45 室田哲男, "大規模災害における市町村の初動對應と「危機への備へ」", 自治研究 弟91卷 弟10号, 2015, 62面. 이 논문에서 톱다운 방식에 있어서는 톱이 되는 기초자치단체장이 리더쉽을 발휘하는 것이 매우 중요하다는 점을 밝히고 있다. 가령 시장, 군수, 구청장의 진두지휘 하에 조직전체가 일체가 되어 신속히 대응하는 체제를 갖추는 것이 중요하다고 역설하고 있다. 위기관리시 톱이 취해야 할 행동원리로서, 의심날 때에는 행동할 것, 최악의 사태를 상정하여 행동할 것, 헛스윙을 하더라도 회피를 허용하지 말 것을 들고 있다.

46 1994년 성수대교 붕괴 및 삼풍백화점 붕괴사고가 있은 후 1995년에 시설물안전 및 관리에 관한 법률을 제정하여 대처하였다. 2003년 대구지하철 참사 등 대형 사고가 발생한 후 시점인 2004. 6. 재난관리 전담기구인 소방방재청이

생한 세월호 참사는 매우 불행한 사태이지만 이를 극복하는 과정에서 우리나라 재난 및 안전관리법제의 정비에 있어 비약적인 발전이 있었던 것도 사실이다.

세월호 침몰사고는 우리 국민에게 안전에 대한 의식과 국가의 안전책무에 대한 기대를 높였다고 할 것이다. 그동안 우리사회의 압축성장 속에서 '빨리 빨리'를 강조하여 왔고, 원칙과 기본이 무시되어 온 측면이 없지 않다. 세월호참사의 재난대응의 실패는 하드웨어 적인 측면 즉 법제도의 부실이라는 문제점이 지적될 수 있지만, 이 보다는 소프트웨어적 측면에서의 평상시의 안전관리시스템이 제 기능을 하지 않았고, 재난대응 조직 및 인력운 영의 문제가 결합된 것으로 볼 수 있다.[47]

현대사회 이전의 전통적인 사회에 있어서는 '천재지변' 즉 태풍, 홍수, 지진, 가뭄 등이 주된 재난의 형태였다. 이러한 재난은 과학기술이 발달하기 이전에는 자연적 힘이나 신의 행동이라 믿고 인간들은 그 재난에 의한 피해를 완화 또는 통제하기 위한 활동을 하지 않고 다른 초인적인 힘에 의지하려는 경향을 있었음은 주지의 사실이다. 그러나 산업혁명 이후 과학기술의 발달과 함께 나타난 사회적 변화는 인간에 의해 재난을 어느 정도 예측 할 수 있게 되었고, 그 피해를 최소화시킬 수 있는 대응능력이 개발되게 되었다. 유교적 전통이 있는 중국과 우리나라의 경우 한무제 시대의 동중서의 재이설(災異說)과 천인상관 설의 영향을 받아 재난이 발생한 경우 국왕의 신하의 부덕의 소치로 여기고 제도개선과 인사를 과감히 단행하기도 하였다.[48]

재해와 재난은 우리의 삶속에서 불가피한 측면이 없지 않지만 재해와 재난이 발생하더 라도 피해를 최소화하는 방향으로 국가와 지방자치단체의 재난관리 및 안전관리 시스템

출범하였다. 한편 2014. 4. 16. 세월호 참사가 있은 후에 재난 및 안전관리 기본법을 개정하였을 뿐만 아니라 안전 행정부에서 행정자치부로 변경되면서 새로운 조직인 국민안전처가 국무총리 산하의 조직으로 새로 출범하였다. 이와 더불어 4. 16. 세월호참사 진상규명 및 안전사회건설을 위한 특별법의 제정을 들 수 있다.

47 나채준 외 3인, 『재난·안전 관련 법제 개선방안 연구』, 한국법제연구원, 2014, 37-38면.

48 이종수, 『조광조 평전-조선을 흔든 개혁의 바람』, 생각정원, 2016, 176면. 위 책의 내용 중에는 우리의 경우 조선 중 종시대인 1518. 5. 대형지진이 발생하여, 이에 대한 대책으로 조광조는 소격서의 혁파를 상소하기에 이르렀으며 능력 없는 정승들의 사직읍소에 이르기 까지 인사에 관한 문제에 집중되어 있었다. 이와 같이 인사문제로 접근하는 대책론 의 논거와 관련하여 "이번 지진의 변괴는 음이 성하고 양이 쇠해서 그런 것인데, 음은 소인이요 양은 군자인 것이다. 지금 소인이 있다해도 술책을 부릴 수가 없겠지만, 당우 때에도 사흉이 있었으나 지금도 소인이 있어 군자를 눌러서 그런 것이 아닌가"라고 중종실록 1518. 5. 16. 자에 기록되어 있다.

을 통해 이를 극복해 나갈 필요가 있다. 국민의 생명과 안전을 확보하기 위한 시스템 정립의 전제조건으로는 의식적 측면에서는 첫째로, 기본과 원칙을 중시하는 사회를 만들어 나가야 하며, 둘째로 사회에 팽배한 안전불감증을 극복하지 않으면 안된다. 이와 더불어 제도적 측면에 있어서는 재난시에 대비한 평상시의 교육과 훈련을 철저히 하고, 안전점검 등의 단속과 집행에 있어 최적화를 이룰 수 있도록 하여야 한다.

재난 및 안전관리 기본법은 재난관리법으로 방향을 전환하고, 안전관리에 대하여는 여러 산재된 법률의 공통적인 원리를 추출하여 안전관리기본법을 별도로 만들어 분법화하거나 재난의 사전예방은 평시 안전관리의 차원으로 하고, 재난의 대응과 복구에 보다 집중하는 시스템을 구축할 필요가 있다. 이처럼 재난 및 안전관리 기본법은 기본법으로서 미흡한 부분이 적지 않으므로 재난관리법제와 안전관리법제를 각각 기본법을 달리 제정하는 등 안전사회를 위한 위험의 효율적 관리와 재난유형을 고려한 신속한 대응체제를 마련할 필요가 있다.

참고문헌

1. 국내문헌

강기홍, "메르스 사태와 중앙·지방간 법적 거버넌스", 『인권과 정의』 통권 제452호(2015).

김대근, "안전개념의 분화와 혼융에 대한 법체계의 대응방안", 『법과사회』 제47호(2014).

김선광/황성남, "자연재해법과 재난관리법의 통합에 관한 연구", 『법학논총』 제28집 제4호(2011).

김용섭, "선박안전 및 재난관리에 관한 법정책적 검토", 『인권과 정의』 통권 제442호(2014).

김종천, "안전국가 정착을 위한 입법적 과제- 에너지 안전법제를 중심으로-", 『중앙법학』 제17집 제1호(2015).

김진수, "안전사고 예방을 위한 시설물 유지·관리방안", 국회입법조사처, 『이슈와 논점』 제953호 (2015).

김호기, "재난예방에 있어서 형법의 역할; 조직 등 시스템 운영주체 처벌을 통한 재난 예방의 가능성", 『형사정책연구』 제26권 제4호(2015).

나채준, "재난 및 안전관리기본법상의 안전문화 법제개선방안 연구", 『토지공법연구』 제65집 (2014).

나채준 외3인, 『재난·안전관련 법제 개선방안 연구』, 한국법제연구원(2014).

문현철, "국가재난관리체제에 있어서 중앙정부와 지방자치단체의 역할에 대한 법적 고찰", 『국가위기관리연구』 제3권 제2호(2009).

박두용, "현대사회의 위험특성과 바람직한 국가 안전관리체계", 『인권과 정의』 통권 제452호 (2015).

박영철, 『재난관리법제의 현황 및 개선방안』, 한국정보화진흥원(2009).

볼프강 조프스키(Wolfgang Sofsky) 지음, 이한우 옮김, 『안전의 원칙(Das Prinzip Sicherheit)-위험사회, 자유냐 안전이냐』, 푸른 숲(2007).

서정범/박병욱, "경찰법상의 위험개념의 변화에 관한 법적 고찰- 전통적 위험개념의 작별(?)", 『안암법학』 제36호(2011).

손윤호, "안전관리 규범체계 정립에 관한 공법적 소고", 『국가법연구』 제10집 제2호(2014).

송석윤, "기본권으로서 안전권에 관한 시론적 연구", 『법학논집』 제8권 제1호(2003).

이종수, 『조광조 평전- 조선을 흔든 개혁의 바람』, 생각정원(2016).

이종영, "전기용품의 안전관리제도", 『공법학연구』 제11권 제3호(2010).

이재은, "한국사회의 구조적 불안전과 위기관리시스템의 제도적 정비방안: 세월호 참사와 메르스 사태의 교훈을 중심으로", 『인권과 정의』 통권 제452호(2015).

안영훈, "우리나라의 통합적 재난안전관리체계 개선방안, 한국행정학회 2010년도 공동학술대회 자료집(2010).

양천수, "위험·재난 및 안전 개념에 대한 법이론적 고찰", 『공법학연구』 제16권 제2호(2015).

오준근, "재난·테러 등 각종 위기상황에 대비한 시설물의 종합적 안전관리를 위한 법제정비방안", 『토지공법연구』 제35집(2007).

윤장근, 『재해위험 피해의 경제적 손실과 보험기능 도입 및 활성화 방안』, 연세대학교박사학위논문(2004).

이기춘, "독일 재난법의 기초 - 재난개념, 재난보호개념, 재난보호법제의 특성, 협의 및 광의의 재난법개념에 관한 고찰을 중심으로 -", 『둔석 홍정선 교수 정년기념논문집』(2016).

이부하, "위험사회에서 국민의 안전보호의무를 지는 보장국가의 역할 - 현행 안전법제에 관한 고찰을 겸하며 -", 『서울대학교 법학』 제56권 제1호(2015).

이부하, "헌법국가에서 국민의 안전보장 - 독일 헌법학의 논의를 중심으로 -", 『한독사회과학논총』 제21권 제1호(2011).

이부하, "헌법상 가치로서의 안전과 안전보장", 『홍익법학』 제4권 제2호(2013).

이상해, "자유와 안전간의 조화와 긴장관계 - 전통적 법치국가로부터 테러위협에 대응한 예방국가로의 전환과 관련하여 -", 『토지공법연구』 제42집(2008).

이재은, "국가재난법제의 정비와 실효성 확보방안", 『한국위기관리논집』 제10권 제2호(2014).

이홍훈, "국민의 생명과 안전을 보장하기 위한 법적 대응과 과제- 기조발제", 한국법제연구원·한국행정법학회 공동학술대회, 행정법분야 연합학술대회 자료집(2013. 12. 13.).

전광석, "국민의 안전권과 국가의 보호의무", 『법과인권교육연구』 제8권 제3호(2015).

전학선, "재난관리법제의 문제점 및 개선방안", 『외법논집』 제38권 제4호(2014).

정극원, "재난대응의 체계화와 효율성 제고의 법적 방안", 『유럽헌법연구』 제16호(2014. 12).

정문식, "안전에 관한 기본권의 헌법상 근거와 위헌심사 기준", 『법과 정책연구』 제7집 제1호(2007. 6).

정문식, "독일 항공안전법 제14조 제3항에 관한 독일 연방헌법재판소 판결 (BVerfG. 1BvR 357/05) 에 대한 분석과 평가", 『법학논총』 제26집(2009).

정하명, "국가안전법제에서 기초지방자치단체의 역할 - 한국과 미국의 비교법적 검토-", 『법학논총』 제27권 제3호(2015).

조성제, "재난 및 안전관리와 관련한 법·제도 개선에 관한 연구", 『한국위기관리논집』 제6권 제2호(2010).

조재현, "헌법국가로서의 안전국가", 「선진국가를 위한 공법적 과제- 안전국가의 확립으로부터 문화국가의 부흥으로-」, 2014년 공법학자대회 자료집(2014. 12. 12.).

주강원, "재난과 재난법에 관한 소고", 『홍익법학』 제15권 제2호(2014).

최병학, "우리나라 재난·재해관리시스템의 문제와 과제", 『공공행정연구』 제7권 제1호(2005).

최승필, "재난방지체계에 있어서 국가 권한에 관한 법·제도적 검토", 『외법논집』 제36권 제1호(2012).

최중권, 『재난관리법제상 손해배상에 관한 연구』, 단국대학교박사학위논문(2001).

최철호, "스포츠시설 안전규제에 관한 공법적 고찰", 『스포츠엔터테인먼트와 법』 제19권 제1호(2016).

한창희·표석환, "방재정책 개선방안에 관한 연구; 재난 및 안전관리 기본법 개정안을 중심으로", 『손해사정연구』 제6권 제2호(2014).

홍완식, "세월호 사고에 관한 입법적 성찰", 『법학연구』 제56집(2014).

홍완식, "안전권 실현을 위한 입법정책", 『유럽헌법연구』 제14호(2013).

2. 외국문헌

Ulich Beck, 『Risikogesellschaft: Auf dem Weg in eine andere Moderne』, 1986.

Walter Frenz, 『Freiwillige Gefahrenprävention』, Schriften zum Öffentlichen Recht Bd. 927, Duncker & Humblot ·Berlin, 2003.

Christoph Gusy, "Katastrophenschutzrecht-Zur Situation eines Rechtsgebiets im Wandel-", DÖV 2011.

Liv Jaeckel, "Risiko-Signaturen im Recht- Zur Unterschiedbarkeit von Gefahr und Risiko", JZ 3/2011.

Helmuth Schulze-Fielitz, "Risikosteurung von Hochriskanlagen als Verfassungsproblem- Notfallschutz bei Kernkraftanlagen-", DÖV 2011.

Klaus-Peter Dolde, "Terroristische Flugzeugangriffe auf Kernkraftwerke- Schdenvorsorge- Restrisiko-Drittenschutz", NVwZ 11/ 2009.

Rolf Stober/Sven Eisenmenger, "Katastrophenverwaltungsrecht-Zur Renaissance eines vernachlässigten Rechtsgebietes", NZBl, 2005.

Stephan Meyer, "Risikovorsorge als Eingriff in das Recht auf körperliche Unversehrtheit- Gesetzliche Erschwerung medizinischer Forschung aus Sicht des Patienten als Grundrechtsträger", AöR, Bd. 136, 2011.

下山憲治, 「リスク行政の法的構造」, 敬文堂, 2007.

原田大樹, 「自主規制の公法學的研究」, 有斐閣, 2007.

室田哲男, "大規模災害における市町村の初動對應と 「危機への備へ」", 自治研究 弟91卷 弟10号, 2015.

宇賀克也, "運輸安全委員會の現狀と課題", ジュリスト No. 1399, 2010.

愛敬浩二, "自由と安全のトレ-ドオフ ?", ジュリスト No. 1422, 2011.

城山英明, "規制緩和と規制改革- その實狀と含意", ジュリスト No. 1356, 2008.

岡田正則, "災害·リスク對策法制の現狀と課題", 法律時報 弟81卷 弟9号, 2009.

2

지진재해 대책법제의 현황과 개선과제*

───── 목차 ─────

Ⅰ. 머리말

Ⅱ. 지진과 지진재해의 의의·특성과 지진원인론

Ⅲ. 지진재해대책 관련 법체계의 현황

Ⅳ. 지진재해 대책 법제의 개선과제

Ⅴ. 맺음말

Ⅰ. 머리말

1. 국내외 대표적 지진사례

(1) 복합재난의 대규모지진

지진은 자연의 힘이 인간의 생명을 빼앗거나 거대한 규모로 인간 노동력의 산물을 파괴하는 자연재해의 일종이다.[1] 대규모 강진이 도시를 덮치면 도시는 엄청난 혼돈과 화재, 파괴의 광란 속으로 들어가 일순간에 도시가 폐허로 변해 버릴 수 있다. 전 세계적으로 과학과 기술의 발전이 첨단화된 오늘날 기후변화와 지구의 판의 구조변화에 기인하여 지진 등 자연재난이 빈발하고 있다.

───

* 이 논문은 2016년 12월 9일 한국행정법학회·한국법제연구원·사법정책연구원 공동학술대회 "지진관련 재난법제의 현황과 과제" 에서의 김용섭교수 발제문을 수정·보완하여 행정법학 제12호(2017. 3.)에 게재·수록한 것입니다.

[1] 어네스트 지브로스키 Jr. / 이전희 옮김, 잠못 이루는 행성- 인간은 자연재해로부터 자유로울 수 있는가, 코기토, 1997, 49면.

대규모지진으로 인하여 화재 발생으로 연결된 복합재난의 사례로 다음 2건의 지진을 들수 있다. 하나는 샌프란시스코 지진으로, 1906. 4. 18. 새벽 5시 20분에 지진이 발생하여 매립지 건물이 붕괴하였으며, 난로가 넘어지거나 굴뚝이 무너져 화재는 3일 동안 계속되었고 450명의 사망에 그쳤으나 가옥이 무너졌고 매립지에 축조된 건물이 붕괴되고 기반시설이 파괴되는 등 12평방킬로미터가 되는 도심지역이 잿더미로 변하였다. 다른 하나는 일본 관동대지진으로 1923. 9. 1. 지진이 발생하여 10만명 이상이 사망하였고, 도시의 가옥과 빌딩의 20퍼센트 가량이 무너졌고, 화재가 3일 동안 지속되었으며 요코하마와 동경을 폐허의 도시로 만들었다. 1906년의 샌프란시스코 지진과 1923년의 일본 관동대지진은 도시를 강타한 지진이면서 화재로 연결된 복합재난이라는 점이 공통점이다.

(2) 리스본 대지진(Das Erdbeben von Lissavon)

1755. 11. 1. 만성절(All Saint' Day)에 발생한 지진과 지진해일이 포르투갈의 수도 리스본을 덮친 리스본 지진2은 그 여파로 유럽사를 뒤흔들었다.

당시 리스본은 무역을 통해 큰 번영을 이룩한 도시로, 주앙 5세의 주도하에 유럽왕실이 세운 건축물중 가장 호화스럽고 웅장하며 값비싼 건축물로 27년간의 건축을 통해 리스본 외각에 세운 마프라 왕궁수도원이 있었고, 그 왕궁수도원의 건립에 막대한 재정과 4만 5천명의 인부가 투입되었다. 리스본의 대지진은 예고 없이 발생했다. 아울러 당일 아침 9시 30분 경에 규모 8. 75의 지진이 발생하여 카톨릭 신자들이 화려한 교회의 미사에 참석하고 있던 차에 교회 건물이 무너져 지진피해를 입게 되었고, 지진 발생 후 80분이 경과한 11시경 누구도 예상치 못한 쓰나미가 도시전체를 덮쳤다. 폼페이는 베수비오 화산의 임박한 폭발을 암시하는 경고를 무시하여 주민들이 막대한 피해를 입었다면, 리스본의 지진은 아무런 전조도 없이 도시를 쓰나미가 갑자기 덮쳤고 그 누구에게도 재앙으로부터 탈출할 기회를 주지 않았다.

지진해일에 의한 참혹한 피해는 전 도시의 가옥을 전파시켰으며, 수천명의 사람들이 폐허속에 갇히게 되었고, 지진해일이 하구를 엄습하여 15미터의 파도가 도시를 삼켜 6만명

---

2 리처드 험블린 지음, 윤성호 옮김, 테라; 광포한 지구, 인간의 도전, 미래의 창, 2009, 13-90면.

의 인명을 앗아갔다. 지진, 지진해일과 화재가 동시에 이어졌고, 리스본의 화재는 4일 동안 강풍을 타고 대화재로 발전해 건물에 깔린 시체를 태우는 소각장 역할을 하였다. 아울러 리스본의 2만 5천 채의 주택 중 85퍼센트가 전파되거나 거주 불가능한 상태가 되었다.

리스본의 지진이 발생한 날 도시안의 사창가는 안전했고 대부분의 교회는 파괴되었으며, 수백명의 재소자들이 무너진 교도소로부터 탈주한 반면에 대다수 무고한 시민은 사망하였다. 지구물리학의 관점에서 240년의 시간은 절대로 긴 시간이 아니다. 리스본 대지진의 역설적 현상을 어떻게 설명할 것인가를 놓고 볼테르와 라이프니츠의 관점의 차이[3]가 있다. 리스본의 대지진이후 볼테르와 루소, 몽테스키외 등 계몽주의를 거쳐 프랑스의 대혁명이 일어난 것은 우연이 아니다.

(3) 중국과 일본의 지진사례

역사상 최악의 지진으로 평가되는 사례는 1556. 1. 24 에 산시성(陝西省)에서 발생한 규모 8. 2의 대지진으로 83만명이 사망한 지진을 들 수 있다.[4] 또한 중국에서 2008. 5. 12. 오후 2시에 발생한 규모 7. 9의 쓰촨성(泗川省) 지진으로 사망자 약 7만명, 중상자 37만명, 실종자 1만 8천명의 인명피해가 발생하였다.[5]

---

3 라이프니쯔는 선택할 수 있는 서로 다른 가능한 세계가 무수히 많다면, 신은 모든 가능한 세계들 중에서 가장 좋은 세계만을 선택할 것이라고 강조한다. 이와 같은 라이프니츠의 논리에 따르면 재난이 발생하더라도 그 뒤에는 신의 조화(보편이성) 내지 어떤 이유가 있다고 이해하게 된다. 이러한 낙관주의의 근거로 라이프니쯔는 신의 존재를 들고 있다. 다시말해 인간이 겪는 고통, 불행, 비극이나 재난에는 그것이 존재할 수밖에 없는 이유가 있는데 이는 모두 신의 뜻이기에 이를 믿고 받아들임으로써 잘될 것이라는 낙관주의를 표방한다. 그러나 볼테르는 자신의 저서인 〈캉디드 혹은 낙관주의〉에서 리스본 지진에 관하여 언급하면서 라이프니쯔가 말한 신의 완전무결성과 낙관주의에 대하여 반박하면서 교회와 성직자에 대한 비판을 하기에 이르렀다. 볼테르가 〈캉디드 혹은 낙관주의〉라는 책을 쓰지 않았다면 리스본 지진은 아마도 잊혀진 사건으로 남을 수도 있었을 것이다. 아무튼 볼테르는 무신론적인 동양사상에 심취하여 공자의 인(仁) 사상과 관용의 정신을 강조하였으며, 이러한 볼테르의 계몽주의는 프랑스 혁명에 적지 않은 영향을 미쳤다. 이에 관하여는 황태연/김종록, 공자, 잠든 유럽을 깨우다, 김영사, 2015, 124면 이하

4 당시는 명나라의 가정제(嘉靖帝)의 집권 중반기로 초기에는 널리 인재를 발탁하는 등 국정에 열의를 가졌으나, 도교에 심취하여 국정을 돌보지 않자 환관(宦官)들이 실권을 장악하고 국정을 농단하였으며, 여진족이 발흥하는 등 국력이 현저히 쇠퇴하였다.

5 정확히 지진의 진원의 지명을 따라 원천(汶川)지진 이라고 한다. 당시 사망자와 실종자가 약 9만명에 달하는 막대한 인명피해가 발생하였으며, 가옥의 붕괴는 물론 특히 대규모 산사태가 발생하였고 이로 인해 강이 막혀 많은 호수가 생기기도 하였다.

중국의 내륙에서 발생한 다음의 2건의 지진은 전조현상에 따른 사전예방조치에 따라 그 피해가 현격하게 달라진 대조적인 사례이다. 1975년의 하이쳉(海城)을 덮은 규모 7. 4의 지진은 사전에 지진의 징후를 알 수 있어 주민이 미리 대피하여 인명피해가 한명도 없었다. 이에 반해 사전예고 없이 1976. 7. 28 규모 7. 1. 로 공업도시에 들이닥쳐 도시가 거의 파괴되어 242,769명 사망, 164,851명 부상의 인명피해가 발생한 것으로 추산되는 탕산(唐山)지진을 들 수 있다.[6]

일본은 지진이 일상화 된 국가이다. 관동지방과는 달리 관서지방은 지진이 많지 않았다. 일본은 1596년 지진(규모 7. 5)과 1830년 지진(규모 6. 5) 이후 이 지역에서 대지진이 발생하지 않아 "관서(關西) 지역은 대지진은 일어나지 않는다"라는 근거없는 속설이 세간에 퍼졌다.[7] 그러나 일본의 지진학자들은 교토, 오사카, 고베 지역에 대지진이 발생할 가능성이 높은 지역으로 지목하고 있었다. 과학과 미신의 차이가 크다는 것을 입증하기라도 하듯이 관서지방에 해당하는 일본 효고현 남부 고베지역에서 1995 1. 17. 발생한 규모 7. 2의 대규모 지진이 발생하였다. 이 지진은 한신 아와지 지진이라고 하는데, 이로 인해 6,500명의 사망자가 발생하였고, 그 사망자의 80% 이상이 건물의 붕괴로 인한 압사와 질직사로 인한 것이 밝혀졌다.[8] 그리고 2011. 3. 11 일본 동북부 태평양 산리쿠(三陸) 해역에서 규모 9. 0의 일본 관측사상 최대규모의 지진과 쓰나미는 복합 재난의 대표적인 지진의 하나이다.[9] 최대 파고 40. 5 미터에 달하는 대규모 쓰나미의 발생으로 수만명이 사망 실종되었고, 후쿠시마 원자력 발전소의 냉각수 공급시스템을 파괴했고 과열된 원자로가 폭발해 방사능유출이 초래되었다.[10]

---

6 탕산 지진이 있고 난 후 약 1달 반 만인 1976. 9. 9. 모택동이 사망한 바 있다.

7 가미누마 가츠타다외 지음, 김태호 옮김, 앞의 책, 18면.

8 가미누마 가츠타다외 지음, 김태호 옮김, 지진과 화산의 궁금증 100가지, 푸른길, 2010, 91면.

9 2016. 4. 14. 일본 구마모토의 지진과 연이은 남미 에콰로드의 강진이라는 지구상의 연쇄 재난으로 인해 최근에도 지구촌의 지진으로 대량 인명피해가 발생하고 있다.

10 이기화, 모든 사람을 위한 지진이야기, 사이언스 북스, 2015.46-52면. 이처럼 지진으로 인한 지진해일이 수반되어 원자력발전소의 가동중단이 초래되거나 방사능이 유출되는 사고가 한반도에 일어날 경우에는 대재앙으로 발전될 수 있다.

(4) 우리나라 지진 사례

우리의 삼국사기, 고려사, 조선왕조실록 등 역사문헌에 기록된 사실로 미루어 인간이 감지할 수 있는 유감지진은 삼국시대 약 100회, 고려시대 약 200회, 조선시대 약 1600회로 삼국시대 이후 지진발생이 약 1,900회 달하여 역사문헌에 기록되지 않은 지진까지 포함하면 2,000회 이상 될 것으로 추측된다. 그럼에도 불구하고 우리나라는 중국, 러시아 등을 포함하는 유라시아판의 동쪽 가장자리 내륙에 위치하고 있어 환태평양 지진대에 위치하고 있는 국가보다는 지진으로부터 비교적 안전한 지역으로 인식되고 있다. 일본이나 중국 또는 대만과 같은 나라보다 대규모 지진의 빈도가 작은 것일 뿐 지속적으로 규모 3. 0 이상의 지진이 지속적으로 증가하고 있어 한반도가 지진의 안전지대는 아닌 것이며 강진이 발생하지 않는다는 것은 착각일 수 있다.[11]

우리나라는 20세기 이후 해역지진을 제외하고 규모 5.0 이상의 지진이 5건 기록되고 있다. 1936. 7. 4. 지리산 쌍계사 부근에서 발생한 규모 5. 3의 지진, 1978. 9. 16. 속리산 부근에서 규모 5. 2의 지진, 1978. 10. 7. 홍성에서 규모 5. 0의 지진, 그리고 2016. 9. 12 경주에서 발생한 규모 5. 8의 지진이 바로 그것이다.

무엇보다 2016년 발생한 경주지진은 1905년에 기상청이 인천관측소에 지진계를 처음 설치하여 관측한 이래 가장 높은 규모의 기록을 나타내는 수치이며 다행히 인명피해가 크지 않았지만 2016. 11. 28 현재 534회 여진을 기록하고 있다.[12] 경주지진으로 경주지역의 주민은 여진으로 인한 심리적 불안감과 가옥 등의 파괴 등으로 적지 않은 정신적 물질적 피해가 수반되었다. 무엇보다 우리 한반도가 언제든지 규모 6. 0 이상의 강진이 올 수도 있다는 경각심을 일깨워 준 지진이라고 할 것이다.

2. 시간축에 따른 단계별 분석

그동안 재난 및 안전관리 기본법상 재난관리의 과정은 4단계 즉, '예방단계', '대비단계', '대응단계' 및 '복구단계'로 구분하여 왔다.[13] 이러한 시간축을 고려하여 지진재해 대책을

---

11 534회의 여진 중 1. 5-3. 0 미만이 515회, 3.0 - 4. 0 미만이 17회, 4. 0-5. 0 미만이 2회 발생하였다.

12 기상청 홈페이지정보

위와 같은 4단계에서 마지막 단계를 추가한 5단계로 구분하기로 한다.

제1단계는 지진 사전예방단계로, 장기적 관점에서 준비하는 단계를 말한다. 재난관리의 예방단계와 큰 차이가 없다. 따라서, 이 단계는 미래에 발생할 가능성이 있는 재난을 사전에 예방하고, 재해발생의 기회를 줄이며, 재해의 피해를 완화시킬 수 있는 활동을 말한다. 지진이 발생한 경우에 피해확산이나 사망자가 늘기 때문에 지진재해를 경감하는 차원에서 안전관리가 중요하다.

제2단계는 지진재해대비단계로 지진 발생이 임박한 단기적 관점에서 준비하는 단계로 재난관리의 대비단계와 유사하다. 따라서 이 단계는 지진에 대한 사전 예방단계의 활동에도 불구하고 지진재해의 발생확률이 높아진 경우, 지진발생시 효과적으로 대응할 수 있도록 사전에 대비체제를 갖추는 단계라고 할 수 있다.

제3단계는 응급대처단계로 지진이 발생한 경우 초기에 신속히 대처하는 단계이다. 재난관리의 대응단계에 해당한다. 따라서 이 단계에서는 지진재해가 발생한 경우 신속한 대응활동을 통하여 인명과 재산피해를 최소화하고, 복합재난으로의 확산을 방지하고, 복구가 원활히 이루어 질 수 있도록 조치를 취하는 단계를 말한다.

제4단계는 복구단계로 초기의 지진피해를 방지하기 위한 응급대처가 지난 후 후속적으로 지진피해에 대한 구호활동과 복구를 하는 단계를 말한다. 급한 재난상황이 어느 정도 마무리 된 후에 이루어 지는 구호활동이나 인프라의 복구를 하는 단계이다. 이 단계는 재난관리의 복구단계에 해당하나, 종래 복구단계가 각종 지원활동에 한정되므로 장기적인 회복단계라고 할 수 있는 재건단계를 포함하고 있지 않다.

제5단계는 재건단계로 이 단계는 장기적인 관점에서 생활재건 등 재해부흥을 위한 회복단계를 말한다. 대규모 지진으로 도시가 폐허가 된 경우에 지진피해 이전의 상태의 회복을 지향하는 부흥과 재건의 단계를 말한다.

지금까지 재난관리는 재난 및 안전관리기본법에 따라 예방, 대비, 대응, 복구의 4단계로 구분하여 왔으나, 지진재해의 경우에는 실제로 피해가 발생한 사례가 많지 않아 예방과

---

13 광의의 재난관리의 단계 중 예방단계와 복구단계는 대체로 긴급대응을 필요로 하는 관리 분야가 아니라는 점에서 안전관리와 크게 구별되지 않는다. 따라서 긴급관리의 특징을 갖는 대비단계와 대응단계 만을 최협의의 재난관리라고 볼 것이다.

대비에 치중하였다. 재난관리의 대응과 복구에 해당하는 부분은 지진·화산재해대책법에서
상세한 규율을 하지 않고 있으며 일부 재해구호법의 규율에 맡기고 있는 실정이다. 아울
러 지진피해 이후의 장기적인 부흥 및 재건에 대하여는 입법적 공백상태라고 해도 과언
이 아니다.

3. 문제의 인식과 논의의 범위

(1) 2011. 3. 11. 발생한 규모 9.0의 동일본 대지진 이후 한반도와 일본이 위치한 유라시
아 판은 점점 동쪽으로 이동 중이다.[14] 우리도 언제 대규모 지진이 발생할지 모르기 때문
에 사전대비와 지진발생시 신속하면서 효율적인 대책마련이 필요하다. 우리나라 경주에서
발생한 규모 5. 8의 지진과 여진현상은 우리나라가 더 이상 지진 안전지대가 아니며, 강
진이 발생할 경우 대규모재난이나 복합재난이 초래될 수 있다는 경고를 하고 있다. 이를
통해 우리 국민에게 지진에 대한 경각심을 불러일으킴과 동시에 지진에 관한 법학적 관
심을 제고하고 대규모 지진에 대비하는 법정책 방향을 모색하고 논의하는 계기로 작용하
였다고 할 것이다.[15]

재해와 재난은 어느 시대, 어느 사회이건 다소 불가피하게 발생하는 측면이 있다. 평상
시에 대규모 지진이 발생하더라도 신속하게 대응할 수 있는 예보기능을 확보하고, 아울러
견고한 내진구조의 건축물을 축조하는 것이 관건이다. 지진은 사전에 이를 막기는 어려우
므로 재해와 재난이 발생한 경우에는 신속하고 효율적으로 대응하여 시스템을 구축할 필
요가 있다. 따라서 지진에 특화된 재난관리시스템을 구축하는 것이 절실히 요청된다. 예
측하지 못한 강진이 한반도에 발생할 경우에 대비하여 대규모 지진으로 인한 복합재난으
로 발전해 나갈 경우를 상정하여 이에 효율적으로 대처해 나갈 지진재해 대책법제를 갖
추고 있는지 나아가 지진재해 방지를 위한 시스템을 제대로 구축하고 있는지 비판적 문
제의식에서 살펴보기로 한다.

(2) 논의의 진행은 먼저 선행적 고찰로서 지진과 지진재해의 의의·특성과 지진원인론

---

14 지헌철, "대지진 발생확률은 낮으나 간헐적 피해지진 가능성은 상존", 국회보, 2016. 11, 44면.
15 대만의 경우에는 1999년 타이중에서 지진이 발생한 후, 다각적인 법학적인 논의가 있었다.

(II)을 살펴보고, 다음으로 우리나라 지진재해 대책법제의 현황(III)을 분석하되, 시간축에 따른 단계별 재난관리의 관점에서 살펴보기로 한다. 나아가 지진재해 대책법제의 개선과제(IV)를 고찰하되, 1. 기본적 방향 2. 재난 및 안전관리 기본법의 개선방향 3. 지진·지진해일·화산의 관측 및 경보에 관한 법률의 개선방향 4. 지진·화산재해대책법의 개선방향을 중심으로 고찰하기로 한다. 자연재해대책법과 재해구호법에 관한 개선방향에 대하여는 지진재해 대책을 넘어서서 자연재해 전반에 관한 대책과 관련되므로 여기서 따로 고찰하지 않기로 한다. 끝으로 맺음말(V)에서 향후과제를 모색하면서 결론에 갈음하기로 한다.

II. 지진과 지진재해의 의의·특성과 지진원인론

1. 지진과 지진재해의 의의

(1) 지진과 지진재해의 의의

지진이란 지구적인 힘에 의하여 땅 속의 거대한 암반이 갑자기 갈라지면서 그 충격으로 땅이 흔들리는 현상을 말한다.[16] 지진재해란 지구 내부의 단층붕괴 등에 의해 지반이 급작스럽게 변동하여 인명 및 재산 피해를 유발하는 재해를 말한다.[17]

이와 같은 지진과 지진재해에 관하여 실정법에서 개념정의를 마련하고 있다.

먼저 지진의 개념과 관련하여, 지진·지진해일·화산의 관측 및 경보에 관한 법률 제2조 제1호에서 "지진이란 지구내부의 급격한 운동으로 지진파가 지표면까지 도달하여 지반이 흔들리는 자연지진과 핵실험이나 대규모 폭발 등으로 지반이 흔들리는 인공지진을 말한다"고 규정하고 있다. 따라서 지진 중에 자연지진, 인공지진은 포함하나 유발지진은 제외될 수 있다. 한편 자연지진은 지진 발생위치와 관련하여 천발지진, 중발지진, 심발지진으로 구분이 가능하다. 무엇보다 천발지진의 경우가 예지진에 대한 예보할 시간적 여유가 없어 매우 심각한 재난으로 발전할 가능성이 높게 된다.

---

16 한국시설안전공단, 국토해양 소관시설의 지진대비체계 개선방안 연구, 2012, 11, 5면.

17 국민안전처 홈페이지

다음으로 지진재해의 개념과 관련하여, 지진·화산재해 대책법 제2조 제1호에서 지진재해에 관한 용어정의를 두고 있다. 즉, 지진재해란 재난 및 안전관리기본법 제3조 제1호 가목에 따른 지진 또는 지진해일로 인하여 발생하는 피해로서 지진동(地震動: 지진으로 일어나는 지면의 진동)에 의한 직접 피해 및 화재, 폭발, 그밖의 현상에 따라 발생되는 재해를 말한다.

(2) 지진과 지진해일 및 화산과의 관계

일반적으로 인근해역에서 지진이 발생한 경우에 해변에 지진해일이 수반되지만 내륙에서 지진이 발생하는 경우에 해일이 수반되지 않는 경우가 많다. 2004년 12월 26일 인도네시아 바다에서 규모 9. 3. 의 강진이 발생하여 인도양에서 발생한 쓰나미로 인근 6개국에 28만명에 가까운 사망자가 발생한 바 있다. 이로 인해 지진해일에 대한 경각심이 높은 것이 사실이다. 그러나 우리의 경우 지진해일이 예상되는 지역은 동해안 지역과 남해안 일부 지역이 이에 해당할 것이다. 서해안의 경우에는 조수간만의 차가 커서 해변의 지진해일의 피해가 크지 않을 것으로 예상된다. 지진해일로 인한 복합재난은 해변 지역에 원자력 발전소나 핵심 기간시설이 있는 경우에 거대한 쓰나미가 몰려와 그 시설이 파괴되는 경우이다. 지진해일의 경우 지진과는 달리 약간의 시간적인 여유가 있고, 특정지역을 중심으로 방재대책이 강구될 수 있기 때문에 지진과 지진해일에 대한 경보시스템이 제대로 작동하면 해안가 주민들이 신속히 피할 수 있어 피해확산의 방지에 기여할 것이다.

그런데 화산의 경우에는 백두산과 같이 분화할 예정으로 있는 화산을 알고 있어 지진보다는 대비가 용이하다. 다만, 언제 어떤 형식으로 분화하여 지속기간이 어느 정도인지에 관하여는 기상학 만큼 발전하지 못하고 있는 실정이다.

그러나, 지진과 화산과의 관계에 관하여는 일반적으로 양자 사이에는 직접적인 관계가 없다고 보는 것이 정설이다. 지진은 지하에 축적된 응력이 갑자기 방출되는 현상이며, 응력은 판 운동에 의해 축적된다. 화산도 판의 침강으로 발생한 열이 지하에 쌓여 분화가 일어난다. 이러한 점에서는 지진발생과 화산분화가 모두 그 근원은 판운동이라고 할 수 있다. 그렇지만 화산이 지진의 원인이 되거나 지진이 화산의 원인이 되는 것은 아니다. 두 현상은 판 운동이라는 부모밑에서 태어난 형제와 자매의 관계이지 부모 자식의 관계는 아닌 것이다.[18] 그 이유는 화산이 주로 활성단층에서 발생하지만 화산이 있다고 해서 지진이 수반되거나 지진이 발생하기 때문에 지진으로 연결되는 것은 아닌 것으로 보고 있다.

2. 지진재해의 특성

(1) 자연재해로서 지진의 불가피성

지진은 다른 자연재해와는 구별되는 특이한 재해적 특성이 있다. 그것은 미리 이를 억제하거나 막을 수 없는 재해로 불가피하게 발생하는 측면이 있고, 짧은 시간에 대규모 재해로 연결될 수 있다. 다시말해 지진은 매우 특이한 자연현상으로 언제 어디서 지진이 일어날지 예측하기가 매우 어려우며 일단 지진이 발생하게 되는 경우에는 엄청난 재해가 뒤따른다.[19]

태풍과의 지진의 차이는 태풍의 경우에는 그 진로가 예상되기 때문에 사전에 대비할 수 있는 여지가 있는 반면에, 지진의 경우에는 시간, 장소, 규모의 측면에서 사전에 예측하기가 매우 어려운 점이다.

지진의 경우 사전에 조짐이 나타나기도 하지만 아무런 전조현상이 없이 갑작스럽게 발생한 경우가 적지 않다. 예측할 수 없고 피할 수 없는 지진은 최악의 재앙으로 발전할 수 있다.

따라서, 지진에 있어서는 언제 발생할지 모르기 때문에 사전대비가 매우 중요하고, 지진발생 전 단계에서 대응방안을 다각적으로 마련해 두는 것이 지진이 발생한 후에 대처해 나가는 데 도움이 될 수 있다.

(2) 피해의 광범위성과 복합대형재난으로 연결가능성

갑작스럽게 발생한 지진과 지진해일은 그 여파로 그동안 형성했던 도시와 국가의 영광과 번영을 한순간에 완전히 무너뜨릴 수 있다. 이러한 점은 1755년의 리스본의 지진이 웅

---

18 가미누마 가츠타다외 지음, 김태호 옮김, 지진과 화산의 궁금증 100가지, 푸른길, 2010, 23면.
19 매티스 레비·마리오 살바도리 공저, 김용부 공역, 지진은 왜 일어나는가, 기문당, 1999, 3면.

변적으로 증명한다. 1755년 포르투갈의 수도인 리스본이 무너진 결과 포르투갈이 장기적으로 유럽에서 권력과 영향력을 잃었다.[20]

복합재난으로 연결되는 지진은 가옥과 건축물의 붕괴와 전기, 통신, 가스, 수도, 난방 등 기반시설의 마비로 연결되고, 상상을 초월하는 규모의 이재민이 발생할 가능성이 높게 된다. 생존의 터전을 잃게 됨은 물론 전쟁으로 폐허가 된 도시처럼 재건회복하는데 오랜 기간이 걸릴 수도 있다. 지진피해를 입은 주민들이 심리적 불안감과 공포에 사로잡히고 국력의 쇠퇴를 초래할 수 있다. 따라서 지진의 경우 피해를 최소화하기 위하여 지진예지가 중요하다. 이와 관련하여 기상청이나 국민안전처는 언제, 어디서 어느 규모의 지진이 일어날 것인지 단계별로 이를 국민에게 알려주고 적절한 행동을 하도록 유도하는 것이 매우 중요하다.

지진에 유리한 건축물은 철골구조와 목조건축물이 유리하고, 콘크리트 건물은 지진에 취약하다. 그러나 목조건축물은 지진에는 잘 지탱하나 화재로 연결되는 2차 피해가 발생할 수 있다. 무엇보다 지진으로 인한 화재를 진화하기 위해서 대량의 물이 필요한데, 대만의 지진사례에서 보는 바와 같이 상수도가 붕괴될 수 있어 초기 진화에 어려움을 겪을 수 있다. 지진에서 화재로 확산되는 경우에 소방당국이 제때에 진화하지 못하게 되고, 식용의 물이 부족하여 어려움을 겪게 되고, 소화용수가 부족하게 되어 지진으로 인한 화재의 진화를 못해 대형의 재해로 발전하는 경우가 많다.[21]

3. 지진원인에 관한 논의

지진의 원인에 관하여 과학적으로 설명하는 이론과 철학적 인문학적 관점에서 설명하는 이론으로 나뉘어 진다. 중국에 있어서 천인상관설(天人相關說)[22]이 주류적 유학철학에서 주장되었으나 순자는 하늘과 인간의 구분을 분명히 알아야 한다고 하여 천인구분론의 입장이라고 할 것이다. 이하에서는 인문학적 관점과 더불어 과학적 관점에서 살펴보기로 한다.

---

20 앤드루 로빈슨 지음, 김지원 옮김, 지진 두렵거나, 외면하거나, 반니, 2012. 37면.

21 가미누마 가츠타다외 지음, 김태호 옮김, 지진과 화산의 궁금증 100가지, 푸른길, 2010, 91면. 따라서, 초기 진화에는 소화기, 양동이의 물, 욕조에 남겨놓은 물 등이 유효하며, 초기 진화는 개인이 진화할 필요가 있다.

22 천일상관설은 천인합일설(天人合一說)과 같은 차원에서 주장되고 있으며, 천견(天譴)사상과도 맥을 함께한다.

(1) 서양의 인문학적 관점

어원학자들은 재해(disaster)를 의미하는 단어가 dis(불길한)와 astro(별) 의 합성어로부터 나왔다고 본다. 서양의 고대인들에게 재해란 나쁜 별에서 온 것이며, 지진 역시 그와 같은 설명이 가능하다.[23] 고대 그리스 신화에서는 바다의 신인 포세이돈이 삼지창으로 지진을 일으킨다고 알려져 있다. 그리스의 탈레스는 지구가 바다위에 떠 있어 물의 움직임 때문에 지진이 일어난다고 보았다. 한편 성경에 나오는 소돔과 고모라가 죄가 많이 있어 신의 처벌을 받아 파괴되었다고 알려졌지만 실은 지진으로 파괴된 것이고, 지진을 신의 분노의 징후로 여겼다.[24] 이처럼 가톨릭이 지배하는 유럽에서 지진의 원인을 신의 분노라고 보았고 계몽시대에 까지 그러한 생각이 이어졌다. 그래서 1755년 리스본의 대부분이 무너지고 전소된 후에 종교재판을 열어 생존자 중 몇 명을 이단으로 몰아 이교도 화형식을 거행하기도 하였다.[25]

뉴잉글랜드의 신학자 토마스 프린스는 1755년 설교에서 "현세에서 신이 내리는 심판중에 갑작스럽고 파괴적인 지진보다 더 무서운 것은 없다"고 말하면서, "기아와 질병 그리고 전쟁은 소모적이고 무서운 재앙이지만 파괴력은 점진적이고 사람들에게 피신하거나 이에 대처할 수 있는 시간을 주는데 반하여 지진은 갑자기 발생해 그 파괴적인 작업을 한순간에 해치워 버리며, 이에 맞서거나 피하는 일은 불가능하다"고 강조하였다.[26] 마하트마 간디도 1934년 인도 북부에 대지진이 일어난 후 "가뭄, 홍수, 지진 같은 재해는 물리적인 원인이 주된 것처럼 보이지만, 내가 보기에는 인간의 도덕성과 관련이 있는 것 같다"라고 말하기도 했다.[27]

---

23 어네스트 지브로스키 Jr. / 이전희 옮김, 앞의 책, 57면.

24 김소구, 싱용지진학, 기전연구사, 2010, 13면.

25 이를 보고 프랑스의 볼테르가 1759년 그 유명한 풍자소설 캉디드를 쓰지 않았다면 인류의 기억속에 리스본의 지진은 잊혀질 뻔 했다.

26 리처드 험블린 지음, 윤성호 옮김, 테라; 광포한 지구, 인간의 도전, 미래의 창, 2009, 57면.

27 앤드루 로빈슨 지음, 김지원 옮김, 지진 두렵거나, 외면하거나, 반니, 2012. 21-24면.

(2) 동양의 인문학적 관점

동양의 경우에는 전한시대 동중서가 천인상관설의 관점에서 천인감응설(天人感應說)을 주장하였다. 동중서는 한무제 시대의 학자로 자연과 인간의 연속체적 사고를 갖고 사람과 하늘의 관계는 소우주와 대우주의 관계로 파악하였다.[28] 동중서의 천인감응사상에 의하면 하늘은 자연의 모습을 한 유의지적 최고신이라고 파악하였다. 감응의 방식은 하늘이 인간의 행위를 감찰한 뒤에 일련의 자연현상을 통해 자신의 의지를 나타냄으로써 인간세계의 통치자에게 경고나 상을 내린다고 한다.[29]

이러한 동중서의 주장은 다소 문제가 있다고 보았음에도 송나라의 성리학자에 의하여 배척되지 않았다. 그 이유는 사서의 하나인 중용 24장에서 "나라가 번영하려고 할 때는 반드시 상서로운 조짐이 나타나고, 나라가 쇠망하려고 할 때에는 반드시 불길한 조짐이 나타난다"고 기술하고 있는 점에 비추어 이는 천인감응적 사상의 표현이라고 볼 것이기 때문이다. 그런데 순자의 사상은 동중서의 천인감응설과는 관점을 달리한다. 즉, 순자는 우리가 진정으로 두려워해야 할 것은 특이한 자연현상이 아니라 인간에 의해 발생되는 재앙인 인요(人妖)라고 지적하였다.[30]

동중서의 천인감응설과 같은 맥락에서 주장된 재이설(災異說) 역시 목적론적 세계관에 따라 인간세계인 윤리적 세계가 자연계를 연결시키고 윤리적 불규칙성이 우주의 어느 한 곳에서 일어나는 혼란이 자연재해인 재이를 유발한다는 것이다.[31] 그러나, 북송의 개혁가 왕안석은 "하늘의 변화를 두려워 할 필요가 없다"고 주장했으며, 명대의 사상가인 왕정상은 "하늘에는 의지가 없다"고 보아 재이설을 반박하고 있다. 이처럼 재이설은 청나라의 실증주의가 등장하여 과학적 사고가 지배할 때까지 오랜 기간동안 유교이념과 결부하여 하늘과 인간의 합일로 천과 인은 서로 상관관계가 있다는 관점에서 천인감응설이 주류적

---

28 신정근, 동중서; 중화주의의 개막, 태학사, 2004, 119면.

29 풍우 지음, 김갑수 옮김, 동양의 자연과 인간이해- 중국의 천인관계론, 논형학술, 2008, 68면.

30 풍우 지음, 김갑수 옮김, 앞의 책, 93면.

31 동중서의 재이설은 양이 존귀하고 음이 비천한 윤리적 질서와 군주가 가장 존귀하고 일반 백성이 비천하고 군주 한몸에 권력이 집중되어야 하는 대일통의 사회체제를 전제로 하며, 이와 같은 윤리체제가 흔들리면 자연재해가 나타난다고 보았다.

학설로 통용되어 왔다.[32]

이에 대하여 왕충은 자진의 저작인 논형에서 "천도는 저절로 그러하고 길흉은 우연히 들어 맞는다(天道自然, 吉凶偶會)"라고 하여 천인감응설을 비판하고 있다. 또한 왕충은 "천과 인은 서로 알지 못한다(天人不相知)", "천과 인은 서로 감하지 않는다(天人不相感)"라고 천인합일이 아닌 천인분이(天人分二)를 주장하면서,[33] 인간의 행동은 하늘을 감동시킬 수 없고, 하늘도 인간의 행실에 따라 보답해 줄 수 없다고 하며 천인감응설을 반박하였다. 같은 맥락에서 왕충은 애당초 재이나 변이라는 것은 없고, 설령 있다고 해도 그것은 하늘이 내린 벌은 아닌 것이며, 하늘이 견책하고 경고한다는 것은 인간이 만들어 낸 말이라고 재이설은 일축하였다.[34]

(3) 조선의 경우

중종실록에 중종 13년(1518년) 5월 15의 지진에 대하여 언급이 있다. "유시에 세차례 크게 지진이 있었다. 그 소리가 마치 성난 우레소리처럼 커서 인마가 모두 피하고, 담장과 성첩이 무너지고 떨어져서, 도성 안 사람들이 모두 놀라 당황하여 어쩔 줄을 모르고 밤새도록 노숙하며 제집으로 들어가지 못하니, 고로(故老)들이 모두 옛날에는 없던 일이라 하였다. 팔도가 다 마찬가지였다"라는 기록이 남아 있다.[35]

대규모 지진이 발생한 그 다음날인 중종 13년 5월 16일에 지진의 원인과 대책을 놓고 조정에서 논란이 있었다. 먼저 그 원인으로 "이번 지진의 변괴는 음이 성하고 양이 쇠해서 그런 것인데, 음은 소인이요 양은 군자인 것이다. 지금 소인이 있다 해도 술책을 부릴 수가 없겠지만, 당우 때에도 사흉이 있었으나 지금도 소인이 있어 군자를 눌러서 그런 것이 아닌가"라고 하였고, 그 대책의 일환으로 조광조는 소격서의 혁파를 상소하기에 이르

---

32 동양철학에서는 천인관계라고 할지라도 기본적으로 천이 근본이 되고, 인은 그 천에 부응하는 것을 전제로 한다. 중용 제20장에서 인을 알려면 천을 알지 않으면 안된다고 한 말에 비추어 알 수 있다. 이에 관하여는 중국철학연구회, 논쟁으로 보는 중국철학, 예문서원, 2002, 16면.

33 중국철학연구회, 앞의 책, 125면.

34 중국철학연구회, 앞의 책, 131면.

35 조선의 왕의 역사를 기록한 조선왕조실록에는 2,059건이 되는 지진 기록이 남겨져 있고, 중종실록에 498건의 지진기록이 남아 있다.

렀으며 지진에 대한 책임을 물어 영의정과 우의정의 해직을 청하였으며, 능력 없는 정승들의 사직읍소에 이르기 까지 인사혁신에 관한 문제에 집중되어 있었다.[36] 이와 같이 인사혁신의 문제로 접근하는 조선시대 지진의 원인과 대책론의 논거와 관련하여, 중종 13년 5. 15. 발생한 지진을 둘러싸고 중종실록은 방대한 분량의 기록을 남겨 두고 있다. 유교적 전통이 있는 중국과 우리나라의 경우 한무제 시대의 동중서의 재이설(災異說)과 천인상관설의 영향을 받아 중종 13년에 발생한 지진에 대하여 국왕과 신하의 부덕의 소치로 여기고 조광조의 건의를 받아들여 소격서 혁파 등 제도개선과 인사혁신을 과감히 단행한 것이라고 본다. 뒤에서 살펴보는 자연과학의 발전에 따라 지진의 원인에 관한 재이설은 오늘날 더 이상 받아들여지기 어려운 견해라고 할 것이다. 그럼에도 불구하고 세월호 참사 발생일 대통령의 행적에 대한 책임 논쟁이 지속되고 있는 배경에는 동중서의 재이설이 오늘날 까지도 영향을 미치고 있는 것은 아닌지 되돌아 보게 된다.

(4) 과학적 지진원인론

현대사회 이전의 전통적인 사회에 있어서는 '천재지변' 즉 태풍, 홍수, 지진, 가뭄 등이 주된 재난의 형태였다. 이러한 재난은 과학기술이 발달하기 이전에는 자연적인 힘이나 신의 행동이라 믿고 인간들은 그 재난에 의한 피해를 완화 또는 통제하기 위한 활동을 하지 않고 다른 초인적인 힘에 의지하려는 경향이 있었음은 주지의 사실이다. 그러나 지진은 지구 내부에 축적된 탄성에너지가 순간적으로 방출되면서 땅속의 거대한 암반이 갑자기 갈라지고 그 충격으로 땅이 흔들리는 현상이다.

과학적 측면에서 지진의 발생원인에 대해서 탄성반발론과 판구조론으로 설명하고 있다. 탄성반발론은 1906년 미국 샌프란시스코 대지진이 발생했을 때 지질학자인 해리 필딩 레이드가 샌 안드레아스 단층을 조사한 뒤 제기한 이론으로 지진이 단층운동 때문에 발생한다는 것이다. 지각 일부는 지구 내부의 힘으로 인해 변형되는데 그 힘이 한계에 다다랐을 때 암석층이 급격히 파괴되면서 지진이 발생한다는 입장이다.

오늘날의 주류적인 견해는 판구조론으로 1960년대 제창되었다. 판구조론은 알프레드 베

---

36 이종수, 조광조 평전-조선을 흔든 개혁의 바람, 생각정원, 2016, 176면.

게너(Alfred Wegener)의 대륙이동설에서 출발하고 있다. 지진이 단층운동으로 발생한다고 할 때 단층을 움직이는 근본적인 힘에 대해 설명하는 이론이다. 판구조론에 따르면 지구의 껍질이라고 할 수 있는 암석권은 10여개의 판으로 나뉘어 있다. 이들이 서로 부딪치거나 밀리고 포개지기도 하면서 매년 최고 11cm까지 움직이는 것으로 설명되고 있다.[37] 이 이론은 종전에 주장되었던 탄성반발론과는 달리 지구의 표면이 정적이 아니고 동적으로 계속해서 변해가며 대륙과 해양이 서로 끊임없이 이동한다고 보았다. 아울러 지진대의 지진은 지구 컨베어벨트의 삐걱거림과 유사한 현상으로 파악하였다.

산업혁명 이후 과학기술의 발달과 함께 인간에 의해 재난을 어느 정도 예측할 수 있게 되었고, 선진 각국은 지진의 피해를 최소화시킬 수 있는 법제와 대응시스템을 구축하기에 이르렀다.

(5) 소결: 지진원인론에 대한 평가

주역의 원리를 거론하지 않더라도 사물은 지속적으로 변화하고 만물은 생성, 변화, 성장, 소멸의 과정을 겪게 된다. 지구 역시 이와 같은 순환을 하고 있는 한 살아있는 유기체라고 할 것이다. 따라서 지진이 자주 빈발하는 지구는 부동의 안전지역으로서의 대지가 아니라 지속적으로 내부에서부터 변화하는 생명체라고 할 수 있다. 지진의 원인과 관련하여 과학적으로 판구조론이 주류적인 견해가 되고 있으나, 자연과학에 의하여도 명확하게 그 원인을 제시하지 못하고 있다.

로마의 법률가 들은 기본적으로 지진은 불가항력이라는 특성으로 인해 "누구도 책임을 지지 않는다(a nullo praestari)"는 원칙을 확립하였으며, 지진으로 인한 손해는 달리 정해지지 않으면 결국은 "소유자가 부담한다(Casum sentit dominus: Res perit suo dominio)"는 원칙으로 해결하였고, 오늘날까지 각국의 법학에 영향을 미쳤다.[38]

인문학적 지진원인론은 우리 인간이 자연의 한 부분으로 겸허하게 받아들이고 위정자는 최선을 다하여 자신의 직무를 다할 것을 요청하고 있다. 동양의 음양철학을 현대적으로

---

37 Donald Hyndman/ David Hyndman 지음, 이동우 외 14인 옮김, 자연재해와 재난, 시그마프레스, 2006. 20면.

38 최병조, "지진과 법- 로마법의 경우", 서울대학교 법학 제52권 제2호, 2011, 81면.

받아들이기는 어려워도 국정에 임하는 모든 공직자가 옷깃을 여미는 진인사 대천명(盡人事 待天命)의 자세를 다한다면 자연재해에 대하여도 최선의 방책을 강구할 수 있게 될 것이다.[39] 자연과학에 의해서 지진의 원인이 규명되고 있기 때문에 활성단층위에는 자연공원을 위치시키고 건축물에 대한 허가를 할 경우 내진구조를 보다 엄격하게 하는 등 자연과학과 인문학과 법학의 융합이 필요하다. 따라서 자연과학과 인문학과 법학이 결합되는 영역이 지진법제의 영역이라고 할 것이다.

세월호 참사와 관련하여 직접적인 사고책임자인 선장과 현장사고수습책임자의 잘못을 탓하기 보다 대통령의 잘못을 직접적으로 문제 삼고 있는 우리 국민의 법감정이 동중서의 천인상관설 내지 재이설의 영향을 받은 것은 아닌지 생각해 보게 하는 대목이다. 향후 이러한 문제를 해결하기 위해서는 재난 및 안전관리 기본법에서 대규모 재해가 발생한 경우에는 중앙재해대책본부장을 국무총리가 아니라 대통령으로 격상하는 것을 고려할 필요가 있다. 동양의 재이설은 대체로 천권으로 군권을 제한함으로써 부덕한 전제군주제를 견제하려는 측면이 있는데 반해, 유럽의 재이설은 통치자에 주안점을 놓는 동양과는 달리 전체 공동체의 전체 구성원의 행태와 행장을 문제 삼고 있다는 점이 특징이라고 할 것이다.[40]

지진의 원인과 관련하여 과학으로만 모든 것을 해결할 수는 없다. 그렇다고 과학을 무시할 수 없다. 지진은 우주의 변화와 연결되어 있다고 할 것이다. "리스본지진은 인간이 위험한 행성과 맺고 있는 아슬아슬한 관계를 이해하는데 매우 적절한 예가 될 것이다."라는 어네스트 지브로스키의 말은 지진의 원인이 천체 우주와의 연관성을 짐작하게 한다.[41] 아울러 지진의 원인과 관련하여 과학적 관점에 덧붙여 인문학적인 관점을 융합하여 재난관리의 체계를 운영하는 것이 대규모 지진에 대한 최선의 대비가 될 수 있다고 본다. 우리는 인문학적인 차원에서 대규모 지진과 같은 재난이 발생하였을 때 위정자가 스스로

---

39 "지성이면 감천이다"라는 말이 있듯이, 하늘과 인간은 서로 밀접한 상관관계가 있으며, 인도철학에서 말하는 소우주인 아트만과 대우주인 브라만의 관계에서처럼 천인의 상관관계를 인정하는 것을 전근대적인 사고라고 단칼에 배척할 것은 아니다.

40 최병조, 앞의 논문, 81면 각주 121.

41 어네스트 지브로스키 Jr. / 이전희 옮김, 앞의 책, 29면.

를 되돌아보고 제도적으로 미비된 점은 없는 것인지, 인사에 있어 문제가 없는 것인지 등을 개선하는 계기로 삼은 조선시대의 전통을 비과학적인 처사라고 하기 보다는 오늘날에도 지진재해대책을 강구하는데 계승하여야 할 정신적 유산이라고 할 것이다.

Ⅲ. 지진재해대책 관련 법체계의 현황

1. 지진재해대책 법제 상호간의 관계

(1) 재난 및 안전관리 기본법

지진 등 재난관리에 관한 기본법은 그 법률의 명칭이 말하듯이 재난 및 안전관리 기본법이라고 할 수 있다. 재난 및 안전관리 기본법 제8조 제1항에서 "재난 및 안전관리에 관하여 다른 법률을 제정하거나 개정하는 경우에는 이 법의 목적과 기본이념에 맞도록 하여야 한다"고 규정하고 있어 재난 및 안전관리와 관련하여 기본법으로서 다른 법률을 향도하는 우월적 효력이 인정된다고 할 것이다.

헌법 제34조 제6항에서 "국가는 재해를 예방하고 그 위험으로부터 국민을 보호하기 위하여 노력하여야 한다"고 규정하고 있고, 재난 및 안전관리 기본법은 위 헌법조항에 따라 재해를 예방하고 그 위험으로부터 국민보호를 위하여 제정된 법률이다. 이 법은 각종 재난으로부터 국토를 보존하고 국민의 생명·신체 및 재산을 보호하기 위하여 국가와 지방자치단체의 재난 및 안전관리체제를 확립하고, 재난의 예방·대비·대응·복구와 안전문화활동, 그 밖에 재난 및 안전관리에 필요한 사항을 규정함으로 목적으로 한다.(제1조 목적규정) 이 법은 재난을 예방하고 재난이 발생한 경우 그 피해를 최소화하는 것이 국가와 지방자치단체의 기본적 의무임을 확인하고, 모든 국민과 국가·지방자치단체가 국민의 생명 및 신체의 안전과 재산보호에 관련된 행위를 할 때에는 안전을 우선적으로 고려함으로써 국민이 재난으로부터 안전한 사회에서 생활할 수 있도록 함을 기본이념으로 한다.

재난 및 안전관리기본법 제8조 제2항에서 "재난 및 안전관리에 관하여 자연재해대책법 등 다른 법률에 특별한 규정이 있는 경우를 제외하고는 이 법에서 정하는 바에 따른다"고 규정하고 있다. 이 규정의 해석상 지진·화산재해대책법에 특별한 규정이 없는 경우에는 자연재해대책법에 의하고, 자연재해대책법에도 규정이 없는 경우에는 재난 및 안전관리기본법이 보충적으로 적용된다고 보아야 할 것이다.

(2) 자연재해대책법, 지진·지진해일·화산의 관측 및 경보에 관한 법률, 지진·화산재해대책법

지진재해대책과 관련한 개별적인 영역의 다양한 법률이 있다. 자연재해대책법이 자연재해 전반에 대하여 규율하고 있으며 특히 태풍, 홍수 등 풍수해에 관하여 상세한 규율을 두고 있다. 자연재해대책법[42] 제1조에서 "이 법은 태풍, 홍수 등 자연현상으로 인한 재난으로부터 국토를 보존하고 국민의 생명·신체·재산과 주요기간시설을 보호하기 위하여 자연재해의 예방·복구 및 그 밖의 대책에 관하여 필요한 사항을 규정함을 목적으로 한다."고 규정하고 있다.

자연재해대책법은 자연재해의 예방과 복구 및 그밖의 대책에 관하여 규율하고 있어 재난관리법상의 4단계의 재난관리의 관점을 충실히 따르고 있지 않다고 할 것이다.

한편, 지진·화산재해대책법 제4조에서 "지진·화산재해의 복구 등 이 법으로 특별히 규정하지 아니한 사항은 자연재해대책법으로 정하는 바에 따른다"고 규정하고 있어, 자연재해대책법이 일반법으로 기능하며, 지진·화산재해대책법은 자연재해대책법의 특별법의 지위를 갖게 된다고 할 것이다.

지진·지진해일·화산의 관측 및 경보에 관한 법률은 지진 등에 관한 관측과 경보의 중요성에 착안한 법률로 지진 등의 발생 징후를 포착하여 신속하고 정확하게 정보를 전달하여 피해확산을 막기 위한 법률이다. 이 법과 지진·화산재해 대책법과의 관계는 지진·화산재해 대책법 제2장에서 규율하고 있는 지진·지진해일 및 화산활동 관측결과 등의 통보 등 세부적인 내용을 보다 구체화한 법률로 지진·화산재해대책법의 자매법이라고 할 것이다.

(3) 지진재해대책법제 상호간의 관계

지진재해 대책과 관련하여서는 지진·화산재해 대책법이 1차적으로 적용되고, 지진·화산

---

42 자연재해대책법은 1995년 12월 6일 법률 제4993호로 제정되어 2014. 12. 30. 법률 제12942호로 일부 개정되어 2015. 12. 31.부터 시행하고 있다.

재해대책법 제4조에 따라 보충적으로 자연재해대책법이 적용되므로, 지진·화산재해대책법에 규정이 없는 경우에는 자연재해대책법을 적용하게 된다. 또한 재난 및 안전관리 기본법이 기본법으로서 자연재해대책법에서 규율하고 있지 아니한 사항에 대하여는 종국적으로 재난 및 안전관리 기본법을 적용하게 된다. 자연재해대책법은 재난 및 안전관리 기본법에 대한 개별법이라고 보는 견해[43]도 있으나, 재난 및 안전관리 기본법이 여러 재난을 망라하고 있다는 점에 비추어 보면 자연재해에 한정하여 특별히 규율하고 있는 특별법적 성격을 지니면서도 기본법의 지위를 인정할 수 밖에 없어 양자와의 관계의 효력우위를 어떻게 정할 것인지 명확하게 설명하지 못하는 문제가 있다.

자연재해대책법은 자연재해라는 개별영역의 법률로서 재난 및 안전관리 기본법을 보다 구체화 한 법률이라고 할 수 있다. 재난 및 안전관리 기본법과 자연재해대책법과의 관계를 일반법과 특별법의 관계로 볼 것이 아니라 기본법우선의 원칙에 따라 자연재해대책법은 기본법인 재난 및 안전관리 기본법의 틀 속에서 운영되는 자연재해에 특화된 법률이라고 할 수 있다.

(4) 그 밖의 지진대책관련 법제

위에서 살펴본 지진재해 대책법제 이외의 그 밖의 지진대책 관련 법제로는 건축법과 시설물의 안전관리에 관한 특별법을 들 수 있고, 위 법률에서 규정하고 있는 내진설계에 관한 규정은 사전예방적 지진대책을 위한 규율이라고 할 것이다.

한편, 재해구호법은 지진재해의 복구이후의 단계에서 적용되는 법률이다. 이 법은 이재민의 구호와 의연금품의 모집절차 및 사용방법 등에 관하여 필요한 사항을 규정함으로써 이재민 보호와 그 생활안정에 이바지함을 목적으로 한다.

이재민은 재난 및 안전관리기본법 제3조 제1호 가목에 따른 재해로 인하여 피해를 입은 사람을 말한다고 규정되어 있다. 따라서 자연재난으로 피해입은 사람을 말하므로 사회재난으로 피해를 입은 경우에는 해당되지 않는다. 다만, 사회재난의 경우에는 재해로 인한 피해가 예상되어 일시대피한 사람도 해당될 수 있다.(제3조 및 제2조 제2호) 구호의 종류

---

43 전학선, "재난관리법제의 문제점 및 개선방안", 외법논집 제38권 제4호, 2014, 84면

로는 임시주거시설의 제공, 급식이나 식품·의류·침구 또는 그밖의 생활필수품 제공, 의료서비스의 제공, 감염병 예방 및 방역활동, 위생지도, 장사의 지원, 그밖에 대통령령으로 정하는 사항이 포함되며, 구호기관은 필요하다고 인정하면 이재민에게 현금을 지급하여 구호할 수 있다.(제4조 제1항 및 제2항)

이와 같은 재해구호법은 일시적 재난상태를 극복하기 위한 것이고 대규모 지진과 같이 도시 자체의 기반이 무너지는 경우를 염두에 둔 법률은 아니므로 생활재건조치 등 부흥이나 재건을 위한 사항까지 염두에 둔 법률은 아니라고 본다.

2. 재난관리의 단계별 지진재해 대책법제의 현황

(1) 제1단계: 예방단계

① 재난 및 안전관리기본법

사전예방과 관련하여 재난 및 안전관리 기본법에서는 자연재난과 사회재난으로 구분하여 재난 전반을 다루고 있으며, 자연재난의 일종인 지진에 대하여 특별히 별도의 규율을 마련하고 있지 않다. 다만, 안전관리에 관한 규정이 지진의 예방의 경우에도 그대로 적용되는 경우가 많다.

제2장 (안전관리기구 및 기능) 제1절은 주로 안전과 관련되는 기구를 정하고 있다. 즉, 제9조에서 중앙안전관리위원회, 제10조에서 안전정책조정위원회, 제12조이 2에서 안전관리민간협력위원회 등의 기구의 설치·운영에 대하여 규율하고 있다.

제3장 안전관리계획, 제4장 재난의 예방 중 제25조의 2에서 재난관리책임기관의 장의 재난예방조치, 제26조에서 국가기반시설의 지정 및 관리 등, 제27조에서 특정관리대상시설 등의 지정 및 관리 등, 제29조의 2에서 재난안전분야 종사자 교육), 제30조에서 재난안전을 위한 긴급안전점검 등, 제31조에서 재난예방을 위한 안전조치, 제32조에서 정부합동안전점검, 제34조의 5에서 재난분야 위기관리 매뉴얼 작성·운용, 제34조의 6에서 다중이용시설 등의 위기상황 매뉴얼 작성·관리 및 훈련, 제35조에서 재난대비훈련 등에 관하여 규율하고 있다. 아울러 제8장 안전문화 진흥 중 제66조의 5에서 대국민 안전교육의 실시, 제66조의 6에서 안전교육전문인력 양성 등, 제69조에서 정부합동 재난원인조사 등 안전관리에 관한 사항을 규정하고 있다.

② 자연재해대책법

자연재해대책법 제4조에서 사전재해영향성 검토협의, 제19조에서 재해경감대책협의회 구성 등, 제12조에서 자연재해위험지구의 지정 등, 제13조에서 자연재해위험지구 정비계획의 수립, 제15조 자연재해위험개선지구내 건축, 형질변경 등의 행위제한에 대하여 규율하고 있다.

③ 지진·화산재해 대책법

지진·화산재해 대책법은 지진·지진해일 및 화산으로 인한 재해로부터 국민의 생명과 재산을 보호하기 위하여 지진·지진해일·화산의 관측 및 경보에 필요한 사항을 정함을 목적으로 한다.

지진·화산재해대책법 제2장에서 지진·지진해일 및 화산활동 관측에 관하여 규율하고 있다. 제5조에서 지진·지진해일 및 화산활동 관측시설의 설치등, 제6조 및 제7조에서 주요 시설물의 지진가속도 계측과 관리, 제8조 지진·지진해일 및 화산활동 관측결과 등의 통보에 대하여 규율하고 있다.

지진·화산재해대책법 제3장에서 예방과 대비에 관하여 규율하고 있는 바, 제9조의 2에서 지진방재종합계획의 수립·추진 등, 제9조의 3에서 지진·화산방재정책심의회, 제10조 해안침수예상도의 제작·활용, 제11조에서 지진·화산방재 교육·훈련 및 홍보에 대하여 규율하고 있다.

지진·화산재해대책법 제4장에서 내진대책에 비교적 관하여 상세한 규정을 두고 있다. 제12조에서 국가지진위험지도의 제작·활용 등, 제13조에서 지질·지반조사 자료 축적 관리 등, 제14조 내진설계기준의 설정, 제15조 기존 시설물의 내진보강기본계획 수립 등, 제16조 기존 시설물의 내진보강 추진 등, 제16조의 2 민간소유 건축물의 내진보강 지원, 제17조 지역재난안전대책본부와 종합상황실 내진대책에 관하여 규율하고 있다.

④ 지진·지진해일·화산의 관측 및 경보에 관한 법률

지진·지진해일·화산의 관측 및 경보에 관한 법률 제4조에서 기본계획을 수립하도록 하고 있고, 제6조에서 관측소 및 관측망을 구축·운영함과 아울러 제7조에서 지구물리관측망

구축·운영, 제8조에서 지진·지진해일·화산의 관측소 지원에 관하여 규정하고 있다.

⑤ 건축기본법, 건축법, 시설물의 안전관리에 관한 특별법

건축기본법에서는 제2조 제1호의 기본이념에서 국민의 안전·건강 및 복지에 직접 관련된 생활공간의 조성이라는 건축의 공공적 가치를 구현한다고 되어 있으나, 이 법은 주로 건축디자인에 중점을 두는 법률인 반면에 건축의 안전성이나 내진의 중요성에 대하여 아무런 규정이 없다.

건축법 제48조에서 구조내력 등에 관하여 규정을 두고 있다. 지방자치단체의 장은 구조안전 확인대상 건축물에 대하여 허가 등을 하는 경우 내지성능확보 여부를 확인하여야 한다고 되어 있다. 건축법 제48조의 2에서 국토교통부장관은 지진으로부터 건축물의 구조안전을 확보하기 위하여 건축물의 용도, 규모 및 설계구조의 중요도에 따라 내진등급을 설정하여야 한다고 규정하고 있다.

시설물의 안전관리에 관한 특별법 제7조의 2 제1항에서 관리주체가 정밀안전진단을 실시하는 경우 해당 시설물에 대한 내진성능평가를 포함하여 실시할 수 있다. 다만, 준공인가 또는 사용승인을 받은 후 20년이 지난 시설물 중 내진성능평가를 받지 않은 시설물에 대하여는 내진성능평가를 하여야 한다고 규정하고 있다.

같은 조 제2항에서 국토교통부장관은 내진성능평가가 포함된 정밀안전진단의 실시결과를 법에 따라 평가한 결과 내진성능의 보강이 필요하다고 인정되면 내진성능을 보강하도록 권고할 수 있다고 규정하고 있다.

(2) 제2단계: 대비단계

① 재난 및 안전관리기본법

재난 및 안전관리 기본법에서는 재난의 대비와 관련하여, 제34조에서 재난관리자원의 비축·관리, 제34조의2에서 재난현장 긴급통신수단의 마련, 제34조의 4에서 기능별 재난대응활동계획의 작성·활용, 제34조의5에서 재난분야 위기관리 매뉴얼 작성·운용, 제38조의8에서 재난안전통신망의 구축·운영, 제34조의 9에서 재난대비훈련기본계획 수립 및 제35조에서 재난대비훈련에 대하여 규율하고 있다.

② 자연재해대책법

자연재해대책법 제21조에서 각종 재해지도의 제작·활용, 제21조의 3에서 침수흔적도 등 재해정보의 활용 등, 제25조의 2에서 해일피해 경감을 위한 조사·연구, 제25조의 3에서 해일위험지구의 지정, 제25조의 4에서 해일피해경감계획의 수립·추진 등에 관하여 규율하고 있다.

아울러 제34조에서 재해정보체계의 구축, 제35조에서 중앙긴급지원체계의 구축, 제37조에서 각종 시설물 등의 비상대처계획 수립 등에 관하여 규율하고 있다.

③ 지진·화산재해 대책법

지진·화산재해 대책법 제10조의 2에서 지진해일 대비 주민대피계획 수립 등과 제11조의 2에서 화산재 피해경감 종합대책에 관하여만 규율하고 있다.

④ 지진·지진해일·화산의 관측 및 경보에 관한 법률

지진 발생이 임박한 준비단계에 지진·지진해일·화산의 관측 및 경보에 관한 법률 제12조에서 자연지진·지진해일의 관측결과 및 특보 등의 정보를 보도기관 또는 인터넷 홈페이지를 이용하거나 다른 적절한 방법을 통해 관계기관과 국민에게 알릴 수 있다. 제13조에서 인공지진의 탐지, 분석 및 통보에 관한 규정을 두고 있다.

(3) 제3단계: 응급대처단계

① 재난 및 안전관리기본법

재난 및 안전관리 기본법 제14조에서 "대통령령으로 정하는 대규모 재난의 대응·복구(이하 "수습"이라 한다) 등에 관한 사항을 총괄·조정하고 필요한 조치를 하기 위하여 국민안전처에 중앙안전대책본부를 둔다"고 규정하고 있다. 중앙안전대책본부장은 국민안전처장이 되며, 해외재난의 경우에는 외교부장관이, 원자력 시설 등의 방호 및 방사능 방재대책법 제2조 제1항 제8호에 따른 방사능 재난의 경우에는 같은 법 제25조에 따른 중앙방사능방재대책본부의 장이 각각 중앙대책본부장의 권한을 행사하며, 재난의 효과적인 수습을 위해 국무총리가 범정부적 차원의 통합대응이 필요하다고 인정하는 경우나 국민안

전처장관이 국무총리에게 건의하거나 수습본부장의 요청을 받아 국민안전처장관이 국무
총리에게 건의하는 경우에는 국무총리가 중앙대책본부장의 권한을 행사할 수 있도록 되
어 있다.

재난 및 안전관리 기본법 제14조의 2 제1항에서 중앙대책본부장은 국내 또는 해외에서
발생한 대규모재난의 수습을 지원하기 위하여 관계 행정기관의 장 및 관계기관·단체의
재난관리에 관한 전문가 등으로 수습지원단을 구성하여 현지에 파견할 수 있고, 같은 조
제2항에서 중앙대책본부장은 구조·구급·수색 등의 활동을 신속하게 지원하기 위하여 국
민안전처 소속의 전문인력으로 구성된 특수기동구조대를 편성하여 재난현장에 파견할 수
있다고 되어 있다. 제15조에서 중앙대책본부장의 권한에 대하여, 제15조의 2에서 중앙 및
지역사고수습본부의 설치·운영에 관하여 규정을 두고 있다. 수습본부장은 재난관리 주관
기관의 장이되도록 하였다. 제15조의 2 제7항에서 수습본부장은 재난을 수습하기 위하여
필요하면 대통령령이 정하는 바에 따라 수습지원단을 구성·운영할 것을 중앙대책본부장
에게 요청할 수 있다고 되어 있다.

제16조에서 시·도재난안전대책본부와 시·군·구재난안전대책본부의 설치에 관하여 규정
하고 있고, 제18조에서 재난안전상황실의 설치·운영에 관한 규정을 두고 있다.

또한 대규모 지진의 발생과 관련하여 재난 및 안전관리 기본법 제6장이 적용된다. 즉,
제36조에서 재난사태 선포, 제37조에서 응급조치, 제38조에서 재난예보·경보의 발령
등[44], 제39조에서 동원명령 등, 제40조에서 대피명령, 제41조에서 위험구역의 설정, 제42
조에서 강제대피조치, 제43조에서 통행제한 등, 제44조에서 응원, 제46조 내지 제48조에
서 응급조치 등, 제49조 및 제50조에 중앙긴급구조통제단 및 지역긴급통제단의 설치, 제
51조에서 긴급구조 등에 관하여 규율하고 있다.

② 자연재해대책법

지진발생시 응급대처와 관련하여 자연재해대책법에서는 이에 관하여 별도의 규율을 하
고 있지 않아, 재난 및 안전관리 기본법의 규정에 따른다.

---

44 2017년 1월부터 시행되는 새로 개정된 재난 및 안전관리 기본법 38조의 제명을 종전의 재난예보·경보의 발령에서 위
기경보의 발령 등으로 변경하였다.

③ 지진·화산재해 대책법

지진·화산재해 대책법 제18조에서 지진·화산재해 대응체계의 구축, 제19조에서 긴급지원체계의 구축, 제20조에서 지진·화산재해 원인조사·분석 및 재해원인조사단 구성·운영 등, 피해시설물 위험도 평가에 대하여 규율하고 있다.

④ 지진·지진해일·화산의 관측 및 경보에 관한 법률

지진·지진해일·화산의 관측 및 경보에 관한 법률 제14조에서 지진조기경보체제구축과 운영에 관하여 규율하고 있다. 기상청장은 규모 5. 0 이상으로 예상되는 지진이 국내에서 발생한 경우와, 규모 5. 0이상으로 예상되는 지진으로서 국내에 상당하 영향을 미칠 것으로 예상되는 지진이 국외에서 발생한 경우에는 지진조기경보를 즉시 발령하여야 한다.[45] 제15조에서 긴급하게 국민에게 전달할 필요가 있는 경우에 지진·지진해일·화산에 관한 긴급방송의 요청을 규정하고 있다.

아울러 제16조에서 기상청 이외의 자는 지진·지진해일·화산에 대한 관측결과 및 특보를 발표할 수 없으나 핵실험이나 대규모 폭발 등으로 인하여 발생한 인공지진에 대한 관측결과를 발표하는 경우와 같이 국방상의 목적 등으로 발표하는 경우에는 기상청장의 승인을 받아 발표하여야 한다.

(4) 제4단계: 복구단계

① 재난 및 안전관리기본법

재난 및 안전관리 기본법 제7장에서 재난의 복구에 관하여 규정하고 있는 바, 제58조에서 재난피해 신고 및 조사, 제59조에서 재난복구계획의 수립·시행, 제59조의 2에서 재난복구사업의 관리에 관하여 규정하고 있다.

나아가 제60조에서 특별재난지역의 선포, 제61조에서 특별재난지역에 대한 지원을 규정하고 있다. 제60조(특별재난지역의 선포)와 관련하여 "중앙대책본부장은 대통령령으로 정하는 규모의 재난이 발생하여 국가의 안녕 및 사회질서의 유지에 중대한 영향을 미치거

---

45 지진·지진해일·화산의 관측 및 경보에 관한 법률 제14조 및 동법 시행령 제6조

나 피해를 효과적으로 수습하기 위하여 특별한 조치가 필요하다고 인정하거나 제3항에 따른 지역대책본부장의 요청이 타당하다고 인정하는 경우에는 중앙위원회의 심의를 거쳐 해당 지역을 특별재난지역으로 선포할 것을 대통령에게 건의할 수 있다.”고 규정하고 있으며, 같은 조 제2항에서 “제1항에 따라 특별재난지역의 선포를 건의받은 대통령은 해당 지역을 특별재난지역으로 선포할 수 있다.”고 되어 있다. 제3항에서 “지역대책본부장은 관할지역에서 발생한 재난으로 인하여 제1항에 따른 사유가 발생한 경우에는 중앙대책본부장에게 특별재난지역의 선포 건의를 요청할 수 있다.”고 되어 있다. 또한 제61조(특별재난지역에 대한 지원)과 관련하여, “국가나 지방자치단체는 제60조에 따라 특별재난지역으로 선포된 지역에 대하여는 제66조제3항에 따른 지원을 하는 외에 대통령령으로 정하는 바에 따라 응급대책 및 재난구호와 복구에 필요한 행정상·재정상·금융상·의료상의 특별지원을 할 수 있다.”고 규정하고 있다.

② 자연재해대책법

자연재해대책법 제46조에서 재해복구계획의 수립·시행, 제47조에서 중앙합동조사단, 제49조의 2에서 대규모 재해복구사업 및 지구단위종합복구사업의 시행, 제50조에서 복구공사 발주계약 방법 등, 제51조에서 복구비의 선지급 등, 제74조에서 피해사실확인서의 발급 등에 대하여 규율하고 있다.

③ 지진·화산재해 대책법

지진재해 발생시 복구에 관하여 별도의 규율을 하고 있지 않고 있다.

④ 재해구호법

재해구호법은 이재민(罹災民)의 구호와 의연금품(義捐金品)의 모집절차 및 사용방법 등에 관하여 필요한 사항을 규정함으로써 이재민 보호와 그 생활안정에 이바지함을 목적으로 한다. 재해구호법 제3조에서 구호의 대상은 이재민, 일시대피자와 그밖에 재해로 인한 심리적 안정과 사회적응(이하 “심리회복”이라 한다) 지원이 필요한 사람으로서 대통령령으로 정하는 사람이다. 제4조에서 구호의 종류를 1. 임시주거시설의 제공 2. 급식이나 식품·

의류·침구 또는 그 밖의 생활필수품 제공 3. 의료서비스의 제공 4. 감염병 예방 및 방역 활동 5. 위생지도 6. 장사(葬事)의 지원 7. 심리회복의 지원 8. 그 밖에 대통령령으로 정하는 사항으로 하고 있고, 제4조의 2에서 임시주거시설의 사용 등에 관하여 규율하고 있다.

(5) 제5단계: 재건단계

재난 및 안전관리기본법, 자연재해대책법, 및 지진·화산재해 대책법에서 장기적인 회복의 관점에서 부응이나 재건에 관한 사항을 규율하고 있지 않고 있다. 재해구호법에서 제3장 의연금품의 모집부분과 제4장 배분위원회의 구성·운영 및 의연금품의 사용 등에 관하여 규율하고 있을 뿐 실질적인 회복이나 재건단계에 까지 이르지 못하고 일시적 지원과 일부 의연금의 배분에 그치고 있다.

Ⅳ. 지진재해 대책 법제의 개선과제

1. 기본적 방향

(1) 외국의 입법례를 벤치마킹하여 효율적인 지진대책법제의 마련

재난 및 안전관리 기본법과 자연재해대책법, 지진·화산재해대책법 상호간에 서로 중첩적인 사항이 있어 재난관리에 있어 어느 법률의 규정을 우선적으로 적용해야 하는지 불분명하여 혼란이 야기될 여지가 있다.[46] 또한 대규모 지진이 발생하여 복합재난으로 발전하는 경우에 법체계 상호간에 중복되는 규율이 있는 반면에 입법이 공백도 있어 지진대책이 재난관리법제의 복잡한 법령체계에서 이루어져 비효율적일 수 있다.

미국이나 일본 등 다른 나라의 지진재해 대책법제를 벤치마킹하여 우리의 지진상황에 맞게 도입할 필요가 있다. 특히 일본은 지진에 관한 모국(Mutterland)이다. 지진대책과 관련하여 일본은 재해대책기본법, 지진방재대책특별조치법, 대규모지진대책특별조치법, 재난

---

46 전학선, 앞의 논문, 89-90면.

피해자생활재건지원법, 지진보험에 관한 법률, 재해조위금의 지급 등에 관한 법률 등의 제반 입법을 가동중에 있다.

우리와 지진을 대하는 상황은 다르지만 지진법제와 관련하여 일본의 사례를 벤치마킹할 필요가 있다. 일본은 지진을 많이 경험하였고, 대규모 지진대응법제가 마련되어 있으므로, 지진의 빈도가 적은 우리의 경우 그대로 받아들이기는 어려워도 대규모 지진이 발생하는 경우에 대처하는 법제를 리스크 관리적 측면에서 활용할 필요가 있다. 따라서 일본 등 외국의 사례를 참고하여 지진재해에 대한 대책법제를 효율적으로 작동될 수 있도록 법체계를 새롭게 할 필요가 있다

(2) 지진피해 방지를 위한 국가총력적 협조체제 구축

지진의 피해는 가옥의 붕괴, 교량의 파손, 기반시설의 마비 등의 1차적 피해도 문제이지만, 화재나 연쇄 폭발, 여름철의 전염병 확산 등 2차적 피해 나아가 유언비어나 괴담의 확산과 심리적 공황상태 등 3차적 피해까지 초래될 수 있으므로, 초기응급대처 단계에서 회복단계에 이르기 까지 국가총력적인 대응태세를 갖추어야 한다.

우리나라는 재난관리 담당부서인 국민안전처가 비대한 반면에 일선 지방자치행정기구의 재난관리전문인력이 미흡하고, 다른 업무와 병행하여 업무를 처리하는 관계로 대규모 지진의 대처에 문제가 있는 것이 지적되고 있다. 아울러 많은 경우에 공무원이 직접 재난관리의 업무를 담당하기 보다는 상당부분의 업무를 민간대행으로 민간에 넘기고 있다. 세월호 참사 이후 국민안전처에서 재난 및 안전관리 기본법 제14조의 2에 따라 수습지원단의 구성하여 현지 파견과 특수기동구조대를 파견하여 재난현장에 파견할 수 있는 규정을 두고 있어, 통상적인 재난의 경우라면 재난현장에서 즉각적이면서 신속하게 재난대응이 이루어질 때 피해를 최소화하게 된다. 그러나 대규모 지진이 발생하여 가옥의 붕괴나 인명피해가 늘어나면서 화재와 폭발 등이 확산되는 경우에는 재난 및 안전관리 기본법상의 구조에 초점을 맞춘 방식으로는 대처가 불가능하게 되는 문제가 있다. 재난 및 안전관리 법제를 사회재난, 자연재난으로 구분하여 하나의 재난형태에 초점을 맞춘 해결방식으로 대처하는 기본구조로는 대규모 지진이 발생하여 도시가 마비되는 사태에 대하여 속수무책으로 당할 수 있으므로 종합적인 지진재해방재대책이 마련되어야 할 것이다. 재난발생

시 상급기관에 보고하는데 신경을 쓰고 현장의 책임자가 주도적으로 재난극복과 피해저 감을 위한 일련의 조치를 취하지 못하고 우왕좌왕하여 피해를 확대시켰던 사례가 드물지 않았다. 따라서 제도적으로 재난발생의 초동단계에 일련의 재난관리시스템이 적절히 작동 되고 있는지, 재난관리의 효율적 시스템과 인프라가 구축되고 있는지를 점검하여 미비한 부분에 대하여 법제적 보완이 필요하다.

2. 재난 및 안전관리 기본법의 개선방향

(1) 재난관련 법체계상 재난과 재해개념의 혼란 극복

현행 헌법에서는 재난에 관한 용어를 사용하고 있지 않고, 재해라는 용어를 사용하고 있다. 헌법 제34조 제6항에서 "국가는 재해를 예방하고 그 위험으로부터 국민을 보호하 기 위하여 노력하여야 한다" 라고 규정하고 있을 뿐이다. 재난과 재해를 개념상 구분할 수 있으나, 실정법상으로는 재난과 재해라는 용어가 혼용되어 사용하고 있다.[47]

재난 및 안전관리 기본법 제3조 제1항에서는 "재난이란 국민의 생명·신체·재산과 국가 에 피해를 주거나 줄 수 있는 것으로 ㈎ 자연재난: 태풍, 홍수, 호우, 강풍, 풍랑, 해일, 대설, 낙뢰, 가뭄, 지진, 황사, 조류 대발생, 조수, 화산활동, 그 밖에 이에 준하는 자연현 상으로 인하여 발생하는 재해 ㈏ 사회재난: 화재·붕괴·폭발·교통사고(항공사고 및 해상사 고를 포함한다)·화생방사고·환경오염사고 등으로 인하여 발생하는 대통령령으로 정하는 규모이상의 피해와 에너지·통신·교통·금융·의료·수도 등 국가기반체계의 마비, 감염병의 예방 및 관리에 관한 법률에 따른 감염병 또는 가축전염병예방법에 따른 가축전염병의 확산 등으로 인한 피해" 라고 규정하고 있다. 동법에서의 재난의 개념은 종전의 '자연재 해개념'과 '인적재난개념' 및 '사회적 재난(국가기반체계 마비 등)'[48]을 포괄하는 개념이라

---

47 윤장근, "재해위험 피해의 경제적 손실과 보험기능 도입 및 활성화 방안", 연세대학교박사학위논문, 2004, 6면. 재난 이란 용어는 영문으로는 disaster, hazard, emergency, catastrophe, crisis, risk로 표현되고 있고, 우리말로는 재 해, 재난, 위기, 위험, 위난, 리스크 란 용어가 혼용되고 있다

48 재난 및 안전관리 기본법 제3조 제2호 에는 "해외 재난"이 라는 개념정의가 있다. 즉 해외재난이라 함은 대한민국 영 역 밖에서 대한민국 국민의 생명·신체 및 재산에 피해를 주거나 줄 수 있는 재난으로서 정부차원에서 대처할 필요가 있는 재난을 말한다.

할 수 있다. 재난 및 안전관리 기본법상의 정의규정에 의할 경우에는 대통령령이 정하는 규모 이상이기 때문에 사회적 재난 중에서 경미한 피해가 야기되는 경우에는 재난개념에서 배제될 수 있다. 그러나 대규모 재난의 경우에는 통상의 재난에 비하여 국가총력적으로 대응하지 않으면 해결이 곤란하게 되므로, 재난의 종류를 열거하는 방식이 아니라 복합재난이나 대규모 재난에 대하여 강화된 대응체제를 마련하여 대처하는 입법적 노력이 필요하다.

자연재해대책법 제2조 제1호, 제2호 및 제3호에서 재해, 자연재해 및 풍수해에 관한 개념정의 규정을 두고 있는 바, 재해라 함은 재난 및 안전관리기본법 제3조 제1호에 따른 재난으로 발생한 피해를 말하고, 자연재해란 제1호에 따른 재해 중 재난 및 안전관리기본법 제3조 제1호 가목에 따른 자연현상으로 인하여 발생하는 재해를 말한다. 풍수해란 태풍, 홍수, 호우, 강풍, 풍랑, 해일, 조수, 대설, 그밖에 이에 준하는 자연현상으로 인하여 발생하는 재해를 말한다.

'재난'과 '재해'는 상당히 다양한 의미로 사용되고 있는데 일부 견해[49]에 의하면 일반적으로 인간의 사회적 생활과 인명, 재산이 자연현상 등과 같은 외력에 의해 피해를 받았을 경우 이를 '재해'라고 하며, 재해를 유발시키는 원인을 '재난'이라고 파악한다. 같은 맥락에서 인간의 생존과 재산의 보존이 불가능할 정도로 생활질서를 위협받은 상태를 초래시키는 사고 또는 현상을 '재난(Disaster)'이라고 하며, 이로 인한 피해를 '재해(Hazard)'라고 한다. '재해'를 좀 더 구체적으로 정의하면 '자연적 또는 인위적 원인으로 생활환경이 급작스럽게 변화하거나 그 영향으로 인하여 인간의 생명과 재산에 많은 피해를 주는 현상'이라고 할 수 있다.[50] 한편 재해 중에서 인명이나 재산에 대규모 피해를 유발하는 경우에는 이를 재앙(Catastrophe)이라고 한다.[51]

그러나 재난과 재해가 원인과 결과의 문제라기 보다는 재난과 재해는 기본적으로 혼용되는 개념이며 헌법상 '재해'의 개념을 사용하고 있으므로 '재해'로 통일하는 것도 무방하다고 보여진다. 다만, 재난 및 안전관리 기본법상 재난개념 속에 재해가 포함되는 것으로

---

49 안영훈, "국가재난의 효율적 현장대응체계 강화방안", 2009. 7. 14. 발표자료집, 5면.

50 최중권, "재난관리법제상 손해배상에 관한 연구" 단국대학교박사학위논문, 2001, 6면.

51 Donald Hyndman/ David Hyndman 지음, 이동우 외 14인 옮김, 자연재해와 재난, 시그마프레스, 2006, 2면.

이해할 수 있다. 그러한 관점에서는 재난이 재해보다 더 넓은 개념이라고 할 것이다. 그렇지만 규모가 적은 재해는 재난으로 보지 않고 있다는 점에서는 재해개념이 더 넓은 개념이라고 할 수도 있다. 앞으로 재난 및 안전관리기본법을 개정하여 재해대책 기본법이나 재난관리기본법으로 하고, 안전관리에 관하여는 따로 안전관리기본법으로 분법화 함과 아울러 재난의 유형을 자연재난과 사회재난으로 구분하는 이분적 발상에서 벗어나 자연재난, 인적재난, 사회재난, 신종재난, 복합재난 등 지진이나 화산 등 각각의 재난 유형에 따른 대응체계를 달리하는 법제를 정비하는 방향으로 법제적 개선이 필요하다.[52]

(2) 대규모 지진 대비 유기적 협력체제의 구축

재난관리를 효율적으로 하기 위해서는 국가주도만으로는 그 목표를 달성하기 어렵다. 중앙부처간에 긴밀히 협조함은 물론 국가와 지방자치단체의 유기적 협력이 필요하다. 방재행정은 기본적으로 중앙부처간 국가와 지방자치단체간, 공공부문과 사적부문간의 유기적 협조체제가 잘 이루어지는지 여부에 달려있다고 할 것이다.[53]

재난관리를 효율적으로 하기 위해서는 국가주도만으로는 그 목표를 달성하기 어렵고, 중앙부처간에 긴밀히 협조함은 물론 국가와 지방자치단체의 유기적 협력이 필요하다.

우리의 재난 및 안전관리기본법은 기본적으로 국가주도형 재난관리체제로 구축되어 있는 바, 이 부분은 다른 선진국의 모델과 마찬가지로 기초 지방자치단체에 의하여 일차적으로 책임을 지고 현장에서 대처하도록 하여야 한다. 우리도 재난 및 안전관리기본법 제51조와 제52조에서 긴급구조활동이 지역통제단장이나 시·군·구긴급구조통제단장이 중심이 되어 긴급구조활동을 전개한다는 점에서 선진국의 재난대응체계를 유지하고 있으나, 지방자치단체의 재난상황실의 경우에는 재난전담직원이 제대로 배치되지 못하고 비전담인력의 기존업무와 병행하는 관계로 초동단계의 응급적 조치가 제대로 이루어지지 못하는 문제점이 초래될 수 있다.[54]

---

52 이재은, "한국의 복합재난 대응과 위기관리체계 발전방향", 한국위기관리논집 제19권 제8호, 2014, 26면.

53 문현철, "국가재난관리체제에 있어서 중앙정부와 지방자치단체의 역할에 대한 법적 고찰", 국가위기관리연구 제3권 제2호, 2009, 97면.

54 대규모 재난이 발생할 경우에 대형병원으로 환자가 몰리게 되는데 대형병원에서 재난훈련의 실시도 평상시에 할 수

특히 기초자치단체장의 초동대응이 매우 중요한 바, 재난시 기초자치단체장이 신속하고 정확하게 대응하기 위해서는 평상시 위기에의 대비체제를 갖추어야 한다. 위기시의 대비에 있어 중요한 사항은 첫째로, 상명하복(Top-down) 방식의 응급체제를 구축할 것 들째로, 직원의 대응능력을 향상할 것 셋째로, 주민과의 리스크 커뮤니케이션, 상급자치단체 및 재난관리기구와 연대 강화 등을 염두에 둘 것이다.[55]

지진이 발생하여 피해가 발생하는 경우에 그 대책과 관련하여 관계 조직이 다양하게 연결될 수 있다. 지진은 주로 복합재난으로 연결되는 경우에 중앙재해대책본부의 역할이 매우 중요하게 된다. 중앙재해대책본부는 지진으로 유발된 화학물질 유출이나 해상 기름유출, 수도, 가스, 전력, 통신망 사고 등 새로운 형태의 복합재난과 국민생활과 직결된 대규모, 복합재난 등에 상시 대응할 수 있는 능력을 갖추도록 하기 위해서는 부처간의 협업차원을 넘어서서 긴밀한 연결체제를 구축하여야 한다.

(3) 대규모지진으로 인한 복합재난에 효율적 대처가 필요함

2014. 4. 14. 세월호 참사가 있은 후 여러 법률의 개정작업이 있었고, 특히 재난 및 안전관리 기본법도 개정을 통하여 재난시 적절히 대응하면서 피해확산 방지를 도모하는 차원의 입법적 보완과 개선노력이 이루어졌다. 그럼에도 불구하고 이와 같은 법률개정이 복합지진이나 대규모 지진을 염두에 둔 것은 아니다. 대규모 지진의 발생에 대한 사전예방에서부터 대비는 물론 재난발생 초기의 응급적 조치는 물론 신속한 복구와 구호는 물론 장기적인 관점에서 부흥과 재건조치 까지 일련의 법적 틀 속에서 가동될 수 있는 지진재해대책 법제를 갖출 필요가 있다. 이를 위해 재난 및 안전관리기본법을 비롯하여 지진대책 법제 전반을 대규모 지진이 도래하는 경우를 상정하여 체계적으로 정비할 필요가 있다.

우리나라는 해방후 지금까지 외형적 발전을 거듭해 오고 있으나, 지진에 대한 대비를

있도록 이에 관한 법적인 근거규정을 마련할 필요가 있다.

55 室田哲男, "大規模災害における市町村の初動對應と「危機への備へ」", 自治研究 弟91卷 弟10号, 2015, 62面 이 논문에서 톱다운 방식에 있어서는 톱이 되는 기초자치단체장이 리더쉽을 발휘하는 것이 매우 중요하다는 점을 밝히고 있다. 가령 시장, 군수, 구청장의 진두지휘 하에 조직전체가 일체가 되어 신속히 대응하는 체제를 갖추는 것이 중요하다고 역설하고 있다. 위기관리시 톱이 취해야 할 행동원리로서, 의심날 때에는 행동할 것, 최악의 사태를 상정하여 행동할 것, 헛스윙을 하더라도 회피를 허용하지 말 것을 들고 있다.

소홀히 할 경우 갑자기 대규모 지진으로 인한 복합재난이 초래되면 국가적으로 심각한 타격을 받고 재정적으로 파탄의 지경에 몰릴 수도 있으므로 선제적 입법적 조치가 필요하다.

재난 및 안전관리기본법은 대규모 재난에 관한 규율을 하고 있을 뿐, 복합재난에 대응하는 체계를 제대로 갖추고 있지 못한 실정이다. 특수재난의 대처와 관련하여 국민안전처와 그 소속기관 직제에 따르면 제14조 제3항제1호에 따라 특수재난실장은 "도로·지하철·철도·항공기·해양선박 등 관련 대형 교통사고, 유해화학물질 등 관련 환경오염사고, 감염병 재난, 가축 질병, 원자력안전 사고, 다중 밀집시설 및 산업단지 등에서의 대형사고, 전력·가스 등 에너지 관련 사고, 정보통신 사고(정보통신기반 보호법 제2조제3호 및 정보통신망 이용촉진 및 정보보호 등에 관한 법률 제2조제1항제7호에 따른 침해사고와 중앙행정기관·지방자치단체 및 공공기관의 정보통신망에 대한 사이버공격은 제외한다) 등(이하 "특수재난"이라 한다) 대책 지원 및 업무 협조"를 수행하도록 되어 있으나, 지진에 의해 복합재난이 유발된 경우를 포함시키는 방향으로 개선될 필요가 있다.

3. 지진·지진해일·화산의 관측 및 경보에 관한 법률의 개선방향

(1) 지진의 전조현상과 쌍방향 정보유통의 중요성

지진을 미리 완벽하게 예측한다는 것은 불가능하다. 지진해일에 대한 조기 경고는 지진보다 해일의 속도가 늦기 때문에 미리 경고를 듣고 고지대로 피하게 될 경우에 인명피해를 줄일 수 있게 되어 매우 유용하다. 그러나 지진은 아무런 예고도 없이 오기도 하나, 많은 경우에 조짐이나 전조가 있다. 사전 경고기능에 따라 조짐을 발견하여 예측할 필요가 있고, 조짐이나 전조를 무시하다가 큰 피해로 발전할 수 있다. 동물이나 곤충들의 움직임 또는 전파의 탐지를 통해 지진의 전조현상을 알기도 한다. 동물의 움직임의 패턴 중 개가 갑자기 계속하여 짖어대거나 동물이 강진이 발생하기에 앞서 놀래는 모습, 이상하게 한 장소에 많이 모이는 현상 등은 동물에게 육감이 있는 것으로 보고 있다. 지진의 경우에는 라돈이라는 무색, 무미, 무취의 방사선 가스가 방출된다. 또한 폭풍전야와 같은 현상이 나타나고 하늘에도 지진구름이 형성되기도 한다.

지진의 전조현상에 대하여 지질학 내에서 확고한 이론이 정립된 것은 아니다. 동물이나 자연현상의 변화에서 이를 감지하기도 하지만, 가령 중국의 탕산지진의 경우는 전조현상이 없어, 전조 현상이 있었던 다른 지방의 지진의 경우와 달라, 일반적으로 지진에 대하여 전조현상이 있다고 단정하기 어려운 측면이 있다.

그러나 엄밀히 말하여 조짐은 있게 마련이다. 과학의 세계에서 P파와 S파의 차원으로 보기도 한다. 조짐으로 보고 무슨 일이 일어날지를 예측하는 견기이작(見機而作)이나, 서리를 밟으면 머지 않아 단단한 얼음이 어는 추운 겨울이 온다는 의미의 주역의 이상견빙지(履霜堅氷至)와 같은 경구에 비추어 자연현상인 지진현상에 앞서 그 조짐이 전혀 없을 수는 없다. 이를 감지하는 것이 용이하지 않지만, 감지하더라도 무심결에 넘어가거나 의도적으로 간과하는 수가 있다. 56

지진의 경우 초기대응이 중요하고 피해를 확산하지 않도록 하는 것이 무엇보다 중요하다. 생활기반이 파괴된 지역에 신속한 의료지원과 물자구호가 늦어지면 국민의 불안이 증대되므로 시간을 다투는 신속한 대응과 더불어 쌍방향의 정보유통시스템을 구축하여야 한다.

앞서도 살펴본 바와 같이 1755년의 리스본 지진과 1976년의 중국의 탕산(唐山) 대지진은 아무런 전조없이 들이 닥쳤다. 그런데 1975년의 하이쳉(海城)을 덮은 규모 7. 4의 지진은 미리 지진이 일어나기 전에 진동이 계속해서 거의 모든 사람들이 큰 충격파가 오기전에 집 밖으로 뛰쳐나오게 되어 피해가 크지 않았다. 지진의 방재시스템의 구축과 관련하여 인간이 예측 못하는 것을 예측하는 인공지능(AI)에 의한 과학기술의 도전이 기대된다.

지진에 관한 예보과 관련하여 최근의 예보학의 학문과 기술에 따르면 지진의 예보기능에 대한 신뢰할 수 있는 것이 없다고 본다. 사실상 연구자들은 지진의 전조로 볼 수 있는 몇가지 징표에 의존하고 있다. 그렇지만 정확한 진원지와 시간대를 확정적으로 확인할 수는 없다. 따라서 지진은 예상하기 힘든 자연현상에 속하기 때문이다. 그러나 일단 지진이 발생한 경우에는 신속히 대피하지 않으면 피해가 확산되기 때문에 딜레마가 놓여있다.

그래서 지진의 징후에 따라 단계적으로 조기 경보장치를 작동하는 것이 필요하다. 지진은 2가지 파동으로 구분된다. 하나는 주된 파동으로 일컬어지는 P파이고, 다른 하나는 그

---

56 경주의 지진이 발생하기 전에 부산과 울산 등지에서 냄새가 난다는 이야기가 있었으나, 라돈가스는 무색, 무미, 무취이기 때문에 이와 같은 현상도 일종의 지진의 조짐이라고 볼 것인지는 불확실하다.

후에 나타나면서 신속하면서 파괴적인 부수적 파동인 S파가 바로 그것이다. 지진계가 P파를 기록하면 S파에 전달되기 전에 지진 경보를 알릴 수 있게 된다. 이러한 시스템은 이미 도입되어 있다. 이러한 경보시스템은 촌각을 다투는 지진에 있어 미리 예보하여 생명과 안전을 확보하는데 효율적이기 때문에 신속한 경보가 매우 중요한 것이다. 지진에 있어서는 장애물을 피하는 것이 중요하므로 붕괴될 위험성이 있는 장소를 피해 넓은 공터로 신속히 피난하는 것이 매우 중요하다.

(2) 조기경보시스템의 확보

지진과 관련하여 조기경보시스템은 필수적이다. 지진 경보와 관련하여 기상청에서 규모 5.0 이상의 지진이 발생하면 지진 50초 내 재난 문자를 발송하도록 제도 개선을 한다고 한다. 기상청은 규모 3.0 이상 5.0 미만의 지진이 발생하면 5분 내에 해당 광역시. 도에 재난문자를 보내고 규모 5.0 이상의 지진은 발생한지 7-25초 내외에 문자를 송출하게 한다고 한다.

그러나, 대규모 재난의 경우 경보와 이에 수반되는 행동과의 연계성이 문제가 있다는 지적이 있다. 다시 말해 지진과 관련하여 지진예보를 듣거나 정보를 접하더라도 주민이 어느 곳으로 대피하여야 하는지 제대로 된 홍보가 없다. 현재 지진에 대비한 주민의 행동요령이 배포되어 있을 뿐이다.

재난현장에서 즉각적이면서 신속하게 재난대응이 이루어질 때에만 피해를 최소화하게 된다. 종전에 상급기관에 보고하는데 신경을 쓰고 현장의 책임자가 주도적으로 재난극복과 피해저감을 위한 일련의 조치를 취하지 못하고 우왕좌왕하여 피해를 확대시켰던 사례가 드물지 않았다.

지진은 그 발생이 불가피 하므로 재난의 발생을 완화(mitigation) 하고 예방하여 피해를 최소화하는 노력이 중요하다. 다만, 재난위험지역에도 불구하고 정부나 개발업자 등이 경관 등을 이유로 개발하는 경우가 있어 이 부분은 오히려 재난을 키우기도 하므로, 일단 개발이 되고 난 후에 있어서는 사유재산권의 보장 차원에서 재해 발생의 위험성이 있다는 이유로 사전에 조치를 취하기 어렵게 되는 문제가 있다. 따라서 지진위험도에 따른 리스크를 관리할 수 있도록 제도적 장치를 마련하는 것이 필요하다.

지진·화산재해 대책법 제10조의 2에서 지진해일 대비 주민대피계획 수립 등에 대하여만 규율하고 있을 뿐 지진에 대한 주민대피계획을 위해 아무런 규정이 없고, 지진·지진해일·화산의 관측 및 경보에 관한 법률 제13조에서 인공지진의 탐지, 분석 및 통보에 관한 규정을 두고 있을 뿐 지진예보에 대하여는 아무런 규정을 두고 있지 않다. 예보를 지진이 발생한 후에 하지만 지진피해가 발생하기 전에 예보가 이루어져야 하므로 지진예보와 지진피해 발생 전 단계의 조치가 전혀 없는 것이 문제이다.

참고적으로 경보장치가 작동되면 경제활동이 마비되어 엄청난 손해가 야기될 수 있으므로 경보장치를 정확히 발령해야 하는 문제가 있다.

일본의 경우에는 교통신호의 색깔에 맞추어, 관측정보(청색), 주의정보(황색) 그리고 예지정보 (적색)의 정보를 내고 이에 따라 대책을 달리하게 되는데, 예지정보일 때 경계를 발하고, 관측정보일 때에는 비상연락체계를 가동하지만 기기이상으로 해제하기도 한다. 주의정보가 발령되면 재해대책을 위한 준비단계에 돌입한다. 경보발령이 되면 교통기관도 멈추게 되므로 지진발행 후 집에 귀가하지 못하는 사태가 발생하기도 한다.[57]

(3) 긴급 지진속보체계와 지진예보 및 경보

경보발령과 관련하여, 현행 체제는 기상청에서 알리는 것으로 그치고 있으나, 이와 같은 방식은 국민 각자 알아서 행동하도록 하는 것이므로 구체적으로 어떤 조치를 하여야 하는지에 대하여 아무런 설명이 없게 된다.

예보와 통보의 2단계로 할 것인지, 아니면 3단계나 4단계로 하는 것이 적절한 것인지 검토가 필요하다. 일본의 경우에는 긴급지진속보에 관하여 기상업무법에 따라 대처하고 있다.[58]

지진의 규모가 어느 정도인가에 따라 다른 접근이 필요하다. 만약에 경미한 지진의 경우에는 복합재난으로 연결될 가능성은 거의 없다. 그러나 대규모 복합재난이 발생한 경우 신속히 국민안전처를 중심으로 초기단계에 효율적으로 대처하고 응급조치 등이 신속히

---

57 가미누마 가츠타다외 지음, 김태호 옮김, 앞의 책, 64면.

58 이에 관하여는 김치환, 일본에서의 지진과 해일대응법체계, 고려법학 제60호, 2011,15-20면.

이루어 지도록 할 필요가 있다. 지진의 피해에 대한 보호조치로는 중대한 피해를 유발하는 대규모 지진에 대한 완벽한 보호가 사실상 불가능하다. 무엇보다 사망자가 발생하지 않도록 재난관리적 관점에서 인명피해를 최소화하는 감재조치가 요청된다. 이는 적절한 시점에 단계적으로 지진에 대한 예보 기능과 경고시스템을 통해 달성될 수 있다.

지진·화산재해대책법 제2장 제8조 제1항에서 지진·지진해일 및 화산활동 관측결과 등의 통보에 대하여 규율하고 있는 바, "기상청장은 국내외 지진·지진해일 및 화산활동 관측결과를 재난 및 안전관리 기본법 제14조에 따른 중앙재난안전대책본부의 본부장(이하 '중앙대책본부장'이라 한다)에게 통보하여야 한다"고 되어 있다. 아울러 제2항에서 관측결과의 통보에 필요한 사항은 대통령령으로 정한다고 되어 있어, 직접 국민에게 신속하게 통보하는 절차를 마련하고 있지 아니하므로 통보시에 어떤 식으로 통보하여 국민이 신속히 대피할 것인지, 평소 긴급문자에 대하여 어떤 식으로 대처하고 대응할 수 있는지 지속적인 교육과 훈련이 뒤따라야 한다.

4. 지진·화산재해대책법의 개선방향

(1) 지진·화산재해대책법의 구조

지진·화산재해대책법은 자연재해대책법의 기본틀에서 분화하여 지진과 지진해일 및 화산재해에 대한 대책을 강구하기 위한 법률이다.[59] 지진·화산재해대책법은 지진·지진해일 및 화산활동으로 인한 재해로부터 국민의 생명과 재산 및 주요 기간시설을 보호하기 위하여 지진·지진해일 및 화산활동의 관측·예방·대비 및 대응, 내진대책, 지진재해 및 화산재해를 줄이기 위한 연구 및 기술개발 등에 필요한 사항을 규정함을 목적으로 한다. 제3장 예방과 대비에서는 지진방재종합계획의 수립·추진 등(제9조의 2), 지진해일 대비 주민대피계획 수립 등(제10조의 2), 지진·화산방재 교육·훈련 및 홍보(제11조) 등에 관하여 규정하고 있고, 제4장 내진대책에서 국가지진위험지도의 제작·활용 등(제12조), 내진설계기

---

59 지진·화산재해대책법과 자연재해대책법의 관계는 지진·화산재해대책법 제4조의 규정에서 지진·화산재해 복구 등 이 법으로 특별히 규정하지 아니한 사항은 자연재해대책법으로 정하는 바에 따른다고 규정하고 있으므로 자연재해대책법이 일반법의 성격을 띠고 있다.

준의 설정(제14조), 기존시설물의 내진보강 추진 등(제16조) 등을 규정하고 있다. 아울러 제5장 대응에서 지진·화산재해 대응체계의 구축(제18조), 긴급지원체계의 구축(제19조), 지진·화산 재해 원인조사·분석 및 재해원인조사단 구성·운영 등(제20조)에 관하여 규정하고 있다.

이처럼 지진·화산재해대책법의 구조는 ① 지진·화산재해의 예방 및 대비 ② 내진대책 ③ 지진·지진해일 및 화산활동의 관측·분석·통보·경보전파 ④ 대응으로 되어 있다. 다시 말해 지진·화산재해대책법은 사전 예방 및 대비에 역점을 둔 법률이라 할 것이다. 먼저 ① 지진·화산재해의 예방 및 대비는 재난 및 안전관리 기본법이나 자연재해대책법과 중복되고 ② 내진대책과 관련하여서는 건축법, 시설물의 안전관리에 관한 특별법과 연관되며 ③ 지진·지진해일 및 화산활동의 관측·분석·통보·경보전파 및 대응과 관련하여서는 지진·지진해일·화산의 관측 및 경보에 관한 법률과 겹친다. ④ 대응에 관하여는 재난 및 안전관리 기본법과 중복된다. 한편 사후적인 복구나 재건 등 회복에 대하여 규율이 제대로 안되어 있고, 재난 및 안전관리기본법이나 자연재해대책법에 의하도록 하고 있다.

(2) 지진재해 대응조직

먼저, 대규모 지진이 발생한 경우에는 신속하게 수습반을 운영할 필요가 있으며, 피난처를 정하고 주민의 대피소가 마련될 필요가 있다.

정부 부처간의 협력과 민간의 유기적 협력시스템을 구축하기 해서는 부처이기주의를 극복하는 것이 급선무이다. 아울러 대규모 지진이 복합재난으로 발전하면 범정부적으로 여러 부처가 관련되므로 국무총리나 경우에 따라 대통령이 직접 진두지휘할 필요성이 있다.

지진의 규모가 6.0 이상을 초과하여 막대한 피해가 야기되는 대규모지진이 예상되는 경우에 발령하는 기상청장의 정보만으로 어떤 대피와 후속적인 긴급피난활동이 연계되는지 명확하지 않다. 이와 관련하여 지방자치단체의 재난관리 조례와는 별도로 지진대비 조례가 제정될 필요가 있다.

한편, 재난 및 안전관리 기본법 제14조(중앙재난안전대책본부 등)제1항에서는 "대통령령으로 정하는 대규모 재난의 대응·복구 등에 관한 사항을 총괄·조정하고 필요한 조치를 하기 위하여 국민안전처에 중앙재난안전대책본부(이하 "중앙대책본부"라 한다)를 둔다."고 규정하고 있고, 그 위임을 받아 동법 시행령 제13조에서 이를 다음과 같이 규정하고 있다. 즉, 법 제14조제1항에서 "대통령령으로 정하는 대규모 재난"이란 1. 재난 중 인명 또는 재산의 피해 정도가 매우 크거나 재난의 영향이 사회적·경제적으로 광범위하여 주무부처의 장 또는 법 제16조제2항에 따른 지역재난안전대책본부의 본부장의 건의를 받아 법 제14조제2항에 따른 중앙재난안전대책본부의 본부장이 인정하는 재난 2. 제1호에 따른 재난에 준하는 것으로서 중앙대책본부장이 재난관리를 위하여 법 제14조제1항에 따른 중앙대책본부의 설치가 필요하다고 판단하는 재난 중 어느 하나에 해당하는 재난을 말한다. 대규모 재난의 범위설정과 관련하여 중앙대책본부장의 재량적 판단에 맡겨 둘 것이 아니라 법률이나 시행령에서 대규모 재난에 관한 객관적이며 보다 명확환 기준을 제시할 필요가 있다.

한편 중앙재난안전대책본부장은 기본적으로 국민안전처장이 하고, 일정한 경우 국무총리가 중앙재해대책본부장의 권한을 행사할 여지가 있으나, 앞서 살펴본 지진의 원인에 관한 논의와 관련할 때 국가총력적인 해결이 요구되는 대규모의 재난이 발생한 경우에는 대통령이 대한민국의 국정의 최고책임자로서 직접 중앙재해대책본부장을 맡도록 하는 것이 바람직하다.[60]

(3) 내진설계 및 내진보강대책

지진의 피해 중에는 가옥 등 건축물의 붕괴가 가장 심각하며, 이로 인해 인명사상이 늘어나게 된다. 내진 설계와 기준을 갖추지 않거나 내진보강이 되지 않은 건물은 지진이 강습하게 되면 속수무책으로 재앙으로 변모할 수 있다. 따라서 지진위험도를 고려하여 내진등급을 차등화하는 정책을 추진할 필요가 있다.

바빌론의 함부라비 법전에 "공사의 잘못으로 건물주의 아들이 죽으면 건설업자의 아들은 죽음을 당할 것이다. 건설업자의 잘못으로 건물주의 노예가 죽으면 건설업자의 노예는 건물주의 소유물이 될 것이다"라고 규정하고 있듯이 부실한 시공이나 설계로 인하여 내진구조를 제대로 갖추지 못한 건설업자에 대하여 지진은 불가항력이라로 할 지라도 인간

---

60 일본에서 내각제의 총리가 재해대책본부장을 맡고 있는 것과 비견된다.

의 잘못으로 피해의 확대가 초래된 경우라면 지진으로 피해를 입은 자는 잘못 시공하거나 내진설계를 제대로 반영하지 못하였을 때 건축업자에 대하여 민형사상의 책임을 물을 여지가 있다.

이탈리아에서 최초로 내진기준이 1913년 제정되었는 바, 과거에 지진이 발생하였던 지역에서만 의무화 되었다. 미국의 경우에도 1933년까지 아무런 지진의 내진기준이 마련되어 있지 않았으나, 1933년 롱비치 지진이 매우 비참하여 그 도시를 강타하여 최초로 건물 보강의 필요성이 요구되었다. 학교건물의 완전붕괴 때문에 주 전체의 모든 공공학교를 보강하도록 하였다. 일본은 1923년 건물에 내진설계를 하도록 엄격화 하였다. 대부분이 나라에서는 하나의 법정기준이 중앙정부로부터 제시되는데 반해, 미국의 경우에는 연방정부가 하나의 기준을 제정하는 것을 금하고 각 주별로 건축기준을 제정하도록 하고 있다.[61]

진원깊이 70킬로미터 미만의 천발지진은 단층에서 발생한다. 지각에 존재하는 모든 단층에서 지진이 발생하는 것이 아니라 그 일부에서만 발생하는데 이러한 단층을 활성단층이라고 한다. 양산단층은 경상분지내 부산에서 양산, 경주, 포항, 영해로 이어지는 총 연장 약 170킬로미터의 대규모 단층이다.[62] 이러한 경주의 활단층이 문제가 된다. 활단층이란 최근의 지질시대인 제4기에 활동을 반복했으며, 앞으로도 활동가능성이 있는 것으로 추정되는 단층을 말한다. 경주지진은 우리에게 교훈을 가져다 준다. 활단층이 움직일 때 나타나는 것이 지진이라고 볼 때 강화된 내진 보강을 철저히 하여 대규모 지진으로 인한 불행한 재앙이 닥치지 않도록 할 필요가 있다.[63] 이와 같은 활단층은 지진이 발생할 개연성이 높기 때문에 이와 같은 활단층에 원자력 발전소가 위치하고 있다면, 보다 강화된 내진보강대책이 추가적으로 요청된다. 지진발령에 따른 경부선의 고속철도의 운행중지가 제대로 안될 경우 대형재난으로 연결될 위험성이 있게 되므로 지진발생시 일본 신간센의 자동적 운행정지 시스템을 벤치마킹할 필요가 있다.

활성단층지역에서의 건축행위에 대하여는 보다 강화된 내진기준이 적용될 필요가 있다. 현재 내진보강을 위해 세재상의 조치만으로는 한계가 있다. 다른 정책수단이 필요하고,

---

61 매티스 레비·마리오 살바도리 공저, 김용부 공역, 지진은 왜 일어나는가, 기문당, 1999, 145면 이하.

62 이기화 모든 사람을 위한 지진이야기, 사이언스 북스, 2015, 217면.

63 가미누마 가츠타다외 지음, 김태호 옮김, 앞의 책, 30면.

특히 지진위험지도의 작성에 따른 단계적 조치가 필요하며, 지진위험지도를 공표하고, 지진위험도를 고려하여 내진기준을 달리하여 건축행위의 허가기준을 정하도록 할 필요가 있다. 지진의 위험이 큰 지역에서는 건축행위의 요건을 강화하는 것이 필요하고, 중요한 건축물 가령 병원이나 지진대책 지휘본부, 긴급대피시설, 다중이 밀집하는 시설물은 지진으로부터 안전한 건물이어야 지진재해를 효과적으로 대처해 나갈 수 있게 된다.

무엇보다 지진에 대비하여 안전한 건축물을 축조하는 것이 중요하다. 지진으로 인한 신체적 피해는 대부분 건물이나 교량과 같은 인위적으로 축조한 구조물의 파손 또는 붕괴로 인한 경우가 많기 때문이다. 따라서 지진에 대비한다는 것은 실질적으로 지진에 견딜 수 있는 건축물의 축조와 미비한 건축물에 대한 보강을 위한 정책적 노력이 지속적으로 이루어 질 필요가 있다.[64]

시설물의 안전관리에 관한 특별법 제7조의 2 제1항에서 "관리주체가 정밀안전진단을 실시하는 경우 해당 시설물에 대한 내진성능평가를 포함하여 실시할 수 있다."고 규정하여 경우에 따라 실시를 하지 않아도 무방하도록 되어 있다. 또한, 준공인가 또는 사용승인을 받은 후 20년이 지난 시설물 중 내진성능평가를 받지 않은 시설물에 대하여는 내진성능평가를 하여야 한다고 규정하고 있으나, 같은 조 제2항에서 국토교통부장관은 내진성능평가가 포함된 정밀안전진단의 실시결과를 법에 따라 평가한 결과 내진성능의 보강이 필요하다고 인정되면 내진성능을 보강하도록 권고할 수 있다고 규정하고 있고, 이를 이행하도록 의무 조항을 마련할 필요가 있다.[65]

현재 지진위험도를 작성하도록 하고 있으나, 여기에서 더 나아가 이를 공표하도록 할 필요가 있으며, 이와 같은 지진위험도를 고려하여 등급별 내진대책을 차등있게 정할 필요가 있다. 이를 통해 지진에 대한 리스크 관리가 체계적으로 이루어 질 필요가 있다.

(4) 지진대책과 관련하여 물의 확보가 매우 중요

지진대비와 관련하여 비상식수와 소방용수의 확보계획이 중요하다.[66] 1999년 대만의 치

---

64 변진섭, 우리가 알아야 할 지진, 1998, 21-22면.

65 권고 후에 이행을 하지 않아 대규모 지진으로 사람이 사망이나 피해를 입은 경우에는 형법상 업무상 과실치사 등의 형사책임이나 국가배상책임이나 민사상 손해배상책임을 부담할 수도 있다.

치 지진[67]의 경우처럼 상수도 시설에 심각한 피해를 입히고, 댐의 파괴로 상수도 전용저수지의 유실 등 적지 않은 인명 피해가 유발되었다. 1906년 샌프란시스코 지진으로 지하에 매설된 상수도관이 도시 전역에 걸쳐 파괴되어 우선 식수공급부족 현상과 소방용수를 제대로 확보하지 못하여 3일간 계속된 화재로 피해가 확산되었다. 지진은 화재로 연결되기 쉬우며, 화재를 진압하기 위해서 물의 확보가 매우 중요하며, 지진으로 인하여 상수도관이 파열될 경우에 비상식수를 적시에 공급하는 문제도 미리 대규모 지진대책과 관련하여 응급조치와 대응계획에 포함시켜야 한다.

(5) 지진·화산재해대책법을 대규모지진재해대책법으로 개정 필요

당초 지진재해대책법이라는 명칭으로 법률이 제정되었으나, 백두산 화산의 분화가능성이 높아 화산에 관한 부분을 포함시키면서 현재는 지진·화산재해대책법으로 법률제명을 달리 하고 있다. 지진의 특성과 관련하여 우리나라의 경우에는 백두산 화산이 문제가 될 뿐이다. 이 경우에도 화산이 폭발한 후에 대응할 수 밖에 없는 실정이다. 따라서 별도로 지진대책법제에서 화산대책 부분까지 다루는 것은 지진에 대한 대응이 약화될 수 있으므로 지진대책에서 화산에 관한 부분은 떼어내어 별도로 규율하는 것이 타당하다고 사료된다. 지진과 지진해일은 함께 다루어도 무방하나, 해일은 지진의 동반없이도 해일이 날 수 있으므로, 이 부분도 지진에서 분리하는 것이 타당한 것인지 아니면 지진과 해일을 함께 다루는 것이 타당한 것인지 검토가 요망된다. 지진해일에 관하여는 지진과 연계되어 발생하는 것인 만큼 우리나라의 특성상 지진의 피해보다는 지진해일의 피해가 크지 않다고 보여지기 때문에 자연재해대책법으로 옮겨 해일과 같이 다루어도 된다고 본다.

현행 법률이 지진과 더불어 화산에 대한 대비를 한다는 점에서는 의미가 없지 않으나, 하나의 법률에 지진에 특화하지 아니하고 화산에 관한 사항까지 포함시켜 규율하는 것은 그 만큼 지진재해에 집중하지 못하고 분산되는 것으로 바람직하지 않다. 지진에 관한 법

---

66 변진섭, 앞의 책, 138-139면.

67 대만은 타이중 지역에서 1999. 9. 21. 오전 1시 47분에 발생한 규모 7. 6의 지진으로, 이 지진 발생 후 대만에서 지진법제에 대한 연구와 지진을 둘러싼 법학논문이 다수 발표되었다. 필자는 2016. 11. 15. 타이중시에 위치하고 있는 대만 치치 지진현장을 둘러보았다.

률에서는 지진에 대하여만 규율하고 화산에 관하여는 자연재해대책법에 별도의 장을 추가하여 규율하는 것이 지진에 대한 대책을 위해 하나의 법률에서 통일적으로 규율한다는 점에서 바람직한 법정책적 방향이라고 볼 것이다.

또한 지진재해 대책과 관련하여 지진·화산재해대책법이 지진의 예방, 대비, 대응, 복구의 흐름을 충실히 따르고 있지 아니하고, 단지 예방과 대비에 역점을 둔 법률이라고 볼 것이다. 지진·화산재해의 예방 및 대비에 있어서 중요한 규율사항이라고 할 수 있는 내진대책과 지진·지진해일 및 화산활동의 관측·분석·통보·경보전파 및 대응을 열거하고 있으나, 구체적인 제도 운영에 있어서 대규모 지진재해를 대비하는 데 손색이 없는 실질적인 지진 방재대책이 되도록 제도보완이 필요하다.[68]

V. 맺음말

앞서 살펴본 바와 같이, 지진에 대한 대책으로 지진의 발생을 사전에 억제하는 것은 불가능하다. 따라서 지진에 대한 지나친 두려움도 문제이지만 지진이 발생하지 않을 것이라는 무감각은 더 큰 문제라고 할 것이다. 지진의 발생은 우리의 역사 속에서 자주 일어났고 다만, 대규모 지진이 최근에 발생하지 않았을 뿐이다. 언제 도래할지 모르는 대규모 지진의 발생에 대한 대비는 평소에 철저히 해 둘 필요가 있다. 지진이 발생한 경우 지진예보 기능을 단계별로 하여 이에 따라 대처 요령을 치밀하게 하고, 발생된 지진에 대한 대처 및 피해의 경감노력이 있어야 한다. 아울러 지진재해가 발생하더라도 그 피해를 최소화하는 방향으로 국가와 지방자치단체, 지방자치단체 상호간의 협력과 더불어 공적 부문과 민간단체 내지 자원봉사 조직과의 연계가 필요하다. 지진 재해가 발생한 경우에 신속히 국가총력적으로 대처할 수 있는 예방, 대비, 대응, 복구 및 재건의 지진재해관리 5단계 시스템을 갖추어 나가야 한다.

---

68 대규모 지진은 이로 인한 1차적 피해에 그치는 것이 아니라 화재, 원자력 사고나 각종 질병 등 복합재난이 야기될 가능성이 있다. 현행 지진재해 대책법제로는 이에 적절히 대처하는데 한계가 있으므로 심도있는 후속 연구를 통해 대규모 지진으로 인한 복합재난에 대응하는 입법적 개선이 요망된다.

재난관리의 예방·대비·대응·복구·재건의 과정들은 서로 독립적인 과정이라기보다는 서로 영향을 주고받는 상호 유기적이며, 순환적인 성격을 가지고 있다. 따라서 불가피하게 발생하는 지진으로 인한 피해를 최소화하기 위해서는 재난관리의 일련의 과정이 과학적이고 효율적으로 하나의 관리체제 속에서 유기적으로 각각의 고유한 기능을 수행할 때 효율적인 재난관리가 이루어질 수 있다.

지진으로 인한 국민의 생명과 안전을 확보하기 위한 시스템 정립에 앞서 다음과 같은 사항을 고려할 필요가 있다. 첫째로, 고위 공직자를 비롯하여 사회 구성원은 지진 등 재난이 주는 경고적 의미에 대한 인문학적 성찰이 필요하고, 공정한 인사원칙을 확립할 필요가 있다. 둘째로, 기본과 원칙을 중시하는 사회를 만들어 나가야 한다. 셋째로, 모든 공직자와 재난관련 업무에 종사하는 민간인의 청렴성 확보와 법을 철저히 집행할 필요가 있다. 넷째로, 대규모 지진으로 인한 복합재난에 대한 대처방안을 확고히 마련할 필요가 있다. 다섯째로, 지진재해를 경감하기 위한 주민대피계획이나 임시대피소에서의 지원활동 및 재난발생시 일정한 협조의무 등을 내용으로 하는 지방자치단체의 조례제정도 활성화할 필요가 있다. 여섯째로, 대규모 재난의 발생에 따른 앞서 고찰한 5단계의 시간축을 고려한 단계별 대비를 위한 지진대책법제를 선제적으로 만들어 땜질 식의 소잃고 외양간을 고치는 우를 범하지 말아야 한다.

무엇보다 지진의 전조현상이 있는 경우에 이를 단계적으로 알리는 예보시스템을 강화나는 것이 매우 중요하다. 지진과 지진해일에 관한 정보에 있어 공중의 접근권 보장이 강조되고 있다. 공중에의 지진에 관한 정보공개나 직접 참가를 중시하는 재난 및 안전관리와 관련한 법제에서 재난발생시에 신속한 구조활동 등을 위하여 정보의 공유를 내용으로 하는 별도의 규정이 마련될 필요가 있다. 지진 등 재난발생시에 공무원이 재난관리를 위해 설치된 상급기관에 대한 보고의무도 중요하지만, 피해에 가장 민감한 일반 국민이나 피해자의 가족 등에 대하여 상세한 피해상황의 보고의무에 관한 규정을 마련할 필요가 있다.

지진과 관련하여 재난관리 담당부서는 비상통제본부 중심의 평상시 학교와 기업체 단위의 지진대비훈련을 정기적으로 실시할 필요가 있다. 한편, 개인은 각자가 자신의 위험은 자신이 관리한다는 자세로 개인적으로 지진발생시의 신속히 대피하기 위한 사전 대비도 필요하다. 지방자치단체에서는 지진의 피해가 극심한 경우 대피소와 임시 수용시설 등을 사전에 확보하는 등 제반 노력이 필요하다. 한반도에 대규모 지진이 발생하기를 바라지는 않지만, 만약에 그와 같은 비상상황이 발생되는 경우에 대비하여 유비무환의 자세로 휴대용 전등, 구급약이나, 비상용 라디오, 식수와 비상식량 등 3일간 자급자족할 수 있는 생존가방을 평소 집에 구비하고 있을 필요가 있다.[69]

끝으로, 국가차원에서는 대규모 지진에 따른 재건과 부흥을 위한 법률을 미리 만들어두는 것이 필요하다. 그 이유는 대규모 재난이 갑자기 발생하여 대처하려고 할 경우 정치적으로 해결하는 것보다는 법적으로 해결할 수 있는 제도적 틀을 미리 만들어 두는 것이 대규모 재난의 발생으로 인해 자칫 야기될 수 있는 국가적 재정파탄을 막을 수 있기 때문이다.

---

69 변진섭, 앞의 책, 138면.

참고문헌

가미누마 가츠타다 외 지음, 김태호 옮김, 지진과 화산의 궁금증 100가지, 푸른길(2010).

강현수, "재해에 대비한 도시방재계획 강화방안에 관한 연구(Ii)- 지진에 대비한 예보기능 및 내진설계와 관련된 현행 제도의 문제점과 개선방안을 중심으로-", 중부대학교 논문집 제12집(1998).

국토해양부, 국토해양소관시설의 지진대비체계 개선방안 연구(2012).

김동민, "동중서 춘추학의 천인감응론에 대한 고찰- 신서·이재설을 중심으로-", 동양철학연구 제36집(2004).

김두진, "지진·지진해일관측·예보에 관한 법률의 제정방향", 고려법학 제69호(2011).

김민철, "원자력발전소와 지진", 계간·감사(2013).

김병태, "복합·대형 재난 관리 시스템 및 미국의 선진체계 연구", 소방방재청 중앙 119구조본부 단기훈련보고서(2014).

김소구, 일반지진학, 한국학술정보(주)(2003).

김소구, 실용지진학, 기전연구사(2011).

김용섭, "선박안전 및 재난관리에 관한 법정책적 검토", 인권과 정의 통권 제442호(2014).

김용섭, "재난 및 안전관리에 관한 법제의 현황과 과제", 행정법연구 제45호(2016).

김재관, "법적·제도적 지진방재대책 마련 서둘러야", 국회보(2016. 11.).

김제완·백태웅, "캐나다의 지진, 해일 및 화산 관측 관련 법제", 고려법학 제60호(2011, 3.).

김치환, "일본에서의 지진과 해일대응법체계", 고려법학 제60호(2011).

리처드 험블린 지음, 윤성호 옮김, 테라: 광포한 지구, 인간의 도전, 미래의 창(2009).

매티스 레비·마리오 살바도리 공저, 김용부 공역, 지진은 왜 일어나는가, 기문당(1999).

변진섭, 우리가 알아야 할 지진, 도서출판 일공일공일(1998).

배재현, "우리나라 지진대응관련 주요현황과 개선과제", 국회입법조사처 이슈와 논점 제1175호, (2016. 6. 2.).

선창국, "한반도 고유환경에 적합한 지진대책 기술 개발해야", 과학과 기술(2014. 6.).

신정근, 동중서; 중화주의의 개막, 태학사(2004).

양효령, "중국의 지진 및 지진해일에 관한 법제연구", 고려법학 제60호(2011).

앤드루 로빈슨 지음, 김지원 옮김, 지진 두렵거나, 외면하거나, 반니(2012).

이기화, 모든 사람을 위한 지진 이야기, 사이언스 북스(2015).

이성주, "칠레의 지진은 단지 신정론에 대한 비판인가 ?- 하인리히 폰 클라이스트와 계몽주의", 독일어 문학 제67집(2014).

이순태, "[법제시론] 재난관리를 위한 법제분야의 선진화", 법제(2011. 4.).

임승빈, "해외방재정책동향과 우리나라의 미래 재난관리 체계와 모델- 동일본대지진의 교훈을 중심
　　　으로-", 재난안전 제15권 제3호(2013).

장정태, 김대원, "지진재해를 대비한 효과적인 대응책 연구", 한국위기관리논집 제7권 제3호(2011).

전학선, "재난관리법제의 문제점 및 개선방안", 외법논집 제38권 제4호(2014).

정광량, "건물 및 시설의 내진설계 현주소와 개선점", 국회보(2016. 11).

중국철학연구회, 논쟁으로 보는 중국철학, 예문서원(2002).

지헌철, "대지진 발생확률은 낮으나 간헐적 피해지진 가능성은 상존", 국회보(2016. 11.).

진영지, 김경민, "동일본대지진을 통해 본 재난관리정책 발전방향", 재난안전 16권 제2호(2014).

풍우 지음, 김갑수 옮김, 동양의 자연과 인간이해- 중국의 천인관계론, 논형학술(2008).

최병조, "지진과 법-로마법의 경우"-, 서울대학교 법학, 제52권 제2호(2011).

최호선, "지진조기경보 역량강화를 위한 정책적 제언", 기상기술정책(2013. 6.).

한국과학기술총연합회, "한반도 지진과 원자력안전", 제35회 과총포럼(2011. 3. 23.).

황태연/김종록, 공자, 잠든 유럽을 깨우다, 김영사(2015).

Donald Hyndman/ David Hyndman 지음, 이동우 외 14인 옮김, 자연재해와 재난, 시그마프레
　　　스, 2006.

小柳春一郎, 災害と法, 國際書院, 2014.

山田健太, 大規模災害における市民とマスメディア,- 東日本大地震で市民の　知る權利は守られたか-，法律時報
　　　84卷 6号, 2013.

野村武司, 震災からの自治体노の機能回復と住民情報·個人情報, 法學セミナー, 2011. 11.

黑木松男, 地震に關する法的課題, 判例タイムス No. 815, 1993.

福崎博孝, 地震·噴火·津波災害に對すゐ國民的保障制度- 被災者自立復興のための理想的な法制度確立を目指して，自由
　　　と正義 Vo;. 48 No. 8, 1997.

水島朝穗, 緊急事態におけゐ權限分配と意思決定- 大規模災害を中心に- 公法研究 弟76号, 2014.

晴山一穂, 大規模災害と行政組織, 公法研究 弟76号, 2014.

鈴木庸夫, 大規模災害と住民生活, 公法研究 弟76号, 2014.

村田　和彦，東日本大震災の教訓を踏まえた災害對策法制の見直し- 災害對策基本法，大規模災害復興法-，立法と調査，
　　　2013. 10. No. 345.

3

서울특별시 자치헌장조례에 대한 법적 검토*

목차

Ⅰ. 머리말

Ⅱ. 서울특별시 자치헌장조례의 의미와 법적 성격

Ⅲ. 자치헌장조례의 한계

Ⅳ. 서울특별시 자치헌장 조례에 대한 구체적 검토

Ⅴ. 맺음말

Ⅰ. 머리말

우리사회에 본격적인 지방자치(kommunale Selbstverwaltung)가 실시된 지 27년이 경과하였다. 지난 27년간 괄목할 만한 지방자치제도의 발전과 성과[1]에도 불구하고 방만한 지방자치 운영의 폐해를 도처에서 확인할 수 있다. 지방자치에 대한 폐해로는 우선 지역유지나 지방호족에 의한 지역정치에 막대한 영향력을 행사하면서 주민의 의사를 왜곡하는 현상을 들 수 있다. 다음으로 자치역량의 미흡과 더불어 중앙정치에 예속되어 지방선출직의 부패와 지방공무원의 무사안일과 복지부동이 지적되고 있다. 나아가 지방자치가 지역이기

---

* 이 논문은 2018년 5월 12일 행정법이론실무학회 제245회 학술대회에서의 김용섭교수 발제문 "법치주의 관점에서 살펴본 지방분권개헌과 자치헌장조례"의 일부를 분리하여 행정법연구 제53호(2018. 5.)에 게재·수록한 것입니다.

1 지방자치는 수직적 권력분립의 원리를 실현하고 주민의 참여하에 자유민주주의 체제를 구축하는데 필요한 장치로서 풀뿌리 민주주의의 실험장으로서 기능하고 지역적 정체성에 기반하여 주민의 근거리에서 필요한 행정수요를 충족하는 긍정적 기능을 한 것으로 평가된다. 이에 관하여는 이승종 편, 지방자치의 쟁점, 박영사, 2014, 5-7면.

주의로 발전하여 쓰레기 매립장, 소각장, 핵발전소와 폐기물 시설 등에 대하여 국가권력과의 갈등으로 국책사업의 수행이 차질을 빚는 경우가 비일비재하였다.[2] 따라서 현 단계에서 지방자치단체가 주민 밀착의 근거리 행정을 실현하기 위해서는 무엇보다 지방자치단체의 자율성과 책임성이 전제되어야 한다.

조례는 지방자치단체가 자신의 사무를 규율하기 위하여 지방의회의 의결을 거쳐 자율적으로 제정하는 법규로, 지방자치단체가 헌법에서 부여된 자치권에 근거하여 법령의 범위내에서 그 사무에 관하여 제정한 자치법규이다. 조례는 법률을 집행하는 작용이라기 보다는 법규명령과 마찬가지로 전래된 법규범에 속한다. 조례제정권은 주민의 자치로부터 당연히 인정되는 것이 아니라 법률에 의하여 부여되는 것이다. 다만, 조례는 법규명령과는 달리 지방자치단체의 주민에 의해 민주적으로 선출된 기관인 지방의회에 의하여 제정된다는 점이 특징이다. 이러한 점에서 조례는 자치적 입법(autome Rechtsetzung)이고, 법규명령은 타율적 입법(heteronome Rechtsetzung)이라고 할 수 있다. 조례는 한편으로는 헌법 제117조 제1항에 근거한 자치법으로서 지방의회에서 제정된다는 점에서 민주적 정당성을 갖고 법률에 준하는 측면을 강조하는 견해가 있다.[3] 같은 맥락에서 입법의 본질상 조례와 법률은 각각 주민과 국민의 의사의 발현으로 보아 궁극적으로 국민주권주의로부터 비롯되는 관점에서 민주적 정당성의 관점에서 조례와 법률간에는 차이가 없다는 견해도 제시된 바 있다.[4] 그러나 지방의회는 주민에 의하여 구성되었다 하더라도 형식적 입법권을 포함한 정치적 민주화가 아닌 행정적 민주화를 의미하는 것이기 때문에 행정위원회에 해당하고, 대한민국에 입법부는 국회 하나밖에 없으며 지방의회가 제정하는 조례는 행정입법의 일종에 해당한다고 보는 견해가 타당하다고 할 것이다.[5]

대법원 2011. 9. 2. 선고 2008두17363 전원합의체 판결에서 "법률에서 특별히 예외규정을 두지 아니하였음에도 하위 법령인 조례에서 새로운 납세의무를 부과하는 요건에 관한 규정을 신설하면서 그 시행시기 이전에 이미 종결한 과세요건사실에 소급하여 이를 적용

---

2 이에 관하여는 이승종 편, 앞의 책, 7-9면.

3 박윤흔, "법령과 조례와의 관계", 경희법학 제27권 제1호, 1992, 52면.

4 조성규, "조례와 법률과의 관계", 국가법연구, 제12권 제1호, 2016, 1-26면.

5 이광윤, "지방분권개헌론의 부당성", 법률신문 2017. 3. 20. 자.

하도록 하는 것은 허용될 수 없다"고 판시하여 조례를 '하위법령의 일종'으로 파악하고 있다.

결국 법치주의의 이념하에 국법질서의 통일성의 유지와 국가통치권에서 전래되고 승인된 조례제정권은 국가의 전체 법률체계 내에서 정당성이 인정되므로 지방자치단체의 조례는 상위법령에 속하는 기존의 국가법령체계와 모순되거나 저촉되어서는 안된다.[6]

지방자치단체의 조례의 위상강화를 둘러싼 논의가 활발해 지면서 서울특별시 자치헌장조례가 2017년 5월 18일에 제정되어 시행되고 있다. 지방자치의 실질화와 강화를 위해서는 자치입법권의 보장이 필요하다. 그러나 서울특별시 자치헌장조례의 제정은 지방분권과 자치입법권의 신장에 기여하는 긍정적 측면이 없지 않으나, 시민과 주민의 관계설정, 최고규범성을 인정하는 문제 등 법치주의의 관점에서 검토할 사항이 적지 않다.

II. 서울특별시 자치헌장조례의 의미와 법적 성격

1. 서울특별시 자치헌장조례의 의미

서울특별시는 시민의 시정참여를 보장하고 지방의 자치권을 명확하게 규정하기 위하여 2017. 5. 18. 전문 제6장과 제1조 부터 제21조까지의 본문과 부칙으로 구성된 서울특별시 자치헌장조례를 제정하여 시행하고 있다. 이처럼 서울특별시는 이 자치헌장조례에 사실상 최고규범성을 부여하여, 서울특별시의 다른 조례나 규칙 등의 제정 및 개폐나 법령의 해석과 운영에 있어 이 조례를 서울특별시의 시정의 근간이 되는 근본규범으로 만들고자 노력한 바 있다. 그러나 법치주의의 관점에서 살펴보면 서울특별시의 정책적 의도와는 달리 이 조례는 서울특별시의 최고규범으로 기능할 것인지는 의문이다. 그 이유는 지방자치법 등 상위법에서 동일한 지방자치단체 내의 조례 상호간의 우열을 인정한 바 없고, 우리 헌법이 보장하는 지방자치제도는 자치단체의 존재의 보장, 자치기능의 보장 및 자치사무의 보장에 그치기 때문이다.

---

6 안호섭, "조례제정의 법체계적 허용범위", 법과 정책 제20집 제2호, 2014, 242면.

이 자치헌장조례는 제1조 목적에서 "이 조례는 대한민국헌법에 따라 지방자치의 기본이념을 명확히 하고 시민의 시정 및 의정의 참여와 서울특별시의 책무 그리고 행정운영의 기본원칙 등을 규정함으로써 궁극적으로는 시민의 삶의 질을 제고하는 것을 목적으로 한다"고 규정하고 있다. 헌법재판소[7]는 "지방자치단체의 자치권으로 헌법은 지역주민들이 자신들이 선출한 자치단체의 장과 지방의회를 통하여 자치사무를 처리할 수 있는 대의제 또는 대표제 지방자치를 보장하고 있을 뿐이고, 지방자치법이 주민에게 부여한 주민투표권과 조례의 제정 및 개폐청구권 및 감사청구권은 어디까지나 입법자의 결단에 의하여 채택된 것일 뿐 헌법이 이러한 제도의 도입을 보장하고 있는 것은 아니다"라고 판시한 바 있다.

우리나라 지방자치보장과 관련하여, 지방자치단체는 연방제 국가에서의 주와는 구분되며 그들 나라에서 중앙정부에 대립되는 지방정부로 보기는 어렵기 때문이다. 우리는 헌법과 지방자치법 등 상위법령에 기초하여 지방자치단체의 자치권이 제한적으로 보장되고 있는 점을 감안할 필요가 있다. 서울특별시 자치헌장조례와 같이 특정 조례를 다른 조례보다 상위 효력이 있는 규범으로 제정하려면 헌법이나 법률 차원에서 선행적으로 이 부분을 규정하는 것이 순리일 것이다.

서울특별시는 당초 이 조례안을 제정하면서 "자치헌장으로 자치법규 제·개정을 비롯한 중요 시정수행의 기준으로 삼아 향후 시정수행 과정에서 실질적 자치권의 고양효과를 거둘 수 있으며, 지방분권개헌이나 지방자치법 등 개정방향을 제시하는 역할도 기대할 수 있다"는 취지의 제안이유를 들고 있다. 아울러 자치헌장조례를 통해 국가와 지방자치단체의 관계를 수직적 관계에서 수평적 관계로 재구축하면서 지방재정의 건전성을 확보하는 등 자치단체의 재정운영에 있어 주체성을 발휘할 수 있는 가능성의 계기를 발견할 수 있다.[8] 따라서 본 조례와 같이 자치헌장조례를 제정하여 형식적인 지방자치가 아니라 실질적인 지방분권으로 나아가기 위한 교두보로서의 역할을 수행하는 등 정치적인 차원에서는 이와 같은 서울특별시 자치헌장조례의 제정이 시사하는 바가 적지 않다. 이에 관하여

---

7 헌재 2001. 6. 28. 2000헌마735 결정.

8 그러나 한편으로는 지방자치단체가 국가로부터 독립하여 자율권을 보장받기 위해서는 자기결정과 자기책임의 정신에 따라야 하는데 책임은 중앙정부에 전가하고 권리만으로 보장받으려는 경우는 진정한 자치정신의 발현이라고 보기 어렵다.

자치헌장조례 내지 자치기본조례를 '지방의 독립선언문' 내지는 '자치권에 관한 권리장전' 이라는 견해가 있다.[9] 이 조례가 서울특별시의 기본규범으로 기능하게 되면, 향후 제정될 서울특별시 조례의 입법 기준이 될 것이고, 주민의 권리와 관련된 조례의 제정이나 집행 에 있어서는 이 조례의 기본이념에 맞도록 제정되고 운영될 가능성이 높다. 나아가 서울 특별시의 각종 정책이나 계획의 수립과 해석과 법집행에 있어서 기본규범으로서의 역할 을 수행하게 될 것이다.

2. 서울특별시 자치헌장조례의 법적 성격

(1) 헌장조례와 기본조례

우리나라에서 자치단체의 법규와 관련하여 '헌장'이라는 명칭이 들어간 것은 해방직후 건국전까지 거슬러 올라간다.[10] 그 후 1996. 5. 1. 서울특별시 양천구 공무원 자치헌장이 조례가 아니라 훈령형식으로 제정되었다.[11] 같은 맥락에서 1997. 7. 6 훈령형식으로 서울 특별시 동작구 공무원 자치헌장이 제정되어 1997. 7. 1.부터 소급하여 시행된 바 있다.[12]

---

9 최우용, "자치헌장 또는 자치기본조례에 관한 소고- 서울특별시 자치기본조례안을 소재로 하여-", 공법학연구 제18권 제1호, 2017, 114면.

10 해방직후인 1946. 8. 15. 미군정 당국에 의하여 Home rule Charter가 직수입되어 '서울시 헌장'이 7장 총 58개 조 문으로 규정되어 있었다. 서울시 헌장은 1948년 대한민국 건국후 지방자치법이 제정되면서 폐지된 바 있다. 이에 관 하여는 문상덕, "자치기본조례의 구상", 한림법학 Forum 제15권, 2004, 207면.

11 우리 양천구 공무원은 지방자치를 꽃피우고 구민 생활의 질을 높이며, 지역발전에 크게 이바지할 일꾼이다. 이에 우리 는 자치행정의 소명을 다할 믿음직하고 자랑스러운 공무원이 되기 위하여 다음과 같이 굳게 다짐한다.
   1. 우리는 구민을 주인으로 하는 민주행정을 펼치며, 행정정보공개와 구민의 구정참여를 위하여 노력한다.
   1. 우리는 구민만족을 목표로 하는 서비스 행정을 펴나가며, 정성과 친절을 다하여 구민에게 봉사한다.
   1. 우리는 자치권을 확대하고 구민의 자치의식을 기르는 데 앞장서며, 권위주의적인 제도와 관행을 개선한다.
   1. 우리는 효율적인 구정을 위하여 경영합리화에 노력하며, 재정확충과 건전재정운영에 힘쓴다.
   1. 우리는 저마다 맡은 일에 전문가가 되기 위하여 꾸준히 실력을 연마하며, 성실하게 직무를 수행한다.
   1. 우리는 창의적인 정책개발로 쾌적하고 활기찬 양천을 만드는 데 최선을 다한다.
   1. 우리는 지역의 고유문화를 소중히 여기며, 세계 속에 우뚝한 양천구를 창조하기 위하여 슬기를 모은다.

12 우리 동작구 공무원은 지방자치의 이상을 실현하기 위하여 구민생활의 질을 높이고 지역발전에 최선을 다해 이바지할 일꾼이다. 이에 우리는 민주적 자치행정의 소명을 받은 신뢰받는 공무원으로서 그 직분 수행의 지표를 세워 충실히 실천할 것을 굳게 다짐한다.
   1. 우리는 국민 위주의 민주행정을 지향하고, 공개된 구정을 수행하여 모범적인 자치구를 만든다.
   2. 우리는 경영 합리화와 건전한 재정운영으로 구정의 효율을 극대화하는데 적극 힘쓴다.

2002. 5. 25. 예규형식으로 광진구 공무원자치헌장이 제정된 바 있다.[13] 이 경우에는 공무원의 다짐 내지 선언적 의미 밖에는 없다. 한편 2013. 9. 30. 세종특별자치시 시민헌장조례가 4개 조문[14]과 별표[15]로 구성하여 제정되었다. 이 경우도 종전의 선언적 의미를 내포하고 있다. 그러나 공주시 행정서비스 헌장운영조례가 2013. 11. 1.부터 총 14개 조문으로 비교적 상세하게 제정하여 시행하고 있다. 상세한 규율을 두고 있지만 헌장의 성격이 상위규범성이 인정되지 않으며 고객을 위해 최선을 다한다는 선언적 의미를 지닌다. 지방자치단체의 조례에 헌장이라는 명칭이 들어간 경우 통상적으로는 프로그램적 성격으로 지

---

3. 우리는 잘못된 제도와 관행을 개선하여, 자치제도를 발전시키고 주민 참여의 구정을 실현한다.
4. 우리는 지역의 문화유산을 보전하고 충절의 정신을 오늘에 되살려 미래 지향적인 구정을 펼쳐 나간다.
5. 우리는 구민의 입장에서 행정을 펴 나가며, 친절과 봉사로 모든 업무를 성실히 수행한다.
6. 우리는 구정의 능률과 발전을 위하여 자신을 연마하며 각자 맡은 일에 전문가가 되어 소임을 완수한다.
7. 우리는 구민의 의견을 수렴하여 창의적인 정책 개발로 살기 좋은 동작을 만드는데 최선을 다한다.

13 우리 광진구는 온달장군과 평강공주의 얼이 깃든 아차산과 한강변 광나루에 자리한 풍요롭고 아름다운 고장이다. 축복의 땅에 살고 있는 광진인은 긍지를 가지고 복지사회를 가꾸며 보다 밝은 미래를 펼치고자 삶의 지표를 이 헌장에 담는다.
1. 어른을 공경하고 어린이를 바르게 이끌며 서로 도와 인정이 넘치는 사회를 이룬다.
1. 법과 질서를 존중하고 성실하게 생활하며 끊임없이 탐구하여 지역사회에 필요한 일꾼이 된다.
1. 자연을 사랑하고 주위를 깨끗이 하여 쾌적한 환경과 건강한 삶을 가꾸어 간다.
1. 문화유산을 보존·계승하고 새로운 문화예술을 창조하며 멋과 흥이 있는 고장을 만든다.
1. 미래지향적인 가치관으로 함께 힘을 모아 희망찬 광진 건설에 앞장선다.

14 제1조(목적) 이 조례는 세종특별자치시와 시민이 지향하여야 할 지표를 밝히고 나아갈 바를 제시함으로써 누구나 살고 싶은 세계적인 명품도시 건설에 이바지함을 목적으로 한다.
제2조(시민헌장) 세종특별자치시 시민헌장(이하 "시민헌장"이라 한다)은 별표와 같다.
제3조(시민헌장 실천) ① 세종특별자치시장(이하 "시장"이라고 한다)은 시정의 모든 분야에서 시민헌장 정신을 구현할 수 있도록 하여야 한다.
② 시장은 시민헌장의 활용과 홍보를 위하여 적극 노력하여야 한다.
제4조(운영규정) 이 조례의 시행에 필요한 사항은 시장이 따로 정한다

15 별표 시민헌장: 대한민국의 중심에 우뚝 선 우리 세종특별자치시는 산수가 수려한 천혜의 고장이며 새 천년을 이끄는 행정과 문화의 중심도시로 눈부시게 발전하고 있다. 우리는 특별자치시민으로서 무한한 자긍심을 지니며 누구나 살고 싶어 하는 행복하고 아름다운 도시를 건설하고자 다음과 같이 실천 목표를 밝힌다.
1. 우리는 상호 존중의 자세로 소통과 참여를 통해 언제나 함께하는 창조적인 미래도시를 만든다.
2. 우리는 진취적인 자세로 국가 균형발전의 모범이 되는 세계적인 행정도시를 건설한다.
3. 우리는 따뜻한 인정과 상부상조의 정신으로 이웃과 더불어 살아가는 행복한 복지도시를 이룬다.
4. 우리는 전통문화의 바탕 위에서 학문과 예술과 교육이 융성한 창의적인 문화도시를 이룩한다.
5. 우리는 생태환경을 보존하여 자손만대 자연과 조화를 이루며 사는 녹색 환경도시를 가꾼다.

방자치단체의 정책의 기본방향을 정하는 비구속적 규범으로 보는 것이 일반적이다.[16] 그러나 이러한 명칭과는 무관하게 정책적 지표를 설정하고 있을 뿐 다른 조례보다 상위적 효력이 인정되거나 기본조례로서의 성격을 띠는 것은 아니다. 기본조례 역시 마찬가지이다. 서울시 관악구가 2011년 7월 전국 최초로 주민자치기본조례를 제정한 바 있다.[17] 서울특별시의 경우 기본조례라는 명칭의 조례가 너무도 많다. 청년기본조례, 청년일자리 기본조례, 청년주거기본조례, 주거기본조례, 일자리정책 기본조례, 인권기본조례, 성평등기본조례 외에도 30여개나 된다. 따라서 지방자치단체의 조례중에 자치헌장조례나 기본조례라는 명칭이 들어갔다고 해서 뒤에서 살펴보는 바와 같이 개별조례보다 우선적 효력을 인정하기는 곤란하다.

(2) 외국의 유사 사례

① 연방제 국가인 미국과 독일의 경우

서울특별시에서 제정하여 시행중인 자치헌장조례와 관련하여 외국의 유사사례를 살펴보기로 한다. 이와 관련하여 미국, 독일 및 일본에서 유사한 선례가 있다.

먼저 미국의 자치헌장(Home rule Charter, 이하 "Home rule Charter"라 함)은 미국의 각 주의 지방자치단체인 country 나 municipality 등을 창설하거나 지방자치단체로서의 법적 지위를 부여하고자 하는 경우 주민들이 새로운 자치단체의 창설을 위한 Home rule Charter를 위해 주 헌법(State Constitution)이나 법률의 수권을 받아야 한다.[18] Home rule Charter에서는 지방자치단체의 문장, 구획, 지방정부의 행태, 기관·조직의 권한과 사

---

16 헌장에는 주민의 권리를 보장하는 내용이 결여되는 경우가 일반적이다. 헌장이라는 명칭이 들어간 조례의 예로는 서울특별시성동구민헌장제정 및 운영조례와 서울특별시 광진구 행정서비스헌장 조례 등이 있다. 헌장이라는 조례제목 보다는 기본조례라는 제목이 더 적절할 수 있다. 다만, 조례는 그 명칭에 구애될 것은 아니라 실질이 중요하기 때문에 제목에 헌장으로 명기하고 있음에도 실질적인 내용을 정할 수도 있다고 본다.

17 이자성, "일본의 자치기본조례 주요내용 및 시사점", 경남발전연구원, 2012, 1면.

18 송시강, "미국 지방정부의 자치권의 범위와 주정부의 통제", 동북아법 제1권 제1호, 2007, 182-183면; 송시강 교수에 따르면 미국의 경우 고유한 자치권이론이 미국에서 받아들여지고 있지 않고 압도적 다수견해는 지방정부가 자신에게 고유한 사무를 통제할 권리는 결코 고유한 것이 아니라 입법자의 의사나 해당 주헌법에 달려있다고 보고 있다. 따라서 대부분의 주는 헌법 또는 법률을 통해서 일정한 자격을 갖춘 지방정부에게 지방자치의 권한을 수권하고 있다고 설명하고 있다.

무, 직원의 인사·급여, 선거나 주민직접참여, 행정절차 등 지방자치단체의 기본적이며 중요한 사항을 규율하고 있다.[19] 1875년 미국 미주리주에서 처음으로 도입하였는데 오늘날 대부분의 주가 어떤 형태로든 지방자치단체에서 이를 인정하고 있다.[20]

Home rule Charter는 주의회가 제정하는 법률의 효력을 가진다고 보고 있고, 이러한 측면에서 지방정부의 Home rule Charter는 지방정부의 주법률의 성격을 띠고 있다고 본다.[21]

독일의 경우에는 서울특별시 자치헌장조례와 유사한 기능을 하는 조례로서 헌장조례(Hauptsatzung)가 있다. 헌장조례는 바이에른 주를 제외한 다른 모든 주에서 의무적으로 제정되도록 되어 있는 주의 게마인데법(Gemeindeordnung)에 근거하여 제정되는 행정의 구성과 조직에 관한 기본적 규율을 담고 있는 조례를 말한다. 이 헌장조례를 제정하기 위해서는 지방자치단체의 의사형성기관인 지방의회(Gemeinderat bzw. Kreistag)의 결의가 있어야 한다.

각 지방자치단체마다 약간씩 규율내용이 다르지만 기본적으로 다음과 같은 사항을 헌장조례에 규율하고 있어야 하거나 규율할 수 있다. 즉, 게마인데의 공적인 공표기관, 위원회의 형성 및 위원회의 과제의 위탁, 비용지출을 위한 지방의회의 동의필요성, 참가절차, 게마인데 내지 크라이스의 문장과 직인, 명예시민권, 지방자치의 대외적 표시, 행정위원회의 개최를 위한 지방의회의 공개성 등을 들 수 있다. [22]

② 단일국가인 일본의 경우

일본의 자치기본조례는 미국의 지방자치단체들이 채택하고 있는 Home rule Charter에서 많은 시사점을 받은 것으로 평가된다. 다만, 미국과 달리 주헌법의 수권절차가 없는 것이 특징이다. 일본의 경우 자치기본조례는 주민자치의 활성화와 밀접한 관련이 있으며, 제1차 지방분권개혁에 해당하는 지방분권일괄법에 의하여 지역의 일은 지역이 결정한다는

---

19 문상덕, "자치기본조례의 구상", 한림법학 Forum 제15권, 2004, 206면.

20 최우용, 자치헌장 또는 자치기본조례에 관한 소고, 119면.

21 송시강, 앞의 논문, 187면.

22 https://de.wikipedia.org/wiki/Hauptsatzung

시대가 도래한 2000년 이래 200여개가 넘는 다수의 자치체에서 기본조례가 제정되었으며, 북해도의 니세코정 마을만들기 조례가 2000년(平成 12년)에 전국에서 최초로 제정된 이래 전국에 다수의 자치체가 자치기본조례의 제정을 마쳤다.[23] 이러한 조례는 주민, 촌장, 의원, 직원의 4자가 각각의 책무를 수행하면서 협력하고 어떻게 역할분담할 것인지의 방책을 촌정운영의 기본원칙으로서 정하고 있다.

일본의 법제도 중에 자치기본조례를 어떻게 위치설정할 것인가를 놓고 2개의 견해로 나뉘어지고 있다. 하나는 자치체의 헌법으로서 자치기본조례를 파악하는 방법이다. 자치기본조례에 최고규범성을 파악하여 이러한 최고규범성에 입각하여 다른 조례나 법령의 해석에 있어서도 자치기본조례의 규정이 우선한다고 보는 입장이다.[24]

다른 하나는 자치기본조례는 단지 훈시적인 의미를 갖고 있을 뿐 구체적으로 법적인 권리의무관계를 정하는 것이 아니므로 따라서 최고규범이 아니라는 입장이다. 이러한 관점의 조례관은 조례라는 것은 주민과의 사이에 권리의무관계를 정하는 것으로 이와 법률관계를 포함하지 않기 때문에 조례로서 특별한 의미가 없다는 입장이다.[25]

생각건대 조례에 반드시 법률관계만을 규율하여야 하는 것은 아니므로 대외적으로 법적 효력을 지니지 않더라도 자치체 내부적으로 법적 의미가 있을 뿐만 아니라 사회적 영향력을 갖고 있는 내용으로 조례를 제정하는 것이 불가능한 것은 아닐 것이다. 다만, 일본에서도 자치기본조례 그 자체의 법적 의미보다는 자치기본조례를 통하여 사회변혁을 도모한다기 보다는 자치기본조례라는 법을 제정하는 과정 자체가 사회변혁에 있다고 이해하는 관점이 제기되고 있다.[26] 일본의 자치기본조례중에 최고규범성을 명문화 하고 있는 조례가 있는 반면에 이를 명문화하고 있지 않은 자치기본조례로 양분되어 있는 실정이다.

기본적으로 다른 조례와의 효력에 차별이 인정되는 조례제정의 가능성에 관하여는 주류적인 견해는 부정적인 입장이라고 할 것이다.[27] 일본의 경우에는 자치기본조례에서 지방

---

23 일본의 최초의 자치기본조례 니세코정 마을 만들기 조례의 주요내용에 관하여는 최우용, 앞의 논문, 124면.

24 이자성, 앞의 논문, 4면.

25 山口 道昭/西川 照彦 編著, 岸和田市自治基本條例- 活用のための制度設計-, 第一法規, 2005, 3面.

26 山口 道昭/西川 照彦 編著, 前揭書, 3面.

27 이에 관하여는 최환용, 정명운, "자치기본조례의 현황과 입법체계개선방안", 한국법제연구원, 2014, 75면 이하.

자치단체의 운영의 기본이 되는 사항이나 자치의 기본원칙, 정보공유, 주민참여 및 협동 등을 정하고 주민이나 시장과 의회의 권한과 책무를 명확히 하고 있다. 다만, 일본의 학계에서 자치기본조례가 법정책적으로 타당하지 않다고 보는 견지에서 지방자치단체의 기본이념이나 방침은 굳이 기본조례의 형식을 취하지 않더라도 지방의회나 지방자치단체의 장이 선언하고 공고하면 족하다고 보는 견해도 있다. 이와는 달리 자치기본조례에 담기는 내용이 당해 지방자치단체에 있어서 시의 행정, 의회의 책무나 주민의 참가방법 등을 열거하여 제기하는 일반적인 규범에 그치는 한 자치기본조례의 제정은 적법한 것으로 본다.[28]

③ 시사점

미국의 경우 주헌법에 근거규정을 두어 이에 따라 주의회가 명시적으로 부여한 권한과 그 권한을 수행하기 위하여 필요한 최소한의 부수적 권한만을 행사할 수 있는 Dilon의 원칙에 위배되지 않는 범위내에서 지방정부인 카운티(county)나 시(city)에 Home rule Charter를 제정할 수 있게 되었다.[29] Dilon의 원칙은 지방자치단체가 주법에 의거하여 명문으로 수권된 경우, 그 명시된 권한에 필연적으로 수반되는 권한, 그리고 당해 지방자치단체가 선언한 제 목적을 달성하는데 불가결한 권한 등 3가지 만을 보유하고 행사할 수 있으며, 수권이 명확하지 않은 경우 지방자치단체의 자치권은 부인되었다.[30] 다만, 미국의 Home rule Charter가 지니는 의의는 지방정부에 부여된 헌장을 제정하고 자기의 문제를 스스로 운영하는 권한으로 주정부가 외부로 부터의 통제를 최소화하는 지방자치단체의 자치권의 헌장으로 평가되고 있다.[31] 독일의 경우에도 게마인데법(Gemeindeordnung)에 명문의 근거규정을 두어 의무적으로 헌장조례(Hauptsatzung)을 제정하도록 하고 있는 점을 고려하여 우리의 경우에도 지방자치단체별로 자치헌장조례를 제정할 것이 아니라 지방자치법에 근거규정을 두고 기본적인 사항을 담고 있는 자치헌장조례를 제정할 수 있도록 제도화할 필요가 있다.

---

28 최환용, 정명운, 앞의 논문, 76면.
29 최우용, "자치헌장 또는 자치기본조례에 관한 소고", 118면.
30 박민영, "미국지방자치법상 Dilon의 원칙과 선점주의의 조화", 지방자치법연구 통권 제32호, 2011, 340면.
31 최우용, 앞의 논문, 120면.

한편, 일본의 기본조례에서 볼 수 있는 바와 같이 자치헌장조례를 제정할 경우 자치의 기본원칙32이나 기본이념, 시정의 기본원칙, 나아가 정보공유와 유통, 재난 및 위기관리, 시민과의 협력 규정, 나아가 시민의 참여권보장에 따르는 책임과 의무부분도 함께 규정해 나갈 필요가 있다.

이와 관련하여 지방자치단체의 기본적 구성과 운영에 관한 기본조례를 각 지방자치단체가 제정할 수 있는 헌법적 근거를 마련할 필요가 있다는 견해가 제시된 바 있다.33 그러나 이에 관하여는 헌법에 근거를 두기보다는 지방자치법에 근거를 두는 것으로 족하다고 할 것이다.

III. 자치헌장조례의 한계

1. 법적 혼란으로 인한 갈등유발 가능성

일본에서와 마찬가지로 지방분권추진에 있어 자치기본조례의 제정필요성이 부각되어, 집행기관의 행정기본조례로서의 자치기본조례와 의결기관과 의회운영의 기본조례로서의 의회기본조례로 구분하기도 한다. 일부 견해34는 의회기본조례에 최고규범성을 부여하려고 하기도 하고, 또 다른 일부 견해35는 자치기본조례에 있어 지방자치단체의 헌법으로서 조례중의 조례로서의 최고규범성을 인정하여 그 성격과 내용이 다른 조례들이나 자치계획 등의 책정지침 내지 해석지침이 되는 것으로 파악하기도 한다. 그러나 실제로 기본조례라는 명칭의 조례가 너무도 많아 어느 것을 최고규범성이 있다고 보기 어려운 측면이 있다.

오히려 서울특별시의 경우 자치헌장 조례는 지방자치단체에 있어서 최고규범으로서의

---

32 가령 일본의 上越市基本條例에서는 자치의 기본원칙으로 정보공유의 원칙, 시민참여의 원칙, 협동의 원칙, 다양성 존중의 원칙 등을 들고 있다.

33 고문현, "지방분권에 관한 비교헌법적 분석", 토지공법연구 제51집, 2010, 440면.

34 신원득 외, 경기도의회 기본조례(안) 제정구상, 경기개발연구원, 2014, 5면,

35 문상덕, "자치기본조례의 구상", 한림법학 Forum 제15권, 2004, 199-200면.

지위를 갖고 있는 역할을 수행하기를 바라서 당초 초안에는 명문의 규정을 두었으나 그 부분은 삭제된 바 있다. 지방자치법은 조례 상호간에 우열의 차이가 없고 상위법령에 위반되지 않는 것이 중요하고 자치헌장조례 역시 우열을 논할 수 없는 조례의 일종에 불과하다고 볼 것이다.

주지하는 바와 같이 지방자치단체는 전래적 입법의 성질을 지니는 조례와 규칙을 제정할 수 있는 자치입법권을 보유하고 있다. 조례는 지방자치단체가 자신의 사무를 규율하기 위하여 지방의회의 의결을 거쳐 자율적으로 제정하는 법규로, 지방자치단체가 헌법에서 부여된 자치입법권에 근거하여 법령의 범위 내에서 그 사무에 관하여 자주적으로 지방의회의 의결을 거쳐 제정한 자치법규이다.[36] 법치주의의 이념하에 국법질서의 통일성의 유지와 국가통치권에서 전래되고 승인된 조례제정권은 국가의 전체 법률체계 내에서 정당성이 인정되므로 지방자치단체의 조례는 상위법령에 속하는 기존의 국가법령에 모순되거나 저촉되어서는 안된다.[37]

2. 사실상 최고규범성을 인정하는 조항의 법적 문제

헌법 제117조제1항은 "지방자치단체는 주민의 복리에 관한 사무를 처리하고 재산을 관리하며, 법령의 범위안에서 자치에 관한 규정을 제정할 수 있다"라고 하여 지방자치를 헌법적 차원의 제도로서 보장하고 있다.

자치입법권에 해당하는 조례제정권은 지방자치단체의 중요한 권한에 속한다. 지방자치단체의 자치입법권의 행사는 수직적인 권력분립에 해당하며, 조례에 관한 근거규정인 지방자치법 제22조는 헌법 제117조제1항의 구체화를 의미한다.[38] 그렇지만 자치입법권은 헌법상 법령의 범위 내에서 제정될 것이 요망되고 있으며 전래적 입법권으로서 국법체계의 통일성과 법규범의 서열질서에 비추어 상위법질서에 위반되어서는 안된다. 서울특별시 자치헌장조례는 그 조례에서 최고규범이라고 규정하건 그렇지 않건간에 다른 조례보다 상

---

36 조례 자체로 인하여 직접 그리고 현재 자기의 기본권을 침해받은 자는 그 권리구제의 수단으로서 조례에 대한 헌법소원을 제기할 수 있다.

37 안효섭, "조례제정의 법체계적 허용범위", 법과 정책 제20집 제2호, 2014, 242면.

38 심경수, "자치입법권에 대한 실증적 연구", 충남대 법학연구 제23권 제1호, 2012, 11면.

위의 효력이 있고, 이를 위반한 경우에 무효가 되는 것이 아니므로 최고규범성을 지닌다고 볼 수 없다. 오히려 조례는 지방자치법 제22조제1항에 따라 법령에 반하지 않아야 하므로 조례간의 서열을 정하는 것은 지방자치법 제22조제1항에 위반된다고 볼 것이다. 지방자치단체의 조례는 자치헌장조례에 반하면 법적으로 무효인 것이 아니고 가급적 최대한 존중한다는 의미로 이해한다면 지방자치단체가 자치헌장조례를 제정하는 것 자체를 문제 삼을 것은 없다고 본다. 다만, 규범적으로 자치헌장조례가 다른 조례에 우위에 있다고 볼 것은 아니고 다만 서울특별시의 정책적 의지가 반영된 것으로 보면 될 것이다. 특히 서울특별시 자치헌장조례에 담고 있는 내용이 조례의 규율범위를 넘어서는 소관원칙에 반하거나 상위법령 및 대법원 판례에 어긋나는 규율을 담는 자치헌장조례가 제정되면, 오히려 이에 배치되는 분야별 조례의 정비가 문제가 되어 법률생활의 일대 혼란과 불안정이 야기될 수 있다.

3. 지방분권과 지역 균형발전의 딜레마

자치헌장조례라는 것도 기본적으로 다른 조례와 동등하므로, 헌법과 법률과의 관계처럼 이해할 것은 아니다. 지방자치는 헌법상 제도보장으로 자치입법권은 지방자치단체의 고유권이 아니며 자치입법권의 한계를 인식할 필요가 있다. 아울러 지방자치의 본령은 기초자치단체라고 볼 수 있는데, 광역자치단체인 서울특별시가 주축이 되는 자치권의 신장노력은 분권적 지방자치를 선도한다는 점에서 그 자체로 의미가 없지 않으나, 서울특별시는 정치, 경제, 사회, 문화, 역사의 중심도시이자 대한민국의 수도로서, 다른 지방자치단체와 구분되는 명실상부한 국제도시이자 사회·경제적 중심지이므로, 지방자치단체로서의 서울특별시의 자치권 신장을 위한 분권지향의 노력이 국가의 균형적 지역발전의 관점에서 딜레마에 빠질 수도 있다.

IV. 서울특별시 자치헌장 조례에 대한 구체적 검토

1. 분석틀

법치주의 원리는 기본적으로 개인의 존엄을 기초로 한 사회를 전제로 하여 성립한 국가를 규율하는 공법원리라고 할 수 있다. 따라서 공권력적 행위는 법을 통하여 제한되기도 하고, 보장되기도 한다. 이러한 관점에서 우리 헌법상 법치주의 원리의 실정법적 근거는 기본권 보장과 권력분립, 적법절차원칙, 헌법 제37조 제2항의 기본권 제한적 법률유보 등의 조항으로부터 비롯된다. 아울러 재판청구권과 헌법재판소에 의한 위헌법률심판 등의 헌법소송을 통하여 법에 따라 국정이 이루어지지 않을 경우 사법부에 의한 통제가 가능하도록 되어 있는 조항과, 위임입법의 한계에 관한 헌법 제75조 및 제95조과 입법권은 국회에 있다고 명시한 헌법 제40조 등을 들 수 있다.

법치주의와 관련하여 지방자치는 국가법질서와 지역공동체인 부분사회의 자율규율의 규범틀을 필요로 한다.[39] 지방자치단체의 자치법규인 조례는 지방자치단체의 사무와 밀접한 연관이 있으며, 자치사무나 단체위임사무의 경우에는 조례의 제정이 법률의 포괄위임으로 가능하지만, 기관위임사무의 경우에는 지방자치단체의 장에게 위임하는 사무이므로 원칙적으로 조례를 제정할 수 없고 조례를 제정하였다고 할지라도 무효로 보고 있는 것이 판례의 입장이다.

따라서 분석틀로서는 법치주의적 관점에서 서울특별시 자치헌장조례의 조항이 헌법이나 법률 등 상위법에 위반되는 내용이 포함되어 있는지 여부를 우선 검토하고, 나아가 조례의 사항적 한계를 벗어나거나 대법원판례에 위반되는 규율내용이 있는지 여부에 대하여도 검토하고자 한다.

---

39 최승원, "조례의 본질", 지방자치법연구 제6권 제1호, 2006, 401면.

2. 시민의 개념 및 범위를 둘러싼 논의(제2조, 제3조 및 제6조제3항)

(1) 시민과 주민

서울특별시 자치헌장조례 제2조에서 시민에 관하여 규율하고 있다. 서울특별시는 대한민국의 수도로서의 지위에 걸맞게 다문화 시대에 선제적으로 대응하고, 다양한 분야의 공동체 활성화를 보장하려면 '외국인'과 '단체'를 시민의 범위로 포용하여야 한다고 주장한다. 그 주장에 전적으로 수긍할 수는 없다. 다만, 이념적 관점에서 시민은 근대시민혁명의 주체로서의 지위를 갖는 투쟁적 개념으로 발전하였으나, 현대적 의미의 시민은 공공성의 감각을 내면화하여 전체 공공이익을 고려하여 활동하는 행정의 파트너이면서 자발적 주체로서의 의미를 갖는다. 반면에 주민은 행정법학의 차원에서 우월적 주체인 행정의 대립되는 개념인 객체로서의 의미를 지닌다고 파악하게 되면 능동적이면서 자치의 주체적 측면이 부각되는 시민의 개념으로 포섭하는 것은 나름 이해된다.

그러나, 하나의 규범속에 비슷한 범주의 용어를 혼용하는 것은 체계상으로나 해석상으로 혼란을 초래할 가능성이 있다고 보여지고, 헌법 제117조나 지방자치법의 용례에 따라 '주민'으로 용어를 통일하는 것이 적절하다는 지적이 타당하다.[40] 시민과 주민의 개념범위상의 차이가 발생하는 경우에 이를 어떻게 해결할 것인가의 문제는 남게 된다. 먼저, 주민과 시민이 개념상의 그 범위를 둘러싸고 이견이 있을 경우에 지역사회의 의사결정이나 부담과 수익의 형평성과 공정성이 모두 요구되는 과제에 있어서 지역사회 전체의 합의를 형성과정에 있어 새로운 갈등과 문제를 야기할 수 있는 측면을 간과할 수 없다.

(2) 시민을 지방자치단체의 주체로 볼 것인가?

이 조례 제3조에서는 시민을 서울특별시장, 서울특별시 의회와 더불어 지방자치의 주체라고 명기하고 있다. 첫째로 서울특별시장과 서울특별시 의회와 더불어 시민을 지방자치단체의 주체의 하나로 의미를 축소하고 있는 부분이 문제가 있다고 보여지며, 나아가 지방자치법에서 말하는 주민이 아닌 시민을 지방자치의 주체로 보는 것이 과연 타당한 것인지 의문이다. 지방자치는 대의제 원리에 따라 지방의회가 주민의 대표기관이며 의회와

---

40 이광수, "서울지방변호사회 서울시 자치헌장조례안 검토의견서", 2015, 3면.

지방자치단체장의 기관대립형구조에 따라 지방자치단체의 장은 집행기구의 수장으로 행정청의 지위를 지닌다. 그런데 지방자치의 주체를 시민에만 한정하게 되면 지방자치의 행정은 시민이 행하는 것이 아님에도 지방의회와 지방자치단체의 장에 의하여 이루어지는 대의제와 대표성의 문제와 상충되는 점을 간과할 수 없다.

시민이 주도적으로 시정을 하는 것도 아니고 협력적 거버넌스로서 참여권을 보장받는 데 불과하므로 시민을 지방자치의 주체로 명기하는 것은 상징적인 의미를 크게 벗어나지 못하고 정책적 우선순위가 밀리는 시의 예산이 수반되는 사업을 추진하는 과정에서 오히려 혼란과 갈등만 자초할 수 있다고 본다.

일본의 上越市기본조례에 의하면 지방자치의 주체를 지방의회, 지방자치단체의 장 등, 그리고 시민의 3자관계로 파악하고 있다. 마치 대학의 주체를 영조물 이용관계의 관점에서 교수와 교수회로 보던 것을 공법상 법인으로 보면서 구성원을 포함시켜 교수에 한정하지 않고 학생, 직원을 포함시키는 것과 같은 맥락이다. 따라서 서울특별시 자치헌장조례에서 주민이 아닌 시민을 지방자치의 주체로 보는 것은 정치적 의미를 지닐지는 몰라도 법리적인 관점에서 다소 무리가 따르는 내용이라고 볼 것이다. 또한 시민을 권리의 관점에서만 규율하고 있으나, 오히려 시민의 책무에 관한 사항도 아울러 규정하고 시장 등이나 시의회 뿐만 아니라 시민도 이 조례의 규정을 준수하도록 하는 내용의 적법성을 담보하는 규정을 마련하는 것이 법치주의의 정착에 기여할 수 있다고 본다.

(3) 시민의 범위를 어떻게 정할 것인가?

이 조례 제2조의 '시민'에는 서울특별시의 관할구역 내에 주소를 두고 있는 사람과 등록된 단체를 말한다고 되어 있어 주소를 서울특별시의 관할구역 내에 두고 있는 한 내국인 뿐만 아니라 외국인이 포함될 수 있다. 그러나 단체는 등록된 단체에 한정하고 있으며, 등록된 단체에 소속되어 있으나 주소가 서울시에 있지 아니한 경우라든가 등록이 되지 않은 단체는 시민으로 볼 수 없는 것인지 그 범위가 명확하지 않다.

아울러, 시민의 권리중에는 자연인에 해당하는 권리가 있고, 내국인에만 해당하는 권리가 있을 수 있으며, 단체에도 해당하는 권리가 있을 수 있는데 이를 시민으로 포괄하는 것이 바람직 한 것인지 검토가 요망된다.[41] 앞서 언급한 바와 같이 이 자치헌장조례에서의 시민이 지방자치법상의 주민과 어떤 차이가 있는 것인지도 명확히 구분할 필요가 있다. 그렇지 않을 경우에 지방자치법의 적용과 조례의 적용과의 상충의 문제가 생기게 되어 갈등과 혼란이 증폭될 수 있기 때문이다. 시민이 지방자치의 주체가 된다고 할 경우에 자연인과 등록된 단체 간의 견해를 달리할 경우에 어떤 입장을 우선할 것인지도 문제이다. 자연인과는 달리 단체가 시민의 지위에서 지방자치의 주체로 등장하는 경우는 제한적이기 때문에 시민의 각종 참여권에 있어서 단체의 고유한 특성에 따른 한계를 설정할 필요가 있다.

또한 서울특별시 자치헌장조례는 시민의 범위를 개괄적으로 규정하고 있을 뿐이어서 외국인도 '사람' 속에 포함하는 것으로 보인다. 그러나 외국인에게도 일반적으로 시민의 지위를 부여하는 것이 바람직할 것인지에 대하여 논란이 야기될 수 있다. 세금도 내지 않는 외국인에 대하여 내국인과 동일한 수준의 지방자치의 주체로 파악하는 것은 다소 무리이기 때문이다. 일부 견해에 의하면, 국가의 주권과 관련된 정책결정이나 고유한 국가적 사무를 제외하고 상호주의에 입각하여 외국인에게도 거주 기간 등 일상적인 시정에 주민의 범주에 포섭될 여지는 있다고 본다.[42]

3. 최고규범성의 문제(제5조 및 제21조)

(1) 이 조례 제5조제1항 및 제21조의 문제점

이 조례를 발의한 단계의 당초안 제5조제1항에서 "이 조례는 시의 최고규범으로서 시민의 권리보호를 위한 시정의 근간이 된다"고 규정하고 있었다. 또한 당초안 제2항에서 "시는 시정을 결정·집행·평가할 때 이 조례를 기본으로 하며, 자치사무에 관하여 이 조례에 부합하도록 자치입법권·자치조직권·자치재정권을 행사하여야 한다"고 규정하고 있었다. 제1항과 제2항을 묶었고, 시의 최고규범으로서라는 문구는 삭제하였으며, 제2항 중에 "시

---

41 외국인에 대하여도 시민의 지위를 부여할 것인지 비판적인 견해도 있으나, 국가의 주권과 관련되는 정책결정이나 고유한 국가적 사무와 관련하여서는 외국인이 참여하지 않는 한 외국인에게 거주기간등 일정한 전제하에 시민으로서의 자격을 긍정하는 입장이 있다. 이에 대하여는, 최우용, "외국인의 참정권에 관한 연구", 공법학연구 제4권 제2호, 2002, 315면 이하.

42 최우용, "외국인의 참정권에 관한 연구", 공법학연구 제4권 제2호(2004.4), 315면 이하 참조.

정" 부분을 "시정 및 의정"으로 각각 수정하였으며 기본골격을 유지하고 있다.

결국 이 조례 제5조에서 "이 조례는 시민의 권리보호를 위한 시정 및 의정의 근간이 되며, 시는 시정 및 의정을 결정·집행·평가할 때 이 조례를 기본으로 하고, 자치사무에 관하여 이 조례에 부합되도록 자치입법권, 자치조직권, 자치재정권을 행사하여야 한다"고 규정하게 되었다.

한편, 제21조(타 조례의 운영)에서 "이 조례 시행이후 필요한 경우에는 이 조례에서 정한 지방자치의 기본원칙에 부합하도록 다른 조례를 제정·개정·운영하여야 한다."고 규정하여 사실상 최고규범적 성격의 조례로서의 성격을 부여하고 있다. 이에 대하여 자치헌장 또는 자치기본조례가 지방자치에 관한 지방자치단체의 최고규범으로서의 성격이 주어지지 않는다면 자치헌장이나 기본조례의 제정의 의미는 무의미할 것이라고 단정하는 견해[43] 도 제시된 바 있다.

그러나, 상위법인 헌법이나 법률에서 조례의 효력의 우열을 따로 규정하고 있지 않는 한 조례가 의도하는 그 효력을 그대로 부여할 수는 없다고 보여진다. 따라서 서울특별시 자치헌장조례안이 통과되더라도 이를 다른 서울특별시의 조례보다 우월적 효력을 인정하는 최상위적인 기본조례로서 시의 최고규범의 성격을 부여하기는 곤란하다고 본다.

지방자치단체에서 기본조례나 자치헌장조례를 제정하면서 이 조례가 최고의 규범성을 지니는 조례라고 명기한다고 자치헌장조례에 최고규범성이 인정된다고 보기도 어렵고 단지 당해 지방자치단체의 정책에 우선 순위를 둔다는 정도의 선언적 의미를 지니는데 그칠 것이다. 같은 맥락에서 자치헌장조례와 같은 새로운 자치법규 형식이 법률에 의하여 창설되지 않는 한 현행 법체계 내에서 일반 조례에 대한 자치헌장조례의 법형식적 우위성을 확보하는 것은 법이론적으로 용이하지 않다.[44]

따라서, 서울특별시 자치헌장조례가 시행되더라도 조례 중에 근본조례가 있고 그 보다 효력이 하위인 조례가 있는 것은 아니므로 자치헌장조례 자체의 규정만으로 서울특별시의 조례 중 최고규범이라고 인정받을 수는 없을 것이다. 서울특별시가 이 자치헌장조례에

---

43 최우용, "자치헌장 또는 자치기본조례에 관한 소고,-서울특별시 자치기본조례안을 소재로 하여-" 공법학연구 18권 제1호, 2017, 117면.

44 문상덕, "자치기본조례의 구상", 한림법학 Forum 제15권, 2004, 214면.

서 지방자치의 기본이념, 자치의 기본원칙, 시정운영의 기본 원칙 등 종합적인 정책의 방향을 지도하는 내용으로 규정하고 있고, 다른 조례와의 관계를 천명하더라도 다른 조례와의 관계에서 자치헌장조례를 서울특별시의 최고규범으로서 다른 조례보다 우월적이고 가장 높은 단계의 효력과 지위를 인정할 법적인 근거는 없다.[45]

(2) 이 조례에 반하는 내용의 조례의 무효 여부

서울특별시가 중앙행정기관의 부당한 개입을 막고 자치권을 강화하고자 하는 자치헌장조례의 취지에도 불구하고 21개 조항에 이르는 규정 중에서 규범의 실효성을 담보하기 어려운 조항이 적지 않다. 대부분의 조항이 자치의 당위성을 설명하거나 선언적 규정으로 되어 있고 일부 조항은 법리적으로 문제가 있어 이 조례가 실질적으로 최고규범적 성질을 지니는 근본조례로서의 기능을 할 수 있을지 의문이다.

비록 이 조례와 같이 전문을 두고 사실상 최고규범성을 지향하더라도 상위법인 헌법이나 법률에서 규범의 계층질서를 인정하지 않고 있는 한, 서울특별시와 같은 특정 지방자치단체에서 자체적으로 정한 조례를 통하여 서울특별시의 다른 조례보다 우위이고, 이 조례에 어긋나는 다른 조례는 무효로 보기는 어려울 것이다.

결론적으로 자치헌장조례를 최고규범이라고 명기하건 그렇지 않건 간에 기본적으로 조례의 효력 중 자치헌장조례가 규범적으로 최상이라는 식으로 해결하기는 어려울 것으로 판단된다.

법률의 해석원칙과 관련하여 특별법우선의 원칙, 신법우선의 원칙과 더불어 기본법우선의 원칙이 논의되고 있다. 법률규범 상호간에 모순이 있을 경우에 해석에 있어 기본법과 개별법과의 관계에 대한 유추를 통해 기본법우선의 원칙을 논거로 삼지만, 이러한 경우에는 기본법이 헌법의 기본원칙을 구체화하면서 개별 법률에 앞서 정책적 방향을 제시한 것이므로 관련 개별법과의 관계에서 해석의 기본방향에 있어 이를 중요시 하는 것에 불과하다. 이처럼 법률에서의 우선한다는 해석원칙을 자치헌장조례에 가져와서 기본조례의

---

45 다만, 서울특별시는 최고규범성을 인정할 수 있다고 보고 있으며 일부 학자들이 동조하고 있다. 이에 하여는 서울특별시 기획조정실(법무담당관), "서울특별시 자치헌장 조례 제정안에 대한 해설, 2017. 2, 20-21면.

성격을 지니는 자치헌장조례가 다른 조례보다 우위라는 식의 논리가 그대로 통용될지는 의문이다.

(3) 가중의결정족수 등 조례제정 절차 및 부칙의 경과규정 등

지방자치법 제64조제1항에 따라 지방의회의 의결정족수는 특별히 규정된 경우를 제외하고는 재적의원 과반수의 출석과 출석의원 과반수의 찬성이다. 이 조례는 제정에 있어 출석의원 3분의 2 이상의 찬성을 필요로 하는 가중된 의결정족수나, 주민투표를 통해서 통과를 의결하고 있는 것은 아니다. 설사 일반 조례와 다른 가중의결정족수에 관한 규정을 둔다고 하더라도 그 규정만으로 최고규범성을 인정할 수는 없을 것이다. 이 조례가 만약에 최고규범으로서 기능하도록 하려면 부칙에 경과규정을 마련하여 기존에 제정된 조례와의 효력우위의 문제를 극복하여야 한다. 그렇지 않을 경우에 이미 제정되어 시행되고 있는 조례를 이 헌장조례에 맞추어 개정하는 과정에서 많은 혼란이 야기될 수 있으므로 상위규범으로서의 효력을 인정하지 않고 다만 정책추진의 방향을 설정한 조례라는 지위를 부여하는 것이 바람직하다. 따라서 이미 개별 조례가 제정·시행 중인 상황에서 기존에 형성된 질서를 근본적으로 흔들게 되는 결과가 되므로 법적안정성을 위해 부칙에 경과규정을 마련하여 앞으로 조례를 제정하거나 개정할 때부터 적용을 고려하도록 하는 것이 불필요한 혼선과 마찰을 줄일 수 있다고 보여진다.

아울러 자치헌장조례에 최고규범성을 띤 최상위 조례로 하도록 하려면 입법정책적으로 지방자치법 등 법률에서 근거를 마련할 필요가 있고, 그 제정절차에 있어서도 지방의회를 통과한 후에 주민투표를 거치도록 하는 방안도 고려해 볼 수 있다.[46]

4. 위임조례와 자치입법권에 관한 부분(제16조제1항, 제3항 및 제18조제3항)

일반적으로 법률에서 조례에 위임할 경우에는 헌법 제75조, 제95조의 적용이 없으므로 침익적 조례를 제정하기 위해 법률에서 위임할 경우 포괄위임이 허용되나,[47] 기관위임사

---

46 문상덕, 앞의 논문, 217면.

47 헌재 1995. 4. 20. 92헌마264 결정에서 헌법재판소는 "조례(條例)의 제정권자인 지방의회(地方議會)는 선거를 통해서

무의 경우로서 위임조례를 법령에서 정하는 경우 구체적으로 범위를 정하여 위임하여야 한다. 또한, 기본권실현의 중요하고 본질적인 사항은 의회에서 법률로 정해야 한다는 의회유보원칙에 따라 중요사항을 조례에 위임할 수는 없을 것이다.[48]

기관위임사무에 관하여 제정되는 이른바 위임조례는 개별법령에서 일정한 사항을 조례로 정하도록 위임하고 있는 경우에 한하여 제정할 수 있으므로 지방자치단체의 사무의 성질을 고려하여야 한다. 지방자치법 제22조 단서의 해석과 관련하여, 이 조례 제17조제3항에서 "시의 사무에 관한 조례는 주민의 권리제한 또는 의무부과에 관한 사항이나 벌칙을 정할 때 법률의 위임에 따라야 하며, 지방자치의 민주성에 비추어 위 법률의 위임은 구체적인 것에 한정되지 않는다"라고 규정하고 있다. 법률의 위임은 구체적인 것에 한정하지 않는다고 새로운 해석을 하도록 하는 규정하는 것은 경우에 따라 기존에 확립된 포괄적 위임의 허용부분과 불일치 할 수도 있어 대법원 판례의 취지에 반할 수 있다. 이 조례안 제17조에서 규정하고 있는 부분도 자치권을 확장하려는 정책적 시도이나 자치헌장조례에 그와 같은 내용을 넣어서 해결할 것은 아니고 오히려 지방자치법의 개정을 통해서 실현될 사항이라고 사료된다.

5. 소관사무의 원칙 내지 조례의 사항적 한계 일탈 여부 (제15조제2항, 제16조제1항 내지 제3항, 제18조제2항 및 제19조제3항)

지방자치단체내의 조직으로 지방의회와 지방자치단체의 장이 있으나, 양 기관은 상호 독립하여 견제와 균형을 유지하는 시스템을 유지하고 있으며, 지방자치단체는 전래적 입법의 성질을 지니는 조례를 제정할 수 있는 자치입법권을 보유하고 있다. 자치입법권과 관련하여 소관사무의 원칙을 준수할 필요가 있는 바, 이는 조례의 사항적 한계라고 할 것

그 지역적인 민주적 정당성을 지니고 있는 주민(住民)의 대표기관(代表機關)이고 헌법이 지방자치단체(地方自治團體)에 포괄적(包括的)인 자치권(自治權)을 보장하고 있는 취지로 볼 때, 조례(條例)에 대한 법률(法律)의 위임(委任)은 법규명령(法規命令)에 대한 법률(法律)의 위임(委任)과 같이 반드시 구체적(具體的)으로 범위(範圍)를 정하여 할 필요가 없으며 포괄적(包括的)인 것으로 족하다."고 판시하고 있다.

48 김용섭, "지방자치단체의 조례에 대한 적법성 평가 - 서울특별시 문화재 보호조례의 문제점에 대한 분석 평가를 겸하여 -", 행정법연구 제44호, 2016. 2. 참조.

이다. 우선 국가사무인지 자치사무인지, 기관위임사무인지 단체위임사무인지, 광역지방자치단체 사무인지 기초지방자치단체의 사무인지, 시·도지사의 사무인지 교육감의 사무인지 등을 검토할 필요가 있다.

우선 이 조례 제15조제2항에서 "시와 자치구는 국방, 외교, 사법 등 중앙정부가 처리하는 것이 적합한 사무 이외의 시민의 복리 및 실생활에 관련된 사무를 처리한다."고 규정하고 있고, 이 조례 제16조제1항에서는 "시는 법률이 정하는 바에 따라 중앙정부로부터 위임받은 국가사무를 처리한다"고 규정하고 있으며, 이 조례 제16조제3항에서 "시는 그 위임받은 사무가 보편적, 통일적 집행의 필요성이 인정되지 않거나 위임사무에 대한 지도 등 중앙정부의 개입이 과도한 경우에는 그 시정을 위해 적극적으로 노력하여야 한다."고 규정하고 있다.

이 조례 제15조제2항에서 중앙정부의 업무에 관하여 규율하고 있으나, 이는 조례의 사항적 한계를 벗어난 것으로 이는 개정하는 것이 필요하다. 나아가 이 조례 제16조제1항 및 제3항에서 중앙정부의 위임사무에 대하여는 시에 대하여 한 것이 아니라 간접행정조직으로서의 시장에게 한 것이므로 제1항 및 제3항에서 "시"로 규정되어 있는 부분은 각각 "시장"으로 수정할 필요가 있다. 기관위임사무에 대하여 원칙적으로 조례를 제정할 수 없고, 예외적으로 조례를 제정할 수 있으므로 지방자치단체의 사무의 구분없이 이 조례 제16조제2항에서 "시는 그 위임받은 사무집행에 관한 자치법규을 제정할 수 있다"고 규정되어 있는 부분은 상위법령의 위임이 있는 것을 전제로 하여 시가 조례를 제정할 수 있다고 보아야 할 것이므로 개정을 필요로 한다.[49]

한편 이 조례 제18조제2항에서 "행정기구와 정원이 적정하게 운영되도록 중앙정부가 법률에 따라 정하는 기준은 인건비 등 최소한에 그쳐야 하며 지방자치단체의 고유한 조직권을 침해하여서는 아니 된다"고 규정하고 있고, 이 조례 제19조제3항에서 "시는 국가·지방의 균형적 발전을 도모하고 지방자치의 자율성을 보전하기 위하여 중앙정부에 그 사무에 상응하는 자주재원의 보장을 요구할 수 있다"고 규정하고 있다. 나아가 이 조례 제19조제4항에서 "시는 중앙정부가 시의 고유한 예산편성권을 침해하는 기준을 정하는 경우

---

49 조례의 대상성의 한계를 벗어났다고 보는 비판적 관점으로 최우용, 앞의 논문, 130면.

또는 중앙정부가 자신의 재정으로 부담하여야 할 부분을 시에 전가할 경우에 그 시정을 위해 적극 노력하여야 한다"는 조항을 두고 있다. 이와 같은 일련의 규정은 중앙정부와의 관계의 문제이므로 조례제정권의 소관업무의 한계를 넘어 법체계상 다소 무리가 따르는 내용의 규정이라 할 것이어서 개정을 필요로 한다. 특히 중앙정부에 대한 관계를 조례의 일종인 서울특별시 자치헌장조례에서 규율할 수는 없다고 보여진다. 그 이유는 중앙정부 내지 국가기관이 조례의 수범자가 되지 않기 때문이다.[50] 이러한 조례의 사항적 한계를 넘는 월권적 규정은 규범의 실효성만 떨어뜨릴 뿐이며, 자치헌장조례의 조항이 아무런 대외적 구속력도 없으면서 정치적인 의미에서 수사적 표현에 그칠 수 있다.[51]

더구나 이 조례 제15조제2항 및 제3항에 서울특별시뿐만 아니라 자치구에 관한 사항도 규율하고 있으나, 이는 서울시의 자치규율의 범위를 넘어서는 것으로 이 조례에서 규정할 사항이라고 보여지지 않는다.

V. 맺음말

이상에서 법치주의 관점에서 서울특별시 자치헌장조례를 둘러싼 법적 문제에 대하여 살펴보았다. 자치입법권에 해당하는 조례제정권은 지방자치단체의 중요한 권한에 속하며, 이러한 자치입법권은 시원적으로 주민으로부터 도출되는 권한이 아니라 법률에 의하여 국가로부터 인정되는 권한에 속한다. 지방자치단체의 자치입법권의 행사는 수직적인 권력분립에 해당하며, 조례에 관한 근거규정인 지방자치법 제22조는 헌법 제117조 제1항의 구체화를 의미한다.[52] 조례는 지방자치단체가 그 자치입법권에 근거하여 자주적으로 지방의회의 의결을 거쳐 제정한 법규라고 할 것이다.[53] 그렇지만 자치입법권은 헌법상 법령의

---

50 또한 평화통일에 관한 사항을 안 제21조 제2항에서 규율하고 있으나, 이와 관련한 노력의무에 관한 조항은 구속력이 없는 선언적인 규정이라고 할 것이다.

51 같은 맥락으로, 최우용, "자치헌장 또는 자치기본조례에 관한 소고", 129-130면.

52 심경수, "자치입법권에 대한 실증적 연구", 충남대 법학연구 제23권 제1호, 2012, 11면.

53 조례 자체로 인하여 직접 그리고 현재 자기의 기본권을 침해받은 자는 그 권리구제의 수단으로서 조례에 대한 헌법소

범위 내에서 제정될 것이 요망되고 있으며 전래적 입법권으로서 국법체계의 통일성과 법규범의 서열질서에 비추어 상위법질서에 위반되어서는 곤란하다.

서울특별시 자치헌장조례와 관련하여 가장 논란이 있는 부분은 사실상 최고규범성을 인정하고 있는 부분이다. 다른 조례보다 상위의 법규범적 효력을 인정하려면 특정 지방자치단체 차원에서 법적인 근거 없이 마련할 것이 아니라 지방자치법을 개정하여 전국적인 차원에서 그 도입여부를 검토할 필요가 있다. 조례는 법령과의 관계에서 국법의 규범의 서열질서에 비추어 자치입법권에 일정한 한계가 있으므로 지방자치의 기본법인 지방자치법이나 지방재정법의 개정, 특별법의 제정 등을 통하여 시민의 시정참여를 보장하고 지방분권과 자치권의 확장을 시도하는 것이 바람직하다고 본다.[54]

원을 제기할 수 있다.

54 입법정책적으로 자치헌장조례나 기본조례의 최고규범성을 인정하려면 적어도 일반적인 조례와는 다른 가중의결정족수나 별도의 절차적 요건이 지방자치법에 명문의 규정을 두는 것이 필요할 것으로 사료된다.

서울특별시 자치헌장 조례

[시행 2017.5.18.] [서울특별시조례 제6469호, 2017.5.18., 제정]

전문

서울특별시는 자랑스럽고 정의로운 대한민국의 수도로서 시민의 권리와 안전을 보호하고 개인의 창의와 참여적 자치를 보장하며 경제사회 주체 간 조화를 통한 포용적 성장을 추구할 책무를 갖는다.

이에 서울특별시는 자유민주적 기본질서와 지방자치를 보장하는 「대한민국헌법」에 입각하여 주민의 복리 증진 및 국가와 지방의 균형발전을 위하여 서울특별시 자치의 근간이 되는 이 조례를 제정한다.

제1장 총칙

제1조(목적) 이 조례는 「대한민국헌법」에 따라 지방자치의 기본이념을 명확히 하고 시민의 시정 및 의정참여와 서울특별시의 책무 그리고 행정 운영의 기본 원칙 등을 규정함으로써 궁극적으로는 시민의 삶의 질을 제고하는 것을 목적으로 한다.

제2조(시민) 이 조례에서 "시민"이란 서울특별시(이하 "시"라 한다)의 관할 구역 내에 주소를 두고 있는 사람과 등록된 단체를 말한다.

제3조(자치의 기본원칙) 시민은 서울특별시장(이하 "시장"이라 한다) 및 서울특별시의회(이하 "시의회"라 한다)와 더불어 지방자치의 주체이며, 시장의 행정(이하 "시정"이라 한다)과 서울특별시의회의 의정(이하 "의정"이라 한다)은 시민의 참여를 바탕으로 시민을 위하여 이루어진다.

제4조(시와 중앙정부의 관계) ① 시와 중앙정부의 관계는 상호 존중과 협력을 바탕으로 하며, 지방자치를 보장하는 「대한민국헌법」에 입각하여 국회가 제정하는 법률로 정한다.

② 법률, 법규명령 및 그 밖의 행정규칙(이하 "법령 등"이라 한다)은 「대한민국헌법」에

따른 지방자치의 기본이념에 적합하여야 하며, 이에 반하는 경우 시는 그 시정을 요구하여야 한다.

③ 시는 지방자치 발전을 위한 행정적·재정적 지원을 중앙정부에 요청하고 이를 확보하여야 한다.

④ 중앙정부의 협의와 지원은 시의 자율성과 창의성, 지역적 특수성을 침해하여서는 아니 된다.

　제5조(조례의 지위) 이 조례는 시민의 권리보호를 위한 시정 및 의정의 근간이 되며, 시는 시정 및 의정을 결정·집행·평가할 때 이 조례를 기본으로 하고, 자치사무에 관하여 이 조례에 부합하도록 자치입법권·자치조직권·자치재정권을 행사하여야 한다.

　제2장 시민의 참여

　제6조(시민의 시정 및 의정 참여권) ① 시민은 헌법과 법률이 보장하는 바에 따라 차별 없이 시정 및 의정에 참여할 권리를 가진다.

② 시민은 시정 및 의정에 관한 의견을 제안할 수 있고, 적법한 절차에 따라 의견 수렴을 위한 공청회나 청문, 위원회 등 의사결정과정에 참여를 요청할 수 있다.

③ 시민은 관련 법령에 따라 주민투표, 주민소환, 주민발안 등 주민참여권을 시로부터 보장받고 이를 적극 행사할 수 있다.

④ 시민은 지방자치에 대한 이해와 참여 증진을 위하여 학습의 기회와 시정 및 의정 관련 정보를 시로부터 제공받을 권리가 있다.

⑤ 시민은 시정 및 의정에 대하여 다양한 의견을 표출하고 상호 논의할 수 있는 장을 마련하도록 시에 요구할 수 있다.

　제7조(적법한 절차 및 행정 요구권) ① 시정 및 의정은 적법한 절차에 따라 이루어져야 한다.

② 시민은 시정 및 의정이 공정하고 적법하게 처리될 것을 요구할 권리를 가지며, 시는 이에 대하여 응답할 의무를 진다.

　제8조(정보격차 해소) ① 시민은 정보사회에 부합하는 정보문화를 향유하고 자신에 대한 정보를 관리·통제할 권리를 갖는다.

② 시는 시민의 정보격차를 해소하기 위하여 노력하여야 하고, 특히 정보 소외계층에 대한 정보기본권을 보장하여야 한다.

제9조(공동체 활성화) ① 시민은 자아실현을 위해 사회 각 영역의 공동체를 구성하고 이에 참여하여 활동할 권리를 갖는다.

② 시는 사회기반조직으로서의 공동체 활성화를 위해 노력하여야 한다.

제3장 시의 책무

제10조(시의회의 책무) ① 시의회는 시민의 대의기관으로서 견제와 균형의 원리에 따라 시민의 의사가 반영되어 시정 및 의정이 운영되도록 하여야 한다.

② 시의회는 시민과 소통하고 정보를 공유하며 합법적인 절차에 따라 의사를 공정하고 투명하게 운영하여야 한다.

제11조(시장의 책무) ① 시장은 시정에 관한 정보를 시민에게 알기 쉽게 제공하고 시민의 인격과 의견을 존중하며 민관협력을 통하여 주민자치를 실현하여야 한다.

② 시장은 시민의 대의기관인 시의회를 존중하고 상호 협력관계를 구축하여 시정의 적정성과 투명성 및 공정성을 확보하여야 한다.

제12조(포용적 성장) ① 시는 경제활동 주체 간 조화를 통한 포용적 성장을 추구하기 위하여 노력하여야 한다.

② 시는 경제활동의 제반 영역에서 불공정한 거래발생을 방지하고 공정한 경쟁을 촉진함으로써 사회경제적 양극화의 해소를 위해 노력하여야 한다.

제13조(지속가능한 발전) 시는 시와 시민의 사회경제적 활동이 환경, 생태계와 조화되어 지속가능한 것이 될 수 있도록 하여야 한다.

제14조(역사문화 및 경관 보전) 시는 역사문화와 경관을 보전하기 위하여 노력하여야 한다.

제4장 시의 사무처리

제15조(자치사무) ① 시는 「대한민국헌법」이 보장하는 지방자치의 주체로서 고유한 사무를 스스로 처리한다.

② 시와 자치구는 국방, 외교, 사법 등 중앙정부가 처리하는 것이 적합한 사무 이외의 시민의 복리 및 실생활에 관련된 사무를 처리한다.

③ 시와 자치구의 사무 처리에 관하여는 「지방자치법」 제10조제3항에 따라 자치구가 우선 처리하는 것을 원칙으로 한다. 다만, 자치구가 수행하는 것이 곤란하거나 시가 처리하는 것이 적합한 사무는 시가 처리한다.

제16조(국가 위임사무 처리) ① 시는 법률이 정하는 바에 따라 중앙정부로부터 위임받은 국가 사무를 처리한다.

② 시는 그 위임받은 국가 사무 집행에 관한 자치법규를 제정할 수 있다.

③ 시는 그 위임받은 사무가 보편적, 통일적 집행의 필요성이 인정되지 않거나 위임사무에 대한 지도 등 중앙정부의 개입이 과도한 경우에는 그 시정을 위해 적극적으로 노력하여야 한다.

제5장 자치권

제17조(자치입법권) ① 시는 법령에 위반되지 아니하는 범위에서 그 사무에 관하여 자치법규를 제정할 수 있다.

② 시는 지역적 특수성을 반영하고 주민의 복리를 증진하기 위하여 법률이 정하는 최저기준을 초과하거나 이에 추가하는 내용으로 조례를 제정할 수 있다.

③ 시의 사무에 관한 조례는 주민의 권리제한 또는 의무 부과에 관한 사항이나 벌칙을 정할 때 법률의 위임에 따라야 하며, 지방자치의 민주성에 비추어 위 법률의 위임은 구체적인 것에 한정하지 않는다.

제18조(자치조직권) ① 행정기구의 설치와 지방공무원의 정원은 조례로 정한다.

② 행정기구와 정원이 적정하게 운영되도록 중앙정부가 법률에 따라 정하는 기준은 인건비 등 최소한에 그쳐야 하며 지방자치단체의 고유한 조직권을 침해하여서는 아니 된다.

제19조(자치재정권) ① 시는 수지균형의 원칙에 따라 재정을 건전하게 운용하여야 한다.

② 시는 법령 및 조례로 정하는 범위에서 합리적인 기준에 따라 그 경비 등을 산정하여 예산을 편성한다.

③ 시는 국가·지방의 균형적 발전을 도모하고 지방자치의 자율성을 보전하기 위하여 중

앙정부에 그 사무에 상응하는 자주재원의 보장을 요구할 수 있다.

④ 시는 중앙정부가 시의 고유한 예산편성권을 침해하는 기준을 정하는 경우 또는 중앙정부가 자신의 재정으로 부담하여야 할 부분을 시에 전가하는 경우 그 시정을 위해 적극 노력하여야 한다.

제20조(대외협력) ① 시는 공동번영 및 상호협력을 위하여 중앙정부, 국내 외 다른 지방자치단체 등과 교류하고 협력하여야 한다.

② 시는 통일이 시민과 시정에 미치는 영향을 연구하고 대비하여야 하며 중앙정부와 긴밀히 협조하여 평화통일을 위해 노력하여야 한다.

제6장 보칙

제21조(타 조례의 운영) 이 조례 시행 이후 필요한 경우에는 이 조례에서 정한 지방자치의 기본원칙에 부합하도록 다른 조례를 제정·개정·운영하여야 한다.

부칙 < 제6469호, 2017.5.18>

이 조례는 공포한 날부터 시행한다.

참고문헌

고문현, "지방분권에 관한 비교헌법적 분석", 토지공법연구 제51집(2010).

김배원, "현행 헌법상 지방자치제도의 개정 필요성과 방향", 헌법학연구 제16권 제3호(2010).

김용섭, "법치행정의 원리의 재검토", 경희법학 제33권 제1호(1998).

김용섭, "자치입법의 활성화를 위한 중앙정부의 역할에 관한 토론문", 지방자치법연구 제8권 제4호 (2008).

김용섭, "지방자치단체의 조례에 대한 적법성 평가 - 서울특별시 문화재 보호조례의 문제점에 대한 분석 평가를 겸하여 -", 행정법연구 제44호(2016).

김성화, "지방분권제도 확립을 위한 중앙행정권한의 지방이양- 제도적 한계와 개선방안을 중심으로 -", 법제 통권 제679호(2017).

문상덕, "자치기본조례의 구상", 한림법학 FORUM 제15권(2004).

문상덕, "지방자치와 법치주의- 분권적 법치국가시스템을 지향하며-", 법과사회 제25권 제4호 (2003).

문상덕, "조례와 법률유보 재론: 지방자치법 제22조 단서를 중심으로", 행정법연구 제19호(2007).

박균성, 「행정법론 (상)」, 박영사(2016).

박균성, "기조발제 : 법치주의에 따른 행정개혁의 과제", 행정법과 법치주의 학회 창립총회 학술발표회 자료집(2017. 12. 2.).

박윤흔, "법령과 조례와의 관계", 고시계(1992. 11.).

송시강, "미국 지방정부의 자치권의 범위와 주정부의 통제", 동북아법 제1권 제1호(2007).

신득원 외, 경기도의회 기본조례(안) 제정구상, 경기개발연구원(2014).

심경수, "지방분권에 대한 실증적 연구", 충남대 법학연구 제23권 제1호(2012).

안효섭, "조례제정의 법체계적 허용범위", 법과 정책 제20집 제2호(2014.

윤재만, "자치입법권의 국가입법권에 의한 제한", 공법학연구 제14권 제1호(2014).

이광수, "서울지방변호사회 서울시자치헌장조례안 검토의견서"(2015).

이광윤, "지방분권 개헌론의 부당성", 법률신문(2017. 3. 20.). 자

이기우, "부담적 조례와 법률유보에 관한 비판적 검토", 헌법학연구 제13권 제3호(2007).

이승종 편, 「지방자치의 쟁점」, 박영사(2014).

이자성, "일본의 자치기본조례 주요내용 및 시사점", 경남발전연구원(2012).

이현수, "자치입법의 활성화를 위한 중앙정부의 역할", 지방자치법연구 제8권 제4호(2008).

임승빈, "중앙은 지방을 따르라?", 「대한민국정부를 바꿔라」, 올림(2015).

조성규, "조례와 법률과의 관계", 국가법연구 제12권 제1호(2016).

조성규, "법치행정의 원리와 조례제정권의 관계- 조례에 대한 법률유보의 문제를 중심으로-", 공법연구 제36집 제2호(2007).

최승원, "조례의 본질", 지방자치법연구 제6권 제1호(2006).

최우용, "자치헌장 또는 자기기본조례에 관한 소고- 서울특별시 자치기본조례안을 소재로 하여-", 공법학연구 제18권 제1호(2017).

최승원, "조례의 본질", 지방자치법연구 제6권 제1호(2006).

최우용, "외국인의 참정권에 관한 연구", 공법학연구 제4권 제2호(2004).

최우용, "지방자치단체의 법적 지위 및 자치입법권론 재론", 동아법학 제29권(2001).

최환용, 정명운, "자치기본조례의 현황과 입법체계개선방안", 한국법제연구원(2014).

한귀현, "독일 지방자치법상의 조례론에 관한 소고- 그 역사적 구조를 중심으로", 독일학 연구 제14권(1998).

홍정선, "조례와 침해유보(지방자치법 제15조 단서의 합헌성)- 박윤흔 교수님의 비판에 대한 반론-", 고시계(1993. 4.).

三宅 雄彦, "自治基本條例の憲法性", 政策と調査 2卷(2012).

出石捻, "自治基本條例の最高規範性の確保に關する一考察", 地域社會の法社會學(2011).

山口 道昭/西川 照彦 編著, 「岸和田市自治基本條例- 活用のための制度設計-」, 第一法規(2005).

4

지방자치단체의 조례에 대한 적법성 평가[*]

― 「서울특별시 문화재 보호조례」의 문제점에 대한 분석 평가를 겸하여 ―

목차

Ⅰ. 머리말

Ⅱ. 조례에 대한 적법성 평가

Ⅲ. 「서울특별시 문화재 보호조례」의 문제점에 대한 분석
  평가

Ⅳ. 맺음말

Ⅰ. 머리말

1. 우리사회에 본격적인 지방자치가 실시된 지 20여년이 경과하였다. 지난 20여년간 괄목할 만한 지방자치제도의 발전에도 불구하고 방만한 지방자치 운영의 폐해를 도처에서 확인할 수 있다. 현 단계에서 지방자치단체가 주민 밀착의 근거리 행정을 실현하기 위해서는 무엇보다 지방자치단체의 책임성이 전제되어야 한다. 최근에 지방자치단체의 조례를 둘러싼 논의가 활발해 지고 있으며, 조례제정과 관련하여 사법적 분쟁의 사례가 늘어나고 있음은 주목할 만하다.

주지하는 바와 같이, 지방자치(kommunale Selbstverwaltung)는 일정한 지역을 기초로 하는 지방자치단체에 법인격을 부여하고, 그 단체는 국가로부터 직접적인 통제에서 벗어나 그

---

[*] 이 논문은 2015년 12월 7일 서울지방변호사회 주최 "자치법규의 적법성 확보방안 모색을 위한 심포지엄"에서의 김용섭교수 발제문의 일부를 수정·보완하여 행정법연구 제44호(2016. 2.)에 게재·수록한 것입니다.

단체의 주민이 스스로 그들의 비용과 책임 하에 그 지방의 고유사무를 당해 지방자치단체를 통하여 자율적으로 처리하는 제도를 말한다.[2]

지방자치단체내의 조직으로 지방의회와 지방자치단체의 장이 있다. 양 기관은 상호 독립하여 견제와 균형을 유지하는 시스템을 유지하고 있으며, 지방의회는 기본적으로 지방자치단체의 조례를 제정할 수 있는 입법기관으로 집행부를 감시 감독하는 주민의 대표기관이라고 할 수 있다.[3]

지방자치단체는 전래적 입법의 성질을 지니는 조례와 규칙을 제정할 수 있는 자치입법권을 보유하고 있다. 조례는 지방자치단체가 자신의 사무를 규율하기 위하여 지방의회의 의결을 거쳐 자율적으로 제정하는 법규로, 지방자치단체가 헌법에서 부여된 자치권에 근거하여 법령의 범위 내에서 그 사무에 관하여 제정한 자치법규이다. 법치주의의 이념하에 국법질서의 통일성의 유지와 국가통치권에서 전래되고 승인된 조례제정권은 국가의 전체 법률체계 내에서 정당성이 인정되므로 지방자치단체 조례는 상위법령에 속하는 기존의 국가법령에 모순되거나 저촉되어서는 안된다.[4]

조례는 내용이나 법령과의 관계 기준에 따라 다음과 같은 종류로 나눌 수 있다. ① 주민의 권리·의무관계를 정하는 조례와 지방자치단체의 내부조직과 운영을 정하는 조례 ② 조례의 제정근거가 법령의 위임에 의하여 제정되는 조례와 위임 없이 제정되는 직권조례 ③ 법령에서 조례로 정할 것을 규정하고 있는 필수조례와 자치단체가 재량으로 제정하는 임의조례가 있다.[5] 기본적으로 조례의 유형을 위임조례와 자치조례로 구분하는 것이 실제적으로 의미가 있다. 위임조례의 경우에는 상위법령에서 조례로 정하도록 위임한 바에 따라 제정되는 것인데 반해 자치조례의 경우에는 위임조례에 해당하지 않고 지방자치단체와 고유함과 특성을 반영하는 내용의 조례를 의미하며 지방자치단체의 독자적 영역의 활동과 밀접한 관련이 있다.[6]

---

2 한귀현, "독일 지방자치법상의 조례론에 관한 소고- 그 역사적 구조를 중심으로", 『독일학 연구』 제14권(1998. 12.), 176면.

3 다만, 지방의회가 제정한 조례가 지방자치단체장의 고유권한을 침해하는 경우에는 그 조례는 무효이다. 이에 관한 연구로는 최계영, 『지방자치단체장의 고유권한을 침해하는 조례규정 판단 기초연구』, 법제처 연구용역과제, 2013. 9.

4 안효섭, "조례제정의 법체계적 허용범위", 『법과 정책』 제20집 제2호(2014. 8.), 242면.

5 박균성, 『행정법강의』, 박영사, 2015, 1016면.

지방자치단체의 위임조례는 지방의회에서 제정하는 규범으로 법률에서 구체적인 범위를 정하여 위임한 범위 내에서 제정하여야 하므로 행정입법으로서의 성질을 가지는데 반해, 자치조례는 준법률적 성격을 띠는 것으로 포괄적으로 위임하여 제정하는 것도 허용된다.

2. 조례가 주민의 일상생활에서 차지하는 비중이 높기 때문에 조례 제정 후 법원의 재판을 통하여 적법성 여부를 논의하기보다는 조례제정의 전단계나 시행단계에서 그 적법성을 검토하여 조례의 법적인 문제점이 있다고 판단되면 지방자치단체가 사전에 조례의 합리적인 개정을 유도할 수 있는 장점이 있다. 이와 같이 사법적 분쟁으로 비화되기 전 단계에서 중앙행정기관인 법제처나 서울지방변호사회 등이 주관하여 주민의 권익옹호 차원에서 자치법규의 적법성에 대한 평가를 할 필요성이 있다. 이와 같은 조례에 대한 적법성 평가는 조례입법평가의 문제로서, 조례입법의 합리화 기능, 입법정책의 타당성과 정당성 확보, 과도한 조례입법에 대한 자기통제적 기능을 수행하게 된다.[7] 일반적으로 조례에 대한 사법적 통제는 국민의 권익이 침해된 후에 권익구제를 강구하는 것으로 사후적 통제이다. 따라서 사전에 조례의 문제점에 대한 분석을 통하여 해당 자치단체의 조례의 생성과정 및 이미 시행단계에 있는 조례에 대하여도 문제점을 지적하여 이를 정책에 반영하도록 한다면 분쟁을 사전에 예방할 수 있는 장점이 있게 된다.

이와 같이 조례에 대하여 법제처와 같이 중앙행정기관에서 그 적법성에 대하여 평가하는 방법도 있으나, 해당 자치단체에 소속된 지방변호사회에서 그 적법성에 대하여 평가하는 것은 자치법규의 제정과 시행의 바람직한 통제모델이 될 수 있다. 이는 지방자치단체의 외부에서 객관적이며 중립적인 관점에서 조례가 갖고 있는 법적 문제점을 지적하여 지방자치단체 조례의 운영에 합리적이고 바람직한 모델을 제시하고자 하는 것이다.

서울특별시를 비롯한 광역자치단체는 물론 기초자치단체에서 광범위한 조례가 제정되고 있는 바, 여기서는 특히 「서울특별시 문화재보호조례」의 문제점에 초점을 맞추어 논의를 진행하되, 이에 앞서 지방자치단체 조례의 적법성 평가의 방향성에 대하여 검토하기로 한다.

---

6 박윤희, "지방의회의 조례 분석을 통한 입법내용에 관한 연구: 서울시 의회 소관 조례를 중심으로", 『사회과학논집』 제42집 제1호(2011. 5.), 88-89면.

7 김수연, "조례입법평가의 현황과 과제", 『한국국가법학회 제55회 학술대회 자료집』(2015. 12.), 7면.

Ⅱ. 조례에 대한 적법성 평가

1. 조례와 헌법적 논의

(1) 헌법 제117조 제1항은 "지방자치단체는 주민의 복리에 관한 사무를 처리하고 재산을 관리하며, 법령의 범위안에서 자치에 관한 규정을 제정할 수 있다"라고 하여 지방자치를 헌법적 차원의 제도로서 보장하고 있다.

자치입법권에 해당하는 조례제정권은 지방자치단체의 중요한 권한에 속한다. 지방자치단체의 자치입법권의 행사는 수직적인 권력분립에 해당하며, 조례에 관한 근거규정인 지방자치법 제22조는 헌법 제117조 제1항의 구체화를 의미한다.[8] 조례는 지방자치단체가 그 자치입법권에 근거하여 자주적으로 지방의회의 의결을 거쳐 제정한 법규라고 할 것이다.[9] 그렇지만 자치입법권은 헌법상 법령의 범위 내에서 제정될 것이 요망되고 있으며 전래적 입법권으로서 국법체계의 통일성과 법규범의 서열질서에 비추어 상위법질서에 위반되어서는 안된다.

조례는 기본적으로 헌법 제75조, 제95조의 적용이 없으므로 법률에서 위임할 경우 포괄위임이 허용되나[10], 기관위임사무의 경우로서 위임조례를 법령에서 정하는 경우 구체적으로 범위를 정하여 위임하여야 한다. 다만, 기본권실현의 중요하고 본질적인 사항은 의회에서 법률로 정해야 한다는 의회유보원칙에 따라 중요사항을 조례에 위임할 수 없을 것이다.

(2) 한때 지방자치법 제22조 단서 규정의 위헌성과 관련하여 합헌설과 위헌설이 대립하였다. 위헌설의 논거로는 헌법 제117조 제1항의 "법령의 범위안에서"를 "법령의 위임에 의

---

8 심경수, "자치입법권에 대한 실증적 연구", 『법학연구』 제23권 제1호(2012. 6.), 11면.

9 조례 자체로 인하여 직접 그리고 현재 자기의 기본권을 침해받은 자는 그 권리구제의 수단으로서 조례에 대한 헌법소원을 제기할 수 있다.

10 헌재 1995. 4. 20. 92헌마264 결정에서 헌법재판소는 "조례의 제정권자인 지방의회는 선거를 통해서 그 지역적인 민주적 정당성을 지니고 있는 주민의 대표기관이고 헌법이 지방자치단체에 포괄적인 자치권을 보장하고 있는 취지로 볼 때, 조례에 대한 법률의 위임은 법규명령에 대한 법률의 위임과 같이 반드시 구체적으로 범위를 정하여 할 필요가 없으며 포괄적인 것으로 족하다."고 판시하고 있다.

하여”로 볼 수는 없다는 점을 들고 있다. 이러한 관점에서 자치사무 내지 고유사무에 있어 법률의 위임이나 법령의 위임에 의하여만 조례를 정할 수 있도록 하는 것은 헌법에서 정하지 아니한 추가적 제한을 규정하고 있으므로 헌법 제117조 제1항에 반하는 결과가 된다.[11]

이에 대하여 합헌설에 의하면 헌법 제117조 제1항의 “법령의 범위 안”이라는 의미에는 ① 법령에 반할 수 없다는 의미 외에 ② 경우에 따라서는 법령의 근거를 필요로 한다는 의미도 갖는다고 보고 후자의 경우에는 헌법 제75조와 제95조가 적용되지 아니하므로 구체적 범위로 정하여 위임하여야 하는 것은 아니라고 반론을 펴고 있다.[12]

위 논쟁이 있은 후 대법원 1995. 5. 12. 선고 94추28[13]에서 지방자치법 제15조(현행 제22조) 단서는 기본권제한에 대하여 법률유보원칙을 선언한 헌법 제37조 제2항의 취지에 부합한다고 판시하여 합헌설을 취하게 되어 위헌설의 주장이 법원에 의하여 받아들여지지 않았으나, 조례는 한편으로는 헌법 제117조 제1항에 근거한 자치법으로서 지방의회에서 제정한다는 점에서 민주적 정당성을 갖고 법률에 준하는 측면을 간과할 수 없다.[14] 국가의 법령체계내의 위치와 관련하여 헌법 제117조 제1항에 비추어 볼 때, 조례는 법령의 범위를 벗어날 수 없다고 되어 있으므로, 법령보다 하위의 규범서열에 놓이게 된다. 따라서 조례와 법령이 상치할 때에는 법령이 조례의 효력을 깨뜨린다. 문제는 헌법에는 규정하지 않았는데 지방자치법 제15조 단서(현행 제22조 단서)에서 “주민의 권리제한 또는 의무부과에 관한 사항이나 벌칙을 정할 때에는 법률의 위임이 있어야 한다”는 조항을 어떻

---

11 박윤흔, “법령과 조례와의 관계”, 『고시계』통권 제429(1992. 11.), 40-42면.

12 홍정선, “조례와 침해유보(지방자치법 제15조 단서의 합헌성)- 박윤흔 교수님의 비판에 대한 반론”,- 『고시계』통권 제434호(1993. 4.), 104면 이하; 홍정선 교수는 조례로 기본권을 침해하기 위해서는 법률의 근거가 있어야 한다고 보고, 지방자치영역에서도 침해유보의 원리는 적용되어야 하며, 자치사무에 관하여는 그 내용이 어떠한 것이건 간에 조례를 제정할 수 있다는 주장은 기본권 보장을 상대화시킬 가능성이 갖기 때문에 인정되어서는 안 된다고 보고 있다.

13 대법원 1995.05.12. 선고 94추28 판결[전라북도공동주택입주자보호를위한조례안무효확인]에서 “지방자치법 제15조는 원칙적으로 헌법 제117조 제1항의 규정과 같이 지방자치단체의 자치입법권을 보장하면서, 그 단서에서 국민의 권리제한·의무부과에 관한 사항을 규정하는 조례의 중대성에 비추어 입법정책적 고려에서 법률의 위임을 요구한다고 규정하고 있는바, 이는 기본권 제한에 대하여 법률유보원칙을 선언한 헌법 제37조 제2항의 취지에 부합하므로 조례제정에 있어서 위와 같은 경우에 법률의 위임근거를 요구하는 것이 위헌성이 있다고 할 수 없다.”라고 판시하고 있다.

14 박윤흔, “법령과 조례와의 관계”, 『경희법학』 제27권 제1호(1992. 12.), 52면.

게 이해할 것인가인데, 이는 법률유보와 관련하여 침해유보를 지방자치법 제15조(현행 제22조) 단서가 확인한 것이고, 자치조례는 법규명령과는 달리 준법률적 성질을 지니므로 위임에 있어 법규명령과 같이 헌법 제75조, 제95조가 적용되지 않으므로 구체적인 범위를 정하지 않고 포괄적인 위임이 허용되므로, 침익적 내용의 조례의 경우 법률의 위임이 필요하되, 자치조례의 경우 포괄적 위임으로 족하다고 이해한다면 양설이 접근하는 측면도 없지 않다.[15]

위와 같이 일련의 논쟁이 있고 난 후에 대법원은 합헌설로 가닥을 잡았다. 대법원 1995. 5. 12. 선고 94추28 판결을 살펴보면 다음과 같다. : "지방자치법 제15조 단서 (현행 제22조 단서)는 지방자치단체의 자치입법권을 보장하면서, 입법 정책적 고려에서 주민의 권리제한, 의무부과에 관한 사항은 법률의 위임이 있어야 한다고 규정하고 있는 바, 이는 기본권 제한에 대하여 법률유보의 원칙을 선언한 헌법 제37조 제2항의 취지에 부합하므로 조례제정에 있어서 위와 같은 경우에 법률의 위임근거를 요구하는 것이 위헌성이 있다고 할 수 없다."

2. 조례와 법률유보

(1) 개설

헌법 제117조와 지방자치법 제22조에 따라 지방자치단체의 조례제정권한을 명문으로 규정하고 있어 지방자치단체는 법령의 범위 안에서 그 사무에 관해 조례를 제정할 수 있다. 그리고 지방자치법 제22조 단서에 따라 조례제정시 주민의 권리를 제한하거나 의무를 부과하는 사항 또는 벌칙을 정한 때에는 법률의 위임을 필요로 한다.

주민의 권리를 제한하는 등 침익적 조례의 경우 법률의 위임이 없거나, 위임이 있어도 그 한계를 벗어난 경우 그 조례의 효력은 무효이나, 수익적 조례의 경우에는 법률의 수권을 반드시 필요로 하는 것은 아니다.

아울러 지방자치단체의 조례 중 기초자치단체의 조례는 광역자치단체의 조례에 위반해

---

15 김용섭, "정현 박윤흔 박사의 행정법학- 관료와 학자의 병행적 삶속에서 꽃피운 실용학문-", 『공법연구』 제44집 제2호 (2015. 12.), 263면.

서는 안되며, 지방자치단체는 조례로써 조례위반행위에 대하여 천만원 이하의 과태료를 정할 수 있다. 제정된 조례에 절차상 하자가 있거나 지방자치단체 사무의 범위를 넘는 것을 규율대상으로 하는 등 내용상 하자가 있을 때에는 그 조례는 무효가 된다.

(2) 지방자치법 제22조 단서

법률유보의 원칙이란 조례가 법률에 근거하여, 또는 법률의 수권(授權)에 의하여 제정되어야 함을 의미한다. '주민의 권리제한 또는 의무 부과에 관한 사항'이나 '벌칙'을 정할 때에는 법률의 위임이 있어야 한다.

지방자치법 제22조, 제9조 제1항 및 행정규제기본법 제4조 제3항에 의하면 지방자치단체는 그 고유사무인 자치사무와 개별법령에 의하여 지방자치단체에 위임된 단체위임사무에 관하여 자치조례를 제정할 수 있지만 그 경우라도 주민의 권리제한 또는 의무부과에 관한 사항이나 벌칙은 법률의 위임이 있어야 하며, 기관위임사무에 관하여 제정되는 이른바 위임조례는 개별법령에서 일정한 사항을 조례로 정하도록 위임하고 있는 경우에 한하여 제정할 수 있으므로, 권익을 침해하는 조례를 제정할 경우에는 그 조례의 성질을 묻지 아니하고 법률의 위임이 있어야 하고 그러한 위임 없이 제정된 조례는 효력이 없다.[16]

주민의 권리제한 또는 의무부과에 관한 조례에 있어서 법률의 위임은 조례도 선거에 의하여 구성되는 주민의 대표기관인 지방의회의 의결로 제정되는 지방자치단체의 자주법인 만큼 일반적으로 국가의 행정기관이 제정하는 행정입법보다는 그 수권(授權)의 범위가 넓다고 보아야 할 것이고 따라서 지방자치단체의 입법재량의 폭도 비교적 넓다고 할 것이다.

(3) 법률의 위임이나 근거가 없어 무효로 본 판례

① 제주특별자치도 여객자동차 운수사업에 관한 조례안 제37조 제4항: 대법원 2007.12. 13. 선고 2006추52 판결[조례안의결무효확인청구]

제주특별자치도에서 자동차대여 사업을 하고자 하는 사람의 영업활동을 제한하는 내용

---

16 대법원 2007. 12. 13. 선고 2006추52 판결.

의 「제주특별자치도 여객자동차 운수사업에 관한 조례안」 제37조 제4항은 "제주특별자치도 이외의 지역에 등록된 자동차대여업자 및 대여사업용 자동차는 제주특별자치도 안에서 영업을 하여서는 아니 된다."고 규정하고 있다. 위 조례안 조항은 제주특별자치도에서 자동차대여 영업을 하고자하는 자에 대하여 사업자 및 자동차를 제주특별자치도에 등록하여야 할 의무를 부과하고 제주특별자치도가 아닌 다른 곳에 등록을 한 사업자 및 자동차는 제주특별자치도에서 영업을 하지 못하도록 함으로써 헌법 제15조가 보장하는 영업장소의 제한을 받지 아니하고 자유롭게 영업할 자유를 제한하는 내용으로써 조례안의 적용을 받는 사람에 대하여 권리제한 또는 의무부과에 관한 사항을 규정하고 있다.

따라서 위 조례안 조항은 법률의 위임이 있어야 비로소 유효하게 되므로 판례는 「제주특별자치도 여객자동차 운수사업에 관한 조례안」 제37조 제3항과 제4항은 그 수권규정이 '제주특별자치도 설치 및 국제 자유도시 조성을 위한 특별법' 제324조 제2항이 조례로 정할 수 있도록 한 사항에 해당하지 아니하여 법률의 위임 없이 국민의 권리제한 또는 의무부과에 관한 사항을 규정한 것으로 무효이다"고 판시하였다.[17]

② 순천시주차장조례 제13조 제2항 및 여수시주차장조례 제15조 제2항

아래의 두 판결은 모두 법률의 위임 없이 주민의 권리제한 또는 의무부과에 관한 사항을 정한 조례를 무효로 본 것으로, 구 주차장법 제19조의4 제1항 단서 및 구 주차장법 시행령 제12조 제1항 제3호가 일정한 경우 주차수요를 유발하는 시설 부설주차장의 용도변경을 허용하면서 그에 관하여 조례에 위임하지 않고 있음에도, 지방자치단체의 주차장 조례에서 당해 시설물이 소멸될 때까지 부설주차장의 용도를 변경할 수 없도록 규정한 사안에서, 위 조례 규정은 법률유보의 원칙에 위배되어 효력이 없다고 본 원심판단을 정당하다고 판시한 것이다.

ㅇ 대법원 2012.11.22. 선고 2010두19270 전원합의체 판결[건축허가신청불허가처분취소]

지방자치법 제22조, 행정규제기본법 제4조 제3항에 의하면 지방자치단체가 조례를 제정

---

17 대법원 2007. 12. 13. 선고 2006추52 판결.

함에 있어 그 내용이 주민의 권리제한 또는 의무부과에 관한 사항이나 벌칙인 경우에는 법률의 위임이 있어야 하므로, 법률의 위임 없이 주민의 권리제한 또는 의무부과에 관한 사항을 정한 조례는 효력이 없다.

구 주차장법(2010. 3. 22. 법률 제10159호로 개정되기 전의 것, 이하 '법'이라 한다) 제19조의4 제1항 단서 및 구 주차장법 시행령(2010. 10. 21. 대통령령 제22458호로 개정되기 전의 것, 이하 '시행령'이라 한다) 제12조 제1항 제3호가 일정한 경우 건축물·골프연습장 기타 주차수요를 유발하는 시설 부설주차장의 용도변경을 허용하면서 그에 관하여 조례에 위임하지 않고 있음에도, 순천시 주차장 조례 제13조 제2항(이하 '이 사건 조례 규정'이라 한다)이 당해 시설물이 소멸될 때까지 부설주차장의 용도를 변경할 수 없도록 규정한 사안에서, 이 사건 조례 규정이 부설주차장의 용도변경 제한에 관하여 정한 것은 법 제19조 제4항 및 시행령 제7조 제2항에서 위임한 '시설물의 부지 인근의 범위'와는 무관한 사항이고, 나아가 부설주차장의 용도변경 제한에 관하여는 법 제19조의4 제1항 및 시행령 제12조 제1항에서 지방자치단체의 조례에 위임하지 않고 직접 명확히 규정하고 있으므로, 이 사건 조례 규정은 법률의 위임 없이 주민의 권리제한에 관한 사항을 정한 것으로서 법률유보의 원칙에 위배되어 효력이 없다고 본 원심판단을 정당하다고 한 사례.

o 대법원 2012.11.22. 선고 2010두22962 전원합의체 판결[건축불허가처분등취소]

구 주차장법(2010. 3. 22. 법률 제10159호로 개정되기 전의 것, 이하 '법'이라 한다) 제19조의4 제1항 단서 및 구 주차장법 시행령(2010. 10. 21. 대통령령 제22458호로 개정되기 전의 것, 이하 '시행령'이라 한다) 제12조 제1항 제3호가 일정한 경우 건축물·골프연습장 기타 주차수요를 유발하는 시설 부설주차장의 용도변경을 허용하면서 그에 관하여 조례에 위임하지 않고 있음에도, 여수시 주차장 조례 제15조 제2항(이하 '이 사건 조례 규정'이라 한다)이 당해 시설물이 소멸될 때까지 부설주차장의 용도를 변경할 수 없도록 규정한 사안에서, 이 사건 조례 규정이 부설주차장의 용도변경 제한에 관하여 정한 것은 법 제19조 제4항 및 시행령 제7조 제2항에서 위임한 '시설물의 부지 인근의 범위'와는 무관한 사항이고, 나아가 부설주차장의 용도변경 제한에 관하여는 법 제19조의4 제1항 및 시행령 제12조 제1항에서 지방자치단체의 조례에 위임하지 않고 직접 명확히 규정하고 있으므로, 이 사건 조례 규정은 법률의 위임 없이 주민의 권리제한에 관한 사항을 정하여 효력이 없다고 본 원심판단을 정당하다고 한 사례.

(4) 조세법률주의와 법률유보

조세법률주의와 관련하여 헌법 제59조는 "조세의 종목과 세율은 법률로 정한다"고 규정하고 있고, 지방세법에 관해서는 지방세법에서 과세요건과 세율을 규정하고 조례로써 과세요건 등을 확정할 수 있도록 부분적으로 조세 입법권을 위임하고 있다.

이와 관련된 구 경상북도세조례 부칙 제4조 제1항 및 구 전라남도세조례 부칙 제2조 제1항이 조세법률주의 위반이라고 대법원 전원합의체 판결이 내려진 바 있다.[18]

3. 조례와 법률우위

(1) 법률우위의 원칙

조례는 우선 법령에 위배되어서는 안 된다. 즉 법률우위의 원칙에 따라 조례는 헌법과 법령에 위배되지 않는 범위 내에서만 제정할 수 있는 것이고, 법률은 조례보다 그 효력 면에서 우위에 있음을 의미한다.

법률우위는 조례가 갖는 법령상의 한계로서 헌법 제117조 제1항과 지방자치법 제22조 본문의 "법령의 범위 안에서.."의 표현은 이를 확인하는 의미를 갖는다. 지방자치법 제22조 본문 상의 법령에는 헌법, 법률, 대통령령, 부령, 일반적으로 승인된 국제법규 등이 포함되며, 행정규칙중 법령보충적 행정규칙도 이에 포함된다. 아울러 법의 일반원칙인 평등원칙(대법원 1997. 2. 25. 선고 96추 213판결), 비례원칙, 신뢰보호원칙 등도 이에 포함되므로 법의 일반원칙에 반하는 내용의 조례는 그 효력이 부인된다.

(2) 헌법 제117조 제1항과 지방자치법 제22조

헌법 제117조 제1항과 지방자치법 제22조에 따라 조례는 "법령의 범위 안"에서 그 사무

---

18 대법원 2011.9.2. 선고 2008두17363 전원합의체 판결.

에 관하여 규정하고 있는데. 여기서 '법령'이란 헌법, 법률, 법규명령과 법규명령으로 기능하는 행정규칙을 포함한다. 다만, 행정규칙은 구체적으로 범위를 정하여 위임하는 수권법률에 근거한 것이어야 하며, 개별 법령의 특정 조항 뿐만 아니라 법령의 전체적인 입법취지를 고려하여 이와 모순·저촉되지 않는 범위 안에서 제정해야 한다고 해석해야 할 것이다.

또한 "법령의 범위 안에서"의 의미는 조례가 법령의 명문규정이나 전체적 입법취지와 모순 저촉되지 아니하는 범위 안에서 제정 될 수 있음을 의미하므로 여기서는 "법령에 위반되지 아니하는 범위 안"을 의미한다고 볼 것이다.[19]

(3) 법령의 의미

"법령의 범위"를 벗어난 경우란 법령으로 이미 규정하고 있는 규제기준보다 강한 규제 내용을 규정한 경우, 법령의 위임이 있는 경우 그 위임의 한계를 일탈하여 규정한 경우, 법령으로 규정할 것을 명백히 하고 있거나 조례로 규정하는 것을 금하고 있는 사항을 규정한 경우, 조례로써 규정할 사항에 대하여 법령으로 조건이나 제한기준을 정하고 있는 경우에 그 조건 또는 제한 기준을 위한한 경우 등이다.

이미 법령이 규율하고 있는 사항을 법령의 위임 없이 조례가 다른 내용으로 규율할 수 있는가 문제될 수 있다.

법령의 의미와 관련하여 법령이란 법률, 대통령령, 총리령, 부령은 물론이고 국회규칙, 대법원규칙, 헌법재판소규칙, 중앙선거관리위원회규칙 등 형식적 의미의 법령을 모두 포함한다.[20] 이와 더불어 조약 및 국제법규[21]와 행정규칙은 대외적 구속력이 없어 법령에

---

19 대법원 2001. 11. 24. 선고 2000추29 판결.

20 안효섭, 앞의 글, 244면.

21 대법원은 전라북도학교급식조례재의결무효확인사건에서 "'1994년 관세 및 무역에 관한 일반협정'(General Agreement on Tariffs and Trade 1994, 이하 'GATT'라 한다)은 1994. 12. 16. 국회의 동의를 얻어 같은 달 23. 대통령의 비준을 거쳐 같은 달 30. 공포되고 1995. 1. 1. 시행된 조약인 '세계무역기구(WTO) 설립을 위한 마라케쉬협정'(Agreement Establishing the WTO)(조약 1265호)의 부속 협정(다자간 무역협정)이고, '정부조달에 관한 협정'(Agreement on Government Procurement, 이하 'AGP'라 한다)은 1994. 12. 16. 국회의 동의를 얻어 1997. 1. 3. 공포시행된 조약(조약 1363호, 복수국가간 무역협정)으로서 각 헌법 제6조 제1항에 의하여 국내법령과 동일한 효력을 가지므로 지방자치단체가 제정한 조례가 GATT나 AGP에 위반되는 경우에는 그 효력이 없다."고 판시한 바 있다.

포함되기는 어려우나, 판례에 의하여 인정되고 있는 상위법령과 결합하여 법규명령으로서의 효력을 인정하는 이른바 법령보충적 행정규칙은 법령에 포함된다고 보는 입장이 통설적 입장이다.

대법원판례는 법령보충적 행정규칙을 행정규칙이지만 법규명령과 같은 효력을 갖는 것으로 보기도 하고, 법규명령의 성질을 갖는 것으로 보기도 한다. 헌법재판소는 법령보충적 행정규칙도 행정규칙으로 보며 그 자체로서 직접적 대외적 구속력을 갖는 것이 아니라 상위법령과 결합하여 상위법령의 일부가 됨으로써 대외적 구속력을 가질 뿐이라고 본다.[22] 대법원은 행정규칙의 일반적 효력으로서가 아니라 법령 규정과 결합하여 법규명령으로서의 대외적 구속력을 갖는다고 판시하고 있으나, 형식상 행정규칙에 해당하는 고시 등이 형식상 법규명령이 된다는 의미가 아니라고 이해한다면, 이와 같은 행정규칙은 법규적인 내용의 행정규칙이 되기 때문에 법령에 포함한다고 보아, 이에 위반되는 내용의 조례는 상위법령에 위반되는 결과가 된다.

이와 관련하여 헌법재판소[23]는 "헌법 제117조 제1항에서 규정하고 있는 '법령'에 법률 이외에 헌법 제75조 및 제95조 등에 의거한 '대통령령', '총리령' 및 '부령'과 같은 법규명령이 포함되는 것은 물론이지만, 헌법재판소의 "법령의 직접적인 위임에 따라 수임행정기관이 그 법령을 시행하는데 필요한 구체적 사항을 정한 것이면, 그 제정형식은 비록 법규명령이 아닌 고시, 훈령, 예규 등과 같은 행정규칙이더라도, 그것이 상위법령의 위임한계를 벗어나지 아니하는 한, 상위법령과 결합하여 대외적인 구속력을 갖는 법규명령으로서 기능하게 된다고 보아야 한다"고 판시 한 바에 따라, 헌법 제117조 제1항에서 규정하는 '법령'에는 법규명령으로서 기능하는 행정규칙이 포함된다."고 보고 있다.

(4) 조례가 법령에 위반되는지 여부의 판단척도

조례가 법령에 위반되는지 여부는 법령과 조례 각각의 규정 취지, 규정의 목적과 내용 및 효과 등을 비교하여 둘 사이에 모순·저촉이 있는지의 여부에 따라서 개별적·구체적으

---

22 그러한 관점에서 규율의 구체적 내용은 물론 권한 행사의 절차나 방법 나아가 규율방법 등에 대하여도 상위법령에서 명확히 규정하고 난 후에 고시 등 행정규칙 형식에 위임하여야 할 것이다.

23 헌재 2002. 10. 31. 선고 2001헌라1 결정.

로 결정하여야 한다.[24] 조례가 법령에 위반되는지 여부가 문제가 되는 경우는 첫째, 조례의 내용이 법령에 위반되는지 여부가 문제되는 경우 둘째, 법령에 규정이 없는 경우 셋째, 국가의 법령이 있는 경우로 구분하여 살펴볼 필요가 있다. 첫째의 경우처럼 조례의 내용이 법령에 위반되는지 여부는 크게 논란이 되지 않는다. 둘째의 경우는 지방자치법 제22조 단서의 문제로 해결하는 견해가 일반적이지만[25], 만약에 헌법 제23조 제3항의 경우처럼 손실보상에 관하여 법률로 규정을 두도록 하고 있는 경우에는 법률에 손실보상 규정을 마련하고 있지 않음에도 지방자치단체의 조례로 이를 허용하는 것은 상위법의 정신에 반한다고 볼 여지가 있다.

셋째의 경우와 관련하여, 국가법령이 이미 정한 사항에 대하여는 조례로 정하는 것은 위법하다고 보는 엄격한 법률선점론[26]과 이를 수정한 완화된 법률선점론[27]으로 나뉘어 지고 있다. 대법원판례[28]에 의하면 "지방자치단체는 법령에 위반되지 아니한 범위 내에서 그 사무에 관하여 조례를 제정할 수 있는 것이고, 조례가 규율하는 특정사항에 관하여 그 것을 규율하는 국가의 법령이 이미 존재하는 경우에도 조례가 법령과 별도의 목적에 기하여 규율함을 의도하는 것으로서 그 적용에 의하여 법령의 규정이 의도하는 목적과 효과를 전혀 저해하는 바가 없는 때, 또는 양자가 동일한 목적에서 출발한 것이라고 할지라도 국가의 법령이 반드시 그 규정에 의하여 전국에 걸쳐 일률적으로 동일한 내용을 규율하려는 취지가 아니고 각 지방자치단체가 그 지방의 설정에 맞게 별도로 규율하는 것을 용인하는 취지라고 해석되는 때에는 그 조례가 국가의 법령에 위반되는 것은 아니다."라고 판시하고 있다.

법령보다 강하게 국민의 권익을 제한하는 침익적 초과조례는 허용될 수 없지만, 수익적 초과조례의 경우에는 법령의 위임이 없이 제정될 수 있는데, 법령이 최소한의 기준만을

---

24 대법원 2008. 6. 12. 선고 2007추42 판결.

25 조재현, "자치입법권의 한계와 학생인권조례", 『법과 정책』 제18집 제2호(2012. 8.), 579면.

26 이 견해에 따르면 환경행정이나 급부행정 등에 있어서 각 지역의 특수성에 맞는 환경규제나 급부수준의 선택을 배제하게 되어 문제가 지적된다. 이에 관하여는 조재현, 앞의 글, 580면.

27 완화된 법률선점론은 국가의 법령으로 정한 사항이라고 할지라도 지역의 특수성을 고려하여 조례로 달리 정할 수 있다는 견해로 오늘날 다수견해이다. 이에 관하여는 박균성, 앞의 책, 1022면.

28 대법원 1997. 4. 25. 선고 96추 244 판결.

정하고 있고, 조례로 지방의 실정에 맞게 별도로 급부를 강화하는 규율을 허용하고 있다고 해석되는 경우에는 당해 조례는 법령에 반하지 않는다고 본다.[29] 이와 관련하여 세 자녀 이상 세대 양육비 등 지원에 관한 조례의 효력유무에 관한 대법원 2006. 10. 12. 선고 2006추38 판결은 세 자녀 이상 세대 등 지원 사무는 자치사무이자 법률의 개별적 위임을 요하지 않는 사무로 판단하였고, 위 판결에서 이른바 법률선점론[30]을 완화하여 지역실정에 맞게 자치입법권을 보장하기 위하여 국가법령이 지역의 실정에 맞게 별도로 규율하는 것을 용인한 경우에는 법령이 정한 기준을 초과하더라도 위법하지 않아 법률우위원칙의 적용을 완화하고 있다. 결국 정선군이 군민의 출산을 적극 장려하기 위하여 세 자녀 이상의 세대 중 세 번째 이후 자녀에게 양육비 등을 지원할 수 있도록 하는 내용의 '정선군 세 자녀 이상 세대 양육비 지원에 관한 조례안'이 법령에 위반되지 않는다고 판시한 것이다.[31]

4. 조례의 사항적 한계

(1) 원칙적 자치사무

조례는 지방자치단체의 사무가 아닌 국가사무에 대하여는 제정할 수 없고 원칙적으로 자치사무에 관해서만 가능하다. 다만 자치사무가 아닌 경우에도 국가의 위임에 의하여 지방자치단체의 사무에 속하게 된 단체위임사무는 조례제정의 대상이 된다. 현행 지방자치법 제9조 제1항에서도 지방자치단체의 사무를 '지방의 자치사무'와 '법령에 의하여 지방자치 단체에 속하는 사무'로 구분하고 있다. 즉 조례는 자치사무에 관한 자치조례와 국가의 위임에 근거하여 제정된 위임조례로 나눌 수 있다.

헌법 제117조 제1항에 기초하고 지방자치법 제22조의 일반적 수권에 근거하여 당해 지방자치단체의 사무에 관하여 제정되는 조례이다. 여기서 사무란 지방자치법 제9조 제1항

---

29 대법원 2006. 10. 12. 선고 2006추38 판결.

30 김용섭·신봉기·김광수·이희정, 『법학전문대학원 판례교재행정법』, 법문사, 2014, 768면, 법률선점론은 국가가 법률로 규제한 영역에 대하여 조례가 다시 법률과 동일한 규율대상에 대하여 동일한 목적으로 규제하는 것은 조례가 법률이 이미 선점한 영역을 침해하는 것이 되므로 법률에서 특별한 위임이 없는 경우에는 이를 허용하지 아니한다는 이론이다.

31 대법원 2006. 10. 12. 선고 2006추 38 판결.

에서 말하는 지방자치단체의 자치사무와 법령에 의하여 지방자치단체 자체에 속하게 된
단체위임사무를 가리키는 것이므로, 지방자치단체가 자치조례를 제정할 수 있는 대상이
되는 것은 자치사무 외에 단체위임 사무도 자치단체의 사무로 전환되기 때문에 해당되는
것이며, 판례도 이를 명백히 하고 있다.[32]

(2) 기관위임사무에 대한 조례 제정의 허용여부

법령에 의하여 지방자치단체 자체에 위임된 사무가 아닌 지방자치단체의 장에게 위임된
사무를 기관 위임사무라 하며, 이러한 기관위임사무는 지방자치단체 자체의 사무라고 할
수 없으므로 조례를 제정할 수 없다.

구 지방자치법(2007. 5. 11. 법률 제8423호로 전문 개정되기 전의 것) 제15조, 제9조에
의하면, 지방자치단체가 자치조례를 제정할 수 있는 사항은 지방자치단체의 고유사무인
자치사무와 개별법령에 의하여 지방자치단체에 위임된 단체위임사무에 한하는 것이고, 국
가사무가 지방자치단체의 장에게 위임된 기관위임사무는 원칙적으로 자치조례의 제정범
위에 속하지 않는다 할 것이고, 다만 기관위임사무에 있어서도 그에 관한 개별법령에서
일정한 사항을 조례로 정하도록 위임하고 있는 경우에는 위임받은 사항에 관하여 개별법
령의 취지에 부합하는 범위 내에서 이른바 위임조례를 정할 수 있다.[33] 그리고 법령상 지
방자치단체의 장이 처리하도록 규정하고 있는 사무가 자치사무인지 기관위임사무에 해당
하는지 여부를 판단함에 있어서는 그에 관한 법령의 규정 형식과 취지를 우선 고려하여
야 할 것이지만 그 외에도 그 사무의 성질이 전국적으로 통일적인 처리가 요구되는 사무
인지 여부나 그에 관한 경비부담과 최종적인 책임귀속의 주체 등도 아울러 고려하여 판
단하여야 한다.[34]

그러나 현실적으로 건축법 등 많은 법률은 기관위임사무의 처리에 있어서 건폐율, 부동

---

32 조례제정권은 원칙적으로 자치사무와 단체위임사무에 한한다는 판례: 지방자치단체가 조례를 제정할 수 있는 사항은 지
　방자치단체의 고유사무인 자치사무와 개별법령에 의하여 자치단체에 위임된 이른바 단체위임사무에 한하고(대법원 2000.
　5. 30. 선고 99추85 판결).

33 대법원 2000. 5. 30. 선고 99추85 판결.

34 대법원 2001. 11. 27. 선고 2001추57 판결 ; 대법원 2006. 7. 28 선고 2004다759 판결.

산 중계수수료 등을 그 지역에 실정에 맞게 법률의 범위 내에서 조례로써 정하도록 구체적이고 개별적으로 위임하고 있으며, 이를 처리하는 자치단체의 장은 국가의 하급행정기관의 지위에 서게 되고 이에 근거하여 건축조례 등이 제정되고 있다. 그러나 이러한 위임조례는 국가법인 행정입법과 마찬가지로 취급되며 따라서 위임입법의 한계에 관한 원리가 그대로 적용되므로 상술한 자치조례와는 성질상 구분되어야 할 것이다.

지방자치단체는 그 고유사무인 자치사무와 개별법령에 의하여 지방자치단체에 위임된 단체위임사무에 관하여 자치조례를 제정할 수 있지만 그 경우라도 주민의 권리제한 또는 의무부과에 관한 사항이나 벌칙은 법률의 위임이 있어야 하며(지방자치법 제22조 단서), 기관위임사무에 관하여 제정되는 이른바 위임조례는 개별법령에서 정한 사항을 조례로 정하도록 위임하고 있는 경우에 한하여 제정할 수 있으므로 그 조례의 성질을 묻지 아니하고 법률의 위임이 있어야 하고 그러한 위임 없이 제정된 조례는 효력이 없다.

(3) 조례와 규칙과의 관계

자치법규인 규칙은 지방자치단체의 장이 법령 또는 조례가 위임한 범위안에서 그 권한에 속하는 사무에 관하여 제정한 자치법규를 말한다. 규칙은 조례와 같은 자치법규이지만, 기관위임사무의. 경우처럼 서로 독립된 규범으로 기능하기도 하고, 지방자치법 제23조에 의하여 조례에서 위임하여 규칙에 정하는 경우에 규칙은 법령이나 조례에 위반할 수 없으므로 조례가 상위법규범으로 기능한다. 규칙의 경우에도 법규적 사항 뿐만 아니라 행정조직 내부에서만 효력이 있는 규율을 정할 수 있다.[35]

5. 소결

서울특별시 조례의 적법성 평가와 관련하여, 서울특별시 조례 및 규칙 등 자치법규에 대한 적법성 평가기준은 법령, 판례 및 이론을 통해서 정립된 법적 기준을 설정하여 이를 토대로 문제가 되는 조례를 분석하고 평가하여 법적으로 바람직한 대안을 제시할 필요가 있다.[36]

---

35 박균성, 앞의 책, 1029면.

향후에 서울지방변호사회에서 서울특별시 조례에 대하여 본격적인 적법성 평가를 실시할 경우에는 서울특별시 조례, 서울특별시 교육조례, 서울특별시 조례 시행규칙 및 교육조례시행규칙을 전수조사를 하되, 특히 적법성 평가기준에 비추어 비교적 문제가 많다고 생각되는 서울특별시 조례와 교육조례를 분야별로 발굴한 후 자치법규 평가 특별위원회를 구성하여 이를 집중적으로 평가하는 방식으로 검토할 수 있다.[37]

Ⅲ. 「서울특별시 문화재 보호조례」의 문제점에 대한 분석 평가

1. 문제의 제기

「서울특별시 문화재 보호조례」가 제정되어 시행되고 있는 바, 문화재보호와 관련하여 기본법으로 기능하고 있는 「문화재보호법」을 비롯한 「매장문화재 보호 및 조사에 관한 법률 」 및 「문화재 수리 등에 관한 법률」 뿐만 아니라 2015년에 새로 제정된 「무형문화재 보존 및 진흥에 관한 법률」등 제반 상위법령의 규정에 합치되도록 규율하고 있는지 여부를 검토하고 주민의 권리를 제한하거나 의무를 부과하는 등 침익적 사항에 대하여 조례가 법률의 근거 없이 제정되거나 조례의 내용이 상위법령에 위반되는지 여부를 검토하여 법적인 문제가 있을 경우에 이를 조속히 개정할 필요가 있다.

이하에서 「서울특별시 문화재 보호조례」의 규정에서 법적으로 문제가 있는 내용을 발굴하여 이를 검토하기로 한다.

2. 문화보호 법제 현황

문화재의 보호와 관련하여 문화재보호법이 1962. 1. 10. 법률 제961호로 제정되어 20여

---

36 조례에 대한 적법성 평가와 관련하여 자치법규의 제정단계의 평가와 제정된 자치법규에 대한 평가로 구분할 수 있으나, 제정된 자치법규를 평가의 대상으로 하는 것이 효율적일 수 있다.

37 서울지방변호사회는 2016. 2. 19. 변호사와 외부위원을 포함하여 19인의 위원으로 자치법규평가 특별위원회를 구성하였다.

차례 개정을 통해 기본법으로의 역할을 수행하여 왔다. 문화재보호법은 제1장 총칙, 제2장 문화재보호 정책의 수립 및 추진, 제3장 문화재보호의 기반조성, 제4장 국가지정문화재, 제5장 등록문화재, 제6장 일반동산 문화재, 제7장 국유문화재에 관한 특례, 제8장 국외소재 문화재, 제9장 시·도지정문화재, 제10장 문화재매매업 등, 제11장 보칙, 제12장 벌칙에 관하여 규율하고 있으며, 전체 조문이 총 104조, 부칙으로 되어 있다. 문화재보호법은 그동안 현대적 문화행정의 요청과 지속가능한 문화재 보호수단에 미흡하고 세계적인 문화유산보호의 흐름에도 다소 뒤 떨어진다는 평가를 받아왔다.[38]

아울러 「문화재 수리등에 관한 법률」에서는 제1장 총칙, 제2장 문화재수리기술자 및 문화재수리기능자, 제3장 문화재수리업등의 운영, 제4장 문화재수리협회, 제5장 감독, 제6장 보칙, 제7장 벌칙에 관하여 규율하고 있으며, 전체 조문이 총 62조, 부칙으로 되어 있다. 또한 「매장문화재 보호 및 조사에 관한 법률」에서는 제1장 총칙, 제2장 매장문화재 지표조사, 제3장 매장문화재의 발굴 및 조사, 제4장 발견신고된 매장문화재의 처리 등, 제5장 매장문화재 조사기관, 제6장 보칙, 제7장 벌칙에 관하여 규율하고 있으며, 전체 조문이 총 38조, 부칙으로 되어 있다.

그동안 문화재보호법에 따라 무형문화재에 대한 보호정책을 추진하여 왔으나, 우리나라는 UNESCO 무형문화유산보호협약의 회원국이 되어 문화재보호법 만으로 무형문화유산협약의 이행을 제대로 할 수 없을 뿐만 아니라 무형문화유산의 범위를 UNESCO의 기준에 맞추어 대폭 확대하고 무형문화유산의 브랜드화, 한류와 더불어 우리의 우수한 전통문화를 세계에 알리는 기반을 공고히 하기 위해[39] 「무형문화재 보전 및 진흥에 관한 법률」이 2015년 3월 27일 법률 제13248호로 제정되어 2016년 3월 28일부터 시행에 들어간다. 「무형문화재 보전 및 진흥에 관한 법률」은 전체 조문이 58조와 부칙으로 되어 있고, 제1장 총칙, 제2장 무형문화재 정책의 수립 및 추진, 제3장 국가무형문화재의 지정 등, 제4

---

38 우성기, "문화재의 지속가능한 보호를 위한 법제의 개선방안", 『행정법연구』 제31호(2011. 12.), 1-22면; 홍완식, "문화재보호법제의 개선방안에 관한 연구", 『토지공법연구』 제44집(2009. 5.), 235-258면.

39 박명수, "무형문화유산 보전 및 진흥에 관한 법률안 검토보고", 2013. 6; 1-2면. 무형문화재 보호제도 및 정책의 틀을 새롭게 마련할 필요성이 제기되던 중에 2011년 5월 중국이 조선족 아리랑을 자국의 무형문화유산으로 지정하여 발표하는 등 대외적으로 무형문화유산을 둘러싼 치열한 국제경쟁에 직면하여 독립된 법률제정을 서둘렀다고 볼 수 있다.

장 보유자와 보유단체 등의 인정, 제5장 전수교육 및 공개 제6장 시·도 무형문화재, 제7장 무형문화재의 진흥, 제8장 유네스코 협약이행, 제9장 보칙, 제10장 벌칙으로 규율하고 있으며, 전체 조문이 총 58조, 부칙으로 되어 있다.[40]

3. 「서울특별시 문화재 보호조례」의 특징과 주요내용

문화재 보호조례는 문화재 보호법에 위임을 받아 일반적으로 광역지방자치단체의 조례로 정하고 있다. 그런데 「서울특별시 문화재보호조례」는 다른 시도의 조례보다 상세하게 규정하고 있으며, 문화재보호법 뿐만 아니라 「매장문화재 보호 및 조사에 관한 법률」 및 「문화재 수리등에 관한 법률」에 관한 사항도 함께 규율하고 있다. 다만, 상세한 규정을 두면서 문화재보호법령 등 상위법령의 규정을 그대로 다시금 규정하는 경우도 적지 않다.

이처럼 「서울특별시 문화재 보호조례」는 제1장 총칙, 제2장 문화재 보호정책의 수립 및 추진 제3장 문화재 보호의 기반조성 제4장 문화재의 지정 제5장 문화재의 관리와 보호 제6장 문화재의 공개 및 관람료 제7장 시 소유의 문화재의 운영 제8장 문화재위원회 제9장 매장문화재 보호 및 조사 제10장 문화재 수리 등 제11장 보칙 본문 74조 부칙으로 구성되어 있다.

4. 상위법령에 위반되는 조례규정에 대한 분석 평가

(1) 「무형문화재 보전 및 진흥에 관한 법률」제정과 관련되는 부분 정비필요성: 제1조 및 제2조 제2항

① 현행규정

「서울특별시 문화재 보호조례」가 상위법의 위임을 받았다는 것을 나타내기 위하여 제1조 목적조항에서 "이 조례는 「문화재보호법」, 「매장문화재 보호 및 조사에 관한 법률」 및 「문화재수리 등에 관한 법률」에 따라 서울특별시 소재 문화재를 체계적으로 보존·관리 및 활용함으로써 시민의 문화적 향상을 도모하고 향토문화와 인류문화의 발전에 기여하

---

40 김용섭, "교육, 문화 및 스포츠의 글로벌 법적 이슈에 관한 고찰- UNESCO 주요활동과 협약을 중심으로-", 『스포츠엔터테인먼트와 법』 제18권 제4호(2015. 11.), 161면.

기 위한 사항을 규정함을 목적으로 한다"고 되어 있다. 한편 제2조 제2항에서 "이 조례에서 사용하는 용어의 뜻은 제1항 각호를 제외하고는 「문화재보호법」, 「매장문화재보호 및 조사에 관한 법률」 및 「문화재수리 등에 관한 법률」에 따른다"고 되어 있다.

② 문제점 및 평가

무형문화유산보호와 관련하여 50여년 간 「문화재보호법」의 체제하에서 무형문화재를 보호하기 위하여 노력해 왔으나, 2003년에 제정된 유네스코의 무형문화유산의 보호를 위한 협약의 이행을 위해 국내법의 정비필요성이 있어 오던 차에 이를 입법적으로 정비한 것이다. 「무형문화재 보전 및 진흥에 관한 법률」은 전체 조문이 58개조와 부칙으로 되어 있고, 제1장 총칙, 제2장 무형문화재 정책의 수립 및 추진, 제3장 국가무형문화재의 지정 등, 제4장 보유자와 보유단체 등의 인정, 제5장 전수교육 및 공개, 제6장 시·도 무형문화재, 제7장 무형문화재의 진흥, 제8장 유네스코 협약이행, 제9장 보칙, 제10장 벌칙으로 되어 있다.

이 법률의 제정을 계기로 종래 「문화재보호법」상 무형문화재를 '연극·음악·무용·놀이·의식·공예기술 등 무형의 문화적 소산으로서 역사적·예술적 또는 학술적 가치가 큰 것'으로 협소하게 정의하고 있었으나, 유네스코 협약에 발맞추어 「문화재보호법을 개정하게 되어 무형문화재를 여러 세대에 걸쳐 전승되어 온 무형의 문화유산 중 ① 전통적 공연·예술 ② 공예, 미술 등에 관한 전통기술 ③ 한의약, 농경·어로 등에 관한 전통지식 ④ 구전 전통 및 표현 ⑤의식주 등 전통적 생활관습 ⑥ 민간신앙 등 사회적 의식 ⑦ 전통적 놀이·축제 및 기예·무예로 그 범위를 확대하여 규정하게 되었다.

일반적으로 상위법령의 위임에 따라 제정된 조례에서 상위법령에서 정의된 동일한 용어에 대하여 다르게 정의하는 것은 상위법령에 위반되거나 자치법규 해석상 혼란을 야기할 소지가 있어 바람직하지 않다고 할 것이다.[41]

「서울특별시 문화재 보호조례」 제1조의 목적이나 제2조 제2항의 규정은 「문화재보호법」, 「매장문화재 보호 및 조사에 관한 법률」, 「문화재수리 등에 관한 법률」의 내용에 합치되어

---

41 법제처 2015. 6. 16. 회신의견 15-0136 및 법제처 2015. 10. 13. 회신의견 15-0273 참조.

야 할 뿐만 아니라 2015. 3. 27. 새로이 제정되어 2016. 3. 28. 시행예정으로 있는「무형문화재 보전 및 진흥에 관한 법률」에 관한 규율내용에도 합치되어야 하므로 이러한 사항을 조례에 반영하여 규율할 필요가 있다.

따라서, 제1조 목적 및 제2조 제2항 중 "「문화재보호법」, 「매장문화재 보호 및 조사에 관한 법률」 및 「문화재수리등에 관한 법률」에 따라" 를 "「문화재보호법」, 「매장문화재보호 및 조사에 관한 법률」, 「문화재수리 등에 관한 법률」 및 「무형문화재 보전 및 진흥에 관한 법률」에 따라" 로 수정하면서 새로 제정된「무형문화재 보전 및 진흥에 관한 법률」의 내용에 합치되도록 새롭게 규율할 필요가 있으며, 검토대상「서울특별시 문화재 보호조례」를 상위법령에 합치되도록 정비할 필요가 있다.

(2) 문화재 기초조사와 관련되는 부분: 제5조 제3항 단서 및 제5조 제4항

① 문제점

문화재의 기초조사와 관련하여 2가지 문제점을 검토할 필요가 있다. 첫째로「서울특별시 문화재 보호조례」제5조 제3항 단서에서는 "다만, 긴급한 경우에는 사후에 그 취지를 알릴 수 있다"고 규정하고 있다. 그런데, 제5조 제3항 본문에서는 "시장은 문화재에 대하여 조사를 할 경우에는 해당 문화재의 소유자 또는 관리자의 사전 동의를 받아야 한다"고 되어 있으나, 단서에서 긴급한 경우에는 사전동의를 받지 않고 사후에 그 취지를 알릴 수 있도록 그 예외조항을 마련하는 것인데, 이는 상위 법률인「문화재보호법」의 취지에 반하는지 여부가 문제된다,

둘째로,「서울특별시 문화재보호조례」제5조 제4항에서는 문화재 조사의 구체적인 절차와 방법 등에 관하여 필요한 사항은 규칙으로 정한다고 되어 있으나,「문화재보호법」제10조 제4항에서는 문화재 조사의 구체적인 절차와 방법 등에 관하여 필요한 사항은 대통령령으로 정한다고 되어 있어, 조례에서 규칙으로 위임하여 규율하는 것이 적절한 것인지 문제가 된다.

② 긴급한 경우에는 사전동의를 받지 않고 사후에 그 취지를 알릴 수 있도록 한 예외조항의 문제점

먼저「서울특별시 문화재 보호조례」제5조 제3항 단서는 법률에서 예외를 마련하지 않

았음에도, 비록 긴급한 경우라고 할지라도 사전 동의 없이 이를 허용하는 내용의 규정을 둔 것은 법률에서 이와 같은 규정을 두거나 법률에서 별도의 수권을 받은 경우에 허용된다고 볼 것이다. 이와 같이 모법의 수권범위를 벗어난 이 조항은 위법적인 조례로 볼 여지가 있다.

이와 관련하여 「광주광역시 문화재 보호조례」 제36조 제3항에서 규정하고 있는 긴급한 경우 사전 동의 없이 조사하는 것을 폐지하는 내용의 문화재 보호조례 일부개정안에 대하여 2015. 11. 10. 입법예고를 한 후, 2015. 12. 28. 조례 제 4651호로 예외조항을 더 이상 두지 않는 방향으로 입법적 개선을 한 바 있다. 문화재 소유자 등의 사생활 침해, 권리상실의 우려가 있어 이의 해소를 위해 문화재 보호조례를 개정한 것으로 이 부분은 상위 법률에 합치되지 아니하는 사항으로 위법적 사항을 시정하기 위한 것으로 적절한 개정조치라고 할 것이다.

③ 규칙으로 위임의 문제점

아울러 제5조 제4항의 규정과 관련하여 문화재 조사의 구체적인 절차와 방법 등에 관하여 필요한 사항을 「문화재보호법」에서 대통령령으로 정하도록 하고 있으며, 그 위임에 따라 규정한 「문화재보호법시행령」 제6조에서 다음과 같이 규정하고 있다.

제6조(문화재 기초조사의 절차) ① 문화재청장은 법 제10조제1항에 따른 조사를 하려면 조사자, 조사대상, 조사 경위 등 조사에 관한 전반적인 사항이 포함된 조사계획서를 조사 착수 전까지 작성하여야 한다.

② 중앙행정기관의 장(문화재청장은 제외한다) 또는 지방자치단체의 장은 법 제10조제1항에 따른 조사를 하려면 제1항에 따른 조사계획서를 작성하여 조사 착수 전까지 문화재청장에게 제출하여야 한다.

③ 문화재청장은 법 제10조제1항에 따른 조사가 끝난 후 60일 안에 다음 각 호의 사항이 포함된 결과보고서를 작성하여야 한다. 이 경우 조사의 기간이 1년을 초과할 때에는 다음 각 호의 사항이 포함된 중간보고서를 조사가 시작된 후 1년이 되는 때마다 작성하여야 한다.

1. 조사자, 조사경과, 조사방법 등 조사의 일반적인 사항

2. 조사한 문화재의 상세한 현재 상태

3. 조사한 문화재의 소유자 또는 관리자, 소재지 및 이력 등에 관한 사항

④ 중앙행정기관의 장(문화재청장은 제외한다) 또는 지방자치단체의 장은 법 제10조제1항에 따른 조사가 끝난 후 60일 안에 제3항 각 호의 사항이 포함된 결과보고서를 작성하여 문화재청장에게 제출하여야 한다. 이 경우 조사의 기간이 1년을 초과할 때에는 제3항 각 호의 사항이 포함된 중간보고서를 조사가 시작된 후 1년이 되는 때마다 작성하여 제출하여야 한다.

그런데 「서울특별시 문화재 보호조례」 제5조 제4항에서 문화재 조사의 구체적인 절차와 방법 등에 관하여 필요한 사항은 규칙으로 정한다고 하였으나, 만약에 필요한 사항이 있다면 「문화재보호법」과 같은 법 시행령에 반하지 않는 범위 내로 조례에서 규율하는 것이 바람직하다.

④ 개선방안

「서울특별시 문화재 보호조례」 제5조 제3항 단서의 규정은 삭제하는 것이 바람직하다. 한편 동 조례 제5조 제4항에서 「서울특별시 문화재 보호조례 시행 규칙」에 위임한 부분과 관련하여 동 조례 시행규칙 제4조에서 문화재기초조사의 절차에 대하여만 규율하고 있고, 동조 제1항에서 "시장은 조례 제5조 제1항에 따른 문화재 기초조사를 하려면 조사자, 조사대상, 조사경위 등 전반적인 사항이 포함된 조사계획서를 작성하여 조사착수 전까지 문화재청장에게 제출하여야 한다" 고 되어 있다. 제2항 및 제3항에서도 「문화재보호법시행령」에서 규율하고 있는 내용과 동일한 내용으로 규율하고 있으므로 큰 문제가 없으나, 규칙에 별도로 위임하였음에도 이에 관하여 따로 정하지 않은 점에 비추어 이 조항도 삭제하는 것이 바람직하다고 할 것이다.

(3) 기초조사로 인한 손실보상의 문제: 제30조 제1호

① 현행규정

「서울특별시 문화재 보호조례」 제30조 제1호에서 "시장은 제5조에 따른 문화재 기초조사로 인하여 손실을 받은 자에게는 그 손실을 보상하여야 한다."고 규정하고 있다. 한편 제30조 제2호 및 제3호는 제26조 제1항 제1호부터 제3호까지의 규정에 따른 명령을 이행

하여 손실을 받은 자와 제26조 제2항에 따른 조치로 인하여 손실을 받은 자도 손실보상을 하여야 하는 것으로 함께 규정하고 있다.

② 문제점 및 평가

문화재보호법은 문화재보호를 위하여 광범위한 재산권 제한 규정을 두고 있지만 손실보상에 관하여는 그 내용이나 방법, 기준 등에 있어서 미비한 실정이다. 「서울특별시 문화재보호조례」 제28조 제6항에서 "제4항에 따른 조사행위 때문에 손실을 받은 자에게는 시가 그 손실을 보상한다"고 규정하고 있는 사항은 문화재 보호법에서 규정하고 있는 바를 확인적으로 규정하고 있어 특별히 문제될 것이 없다고 보여진다.[42] 다만, 손실보상은 재산권 보장에 관한 사항이므로 법률사항인데 「서울특별시 문화재보호조례」에서 문화재보호법 제74조 및 같은 법 제46조의 손실보상규정을 준용하지 아니하고 있고 다른 법령의 위임이 없으므로 손실보상관련 사항을 조례로 규정할 수 없다고 보는 견해가 있을 수 있다.[43]

이에 반하여 법률의 위임이 없더라도 주민에게 수익적 사항에 대하여는 법률에서 별도로 규정하지 않더라도 조례의 규정을 근거로 손실을 보상하는 것이 허용된다는 입장[44]이 있을 수 있다.

한편, 대법원 1992. 6. 23. 선고 92추 17 판결에서 청주시의회에서 의결한 청주시행정정보공개조례안이 주민의 권리를 제한하거나 의무를 부과하는 조례라고는 단정할 수 없어 그 제정에 있어서 반드시 법률의 개별적 위임이 따로 필요한 것은 아니라고 하였는 바, 정보공개조례안은 주민의 권리를 제한하거나 의무를 부과하는 조례안이 아니고 수익적 내용을 담고 있어 법률의 위임이 필요 없다고 보았다. 반면에 헌재 1995. 4. 20. 92헌마

---

42 최철호, "문화재 보호와 손실보상", 『공법학연구』 제12권 제1호(2011. 2.), 382면; 김민섭, "문화재보호법상 손실보상", 『법학논총』 제26권 제2호(2013. 10.).

43 법제처, 서울특별시 조례 정비과제 참고.

44 최우용, "지방자치단체의 조례에 대한 적법성 평가에 대한 토론문", 서울지방변호사 주최 『자치법규의 적법성 확보방안 모색을 위한 심포지엄』 자료집(2015. 12.), 89면. 최우용 교수는 "시지정문화재와 관련한 손실보상은 주민의 권리를 제한하거나 의무를 부과하는 조례가 아니라, 주민의 재산권을 보다 두텁게 보호해주기 위한 것이며, 그 의무주체 또한 시장이므로 법률의 근거 내지 위임여부와는 직접적 관련 없이 제정이 가능하다"고 보고 있다.

264결정에서 "기존의 담배자동판매기를 조례시행일로부터 3개월 이내에 철거하도록 한 조례의 부칙 규정은 이 사건 조례들의 시행일 전까지 계속되었던 자판기의 설치·사용에 대하여는 규율하는 바가 없고, 장래에 향하여 자판기의 존치·사용을 규제할 뿐이므로 그 규정의 법적 효과가 시행일 이전의 시점에까지 미친다고 할 수가 없어 헌법 제13조 제2항에서 금지하고 있는 소급입법이라고 할 수 없다. 부천시 담배자판기 설치금지조례의 경우에는 주민의 권리를 제한하는 조례이므로 법률의 위임이 필요하다고 보았다."

생각하건대, 헌법에서 법률사항으로 정하고 있는 것을 가령, 재산권보장에 관한 헌법 규정에서 법률로 보상에 관한 규정을 정하도록 한 것을 조례로 정하는 것은 문제가 될 수 있으나, 적어도 법률에서 직접 손실보상에 관하여 규정하거나 법률의 위임에 따라 조례로 손실보장에 관하여 규정하는 것은 상위법에 저촉되지 않는 한 가능하다고 보아야 할 것이다.[45]

5. 법률유보에 위반하는 조례규정에 대한 분석 평가

(1) 화재 및 재난방지: 제7조 제1항 및 제4항

① 현행규정

「서울특별시 문화재 보호조례」 제7조 제1항에서 지정문화재와 문화재자료를 포함하여 "지정문화재 등"으로 약칭하고, 이와 같은 약칭을 동 조례 제7조 제2항 및 제4항에서 사용하고 있다. 그런데, 화재 및 재난방지와 관련하여 문화재보호법 제14조에서는 문화재청장이나 시·도지사는 지정문화재의 화재 및 재난방지, 도난예방을 위하여 필요한 시책을 수립하고 이를 시행하여야 한다고 규정하고 있고, 동조 제4항에서도 "지정문화재의 소유자, 관리자 및 관리단체는 지정문화재의 화재예방 및 진화를 위하여 「소방시설 설치·유지 및 안전관리에 관한 법률」에서 정하는 기준에 따른 소방시설과 재난방지를 위한 시설을 설치하여야 하며, 지정문화재의 도난방지를 위하여 문화체육관광부령이 정하는 기준에 따라 도난방지장치를 설치하도록 노력하여야 한다"고 규정하고 있다. 이처럼 「문화재보호법」에서는 지정문화재에 한정하여 규율하고 있는데 반하여, 상위 법률의 위임이 없음에도 조

---

45 조재현, 앞의 글, 591면.

례에서 법률에서 규정한 것보다 그 범위를 넓혀 규율하는 것이 문제가 된다.

② 문제점

「서울특별시 문화재 보호조례」 제7조 제1항 및 제4항에서 규정하고 있는 규율방식은 지방자치법 제22조 단서에서 규율하고 있는 바와 같이, '주민의 권리제한 또는 의무 부과에 관한 사항'에 해당하게 되므로 법률의 위임이 있어야 한다. 이는 조례의 제정에 있어 법률유보의 원칙을 준수하여야 함을 의미한다. 그런데 위 조례 제7조 제4항의 규정이 도난방지장치의 설치가 강제되는 것이 아니라 노력의무에 불과하도록 규정하였다고 할지라도 이는 어디까지나 의무부과에 관한 사항으로 볼 여지가 있어 지정문화재가 아닌 문화재자료의 소유자 등은 이 조례에 의하여 관련 법령에서 요구하는 소방시설과 재난방지를 위한 시설을 설치하도록 노력하여야 하므로,「문화재보호법」에서 규정하지 않은 새로운 의무를 부과하는 결과가 된다.

다만, 문화재보호법 제70조 제5항에서 "시·도지정문화재와 문화재 자료의 지정 및 해제 절차, 관리, 보호·육성, 공개 등에 필요한 사항은 해당 지방자치단체의 조례로 정한다"고 되어 있어 이 조항을 포괄적인 수권규정이라고 하여 반론을 제기할 수 있는 여지가 있으나, 화재 및 재난방지는 별도의 사항이고 이를 관리의 차원으로 보는 것은 지나치게 확대하여 해석하는 것으로 타당하다고 보기 어렵다.

③ 개선방안

「문화재보호법」에서는 지정문화재의 화재 및 재난방지에 관하여 규율하고 있으므로 조례에서 규율하고 있는 지정문화재의 부분은 전혀 문제가 되지 않으나, 문화재자료에 관한 부분은「문화재보호법」등 상위 법률에서 명시적인 위임이 없으므로 화재 및 재난방지에 관한 의무사항을 위하여 조례에 명문의 규정을 두려면 이에 앞서「문화재보호법」을 개정하여 이 부분을 신설하거나 아니면「문화재보호법」에서 화재 및 재난방지와 관련한 일정한 의무를 부과한다는 내용으로 조례에 위임할 경우에 가능할 것으로 사료되므로, 문화재자료에 관한 부분은 삭제하고 지정문화재에 관한 사항으로 한정하는 것이 타당할 것으로 사료된다.

(2) 시장의 매장문화재 공고: 제53조

① 현행 규정

「서울특별시 문화재보호 조례」제53조에서 시장은 「매장문화재 보호 및 조사에 관한 법률」제22조에 따라 지표조사 또는 발굴조사로 문화재가 발견 또는 발굴된 경우에는 그 발견 또는 발굴 사실을 시홈페이지 등에 14일간 공고하여야 한다고 규정하고 있으나, 「매장문화재 보호 및 조사에 관한 법률」제17조에서는 발견신고에 관한 규정을 두면서 매장문화재를 발견한 때에는 그 발견자나 매장문화재 유존지역의 소유자·점유자 또는 관리자는 그 현상을 변경하지 말고 대통령령으로 정하는 바에 따라 그 발견된 사실을 문화재청장에게 신고하여야 한다고 되어 있어 시장에게 신고하는 규정을 두고 있지 않고, 위 법 제22조에서 문화재청장이 대통령령으로 정하는 바에 따라 공고하여야 한다고 되어 있어, 시장에 대한 공고의무를 부과하고 있지 않음에도 이를 조례에서 규율하여 상위법에 위반될 여지가 있다.

② 문제점 및 평가

「매장문화재 보호 및 조사에 관한 법률」제22조에서 "문화재청장은 지표조사와 제11조 및 제13조에 따른 발굴조사로 문화재가 발견 또는 발굴된 경우에는 유실물법 제13조 제1항에서 준용하는 같은 법 제1조 제2항에도 불구하고 해당 문화재의 발견 또는 발굴사실을 대통령령이 정하는 바에 따라 공고하여야 한다"고 규정하고 있어, 시장의 공고의무는 상위법의 위임이 없을 뿐만 아니라 문화재청장의 공고의무와 중복되는 문제가 있고, 시장에게 동법 시행령과 시행규칙에 따라 지체 없이 공고하도록 하였을 뿐 공고기간에 관하여는 따로 규정을 두고 있지 않음에도 시장이 지체없이 발견 또는 발굴사실 만을 공고하도록 한 부분을 생략하고 있어 이 부분은 위법의 소지가 있다.

「서울특별시 문화재 보호조례」에서 「매장문화재 보호 및 조사에 관한 법률」상의 시장에 대한 신고의무도 없는 상황에서 상위법의 위임도 없이 시장이 공고하도록 의무화 하는 것은 상위법에 배치될 수 있어 이 조항은 삭제가 필요하다.

(3) 문화재수리 현장의 점검 등: 제61조

① 현행 규정

「서울특별시 문화재 보호조례」 제61조 제2항에서 시장은 문화재가 원형대로 수리될 수 있도록 하기 위하여 다음 각 호의 사항(1. 고증, 양식, 문화재 수리의 기법 및 범위 등에 관한 사항 2. 현장관리, 품질관리, 안전관리 및 환경관리 등에 관한 사항)을 지도하거나 자문할 수 있다고 규정하고 있는데, 이 부분은 상위법률에 근거규정이 없다.

② 문제점 및 평가

「문화재 수리등에 관한 법률」 제37조 제2항에서 문화재청장은 원형대로 수리될 수 있도록 하기위하여 다음 각호의 사항(1. 고증, 양식, 문화재 수리의 기법 및 범위 등에 관한 사항 2. 현장관리, 품질관리, 안전관리 및 환경관리 등에 관한 사항)을 지도하거나 자문할 수 있다고 되어 있을 뿐 시장에게 이와 같은 권한을 부여하고 있지 않고 있어 상위법의 수권이 없다고 볼 것이다.

「서울특별시 문화재 보호조례」 제61조 제2항은 「문화재 수리등에 관한 법률」 의 위임도 없이 시장이 지도와 자문할 수 있는 사항을 규정하였는 바, 이는 상위법에 배치될 수 있어 이 조항의 삭제가 필요하다.

6. 법률우위에 위반하는 조례 규정에 대한 분석 평가

(1) 무형문화재 보유자 인정해제: 제14조 제2항

① 현행 규정

「서울특별시 문화재보호 조례」 제14조 제2항에서 시장은 무형문화재의 보유자가 다음 각호의 어느 하나에 해당하면 위원회의 심의를 거쳐 무형문화재 보유자의 인정을 해제할 수 있다고 규정하고 있는데, 2가지의 문제가 야기된다. 종래 일정한 사유가 있는 경우에는 반드시 해제하여야 하는데, 재량규정으로 둔 것이 문제가 될 소지가 있다. 아울러 무형문화재라고 하고 있고 시·도 무형문화재로 한정하지 않아 마치 국가무형문화재도 포함될 수 있는 것처럼 오해를 불러일으킬 수 있다.

② 문제점 및 평가

「무형문화재 보전 및 진흥에 관한 법률」 제17조 제4항에서 보유자 등의 인정 기준 및 절차 등에 필요한 사항은 대통령령으로 정한다고 되어 있어, 같은 법 시행령의 제정에 따라 재정비가 필요하다고 보여진다. 현행 문화재보호법 제31조 제2항 및 같은 법 시행령 제18조(중요무형문화재 보유자 또는 보유단체의 인정 해제) 법 제31조제2항 제4호에서 "대통령령으로 정하는 사유"는 서울특별시 문화재 보호조례와 같으나, 중요무형문화재가 아닌 경우에도 이와 같은 해제사유를 조례에서 정하는 것은 문제가 있다고 보여진다.

아울러 무형문화재의 개념과 관련하여 「무형문화재 보전 및 진흥에 관한 법률」에서는 국가무형문화재와 시·도 무형문화재로 구분하여 규율하고 있으므로, 서울특별시 문화재 보호조례 제14조에서는 시·도 무형문화재에 한정하여 규율할 필요가 있다. 참고적으로 시·도 무형문화재 지정해제 절차는 「무형문화재 보전 및 진흥에 관한 법률」제35조에서 국가무형문화재 지정해제 절차를 준용하는 내용의 규정을 두고 있다.

현재 무형문화재 보유자로 되어 있는 부분이 다소 불분명하고, 국가무형문화재는 배제하여야 하므로, 시·도무형문화재 보유자로 한정함과 아울러 지정해제의 경우에 중요무형문화재의 지정해제에 관한 내용을 그대로 규정할 것이 아니라 그 범위를 명확히 규율할 필요가 있다.

(2) 무형문화재 전수교육 예외사유: 제25조 제2항

① 현행 규정

「서울특별시 문화재 보호조례」 제25조 제2항에서 시장은 무형문화재의 전승 보전을 위하여 해당 무형문화재의 보유자가 그 보유기능과 예능의 전수교육을 실시하도록 하여야 한다. 다만, 규칙으로 정하는 특별한 사유가 있는 경우에는 그러하지 아니하다고 규정하고 있고, 「서울특별시 문화재 보호조례규칙」 제24조에서 조례 제25조제2항 단서에 따라 무형문화재의 보유자가 전수교육을 실시하지 아니할 수 있는 사유는 다음 각호와 같다고 하면서 1. 본인의 질병 또는 그밖의 사고로 전수 교육이 불가능한 경우 2. 국외 대학 또는 연구기관에서 1년이상 연구·연수하게 된 경우로 한정하고 있으나, 「무형문화재 보전 및 진흥에 관한 법률」 제25조 제2항에서는 대통령령으로 정하도록 되어 있어 상충되는 문제가 있다.

② 문제점 및 평가

「무형문화재 보전 및 진흥에 관한 법률」 제25조 제2항에 따라 무형문화재의 전수교육의 예외사유는 대통령령으로 정하는 사유가 있는 경우로 규정하여 대통령령의 규정을 그대로 규칙으로 정한 경우라면 모르지만 규칙에 위임하여 정하도록 하는 것은 적절하지 않고, 조례에서 대통령령의 규정을 받아 그 예외사유를 정하는 것이 타당하다고 사료된다.

「서울특별시 문화재보호 조례」에서 대통령령에서 정하고 있는 사항을 정하고 예외사유를 규칙에 위임하는 것은 법령에 위반될 소지가 있다.

Ⅳ. 맺음말

이상에서 살펴본 바와 같이 지방자치단체의 자치입법권은 지방자치의 핵심영역으로 헌법적으로 보장되고 있으나, 지방자치단체의 자율성을 확보하고 책임성을 증대시키는 방향으로 조례제정권의 확대논의가 지속적으로 전개되어 왔다.[46] 우리 지방자치제도가 전래적 자치입법권이라는 점을 간과해서는 안 되며, 국법질서의 체계 안에서 조례가 제정될 필요가 있음을 강조하지 않을 수 없다. 입법론적으로 헌법개정이나 지방자치법의 개정을 통하여 지방자치의 활성화라는 관점에서 지방자치단체의 입법권을 확대할 필요가 있다.[47]

지방자치단체의 조례에 대한 적법성 평가는 주민의 생활과 밀접하게 연결되며 법익이 침해되고 난 후에 사법적인 구제를 받기 전에 문제점을 검토하는 것으로 지방자치단체로 하여금 시정의 기회를 주게 된다.

이상에서 「서울특별시 문화재 보호조례」의 문제점을 개략적으로 검토하였는 바, 2015년에 「무형문화재보전 및 진흥에 관한 법률」이 「문화재보호법」에서 독립하여 별도의 법률

---

46 가령 조성규, "지방자치 20년을 통한 자치입법권 보장의 평가와 과제", 『지방자치법연구』 제15권 제2호(2015. 6.), 140면.

47 심경수, 앞의 글, 27면.

로 새로이 제정된 점이 「서울특별시 문화재 보호조례」에 반영되지 않았고, 아울러 「서울특별시 문화재 보호조례」의 규정 내용 중 상위 법률인 「문화재 보호법」, 「무형문화재 보전 및 진흥에 관한 법률」, 「매장문화재 보호 및 조사에 관한 법률」, 「문화재 수리 등에 관한 법률」의 수권근거가 없거나 상위법령에 위반되어 문제점이 있다고 보여지므로 해당 조례의 정비가 시급히 요청된다.

참고문헌

김용섭·신봉기·김광수·이희정,『법학전문대학원 판례교재 행정법 제3판』, 법문사, 2014.

김성호, 김상미,『조례의 법적 지위 및 제정범위에 관한 입법정책적 방안』, 한국지방행정연구원, 1995.

최계영, "지방자치단체장의 고유권한을 침해하는 조례규정 판단 기초연구", 법제처 연구용역과제, 2013.

고헌환, "조례의 사법적 통제와 주요 쟁점에 관한 법리의 검토",『법학논총』제33집(2015. 1.).

김민섭, "문화재보호법상 손실보상",『법학논총』제26권 제2호(2013. 10.).

김병록, "조례제정권의 문제점과 개선방향",『토지공법연구』제43집 제2호(2009. 2.).

김수진, "지방자치단체의 위임조례에 관한 실증적 연구- 광역·기초지방자치단체의 동물보호조례를 중심으로-",『지방자치법연구』제13권 제4호(2013. 12.).

김수연, "조례입법평가의 현황과 과제",『한국국가법학회 제55회 학술대회 자료집』(2015. 12.)

김용섭, "정현 박윤흔 박사의 행정법학- 관료와 학자의 병행적 삶속에서 꽃피운 실용학문,『공법연구』제44집 제2호(2015. 12.).

김용섭, " 교육, 문화 및 스포츠의 글로벌 법적 이슈에 관한 고찰- UNESCO 주요활동과 협약을 중심으로-",『스포츠엔터테인먼트와 법』제18권 게4호(2015. 11.).

김재호, 김창규, "문화재보호법제의 연구",『법학연구』제13권 제1호(2002. 12.).

문병효, " 지방의회의 자치입법제도 운영현황 및 문제점",『강원법학』제38권(2013. 2.).

박명수, "무형문화유산 보전 및 진흥에 관한 법률안- 조해진의원 대표발의- 검토보고"(2013. 6.).

박윤희, "지방의회의 조례분석을 통한 입법내용에 관한 연구: 서울시의회 소관조례를 중심으로",『사회과학논집』제42집 제1호(2011. 5.).

박찬주, "조례제정권의 근거와 범위",『법학』제50권 제1호(2009. 3.).

서재호, "국가와 지방자치단체간 다층적 규제개혁에 대한 연구- 역사문화환결 보존지역 보호규제를 중심으로-",『한국사회와 행정연구』제24권 제4호(2014. 2.).

심경수, "자치입법권에 대한 실증적 연구 - 대전광역시 조례를 중심으로",『법학연구』제23권 제1호(2012. 6.).

안효섭, "조례제정의 법체계적 허용범위",『법과 정책』제20집 제2호(2014. 8.).

우성기, "문화재의 지속가능한 보호를 위한 법제의 개선방안",『행정법연구』제31호(2011. 12.).

이기우, "지방정부의 예외입법권과 정책경쟁- 독일 지방정부의 예외입법권(Abweichungsgesetzgebung)을 중심으로-",『법학논총』제26권 제3호(2014. 2.).

이혜영, "조례제정권의 범위와 한계에 대한 법적 고찰- 서울특별시의회 의원 공약실천을 위한 조례안을 중심으로-",『지방자치법연구』제14권 제2호(2014. 6.).

조성규, "법치행정의 원리와 조례제정권의 관계- 조례에 대한 법률유보의 문제를 중심으로-",『공법연구』제33집 제3호(2005. 5.).

＿＿＿, "사회보장법제에 있어 조례의 역할과 한계",『지방자치법연구』제13권 제4호(2013. 12.).

＿＿＿, "조례제정권의 관점에서 본 학생인권조례의 법적 쟁점",『행정법연구』제35호(2013. 4.).

＿＿＿, "지방자치 20년을 통한 자치입법권 보장의 평가와 과제",『지방자치법연구』제15권 제2호(2015. 6.).

조연팔, "손실보상이론의 비교법적 검토를 통한 우리 이론의 체계화- 한, 일, 독의 손실보상이론분석을 통한 우리나라 손실보상이론의 정합성 재고를 중심으로",『동아법학』제68호(2015. 8.).

조재현, "자치입법권의 한계와 학생인권조례",『법과 정책』제18집 제2호(2012. 8.).

최승원, 김민정, "정당보상으로서의 생활보상- 독일 연방건설법전상의 생활보상을 중심으로",『행정법연구』제34호(2012. 12.).

최승원, 최윤영, "자치입법을 통한 아동의 인권보장- 서울특별시 어린이·청소년인권조례를 중심으로",『지방자치법연구』제14권 제2호(2014. 6.).

최우용, "지방자치단체의 법적 지위 및 자치입법권 재론",『동아법학』제29호(2001. 6.).

＿＿＿, "지방자치단체의 조례에 대한 적법성 평가에 대한 토론문",『서울지방변호사 주최 자치법규의 적법성 확보방안 모색을 위한 심포지엄 자료집』(2015. 12.)

최철호, "문화재보호와 손실보상",『공법학연구』제12권 제1호(2011. 2.).

한귀현, "독일 지방자치법상의 조례론에 관한 소고- 그 역사적 구조를 중심으로",『독일학연구』제14집(1998. 12.).

홍완식, "문화재보호법제의 개선방안에 관한 연구",『토지공법연구』제44집(2009. 5.).

5

변리사의 소송대리인 자격제도에 관한 법정책적 논의*

목차

I. 머리말
II. 변리사의 소송대리권 허용여부에 관한 해석론
III. 특허 등 침해소송에 있어 변리사의 공동소송대리제도의 도입에 관한 검토
IV. 특허 등 침해소송에 있어 소송대리제도 개선에 관한 바람직한 법정책적 대안
V. 맺음말

I. 머리말

사회가 갈수록 복잡화되고 분쟁양상이 다양화됨에 따라 전문화된 법률서비스에 대한 국민적 기대가 높아지고 있다. 변호사 시장은 사법시험을 통과하여 사법연수원을 수료한 법조인과 법학전문대학원(이하 '로스쿨'이라 한다)을 수료하고 변호사시험을 통과한 새로운 형태의 법조양성시스템에 의한 법조인의 대량배출로 인하여 더욱 더 경쟁이 격화되고 있다.

최근에 특허 등 침해소송에 있어서 변리사의 소송대리권 주장으로 인해 변호사와 변리사간의 업권 분쟁의 양상을 보이고 있다. 국민의 양질의 법률서비스의 보장을 위해 유사

---

* 이 논문은 2013년 2월 13일 국회의원 김진태·대한변호사협회 공동개최 "전문화사회에 있어서의 소송대리인제도 선진화 방안 세미나"에서의 김용섭교수 토론문을 수정·보완하여 영남법학 제40집(2015. 6.)에 게재·수록한 것입니다.

전문 직종간의 직역다툼으로 변질되는 것은 바람직하지 않으며, 종합적 법률서비스의 제공을 가능하게 하는 인접자격간의 동업(MDP)형태의 허용 등 다각적인 정책적 대안의 모색이 필요한 시점이다.

2013. 7. 3. 이원욱 의원 대표발의 변리사법 일부개정 법률안이 발의되었는 바, 이는 정부차원에서 검토하여 정부안으로 국회에 제출한 것이 아니라 의원입법의 방식으로 제안한 것으로 업권 분쟁적 요소가 있는 경우에는 정부에서 보다 체계적으로 논의하여 법률안을 발의하는 것이 바람직하다고 할 것이다. 무엇보다 법률서비스를 받고자 하는 소비자인 기업과 국민을 위해서 인접 법률자격사간의 협력은 매우 중요하며, 이 부분이 직역다툼과 밥그릇 싸움의 양상으로 나아가는 것은 누구에게도 좋은 해결방안이 아니고, 상호간에 Win-Win 하는 협력모델을 마련할 필요가 있다.

기본적으로 변호사는 법률사무를 독점하고 있으며, 변호사가 다른 분야의 인접 자격자와의 근본적인 차이는 송무의 영역이라고 할 수 있다. 이처럼 변호사의 송무능력은 변호사의 핵심적 능력이라고 할 수 있는 바, 인접 직역의 소송대리권 확대의 문제는 변호사제도의 근간을 흔드는 문제이므로 신중히 접근할 필요가 있다.

변리사 등 인접 전문자격사에 대한 소송대리권의 확대를 통하여 전문적인 법률서비스를 제공하기 보다는 근본적으로 특허전문변호사 제도의 도입이나, 변호사와 다른 인접 직역간의 동업허용이 우선적으로 해결될 필요가 있다. 더구나, 변리사 등 인접 자격사 내지 유사자격사의 소송대리권의 문제는 특정 자격단체를 중심으로 각개전투식으로 접근하여 다룰 것이 아니라 우리 법체계 전체를 고려하고, 로스쿨에 의한 법률가 양성시스템을 채택한 측면 등을 함께 고려하는 등 사회 전체적인 관점에서 종합적으로 검토하여 다루어야 하는 문제이다.[1]

향후 로스쿨을 통한 법조인 양성시스템 하에서 변리사 등 인접 전문자격사의 소송대리권 확대나 공동소송대리제도의 허용논의가 활발하게 전개될 것이다. 다시 말해서 변리사의 소송대리권의 허용여부에 대하여 그동안 학계에서 활발하게 논의된 바 있으나, 헌법재판소의 결정과 대법원 판례가 나온 이후에는 해석론이 아니라 입법론적인 관점에서 논의

---

1 김용섭, "법조직역진출의 관점에서 본 법실무교육의 내실화와 지향점", 인권과 정의 제428호, 2012, 108-127면.

할 필요성이 증대되었다고 할 것이다.

II. 변리사의 소송대리권 허용여부에 관한 해석론

1. 문제의 제기

현재 심결취소소송의 경우에는 변리사에게 소송대리권이 허용되고 있으나, 특허 등 침해소송인 민사소송이나 보전소송 그리고 형사소송 등에서 변리사의 소송대리권이 허용되는지 여부가 문제가 되고있다. 실무적으로 하급심 법원에서 보전소송에 있어 변리사의 소송대리권을 허용한 사례가 있으나, 대법원에서 이와 관련한 판례가 없어 변리사의 보전소송에 있어서 소송대리권을 공식적으로 인정한 것으로 보기 어렵다. 아울러 형사소송의 경우에는 변리사의 소송대리권의 인정은 무리라고 본다.

따라서 이하에서는 특허 등 침해소송에서 변리사의 소송대리권의 허용여부에 대하여 검토하기로 한다.

2. 특허 등 침해소송에 있어 변리사의 소송대리권 허용여부에 관한 논의

1) 변리사의 소송대리권 허용여부에 대한 찬반론

(1) 찬성하는 입장의 논거

삼성과 애플간의 특허분쟁의 사례에서 나타난 바와 같이 지적재산권이 나라의 경쟁력을 좌우하는 시대가 왔으며, 특히 지적재산권에서 특허기술이 중요한데, 이러한 기술적 전문성에 기반하여 변리사에게 특허 등 침해소송에서 소송대리권을 부여하는 것이 세계적인 추세라는 것이다. 이처럼 이공계와 산업계를 중심으로 기술전문성의 강화를 위한 방안의 하나로 민사소송인 특허침해소송에 있어서 변리사의 소송대리권을 허용하여야 한다는 입장을 지속적으로 표명해 왔다.

기존의 찬반론을 검토한 후에 타협적인 대안으로 특허침해소송에 있어서 변리사의 소송대리는 원칙적 공동대리와 예외적 변리사 단독대리를 주장하는 견해2가 있으며, 아울러 우리나라와 유사한 지적재산권 소송체계를 갖고 있는 일본에서는 2002년 변리사도 변호사와 공동으로 소송대리를 할 수 있는 법률을 제정하였으므로 우리도 이를 참고해야 한다는 주장3 도 찬성론의 논거라고 할 것이다.

(2) 반대하는 입장의 논거

먼저 민사소송법 제87조에서 "법률에 따라 재판상 행위를 할 수 있는 대리인 외에는 변호사가 아니면 소송대리인이 될 수 없다."고 규정하여 다른 법률에서 특별히 정한 경우 외에는 원칙적으로 변호사에게 소송대리권이 있다는 것을 명문화하고 있다. 따라서 특허 등 침해소송에서도 법률전문가인 변호사만 소송대리권을 가지고 변리사는 소송대리권이 허용되지 않는다고 본다. 이와 같이 변호사에게 소송대리권을 부여하는 취지는 법률사무 전반을 변호사에게 독점시키고 직무수행을 엄격히 통제하여 당사자의 생명, 신체, 재산, 명예 등의 권리와 의무에 대한 법률사무처리 과정의 신뢰성과 공정성을 충족시키기 위함에 두고 있다.4

(3) 검토

일본에서 공동소송대리를 허용한다는 주장과 관련하여, 일본의 경우 변리사시험을 제1차시험, 제2차시험 및 제3차시험을 치르고, 시험과목 중에 행정법을 필수로 포함하고 있으며, 일정한 교육을 이수한 후에 별도의 시험에 응시하여 합격한 사람만이 공동소송대리가 허용되는 부기변리사(付記弁理士) 시스템을 운영하고 있다. 그러나 우리의 경우 변리사 시험과목이 민법과 민사소송법에 그치고 있는 등 최소한의 법학지식을 묻는데 그치고 있으며, 이와 같은 법학적 지식만으로 특허침해등 민사소송의 대리를 원활히 수행함에 적합한 능력의 검정를 요구하지 않고 있는 점을 감안할 필요가 있다.

---

2 신운환, "특허침해소송에서 변리사의 소송대리권 문제에 관한 연구- 과학기술 및 산업발전의 관점에서-, 행정법연구 2005년 하반기, 2005, 196면 이하.

3 정영화, "지식재산권 분쟁해결제도 개선방안 토론회 자료집", 이원욱, 전해철, 박홍근 의원실 주최(2012. 11. 7.)

4 이태섭, "전문화시대와 소송대리인제도", 전문화 사회에 있어서의 소송대리인 제도 선진화 방안 세미나 자료집, (2013. 2. 13,), 17면.

우리가 법률로 이른바 전문 자격제도를 정하여 헌법 15조에 의하여 직업의 자유를 제한하는 것은 고도의 전문적 지식과 기술이 요구되기 때문에 공공복리의 차원에서 일정한 자격을 갖춘 자에 대하여 해당업무에 종사하도록 한 것인데, 지적재산권의 취득절차와 분쟁해결절차를 분리하여 접근하는 것이 타당하다고 사료된다.[5]

2) 공동소송대리주장에 대하여

뒤에서 살펴보는 바와 같이 헌재 2012. 8. 23. 2010헌마740결정 변리사법 제8조 등 위헌확인사건에서 재판관 이동흡의 보충의견이 제시된 바 있다. 즉, 보충의견은 "특허침해소송은 특허권 등의 침해 여부를 쟁점으로 하는 소송으로 그 대상물의 발명·고안의 구성요건, 그 신규성이나 진보성 등의 판단 및 첨단기술의 실체파악 없이는 사안의 정확한 판단이 불가능한 전문성이 있는 사건이다"라고 전제하고 있다. "따라서 입법자로서는 특허침해소송에서 변리사의 법률전문성을 강화하기 위하여 신뢰성이 높은 능력담보조치를 강구한 후에 변호사와 변리사의 공동소송대리를 허용함으로써 소송의 신속화 및 전문화를 도모하고 소송당사자의 권익을 충분히 보호할 수 있도록 입법적 조치를 취하는 방안을 검토하는 것이 바람직하다고 할 것이다."라고 입법적 개선의 권고적 의견을 덧붙이고 있으나 이는 헌법재판관 1인의 보충의견에 불과하다.

특허침해소송에 있어서 변리사에 의한 소송수행이 가능하게 되어 발명가와 기업의 지식재산권에 대한 보다 확고한 보호가 가능하게 되며, 침해소송을 다투는 특허 및 기술분석은 전문자격사인 변리사가 담당하고 소송의 진행 등에 있어서의 법적 절차 및 법리적 공방은 변호사가 담당함으로써 상호 상승작용을 하게 되어 신속한 소송이 가능하게 된다는 관점에서 찬성하는 입장[6]도 있다. 한편 민사소송의 개별대리의 원칙은 원칙일 뿐이므로 변호사와 변리사가 공동대리를 하는 것이 불가능하지는 않으나 서로 모순되는 행위를 하거나 개별대리를 고집하는 경우 해결이 어려운 문제가 야기된다 보다 근본적인 문제는 하나의 사건에 대하여 변호사와 변리사를 공동대리하도록 강제하는 방식은 비용의 추가

---

5 이에 관하여는 박지원, "지적재산권 대리인제도의 개선와 관한 소고", 지적재산권 대리인제도 개선방안심포지엄 자료집, 2014. 9. 15. 16면.

6 정극원, "변리사의 특허침해소송대리권 불인정의 문제점", 헌법학연구 제19권 제1호(2013), 344-345면.

부담을 초래하고, 공동책임이 제대로 되지 않아 책임 회피가 이루어질 가능성이 있다. 따라서 로스쿨에 의한 교육을 통하여 변리사 출신이 로스쿨에 진학하여 졸업할 경우에는 변호사에 의한 종합적인 대응이 가능한데 우회적인 절차로 나아가게 되므로 불필요한 절차를 국민에게 강요하는 결과가 된다는 주장7은 반대론에 서 있다고 볼 것이다.

이와 관련하여 일부 견해8는 이동흡 재판관 보충의견에서 언급된 바와 같이 일정한 소송실무교육을 받은 변리사에 대하여 특허침해소송에서 변호사와 공동으로 소송대리인이 될 수 있도록 하는 방안을 제시하기도 한 바 있다. 그러나 이에 대하여는 찬성론보다는 반대론이 우세하다. 변리사의 소송대리를 허용하지 않는 입장에서 법률전문가인 변호사를 소송대리하도록 하고 필요한 전문지식은 다른 방법을 통해 보완하면 되지 공동대리를 수여하는 방법은 적절한 것인지에 의문을 표시하는 입장이 있다.9 변리사의 소송대리를 찬성하는 입장에서도 위 보충의견은 특허침해소송에서의 변리사의 소송대리권을 부인하면서 변리사의 전문성을 인정하며 공동소송대리를 허용하는 입법개선의견을 제시하고 있는 것은 주객이 전도된 주장에 불과하고 변리사의 소송대리권이 허용됨에도 헌법재판소가 변리사법의 입법목적을 잘못 해석하였다고 비판하는 견해10도 제시된 바 있다.

3. 판례의 입장

1) 헌재 2012. 8. 23. 2010헌마 740결정 변리사법 제8조 등 위헌확인

(1) 사건개요

청구인들은 모두 특허청에 등록된 변리사들이다. 청구인들은 법원이 변리사법 제8조 중 '특허, 실용신안, 디자인 또는 상표에 관한 사항' 부분에 특허, 실용신안, 디자인 또는 상

---

7 함영주, "지적재산권 대리인제도의 개선에 관한 소고에 대한 토론문", 지적재산권 대리인제도 개선방안심포지엄 자료집, 2014. 9. 15. 45면.

8 이원일, "특허침해소송에서의 변호사·변리사 선택적 공동소송대리", 전문화 사회에 있어서의 소송대리인 제도 선진화 방안 세미나 자료집, (2013. 2. 13.) 참조

9 박지원, "지적재산권 대리인제도의 개선와 관한 소고", 지적재산권 대리인제도 개선방안심포지엄 자료집, 2014. 9. 15. 14-15면.

10 이승우, "변리사의 소송대리권에 관한 헌법재판소 결정의 평석- 변리사의 소송대리권의 범위를 중심으로-, 헌법학연구 제19권 제1호(2013), 291-315면.

표의 침해로 인한 손해배상, 침해금지 등의 민사소송(이하 '특허침해소송'이라 한다)이 포함되지 아니하고, 민사소송법 제87조 중 '법률에 따라 재판상 행위를 할 수 있는 대리인' 부분에 '변리사법 제8조에 따라 특허침해소송을 대리하는 변리사'가 포함되지 아니한다고 해석하여 그 결과 청구인들로 하여금 특허침해소송에서 소송대리를 할 수 없게 함으로써 청구인들의 직업의 자유와 평등권 등이 침해되었다고 주장하며, 2010. 12. 2. 이 사건 헌법소원심판을 청구하였다.

(2) 결정요지

- 이 사건 법률조항은 변리사라는 자격제도의 형성에 관련된 것이므로 입법자에게 광범위한 입법형성권이 인정되어 그 내용이 합리적인 이유 없이 자의적으로 규정된 경우에만 위헌이라고 할 것이다. 심결취소소송에서는 특허권 등 자체에 관한 전문적 내용의 쟁점이 소송의 핵심이 되므로, 이에 대한 전문가인 변리사가 소송당사자의 권익을 도모할 수 있다. 그러나 특허침해소송은 고도의 법률지식 및 공정성과 신뢰성이 요구되는 소송으로, 변호사 소송대리원칙(민사소송법 제87조)이 적용되어야 하는 일반 민사소송의 영역이므로, 소송당사자의 권익을 보호하기 위해 변호사에게만 특허침해소송의 소송대리를 허용하는 것은 그 합리성이 인정되며 입법재량의 범위 내라고 할 수 있다. 그러므로 이 사건 법률조항이 특허침해소송을 변리사가 예외적으로 소송대리를 할 수 있도록 허용된 범위에 포함시키지 아니한 것은 청구인들의 직업의 자유를 침해하지 아니한다.

- 이 사건 법률조항이 심결취소소송에서는 변호사 외에도 변리사에게 소송대리를 허용하되, 특허침해소송에서는 변호사에게만 소송대리를 허용한 것은 합리적, 합목적적인 차이에 따른 것으로서 정당하며, 달리 입법자가 형성권을 자의적으로 행사하여 변호사와 비교하여 청구인들을 포함한 변리사를 부당하게 차별한 것이라고 할 수 없으므로, 청구인들의 평등권을 침해하지 아니한다.

2) 대법원 2012.10.25. 선고 2010다108104 판결 [상표권침해금지등]

(1) 사건개요

원고는, 피고가 원고의 허락 없이 원고의 이 사건 등록상표와 동일 또는 유사한 별지1 표시 각 표장을 이 사건 등록상표의 별지3 기재 각 지정상품(또는 서비스업)과 동일 또는 유사한 별지2 기재 각 상품에 사용한 것은 이 사건 등록상표권에 관한 침해를 구성한다고 주장하면서, 갑 등 변리사가 원고를 대리하여 위 상표권 침해로 인한 손해배상으로 1,000만 원의 지급을 구하는 민사소송의 원심에서 패소하자, 민사소송에서 소송대리인 자격으로 상고장을 작성·제출하였다.

(2) 판결요지

- 민사소송법 제87조는 "법률에 따라 재판상 행위를 할 수 있는 대리인 외에는 변호사가 아니면 소송대리인이 될 수 없다."라고 정하여 이른바 변호사 소송대리의 원칙을 선언하고 있다. 한편 변리사법 제2조는 "변리사는 특허청 또는 법원에 대하여 특허, 실용신안, 디자인 또는 상표에 관한 사항을 대리하고 그 사항에 관한 감정과 그 밖의 사무를 수행하는 것을 업으로 한다"고 정하는데, 여기서 '특허, 실용신안, 디자인 또는 상표에 관한 사항'이란 특허·실용신안·디자인 또는 상표(이하 '특허 등'이라고 줄여 부른다)의 출원·등록, 특허 등에 관한 특허심판원의 각종 심판 및 특허심판원의 심결에 대한 심결취소소송을 의미한다. 따라서 "변리사는 특허, 실용신안, 디자인 또는 상표에 관한 사항의 소송대리인이 될 수 있다"고 정하는 변리사법 제8조에 의하여 변리사에게 허용되는 소송대리의 범위 역시 특허심판원의 심결에 대한 심결취소소송으로 한정되고, 현행법상 특허 등의 침해를 청구원인으로 하는 침해금지청구 또는 손해배상청구 등과 같은 민사사건에서 변리사의 소송대리는 허용되지 아니한다.

- 갑 등 변리사들이 상표권 침해를 청구원인으로 하는 민사소송에서 원고의 소송대리인 자격으로 상고장을 작성·제출한 사안에서, 위 상고는 변호사가 아니면서 재판상 행위를 대리할 수 없는 사람이 대리인으로 제기한 것으로 민사소송법 제87조에 위배되어 부적법하다고 한 사례.

4. 검토의견

그동안 특허침해소송은 민사소송으로 이를 변호사가 대리하고 있음에도, 소송사안의 특성상 소송대리인의 특허기술 전문성이 중요하다는 인식이 변리사업계를 중심으로 줄기차게 주장되어 왔다.[11] 그러나, 이 사건 헌법재판소 결정과 대법원 판결은 기본적으로 특허심결취소소송에서는 변리사의 소송대리를 허용하는데 반하여 특허침해소송시 변리사 소송대리는 불허하는 것이 타당하다는 결론에 도달한 것이다.

변리사법에서 특이하게 다른 자격사와는 달리 변리사의 소송대리권에 관한 규율을 두고 있는 바, 이는 1961년 12월 23일 변리사법 제정당시부터 규율된 것인데[12], 이 때는 국회의 기능이 마비되어 있는 시점이라서 변호사단체의 의견이 반영되는 등 충분한 논의를 거쳐 법률안이 마련된 것이라기 보다 국가재건최고회의라고 하는 비대의기관에 의한 법률제정인 점이 감안되고 다른 직역의 자격사와의 관계를 고려하여, 변리사에게 소송대리권이 있다는 변리사법 제8조의 규정은 그동안 법원에서 한정적으로 해석해 왔던 것이다.[13] 같은 연장선상에서 논란이 되었던 특허침해소송에 있어서의 변리사의 소송대리권을 허용하지 않는 것으로 이 사건 헌법재판소 결정과 대법원 판결에서 최종적으로 해석하여,

---

11 그러나, 변호사들이 기술 분야의 문외한이라는 대한변리사회 측의 주장은 성급한 일반화로서 현재 매년 이공계 출신을 포함한 상당수의 비법학 전공자가 변호사로 배출되고 있고 이 중 상당수는 이미 지적재산권 관련 업무에 종사하고 있다. 또한 로스쿨 재학생의 상당수가 이공계 출신이므로, 기술분야에서의 전문성이 확보되고 있으며 앞으로 지속적으로 보완될 것으로 보인다. 아울러, 로스쿨은 각 로스쿨별로 특허와 지적재산권 분야 과목을 개설하여 특허와 지적재산권 업무에 정통한 변호사를 양성하고 있다. 따라서, 변호사가 지적재산권 분야의 소송대리를 하기 위해서는 특허권의 보호범위 해당여부 내지 침해여부를 판단하는데 기술적 전문지식이 요구되는 것은 사실이지만, 변리사의 소송대리권의 확대의 방법만이 유일하고 바람직한 방법이라고 보기 어렵다.

12 이에 관한 입법연혁으로는, 1961. 12. 23. 법률 제864호로 변리사법이 제정될 당시에는 이 사건 법률조항은 "변리사는 특허, 실용신안, 의장 또는 상표에 관한 사항에 관하여 소송대리인이 될 수 있다."라고 규정하고 있었다. 그 후 2004. 12. 31. 법률 제7289호로 개정될 때 '의장'이라는 용어가 '디자인'으로 변경되었고, 2011. 5. 24. 법률 제10706호로 개정되면서 자구수정이 있었지만 법조항의 실질적인 내용은 동일하게 유지되고 있다. 또한 이 사건 법률조항이 처음 도입되었던 1961년 당시 대법원은 특허청 항고심판소의 심결에 대한 법률심만을 관할하여 변리사는 위 심결에 대한 상고사건에서만 소송대리를 하여 왔다. 그 후 1994. 7. 27. 법원조직법 개정으로 1998. 3. 1. 특허법원이 창설되면서 변리사가 처음으로 사실심 법정에서 소송대리인으로 활동할 수 있게 되었으나, 이는 특허법원의 관할사건인 특허심판원을 거친 심결취소소송에 한정된 것이었다.

13 김용섭, 「전문화 사회에 있어서의 소송대리인 제도 선진화 방안」에 관한 토론문, 대한변호사협회, 2013. 2. 13. 자료집 참조.

특허침해소송에 있어서의 변리사의 소송대리권 허용 여부에 관한 해석상의 다툼을 더 이상 존속시키지 않고 종결시킨 바 있다.

이로써 변리사의 특허침해소송의 소송대리권은 허용되지 않은 것으로 법원과 헌법재판소의 최종적인 해석을 통하여 법적 분쟁이 종결되었으며, 향후 입법론(de lege ferenda)적으로 해결하지 않는 한 현행법 해석론(de lege lata)으로는 변리사에게는 특허침해소송의 소송대리권은 허용되지 않는다고 할 것이다.

따라서, 위 헌법재판소의 결정에서 밝힌 바와 같이 특허침해소송은 고도의 법률지식 및 공정성과 신뢰성이 요구되는 소송이므로 변호사 소송대리원칙(민사소송법 제87조)이 적용되도록 운영하는 것이 바람직하며, 이러한 점은 특허침해소송의 관할을 특허법원으로 집중하는 경우에도 그대로 적용될 수 밖에 없다고 할 것이다.

III. 특허 등 침해소송에 있어 변리사의 공동소송대리제도의 도입에 관한 검토

1. 입법개정 노력

그동안 변리사의 소송대리권 부여와 관련한 입법개정노력이 오래전부터 있어 왔다. 제17대 국회인 2006년 11월에 변리사의 특허침해소송에서 공동대리를 허용하는 내용의 변리사법 개정법률안을 최철국 의원이 대표로 발의하였으나, 회기만료로 자동폐기된 바 있고, 제18대 국회인 2008년 11월에 이종혁 의원이 대표가 되어 변리사의 특허침해소송 공동대리를 허용하는 변리사법 개정안을 발의하였으나 역시 회기만료로 자동폐기된 바 있다.

제19대 국회인 2013년 7월에 변리사의 특허침해소송 공동대리를 허용하는 변리사법 개정법률안을 이원욱 대표로 발의하였으며 현재 국회에 계류중이다.

2. 이원욱 의원 대표 발의 법률안과 이에 대한 검토

1) 제안이유

현행법은 변호사에 의한 소송대리만을 인정하고 있으며, 변호사와 변리사의 공동 소송대리는 인정하고 있지 아니하여 특허분쟁의 환경변화에 효과적으로 대응하지 못하고 있어 변리사도 특허침해 소송대리를 할 수 있도록 규정할 필요성이 있다.

또한 변호사는 등록만으로 변리사 업무를 수행할 수 있기 때문에 변리사 업무에 대하여 정확히 파악할 수 없다는 문제점이 있으므로 변리사 업무에 대한 연수 과정이 필요하다.

이에 특허 소송당사자의 효과적인 권리구제를 위하여 변호사는 변리사 연수 과정을 거치도록 하며, 변리사는 변호사와 공동으로 소송대리인이 될 수 있도록 하려는 것이다.(안 제3조제2호 및 제5조제2항, 안 제7조의3 신설, 안 제8조 및 제27조제1항)

2) 주요내용

(1) 특허 등의 권리에 대한 침해소송에 대한 침해소송 변리사 교육

제7조의3(특허 등의 권리에 대한 침해소송 변리사 교육) 변리사는 제8조제2항에 따른 특허 등의 권리에 대한 침해소송의 공동 소송대리를 하는 경우에는 대통령령으로 정하는 소송 실무 교육을 이수하여야 한다.

(2) 공동대리인 및 공동출석제도

변리사법 제8조에 제2항 및 제3항 신설하여 변리사의 단독대리가 아니라 변호사와 공동대리제도를 도입하고 있다.

즉, 제8조(소송대리인이 될 자격) ② 변리사는 특허, 실용신안, 디자인 또는 상표에 관한 침해소송에 대하여 변호사가 같은 의뢰인으로부터 수임하고 있는 사건에 한하여 공동으로 그 소송대리인이 될 수 있다.

③ 제2항에 따라 소송대리인이 된 변리사가 재판기일에 출석하는 경우에는 변호사와 함께 출석하여야 한다.

3) 이원욱 의원 대표발의 법률안에 대한 비판적 검토

(1) 변리사의 공동대리제도의 도입에 따르는 교육에 관하여

이원욱 의원 대표발의 변리사법 개정법률안 제7조의3(특허 등의 권리에 대한 침해소송 변리사 교육)과 관련하여 변리사는 제8조제2항에 따른 특허 등의 권리에 대한 침해소송의 공동 소송대리를 하는 경우에는 대통령령으로 정하는 소송 실무 교육을 이수하여야 한다고 규정하고 있다

그런데 일정의 교육이수만으로 변호사의 범용적 능력이라고 할 수 있는 송무를 허용하는 것은 일종의 특혜시비를 불러일으킬 수 있다. 아울러 특허 등 침해소송에서 저작권에 관한 소송이라든가 상표 등에 관한 소송의 경우에는 변리사의 전문적 기술적 사항이 별도로 요구되지 않는 측면을 간과하고 있으며, 만약에 소기의 교육만으로 변호사의 자격에서 요구되는 수준의 교육이 이루어지기 어렵고, 단지 변리사에 대하여만 이와 같은 교육 후에 소송대리를 허용하는 방식의 입법은 다른 유사 법률자격자에 대하여도 이를 요구하도록 하여 결과적으로 완전한 법률가(Volljurist)로서의 변호사의 자격을 침탈하게 되는 결과를 야기하게 된다고 할 것이다. 따라서 공동소송대리를 허용한다고 할지라도 제한적으로 허용되어야 할 것이며, 일본의 경우처럼 엄격한 시험을 통과한 경우에 한하여 부기변리사제도를 활용하는 것이 적절하다고 보여진다.

(2) 변리사의 공동대리 및 공동출석제도에 관하여

이원욱 의원 대표발의 변리사법 개정법률안 제8조 제2항 및 제3항에서 변리사는 특허, 실용신안, 디자인 또는 상표에 관한 침해소송에 대하여 변호사가 같은 의뢰인으로부터 수임하고 있는 사건에 한하여 공동으로 그 소송대리인이 될 수 있다고 규율하고 있으며, 소송대리인이 된 변리사가 재판기일에 출석하는 경우에는 변호사와 함께 출석하여야 한다고 규정하고 있다.[14]

변리사의 공동대리와 공동출석제도와 관련하여, 사실상 동업형태로 대형로펌에서는 종합적 법률서비스를 제공하고 있으며, 개인 변호사가 역량을 갖춘 경우에 별도로 변리사를

---

14 국회산업통상자원위원회 전문위원 이동근, 변리사법 일부개정법률안 검토보고서(이원욱의원 대표발의), 2013. 12.,

선임하도록 하여 같이 출석하도록 하는 것은 소송비용의 부담을 증가시키는 원인이 될 수 있으며, 로스쿨을 통하여 전문적 법률가를 양성하려는 국가적 계획과는 상반되는 결과가 초래될 수 있다.

공인노무사, 세무사, 공인회계사, 법무사 등 유사 법률 전문직 중에서 변리사에 대하여만 공동소송 대리를 허용하는 것은 형평성에 반한다고 할 것이다.

3. 외국의 제도 분석

1) 독일의 진술보조인제도

독일의 경우에는 변리사가 특허등록거절처분이나 특허무효심판에 있어서 연방 특허법원이나 연방대법원에 상고하는 사건을 단독으로 대리할 수 있지만, 심결취소소송에 대한 연방특허법원의 판결에 불복하는 경우 변호사 강제주의가 적용되어 변리사는 단지 진술권만 갖는다. 아울러 특허침해소송 등 지적재산권 관련 민사소송에 있어서 변리사의 대리는 불가하고 한쪽 당사자의 신청에 의하여 변리사에게 진술권이 부여되는데 그친다.[15] 즉 독일 변리사법 제4조 제1항에서 "특허법, 실용신안법, 반도체보호법, 상표법, 직무발명법, 디자인보호법, 품종보호법에 의하여 보호되는 권리의 분쟁에 있어서 그리고 연방특허법원의 항고판결에 대한 불복절차에 있어서 일방 당사자의 신청에 의하여 그가 선임한 변리사는 법정에서 진술할 수 있다" 는 취지의 규정을 두고 있다.

이와 같이 독일에서는 특허사건이 아니라 상표나 디자인 사건의 경우라면 심결취소소송에 대한 연방특허법원의 판결에 불복하여 독일연방대법원에 상고할 경우 변호사 강제주의가 적용되고, 변리사는 구술변론에서 당사자의 신청에 따라 진술할 권리를 갖는데 그친다.[16] 독일법원에서 이와 같은 진술보조인 제도는 특허사건에만 허용되는 것이 아니라 의료분쟁사건이나 건축사건에 있어서도 인정하고 있으므로, 독일의 진술보조인 제도는 우리 민사소송법의 감정인이나 증인제도와 유사한 측면이 있다.

---

15 국회산업통상자원위원회 전문위원 이동근, 변리사법 일부개정법률안 검토보고서(이원욱의원 대표발의), 2013. 12., 31면.

16 정상조, 김재형, 박준석, "지적재산권 권리취득절차 및 분쟁해결절차에서의 바람직한 대리인 제도연구", 서울대학교 기술과 법센터 연구보고서, 2014, 95-96면.

2) 일본의 소송보좌인 제도 및 공동소송대리제도

일본의 경우에는 먼저 변리사의 소송보좌인제도를 도입하여 운영을 해본 후, 공동소송대리인 제도를 도입하는 방향으로 발전하였으며, 단독으로 소송대리가 허용되지 않는다는 점에서 우리의 공동소송대리인제도와는 약간 다르다. 일본에서 운영하였던 보좌인은 소송에서 고도의 전문적, 기술적 지식이 요구되는 경우이거나 당사자 본인에게 언어장애나 청력결함이 있는 경우에 당사자의 진술을 보충하고 당사자 주장의 정당성을 명확하게 하는 자를 말한다.[17] 또한 변리사의 소송수행능력의 이행을 담보하기 위하여 연간 100여명의 변리사가 공동소송대리인 자격취득을 위한 소송실무교육에 참여하고, 자격시험에서도 주관식 사례형을 실시하여 50 내지 70퍼센트 정도의 합격률을 보이는 등 비교적 엄격하게 운영하고 있다.[18]

3) 미국의 특허변호사제도

미국의 변리사(Patent agent) 제도는 특허에 관한 기술적인 업무만이 가능하고, 변호사 자격이 있는 특허변호사(Patent attorney)만이 특허침해소송에 관한 대리업무를 수행할 수 있다. 다시 말해 특허변호사는 특허청의 결정에 대한 취소소송을 제기하거나 특허침해에 대한 손해배상이 문제되는 경우 이에 대한 법률서비스를 제공할 권한이 있는데 반해, 특허변리사는 이러한 권한이 전혀 없으며, 우리의 변리사보다 업무역할이 제한되어 있다.

4) 소결: 외국제도로 부터의 시사점

미국식의 특허변호사 제도에 의할 경우 변리사법의 개정이 필연적으로 요청된다. 변리사는 소송대리권이 허용되지 않는 방향이라고 할 것이다. 단지 특허심판원의 대리에 그친다고 보아야 할 것이다. 일본의 제도를 자세히 보면 우리의 공동대리인제도와는 다른 측

---

17 이태섭, 앞의 논문, 29면.

18 https://www.jpo.go.jp/shityou/toushin/shingikai/pdf/dail_newberisi_paper/03.pdf 15면(일본의 경우 2003년 68.8%, 2004년 63.2%, 2005년 67.8%, 2006년 57.5%, 2007년 54.8%, 2008년 64.3%, 2009년 55.3%, 2010년 57. 2%, 2011년 55.0%, 2012년 50.6%으로, 2003년 터 2012년까지 10년간 공동소송대리인 자격취득을 위하여 치른 변리사의 응시자 4,092명 중 합격자가 3,049명으로 이 기간동안의 평균 합격률을 61%라고 할 것이다.

면이 있다.

우리의 경우에는 변리사 에 대한 일반적인 교육만으로 공동소송대리를 허용하려고 하는 것인데 반하여 일본의 경우에는 일정수의 변리사가 교육을 이수하고 별도의 시험을 치러 합격한 경우에 공동소송대리를 허용하고 있으므로, 변리사의 이행능력을 담보하는 것만으로 변호사의 고유기능이라고 할 수 있는 송무를 수행할 수 있는 자격을 부여하는 것은 문제가 될 수 있다. 즉, 일본의 경우에는 특정한 교육 이수를 한 변리사에 한하여 공동소송대리를 인정하는 부기변리사제도를 두고 있는 점을 감안할 필요가 있다.

4. 변리사의 소송대리권 허용의 문제점

법률사무는 증거에 의한 사실관계의 분석과 법적 검토를 필요로 한다. 따라서, 법률상담에서부터 조정과 화해 등 ADR의 활용에 이르기까지 법원에서의 재판의 예측 등을 토대로 진행할 수 밖에 없다. 더구나 재판절차는 특정분야의 전문적 지식의 개진만으로는 한계가 있고, 증거와 법적 주장에 기초하여 법관을 설득하는 과정이므로, 그 재판절차에 친숙한 변호사를 제외하고는 인접 직역의 전문자격사에게 소송대리권을 확대하는 것은 변호사가 법률사무를 독점하도록 한 입법취지에 반한다고 볼 여지가 있다.[19]

그동안 특허침해소송은 민사소송으로 이를 변호사가 대리하고 있으나, 민사소송인 특허침해소송에서도 기술의 실체적 내용 및 기술 관련법에 대한 높은 수준의 이해가 당사자 권익 보호를 위해 필요하다는 의견이 지속적으로 제기되었으며, 실제 소송과정의 이면에서는 대형로펌을 중심으로 전문성을 보강하기 위해 변호사·변리사가 공동 분업구조를 형성하여 업무를 진행하는 것이 일반적이라고 할 수 있다.

변호사들이 기술 분야의 문외한이라는 인식은 성급한 일반화로서 현재 매년 이공계 출신을 포함한 상당수의 비법학 전공자가 변호사로 배출되고 있고 이 중 상당수는 이미 지적재산권 관련 업무에 종사하고 있다.

또한 로스쿨 재학생의 상당수가 이공계 출신이므로, 기술분야에서의 전문성이 확보되고

---

19 김용섭, 「전문화 사회에 있어서의 소송대리인 제도 선진화 방안」에 관한 토론문, 대한변호사협회, 2013. 2. 13. 자료집 참조.

있으며 앞으로 지속적으로 보완될 것으로 보인다. 아울러, 로스쿨은 각 로스쿨별로 특허와 지적재산권 분야 과목을 개설하여 특허와 지적재산권 업무에 정통한 변호사를 양성하고 있다. 따라서, 변호사가 지적재산권 분야의 소송대리를 하기 위해서는 특허권의 보호범위 해당여부 내지 침해여부를 판단하는데 기술적 전문지식이 요구되는 것은 사실이지만, 변리사의 소송대리권의 확대의 방법만이 유일하고 바람직한 방법이라고 보기 어렵다.

IV. 특허 등 침해소송에 있어 소송대리제도 개선에 관한 바람직한 법정책적 대안

1. 로스쿨 제도의 지속적 개선노력

변리사의 소송대리권 허용여부는 전문화된 사회에서 변호사의 소송대리인 제도를 어떻게 선진화 할 것인지와 밀접한 관련이 있다. 따라서 변호사의 소송대리인 제도의 전문화 방향성을 모색하면서 변호사의 소송대리 전문성 강화를 위한 제도적 개선방안을 논의할 필요가 있다. 변리사의 소송대리를 허용할 것인가의 문제는 전체 자격제도 전반과 밀접한 문제이면서 변호사제도의 근간 내지 로스쿨제도와 밀접한 관련이 있으므로 신중한 접근이 필요하다.

변리사의 소송대리권의 반대 논거로 로스쿨 체제를 강조하는 견해가 있으나, 타당한 측면이 있으면서도 로스쿨의 운영에 있어 실무지향적 강좌의 부족과 특허전문적인 강좌가 제대로 개설되지 못하는 현실을 감안할 때 특허변호사를 전문변호사로 양성하는 것은 별개로 로스쿨에서 배출하는 법조인에게 소송대리를 허용하는 것은타 직역으로부터 도전에 직면할 수 있다. 따라서 로스쿨을 수료한 후 변호사 자격을 바로 취득하도록 할 것이 아니라 6개월 이상의 소정의 연수를 마친후 변호사 등 실무자격이 부여되도록 하는 것이 바람직하다.

미국에서 특허변호사가 되기 위해서 공대를 졸업하고 변리사시험에 합격한 후 로스쿨을 나와서 해당주의 변호사시험에 합격해 변호사 자격도 취득하면 특허변호사가 되듯이, 공대나 자연대 출신이 변리사시험을 합격한 후 변리사 활동을 하다가 로스쿨에 진학하여 특허전문변호사의 길로 나아가는 선순환 구조를 이루는 것도 하나의 방법이 될 수 있다.

로스쿨이 설치된 후 향후 변호사가 로스쿨을 통하여 배출되는 구조를 전제로 할 때 로스쿨법 제2조의 교육이념을 충족하려면 로스쿨에서 실무교육을 내실화하는 등 새로운 법조양성시스템인 로스쿨에서 배출하는 변호사의 질적 수준을 보다 높일 필요가 있으며, 만약에 로스쿨에서의 실무교육 내실화가 이루어지지 않고 변호사가 양산될 경우 변리사 등 인접분야 전문자격사의 변호사의 고유 업무영역에 대한 도전은 더욱 더 가속화될 가능성이 높다.[20]

2. 변호사와 변리사간의 협력모델 강구: 법정진술제도

변호사는 전 영역에 걸쳐 법률사무를 담당하기 때문에 완전한 법률가(Volljurist)라고 할 수 있다. 전문화시대에 변호사의 소송대리를 선진화하기 위해서는 전문변호사 제도를 정착시키는 것이 급선무이지만 그 전이라도 합리적인 대안으로 우선적으로 변리사에게 법정 진술권을 부여하고, 변호사와 협력할 수 있는 모델을 마련하는 것이 바람직하다. 아울러 이 제도를 운영하면서 장기적으로 전문변호사 제도를 도입하거나 공동소송대리권 제도 등을 제한적으로 인정할 필요가 있는 것인지 검토해 나가는 것이 순서라고 할 것이다. 왜냐하면 로스쿨에서의 배출되는 특허 등의 분야에 정통한 변호사의 배출 등을 감안하여 변리사의 공동소송대리의 문제는 신중하게 검토하여 도입여부를 결정할 필요가 있기 때문이다.

로스쿨을 통해 양성된 해당분야의 전문적 역량을 갖춘 변호사가 적극적 활동이 가능해지므로, 로스쿨의 안정적 정착·운영 전까지 단기적으로 변리사 등 인접 전문자격사에게 소송 대리권은 허용할 수는 없지만, 독일식의 법정 진술권을 부여하는 방식이나 일본의 소송보좌인 제도를 도입하는 등 제도개선을 한다면, 당사자 권익 구제에 상당 부분 기여 가능할 것으로 보인다.[21]

---

20 김용섭, "로스쿨에서의 실무역량 강화를 위한 커리큘럼(교육과정)의 개선과제", 법학논집 제18권 제2호, 이화여자대학교 법학연구소, 2014, 337면 이하.

21 이태섭, 앞의 논문, 30면.

국가지식재산위원회 분쟁해결제도 선진화 특위 운영결과 제시 대안[22]은 제1안 특허변호사 제도 도입, 제2안 변리사 단독대리 허용, 제3안 변리사 공동대리 허용, 제4안 변리사 진술권 부여를 제시하고 있다. 검토하건대, 제1안은 변호사법을 개정하여 전문변호사제도를 도입할 경우에 시행할 수 있는 제도로서, 이 안이 가장 바람직하나 전문변호사제도의 도입시기와 맞물려 있다. 제2안과 제3안은 앞서 살펴본 바와 같이 소송대리권을 확대하는 것은 현 단계에서 시기상조라고 보여지며, 제4안이 가장 바람직하고, 이와 같은 제도의 운영을 해 가면서 미흡하거나 문제점이 드러날 경우 제3안의 도입 등 국가 및 사회전체적 관점에서 종합적이며 장기적으로 검토할 필요가 있다. 이와 관련하여 국가지식재산위원회는 2013. 9. 4. 국민의 편익을 최우선으로 합목적적이고 실현가능한 방안도출을 위하여 논의할 결과 특허변호사제도 도입하는 것으로 하고, 3년이내의 준비과정을 거쳐 시행하는 것으로 방침은 정한 바 있으나, 향후 법무부와 특허청의 협의 과정에 난항이 예상된다.

3. 전문자격사간의 동업(MDP) 허용[23]

대형로펌의 경우에는 변호사만이 아니라 변리사, 세무사 등 다양한 인접 자격자와의 협력하에 전문적인 법률서비스를 종합적으로 제공하고 있다. 변호사법 제34조에서 전문자격사 동업제도를 금지하고 있으나, 실제에 있어서는 대형로펌을 중심으로 사실상의 MDP(de facto MDP)의 방식이 행하여 지고 있다.[24] 따라서 변호사와 전문자격사 동업제도인 MDP를 허용하는 것은 전문자격사에 대한 영업활동규제의 완화를 의미한다.

---

22 이광형, 2012 년도 지식재산권 분쟁해결제도 선진화 특별전문위원회 운영결과, 2012. 12. 12, 국가지식재산위원회, 6면. 논의의 방향은 장기적으로 특허변호사 제도를 도입하여 자격시험 통과자에게 특허침해소송 대리권 부여하고, 소송과 특허·기술법 전문가 양자를 모두 검증할 수 있는 제도로서 이미 도입된 로스쿨 제도의 활용 극대화 가능하며, 과도기적으로 특허침해소송에서 변호사·변리사 공동대리권을 부여하거나 변리사의 법정 진술권 인정 등 다양한 소송대리 전문성 강화방안을 검토하고, 특별전문위원회의 운영기간을 12. 11. 6. 종료되도록 되어 있는 특별전문위원회 운영기간을 2013. 3. 6. 종료하는 것으로 연장하여 추가 논의를 집중하기로 하였으며, 그 후 국가지식재산위원회에서 여러 차례 회의를 개최하여 특허변호사 제도 도입 등 최종합의를 한 바 있다.

23 이에 관하여는 김용섭, "독일과 일본에서의 MDP 논의", 인권과 정의 통권 412면, 2010, 12, 28-47면.

24 대형로펌을 중심으로 사실상 MDP가 이루어지고 있으나, 이 부분의 양성화 내지 제도화에 무게를 두기 보다는 중소형 로펌에 있어서 포괄적 서비스를 제공하는 등 개인법률사무소와 중소형 로펌의 경쟁력 확보와 법률서비스의 질 개선의 기회로 활용할 수 있도록 하는 것이 바람직하다.

중소로펌이나 특허법인등의 변호사와 변리사간의 협력을 가능하게 하기 위해서는 변호사법 제34조의 개정이 선행되어야 하며, 근본적으로는 변리사의 소송대리권을 허용하지 않더라도 동업을 허용하게 된다면 특허침해 소송에 있어서 변호사와 변리사의 역할 분담을 통하여 소송대리 전문화의 필요성 요청에 부응할 수 있다. 변호사와 인접자격사간의 동업(MDP)은 또한 분리된 지식이 아닌 포괄적이며 일괄적인 종합적인 법률서비스의 제공이 가능하게 되고, 복잡한 법률문제에 대하여 여러 전문자격사가 참여하여 한꺼번에(aus einer Hand) 종합적이며 높은 품질의 서비스를 제공하는 장점이 있다.

4. 형평성에 반하는 특혜시비 차단과 고도의 윤리성 확보요청

세무사, 변리사 등 인접 전문자격사에게 소송대리권 등 일정한 권한이 부여되면 이에 상응하는 의무가 수반되어야 한다. 만약에 인접 자격사에게 그 자격에 요구되는 고유한 업무뿐만 아니라 전통적인 변호사의 영역인 소송대리권을 부여하여 제한된 범위에서나마 송무를 허용하려면, 변호사에 요구되는 수준의 자격시험의 운영과 계속적인 연수 및 윤리적 의무를 법제화할 필요가 있다. 아울러 변리사 등이 로스쿨에 진학하는 방법도 있으며, 변리사나 공인회계사, 의사 등의 자격을 갖고 로스쿨에 진학하여 변호사 자격을 취득하려는 자와의 관계에서 형평성이 어긋나서 특혜시비가 일어날 수 있다.

따라서, 변리사나 세무사에게 소송대리권을 인정하게 되는 경우에는 소송대리권에 관한 규정을 두는 것으로 그치는 것이 아니라 변호사법 등 다양한 법체계를 정비하여야하며, 교육에 있어서도 막연히 대법원 규칙에서 정하는 일정시간의 교육만으로 소송대리권을 허용하는 방식은 의회유보의 원칙에 반하여 위헌적 소지가 크다고 본다. 아울러 법률에서 소송대리권의 부여를 위한 선행적인 자격시험이나 이행능력을 확보하기 위한 제반 요건 등을 법률에서 규정하여, 자격시험의 엄격한 실시, 기존의 변호사를 통한 소송실무교육의 이수 등 로스쿨의 교육과정에 준하는 정도의 상당한 수준을 요구할 필요가 있다. 아울러 업무의 독립성과 공익성, 나아가 변호사법 제31조에서 규정하고 있는 이해충돌방지의무, 변호사법 제26조에서 규정하고 있는 비밀유지의무 등을 준수할 수 있도록 하고, 윤리규정에 위반시에 엄격한 제재조치 등 변호사법에 준하는 엄격한 내부적인 절차를 확보할 필요가 있다.[25]

5. 특허전문변호사 제도의 도입

특허전문변호사 제도는 미국식의 특허변호사 제도를 도입하려는 것이라고 볼 수 있다. 이는 국가지식재산위원회에서 2013년 미국식의 특허변호사제도를 도입하는 방안을 결정한 바 있다. 이와 같은 입장은 기본적으로 권리의 취득절차에는 기술적 전문성이 더욱 중요하지만 이후 분쟁해결을 위한 소송절차에서는 법률적 전문성을 보다 중시하는 입장이라고 할 수 있다.[26]

이와 같은 특허변호사 제도는 국민에게 양질의 법률서비스를 제공한다는 점에서 고려할 수 있는 방안이지만 전체적으로 전문변호사제도의 도입을 통하는 것이 바람직하다. 현재는 대한변호사협회에서 전문변호사 제도의 초기단계인 전문분야 등록변호사제도를 운영하고 있다. 따라서 이 제도의 운영의 축적을 통해 독일식의 전문변호사제도의 도입을 전향적으로 검토할 필요가 있다.

V. 맺음말

앞에서 살펴본 바와 같이 특허침해소송에 있어서 변리사의 소송대리인 자격제도의 도입과 관련한 법정책적 논의에 관하여 살펴보았다. 무엇보다 변리사의 소송대리권 허용여부에 관한 해석론을 살펴보았고, 이와 관련한 대법원과 헌법재판소의 판례의 태도를 분석하였으며, 변리사의 소송대리제도 개선에 관한 법정책적 대안을 모색해 보았다.

특히 특허침해소송의 소송대리인 자격제도와 관련하여 변리사와 변호사간의 업권분쟁적 양상이 있음을 알 수 있었다. 변리사의 소송대리주장 속에 기술적 전문성과 산업계의 요청이 있음을 감안하더라도 변호사제도의 특성과 법체계성을 고려하고 로스쿨제도 전반에 미치는 심도 있는 종합적인 논의 후에 특허침해소송에서 변리사의 소송대리인 제도를 설

---

25 김용섭, 「전문화 사회에 있어서의 소송대리인 제도 선진화 방안」에 관한 토론문, 대한변호사협회, 2013. 2. 13. 자료집 참조.

26 박지원, "지적재산권 대리인제도의 개선과 관한 소고", 지적재산권 대리인제도 개선방안심포지엄 자료집, 2014. 9. 15. 15-16면.

계할 필요가 있다고 볼 것이다. 특허침해소송에서 변리사의 공동소송대리허용을 주요내용으로 하는 이원욱의원 대표발의 변리사법개정법률안이 2013년 7월에 국회에 제출된 바 있으나, 독일, 일본 및 미국에서의 변리사제도에 대한 비교법적 분석을 토대로 평가하더라도, 일본에서의 공동소송대리제도를 우리 법제에 접목하려고 시도는 일본식의 부기변리사제도와 약간의 차이가 있고 변리사에 대한 일정한 교육의 이수만으로 변호사의 범용적인 능력이라고 할 수 있는 민사소송에서의 소송대리를 허용하게 되면 다른 자격자에 비하여 변리사에 대하여 특혜를 부여하는 결과가 된다고 보여 진다. 좀 더 심도있는 종합적인 분석하에 입법의 통과여부를 판단하는 것이 바람직하고, 양질의 법률서비스를 제공받고자 하는 국민의 입장을 우선적으로 고려하면서 보다 근본적이면서 장기적인 관점에서 특허침해소송에서 변리사의 공동소송대리 허용의 문제를 해결해 나갈 필요가 있다.

따라서 변리사의 소송대리제도 개선에 관한 바람직한 법정책적 대안으로 변호사의 전통적인 고유영역과 기능을 존중하면서 로스쿨 제도를 획기적으로 개선하고, 국민을 위하여 상호 협력하는 모델을 찾아 나설 필요가 있으며 인접 법률자격사간의 동업의 허용(MDP)과 특허전문변호사제도의 도입 등을 통하여 종합적이며 다각적인 방향을 모색할 필요가 있다.

참고문헌

국가지식재산위원회, "특허소송대리 전문성 강화방안 - 지식재산권 분쟁해결제도 선진화를 통한 국가경쟁력 강화"-, 2013. 11. 13.

국회산업자원위원회 전문위원 지성배, "변리사법 일부개정법률안 검토보고서(최철국의원 대표발의)", 2006. 11.

국회지식경제위원회 전문위원 이원탁, "변리사법 일부개정법률안 검토보고서(이종혁의원 대표발의)", 2008, 12.

국회산업통상자원위원회 전문위원 이동근, "변리사법 일부개정법률안 검토보고서(이원욱의원 대표발의)", 2013. 12.

김영환, "변리사법 제2조·제8조에 대한 헌법적 분석", 유럽헌법연구 제10호, 2011.

김용섭, "법조직역진출의 관점에서 본 법실무교육의 내실화와 지향점", 인권과 정의 제428호, 2012.

김용섭, 「전문화 사회에 있어서의 소송대리인 제도 선진화 방안」에 관한 토론문, 대한변호사협회, 2013. 2. 13.

김용섭, "로스쿨에서의 실무역량 강화를 위한 커리큘럼(교육과정)의 개선과제", 법학논집 제18권 제2호, 이화여자대학교 법학연구소, 2014,

김홍엽, 「민사소송법」, 박영사, 2012.

노기현, "현행 변리사의 대리권에 관한 비교법적 연구 - 특허침해소송 대리권을 중심으로-", 유럽헌법연구 제10호, 2011.

대한변호사협회, "변리사 공동소송대리권 허용?- 변리사 주장의 허구성과 입법부당분석-", 2011. 11. 4.

박지원, "지적재산권 대리인제도의 개선에 관한 소고", 국회의원 장윤석, 이한성 및 대한변호사협회 공동주최 지적재산권대리인제도 개선방안심포지엄 자료집, 2014. 9. 15

신운환, "특허침해소송에서 변리사의 소송대리권문제에 관한 연구- 과학기술 및 산업의 발전의 관점에서-", 행정법연구 2005년 하반기, 2005.

양창수, "변리사제도의 현황과 문제점", 서울대 법학 제71, 제72호, 1987.

이승우, "변리사의 소송대리권에 관한 헌법재판소 결정의 평석,- 변리사의 소송대리권의 범위를 중심으로-", 헌법학연구 제19권 제1호, 2013.

이승우, "특허침해소송에 있어서 변리사의 소송대리권 불인정의 부당성", 법학논총 제6호, 1999.

이태섭, "전문화시대와 소송대리인제도", 김진태의원 주관 전문화사회에 있어서의 소송대리인제도 선진화방안 세미나 자료집, 2013. 2. 13.

정극원, "변리사의 특허침해소송대리권 불인정의 문제점- 헌재 2012. 8. 23, 2010헌마740에 대한 평석-", 헌법학연구 제19권 제1호, 2013

정상조, 김재형, 박준석, "지적재산권 권리취득절차 및 분쟁해결절차에서의 바람직한 대리인 제도 연구", 서울대학교 기술과 법센터 2014. 연구보고서, 2014.

정영화, "헌법소송에서 입법재량권에 대한 위헌심사- 2010.2. 25. 2007헌마 956- 변리사법 제3조 제1항 제2호 등의 위헌성-", 홍익법학 제14권 제3호, 2013.

최승수, "지적재산권 분야 소송대리인제도의 선진화 방안," 국회의원 장윤석, 이한성 및 대한변호사협회 공동주최 지적재산권대리인제도 개선방안심포지엄 자료집, 2014. 9. 15

함영주, "지적재산권 대리인제도의 개선에 관한 소고에 대한 토론문", 국회의원 장윤석, 이한성 및 대한변호사협회 공동주최 지적재산권대리인제도 개선방안심포지엄 자료집, 2014. 9. 15

허진영, "지적재산 분야 소송대리인 제도의 문제점", 김진태의원 주관 전문화사회에있어서의 소송대리인제도 선진화방안 세미나자료집, 2013. 2. 13.

6

특허심판과 특허소송의
관계 재정립에 관한 논의*

목차

Ⅰ. 머리말
Ⅱ. 특허심판과 특허소송을 둘러싼 논의
Ⅲ. 특허심판 임의전치주의 채택에 따른 입법정책적 과제
Ⅳ. 맺음말

Ⅰ. 머리말

제4차 산업혁명시대의 도래에 따라 신기술에 관한 특허출원의 양과 질이 국가경쟁력을 좌우하는 시금석 역할을 한다. 세계를 무대로 새로운 제품을 생산·판매하려는 기업은 R&D를 통한 신기술의 확보에 사활을 걸고 있다. 이처럼 국가의 경쟁력은 특허권 등 산업재산권의 침해에 대한 법적 보호와 밀접한 관련이 있다. 특허 등 산업재산권을 둘러싼 특허분쟁이 발생한 경우 특허심판과 특허소송을 통하여 신속하고 공정하게 분쟁이 해결되어야 할 것이다.

특허심판의 임의전치주의 채택 여부[1]는 대한변호사협회를 중심으로 지속적으로 논의되

---

* 이 논문은 2022년 9월 26일 민주당 기동민 의원실·김병기 의원실·황운하 의원실, 대한변호사협회 공동개최 "특허심판의 임의적 전치주의 채택과 특허 권리범위 확인심판 폐지에 관한 심포지엄"에서의 김용섭교수 토론문을 수전·보완하여 인권과 정의 제510호(2022. 12.)에 게재·수록한 것입니다.

1 이에 관한 기존의 논의로는 대한변호사협회가 주최한 "특허심판임의전치 관련 세미나"가 2017년 8월 25일에 개최되

어온 주제이다. 특허심판을 필요전치에서 임의전치로 전환하는 것이 이상적 해결책인 특허처방(Patentrezept)인지 이하에서 검토하기로 한다.

특허심판에서 임의전치주의를 채택할 것인지 여부는 입법정책의 문제이다. 특허심판에 필요적 전치주의를 채택하는 것이 바람직한지 아니면 임의전치주의를 채택하는 것이 바람직한지는 특허법과 행정법의 교차영역의 문제로 특허심판과 특허소송의 관계를 어떻게 정립하는 것이 바람직한가의 관점에서 국회의 입법을 통하여 해결해야할 국가적 과제이다.

특허심판의 임의전치주의를 채택하여 특허심판원의 심결을 거치지 아니하고 소송을 제기하여 다툴 경우 법원의 관할을 어디로 할 것인지, 법원의 사건폭증에 따라 재판과 심리지연에 따른 문제는 없는 것인지, 기술적 사항과 관련한 특허사건에 있어서 특허법원 이외의 제1심 법원 중에 어느 법원의 관할로 하는 것이 바람직한지, 제1심 법원의 관할 하에서 처리하는 특허재판의 전문성을 국민이 신뢰할 수 있는지 등 법정책적으로 검토해야할 사항이 적지 않다.

이하에서는 현행 특허법 제186조 제6항의 규정이 필요적 전치주의를 채택하고 있다고 보는 것이 올바른 해석인지를 검토하고, 특허심판의 임의전치 채택에 관하여 논의하기에 앞서 법원의 관할 문제와 제1심 법원과 특허심판원의 선택적 권리구제 방안모색 등 다양한 관점에서 검토하기로 한다.

Ⅱ. 특허심판과 특허소송을 둘러싼 논의

1. 특허심판 임의전치주의 주장의 논거와 문제점

대한변호사협회는 특허침해소송에서의 변리사의 공동소송대리 주장에 대한 대응 논리로서 특허심판의 임의전치주의를 강력하게 주장하고 있다. 이에 관한 선행연구는 많지 않다.

고봉주 변호사는 행정심판 필수전치의 문제점으로, "행정심판기관은 행정청으로, 결국

었으며, 서울지방변호사회와 법률신문이 공동주최한 "행정형 권리구제절차에 대한 사법적 통제방안 모색을 위한 심포지엄"이 2016년 11월 29일 개최된 바 있다.

자기사건에 대한 심판을 하게 되는 것이므로 공정한 심판을 기대하기 어렵고, 행정심판을 의무적으로 거치도록 함으로써 국민의 권리구제를 지연시킨다. 아울러 행정심판기관의 실질적 독립성이 보장되지 않아 법관에 의한 판단을 대체할 수 없고 이로 인해 국민의 법원에 의한 재판받을 권리를 제한하고 불필요한 전심절차 강요로 신속한 권리구제를 방해한다"는 취지의 주장을 하고 있다.[2]

그러나, 행정심판기관인 특허심판원이 특허청에 설치되고 있지만 행정처분을 하는 특허청과 동일한 기관으로 보는 것은 문제가 있다. 이러한 관점에서 자기사건에 대한 심판을 하게 되는 것으로 공정한 심판을 기대하기 어렵다고 하는 주장도 특허심판의 인용률에 비추어 타당한 주장이라고 볼 수 없다. 특허심판원을 특허청에서 분리하여 국무총리 소속의 기관으로 한다면 독립성과 중립성의 확보 차원에서는 바람직하지만 특허사건 심리의 전문성 확보라는 측면에서는 다소 문제가 있을 수 있다.

성균관대 배병호 교수는 "특허심판의 임의적 전치주의 채택에 대한 소고"라는 발제문[3]에서 다음의 2가지 논거로 특허심판에 있어서의 임의적 전치주의 채택을 긍정하고 있다. 첫째 논거로, 사실상 제1심 법원[4]의 기능을 하는 특허심판원에 의한 필요적 전치주의는 독립성과 공정성 차원에서 문제점이 있고, 특허심판부의 구성과 심리에 있어 법률에 규정을 두고 있지 않고 대통령령에 심판관의 자격 등을 백지위임하고 있다는 점을 지적하고 있다. 이러한 지적은 특허심판원의 개혁 필요성의 관점에서 일면 타당성이 있다.

둘째 논거로, 행정심판의 임의전치주의 채택의 긍정적 측면에서 일반 행정심판의 경우 임의전치주의가 실현되어 민주성과 공정성을 제고하여 국민의 권익을 보장하는 것으로 기능한다고 전제한다. 배 교수는 필요적 전치주의로 되돌아가자는 견해는 따로 없고, 특

---

2 고봉주, "특허심판제도 임의적 절차화", 대한변호사협회 주최 특허심판 임의전치 관련 세미나, 대한변호사협회 2017. 8. 25. 고 변호사는 ppt로 된 위 발제문에서 특허심판원이 독립성과 공정성을 결여하고 있어 특허심판의 필요적 전치는 위헌성이 있다는 취지의 주장을 하고 있다.

3 배병호, "특허심판의 임의적 전치주의 채택에 대한 소고", 대한변호사협회, 기동민, 김병기, 황운하 의원 공동주최 심포지엄 자료집, 2022. 9. 26.

4 특허심판원의 심판절차와 특허법원의 소송절차 사이에는 절차의 연속성이 인정되지 않으므로 심판기록이 특허심판원에서 특허법원으로 당연히 송부되는 것은 아니다. 특허법원에서 필요하다고 인정할 경우 특허청장 또는 특허심판원장에게 심사·심판·등록서류 등본의 송부를 촉탁하거나 당사자에게 그 등본을 제출하게 할 수 있을 뿐이다.

허심판의 경유와 관련하여 당사자인 국민에게 권리구제방법을 선택할 수 있도록 하는 것이 필요하고 특허심판을 필수적 제도로 의무할 필요가 없다고 주장한다. 또한 특허심판에 대한 필요적 전치주의를 도입할 당시에는 특허법원의 미비와 특허분야 전문가의 부족 등을 이유로 들고 있었으나, 특허법원의 활성화[5]로 특허권자의 보호환경이 개선되어 임의적 전치주의가 바람직하다고 강조하고 있다. 이와 관련하여 우선 행정사건의 임의전치주의와 특허심판의 임의 전치주의 문제를 동일하게 파악하는 것이 적절한 것인지 의문이고, 대다수 특별행정심판의 경우에는 필요적 전치주의를 채택하고 있는 점을 감안할 필요가 있다. 다음으로 특허법원이 활성화 된 것과 특허심판원의 임의절차는 논리필연적인 것은 아니다. 무엇보다 특허심판에 있어 임의전치주의를 채택할 경우 특허사건을 관장하게 되는 제1심 법원의 관할과 당해 법원의 기술전문성을 어떻게 확보할 것인가의 문제를 함께 고려할 필요가 있다.

2. 특별행정심판으로서의 특허심판

(1) 특별행정심판의 일종인 특허심판

특허심판은 특허, 실용신안, 디자인, 상표 등 산업재산권의 효력 및 그 권리범위에 관한 분쟁을 해결하기 위한 특별행정심판을 말한다. 필요적 전치주의가 적용되는 특허심판으로는 7가지 종류가 있다. 그 중 사정계 심판으로는 특허거절결정에 대한 심판과 정정심판의 2가지 종류가 있고, 당사자계 심판으로는 특허무효심판과 권리범위 확인심판 등 5가지[6] 종류가 있다.

2022년 7월 현재 특허심판원의 특허심판관 89명의 약 31%가 박사(27%) 등 전문자격

---

5 그동안 특허심판의 임의전치주의 주장론자의 입장에서 임의전치주의를 채택하게 될 경우 특허청의 처분에 대하여 고등법원급의 특허법원의 관할로 한다는 것인지 어느 법원으로 한다는 것인지 명확히 밝히고 있지 않다. 사실상 이 부분이 명확하지 않으면 법원의 기술전문적 역량이 미흡하고 재판지연이 심각하여 특허심판의 임의전치주의 채택에 걸림돌로 작용할 수 있다.

6 특허권 존속기간의 연장등록 무효심판, 통상실시권허락의 심판, 정정의 무효심판 등 3가지 종류가 이에 포함된다. 특허심판 중 결정계에서는 특허거절결정에 대한 심판이, 당사자계에서는 특허무효심판이 대종을 이룬다. 이에 관한 자세한 사항은 정차호/이혜라, "특허행정심판의 헌법적 지위- 필요적 행정심판전치주의를 적용하는 현행 특허심판제도의 위헌여부, 즉 사법절차의 준용여부" 「저스티스」 통권 제170-3호, 2019. 2., 296~297면.

소지자이나 변호사 자격자나 변리사 자격자는 극소수에 그치고 있다.

특허심판은 심판처리 기간이 2021년 기준으로 7.6 개월에 마치는 등 신속한 권리구제가 가능하고 심사관의 거절결정에 대한 불복사건 인용률은 41.1%에 달하며, 특히 심결 중 약 89.3%는 소송 단계로 가지 않고 종결되어, 법원 부담을 경감하고 신속·효율적 권리구제를 구현하고 있다. 2021년 전체 제소대상 심결(5,697건) 중 약 10.7%(611건)만 소제기를 하고 있는 실정이다.[7]

특허심판은 전문적인 기술지식과 경험이 필요하기 때문에 특허청 소속의 특허심판원에서 관장하고 있다. 이러한 특별행정심판기구의 전문성을 강조할 것인지 독립성을 강조할 것인지 여부에 따라 특허심판원의 소속이 달라질 수 있다.

행정심판에 관한 일반법인 행정심판법 제4조에서 "사안의 전문성과 특수성을 살리기 위하여 특히 필요한 경우 외에는 행정심판법에 따른 행정심판에 갈음하는 특별한 불복절차인 특별행정심판이나 행정심판법상의 행정심판절차에 대한 특례를 다른 법률로 정할 수 없다"고 되어 있다. 특허심판은 국세기본법상의 조세심판, 국가공무원법상의 소청심사 등과 함께 특별행정심판의 일종이라고 할 것이다.

특허법은 자연법칙을 이용한 기술적 사상의 창작으로서 고도한 것(발명)에 대하여 산업상 이용가능성, 신규성, 진보성 등의 일정한 요건을 검토하여 거절이유를 발견할 수 없으면 특허청 소속 심사관이 특허결정을 하고(특허법 제2조 제1호, 제29조, 제66조), 만약 위 특허결정에 특허법이 정하는 일정한 무효사유가 있는 경우에는 이해관계인 또는 심사관이 특허심판원에 특허무효심판을 청구할 수 있도록 하여, 특허권으로 보호받을 수 없는 발명에 대해 독점적이고 배타적인 특허권이 부여되는 것을 시정하도록 하고 있다. 특허청의 심사관이 출원된 발명을 심사함에 있어 특허요건의 인정여부에 필요한 기술자료를 수집하지만 기술문헌이 방대하고 간행되지 않은 공지·공용의 기술도 있어 심사관이 모든 관련된 선행기술을 수집하고 검토하여 특허를 부여할지를 결정하는 것은 현실적으로 어렵다.[8]

---

7 특허청, 변호사·변리사 공동소송대리 관련하여 대한변호사회협회에서 「특허심판의 임의적 전치주의 채택」과 「권리범위 확인심판 폐지」를 주제로 심포지엄 개최에 따른 설명자료, 2022. 9. 23.

8 손경한 편저, 「신특허법론」, 법영사, 2005., 695면. 당사자계인 특허무효심판은 특허권의 침해 유무를 둘러싸고 권리

(2) 헌법 제27조 제1항과 특허심판의 재판청구권침해 여부

헌법 제27조 제1항에서는 "모든 국민은 헌법과 법률이 정한 법관에 의하여 법률에 의한 재판을 받을 권리를 가진다"고 규정하고 있다. 위 규정에 따라 공권력으로부터 자신의 권리를 침해받은 자는 행정소송을 제기하여 권리구제를 받을 수 있다.

여기서 필요적 전치절차로서 특허심판 자체나 일정한 특허사건의 경우 2심제로 운영하는 것이 헌법 제27조 제1항의 재판청구권을 침해하는지 여부가 문제가 된다. 전심절차로서의 행정심판이 국민의 재판을 받을 권리 내지 재판청구권을 침해하는지에 관하여 학설의 대립이 있다. 헌법에서 3심제를 반드시 해야하는 것이 아니므로 특허심판원을 거친 경우 법원에서 2심제에 의한 재판을 하더라도 그 자체로 위헌으로 보기는 어렵다.[9] 또한 행정심판을 필수적 전치절차가 아닌 임의적 전치절차로 하여 당사자의 선택에 따라 직접 행정소송을 제기하는 것이 가능하기 때문에 행정심판을 위헌으로 보기는 어렵다. 이러한 관점에서 행정심판이 재판청구권을 침해하여 위헌인지 여부는 행정청에 대하여 불복절차를 반드시 거쳐야 행정소송을 제기할 수 있는 행정심판의 필요적 전치주의에서 주로 논의된다.

헌법재판소는 필수적인 전심절차와 임의적인 전심절차를 나누어, 전자의 경우에 한하여 사법절차를 준용하여야 하며, 후자의 경우에는 사법절차를 준용할 필요는 없다고 보고 있다.[10] 이러한 헌법재판소의 결정에도 불구하고 행정심판을 제도보장의 관점에서 파악하여 헌법재판소의 결정에 비판적이며 임의절차이건 필수적 절차이건 사법절차가 공히 적용되어야 한다는 견해[11]가 있다. 생각건대, 현행 행정소송법이 임의적 전치주의를 채택하고 있어 행정심판을 제기할 것인가 여부가 당사자의 선택에 맡겨 두기 때문에 이러한 경우에도 사법절차가 엄격하게 적용되어야 하는 것은 아니다. 특허심결취소송의 경우처럼 필요적 전심절차가 된다면 특허심판에 있어 사법절차의 준용이 엄격히 지켜 지겠지만, 특허심

자와 상대방 사이에 분쟁이 발생한 경우 상대방이 특허권에 존재하는 무효사유로 인하여 특허권이 소급하여 없었던 것으로 되도록 함으로써 침해소송에서도 승소하고자 하는 전략을 위하여 청구되는 예가 적지 않다.

9 김일환, "필요적 전심절차로서 특허심판제도의 법제정비방안" 「성균관법학」 제30권 제2호, 2018., 20면.

10 헌재 2001. 6. 28. 2000헌바30 결정.

11 최진수, "행정심판제도의 구조에 관한 고찰" 「공법연구」 제43집 제2호, 2014., 181면 이하.

판에 있어 임의전치주의를 채택하게 되면 당사자가 법원에 직접 특허청 심사관의 결정 등에 관하여 소송을 제기하여 재판청구권을 행사할 수 있기 때문에 사법절차가 준용되지 않는다고 할지라도 그 자체만으로 위헌성이 있다고 보기는 어렵다.

(3) 헌법 제107조 제3항의 '사법절차의 준용'의 의미와 특허심판의 특수성

헌법 제107조 제3항에서는 "재판의 전심절차로서 행정심판을 할 수 있다. 행정심판의 절차는 법률로 정하되, 사법절차가 준용되어야 한다"고 규정하고 있다. 이 조항은 행정심판이 재판의 전심으로 기능하는 행정심판에 관한 헌법적 근거조항이다. 일반적으로 행정심판이란 행정청의 위법 또는 부당한 처분 또는 부작위에 대하여 국민의 청구를 전제로 하여 행정심판위원회를 통하여 권리구제를 강구하는 행정쟁송절차를 말한다.[12] 이처럼 행정심판은 행정청 스스로가 처분청이 내린 결정의 적법성 또는 타당성의 관점에서 자기통제를 하면서 권리구제를 실현하는 공행정 작용이라고 할 수 있다.

헌법재판소는 사법절차를 특징 지우는 요소로 판단기관의 독립성·공정성, 대심적 심리구조, 당사자의 절차적 권리보장 등을 들고 있다. 특허심판에서 주로 문제가 되는 것은 판단기관의 독립성과 공정성이라고 할 것이다. 특허심판원의 경우 다른 특별행정심판기구와는 달리 심판관의 구성에 있어서 외부전문가의 충원이 미흡하고, 위원 전원을 공무원으로 구성하고 있는 점, 직무상 독립성과 중립성이 부족한 점, 심판관의 자격이 국가지식재산연수원에서의 소정의 연수만으로 이루어지고, 구술심리가 미흡한 점 등이 지적될 수 있다.[13] 헌법 제107조 제3항은 행정심판에 사법절차가 준용될 것만을 요구하고 있으므로 위와 같은 사법절차적 요소를 엄격히 갖출 필요는 없다고 할지라도 적어도 사법절차의 본질적 요소를 전혀 구비하지 아니하고 있다면 준용의 요구마저 위반된다고 할 수 있다.[14]

행정소송법은 종래의 행정심판의 필요적 전치주의와 결별하고 원칙적으로 임의전치주의

---

12 행정심판과 구별하여야 할 개념중에 이의신청이 있다. 행정기본법 제36조에서 규정하고 있는 이의신청은 간이한 불복 절차이다. 개별법률에 규정된 이의신청 중에는 일반적으로 간이한 불복 절차가 대부분이지만 개별 법률의 규정의 내용에 따라 특별행정심판의 일종이 되기도 한다. 이에 관하여는 김용섭, "개별법상 이의신청제도의 현황분석과 입법적 개선과제"「행정법연구」제42호, 행정법이론실무학회, 2015. 참고할 것

13 김민호/김현경, "특허심판전치의 필요성과 제도개선에 관한 연구"「성균관법학」제29권 제4호, 56면.

14 헌재 2000. 6. 1. 98헌바 8 결정.

를 표방하고 있다. 현행 행정소송법 제19조 제1항에 따라 행정청으로부터 위법한 처분에 대하여 자신의 권익을 침해당한 자는 원칙적으로 행정심판과 행정소송을 선택적으로 청구할 수 있게 되었다. 이러한 관점에서 행정심판과 행정소송은 권리구제의 관점에서는 경쟁관계라고 할 수 있다.

3. 특허소송과 특허법 제186조 제6항

(1) 특허소송의 종류

특허소송은 자주 복잡 고도한 기술문제가 쟁점이 되고, 기술상의 쟁점은 법률상 쟁점과 밀접불가분의 관계를 갖고 있는 경우가 적지 않다.[15] 광의의 특허소송은 특허권, 실용신안권, 상표권, 디자인권 등의 산업재산권에 관한 소송 전부를 말한다. 협의의 특허소송은 특허법원의 전속관할에 속하는 특허법 제186조 제1항, 실용신안법 제33조, 디자인보호법 제166조, 상표법 제162조 정하는 1심사건과 다른 법률에 의하여 특허법원의 권한에 속하는 사건에 관한 소송이다. 여기서 고찰하는 특허소송은 최협의로 특허법원의 전속관할에 속하는 특허법 제186조 제1항의 심결취소소송을 말한다.[16] 이러한 심결취소소송은 사정계 심결취소소송과 당사자계 심결취소소송으로 구분할 수 있다. 우선 사정계 심결취소소송의 경우에는 행정처분의 일종인 심결의 위법성의 유무를 심리대상으로 하는 행정소송법상 항고소송의 일종이라고 할 수 있다. 특허권자 또는 이해관계인을 상대로 하는 당사자계 심결취소소송은 항고소송이라는 견해와 당사자 소송에 속한다고 보는 견해[17]로 나누어져 있다. 대법원 판례[18]는 당사자계 사건이라 할지라라도 심결은 행정처분에 해당하므로 그에 대한 불복소송은 특허소송인 항고소송이라고 판시하고 있다. 이러한 심결취소소송은

---

15 松田一弘, "特許訴訟における技術的爭點への各國裁判所の對応, 特許研究", No. 40, 2005/9, 9面.

16 특허법원 지적재산소송실무연구회, 「지적재산소송실무」 제3판, 박영사, 2014., 3면. 기존의 광의와 협의의 특허소송의 중간적 범주로 특허권과 제3자의 실시형태 사이의 저촉여부에 대한 특허침해소송(민사소송)과 특허심판원의 거절결정 북복심판, 무효심판, 권리법위확인 심판 등 특허심판원의 심결에 대한 취소소송(행정소송)을 위치설정할 수 있다.

17 조영선, 「지적재산권법」 제5판, 박영사, 235면. 당사자소송에 해당한다고 할지라도 이는 실질적 당사사소송이라기 보다는 항고소송의 실질을 가지는 형식적 당사자 소송이라고 보는 것이 타당하다.

18 대법원 2009. 5. 28. 선고 2007후 4410판결 등

고등법원 급의 특허법원을 제1심으로 하고, 대법원에 상고를 허용하고 기본적으로 2심제를 유지하고 있다.

이와 같은 심결취소소송과 구별하여야 하는 것 중에 특허침해소송이 있다. 특허침해소송은 침해금지청구, 손해배상, 신용회복 등의 민사소송의 일종이다. 따라서 특허침해소송의 관할은 일반법원의 제1심이 담당하고 있고 민사소송법이 적용되고 판결의 기판력이 미치는 범위가 특허침해 당사자에 한정된다. 심결취소소송의 경우에는 행정소송법이 적용되고 행정소송법에 특별한 규정이 없는 경우에 한하여 민사소송법이 적용되며, 심결취소소송의 판결은 대세적 효력이 미친다. 특허침해 소송은 서울중앙, 대전, 대구, 부산, 광주 등 전국 5개 지방법원의 관할로 되어 있다. 서울중앙지방법원의 중복관할을 인정하고 있다. 법원조직법이 2015년 12월 1일 개정되어 2016년 민사소송법 제24조 제2항 및 제3항에 따른 사건의 항소사건을 고등법원 관할에서 특허법원으로 관할집중이 이루어졌다.

(2) 특허법 제186조 제6항: 필요적 전치주의 VS 재결주의 명문화

특허법 제186조 제6항에서 "특허취소를 신청할 수 있는 사항 또는 심판을 청구할 수 있는 사항에 관한 소는 특허취소결정이나 심결에 대한 것이 아니면 제기할 수 없다."고 규정하고 있다. 이 조항이 행정심판전치주의를 명문화 한 것인지 아니면 재결주의를 표방한 것인지는 법령 조문 해석상 명확하지 않다. 이에 관한 기존의 논의는 특허법 제186조 제6항이 필요적 전치주의를 표방한 것으로 보는 전제에서 출발하고 있다.[19] 결론적으로 틀린 것은 아니지만 법령의 문구를 엄밀히 살펴보면, 재결인 심결이 소의 대상이 되는 구조이고, 심결을 행정처분으로 보게 되어 행정심판 필요적 전치주의를 취한 것과 동일한 결과인 것이다.

행정심판전치주의는 위법한 처분에 대하여 행정소송을 제기하는 경우에 행정기관에 의한 신속한 권리구제와 자율적인 통제 및 행정기관의 전문적인 지식의 활용이라는 측면에서 행정기관에 속하는 행정심판위원회를 통하여 심판절차를 경유하게 할 것인지의 문제이다. 이에 반하여 재결주의는 위법한 원처분을 다투는 것보다 재결을 다투어 그 효력을

---

19 특허법원 지적재산소송실무연구회, 「지적재산소송실무」 제3판, 박영사, 2014., 6면.

배제하는 것이 효율적인 권리구제와 재결의 적정성을 담보하는 경우에 원처분에 대한 제소를 금지하고 재결에 대해서만 제소를 허용하는 것이다. 따라서 재결주의와 행정심판전치주의는 실정법률상의 근거를 전혀 달리한다고 볼 것이다. 개별법률이 재결주의를 법정하는 경우에 결과적으로 행정심판절차가 필요적인 전심절차로 된다는 점에서는 행정심판전치주의와 동일하지만, 이는 행정소송법 제8조 제1항에 근거하여 개별 법률이 재결주의를 취한 결과일 뿐이다.

우리 현행 행정소송법 제19조에서 "취소소송은 처분 등을 대상으로 한다. 다만, 재결취소소송의 경우에는 재결 자체에 고유한 위법이 있음을 이유로 하는 경우에 한한다."라고 규정하고 있다. 원처분주의는 원처분과 재결 중 어느 것에 대하여도 소를 제기할 수 있으나 원처분의 위법은 원처분취소소송에서만, 재결의 위법은 재결취소소송에서만 주장할 수 있는 것이 특징이다. 행정소송법은 입법정책적으로 원처분주의를 채택하였고 재결의 경우에는 재결자체의 고유한 위법이 있는 경우, 재결로 최초의 침해를 입은 경우, 개별법에서 재결주의를 명문화하고 있는 경우는 예외로 하고 있다.[20]

현행 행정소송법이 원처분주의를 채택한 이유는 처분의 위법성을 이유로 원처분에 대한 취소소송과 재결에 대한 취소소송을 동시에 제기하여 다툴 수 있다고 한다면, 법원의 심리의 중복, 판결의 모순·저촉, 소송경제상의 불합리, 소송사건 취급의 곤란 등의 문제가 발생하기 때문이다.[21] 또한 재결주의에 따르면 위법한 처분으로 인하여 권리를 침해받았음에도 불구하고 그에 대하여 바로 제소하지 못하고 재결을 기다린 후 비로소 소를 제기하여야 하는바, 권리구제에 충실하지 못한 점이 있다.

그런데, 감사원의 변상판정에 대한 재심판정이라든가 노동위원회의 처분에 대한 재심판정(처분)의 경우와 같이 개별 법률에서 재결주의를 명문화 한 경우에는 재결 그 자체가 취소소송의 대상이 된다. 특허법 제186조 제6항은 개별 법률에 의하여 재결주의를 채택한 것으로 볼 수 있다.

---

20 특허거절경정에 대한 특허심판원의 심결을 재결주의를 채택한 예로 드는 견해로는 황창근, "행정심판과 재결취소소송의 관계" 「연세법학」 제35호, 2020. 6., 65~66면.

21 김용섭, "취소소송의 대상으로서의 행정심판의 재결:행정판례의 분석을 중심으로" 「행정법연구」 제3권, 행정법이론실무학회, 1998., 216면.

특허법상의 심결은 특허심판원이 준사법적 절차에 따라 결정한 특허심판원의 최종판단의 결과로서 특허법 제186조 제1항의 심결취소소송의 대상이 되고 이는 원처분이라기 보다는 행정심판법상의 재결에 해당한다.[22]

그런데 특허법 제186조 제1항의 규율방식은 특허심판원의 심결이 취소소송의 대상인 된다는 것을 명문화 한 것이지 심결을 거치지 아니하면 취소소송을 제기할 수 없다는 식으로 규정하고 있지 않기 때문에 이러한 규정을 곧바로 필요적 전치주의를 명문화 한 것으로 보는 것은 적절하지 않다.

따라서 특허법 제186조 제6항이 특허심판의 필요적 전치를 명문화한 것이라기 보다, 심결을 취소소송의 대상으로 한 것으로 보고, 필요적 전치와 동일한 결과를 가져온다고 보아야 할 것이다. 결론적으로 특허법 제186조 제6항의 규정은 특허심결을 취소소송의 대상으로 하고 있어 재결(심결)주의를 명문화 한 경우라고 할 것이다. 엄밀하게 말하여 행정심판 필요적 전치주의와 재결주의에 따라 재결이 취소소송의 대상이 되는 것은 이론상 별개의 문제이다.[23]

Ⅲ. 특허심판 임의전치주의 채택에 따른 입법정책적 과제

1. 특허심판원의 개혁과 행정특허판사(APJ)제도의 도입

특허심판에 있어서의 임의적 전치주의로 전환하건 필요적 전치주의를 그대로 유지하건 특허심판원의 개혁이 시급한 실정이다. 특허심판에 있어서 독립한 제3자 기관에 의한 분쟁의 해결이야말로 국민의 권리구제에 이바지할 수 있을 것이므로 이러한 독립성과 공정성의 측면을 고려하면 특허심판원을 조세심판원의 경우처럼 국무총리소속으로 하는 것이 적절할 수 있다. 그러나, 기술적 측면을 감안하여 행정부의 전문성을 강조하게 되면 특허

---

22 이혜라, "이원적 특허쟁송체계하에서 특허심판제도의 존재론적 연구", 성균관대 법학박사학위 논문, 2020., 39면.

23 만약에 원처분을 소송의 대상으로 하게 되면 심결은 행정소송법의 규정에 따라 재결 자체의 고유한 하자가 있는 경우에 한정하여 심리할 수 있게 된다.

청 소속으로 하는 것이 크게 문제될 것이 없다. 행정심판이 제3자기관에 의하여 이루어지면 그럴수록 행정의 전문성의 요청이 약화될 수 있다. 특허의 전문성이 중요하므로 소속은 특허청 산하로 그대로 두되, 특허법 시행령 제8조에서 규정하고 있는 심판관의 자격을 법률에서 규정하고 특허에 전문화된 변호사와 변리사 자격자를 심판관으로 채용하여 미국의 행정법판사 또는 행정특허판사와 같은 지위를 보장할 필요가 있다.[24] 아울러 준사법기관의 특성을 고려하여 특허청 출신의 심판관의 경우에는 민사소송법이나 행정소송법에 관한 지식을 습득하도록 하는 등 심판관의 역량을 법적 측면에서 향상시켜 나갈 필요가 있다.

이와 관련하여 미국의 행정특허판사(Administrative Patent Judge) 제도를 도입하는 방안을 검토할 필요가 있다. 행정특허판사는 연방특허청에 설치된 특허심판원(PTAB)에 제기된 사건을 결정하는 연방행정심판관(Federal Administrtive Adjudicator)의 일종이다. 연방행정심판관은 2가지 종류로 구분된다. 하나는 연방행정법판사(Administrative Law Judge; ALJ)이고 다른 하나는 행정판사(AJs)로 지칭되는 비 행정법판사인 심판관(non-ALJ adjudicator)이다.[25] 이러한 미국의 행정특허판사는 미국 행정절차법에 근거한 행정법판사와는 구별되는 개념이다. 행정법판사는 독립성이 보장되는 행정청 소속 공무원으로 임기보장을 받으며 공적 또는 사적 영역에서 판사행동강령(Code of Judicial Conduct)의 적용을 받는 행정청 소속 공무원으로 직무상 독립되어 있다.[26] 행정법판사는 미연방헌법 제3조를 근거로 하는 사법부

---

24 우리 행정법 학계의 일부에서 미국에서의 '행정법판사'의 도입이 검토되고 있다. 미국의 경우 행정특허판사는 행정법판사보다 지위가 낮다. 우리의 경우 법관의 자격이 있는 변호사를 특허심판관으로 임명한다고 하여 행정법판사로 되는 것은 아니다. 직무상 독립성을 보장하고 행정청의 지위체계에서 봉급과 임기가 보장될 필요가 있다. 이와 관련하여 김일환, "필요적 전심절차로서 특허심판제도의 법제정비방안에 관한 연구"「성균관법학」제30권 제2호, 2018., 21면에서 "심판관의 직무상 독립을 특허법 제143조에서 명문화하고 있고, 심판관의 자격을 시행령으로 정하고 있어 특허심판의 제3자적 독립성이 확보되어 있다"고 보고 있다. 이에 반해 정차호/이혜라, "특허심판의 헌법적 지위-필요적 행정심판전치주의를 적용하는 현행 특허심판제도의 위헌여부, 즉, 사법절차의 준용여부-"「저스티스」통권 제170-3호, 2019., 301~302면에서 "특허심판원의 조직의 기본사항만 법률에서 규정하고 심판관의 수, 심판관의 자격 등에 관하여는 대통령령에 위임하고 있다. 특허심판이 심판관에 의하여 심리된다는 점, 특허심판이 사법절차를 준용해야 한다는 점, 사법절차는 법관에 의하여 심리된다는 점, 법관이 독립성에 대하여 헌법에 규정하고 있다는 점 등을 감안하면 심판관의 독립성에 대하여 특허법에 엄격하게 규정하여야 할 것이다"라고 하면서 특허심판기구 독립성의 의구심을 해소할 필요가 있다는 점을 지적하고 있다.

25 https://ballotpedia.org/Admistrative_patent.judge

소속의 법원판사와는 다르게 행정청에 소속되어 있는 공무원이다.[27] 행정특허판사는 기본적으로 비 행정법판사인 심판관으로 당사자계(IPR) 심사에 있어서 패널로 참여하여 결정을 내린다. 그러나 이와 같은 행정특허판사의 임명과 관련하여 2021년 6월 21일 미국 연방대법원은 United States v Arthrex, Inc 사건에서 연방순회항소법원(CAFC) 판결을 취소하고 사건을 연방특허청(USPTO)로 파기환송하였다. 이 사건에서 행정특허판사의 법적 지위와 특허청장의 재검토 허용여부가 문제가 되었는데, 행정특허판사는 미연방헌법에 따라 대통령이 임명하는 중요 공무원(Principal Officer)이 아니라 상무부장관이 임명할 수 있는 하급관리(Inferior Officer)로 보았고, 비록 행정특허판사가 심판한 것일지라도 특허청장의 재검토가 가능하다고 보고 있다.[28]

우리의 경우에도 특허심판관의 임기제가 보장되지 않고 있고 특허청장에 의하여 인사와 전보발령이 이루어지고 있는 등 특허심판에 있어 인사권자인 특허청장의 관여 가능성이 배제되지 않고 있어, 특허심판의 독립성을 확보함과 아울러 특허심판관이 심사관으로 전보 배치되지 않도록 특허법에 명문의 규정을 두고 특히 미국의 행정특허판사나 행정법판사에 관한 제도를 벤치마킹할 필요가 있다.

---

26 김용섭, "법무담당관 제도의 활성화와 과제" 「서울법학」 제28권 제1호, 2020.

27 학자에 따라 '행정법판사' 또는 '행정심판관'이라고 칭할 수 있다. 여기서는 행정법판사라고 하고 있으나, 사법부의 법관과는 다른 개념이다.

28 https://Supremcourt.gov/opinions/20pdf/19-1434_ancf.pof. .연방대법원은 미국 특허법 제6조 (c)의 "당사자계의 재심리는 특허심판원만이 행할 수 있다"는 조항이 특허심판원의 결정을 중요공무원이 하는 것으로 보고 이에 대해 특허청장이 재검토하는 것을 불가능하게 하여 헌법에 합치되지 않이 위 규정을 시행할 수 없다는 취지로 판시하였다. 다시 말해, 행정특허판사는 하급관리이기 때문에 대통령이 아닌 상무부장관이 임명하는 것이 문제가 없다는 것이다. 따라서 당초 Arthrex사의 특허에 대하여 Smith & Newphew가 신청한 IPR 절차 결과 특허심판원은 특허를 무효를 결정하였다. 이에 대하여 Arthrex사는 이러한 결정에 불복하여 연방순회항소법원에 항소를 하였고, 동 법원에서 특허심판원(PTAB)의 행정특허판사는 미국의 중요공무원(Principal Officer)에 해당하므로 행정특허판사가 상무부장관에 의하여 임명되는 것은 중요공무원을 대통령이 임명하도록 되어 있는 미연방헌법 제2장 제2조 제2항의 임명조항에 위반되므로 위헌상태의 행정특허판사에 의하여 내려진 당사자계 심사(IPR)의 판단을 무효라고 하였다. 이에 불복하여 항소심에 참가한 정부는 연방대법원에 상고하였고, 연방대법원은 위에서 밝힌 바와 같이 판시하였던 것이다

2. 특허심판 임의전치주의 채택시 제1심 법원의 관할과 관련한 문제

(1) 제1심 법원의 관할 문제

특허법상 특허심판은 특별행정심판의 일종으로 특허심판의 심결을 거쳐야 고등법원급의 특허법원에 심결취소소송을 제기할 수 있다. 이러한 특허심판에 임의전치주의를 채택할 경우 특허거절 결정 등 특허청의 행정처분에 대해 특허심판을 거치지 않을 경우 어느 법원을 관할로 하는 것이 타당한지에 대하여는 별로 논의한 바 없다. 무엇보다 특허무효심판 등 당사자계 심판의 경우에는 임의전치를 하게 될 경우 특허 자체가 공법적 요소와 사법적 요소가 혼재되어 있기 때문에 민사소송으로 보아 제1심을 민사법원의 관할로 하는 것이 적절한지 아니면 행정소송의 일종으로 행정법원의 관할로 하는 것이 적절한지 심도 있는 검토가 필요하다.

현행의 특허심판원의 필요적 전치주의를 임의전치주의로 변경할 경우 특허심판원을 거친 경우라면 그대로 특허법원에 제소하게 하고, 임의전치주의가 되어 당사자가 특허심판원을 거치지 않는 경우에는 곧바로 특허법원에 제소하여야 하는지 아니면 제1심 법원에 특허법원 하부의 특허사건을 처리하는 지방법원을 두는 방안과 제1심 법원인 서울행정법원과 대전지방법원에서 특허사건을 다루는 방안이 고려될 수 있다.

당사자계의 경우에도 특허심판원에 의하여 다루게 되면 행정소송의 일종으로 보는 전제에 있게 된다. 문제는 사정계와 당사자계를 분리하기 보다는 당사자계도 사정계와 마찬가지로 행정사건으로 분류하여 제1심 행정법원의 관할로 하는 것이 합리적이라고 볼 것이다.[29]

(2) 기술심리관의 배치 필요성

특허심판의 임의전치주의 채택이 이루어지게 되면 사정계와 마찬가지로 당사자계의 경우에도 서울행정법원이나 대전지방 행정특허부에서 특허사건을 심리할 가능성이 높기 때문에 이와 같은 특허사건을 심리하는 행정법원에 기술심리관을 확보하는 등 기술전문성

---

29 홍승기 교수는 특별한 논거를 제시하지 않으면서 특허거절결정심판에 대하여는 필요적 전치주의를 유지하고, 당사자계 심판사건의 경우에만 임의전치주의 채택을 주장하고 있다. 이에 관하여는 홍승기, "특허심판의 임의적 전치주의 채택 토론문", 대한변호사협회, 국회의원 기동민, 김병기, 황운하 공동주최 심포지엄 자료집, 2022. 9. 26.

의 측면에서 국민적 신뢰를 확보하는 것이 급선무이다.

이와 관련하여 법원조직법 제54조의2(기술심리관) 제1항에서 특허법원에만 두도록 되어 있는 기술심리관을 특허사건을 제1심 행정법원에서 관할하게 될 경우에는 서울행정법원 및 대전지방법원(행정특허부)에도 기술심리관을 배치하는 것을 내용으로 하는 법원조직법 의 관련 규정을 개정할 필요가 있다.

(3) 서울행정법원과 대전지방법원 관할

특허심판의 임의전치주의를 채택하면서 특허심판원을 거치는 경우에도 다시금 제1심 행정법원에 소송을 제기할 수 있도록 한다면 권리구제 절차가 사실상 4심으로 늘어나게 되고, 신속한 권리구제에 반하며 당사자에게 비용부담이 가중되는 문제가 야기된다. 특허청을 행정청으로 보게 되면 기본적으로 특허사건은 사정계나 당사자계의 경우 행정사건이 되므로 다른 법률에 별도의 규정이 없는 한 행정소송법 제9조에 따라 피고의 주소지를 관할하는 대전지방법원과 중앙행정기관이 피고인 경우 대법원 소재지에 있는 서울행정법원에 관할이 생기게 된다.

그런데 특허심판의 임의전치를 채택할 경우 고등법원급의 특허법원과 그 소속의 지방법원급의 특허법원을 통하여 해결하는 방안이 있을 수 있으나, 서울행정법원 또는 대전지방법원(행정특허부)의 관할로 하는 것이 타당하다고 본다. 왜냐하면 특허소송 중에서 특허침해소송은 민사소송, 심결취소소송은 행정소송의 성질을 지니므로, 특허청의 심사결정에 대하여는 행정법원(특허부)에 제소하여 다툴 수 있도록 하는 것이 현실적이고 실현가능하기 때문이다.

특허침해소송의 경우에는 5개의 제1심 관할법원이 있지만, 특허결정에 대하여는 법원조직법을 개정하여 서울행정법원과 대전지방법원에서 관할할 수 있도록 법원조직의 정비가 필요하고, 그곳에 기술심리관을 배치시킬 필요가 있다.

3. 특허심판원과 제1심 행정법원의 선택적 규율 필요성

특허심판에 있어 임의전치로 변경할 것인지 아니면 필요전치를 유지할 것인지 단선적인 접근보다는 특허심판원의 심결이 내려진 경우 특허법원에 취소소송을 제기하거나 특허청의 행정처분에 대하여 특허심판을 거치지 않고 행정법원에 소송을 제기하여 다툴 수 있는 특허심판과 행정소송 양자를 택일적으로 선택하는 경쟁적 투트랙(two track)시스템을 도입할 필요가 있다.

특허심판의 임의전치를 둘러싸고 이해관계가 복잡하여 합일점을 도출하기가 쉽지 않다. 그러나 입법적으로 특허심판의 임의전치주의를 채택하더라도 특허심판원의 심판절차를 거친 후 특허법원 전속관할로 하더라도 헌법상 재판청구권의 침해가 되어 위헌이 되는 것은 아니다. 헌법은 심급제와 관련하여 3심제를 반드시 하도록 규정하고 있지 않기 때문이다. 앞서도 언급한 바와 같이 특허심판원의 심판관의 자격을 대통령령에 규율할 것이 아니라 심판관의 임기 등과 함께 법률에 명문화하면서 특허의 전문적 역량을 갖춘 변호사와 변리사를 심판관으로 대폭 충원할 필요가 있다. 아울러 특허심판원의 심판관에 대한 인사를 특허청장이 자유롭게 행사하고 특허심판원이 특허청의 영향으로부터 벗어나서 독립적인 기구에 의하여 절차를 진행할 필요가 있다. 이러한 전제하에 특허심판원의 심결을 거칠 경우에는 특허법원에 소송을 제기하고, 심결을 거치지 않은 특허청의 결정에 대하여 제1심 법원인 행정법원에 행정소송의 제기와 특허심판원에 특허심판의 제기를 국민의 선택에 맡기는 방안을 입법정책적으로 적극 검토할 필요가 있다.[30] 또한 행정심판 임의전치로 할 것인가 필요적 전치로 할 것인가의 양자택일의 문제로 갈 것이 아니라 행정심판이나 특허심판을 거치면 고등법원이나 특허법원의 전속적 관할로 하고, 행정심판을 거치지 않은 경우에 비로소 제1심의 행정법원에 제소할 수 있도록 선택적 택일적 권리구제 방법을 강구하는 것이 필요하다. 이는 특허심판을 거치고도 제1심부터 다시 소송을 제기할 수 있도록 하면 사실상 4심제로 되어 권리구제가 지체되는 문제를 극복할 수 있다.[31]

---

30 최지현, "헌법상 재판청구권의 보장을 위한 행정구제 법제의 설계-심급제와 행정심판전치를 중심으로-"「법조」제69권 제6호(통권 제744호), 2020., 77면. 위 논문에서 행정심판을 거친 경우에는 신속한 재판을 위하여 고등법원에 제소하는 방안을 제시하고 있다. 그 전제로 행정심판과 행정법원과의 경쟁체제로 개편하기 위하여 심판기관의 준사법성을 강화하고 독립성의 확보를 들고 있다.

31 특허심판에 대한 임의전치화는 특허심판과 법원의 소송을 동시에 진행하게 되는 문제점이 지적될 수 있고, 권리구제절차가 사실상 4심제가 되어 비용의 증가가 초래될 수 있다. 또한 특허와 관련하여 행정소송과 행정심판이 각각 제기된 경우, 서로 상반된 결정이 내려질 수 있다. 물론 국민의 입장에서는 어느 곳에서나 인용되면 족하므로 다양한 권리구제수단이 마련된 것이라고 할 수도 있을 것이다. 그러나 국가적 관점에서는 동일한 사항을 다른 기관에 중복적으로 권리구제를 강구하게 되므로 비효율적이며 동일한 사건의 처리에 쏟는 노력이 늘어나게 되고, 특허 법원은 소송사건의

이와 관련하여 미국의 경우에 특허사건에 있어서 특허침해 혐의자는 특허권자의 특허를 무효로 하기 위하여 연방지방법원에 제소하지 않고 특허청 또는 특허청 산하의 특허심판원(PTAB)의 특허무효심사나 특효무효심판제도를 선택적으로 활용할 수 있는 점도 참고할 필요가 있다.[32] 우리의 경우에도 특허법과 행정소송법을 개정하여 심판전치절차를 거치게 되면 제1심을 생략하고 고등법원이나 특허법원의 관할로 하는 2심제 방안을 강구할 필요가 있다.[33]

오늘날 현대적 법치국가에 있어서 행정권에 의하여 국민의 권익이 침해되었을 경우에 법원에 행정소송을 제기하여 권익을 구제받는 것이 일반적이고 가장 전형적인 방법이 될 수 있다. 그러나 법원을 통한 권익구제에 있어서도 일정한 한계가 있다. 행정소송 제도는 사법권의 본질에서 오는 한계, 소송절차에 의한 제약, 시간 및 비용의 과다로 인한 한계 등을 들 수 있다.[34] 법원에 소송을 제기하여 재판을 할 경우 증거의 상당부분이 행정기관이 보유하고 있고, 이를 열람하는 것이 제도적으로 보장되어 있지 않을 뿐만 아니라 엄격한 증거법칙에 따라 사실인정이 이루어지고 있다.[35] 그러나 행정소송 전 단계에서 행하여지는 행정심판의 경우에는 권리구제의 신속성, 저렴한 비용 등으로 인해 그동안 비교적 성공적인 권익구제장치로서 정착되어 온 것으로 평가되고 있다.[36] 더구나 특별행정심판제

범람으로 신속한 재판이 저해되고 있는 제반 사정을 감안한다면 특허심판의 임의전치주의가 반드시 타당한 것인지 의문이다.

32 사법정책연구원, "미국 특허쟁송실무에 관한 연구-연방순회항소법원(CAFC), 연방지방법원, 국제무역위원회(ITC), 특허청(USPTO)을 중심으로-", 2016., 34면. 위 책 292면에서 "특허무효심판을 다루는 특허심판원(PTAB)은 제도적으로는 특허청에 소속되어 있으나, 실무적으로는 특허청장의 개입이 최소화되어 있어 행정특허판사(APJ)에게 업무상 자율권이 보장되어 있다. 변호사자격을 가진 자만이 특허심판원의 특허행정판사가 될 수 있기 때문에 별도의 임용절차를 거쳐 특허행정판사로 근무하게 되므로 근무 후 다시 특허청 심사관으로 복귀하지 않는 등 독립성이 매우 강하다"고 기술되어 있다. 다만, 2021년 6월 21일 미국연방대법원의 United State v Arthrex Inc 사건에서 행정특허판사는 중요공무원인 행정법판사보다 지위가 약한 하급관리로 파악하였다. 이 판결의 결과 연방특허청은 잠정조치로서 IPR의 판단에 대하여 특허심판원에 재심사하거나 특허청장에게 재심사 청구를 허용하고 있다.

33 현행 법제에서도 공정거래위원회의 심결에 대하여 고등법원의 관할로 하고 있는 것이라거나 특허심판원을 사실상 제1심의 기능을 하는 것으로 보기 때문에 특허심판원과 제1심 행정법원 양자를 선택적 관할로 하는 것이 법리적으로 문제될 것은 없다.

34 김철용, "행정심판법의 문제점과 행정심판의 과제"「고시계」, 1994. 12., 132면.

35 행정심판은 직권주의가 가미되어 직권심리 및 증거조사가 인정되나, 관계인이 응하지 않거나 당사자가 위증 시 아무런 법적 제재가 없는 바, 증거조사 및 구술심리를 통한 사실관계의 확정에 한계가 있다.

36 김용섭, "행정소송전단계의 권리구제와 방법"「저스티스」, 2008년 8월호, 189면 이하.

도를 마련한 이유가 사안의 전문성과 특수성을 확보하기 위한 것이고 중복적 심사가 국가적 예산의 낭비를 초래하고 권리구제가 지체되므로 제1심의 법원과 행정심판기구간에 국민의 권리구제를 놓고 어느 기관이 더 권리보호에 충실한지 경쟁하는 시스템이 필요하기 때문이다.

따라서 만약에 임의전치주의를 채택하게 되더라도 특허심판을 거친다면 중복적으로 제1심 행정법원을 거치지 아니하고 특허법원의 전속관할로 하고, 특허심판을 거치지 않고 곧바로 제1심 행정법원에 소송을 제기할 수 있도록 하여 재판의 신속성에 기여하고 투트랙의 경쟁시스템으로 나아가는 것이 법원의 사건부담을 덜고 신속한 재판을 가능하게 한다는 점에서 행정심판전치제도에 대한 근본적 개혁이 필요하다.

IV. 맺음말

이상에서 살펴본 바와 같이 특허심판의 임의전치주의 채택이 이상적 해결책으로 보기 어렵고 이러한 제도 변경에 수반되는 고려해야 할 사항이 적지 않다. 행정소송법은 일반적으로 행정심판 임의전치주의를 취하고 있어 국민은 행정심판과 행정소송을 동시에 제기하거나 순차적으로 제기하는 것이 가능하여 편리한 측면이 있다. 그러나 국가적 관점에서는 동일한 분쟁을 행정심판기관과 법원에서 심리하여 처리하게 되어, 사실상 4심제가 되거나 중복적 처리로 분쟁해결의 신속성을 저해하고 동일한 사안에 대하여 상호 모순되는 결론이 도출되기도 한다. 더구나 행정심판의 경우 임의 전심절차인 경우에는 헌법 제107조 제3항에서 정하고 있는 사법절차를 준용하지 않아도 위헌이 되지 않는다는 헌법재판소 결정취지를 고려하면 특허심판의 임의전치주의 채택은 특허심판원의 개혁을 위해서도 크게 도움이 되지 않을 수 있다.

그런데 특허심판의 임의전치를 논하기에 앞서 특허심판제도에 문제점이 있다면 이를 개혁하는 것이 급선무이다. 특허심판은 조세심판 등 다른 특별행정심판과 달리 심판관의 구성에 있어서 특허에 정통한 변호사 등 전문가를 비상임위원으로 위촉하지 않고 있다. 또한 현재 특허심판원의 심판관 전원이 특허청 소속 공무원으로 박사학위자가 다수이지만,

심판관의 자격이 국가지식재산연수원에서의 소정의 연수만으로 이루어지고 있는 실정이다. 이러한 문제점을 개선하려면 특허에 전문화된 변호사 상당수를 심판관으로 채용하고 임기를 보장하여, 미국의 행정법판사(Administrative Law Judge, ALJ) 또는 행정특허판사(APJ)와 같이 특허에 정통한 변호사 출신을 적극 채용함과 아울러 수시로 특허청장이 인사발령할 수 없도록 제도적 장치를 마련할 필요가 있다.

이러한 특허심판원의 개혁을 전제로 한 투트랙의 경쟁시스템의 도입은 특허심판에 있어서 임의전치주의가 채택되더라도 행정심판(특허심판)을 거친 경우에는 제2심인 고등법원(특허법원)으로 곧바로 제기할 수 있도록 하여 신속한 권리구제를 도모함과 아울러 제1심 행정법원의 사건부담을 줄여 재판지연을 해소하는데 기여할 것이다. 행정부 내 행정심판기관(특허심판원)과 법원이 공정하고 신속한 권리구제를 위해 선의의 경쟁을 펼치는 날이 오기를 기대한다. 아울러 행정법원에 사건의 부담을 덜기위하여 행정심판을 거치는 경우에는 제1심 행정법원의 심리를 하지 않도록 하는 제도설계의 검토가 필요하다.[37]

향후 특허쟁송을 둘러싼 논의가 국민이나 소비자의 이익을 고려하거나 미국 등 선진국이 특허분쟁에 어떻게 효과적으로 대응하고 있는지 비교법적 관점에서 더욱 심도있게 연구할 필요가 있다. 본 연구에서는 다루지 않았지만 미국에서 특허분쟁에서 ADR의 절차를 적극 활용하고 있는 상황을 주목하고 우리의 경우에도 당사자계 특허쟁송에 있어서 조정제도를 적극 활용할 필요가 있다.[38] 끝으로 변호사단체와 변리사단체 사이의 첨예한 직역갈등을 상생(Win-Win)의 방식[39]으로 해소하고 합리적 해결점을 찾는데 본 연구가 일정부분 기여할 수 있기를 기대한다.

---

37 공정거래위원회의 처분에 대하여 임의전치주의로 하면서 서울고등법원 전속관할로 하고 있는 것은 문제라고 할 것이다. 공정거래위원회 심결을 거치게 되면 고등법원 관할로 하고, 공정거래위원회의 심결을 거치지 않은 처분에 대하여는 서울행정법원이나 대전지방법원의 관할로 하는 것도 하나의 방법이다.

38 미국의 경우 연방순회항소법원의 판사가 아닌 사무국장(Circuit Executive)에 의하여 주도되는 조정프로그램이 마련되어 있고, 소송계속 중에 조정프로그램을 진행하며 특허소송에 경험이 풍부한 변호사를 조정인으로 위촉하여 다수의 사건을 조정으로 종결하고 있다. 특히 비밀유지(confidentiality)의 관점에서 당해 사건의 판사가 조정에서 논의된 사항을 알 수 없도록 하고 특히 조정이 불성립한 경우에 있어서 조정절차에서 논의된 내용에 관하여 의견교환을 금지하고 있다.

39 특허심판과 제1심 법원과의 경쟁적 시스템 도입, 특허침해소송에 있어 변리사의 공동소송대리인 허용문제와 특허심판원에 심판관으로 특허전문 변호사의 대폭 충원연계도 대한변호사협회와 대한변리사회의 Win-Win 모델에 속한다.

참고문헌

국민권익위원회 중앙행정심판위원회, 「행정심판의 이론과 실무」, 2022.

고봉주, "특허심판제도 임의적 절차화", 특허심판임의전치 관련 세미나, 대한변호사협회, 2017. 8. 25.

김민호/김현경, "특허심판 전치의 필요성과 제도개선에 관한 연구" 「성균관법학」 제29권 제4호, 성균관대학교 법학연구원, 2017.

김시철, "조세심판전치주의와 가구제에 대한 헌법적 검토(I)-연혁적 검토 및 헌법상 재판청구권과의 관계 등을 중심으로 -" 「조세법 연구」 제27-3호, 2021.

김시철, "조세심판전치주의와 가구제에 대한 헌법적 검토(II)-연혁적 검토 및 헌법상 재판청구권과의 관계 등을 중심으로 -" 「조세법 연구」 제28-1호, 2022.

김용섭, "행정소송 전단계의 권리구제방법 및 절차" 「저스티스」 제105호, 한국법학원, 2008.

김용섭, "법무담당관 제도의 활성화와 과제" 「서울법학」 제28권 제1호, 2020.

김용섭, "취소소송의 대상으로서의 행정심판의 재결: 행정판례의 분석을 중심으로" 「행정법연구」 제3권, 행정법이론실무학회, 1998.

김용섭, "개별법상 이의신청제도의 현황분석과 입법적 개선과제" 「행정법연구」 제42호, 행정법이론실무학회, 2015.

김일환, "필요적 전심절차로서 특허심판제도의 법제정비방안에 관한 연구" 「성균관법학」 제30권 제2호, 성균관대학교 법학연구원, 2018.

배병호, "특허심판의 임의적 전치주의 채택에 대한 소고", 대한변호사협회와 기동민, 김병기, 황운하 의원 공동개최, 특허심판의 임의적 전치주의 채택과 특허 권리범위확인심판 폐지에 관한 심포지엄, 2022. 9. 26.

사법연수원, 「특허법연구」, 2015.

사법정책연구원, "미국 특허쟁송실무에 관한 연구- 연방순회항소법원(CAFC), 연방지방법원, 국제무역위원회(ITC), 특허청(USPTO)을 중심으로-", 2016.

성기문 외 3인, "특허법원 10년간의 회고와 향후 과제" 「특허법원 개원 10주년 기념논문집」, 특허법원, 2008.

손보인, "특허법원 심결취소소송의 심급구조 개선-특허 권리범위확인심판, 무효심판을 중심으로-", 행정형 권리구제절차에 대한 사법적 통제방안 모색을 위한 심포지움, 서울지방변호사회, 2016.11.

손경한 편저, 「신특허법론」, 법영사, 2005.

손영화, "공정거래법상 심결제도의 개선에 관한 연구- 일본 독점금지법상 심판제도의 개정을 중심으로" 「경제법연구」 제13권 제2호, 2014.

이숙연, "권리범위확인심판을 중심으로 본 특허 침해쟁송제도와 그 개선방안에 대한 고찰" 「법조」 통권 제643호, 2010.

이혜라, "이원적 특허쟁송체계하에서 특허심판제도의 존재론적 연구", 성균관대 법학박사학위 논문, 2020.

장현진, "특허소송과 법원의 전문성", 특허심판임의전치 관련 세미나, 대한변호사협회, 2017. 8.25.

정차호/이혜라, "특허심판의 헌법적 지위-필요적 행정심판전치주의를 적용하는 현행 특허심판제도의 위헌여부, 즉 사법절차의 준용여부-" 「저스티스」 통권 제170-3호, 2019. 2.

조영선, 「지적재산권법」 제5판, 박영사, 2021.

주기동, [실무논문] "특허소송의 개선방안에 대한 고언", 법률신문 제3643호, 2008. 4. 21.

최지현, "헌법상 재판청구권의 보장을 위한 행정구제 법제의 설계-심급제와 행정심판 전치를 중심으로-" 「법조」 제69권 제6호(통권 제744호), 2020.

최진수, "행정심판 제도의 구조에 관한 고찰", 「공법연구」 제43집 제2호, 2014.

특허법원 지적재산소송실무연구회, 「지적재산소송실무」 제3판, 박영사, 2014.

홍승기, "특허심판의 임의적 전치주의 채택 토론문", 대한변호사협회와 기동민, 김병기, 황운하 의원 공동개최, 특허심판의 임의적 전치주의 채택과 특허 권리범위확인심판 폐지에 관한 심포지엄, 2022. 9. 26.

황창근, "행정심판과 재결취소소송의 관계" 「연세법학」 제35호, 2020. 6.

松田一弘, "特許訴訟における技術的爭點への各國裁判所の對応,特許研究", No. 40, 2005/9

https://Supremcourt.gov/opinions/20pdf/19-1434_ancf.pof

https://ballotpedia.org/Admistrative_patent.judge

7

바둑문화의 진흥을 위한
특별법 제정의 필요성과 입법방향*

―――― 목차 ――――

Ⅰ. 바둑문화 진흥을 위한 입법 필요성
Ⅱ. 재단법인 한국기원의 현실태
Ⅲ. 바둑의 정체성 및 문화체육관광부내 바둑관장 부서의 이관
Ⅳ. 바둑문화진흥 관련 법체계 분석
Ⅴ. 바둑문화의 진흥을 위한 입법방향
Ⅵ. 결론

Ⅰ. 바둑문화 진흥을 위한 입법 필요성

바둑은 두뇌 스포츠와 기예적 성질을 아울러 갖고 있으면서 창조적·전략적 사고를 필요로 하는 마인드스포츠[1]의 일종이라고 할 수 있다. 이와 같은 바둑은 일반 사회인의 여가생활을 보장함은 물론 노인들의 여가활동 및 치매예방등의 정신적 효과를 가져올 수 있고 청소년의 정서활동이나 성격개선 및 논리적 사고와 문제해결능력의 함양 등 교육적 측면에서도 긍정적 기능을 하고 있다. 2008년 6월 현재 19세 이상의 성인의 바둑인구는

---

* 이 논문은 김용섭교수가 작성·제출하여 행정법연구 제22호(2008. 12.)에 게재·수록한 것입니다.

1 2008. 10. 3부터 10. 18. 까지 중국 북경에서 바둑과 더불어 브릿지, 체스, 체커, 중국장기 등 5개 종목에 걸쳐 제1회 월드 마인드스포츠대회가 개최되었는 바, 바둑은 마인드 스포츠에 속한다고 할 수 있다.

약 766만명인 것으로 추산되고 있어 바둑에 관한 국민적 관심이 매우 높다고 할 수 있다.[2]

바둑은 그동안 한국 특유의 실전적 역량이 축적되어 세계적 강국으로 자리매김하고 있으며, 태권도와 더불어 프로바둑이 국제기전에서 세계제패의 위업과 성과를 냄으로써 국민적 자존심을 지키고 국위선양을 함은 물론 문화강국으로서의 위상제고에 크게 기여하고 있다. 주지하는 바와 같이 한국의 프로바둑은 재단법인 한국기원(이하 "한국기원"이라 한다)이 중심이 되어, 정부의 행정적·재정적 지원없이 고군분투하면서 프로기사를 양성하여 프로바둑의 세계제패의 위업을 달성하여 왔으나, 프로기사의 급증에 따른 재정적 부담 및 중국의 강력한 추격에 따른 한국 프로바둑의 위기의 조짐, 아울러 바둑의 스포츠화 경향에의 적절한 대응필요성 및 한국바둑의 세계화의 요청에 부응하기 위하여, 이에 대한 법적 제도적 보완이 필요한 실정이다.

이와 같이 바둑은 태권도와 같이 우리의 전통문화의 일종이면서 국제경쟁력이 있는 스포츠의 일종이기 때문에 정부로 하여금 바둑문화 진흥을 위한 중장기 계획을 수립하도록 의무화하고, 한국기원을 태권도의 국기원과 같이 법률에서 근거규정을 둠으로써 민간단체와는 달리 임원을 정부에서 임명하고 국가의 지원을 받는 특수법인화하여 그 위상을 제고하고, 프로기사들이 해외에 진출할 수 있도록 해외파견프로그램을 활성화 하는 등의 행정적 지원시스템을 갖추도록 하려면 별도의 특별법을 제정하여 대처하는 것이 효과적인 정책실현수단이라고 할 것이다.

따라서, 오늘의 주제발표를 통하여 한국프로바둑의 현안을 점검하고 바둑의 스포츠화 경향이라고 하는 새로운 변화된 상황에 적절히 대처해 나가기 위한 행정적 지원방안을 모색함과 아울러, 한국 프로바둑의 지속적인 발전을 도모하기 위해서는 바둑과 비견되는 태권도에 관한 진흥법을 제정한 것과 같은 맥락에서 별도의 특별법을 제정하여 대처해 나갈 필요가 있다는 점을 강조하고자 한다. 태권도와 관련하여서는 2007. 12. 21. 태권도 진흥 및 태권도 공원조성 등에 관한 법률(이하 "태권도진흥법"이라 한다)이 제정되었는 바[3], 바둑과 태권도가 공히 한국의 전통문화로서 세계속에서의 역할과 위상을 지니는 유

---

2 한국갤럽, 바둑에 대한 국민 인식조사, 2008. 7, 12면.

사성도 있을 뿐만 아니라, 태권도는 무도와 스포츠의 양면성이 있듯이 바둑 역시 기예와 스포츠의 성격을 갖는다는 점에 비추어 태권도진흥법에 관한 규율 중 태권도 공원의 조성등에 대한 사항을 제외하고 주로 행정적 지원에 관한 사항을 중심으로 하여 바둑문화의 진흥을 위한 특별법을 제정할 것을 제안한다.

Ⅱ. 재단법인 한국기원의 현실태

한국바둑은 해방 후 조남철 선생이 일본유학에서 돌아온 후 1945년 11월경 한성기원을 설립한 시점에서 출발하여 1948년에는 한성기원이 조선기원으로 되었다가, 그 이듬해 대한기원으로 변경된 후 1954년 1월 8일 사단법인 한국기원으로 출범하면서 현대바둑의 새로운 전기가 마련되었다. 1969년 3월 당시 이후락 총재가 취임한 이후인 1970. 3. 25. 재단법인 한국기원(이하 "한국기원"이라 한다)이 설립허가를 받으면서 한국 바둑의 총본산으로서의 여러 가지 업적을 쌓아 오늘에 이르고 있다.[4] 한국바둑은 정부의 이렇다 할 지원없이 한국기원을 중심으로 일본을 벤치마킹하면서 일본을 극복하고, 프로바둑의 세계제패의 위업을 달성하여 왔다.

한, 중, 일 동양 삼국이 전통적 바둑강국이지만, 최근에는 일본의 퇴조와 한국의 강세, 그리고 중국의 상승국면으로 재편되어 가는 과정에 있다.[5]

그러나 현재 한국프로바둑의 강세에도 불구하고, 일본에서와 같은 전철을 밟지 않기 위해서 그리고 향후 계속적인 바둑문화의 발전을 위해 한국기원 소속 프로기사들의 열악한 지위를 개선하고 체계적인 지원대책을 강구하여야 할 필요성이 제기되고 있다. 뿐만 아니

---

3 태권도진흥법 제1조(목적) 에서 "이 법은 우리 민족 고유의 무도인 태권도를 진흥하고 전세계 태권도인들의 성지인 태권도 공원을 조성하여 국민의 심신단련과 자긍심을 고취시키고 나아가 태권도를 세계적인 무도 및 스포츠로 발전시켜 국위선양에 이바지함을 목적으로 한다"고 규정하고 있다.

4 해방이후 한국바둑의 역사에 관하여는 조남철, 양형모, 한국바둑의 대부, 조남철 회고록, 재단법인 한국기원, 2004.

5 우리나라의 바둑은 한국기원이 중심이 되어 바둑문화를 이끌어 왔고, 프로기사제도를 운영하여 전문적 영역으로 자리잡고 있으며, 최근 대한체육회의 준가맹단체의 승인을 계기로 사단법인 대한바둑협회(이하 "대한바둑협회"라 한다)가 창설되어 바둑발전의 새로운 국면을 맞이하고 있다.

라 바둑세계강국에 걸맞는 국제사회에서의 역할을 수행하여야 함에도 우리의 프로기사들의 해외진출이 중국에 한정되는 등 미흡한 실정이고 프로기사들의 병역상의 현안문제도 제대로 해결되지 않고 있는 실정이다. 오늘의 논의는 그와 같은 문제의식에서 비롯된다.

현재의 한국기원 시스템으로는 현재 232명에 매년 9명씩 증가하는 한국기원 소속 프로기사에 대하여 적절한 수준의 연구수당의 지급을 감당하기 어려운 국면에 돌입하였고, 아울러 프로기사에 관한 병역상의 혜택문제에 대하여 정부당국의 미온적인 대응으로 인해 역량있는 젊은 프로기사들의 기력이 저하될 위험에 노출되어 있어 그 돌파구의 마련이 필요하다. 아울러 현재 한국기원이 마련한 서초구청 관내의 부지에 바둑회관을 건립하려는 사업도 국민임대주택건설계획안 공고후에 교착상태에 있는 바, 특별법이 제정되면 국·공유재산의 무상 대부와 양여등이 가능하므로 지방자치단체에서는 서로 유치하려는 경쟁이 일어날 수 있으므로 바둑회관의 건립의 문제도 자연스럽게 해소될 수 있다고 본다. 아울러 현재 한국기원에 대한 부가가치세법의 적용 문제가 야기되는 바6, 한국기원의 활동에 대하여 조세제한특례법상의 조세감면조항을 신설할 필요가 있다. 바둑문화 진흥을 위한 국가의 지원시스템을 만들기 위해서는 바둑의 스포츠성을 인정하는 산발적인 지원만으로는 한계가 있으며, 바둑문화 진흥을 위한 특별법을 제정하여 한국기원을 특수법인화하고 바둑을 세계적인 문화상품으로 키워나가는 것이 급선무라고 할 것이다.

한국기원과 프로기사와의 법률관계를 법적으로 명확하게 규명하기는 쉽지 않지만 입단과 동시에 한국기원 정관과 규약상의 권리와 의무를 준수하여야 하는 일종의 공법적 특별권력관계에 준하는 사적인 영역에서의 특수신분관계라고 할 수 있다.7

더구나 국군체육부대인 상무팀에 태권도와 비견되는 바둑을 포함하고 있지 않을 뿐만

---

6 대법원 1991. 11. 8. 선고 91누 2786 판결. 이 판결에서 재단법인 한국기원이 일반인들을 상대로 바둑급수를 심사하여 인허장을 발급해 준 것은 용역의 공급이고, 각 언론사로부터 위임받은 프로기전 및 아마추어 바둑대회의 주관 및 급수 인허시에 받은 금원은 용역공급의 대가로 보아 부가가치세의 대상이 된다고 본 반면에, 재단법인 한국기원이 문화공보부장관의 허가 아래 기도문화의 발전과 바둑의 보급, 전문기사와 아마기사의 양성등을 목적으로 설립된 비영리 문화단체이고, 각종 바둑대회의 개최나 후원등을 고유의 사업으로 삼고 있음이 명백하므로, 위 법인이 각종 바둑대회를 주관해 준 행위는 부가가치세 면제대상인 비영리 문화행사에 해당한다고 보았다.

7 소속기사에 관한 내규 제3조를 살펴보면 "입단자는 자동으로 한국기원 소속기사 자격을 취득한다."고 되어 있고, 제4조에서는 "기사는 기도향상과 보급에 정진하여야 하며, 인격도야에 전념하여야 한다."고 규정하고 있으며, 제5조에서는 "기사는 한국기원 주최의 승단대회에 참가하는 것을 원칙으로 한다."고 규정하고 있다

아니라, 공군 e- 스포츠 병과 같은 프로게이머를 위한 팀에도 프로기사의 지원자격이 없
어 프로바둑에 관하여는 아무런 군입대를 하더라도 행정적 조치가 제대로 이루어지지 않
아 젊고 유망한 프로기사가 일반 군복무를 마치고 난 후에 기량을 발휘하지 못하게 되어
한국 바둑의 미래를 우려하는 분위기도 감지된다.

Ⅲ. 바둑의 정체성 및 문화체육관광부내 바둑관장 부서의 이관

1. 바둑이 문화인가 스포츠인가

바둑문화의 진흥을 위한 특별법 제정의 필요성에 관한 논의를 하면서 바둑을 문화나 예
술의 일종으로 볼 것인가 아니면 스포츠의 일종으로 볼 것인가의 문제가 야기된다. 주지
하는 바와 같이 문화란 사회구성원에 의하여 습득, 공유, 전달되는 행동양식이나 삶의 방
식 또는 생활양식이라고 할 수 있다. 모든 사회적 영역이 국가로 통합되면서 문화를 보호
하고 육성하는 것이 중요한 국가적 과제라고 할 것이다. 따라서 오늘날에는 모든 문화의
영역이 자신의 고유법칙에 따라 발전될 수 있도록 국가가 그에 필요한 전제조건을 마련
해 주는 것이 매우 중요한 의미를 지니게 되었다.[8] 그러나 문화에 대하여는 원칙적으로
문화적 자율성을 보장할 필요가 있으며, 이는 문화활동에 대한 국가의 문화정책적 중립성
을 의미한다. 이는 문화에 대한 무관심이나 방기를 의미하는 것이 아니다. 따라서 문화정
책을 행함에 있어 사회에 전부 일임하지 않고 국가가 지원하되 문화에 대한 보호 및 육
성은 후견적, 간섭적이어서는 안 되고, 적어도 문화의 자율성을 최대한 존중하는 지원방
식으로 행하여 져야 한다.

그동안 바둑은 생활문화[9]의 일종으로 다루어져 왔다. 한국기원 정관 제3조(목적)에서도
"본원은 바둑을 보급하여 건전한 생활문화를 창달하고, 전문기사가 기량을 펼칠 기전을

---

8 장용근, 헌법상 문화국가원리의 보장, 법학논총 제30권 제2호, 2006, 16면.

9 생활문화란 의·식·주 등 일상생활에서 공유된 것으로서 특별한 가치와 의미를 부여하는 생활양식과 관련된 문화를 말
한다. 이에 관하여는 김창규, 문화관련 한국법제의 현황과 과제, 문화법제의 체계화를 중심으로, 법학논총, 제30권 제2
호, 2006, 114면 참조.

개발·유치하며, 국내외 바둑단체의 활동을 육성·조정함으로써 바둑의 발전에 이바지 하는 것을 목적으로 한다.”고 규정하고 있는 바와 같이 “바둑을 보급하여 건전한 생활문화의 창달”을 한국기원의 정관의 목적의 하나로 들고 있다.

아울러 태권도가 무도로 보듯이 바둑을 예술의 일종인 기예로 보아 스포츠성을 부인하는 입장도 있는 것이 사실이다. 병역법시행령에서는 공익근무요원으로 추천하기 위한 요건의 하나로서 병역법시행령 제49조(예술, 체육요원의 공익근무요원의 추천등)제1항 제1호의 “병무청장이 정하는 국제예술 경연대회에서 2위 이상으로 입상한 사람”에 포함되어 1994. 12. 12부터 이창호 기사에게 처음으로 병역특례의 혜택이 부여된 바 있으며, 2003년에 송태곤 기사가 후지쓰 배 준우승으로 공익근무요원으로 활동하였고, 그 후에 박영훈, 최철환, 박정상 기사 등이 병역혜택을 보아 공익근무요원으로 한국기원에 소속하면서 계속 바둑을 둘 수 있도록 보장받았을 뿐이다. 그런데 문제는 병역혜택을 주는 기준과 관련하여 이미 없어진 국내주최의 세계기전인 동양증권배를 그대로 놓아두고, 새롭게 국내에서 개최되는 세계기전을 추가하지 않는 것은 매우 불합리한 정책이라고 할 것이다. 그러다 보니 4년에 한번씩 개최되는 응씨배, 매년 개최되는 일본의 후지쓰배의 준우승 이상의 입상자에 한정하다보니 매우 적은 기사만이 병역혜택을 보게 되는 문제가 있다. 따라서 이미 없어진 국내주최 세계기전인 동양증권배 대신에 삼성화재배와 LG배세계기왕전을 포함시켜 그와 같은 세계기전의 준우승 이상의 성적을 거둔 경우에도 적용을 받아야 한다는 입장이 설득력을 얻고 있다.[10] 다만, 병역법과 동법 시행령상 바둑의 국제기전에서 훌륭한 성적을 낸 경우에 독자적 병역혜택의 기준을 적용한 것이 아니라 프로기사를 기존의 예술요원으로 포함시켜 적용하였던 것이고, 앞으로 2010년 광조우 아시안 게임에서 1위로 입상할 경우에는 프로기사가 체육인으로 분류되는 등 바둑의 프로기사가 대회에 따라 예술요원과 체육요원을 넘나들게 되는 불합리가 있다. 따라서 병역법의 관계규정을 개정하여 아시안게임 1위와 올림픽대회에서 3위 이상으로 입상한 경우를 추가함과 아울러 세계기전에서 준우승 이상으로 입상한 경우를 추가하도록 개정하면서, 국제기전중 국내에서 개최되는 규모가 큰 세계기전인 LG배 세계기왕전, 삼성화재배가 포함되도록 함과

---

10 한상렬, 프로기사 병역특례, 이제 재검토할 때, 자유공론, 2007. 2.

아울러, 응씨배와 후지쓰배 이외에 춘란배와 토요따 덴소배를 추가하도록 하여 국익신장에 크게 기여한 프로기사에 대한 병역혜택을 부여하는 내용으로 병역관련 법령을 개정을 할 필요가 있다고 할 것이다.[11]

이제는 바둑에 관한 정부의 업무가 문화체육관광부의 체육국으로 이관되어 특히 프로바둑은 스포츠산업과에서 관장하는 관계로 바둑의 스포츠성을 전면적으로 부인하고 문화나 예술의 일종으로 한정해서 파악하는 것은 다소 무리가 따른다고 할 것이다.[12]

한편, 바둑의 지원을 위해 체육 내지 스포츠로 보아야 하고 그와 같은 접근이 옳다는 견해가 존재하는 것도 사실이다. 이러한 입장이 타당한지를 검토하기 위해서 체육 내지 스포츠의 개념을 분석할 필요가 있다. 스포츠의 개념을 일단 경쟁적 스포츠에 한정한다면 경기규칙에 따른 승부를 목표로 하는 일련의 신체활동으로 좁게 파악하게 되고, 이와 달리 넓게 파악하면 경쟁스포츠를 포함하여 사회적 관계형성이나 여가와 관련하여 행해지는 신체활동도 포함하게 된다.[13] 즉, 여기에서는 스포츠의 개념을 넓은 의미의 개방된 형태로 이해하더라도 신체활동에 해당하느냐의 문제가 남는다. 이하에서는 스포츠의 개념적 특징을 고찰하기로 한다.[14]

스포츠 개념적 특징중에서 우선 스포츠는 자기목적(Selbstzweck)과 비생산성을 특징으로 하고, 경쟁과 성과를 내기 위한 노력(Wettkampf- u. Leistungsstreben)이 중요한 기준이 되며, 특히 차별적 수준에서의 기량향상도 전형적인 스포츠의 특징이다. 이와 더불어, 규칙과 조직형태(Regelung und Organisationsformen)가 있는 것이 무엇보다 중요하다. 또한 규칙을 지키면서 정정당당하게 하는 페어플레이 정신, 상대방의 존중 등 스포츠가 갖는 윤리적

---

11 참고적으로 현재 세계기전은 LG배 세계기왕전(우승상금: 2억 5천만원), 삼성화재배(2억), 농심신라면배(2억), 정관장배(7천5백만원), 응씨배(40만달러), 후지쓰배(1천500만엔), 도요타덴소배(3천만엔), 춘란배(15만달러), TV아시아(250만엔), 중환배(200만 대만위안), 대리배(10만 위엔), 원양부동산배(10만 위엔), 한중천원전(1천만원)을 들 수 있다.

12 한국기원이 문화관광부장관에게 2005. 11. 1. 문화예술단체에 해당하는지에 대한 확인요청회신에서 문화관광부장관은 동법인은 민법 제32조에 의거 바둑문화의 발전을 위하여 문화공보부로부터 법인설립허가(1970. 3. 25. 문공부 제179호)를 받은 재단법인으로서 지방세법 제288조(사회단체 등에 대한 감면) 제2항의 문화예술단체에 해당됨을 확인한다고 밝힌바 있다.

13 千葉正土. 濱野吉生 編의 스포츠法學入門(1995)에 의하면 "스포츠란 일정한 규칙 하에 특정의 상징적인 양식의 실현을 목적으로 하는 특정의 신체행동에 의한 경쟁"이라고 정의내리고 있다.

14 김용섭, 스포츠법의 현황과 전망, 한림법학포럼, 제16권, 2005. 11, 254-257 면.

요소를 내포하고 있다. 한국의 바둑규칙 제21조에서는 반칙에 관한 규정을 두고 있다.[15]

그러나 무엇보다, 스포츠의 개념인정에 있어 신체적 활동인 "운동(Bewegung)이나 모터적 활동(motorische Aktivität)"이 결정적인 기준으로 작용한다. 전통적인 스포츠에서 수영, 육상 등이 이러한 특징을 보여 주고 있다. 자전거, 자동차경주, 스키, 조정, 투포환 등과 같이 기술적인 장치의 사용에 있어 인간의 운동과 모터적 활동이 결정적인 역할을 하는 경우에는 스포츠에 속한다.[16] 사격과 양궁의 경우에도 다른 스포츠에 비하여 신체의 움직임이 적으나 바둑과 같은 정신활동이 아니라 신체움직임의 결과라는 사실은 방아쇠를 당기는 순간이나 활시위에서 활을 놓는 순간의 정교함이나 치밀함을 위해 엄청난 양의 육체적 단련과 훈련을 수반한다는 점을 지적하기도 한다.[17] 이러한 관점에서 바둑, 체스, 브릿지, 장기 등 마인드 스포츠는 엄밀히 말하여 스포츠에 속하지 않는다는 견해가 있다.[18] 여기에서는 운동보다는 전략이 중요하기 때문이다. 정신적 운동이라는 관점에서 두뇌스포츠라고 부를 수는 있어도 엄밀히 말하여 전형적인 스포츠는 아니다. 그러나 이러한 종래의 입장에 변화가 생기고 있다. 그것은 독일의 경우에는 체스협회가 스포츠협회에 가입하여 스포츠로 인정하고 있으며, 한편 세법적인 의미에서도 스포츠로 분류된다.[19] 심리학적 연구에 따르면 체스를 두는 선수들의 신체적 정신적 긴장은 볼링 정도의 수준에 해당한다는 연구결과도 있다.[20] 한국에서 대한바둑협회가 대한체육회의 준가맹단체로 승인되었다는

---

15 한국바둑규칙 제21조에서는 제8조(착수금지). 제9조(착수의 제한), 제10조(따내기)를 위반한 경우, 한번 둔 착수를 들어내 다른 곳에 두는 행위, 제한시간을 초과했을 경우 등의 경우에는 반칙으로 한다고 규정하고 있다. 다만, 반칙의 효과에 관하여는 아무런 규정을 두고 있지 않지만, 반칙패로 해석된다. 명백하게 반칙패로 규정하는 것이 보다 낫다고 할 것이다.

16 Gerd Ketteler, a. a. O., S. 74.

17 권오륜, 황미숙, 이호철, 윤희철, 바둑이 체육 혹은 스포츠가 될 수 있는가?, 한국체육학회지 제44권 제5호, 2005, 92면.

18 Fritzweiler/Pfister/Summerer, Praxishndbuch Sportrecht, 1998, S. 3.

19 Gerd Ketteler, Sport als Rechtsbegriff, SpuRt, 3/97, S. 74.

20 독일의 체스선수권자이며 의사인 Helmut Pfleger 박사는 체스대회에 참가한 선수의 심리적 긴장에 대하여 연구하였는바, 그는 1981년 최고기량의 선수가 호흡박동, 심장박동, 혈압, 체중감소 등과 관련하여 대회기간동안 적어도 사격, 당구, 볼링, 모터스포츠 등과 같은 다른 스포츠 종목처럼 극도로 집중력을 발휘하기 때문에 신체적 긴장이 있다는 것을 알아냈다. 이러한 관점에서 선수가 체스대회에 나가서 장시간 긴장을 유지하기 위해서는 어느 운동선수 못지 않은 체력 준비가 필요하다.

점이나 2010년 광저우 아시안게임에 체스의 하위종목으로 바둑이 채택된 것도 스포츠성을 인정함에 있어 중요한 고려요소가 되었다고 할 것이다.

그럼에도 불구하고, 스포츠의 신체운동은 근육, 골격, 신경들을 중심으로 한 물리적 운동이 중심이 된 신체운동임에 반하여, 바둑은 두뇌(지적작용)운동을 중심으로 한 신체운동이며, 스포츠의 기술은 신체동작과 관련되고 이 신체동작이 활동의 과정을 지배하고 결과를 결정하지만 바둑은 두뇌작용에 의한 합리적 선택이 결과를 결정하는 특성을 지니고 있다. 바둑의 스포츠성을 부정하는 견해에서 스포츠 관련학과와 바둑학과의 교과과정은 명칭, 내용 등에서 유사성을 찾을 수 없으므로 바둑의 스포츠 주장논리는 설득력이 부족하다고 주장한다. 여기서 핵심적인 내용은 바둑이 대근육운동이 아닌 두뇌작용을 한다는 점이다.[21]

위에서 언급한 본질적인 판단척도에 비추어 이와 같은 바둑이 마인드 스포츠의 특징을 가지고 있으나, 스포츠로 보는데 한계가 있고, 설사 스포츠로 본다고 할지라도 체육이나 스포츠법제에서 바둑을 스포츠로 수용하려면 입법적 조치가 필요할 것으로 사료되는데 바둑을 전면적으로 스포츠나 체육으로 보는데는 법체계상 다소 무리가 따른다.

2. 문화체육관광부내 바둑관장부서의 이관

종전에 바둑을 예술국의 전통지역문화과에서 관장하던 적도 있다. 그러나 그동안 바둑을 문화체육관광부 문화정책국 밑의 국어민족문화팀에서 바둑을 관장하고 있었으며, 정부는 바둑을 생활문화의 일종으로 파악하고 있어, 바둑에 관하여는 거의 국가적 지원이나 관심이 없다시피 하고 한국기원에 대하여 감독관청으로서의 역할을 하고 있는데 그치고 있었다. 바둑을 스포츠로 분류하여 문화체육관광부내 관장부서를 체육국으로 옮기는 것이 바람직 할 것인지 아니면 문화정책국에 있어야 할 것인지는 바둑의 정체성과도 관련되는 바, 우선 바둑에 관한 업무중 프로바둑을 관장하는 한국기원이 문화체육관광부내의 체육국의 스포츠산업과로 이관됨에 따라 바둑의 스포츠성이 더욱 부각될 수 있게 되었으며, 태권도를 관장하는 스포츠산업과에서 관장하게 되어 태권도의 진흥과 같은 맥락에서 독

---

21 세계최강 한국바둑, 이대로 방치할 것인가 국회 바둑정책토론회 자료집, 2005. 9. 6. 10면.

자적인 바둑문화의 진흥을 위한 특별법을 제정할 수 있는 동력이 생겼다고 볼 수 있다.

앞으로 바둑의 세계화 필요성이라든가 바둑에 대한 행정적·재정적 지원필요성에 비추어 정부의 보다 폭넓은 관심이 필요하다고 할 것이다. 2007년 하반기 부터 바둑관장부서가 한국기원에 관한 프로바둑을 체육국 내의 스포츠산업과에서 관장하고 있음에도, 사실상 "문화체육관광부와 그 소속기관직제시행규칙"에는 스포츠산업과장의 분장사무로서 프로바둑에 관하여 아무런 규정을 두고 있지 않는 것도 바둑에 관한 무관심의 표현이 아닌가 생각한다. 위 직제시행규칙에 프로바둑 지원에 관한 명문의 규정이 두어져야 할 것이다. 또한 태권도 공원 조성 및 운영에 관한 사항, 태권도진흥재단에 관련된 업무와 같이 스포츠산업과장의 분장사무에 프로바둑이나 한국기원에 관한 사항을 명문의 규정으로 둘 필요가 있다. 위 직제시행규칙에 단지 프로운동경기의 진흥 및 관련단체의 육성·지원에 관한 사항이 명기되어 있을 뿐, 이와 같은 애매모호한 규정으로는 프로바둑을 프로 운동경기로 본다는 것인지 아니면 스포츠 산업진흥의 일종으로 본다는 것인지 전혀 알 수 없는 바, 이는 관장부서의 이관에도 불구하고 문화체육관광부가 프로바둑에 관한 방관자적, 소극적 자세를 취하고 있음을 단적으로 드러내 준다고 할 것이다.[22]

IV. 바둑문화진흥 관련 법체계 분석

1. 바둑문화진흥의 헌법적 기초

국가의 바둑문화에 대한 지원은 명시적인 헌법적인 위탁이 없지만, 문화진흥의 일환으로서 바둑문화의 진흥을 위한 특별법을 제정하는 등 한국기원에 대한 각종지원을 통한 바둑문화의 진흥은 국가적 과제라고 할 것이다. 따라서 규제법이 아닌 조장법적 성격을 지니는 바둑문화의 진흥을 위한 특별법을 제정하는 것은 국회의 입법정책의 자유에 속하는 문제로서 헌법적으로 크게 문제시 되지 않는다.

---

22 아마바둑을 관장하는 대한바둑협회에 관한 사항은 국제체육과에서 관장하고 있는 바, 체육국내의 관장부서를 달리하는 것이 바람직 한 것인지 좀더 심층적인 고찰이 필요하다.

우리 헌법은 문화와 관련하여 전문에서 "유구한 역사와 전통"을 강조하고 있으며, 제9조에서 "국가는 전통문화의 계승·발전과 민족문화의 창달에 노력하여야 한다"고 규정하고 있고, 대통령의 취임선서를 규정한 제69조에서 "민족문화의 창달에 노력한다"고 규정하고 있어 우리 헌법은 문화국가의 원리를 천명하고 있다. 이와 같이 전통문화에 속하는 바둑문화의 계승과 발전을 위하여 자율적 조직인 한국기원에 맡겨 두는 것만으로 그 소임을 다하는 것이 아니라 국가는 태권도의 경우처럼 적극적으로 진흥법을 제정하는 등 바둑문화의 진흥을 위하여 노력하여야 할 의무가 있다.

2. 바둑문화진흥을 위한 법률체계

바둑을 문화현상으로 본다면 문화예술진흥법이나 문화산업진흥기본법의 적용을 받도록 할 필요가 있다. 그러나, 현재 문화예술진흥법 제2조 제1항 제1호에서 "문화예술"이란 문학, 미술(응용미술을 포함한다), 음악, 무용, 연극, 영화, 연예(演藝), 국악, 사진, 건축, 어문(語文) 및 출판을 말한다고 규정하고 있어, 바둑이 문화예술진흥법의 적용을 받는 "문화예술"에 포함시키지 않고 있다. 아울러 문화산업진흥기본법 제2조 제1호에서 규정하고 있는 문화산업에도 바둑을 포함시키지 않고 있는 실정이다.[23] 따라서 문화예술진흥법과 문화산업진흥기본법을 개정하여 바둑을 이와 같은 법률에 포함시키는 것도 고려해 볼 수 있다.[24] 이는 그동안 바둑이 문화예술진흥법이나 문화산업진흥기본법의 적용을 받지 않고 자율적인 영역으로 다루어져 왔다는 점에 기인한다. 오늘날 바둑의 스포츠화 경향에 따라 바둑을 스포츠의 일종으로 보게 된다면 국민체육진흥법과 스포츠산업진흥법의 적용을 고려해 볼 수 있다. 그러나 아직 바둑을 국민체육진흥법 제2조 제1호에서 규정하고 있는

---

[23] 문화산업진흥법 제2조 제1호에서 문화산업은 영화와 관련된 산업, 음반·비디오물·게임물과 관련된 산업, 출판·인쇄물·정기간행물과 관련된 산업, 방송영상물과 관련된 산업, 문화재와 관련된 산업, 만화·캐릭터·애니메이션·에듀테인먼트·모바일문화콘텐츠·디자인(산업디자인은 제외한다)·광고·공연·미술품·공예품과 관련된 산업, 디지털 문화콘텐츠 및 멀티미디어 문화콘텐츠의 수입·가공·개발·제작·생산·저장·검색·유통 등과 이에 관련된 서비스를 행하는 산업, 그밖에 전통의상·식품 등 전통문화 자원을 활용하는 산업으로서 대통령령이 정하는 산업에 한정하고 있고, 바둑을 포함하고 있지 않다.

[24] 이와 관련하여 2003-2004년도 무렵 경기도 고양시에서 한국기원을 고양시로 유치하기 위하여 문화산업진흥기본법과 문화예술진흥법을 개정하고, 바둑(문화)창달을 위한 법률 제정안을 마련하는 등 고양시 차원에서 입법움직임이 있었으나 정부나 한국기원의 소극적 대응으로 무산된 적이 있다.

"체육"의 정의에 포함된다고 보기에는 무리이다. 동법상 "체육이라 함은 운동경기·야외운동 등 신체활동을 통하여 건전한 신체와 정신을 기르고 여가를 선용하는 것을 말한다."고 되어 있으므로 여기서 말하는 신체활동에 두뇌활동을 포함시킬 것인지 아니면 대근력운동에 한정할 것인지의 문제인 바, 앞서 살펴본 바와 같이 전면적으로 바둑을 체육의 개념에 포함시키는 것은 다소 무리라고 보여진다. 또한 2007. 4. 6. 제정되어 같은해 10. 6.부터 시행되게 된 스포츠산업진흥법 제2조 제1호에서 "스포츠"에 관한 용어 정의 규정을 두고 있는 바, 스포츠라 함은 건강한 신체를 기르고 건전한 정신을 함양하여 질높은 삶을 위하여 자발적으로 행하는 신체활동을 기반으로 하는 사회문화적 행태를 말한다고 규정하고 있어, 역시 스포츠의 개념인정에 있어 신체활동이 중요한 척도가 된다고 할 것이다. 결국 바둑은 문화적 또는 예술적 측면과 더불어 스포츠의 특성도 갖고 있는 독특한 성격을 지닌다고 할 것이다.

이러한 바둑의 특성때문에 법률체계내에서 바둑은 문화예술진흥법과 문화산업진흥기본법에서도 규율하고 있지도 않을 뿐만 아니라, 국민체육진흥법이나 스포츠산업진흥법에서도 규율하고 있지 않는 법률적 사각지대에 위치하고 있다고 할 것이다. 정부는 새로운 특별법을 제정하는 등 법적 제도적으로 바둑의 문화진흥을 고려할 뿐만 아니라, 국민체육진흥법이나 체육시설의 설치·이용에 관한 법률, 스포츠산업진흥법을 개정하여 바둑을 체육법제에 일부 포함시키려는 정책적 노력이 필요하다고 할 것이다.[25]

V. 바둑문화의 진흥을 위한 입법방향

1. 기본적 방향

바둑을 문화예술진흥법에서 규정하고 있는 "문화예술"의 한 부분으로 포함시키는 것도

---

25 다만, 스포츠의 개념정의가 신축적인 측면이 있으며, 바둑의 스포츠성을 인정하는 방향으로의 국제올림픽조직위원회의 움직임등의 추세로 볼 때 바둑도 체육 내지 스포츠의 일종으로 보아 법적 규율을 가하는 것이 입법정책적으로 바람직한 측면이 있다고 할 것이다.

하나의 입법적 방향이 될 수 있으나, 오늘날 바둑의 스포츠화 경향이 가속화되고 있는 상황을 감안할 때, 그와 같은 입법적 조치는 한계가 있다고 할 것이다. 그렇다고 체육이나 스포츠 법제에 편입하는 방안도 바둑이 완전히 체육이나 스포츠로 용해될 수 없는 한계가 있기 때문에 바둑을 마인드스포츠로서의 성격을 띠면서도 이와는 다른 독자적 문화 내지 기예의 일종으로 파악하는 방향에서 입법화를 도모하는 것이 필요하다. 문화체육관광부에서도 바둑에 관한 사항을 지난해 하반기에 국어민족팀에서 스포츠산업팀으로 이관하여 현재 스포츠산업과에서 프로바둑인 한국기원에 관한 사항을 관장하고 있는 점을 감안할 필요가 있다.26

따라서, 향후 고려할 수 있는 바둑문화의 진흥을 위한 특별법의 제정의 방향은 태권도진흥법 제정의 정책적 방향과 맥을 같이한다. 다만, 태권도진흥법에서 태권도 공원 조성과 같은 정책적 차원이라든가 과도한 재정적 지원이 수반되지 않는 행정적 지원이 강조되는 내용의 특별법의 제정이 기본적 방향이라고 할 수 있다.

그동안 정부당국의 인식부족과 정책적 지원의 부재속에서도 한국 프로바둑이 세계강국으로서의 지위를 유지하고 있는 것은 그동안 한국기원이 그 역할을 충실히 수행해준 것이고, 무엇보다도 프로기사들이 열악한 여건속에서도 묵묵히 참고 인내해온 결과라 해도 과언이 아니다. 그러나 앞으로 프로바둑의 발전을 위해서는 프로기사들의 일방적인 인내만으로는 한계가 있으며, 바둑문화의 진흥을 위한 법적 기반을 마련하여 이를 바탕으로 체계적인 행정적 지원 시스템이 필요한 단계에 와 있다고 본다.

우선 바둑문화의 진흥을 위한 법제도의 방향은 우선 바둑을 스포츠로 분류하면서 부분적으로 바둑을 스포츠를 규율하는 법체계에 편입하는 방향을 고려할 수 있으나, 체육인들의 반발등도 만만치 않아, 바둑은 스포츠화의 진행속도를 보아가며 바둑을 하나의 문화로서 진흥하기 위한 독자적인 법률을 제정하는 방향이 바람직 하다고 할 것이다. 이와 병행하면서 바둑문화의 진흥을 위한 특별법의 제정이전이라도 현행 개별법률의 개정을 통해서 바둑문화의 진흥을 실현해 나갈수 있는 가능성이 열려있다.

---

26 아마바둑인 대한바둑협회에 관한 사항은 체육국 내의 국제체육과에서 관장하고 있으므로 바둑의 스포츠성이 강조되고 있으며, 2010년 광저우 아시안 게임에서 바둑을 정식종목으로 채택하고 있는 점도 감안할 필요가 있다.

2. 현행 법령의 개정을 통하여 반영되어야 할 사항

가. 병역특례에 관한 사항

병역법의 특례적용과 관련하여 바둑을 명문화하지 않고 예술분야로 분류하는 문제점도 차제에 시정될 필요가 있다. 가령, 병역법 제2조 제1항 제10호의3, 제33조의7에서 "문화창달과 국위선양을 위한 예술·체육분야"로 규정하고 있어, 바둑을 독자적 병렬적으로 위치하고 있지 않아 종전에는 예술로 분류되기도 하였고, 최근에는 체육으로 분류될 수 있는 여지도 있어 애매하게 되었다. 프로기사들이 세계기전에 참가하여 문화창달과 국위선양을 할 경우에 바로 적용될 수 있도록 병역법 제2조 제1항 제10호의3, 제33조의7에서 "예술·체육 및 바둑"을 병기하는 내용의 법률개정이 필요하다고 할 것이다. 이와 더불어 병역법 시행령 제68조의11에서도 예술·체육 및 바둑 요원으로 개정하면서 제 6호를 신설하여 "LG배세계기왕전, 삼성화재배, 응씨배, 후지쯔배, 도요타덴소배, 춘란배 등 국제바둑기전에서 2위이상으로 입상한 프로기사"를 포함하도록 병역법시행령을 개정할 필요가 있다.[27]

한편 바둑기사의 병역혜택(공익근무요원의 업무 및 소집대상)과 관련하여 프로기사 등에 대하여 특별한 혜택을 주어 헌법상 평등의 원칙의 위반여부 내지 국민법감정과 관련하여 논란이 제기될 수 있으나, 국익을 위해 크게 기여한 세계기전에서 좋은 성적을 올려 준우승이상으로 입상한 유망한 프로기사에 대하여 공익근무를 하도록 하여 계속 바둑을 둘 수 있도록 한다면 국익에도 도움이 될 뿐만 아니라 프로기사 개인의 기력손실을 줄이며, 이창호 프로기사등이 보여준 바와 같이 계속기량을 발휘할 수 있어 한국의 바둑세계

---

27 병역법시행령 제49조 (예술·체육요원의 공익근무요원추천등) ①법 제26조제2항의 규정에서 "대통령령이 정하는 예술·체육분야의 특기를 가진 사람"이라 함은 다음 각 호의 어느 하나에 해당하는 사람을 말한다.
　1. 병무청장이 정하는 국제예술경연대회에서 2위이상으로 입상한 사람
　2. 병무청장이 정하는 국내예술경연대회(국악 등 국제대회가 없는 분야의 대회에 한한다)에서 1위로 입상한 사람
　3. 「문화재보호법」 제6조에 따른 중요무형문화재로 지정된 분야에서 5년이상 중요무형문화재 전수교육을 받은 사람으로서 병무청장이 정하는 분야의 자격을 얻은 사람
　4. 올림픽대회에서 3위이상으로 입상한 사람(단체경기종목은 실제로 출전한 선수에 한한다)
　5. 아시아경기대회에서 1위로 입상한 사람(단체경기종목은 실제로 출전한 선수에 한한다)
　6. 삭제 〈2007.12.28.〉
　7. 삭제 〈2007.12.28〉

강국을 유지하는데에도 큰 도움이 되리라고 본다. 한편 그와 같은 기량까지 보이지 못한 프로기사라고 할지라도 국군체육부대령에서 규정하고 있는 바와 같은 국방부장관소속하에 두는 국군체육부대(상무팀)[28]에 운동선수만이 아니라 바둑선수도 국군체육부대에 근무할 수 있도록 국군체육부대령 제3조 제2항에서 "체육부대에 국군대표운동선수단을 두되, 그 설치·구성·선수선발 및 운동경기 등에 관한 사항은 국방부 장관이 정한다"고 되어 있는 부분을 개정하여 "체육부대에 국군대표운동선수단(바둑선수단을 포함한다)을 두되, 그 설치·구성·선수선발 및 운동 및 바둑경기 등에 관한 사항은 국방부 장관이 정한다"로 하는 방안을 제안한다. 다만 이것은 바둑을 체육으로 보는 전제에서만 가능한 개정방향이라고 할 것이다.

국군체육부대인 상무팀에 바둑을 포함시키는 것도 장기적으로 검토대상이지만, 오히려 공군 e-스포츠병 모집을 통하여 임요환, 성학승, 오영종, 박정석, 한동욱, 홍진호, 차재욱 등 프로게이머가 대전 Ace 팀에서 활동하면서 프로게이머로서 그 기량을 계속 유지하는 것이 공익에 합치된다고 판단되므로, 그 지원자격을 현재 사단법인 한국프로게임협회 공인프로게임머 자격소지자에 한정할 것이 아니라, 재단법인 한국기원 소속 프로기사를 추가하여 프로바둑팀도 이에 포함되도록 할 필요가 있고, 나아가 별도로 육, 해, 공군중에서 공군 e-스포츠병과 같은 특별지원 방식을 통하여 프로기사를 지원하도록 하여, 프로바둑팀을 창단하여 모집하여 한국바둑리그에 참가하도록 하는 것도 하나의 방안이 될 수 있다고 할 것이다.

나. 바둑교실에 관한 규율

바둑교실의 경우처럼 학원이나 교습소의 형태로 바둑을 지도하는 경우에도 체육시설의 설치·이용에 관한 법률의 적용을 받고 있지 않고, 학원의 설립·운영 및 과외교습에 관한 법률시행령의 적용을 받고 있다. 동시행령 [별표1]에서 규정하고 있는 학원의 교습과정에

---

28 현재 국군체육부대는 3개의 경기대에서 25개 종목으로 운영하고 있는 바, 제1경기대는 남자축구, 여자축구, 핸드볼, 농구, 유도, 복싱, 럭비, 레슬링, 태권도의 9개 종목이고, 제2경기대는 탁구, 야구, 하키, 배드민턴, 테니스, 배구, 역도, 체조의 8개 종목이고, 제3경기대는 사격, 육상, 사이클, 펜싱, 수영, 양궁, 근대5종, 바이애슬론의 8개 종목으로 운영되고 있다.

바둑이 기예분야에 속하는데, 국악, 전통무용, 서예, 꽃꽂이, 꽃기예, 만화, 연극, 모델, 마술(매직), 실용음악, 성악, 현대무용, 바둑,웅변이 포함되어 있다.

현재 바둑교실의 경우처럼 학원형태로 바둑을 지도하는 경우에 학원의 설립·운영 및 과외교습에 관한 법률 제6조 및 동법 시행령 제3조의 2 제1항의 규정의 적용을 받고 있어 이를 운영하기 위해서는 관할 시·도교육감에게 등록하여야 한다. 바둑학원에서의 교습과정의 운영이 아닌 단지 바둑을 두는 장소인 통상적인 기원은 기본적으로 자영업으로서 세무서에 사업자등록을 한 후에 별도의 신고 없이 영업이 가능하다. 다만, 기원안에서 내기 바둑을 하는 등 도박행위를 하거나 대국 중 지나친 흡연 등이 기원에 있는 사람들의 건강을 해치기 때문에 이에 대한 규제의 필요성이 있다. 따라서 바둑문화의 진흥을 위한 특별법의 제정을 통하여 기원에 관한 신고제의 도입과 기원안에서의 도박행위 금지나 흡연금지 등을 명문화하는 것이 필요하다고 할 것이다.[29] 그러나 기본적으로 바둑문화 진흥을 위한 법률을 제정하기 전이라도 바둑을 체육이나 스포츠의 일종으로 보는 견지에서 기원이나 바둑교실을 체육시설의 일종으로 보아 현행 체육시설의 설치·이용에 관한 법률에서 신고업종으로 규율하는 것도 국민의 법감정속에 바둑의 스포츠성이 더욱 확고히 자리잡게 되고, 체육계에서도 개방적인 입장을 취하게 되면 고려해 볼 수 있는 입법정책적 방향이라고 할 것이다.[30]

다. 기보저작권에 관한 사항

그동안 실무상 기보의 저작권등에 관하여는 한국기원이 보유하고 있는 것으로 인식하고 있었다. 그러나 엄밀히 말하여 기보의 저작권자는 프로기사라고 보아야 할 것이다. 따라서 기전에 참가하는 프로기사는 주관자인 한국기원으로부터 소정의 대국료를 받는다. 대국료를 받음으로써 기보의 저작재산권을 양도하였다고 볼 여지가 없지 않지만, 이에 관하여 한국기원의 정관이나 규약에 아무런 규정이 없다. 따라서 한국기원의 기사들이 생산한 기보의 저작권을 사업화하여 정보이용료등을 외부로부터 받는 경우에 이를 누구

---

29 한국기원에 신고하여 영업할 수 있도록 하는 것도 고려해 볼 수 있는 방안이라고 생각한다.

30 다만 체육시설의 설치·이용에 관한 법률상의 체육시설은 안전성이 주로 문제가 되지만, 무도장업이나 당구장업 등과 유사한 성격으로 볼 수 있는 여지도 있기 때문에 체육시설에 규율할 여지도 있다고 할 것이다.

와 어떻게 배분할 것인지 불분명하다. 현재 한국기원측은 기전에 참가하는 프로기사들이 생산하는 기보 및 그로부터 파생하는 권리는 프로기사에 속한다는 원칙에 따라 프로기사들로부터 위임을 받아 바둑 TV 등으로부터 받는 정보이용료를 한국기원이 관리하는 수익의 원천으로 생각하고 이를 기초로 기사들의 연구수당인 단수당을 지급하고 있으며, 경우에 따라 기사들을 대표하는 기사회에 정보이용료 등도 추가로 분배한다는 입장을 취하고 있다.[31]

문제는 바둑의 기보에 저작권성을 인정할 것인지에 대하여 논란이 있는 것도 사실이다. 기보는 바둑을 두는 대국자의 사상과 감정이 표현된 창작물로 보아야 하기 때문에 기보의 저작물성을 인정하는 것이 대다수 저작권법 학자들의 견해이다.[32] 아울러 기보는 공동저작물로서 저작권은 원칙적으로 해당 프로기사에게 있다고 보아야 한다.[33] 또한 기보저작권의 권리처리를 위해서 신탁관리가 필요하다. 즉 프로기사와 한국기원간에 신탁관리계약이 필요하고, 한국기원이 신탁관리업을 하고자 하는 경우에는 저작권법 105조의 규정에 따라 문화체육관광부 장관의 허가를 받아야 한다. 그런다음 한국기원과 기보이용자 간에 이용계약을 체결하고 이용료를 지급하도록 한다, 아울러 신탁관리업을 하는 한국기원은 이용료중 수수료를 제하고 기사회(또는 해당기사)에게 배분하여야 할 것이다.

3. 특별법에 규율하여야 할 주요 내용

가. 바둑문화 진흥기본계획의 수립 등

태권도진흥법 제5조에서 규정하고 있는 바와 같이, 문화체육관광부장관은 바둑의 체계적인 보존 및 진흥을 위하여 바둑문화진흥기본계획을 수립·시행하도록 규정하고, 위 진흥기본계획에 바둑문화 진흥의 기본방향, 바둑문화 진흥을 위한 조사·연구등에 관한 사항, 학교 바둑교육의 진흥에 관한 사항, 프로기사 및 바둑지도자의 교육, 양성에 관한 사항,

---

31 김동훈, 기전운영계약의 기초적 법률관계, 스포츠와 법, 제9권, 2006. 10. 185-186면.

32 이상정, 기보와 저작권법, 스포츠와 법 제10권 제3호, 2007, 53면.

33 이상정 교수는 위 논문에서 저작권법 등을 개정하여 바둑을 두는 과정에서 타인의 기보를 이용하더라도 저작권침해는 아니라는 것을 명시할 필요가 있다는 점을 제안하고 있다..

바둑시설 및 바둑단체의 지원에 관한 사항, 바둑의 국제교류·협력 및 국제행사 개최 등에 관한 사항, 바둑문화 진흥에 필요한 재원확보에 관한 사항, 그밖에 바둑문화 진흥을 위하여 필요한 사항으로서 대통령령으로 정하는 사항을 포함시킴으로서, 바둑문화를 정부차원에서 체계적으로 지원할 수 있는 법적 토대를 갖추고, 중장기적인 발전계획을 세울수 있도록 할 필요가 있다. 태권도의 날을 제정하는 것과 마찬가지로 특별법에 바둑의 날의 제정에 관한 사항을 정할 수 있다.[34]

나. 바둑문화의 해외확산 및 프로기사의 해외진출 필요성

아울러 한국이 바둑의 세계적 강국인 만큼 해외에 바둑을 널리 보급 하는 일에도 앞장 설 필요가 있다. 한국의 바둑에 관심을 갖는 외국인들도 적지 않으므로 이들에게 바둑에 관한 활동 및 한국바둑에 관한 정보를 제공할 필요성이 있다. 한국바둑을 널리 전파하기 위해서는 우선 세계적인 바둑행사를 개최하여 외국인의 관심과 참여를 유도하고 이를 통해 한국바둑을 널리 홍보하는 활동이 필요하다. 효과적인 바둑행사를 위해서는 세계의 바둑팬이 광범위하게 참여할 수 있는 바둑페스티벌, 어린이 바둑캠프, 국제바둑학술대회 등을 고려해 볼 필요가 있다.[35] 우리나라를 세계의 바둑인들이 즐겨 찾는 나라로 만들기 위해서는 한국의 바둑문화재를 수집하고, 새로운 자료를 만들어 흥미롭고 유익한 내용이 될 수 있도록 할 필요가 있으며, 이를 위해서는 특히 정부와 지방자치단체는 바둑의 총본산이라고 할 수 있는 한국기원과의 긴밀한 협조가 필요하다.

행정적 지원책으로는 바둑문화의 진흥을 위한 특별법에 "국제협력 및 해외확산지원"에 관한 사항을 넣어 가령 "문화체육관광부장관은 바둑문화의 국제협력 및 교류활성화와 국제적인 위상강화를 위한 기반을 조성하여야 한다." "문화체육관광부장관은 바둑문화의 해외확산을 활성화하기 위하여 국제대회개최, 프로기사의 해외진출, 한국기원의 해외지부 설치 등에 관한 사업을 지원할 수 있다"는 조항을 신설할 필요가 있다. 한국바둑의 세계화를 실현하기 위해서 매년 일정수의 프로기사중 희망자를 선발한 후 소정의 교육을 거

---

34 특별법을 제정한다면 바둑의 날은 1945년 한성기원을 설립한 날로 하거나, 한국기원이 설립허가를 받은 3. 25일로 정하는 것도 고려해 볼 수 있다.

35 타이젬, 국회 바둑정책토론지상중계, 한국바둑, 이대로 좋은가, 2005. 9. 16. 6쪽.

쳐 해외에 파견을 하도록 하는 프로그램을 가동할 필요가 있다.[36] 이와 더불어 국내 바둑 서적의 영어판을 발행하여 보급하는 방안, 이와는 별도로 바둑에 관한 지식과 기술을 체계적으로 지도해 줄 수 있는 바둑지도자와 바둑심판제도를 양성하는 정책을 고려해 볼 필요가 있다.

다. 바둑관련 자격제도의 공인화

자격제를 운영함에 있어서 프로기사 자격제도를 민간자격으로 할 것이 아니라 국가자격 제도 또는 공인자격제도로 하는 것도 고려해 볼 필요가 있다. 그러기 위해서는 바둑문화의 진흥을 위한 특별법에 프로기사자격에 관한 규정을 신설하는 것도 필요하다. 프로기사란 바둑을 두는 것을 직업으로 하는 사람으로 주로 기전에 출전하여 대국을 두고, 상금 획득을 목표로 하는 직업의 일종이기 때문이다. 한국기원의 프로기사 양성 및 지원시스템은 그동안 큰 문제없이 이루어져 왔다. 그러나 이제는 프로기사의 수도 230여명으로 급증하였으며, 한국기원의 재원이 한정된 가운데 프로기사의 수는 매년 꾸준히 증가하는 추세이기 때문에 이러한 시스템 속에서 대회상금을 획득하는 톱클래스의 몇몇 프로기사를 제외한 다수의 프로기사들에게는 한국기원 소속기사로서 얼마 안되는 단수당인 연구수당과 대국료만이 지급될 뿐이어서 이들의 생존권이 위협받는 처지에 놓여 있어 그 프로기사를 위한 정책적 지원대책이 필요하다고 할 것이다. 따라서 하나의 전문직업인으로서 프로기사가 되려는 자의 자격요건 등에 관하여 법률로서 규정할 필요가 있다. 아울러 결격사유를 규정하거나 자격취소나 징계절차 등에 관한 사항을 규율하기 위하여 법률의 근거가 필요하다.[37]

우리 헌법 제15조에서는 "모든 국민은 직업선택의 자유를 가진다."라고 규정하고 있어 직업선택의 자유를 명문화하고 있다. 헌법 제15조에서의 직업선택의 자유는 좁은 의미인 직업선택 내지 직업결정의 자유에 국한되지 않고, 직업수행의 자유 내지 영업의 자유, 전

---

36 현재도 한국기원에서 해외프로그램이 있으나 지원 금액이 1인당 매달 60만원에 그치고 있어 태권도 사범의 해외 진출이 활성화 되어 있지 못하고 각 개인이 자구적인 노력을 기울이고 있는 실정인 바, 프로기사가 해외에 체류할 경우에 일정기간 체재비 등을 지원해 주는 해외파견제도를 활용하는 방안을 강구할 필요가 있다.

37 김용섭, 생활체육지도자 자격제도의 문제점과 개선방안, 중앙법학, 제8집 제4호, 2006, 140면.

직의 자유를 포함하는 의미로 이해하는 것이 일반적이다.[38]

자격제도는 직업선택의 자유를 제한하는 형식이며, 보다 자세히 말하면 주관적 사유에 의한 직업선택의 자유를 제한하는 것이다. 즉 본래 기본권주체인 국민 개개인의 노력에 따라 능력이 갖춰지면 차별을 받지 않고 자유로이 직업을 선택할 수 있는 것이 원칙이나, 프로기사와 같이 일정한 자격을 보유한 자 이외에는 영업이나 해당분야에 취업을 금지하는 경우 자격을 얻지 못한 자는 해당 직업에 종사할 수 없다. 이와 같이 자격제도는 국민의 생명과 건강을 다루는 직업의 경우는 물론이고 전문적 지식과 기술을 가져야만 직업을 원활히 행사할 수 있다고 판단되는 직업에 대해 실시되는 제도이므로, 이와 같은 자격제도는 헌법상 보장된 직업선택 내지 수행의 자유를 의회가 제정한 법률로 전면적으로 금지시켜 놓은 다음 일정한 자격을 갖춘 자에 한하여 직업의 자유를 회복시켜 주는 것에 해당한다. 따라서 법률에 프로기사의 자격의 근거를 마련하는 것이 필요하다.

아울러 바둑이 2010년의 광조우 아시안 게임에 정식종목으로 채택되었고, 2014년의 인천아시안 게임에도 정식종목으로 채택될 가능성이 높기 때문에 바둑심판요원을 양성하여야 하며, 아울러 바둑지도사 등 자격제도를 도입할 필요가 있다. 현재 바둑지도사 자격과 관련하여 명지대학교 바둑학과에서 민간자격증을 부여하고 있으나, 바둑지도사의 자격도 단순한 민간자격이 아닌 공인된 국가자격으로 할 필요가 있다. 이와 같은 공인자격을 받은 경우에 한하여 기원이나 바둑교실 등을 개설할 수 있도록 하거나 학교등에 바둑교과목을 신설하고 그 배치를 의무화하는 것이 필요하다. 한편 바둑지도사의 자격제도를 도입하여 이를 통해서 국내에서도 기원이나 바둑교실을 열수 있도록 하는 것이 바람직하다.

이와 관련하여 바둑계의 인력배출 시스템을 점검해 봐야 한다. 현재는 프로기사 선발제도가 매우 엄격하고 공신력이 있는데 반해, 바둑을 가르치는 지도사의 선발은 다소 허술하게 되어 있다. 공인된 바둑지도사와 심판요원등의 배출시스템을 갖추어 국제사회에서도 인정받는 지도사등을 양성할 필요가 있다.[39]

---

38 김철수, 헌법학개론, 제17전정판, 2005, 589면.

39 일본의 경우에는 재단법인 일본기원에서 바둑자격과 관련하여 비록 민간자격증이지만, 보급지도원, 공인심판원, 학교위기(바둑)지도원을 두고 있는 점도 감안하여 법률에서 공인자격증을 부여할 수 있도록 규정을 두는 방안을 강구할 필요가 있다.

라. 한국기원의 특수법인화

한국기원은 민법상의 재단법인으로서 문화체육관광부 소관 비영리 법인으로 문화체육관광부의 설립허가와 감독을 받도록 되어 있다. 한국기원은 신문, 방송사, 인터넷업체등의 주최하에 각종 프로바둑대회를 주관하고 총운영액의 약 15퍼센트에서 20퍼센트 정도를 공인료로 청구하게 된다. 한국기원은 공인권을 갖고 있으며, 이와 같은 공인권에 기초하여 한국기원 소속 프로기사 및 진행요원을 파견하여 기전의 진행을 도와준다.[40] 한국기원과 프로기사와의 관계는 종속근로관계에 있지 않기 때문에 사용자와 근로자의 관계라고 보기 어렵다. 단지 한국기원은 소속 프로기사에게 기전참여 자격부여와 대국료를 지급하는 등 기사들의 이익을 옹호하고, 한국기원 이사회의 결의에 의하여 연구수당 등을 제공함과 아울러 규약상의 제반 의무를 부과하고 이를 이행하지 않을 경우에는 제명 등 제재조치를 취하는 사적 영역에서의 특수한 신분관계에 있다고 할 수 있다.

현재 프로기사에 대하여 한국기원에서 연구수당[41]을 주고 있으나, 지급근거가 규약으로 정하여 있고 그 금액도 이사회의 결의에 의하여 일방적으로 지급되도록 되어 있으며 총액이 6억원에 불과하기 때문에 실질적으로 프로기사가 받는 연구수당액은 미미한 실정이다. 생활이 어려운 프로기사의 후생복지 등을 고려할 때 한국기원의 수익모델을 다변화하거나 프로기사들에 대한 해외 파견제도의 실시나 프로스포츠 선수등과 같이 대기업체 등에 소속되도록 하여 프로리그로 발전할 수 있도록 하는 것도 전향적으로 검토해 볼 수 있다. 또한 한국기원 소속 프로기사 수가 234명[42]으로 늘어나 한국기원에서 통합 관리하는 데에는 한계가 있기 때문에 이를 메이저 리그와 마이너 리그로 나누거나 한국바둑리그의 새로운 팀을 창단하는 등 채적극적으로 역량있는 프로기사의 채용을 유도하도록 하는 방안도 모색할 필요가 있다. 현재 신성건설 등 8팀으로 한국바둑리그가 운영되고 있으나, 좀 더 활성화 될 필요가 있다. 아울러 한국기원을 특수법인화하고 프로기사 자격증을

---

40 김동훈, 앞의 논문, 184면.

41 연구수당을 단수당이라고도 하는데 재직연수와 승단에 따라 차등지급되고 있으나, 프로기사의 급증으로 인해 총액을 인상하지 않는 한 그 금액이 점점 줄어들고 있다.

42 2008. 10월 현재 프로기사의 분포도는 9단 48, 8단 18명, 7단 17명, 6단 27명, 5단 23명, 4단 23명, 3단 25명, 2단 28명, 초단 25명 합계 234명이다.

국가 자격증 또는 공인 자격증으로 할 필요가 있다.

한국기원이 현재 민법상 재단법인으로 문화체육관광부의 법인 설립허가를 받아 운영되고 있으나, 각종 활동에 대하여 정부의 지원하에 이를 뒷받침 할 필요성이 있다. 따라서 태권도진흥법에서 국기원과 같은 특수법인화 하는 것이 필요하다.

현재의 프로기사양성체제에 의하면 얼마든지 한국기원과는 다른 형태의 법인등을 설립하여 프로선수를 양성하고 그들의 지위를 보장해 줄 수 있다. 따라서 법률에 근거를 두고, 유사명칭을 사용할 수 없도록 별도의 규정을 마련할 필요가 있다.

마. 정부의 지원과 국·공유재산의 대부·사용 등

바둑문화의 진흥을 위한 국가의 지원의 형식은 다양할 수 있다. 지금까지 바둑대회에 대한 지원이 대기업 등 후원사의 스폰서링[43]을 통하여 이루어져 왔다면, 앞으로는 국가적 차원의 지원이 법제화를 통해서 이루어질 필요가 있다. 가령 국가를 대표하여 국제대회에 입상한 우수 기사라든가 이를 양성하는 프로그램과 코치, 나아가 바둑 단체, 각급학교 및 대학에서의 바둑학과에 대한 지원, 공무원 및 직장단체등 바둑동호회 내지 바둑클럽활동에 대한 지원, 각종 바둑대회의 개최에 따른 지원 등을 들 수 있다. 지방자치단체는 바둑테마공원을 조성하는 방식으로 바둑문화에 관한 지원을 할 수 있다.

바둑에 관한 보조금의 지원은 직접 프로기사등에 대하여 지원하기 보다는 바둑문화향상을 도모하기 위한 방식으로 한국기원에 지원되는 것이 바람직하다. 보조금은 국가가 특정의 공익적 목적을 추구하기 위하여 개인 또는 단체에 대하여 행하는 금전급부이기 때문이다. 보조금은 크게 직접적으로 수령자에게 지원을 내용으로 급부보조금과 세금감면 등 간접적인 형태로 행해지는 감면보조금으로 구분할 수 있다. 급부보조금은 소비적 보조금, 융자등 재정지원, 국. 공유재산 무상대부와 양여등을 내용으로 하는 사실적 조성으로 구분이 가능하다.[44] 바둑에 관한 보조금의 지원규정도 마련하여야겠지만, 특히 바둑회관의 설립과 관련하여 국, 공유재산 무상대부와 사용등을 특별법에 명문화 할 필요가 있다. 즉

---

43 김동훈, 기전운영계약의 기초적 법률관계, 스포츠와 법 제9권, 2006, 187면, 김동훈, 스폰서 계약의 법적고찰, 스포츠와 법, 창간호, 2000, 197면 이하

44 김용섭, 스포츠 보조금의 법적 문제, 스포츠와 법 제2권 2001. 222면.

"국가와 지방자치단체는 바둑회관 및 바둑박물관 등의 설립과 운영을 위하여 필요하다고 인정하는 경우에는 국유재산법 또는 공유재산 및 물품관리법에도 불구하고 국유재산이나 공유재산을 한국기원에 무상으로 대부·사용·수익하게 하거나 매각할 수 있다"는 규정을 둔다면 한국기원의 바둑회관 건립은 여러 지방자치단체에서 유치할 가능성이 높아 탄력을 받을 수 있다.

바. 특별법에 담아야 할 규율내용 종합

이상에서 고찰한 점을 염두에 두면서, 바둑문화의 진흥을 위한 법률을 제정할 경우에 참고적으로 입법에 담을 수 있는 사항으로는 ① 목적조항 ② 용어정의조항 ③ 국가 및 지방자치단체의 책무 ④ 바둑진흥기본계획의 수립 및 시행 ⑤ 협조 ⑥ 바둑단체 및 바둑시설에 대한 지원 ⑦ 바둑교실이나 기원에 관한 신고제 등 ⑧ 국제협력 및 바둑문화 해외 확산 ⑨ 바둑의 날 ⑩ 한국기원 설립근거(비영리특수법인화) ⑪ 한국기원의 등기, 정관, 사업, 의결기구 및 집행기구 등 조직 ⑫ 한국기원의 사업 ⑬ 한국기원에 대한 출연·보조금 등의 재정지원, 금융지원 근거 ⑭ 한국기원에 대한 조세·공과금의 감면 근거 ⑮ 국제협력 및 바둑문화 해외확산 ⑯ 바둑전문연수기관 및 그 수강생에 대한 지원근거 ⑰ 프로기사의 기보저작권이나 방송권에 관한 규정, ⑱ 바둑자격제도(프로 및 아마추어 기사) 도입방안 등 ⑳ 휘장사업이나 유사명칭 사용금지, 권한의 위임·위탁등 보칙규정, 이 고려될 수 있다. 아울러 부칙에서 한국기원에 대한 경과조치(종전 법인을 이 법에 의한 법인으로 설립된 것으로 보는 의제규정, 권리·의무포괄승계, 임원임기보장, 고용승계 등)를 포함시킬 수 있다.

4. 바둑문화 진흥을 위한 특별법 제정의 기대효과

(1) 바둑문화의 진흥을 위한 특별법이 제정된다면 정부가 바둑문화의 발전을 위한 중장기 정책을 수립하고, 국가와 지방자치단체간의 협력을 통하여 바둑이 더욱 활성화 될 수 있고, 한국기원에만 맡겨 두었던 방관자적 자세를 벗고, 적극적인 행정적 지원하에 전통문화로서의 바둑을 보존 계승해 나갈 수 있다. 아울러 태권도와 더불어 바둑의 세계적 위상을 회복하여 문화적 자긍심의 고취와 한국문화의 전파등을 통해 국익에 이바지 하게

될 것이다.

 (2) 국가의 행정적 지원을 통하여 프로기사의 지위가 향상되고, 병역혜택등이 수반되면 젊은 프로기사가 보다 안정적으로 바둑연마가 가능해지며, 아울러 한국기원에서 경쟁력이 있는 바둑 전문인력의 양성을 통하여 해외 교류의 확대, 프로기사의 해외 파견이 용이하여 한국 바둑의 국제화 내지 세계화를 실현해 낼 수 있다.

 (3) 한국기원을 태권도의 국기원처럼 특수법인화 하여 그 법적 위상을 높이고, 나아가 수익사업을 할 수 있도록 근거조항을 둠과 아울러, 보조금의 지원근거 및 국·공유재산에 대한 무상양도를 통하여 한국기원의 바둑회관의 원활한 확보와 한국기원이 바둑의 총본산으로서의 역할을 수행하는데 기여할 수 있다.

Ⅵ. 결론

 이상에서는 바둑문화의 진흥을 위한 특별법 제정의 필요성과 방향에 대하여 개괄적으로 고찰하였다. 국가적 과제로서의 바둑문화 진흥을 통하여 프로바둑의 국제경쟁력의 확보 나아가 프로기사제도의 안정적 운영을 통한 바둑세계강국으로의 위상을 높여나가야 할 필요가 있다. 여기에 그치지 않고, 점차 바둑의 스포츠성이 강조되더라도 바둑은 전통적인 체육 내지 스포츠와 다른 특성이 있어 독자적인 문화로서의 기능과 정체성을 유지할 필요가 있다.

 그동안 정부의 이렇다할 지원없이 한국기원과 프로기사를 중심으로 하여, 이루어낸 세계 바둑제패의 위업과 성과는 실로 값진 것이며 눈부신 것이다. 그러나 그렇다고 바둑의 세계가 법으로부터 자유로운 영역으로 남아 있을 수는 없다. 더 이상 바둑을 정부의 지원 없이 민간자율영역인 한국기원에만 맡길 수 없는 단계에 왔다고 할 것이다. 이제는 정부나 국회가 나서서 바둑문화의 진흥을 위한 특별법을 제정하여 바둑문화를 진흥하고 한국 바둑의 문화적 가치를 발전시켜 세계속의 바둑강국으로 확고히 자리매김해 나가고, 바둑에 관한 한국의 문화의 우수성을 세계 속에 전파할 필요가 있다. 아울러 그와 같은 특별법의 제정이전이라고 할지라도 앞서 살펴본 바와 같이 개별법률의 규정을 개정하는 등

정부와 국회의 노력이 필요하다.

바둑문화의 진흥을 위한 법률을 제정함에 있어 스포츠에 있어서 전문체육과 생활체육으로 구분이 가능하듯이 바둑도 프로바둑과 아마추어바둑의 규율법제상의 차이가 있는 바, 양자를 모두 특별법에서 규율하는 것도 고려할 수 있으나, 한국바둑의 견인차인 프로바둑과 한국기원을 중심으로 규율하는 것이 바람직하다고 할 것이다.[45] 다만, 양자가 서로 배척하는 관계가 아니라 상호보완하면서 발전해 나가는 관계로 인식하는 것이 중요하다. 또한 바둑문화의 진흥을 위한 법률을 제정하여 한국기원을 특수법인화하고 정부의 지원을 받아 바둑의 세계화 등 다양한 활동을 수행할 수 있게 할 필요가 있다.

정부도 바둑을 한가한 생활문화 내지 오락정도로 바라보는 방관자적 차원에 머물 것이 아니라 세계바둑 강국의 위치를 견고히 하기 위하여 프로기사에 대한 병역혜택을 법제화하여 안정적으로 바둑을 직업으로 하면서 기량을 연마할 수 있도록 제도적 배려가 필요하고, 우리나라의 새로운 대표적 문화상품으로 태권도가 해외에 전파된 것처럼 적극적으로 프로기사들의 해외진출을 장려함으로써 태권도에 비견되는 기예와 스포츠성을 겸비한 한국의 바둑문화를 해외에 적극적으로 전파하게 되기를 기대한다.

끝으로 한국바둑이 일본과 같은 급격한 바둑쇠퇴를 막고 중국의 추격을 따돌리고 세계 속의 최강국으로서의 위상을 높여나가기 위해서는 정부의 행정적·재정적 지원아래 민간의 자율적 역할을 강조하는 방향의 모색이 필요하다. 이상에서의 논의를 토대로, 애기가의 한사람으로서 정부와 국회가 바둑문화의 진흥을 위한 특별법의 제정에 박차를 가할 것을 촉구한다.

---

45 물론 아마추어바둑 없이 프로 바둑이 발전할 수 없지만, 한국기원을 중심으로 한 프로바둑의 발전의 성과로 인해 아마추어 바둑이 발전해온 점을 인식할 필요가 있다.

참고문헌

권오륜 외 3인, 바둑이 체육 혹은 스포츠가 될 수 있는가?, 한국체육학회지 제44권 제5호, 2005.

김동훈, 기전운영계약의 기초적 법률관계, 스포츠와 법 제9권, 2006.

김용섭, 바둑문화의 진흥을 위한 법정책적 과제, 스포츠와 법 제10권 제3호, 2007.

김용섭, 경륜·경정법의 입법정책적 방향, 스포츠와 법 제7권, 2005.

김용섭, 생활체육지도자 자격제도의 문제점과 개선방안, 중앙법학 제8집 제4호, 2006.

김용섭, 스포츠법의 현황과 전망, 한림법학포럼 제16권, 2005.

김용섭, 스포츠 보조금의 법적 문제, 스포츠와 법 제2권, 2001.

김창규, 문화관련 한국법제의 현황과 과제, 문화법제의 체계화를 중심으로, 법학논총, 제30권 제2호, 2006.

김철수, 헌법학 개론, 제17전정판, 박영사, 2005.

문용직, 바둑의 발견, 도서출판 부키, 2005.

박주환, 바둑의 스포츠논쟁, 한국체육철학회지, 제10권 제2호, 2002.

송윤경, 바둑의 스포츠 종목으로의 전환움직임에 대한 비판, 서울여자대학교 대학원 석사학위논문, 2004.

이상정, 기보와 저작권법, 스포츠와 법, 제10권 제3호, 2007.

장용근, 헌법상 문화국가원리의 보장, 법학논총 제30권 제2호, 2006.

정수현, 바둑 올림픽으로 가는 길 가능한가, 한국기원 한화갑의원실, 정범구 의원실(공편), 2001

조남철/양형모, 한국바둑의 대부, 조남철 회고록, 재단법인 한국기원, 2004.

타이젬, 국회 바둑정책토론지상중계, 한국바둑, 이대로 좋은가, 2005.

한상렬, 바둑의 체육전환, 그 후의 행마, 자유공론, 2002.

한상렬, 바둑, 병역대체복무 적용대회 현실화 필요, 자유공론, 2008. 10

한상렬, 프로기사 병역특례, 이제 재검토할 때, 자유공론, 2007. 2

8

국가적 차원의 바둑진흥의 입법적 방안*

— 조훈현의원 대표발의 바둑진흥법안을 중심으로 —

———————————————— 목차 ————————————————

Ⅰ. 머리말
Ⅱ. 바둑문화의 창달과 바둑진흥을 위한 법제화 과제
Ⅲ. 조훈현의원 대표발의 「바둑진흥법안」의 주요 내용과
    법적 검토
Ⅳ. 결론

I. 머리말

1. 동양문화이자 전통문화의 일종으로서 바둑

한국인의 두뇌의 우수성은 전 세계적으로 입증되고 있다. 바둑은 인간의 두뇌를 사용하여 생각하면서 두는 지적인 활동이다

바둑의 기원은 고대 중국의 요순시대로 올라간다.1 삼국지에 관우가 마량과 바둑을 두는 장면이 나오는데, 화타가 관우의 독화살 맞은 팔을 수술할 때, 뼈를 깎는 수술임에도 불구하고 바둑을 둠으로써 고통을 잊어버리고 무사히 수술을 마치는 장면이 바로 그것이

---

* 이 논문은 2016년 12월 5일 조훈현의원 주최 "바둑진흥법 제정을 위한 '한국바둑의 위기와 기회' 토론회"에서의 김용섭교수 토론문을 수정·보완하여 스포츠엔터테인먼트와 법 제20권 제1호(2017. 2.)에 게재·수록한 것입니다.

1 한국의 바둑의 역사에 관한 학술적 연구는 아직 나오고 있지 않은 실정이나, 한국의 바둑은 20세기 초까지 돌들을 미리 배치하고 두는 순장바둑이 성행하였다고 전해진다.

다. 북송시대 시인이자 정치가인 소동파는 관기(觀棋)라는 시에서 "승고흔연(勝固欣然) 패역가희(敗亦可喜)" 라고 하여 한판의 바둑은 이겨도 기분이 좋고, 승부에 지더라도 역시 기쁘다고 말하였으며, 살아있는 기성으로 불리는 일본의 오청원은 중용(中庸) 33장에 나오는 '암연이일장(闇然而日章: 군자의 도는 어두워 보이나 날로 빛난다)'는 휘호를 적어 넣은 부채를 들고 두었으며, "바둑은 조화(調和)"라는 말을 남겼다.

세계 해전사의 불세출의 명장 이순신 장군은 비오는 날 부하들과 바둑을 두면서 보낸 장면을 난중일기의 여러 곳에 기록으로 남겨 두었다. 오늘날도 바둑은 품격 있는 활동에 속하지만, 조선시대의 바둑은 시서화금기(詩書畫琴棋)의 하나로서 선비들의 필수적인 활동이었다.[2]

이처럼 바둑은 오래 지속되어온 동양문화이면서 우리의 전통문화의 일종으로 국가적으로 문화융성의 차원에서 한국인의 두뇌촉진과 건전한 생각을 유도할 수 있을 뿐만 아니라 심신의 건전한 발전을 도모하고 한국 바둑문화를 세계에 널리 알리며, 고품격의 정신문화인 바둑문화를 계승발전함과 아울러 이를 차세대에 전승하여 미래세대 역시 바둑문화를 향유하도록 할 필요가 있다.[3]

이처럼 바둑은 오래 지속되어온 동양문화이면서 우리의 전통문화의 일종으로 국가적으로 문화융성의 차원에서 한국인의 두뇌촉진과 건전한 생각을 유도할 수 있을 뿐만 아니라 심신의 건전한 발전을 도모하고 한국 바둑문화를 세계에 널리 알리며, 고품격의 정신문화인 바둑문화를 차세대에 전승하여 미래세대 역시 바둑문화를 향유하도록 할 필요가 있다.

지난해 알파고의 등장으로 인해 바둑에 대한 국민적 관심이 높아졌으며, 바둑은 공정한 게임이라고 할 것이다. 한판의 바둑은 사람의 일생이 들어있다고 하듯이 바둑은 무승부가 없이 반집이라도 반드시 승부가 나도록 되어 있는 특징을 지닌다. 바둑은 그동안 문화와 체육의 두 가지 요소를 모두 갖고 있음에도 어느 범주에도 속하지 않아 법적으로는 서자 취급을 받아 왔다고 볼 수 있다.

---

2 조선의 4대 명필로 통하는 안평대군 역시 시서화 뿐만 아니라 바둑과 거문고를 말하는 금기(琴棋)에 능한 풍류객이라고 할 것이다.

3 김용섭, "바둑문화의 진흥을 위한 특별법 제정의 필요성과 입법방향", 행정법연구 제22호, 2008, 209면.

2. 바둑과 스포츠

바둑이 문화에 속하는 지 아니면 체육 내지 스포츠에 해당하는가에 대하여는 논란이 있다. 이 문제는 문화체육관광부의 직제상의 관장업무와 밀접한 관련이 있다. 체육의 관점에서 바둑을 파악하기에는 한계가 있으며, 그렇다고 바둑은 문화의 관점으로만 파악하기에는 체육 내지 스포츠적 요소도 있고 이러한 측면을 고려해야 하는 것이 시대적 추세라고 할 것이다.

기본적으로 바둑은 스포츠적 성격을 지니지만 그렇다고 바둑이 스포츠로만 환원될 수 없는 문화적 측면을 아울러 지닌다고 본다.4 이처럼 바둑은 무승부가 없이 반집이라도 반드시 승부가 나도록 되어 있는 특징을 지닌다. 바둑진흥법을 제정할 경우 우선은 스포츠와 다른 독자적 문화의 관점에서 접근하려는 시도와 바둑을 스포츠의 일종으로 파악하여 스포츠법제의 관점에서 제도설계를 하는 방안이 모색될 수 있다. 이 문제는 바둑의 정체성과도 관련되는 바, 바둑진흥법을 제정함에 있어서는 바둑을 전적으로 스포츠로 보는 것에는 한계가 있으므로 문화적 측면과 체육적 측면을 모두 고려하면서 동시에 추구하여야 할 것으로 본다.

이러한 관점에서 19대 국회의 교육문화체육관광위원회의 회의록에서는 당시 문화체육관광부장관이 "바둑이 중요하고 바둑을 양성하기 위한 정책적 지원이 필요하다는 점에 동의하면서, 바둑이 그렇다면 다른 스포츠 종목도 각개의 법률안을 가져야 할 필요가 있는데 이는 사회적 합의가 필요하다"는 취지로 발언한 점에 주목할 필요가 있다. 여기서 문화체육관광부는 기본적으로 바둑을 체육의 한 분야로 보고 만약에 바둑진흥법이 제정된다면, 다른 체육종목에 대하여도 지원을 위해 법률을 만들어야 하므로 반대하는 듯한 태도를 취하였는 바, 이는 바둑을 체육의 한 종목으로 파악하고 분류하는 관점에서 비롯된 잘못된 인식이라고 할 것이다.

바둑진흥법을 제정할 경우 우선은 스포츠와 다른 독자적 문화의 관점에서 접근하려는 시도와 바둑을 스포츠의 일종으로 파악하여 스포츠법제의 관점에서 제도설계를 하는 방안이 모색될 수 있다. 이 문제는 바둑의 정체성과도 관련되는 바, 바둑진흥법을 제정함에

---

4 이에 관하여는 김용섭, "바둑문화의 진흥을 위한 법정책적 과제, 스포츠와 법 제10권 제3호, 2007, 18-28면.

있어서는 바둑을 전적으로 스포츠로 보는 것에는 한계가 있으므로 문화적 측면과 체육적 측면을 모두 고려하면서 동시에 추구하여야 할 것으로 본다.

3. 바둑진흥법의 제정 필요성

한국바둑은 프로 바둑의 관점에서는 새로운 전환점에 서 있다. 이창호와 이세돌의 전성시대가 가고 새로운 세계 1인자가 확고히 부각되지 않고 있으며, 최근에 박정환 기사가 응창기에서 준우승에 머무는 등 전반적으로 중국에 밀리고 있는 형국이다. 아울러 알파고, 일본의 딥젠고 등 인공지능의 등장으로 인해 프로기사의 영역을 침범하는 단계에 돌입하였다. 아울러 바둑팬의 감소 등으로 인하여 각종 신문사의 후원이 중단되는 등 각종 기전 수가 줄어들고 있다.

또한 아마추어 바둑의 경우에도 고령화사회의 진전에 따라 노령인구 뿐만 아니라 젊은 세대를 중심으로 느림 생활운동(Slow movement)의 전개에 따른 생각의 깊이를 더해가는 삶의 질에 대한 새로운 가능성을 볼 수 있으므로, 바둑문화의 진흥의 관점에서 이 부분을 지원정책을 통해 활성화 할 필요가 있다.

오늘날의 바둑은 대중화된 생활문화의 일종이라고 할 수 있다. 바둑은 일상적인 삶의 바쁨속에서 몰입을 가능하게 하고 인생의 큰 자극제가 된다.[5] 또한 도와 예를 추구하는 고품격 문화의 일종으로 자리매김하여왔다. 통상 바둑은 수담(手談)으로 명명되듯이 커뮤니케이션의 수단이 되고 있으며, 세상사의 복잡함을 벗어나 인생의 축소판으로서 격조 있는 삶의 가치를 구현해 내는 역할을 하기도 한다.[6]

이러한 바둑의 긍정적 기능에 주목하여 해외에서는 바둑인구의 저변이 확대되어 가고 있고, 우리나라는 해외에서 바둑강국으로 인정받음으로써 국제적 위상을 제고하고 있으나 국내에서는 바둑에 대한 국민적 관심이 낮아짐에 따라 지속적으로 바둑인구가 감소되고 있고 국내유수 기전이 없어지는 등 한국바둑의 앞날에 대한 위기감이 없지 않다. 세계적으로 저변이 확대되고 있는 바둑의 지속적인 발전과 우리나라의 국제적 위상강화를 위하

---

5 노르베르트 볼츠, 윤종석·나유신·이진 옮김, 「놀이하는 인간」, 문예출판사, 2017, 13-17면.
6 김용섭, "바둑문화의 진흥을 위한 법정책적 과제, 스포츠와 법 제10권 제3호, 2007, 12면.

여 국가적 차원의 적극적인 바둑 진흥정책을 추진할 필요가 있으며, 이를 통하여 바둑의 세계화에 이바지 할 수 있다.

오늘날 여가사회 내지 레저사회로 진전함에도 불구하고 바쁜 일상생활 속에서 바둑을 두는 인구가 늘지 않고 있다. 그러나 바둑은 일반 사회인의 여가생활을 보장함은 물론 노인들의 여가활동 및 치매 예방등의 정신적 효과를 가져올 수 있고 청소년의 정서활동이나 성격개선 및 논리적 사고와 문제해결능력의 함양 등 교육적 측면에서도 긍정적 기능을 하고 있다.7 이처럼 노소동락(老少同樂)의 두뇌게임으로 수준 높은 정신적 가치와 생각의 깊이를 더할 수 있는 바둑을 국가적으로 진흥하고 활성화시킬 필요가 있다.

II. 바둑문화의 창달과 바둑진흥을 위한 법제화 과제

1. 기본방향

박근혜 정부는 출범당시 '문화융성'을 4대 국정기조8의 하나로 정하였으나, 미르재단과 K스포츠 재단 등 이른바 최순실 사태 여파로 인해 문화융성과 진흥의 의미가 퇴색된 측면이 없지 않다. 한류의 확산도 중요하지만 바둑과 같은 고품격의 문화를 융성 발전시키는 것이 매우 중요하다. 바둑은 그러한 관점에서 대중의 외면 속에 국가적 진흥의 사각지대로 놓여왔던 것이다. 대한민국의 두뇌의 우수성을 전세계에 알림과 동시에 고령화 사회의 진입에 따라 노인의 삶의 질을 위해 바둑의 활성화는 매우 중요한 국가적 과제에 속한다고 할 것이다.

그동안 바둑에 대한 국가적 지원이 크지 않았으나 바둑진흥법을 만들면 낙후된 바둑에 대한 지원과 진흥정책을 추진할 수 있어 긍정적 측면이 있다고 보여진다. 지원을 계기로 바둑에 대한 국가적 간섭이 지나치게 크게 될 경우 바둑문화가 위축될 수 있는 측면이

---

7 정수현 교수는 바둑의 사회적 가치를 건전한 여가선용, 사회적 관계 형성, 아동과 청소년 발달, 노령층 두뇌건강 증진, 삶의 교훈과 지혜제공, 문화콘텐츠 산업 및 학문적 연구모델을 들고 있다. 이에 관하여는 정수현, "바둑계의 상황과 진흥법 제정의 필요성", 바둑진흥법 제정에 대한 공청회 자료집, 2013. 9. 26, 13-18면.

8 박근혜 정부의 4대 국정기조를 경제부흥, 국민행복, 문화융성, 평화통일 기반 구축으로 정한 바 있다.

있으므로 바둑진흥법에 따른 지원을 통해 정부가 규제의 계기로 활용하여서는 한국 바둑이 오히려 퇴보할 수 있다는 점을 간과해서는 안된다.[9]

2. 바둑문화의 창달과 바둑진흥에 대한 국가의 의무

우리 헌법은 문화와 관련하여 전문에서 "유구한 역사와 전통"을 강조하고 있으며, 제9조에서 "국가는 전통문화의 계승·발전과 민족문화의 창달에 노력하여야 한다" 고 규정하고 있고, 대통령의 취임선서를 규정한 제69조에서 "민족문화의 창달에 노력한다"고 규정하고 있어 우리 헌법은 문화국가의 원리를 천명하고 있다.

이와 같이 전통문화에 속하는 바둑문화의 계승과 발전을 위하여 자율적 조직인 한국기원에 맡겨 두는 것만으로 그 소임을 다하는 것이 아니라 국가는 태권도나 씨름 및 전통무예를 위하여 별도의 법률을 제정하여 진흥을 도모한 경우처럼 적극적으로 바둑진흥법을 제정하여 바둑을 진흥할 수 있다. 이러한 관점에서 바둑진흥법은 규제법이 아닌 조장법 내지 지원법적 성격을 지닌다. 따라서 바둑에 관하여 어떠한 지원정책을 실현해 나갈 것인가는 국회의 입법형성의 자유에 속한다.

3. 진흥법제의 현황과 바둑진흥법의 제정의 필요성

가. 개별 진흥법제의 현황

현재 조훈현의원이 대표발의 하여 국회에 의원입법으로 제출된 법률안의 제명은 "바둑진흥법"으로 되어 있다. "씨름진흥법", "전통무예진흥법"의 제명도 있으므로, 바둑진흥법이라는 제명을 그대로 써도 좋다. 바둑진흥법은 진흥법제의 일종으로 그 입법목적에 따라 그 유형 및 진흥 수단이 매우 다양하며, 기본적으로 재정수반을 필수요소로 하며 진흥 및 지원의 목적, 대상, 요건, 절차 등을 규율하는 입법구조라고 할 것이다.[10] 법률명에 진흥이 들어간 법률은 약 86개 법률로, "만화진흥에 관한 법률", "음악산업진흥에 관한 법률", "게임산업진흥에 관한 법률", "뉴스통신 진흥에 관한 법률" 등 "전통주 등의 산업진흥에

---

9 김형수, "규제로 작동되는 진흥법··지원법은 이제 그만", 법제 2015. 6, 3-6면.

10 한국법제연구원, 「진흥관련 법제의 입법모델 연구」, 한국법제연구원 연구보고서, 2016-07, 2016.

관한 법률", "한옥 등 건축자산의 진흥에 관한 법률" 등 27개 법률이 있다. 그러나 59개의 법률명은 "소금산업진흥법", "영재교육진흥법", "문학진흥법", "김치산업진흥법", "작은 도서관진흥법" 등과 같이 이 "OO진흥법"으로 명명하고 있다. 이처럼 정부의 소관부처에 따라 "OO진흥법"으로 제명을 사용하기도 하고, "OO진흥에 관한 법률"로 제명을 사용하기도 하는 등 통일적으로 사용하고 있다고 보기 어렵다. 그러나 "바둑진흥에 관한 법률"로 하더라도 이를 약칭하여 "바둑진흥법"으로 하는 경우라면 언어 경제적 측면에서 간명하게 법률의 명칭을 '바둑진흥법'이라고 하는 것이 적절하다고 본다.

나. 유사법제: 태권도, 씨름 및 전통무예의 진흥 법제

바둑은 태권도, 씨름 그리고 전통무예와 같이 우리의 전통문화의 일종이면서 국제경쟁력이 있는 분야이므로 바둑진흥을 위한 중장기 계획을 국가가 수립하도록 의무화하고, 한국기원을 태권도의 국기원[11]과 같이 법률에서 법정단체로 하여 순수한 민법상의 법인과는 달리 이사장 등의 임원을 정부의 승인하에 임명하고 국가의 지원을 받도록 하는 특수법인으로 하여 한국바둑의 위상을 제고하고, 바둑전문기사의 국제교류 및 해외파견프로그램을 활성화 하는 등의 행정적·재정적 지원시스템을 갖추도록 하려면 바둑진흥에 관한 법률을 제정하여 대처하는 것이 효과적이다.[12]

따라서, 한국 프로바둑의 지속적인 발전을 도모하고 바둑의 저변확대와 이를 통한 청소년의 게임에 의존하는 현상을 극복하고 노인의 치매 예방등 다양한 긍정적 기능에 비추어 바둑과 비견되는 태권도의 진흥을 위해 2007. 12. 21. 태권도진흥 및 태권도 공원조성 등에 관한 법률(이하 "태권도진흥법"이라 한다)이 제정되어 2008. 6. 22.부터 시행되고 있고, 전통무예 진흥을 위해 2008. 3. 28. 전통무예진흥법이 제정되어 2009. 3. 29.부터 시행중이며, 씨름과 관련하여 2012. 1. 17. 씨름진흥법이 제정되어 같은해 4. 18.부터 시행

---

11 태권도의 국기원도 민간단체로 활동하였으나, 태권도 진흥을 위한 총본산으로서 공익적 기능을 수행하기 위하여 태권도진흥법을 제정하면서 문화체육관광부 장관의 인가를 받도록 하였는 바, 한국기원도 국기원과 마찬가지로 바둑문화진흥의 총본산으로서의 역할을 수행하기 위하여 문화체육관광부 장관의 인가를 받아서 공익단체이자 특수법인으로 활동하게 될 것이다.

12 김용섭, "바둑진흥에 관한 법률의 제정 필요성과 입법방향- 이인제의원 대표발의 바둑진흥법안을 중심으로-", 스포츠법학의 새로운 지평, 대동 연기영 화갑기념논문집, 2013, 616면.

되고 있다.

바둑과 태권도가 공히 한국의 전통문화로서 세계속에서 그 역할과 위상을 지니는 유사성도 있을 뿐만 아니라, 태권도진흥법에 관한 규율 중 태권도 공원의 조성등에 대한 사항을 제외하고 전통무예진흥법 및 씨름진흥법, 국민체육진흥법을 참고하면서 바둑진흥법을 제정하여 시행할 필요가 있다.

그러기 위해서는 바둑진흥법을 제정하여 한국바둑의 역사성과 정통성을 갖고 있는 한국기원을 특수법인화하고 정부의 지원을 받도록 하여 프로 바둑과 더불어 바둑의 세계화를 위한 토대를 형성하는 것이 급선무라고 할 것이다. 아울러 프로기사의 급증에 따른 한국기원의 재정적 위기 및 중국의 독주에 따른 한국 프로바둑의 위기를 극복하고, 한국바둑의 세계화의 요청에 부응하기 위하여, 바둑진흥을 위한 바둑진흥법의 제정이 절실히 필요한 실정이다.

유사 법률의 내용을 보면, 씨름진흥법과 전통무예진흥법은 그야말로 간략히 규정되어 있어 바둑의 경우 이와 같은 형태의 진흥법제를 넘어서서 적어도 태권도 진흥법에 버금가는 내용으로 법제화 하는 것이 타당하다고 본다.

4. 바둑진흥법 제정을 위한 경과

바둑의 활성화와 진흥을 위해 18대 국회부터 바둑진흥법의 제정 필요성에 관하여 필자가 논문[13]의 발표를 통해 주장한 바 있다. 이러한 논의에 터잡아 제19대 국회에 들어와 이인제 의원대표발의 법률안[14]이 제출되었으나, 2016. 5. 29. 회기말로 폐기된 바 있다. 제20대 국회에 들어와 프로기사 출신의 조훈현 의원이 대표발의한 법률안이 2016. 8. 4. 국회에 제출되었다. 조훈현 의원 대표발의 법률안은 제19대 국회에 제출된 이인제 의원 대표발의 법률안의 기본골격을 유지하면서 미비점을 많이 보완하여 진일보한 내용으로 일부사항에 대하여 검토를 조율하면 바로 통과될 정도로 잘 만들어진 법률안이라고 할

---

13 이에 관하여 김용섭, "바둑문화의 진흥을 위한 법정책적 과제", 스포츠와 법 제10권 제3호, 2007; 김용섭, "바둑문화 진흥을 위한 특별법 제정의 필요성과 입법방향", 행정법연구 제22호, 2008. 을 들 수 있다.

14 이에 대한 검토로서는 김용섭, "바둑진흥에 관한 법률의 제정필요성과 입법방향- 이인제 의원 대표발의 바둑진흥법안을 중심으로-", 스포츠 법학의 새로운 지평, 대동 연기영 화갑기념논문집, 2013.을 들 수 있다.

것이다. 이 법률안의 통과를 위해 조훈현의원실에서는 2016. 12. 5. 국회토론회를 거쳐 다양한 관점에서 학술적인 논의를 한 바 있다 또한 2017. 2. 28. 국회 교육문화체육관광위원회에서 3인의 진술인과 함께 공청회를 개최한 바 있다.[15] 제20대 국회에서 바둑진흥법안을 통과할 절호의 기회라고 보여진다. 조훈현의원 대표발의 법률안의 원안을 유지하면서 일부 수정을 거친 후에 바둑진흥법을 제정하지 않으면 점점 한국바둑은 쇠락을 길을 걷게 될 가능성이 높다, 따라서 한국바둑의 재도약을 위해 바둑인의 오랜 숙원사업인 바둑진흥법의 제정을 2017년에 반드시 이루어낼 필요가 있다.

III. 조훈현의원 대표발의 「바둑진흥법안」의 주요 내용과 법적 검토

1. 바둑진흥법안의 제안이유 및 주요내용

가. 제안이유

2016. 8. 4. 프로기사 출신의 새누리당 조훈현 의원 대표발의로 바둑진흥법안(의안번호 1407호)이 국회에 제출되어 소관 상임위원회인 국회 교육문화체육관광위원회에 회부되었다. 바둑진흥법안(이하 '법안'이라 한다) 은 총 21개 조문과 부칙 2개 조문으로 구성되어 있다.

먼저 법안의 제안이유를 살펴보면 다음과 같다. 우리나라의 바둑은 삼국시대 이전부터 크게 성행해온 전통문화이자 대표적인 두뇌스포츠로서 우리의 고유한 정신 가치 체계를 전승하여 사회통합에 일조하고 있으며, 국제적으로도 높은 경쟁력을 갖고 국가의 위상을 제고하고 있다. 또한 교육적으로 사고력 배양은 물론이고 인성과 정서를 함양할 수 있고, 여가 선용과 건전한 문화생활 영위, 노인들의 취미활동 및 치매예방 등의 효과를 얻을 수 있어 해외에서도 바둑 인구의 저변이 확대되고 있는 상황이다. 그러나 국내에서는 바둑에 대한 국민적 관심이 낮아짐에 따라 지속적으로 바둑 인구가 감소되고 있어 세계적으로

---

15 2017. 2. 28. 실시된 국회 교육문화체육관광위원회의 바둑진흥법안 공청회 진술인으로는 김대희, 한국스포츠개발원 정책개발실 연구위원, 김용섭 전북대 법학전문대학원 교수, 정수현 명지대 예술체육대학 바둑학과 교수 3인이다.

저변이 확대되고 있는 바둑의 지속적인 발전과 우리나라의 국제적 위상강화를 위하여 제도적 뒷받침이 필요한 실정이므로, 이에 바둑진흥기본계획의 수립·시행, 바둑전문인력의 양성 등 바둑의 진흥에 필요한 사항을 정함으로써 바둑을 통해 국민의 여가선용 기회를 확대하고 건강한 정신을 함양함과 아울러 바둑의 세계화에 이바지하려는 것이다.

나. 주요내용

다음으로 법안의 주요내용을 살펴보면 다음과 같다. 우선 목적규정을 살펴보면, 법안 제1조에 목적규정을 두면서 "이 법은 바둑의 진흥에 필요한 사항을 정함으로써 국민의 여가선용 기회 확대와 건강한 정신함양 및 바둑의 세계화에 이바지함을 목적으로 한다"고 규정하고 있다.

법안 제5조에서 바둑진흥기본계획의 수립·시행에 관하여 규율하고 있다. 즉, 법안 제5조에서 문화체육관광부장관은 바둑의 체계적인 보존 및 진흥을 위하여 바둑 진흥의 기본방향, 바둑의 교육·보급에 관한 사항 등이 포함된 바둑진흥기본계획을 수립·시행하도록 규정하고 있다.

한편 법안 제7조에서 바둑의 날의 지정과 법안 제8조 등에서 국가 등의 행정적·재정적 지원에 관하여도 규율하고 있다. 법안 제8조에서 국가 및 지방자치단체는 바둑단체와 바둑시설에 대하여 행정적·재정적 지원을 할 수 있도록 하였다.

또한 법안 제9조에서 바둑지도자의 양성과 자질향상을 위한 필요한 시책을 마련하도록 하고 있는 것이 이 법안의 특징의 하나라고 할 수 있다. 즉, 법안 제9조 제1항에서 문화체육관광부장관은 바둑지도자의 양성과 자질향상을 위하여 필요한 시책을 마련하도록 하였고, 바둑지도자 자격검정과 연수과정을 이수한 사람에게 바둑지도자 자격증을 발급한다는 내용을 규율하고 있다.

나아가, 법안 제13조에서 문화체육관광부장관은 바둑의 연구를 수행하는 관련 연구기관 또는 바둑단체 등에 필요한 자금을 지원할 수 있고, 바둑 전문인력을 양성하는 바둑단체에 대하여 교육 및 훈련에 필요한 비용의 전부 또는 일부를 지원할 수 있도록 하였다.

이뿐만 아니라 국제교류 등 바둑의 세계화에 관한 규정을 두고 있다. 법안 제14조에서 문화체육관광부장관은 바둑의 국제교류와 해외확산을 촉진하기 위하여 국제대회 개최 등의 사업을 관련 기관이나 단체에 위탁 또는 대행하게 할 수 있으며, 예산의 범위에서 필요한 경비의 전부 또는 일부를 보조할 수 있도록 하였다. 민법상의 재단법인으로 되어 있는 한국기원을 공익법인화 하여 법정법인화를 지향하고 있다. 법안 제16조에서 바둑 기술 및 연구개발 등 바둑 진흥을 위한 사업과 활동을 하기 위하여 한국기원을 법정법인으로 설립하도록 하였다. 아울러 법안 제2조 제5호[16] 및 제15조[17] 및 제16조 제1항 제8호[18]에서 기보에 대한 지적재산권의 보호에 관하여도 규율하고 있다.

2. 바둑진흥법안의 주요 내용에 대한 검토

가. 바둑지도자와 바둑전문기사에 관한 규율 (법안 제2조 제1호, 제2호 및 제9조)

(1) 법안의 내용

법안 제2조 용어규정에 의하면 1. "바둑지도자"란 바둑의 교육 및 경기를 위하여 이 법에 따라 자격인증의 심사와 연수과정을 이수하여 일정한 자격이 부여된 사람을 말한다. 2. "바둑전문기사"란 바둑 실력을 검증하는 대회를 통과하여 바둑 전문가 집단의 바둑 경기에 참가할 자격을 부여받은 사람으로서 직업적으로 각종 바둑 활동에 종사하는 사람을 말한다고 규정하고 있다.

아울러 법안 제9조에서 바둑지도자의 양성 등에 관한 다음과 같은 기본적인 규정을 두고 있다.

제9조(바둑지도자의 양성 등) ① 문화체육관광부장관은 바둑 진흥을 위한 바둑지도자의 양성과 자질향상을 위하여 필요한 시책을 마련하여야 한다.

② 문화체육관광부장관은 대통령령으로 정하는 자격 요건을 갖춘 사람으로서 바둑지도자 자격검정(이하 "자격검정"이라 한다)에 합격하고 바둑지도자 연수과정(이하 "연수과정"

---

16 5. "기보"란 일정한 양식에 따라 한 판의 바둑을 두어 나간 기록 또는 그 집합을 말한다.

17 제15조(지식재산권의 보호) 문화체육부장관은 대국자의 창작물인 기보에 관한 지식재산권 보호시책을 강구하여야 한다.

18 8. 기전과 기본의 지식재산권 보호 관련 사업

이라 한다)을 이수한 사람에게 문화체육관광부령으로 정하는 바에 따라 바둑지도자의 자격증을 발급한다.

③ 제2항에 따라 자격검정이나 연수를 받거나 자격증을 발급 또는 재발급 받으려는 사람은 문화체육관광부령으로 정하는 바에 따라 수수료를 납부하여야 한다.

④ 바둑지도자의 종류, 등급, 검정 및 자격부여 등에 필요한 사항은 대통령령으로 정한다.

(2) 법이론적 분석

현재 바둑지도자 자격과 관련하여 대학교의 바둑학과의 졸업생 등에게 민간자격증을 부여하고 있으나, 바둑진흥법을 제정하게 될 경우 바둑지도자의 자격도 단순한 민간자격이 아닌 공인된 국가자격으로 할 필요가 있다. 그러기 위해서는 바둑진흥법에 바둑지도자에 관한 규정을 신설하는 것은 타당하다. 바둑전문기사에 관하여도 현재는 한국기원의 정관에 따라 규정을 두고 있어 국가의 공인된 자격은 아니다.[19]

우리 헌법 제15조에서는 "모든 국민은 직업선택의 자유를 가진다."라고 규정하고 있는 바, 직업선택의 자유에서 말하는 직업은 경제영역에서 개인의 인격발현의 수단이며 동시에 개인의 물질적 생활의 경제적 기반이 된다. 따라서 자격제도를 통하여 직업선택의 자유를 제한하려면 단계적 제한이 일반적이다.[20]

자격제도는 직업선택의 자유를 제한하는 형식이며, 보다 자세히 말하면 주관적 사유에 의한 직업선택의 자유를 제한하는 것이다. 즉 본래 기본권주체인 국민 개개인의 노력에 따라 능력이 갖춰지면 차별을 받지 않고 자유로이 직업을 선택할 수 있는 것이 원칙이나, 프로기사와 같이 일정한 자격을 보유한 자 이외에는 영업이나 해당분야에 취업을 금지하는 경우 자격을 얻지 못한 자는 해당 직업에 종사할 수 없다.

이와 같이 자격제도는 변호사와 의사와 같이 국민의 생명과 건강을 다루는 직업의 경우

---

19 한국기원의 프로기사 양성 및 지원시스템은 그동안 큰 문제없이 이루어져 왔다. 한국기원의 재원이 한정된 가운데 프로기사의 수는 매년 꾸준히 증가하는 추세이기 때문에 이러한 시스템 속에서 대회상금을 획득하는 톱클래스의 몇몇 프로기사를 제외한 다수의 프로기사들에게는 한국기원 소속기사로서 얼마 안되는 단수당인 연구수당과 대국료만이 지급될 뿐이어서 이들의 생존권이 위협받는 처지에 놓여 있어 그 프로기사인 바둑전문기사를 위한 재정적 지원대책이 필요하다고 할 것이다.

20 전광석, 「한국헌법론」, 집현재, 2016.

는 물론이고 바둑지도자와 같은 전문적 지식과 기술을 가져야만 직업을 원활히 행사할 수 있다고 판단되는 직업에 대해 실시되는 제도이므로, 이와 같은 자격제도는 헌법상 보장된 직업선택 내지 수행의 자유를 의회가 제정한 법률로 전면적으로 금지시켜 놓은 다음 일정한 자격을 갖춘 자에 한하여 직업의 자유를 회복시켜 주는 것이므로, 바둑진흥법에 명문의 규정을 두어 자격지도자의 근거와 결격사유 및 자격취소 등에 대하여 규율하는 것이며 이를 대통령령에 위임할 사안은 아니다.

(3) 법안에 대한 검토사항

바둑지도자의 경우에는 법안 제2조 제1호에서 규정하고 있듯이 "바둑지도자"란 바둑의 교육 및 경기를 위하여 일정한 자격이 부여된 사람을 말한다고 규정할 것이 아니라 그 구체적인 자격요건을 대통령령에 마련하기 때문에 위임의 근거를 두어 대통령령이 정하는 요건을 갖춘 자로 그 요건을 특정하여 규율하는 것이 적절한 용어정의라고 할 것이다. 바둑전문기사는 한국기원의 정관이 정하는 기준에 적합한 자로 한정하는 것이 적절하다.

즉, 1. "바둑지도자"란 바둑의 교육 및 경기를 위하여 대통령령이 정하는 일정한 자격이 부여된 사람을 말한다. 2. "바둑전문기사"란 한국기원의 정관에 따른 바둑 실력을 검증하는 대회를 통과하여 바둑 전문가 집단의 바둑 경기에 참가할 자격을 부여받은 사람으로서 직업적으로 각종 바둑 활동에 종사하는 사람을 말한다. 는 방향으로 보완할 필요가 있다.

법안에서 바둑지도자에 대하여는 결격사유와 자격취소에 관한 규정을 두고 있으나, 바둑전문기사에 관하여는 결격사유와 자격취소에 관한 규정이 따로 마련되어 있지 않으므로 바둑지도자에 대하여와 마찬가지의 규정을 두는 것이 필요하다고 사료된다. 이와 관련하여 바둑지도자에 대하여는 따로 규율할 필요가 없고 국민체육진흥법상의 체육지도자에 관한 규정에 바둑지도자를 신설하면 족하다는 견해가 있으나, 바둑은 체육으로 환원하기 어려운 측면이 있으므로 이 부분은 바둑진흥법에서 따라 규율하는 것이 바람직하고 바둑지도자가 다른 체육에 관한 지도자로 보기 어려운 측면 있기 때문에 법체계상 적절하지도 않다고 할 것이다.

나. 바둑의 진흥을 위한 각종 지원활동

(1) 바둑단체 및 바둑시설의 지원 및 연구활동의 지원 등 (법안 제8조 및 제13조)

(가) 법안의 내용

법안 제8조 및 제13조에서 국가 등의 행정적·재정적 지원에 관한 다음의 규정을 두고 있다.

제8조(바둑단체 및 바둑시설의 지원 등) 국가 및 지방자치단체는 바둑 진흥을 위하여 필요하다고 인정하는 경우 바둑단체와 바둑시설에 대하여 행정적·재정적 지원을 할 수 있다.

제13조(연구활동 등 지원) ① 문화체육관광부장관은 바둑의 연구를 수행하는 관련 연구기관 또는 바둑단체 등에 대하여 필요한 자금을 지원할 수 있다.

② 문화체육관광부장관은 바둑 전문인력을 양성하는 바둑단체에 대하여 교육 및 훈련에 필요한 비용의 전부 또는 일부를 지원할 수 있다.

(나) 법이론적 분석

보조금 내지 자금지원은 국가의 개인(기업 또는 소비자) 에 대하여 특정의 공익에 놓여진 목적을 촉진하기 위하여 행하여지는 금전지원이다. 보조금은 크게 직접적으로 수령자에게 지원을 내용으로 급부보조금과 세금감면 등 간접적인 형태로 행해지는 감면보조금으로 구분할 수 있다. 급부보조금과 관련하여 소비적 보조금, 융자등 재정지원, 국. 공유재산 무상대부와 양여 등으로 구분이 가능하다.[21] 국·공유재산 무상대부와 양여 등의 급부보조금과 조세감면 등의 혜택을 부여하는 내용의 감면보조금에 관한 사항은 적어도 법안에 명문의 근거가 필요하다. [22]

바둑진흥을 위한 국가의 지원의 형식은 다양할 수 있다. 지금까지 바둑대회에 대한 지

---

21 김용섭, "스포츠 보조금의 법적 문제", 스포츠와 법 제2권 2001. 222면.

22 김용섭, "바둑문화의 진흥을 위한 법정책적 과제", 스포츠와 법 제10권 제3호, 2007, 36면.

원이 대기업 등 후원사의 후원계약[23]을 통하여 이루어져 왔으나, 바둑진흥법 안 제16조 제1항 제5호에서 한국기원의 사업의 하나로 바둑대회의 개최와 주관 또는 후원으로 되어 있어 이 부분은 바둑대회의 유치와 확장이라는 관점에서 한국기원의 후원에 그칠 것이 아니라 외부의 후원의 경우까지 보다 확장시켜 발전시켜 나갈 필요가 있다.[24] 앞으로는 이와 더불어 국가적 차원의 행정적·재정적 지원이 법제화를 통해서 이루어질 필요가 있다. 가령 국가를 대표하여 국제대회에 입상한 우수 기사라든가 이를 양성하는 프로그램과 코치, 나아가 바둑 단체, 각급학교 및 대학에서의 바둑학과에 대한 지원, 공무원 및 직장 단체등 바둑동호회 내지 바둑클럽활동에 대한 지원, 각종 바둑대회의 개최에 따른 지원 등을 들 수 있다.

(다) 법안에 대한 검토사항

지금까지 바둑진흥법이 제정되지 않은 상태에서 아마추어 바둑을 지원하는 대한바둑협회를 대한체육회의 정가맹단체로 보고 초기에는 지원이 있으나, 2013년 이전까지는 대한바둑협회보다 한국기원에 대한 지원이 미미하였으나, 2014년부터는 한국기원에 10억원, 대한바둑협회에 5억원을 지원하고 있으며, 2016년에는 한국기원에 22억원과 대한바둑협회에 8. 3억원을 지원하고 있다.[25]

법안에서 자금지원 등 국가가 바둑단체에 대한 행정적·재정적 지원을 할 수 있는 근거조항을 두고 있는 바, 이 부분과 관련하여 급부보조금을 중심으로 근거조항을 마련하였다는 점에서 의미가 있다. 바둑에 관한 보조금의 지원은 직접 바둑전문기사 등에 대하여 지원하기 보다는 바둑문화향상을 도모하기 위한 방식으로 프로기사와 그밖의 저변확대를 위한 바둑의 총본산인 한국기원과 아마바둑과 바둑 동호인을 위한 업무를 위해 활동하는 대한바둑협회에 차등 지원되는 것이 바람직하다.

---

23 김동훈, "기전운영계약의 기초적 법률관계", 스포츠와 법 제9권, 2006, 187면, 김동훈, 스폰서 계약의 법적고찰, 스포츠와 법, 창간호, 2000, 197면 이하

24 김동훈, "국가적 차원의 바둑진흥방안 마련에 대한 토론자료", 국회의원 조훈현 주최 바둑진흥법 제정을 위한 토론회 자료집, 2016. 12. 5, 103면.

25 김용섭, "급변하는 환경속에 한국바둑 진흥방안모색에 대한 토론자료", 국회의원 조훈현 주최 바둑진흥법 제정을 위한 토론회 자료집, 2016. 12. 5, 64면.

바둑단체에는 법정법인인 한국기원 뿐만 대한바둑협회가 포함될 수 있는지에 대하여 논란이 있을 수 있다. 대한바둑협회는 기본적으로 대한체육회로부터 자금지원을 받도록 되어 있기 때문에 별도로 지원하는 것이 가능할 수 있다. 향후 한국기원과 대한바둑협회의 상호발전이 모색될 필요가 있다. 나아가 한국기원에 대한 국·공유재산의 대부·사용 등에 관한 규정도 마련할 필요가 있다.[26]

(2) 바둑의 국제 교류 및 해외확산의 지원(법안 제14조)

(가) 법안의 내용

법안 제14조 제1항 및 제2항에서 바둑의 국제교류 및 해외확산의 지원과 관련하여 " ② 문화체육관광부장관은 바둑의 국제교류와 해외확산을 촉진하기 위하여 국제대회의 개최, 바둑 지도자의 파견, 해외 홍보 등의 사업을 추진할 수 있으며, 이에 필요한 경비의 전부 또는 일부를 보조할 수 있다."고 규정하고 있다.

(나) 법이론적 분석

전세계적으로 바둑인구는 증가하고 있는 것으로 보고되고 있다. 따라서, 한국류의 실전적 바둑은 외국에 있어서도 관심과 주목의 대상이다. 아울러 알파고와 이세돌의 세기적인 대결이 있고 난 후 한국바둑에 대한 세계인 관심이 매우 높은 실저이다. 한류를 세계속에 알렸으므로 바둑문화의 해외확산을 위해 바둑의 국제교류와 해외에 바둑을 널리 보급 하는 노력을 국가적으로 하는 것은 매우 시의 적절하다. 이러한 체계적인 바둑세계화는 바둑진흥법의 제정을 통하여 효율적으로 수행해 나갈 수 있다.

우리나라는 한국바둑을 세계화하기 위해 2009년부터 바둑종주국화 사업을 실시하고 있다.[27] 한국바둑을 해외에 널리 전파하기 위해서는 우선 세계적인 바둑행사와 국제교류를 활성화하여 외국인의 관심과 참여를 유도하고 이를 통해 한국바둑을 널리 홍보하는 계기로 삼을 필요가 있다. 무엇보다 바둑의 세계화를 위해서는 해외파견 국제바둑지도자 교육

---

26 김용섭, "바둑문화의 진흥을 위한 특별법 제정의 필요성과 입법방향", 행정법연구 제22호, 2008, 219면.

27 김바로미, 해외파견 국제바둑지도자 사업의 문제점 및 개선방안에 관한 연구", 바둑학연구 제10권 제1호, 12면.

프로그램 및 자격증제도를 제대로 마련하여 체계적으로 운영하고 피드백을 확실히 하는 등 콘텐츠를 제대로 확보하여 운영할 필요가 있다.[28] 이를 위해서는 법률을 제정하여 홍보와 지원등을 지속적으로 하고, 아울러 안정적으로 해외파견 활동 등에 필요한 경비의 전부 또는 일부의 보조가 절실히 필요하다.

(다) 법안에 대한 검토

법안에 대하여 특별히 문제점이 없으며 실질적인 재정적 지원이 중요하다. 우리나라를 세계의 바둑인들이 즐겨 찾는 나라로 만들기 위해서는 한국의 바둑의 역사와 바둑문화자료를 수집하고, 충실한 바둑에 관한 연구자료와 홍보책자 등을 만들 필요가 있다. 이를 위해서는 특히 정부와 지방자치단체의 행정적·재정적 지원아래 한국바둑의 총본산이라고 할 수 있는 한국기원이 대한바둑협회와 상생관계속에 바둑진흥에 역점을 둘 필요가 있다.

아울러 후속적인 교육이 내실있게 운영될 수 있도록 지원에 따르는 사후관리와 피드백을 철저히 할 필요가 있다.

다. 한국기원의 법정법인(특수법인)화 (법안 제16조 제1항 내지 제7항)

(1) 법안의 내용

법안 제16조 제1항에서는 한국기원의 사업과 활동에 관하여 규율하고 있고, 아울러 제5항 및 제6항에서는 임원에 관한 규정을 두고 있다.

제13조(한국기원) ① 바둑 진흥에 관한 다음 각 호의 사업과 활동을 하기 위하여 문화체육관광부장관의 인가를 받아 한국기원을 설립한다.

1. 바둑 기술 및 연구 개발

2. 바둑지도자, 바둑전문기사의 자격인증 등 바둑 전문인력의 양성

3. 바둑 단급의 심사 및 발급

4. 바둑 보급과 교육을 위한 각종 사업

---

28 김바로미, 앞의 논문, 16-19면.

5. 바둑대회의 개최와 주관 또는 후원

6. 바둑의 세계화 및 국제교류 사업

7. 방송, 인터넷 등 대중매체를 통한 바둑의 보급·진흥 활동과 정보제공 관련사업

8. 기전과 기보의 지식재산권 보호 관련 사업

9. 바둑인의 복지향상에 관한 사업

10. 휘장사업

11. 그 밖에 문화체육관광부장관이 인정하는 사업

12. 제1호부터 제10호까지의 사업에 부대되는 사업

② -④ <생략>

⑤ 한국기원에는 정관으로 정하는 바에 따라 임원과 필요한 직원을 둔다.

⑥ 한국기원은 임원으로서 이사장, 부이사장, 이사 및 감사를 두고, 임원의 정원·임기 및 선출방법 등은 정관으로 정하며, 이사장은 이사중에서 선임하되, 문화체육관광부장관의 승인을 받아 취임한다. 다만, 「국가공무원법」 제33조 각 호의 어느 하나에 해당하는 자는 임원이 될 수 없다.

⑦ 한국기원에 관하여 이 법에서 규정한 것을 제외하고는 「민법」중 재단법인에 관한 규정을 준용한다.

(2) 법이론적 분석

한국기원은 민법상의 재단법인으로서 문화체육관광부 소관 비영리 법인으로 문화체육관광부의 설립허가와 감독을 받도록 되어 있다. 한국기원과 프로기사와의 법률관계는 입단과 동시에 한국기원 정관과 규약상의 권리와 의무를 준수하여야 하는 일종의 공법적 특별권력관계에 준하는 사적인 영역에서의 특수신분관계라고 할 수 있다. 따라서 프로기사가 기사회에서 탈퇴하는 순간 한국기원이 주관하는 대회에 참가하기는 어렵다고 할 것이다.[29]

최근 논란이 된 이세돌, 이상훈의 기사회 탈퇴신청과 관련하여 아직 결말이 나지 않았

---

29 김용섭, "바둑문화의 진흥을 위한 특별법 제정의 필요성과 입법방향", 행정법연구 제22호, 2008, 218면.

으나, 기사회에서는 우승상금에 대하여 3%에서 15%를 공제를 하는 제도가 있는데, 이를 둘러싸고 과도한 부담이며 재정의 투명성에 반론이 제기된 바 있었다. 한국기원의 프로기사의 수는 360명을 넘고 있는데 일부 선수만이 기전의 본선에 올라야 대국료가 나오고, 바둑리그는 성적순이 아니라 감독이 선발하는 것이라서 전반적으로 국가적 지원이 없으면 프로기사가 안정적으로 바둑에 전념할 수 없는 환경이 조성되고 있어 작금의 상황은 바둑진흥법의 제정을 통해 위기를 돌파하여야 할 한국바둑의 비상상황이라고 할 것이다.

(3) 법안에 대한 검토사항

법안에서 제시하고 있는 바와 같이, 한국기원을 특수법인화하여 추진체계를 확고히 할 필요가 있다. 장기적인 관점에서는 대한바둑협회를 한국기원과 통합할 필요가 있다. 또한 프로기사인 전문기사의 자격증을 국가 자격증 또는 공인 자격증으로 할 필요가 있다. 문화체육관광부 등 일각에서는 바둑진흥법을 제정하면서 한국기원의 특수법인화는 갈등적 요소가 있으므로 이를 유보하고 바둑진흥법을 통과하려고 하고 있다. 그러나, 만약에 추진체계가 없이 법률안을 통과시키면 오히려 한국기원과 대한바둑협회간의 영역의 불분명으로 인해 갈등과 헤게모니 다툼으로 인해 바둑계가 원치 않는 모습으로 바둑계의 분열이 초래될 수 있다. 따라서 바둑진흥을 위한 국가의 행정적·재정적 지원시스템을 보다 체계적으로 하기 위해 한국기원을 특수법인화하고 한국기원에서 사단법인 대한바둑협회와의 역할분담하에 상생적 발전을 도모해 나가야 한다. 바둑인구의 저변확대와 프로기사인 바둑전문기사를 자격화하고, 한국바둑의 국제화와 세계화를 통하여 이를 세계적인 문화상품으로 키워나갈 필요가 있다.

한국기원의 업무와 관련하여 한국바둑의 발전을 위해 대한바둑협회와의 상호관계를 잘 정립할 필요가 있다. 마치 대한체육회와 국민생활체육협의회처럼 갈등관계에서 통합체육회로 발전한 것 처럼 대한체육회의 가맹경기단체인 대한바둑협회와 한국바둑의 총본산인 한국기원과의 상생관계를 명확히 하기 위해 한국기원에 관한 업무에서 대한바둑협회에서 관장하는 업무와의 역할분담을 명확히 하고, 나아가 한국기원의 업무중에 대한바둑협회에 대한 지도와 협력에 관한 사항을 포함하도록 하여 한국바둑의 발전을 위해 양 단체간의 갈등을 최소화하고 상생적 발전을 도모할 필요가 있다.

3. 조훈현 의원대표 발의 바둑진흥법안중 보완되어야 할 사항

가. 바둑연수기관의 지정취소 등에 관하여

법안 제10조 제1항에서 바둑연수기관의 지정제도를 신설하고 있으나, 바둑연수기관의 지정취소 제도에 관하여는 법률에서 아무런 규정을 두고 있지 아니하고 대통령령에 위임하고 있다. 그러나, 지정취소의 사유 등에 관하여는 바둑지도자 자격취소의 경우와 마찬가지로 법안에서 이를 규율할 필요가 있다.

나. 바둑전문기사에 대한 자격취득과 자격취소에 관한 사항

바둑전문기사에 관한 용어의 정의를 법안 제2조 제2호에서 두고 있다. 바둑전문기사의 양성과 자격취소 등에 관한 규정을 따로 법률에 두고 있지 않고 단지 바둑지도자에 관한 규정을 두고 있을 뿐이다. 바둑전문기사에 대한 자격과 양성 및 그 자격의 취소 등을 법안에 담을 수 없다면 한국기원 정관에 의하도록 한다는 위임규정을 마련할 필요가 있다.

또한 바둑전문기사의 양성에 관한 사항은 법안 어느 곳을 보더라도 명확히 나와 있지 아니한 바, 법안 제16조 제1항의 한국기원의 사업과 활동에 포함시킬 필요가 있다.

바둑전문기사의 경우 프로기사이므로 스포츠산업진흥법의 규율대상이 될 것인지 여부가 문제될 수 있다. 그런데 바둑은 스포츠적인 요소를 갖고는 있으나, 완전히 스포츠로 용해될 수 없는 우리 전통문화와 밀접하게 연결된 것이므로 이를 스포츠산업진흥법의 규율대상으로 하기 보다는 법안에서 바둑지도자는 물론 프로기사인 바둑전문기사를 함께 규율할 필요가 있다.

다. 청문제도의 신설과 관련하여

법안에서는 청문절차에 관하여 아무런 규정을 두고 있지 아니한 바, 국민체육진흥법 제45조[30]에서 규정하고 있는 바와 같이 바둑지도자의 지정의 취소와 연수기관의 지정취소

---

30 제45조(청문) 문화체육관광부장관은 다음 각 호의 어느 하나에 해당하는 경우에는 청문을 하여야 한다. 〈개정 2014.5.28.〉
　　1. 제11조의4제1항에 따라 지정기관의 지정을 취소하려는 경우
　　2. 제12조제1항에 따라 체육지도자의 자격을 취소하려는 경우

의 경우에는 청문절차를 거치도록 하는 내용의 명문의 규정을 둘 필요가 있다. 이와 같이 지정취소의 경우에 청문에 관한 규정을 두는 것이 일반적인 입법례이며, 절차적 적법성 보장 차원에서도 필요한 규정이라고 할 것이다.

라. 바둑의 기전에 대하여 「조세특례제한법」의 특례를 적용하도록 할 필요가 있다.

바둑의 기전에 대하여는 「조세특례제한법」의 특례를 적용하도록 할 필요가 있다. 우리 나라의 경우 전통의 유서깊은 타이틀 전인 국수전, 명인전이 중단된 상태이며, 제한기전 을 합해도 과거의 절반수준으로 되어 기전이 사라져 가면서 프로기사의 활동무대가 좁아 들면서 한국바둑이 점차 황폐화의 길을 걷고 있다. 이는 심각한 한국바둑의 위기라고 할 것이다. 일본의 경우에는 2011년 동일본 대진의 여파로 국제기전인 후지쓰배가 폐지된 바 있으나, 일본의 신문사가 주최하는 7대 바둑타이틀 기전은 우승 상금순으로 기성전, 명인 전, 혼인보전, 십단전, 천원전, 왕좌전, 기성전이며 이와 같은 7대 타이틀 보유자를 각각 기성(棋聖), 명인(名人), 혼인보(本因坊), 십단(十段), 천원(天元), 왕좌(王座), 기성(碁聖)이라 불 린다. 이와 같은 7대 신문기전은 그대로 유지되고 있으며, 중국은 바둑에 대한 국가적 지 원과 바둑계 자체의 안정적인 시스템의 확보로 프로기사들의 활동을 자극하는데 반해 우 리의 경우에는 일부 프로기사만 참가하는 바둑리그를 제외하고는 이렇다 할 기전이 없어 대다수 프로기사의 활동무대가 좁아들게 되어 심각한 문제라고 할 것이다.

따라서 이에 대한 보완대책으로는 국민체육진흥법 제41조 제2항과 같은 조세감면 등에 관한 조항을 신설하여 한국기원에 기부된 재산에 대하여는 조세감면 혜택을 주어 한국기 원에서 새롭게 기전을 개최하도록 하거나, 김치산업진흥법 제25조에서 "국가 및 지방자치 단체는 이 법에 따른 김치산업의 진흥에 관한 시책을 효율적으로 추진하기 위하여 필요 하다고 인정하는 경우에는 김치사업자에 대하여 「조세특례제한법」 및 「지방세특례제한법」 에 따라 조세를 감면할 수 있다"고 마련한 규정처럼 기전을 후원할 경우에 조세특례제한 법 및 지방세특례제한법에 따라 조세를 감면할 수 있도록 하는 내용의 조항을 신설하는

---

3. 제16조의2제4항에 따라 인증기관의 지정을 취소하려는 경우
4. 제17조제7항에 따라 우수 업체 지정을 취소하려는 경우

등 입법적 보완이 필요하다.

Ⅳ. 결론

이상에서 위기와 기회[31]가 병존하는 현재의 한국의 바둑계의 상황을 감안하여 국가적 차원의 바둑진흥의 입법적 방안을 검토하되, 조훈현 의원 대표발의의 바둑진흥법안을 중심으로 다각적으로 검토하였다. 이 법을 통과시키기 위해 2017년엔 바둑계와 바둑인들이 화합의 정신을 발휘하여 총력적으로 바둑진흥법을 관철해 낼 필요가 있다. 바둑은 혼자만 두는 것이 아니라 상대가 있는 것인 만큼 공동체의 조화를 도모할 수 있는 덕목이 있다고 생각한다.

바둑계의 이미지가 알파고 이후 상상할 수 없을 정도로 호전되었고, 어떻게 임하는냐에 따라 이 호재를 새로운 도약의 계기로 삼을 수 있고, 이러한 흐름에 안이하게 대처하다가는 일본의 몰락과 같은 전철을 밟게 될 수도 있다.

이상에서 국가적 차원의 바둑진흥의 입법적 방안을 조훈현 의원 대표발의의 바둑진흥법안을 중심으로 다각적으로 검토하였다. 바둑인의 숙원사업일 뿐만 아니라 국민의 삶의 질 개선과 한국 바둑의 세계화를 위한 바둑진흥법이 제정된다면 정부가 기본계획을 수립하고 시행하며, 바둑문화의 발전을 위한 중장기 정책을 체계적으로 추진하면서 위기의 한국 바둑에 있어 새로운 돌파구와 기폭제가 될 수 있다고 할 것이다. 보조금의 지원과 조세감면의 근거 및 국·공유재산에 대한 무상양도를 추가적으로 마련하여 프로기사의 지위 향상은 물론 한국기원의 바둑회관의 원활한 확보와 한국기원이 바둑의 총본산으로서의 역할을 수행하게 될 것이다.

끝으로 한국이 일본과 같은 급격한 바둑쇠퇴를 막고 중국을 다시금 추격하여 세계속의 바둑 최강국으로서의 위상을 높여나가기 위해서는 국가와 지방자치단체의 바둑시설과 단체에 대한 행정적·재정적 지원을 해 나갈 필요가 있다.

---

31 조훈현, "평창동계올림픽 그리고 바둑", 한국경제 2017. 2. 12.

끝으로 바둑진흥법안은 필자가 10년전에 최초로 바둑문화진흥법의 제정필요성을 주장하여 여러차례 논문과 토론회 등에서 기회가 있을 때마다 입법필요성에 대하여 역설한 바 있다. 때마침 제20대 국회에 들어와 프로기사 출신이면서「고수의 생각법」의 저자인 조훈현 의원 다시금 발의하여 의원입법으로 국회에 제출한 바둑진흥법안이 조속히 통과되어 한국바둑 전환점이 마련되기를 기대한다.

참고문헌

김건오 (교육문화체육관광위원회 전문위원), "바둑진흥법안- 조훈현의원 대표발의 검토보고", ―
    2016. 11.

김동훈, "국가적 차원의 바둑진흥방안 마련에 대한 토론자료", 국회의원 조훈현 주최 바둑진흥법
    제정을 위한 토론회 자료집, 2016. 12. 5.

김동훈, "기전운영계약의 기초적 법률관계", 스포츠와 법 제9권, 2006.

김미라, "문화경영분석 방법에 입각한 한국 바둑문화산업 발전전략에 관한 연구", 인하대학교 대학
    원 문화경영학 박사학위논문, 2012.

김바로미, "해외파견 국제바둑지도사 사업의 문제점 및 개선방안에 관한 연구", 바둑학연구 제10권
    제1호, 2013.

김용섭, "바둑진흥에 관한 법률의 제정필요성과 입법방향- 이인제 의원 대표발의 바둑진흥법안을
    중심으로-", 스포츠 법학의 새로운 지평, 대동 연기영 화갑 기념논문집, 2013

_____, "바둑문화의 진흥을 위한 특별법 제정의 필요성과 입법방향", 행정법연구 제22호, 2008.

_____, "바둑문화의 진흥을 위한 법정책적 과제", 스포츠와 법 제10권 제3호, 2007.

_____, "스포츠 보조금의 법적 문제", 스포츠와 법 제2권, 2001.

김용섭, "급변하는 환경속에 한국바둑 진흥방안모색"에 대한 토론자료, 국회의원 조훈현 주최 바둑
    진흥법 제정을 위한 토론회 자료집, 2016. 12. 5.

김청균, "가와바타 야스나리(川端康成)의 명인 론- 바둑문화와의 관련을 중심으로 -", 일본문화학보
    제46집, 2010.

김청균, "히카루의 바둑과 일본의 바둑문화", 일본문화학보 제51집, 2011.

김창규, "문화관련 한국법제의 현황과 과제, 문화법제의 체계화를 중심으로", 법학논총, 제30권 제
    2호, 2006.

김형수, "규제로 작동되는 진흥법·지원법은 이제 그만", 법제 2015. 6.

남치형, "한국바둑 세계화의 선결과제- 한국바둑의 세계보급상의 문제", 한국바둑의 세계화를 위한 프
    로기사 행정적 지원논의 세미나, 국회의원 이미경 의원 2008년 정책자료집, 2008. 12. 31.

노르베르트 볼츠, 윤종석·나유신·이진 옮김, 「놀이하는 인간」, 문예출판사, 2017.

박명수 (교육문화체육관광위원회 전문위원), "바둑진흥법안- 이인제의원 대표발의 검토보고", ―
    2013. 12.

박성호, "바둑 기보의 저작물성 판단에 관한 연구", 한국저작권위원회, 2009.

서달주, 바둑의 기보도 저작물인가?, 저작권문화 제142호, 2006. 6.

손종수, "위기의 한국바둑, 세계 최강에서 밀려나나?- 조치훈, 조훈현, 이창호가 보여준 감동의 맥
　　　　끊겨", 월간조선 2008. 9.

이상정, "기보와 저작권법", 스포츠와 법, 제10권 제3호, 2007.

이홍렬, "기전이 자꾸 사라져 간다", 조선일보 2016. 11. 1.

장석주, 「인생의 한수를 두다」, 한빛비즈, 2013.

장재옥, 김용섭, 김은경, 윤석찬, 윤태영, 「스포츠엔터테인먼트법」, 법문사, 2010.

전광석, 「한국헌법론」, 집현재, 2016.

정수현, "바둑계의 상황과 진흥법 제정의 필요성", 바둑진흥법 제정에 대한 공청회 자료집, 2013.
　　　　9. 26.

정수현, "바둑 올림픽으로 가는 길 가능한가", 한국기원 한화갑의원실, 정범구 의원실(공편), 2001.

조훈현, 「고수의 생각법」, 인플루엔셜, 2015.

조훈현, "평창동계올림픽 그리고 바둑", 한국경제 2017. 2. 12.

한국법제연구원, 「진흥관련 법제의 입법모델 연구」, 한국법제연구원 연구보고서, 2016-07, 2016.

9

국민체육진흥법의 개정방향*

— 대한체육회와 대한올림픽위원회의 통합논의를 중심으로 —

목차

Ⅰ. 머리말
Ⅱ. 대한체육회와 대한올림픽위원회에 관한 기본적 고찰
Ⅲ. 대한체육회와 대한올림픽위원회의 통합·분리 논의
Ⅳ. 대한체육회의 정관개정을 통한 대한 올림픽위원회 통합의 문제점
Ⅴ. 체육단체 통합과 관련한 정책적 추 진방향과 향후과제

I. 머리말

대한체육회(KSC)와 대한올림픽위원회(Korean Olympic Committee, 약칭 KOC)의 관계를 어떻게 정립할 것인가의 문제는 체육단체의 조직개편의 문제로서 매우 중요한 문제에 속한다. 그동안 대한올림픽위원회는 대한체육회내의 특별위원회의 형식으로 되어 있는바, 이를 분리하여 독자적 조직으로 발전해 나가는 것이 바람직 한 것인지, 아니면 양 단체간의 통합을 실현하는 것이 바람직한 것인지에 관하여 2002년부터 체육계내에서 논란이 계속되어 왔다. 최근 대한체육회가 주축이 되어 대한체육회 정관개정작업을 통하여 대한체육

---

* 이 논문은 2009년 6월 19일 제28회 한국스포츠엔터테인먼트법학회 학술대회에서의 김용섭교수 발제문을 수정·보완하여 스포츠엔터테인먼트와 법 제20호(2009. 12.)에 게재·수록한 것입니다.

회와 대한올림픽위원회의 통합을 시도한 바 있고, 기형적 형태의 통합이 이루어 진 것으로 알려지고 있다.

국민체육진흥법과 대한체육회 정관에 의하여 대한올림픽위원회의 업무가 대한체육회의 업무와 구분되어 있으나, 대한올림픽위원회의 업무를 대한체육회 국제교류팀에서 처리하고 있어, 체육계 내부에서는 실질적으로 단일 조직에서 이루어지는 것으로 보는 경향이 있어 왔고, 양 단체를 단일조직으로 통합하는 것에 대하여 큰 문제가 없는 것으로 보는 입장이 대세라고 할 것이다.[1] 그러나 이 연구는 통합을 반대하고, 대한올림픽위원회를 대한체육회에서 분리하는 것이 바람직하다는 점을 논증하려는 것은 아니다. 국민체육진흥법을 개정하지 아니하고 대한체육회의 정관개정을 통하여 양단체의 통합을 하는 것이 갖는 법적인 문제점을 지적하려는 데 있다.

국민체육진흥법에는 대한체육회와 대한올림픽위원회라는 2개의 체육단체를 전제하고 있는데 법률개정이 선행되어야 하며, 이를 통하여 광범위한 국민적 의견수렴 절차를 거치게 되고, 대한체육회 정관개정만으로 양 단체를 기계적으로 통합할 경우에 절차상의 문제가 제기될 뿐만 아니라 대한체육회는 정부의 감독을 받는 기구인데 반하여 대한올림픽위원회는 국제올림픽위원회의 국가지부로서 정치적 독립성을 특징으로 하고 있어, 한 단체로 통합되어 상이한 2가지 기능을 수행하는 경우에 법리적인 관점에서 문제가 제기 될 수 있기 때문이다.[2]

여기에서는 체육단체의 조직통합과 관련하여 국민생활체육협의회를 포함하는 대통합형태의 조직개편의 문제는 여기서 다루지 않고[3], 대한체육회와 대한올림픽위원회의 통합논

---

1 김용섭, 스포츠행정법의 현황과 과제, 스포츠와 법 창간호, 2000. 106면; 필자는 대한체육회에서 대한올림픽위원회를 분리하는 것이 바람직하다는 입장을 제시한 바 있다 한편 한국체육구조개선준비모임이 2001. 12. 27. 발행한 한국체육구조개선을 위한 건의문 24면에서 "연기영 교수(제4발제자) : KOC는 법적으로 보장된 독립단체임, 따라서 대한체육회에 속해있는 KOC를 원래대로 분리·독립시켜 독자적 사업추진을 보장해 주는 것이 한국 엘리트스포츠 발전을 위해 유익할 것임"이라고 명기되어 있는 바와 같이 연기영 회장도 기본적으로 분리론의 입장에 있다고 할 것이다.

2 현재 대한체육회 정관에 특별위원회로 명시된 '대한올림픽위원회(KOC)' 조항을 폐지하는 대신 대외명칭을 한글로 '대한체육회' 영어로 'KOC(Korean Olympic Committee)'로 바꾸기로 하면서, 약 80명에 이르는 양 기관의 이사를 20명 이내로 대폭 축소하고, 가맹경기단체별로 종목에 따라 투표권도 차등 부여할 예정이라는 보도기사가 나온바 있다.

3 국민을 위한 생활체육과 엘리트 체육의 통합까지 아우르는 NOC로서의 대한올림픽위원회의 독립성과 자율성의 확보는 한국의 체육계가 넘어야 할 산이다.

의를 중심으로 그동안의 양 체육단체의 통합을 위한 입법과정을 종합적으로 분석하고, 향후 양 단체간의 통합을 위한 국민체육진흥법의 개정방향에 대하여 모색하고자 한다.

II. 대한체육회와 대한올림픽위원회에 관한 기본적 고찰

1. 법적 근거

가. 국민체육진흥법의 관련 규정

국민체육진흥법은 1962년 9월 17일에 제정 공포된 후 25차례의 개정절차를 거쳐 2009년 3월 18일 일부 개정되어 2009. 6. 19 시행된 법률로서, 체육진흥에 관한 기본법으로서의 역할을 수행하면서 오늘에 이르고 있다.[4] 국민체육진흥법은 국민체육을 진흥함으로써 국민의 체력을 증진하고 건전한 정신을 함양하여 명랑한 국민생활을 영위하게 하며, 나아가 체육을 통한 국위선양에 이바지 함을 목적으로 하고 있다. 국민체육진흥법은 제1장 총칙, 제2장 체육진흥을 위한 조치, 제3장 국민체육진흥기금, 제4장 체육진흥투표권의 발행, 제5장 체육단체의 육성, 제6장 보칙으로 되어 있다.[5] 또한 25차례의 국민체육진흥법의 개정에도 불구하고 시대의 변화에 맞는 스포츠의 기본법으로서의 성격을 담고 있지 못할뿐더러 국민체육진흥공단의 사업법적 측면이 강하게 드러나고 있으며, 지원과 규제방식에 있어 비체계적인 법률이라고 보여진다.[6]

대한체육회는 국민체육진흥법 제33조[7]에 설치근거를 두고 있는 특수법인으로 2009. 6.

---

4 국민체육진흥법은 일본이 1964년 동경올림픽을 대비하여 1961년에 제정한 일본스포츠진흥법을 모방한 입법이지만 그 동안 스포츠의 활성화와 보급 나아가 한국체육의 발전에 견인차 역할을 수행 한 점을 부인할 수 없다. 이에 관하여는 손석정/ 김현규, 국민체육진흥법의 제정과 변천과정 고찰, 한국스포츠엔터테인먼트법학회 2008. 제6회 국제학술대회 자료집, 474면,

5 다만, 제2장의 규정만이 국민체육진흥법의 기본법적 성격을 지니고 있을 뿐 동법의 여러 조항에 "필요한 시책을 강구하여야 한다" 등의 규정을 두어 다분히 강령적인 성격을 갖는 법으로서의 특징을 띠고 있다.

6 김용섭, 스포츠법제의 현황과 과제, 인권과 정의, 2009, 2월호, 115면.

7 제33조 (대한체육회) ①체육 진흥에 관한 다음 각 호의 사업과 활동을 하게 하기 위하여 문화체육관광부장관의 인가를 받아 대한체육회(이하 "체육회"라 한다)를 설립한다.

15. 현재 55개 경기단체가 가맹되어 있다. 이와 같은 대한체육회는 국민체육진흥법 제28조의 규정에 의하여 감독기관인 문화체육관광부장관의 지도 감독 내지 간섭과 통제를 받을 수 있고, 아울러 정관의 승인권, 임원의 임명등에 있어서 관여할 수 있다. 대한체육회장의 취임과 관련한 국민체육진흥법 제33조 제6항에서 "체육회의 임원중 회장은 정관으로 정하는 바에 따라 선출하되, 문화체육관광부장관의 승인을 받아 취임한다"고 규정하고 있다. 이 규정이 국민체육진흥법에 새로이 삽입하게 된 입법연혁을 고찰하면 1993. 12 31. 개정되어 1994. 1. 1. 부터 시행된 구 국민체육진흥법(법률 제4689호) 제 23조 제6항[8]에서 비롯된 것인데, 이는 대한체육회에 대한 정부의 통제를 더욱 강화하기 위하여 도입된 것이라고 할 수 있다.[9]

한편 대한올림픽위원회는 국민체육진흥법 제21조[10] 제1항에 비록 근거규정이 있으나, 이는 국제올림픽조직위원회(IOC)에서 설정된 과제를 수행하고 특히 올림픽 대회의 준비와 선수지명 등을 행하는 기구로서 국가권력으로 부터의 독립성과 중립성 등이 보장되어야

---

1. 경기단체의 사업과 활동에 대한 지도와 지원
2. 체육경기대회의 개최와 국제 교류
3. 선수 양성과 경기력 향상 등 전문체육 진흥을 위한 사업
4. 체육인의 복지 향상
5. 국가대표 은퇴선수의 지원사업
6. 그 밖에 체육 진흥을 위하여 필요한 사업
②체육회는 제1항에 따른 목적 달성에 필요한 경비를 마련하기 위하여 대통령령으로 정하는 바에 따라 수익사업을 할 수 있다.
③체육회는 법인으로 한다.
④체육회는 정관으로 정하는 바에 따라 지부·지회 또는 해외 지회를 둘 수 있다.
⑤체육회의 회원과 회비 징수에 필요한 사항은 정관으로 정한다.
⑥체육회의 임원 중 회장은 정관으로 정하는 바에 따라 선출하되, 문화체육관광부장관의 승인을 받아 취임한다.
⑦체육회에 관하여 이 법에서 규정한 것 외에는 「민법」 중 사단법인에 관한 규정을 준용한다.

8 구 국민체육진흥법 제23조 제6항에서는 "체육회의 임원중 회장은 정관이 정하는 바에 따라 선출하되, 문화체육장관의 승인을 얻어 취임한다"고 규정하고 있다.

9 최철호, 국민체육진흥법의 문제점과 개선방안, 스포츠와 법, 제12권 제1호, 2009,48면.

10 제21조 (올림픽 휘장 사업) ①올림픽을 상징하는 오륜과 오륜을 포함하고 있는 모든 표지·도안·표어 또는 이와 비슷한 것을 영리를 목적으로 사용하려는 자는 대한올림픽위원회의 승인을 받아야 한다.
②대한올림픽위원회는 제1항의 승인에 관한 권한을 서울올림픽기념국민체육진흥공단으로 하여금 대행하게 할 수 있다.
③제1항에 따른 사용 승인을 받은 자는 대통령령으로 정하는 바에 따라 그 사용료를 내야 한다.

한다. 따라서 대한올림픽위원회를 대한체육회의 특별위원회의 형태로 두는 것은 법적으로 기형적이라고 할 수 있고, 법인격을 갖지 않게 되는 문제가 있다.

나. 대한체육회 정관 및 대한올림픽위원회 규정

(1) 대한체육회 정관의 주요내용

대한체육회 정관 제1조에서 "이 법인은 국민체육진흥법 제23조에 의하여 설립되며 그 명칭은 대한체육회(이하 본회라 칭한다)라 칭하고 외국에 대하여는 Korea Sports Council(약칭 KSC)이라 칭한다"고 규정하고 있고, 동조 제2조에서는 "본회는 체육운동을 범국민화하여 학교체육 및 생활체육의 진흥으로 국민의 체력향상과 건전하고 명랑한 기풍을 진작시킴과 아울러 본회에 가맹한 경기단체를 지원육성하고 우수한 경기자를 양성하여 국위선양을 도모함으로써 민족문화 발전에 이바지하고 나아가 스포츠를 통한 국제친선과 세계평화에 기여함을 목적으로 한다."고 규정하고 있어 목적에 관한 사항을 두고 있다.

아울러 제6조 제1항에서는 "본회는 본회가 가맹을 인정하는 대한민국을 대표하는 종목별 아마튜어 경기단체로써 조직한다."고 규정하고 있다. [11]

---

11 대한체육회 정관 제6조에서 밝히고 있는 바와 같이 대한체육회가 가맹을 인정하는 대한민국을 대표하는 종목별 아마추어 경기단체로서 조직한다고 규정하고 있는 바, 현재 56개의 가맹경기단체와 준가맹단체와 인정단체를 두고 있으며, 정관 제52조에서 대한체육회의 사업목적의 수행을 위하여 시도에 비부를 두고 해외에도 지부를 둘 수 있다고 되어 있어, 이에 따라 16개 시도지부 및 해외지부를 두고 있다. 대한체육회 가맹·탈퇴규정 제2조 제3호에서 "정가맹 경기단체"라 함은 본회 정관에서 정한 경기단체로서의 권리 및 의무사항을 이행할 것을 맹약하여 본회 이사회를 거쳐 대의원총회 의결로써 가맹을 확정 받은 경기단체를 말한다고 되어 있고, 제4호에서는 "준가맹 경기단체"라 함은 본회 이사회 의결로써 준가맹을 승인받아 본회 정관에서 정한 권리사항을 제한받는 경기단체를 말한다.고 되어 있으며, 제5호에서는 "인정단체"라 함은 본회 이사회 의결로써 당해 단체의 대표성만을 한시적으로 인정받을 뿐 본회 정관에서 정한 권리 및 의무사항을 적용 받지 않는 단체를 말한다.고 되어 있다. 이와 같이 가맹단체는 정가맹단체와 준가맹단체로 구분되는 바, 정가맹단체는 대한체육회 정관 제7조 및 제8조에서 정한 경기단체로서의 권리 및 의무사항을 이행할 것을 맹약하여 대한체육회 이사회를 거쳐 대의원총회 의결로써 가맹을 확정받은 경기단체를 말하고, 준가맹경기단체는 대한체육회에 가맹시킬 필요성은 충분히 인정되나 가맹요건이 충족되지 못한 경우로서 정관 제7조 및 제8조의 권리사항을 제한적으로 적용받는 경기단체를 말한다. 대한체육회는 가맹단체외에 당해 단체의 대표성만을 한시적으로 인정하되 대한체육회와의 권리, 의무관계가 없는 인정단체를 지정하고 있다. 2009 6월 15일 현재 55개 정가맹단체, 2개 준가맹단체, 3개 인정단체가 있다. 가맹경기단체의 가맹과 탈퇴절차에 관하여는 대한체육회 가맹·탈퇴규정에 의하고,

이와 더불어 제6장에서 대한올림픽위원회에 관한 규정을 두고 있는 바, 제33조에서 제1 항에서는 "대한올림픽위원회는 그 소관사항에 관하여는 독자적 결정 및 시행의 권한을 가진다.", 동조 제2항에서는 "동위원회에 관한 규정은 동위원회 위원총회에서 따로 정한 다."고 규정하고 있다.

(2) 대한올림픽위원회규정의 주요내용

동 규정 제1조 제1항에서" 본위원회는 올림픽헌장 제1장 제3조 및 제4장 규정에 의거하 여 설립된 한국의 국가올림픽위원회(National Olympic Committee : 약칭 NOC)로서, 대한올림 픽위원회라 칭하고, 외국에 대하여는 Korean Olympic Committee(약칭 : KOC)라 한다." 고 규정하고 있고, 동조 제2항에서는 "본위원회는 올림픽운동의 일환으로 구성된 조직으 로서 올림픽헌장과 올림픽운동 반도평규정을 존중하고 IOC의 결정을 준수한다."고 규정 하고 있다.

한편 제3조 제1항에서는 "본위원회는 올림픽 사업에 관하여 국제올림픽위원회(International Olympic Committee : 약칭 IOC)와 대외적 교섭을 갖는 유일한 단체로서 스포츠 활동을 통하 여 올림픽정신의 함양, 보급, 스포츠의 기조를 이루는 정신적, 신체적 자질의 발전도모와 국제친선, 세계평화 및 여성의 지위향상을 위한 활동에 참여한다."고 규정하고 있다.

동조 제3항에서 "본위원회는 목적 수행을 위해 정부 및 비정부 기구와 협력할 수 있다. 단, 올림픽헌장에 부합해야하며 독립을 유지하여야 한다."고 규정하고 있다. 제4조 제2항 에서 "본위원회는 사업을 수행함에 있어 정치적, 종교적, 또는 경제적 간섭을 받지 아니 하며, 인종, 종교, 정치, 성별 등에 따른 차별대우나 폭력 등의 발생시 대응 조치를 취한 다."고 규정하고 있다.

2. 대한체육회와 대한올림픽위원회의 설립연혁과 법적지위

권리의무에 관하여는 대한체육회 가맹경기단체규정에서 정하는 바에 의한다.

가. 설립연혁

(1) 대한체육회

대한체육회는 건강한 육체에 건전한 정신을 함양하여 민족정기를 살리자는 취지로 1920년 7월13일에 "조선체육회"로 출범하여 활동하다가, 1938. 7. 7. 일제에 의하여 강제 해산되는 우여곡절을 겪었으나, 1945년 11월 26일 조선체육회를 부활시켰다. 한편 1948년 9월 "대한체육회"로 명칭을 변경하였으며, 1982년 12월 31일 국민체육진흥법상의 법정법인 내지 특수(사단)법인으로 지정되어 오늘에 이르고 있다. 이와 같이 90여년의 역사를 갖고 있는 대한체육회는 매년 전국소년체육대회와 전국체육대회를 개최하여 우수 선수발굴과 스포츠 인구 저변확대에 기여하고 있으며, 국가대표선수와 청소년대표등 우수선수의 과학적 관리와 체계적 육성을 통한 경기력 향상을 도모하여 스포츠를 통한 국위선양에 기여해 오고 있다.[12]

(2) 대한올림픽위원회

대한올림픽위원회는 1946년 조선체육회 소속의 "올림픽대책위원회"로 설립되어 1948년 8월 지금의 "대한올림픽위원회"로 명칭을 개정하였으며, 1964년 9월 "사단법인 대한올림픽위원회"로 출범함과 동시에 대한체육회로부터 분리되어 독립기구로 운영되었으나, 우수 선수들의 강화 훈련을 맡아온 대한체육회와 올림픽선수단을 구성 파견할 수 있는 권한을 갖고 있는 대한올림픽위원회가 선수단의 지휘감독을 둘러싸고 주도권 싸움으로 대립하게 되었다.

우여곡절 끝에 1968년 3월1일 대한체육회에 대한올림픽위원회 및 대한학교체육회가 흡수 통합되어 대한체육회 소속의 특별위원회로 개편되었다.[13] 대한올림픽위원회 규정 제10장 (사무국) 제25조에서 "본위원회의 사무집행을 위하여 대한체육회 사무처 내에 전담사무부서를 둔다"고 규정하여 그동안 대한체육회의 국제교류팀이 대한올림픽위원회 사무국의 역할을 수행하여왔다.

---

12 문화체육관광부, 2007 체육백서,2008, 69면.

13 김재련, 한국 체육관련기관의 변천과 문제분석, 영남대학교 교육대학원 석사학위논문, 1994, 43면.

나. 법적지위

(1) 대한체육회

대한체육회는 국민체육진흥법 제33조의 규정에 근거하여 설립된 체육단체이며, 대한체육회는 국민체육진흥법에 의하여 설립되는 공익적 성격을 지니는 특수법인이라고 할 것이다. 이와 같은 특수법인은 국가정책상 공공의 이익을 위해 특별법에 기초하여 설립된 법인을 말한다. 특수법인의 일종인 대한체육회도 목적달성에 필요한 경비를 마련하기 위하여 대통령령으로 정하는 바에 따라 수익사업을 할 수 있다. 대한체육회는 공공기관의 운영에 관한 법률에 의하여 준정부기관으로 지정되어 오다가 대한체육회장이 대한올림픽위원회(KOC) 위원장을 겸임토록 되어있어 대한체육회를 준정부기관으로 분류하면 국가올림위원회의 정치적 중립성을 규정하고 있는 국제올림픽위원회(IOC)헌장에 위배될 가능성이 있다고 판단하여 기획예산처 장관이 2007. 4. 26. 공공기관이 운영에 관한 법률에 따라 공공기관운영위원회의 심의·의결을 거쳐 대한체육회를 "기타 공공기관"으로 변경지정하고 고시[14]를 하여 현재에 이르고 있다.

대한체육회는 정관상의 최고의결기관인 대의원총회와 최고집행기관인 이사회, 각종위원회 및 사무처리를 위한 사무처를 두고 있다.[15]

(2) 대한올림픽위원회

대한올림픽위원회(KOC)는 대한체육회 정관 제33조의 규정에 근거하여 대한체육회 소속의 특별위원회의 형태로 운용되고 있으므로 독립적인 법인격이 부여되어 있지 않는 체육단체로서, 비록 정부의 지원을 받는다하더라도 민간단체의 신분을 가지고 영리성을 가지기 않기 때문에 비정부기구(NGO)[16]에 속한다.

---

14 기획예산처 고시 제2007-33호(2007. 4. 26.)

15 정관개정을 할 경우 대의원총의의 결의를 받은 후 주무부서인 문화체육관광부의 승인을 받아야 효력이 발생한다.

16 비정부 기구 또는 비정부 조직, 비정부 단체로 어떠한 종류의 정부의 간섭하지 않고, 시민개개인 또는 민간단체들에 의해 조직되는 단체를 의미한다. 정부로부터 자금을 지원받는 경우에도 비정부기구는 정부관계자를 회원에서 제외시킴으로써 민간단체로서의 성격을 유지한다. 이러한 비정부기구는 정부활동감시, 각종정책, 홍보, 상담 등으로 사회문제

　KOC의 위원장은 대한올림픽위원회 규정 제9조 제2호에서 "위원장은 위원총회에서 대한체육회 회장을 추천 선임한다." 규정하고 있는 바, 대한체육회장이 문화체육관광부장관의 승인을 받아 취임하도록 되어 있기 때문에 정치적 독립으로부터 자유롭지 못한 문제가 있다.

　대한올림픽위원회는 국제올림픽위원회(International Olympic Committee 이하 "IOC"라고 함) 및 세계 각국 NOC[17] 등에 우리나라를 독점적으로 대표하며, 올림픽, 아시안게임 등 국제종합경기대회의 국내유치 및 선수단 파견과 국내 올림피즘 보급 및 확산, 스포츠를 통한 국제친선 등의 업무를 수행하고 있는 바, 실질적인 KOC의 업무는 대한체육회 국제부 직원이 담당하고 있는 현실이다.

　아울러 대한올림픽위원회는 국가올림픽위원회의 지위를 갖게 되는 바, 국가올림픽위원회는 자국에서의 올림픽 보급과 올림픽 대회 참가를 위하여 조직된 각 국가의 체육기구를 의미한다. 올림픽 대회에 참가하고자 하는 각 국가는 국제올림픽위원회(IOC)의 공인을 받은 국가올림픽위원회(NOC)를 조직해야 하며, 어떠한 개인이나 단체도 NOC를 통하지 않고는 참가신청을 할 수 없게 되어 있다.[18]

　대한체육회는 특수법인으로서의 지위를 갖게 되므로 공법상 법인으로 보아 행정주체의 지위를 갖게 되고, 대한올림픽위원회는 독립적 기구로서 올림픽 사업등 국제스포츠와 관련하여 국가의 행정청의 의사를 대외적으로 표시할 수 있는 권한이 있기 때문에 기능적 자치행정기구로서 행정청의 지위를 갖는다고 보는 견해도 있다.[19]그러나 엄밀히 말하여 대한올림픽위원회는 공행정주체로 보기 어렵고 NGO의 일종으로 올림픽운동의 일환으로

해결을 위한 활동을 한다. 대중의 지지를 구하고 모금활동을 하며 저개발국가와 지역사회를 연결시켜 주기도 한다. 또한 정부가 미처 관리하지 못하는 부문에서 활동하기도 한다.

17 국가올림픽위원회(National Olympic Committee)관련 각국 사례
　- NOC만 있는 경우 : 미국, 호주, 뉴질랜드 등
　- NOC와 국가스포츠단체가 합병한 경우 : 프랑스, 이탈리아, 독일, 스위스, 네덜란드, 노르웨이 등
　- NOC와 국가스포츠단체가 분리해 있는 경우 : 일본 등

18 IOC(국제올림픽위원회)에서 올림픽대회를 개최할 도시가 결정되면, 개최국의 NOC는 개최권을 위임받아 올림픽을 준비하기 위해 개최도시와 협력하여 올림픽조직위원회OOC(Olympic Organizing Committee) 를 설립한다. NOC는 스스로 대회운영을 할 수 있으나 올림픽조직위원회(OOC)에 재 위임하는 것이 관례이다.

19 조성규, 스포츠행정조직의 법적 성격과 권리구제, 스포츠와 법 제5권, 82-83면.

행하여지기 때문에 기능적인 관점만으로 행정청으로 보는데 어려움이 있다. 특수법인이 행정청에 해당하는 문제와 관련하여 한국마사회의 징계처분을 행정처분으로 보지 않은 대법원 2008. 1. 31. 선고 2005두8269 판결을 참고할 필요가 있다.

III. 대한체육회와 대한올림픽위원회의 통합·분리 논의

1. 논의의 출발점

문제는 우선 조직개편과 관련하여 양 체육단체의 통합이 바람직한 것인지 아니면 분리가 바람직 한 것인지는 공익적 관점에서 국가에 어느 것이 바람직한가라고 하는 관점에서 접근하여야 하며 단체 이기주의적 관점에서 접근하는 경우에는 조직개편이 실패할 가능성이 높다.

아울러 정치적 고려에 의한 무리한 통합과 분리 역시 부작용을 낳을 수 있다. 기본적으로 국민체육진흥법의 입법태도는 양 기관의 분리를 전제로 하고 있다고 보여진다. 이는 대한 한국도평위원회를 별도의 조직으로 두도록 하고 있는 점에 비추어 대한올림픽위원회를 독자적 법인격을 갖지 못하고 있는 대한체육회의 특별위원회로 두는 것은 법정신에 맞지는 않는다.

대한체육회와 KOC의 통합 문제는 종전에 있어서도 대한체육회와 국민생활체육협의회의 통합논의 과정에서도 핵심적으로 논의되었던 주제로서, 양 단체의 통합방안의 원활한 논의를 위해서는 KOC를 대한체육회에서 분리하여 독립적인 기구로 만들 것인지 아니면 통합을 할 것인지가 논의되었으나, 최근에는 국민생활체육협의회와의 통합과는 무관하게, 대한체육회가 주도가 되어 대한올림픽위원회의 통합을 추진해 나가고 있다.

2. 체육단체 통합·분리를 위한 17대 국회의 입법추진과정

가. 정부제출안- 통합모델

이 법률안은 2004. 10. 22.에 제출되었으나, 회기말까지 통과되지 못하고 폐기된 법률안이다. 이 법률안은 급변하는 국내·외 체육환경의 변화에 부응하여 대한체육회를 대한올림픽체육회로 개편함으로써 국가올림픽위원회(NOC) 중심의 체제로 전환하려는 것 등을 담고 있다. 국민체육진흥법상의 대한체육회를 대한올림픽체육회로 하고, 대한올림픽위원회도 대한올림픽체육회로 변경하여 통합하는 것을 목표로 하고 있다.

이 법률안은 종전의 대한체육회의 기능에 올림픽운동의 보급·확산 및 체육경기대회의 개최와 국제종합경기대회의 유치 및 그 밖에 체육의 국제교류를 포함시키도록 하여 대한올림픽위원회의 기능을 새로이 추가하고 있다. 이와 같은 법안 제출의 배경은 대한체육회와 대한체육회 소속의 특별위원회 형태로 운영되고 있는 대한올림픽위원회(KOC)를 "대한올림픽체육회"로 통합·개편함으로써, 국가올림픽위원회(NOC) 중심의 체계로 전환하려는 것으로, KOC의 법적 지위를 확보함으로써, KOC의 대내·외적인 위상을 강화하고, 대한체육회와 KOC 기능의 통합 및 단일화를 통하여 체육행정력을 집중함으로써, 엘리트체육, 학교체육, 생활체육을 한 틀에서 통합할 수 있는 기반을 조성하려는 데 그 입법취지가 있는 것으로 설명되고 있다.[20] 물론 독자적 법인격이 없이 대한체육회 특별위원회 형태로 파행적으로 운영되는 단체의 성격을 벗어난다는 점에서 바람직 한 측면이 있으나, 체육계 일각에서 제기되어온 KOC를 대한체육회로부터 분리·독립시켜 국제스포츠 및 엘리트 스포츠 정책의 전문성을 강화시켜야 한다는 주장도 간과해서는 안된다.[21]

나. 안민석의원 대표발의안- 분리모델

2005. 9. 27. 안민석외 77인의 국회의원이 발의안 법률안으로 통과되지 않아 폐기된바 있다. 이 법률안의 제안이유는 주5일 근무제 시행·고령화 사회 진입에 따라 국민의 건강과 여가선용을 위한 생활체육 활성화가 중요한 정책적 과제로 자리잡고 있으며, 이를 위한 체육 구조 개선이 필요하며, 엘리트 체육의 선수자원 고갈에 대한 대책 마련이 시급하

---

20 국회문화관광위원회 수석전문위원 김문희, 국민체육진흥법중개정법률안(정부제출) 검토보고서, 2005. 2, 2면.
21 한국체육구조개선준비모임, 한국체육구조개선을 위한 건의문, 2면.

게 됨에 따라 이에 엘리트체육과 생활체육 조직의 일원화를 통해 든든한 생활체육 바탕 위에 엘리트체육을 육성하는 선진국형 체육시스템을 확립할 때가 되었다고 보았으며, 한 편으로 국제올림픽위원회(IOC) 헌장에 의거하여 대한올림픽위원회(KOC)의 독립적·법적 위상을 부여하고, 이를 통해 스포츠외교 시스템 확립과 스포츠외교의 전문성 및 안정성을 도모하고자 동 법률안을 국회에 제출하였다. 그 주요내용으로는 첫째로, 대한체육회의 사 업과 활동에서 국제교류를 삭제하고 생활체육 보급과 육성 사업을 신설하여 대한체육회 가 국내경기대회 및 생활체육 전반을 관장할 수 있는 법적 근거를 마련하고(안 제23조), 둘째로, 체육단체의 육성에 대한올림픽위원회(KOC)를 신설하여 올림픽운동의 보급·확산 및 체육 국제교류 사업을 전담케 함으로써 올림픽헌장에 명시된 국가올림픽위원회로써의 법적 자격을 부여토록 하였다(안 제23조의3[22] 신설).

그러나 이 법안의 문제점은 대한올림픽위원회의 위원장은 정관이 정하는 바에 따라 선 출하도록 하되, 문화관광부 장관의 승인을 얻어 취임하도록 한 것이 자율적인 운영을 제 약할 수 있다고 보여진다. 왜냐하면 올림픽헌장 제29조 제4호에서 "정부나 기타 공공기 관은 NOC 위원을 임명할 수 없다. 단, 정부 혹은 공공기관의 대표자를 위원으로 선출할 지의 여부는 NOC의 자유재량 하에 결정할 수 있다."고 규정하고 있는 점을 감안할 필요 가 있다.

3. 외국의 사례

체육단체의 통합이 바람직하고 적절한 것인지 일률적으로 말할 수 없고, 각국에 따라 다르지만, 대한체육회는 기본적으로 대한올림픽위원회를 대한체육회의 특별위원회에서 분 리하여 독립적 법인으로 하는 입장에 반대하고 있다.[23]

---

22 제23조의3(대한올림픽위원회) ①올림픽운동의 보급·확산 및 국제체육교류를 위해 문화관광부장관의 인가를 받아 대한 올림픽위원회(이하 "올림픽위원회"라 한다)를 설립한다.
　②올림픽위원회는 올림픽헌장 제1장제4조 및 제4장의 규정에 의거하여 설립된 대한민국의 국가올림픽위원회로써의 자 격을 갖는다.
　③올림픽위원회는 법인으로 한다.
　④올림픽위원회의 임원 중 위원장은 정관이 정하는 바에 따라 선출하되, 문화관광부장관의 승인을 얻어 취임한다.
　⑤올림픽위원회에 관하여 이 법에서 규정한 것을 제외하고는 「민법」 중 사단법인에 관한 규정을 준용한다.

외국의 사례, 특히 독일과 일본이 스포츠단체를 올림픽위원회와 분리하여 왔으나, 2006. 5. 20.에 독일 스포츠협회(DSB)와 독일올림픽위원회(NOK)가 통합하여 독일올림픽 스포츠위원회(DOSB) 로 기구통합을 실현하였다. 이로써 독일스포츠는 매우 높은 수준의 조직체를 갖게 되었다. 독일올림픽스포츠위원회는 90,000이상의 스포츠클럽에 2,700만명 이 넘는 회원이 간접적인 형태로 구성원으로 가입되어 있다.24

그러나 일본의 경우에는 일본스포츠진흥법에서는 재단법인 일본체육협회와 재단법인 일본올림픽위원회를 분리하여 규정하고 있어 양 기관은 독립되어 운영되고 있다.25이에 대하여 대한체육회는 전세계적인 추세가 통합의 방향으로 나아가고 있다는 논거를 제시하면서 대한올림픽위원회와의 단일화(통합)를 적극 추진하고 있다.

우리의 경우에는 대한체육회 중심적 통합론이 대세이지만, 통합과 분리모델이 각국마다 다르지만, 전세계적인 추세는 NOC(올림픽위원회) 중심의 통합이라고 보아야 한다.

기본적으로 독일의 경우에는 스포츠단체가 통합되었으나, 국가적 감독이 미치는 범위가 적고, 다만 절충형으로 통합되었다는 점이 주목할 만하다. 일본의 경우에는 1991년 4월에 재단법인 일본체육협회와 재단법인 일본올림픽위원회를 분리하여 청소년 및 국민체육진흥을 성공적으로 실현하고 아테네 올림픽에서 세계 5위를 달성한 것은 시사하는 바가 크다.26 일본체육협회도 재단법인으로 되어있고 법정단체로서 특수법인이 아닌데 반하여 일

---

23 대한체육회는 과거 선수양성의 주체인 대한체육회와 선수선발의 주체인 KOC간의 주도권 다툼과 업무 불협조 등 심각한 갈등요소를 불러 일으켜, 결국 1968년 3월 대한체육회, KOC, 대한학교체육회 등 우리나라 3대 체육단체가 대한체육회로 통합되어 현재까지 운영되고 있으며, 대한체육회와 KOC의 분리시 또 다른 체육구조의 왜곡은 물론 갈등 요소를 오히려 증폭시킬 소지가 있다는 점, 대한체육회와 KOC의 분리운영은 체육단체 구조 선진화를 위하여 체육단체의 대통합이 필요하다는 대전제를 무의미하게 하는 것이며, 단체 분리 운영으로 인한 인력, 예산의 이중적 구조를 초래할 수 있다는 점 등을 들어 소극적이다.

24 Fritzweiler/Pfister/Summerer, Praxishandbuch Sportrecht, 2 Aufl. 2007. S. 112.

25 일본 스포츠진흥법 제6조 제1항에서는 국민체육대회는 재단법인 일본체육협회, 국가 및 개최지의 지방자치단체(도도부현)가 공동으로 개최한다고 규정하고 있으며, 동조 제3항에서는 국가는 국민체육대회의 원활한 운영에 이바지 하기 위하여 재단법인 일본체육협회 및 개최지의 도도부현에 대하여 필요한 원조를 행하는 것으로 한다고 규정하고 있다. 아울러 스포츠진흥법 제14조 제1항에서는 국가 및 지방공공단체는 우리 나라의 스포츠의 수준을 국제적으로 향상시키기 위하여 필요한 조치를 강구하는 노력을 하지 않으면 안된다. 제2항에서는 국가는 전항에 정하여진 조치중 재단법인 일본올림픽위원회가 행하는 국제적인 규모의 스포츠의 진흥을 이한 사업에 관하여 조치를 강구함에 있어서는 재단법인 일본올림픽위원회와의 긴밀한 연락을 도모하여야 한다.

26 김현석, 한국체육행정조직의 발전방안에 관한 연구, 한양대학교 대학원 박사학위논문, 63면: 위 두 단체의 갈등을 해

본올림픽위원회(JOC)는 재단법인이지만 완전한 독립법인으로 되어 분리되어 엘리트 선수의 경기력 향상 등의 업무는 JOC의 소관이고, 일본체육협회는 그밖의 국민들의 스포츠 진흥업무만을 담당하는 이원체계가 구축되어 있다.[27] 우리의 경우 다른 나라의 사례를 면밀히 검토하여 국익에 도움이 되면서 법리적으로도 문제가 없는 방향으로 통합을 모색할 필요가 있다.

IV. 대한체육회의 정관개정을 통한 대한올림픽위원회 통합의 문제점

1. 법리상의 문제

국민체육진흥법에서는 대한올림픽위원회에 대하여 기구의 명칭과 더불어서 그 권한을 명시하고 있고 비록 동 법률에 설립근거 규정은 없으나 비정부 조직으로 각국을 대표하는 NOC에 속한다. 이에 반하여 대한체육회는 국민체육진흥법에 명시적으로 그 권한 및 설립근거 규정 등을 두고 있는바, 대한올림픽위원회가 대한체육회 정관에 따라 대한체육회 산하 특별위원회의 형태로 설치되어 있던 것을 해당 정관을 개정하여 대한체육회와 대한올림픽위원회를 하나의 단일한 기관으로 통합하는 것은 체육단체의 대외적 명칭사용의 문제가 발생할 수 있다. 다시 말하여 국민체육진흥법에서는 대한올림픽위원회라고 명기되어 있는데, 이를 대한체육회와 통합하여 대내적과 대외적으로 사용하는 것은 법리적으로 문제가 있다고 할 것이다.

한편 대한체육회는 현재 공공기관의 운영에 관한 법률 제5조 제4항에서 규정하고 있는 "기타 공공기관"으로 보기 때문에, 경영공시를 위해 경영목표와 예산 및 운영계획, 임원 및 운영인력 현황, 인건비예산과 집행 현황 등을 공시하여야 하고, 고객헌장을 제정하여 공표함과 아울러 고객만족도 조사를 하여야 하며, 공공기관에 대한 기능조정[28]이 행해질

소하고 협력을 극대화하기 위해 일본체육협회 회장이 일본올림픽위원회 이사로, 일본올림픽위원회 위원장이 일본체육협회 이사로 활동하는 것과 한국의 경우에 대한체육회장이 대한올림픽위원회 위원장을 겸직하는 것이 대비된다.

27 윤상준/황의룡, 일본체육단체의 조직개편에 관한 사례연구, 한국체육과학회지 제16권 제2호, 2007, 288면.

28 공공기관의 운영에 관한 법률 제14조 제1항에서 "기획재정부장관은 주무기관의 장과 협의한 후 운영위원회의 심의·의결을 거쳐 공공기관이 수행하는 기능의 적정성을 점검하고 기관통폐합·기능재조정 및 민영화 등에 관한 계획을 수립하

수 있고, 공공기관의 혁신[29]을 추진하여야 하는 등 국가적 개입이 강화되기 때문에 대한올림픽위원회가 대한체육회에 통합됨으로 인해 공공기관의 운영에 관한 법률상의 기타 공공기관에 해당되는 한, 정부의 법적 제도적 간섭과 규제로부터 자유로운 자율적 조직으로 남기는 어렵다고 할 것이다.

2. 국민체육진흥법에 반하는 문제

국민체육진흥법 제21조 제1항에서는 올림픽을 상징하는 오륜과 오륜을 포함하고 있는 표지·도안·표어 등을 영리를 목적으로 사용하려는 자는 대한올림픽위원회의 승인을 받도록 규정하고 있고, 같은 법 제33조에서는 체육경기대회의 개최와 국제 교류, 선수 양성과 경기력 향상 등 전문체육 진흥을 위한 사업 등을 하게 하기 위하여 문화관광부장관의 인가를 받아 대한체육회를 설립하도록 규정하고 있는바, 이와 같이 국민체육진흥법에는 양 단체를 별도의 기구로 두는 것을 전제로 하고 있다.[30] 따라서 국민체육진흥법의 관련규정의 개정절차를 밟지 않고 대한체육회의 정관개정만으로 양 단체를 통합하는 것은 법리적으로 무리가 있고, 국민체육진흥법의 관련 규정을 개정한 후에 그 전제위에서 통합하는 것이 바람직하다고 할 것이다.

한편 국민체육진흥법에서는 대한올림픽위원회를 전제로 하여 그 설립이나 조직 등에 관하여 비록 명시하고 있지는 않으나, 동법 제21조에서는 대한올림픽위원회로 하여금 올림픽 휘장 사업 등에 관한 승인 권한을 갖도록 규정하고 있고, 동법 제33조에서는 법인 형태의 대한체육회를 설립하여 체육경기대회의 개최와 국제교류 및 선수양성 등 전문체육 진흥을 위한 사업 등을 하게 하도록 규정하고 있다. 그렇다면 국민체육진흥법의 규범체계

여야 한다."고 규정하고 있다.

29 공공기관의 운영에 관한 법률 제15조 제1항에서 "공공기관은 경영효율성 제고 및 공공 서비스 품질 개선을 위하여 지속적인 경영혁신을 추진하여야 한다."고 규정하고 있다.

30 국민체육진흥법이 예상하고 있는 조직모델은 분리모델이라고 할 것이다. 그러나 대한체육회내의 특별위원회의 형태로 운영되어 온 것은 타협적인 형태의 조직이라고 할 수 있다. 만약에 대한올림픽위원회를 대한체육회에서 완전히 분리하여 독자적 법인격을 갖는 조직으로 만든다면, 국민체육진흥법 제35조에 그 설치근거를 두고 있는 한국도핑방지위원회의 규정과 유사한 규정을 두면 되리라고 보고, 차라리 한국도핑방지위원회를 독자적인 조직으로 둘 것이 아니라 대한올림픽위원회와 통합하는 것도 이론적으로 검토할 필요가 있다.

와 표현방식에 비추어 볼 때, 대한올림픽위원회의 설립에 관한 사항을 법률에서 규정하고 있지 않고 있더라도, 대한올림픽위원회와 대한체육회가 각각 별개의 체육단체임을 전제로 하여 각각의 해당하는 기능을 수행할 수 있도록 한 것으로 보아야 할 것이다.

따라서, 양 단체를 하나의 단체로 통합하기 위해서는 국민체육진흥법을 먼저 개정하는 절차를 밟아 양 단체를 하나의 명칭으로 통일한 후에 정관에서 통일된 단체명을 사용하는 것이 바람직한 통합절차라고 할 것이다.

3. 올림픽헌장에 위반하는 문제

대한올림픽위원회는 올림픽헌장에 따라 국제민간자율기구인 국제올림픽위원회의 국가지부로 설립되어 올림픽헌장을 준수해야 할 의무가 있는 기관이므로, 대한올림픽위원회가 대한체육회와 통합되는 경우에 올림픽헌장에 저촉되는지의 여부가 문제될 수 있다. 스포츠의 영역에 있어서는 국내적 법률의 한계만 지키면 되는 것이 아니라 국제스포츠의 규범도 준수하여야 한다.[31]

그런데 올림픽헌장 제28조제6항[32] 등에서는 NOC가 정치적·법적·경제적인 압력으로부터의 자율성을 갖도록 규정하고 있으나, 대한올림픽위원회가 정부의 감독에 복종하는 대한체육회와 통합하여 단일의 조직으로 활동하게 될 경우에는 그 업무가 명확하게 분리하지 않는 한 서로 다른 기능을 수행하는 조직이 되어 일부 업무는 정부의 감독하에 놓이고, 일부 업무는 자율성이 보장되는 기형적인 조직이 될 가능성이 있고 정부의 감독하에 놓일 가능성이 높아 올림픽헌장에 위배될 수 있다.

또한, 대한체육회와 대한올림픽위원회의 지위와 관련한 법적 성격에 대하여 살펴보면, 대한체육회는 국민체육진흥법 제33조에 따라 문화체육관광부장관의 인가를 받아 설립된 사단법인으로서, 정부의 출연금 등으로 조성된 국민체육진흥기금의 지원과 자금차입 및 조세감면 등의 지원을 받는 동시에, 문화체육관광부장관의 감독과 보고 및 서류제출 등의

---

31 Ulrich Haas/Dirk- Reiner Martens, Sport, dtv, 2004. S. 44.

32 올림픽헌장 제28조 제6항에서 "NOC는 올림픽헌장의 준수를 저해할 수 있는 정치적, 법적, 종교적, 경제적 압력을 비롯하여 어떠한 압력에도 굴하지 않고 자율성을 유지하여야 한다."고 규정하고 있다.

의무를 지며, 대한체육회는 공공기관의 운영에 관한 법률에 따른 "기타 공공기관"으로 보기 때문에 기관의 운영 전반에 관하여 국가의 관리·감독을 받는 지위에 놓여 있다.

그런데, 대한올림픽위원회(KOC)는 국제규약이자 IOC의 정관인 올림픽헌장을 준수해야할 의무가 있는 바, 올림픽헌장 제28조제6항에서는 "NOC는 올림픽헌장의 준수를 저해할 수 있는 정치적·법적·종교적· 경제적 압력을 비롯하여 어떠한 압력에도 굴하지 않고 자율성을 유지하여야 한다"고 규정하고 있고, 같은 조 제9항에서는 "올림픽헌장 위배시 내려진 제재 및 기타 조치 외에, 해당 국가에서 발효중인 헌법, 법률 또는 기타 규정 및 정부나 기타 기관의 행위로 인해 NOC의 활동이나 NOC의 의사표명이 저해될 경우 IOC 집행위원회는 해당 NOC가 내린 승인을 정지하거나 취소하는 등, 해당 NOC 소속 국가에서의 올림픽운동을 보호하기 위한 적절한 결정을 내릴 수 있다"고 규정되어 있으며, 올림픽헌장 제29조제4항에서는 "정부나 기타 공공기관은 NOC 위원을 임명할 수 없다. 다만, 정부 또는 공공기관의 대표자를 위원으로 선출할지의 여부는 NOC의 자유재량 하에 결정 할 수 있다"고 규정하고 있으므로, 이와 같은 올림픽 헌장에 따르면, 대한올림픽위원회에 대한체육회가 흡수통합되는 것은 몰라도, 대한올림픽위원회가 대한체육회에 흡수통합되는 것은 정부의 간섭을 받게 될 위험성이 있게 된다.

위에서 살펴본 바와 같이 대한체육회와 대한올림픽위원회는 서로 다른 성격의 기관으로서, 대한체육회가 대한올림픽위원회와 통합하여 해당 업무를 수행하더라도 국민체육진흥법에 대한올림픽위원회의 지위에서의 업무수행을 함에 있어 자율적인 업무처리의 보장 등에 관한 규정을 명시하고 국민체육진흥법의 감독 관련 규정을 정비하지 않는 한 NOC의 자율성을 규정하고 있는 올림픽헌장에 저촉되는 결과를 초래할 수 위험성이 있다.

V. 체육단체 통합과 관련한 정책적 추진방향과 향후과제

1. 통합체육단체에 대한 자율성과 독립성 보장

통합의 전제조건은 대한올림픽위원회의 기능을 수행하게 되므로 새로이 통합된 체육단체에 대한 자율성과 독립성의 보장이 우선되어야 한다. 문제는 대한체육회에 대하여 중앙정부의 감독과 보고를 받도록 되어 있는 부분과 대한올림픽위원회에 대하여 정치적으로 중립적인 부분을 어떻게 조화롭게 입법할 것인가의 문제가 제기된다. 가능한 한 국가적 감독이 자제되는 것이 바람직하다.[33] 대한체육회가 비록 국고지원등을 받고 있지만, 정부의 감독이 최소한도로 미치고 전문성에 기초하여 자율적인 운영을 보장하는 것이 바람직하다. 따라서 올림픽위원회의 기능을 수행할 경우에는 대한체육회에 대한 감독과 보고에 관한 국민체육진흥법 제43조와 제44조에 관한 규정은 삭제되어야 할 것이다.

양 체육단체가 통합하는 경우에도 전체적으로 자율적으로 운영되도록 하는 것이 바람직하지만, 그것이 용이하지 않다면 적어도 대한올림픽위원회에 관한 사항만이라도 이를 분리하여 규율하는 방법을 모색할 필요가 있다.

따라서, 대한체육회와 대한올림픽위원회를 통합하기 위해서는 국민체육진흥법의 관련 규정에서 대한올림픽위원회와 대한체육회의 명칭을 통일하고 그 기능을 통합하여 규정하거나, 하나의 단체가 다른 단체의 지위를 동시에 갖는 것으로 명시하여야 하고, 올림픽헌장에 저촉되지 않도록 대한올림픽위원회의 지위와 업무수행에 대하여는 자율성을 보장하는 등의 규정을 두어야 할 것이다. 이러한 내용의 법률개정을 전제로 하지 않고, 대한체육회 정관의 개정만으로 양 단체를 통합하는 것은 국민체육진흥법의 법정신에 어긋나기 때문이다.

체육 단체의 자율성 보장과 관련하여 체육단체를 위해 다양한 국가적 지원이 수반되어야 함은 물론이다. 어디까지나 국가와 체육단체는 상호협력관계를 유지하여야 하며, 국가가 지나치게 감독권을 행사하거나 체육단체에 대하여 보조금의 지급을 기화로 고권적 지배권력에 복종을 강요하는 것은 바람직하지 않다.[34]

---

33 대한올림픽위원회에 관한 규정 제33조에서 "KOC(대한올림픽위원회)는 그 소관사항에 관하여는 독자적 결정 및 시행의 권한을 가진다"고 규정하고 있는 바, 이와 같은 취지의 규정을 국민체육진흥법이나 대한체육회정관에 규정하여 업무의 독자성가 자율성을 확보할 필요가 있다.

34 김용섭, 스포츠법제의 현황과 과제, 인권과 정의, 2009, 2, 116면.

2. 국민체육진흥법의 개정을 통한 통합 필요성

대한체육회 정관개정안 제3조 제4항에서는 "본회는 국민체육진흥법 제21조의 대한올림픽위원회 지위를 갖는다"고 규정하고 있으나, 이와 같은 내용은 법률에서 규정하는 것은 몰라도 정관에서 규정하는 것은 한계가 있다고 할 것이다. 아울러 국민체육진흥법 제33조에 따라 문화체육관광부장관의 인가를 받아 설치된 대한체육회는 공공기관으로서 관련 법령에 따라 문화체육관광부, 감사원 등 국가기관으로부터 관리·감독을 받고 있고, 대한올림픽위원회는 설치 근거 법령 없이 대한체육회 산하의 특별위원회 형태로 설치된 기구로서, 국제민간기구인 국제올림픽위원회(IOC)의 국가별 지부에 속한다.

그동안 대한체육회가 그 산하 특별위원회의 형태로 대한올림픽위원회를 설치하였고, 대한체육회가 그 실질적인 업무를 수행해 왔으므로, 양 기관의 통합은 정관개정만으로 족하다고 생각할 여지가 있다. 그러나, 위에서 살펴본 바와 같이 올림픽헌장과 상충될 수 있는 내용에 대해 국민체육진흥법에 명확히 규정하는 방향으로 법 개정을 하지 않고 단순히 대한체육회 정관의 개정만으로 손쉽게 대한올림픽위원회를 대한체육회에 통합하는 것은 자칫 국가적 감독권 행사와 정부의 규제를 용인해 주는 결과를 초래할 위험성이 있다. 비록 양 체육단체를 통합하더라도 "대한올림픽체육회"와 같은 새로운 이름을 사용할 수 없고, 대한체육회의 명칭을 그대로 쓸 수 밖에 없을 것이다. 왜냐하면 국민체육진흥법에 대한체육회와 대한올림픽위원회라는 명칭이 있어, 이 부분은 국민체육진흥법의 개정을 한 후에나 가능할 것이다. [35]

단일 기관으로 통합될 경우에는 종전보다 더 나은 효율적인 측면이나 법리적 관점에서 문제가 없어야 한다. 가령 선진국형 스포츠시스템을 구축하거나 효율성과 효과를 제고하지 않는 체육단체의 통합은 큰 의미가 없을 것이다.[36]

---

[35] 통합기구의 명칭을 "대한올림픽체육회"라고 하는 것 보다 "한국올림픽스포츠위원회(KOSC)"라고 하여 적어도 위원회 형태가 좋을 것 같고, 아울러 "대한"이라는 명칭보다는 "한국"이라는 명칭이 더 적절하다고 본다. 아울러 앞으로 국민체육진흥법을 개정하여 대한체육회로 통합하게 된다면 그 기능에 관하여도 국민체육진흥법에서 이를 명확하게 명기하여야 할 것이다.

[36] 국회문화관광위원회, 국민체육진흥법개정안에 관한 공청회, 2005. 11. 14 자 자료, 23면.

3. 향후과제

여기서는 주로 대한체육회와 대한올림픽조직위원회의 소통합에 초점을 맞추어서 논의를 진행하였다. 대통합이라고 할 수 있는 국민생활체육협의회를 대한체육회 및 대한올림픽위원회와 함께 통합을 실현하는 것이 바람직한 것인지에 대하여는 추후에 심도있는 논의가 필요하다.[37] 앞에서도 여러차례 강조한 바와 같이 대한올림픽위원회는 어떤 조직형태로 나아가더라도 각국의 올림픽을 대표하는 기구로서 NOC의 일종으로서 비록 그 활동에 있어 정부의 지원을 받더라도 주무부서인 문화체육관광부로부터의 독립성 뿐만 아니라 정치적, 법적, 종교적, 경제적 압력을 비롯하여 어떠한 압력에도 굴하지 않고 자율성을 유지하여야 한다.

아울러 양 체육단체의 통합이 효율적인 스포츠발전을 담보하고, 엘리트체육과 국생활체육 상호간의 선순환구조를 이룩함과 아울러 협력채널이 가동하여 체육은 하나라는 인식을 확산시켜 나갈 필요가 있다.[38] 기본적으로 과거 권위주의 정부시대 이래로 우리나라 체육의 근간이 되어온 엘리트체육 중심의 국위선양을 위한 "보는 스포츠"로 만족하는 단계는 이미 지났다. 아울러, 엘리트체육과 생활체육은 별개가 아니라 상호영향을 주고 받으며 함께 발전해 나가는 수레의 두바퀴라는 것을 잊어서는 안될 것이다.[39] 따라서 대한체육회는 체육인만의 체육회가 아니라 한국체육의 총본산으로서 국민이 스포츠에 대하여 무엇을 기대하고 바라는지에 대하여 대답할 때가 되었다.[40]

---

37 한국행정연구원, 한국체육발전을 위한 조직모형 설정 및 과제, 공청회 자료 2003, 3,; 국회문화관광위원회 수석전문위원실, 제17대 국회 후반기 정책현안 자료집, 2006. 6 등을 참고할 것.

38 윤상준/이용식, 체육단체 구조개편에 관한 대안적 연구, 한국체육과학회지, 제17권 제4호, 2008, 69면; 위 논문에서 대한체육회의 생활체육에 대한 관심부족과 정치성이 가미된 국민생활체육협의회의 발족은 시작부터 갈등을 배태하고 있었고 두 조직간의 중복성과 서로간의 사업잠식이 발생하기 시작한 1990년대 말에 갈등이 표면화 되었다고 볼 수 있다고 적절히 기술하고 있다.

39 국회문화정책포럼, 체육단체 구조개편과 스포츠시스템 선진화를 위한 국회 대토론회, 2005. 6. 10. 19면. 독일은 엘리트체육업무 뿐만 아니라 생활체육업무까지 독일 올림픽스포츠위원회(DOSB)에서 관장하고 있는 점을 감안할 필요가 있다.

40 생활체육과 학교체육을 도외시한 엘리트체육에 의존하는 우리의 체육계는 올림픽에 있어서의 메달지상주의와 비인기종목 기피현상과 더불어 선수부족 현상까지 겪고 있다. 이는 엘리트 체육과 생활체육을 담당하는 기구의 분리에서 오는

　대한체육회와 대한올림픽위원회가 단순한 기구의 통합이냐 분리냐라는 차원을 넘어 왜 조직개편을 하여야 하는지, 어떤 절차를 거쳐서 통합하는 것이 법치의 이념이 맞는지 등에 대한 명확한 인식이 선행될 필요가 있다. 대한체육회와 KOC의 통합은 통합의 시발점이 됨과 아울러 대한체육회를 국가올림픽위원회(NOC)의 체재로 개편하여 NOC중심의 대통합이 적법절차에 따라 추진되기를 기대한다.

상호 대화와 협력의 단절에서 비롯되는 현상이라고 할 것이다. 생활체육에 기반한 엘리트체육 육성 시스템이 갖춰지고, 이 속에서 청소년의 스포츠 활동과 학교체육이 정상화되는 것이야말로 한국 스포츠의 근본을 바로 세우고 한국 스포츠의 희망을 키워갈 원천이기 때문이다.

참고문헌

김용섭, 스포츠법제의 현황과 과제, 인권과 정의, 2009. 2.

김용섭, 스포츠행정법의 현황과 과제, 스포츠와 법, 2000. 2.

김재련, 한국체육관련기관의 변천과 문제분석, 영남대학교 교육대학원 석사학위논문, 1994.

김현석, 한국체육행정조직의 발전방안에 관한 연구, 한양대학교 대학원 박사학위논문, 1998.

손석정/신현규, 국민체육진흥법의 제정의도와 배경에 관한 연구, 스포츠와 법 제11권 제3호, 2008.

윤상준/황의룡, 일본 체육단체의 조직개편에 관한 사례연구, 한국체육학회지,제16권 제2호, 2007.

윤상준/이용식, 체육단체 구조개편에 관한 대안적 연구, 한국체육학회지 제17권 제4호, 2008.

조성규, 스포츠행정조직의 법적성격과 권리구제, 스포츠와 법, 제5권, 2004.

최철호, 국민체육진흥법의 문제점과 개선방안, 스포츠와 법 제12권 제1호, 2009.

국회문화관광위원회, 국민체육진흥법개정안에 관한 공청회자료, 2005. 11.

국회문화정책포럼, 체육단체 구조개편과 스포츠시스템 선진화를 위한 국회대토론회 자료, 2005. 6.

문화체육관광부, 2007 체육백서, 2008.

한국체육구조개선준비모임, 한국체육구조개선을 위한 건의문, 2001. 12.

한국행정연구원, 한국체육발전을 위한 조직모형 설정 및 과제, 2003. 3.

Ulrich Haas/Dirk- Reiner Martens, Sport, dtv, 2004.

Fritzweiler/Pfister/Summerer, Praxishandbuch Sportrecht, 2 Aufl. 2007.

제4장

한국행정법학의 새로운 물결
- ADR, 조정(調停) (6)

1
행정법상 분쟁해결수단으로서의 조정(調停)*

목차

I. 論議의 出發點

II. 調停에 관한 理論的 基礎

III. ADR로서의 行政法上 調停

VI. 結論

I. 論議의 出發點

1. 葛藤構造와 紛爭解決方式

우리 사회는 오늘날 개인간, 사회 계층간, 정치세력간, 행정과 시민간, 심지어 행정기관 간에 서로 양보하지 않고, 각자의 이익을 극대화하기 위한 대립과 갈등이 확산되고 있다. 자신의 입장을 내세우는데 능한 반면에 민주주의의 과정에 있어 필요로 하는 성숙된 대화와 타협정신은 어디론가 실종되고 갈등과 분쟁의 양상이 전면에 등장하고 있다.

갈등과 분쟁은 인간이 살아가면서 공동생활을 하는 가운데 불가피하게 직면하는 문제이다. 갈등이나 분쟁이 없는 사회는 역동성을 잃은 무기력한 사회이다. 성숙된 사회는 폭력이라든가 집단적 실력행사를 거부하는 대신 적정하고 효율적인 재판시스템 또는 재판외 분쟁해결시스템을 가동하고 있다.[1]

---

* 이 논문은 2004년 10월 13일 한국법학원 주최 "국민참여에 의한 행정분쟁 해결" 세미나에서의 김용섭 교수 발제문 "행정법상 분쟁해결수단으로서의 조정" 을 수정·보완하여 저스티스 통권 제81호(2004. 10.)에 게재·수록한 것입니다.

1 가령 2003년도 대한변협의 인권보고서(제18집, 2004)에서 부안방사성폐기물처리장 사태와 NEIS(전국교육단위행정정

그런데 분쟁해결의 가장 기본적인 방법이 협상이라고 할 것이다. 그러나 당사자는 대부분의 분쟁을 협상과 화해적 합의를 통해서 끝낼 수 있는 것은 아니다. 당사자간에 협상이 결렬된 경우 법원에 소송을 제기하거나 검찰청에 고소하는 방법으로 분쟁을 해결하려고 한다.

이와 같은 현상은 한편으로는 일반인들이 ADR(재판외 분쟁해결)에 대한 인식부족과 대화와 타협을 통한 분쟁의 해결에 익숙하지 못하기 때문이다. 다른 한편 상당수의 변호사들이 재판에 의한 분쟁해결에 익숙한데가가 수임료 등 경제적 이유로 곧바로 소송을 제기하여 법원을 통한 분쟁의 해결에 치중한 결과라고 해야 할 것이다.[2]

2. 새로운 紛爭解決모델의 登場

미국을 비롯한 선진각국의 경우에 있어서도 소송제도가 엄격한 법형식에 따라 이루어지기 때문에 정의가 확보되지 못한다는 학자들의 지적이 있어 왔다. 우리의 경우도 법원을 통한 분쟁해결은 비용이 많이 들 뿐 아니라 법률관계가 불명확한 경우에 입증책임의 소재에 따라 해결하는 경향이 있음은 부인할 수 없다.[3] 또한 법원에 사건이 폭증됨으로 인한 충분한 심리를 다하지 못하는 점, 법조 일원화가 실현되지 아니하여 연소화 경향에 따르는 국민의 재판에 대한 신뢰부족, 법규범과 사회규범과의 괴리에서 오는 법규범의 기계적 적용이 결과적으로 납득할 수 없게 되는 등 재판이 국민으로부터 유리되지 않기 위

보시스템) 도입문제를 절차과정과 분쟁해결과정에 있어서 참여정부의 역량과 문제해결능력, 안정성에 있어 의심을 가지게 하는 2가지 실책으로 평가하고 있다.

2 김경배, 대체적 분쟁해결제도(ADR)의 활성화 방안에 관한 고찰, 중재학회지, 2002: 여기서 ADR 과 변호사의 관계를 설명하면서 시간당 수임료를 받는 변호사들은 소송이 길어질수록 상당한 수임료를 받을 수 있기 때문에 수익을 극대화 시킬 수 있는 방향으로 분쟁을 이끌려 하고, 보다 근본적인 문제는 ADR의 절차 그 자체가 분쟁에 대한 권한을 변호사에서 당사자와 제3자에게 넘겨 변호사들이 그동안 누리던 배타적 지배권을 상실하게 되므로 위협을 느껴 ADR의 이용을 등한시 하는 경향이 있다는 지적을 하고 있다. 그러나 다른 한편으로는 독일의 경우에도 그와 같이 변호사들은 돈을 벌기위해 의뢰인을 무리하게 소송으로 끌고 들어가는 경향이 있다는 널리 퍼진 편견이 사실이 아니라는 것이 통계를 통해서 드러났다. 1985년도 조사결과 민사사건의 약 70퍼센트가 소송외적으로 해결하고, 약 30퍼센트만이 소송을 제기하는 것으로 나타났다. 이에 관하여는 김용섭 역, 소비자보호를 위한 소송외적인 분쟁조정, 한독법학 제12호, 1996, 466면.

3 판결이 확정되기까지에는 비용이 많이 들고 오래 걸리는 것이 통례이다.

해서 국민참여적 사법개혁이 중요한 과제가 되고 있다.[4]

그렇다고 하여 법원에 의한 판결에 따라 분쟁을 해결하는 것이 적절한 해결방법이 아니라는 것이 아니라, 법원판결이 갖는 한계로 인하여 재판외 분쟁해결방법인 ADR이 오늘날 각광받고 있다는 점을 강조하고자 한다. 이러한 ADR은 당사자의 분쟁해결선택의 기회를 넓히고 사회적 인프라[5]로서의 기능을 하기 때문에 소송비용을 마련하기가 힘든 경제적 약자에게 각광받는 수단이 될 수 있다. 더구나 개인적으로 밀접한 관계가 있다거나 지속적인 경제적 거래를 유지하고 싶은 당사자에게 있어 법원을 통한 분쟁해결은 관계단절을 초래할 위험성이 크다. 법원의 판결은 우선 과거지향적인 사실관계로부터 비롯되기 때문에 회고적이다. 행정법관계에 있어서는 시민이나 기업과 행정청간에 장래관계의 형성을 위해 이미 발생한 사건에 대한 법률적 구성보다 더 중요한 경우가 많다. 즉, 공무원 내부관계와 같은 친밀한 영역에 있어서는 소송을 통한 해결이 계속 근무를 전제로 하는 경우에는 바람직하지 못한 측면이 적지 않다. 따라서 ADR의 이용은 장래에도 계속적인 관계를 유지하고자 하는 당사자에게 활용도가 높다.

또한 법원의 판결은 법규범에 포섭되는 과거적 사실관계의 단면을 결정하기 때문에 당사자 사이의 개인적 관계는 해결되지 않고 해소되지 아니한 채 분쟁은 그대로 남게 되는 경우가 많다. 나아가 법관은 분쟁에 있어서 중요한 판단의 척도를 "법과 법률"에 둘 수밖에 없다. 그렇기 때문에 재판절차의 구조적 결함으로 인해 ADR을 통해 분쟁을 해결하려는 법정책적 노력과 시도를 하게 되는 것이다. 주지하는 바와 같이 오늘날 복잡다단한 현대사회를 살아가는 사람들에게 있어 분쟁의 양상이 더욱 복잡해지고, 다면화 되고 있으며 통상적인 법원의 재판으로 해결되기 어려운 사태들도 늘어나고 있다. 더구나 분쟁양상이 고도의 기술적 진전에 수반되어 법관의 일반적 능력을 넘어 감정인등에 의존하게 되는 대규모 환경관련분쟁이나 건축관련 분쟁사건이 늘어날 경우 감정료의 액수도 과도하

---

4 우리 국민의 잠재의식 속에는 법에 대한 불신이 지배하고 있는 상황 속에서 "법과 법률에의 기속"을 특징으로 하는 법관에 의한 판결로 분쟁을 해결하는 것이 능사는 아닌 것이다. 법의 불완전성과 법관의 법률과 법에의 기속에 따른 판결만이 정의를 실현하는 것은 아니며 양당사자에게 만족적이면서 분쟁해결을 신속하고 효율적으로 이루어 내는 것도 국가의 과제라고 할 것이다. 최근의 사법개혁의 과제 중에 배심제, 참심제 논의라든가 로스쿨제 도입과 법조일원화의 방향모색도 결국은 재판에 대한 국민의 신뢰확보에 있다고 할 것이다.

5 이희정, 법의 지배와 행정법상 재판외 분쟁해결수단, 서울대학교 박사학위논문, 2004.

게 되기 때문에 서민들이 소송의 제기를 통하여 구제받는 것이 용이하지 않게 되는 문제가 있다. 따라서 ADR이 미국을 비롯하여 여러 선진국에서 널리 활용되고 있으며 우리나라에 있어서도 새로운 분쟁해결모델로 자리 잡아 가고 있다.

3. 行政上 裁判外紛爭解決制度와 法治主義

행정사건은 전통적으로 법의 지배 내지 법치주의가 지배한 영역인데, 시민과 행정청이 자기책임에 입각하여 자율적으로 해결하는 방식으로 분쟁을 해결하는 것이 어떤 논리로 정당화 될 것인가의 문제가 제기된다. 즉, 행정법에 있어서의 분쟁조정제도의 헌법적 한계를 설정하는 문제가 어려운 과제로 등장한다. 이는 행정법의 기본원리인 법치주의와 어떻게 조화를 이룰 것인가의 문제로서, 행정분쟁조정제도는 결국 법이 아닌 평화를 지향하는 제도인데 반하여, 법치주의는 행정의 법률과 법에의 기속을 요구하고 있기 때문에 이념적 충돌의 문제가 없겠는가 하는 것이다. 이에 관하여는 재판외 분쟁절차를 법치국가에 합치되는 방향으로 제도정비를 하는 것도 방법이 될 수 있지만, 이론적으로 볼 때, 재판외 분쟁절차는 법관이 법률에 의한 재판으로 분쟁을 해결하는 것이 갖는 한계를 극복하려는 것이므로 헌법상의 협력국가의 원리라든가 민주주의원리에 의하여 정당화될 수 있다고 할 것이다. 아울러 법치주의를 실질적 법치주의로 이해하여, 기본권보장을 목적으로 보고 국가작용이 법에 기초하여 이루어 질 것을 수단으로 본다면, ADR을 반드시 법률에 기초하여 이루어 질 것을 요구할 것이 아니라 재판제도가 법에 의하여 이루어지기 때문에 포괄적으로 해결하지 못하는 사례에 있어서 기본권 보장의 확보라는 목적에 충실한 재판외 분쟁해결제도야 말로 실질적 법치주의에도 합치되는 것이라고 할 것이다. 따라서 국가는 분쟁을 해결하는 시스템의 최종적 해결창구는 사법권을 행사하는 법원으로 하되, 그 전단계에 있어서 재판외 분쟁조정기구를 마련하는 것은 법치주의를 확장하는 것이 된다고 할 것이다. 다만, 공법영역에 있어서의 행정조정은 특히 법률적합성의 원칙에 따라야 하기 때문에 조정위원회에 구성이나 위원자격, 조정절차등에 관하여 법률에 근거를 두고 운영하는 것이 바람직함은 물론이다. 이러한 의미에서 ADR은 법원을 중심으로 하는 좁은 의미의 사법제도에는 포함되지 않지만, 사회에 있어서의 법의 지배의 총체를 증대하고 또 분쟁해결방법을 다양화한다고 하는 관점에서 광의에 있어서 사법제도개혁의 대상

이 된다.[6]

4. 國民參與와 協力의 手段으로서의 行政上 調停

행정법상 분쟁해결수단으로서의 조정은 가사조정이나 민사조정의 경우처럼 법원의 조정에 한정되는 것이 아니고 행정절차라든가 행정분쟁조정위원회를 통한 개입이라는 점에서 이들 조정과는 다르다. 더구나 행정상 조정제도는 한편으로는 일방적 결정을 주된 내용으로 전통적 행정법학의 경향에서 탈피하여 행정청이 행정의 상대방과 협의한다는 의미에서 협력적 행정을 강조하는 협력국가에 있어서의 행정의 기능변천과 관련되고, 다른 한편으로는 행정결정 과정에 국민참여와 시민사회적 관점에서의 사법의 현대화와 밀접히 결부되어 있다.[7] 조정은 중재나 판결과는 달리 분쟁의 타율적 해결보다는 자율적 해결능력을 키워나가도록 조력하는 제도로서 일방의 극단적 주장을 완화시키고 협상을 성공적으로 이끌어 내기 위해 노력하며 사회적 자정능력을 배양해 낼 수 있는 제도적 장치라고 할 것이다.

ADR은 민간영역의 전문가들이 재판외분쟁해결제도에 관여할 여지가 많기 때문에 국민참여[8]의 일종으로 볼 수 있다. 다만 참여의 문제는 국민이 일방적 이익을 실현하기 위하

6　일본은 2001년 6월의 사법제도개혁심의회의 최종보고서에서 재판외 분쟁해결의 정비와 확충이 재판과 나란히 중점항목으로서 취급되어, ADR의 과제가 새로운 무대를 확보하여 국민적 과제로 수용되었다고 할 수 있다. 이처럼 일본에 있어서는 "이용하기 쉬운 사법제도의 구축"이라는 관점에서 사법개혁과제의 하나로 ADR 기본법제정에 대하여 활발히 논의하고 있다.

7　Reiner Pitchas, Mediation als Methode und Instrument der Konfliktmittlung im offentlichen Sektor, NVwZ 2004, 396. 아울러 김유환, 법원에서의 행정사건에 대한 재판외분쟁해결제도, 현대공법학의 과제, 청담최송화교수 화갑기념논문집, 2001, 739면.

8　이에 관하여는 김유환, 한국에서의 민간의 참여와 협력에 의한 행정과 행정법, 제6회 동아시아행정법학회 국제학술대회 발표문(197-199면) 에서 참여를 "정치체제의 보통 구성원이 의사결정의 결과에 영향을 미치거나 영향을 미치고자 하는 행동"으로 개념정의를 한 후 참여의 유형을 제도적 참여와 비제도적 참여, 당사자참여와 공중참여, 정보조달적 참여와 공동결정적 참여, 갈등적 참여와 합의형성적 참여로 구분하여 설명하고 있다. 아울러 이희정 박사는 "법의 지배와 행정법상 재판외 분쟁해결수단(서울대학교 박사학위논문 2004)"에서 참여를 정식 또는 공식절차를 통한 참여, 비정식 또는 비공식절차를 통한 참여, 사실적 참여로 구분하여 정식절차를 통한 참여가 보장되지 않으면 비정식 절차에의 참여로, 이 또한 잘 보장되지 않으면 실력행사등 사실적 차원의 참여가 더 많이 일어난다는 상관관계를 설명하고 있다.

여 참가하는 것으로 이해하지 않고 공동체의 분쟁을 함께 지혜를 모으면서 해결하는 과정의 차원으로 이해하기로 한다. 따라서 국민의 참여는 국민이 국정에 개입하는 방식으로 이해하는 것이 아니라 국민이 성숙되어 가는 과정 그리고 공동체의 일원으로서 책임감을 가지고 공동체의 문제를 해결하려는 자기결정의 과정으로 파악하기로 한다. 다시 말해 ADR이 분쟁과 이익상황에 대한 적극적, 건설적, 대화적으로 문제를 풀어나가는 과정으로 파악할 수 있다. 따라서 민간 전문인력이 각종 분쟁조정위원회에의 참여는 공적인 제도적 장치를 기능부전으로 만들려는 것이 아니라 보다 바람직한 결정을 행정과 시민의 파트너쉽으로 해결하려는 것으로 협력적 행정의 한 형태라고 할 수 있다. 이러한 관점에서 행정부가 제공하는 분쟁조정위원회에서 기계적으로 결정하는 방식의 분쟁해결방식보다는 교육받은 중립적 조정인 등의 조력을 통한 시민들이 자율적인 분쟁해결을 키워나가는 방향 모색이 중요하다고 할 것이다.

II. 調停에 관한 理論的 基礎

1. ADR과 調停

조정은 협상, 화해, 재정, 중재[9] 등과 같이 ADR의 일종으로 설명된다. ADR은 "Alternative Dispute Resolution" 의 약자로서, 재판외 분쟁해결[10], 판결이외의 분쟁해결[11], 대체적 분쟁해결[12] 등으로 번역[13]되고 있으나, 여기서는 ADR을 그대로 사용하거나 재판외 분쟁해

---

9 필자는 조정이 전형적인 재판외 분쟁해결제도라고 보고, 중재는 타율적 결정을 하는 점에서 법원의 재판과 유사한 기능을 한다고 할 것이다. 중재의 실제에 있어서 단심적 기능을 한다는 것을 빼고는 과거회고적이며, 이익보다는 법이 판단의 척도가 되고 있다.

10 김유환, 각주 7)의 논문, 738면 이하.

11 사법연수원, ADR(판결 이외의 분쟁해결), 2004. 동 교재에서는 ADR을 판결 이외의 분쟁해결로 번역하여 사용하고 있다.

12 행정학자들은 대체적 분쟁해결제도로 번역하는 경우가 많다. 김준한, 행정부와 대체적 분쟁해결제도, 한국행정학보, 제30권 제4호, 1996, 37면 이하, 오세덕, 황재영, 행정부의 대체적 분쟁해결제도에 관한 연구, 경희행정논총 제12권 제1호, 1999, 1면 이하. 그러나 대체적 분쟁해결제도라고 사법부의 판결에 대체적인 경우도 있지만 대부분의 경우에

결제도라고 번역하기로 한다. 어떻게 번역하더라도 정확한 번역이 되기는 어렵지만, 조정은 ADR의 일종으로 자유직업인인 조정인이 법원이외에 존재하면서 해결하는 경우뿐만 아니라 법원안에서 법관이 결정권능을 갖지 아니하고 합의적 분쟁해결의 목적으로 개입하는 경우를 포함한다.[14] 또한 행정심판 등 재결의 경우에는 전심절차에 속하기 때문에 판결에 준하는 준사법적인 기능으로 보아 ADR의 범주에서 제외된다고 보아야 할 것이며, 또한 법원에서 행하는 판결에 속하지 아니하는 조정도 ADR의 범주에 포함시킬 수 있다.[15] 다만 ADR의 A를 "alternative" 대신 "appropriate" 의 약어로 보기도 하며[16], "Avoiding Disastrous Results"의 약자로 보기도 한다.[17]

우리의 경우에는 ADR이 발전된 미국과는 달리 행정사건에 관한 재판외분쟁해결제도가 행정부가 제공하는 형태의 분쟁조정위원회 제도를 제외하고 제도화 되어 있지 못한 실정이다.[18] 그런데, 행정심판위원회와 특별행정심판위원회에 해당하는 공정거래위원회 라든가 노동위원회, 국세심판소, 소청심사위원회등은 여기서 말하는 ADR로 분류하는 것은 적절하지 않다고 할 것이다. 또한 이와 같은 기관의 경우에는 헌법 제107조 제3항에 의하여

는 보충적인 역할을 하기 때문에 과연적절한 번역인지 의문이 든다.

13 유병현 교수는 이를 따로 번역하지 않고 ADR을 그대로 사용하고 있다. 유병현, ADR의 발전과 법원외 조정의 효력, 법조 2004, 6, 27면 이하

14 Joachim von Bargen, Mediation im Verwaltungsrecht, BDVR-Rundschreiben, 10/2004, 58.

15 ADR과 소송(판결)의 논리구조를 대비와 관련하여서는 일본의 廣田尙久, 紛爭解決手段としての ADR, ジュリスト No. 1207, 2001, 9. 1 24면을 참고할 만하다. 첫째로, 판결(소송)에 있어서는 원칙적으로 100대 0의 승부라고 하는 형태로 결과가 나오지만 ADR의 해결방법은 다양하다. 둘째로, 판결은 요건사실, 항변, 재항변이라고 하는 입증책임의 소재에 따라 판단을 행하지만, ADR은 그것에 불구하고 여러 가지 사정을 고려할 수 있다. 셋째로, 판결은 3단논법에 따르지만, ADR 은 이에 구애 받지 않고 여러 가지 시도를 할 수 있다. 넷째로, 판결은 인과율에 따르지만, ADR 은 인과율만이 아니라 비인과적 요소도 포함시켜 해결할 가능성이 있다. 다섯째, 판결은 자유의사에 기초하여 성립되는데 반하여, ADR에 있어서는 잠재의식이나 무의식을 고려하여 해결할 수 있다. 여섯째, 판결은 청구권의 형태를 필요로 하지만 ADR은 아직 청구권의 형태를 갖추지 못한 경우에도 고려될 수 있다.

16 Stipanowich, contract and Conflict Managenent, 3 Wisconsin Law Rieview 831(2001).

17 Risse, in: Haft/Schlieffen, Handbuch Mediation, 2002, §38 Fn. 2.

18 미국의 경우에는 ADR이 발전하였는 바, 전형적인 조정이나 중재제도 이외에 mini trial, early neutral evaluation, summary jury trial, final-offer arbitration, rent a judge, med-arb, 등 다양한 형태의 재판외 분쟁해결제도가 모색되고 있으며, 행정법적 사안에 있어서 1998년 행정분쟁해결법과 행정절차법에 협상에 의한 규칙제정절차등을 규율하고 있다.

준사법기관으로서 행정심판을 재판의 전심절차로 두고, 사법절차가 준용되도록 규정되어
있다. 그런데 ADR의 경우에는 법적 척도로만 운영되는 것이 아니라는 점에서 행정심판
위원회 등의 준사법기관과는 다른 조직과 운영이 요망된다.

2. 調停의 意義와 特性

(1) 調停의 意義

조정(mediation)이란 대부분 중립적인 제3자인 조정인이 양당사자가 협상과 문제해결의
시도에 있어서 분쟁이 발생한 경우 개입하여 조정안을 작성하는 등 당사자가 쉽게 협상
을 하여 분쟁을 해결하도록 도와주되, 어떠한 고유한 분쟁결정권능을 갖지 않는 해결방법
을 말한다.[19]

조정은 외부에 있는 중립적인 당사자가 분쟁을 해결하는데 도움을 주어 결국 양 당사자에
게 만족적인 협상을 가져오도록 하는데 기여하는 문제해결적 협상과정이라고 할 수 있다.

법관이나 중재인과는 달리 조정인은 당사자 사이에 있어서의 분쟁에 대하여 결정할 어
떠한 권능이 없다. 그 대신에 양당사자 사이의 쟁점을 해결하도록 도와주는 권한은 가지
고 있다.

소송제기에 따르는 비용, 지연, 비효율성이 양당사자로 하여금 조정이라는 제도를 이용
하게 만든다. 특히 환경문제와 같이 다층적 복수의 이해관계가 있는 자들간의 분쟁에 있
어서 조정을 통한 해결이 소송을 통한 문제해결보다 바람직한 것으로 평가되고 있다.[20]

조정과는 달리 재판이나 심판, 중재와 같은 외부적 타율적 결정은 형식적이고 강압적이
며 회고적이며, 대립적, 그리고 법에 기초하고 있다. 당사자가 재판이나 심판, 중재와 같
은 결정은 엄격한 절차에 따라야 하며, 그 요건을 갖추지 못한 경우에는 각하된다. 또한
과거적 사건과 관련되고 당사자는 법적인 권리와 의무를 확정짓게 된다. 이와 대조적으로
조정은 비공식적, 자발적, 미래지향적 협력적 이익기반적인 분쟁해결제도이다. 아울러 조

---

19 Vgl. Stephan Breidenbach, Mediation- Struktur, Chancen und Risken von Vermittlung im Konflikt, 1995,
   S. 4.

20 그러나 만약에 부패와 연루된 공정하지 않은 부적절한 조정인이 분쟁을 처리하는 경우라든가 상대방과 타협하지 않으
   려고 할 경우에는 조정대신 소송을 선호하게 된다.

정인은 기꺼이 당사자를 장래적 관점에서 그들의 필요를 충족시켜주며 공평함이라는 관점에서 해결을 도모해 주려고 한다.

한편 조정은 당사자가 서로 타협하여 합의를 도모하는 분쟁해결로 조정의 성립에 있어서는 당사자의 자율적 결정에 의한다는 점에서 소송이나 중재와 본질을 달리한다. 조정위원회가 개입하고 당사자의 합의를 필요로 하는 점에서 조정이 성립되지 않을 때 조정위원회가 결정하고 일정기간내에 이의신청이 없으면 조정으로서의 효력이 발생하는 재정의 경우와는 엄밀한 의미에서 다르며, 이러한 재정의 경우는 법관이 직권으로 행하는 강제조정과 흡사하다.

이와 같이 조정은 양당사자간의 교섭으로 분쟁을 해결하는 협상과 제3의 중립기관에 의하여 판정하는 판결 또는 중재의 양 제도의 중간에 위치하고 있다. 협상이 결렬된 경우 바로 법원이나 중재기관으로 가는 것이 아니라 조정을 통한 분쟁해결시도를 한다는데 의미가 있다.

(2) 調停의 特性

조정의 특성 내지 원칙으로서 중요한 특성을 열거한다면, 자기책임성과 자발성, 독립성과 중립성, 비밀성과 비공개성, 단심성, 탄력성을 들 수 있다. 조정의 특성이 여기에 한정하는 것은 아니며, 독립성과 중립성, 신뢰성은 조정의 특성 내지 원칙이면서도 조정이 성공하기 위한 조건이라고 할 수 있다.

(가) 自己責任性과 自發性

조정에 있어서 자기책임성과 자발성을 특징으로 한다. 조정은 조정인이 결정하는 것이 아니라 당사자가 주도적으로 분쟁의 해결여부를 결정하는 것이다. 분쟁을 타결할 것인가는 전적으로 당사자의 자기책임에 따른다. 어떤 조정인이 어떤 시간에 어떤 규칙에 따라 어떤 결과를 가져올 것인가는 조정절차에 있어서 전적으로 자기책임에 따라 결정하는 것이다.

조정에 참가하는 것도 전적으로 당사자가 자율적으로 결정할 사항이다. 그렇기 때문에 조정에 있어서는 당사자가 조정절차의 주체(Herren des Verfahrens)가 되는 것이고[21],

조정인은 단지 양당사자간에 원만한 해결을 위해서 당사자들을 위하여 조력을 하는데 불과하다. 중립적 조정인이 조정안을 마련할 수 있어도 이를 수락할 것인가는 당사자의 자율적 판단에 맡겨져 있다.

(나) 獨立性과 中立性

조정에 있어서 조정인은 독립적으로 활동하여야 하며 국가기관으로부터의 지시나 감독을 받지 않는 것이 원칙이다. 또한 일방당사자의 이익만을 대변하여서는 안되고, 당사자 모두를 위해 활동하여야 하며, 중립성을 지켜나가야 한다[22]. 다만, 중립성의 원칙은 당사자의 이해상황을 달리한 경우에는 불리한 지위에 놓인 일방 당사자에게 보다 더 많은 고려를 할 수 있는지 여부를 둘러싸고 논란이 제기될 수 있다. 기본적으로 중립적이라는 것이 절대적 중립이 아니라 형평을 고려한 중립에 있다고 볼 때, 어느 정도 사회적으로 불리한 지위에 있는 당사자를 위한 다소의 후견적 역할은 허용되는 것으로 볼 여지가 있다. 특정한 경우에 조정인의 엄격한 중립성의 원칙이 다소 완화되는 것으로 이해할 필요가 있다.

(다) 信賴性

조정이 성공하기 위해서는 조정기관에 대한 신뢰, 조정인에 대한 신뢰, 조정절차에 대한 신뢰가 있어야 한다. 당사자로부터 신뢰를 얻기 위해서 조정인의 역할이 중요하다.[23] 조정인이 부패에 관련되지 않고 성실하게 분쟁을 원만하게 해결하려는 의지와 노력이 필요하고, 조정과 협상에 관한 충분한 사전교육이 선행되어야 한다. 조정은 법에 기초한 해결보다는 이익관련적 해결을 모색할 필요가 있다.

당사자가 신뢰하지 않을 때 조정은 제대로 이루어 질 수 없다. 따라서 조정에 있어 신뢰성의 확보가 핵심적 관건이 된다.[24] 조정에 있어서는 조정인의 선정을 당사자가 선택하

---

21 Vgl. Römermann/Paulus, Schlüsselqualifikationen für Jurastudium, Examen und Beruf, 2003, S. 264.

22 ebd. S. 263.

23 최장호, 우리나라 조정제도의 문제점과 개선방안, 단국대학교 대학원 석사학위논문, 2002. 28면.

24 Rainer Pitchas, a. a. O., S. 397.

도록하는 경우도 있다. 조정인이 당사자로부터 배척받을 경우에는 조정은 성립되지 않고, 일방의 이익을 두둔하는 경우에는 부패와 관련되지 않았다고 할지라도 당사자는 의심의 눈초리를 보내게 되기 때문에 조정이 성공할 수 없게 된다.

(라) 秘密性과 非公開性

조정에 있어서는 비밀유지가 관건이라고 할 수 있다. 만일 조정과정에서 비밀이 유지되지 않으면 당사자들은 흉금을 터놓고 진술할 수 없기 때문에 분쟁의 배후에 있는 정보에 접근할 수 없게 된다. 당사자가 조정과정에 털어놓은 것을 원칙적으로 증거로 채택하는 것이 금지되고, 중립인인 조정인과 당사자등 조정에 관여한 사람들에게 비밀유지의무가 부과된다.[25] 재판의 경우에는 공개재판의 원칙이 지배하고 있는데 반하여, ADR의 일종인 조정의 경우에는 그 해결의 과정과 내용이 비공개되는 것이 원칙이다. 가령 지적 재산권 분쟁이나 영업비밀과 관련된 분쟁에 있어서는 비밀유지가 무엇보다 필수의 요건이 되고 있다. 또한 프라이버시나 명예 등과 관련되는 분쟁에 있어서도 재판보다 ADR이 선호될 수 있다. 다만, 조정이 비공개리에 행하여지기 때문에 해결기준의 안정성과 예측가능성을 떨어뜨려 ADR에 대하여 일반의 신뢰가 손상되지 않도록 하는 것이 유의할 사항이다.

조정중에 일방 당사자가 행한 협상제안이나 협상과정에서의 당사자들의 진술은 원칙적으로 법정에서의 증거로 할 수 없는 증거배제의 원칙이 적용된다. 그러나 증거배제의 원칙은 조정의 결과인 최종적인 서면합의서나 조정안까지 비공개로 하는 것은 아니다. 따라서 조정결과에 대하여 조정사례집등을 발간하는 것도 무방하나, 사건을 특정하지 않으면서 해결사례집을 만들어 간행하는 것도 좋은 방법이 될 수 있다. 그러나 특정기업이나 개인이 꺼리는 사안에 대하여 조정사례집 등을 만들어 공개하는 것은 자칫하면 조정의 비밀성, 비공개성의 원칙에 어긋나서 특정기업이나 개인이 결국 조정을 기피하도록 만들 수 있다.

---

25 미국의 행정분쟁해결법상의 조정인과 당사자의 비밀유지의무에 관하여는 이희정, 앞의 논문, 178-182면.

(마) 單審性

재판은 3심제가 적용되기도 하지만, 조정은 ADR의 대부분이 그렇듯이 단심으로 끝나는 것이 일반적이다. 조정의 경우에 있어서는 일반적으로 심급을 중시하지 않고, 단심에 한하여 사건을 처리하는 것을 원칙으로 한다. 그런가 하면 재판에 있어서는 원칙적으로 3심제를 채택하고 있기 때문에 조정이 소송절차에 비하여 신속, 저렴한 사건처리가 행하여질 수 있다. 건축법상의 건축분쟁조정위원회26²⁶⁾는 조정에 불복한 경우에 다시금 상급 조정위원회에 불복할 수 있도록 규정하고 있으나 조정의 단심성 원칙에 비추어 바람직한 제도인지 의문이 든다.

(바) 彈力性

실체법에 엄격히 구속되는 소송과는 대비되어, ADR에 있어서는 실체법의 기준이 완화되어 널리 조리와 상식에 따른 해결기준이 채택된다. 그리고 실체법에 따른 전부냐 전무냐의 "All or Nothing"의 방식이 아닌 분쟁의 실질에 상응한 종합적인 해결을 모색할 수 있게 된다. 입증책임을 엄격히 지키지 못하더라도 심증의 정도에 따르는 형평의 해결이나 권리의 유무에 따르는 해결만이 아니라 채무자의 자력에 상응하는 변제방법으로 조정하는 것도 가능하다. 결국 "Zero-Sum" 방식을 탈피하고 탄력적인 해결을 도모할 수 있다.

3. 調停과 協商, 斡旋, 裁定, 仲裁, 判決과의 比較

(1) 調停과 協商

협상(negotiation)은 둘 또는 둘 이상의 복수의 참가자가 합의적인 결론을 도출해 내는 것이고 그것은 계약 형태에 한정하지는 않지만 제3자의 개입이 본질적인 것은 아니다. 협상이 좌절되거나 좌절될 우려가 있는 곳에서 조정이 진행 될 수 있다. 협상은 행정법에 있어서 행정법적 계약과 관련 되거나 시민과 행정청간의 규칙제정과 관련되지만, 협상은 행정법상 비공식행정작용의 일종으로 설명되어 진다.[27]

---

26 건축법 제76조의 3 제3항에서 시·군·구의 조정위원회의 조정안에 불복이 있는 자는 조정안을 제시받은 날부터 15일 이내에 시·도 조정위원회에 조정을 신청할 수 있다고 규정하고 있다.

이에 반하여 조정은 중립적 조정인 또는 전문가로 구성된 조정위원회가 조정안을 마련하여 당사자에게 수락을 권고하는 형태로 분쟁을 해결한다. 당사자가 조정안을 수락하면 조정이 성립하고 수락하지 않으면 조정은 불성립으로 끝난다. 제3자의 중개가 필수적이라는 점에서 반드시 중개를 요하지 않는 협상과 차이가 있다.

(2) 調停과 斡旋

알선(conciliation)은 갈등당사자간의 의견차이에 대한 원인과 정도를 확인하고 해결을 위한 대안을 발견하게 하는 동시에 의견접근을 도와주는 일련의 활동으로 당사자 사이에서 대립되는 문제에 관하여 조정, 합의에 이를 수 있도록 제3자가 조력하는 것을 의미하는 것으로 파악하며, 알선을 영어의 mediation 의 번역으로 사용하는 견해[28]가 있다.

이에 반하여 조정을 mediation으로 보고, 제3자인 조정인이 독자적으로 분쟁해결을 위한 조정안을 만들어 당사자들의 합의를 권고하는 방식으로 이해하는 입장[29]이다. 생각하건대 넓은 의미의 조정의 개념 속에는 알선을 포함한다고 이해하고, 조정은 크게 촉진적 조정과 평가적 조정으로 나눌 수 있다. 그 중 촉진적 조정은 조정인이 단순히 당사자들을 소환하거나 협상의 시기와 장소를 정하고 의사소통을 원활하게 하는 것을 주로 하는 알선에 해당하는 것을 말하며, 평가적 조정은 조정인이 분쟁해결을 위하여 쌍방이 공통된 이익을 찾아내고 가능한 대안을 제시하며 협상과정을 감독하고 최종합의를 제시하는 역할까지 하는 것을 말한다.[30] 좁은 의미에서의 조정은 알선의 기능을 하는 전자를 배제하지만 이를 모두 포함하여 조정으로 보아도 무방하다고 할 것이다. 실정법에 있어서는 조정과 구분하여 알선을 제도화하고 있는 경우로는 컴퓨터프로그램심의조정위원회에 의한 알선과 환경분쟁조정위원회에 의한 알선의 경우 등이 있다.

---

27 박균성, 행정법강의, 2004, 330면.

28 강현중, 민사소송법, 박영사, 1997, 50면.

29 사법연수원, 앞의 책, 82면

30 사법연수원, 앞의 책, 87면.

(3) 調停과 裁定

재정을 명시적으로 인정하는 경우는 환경분쟁조정법에서의 재정과 새로 입법예고중이면
서 올해 정기국회제출예정인 건축법상의 건축분쟁조정위원회에 의한 재정제도를 들 수
있다. 재정은 제3자인 재정위원회가 서로 대립하는 분쟁당사자간의 분쟁에 대하여 사실조
사 및 심문 등의 절차를 거친 다음 법률적인 판단인 재정결정을 통하여 분쟁을 해결하는
준사법절차[31]로 이해하기도 하지만, 재정은 편면적 중재라는 견해[32]도 있듯이, 중재처럼
양당사자의 서면합의에 따라서 이루어 진다기 보다는 조정과정에서 분쟁조정위원회에서
직권으로 조정안에 따르도록 결정을 내린다는 점에서 조정과는 구분된다. 조정의 경우에
는 조정인이나 조정위원회에 결정권능이 없는 반면에 재정에 있어서는 조정위원회에서
일방적으로 결정을 내릴 수 있다는 점이 특징이다. 소비자보호법에서 조정안에 대하여 일
정기간 동안 이의를 제기하지 않으면 재판상 화해가 성립된 것과 같은 효력을 인정하는
것[33]도 비록 명칭은 조정으로 되어 있지만, 법적 성질은 재정의 일종이라고 할 것이다.
조정은 결국 조정안을 제시하지만 이를 당사자가 선택하도록 하는데 있을 뿐이다. 재정은
넓은 의미에서 중재와 유사하지만, 실제 운영에 있어서는 사실관계에 대한 조사 등을 사
무국에서 하는 것을 특징으로 한다. 재정은 중재와 조정의 중간형태라고 할 수 있다.

(4) 調停과 仲裁

조정과 중재는 임의적 분쟁해결방법에 속한다는 관점에서 강행적 분쟁해결방법에 속하
는 재판과 대비된다. 조정과 중재 모두 ADR에 속하는 것으로 보는 입장이 일반적이며,
이러한 관점에서 ADR은 크게 재단형 분쟁처리와 조정형 분쟁처리로 구분될 수 있다. 전
자에 속하는 것의 전형적인 예가 중재인데, 제3자인 중재자의 재단에 의하여 분쟁해결을

---

31 김홍균, 환경법상의 환경책임제도, 법조, 532호 , 2001, 100면.

32 小島武司, ADR·仲裁法教室, 2001, 33面.

33 이와 관련하여 재판상 화해의 효력을 인정하기 위해서는 재판에 준하는 적정절차가 보장되어야 하나, 소비자분쟁조정
위원회의 조정에 있어 그와 같은 적정절차가 보장되어 있는지 의문시되고, 당사자의 조정수락의 사표시에 추후 재판을
청구하지 않겠다는 의사까지 명백히 포함된 것으로 볼 수 없을 뿐만 아니라 통보를 받은 날로부터 15일 이내에 수락
여부를 서면으로 의사표시 하지 않으면 조정이 성립된 것으로 의제하고 있는 것은 헌법상 재판청구권을 침해할 소지
가 있다고 할 것이다(사단법인 기술과 법연구소, 소프트웨어사업 분쟁해결제도 도입에 관한 연구 최종보고서, 82면).

지향하고, 당사자가 이에 따르지 않으면 안되는데 반하여, 조정은 후자에 속하는데, 제3자인 조정인이 해결안을 제시하는 수가 있어도 최종적으로는 당사자가 합의하지 않으면 분쟁해결에 이르지 않는 제도를 말한다. 중재에 있어서는 중재합의가 있는 한 일방당사자의 신청에 의하여 개시될 수 있는데 반하여, 조정의 경우에는 원칙적으로 일방당사자로부터 조정의 권유에 다른 당사자가 응하지 않을 경우에는 이루어 질 수 없다. 조정인의 역할은 당사자가 우호적인 해결에 이를 수 있는 제안을 하는 등 원만한 해결을 가져오도록 조력하는데 있다. 뒤에서 살펴보는 바와 같이 중재의 경우에는 판결의 경우와 마찬가지로 법에 기초하고, 회고적이며, 엄격한 절차에 따르도록 되어 있으나 조정에 있어서는 이익고려하에, 장래지향적이며, 유연한 절차로 이루어 지는 특징이 있다.

(5) 調停과 判決

(가) 法院의 判決의 限界

법원의 판결은 강행적 분쟁해결방법으로서 국가권력이 재판권에 기초하여 당사자간의 법률적 분쟁을 강행적으로 해결하는 제도로서 판결은 승자와 패자의 원칙이 적용되고, 신뢰할 만하지만 시간과 노력이 소요되며, 입증상 어려움이 있으며 엄격한 소송요건을 충족하여야 하는 문제가 있다.

재판절차는 당사자에게 대부분 지루하고, 소모적이고, 비용이 많이 들고, 또한 개인적 사정이 크게 고려되지 않고, 일반인이 잘 이해할 수 없고, 오래 걸리며 승소여부를 예측하기 어려운 것으로 받아들이고 있다. 재판절차에 있어서 분쟁은 법 또는 권리와 관련되는 관점으로 축소되고 있으며, 서로 다투는 입장의 배후에 놓여있는 당사자의 이익과 관련되는 분쟁의 원인은 무시된다. 따라서 분쟁이 종종 양당사자에게 있어서 만족적이지 않는 해결을 가져온다. 재판적 결정의 또다른 약점은 과거지향적이고 유연하고 이익에 적합한 해결과는 대립되는 전부냐 전무냐의 일도양단식의 분쟁해결의 특성을 갖고 있다.[34] 판결의 더욱 중요한 결점으로는 재판절차에서 당사자를 양극화하고 따라서 대개 분쟁을 첨예화하게 한다. 법원의 판결속에는 승자와 패자를 결정지우는 권리를 위한 투쟁으로써 개

---

34 전병서, 대체적 분쟁해결제도(ADR)의 방향, 변호사, 제32집, 2002, 138면.

념이 지워진다. 이러한 투쟁은 종종 시간, 노동력, 신경을 크게 쓰도록 함과 더불어 상처 뿐인 영광을 가져올 수 있다. 소송을 오래 한 후 승소하더라도 변호사 비용과 소송비용으로 충당하고 나면 승소하고서도 그다지 만족스러운 결과를 가져오지 못하는 경우가 많다. 소송의 결과 상대방과의 결과는 더욱 단절되고 그와의 계속적인 관계를 도모하려고 하는 경우에는 치명적인 결과를 가져온다. 가족관계라든지 이웃관계 또는 영업파트너와의 관계에 있어서 장래에 있어서도 계속해서 관계를 유지하려고 하여도 소송으로 인하여 그 관계가 단절되는 경우가 많다.

(나) 調停의 必要性

조정을 통한 분쟁해결은 재판적 분쟁해결의 단점을 피할 수 있는 가능성이 있다. 조정을 통해서 종종 보다 신속하고 비용이 적게 들고 무엇보다 당사자들에게 만족스럽게 분쟁을 끝낼 수 있다는 기대를 가져올 수 있다. 조정의 전형적이며 성공확정적인 요소는 당사자의 자발성과 자기책임성이다. 또한, 특별히 교육받은 중립적 중개자인 조정인은 문제의 합의적 해결을 스스로 발견하도록 분쟁 당사자를 도와주며, 이 점에 있어서 조정인은 어떠한 내용 결정권능을 갖고 있지 않은 법관과 본질적으로 구분된다. 그는 협상을 구조화하고 조절한다.

조정에 있어서는 절차주재자인 조정인과 양당사자는 수평적 관계에 서서 솔직히 인간적 대화를 나누면서 법률요건사실이라든가 간접사실의 층을 돌파하여 보다 마음 깊은 곳에까지 대화할 수 있게 된다.[35] 조정절차에 있어서 그는 법적지위에 관한 분쟁은 배제하고 공통적인 당사자의 이익을 유도하도록 이끈다. 이를 위해 모든 본질적인 이익과 관점을 고려해야 된다. 만족적인 해결책을 가져오기 위하여 분쟁당사자를 승자와 패자가 없는 상황을 만들어야하고 이른바 win-win 해결을 이끌어야한다. 조정의 핵심은 분쟁당사자의 배후에 놓여있는 당사자들의 이익을 끌어내서 양당사자들을 위해서 이익을 가져올 수 있거나 적어도 받아들일 수 있는 분쟁해결을 도모하는 것을 말한다.

이 뿐만 아니라 조정의 더 큰 장점은 당사자들이 스스로 분쟁을 해결한다는데 있다. 조

---

35 山田文, 調停における私的自治の理念と調停者の役割, 民事訴訟雜誌 47号, 2001. 228面.

정에 있어서는 법적인 테두리에서 벗어나서 창의적이고 유연성있게 적절히 분쟁해결을 도모할 수 있다. 이것은 과거극복에 머물러 있는 것이 아니라 당사자들의 공통적인 장래를 위해 기여하고 그들의 관계를 유지하는데 이바지할 수 있다. 아울러 공개적 재판 과정과는 대조적으로 조정은 부정적인 외부공개 및 이미지 손상은 억지될 수 있으며, 개인의 사적 영역이 재판에서와 같이 드러나지 않게 되어 보호될 수 있다.

(다) 判決과 調停의 對比

단순도식화의 위험을 무릅쓰고 양자의 특징을 대비하면 다음과 같다. 물론 이와 같은 대비는 상대적인 것이고, 상호 중복되는 측면이 있다는 것을 부인할 수 없다.

① 外部的 決定 對 自己責任

법원의 결정은 중재판정과 마찬가지로 외부적 결정이다. 중재인과 마찬가지로 법관은 자신에게 해결이 맡겨진 분쟁을 법을 적용해서 일방 당사자 또는 다른 당사자에게 전부 또는 일부 승소결정을 내린다. 종국적 판결은 주어진 사례에 있어서 반드시 일방에게는 승리를, 다른 일방에게는 패배를 안겨준다. 전부냐 전무냐 식의 제로섬의 게임원칙에 따른다. 일방의 승리는 직접적으로 다른 일방의 패배를 초래한다. 이에 반해 조정절차에 있어서는 당사자들의 자기결정이고 자기책임이다. 당사자가 분쟁을 해결을 할 것인가, 어떻게 할 것인가, 언제까지 할 것인가는 전적으로 당사자에게 달려있다.

조정의 장점은 분쟁해결을 위해 당사자가 절대적인 책임을 지고 조정인은 단지 지원하는 역할을 하는데 있다. 당사자와 다시금 대화를 하고 협상 당사자로써 상대방을 존중하는 것을 배우는 사람은 새로운 분쟁에 직면한 경우에 있어서도 새롭게 대화를 시도하고 가능한 한 오래 걸리는 재판절차로 곧바로 달려가기보다 합의를 모색하게 된다. 스스로의 책임감을 가지고 임한 협상은 일반적으로 당사자들에게 보다 더 큰 만족을 주고 수용을 가능하게 하고 집행을 스스로 하게 되어 법적 평화를 가져올 수 있다.[36]

---

36 Vgl. Römermann/Paulus, a. a. O., S. 266-267.

② 法 對 利益

판결의 척도는 그 무엇보다 법에 의하여 이루어진다. 따라서 재판절차에 있어서 당사자들은 법관에게 어떠한 문제를 제시하는 것이 아니라 문제해결을 요청할 수 있을 뿐이다. 그들은 법적으로 허용되는 범위 내에서 신청을 할 수 있고, 자신의 권리 침해 등을 주장해야한다. 요건사실을 주장해야 하면 이에 따른 증거를 제시해야 한다.

이에 반해 조정절차에 있어서는 당사자들은 문제를 회의 테이블에 내 놓을 수 있고 자신과 상대방의 이익을 조사하고 이익에 적합한 해결을 찾을 수 있다. 조정은 재판 못지않게 신뢰할 만하다. 공개적 재판행위에 있어서는 분쟁의 배후에 있는 고유한 동기와 이익을 의식적으로 나타내고 표현하는 경향이 약하다. 단지 소수의 당사자만이 공개적인 재판과정에서 이러한 점들을 드러내는 경우가 있다. 따라서 상호적인 이해 속에서 대화내용이 조정을 통해서 표출될 수 있다. 합의시도가 좌절되면 증거배제의 원칙에 따라 재판절차에서 법원의 심증형성을 할 수 있다.

③ 規範限定 對 全體的 生活關係

법원판결의 법률종속성은 분쟁의 범위를 규범관련적인 경우에 한하여 고려한다. 따라서 복잡성의 축소를 통한 효율성의 확보와 밀접히 연관된다. 원래적 분쟁은 법적인 측면과 관련없는 다른 이익도 고려하여야 하는데, 재판절차에서는 엄격한 법적 측면만 고려하기 때문에 당사자에게 만족스럽지 못한 결과를 가져올 수 있다.

이에 반해 조정에 있어서 당사자들은 분쟁의 모든 면을 공개하게 되고 특히 이와 결부된 작용으로 그 밖의 삶의 영역을 함께한다. 당사자들의 충분한 정보이해 및 광범위한 분쟁해결이 조정의 목적이 된다. 복잡성은 문제가 되지 않는다. 당사자의 감정이 다루어져야 하고 비법률적 사실관계도 청문을 통해 발견되어 진다.[37]

④ 過去關聯的 決定 對 未來指向的 解決

법적인 분쟁에 있어서 당사자에 의해서 취해진 입장과 반대 입장은 협력적 및 장래 지

---

[37] ebd. S. 266-267.

향적 협상을 방해한다. 입장은 무엇보다 일어났던 것이건 일어나지 않았던 잘못이건 간에 과거와 관련된다. 따라서 법원의 판결은 기본적으로 과거 회고적이기 때문에 미래형성적이거나 계획적 요소를 갖고 있지 못하다.

이에 반해 조정은 과거회고적이 아니라 장래 지향적이고, 상호의 이익에 기초하여 분쟁해결을 지향한다.

⑤ 持續的 經濟的 負擔 對 迅速한 紛爭解決

재판절차의 진행에 있어서는 당사자는 각각 해당 재판절차에 있어서 개인적, 경제적, 시간적인 낭비가 있게 된다. 변호사를 선임하는 경우에도 소송절차에 있어서는 개인적, 경제적 부담이 가중될 뿐 해소되지 않는 경우가 많다.

그러나 조정절차는 변호사의 도움없이 진행할 수 있으며, 조정에 있어서는 조정인이 전문적 능력을 갖고 있는 경우가 많기 때문에 별도의 감정료를 내지 않고서도 조정을 진행할 수 있을 뿐 아니라 시간적으로 오래 걸리지 않는 경우가 많기 때문에 비용부담도 크게 줄일 수 있게 되어 신속한 분쟁해결을 도모할 수 있다.[38]

4. 調停의 類型

누가 조정을 담당하는가를 둘러싸고 법원이 제공하는 조정(법원형), 행정부가 제공하는 조정(행정기관형)과 민간이 제공하는 조정(민간형)으로 구분이 가능하다.

먼저 법원이 제공하는 조정으로는 가사조정법에 의한 가사조정과 민사조정법에 의한 민사조정이 있다, 행정부에 설치된 각종 분쟁조정위원회에 관한 상세한 현황에 대하여는 후술하기로 하고, 먼저 행정기관형 조정은 법률에 근거하여 분쟁조정위원회를 두되, 그 위원으로는 주로 주무관청의 장이 임명하거나 위촉하되, 해당분야의 학식과 경험이 있는 인사를 중심으로 공무원그룹, 법조계 그룹, 교수그룹을 기본 축으로 하면서 민간영역의 학식과 경험, 나아가 덕망이 있는 전문가로 구성하여 독자적으로 조정하도록 되어 있으며,

---

38 대체적으로 조정에 소요되는 기간은 짧은 편에 속한다. 그러나 사안의 성질과 첨예한 이해대립이 있는지 여부 등에 따라 조정에 소요되는 기간이 길어지기도 한다.

이는 임의적 절차로서 당사자의 일방이 조정위원회에 조정신청을 하면 조정이 개시되는 것으로 되어 있다.

한편, 민간이 제공하는 조정으로는 법률의 근거가 있는 민간제공의 분쟁조정기구와 법률의 근거가 없는 분쟁조정기구로 나눌 수 있다, 전자의 경우로는 대외무역법에 의한 무역거래상의 분쟁조정과 부품, 소재전문기업등의 육성에관한특별조치법상의 신뢰성분쟁조정이 있다. 또한 소비자 보호법에 근거한 한국소비자단체협의회에 설치된 자율분쟁조정위원회가 있다. 한국프랜차이즈협회에 설치된 가맹사업거래분쟁조정협의회도 이에 해당한다, 후자에 해당하는 것으로는 제조물책임분쟁조정위원회, 대한체육회에 설치된 조정중재위원회[39]를 들 수 있다.

5. 調停의 通常的 節次

조정의 통상적 절차[40]를 개관하면 제1단계에서 먼저 조정인이 포럼을 여는 것으로부터 시작된다. 이러한 개시절차 단계에 있어서는 조정인이 모두진술을 통하여 조정절차의 진행방향에 대하여 말해주어야 하며, 제2단계에서는 양 당사자에게 공평한 진술기회를 보장하면서 각각 최초의 의견을 진술하도록 해야 한다. 제3단계는 정보수집단계로서 조정인은 직접조사나 문서의 열람, 진술의 청취등 자료수집을 위한 절차를 강구하여야 한다. 제4단계는 문제해결모색단계로서 이와 더불어 중요한 절차중의 하나는 조정인이 당사자를 분리하여 개별대화를 해야 한다. 이를 통해서 분쟁이 원만히 해결되는 경우가 적지 않다. 실제로 조정에 참가하여 보면, 조정이 서로 입장차만 확인한 채 결렬로 끝나는 경우도 있지만, 분리적 개별대화를 통해 조정이 성공으로 연결되는 경우가 많다. 조정이 어려울 경우에 차선책을 모색하도록 하는 것도 좋은 전략이 된다. 마지막으로 결정단계를 들수 있다. 마지막 결정단계에 있어서 조정인은 당사자들에게 상호 합의할 수 있도록 도와주는 역할을 하거나 적어도 납득할 수 있는 해결을 제시하는 등의 역할을 수행한다. 그러나 조

---

39 대한체육회 정관 제51조의 2 및 3에서 대한체육회는 가맹경기단체의 구성원간에 발생한 분쟁을 조정중재하여 합리적 운영을 유도하고 경기단체의 안정과 발전을 권장보호하여 건전한 체육풍토을 조정하기 위하여 조정중재위원회를 설치함과 아울러 위원회의 기능에 관하여 규정하고 있다.

40 사법연수원, 앞의 책. 84-87면.

정은 당사자의 일방이나 조정인이 더 이상 노력하는 것이 아무런 의미가 없다고 판단되는 경우에도 조정이 종결된다. 그러나 조정이 양당사자를 만족하여 합의적 결과를 가져오는 경우에 합의내용을 서면화하고 조정을 끝내는 것이 당사자간의 분쟁을 명확히 해결하는데 기여한다.

6. 調停의 長點과 短點

(1) 時間과 費用 節約

앞서도 여러 차례 강조하였지만, 조정은 재판절차에 비해서 통상적으로 신속하고 비용이 적게 든다. 과도한 서면주위를 통한 시간과 비용이 드는 준비를 하지 않아도 된다. 조정에 있어서는 상급기관에 사후 심사를 받는다는 것은 생각할 수 없다. 법원의 판결의 경우에는 일심에서 분쟁이 종결되기 보다는 불복하여 상급법원에서 분쟁이 최종적으로 해결 될 때까지 시간과 비용이 많이 드는 것이 통례이다. 조정의 비용은 소송비용보다 더 저렴하다. 신속한 분쟁해결은 장래 예측가능성을 높일 수 있다.

(2) 個人的 關係 및 去來의 維持存續

분쟁이전에 지속적인 관계를 유지해 온 경우 가령 이웃, 친척, 공무원내부의 관계에 있어서는 장래에도 지속적으로 관계를 유지하고 싶어 한다. 영업적 개인적 관계의 유지 또는 지속의 기회는 조정에 있어서 매우 크다. 조정을 끝내고 난 다음에는 승자도 패자도 없고, 잘 진행되면 win-win 상황이 되는 것이기 때문이다.

조정은 소송절차와는 대조적으로 당사자의 관계의 단절을 막고, 관계를 지속시킬 수 있는 장점이 있다. 법관 앞에서는 법에 따라 누가 권리를 갖고 있는가 하는 것을 판정하는 것이 중요하다. 따라서 법정에서는 승리자와 더불어 패배자를 만들어 내어 분쟁에 승복하지 못하는 결과를 가져올 수 있다. 그렇기 때문에 당자자의 일방이 법원에 소송을 제기하는 것은 많은 경우에 판도라의 상자를 여는 것과 같다.[41]

분쟁의 사례에 있어서 존재하는 계약관계, 거래관계 및 개인적 관계는 종종 나중에 재

---

41 Jörg Risse, Wirtschaftsmediation, NJW 2000, S. 1618.

판절차의 진행을 통하여 깨질 수 있지만, 이에 반해 조정을 할 경우에는 합의적인 분쟁해결 기초위에서 현존하는 관계를 지속시켜 나갈 수 있다.

(3) 狀況에 適合한 柔然한 解決

조정에 있어서는 당사자의 배경과 동기를 탐구하고 개개인에게 적합한 해결을 발전시키게 된다.

조정에 있어서 절차의 유연성이 확보될 수 있다. 양 당사자는 협상 계약에서 확정한 절차를 수정할 수 있다. 절차에 관한 당사자 자치의 강조는 견고한 당사자의 입장을 깨뜨릴 수 있다. 조정에 있어서는 법원의 판결에서 배분투쟁과는 달리 상호 장점을 갖는 협력적 협상을 도모할 수 있다.

법원의 경우에는 감정인을 통하여 전문성을 보완할 수 있으나, 조정에 있어서는 전문적 능력을 갖춘 조정인으로 인해 감정료를 지불하지 않고 전문화의 장점을 살릴 수 있게 된다.[42]

(4) 높은 節次滿足과 執行實現

조정은 보다 큰 창조력의 장점을 갖고 있다. 이 점에 있어서 배타적으로 과거에 있어서의 사실관계를 법령에 포섭하는 재판과는 달리 조정의 영역에 있어서는 법 규범의 구성요건으로 포섭하지 않은 측면으로부터 장래의 당사자의 관계의 형성이 가능하다. 당사자들은 자발적으로 수행한 절차에 일반적으로 보다 더 만족하고 그리고 결과가 자신들에게 보다 더 이익을 가져다 주느냐 여부와는 관계없이 자기만족적인 경향을 띤다. 여기서 더 나아가 당사자들이 발전시킨 해결을 따르고 이행을 할 가능성이 재판을 통하여 구속적인 결정을 이행한 경우보다 더 높다.

(5) 調停의 逆機能

조정이 실패로 끝나면 당사자들에게 있어서 불필요하고 비용을 들여 여러 시간에 걸쳐

---

42 김용섭, 역, 소비자보호를 위한 소송외적인 분쟁조정, 한독법학, 제12호, 471면.

논의를 거칠 필요가 있었는지 여부에 대한 회의감과 좌절감이 일어나게 된다. 따라서 조정은 가능한 한 조정이 성립되어 그 이행이 즉시 확보된다는 확신이 생기지 않으면 당사자에 의하여 거절되는 경우가 많다. 조정의 가장 큰 단점은 가장 중요한 구조적인 장점의 반대에 놓여 있다. 즉 양 당사자간의 허심탄회한 대화인 것이다. 불공정한 당사자는 조정을 재판절차의 준비로써 전략적으로 이용 할 수 있고 조정을 거치지 않으면 얻을 수 없는 정보를 확보할 수 있다.[43]

이와 같이 조정절차에 있어서는 양당사자의 불가피한 공개성과 정보제공이 나중에 소송절차와 결부되거나 불성실한 당사자가 조정을 소송절차를 위해 전략적인 장점으로 이용하려고 할 때에는 약점이 된다.[44]

조정을 비롯하여 재판외 분쟁해결제도에 의한 분쟁의 해결은 협상능력의 불균형이 있는 곳에서는 강자에게 유리하게 작용할 수 있는 우려를 지적하기도 한다[45]. 당사자간의 권력의 불균형은 엄격한 중립의무를 조정인에게 요구했을 경우 권력관계에 유리한 지위에 있는 상대방한테 불공평한 결과를 초래할 위험성이 있다. 법원의 소송에 있어서 법관의 배려는 이러한 사례에 있어서 더 바람직할 수 있다.

III. ADR로서의 行政法上 調停

1. 行政法領域에서의 調停

(1) 行政法上 調停의 意味

행정법상의 조정은 행정쟁송 안에서 또는 행정쟁송 밖에서 중립적 제3자에 의하여 행하여지는 분쟁해결수단이라고 할 수 있다. 행정법상의 조정도 앞서 살펴본 조정과 마찬가지로, 조정인은 당사자들의 분쟁에 중립적 제3자로서 개입하여 당사자의 이익지향적 해결을

---

43 Jörg Risse, a. a. O., S. 1620.

44 Römermann/Paulus, a .a. O., S. 227.

45 김유환, 행정사건에 대한 재판외 분쟁해결제도, 법학논집 제6권 2호, 2001, 81면

도모하기 위하여 협상하는 등 -법과 법률에 따라서 일방에게 이익을 주고 다른 일방에게 부담을 주는 판결을 하는 것과는 달리- 자발적이고 자기 확정 적으로 각각의 이익을 조정하는 해결을 도모하는데 있다. 행정사건에 있어서의 조정은 좁은 의미로 공법적 성격을 지니는 행정법상의 분쟁에 대하여 조정으로 분쟁을 해결하는 경우를 말하는데 반하여[46], 행정법상의 조정은 행정사건에 대한 조정에 국한하지 않고 행정절차단계에서 개입하거나 행정부가 사법상의 분쟁에 대하여 행정부가 제공하는 각종 분쟁조정위원회를 통하여 민사관계에 개입하여 조정자로서 등장하는 경우도 포함하게 된다. 이러한 관점에서 행정법상의 조정은 크게 행정절차에 있어서의 분쟁해결 수단으로서의 조정, 행정부가 제공하는 각종 분쟁조정위원회를 통한 조정, 행정심판 및 행정소송과 결부된 행정쟁송상의 조정으로 구분하여 검토할 수 있다.

행정절차에 있어서의 조정이 예방적 측면이 있는 반면에 각종 행정분쟁조정위원회를 통한 조정과 행정쟁송에 수반되어 행해지는 조정의 경우에는 사후적 분쟁해결로서의 특성을 지니게 된다. 또한 행정절차에 있어서의 조정이라든가 각종 행정분쟁조정위원회를 통한 조정는 국민참여적 성격의 제도라는 측면이 큰 반면에 행정쟁송에 수반되어 행해지는 조정에 있어서는 국민참여적 측면 보다는 사법제도의 효율적 운영이라고 하는 측면이 강조된다. 아울러 행정절차에 있어서의 조정과 행정쟁송에 있어서의 조정은 법률의 명문의 규정이 없이 사실상으로 이루어 지는 측면이 있는 반면에, 행정부에서 제공하는 각종행정분쟁조정위원회를 통한 조정은 개별법률의 명시적 근거에 따라 이루어지고 있다.

(2) 行政法上 調停의 許容性

조정이 공법적 분쟁에 있어서도 가능한 것인지를 둘러싸고, 우리 행정법 학자들간에 아직 활발하게 논의하고 있지 않지만[47], 종래의 통설적 관점에 의하면 행정법의 영역은 법

---

46 가령 김유환, 법원에서의 행정사건에 대한 재판외분쟁해결제도, 현대공법학의 과제, 청담 최송화 교수화갑념 논문집, 2001, 739-740면.

47 독일에 있어서 행정법에 있어서의 조정의 문제를 최근에 활발하게 논의되고 있다. 가령 2000년 2월에 독일 법관아카데미가 트리어에서 "조정과 행정소송"이란 주제로 개최되었고, 2004. 5월에 브레멘에서 독일 행정법원학술대회가 "행정법에 있어서의 조정"이란 주제로 열렸다. 또한 2004년 5월에는 라이프찌히에서 독일 변호사대회가 "행정재판에 있어서의 조정", "행정소송 대신 조정"이란 주제로 열렸다.

치주의가 지배하고 행정절차와 행정심판과 행정소송 모두 법률적 구속으로 인해 조정이나 중재[48]등 ADR이 허용되지 않는 것으로 이해되어 왔다고 할 것이다. 그러나 행정사건과 관련한 제도화된 ADR로는 환경분쟁조정제도, 지방자치단체분쟁조정제도, 국가배상심의회제도, 협의에 의한 손실보상제도가 있을 뿐 사법적 분쟁을 행정부가 제공하는 행정분쟁조정위원회에서 조정하는 것은 엄밀히 말하여 행정사건에 관한 ADR은 아니라고 할 것이다.[49] 이러한 관점에서 각종 행정분쟁조정위원회에 의한 분쟁해결방식이 국가전체의 민사분쟁을 해결하는데 크게 기여한 것은 인정하면서도 이를 너무 강조하여 그 영역을 지나치게 확대하면 국민의 준법정신이나 법치주의의 이념을 퇴색시키고 국민의 재판을 받을 권리를 침해할 우려가 있다는 점에서 사법영역의 범위를 벗어난 공법영역에까지의 적용은 바람직스럽지 않다는 주장도 개진된 바 있다.[50] 그러나 행정법상 조정에 있어서의 한계로 작용하는 법치주의만 하더라도, 두가지 관점에서 재판외 분쟁해결제도가 법치국가적 요청에 합치된다고 할 것이다. 하나는 공행정의 질이라고 하는 관점과 다른 하나는 법치국가의 목적이라고 하는 관점이 그것이다. 공행정은 시민과 밀착하여 만족할 만한 행정서비스를 제공하여야 한다[51].

법에 근거하였다는 것만으로 행정이 그 소임을 다한 것이 아니라 재판으로만 모든 것을 해결할 수 없는 상황에서 시민적 분쟁해결을 위해 조정을 통한 조력장치의 인프라를 구축하는 것은 헌법적으로도 허용된다고 할 수 있다. 다른 하나는 법치국가의 의미가 행정과 법원이 법률에 기초하여 활동하여야 한다는 법률유보라는 측면만이 아니라 국민의 권리구제를 포괄적으로 보장하는 것을 의미한다는 것이 실질적 법치국가에 합치된다고 볼 때 설사 법률의 근거가 없다고 할지라도 재판외 분쟁해결제도를 통하여 행정사건의 분쟁

---

48 현행 중재법은 사법사건에 한정되기 때문에 행정사건에 관한 한 중재법이 적용될 여지가 없다. 그러나 민간중재가 가능하고, 대상이 당사자가 처분할 수 있는 내용일 경우에는 행정사건에 있어서도 중재가 가능하다고 할 수 있다, 행정사건에 관한 중재를 허용하기 위해서는 몇가지 요건을 구비하여야 한다. 법률이 중재를 허용하여야 하며, 적어도 양당사자가 서면으로 중재를 신청하여야 하며, 당사자가 처분할 수 있는 내용으로서, 헌법적인 재판청구권을 침해하지 않아야 한다.

49 김유환, 행정사건에 대한 재판외분쟁해결제도, 법학논집 제6권 제2호, 2001, 76면.

50 정동윤, 민사소송법, 법문사, 1992, 18면.

51 김용섭, 공행정의 질- 공법적 시각에서의 접근, 경희법학 제32권 제1호, 동석 김찬규교수 정년퇴임기념, 1997, 217면 이하.

을 해결하는 것이 양당사자에게 만족스러운 결과를 가져오고 법률에 반하지 않을 경우라면 우리 헌법상 법치주의에 반한다고 볼 것은 아니다. 그러나 행정법상 조정제도의 운영에 있어서는 법치국가적 요청이라든가 조정과정에 부당하게 제3자를 배제하거나 당사자만의 합의로 제3자에게 불리한 내용의 조정이 이루어지지 않도록 한다거나 평등의 원칙에 반하는 분쟁해결을 가져오는 경우를 경계하여야 한다.

이러한 관점에서 오늘날 ADR 의 발달에 수반하여 행정상 조정을 허용할 것인가(ob)의 문제를 넘어서 어느 범위에서 조정을 인정할 것인가(wie)의 문제로 관심이 넘어왔다고 할 것이다.[52]

(3) 行政法上 調停에 適合한 分野

먼저 행정법상 조정이 좋은 대안이 되려면 첫째로, 다른 당사자와의 관계를 계속 유지하고 싶고, 그 관계가 악화되기를 바라지 않을 경우 둘째로, 재판절차가 현실적인 분쟁에 대하여 올바른 해결을 주지 못할 경우 셋째로, 분쟁의 해결을 위해 스스로 책임감 있게 남아 있는 것이 중요하다고 생각될 때 넷째로, 모든 당사자의 이익을 고려하면서 공통적인 해결의 발견이 필요한 경우 다섯째, 분쟁의 신속한 해결이 필요한 경우 여섯째, 사적 영역의 보호[53] 때문에 공개적인 법정에 서고 싶어 하지 않는 경우에 조정의 유용성이 드러난다.

이러한 관점에서 행정법상 조정에 적합한 분야로는 사회보장적 공법상 금전급부의무와 관련되는 분쟁, 공무원관계, 국공립학교관계분쟁, 나아가 건축관련 이웃관계, 나아가 환경관련 분쟁등에 조정을 통한 분쟁해결이 적절하다고 할 것이다. 또한 지방자치단체간의 분쟁에 있어서도 조정을 통한 해결이 바람직할 수 있다. 건축분쟁이라든가 환경분쟁의 경우처럼 분쟁당사자가 복수이고, 사안이 복잡하여 법원을 통한 해결이 부분적인 해결에 국한될 경우라든가, 공무원관계라든가 학교관계에 있어서 지속적인 관계를 유지하고 싶은 경우 나아가 소량의 금액을 다투게 되어 재판비용이 적게 들 경우에도 당사자간의 재판외

---

52 Karsten-Michael Ortloff, a. a. O., S. 386.

53 공개적인 재판의 결과물인 법원의 판결은 이에 적합하지 않으며, 조정은 분쟁을 신뢰적으로 해결하기를 바라고, 모든 당사자가 침묵의무를 지고 있기 때문에 이것이 가능하다.

분쟁조정기구를 통한 해결이 바람직할 수 있다. 더구나 제3자의 권익을 침해하지 않는 영역에 있어서 행정청과 당사자간에 불명확한 법률관계라든가 협상의 여지가 있는 영역에서는 조정을 통해서 분쟁해결이 가능하다고 할 것이다.[54] 다수 당사자간의 분쟁에 있어서는 법원을 통한 해결보다는 집단민원해결방식의 조정을 통한 활용이 필요하다. 또한 지방자치단체간의 분쟁에 있어서 소송을 통한 해결에 앞서 조정방식으로 해결하는 것이 바람직한 면이 있다. 이와 아울러 국민고충처리위원회제도는 행정사건에 대한 ADR로서 옴브즈만의 기능을 수행한다. 아울러 환경분쟁기본법상의 환경분쟁조정제도는 다른 행정부형 분쟁조정위원회와는 달리 행정청이 당사자가 되는 경우를 포함하도록 되어 있다. 설사 ADR을 이용하도록 하여도 최종적으로는 법원에 의한 판결로 연결되는 시스템이 되어야 할 것이다.

(4) 行政法上 調停의 限界

행정법상 조정은 첫째로, 소송이전에 조정인의 도움을 가지고 문제를 해결하려는 시도가 실패로 끝난 경우 둘째로, 많은 다른 사례에 있어서도 적용될 수 있는 법적인 문제에 있어서 선례적 판단이 필요한 경우 셋째로, 기속행위의 경우처럼 법적인 판단여지와 재량여지가 결여되어 있는 경우 넷째로, 이익상황이 단순하고 어떠한 더 이상의 양보여지가 없을 경우를 들 수 있다. 마지막 사안과 관련하여 가령 금전청구일지라도 오직 돈의 문제에만 국한되어 있어 서로 양보하지 않으려고 하는 경우에는 조정보다는 재판절차를 통하여 더 만족적인 해결을 가져오는 경우가 있다.[55]

행정법상 조정의 한계와 관련하여 미국의 1996년 행정분쟁해결법(Administrative Dispute Resolution Act)상에서 규율하고 있는 한계를 검토해 보는 것이 우리의 행정분쟁에 관한 조정을 함에 있어 참고가 된다고 할 것이다.

미국의 행정분쟁해결법은 법원을 통한 선례를 만들 필요성이 있는 사안등 6가지의 사유가 있을 경우에는 행정청이 재판외 분쟁해결제도를 이용하지 않을 것을 고려해야 한다

---

54 김유환, 앞의 논문, 740면.

55 국가배상법상의 국가배상심의회가 그 단적인 예라고 할 수 있다. 아울러, 일방에게 양보를 하도록 요구하는 금액이 적은 경우에는 패소하는 한이 있더라도 많은 경우에 법원의 최종적인 판결을 받으려고 한다.

고 밝히고 있다. 우리의 경우에도 입법정책적으로 참고가 된다고 할 것이다.[56]

2. 行政節次에 있어서의 調停

(1) 行政節次에 있어서 調停을 통한 合議導出과 利益調整

행정절차에 있어서 다양한 이해관계자 사이의 합의도출이 일반적으로 어렵다는 것은 주지의 사실이다. 협상에 있어서도 당사자들은 견고한 입장을 고수하기 때문에 종종 난항에 빠지는 경우가 많다. 따라서 그렇다고 행정청의 결정절차는 해결할 수 없는 갈등을 그대로 남겨둔 채로 당사자로 하여금 만족스럽지 못한채 타협을 강요당하거나 아니면 승복하지 않고 새로운 분쟁의 씨앗을 만들게 되기도 한다. 그러한 방향으로 나아가지 않도록 하기 위해서는 협상에 있어서 당사자를 조력하여 합의를 도모하도록 중개하는 조정인이 개입하는 것이 필요하다.[57]

행정절차에 있어서의 중개자인 조정인의 관념은 미국으로부터 비롯된다. 미국에 있어서는 이미 이러한 종류의 분쟁과 관련한 법적인 틀을 마련하였고, 다양한 경험이 축적되어 있다.

행정절차에 있어서 중개자로서 독립적이며 전문적인 조정인이 활동한다. 중개인 내지 조정인으로서 당사자 사이의 이익상황을 적절히 제시하거나 해결대안을 모색하면서 대화

---

56 이에 관하여는 이희정, 앞의 논문, 175-176 면: ① 법원을 통한 선례를 만들 필요성이 있는 사안: 선례적 가치를 위해 당해 사안에 대한 결정적 또는 권위적인 해결이 요구되고, 그러한 재판외 분쟁해결 수단에 따른 절차가 일반적으로 권위있는 선례로 인정될 가능성이 적은 경우 ② 중요한 정부정책과 관련되는 사안: 그 사안이 정부정책에 관한 중요한 문제와 관련되어 있어서 최종적 결정이 내려지기 전에 추가적인 절차를 요하고, 그러한 재판외 분쟁해결수단에 의한 절차가 행정청을 위해 권고될 정책을 형성해 낼 수 없다고 보이는 경우 ③ 기존 정책의 골격을 유지할 필요성이 큰 사안: 기존의 정책을 유지하는 것이 특히 중요하여 개별 결정들 간의 차이가 크지 않아야 하고, 재판외 분쟁해결절차를 이용할 경우 개별 결정들간의 일관된 결과에 이르는 것이 가능하지 않다고 판단되는 경우 ④ 제3자에게 중대한 영향을 미치는 사안: 그 사안이 재판외 분쟁해결절차의 당사자가 아닌 제3자에게 중대한 영향을 미치는 경우 ⑤ 공식기록의 확보필요성이 있는 사안: 그 분쟁해결절차의 완전한 공식기록이 중요하고 재판외 분쟁해결절차가 그러한 기록을 제공할 수 없을 경우 ⑥ 행정의 재량권유지의 필요성이 있는 사안: 행정청이 상황의 변화에 따라 처분을 변경할 권한을 가지고 그 사안에 대한 관할권을 유지하여야 하고, 분쟁해결절차가 행정청의 그러한 목적달성을 방해할 수 있는 경우

57 Arthur Benz, Verhandlungen, Verträge und Absprachen in der öffentlichen Verwaltung, VerwArch 23, 1990, S. 93.

를 쉽게 할 수 있도록 배려하고 결국 협상을 용이하도록 하는데 크게 기여한다. 조정인은 행정절차의 여러단계에 등장할 수 있다. 일반적으로 조정인이 행정절차의 진행 전단계에 서 이루어 질 수 있고, 행정결정을 내리기 전에 당해 행정청이 결정을 내려야 하는 부분 을 적절히 제안할 수 있다.[58]

서로 다른 행정청간의 분쟁은 물론, 시민과 행정청간, 시민 상호간에 있어서도 조정인이 개입하여 조정을 하게 되는 바, 조정의 장점으로는 절차기간을 단축하게 되고, 갈등의 수 위를 조절할 수 있으며, 상호적인 정보를 개량하고, 이해의 어려움을 극복해 나가며 행정 청의 결정을 효율적이며 적절하게 하는데 있다. 이처럼 조정이 많은 장점이 있는 좋은 제 도라는 긍정적 측면도 있으나, 권력관계가 불일치하는 경우에 있어서는 합의를 이끌어 내 기 어렵고, 행정청 자체가 중립적 기관인데 별도의 중립적 역할을 하는 조정인을 따로 두 어 해결을 모색하는 것이 옥상옥이 아닌가 하는 현실적 불필요론에서 더 나아가 국가의 결정권능과 책임권능을 방기하는 것 아니냐는 비판론도 있으나, 행정청이 당사자의 일방 으로서 조정의 결과를 자기의 책임으로 행하는 것이기 때문에 조정을 통하여 합리적 해 결하는 것을 가지고 책임권능을 방기한 것으로 볼 것은 아니라고 할 것이다.

현재 행정절차단계에 있어서의 갈등해소 제도중 대구광역시 수성구와 경남 남해군 등 일부 지방자치단체에서 행하고 있는 시민배심제도[59]도 시민이 행정결정과정에 참여하여 행정결정에 영향을 미치기 때문에 행정절차에 있어서의 조정제도와 유사한 기능을 수행 한다고 할 것이다. 시민주민협의회제도 나아가 주민투표법에 따른 해결도 조정과 유사한 기능을 수행하는 ADR의 일종이라고 할 수 있다. 그런데 여기서 조정은 행정절차에 있어 서의 신속성과 수용가능성을 확실히 해주는 역할을 수행한다고 할 것이다. 특히 환경분야 와 건설분야등 계획법 분야에 있어서 조정을 통하여 합의가 이루어졌을 때 이는 공법상 계약으로서의 성질을 지니게 되는 바, 일방적 처분을 발하는 대신 협력적 방식으로 여러 가지 국가적 과제를 효과적으로 달성할 수 있게 된다.[60]

---

58 ebd. S. 94.

59 이에 관하여는 선정원, 민원배심원제에 관한 고찰, 공법연구, 제31집 제3호 , 2003, 621면 이하.

60 다만, 협력적 행정작용인 공법상 계약도 법치행정의 원칙에 따라 법령에 위반되면 허용되지 않는다, 따라서 행정청의 사전구속을 가져오는 조정합의는 공법적 계약이 된다고 할지라도 그것이 법규범에 위반될 경우에는 그 효력을 인정받

행정절차에 있어서의 조정은 국가등 행정주체가 시민과 책임공동체의 형성으로 비롯되는 것이다. 협력적 국가에 있어 행정청과 시민과의 합의의 척도는 법적 효력이 합의과정에서 지지되어야 하는가에 달려있는데, 사인과의 계약이라든가 다른 형태의 협력적 법규제정을 들 수 있다.[61]

가령 행정과 시민사이에 합의도출을 위해서는 다층적인 이해관계 속에 이른바 대규모 계획에 있어서는 경제성의 압박하에 중립적인 제3자를 내세워 현안이 되는 이익분쟁의 해결을 도모하는 것이 필요하다. 이러한 방법으로 협상과 분쟁조정을 이룩하면 결국 복잡한 결정형성의 과정으로서의 행정절차를 신속히 하게 되고 절차를 거친 행정결정의 타당성을 확실히 해주는데 기여한다.

(2) 行政節次에 있어서의 調停의 構造

사적인 분쟁에 개입하여 분쟁을 해결하는 행정부가 제공하는 각종분쟁조정위원회의 개입을 통한 조정과는 달리 행정부가 적어도 자신의 이익을 대변하여야 하는 문제 있으며, 이는 행정이 법치국가적으로 분리할 수 없는 권능과 공공복리책임과 결부되어 있기 때문이다. 이것은 행정과제가 고권적으로 또는 사법적인 형식으로 이루어 지는가와는 무관하게 적용된다. 사법으로의 도피는 허용되지 않는다. 그렇다고 하여 이로인해 앞서 검토한 바와 같이 조정의 허용가능성이 부인되는 것은 아니다.

절차에 제3자를 참가시켜 진행하는 것도 사인과 지방자치단체의 협력을 강화하기 위하여 부분적 절차에 있어서 민간에게 넘기는 것도 이에 해당된다고 할 수 있다, 가령 일부구청에서 실시하고 있는 주민협의회제도라든가 시민배심원제도가 그 단적인 예에 해당된다.

이제 주민이 행정의 파트너로 등장하게 되는 것이고, 행정법적으로 행정청이 단독으로 결정하지 않고 행정파트너쉽 내지 행정협력의 작용특징을 갖는 조정이 등장하게 되는 것이다.

사법적 분야에 있어서의 조정과 공법적 분야의 조정과의 본질적인 차이점은 행정청이

을 수 없게 되는 문제가 있다.

61 Rainer Pitschas, a.a.O., S.388-389.

결코 공익 내지 공공복리라고 하는 척도에 따라서 결정하는 것을 포기할 수 없다는 점에 있다.

또한 사법에 있어서와는 달리 조정에 있어서 합의한 것으로 인해 직접적으로 효력을 발생하는 것이 아니라는 점도 차이점이라고 할 수 있다. 조정결과를 행정결정으로 전환하는 것이 필요하다. 여기에 있어서는 행정의 종국적 결정책임에 놓여 있기 때문이다. 따라서 행정절차에 있어서의 조정은 고유한 의미에서의 조정과는 달리 행정절차에 있어서 조정적 원칙을 사용하는 것을 의미하는 것이다.

(3) 行政節次에 있어서의 調停의 活動分野

행정절차법에 조정에 관한 법률의 수권이 없다고 할지라도 조정인에 의한 활동이 금지되는 것은 아니다. 이는 제도화 되지 않는 중립적 조정인에 의한 분쟁해결에 속하기 때문에 이해당사자가 조정을 어떻게 받아들이느냐에 따라 분쟁해결의 성공여부가 달려있다. 각 개인은 조정을 통해서 행정청과의 접촉기회를 강화하고 대화결핍을 해소할 수 있다. 시민과 행정청이 처음 결정해 나가는 과정에서 대화를 통해 협력을 시도해 나가면서 합리적 결정을 모색한다는 관점 그 자체만으로도 조정이 갖는 의미는 과소평가될 수 없다. 행정절차에 있어서 특히 행정청에 재량이 부여되거나 판단여지의 영역에 있어서 조정의 주된 활동분야가 된다. 그런데 행정절차에 있어서 조정을 할 것인가 여부도 행정청의 절차재량에 속한다고 할 것이다. 다만 협력적 행정에 있어서의 경계대상인 부정부패와의 관련이 공적과제를 수행하는 행정조정에 있어서는 더 말할 나위가 없다. 부정부패는 공행정의 신뢰를 상실하게 하고, 법치국가의 근간을 위협하는 암적 존재인 것이다.[62]

행정청도 행정법원과 마찬가지로 법을 적용하기에 앞서 이에 기초하고 있는 사실관계를 스스로 조사하고 이에 따라 결정을 내려야 한다, 그러한 관점에서 조정인이 개입할 여지가 이로 인해 축소되게 된다. 그렇지만 고유한 법적용 권능을 포기하지 않으면서 분쟁상황을 해결하기 위해 조정을 해 나가는 것은 사안에 따라서 바람직한 해결을 가져올 수 있다. 여기에서 말하는 중립적 제3자인 조정인은 행정보조자도 아니고 공무수탁사인도 아

---

62 김용섭, 사회전체적 과제로서의 부정부패방지, 공법연구, 1996.

니다. 조정인은 특정의 절차단계에 행정이 행할 절차수행의 자리에 들어가서 독립적인 지위에서 당사자간의 이익을 조정하는 역할을 수행하게 된다.

3. 各種 行政紛爭調停委員會를 통한 調停

(1) 行政府에서 提供하는 各種 行政紛爭調停委員會의 特性

행정부에서 제공하는 각종분쟁조정위원회는 사법적 분쟁해결을 위한 위원회의 일종이다.[63] 그런데, 기본적으로 행정부는 민사관계에 불개입하는 것이 원칙이다.[64] 그런데 우리의 경우에 시민들이 저렴한 비용으로 법원에 가지 않고 행정부에서 제공하는 분쟁조정기구를 통하여 손쉽게 분쟁이 해소되기를 바라는 측면이 있고, 법원의 재판부담을 경감할 수 있이 법률에 설치 근거를 둔 각종분쟁조정위원회에서 조정안을 제시하면서 분쟁조정을 도모하고 있다. 그러나 이의 지나친 확대는 법적 분쟁의 해결이 주체가 행정부인 결과가 되어 사법부의 입지를 좁히게 되어 권력분립구조를 왜곡시키는 문제를 지적하면서 특히 그것이 소의 제기에 앞서 거쳐야 할 필수적 전치절차가 되어 법원에 의한 권리보호가 현저히 지연되는 결과를 빚는다면 위헌문제가 생길 수도 있다는 비판론을 제기하고 있다.[65] 그러나 이러한 비판론은 분쟁조정의 절차의 주체는 어디까지나 당사자이고 재판은 법에 기초하여 판단을 내리면서 정의를 추구하는 것이라면 조정은 이익에 기초하되, 재판에 의하여 분쟁이 해결되지 않는 부분에 있어 양당사자에게 원만하면서 합당한 미래지향적 결론을 도출한다는 점에서 볼 때 사법부의 입지를 좁히는 것이 아니라 사법부가 업무적 과중함으로부터 벗어나서 보다 충실하게 심리할 수 있도록 도와주는 측면도 있으므로 사법부의 입지를 좁히는 것은 아니라고 할 것이어서 헌법상 권력분립의 원리에 반하지 않고, 분쟁조정위원회는 행정심판과 같은 전심절차라고 보기 어려운 점 등에 비추어 위 비판론은 쉽게 극복될 수 있다고 할 것이다. 다만, 각종분쟁조정위원회에 의한 분쟁조정

---

63 행정분쟁조정위원회는 위원회중에 분쟁해결과 관련하여 재판에 준하는 강한 구속력이 인정되는 공정거래위원회, 행정심판위원회 등의 준사법적 기구와는 그 성격을 달리한다.

64 형사사건에 있어서도 수사기관이 중재기관처럼 활동하는데 대해 고소의 남발을 초래하고, 수사기관이 채권추심기관으로 전락한다는 차원에서의 강한 비판론도 제기되고 있다.

65 이시윤, 민사소송법 2001, 20면

이 당사자의 일방이 진행을 원하지 않는 경우에도 조정안을 내놓고 수락을 권유하는 등 지나친 개입을 할 경우에는 문제가 있다. 왜냐하면 분쟁조정위원회는 양 당사자의 자유의 사에 의한 합의를 유도하여야 하지, 분쟁조정위원회에서 일방적으로 결정한 내용을 양 당사자에게 수용할 것을 강요하는 것은 강제조정이 되어 법관이 아닌 자의 재판을 받는 결과가 된다는 지적은 타당하다.[66]

그럼에도 불구하고 행정부에서 제공하는 조정은 행정법상 조정제도중에서 활발하게 운영되는 영역이다. 그런데 이와 같은 행정분쟁조정위원회는 각부처 별로 운영되고 있으며, 행정부에서 제공하는 분쟁조정위원회로서 주로 민사적 분쟁을 해결하고 있으며, 개별법률마다 서로 다르게 규율하고 있어 법체계의 통일성이 결여되어 있어 시민에게 이용에 있어 다소의 혼란을 야기하기도 한다.

(2) 各種 行政紛爭調停委員會 制度의 問題點

(가) 法體系의 統一性 缺如

각종 분쟁조정위원회의 설치근거 법률중, 정보통신망이용촉진및정보보호등에관한법률에서는 위원회의 설치 및 구성, 위원의 신분보장, 제척, 기피, 회피제도 등에 관한 사항, 분쟁조정의 효력 등에 관한 사항을 법률에서 상세히 규정하고 있으나, 위원의 결격사유라든가 시효의 중단등 일부 사항에 대하여는 법률에서 침묵하고 있다. 주택법에서는 공동주택관리분쟁조정위원회의 구성에 관한 중요한 사항을 대통령령에 위임하고 있다. 아울러 공동주택관리령 제9조의 2는 분쟁조정위원회를 시장등의 자문에 응하게 하기 위한 기구로 분쟁조정위원회를 구성 운영할 수 있다고 되어 있어, 다른 조정위원회의 통상적인 규정방식에서 탈피하고 있다, 또한 대통령령 형식의 교원예우에관한규정에서 곧바로 학교교육분쟁조정위원회의 설치 운영의 근거조항이 마련되어 있는 것도 있어 이와 같은 입법형식은 마땅히 법률로 끌어올려서 정해야 할 사항이라고 할 것이다.

아울러 분쟁조정위원회나 사무국에 사실조사권을 부여하는 경우도 있고, 자료 요청권을 인정하는 경우도 있는 등 개별법률에 따라 일정하게 규율하고 있지 못하고 있다. 아울러

---

66 이시윤, 앞의 책, 20면

법률에 따라 통일적이지 못한 것이 개인정보분쟁조정위원회는 한국정보보호진흥원내에 사무국을 두도록 하고 있으며, 조정부에 관하여는 따로 정하고 있지 않다. 컴퓨터프로그램보호법상 프로그램심의조정위원회에서는 사무국을 두도록 함과 아울러 조정부를 설치하도록 규정하고 있다. 그러나 발명진흥법상의 산업재산권분쟁조정위원회의 경우에는 사무국에 관한 규정은 없으나 3인의 조정부를 두되, 조정부의 위원중 1인은 변호사 또는 변리사의 자격이 있는 자이어야 하는 것으로 규정하고 있다. 대부분의 법률에서는 분쟁조정위원회에 사무국이나 조정부의 설치에 관한 사항을 규율하고 있지 않고 있다. 이처럼 개별법률마다 분쟁조정위원회가 유사한 기능을 수행하면서도 서로 다르게 규정되어 있어 혼란스러울 뿐만 아니라 통일된 원칙에 입각하여 규정하고 있는 것으로 보기 어려우며, 상세한 조정의 절차와 내용에 대한 규율이 미흡한 실정이다.

또한 각종 분쟁조정위원회의 설치에 관한 근거법률에서 대부분 분쟁조정위원회의 명칭이 □□분쟁조정위원회로 통일되어 있는데, 일부 법률에서는 □□협의회라든가 □□심의회를 사용하는 경우도 있다. 언론중재위원회도 엄밀히 말하여 중재라기보다는 조정적 성격이 강한 분쟁조정위원회라고 할 것이다[67]. 원자력손해배상법에서는 분쟁의 조정도 원자력손해배상심의회에서 하도록 되어 있다.

분쟁조정위원회가 중립적 위치에 서서 협상을 원만히 하도록 유도하고, 결국에 가서는 조정안을 작성하는 것을 주안으로 하는 경우가 있는 반면에 조정안을 합의를 토대로 작성하는 경우도 있다. 발명진흥법상의 산업재산권분쟁조정위원회에서는 조정안을 미리 작성하는 방식으로 규정되어 있지 않고 당사자간에 합의된 사항을 조서에 기재함으로써 성립되도록 규정하고 있다.

(나) 國民參與의 問題: 紛爭調停委員會의 委員資格

각종 분쟁조정위원회의 위원자격의 기본적 틀은 판사, 검사, 변호사등의 법조인 그룹, 대학의 교수그룹, 행정부처 공무원그룹, 그리고 학식과 경험이 있는 해당분야 전문가그룹으로 구분되고 있다. 그 세부적 자격기준은 강화되기도 하고, 약간의 차이는 있지만 위원

---

67 송상현, 재판에 의하지 아니한 분쟁해결방법의 이념과 전망, 인권과 정의, 1994. 7. 9면.

의 자격기준에 관한 기본 틀이라고 할 수 있다. 그런데 최근의 입법례중에는 비영리민간단체지원법 제2조의 규정에 의한 비영리민간단체에서 추천한 자를 위원으로 포함하는 경우가 있다. 그 단적인 예로는 산업재산권분쟁조정위원회, 개인정보분쟁조정위원회를 들 수 있다. 전문적인 능력이 없는 시민들이 시민단체의 추천을 받았다는 이유만으로 위원으로 참가하는 것은 협상과 조정능력을 갖춘 위원이 활동할 기회를 봉쇄하는 결과가 된다. 따라서 법률에 명시적으로 시민단체에서 추천하는 경우를 명시하는 것은 바람직하지 않다고 할 것이다. 광범위한 인재그룹을 확보하여 풀제로 운영하는 것이 바람직하며, 조정위원을 법관, 검사, 변호사 자격자에 한정할 것이 아니라, 지적재산권사건에 있어서는 변리사, 건축분쟁에 있어서는 건축사등과 같이 각 분야의 전문가를 조정인이 될 수 있도록 하는 것이 필요하다.68 그 뿐만 아니라 분쟁조정위원회 위원들이 행정부처의 주도로 임명 또는 위촉되는 경우가 많고, 실제로 정부의 공무원의 상당수가 당연직 위원으로 참가하는 경우가 많다. 각종분쟁 조정위원회의 위원의 공평한 임명이나 위촉이 공정성과 전문성, 중립성 확보가 중요하다.69 실제로 자신의 본연의 직무를 하면서 위원회 활동을 하는 것이므로 어느 쪽도 충실하게 임하지 못하는 문제가 생길 수 있으므로 이 부분을 분쟁조정위원회의 성격에 걸맞게 대폭 전문성을 갖춘 민간위원들로 충원할 필요가 있다. 분쟁조정위원회에 관한 규정을 둔 개별 법률에서는 해당분야의 학식과 경험을 요하는 경우가 있는 반면에 어떤 경우에는 학식과 경험 외에 덕망을 요하는 경우도 있다. 그러나 보다 중요한 것은 조정능력을 갖춘 사람을 조정위원으로 임명하거나 위촉하는 것이다, 위원의 임기도 법률에 따라 2년으로 규정한 경우도 있고, 3년으로 규정한 것도 있는데, 2년이면 2년, 3년이면 3년으로 통일을 기해도 무방하다고 생각한다. 아울러 분쟁조정위원회의 위원장을 호선으로 정하는 경우, 법령에서 정해진 경우, 위원회에서 선출하는 경우, 주무부처 장관이 임명하는 경우로 나누이지만, 최근에는 민간인이 위원회의 위원장이 되기도 하지만, 누가 책임감을 가지고 위원장으로서 바람직한 의사결정을 도출해 낼 수 있는가에 초점을 맞추어야 할 것이다.

---

68 小島武司, 司法制度改革とADR, ジュリスト Mo 1207, 2001, 9. 1. 15面.
69 김용섭 역, 앞의 논문, 474면.

(다) 調停의 效力論議

행정조정의 효력문제는 재판에 대한 기대와 법원의 역할등과 밀접하게 연결된 문제라고 할 것이다. 법원의 조정에 강제적 효력을 부여하는 근거가 재판권이 법원에 있기 때문이 아니라 그 경우에는 조정자로서의 법관에 대하여도 최종적인 효력을 인정하기 때문인데 일반적으로 행정분쟁조정위원회에 있어서도 그와 같은 효력을 인정할 것인가의 문제가 제기된다.

현행 행정분쟁조정위원회의 조정이 성립된 경우에 어떤 효력을 인정할 것인가와 관련하여서는 소비자보호법, 의료법, 금융감독기구의설치등에관한법률, 저작권법, 컴퓨터프로그램보호법, 발명진흥법, 정기간행물의등록에관한법률 등에서는 조정의 효력을 재판상화해와 동일한 효력을 인정하지만, 정보통신망이용촉진및정보보호등에관한법률, 소프트웨어산업진흥법, 전자거래기본법, 건설산업기본법, 건축법등의 경우에는 조정의 효력을 당사자간의 합의와 동일하게 효력을 인정하고 있다., 그러나 학교폭력예방및대책에관한법률, 원자력손해배상법, 국가배상법 등 일부법령에서는 조정의 효력에 관한 아무런 명문을 규정조차 두고 있지 않은 채 해석에 맡기고 있다. 학자들간에 조정이 성립된 경우에 있어 어떤 효력을 인정하는 것이 바람직 한 것인지를 둘러싸고 논란이 있다.

기본적으로 분쟁조정위원회의 성격 자체가 독립성이 더 있다거나 그 운영의 실상이 크게 다르지 않음에도 불구하고 어떤 경우에는 재판상 화해와 동일한 효력이 있다고 하고, 어떤 경우에는 조정조서에 기재된 바와 같이 합의로서의 효력이 미치는 것으로 하고 있다.

기본적으로 당사자의 일방의 신청에 의하여 조정이 개시되는 점이라든가 신중하고 공정한 절차보장이 미흡한 분쟁조정위원회에서 운영되고 있기 때문에 참다운 당사자의 의사에 의한 조정이라기 보다는 행정청의 관여에 의한 합의가 이루어지는 경우가 적지 않기 때문에 행정부처의 조정에 대하여 재판상 화해와 동일한 효력을 부여하는 것은 적절하지 않다고 할 것이다.[70] 진정한 분쟁의 종식이 중요한 것이지 더 이상 다툴 수 없다고 하는 것이 중요한 것이 아니라고 할 것이다.

---

70 가령 유병현, ADR의 발전과 법원외 조정의 효력, 법조, 2004. 6. 72면; 유교수는 위 논문에서 행정부가 제공하는 각종 분쟁조정절차가 본질적으로 크게 차이가 없는데 효력상으로만 차이가 있는 것이라면 통일적 정비가 필요하다는 견해를 제시하고 있다.

　행정부의 조정의 효력을 재판상 화해와 동일한 효력을 인정하는데 비판적인 견해로는 이시윤 원장을 들 수 있다.: 행정분쟁조정위원회에서 성립된 조정조서가 재판상화해로 의제되는 것은 문제로 보면서 이는 행정부가 한 일이 법원이 한 확정판결과 같은 효력을 갖게 되어 행정부가 법원만이 할 수 있는 판결을 한 결과가 되며, 나아가 행정위원회의 조정이 단순히 집행력에 그치지 않고 기판력까지 발생한다면 조정의 하자에 대해 법원에서 다툴 길이 봉쇄되어 '법관에 의한 재판을 받을 권리'의 침해라는 위헌문제가 생길 것이다.[71]고 하면서 신청인의 동의가 있으면 심의회의 배상결정을 재판상화해로 의제하는 국가배상법 제 16조에 대해 위헌결정을 한 것을 들면서, 심의회의 결정절차는 사법절차에 준하는 것으로 볼 수 없고 법관에 의한 재판 청구권을 침해한다는 이유이다.

　그러나 헌법재판소 1995, 5. 25. 선고 91헌가 7 결정[72]은 배상심의회의 결정이 중립성과 독립성을 갖추지 못하였다고 전제하고 당사자의 동의만으로 재판상 화해와 동일한 효력을 인정하는 것은 재판청구권을 침해한 것이라는 차원에서 내린 결정으로 기본적으로 헌법재판소의 결정에 찬동하면서도, 나아가 마치 중재와 조정이 사법절차가 적용되는 것으로 보는데 이 역시 수긍하기 어렵다. 사법절차가 준용되도록 되어 있는 것은 헌법 제107조 제3항에서 행정심판에 한하고, 조정과 중재를 행정심판의 일종이라고 보기 어렵기 때문이다. 또한 설사 중재와 조정이 개별법률에서 그 제도의 이용이 자발적이지 않는 한 중립적 기관에서 하더라도 그 효력을 재판상 효력으로 인정하는 것은 문제가 있다고 할 것

---

71 이시윤, 민사소송법 2001, 20면

72 헌법재판소 1995, 5. 25. 선고 91헌가 7 결정의 요지: "이 사건 심판대상 조항부분은 국가배상에 관한 분쟁을 신속히 종결, 이행시키고 배상결정에 안정성을 부여하여 국고의 손실을 가능한 경감하려는 입법목적을 달성하기 위하여 동의된 배상결정에 재판상의 화해의 효력과 같은 강력하고도 최종적인 효력을 부여하여 재심의 소에 의하여 취소 또는 변경되지 않는 한 그 효력을 다툴 수 없도록 하고 있는 바, 사법절차에 준한다고 볼 수 있는 각종 중재, 조정절차와는 달리 배상결정절차에 있어서는 심의회의 제3자성. 독립성이 희박한 점, 심의절차의 공정성, 신중성도 결여되어 있는 점, 심의회에서 결정되는 배상액이 법원의 그것보다 하회하는 점 및 부제소합의의 경우와는 달리 신청인의 배상결정에 대한 동의에 재판청구권을 포기할 의사까지 포함되는 것으로 볼 수도 없는 점 등을 종합하여 볼 때, 이는 신청인의 재판청구권을 과도하게 제한하는 것이어서 헌법 제37조 제2항에서 규정하고 있는 기본권 제한입법에 있어서의 과잉입법금지의 원칙에 반할 뿐 아니라, 권력을 입법, 행정 및 사법 등으로 분립한 뒤 실질적 의미의 사법작용인 분쟁해결에 관한 종국적인 권한은 원칙적으로 이를 헌법과 법률에 의한 법관으로 구성되는 사법부에 귀속시키고 나아가 국민에게 그러한 법관에 의한 재판을 청구할 수 있는 기본권을 보장하고자 하는 헌법의 정신에도 충실하지 못한 것이다"라고 판시하고 있다.

이다.

분쟁조정위원회의 조직과 구성이 중립성과 독립성이 있어야 하고, 신중하고 공정한 절차에 의하여 분쟁종결의사가 인정되어야만 재판상 화해와 동일한 효력을 미치도록 해야 할 것이다.[73]

재판상 화해와 동일한 결과를 인정하는 것이 결국 법원의 재판부담을 경감하게 되는 측면이 있을 수 있으나, 그렇게 할 경우에 당사자의 진정한 의사에 반할 경우에는 분쟁은 해결되지 않은 셈이 된다.

생각건대, 조정에 화해계약과 같은 사법적 효력만 인정할 것인지 재판상 화해와 동일한 효력을 인정하는 것이 바람직 한 것인지는 일률적으로 말하기 어렵다. 왜냐하면 정보법 분야와 같이 신속한 해결이 필요한 분야라든가 기술분야등 전문가에 의한 해결이 오히려 법관에 의한 해결보다 바람직 한 경우에는 재판상 화해와 동일하게 보아도 좋지만, 그렇지 아니한 경우에는 사법상의 화해와 동일한 효력을 인정하는 것이 조정의 본래의 취지에 합치된다고 할 것이다. 행정심판의 경우에 있어서는 재결의 기속력에 관한 규정이 지방자치단체의 재판청구권을 침해하지 않은 것으로 볼 수 있듯이, 행정상 조정에 대하여 개별 법률에서 재판상화해와 동일한 효력을 인정한다고 해서 재판청구권을 침해하는 것은 아닐지라도 신속한 정보관련분쟁에 있어서나 전문기술적 분야등 약간의 예외를 제외하고는 법정책적으로 재판상 화해와 동일한 효력을 인정하는 것이 조정제도의 이용을 꺼리게 되면 재판의 부담을 경감하는데 크게 기여하지 못한다고 할 것이다. 오히려 당사자의 진정한 의사는 합의를 원치 않았음에도 조정기구의 개입에 의해 울며겨자 먹기식으로 합의를 하여 조정조서를 작성하였음에도 재판상 화해의 효력이 있게 된다면 더 이상 소송을 제기하여 다툴 수 없는 불합리한 결과가 된다. 따라서 분쟁조정위원회가 제대로 된 분쟁조정기구라는 전제하에 신속한 분쟁해결이 요구되거나 전문기술적 분야에 관하여 당사자가 분쟁종결 의사에 대한 강한 구속력을 인정할 필요가 있는 영역이 아닌 경우에는

---

73 손경한, 전자거래분쟁의 해결, 일본오사카대학 법학박사학위논문, 2001, 191면: 손변호사는 분쟁조정위원회의 조정결정에 대하여 재판상 효력을 인정하는 것이 국민의 재판청구권을 침해 내지 제한한다는 주장에 대하여, 분쟁조정위원회의 조직과 구성에 있어서 중립성과 독립성이 있고, 그 절차에 있어서 신중성과 공정성이 보증된 해당 절차에 의하여 분쟁종결의사가 인정된다면, 그 조정결정에 재판상 화해와 동일한 효력을 부여하여도 이에 따라 국민의 재판청구권의 침해나 제한이 있다고 말할 수 없다고 밝히고 있다.

사법상의 화해계약과 같은 효력을 인정하는 것이 조정제도의 본래의 취지에 맞는다고 할 것이다.

4. 行政爭訟에 있어서의 調停

(1) 問題의 提起

현행법상 민사사건에 관하여는 민사조정법이 있어 이에 따라 조정이 이루어지지만, 행정사건에 관하여는 단지 행정소송법 제8조 제2항에서 "행정소송에 관하여 이 법에 특별한 규정이 없는 사항에 대하여는 법원조직법과 민사소송법의 규정을 준용한다"고만 되어 있을 뿐 민사조정법을 준용하도록 되어 있지 않고 있어 행정소송과 행정심판의 실제에 있어 사실상 조정의 형태로 운영하고 있다. 통설적인 입장도 행정사건과 같은 공법적인 법률관계에 있어서는 당사자간에 임의로 처분하는 것이 법치주의 원칙에 반한다고 하여 화해나 조정에 의한 재판의 종결을 부인해 오다시피 하였다. 그러나 민사소송법 제225조에서 화해권고결정에 의한 재판종결절차를 마련하고 있어 행정소송에서 있어서도 화해권고가 가능한 것으로 보는 견해가 유력하고, 우리 행정법에 영향을 준 대륙법 계통의 프랑스[74]나 독일[75]의 경우에 있어서도 행정소송에 있어 조정을 통한 분쟁해결을 해나가고 있는 것을 감안할 때, 행정소송이나 행정심판에 있어서 조정이 가능할 것인가의 문제가 제기된다.

여기에서는 공무원관계의 분쟁과 관련한 사례를 들어 설명하기로 한다.

"공무원 A는 자신이 근무하는 국가기관을 상대로 4급으로 승진을 해달라는 청구를 한 행정법원의 원고이다. 그는 4년여 전에 위법하게 직권면직처분을 당하여 행정소송을 통하여 오랜 법정투쟁끝에 승소를 이끌어 냈다. 그런데 자신의 동료들의 대부분은 4급으로 승진하였는데, 그는 약 5년전의 직급인 5급으로 인사발령한 것이다. 승진도 못한 채 얼마 안 있으면 설상가상으로 자신의 귀책사유없이 계급정년에 도달하였다고 하여 퇴직발령을

---

74 이에 관하여는 김재협, 프랑스의 행정사건과 조정제도, 법조 2000, 7, 196면 이하.

75 독일의 경우에는 행정법원법 제 106조에서 재판상 화해에 관한 명문의 규정을 두고 있는 반면에 조정에 관하여는 명문의 규정이 없다.

내리게 될 것이다. 그런데 A와 피고인 국가기관간의 분쟁을 야기한 갈등은 이미 오래 지속되었으나, 당사자간에 그 해결을 모색하는데 실패하고 있다. 따라서 재판절차는 그 문제에 관한 결정을 제3자인 법원에게 맡기어 놓고 있다. 그러나 여기서 그 분쟁을 해결할 또 다른 가능성은 없는 것인가. 즉 법원은 법에 기초한 판결과는 다른 당사자의 이익을 고려한 조정의 가능성을 생각해 볼 수 있다. 독립적 제3자인 조정인이나 법관의 조력을 매개로 하여 A는 피고인 행정청과 함께 문제해결을 도모할 수 있다. 행정법원은 과연 A에게 행정재판절차가 이미 진행중인 때에도 조정을 위한 결정을 내릴 수 있는가 아니면 법률에 근거가 없다는 이유를 들어 조정의 이용을 봉쇄할 것인가"

(2) 行政審判에 있어서의 調停

행정심판위원회는 분쟁조정위원회와는 유사하지만 엄밀히 말하여 재판외 분쟁해결수단으로 보기 어렵고, 다만 행정심판위원회에서 조정을 행하는 한에서 재판외 분쟁해결수단을 이용할 수 있을 뿐이다. 행정심판은 행정부내에 위치하고 있는 권리구제기관으로 행정소송의 전단계에 위치하고 있으면서, 원칙적으로 임의절차화 하여 당사자 선택에 따라 행정심판을 제기하거나 행정소송을 제기할 수 있도록 제도개선이 이루어져, 행정심판의 운영주체인 행정부와 행정소송의 운영주체인 사법부간에 권리구제를 둘러싸고 경쟁관계에 돌입하였다고 할 것이다.[76]

국무총리행정심판위원회는 2003. 12월 행정심판의 당사자간의 신속하고 자율적인 분쟁조정을 위해 행정심판조정제도를 새로이 도입하여 운영하고 있다.[77] 아울러 2004년에 달라지는 제도로서 행정심판 조정제도를 본격화하기로 하였는 바, 국무총리행정심판위원회는 행정심판 청구건 중 청구인과 피청구인간 합의가 가능하거나 신속한 처리가 필요한 경우는 심판철자를 밟지 않고 행정심판위원회의 중재하에 해결을 도모하는 조정제도를 본격 시행한다고 밝히고 있다. 이와 같이 국무총리행정심판위원회는 행정심판법의 개정없이 행정심판사건과 관련하여 당사자간 타협으로 조정이 가능한 사건에 대하여는 행정심

---

76 김용섭, 취소소송의 대상으로서의 행정심판의 재결, 행정법연구 제3호, 1998, 207-208면

77 법제처뉴스, 법제처 홈페이지(http://moleg.news.go.kr)

판위원회에서 일도양단식의 의결을 하기 보다는 이를 유보하고 사건 당사자간 이해와 타협으로 원만한 해결을 도모하고자 새로 행정심판조정제도을 도입하여 운영하고 있으며, 법제처는 보도자료를 통해 2003. 12. 15. 개최된 국무총리행정심판위원회 소위원회에서 폐기물관리법위반과징금 부과처분취소청구사건등 3건의 행정심판청구사건을 조정하였는 바, 이는 행정심판사건에 대한 새로운 분쟁해결 모델을 제시한 것으로 보도하고 있다.[78]

법제처는 조정에 회부하는 사안을 법령상 감경이 허용됨에도 불구하고 정황을 고려하지 아니하고 일률적으로 처분을 한 경우(영업정지, 과징금 등), 철거대집행의 기한등 실행 시기를 조정할 필요가 있는 경우, 하자가 분명한 처분으로서 인용재결시까지 기다려서는 신속·적정한 권리구제가 곤란한 경우 등을 대상으로 조정 대상 사건들을 적극적으로 검토해 나감으로써, 일선행정의 신뢰제고에 기여하고 행정심판사건의 심리의 내실화, 전문화를 기하게 됨은 물로 국민의 권익구제에도 만전을 기할 계획인 것으로 밝히고 있다.

행정법원과의 경쟁관계에 있는 국민의 권리구제장치인 국무총리행정심판위원회에서도 사실상 조정제도를 운영하고 있는 것은 고무적인 일에 속하지만, 운영실제에 있어서는 법제처 행정심판관리국 소속 담당공무원이 조정을 유도하고, 조정안을 작성하여 당사자가 이를 수락하는 방식으로 운영하고 있는 바, 조정인 등의 별도의 선임절차 없이 행정심판의 전단계로서 조정을 행하는 것이라고 보는 것이 적절할 것이다. 다만 법령의 제도화가 이루어지기 전단계에서 이루어지기 때문에 순기능에도 불구하고 제도 운영상의 문제점이 나타날 수 있는바, 조정절차를 행정심판위원이 아닌 법제처 소속 공무원에 의하여 주재되어 이루어지는 것보다는 제도운영이 조정의 이론적 기초에 따라 이루어지려면 중립적 제3자인 조정인을 통하여 이루어지는 것이 필요하고, 국무총리행정심판위원회에서 조정인을 선정하여 이에 따라 조정을 하도록 하는 방안이 더 합리적이라고 생각한다. 향후 근본적으로는 비공식적인 제도로 운영될 것이 아니라 입법적 보완을 하여 명확한 규정을 두고

---

78 최근 국행심 04-03437 행정심판사건과 관련하여서 당사간간 타협으로 조정이 가능한 사건에 대하여는 위원회에서 일도양단식의 의결을 하기 보다는 이를 유보하고 사건 당사자간 이해와 타협으로 원만한 해결을 도모하고자 하는 취지로 조정이유를 제시하면서, 산업재해보상보험료등 부과처분취소청구사건 등에서 피청구인이 행한 부과처분을 철회하고, 청구인이 행정심판제기후에 제출한 건축사의 공사비내역서를 기초로 하여 산업재해보상보험료 등을 다시 산정하여 부과하고, 청구인은 피청구인이 산업재해보상보험료 등을 다시 산정하여 부과하는 것을 조건으로 청구를 취하하는 것으로 조정안을 제시하여 당사자가 수락하여 분쟁이 종결되기도 하였다.

이를 운영해 나가는 것이 바람직하다고 할 것이다. 그러나 법률에 조정에 관한 명문의 규정이 없다고 해서 비공식 제도로서의 조정이 불가능한 것은 아닐 것이다. 앞으로 실험적 성격이 강한 조정제도 운영을 통하여 사례가 축적되고 바람직한 입법모델을 확보한 경우 행정심판법을 개정하면서 명문의 규정을 두는 것이 객관적이며 타당한 제도운영을 담보할 수 있게 된다.

(3) 行政訴訟에 있어서의 調停

(가) 行政事件과 調停人의 役割

행정사건에 관하여 적어도 화해가 허용될 수 있는 사안[79]에 있어서는 수소법원의 법관이 중립적인 조정인이 되거나 행정법 분야에 관한 전문적 능력과 조정능력을 갖춘 변호사 등을 통하여 조정을 하도록 하는 것도 행정사건에 있어서의 법원의 업무부담을 경감할 뿐만 아니라 양당사자에게 만족스러운 결과를 가져올 수 있다. 거의 모든 분쟁에 있어서는 양 당사자에게 받아들이거나 심지어 수긍할 수 있는 해결이 내재되어 있다. 조정은 이러한 해결을 발견하는 기술(Kunst)이다. 당사자가 독립된 제3자인 조정인의 도움으로 분쟁의 해결을 위해 함께 노력할 때 조정이 성립하게 된다. 입증책임의 법칙에 따라 불명확한 법률관계를 해소하는 것이 반드시 정의에 합당한 것인지도 의문이거니와 행정행위에 있어서도 부관을 붙이는 것이 허용되는 것과 마찬가지로 조정을 통하여 원만히 분쟁을 조정할 수 있다면 법원 및 행정에 대한 불신감을 해소할 수 있고 뿌리 깊은 감정의 응어리도 풀 수 있게 된다.[80] 그렇기 때문에 법관이 조정인이 되었을 경우에는 양당사자가 준비서면에서 말할 수 없는 사정까지 포함하여 편하게 말할 수 있도록 해야 한다.

조정에 있어서 법관은 중개자와 결정자 사이의 역할 충돌을 가져올 수 있다. 왜냐하면

---

79 백윤기, 행정소송제도의 개선, 서울행정법원 1주년기념백서, 188면: 백 부장판사는 화해가 허용될 수 있는 사건 및 유형으로 다음과 같은 기준을 제시하고 있으나 이는 어디까지나 예시적이라고 할 것이다. 즉, 영업정지처분취소사건에서 정지기간의 일부를 단축하는 것, 공무원징계처분취소사건에서 징계양정을 감경하는 것우, 면허취소처분취소사건에서 면허정지로 감경하는 것, 철거대집행계고처분취소사건에서의 철거대집행의 기한을 연장하는 것, 부당해고구제재심정취소사건에서 금원을 지급하고 해고를 승인하는 것, 장해등급결정처분취소사건에서 장해등급을 재조정하는 것, 조세사건에서 과세액을 조정하는 것, 절차의 하자가 있는 처분에 대해 재처분을 밟기로 하는 것

80 백윤기, 앞의 논문, 188면.

그는 그의 화해노력이 성공적이지 않을 때에도 판결을 내려야만 하기 때문이다. 이것은 화해협상에 부담을 주고 당사자들이 종국적으로 필요한 법관의 결정 앞에 두려움을 느껴 종종 협상을 하지 아니하고 전략적이며 정보를 덜 내놓으려는 딜레마를 이끈다. 당사자들은 법관을 법적견해를 확신하거나 그의 충실한 역할을 하는 존재로 보기 때문에 법원에서의 화해적 분쟁해결이 이루어지지 못하는 경우가 많다. 그러나 조정인은 어떠한 결정권능을 갖고 있지 않고 그의 과제가 중개임으로 어떠한 역할 충돌이 발생하지 않는다. 조정인들은 법관에 비해서 특별한 경험을 근거로 보다 더 잘 협상에 도움을 줄 수 있다. 법관보다는 다양한 경력을 갖고 있는 조정인이 협상이나 조정에 더 잘 당사자들을 위해 조정안을 내놓을 수 있다.

다만 조정인에게는 어떠한 제재권능이 없기 때문에 당사자 모두를 만족하는 조정안을 내놓지 못할 경우 조정이 결렬될 수 있다[81].

법관이건 조정위원이건 중립적 제3자인 조정인은 무엇보다 분쟁의 개인적 측면과 객관적 측면을 분리하면서 협상과정을 잘 수행하고, 대화를 촉진하고, 다시금 확고한 입장을 고수하고 있는 분쟁상황을 다시금 유연하게 하여 화해를 모색하도록 하는데 능력이 있는 사람이어야 한다.

(나) 行政訴訟에 있어서의 調停의 許容性

행정소송에서도 법원이 조정에 의하여 분쟁을 해결하는 것이 허용될 것인가를 놓고 실무상으로는 소극적으로 파악하고 있다. 즉, 현행법상 행정소송에 민사조정법은 준용되지 않기 때문에 행정 사건에 관하여 민사소송에서와 같은 조정조서를 작성할 수는 없다고 보면서 입법론적으로는 행정소송에도 조정제도를 도입해야 한다거나, 소송수행자의 수권제한의 문제를 해결하기 위하여 민사조정법을 행정소송에 준용하는 규정을 두어야 한다는 의견이 많다고 한다.[82] 그런데 민사소송법 제225조 이하에서는 "법원과 수명법관 또는

---

81 법관이 강제조정이나 화해권고결정을 하였음에도 당사자는 만족스럽지 못할 경우에 이의신청을 하려고 하지만, 변호사의 입장에서는 법관이 예단으로부터 완전히 벗어날 수 없기 때문에 특별한 사정이 없는 한 당사자를 설득하려고 하는데, 이처럼 강제조정이나 화해권고결정이 다소 불만스러워도 이의신청하여 다투는 것은 심리적 부담이 매우 크다.

82 김정술, 행정재판의 운용에 관한 실무적 과제, 행정법원 1주년 기념백서, 1999, 144면.

수탁판사는 소송에 계속적인 사건에 대하여 직권으로 당사자의 이익 그밖의 모든 사정을 참작하여 청구취지에 어긋나지 않는 범위안에서 사건의 공평한 해결을 위한 화해권고결정을 할 수 있고 당사자가 이를 송달받은 날부터 2주일 안에 이의를 신청하지 아니하면 화해권고 결정이 재판상 화해와 같은 효력을 가진다고 규정하고 있으므로, 행정소송에서도 화해권고결정을 활용할 수 있다. 일반적으로 행정소송에 있어서의 화해는 성질상 허용되는 경우라면 큰 어려움없이 인정되는데 반하여, 조정의 경우에는 법적근거가 없어서 사실상 조정의 형태로 운영되고 있다시피 하다. 다시 말하여 행정법원과 서울고등법원의 일부 재판부에서는 합의를 유도하고 합의에 이른 다음 재판부가 조정권고안을 만들어 송부하고 이에 동의를 받아 소취하고 피고 행정청은 행정처분의 직권취소를 유도하여 분쟁을 해결하는 방식의 사실상 조정을 활용하고 있다.[83]

그렇지만, 행정사건을 다루는 법원에서 사실상 조정을 하는데 그칠 것이 아니라 비록 민사조정법을 준용하는 규정은 두고 있지 않을 지라도 재판외 분쟁해결제도인 조정을 이용하려고 하는 당사자가 이를 신청한 경우에 법원의 판사는 마땅히 조정의 절차를 법령의 규정이 없기 때문에 진행할 수 없다고 할 수 없다고 할 것이다. 왜냐하면 법원의 판결로만 분쟁을 그쳐야하는 것은 아니기 때문이다. 그러나 조정은 당사자가 모두 그와 같은 조정을 통하여 해결하기를 바라고, 법원에서 직권으로 조정에 회부할 수 있으나, 다만 강제조정에 관한 사항은 법률의 근거가 없기 때문에 준용할 수 없고 화해권고결정으로 하는 것이 동일한 기능을 수행할 수 있다.

(다) 調停과 裁判上 和解와의 比較

재판상 화해는 기본적으로 법적인 대화를 통해서 실현하는 것이기 때문에 당해 소송을 진행하는 법원의 법관이 수행하여도 무방한 반면에 서로의 양보가 전제가 되어야 하지만, 조정의 경우에는 양보없이도 극단적으로 말하여 일방을 위한 조정도 가능하다. 조정의 경우에는 법보다는 이익상황이 중요하고, 진행하는 법원의 법관을 통한 조정보다는 조정인이나 조정위원회, 아니면 다른 법관을 통한 조정을 하는 것이 더욱 바람직하다. 만약에

---

83 김정술, 앞의 논문, 144면.

조정이 결렬된 경우에 그 과정의 비밀이 보장되어야 하기 때문에 다른 법관이 맡는 것이 적절하다.[84]

그러나 소송상 화해의 경우에는 동일 재판부에서 화해를 도모하여도 무방하다. 조정절차는 기본적으로 비송절차인데 반하여, 화해제도는 소송법상의 제도라고 할 수 있다. 실무운영면[85]에서 양 제도가 유사한 기능을 수행하고 있으나, 먼저 주체면에서 화해권고 결정이나 수소법원의 조정은 모두 수소법원이나 수명법관이 할 수 있다. 그러나 조정은 조정위원회를 통해서도 가능하지만, 화해권고결정은 재판장이 변론준비절차에서 할 수 있는데 반해, 조정은 재판장의 자격으로 하는 것이 아니라 수명법관으로 지정되어야 하는 차이점이 있다.

절차의 측면에서 화해권고결정은 소송절차의 진행도중에 판결선고시까지 어느단계에서도 할 수 있는데 반해, 수소법원의 조정은 수소법원의 이름으로 먼저 조정회부결정이 선행되어야 한다. 화해권고제도에 있어서는 해당분야의 전문가등 시민 참가를 통하여 분쟁해결에 도움을 구할 수 없는 반면에 조정에 있어서는 민간전문가를 조정위원으로 선정하여 시민 참가적 관점에서 분쟁해결을 모색할 수 있다.

제3자인 조정인이 중개하여 조정을 성립하게 하는 경우가 있을 수 있는데, 화해의 경우에는 제3자가 개입하는 측면이 비교적 적다. 조정이나 화해나 양제도 모두 자발적 합의를 도출하여 분쟁을 해결하는 수단임에도 소송상 화해에 비하여 조정의 경우가 제3자가 개입하여 조정안을 작성하는 등 후견적 개입이 더 많은 제도라고 할 것이다.[86]

(라) 公務員關聯 紛爭事例의 경우

앞서 예시한 공무원관계와 같이 계속 근무를 하고 있는 관계에서 소송을 제기한 것은 불가피한 측면이 있지만 소송을 지속하여 법원의 판결을 통한 일도양단식의 해결보다는 조정을 통하여 입장을 정리하고 서로 원만하게 해결하는 것이 바람직하다. 공무원관계의 원상회복이 단순히 종래의 지위로 돌아가는 것이 아니라 시간의 경과속에서 만약에 직권

---

84 Karsten-Michael Ortloff, Mediation auβerhalb und innerhalb des Verwaltungsprozesses, NVwZ 2004, S.388.

85 법원행정처, 민사재판운영실무- 신모델 실무편람, 2002, 320면 이하.

86 사법연수원, 앞의 책, 114면.

면직이 되지 않았으면 이루어졌을 상태로 인사발령을 내리는 것이 실질적 원상회복에 해당한다고 할 것이다. 승진발령이 전혀 고려되지 아니한 채 당해 공무원에게 계급정년제를 적용한다는 것은 공무원에게 매우 불합리한 결과를 가져오고 국가기관에서도 패소의 가능성도 있으므로 조정을 하도록 유도하되, 소속 국가기관에서는 계급정년이 도과되기 전에 A에 대하여 승진을 약속하고, 공무원은 그 약속과 더불어 불이행시에 행할 조치등에 관하여 합의를 문서화 하거나 조정조서를 작성한 후 소를 취하하는 방식으로 분쟁해결을 도모할 수 있다.

VI. 結論

이상에서 살펴본 바와 같이 행정상 분쟁해결수단으로서의 조정은 국민참여적 장치로서 기능을 하고 있다. 행정절차에 있어서의 조정은 행정청이 내리는 절차과정의 전단계에서 조정인이 등장하여 행정결정을 돕고 분쟁의 여지를 없애는 과정이라고 할 수 있다. 앞으로 공공분쟁이라든가 다수민원관련 분쟁에 조정력이 풍부한 조정위원을 선정할 수 있도록 하고, 이해집단의 대표가 참가한 가운데 조정인에 의하여 일괄 분쟁이 해결될 수 있도록 행정절차법의 규정을 개정할 필요가 있다. 각종분쟁조정위원회에 국민참여의 과잉이 나타나지 않고, 참여를 성숙된 의사결정의 과정으로 이해하면서 조정능력이 있는 민간 분야의 전문가가 책임의식을 가지고 분쟁조정을 할 수 있도록 해야 할 것이다. 물론 조정 그 자체가 행정부를 통한 조정위원회의 심의 방식이기 때문에 당사자와 관계인의 출석 등을 통한 참여의 가능성도 있지만 분쟁조정위원회는 어떤 의미에서 후견적으로 해결해주는 시스템인 관계로 조정이 자기책임성과 자발성의 원칙에 따른 자기 규율을 제대로 도출해 낼 수 없는 문제를 극복하는 것이 과제이다.

국민참여와 관련있는 분쟁조정위원회의 위원자격과 관련하여, 제한된 분야의 전문직 종사자에게 개방하고 있을 뿐 광범위한 민간영역의 조정능력을 갖춘 인재가 분쟁조정위원회에 들어 올 수 있는 길을 봉쇄하는 측면이 없지 않다. 그러나 여기서 경계할 것은 조정위원회이 일부 위원의 주도하에 집단적 이익을 대변하는 기구로 전락되지 않고 분쟁당사자의 입장에 서서 조력을 하면서 협상을 도와주는 역할을 하는 전문적 조정능력을 갖춘 사람이 필요하다. 각종 행정분쟁조정과 관련하여 행정분쟁조정위원회에 의한 심의방식보다는 3인의 조정부를 두거나 단독 조정인이 행하는 것이 효율적인 경우가 많다. 조정위원의 자격으로는 법조인, 공무원, 대학교수, 그리고 해당분야 전문가들이 위원들로 참여하도록 되어 있으나, 보다 탄력적으로 조정위원들을 선정하되 그와 같은 자격이 있는 것으로 조정능력이 있다기 보다는 조정이나 협상능력이 탁월하고 경험이 풍부한 인사를 조정위원으로 임명하고 조정성과를 보이는 경우에 임기가 끝난 후에도 연임규정에 따라 계속 조정위원에 위촉되도록 하여야 할 것이며, 아울러 부정부패라든가 행정공무원과의 친밀도에 따라 감투나누어 주기식의 조정위원 위촉을 할 경우 적정한 결정을 내리지 못할 가능성이 있다. 앞으로는 공무원들은 소관업무에서 전념하기 위해 공무원출신의 위원은 최소한으로 축소하고, 가급적 조정능력, 경험과 전문성을 갖춘 민간위원들을 대폭 보완하여 국민참여를 실현하여야 할 것이다.

조정인에 대하여는 풀제로 운영하되, 위원의 리스트는 조정에 임하는 당사자들이 알 수 있도록 하여야 할 필요가 있다.

각 개별법률에 설치근거를 두고 있는 각종 분쟁조정위원회 방식의 조정제도의 운영에 있어서 행정부처의 기관이기주의적 입장을 탈피하여야 한다. 위원의 결격사유, 행정조정의 절차와 효력, 시효중단, 위원의 신분보장 및 제척, 기피, 회피, 위원의 공무원의제, 조정에 관여한 사람들의 비밀준수의무, 조정을 한 경우 제소기간 준수의 효력 등에 관한 사항을 법률에 명백히 하는 것이 필요하다.[87] 특히 ADR기본법을 제정하거나 적어도 행정부가 제공하는 분쟁조정위원회에 관한 기본적인 사항을 규율하는 기본법이나 단일법체계로 나갈 필요가 있다, 현재 부처별로, 개별 법률에 따라 통일적이지 못한 면이 있어 일반 국민이 혼란스럽게 느껴지기 때문에 앞으로 행정분쟁조정위원회에 관하여 단일의 법체계로 기존의 중복되는 분쟁조정위원회를 분쟁유형에 따라 통폐합하는 방안도 모색할 필요가 있다.[88]

---

87 유병현, 앞의 논문, 72면.

88 김상수, ADR제도활성화를 위한 현행제도의 문제점, Jurist 2003. 6, 37면

이와 같이 분쟁조정위원회가 통폐합되거나 행정조정에 관한 통합적인 법률이 마련되기 전까지 행정조정의 활성화, 효율화, 적정화를 위하여 행정부에 설치된 각종 분쟁조정위원회의 위원장들이 정기적으로 모여 정보교환과 개선책을 논의하는 가칭 "행정조정기관협의회"를 정부내 기구로 마련할 것을 제안한다.

행정심판에서 조정이 지난해 말 도입되어 금년 본격적으로 이루어지고 있는 바, 아직은 이에 대한 운영의 축적이 부족하므로 실험적으로 운영하다가 행정심판법을 개정하여 조정에 관한 사항을 포함시켜야 할 것이다. 협상능력이 풍부한 조정인을 확보하는 것이 관건이며, 행정심판에 있어서의 조정은 물론 행정소송에 있어서의 조정도 어느 정도 성과를 내고 있으나, 앞으로는 행정사건에 있어서 조정에 적합한 영역을 적절히 제시해야 할 것이다. 아울러 조정인이 될 수 있는 자의 지위를 명백히 규정하여야 한다. 행정소송법에서도 조정에 관한 명문의 규정을 두고 있지 않고, 단지 민사소송법을 준용할 수 있도록 되어 있어, 민사조정법은 준용이 안 되는 것으로 해석하고 있는 것이 실무의 일반적인 경향이라고 할 수 있다. 따라서 법적인 명확성을 기한다는 차원에서 행정소송에 있어서도 성질이 허용되는 한 조정을 통한 분쟁해결이 가능하도록 법적 근거를 마련할 필요가 있다. 행정소송법에 수권의 근거를 마련하여 민사조정법을 준용할 수 있도록 하거나 조정제도에 관한 사항을 새로 개정되는 행정소송법에 포함시켜야 할 것이다. 아울러 행정소송에 있어서 소송이 계속중 법원의 조정을 예단을 갖기 쉬운 동일한 재판부에서 할 것이 아니라 조정능력이 탁월한 법관을 전담조정판사로 지정하여 비공개로 조정사건을 처리하는 방안을 검토할 필요가 있다.

끝으로, ADR은 사법제도전반과 관련되는 문제이므로 이에 관하여 다각적인 논의를 전개하여 미래형 분쟁해결제도의 바람직한 모델을 만들어 나가야 할 것이다. ADR이 사법개혁의 과제로 다루어지지 않은 것이 다소 아쉬우나, 앞으로 이 부분에 관한 선진각국의 움직임과 모델을 연구하여 분쟁조정제도의 일대 개혁이 필요하다. 또한 법과대학이나 사법연수원, 로스쿨 등의 교육기관에서 ADR에 대한 심도 있는 교육프로그램을 만들어 ADR전문 변호사를 양성해야 할 것이다.[89]

---

89 전병서, 앞의 논문, 152면.

2

민간조정의 활성화를 위한 입법적 과제[*]

— 독일과 일본의 법제도와 시사점을 중심으로 —

───────────── 목차 ─────────────

Ⅰ. 머리말
Ⅱ. 조정의 유형과 조정의 방법론
Ⅲ. 독일 조정법과 인증 조정인 제도
Ⅳ. 일본의 민간조정 활성화를 위한 법제도
Ⅴ. 우리나라 민간조정의 활성화 방안
Ⅵ. 맺음말

Ⅰ. 머리말

현대사회는 사회구성원간의 이해관계가 복잡하여 분쟁과 갈등의 양상이 다양한 형태로 전개되고 있다. 법치국가에 있어서 법적인 분쟁해결제도의 중핵은 법원의 소송제도라고 할 것이다. 그러나 재판절차는 분쟁을 가속화하고 갈등을 첨예화(Konfliktverstärkung)하여 양 당사자간에 권리를 위한 투쟁(Kampf ums Recht)이 불가피하다.[1] 소송에서 준비서면의 교환과 치열한 법정공방의 대립은 마치 전쟁을 치르는 것처럼 서로간의 감정을 자극하는 측면이 있고, 승자독식의 완승주의가 지배한다. 이처럼 양면적 이해대립관계에서 법원의 소송을 통한 일도양단(一刀兩斷)식의 분쟁해결은 한계가 있다. 분쟁과 갈등이 있는 경우 법

---

* 이 논문은 2016년 6월 3일 제19회 한국조정학회 학술대회에서의 김용섭교수 발제문을 수정·보완하여 저스티스 제157호(2016. 12.)에 게재·수록한 것입니다.

1 Günter Hirsch, Die "alternative Streitbeilegung" hat Konjunktur, ZRP 6/2012, S. 189.

원에 제소하여 법이라는 준거틀에 의하여 흑백을 가리는 직선대로만 있는 것이 아니라 조리와 상식에 기초하여 상호 양보와 대화를 통해서 원만히 해결하는 오솔길과 우회로도 있는 것이다. 또한 법원의 재판절차가 항상 정당한 결론을 이끌어 내는 것은 아니다.

재판외 분쟁해결제도인 ADR은 재판과는 달리 비정형적이고 자율적 분쟁해결수단이기 때문에 신속하고 저렴하며, 분쟁당사자들이 스스로 해결을 도모함으로써 분쟁이 원만하게 마무리 될 수 있다는 장점이 있다. "모 아니면 도(all or nothing)"가 아닌 상생적 해결을 도모할 수 있으며 단심(單審)적 성격을 띠게 되므로 시간과 비용을 절약할 수 있게 된다.[2]

ADR은 협상이 결렬되고 난 후에 재판에 의한 판결이 내려지기 전 단계의 일련의 재판외 분쟁해결절차를 포괄하여 지칭하는데, 그 예로서는 화해, 알선, 조정, 중재 등 다양한 형태의 분쟁해결방식이 있다. 화해는 양 당사사가 상호 양보하여 분쟁을 종지할 것을 약정함으로써 성립하는 계약을 말한다. 화해는 재판상 화해와 재판외 화해으로 구분하는 것이 일반적이다. 알선은 상호간의 분쟁해결을 촉진하는 절차로 제3자의 개입이 최소화된 형태이다. 이에 반하여 조정은 일반적으로 서로 양보하여 제3자인 중립적인 조정인이 절차를 진행하면서 당사자가 주도적으로 분쟁을 해결하는 형태가 이에 해당한다. 중재는 중재합의를 전제로 해당 분쟁을 법원이 아닌 중재인의 판정에 의하여 해결하는 제도이다. 오늘날 조정(Mediation)이 ADR의 원형이면서 가장 중요한 분쟁해결 유형이며, 이를 사법형 조정, 행정형 조정 및 민간형 조정으로 구분하여 설명하고 있다.

우리의 경우에는 1990년 민사조정법이 제정되어 그동안 사법형 조정제도에 있어 괄목할 만한 제도개선이 이루어져 왔으며, 개별 법률에서 행정형 조정에 관하여 부처별로 다양한 분쟁해결제도를 두고 있으나, 민간형 조정의 경우에는 민간조정인의 교육과 양성이 미흡하고, 민간조정에 대한 국민적 신뢰가 확고하지 않은데다가, 변호사법에 의거하여 개별법의 근거가 없이 유료로 민간 조정을 할 경우에 형사처벌을 하고 있는 점에 비추어 미국은 물론 독일이나 일본 등의 선진국가에 비하여 민간조정이 활성화 되고 있지 않은

---

2 조정제도에 있어 신속성이 장점 중 하나인 것은 부인할 수 없으나, 신속성의 관점을 지나치게 강조하기보다는, 충실한 분쟁해결수단이 될 수 있도록 조정제도를 운영해 나가는 것이 바람직하다. 비록 조정에서 신속하게 분쟁이 해결되었으나 지속적인 관계의 개선보다 제3자인 법원, 조정인의 주관적 만족에 그치는 경우가 종종 있으므로 조정제도에 있어 신속성을 지나치게 강조할 것은 아니라고 본다.

실정이다.

본고에서는 우리에게 활용이 제대로 되지 않는 민간주도형 ADR의 일종인 민간조정의 활성화를 위한 입법적 과제를 모색하기로 한다. 논의의 진행은 우선 조정의 유형과 조정의 방법론(II)을 간략히 고찰하고, 독일의 조정법과 인증조정인 제도(III)와 일본의 민간조정 활성화를 위한 법제도(IV)를 순차적으로 고찰하기로 한다. 나아가 외국의 논의로부터 시사점을 도출하여 우리나라 민간조정의 활성화 방안(V)을 검토한 후 맺음말(VI)에서 향후 과제와 방향을 모색하는 순서로 논의를 전개하고자 한다.

II. 조정의 유형과 조정의 방법론

1. 사법형 조정, 행정형 조정 및 민간형 조정

민간형 ADR이란 운영자를 기준으로 ADR을 분류할 때 사법형 ADR, 행정형 ADR과 병열적으로 사용하는 분류라고 할 것이다. 조정중에 사법형과 행정형은 국가주도형 ADR의 일종이고, 민간형 조정은 민간주도형 ADR의 일종이라고 할 수 있다.

사법형의 조정은 민사조정법에 의한 조정과 가사조정 등을 들 수 있으며, 법원내의 수소법원의 조정에 한정하는 것이 아니라 조정위원에 의한 법원부속형과 법원조정센터의 상임조정위원을 통한 법원연계형 조정도 사법형 조정이라고 볼 것이다.

행정형 ADR은 각 개별법에 따른 행정기관내에 부설된 조정기구를 말하며, 비록 행정기관은 아니더라도 각 개별법에 따라 설치된 ADR로서 언론중재위원회 등은 행정형 ADR로 분류하는 것이 일반적이다.[3]

한편 민간형 ADR로는 현재 대한상사중재원이 있으며, 서울지방변호사회 조정중재센터, 기독교 화해중재원 등을 들 수 있다. 민간형조정제도의 유형으로 노동조합 및 노동관계조

---

3 함영주, "우리 법제하 행정형 ADR의 현황과 과제", 언론중재 제29권 제1호(2009), 29면; 법인 소속하에 두는 금융분쟁조정위원회, 소비자 분쟁조정위원회 등도 행정형 ADR로 분류하는 것이 일반적이다. 이에 관하여는 김정순, 행정법상 재판외 분쟁해결법제연구, 한국법제연구원 연구보고 2006-16, 2006, 57면 이하.

정법상의 사적 조정제도, 온라인 광고분쟁조정제도, 인터넷주소분쟁조정제도, 스포츠조정제도를 포함시켜 설명하기도 한다.[4]

2. 조정의 방법론

(1) 자주교섭지원형 조정과 평가촉진형 조정

조정은 중립적이며 한쪽 당사자에 편향되지 않은 제3자가 분쟁에 개입하는 것으로 분쟁의 해결시도에 있어서 당사자에 조력을 하는 시스템이다. 조정인의 역할이 자주교섭을 도와주는데 그치는가 아니면 보다 적극적으로 분쟁해결에 적극적인가 여부에 따라 자주교섭지원형 조정과 평가촉진형 조정으로 구분할 수 있다.[5]

자주교섭지원형 조정은 주로 미국이나 서구의 조정모델에 근접된다면 평가촉진형 조정은 우리나라나 일본의 모델이 이에 해당한다. 우리의 조정인은 중립적 제3자적인 관점이 아니라 해결안을 제시하는 제3자적 관점으로 파악하는 경우가 일반적인데 반하여 독일이나 미국의 경우에는 조정인은 중립적이면서 공정한 절차진행자에 그치고 어떤 권위적인 안을 제시하는 자가 아니라 당사자가 자발적으로 대화를 통해 문제해결을 도모해 나가도록 조력하는 자라고 볼 수 있다.

자주교섭지원형 조정에서는 별석조정 보다는 대석조정의 모델이 원칙적으로 적합하며, 평가촉진형 조정의 경우에는 당사자간의 감정격앙을 억제하고 합리적 판단을 돕기위해 별석조정의 방식이 활용된다. 자주교섭지원형 조정을 위해 미국이나 독일 등의 구미국가의 훈련기법을 벤치마킹할 필요가 있다.

우리의 사법형 조정이나 행정형 조정의 경우 조정인의 개입이 독일이나 미국의 경우에 비하여 크며, 조정안을 제시하는 것도 조정인에 의하여 이루어지는 경우가 많다.[6] 그렇지

---

4 최옥환, "민간형 조정의 활성화 방안에 관한 연구- 민사조정을 중심으로-", 중앙대학교 법학박사학위논문(2010), 81-90면. 대한체육회에 설치되었던 한국스포츠중재위원회는 설치 후 운영실적이 저조하다는 이유로 폐지하였으나, 이 부분은 다시금 논의할 필요가 있다.

5 稲葉一人, 調停モデルと調停の進め方- 自主交渉援助型調停と同席調停, 自由と正義, 2016. 3, 45-52面, 여기서는 자주교섭 원조형이라는 표현 보다는 자주교섭 지원형으로 하였고, 평가형 대신에 평가촉진형으로 명칭을 약간 수정하였다.

6 함영주, "미국의 민간형 ADR의 운영에 대한 실태조사", 분쟁해결 제2호(2016), 250면.

만 우리의 경우에도 문제를 스스로 해결하는 방식을 어린 시절부터 몸에 습득하도록 하여 점차 갈등이나 분쟁을 자율적으로 해결하고 조정인은 중간에서 자주적인 교섭을 지원하는 형태의 이른바 자주교섭지원형의 조정을 더욱 발전시켜 나갈 필요가 있다.

(2) 해결지향적(Settlement orientiert) 조정과 역량변화적(Transformative) 조정

ADR의 방법론과 관련하여 해결지향적 조정과 역량변화적 조정으로 구분할 수 있다. 먼저 해결지향적 조정은 당사자간의 이해관계를 명확하게 하기 위해 해결의 원인이 되는 문제를 발견하고 합리적으로 해결을 도모하는 방식을 말한다. 여기서는 중립적인 제3자가 되는 조정인이 당사자간의 쟁점을 정의하고, 아젠다를 확립하여 당사자가 합의가능한 해결에 도달하는 것을 조력하고 지원하게 된다.[7] 이러한 해결지향적 조정은 앞서 설명한 평가촉진형 조정과 마찬가지로 해결에 주안점을 두기 때문에 별석조정의 방식이 활용될 수 있다.

이러한 해결지향적 조정의 경우에도 당사자의 자율적 해결을 지원하는 것보다는 조정인이 절차의 주재자로서 프로세스를 통제하여 당사자를 해결의 방향으로 이끌게 되는 측면이 강조되고 있다.

이에 반하여 역량변화적 조정은 당사자가 자신의 분쟁상호행위를 부정적이며 파괴적인 것으로부터 긍정적이며 건설적인 것으로 자신의 역량을 변화시키는 것에 조정인이 관여하여 이것을 지원하는데 주안점을 두는 방식을 말한다.

조정인은 분쟁당사자를 긍정적인 방향으로 변화시키는 것에 주요한 역할을 담당한다. 일반적으로 분쟁의 당사자는 자기가 생각하는 것에 집착하여 불안감을 보이고 자신이 미숙한 인간으로 인식하거나 그 인식이 확장되어 미약한 존재라고 여기게 된다. 이 경우 분쟁당사자간의 대화를 촉진하여 자기중심성을 인식시키고 타자를 수용 가능한 심리상태로 역량을 고취시키면 당사자의 심리상태는 적극적이면서 긍정적인 상태로 발전하여 당사자가 스스로 문제를 해결할 수 있다는 점에 역점을 두는 방식이다.[8] 여기서는 조정인이 프

---

7 和田仁孝, ADR-理論と實踐, 有斐閣, 2007, 19面.

8 和田仁孝, 앞의 책, 20面.

로세스를 통제하지 않고 당사자간의 대화를 통해서 스스로 해법을 찾는 길을 제시하는 것이고 법과 권위에 의존하여 조정안에 따를 것을 의도하는 해결지향적 조정과는 거리가 있다.

Ⅲ. 독일 조정법과 인증 조정인 제도

1. 독일 조정법의 제정배경

독일은 1997년에 독일변호사대회의 주제로 "재판외 분쟁해결제도: 변호사의 사건"을 다루면서 조정에 대하여도 함께 다루었다. 이 문제에 대하여 변호사 단체에서 관심을 두어 독일 변호사법 제18조에 " 중개자, 중재인 또는 조정인으로 활동하려면 직업법의 규정을 따라야 한다" 는 내용을 명문화 하였다. 아울러 2007. 12. 12. 제정되어 2008. 7. 1. 시행된 법률서비스법은 제2조 제3항 제4호에서 "조정 및 이와 유사한 재판외 분쟁해결의 형태는 그 활동이 법적인 규율제안을 통하여 당사자의 대화속에 개입하지 않는 한 법률서비스는 아니다"라고 규정하고 있다.

독일에서 조정법이 제정되기 전까지 조정에 관한 고유한 직업을 형성하지도 않았고, 변호사에게만 유보되어 있는 것도 아니라고 보았다.

아울러 유럽연합의 지침(2008/52/EC)에 따라 2012년 7월 21일에 조정 및 재판외 분쟁해결촉진법(Gesetz zur Föderung der Mediation und anderer Verfahren der außergerichtlichen Konfliktbeilegung; Mediationsgesetz, 약칭 조정법)이 제정되어 같은 달 26일부터 시행에 들어갔다. 따라서 독일의 조정법의 제정은 한편으로는 전통적인 소송중심의 문화에서 당사자의 합의를 기초로 하는 자율적인 분쟁해결문화로 방향전환을 도모하기 위한 것이라고 볼 수 있고, 다른 한편으로는 권리중심으로 사법적 판단에 대한 대안을 제시함으로써 다른 각도에서 분쟁과 갈등을 생각하고 행동하는 방식을 근본적으로 변화시킬 수 있는 동인으로 작용한다고 할 것이다.

2. 독일 조정법의 내용 및 특징

(1) 독일조정법의 내용

독일 조정법은 총 9개 조로 구성되어 있다. 제1조 개념확정, 제2조 절차: 조정인의 과제, 제3조 공개의무: 활동제한, 제4조 비밀유지의무, 제5조 조정인의 교육 및 연수: 인증 조정인, 제6조(조정인 교육에 대한) 명령수권, 제7조 학문적 연구계획: 조정에 대한 재정적 지원, 제8조 평가 및 제9조 경과규정에 관하여 규율하고 있다.[9]

독일의 조정법은 의도적으로 특정하고 분명한 범위의 조정인이라는 자격에 한정하는 방식으로 규율을 하는 것이 아니라, 여러 다양한 직업군으로부터 조정인이 배출되고 다층적으로 특정 직업군만이 아니라 주된 직업과 더불어 조정인으로 활동할 수 있는 것을 고려하였다. 아울러 조정 그 자체와 조정의 결과로서의 합의는 계약법에 따르게 되어 있다.[10] 아울러 변호사가 조정인으로 활동하는 경우에는 조정법과 더불어 보충적으로 변호사법(BRAO)과 변호사직무규정(BORA)을 준수하여야 한다. 따라서 변호사인 조정인(Anwaltmediator)은 조정법상의 조정인 교육도 이수하여야 할 뿐만 아니라 변호사 광고의 제한에 관한 변호사법과 변호사 직무규정을 함께 준수하여야 한다. 조정인의 경우에는 어떠한 일방의 이익을 대변할 수 없기 때문에 모순된 이익의 대표의 금지 대신에 중립성의 요청이 강조된다.[11]

(2) 조정 및 조정인의 개념

독일 조정법 제1조 제1항[12]에서 "조정은 하나 또는 복수의 조정인의 도움으로 당사자간에 자발적 및 자신의 책임하에 분쟁에 대한 합의적 해결을 추구해 나가는 신뢰할 수 있는 구조적 절차이다." 라고 개념정의 규정을 두고 있다. 아울러 제1조 제2항[13]에서 "조정

---

9 정선주, "2012년 독일 조정법의 내용과 평가" 민사소송 제16권 제2호(2013). 411-453면.

10 Peter Röthemeyer, Mediation, Kohlhammer, 2015, S. 53.

11 조정인으로서의 변호사의 활동은 독일변호사법 제7조a 와 제18조에 의해 양 당사자의 동의하에 중개와 조정 등의 활동은 허용된다.

12 Mediation ist ein vertrauliches und strukturiertes Verfahren, bei dem Parteien mithilfe eines oder mehrerer Mediatoren freiwillig und eigenverantwortlich eine einvernehmliche Beilegung ihres Konflikts anstreben.

13 Ein Mediator ist eine unabhängige und neutrale Person ohne Entscheidungsbefugnis, die die Parteien durch die Mediation führt.

인은 조정을 진행하는 아무런 결정권능이 없는 독립적이며 중립적인 사람이다"라고 조정인에 관한 개념 규정을 두고 있다. 독일 조정의 가장 큰 특징은 ① 당사자의 자발성 ② 당사자의 자기책임 ③ 조정의 비밀유지의무를 들 수 있다.[14]

이처럼 독일에서의 조정은 그 자체로 중립적 제3자인 조정인(Mediator)이 최소한 양당사자간의 갈등에 개입하는 것을 의미한다. 그런데 당사자 스스로 협상하고 이익에 합치되고 합의적인 해결을 도모하는 과정에서 조정인이 적극적으로 나서서 당사자에게 해결을 제시하기 보다는 그들 상호간의 협상이 잘 이루어 질 수 있도록 중립적 지위에서 뒷받침하는 것이므로 엄밀한 의미에서 조정의 경우에는 조정인에게 중재인과 같은 결정권한이 있는 것은 아니다.[15]

이 점은 유럽조정지침[16] 제3조에서 이와 유사하게 규정하고 있다. 동 지침 제3조 a)에서는 조정(Mediation)에 대하여 규정하고 있다. 조정은 2인 또는 다수의 분쟁당사자가 조정인의 도움을 통하여 자발성에 기초하여 스스로 분쟁해결안의 합의를 지향하는 것을 추구하면서 그 명칭에 구애받지 않는 구조적 절차이다. 이러한 절차는 당사자에 의하여 개시되거나 법원에 의하여 제안 또는 전개되거나 회원국의 법에 정한 바에 따라 이루어 질 수 있다.

한편 동 지침 제3조 b)에서는 조정인(Mediator)에 대하여 개념규정을 마련하고 있는 바, 이는 독일 조정법과 유사하게 규정하고 있다. 즉, 조정인은 해당 회원국에서의 명칭이나 직업에 구애받지 않고 조정절차를 진행을 하도록 임명되거나 위촉되어 조정을 효과적이고 공평하며, 중립적인 방법으로 절차를 진행하는 제3자이다.

---

14 김용수·정창화, "독일 갈등관리시스템의 제도화 공공갈등 조정관(Mediator)의 제도적 착근 탐색", 한독사회과학논총 제25권 제1호(2015). 149면.

15 Hermann Hill, "Mediation im öffentlichen Sektor", DHV Speyer(2004). S. 1.

16 유럽조정지침 제1조(적용범위)는 회원국(덴마크는 제외함)의 국경을 넘는 민사와 상사사건에 대하여 규율하고 있다. 다만, 조세 및 관세사건, 행정소송사건, 국가의 고권적 행위와 관련된 행위와 부작위에 대한 배상사건에 대하여는 그 적용이 배제된다.

(3) 법원내 조정의 법적 근거마련

독일조정법의 입법과정에 있어 당초 법원내 판사에 의한 조정을 허용할 것인가의 문제
가 핵심쟁점이 되었다. 2010년 7월 19일의 참사관초안에 의하면 법률상 명확한 근거가
없이 재판외 조정(außergerichtliche Mediation), 법원부속형 조정(gerichsnahe Mediation), 법원
내 조정 내지 판사조정(geichtsinterne Mediation, richterliche Mediation)의 3가지 유형의 조정
이 다양한 형태로 행하여지고, 법원내 조정이라로 할 수 있는 판사에 의한 조정에 관하여
명확한 법적근거가 없어 이를 마련할 것을 지적하였다.[17]

여기에 대하여 공증인이나 변호사단체 등은 법원내 조정이 촉진되는 경우에 재판외의
조정이 불리한 상황에 놓이게 되는 상황을 우려하여 강한 비판을 가하였다. 이러한 점을
반영하여 2011년 1월 11일의 연방정부의 입법초안(Regierungsentwurf)은 구조적으로는 참사
관 초안과 일치하지만 조정을 행한 판사가 이루어 낸 화해를 조서화하고 소송가액을 확
정할 수 있는 가능성을 배제하였다는 점에 있어서 중요한 변경을 포함하고 있다. 판사는
우선 법원부속형 조정 또는 재판외 조정절차를 당사자에게 제안하는 것으로 정리하였다.
연방참의원은 이 초안을 기본적으로 평가하는 한편 조정의 질적 보장 및 법원내 조정의
법률상 위치를 명확히 하는 등의 변경을 요구하였으나 연방정부가 이를 수용하지 않았
다.[18]

우여곡절 끝에 2012년 새로 제정된 독일 조정법에서는 판사조정은 인정하면서 조정사
건을 담당한 판사가 당해 소송의 재판에서 배제되도록 하고 있는데 이는 선입견이 없는
공정한 재판을 기하기 위함이다.

이처럼 독일민사소송법 제278조 제5항에서 조정판사(Güterrichter)는 재판할 권한을 갖지
아니하고 조정을 포함한 다양한 방식을 사용하여 합의에 의한 분쟁을 해결할 수 있도록
활동할 수 있으며, 이러한 점에서 조정판사는 조정인과는 달리 사안에 대하여 법적인 평

---

17 渡部美由紀, "ドイツにおけるADR," 法律時報 85卷 4号(2013), 46面.

18 그 후 연방의회의 법무위원회의 관계 각계에 이것에 대한 의견을 수렴한 후 예를 들면 독일 연방변호사연합회는 조정
　　판사로서 행위 하는 재판관의 역할의 명확성에 관하여 조정의 개념과 모순 없이 하는 문제를 제기하였다. 그 결과 동
　　년 12월 1일 법무위원회에 의한 결의 권고에 따라 독일 조정법에는 재판외 조정 및 조정의 방법·기술로 행하여진 판
　　단권한이 없는 조정판사에 의한 분쟁해결만을 규정할 것이 제시되었다.

가를 하며 당사자에게 분쟁해결안을 제시할 수 있다는 점에서 차이가 있다고 본다.[19]

3. 조정인과 인증조정인(zertifizierte Mediator)제도 및 교육과 연수 등

(1) 조정인과 인증조정인 제도

독일의 경우에는 조정법 제5조 제2항 및 제3항[20]에 따라 조정과 재판외 분쟁해결 절차를 촉진하기 위하여 법무부령으로 정하는 바에 따라 인증조정인의 교육내용과 범위를 정하도록 하였는 바, 이는 조정인의 질적 담보와 시장의 투명성을 높이기 위하여 인증조정인 제도를 도입하고 이를 설계하였다고 할 수 있다.

조정은 조정인에게 특별한 교육을 필요로 하는 복잡한 갈등해결절차라고 할 것이다. 조정인의 양성교육은 질적 수준과 시장의 투명성을 확보하기 위한 것이다.

아울러 독일 조정법에서는 조정인과 인증조정인의 2원적 시스템으로 제도설계를 하고 있으며, 조정인이 되려면 이론적 지식과 실무적 경험이 필요하고, 적절한 교육을 받아야 하는 바, 조정의 기초, 절차진행 및 대강구조에 대한 지식(Kenntnisse über Grundlagen der Mediation sowie deren Ablauf und Rahmenbedingungen,), 변론기술과 의사소통기술(Verhandlungs- und Kommunikationstechniken), 분쟁에 관한 권한(Konfliktkompetenz), 조정에 관한 법 및 조정에서의 법의 역할에 대한 지식(Kenntnisse über das Recht der Mediation sowie über die Rolle des Rechts in der Mediation) 그리고 실무상 연수, 역할극 및 감독(praktische Übungen, Rollenspiele und Supervision) 등을 포함하여야 한다. [21]

이와 더불어 인증조정인의 교육과 관련하여 당초 법무부 참사관초안에 의하면 120시간의 교육을 내용으로 하고 있으며, 이에 대하여 독일조정인 단체(DGM) 에서는 조정인의 전공이 법학, 심리학, 교육학의 그룹에 따라 달리 하며, 조정교육에서 법학에 대한 교육을

---

19 정선주, 앞의 논문(각주 9), 418면.

20 (2) Als zertifizierter Mediator darf sich bezeichnen, wer eine Ausbildung zum Mediator abgeschlossen hat, die den Anforderungen der Rechtsverordnung nach § 6 entspricht.
　(3) Der zertifizierte Mediator hat sich entsprechend den Anforderungen der Rechtsverordnung nach § 6 fortzubilden.

21 독일조정법 제5조 제1항

법률을 전공한 변호사 보다는 더 많이 배정하는 것이 필요하다는 입장표명이 있었다. 22

이처럼 독일의 경우에는 통일된 국가인증제도를 운영하고 있지 않으며, 조정인협회에서 민간인 자격제도를 운영하고 있다. 이는 국가가 자신의 이익을 대변하는 조정인을 양성하는 것으로 오해를 불러 올 수 있기 때문이며, 갈등조정을 위한 민간부문의 자율성을 강조한 것이라고 볼 수 있다.23

(2) 인증조정인의 교육에 관한 법무부령의 초안

2014. 1. 31. 제정된 법무부의 인증조정인 교육에 관한 규정(Zertifizierte-Mediatoren-Ausbildungs-Verordnung, ZMediatAusbV) 초안에서 9개의 조문과 시행일에 관한 부칙 조문을 두고 있다. 그러나 2016. 8. 21. 제정된 위 법무부령은 모두 8개 조항을 두고 있다. 아울러 별표에서 인증조정인의 교육과 관련한 120시간의 교육내용을 담고 있다. 인증조정인 교육은 위 법무부령이 2017년 9월 1일부터 시행되고 있고, 이에 따라 120시간이 적용되고 있다. 24

제1조는 적용영역(Anwendungsbereich)에 관하여 규율하고 있는 바, 인증조정인의 교육과 계속연수 및 교육과 계속연수를 위한 시설의 요건에 관하여 규정하고 있다. 제2조는 기본자격요건(Grundqualifikation)요건에 관하여 규율하고 있는 바, 인증조정인은 제3조의 교육의 이수와 더불어 하나의 요건은 직업교육 또는 대학교육의 충실한 이수이고 다른 하나의 요건은 최소한 2년간의 실무적인 직업적 활동을 하였을 것이다. 제3조는 교육(Ausbildung)을 규율하고 있는 바, 인증 조정인의 교육은 별표에 명기된 내용을 이수하되, 교육은 실무적 연습, 역할놀이 및 감독을 포함한다. 인증교육의 시간은 최소한 120시간의 광범위한 교육을 요구한다. 별표의 교육의 내용은 말미의 참고자료에서 밝혀두기로 한다.

아울러 제4조는 계속연수(Fortbildung)을 규율하고 있는 바, 인증조정인은 정기적으로 계

---

22 독일 정부는 인증조정인의 자격 부여를 위한 교육과 관련하여 조정법 제8조에 따라 5년이 경과하면 평가를 하도록 하고 있다.

23 김용수·정창호, 앞의 논문(각주 14), 153면.

24 그 이유는 독일 조정법을 제정한 후 5년이 경과된 후에 비로소 평가를 하도록 되어 있어 평가의 즈음에 인증조정인 교육에 관한 법무부령이 통과될 전망이다.

속연수로 2년이내에 20시간의 교육을 의무화하고 있다. 제5조는 실제적 경험(Praktische Erfahrung)을 규율하고 있는 바, 지속적인 재인증절차를 두고 있는 바, 실제적 업무처리를 조정인 또는 보조 조정인으로서 2년이내에 4건의 조정절차의 수행실적을 입증할 것을 요한다. 비밀유지의무에 따라 수행실적을 입증하기 위해서 익명으로 처리한 자료를 제출하도록 하고 있다.

제6조는 성공적인 교육이수 증명서(Bescheinigung) 에 관한 사항을, 제7조는 교육 및 계속연수시설의 요건(Anforderungen an Aus- und Fortbildungseinrichtungen)에 관한 사항, 제8조는 유럽연합법에 따른 동등자격(Nach dem Recht der Europäischen Union gleichwertige Qualifikation)에 관한 사항을 규정하면서 조정인의 활동과 조정활동 또는 조정인의 권능을 회원국과 일치시키는 문제를 규율하고 있다.

제9조에서 경과규정(Übergangsbestimmung)을 두고 있는 바, 2012. 7. 26. 이전의 조정인 교육을 받은 조정인은 최소한 90시간을 이수하고, 아울러 조정인 또는 보조 조정인으로 최소한 4건을 조정절차를 수행한 경우에는 제2조의 규정을 적용하지 않는다는 내용의 규정이 바로 그것이다. 제10조는 효력발생일(Inkraften)에 관하여 규정을 두고 있는 바, 법규명령을 발한 후 1년의 과도기에서 시행일을 정할 수 있도록 하였다.

4. 독일 조정제도로 부터의 정책적 시사점

(1) 개설

독일에서 그동안 민사분쟁해결 중 빈번하게 활용되는 방법은 전통적인 재판절차이다. 영미법 국가의 경우에는 법원에 소송을 진행하게 되는 경우 비용이 많이 들기 때문에 특히 ADR이 활성화 된 측면이 있는데 반하여, 독일의 경우에는 비록 변호사강제주의가 적용되고 있으나, 소송비용구조제도나 소송보험제도가 발달하여 민사소송제도는 저렴한 비용으로 비교적 신속하면서 신뢰할 수 있는 분쟁해결 수단의 하나로 국민에게 받아들여져 왔다.

독일의 조정제도 중 소송절차 중단에 관하여는 독일 민사소송법 제278조 a를 신설하여 반영하였고, 집행가능성은 유럽연합의 조정지침에도 불구하고 반영하지 못하였는 바, 이와 같은 소송절차 중단이나 집행력 등에 관한 사항에 대하여 우리 법제에 시사하는 바가 있다.[25] 여기서는 독일의 조정법과 관련하여 우리 조정제도의 활성화에 도움이 되는 변호사법과 조정의 상관관계, 조정을 의도적으로 회피하는 변호사에 대한 제재수단, 조정인의 교육 및 비밀유지의무의 제도화에 대하여만 검토하기로 한다.

(2) 변호사법과 조정의 상관관계

우리의 경우 민간에 의한 사적 조정이 활성화되지 않는 이유는 변호사 이외의 자가 유료로 중재, 화해 그밖에 법률사무를 할 수 없고 위반시 형사처벌하도록 되어 있는 변호사법 제109조 제1호 및 제112조 제1호가 제약으로 작용하고 있다. 독일의 경우에는 2007년 법률서비스법(Rechtsdienstleistungsgesetz- RDG)에 따라 조정은 법률적 권고도 아니고 법률서비스가 아니라는 것을 명확히 하였다. 또한 독일의 조정법(Gesetz zur Foederung der Mediation und anderer Verfahren der aussergerichtlichen Konfliktbeilegung; Mediationsgesetz)이 2012. 7. 21. 제정되어 같은달 26일부터 시행되고 있으며, 동법 제5조 제2항 및 제3항에서 규정하고 있는 인증 조정인제도에 대하여 참고할 바가 있다고 할 것이다.[26] 우리의 경우에도 장기적으로 독일의 인증조정인 제도를 도입하는 방안을 통하여 민간조정의 활성화를 모색할 단계에 돌입하였다고 할 것이다.

(3) 조정을 의도적으로 회피하는 변호사에 대한 제재수단

독일변호사 직무규정 제1조 제3항[27]에서 변호사는 의뢰인에게 가장 적절한 분쟁해결 방법을 제시하여야 하는 규정을 두고 있다. 우리의 경우에는 변호사가 소송이 아닌 조정에 의할 경우 실제로 소송을 통한 착수금과 성공보수를 받는 경우에 비하여 노력과 시간을 별로 들이지 않았다고 판단하여 의뢰인으로부터 다액의 변호사비용을 받기 어려운 측면

---

25 정선주, 앞의 논문(각주 9), 438-445면. 독일 민사소송법 제278조 a (조정, 재판외 분쟁해결) (1) 법원은 당사자에게 조정이나 재판외 분쟁해결절차를 권유할 수 있다. (2) 당사자가 조정이나 재판외 분쟁해결절차의 진행을 결정하면 법원은 소송절차의 중지를 명한다.

26 독일에서 인증조정인 제도에 대하여 변호사단체 등 이해관계가 첨예하게 대립하여 연방법무부령이 아직 제정되지 않고 있어 현재로서는 공식적인 인증조정인이 배출되지 않고 있다.

27 (3) Als unabhängiger Berater und Vertreter in allen Rechtsangelegenheiten hat der Rechtsanwalt seine Mandanten vor Rechtsverlusten zu schützen, rechtsgestaltend, konfliktvermeidend und streitschlichtend zu begleiten, vor Fehlentscheidungen durch Gerichte und Behörden zu bewahren und gegen verfassungswidrige Beeinträchtigung und staatliche Machtüberschreitung zu sichern.

이 있어 소송 대신에 조정을 의도적으로 회피하는 현상도 있다고 보여진다.[28] 독일의 경우처럼 우리의 경우에도 변호사법이나 변호사윤리장전을 개정하여 의뢰인의 이익을 위해 다양한 분쟁해결 제도 중 적절하고 바람직한 분쟁해결 수단을 조언할 수 있도록 변호사의 의무규정을 마련하여 변호사가 무리하게 소송을 하도록 유도하면서 의도적으로 조정을 회피할 수 없도록 변호사법 관련 규정에 독일법제와 유사한 제도의 도입을 신중히 검토할 필요가 있다.

(4) 수소법원의 조정과 조정인의 교육을 벤치마킹할 필요

독일의 조정법은 법원 내 판사가 조정절차를 진행한 경우 선입견이 없는 공정한 재판을 보장하기 위하여 당해 소송의 재판에서 판사를 배제되도록 하고 있다. 그런데, 우리의 경우에는 아직도 85-90% 가까이 수소법원의 조정이 이루어지고 있을 뿐만 아니라 이는 평가적 조정으로 1회의 조정에 그치고 있는 현실에서 수소법원의 조정에 의존하는 분쟁해결 방식을 개선할 필요가 있다. 또한 독일의 경우처럼 비법관 중심으로 판단자와 조정자를 분리하는 방식으로 제도 개선이 요망된다고 할 것이다.[29]

아울러, 독일의 조정법에서 규율하고 있는 바와 같이 조정인의 질적 담보와 시장의 투명성을 높이기 위하여 조정인 인증제도를 도입하고 강도 높은 교육을 받고 지속적으로 이를 유지하도록 하고 있는 점은 우리에게 시사하는 바가 크다 할 것이다. [30]조정인의 선발에 있어서 교육과 이수를 요구하도록 하여야만 많은 시간과 비용을 들여 교육을 받고 인증을 받을 것이므로 조정인의 전문성을 확보하기 위하여 이와 같은 교육에 대한 유인을 제공할 필요가 있다. 이에 따라 조정인에 대하여 합리적인 조정 비용을 지급하게 될 것이며, 그렇게 되면 조정인의 인증의 권위가 올라가게 되고 조정의 만족도는 높아지는 선순환의 구조를 띠게 될 것이다.

---

28 함영주, "미국의 민간형 ADR의 운영에 대한 실태조사", 분쟁해결 제2호(2016), 240-254면.

29 법률신문, "조정절차, 비법관 중심으로 전환해야", 2016. 11. 11. 자

30 독일에서 시행령이 제정되지 않아 인증조정인제도과 완전히 정착된 것은 아니지만 현실적으로 50만명 이상이 조정인 교육을 이수중에 있으며, 조정인 교육은 활성화 되고 있는 것으로 평가되고 있다. 이에 관하여는 Haft/Schlieffen, Handbuch Mediation, 3 Aufl., C.H. Beck, 2016, S. 1225 ff.

IV. 일본의 민간조정 활성화를 위한 법제도

1. 일본 변호사법의 규정

일본 변호사법 제72조(비변호사의 법률사무의 취급 등의 금지)에서 "변호사 또는 변호사법인이 아닌 자는 보수를 받을 목적으로 소송사건, 비송사건 및 심사청구, 이의신청, 재심사청구등 행정청에 대한 불복신청사건 및 기타 일반의 법률사건에 관하여 감정, 대리, 중재 또는 화해 그밖의 법률사무를 취급하거나 이들을 주선하는 것을 업으로 할 수 없다. 다만, 이 법률 또는 다른 법률에서 별도의 규정을 둔 경우에는 그러하지 아니하다."고 규정하고 있다. 한편 제73조(양수받은 권리의 실행을 업으로 하는 것의 금지에 관한 규정)에서 "누구도 타인의 권리를 양수받아 소송, 조정, 화해 그밖의 수단에 의하여 그 권리의 실행을 하는 것을 업으로 할 수 없다."고 규정하고 있다. 또한 제74조(비변호사의 허위표시등의 금지) 제2호에서 "변호사 또는 변호사법인이 아닌 자는 이익을 얻을 목적으로 법률상담 그밖의 법률사무를 취급하는 취지의 표시 또는 기재를 해서는 아니된다."고 규정하고 있으며, 위와 같은 변호사법을 규정을 위반한 경우에는 형사처벌을 받도록 변호사법에 규정하고 있다.

따라서 변호사가 아닌 일반인이 유료로 민간조정을 업으로 하는 경우에는 변호사법에 위반될 소지가 있어 이 문제를 극복하기 위해서 변호사법 제72조 단서가 하나의 출구역할을 한다고 볼 수 있다. 따라서 일본에서 민간조정의 활성화를 위해 ADR법을 제정하여 인증을 받은 경우에는 유료로 조정 등 분쟁을 해결할 수 있도록 한 것이다.

2. 재판외 분쟁해결절차의 이용촉진에 관한 법률(일명 ADR법)

(1) 입법배경

일본은 1999년 내각에 설치된 사법제도개혁심의회에서 ADR의 확충·활성화의 과제를 논의하였는 바, ADR이 국민에게 재판과 더불어 매력적인 선택지가 될 수 있도록 그 확충·활성화를 도모해 나가야 한다"는 취지에서 이를 위한 과제로 관계기관 등의 연대강화의 촉진과 종합적인 ADR의 제도기반 및 중재법제의 정비를 제안하였고, 이에 따라 2004

년도에 재판외 분쟁해결절차의 이용촉진에 관한 법률(일명 ADR법)이 제정되어 2007년 4월 1일부터 시행되고 있다.[31]

(2) 일본 ADR법의 특징과 내용

일본 ADR법은 제1장 총칙, 제2장 인증분쟁해결절차의 업무, 제3장 인증분쟁해결절차의 이용에 관한 특례, 제4장 잡칙, 제5장 벌칙으로 구성되어 있다. 일본의 ADR법의 가장 큰 특징은 민간형 ADR기관의 육성과 ADR의 확충을 위한 정책적 견지에서 민간 ADR기관의 설립에 대한 인증제도의 도입과 아울러 ADR 절차 실시자인 조정인 등의 양성이라고 할 수 있다. 일본의 경우 사법형 ADR과 행정형 ADR과는 달리 민간형 ADR은 분쟁해결 방식에 있어 유연성이 비교적 높고 지난 10년전에 비하여 비약적으로 확충되었고 활성화되어 그 경향이 지속되고 있다고 할 것이다.[32]

일본 ADR법 제3조 제1항에서 재판외 분쟁해결제도의 기본이념을 "재판외 분쟁해결절차는 법에 의한 분쟁의 해결을 위한 절차로서, 분쟁의 당사자의 자주적인 분쟁해결의 노력을 존중하면서 공정하고도 적정하게 실시하고, 또한 전문적인 지식을 반영하여 분쟁의 실정에 즉응하여 신속한 해결을 꾀하지 않으면 안된다"고 밝히고 있다.[33]

일본 ADR법 제6조 제1호 내지 16호에서 인증과 절차실시자인 조정인에 관한 사항을 규정하고 있다. 민간분쟁해결절차에 대하여 법무대신의 인증을 받기 위해서는 2가지 요건을 충족시켜야 하는 바, 첫째로 신청한 민간분쟁해결절차의 업무가 일본 ADR법 제6조 제1호 내지 제16호까지의 기준에 적합하여야 하고, 둘째로 그 업무를 행하기 위해 필요한 지식 내지 능력 및 경리적 기초를 가져야 하는 것으로 되어 있다. 나아가 절차실시자인 조정인의 선임의 방법 및 절차실시자가 분쟁의 당사자와 이해관계를 갖는 것 그 밖의 민간분쟁절차의 공정한 실시를 방해하는 사유가 있는 경우에 있어서 당해 절차실시자를 배제하기 위한 방법을 정하도록 하고 있다.

---

31 정준영, "가칭 ADR 기본법의 제정방향과 선결과제", 언론중재 제30권 제4호(2010), 41면.

32 青山善充, "今, ADRに望むこと", 法律時報 85卷 4号(2013), 5面; 김상찬, "일본의 조정인 양성현황과 시사점", 법학연구 제59집(2015), 185면 이하.

33 김민중, "민간조정의 활성화 방안- 일본의 ADR 촉진법을 중심으로", 원광법학 제26권 제3호(2010), 311면.

일본 ADR법 제25조에서 시효중단효에 관하여 명문의 규정을 두고 있는 바, 인증분쟁해결절차에 의해서는 분쟁당사자 간에 화해가 성립할 전망이 없음을 이유로 절차실시자가 당해 인증분쟁해결절차를 종료한 경우에 있어서, 당해 인증분쟁해결절차의 실시를 의뢰한 당해 분쟁당사자가 그 취지의 통지를 받은 날부터 1개월 이내에 당해 인증분쟁해결절차의 목적이 된 청구에 대하여 소를 제기한 때 시효의 중단에 관해서는 당해 인증분쟁해결절차에서 청구한 시점에 소의 제기가 있는 것으로 본다. 이로 인해 이용자가 인증ADR 사업자에 대하여 ADR의 실시를 의뢰한 경우를 기준으로 시효중단효가 생기므로 안심하고 절차를 진행할 수 있게 된다. 다만, 청구의 내용이 구체화 되지 않은 절차실시의뢰에 관해서는 후속 절차에 있어서 청구의 내용이 구체화 될 때까지 시효중단효가 생기지 않을 수 있다. 청구의 내용이 구체화 되지 않은 채 절차가 진행된 경우 인증 ADR을 이용함에도 불구하고 시효가 완성되는 사태가 발생하는 등 절차실시의뢰자의 기대에 반하게 되어 인증 ADR에 대한 신뢰를 손상하게 되므로 인증 ADR 사업자에게 절차의뢰시에 곧바로 시효중단이 있는 것으로 제도개선하려는 움직임이 있으나, 이에 대하여 ADR에 관한 검토회보고서는 부정적으로 평가하고 있다.[34]

일본 ADR법 제26조에서는 소송절차의 중지에 대하여 규정을 두고 있다. 즉, 분쟁당사자가 화해를 할 수 있는 민사상의 분쟁에 대하여 당해 분쟁 당사자 간에 분쟁이 계속하는 경우에는 ① 당해 분쟁에 대하여 당해 분쟁당사자간에 인증분쟁해결절차가 실시중이거나 ② 그 밖에 당해 분쟁당사자간에 인증분쟁해결절차에 의해 당해 분쟁해결을 도모한다는 취지의 합의가 있는 사유의 어느 하나에 해당하고, 또한 당해 분쟁 당사자의 공동신청이 있을 때는 수소법원은 4월 이내의 기간을 정하여 소송절차를 중단한다는 취지의 결정을 할 수 있다.

3. 일본 ADR법상의 법무대신의 인증제도

일본 ADR법에서는 민간분쟁해결절차의 업무에 관하여 적정성을 확보하기 위하여 필요한 요건을 정하여 그 업무가 민간분쟁해결에 적합한가 아닌가를 법무대신이 확인하고 그 확인

---

34 鈴木昭洋, "「ADR法に關する檢討會報告書」の 槪要", NBL No. 1027, 2014, 32-33面.

을 받은 업무를 ADR법이 정한 조치 및 특례의 대상으로 하는 인증제도를 두고 있다.

일본의 ADR법 제6조 제2호에서 민간 ADR기관의 인증요건으로 ① 법적 전문성 ② 분쟁분야에 관한 전문성 ③ 분쟁해결의 이론 및 커뮤니케이션 기법에 관한 전문성의 3가지 요건을 구비해야 한다고 규정하고 있다. 이러한 요건은 한편으로는 절차실시자에게 요구하는 요건이기도 하다. 한편 일본 ADR법 제7조는 인증을 받을 수 없는 결격사유에 관하여 규정하고 있다.

4. 조정인 양성교육프로그램

사단법인 일본인 중재인 협회의 조정인 양성강좌 프로그램을 보면 2010년도 기초편 3일간 18시간, 중급편 3일간 18시간 합계 36시간이 실시되고 있으며 프로그램의 방식은 자주교섭지원형 조정을 위한 기법을 주로 하고 있다. 교육내용으로는 조정의 각 진행단계의 목적, 유의할 점, 기법 등에 관하여 학습하고 체험하는 이론학습, 이해관계에 기초한 교섭, 커뮤니케이션 스킬 등의 내용이 중심으로 이루고 있으며 이는 미국에서 행하고 있는 표준적 조정교육 방식을 모방한 것이라는 평가이다.[35]

여기서 더 나아가 미국과는 달리 독자적인 내용으로는 조정에서 빈번하게 발생하는 문제에 대한 구체적 검토를 통하여 '조정인의 윤리'를 검토하는 프로그램, 조정이 개시되기 전에 상대방에게 연락하는 '응락요청'에 관한 역할실현(role play) 등, 조정기관 활동 전체에 대하여 가능한 한 실천적인 방향으로 개선하려고 하고 있는 것으로 보고되고 있다.[36]

5. 일본의 ADR법으로 부터의 정책적 시사점

(1) 인증제도를 도입한 일본의 ADR법을 벤치마킹할 필요

우리의 경우 ADR법의 제정과 관련하여 여러 방향의 논의가 있는 것도 사실이나, 일부에서 제시하는 공공기관의 갈등관리에 관한 법률을 제정하자는 제안은 현재의 대통령령으로 되어 있는 공공기관의 갈등예방과 해결에 관한 규정을 법률로 승격하는 차원의 논의이고,

---

35 김상찬, 앞의 논문(각주 33), 194-195면.
36 김상찬, 위의 논문(각주 33), 195면.

아울러 행정형 ADR을 통합하여 통일적인 규율을 할 필요가 있다는 차원에서 ADR 기본법을 제정하자는 제안도 없지 않으나, 여기서는 주로 민간형 ADR을 활성화하기 위하여 어떤 법정책적 대응을 할 것인가의 차원에서 ADR법 제정이 논의된다고 할 것이다.

이와 관련하여 일본의 경우 ADR의 확충과 활성화의 필요성을 계속 강조되고 있는 바[37], 일본의 ADR법의 기본적 특징으로 법에 의한 분쟁해결을 위한 절차, 당사자의 자주적인 해결의 노력의 존중, 공정하고 적정한 실시, 전문적인 지식의 반영, 분쟁의 실정에 즉응한 해결, 신속한 해결을 들고 있다.[38]

한편 일본 ADR 법에서는 ADR 사업자를 대상으로 한 인증제도를 설계하여 인증사업자의 절차에 대하여 시효중단효를 부여하고 있다. 일본에서의 인증 ADR제도는 각 사업자를 비롯한 관계자들이 다함께 노력과 궁리를 모색한 결과 점차적으로 정착단계에 이르를 정도로 일본에서 민간에 의한 분쟁해결을 인증제도를 통하여 활성화하고 있는 점이 우리에게 시사하는 바가 크다.[39] 우리의 경우 민간형 ADR이 제대로 활성화 되지 않고 있으므로 일본에서 ADR법을 제정한 것을 벤치마킹하는 등 민간조정 내지 사적조정을 활성화하기 위한 법정책적 노력을 경주할 필요가 있다.[40] 주된 규율내용은 인증제도와 조정인의 양성과 교육 그리고, 시효중단효의 인정과 집행력 부여, 비밀유지의무, 조정비용에 관한 규정 등이라고 할 것이다.[41]

(2) 조정인의 교육에 대한 시사점

일본에서 ADR법의 제정은 ADR의 활성화와 조정인 양성에 매우 긍정적인 영향을 미치

37　小林 徹, "ADRの確充·活性化に向けて", 自由と正義 vol. 53 No. 10, 31面 以下 ; 山本和彦, "ADR法の 現狀 と課題", 法律のひろば(2010. 9), 3面 以下

38　김민중, 앞의 논문(각주 34), 31면.

39　鈴木昭洋, "ADR法に關する檢討會報告書の槪要", NBL No. 1027, 2014. 34面; 靑山善充, "今, ADRに望むこと", 法律時報 85卷 4号(2013), 5面 以下

40　무엇보다 일본의 ADR법의 특징은 민간형 ADR을 활성화 하기 위해 법무대신의 인증제도를 도입한 것인데, 그 본질은 변호사에 의한 법률사무의 독점을 완화하였다는 점에 그 의의가 크다고 할 것이다.

41　아울러, 일본의 경우에는 우리의 법률구조법에 비견되는 종합지원법에서 재판외 분쟁해결제도와의 연계를 도모하고 있으므로, 우리의 경우에도 법률구조법에서 재판외 분쟁해결제도를 포함시키는 방향의 제도개선이 필요하다.

고 있다. 우선 ADR법의 제정으로 인하여 일본에서 민간 ADR의 활성화에 크게 기여한 것으로 평가된다. 그 이유는 ADR 이전에는 민간 ADR이 거의 활용되지 않았고 ADR 법의 제정과 더불어 국민 홍보를 통하여 국민들은 ADR에 대한 인지도를 높일 수 있었기 때문이다.[42]

우리의 경우에도 현재 대한상사중재원을 중심으로 2012년부터 조정인 양성프로그램을 운영하고 있고, 일부 로스쿨에서 조정과 중재 등의 교육과정을 개설하기도 하고 있다. 아울러 서울 YMCA도 2012년부터 시민중계실과 ADR 센터주관으로 2박3일간 예비법조인을 위한 ADR 캠프를 실시하기 시작한 이래 2015년 까지 4회의 교육을 실시한 바 있다.

그런데 일본의 조정인 교육은 인증요건의 하나로서 연수만 참가하는 것으로 그치기 때문에 연수를 철저히 하지 않으면 전문적 조정인을 길러내는데 한계가 있으므로, 우리의 경우 조정인 교육에 있어서의 고려사항은 시간만 채우는 것이 아니라 체계적인 연수와 더불어 한번의 연수로 그치는 것이 아니라 일정기간이 경과하면 재교육 등 지속적인 연수시스템을 도입하는 것이 필요하다.

일본의 경우에는 특히 법원과 변호사회 및 사법서사회 등이 중심이 되어 조정인교육을 담당하고 있으며, 조정인 교육프로그램 중 역할실연 등 실제적인 교육프로그램을 시도하고 있는 점에 비추어, 우리의 경우에도 기존의 대한상사중재원 등에 의한 연수뿐만 아니라 대한변호사협회나 지방변호사회 차원에서 조정교육프로그램을 적극 운영하여 변호사에 대한 조정교육으로부터 시작하여 점차 사회 저변에 확산시켜 나갈 필요가 있다.[43]

V. 우리나라 민간조정의 활성화 방안

1. 기본적 방향

조정제도는 각 나라별로 문화적 요인의 영향을 받기 때문에 우리나라에 적합한 모델이

---

42 김상찬, 앞의 논문(각주 33), 190-191면.
43 김상찬, 앞의 논문(각주 33), 199면.

무엇인지 고려할 필요가 있다. 우리의 경우에는 조정이나 중재등 민간 ADR이 발전되지 않은 이유 중의 하나는 국가주도의 공적기관 중심의 ADR이 발전한 것에 기인하며, 일반 국민이 스스로 분쟁을 해결하는 방식이나 훈련이 부족하고, 민간의 분쟁해결기구에 대한 신뢰성이 제대로 형성되지 않았기 때문이라고 할 것이다. 그러나 ADR이 소송을 거치는 경우에 비하여 비용이 적게 들고 합리적인 해결을 도모하고 시간을 단축하고 관계를 지속할 수 있는 장점으로 인해 민간분쟁조정기구를 양성화하여 다양한 사회내의 갈등과 분쟁을 해소하도록 할 필요가 있다.

이와 관련하여 민간 조정기구가 먼저냐 조정인의 양성이 먼저냐의 문제가 제기될 수 있는 바, 이는 '닭이 먼저냐 달걀이 먼저냐' 라는 문제처럼 보이지만, 독일은 조정인의 양성을 통한 민간조정의 활성화를, 일본은 민간 인증기관의 제도화와 더불어 조정절차주재자인 조정인의 교육을 함께 병행발전해 나가고 있다.

우리의 경우에는 장기적으로는 독일에서와 같은 조정법의 제정을 통해 조정인과 인증조정인제도를 도입하는 방식의 독일 모델로 발전해 나아가는 것이 바람직하지만, 중·단기적으로는 일본의 경우처럼 민간조정의 활성화를 위한 ADR 기본법을 제정하여 법무부장관의 인증을 받은 경우에 유료로 조정을 하더라도 변호사법위반이 되지 않도록 하는 제도개선이 우선적으로 이루어져야 민간조정이 활성화 된다고 볼 것이다.

2. 변호사법의 개정과 민간조정의 활성화를 위한 입법 필요성

우리나라의 경우에는 지금까지 민사조정, 가사조정이라는 국가주도형 ADR인 사법형 조정이 ADR의 중심으로 자리매김해 왔으며, 행정형 ADR은 개별법에 근거하여 우후죽순처럼 생겨나서 50여개가 넘게 활동하고 있다. 그러나 민간주도형의 ADR은 대한상사중재원을 통한 분쟁해결과 서울지방변호사회의 조정중재센터 등 일부기관을 제외하고는 비교적 활발히 이루어지지 못하고 있는 실정이다.[44]

변호사법에는 조정에 대하여는 아무런 명문의 규정을 두고 있지 않다. 변호사법 제109조 제1호 마목에서 "그 밖의 일반의 법률사건"은 가목에서 라목에 까지 열거된 사건과 같

---

44 최석범, "국가주도형 ADR과 민간주도형 ADR에 관한 연구", 중재연구 제20권 제3호(2010), 87면.

이 법률상의 권리·의무에 관하여 다툼 또는 의문이 있거나, 새로운 권리의무관계의 발생에 관한 사건 일반을 의미하는 것으로 이해한다.[45] 이와 같은 일반의 법률사건에 관하여 조정과 관련하여서는 별도로 명문의 규정을 두고 있지 아니하고 "감정·대리·중재·화해·청탁·법률상담 또는 법률관계 문서작성, 그밖의 법률사무를 취급하거나 이러한 행위를 알선할 수 없다고 되어 있어, 중재와 화해는 명문으로 금지하고 있으나, 조정은 명문의 규정을 두고 있지 않지만 중재와 화해와 같은 맥락으로 그 밖의 법률사무를 취급하는 경우에 해당한다고 해석할 여지가 있다.

만약에 비변호사가 조정을 유료로 하는 경우에 변호사법 제109조 제1호에 의하여 처벌받게 될 것인지 아니면 이와 같은 업무는 법률사무가 아니라고 보아 유료로 하여도 무방할 것인지 논란이 야기된다. 아울러 비변호사가 중재인이 될 수 있는지 여부와 관련하여 변호사법위반 여부를 문제삼고 있는 견해[46]도 있으나, 중재법 제12조[47]에서 중재인의 자격에 관하여 규율하면서 변호사에 한정한다는 규정을 두고 있지 않을 뿐만 아니라, 중재규칙 제19조에서 " 중재의 결과에 관하여 법률적 또는 경제적 이해관계가 있는 자는 중재인이 될 수 없다. 그러나 당사자가 중재인에게 위와 같은 사정이 있음을 알면서도 서면으로 그 중재인을 선정하기로 합의한 경우에는 그러하지 아니하다"고 규정하고 있어 비변호사가 중재인이 되는 것을 원천적으로 막고 있지는 않는다고 볼 것이다. 중재인의 중재판정에 참여하여 수당을 받는 것을 가지고 실비변상을 넘어 이익을 얻은 것으로 볼 것은 아니므로 비변호사 중에 중재인으로 활동하는 것을 변호사법 제109조 위반의 문제로 볼 것은 아니다.[48] 다만, 비변호사가 중재사건을 대리하는 경우는 중재인이 되는 경우와는 다르므로 일방 당사자로부터 금품 등 이익을 얻기 위해서 대리하는 경우라면 변호사법위반으로 처벌받을 가능성이 높게 된다.

변호사법 제109조 제1호의 입법취지는 변호사가 아닌 자가 법률사무의 취급에 관여하

---

45 정형근, 변호사법 주석, 피앤씨 미디어, 2016, 840면.

46 안건형, "비변호사 중재인 활용의 문제점과 개선방안", 중재연구 제25권 제1호(2015), 47면 이하.

47 제12조(중재인의 선정) ① 당사자 간에 다른 합의가 없으면 중재인은 국적에 관계없이 선정될 수 있다.
　　② 중재인의 선정절차는 당사자 간의 합의로 정한다

48 중재법이 변호사법의 특례를 정한 것으로 볼 여지도 있다.

는 것을 금지함으로써 변호사제도를 유지하고자 하는데 있다.[49] 다만, 비변호사가 법률사무를 처리하더라도 금품·향응 또는 그 밖의 이익을 받거나 받을 것을 약속하고 또는 제3자에게 이를 공여하게 하거나 공여하게 할 것을 약속하는 등 '이익'이 문제가 되는 바, 판례는 실비변상을 넘어서는 경우에 한하여 이익을 얻은 것으로 보고 있다.[50]

독일은 조정은 법률적 사무가 아니라는 법원의 판결이 선고된 바 있고, 앞서도 이미 언급한 바와 같이 2007년 법률서비스법(Rechtsdienstleistungsgesetz-RDG) 제2조 제3항 제4호[51]에서 조정을 법률서비스에서 제외한 바 있다.

우리의 경우에 민간조정을 활성화 하기 위해서 비변호사가 실비변상을 넘어 유료로 조정을 하는 것을 허용하기 위해서는 변호사법 제109조 제1호의 예외사유를 입법적으로 해결하지 않으면 안된다. 아울러 비변호사에 의한 조정제도를 활성화 하기 위한 방법으로는 조정인 제도나 인증조정인 제도를 마련하는 독일식의 방법과 법무부의 인증을 통하여 비변호사의 법률사무처리 금지라는 변호사법의 장벽을 극복하는 일본식의 해결방식이 있을 수 있다.

---

49 정형근, 앞의 책(각주 46), 835면.

50 대판 1995. 2. 14, 93도 3453: (1) "감정" 및 "대리"는 민 형사소송에서의 그것과 반드시 개념범위가 동일한 것으로 볼 수 없고, 법률사건 즉 법률상의 권리, 의무에 관하여 다툼이나 의문이 있거나 새로운 권리의무관계의 발생에 관한 사건 일반에 있어서, 그 분쟁이나 논의의 해결을 위하여 행하여지는 법률사무 취급의 한 태양으로 이해되어야 하고, 따라서 "감정"은 법률상의 전문지식에 기하여 구체적인 사안에 관하여 판단을 내리는 행위로서 법률 외의 전문지식에 기한 것은 제외되는 것으로, "대리"는 법률사건에 관하여 본인을 대신하여 사건을 처리하는 제반 행위로서 분쟁처리에 관한 사실행위를 포함하는 것으로 각각 이해함이 상당할 것이다. (2) 구 변호사법 제78조 제2호 소정의 "이익"은 비변호사의 법률사무 취급을 금하는 입법취지에 비추어 볼 때, 변호사 아닌 자가 변호사법이 금지하지 않는 교통사고원인 분석 등을 위한 감정을 하고 그 비용을 받은 것이라면 그 비용 범위 내에서는 범죄가 된다고 할 수 없을 것이고, 그와 같은 실비변상의 범위를 넘는 범위에 한하여 범죄로 취급하고 구 변호사법 제82조에 의한 추징이나 몰수도 그 범위에 한정해야 할 것이다.

51 Gesetz über auBergerichtliche Rechtsdienstleistungsgesetz 제2조 법률서비의 개념
(3)Rechtsdienstleistung ist nicht:
1. die Erstaatung wissenschaftlicher Gutachten,
2. die Tätigkeit von Einigungs- und Schlichtungsstellen, Schiedsrichterinnen und Schiedsrichtern,
3. 〈생략〉
4. die Mediation und jede vergleichbare Form der alternativen Streitbeilegung, sofern die Tätigkeit nicht durch rechtliche Regelungsvorschläge in die Gespräche der Beteiligten eingreift,
5. -6. 〈생략〉

3. 조정인의 자격제도와 조정인에 대한 교육

독일 조정법 제6조에 따라 인증 조정인을 양성하기 위한 독일의 연방 법무부령의 초안이 성안되어 있어 아직 효력발생이 되지 않고 있으나, 독일에서 동 법령이 확정되어 시행될 경우에 우리의 조정인 양성, 교육 및 연수에 있어 참고할 사항이 많다고 할 것이다.[52] ADR의 성공의 열쇠는 ADR 절차주재자라고 할 것이다. 훌륭한 조정인, 중재인을 양성함으로써 ADR은 더욱 발전하고 재판 못지 않게 국민으로부터 신뢰를 받는 분쟁해결장치가 될 수 있다.[53] 우리의 경우 사법과 행정영역에 있어 다양한 조정제도와 기구가 구성되어 있으나 실제로 갈등관리가 실효적으로 시행되고 있다고 보기 어렵다. 이는 갈등과 조정제도의 핵심적이며 필수적인 사항이라고 할 수 있는 전문적인 조정인력인 조정인의 양성이 미흡하여 각종 분쟁해결에 관한 전문적 식견과 조정경험이 풍부한 전문가를 길러내지 못한데 있다.[54]

조정은 여러 가지 갈등상황에서 당사자간에 주체적으로 해결을 모색하는 과정에서 조정인의 역량에 따라 분쟁해결을 원활히 도모할 수 있다. 조정이 성공하려면 조정인의 역량이 중요하다. 전문적인 역량을 갖춘 조정인의 설득력과 풍부한 사회 경험이 중요하고, 대화와 협상기술 및 심리학적 지식 그리고 핵심을 간추려 쟁점을 교통정리하는 능력과 더불어 판례 및 법적인 지식도 분쟁해결의 신뢰성 확보를 위해서 중요한 요소가 된다. 따라서 조정인은 분쟁해결의 유용한 전문적 지식과 경험이 있는 자로서 사회생활상의 풍부한 식견과 지식경험을 갖출 필요가 있다.

우리의 경우 조정인의 자격요건에 조정교육의 이수나 연수실적 등을 요구하고 있지 아니하므로, 그동안 사법형 또는 행정형의 조정전문가로 변호사, 교수, 공무원, 각계전문가,

---

52 소비자 보호를 위하여 조정법 제5조 제2항 및 제3항에 근거한 인증조정인의 교육 및 계속교육에 대한 연방법무부령(ZMedatAusbV)의 초안에서는 질적 수준의 확보를 위해 인증변호사가 되기 위하여 120시간을 이수하는 안이 제시되었는 바, 그 안에 따르면 교육내용의 대강은 1. 조정의 소개 및 기초 (18시간, 15%) 2. 조정의 진행 및 대강구조(30시간, 25%) 3. 협상기술 및 해결능력 (12시간, 10%) 4. 대화수행 및 의사소통기술(18시간, 15%) 5. 갈등해결능력 (12시간, 10%) 6. 조정관계법(6시간, 5%) 7. 조정에 있어서의 법, 법적인 사실관계와 결정을 내릴수 있는 능력(12시간, 10%) 8. 개인적 역량, 자세, 역할이해(12시간, 10%) 등을 들 수 있다.

53 정준영, "가칭 ADR 기본법의 제정방향과 선결과제", 언론중재 제30권 제4호(2010), 41면. 59면.

54 김용수·정창화, 앞의 논문(각주 14), 140면.

사회명망가, 시민단체 출신 등에서 위촉하는 방식으로 조정위원이나 조정인력을 활용하여
왔다. 그렇기 때문에 조정의 전문성을 갖춘 조정인력의 양성이 제대로 이루어지지 못한
실정이다. 크게 대별하여 조정인의 교육과 양성은 비법률가의 양성을 통한 교육[55]과 로스
쿨에서의 법조인 양성과정에서의 조정교육[56]으로 구분할 수 있다. 변호사의 핵심적 능력
의 하나로서 조정의 필요성에 대한 사회적 공감대의 확산이 필요하고 로스쿨에서의 조정
교육과 관련하여 커리큘럼의 조정이나 전문선택과목에 대한 변호사시험제도 개선등이 아
울러 이루어져야 한다고 본다.[57]

아울러 조정절차에서의 조정인의 역할이 당사자들의 협상을 도와주는 것으로 이해한다
면 조정인에게 요구되는 능력으로는 전문적인 지식은 물론 협상능력, 심리학적 지식 등
다양한 형태의 지식과 조정기법도 올바르게 이해하고 있어야 한다.[58] 미래지향적 해결을
도모하는 과정에서 조정인의 역할이 매우 크다고 할 것이다. 조정인은 무엇보다 공평성과
투명성의 관점을 유지하여야 한다. 첫째로, 공평은 조정제도를 지탱하는 기본이념이며 만
약에 조정인이 공평성을 결하였다면 조정제도는 붕괴될 수 있기 때문이다. 조정인은 독립
성과 중립성에 대한 인식이 필요하다. 조정이 판결과 다른 점은 판결에서는 법리가 중요
하지만, 조정에 있어서는 조리에 따른 해결이 중요하다고 할 것이다. 조리는 상식과 양심
에 합치하는 것이라고 할 수 있고 사물의 본성으로 이해되고 있는데 분쟁의 실정에 즉응
하는 해결이라고 할 수 있다.[59] 따라서 조정에 있어서 인정과 도의에 입각한 상호양보라
는 관점에 머물러서 화해하는데 그칠 것이 아니라 분쟁의 실정에 즉응하는 구체적 타당

---

55 함영주·서성운, "조정인의 선발과 교육에 관한 연구", 중앙법학 제16집 제1호(2014), 53면 이하

56 이로리, "로스쿨에서의 조정교육의 필요성 및 방법론에 관한 제안", 한국조정학회 학술발표회 자료집(2013. 8. 21).

57 로스쿨에서 조정교육의 활성화에 전적으로 찬동하면서도 우리의 로스쿨 교육의 실상에 비추어 ADR 과목의 필수과목
   화나 변호사시험의 전문선택과목으로 ADR을 포함시키도록 하고, 그런 연후에 조정교육을 커리큘럼에 포함시켜 개설할
   수 있도록 하는 것이 순서라고 본다.

58 함영주·서성운, 앞의 논문(각주 56), 67면.

59 星野雅紀, "調停の 現狀と 展望", 判例タイムズ No. 1288(2009.4.1), 28面; 星野 雅紀 교수는 "조리에 있어서도 객관
   적 기준이 있어야 하겠으나, 법원의 판례나 이론보다는 새로운 흐름 다시말해 사회적 풍습, 관행, 도덕과 종교를 포함
   하여 넓은 의미로 이해할 수 있다. 조정인은 그러한 점에서 판례와 이론에도 해박할 필요가 있고, 판례와 이론에 의할
   경우 어떤 리스크가 유발되고 조정을 통하여 해결하는 것이 어떤 이점이 있는 것인지 당사자가 충분히 인식할 수 있
   도록 하는 것이 중요하다"고 역설한다.

성을 모색하고 분쟁의 해결이 합리적일 필요가 있다. 둘째로, 투명성의 문제이다. 재판의 공개는 제도적으로 담보되어 있어 당사자의 의심의 눈초리를 띠지 않는데, 조정의 경우에는 비공식적인 개별적인 면담 뿐만 아니라 분리적인 면담이 필요한 경우가 적지 않으므로 원칙적으로 대석조정을 하되, 예외적으로 별석 조정의 방식을 채택하는 것이 좋을 것이다. 다만, 이 경우에도 당사자가 원하는 경우에 한하여야 한다. 이와 관련하여 평가촉진형 조정의 경우에는 별석조정을 활용하고, 자주교섭지원형 조정의 경우에는 대석조정을 활용하는 것이 좋다고 하지만, 이와 같은 방식의 활용이 논리 필연적인 것은 아니다. 자주교섭지원형 조정의 경우에도 당사자가 합의한 경우에는 별석조정의 방식을 선택할 수 있기 때문이다.[60]

조정인에 대한 활동의 대가를 보다 상향하여 조정을 내실화 할 수 있도록 하고, 각종 행정조정에 있어서 비용을 받지 않고 무료로 신청하도록 하는 부분도 개선해야 할 것이다. 나아가 법원의 조정위원 뿐만 아니라 각종 행정분쟁조정기구에 종사하는 조정위원의 임명이나 위촉 시에 일정기준의 교육을 받은 자를 자격요건으로 할 필요가 있다.[61] 이와 같은 조정인의 교육이나 양성이 조정인이라고 하는 새로운 일자리의 창출에 그칠 것이 아니라, 전문적인 역량을 갖춘 조정인을 양성할 때에만 민간조정이 설득적 권위를 갖고 활성화될 수 있다고 본다.

한편, 조정인은 법적용을 하는 자가 아니지만, 법적인 조언이 없는 조정은 그 자체로 의미가 없다. 따라서 조정인은 법도 알아야 하지만 해당 분야의 전문적 식견도 필요하다. 조정교육에 있어 법과 법외적인 지식을 전수할 수 있도록 다양한 프로그램으로 교육할 필요가 있다.

4. 비밀유지의무와 시효중단효의 제도화

조정에 있어서는 비밀유지가 관건이라고 할 것이다. 만일 조정과정에서 비밀이 유지되지 않으면 당사자는 흉금을 터놓고 이야기를 할 수 없기 때문에 분쟁의 배후에 있는 숨

---

60 稲葉一人, 調停モデルと調停の進め方- 自主交渉援助型調停と同席調停, 自由と正義 2016. 3, 51面.

61 유병현, "법원외 ADR과 연계방안," 분쟁해결 제2호(2016), 196면.

은 정보를 알아낼 수 없게 된다.[62] 조정이 성공하려면 조정에 있어 비밀유지의무의 제도화 등 신뢰할 수 있는 절차가 마련되어야 한다. 독일 조정법 제4조는 유럽조정지침 제7(1)조를 근거로 한 것으로 조정절차의 비밀유지(confidentiality)에 관하여 규정하고 있다. 유럽연합의 역내 구성국가들은 조정의 비밀유지에 대하여 조정지침보다 더 엄격하게 규정할 수 있다.[63] 독일의 경우처럼 우리도 민간조정활성화를 위한 ADR 기본법을 제정할 경우에는 조정인의 비밀유지의무 규정을 마련하고 그 예외에 대하여도 규율할 필요가 있다. 위와 같은 ADR 기본법을 제정하기 전이라고 민사조정법에서 비밀유지의무 조항을 마련할 필요가 있다. 나아가 우리의 수소법원의 조정제도는 조정당시의 당사자 진술 등을 모두 지득하고 있으므로 조정이 결렬되어 재판을 함에 있어 재판의 심증형성에 영향을 미쳐 비밀유지의무가 지켜지지 않는 결과가 되므로 독일 조정제도에서와 같은 수소법원의 조정을 담당한 판사를 당해사건에서 배제하는 방향으로 제도개선을 할 필요가 있다.[64]

　한편 우리의 경우에도 ADR 기본법을 제정할 경우 일본의 경우처럼 시효중단효를 명문화 할 필요가 있다. 만약에 조정절차를 거치도록 하였음에도 시효중단효를 인정하지 않게 되면 민간조정이 활성화 되지 않을 수 있게 된다. 전자문서 및 전자거래기본법 제36조의2[65]에서 조정신청에 대하여 소멸시효 중단효를 인정하고 있으며, 민사조정법 제35조[66], 의료사고 피해구제 및 의료분쟁 조정 등에 관한 법률 제42조[67]에서 명문으로 시효중단효

---

62 김용섭, "행정법상 분쟁해결수단으로서의 조정", 저스티스 통권 제81호(2004), 2면.

63 함영주, "EU 조정제도의 현황과 발전방향", 제16회 한국조정학회 학술발표회 자료집(2015. 7. 27), 7면.

64 조수혜, "민사조정법에 의한 조정절차의 공정성과 당사자의 절차적 지위의 보장", 민사소송 제19권 제1호(2015), 427면.

65 제36조의2(소멸시효의 중단) 제33조제1항에 따른 분쟁조정의 신청은 소멸시효 중단의 효력이 있다. 다만, 분쟁조정의 신청을 취하하는 경우에는 그러하지 아니하다.

66 제35조(소멸시효의 중단) ① 조정신청은 시효중단의 효력이 있다.
　② 당사자의 신청에 의한 조정사건에 관하여 다음 각 호의 어느 하나에 해당하는 사유가 있는 때에는 1개월 이내에 소를 제기하지 아니하면 시효중단의 효력이 없다.
　1. 조정신청이 취하된 때
　2. 제31조제2항에 따라 조정신청이 취하된 것으로 보는 때

67 제42조(시효의 중단) ① 제27조제1항에 따른 조정의 신청은 시효중단의 효력이 있다. 다만, 그 신청이 취하되거나 각하된 때에는 그러하지 아니하다.
　② 제1항 본문에 따라 중단된 시효는 다음 각 호의 어느 하나에 해당하는 경우 새로이 진행한다.
　1. 조정이 성립하였거나 제37조에 따라 조정절차 중 합의가 이루어진 경우

를 인정하고 있다. 행정형 ADR의 경우 개별법에 시효중단에 관한 명문의 규정을 두고 있지 않는 경우가 적지 않으므로, ADR기본법을 제정하거나 행정분쟁조정기구 전반을 규율하는 기본법을 제정할 경우 이에 대하여 통일적으로 규율할 필요가 있다.

VI. 맺음말

이상에서 고찰한 바와 같이 독일의 조정법과 인증조정인 제도 그리고 일본의 ADR법을 토대로 우리 민가조정의 활성화 방안에 대하여 살펴보았다. 독일의 경우에는 영미법 국가와는 달리 민사소송이나 상사분쟁에 있어 법원을 통한 분쟁해결이 국민에게 많은 비용이 드는 것이 아니라 그동안 조정 활용의 필요성이 강조되지 않은 측면이 있었다. 이러한 관점에서 독일의 경우에 조정법의 제정이 조정을 촉진하지도 않고 단지 사법부에 도움이 된다는 비판론이 있기도 하지만, 전체적으로 평가할 때 실제적으로 조정이 강력한 분쟁해결수단이 되고 있다는 인식이 국민 속에서 싹트고 있으며 변호사 등 권리구제와 연관된 직업에 있어서도 조정에 대한 관심이 높아가고 있는 점과 조정법의 제정 이후에 자율적인 분쟁해결 메카니즘을 만들어 가고 있다는 점도 긍정적인 평가에 속한다고 할 것이다.[68] 이러한 관점에서 독일의 조정제도의 발전과정과 새로 제정된 독일 조정법의 규율내용이 우리에게 시사하는 바가 크다고 할 것이다. 특히 법과 문화적 배경이 다른 독일 등 대륙법계 국가인 유럽의 조정제도의 운영상황과 발전에 대하여 깊이 관심을 기울일 필요가 있다.

일본의 경우에도 ADR법 제정이전에는 민간 조정이 전혀 활용되지 않았는데 계속하여 법무부의 인증을 받은 민간조정기관에 이한 분쟁해결이 늘어가고 있으며 전반적으로 민간 ADR이 ADR기본법을 제정한 이후에 활성화 되고 있다는 평가가 있으므로 우리도 일본과 같은 민간 ADR을 활성화하기 위한 ADR기본법을 제정할 필요가 있다.[69] 일본의

---

2. 당사자의 일방 또는 쌍방이 조정결정에 동의하지 아니한다는 의사를 표시한 경우

68 Christian Wermke, Praxishandbuch Mediation, HDS Verlag, 2016, S. 152-153.

ADR법이 제정된 후 ADR에 대한 국민적 관심이 증대되고 조정인의 양성 등에 관심을 기울이고 있는 점을 타산지석으로 삼아야 할 것이다.[70]

우리의 경우에도 재판을 통한 분쟁해결이 시간이 오래걸리고 완승주의가 지배하므로 화해는 재판보다 낫다는 격언처럼 ADR의 장점에 대한 인식이 높아가고 있는 것도 사실이다. 다만, 화해나 조정이 이루어 지는 결과적 측면에만 포커스를 맞출 것이 아니라 조정을 해 나가는 과정적 측면에서 당사자가 자기책임하에 문제를 해결하는 과정이 매우 중요하다. 우리의 수소법원에 의한 조정의 경우처럼 조정이 된다고 해서 실질적으로 분쟁이 해결되는 것이 아니라 법원이 사건을 손쉽게 처리하는 차원으로 조정을 활용하게 될 경우에는 당사자에게는 '울며겨자먹기' 식의 절차가 되고, 당사자간에 화해가 이루어진 이후에도 서로 소통하면서 지속적인 관계의 유지와 개선이 이루어져야 하는 점까지 내다보는 미래지향적 해결이 못되는 아쉬움을 갖게 된다.[71] 법원은 법대로 재판을 하는 곳이고 분쟁을 법과는 다른 조리에 따라 해결하는 기능은 민간 등 다른 기관에 맡기는 것이 바람직하다. 그 이유는 본래 법원은 권리를 법의 내용에 따라 보호하는 곳이지 분쟁을 적당한 내용으로 해결하는 곳이 아니기 때문이다.[72]

끝으로 미래사회는 조정과 ADR의 사회로 변모하게 될 것이다. 변호사의 경우 조정의 대리인으로 활동하는 경우와 조정인으로 활동하는 경우를 구별하여 조정인의 대리인의 경우에는 대리인의 이익을 우선에 두고, 조정인으로 활동하는 경우에는 양 당사자의 이익을 대변할 수 있도록 할 필요가 있다. 우리의 경우 변호사법을 개정하여 독일의 경우처럼 변호사가 의뢰인을 위해 다양한 분쟁해결 중에 적절한 수단을 선택하여 처리할 수 있도

---

69 김상찬, 앞의 논문(각주 33), 190면. 다만, 조정인에 대한 교육과 연수제도는 일본의 제도를 벤치마킹하기 보다는 독일의 제도를 벤치마킹하는 것이 적절하다고 사료된다.

70 靑山善充, "今, ADRに望むこと", 法律時報 85卷 4号(2013). 7-9면, 靑山善充 교수는 ADR이 매력적인 선택지가 되기 위해서 ① ADR에 대한 국민의 이해의 증진을 위한 제도의 일층의 주지가 필요하다. ② ADR의 사건에 관한 횡단적 통계가 필요하다. ③ ADR기관의 질의 계속적 향상, 그를 위한 점검·평가가 필요하다. ④ ADR에 있어서 절차실시자의 공급원의 확보 및 양성·연수가 필요하다. ⑤ ADR기관의 재정적 기반의 강화의 방책을 제대로 검토하여야 한다.

71 이러한 관점에서 권위적인 중재나 일방적 조정과 같은 중립적 제3자의 해결방식에 의할 경우에는 당사자의 일방의 양보를 끌어내어 형식적인 차원에서 분쟁이 해결되었다고 볼지라도 양당사자간의 관계의 지속을 못 이끌어 내어 회통을 하지 못하는 경우라면 소송보다 원만한 해결을 한 것이라고 보기 어려운 측면이 있다.

72 호문혁, "판결과 ADR체계의 정립에 관한 연구", 서울대학교 법학 제53권 제1호(2012), 589면.

록 변호사법 관련 규정을 명문화하고, 만약에 변호사가 의도적으로 조정 등을 회피하는 경우에 제재수단을 마련하는 제도개선도 함께 모색할 필요가 있다.

앞으로 변호사의 역할은 법에 기초한 권리실현 및 그것을 통한 분쟁처리에 국한하지 않고, 보다 넓게 의뢰인이 자율적으로 자신들의 힘으로 분쟁을 처리하고 갈등을 해결하여 새로운 관계를 설정하는 것을 지원하는 방향으로 변호사의 역할이 중시되는 이른바 관계 지향형 변호사모델[73]이 강조되리라고 본다. 조정의 성패는 전문적인 역량을 갖춘 조정인의 양성과 교육 및 연수에 달려있다. 따라서 독일의 인증조정인 제도와 같은 효율적인 조정인력 배출 시스템을 만들어 다양한 분야에서 갈등을 해소하면서 편안한 일상을 영위하는 건강한 사회를 지향해 나갈 필요가 있다.

---

73 和田仁孝·太田勝造·阿部昌樹 編, 「交渉と紛争處理」, 日本評論社, 2005, 265面

참고문헌

I. 국내문헌

(단행본)

정형근, 변호사법 주석, 피앤씨 미디어, 2016.

김정순, 행정법상 재판외 분쟁해결법제연구, 한국법제연구원 연구보고 2006-16 ,2006.

(논문)

김용섭, "행정법상 분쟁해결수단으로서의 조정", 저스티스 통권 제81호(2004).

______, "공공정책갈등의 해결방안과 ADR의 기능(토론문)", 저스티스 통권 제121호(2010).

______, "로스쿨에서의 조정교육의 필요성 및 방법론에 관한 제안(토론문)", 한국조정학회 학술발
표회 자료집(2013. 8. 21).

______, "EU 조정제도의 현황과 발전과정 - 우리 조정제도 활성화를 위한 시사점 모색을 중심으
로-(토론문)", 한국조정학회 제16회 학술발표회 자료집(2015. 7. 27).

김용수·정창화, "독일 갈등관리시스템의 제도화- 공공갈등 조정관(Mediator)의 제도적 착근 탐색",
한독사회과학논총 제25권 제1호(2015).

김민중, "민간조정의 활성화 방안- 일본의 ADR 촉진법을 중심으로-", 원광법학 제26권 제3호
(2010).

김민중, "일본의 ADR이용촉진법 운용사례 및 시사점, 우리나라 ADR 법제의 운영현황과 발전방향
에 관한 국회 입법조사처 자료집", 20-12. 2. 27.

김상찬, "일본 ADR법상 인증제도의 현황과 과제", 중재연구 제22권 제2호(2012).

______, "일본의 조정인 양성현황과 시사점", 법학연구 제59집(2015).

박노형, "조정의 선진화 및 활성화 소고", 분쟁해결 창간호(2011).

안건형, "비변호사 중재인 활용의 문제점과 개선방안", 중재연구 제25권 제1호(2015).

유병현, "법원외 ADR과 연계방향", 분쟁해결 제2호(2016).

이로리, "로스쿨에서의 조정교육의 필요성 및 방법론에 관한 제안", 한국조정학회 학술발표회 자료
집(2013. 8. 21).

이마다 겐타로, "일본의 ADR제도의 특징", 형평과 정의 제27집, 대구지방변호사회(2012).

이준상, "ADR 활성화를 위한 개선방안- 법원과 관련된 주제를 중심으로", 민사소송 제10권 제1호 (2006).

＿＿＿, "미국 로스쿨에서의 협상교육 방법론에 관한 연구", 중재연구 제23권 제2호(2013).

＿＿＿, "로스쿨에서의 조정교육의 필요성 및 방법론에 관한 제안", 한국조정학회 학술발표회 자료집(2013. 8. 21).

정선주, "2012년 독일조정법의 내용과 평가", 민사소송 제16권 제2호(2013).

정준영, "가칭 ADR 기본법의 제정방향과 선결과제", 언론중재 제30권 제4호(2010).

조수혜, "민사조정법에 의한 조정절차의 공정성과 당사자의 절차적 지위의 보장", 민사소송 제19권 제1호(2015),

최석범, "국가주도형 ADR과 민간주도형 ADR에 관한 연구", 중재연구 제20권 제3호(2010).

최옥환, "민간형 조정의 활성화 방안에 관한 연구- 민사조정을 중심으로-", 중앙대 법학박사학위 논문(2010).

함영주, "EU 조정제도의 현황과 발전과정", 한국조정학회 제16회 학술발표회 자료(2015. 7. 27).

＿＿＿, "미국의 민간형 ADR의 운영에 대한 실태조사", 분쟁해결 제2호(2016).

＿＿＿, "우리 법제하 행정형 ADR의 현황과 과제", 언론중재 제29권 제1호(2009)

함영주·서성운, "조정인의 선발과 교육에 관한 연구", 중앙법학 제16집 제1호(2014).

호문혁, "판결과 ADR체계의 정립에 관한 연구", 서울대학교 법학 제53권 제1호(2012).

Ⅱ. 외국문헌

(서양문헌)

Günter Hirsch, Die "alternative Streitbeilegung" hat Konjunktur, ZRP 6/2012.

Haft/Schlieffen, Handbuch Mediation, 3 Aufl., C.H. Beck, 2016.

Peter Röthemeyer, Mediation, Kohlhammer, 2015.

Christian Wemke, Praxishandbuch Mediation, 3. Aufl. 2016.

Martin Henssler, Hanns Prütting, Bundesrechtsanwaltsordnung, 2014.

Wilhelm E. Feuerich, Dag Weyland, Albert Vossebürger, Gregor Böhnlein,

Rüdiger Brüggermann, Bundesrechtsanwaltsordnung, 8. Aufl. 2012.

Arthur Trossen, Mediation ist DIE- oder KEINE Alternative !, ZRP 1/2012.
Peter Grobosch, wolfgang Heymann, Vertrauen als Verfahrensgegenstand- Fallgruppen der Mediation, NJW 50/ 2012.

Hermann Hill, "Mediation im öffentlichen Sektor", DHV Speyer(2004).

(일본문헌)

和田仁孝, ADR-理論と實踐, 有斐閣, 2007.
和田仁孝·太田勝造·阿部昌樹 編, 交涉と紛爭處理, 日本評論社, 2005.
山本和彦, ADR法の現狀と課題, 法律のひろば, 2010. 9.
山本和彦, ADRの今日と將來, 法律のひろば, 2014. 6.
入江秀晃, ADR手續實施者養成の現狀と課題, 法律のひろば, 2010. 9.
鈴木昭洋, 認証ADRの現狀とADR法に關する檢討會報告書の概要, 法律のひろば, 2014. 6.
鈴木昭洋, 「ADR法に關する檢討會報告書」の概要, NBL No. 1027, 2014. 6.
稲葉一人, 調停モデルと調停の進め方- 自主交涉援助型調停と同席調停, 自由と正義 vol. 67. 2016. 3
星野雅紀, 調停の 現狀と 展望, 判例タイムズ No. 1288, 2009. 4. 1.

渡部美由紀, "ドイツにおけるADR", 法律時報 85卷 4号(2013).
青山善充, "今, ADRに望むこと", 法律時報 85卷 4号(2013).
小林 徹, "ADRの確充·活性化に向けて", 自由と正義 vol. 53(2002).

3

조정제도에 관한 행정법적 쟁점*

— 목차 —

Ⅰ. 머리말
Ⅱ. 조정에 관한 헌법적 논의
Ⅲ. 행정법상 조정의 특수성과 법치주의와의 관계
Ⅳ. 행정쟁송과 조정제도
Ⅴ. 맺음말

Ⅰ. 머리말

ADR(Alternative Dispute Resolution) 운동은 미국의 경우 1960년대 말부터 활발하였으나, 1976년 4월에 개최된 로스코 파운드 추모학술대회에서 본격화 되었다. 이 대회는 네브라스카 출신의 법학자인 로스코 파운드[1]가 1906년 미국변호사대회에서 연설한 후 70년을 기념하는 시점에 개최된 '사법행정에 대한 대중의 불만의 원인에 관한 대회'로 ADR 역사에 있어 중요한 의미를 갖는다.[2] 우리의 ADR 내지 조정과 관련하여 조선시대에는 예주종법(禮主從法)의 영향으로 예속에 따라 분쟁을 처리하고 크고 작은 갈등이 있는 경우 마을의 촌장이나 집안의 어른이 주선하에 상호 양보와 타협하는 것을 미덕으로 여기는 전통

---

* 이 논문은 2022년 2월 18일 제43회 한국조정학회 학술대회에서의 김용섭교수 기조발제문을 수정·보완하여 인권과 정의 제506호(2022. 6.) "행정법과 조정(調停)제도" 특집호에 게재·수록한 것입니다.

1 김용섭, "[법조열전] 하이브리드형 법률가 로스코 파운드", 리걸타임즈 2021년 10월호, 28~31면.

2 최승필, "행정법상 재판외 분쟁해결제도(ADR)에 대한 고찰" 「공법학연구」 제11권 제1호, 328면.

이 있었다.[3]

ADR은 재판외 분쟁해결제도 또는 대체적 분쟁해결제도라고 말한다.[4] 조정은 협상, 재정, 중재 등과 같이 ADR의 일종이다. 조정은 중재와 더불어 ADR의 양대 축을 형성한다. 조정은 결정권한을 갖고 있지 않은 중립적 제3자인 조정인이 관여한다는 점에서 판결이나 중재와는 구별되는 자율적인 분쟁해결 절차이다. 중재는 법원의 판결과 마찬가지로 과거에 발생한 구체적 분쟁을 전제로 구속력이 있는 법적인 판단을 내린다. 이에 반해 조정은 법적인 측면을 넘어 다양한 관점에서 미래지향적인 관계설정을 고려하여 분쟁해결을 도모할 수 있게 된다. 조정이 중재에 비해 시간과 비용이 적게 들고, 다양한 옵션을 통하여 합리적 관계설정이 가능한 유연한 해결방법이다.

넓은 의미의 조정은 본래적 의미의 조정(mediation)과 후견적 조정(conciliation, Schlichtung)으로 구분이 가능하다.[5] 본래적 의미의 조정은 중립적인 제3자인 조정인이 양 당사자가 협상과 문제해결의 시도에 있어서 분쟁이 발생한 경우 당사자가 쉽게 협상을 하여 분쟁해결을 촉진하는 형태로, 어떠한 제안을 적극적으로 개진하지 않고 대화를 촉진하는 분쟁해결방법을 말한다.[6] 이러한 의미의 조정은 외부에 있는 중립적인 조정인이 당사자가 분쟁을 해결하는데 도움을 주어 결국 양 당사자에게 만족적인 협상을 가져오도록 하는데 기여하는 역량변화적 협상과정이라고 할 수 있다. 소송의 제기에 따르는 비용, 지연, 비효율성이 양당사자로 하여금 조정이라는 제도를 이용하게 만든다.

이에 반하여 후견적 조정은 법원형 조정이나 행정형 조정에서 볼 수 있는 유형으로 제

---

3 독일의 예링(Rudolf von Jhering)이 말한 것과 같은 '권리를 위한 투쟁(Kampf ums Recht)'과 같이 자신의 권리를 위한 적극적인 투쟁은 우리의 전통적 법사상에서는 악행(惡行)으로 간주되기도 하였다.

4 ADR을 판결에 비하여 B급 정의라고 폄하하기도 하지만 소액사건심판법이나 상고심절차에 관한 특례법의 경우에는 판결이유를 기재하지 않아도 되도록 되어 있어 오히려 조정이 재판보다 가성비가 높고 더 나은 분쟁해결수단으로 BDR(Better Dispute Resolution) 일 수 있다.

5 이러한 구분방법과 관련하여 자주교섭형조정과 평가형 조정, 해결지향적 조정과 역량변화적 조정으로 구분하여 설명하기도 한다. 이에 관하여는 김용섭, "민간조정의 활성화를 위한 입법적 과제- 독일과 일본의 법제도와 시사점을 중심으로"「저스티스」통권 제157호, 2016., 221~222면. 여기서는 통상적인 조정(Mediation)과 후견적 조정(Schlichtung)을 모두 넓은 의미의 조정으로 파악하기로 한다.

6 Vgl. Stephan Breidenbach, Mediation- Struktur, Chancen und Risken von Vermittlung im Konflikt, 1995, S. 4.

3자인 조정인이 결정 권한이 없으나, 조정과정에 깊숙이 관여하여 제안을 하거나 합의안을 제시하는 등 적극적으로 당사자의 합의를 유도하는 조정형태이다. 독일의 격언 중에 "조정은 재판보다 좋다(Schlichten ist besser als Richten)[7]"는 말이 있다. 비록 이러한 후견적 조정은 본래적 의미의 조정제도의 이념에는 맞지 않으나, 결과지향적 측면에서 조정인의 후견적 개입을 통해 합리적 방향설정을 모색한다는 점에서 그 의미가 있다. 행정형 분쟁조정위원회 중에서 사무국을 설치하여 사실을 조사하여 분쟁을 해결하는 경우가 후견적 조정으로 결과지향적 조정모델에 속한다고 할 수 있다.

어느 경우이건 조정에 있어 중립적 조정인은 결정권한이 없고 조연적 지위에서 분쟁이 해결될 수 있도록 당사자를 조력하는 지위에 있게 된다. 이러한 관점에서는 조정을 통한 문제해결의 결과도 중요하지만 당사자가 주체적인 관점에서 대화를 시도하고 문제를 해결하려는 과정이 중요하다. 오늘날 현대사회에 있어 행정시스템이 국민에 대한 적극적 대응을 하지 못하여 다양한 형태의 공공분쟁이 급증하고 있다. 행정쟁송에서 일방이 승자가 되거나 패자가 되는 현행구조는 공공갈등의 해결에 한계가 있는 것도 사실이다.[8] 이하에서는 선행적 고찰로서 조정에 관한 헌법적 논의(II)를 다루면서, 법원조정을 사법권(재판권)의 의미로 이해할 것인지 아니면 사법행정으로 파악할 것인지를 논하고, 필요적 조정전치주의의 도입이 헌법상 재판청구권 침해 여지가 있는지에 대해 검토하기로 한다.

다음으로 행정법상 조정의 특수성과 법치주의와의 관계(III)를 다루면서 행정법의 영역에 있어서의 조정이 민사관계에서의 조정과 달리 어떤 특수성이 있는지를 고찰하고, 공법

---

7 최승필, "행정법상 재판외 분쟁해결제도(ADR)에 대한 고찰" 「공법학연구」 제11권 제1호, 329면, 최 교수는 Schlichten 을 조정으로 적절히 파악하고 있다. 한편 박정훈, "행정소송의 재판상 화해" 「행정소송의 구조와 기능」, 박영사, 2006., 613면에서 Schlichten을 중재로 번역하고 있다. 중재는 영어의 Arbitration에 해당하는 독일어 Schiedsgericht 또는 Schiedsverfahren 이기 때문에 중재로 번역하는 것은 적절하지 않다. 전훈 "항고소송에서의 법원의 화해권고에 관한 고찰" 「공법학연구」 제9권 제1호, 2008., 325면에서 conciliation을 소송상 화해로 번역하고 있다. 그러나 conciliation은 독일어의 Schlichtung 이나 Schlichten과 같이 법원의 후견적 개입이 있는 조정으로 이 용어를 소송 상 화해로 번역하기 보다는 법원조정이나 사법조정으로 번역하는 것이 적절하다고 본다. 독일어의 Schlichten은 당사 자 쌍방에게 조정인이 제안을 할 수 있으나 당사자가 수용하는 한도에서 구속력을 지니는데 반해 양 당사자가 중재에 의하기로 서면합의가 있는 경우에 중재에 회부한 경우 제3자인 중재인이 내리는 판정에 따르게 되는 것을 말하기 때문에 중재로 볼 것은 아니다. 독일어 Schlichten의 경우에는 후견적 평가형 조정으로 우리의 법원조정이나 행정형 조정과 같은 제안을 하여 당사자가 수용하도록 적극적 개입을 하지만 이를 넓은 의미의 조정으로 파악할 수 있다.

8 국민권익위원회, 국민권익위원회 5년 2017-2021 성과자료집, 2022., 110면.

영역에서 당사자의 합의와 법치주의간의 충돌문제를 어떻게 극복할 것인가의 문제를 고찰하기로 한다. 행정법 영역에서의 조정은 행정상 분쟁조정위원회 형태의 행정형 조정제도9와 행정절차에서의 조정10도 함께 고찰할 수 있으나, 지면관계상 이를 생략한다. 본고에서는 행정쟁송과 조정제도(IV)를 중심으로 고찰하되, 행정심판에서의 조정과 행정소송에서의 조정으로 구분하여 살펴보기로 한다. 행정심판법상 조정제도가 2018년부터 운영되고 있으나, 과연 제대로 운영되고 있는지 그 문제점을 검토하고 제도적 개선과제를 모색할 필요가 있다. 행정소송에서 사실상 조정이 이루어지고 있으나, 종전의 법무부 행정소송법개정안에서 도입하려고 하였던 항고소송에서의 화해권고제도 대신에 조정제도의 입법 필요성과 구체적 방안에 관하여 모색하기로 한다.

II. 조정에 관한 헌법적 논의

1. 조정이 헌법상 사법권 개념에 속하는지 여부

법원의 사법 활동의 특징은 법관이 일반적으로 특별히 규정된 절차의 틀 내에서 법을 해석·적용하여 최종 구속력 있는 결정을 내리는 것이다. 우리 헌법 제101조 제1항에서 "사법권은 법관으로 구성된 법원에 속한다"라고 되어 있는데, 조정이 사법권의 개념에 속하는지 논란이 야기된다. 사법권에 관한 형식적 개념에 의하면 법원의 구성원인 법관이 행하는 것은 모두 사법권으로 보게 된다. 조정도 사법권에 포함될 수 있다고 보는 형식적 개념은 지나치게 넓게 사법권을 이해하므로 타당하지 않고 사법권을 재판작용에 한정하는 실질적인 의미로 이해하는 것이 타당하다. 이러한 관점에서 조정은 재판작용이 아니므

---

9 이에 관한 최근 문헌으로는 김봉철, "우리나라의 행정형 ADR 개선방안에 관한 연구", 사법정책연구원, 2019. ; 박준모, "행정형 조정절차에 있어 조정성립의 효력에 관한 입법론적 방향성과 기준의 제시", 입법조사처 현안분석 제97호, 2019. ; 최계영, "행정형 조정의 현황과 과제", 한국조정학회 제39회 학술대회 자료집, 2021. 6. 4., 35~57면 등을 참고할 것.

10 김용섭, 행정법상 분쟁해결수단으로서의 조정 「저스티스」 통권 제81호, 2004., 25~27면 ; 김남철, 앞의 논문, 217~219, 228~229면.

로 사법권에 포함되지 않는다.[11] 이러한 의미에서는 법원의 법관에 의해서만 조정이 행하여 지는 것은 아니다. 조정인이나 조정위원에 의하여 행하여지는 법원부속형의 조정은 물론 법원 밖의 행정부처에 설치된 행정형 조정이나 민간형 조정의 방식으로 분쟁을 해결하는 것이 가능하다. 따라서 민간이나 행정부처에서 조정제도를 적극 활용하여 분쟁을 원만히 해결하는 것은 법원의 사법활동과 직접 관련되지 않는다.[12] 법원내부적인 조정의 경우에도 소송을 담당하는 법관에 의하여 조정이 행하여질 것이 아니라 제3자인 중립적 조정인에 의하여 분쟁을 해결하는 것이 바람직하다. 법원이 판결 대신에 조정으로 분쟁을 해결하려는 현상과 관련하여, 법원은 법에 의하여 재판을 하는 곳이지 조정인이 되어 분쟁을 적당한 내용으로 해결하는 곳이 아니라는 비판론[13]이 있다. 그러나 법원은 판결에 의하지 않고 조정 등 다양한 분쟁해결 방식의 우회로를 찾는 것이 가능하다.

이와 관련하여 독일의 경우에도 조정과 같이 법원에서 이루어지는 판결이 아닌 재판외 분쟁해결을 어떻게 법이론적으로 파악할 것인지에 대하여는 논란이 있다.[14] 독일 기본법 제92조에 따르면 재판권은 법관에게 속한다고 되어 있다. 조정과 같은 재판외 분쟁해결 제도는 법관의 재판권에 포함되어 있지 않고 국가만이 독점적으로 행사할 수 있는 것은 아니라고 볼 것이다.[15]

또한 조정이 법원에서 활용되더라도 이는 독일 기본법상 재판권의 개념에 포섭되는 것이 아니라 사법행정의 일종으로 파악되고 있다.[16]

---

11 기능적 권력분립의 관점에서 법원이 재판권만 행사하는 것이 아니라 사법행정과 제한적인 입법작용도 행사할 수 있다. 한편 중재는 법원의 판결을 대체하는 분쟁해결 제도로서 사적 재판의 일종으로 헌법상 사법권의 개념에 포함되기 어렵다.

12 이러한 관점에서 법원형 조정에 적용되는 민사조정법과는 달리 행정형 조정을 통일적으로 규율하는 법률, 싱가포르 조정협약의 발효에 따르는 국내이행 법률 및 민간형 조정을 활성화 하기 위한 법률의 제정이 필요하다.

13 호문혁, "판결과 ADR체계의 정립에 관한 연구"「서울대학교 법학」제53권 제1호, 2012., 589면. 필자도 법원이 다양한 분쟁해결 방법을 모색하는 것은 불가능한 것은 아니지만 당사자가 법원에 재판을 청구한 것이지 조정을 신청한 것이 아님에도 당사자의 조정의사가 없음이 명백한데도 무리하게 조정으로 해결하려는 것은 타당하지 않다고 본다.

14 Raimund Wimmer/ Ulrich Wimmer, Verfassungsrechtliche Aspekte richterlicher Mediation, NJW 2007. S. 3243 ; 법관 조정(Richterliche Mediation)이 독일 기본법 제92조에서는 규정하고 있는 사법권 내지 재판권 (Rechtsprechung)에 속하는지를 둘러싸고 논의가 활발하다.

15 Fabian Wittreck, "Dritte Gewalt im Wandel- veränderte Anforderungen an Legitimität und Effektivität?", VVDStRL Bd. 74, 2014.S. 134-135.

생각건대 조정이 헌법상의 사법권의 개념에 포함된다면 법원만이 조정을 할 수 있고, 행정부처나 민간에서 하는 조정은 제한적으로 인정되어야 한다. 그러나 조정을 헌법상 사법권이 아니라 사법행정에 속하는 것으로 이해한다면 법원형 조정 뿐만 아니라 행정형 조정이나 민간형 조정이 적극적으로 활용될 수 있다. 조정은 ADR의 일종으로 재판외 분쟁해결제도의 하나이고, 민사조정법이나 가사소송법에 의한 법원형 조정은 재판작용으로 보기 어렵고 사법행정의 일종이라고 할 것이다.

2. 필요적 조정전치주의와 헌법상 재판청구권 침해 여부

헌법 제27조 제1항에서 "모든 국민은 헌법과 법률이 정한 법관에 의하여 법률에 의한 재판을 받을 권리를 가진다"고 규정하고 있다. 이는 헌법상 재판청구권과 국민의 재판받을 권리에 관한 규정으로 국민이 자유나 권리를 보호받기 위하여 법원에 재판을 제기하여 법관에 의하여 분쟁을 해결할 수 있는 청구권을 말한다.[17] 그런데 이와 같은 재판받을 권리의 적극적 내용은 민사재판청구권과 행정재판을 받을 권리를 의미하고, 소극적으로는 형사재판에 있어서 법원의 재판에 의하지 아니하고 형벌을 부과받지 않을 권리를 의미한다.

그런데 재판청구권을 사법절차상의 기본권으로 이해하면서 판단주체의 독립성과 공정성 등 절차적 기본권이 재판외 분쟁해결제도에서도 준수되어야 한다고 보는 견해가 있다.[18] 중재의 경우에는 일견 타당하다고 보여지나, 중립적 제3자인 조정인에게는 결정의 권한이 없어 판단주체의 관점에서 사법절차를 준용하여 독립성과 공정성을 엄격하게 요구하는 것은 적절하지 않다. 조정제도의 신뢰를 위해 조정인의 중립성과 독립성은 조정인의 윤리의 핵심적 사항이다.

한편 우리 헌법 제107조 제3항에서 "재판의 전심절차로서 행정심판을 할 수 있다. 행정심판의 절차는 법률로 정하되, 사법절차가 준용되어야 한다"고 규정하고 있을 뿐 ADR이나 조정에 관하여는 별도의 규정을 두고 있지 않다. 헌법상 재판청구권이 보장된다고 하

---

16 Raimund Wimmer/ Ulrich Wimmer, Verfassungsrechtliche Aspekte richterlicher Mediation, NJW 2007. S. 3244.

17 당사자가 법원에 적법한 소를 제기한 경우에 법률에 규정이 없는 한 본안재판을 거절할 수 없는 경우도 이에 포함된다.

18 정선주, "재판청구권보장과 ADR-조정과 중재를 중심으로" 「저스티스」 통권 제170-3호, 2012., 563면.

여 모든 사건을 법원의 판결을 통하여 해결하여야 하는 것은 아니다. 중재는 법원의 재판의 대체물로서 국가기관에 의하여 행하여지지 아니하므로 헌법상 재판청구권과 직접 관련이 없고, 조정의 경우에도 자발적으로 분쟁을 해결하는 것은 사적자치가 적용되는 영역의 문제로 볼 수 있어 이를 통한 분쟁해결이 헌법상 재판청구권을 침해하는 것에 해당한다고 볼 것은 아니다.[19]

여기서 제기되는 문제는 분쟁이 있을 경우 반드시 법원의 재판을 종심으로 하여야 하는가의 문제이다. 민사사건에 있어서 법원에서 하는 조정은 조정에 갈음하는 결정을 하여 당사자가 이의를 제기하지 않는 경우 재판상 화해와 동일한 효력이 있다고 보게 된다.[20] 또한 민사사건 전체가 아니라 민사 소액사건에 필요적 조정전치주의를 채택한다고 하여 헌법상 재판청구권의 침해라고 단정할 것은 아니다. 비록 민사사건에서 필요적 조정전치 제도를 마련하더라도 당사자가 한 부제소합의는 사적자치의 문제이므로 원칙적으로 법원의 재판을 종심(終審)으로 하는 것과 모순되는 것은 아니다.[21]

민사 소액사건에 있어 필요적 조정전치주의의 도입방안에 있어서 ① 모든 민사소송사건에 전면적 조정전치주의를 도입하는 방안 ② 단독사건에 관하여 조정전치주의를 도입하는 방안 그리고 ③ 소액사건에 관하여 조정전치주의를 도입하는 방안이 검토될 수 있다. 먼저 전면적 조정전치주의는 법률과 정의에 의하여 분쟁이 해결된다는 법치주의적 의식을 마비시킬 수 있어 바람직하지 않다는 비판론[22]이 있다. 다음으로 단독사건의 경우에는

---

19 김소연, "재판 외 분쟁해결절차(ADR)로서 행정형 조정과 재판청구권의 관계- 행정형 조정의 양면적 속성을 중심으로-" 「분쟁해결」 제3호, 2021, 76~77면 ; 정선주, 앞의 논문, 558면.

20 행정형 조정에서 조정이 성립된 경우 재판상 화해와 동일한 효력이 인정되는 규정이 헌법상 재판청구권을 침해하는 지 여부와 관련하여 헌법 제107조 제3항의 규정에 의한 행정심판에 사법절차의 준용에 관한 법리를 접목하는 것은 적절하지 않다.

21 대법원 2019. 8. 14. 선고 2017다217151 판결 [구상금]에서 "부제소합의는 소송당사자에게 헌법상 보장된 재판청구권의 포기와 같은 중대한 소송법상의 효과를 발생시키는 것이다. 이와 같이 그 합의의 존부 판단에 따라 당사자들 사이에 이해관계가 극명하게 갈리게 되는 소송행위에 관한 당사자의 의사를 해석할 때는 표시된 문언의 내용이 불분명하여 당사자의 의사해석에 관한 주장이 대립할 소지가 있고 나아가 당사자의 의사를 참작한 객관적·합리적 의사해석과 외부로 표시된 행위에 의하여 추단되는 당사자의 의사조차도 불분명하다면, 가급적 소극적 입장에서 그러한 합의의 존재를 부정할 수밖에 없다. 그리고 권리의무의 주체인 당사자 간에서의 부제소합의라도 그 당사자가 처분할 수 있는 특정된 법률관계에 관한 것으로서 그 합의 당시 각 당사자가 예상할 수 있는 상황에 관한 것이어야 유효하게 된다"고 판시하여 부제소합의라고 할지라도 재판청구권을 침해할 수 있는 여지가 있다는 것을 밝힌 판결이다.

22 이시윤, "[시론] 조정전치주의의 입법안에 대하여" 「고시계」 2000. 3., 3면.

2022년 3월 1일부터 민사 및 가사소송의 사물관할에 관한 규칙이 개정되어 소송물 가액이 5억 미만의 사건이 단독사건에 해당하므로 고액의 사건에 필요적 전치주의의 도입은 바람직하지 않다. 생각건대 소송과 조정의 조화로운 발전을 위해서는 소가 3,000만 원 이하의 소액사건 전부에 대하여 조정전치주의를 도입하는 방안보다는 소가 1,000만 원 미만인 사건에 한하여 필요적 조정전치주의를 도입하고 입법평가를 한 후 점차 확대하여 나가는 것이 바람직하다.[23] 참고적으로 프랑스는 일반 법원인 지방법원의 민사사건에 있어 제소전 조정과 소송계속중의 조정으로 구분하여 조정제도 활용을 유도하기 위하여 특별한 규정들을 두고 있다.[24] 프랑스의 경우 5,000유로 이하의 금전지급을 구하는 청구 등 일부 사건에 대하여는 민간조정이나 사법조정 등을 거치지 않으면 소를 제기하지 못하도록 조정전치주의를 채택하고 있다.[25]

그러나 기본적으로 당사자가 소송을 하지 않고 자율적으로 분쟁을 해결하기로 합의하는 부제소 합의는 사적자치의 원칙상 허용되는 것이고, 특별한 사정이 없는 한 이를 이유로 재판청구권을 침해하였다고 단정할 수는 없는 것이다. 이와 관련하여 대법원 2019. 8. 14. 선고 2017다217151 판결에서도 권리의무의 주체인 당사자 간에서 부제소합의라도 그 당사자가 처분할 수 있는 특정된 법률관계에 관한 것으로서 그 합의 당시 각 당사자가 예상할 수 있는 상황에 관한 것이어야 한다는 단서를 달기는 하였다.[26] 기본적으로 행정소송에서 부제소합의를 무효로 보는 것과는 달리 민사소송에 있어서는 그 자체로 무효로 볼 것은 아니다. 왜냐하면 행정소송에 있어서 소권은 개인의 국가에 대한 공권이므로 당사자의 합의로써 이를 포기할 수 없다고 보는 전제에 서있기 때문이다.[27]

---

23 소액사건심판법에서 3천만원 이하의 민사소액사건의 경우에는 판결문을 작성하지 않아도 되도록 규정하고 있다. 그러나 사건이 많아 신속한 재판을 허용하기 위한 것이기는 하나 판결의 이유가 없어도 된다는 것은 국민의 재판불신을 초래할 수 있다. 따라서 소액사건에 있어 조정을 거친 경우에는 법원에서 판결이유를 작성하도록 제도를 개선하여 조정전치를 유도하는 것도 법정책적 방법이 될 수 있다.

24 박현정, "프랑스 조정제도와 시사점- 민간형 조정제도를 중심으로-"「분쟁해결」제3호, 2021., 256~257면.

25 박현정, 앞의 논문, 277면.

26 이러한 판례의 태도는 대법원 2023. 2. 2. 선고 2018다261773 판결에서 다시 확인되었다.

27 대법원 1995. 9. 15. 선고 94누4455 판결 [공원조성사업정지처분등취소]

Ⅲ. 행정법상 조정의 특수성과 법치주의와의 관계

1. 행정법에 있어서 조정의 특수성

행정법관계는 공익을 추구하거나 법치주의가 지배하는 관계로 조정에 친숙하지 않다는 주장이 제시되기도 한다. 사법관계에서의 조정과는 달리 행정법적 조정의 특징은 행정청이 공익 내지 공공복리의 척도에 따라서 결정하는 것을 포기할 수 없다는 점에 있다. 그러나 오늘날 행정은 공익추구를 하면서도 얼마든지 개별 구체적인 판단에 따라 조정을 통한 분쟁해결이 가능하다. 아울러 행정소송과는 달리 행정심판의 경우에는 행정의 자기통제로 권력분립의 원칙을 침해할 염려가 없어 조정을 통한 문제해결이 용이한 것으로 설명되고 있다.[28]

그런데 행정법 관계에서는 사법관계와 달리 조정과 관련한 다음 2가지 특수성이 인정된다. 첫째로 행정사건에서 행정처분에 대한 불복을 취소하는 합의의 대가로 당사자에게 금전을 제공하는 것은 허용될 수 없다.[29] 또한 당사자가 행정청에 합의의 대가로 금전을 지급하는 것은 경제적 이득이 실질적으로 공무원에게 귀속될 경우에는 부정청탁 및 금품등 수수의 금지에 관한 법률(약칭: 청탁금지법)에 위반될 소지가 있어 허용될 수 없다.

또한 행정절차에 있어 조정의 경우 행정청과 사인의 합의로 직접적으로 효력이 발생하는 것이 아니고 행정청은 조정의 결과 부관부 행정행위나 공법상 계약이라는 특별한 형식으로 전환하는 것이 필요하다. 이처럼 행정법 영역에서의 조정은 합의가 이루어지더라도 행정청에 의한 전환문제(Umsetzungsprobleme)가 있다.[30] 행정절차상 조정은 비공식적인 협상에 해당하므로 일반적으로 직접적인 법적 구속력을 갖는 것이 아니라 별도의 행정법상 계약 등의 행위형식이 필요하다. 행정청과 당사자가 행정절차과정에서 협상이나 조정을 거친 후 별도의 행정청의 조치를 통하여 실제적으로 전환되어야 한다.

---

28 이재구, "행정심판에 조정제도를 도입하면서" 「행정법학」 제12호, 2017., 90~91면.

29 Guy Beaucamp, "Mediation im Widerspruchsverfahren?", DÖV 2011, S. 887.

30 Haft/ Schlieffen, Handbuch Mediation, 3. Auflage, C. H. BECK, 2016, S. 924 ; Guy Beaucamp, a. a. O., S. 887.

2. 당사자의 합의와 법치주의간의 충돌 해소

행정법의 영역은 공적주체가 공익을 실현하기 때문에 사법에서 자기책임주의와는 달리 법치주의가 지배한다. 따라서, 국민과 행정청이 자기책임에 입각하여 자율적으로 해결하는 방식으로 분쟁을 해결하는 조정이 정당화 될 것인가의 문제가 제기된다. 법치주의가 적용되는 행정법 영역에서도 비공식 작용으로서의 협상이 가능하고, 협력적 모델로서 행정법상 계약이나 부관부 행정행위를 통한 협상적 방법론이 불가능한 것이 아니다. 다만, 행정절차상 조정이나 협상도 비공식적 행정작용의 한 유형이므로 행정의 법률적합성을 준수하여야 하므로 조정의 내용이 법령에 위반되거나 제3자의 권익을 침해해서는 안된다.[31]

헌법 제101조 제1항과 재판청구권 보장에 관한 헌법 제27조 제1항을 들어 조정이 헌법상 법치국가원리에 반한다는 주장에 대하여 사법(司法)이 모든 분쟁해결을 독점해야 하는 것은 아니며, 재판외 분쟁해결제도를 보완적으로 운영할 경우 법치주의에 반하지 않는다고 할 것이다.[32]

그런데 재판외 분쟁해결 절차에 속하는 조정과 중재는 국가적 법원을 통하여 재판을 하는 것이 아니라 이를 사적 영역에 의하여 조정인이나 중재인 등 전문가의 조력을 통하여 분쟁을 해결하는 것으로 국가기능의 민간화의 문제로 파악할 수 있다. 아울러 행정법 영역에 있어서는 국가기관인 법원에 의하여 최종적으로 분쟁해결을 하게 되지만, 행정청이 처분을 하는 단계인 행정절차 단계에서도 협상 등 비공식적 행정을 통하여 분쟁을 회피할 수 있다. 행정심판단계에서도 조정제도가 활용되므로 이를 통하여 사건이 법원에 몰리지 않아 재판청구권을 실질화 하는데 기여한다. 행정심판에서 조정을 통한 행정사건 처리는 실정법적 근거를 마련하고 있지만 행정심판법에 명문의 규정을 두고 있지 않은 단계에서도 법치국가의 원리에 반하는 것이 아니라고 보았다.

---

31 김남철, "갈등관리수단으로서의 공법상의 조정-독일과 한국의 공법상 조정제도의 비교를 중심으로" 「공법연구」 제34집 제4-2호, 2006., 222면.

32 최승필, 앞의 논문, 330~331면. 최 교수는 화해나 조정은 국가형태의 사법제도 이전에 공동체내외에서 분쟁해결을 위한 사회적 관행으로 정착되어 왔고, 소송만이 헌법상 보장되는 유일한 분쟁해결절차라기 보다 ADR이 일종의 비사법적인 사전절차로서 법원에 출소하는 길을 막는 것은 아니라는 취지의 주장을 하고 있다.

다수의 집단적 공공갈등의 경우 양면적 분쟁해결을 특징으로 하는 법원의 재판이 수행하는 한계를 극복할 수 있고, 특히 행정청의 재량 영역은 행정청과 시민간에 상호 양보를 통한 분쟁해결을 통하여 법적 평화를 도출할 수 있게 한다. 그러나 기속적 행정처분의 경우에는 법률과 법에 엄격히 구속되므로 기본적으로 협상이나 조정에 친숙하지 않다. 비록 재량행위라고 할지라도 재량결정과정의 협상이나 조정에 있어서도 행정규칙에의 기속이나 확립된 행정관행을 준수할 필요가 있다. 이러한 제약된 범위 내에서 행정법상 조정은 법치주의와 충돌되는 것은 아니고 헌법상의 협력국가의 원리와 민주주의 원리에 의하여 정당화될 수 있다고 할 것이다.[33]

독일의 사례에서 공법상 계약중의 하나인 화해계약의 경우 실질적 관련성의 범위내에서 반대급부가 제공될 수 있는 것이고, 부당하게 결부하는 것은 사법상 분쟁의 경우와는 달리 무효인 공법상 화해계약이 될 수 있으므로 시사하는 바가 크다.[34]

우리의 경우 민사조정법, 가사소송법에 의한 법원형 조정제도 및 개별 법률에서 행정분쟁위원회를 통한 행정형 조정제도의 법적 근거가 마련되어 있다. 행정법상 조정을 위해서 엄격한 법률적 근거가 있어야 하는 것은 아니다. 행정심판법에 명문의 규정을 두지 아니하고 2003. 12월 부터 국무총리행정심판위원회(현 중앙행정심판위원회)는 행정심판의 당사자간의 신속하고 자율적인 분쟁조정을 위해 행정심판조정제도를 운영하기 시작하였다.[35] 이처럼 개별 법률의 명시적 근거가 없더라도 행정법 영역에 있어서 사실상 조정이 가능하고, 특히 공공적 이익갈등의 경우 갈등해결자로서 기능하는 행정청의 개입은 법령에서 이를 금지하지 않는 한 허용된다.[36] 따라서 행정법상 조정은 일반적으로 직접적인 침익적 효과를 발생하지 않기 때문에 법률유보사항이 아니다. 그러나 행정법상 조정의 경우 침해적인 작용이 있을 경우에는 법률유보의 원칙이 적용될 수 있음은 물론이다.[37]

---

33 김용섭, "행정법상 분쟁해결수단으로서의 조정" 「저스티스」 통권 제81호, 2004., 8면 ; 최승필, "행정법상 재판외 분쟁해결제도(ADR)에 대한 고찰" 「공법학연구」 제11권 제1호, 330면.

34 Guy Beaucamp, "Mediation im Widerspruchsverfahren?", DÖV 2011, S. 887.

35 김용섭, "행정법상 분쟁해결수단으로서의 조정" 「저스티스」 통권 제81호, 2004., 33~34면.

36 Haft/ Schlieffen, a. a. O., S. 925.

37 이러한 사례는 참가자에게 조정의 결과 제시된 협상을 지키지 않았을 때 발생할 수 있는 이익의 상실이나 손해 발생 우려가 있는 사실상 구속력이 있을 경우를 의미한다.

IV. 행정쟁송과 조정제도

1. 행정심판법상 조정제도의 문제점 및 개선 과제

가. 논의의 출발점

국민위원회는 당사자의 권리 및 권한의 범위 내에서 심판청구를 신속하고 공정하게 해결하기 위해 행정심판에 조정제도를 도입하는 내용의 행정심판법 개정안을 2017년 10월에 공포하여 2018년 5월 1일부터 행정심판법상 조정제도가 시행되고 있다.[38] 행정소송법은 조정에 관한 어떠한 규정을 마련하고 있지 않은 반면에 행정심판법에서 먼저 조정에 관한 명문의 규정을 두고 있다. 행정심판에서의 조정은 합리적이고 탄력적인 행정을 가능하게 하며, 국민 친화적 및 합의지향적인 긍정적인 기능을 수행한다.[39]

국민권익위원회의 통계자료에 의하면 조정제도를 시작한 2018년 5월부터 2021년 말까지 행정심판사건 중 총 73건을 당사자간의 합의하에 조정으로 해결한 것으로 되어 있다.[40] 이처럼 행정심판에서의 조정은 분쟁당사자에게 법원의 판결의 결과와 비교하여 더 높은 수용가능성이 있는 것은 사실이다. 그 이유는 행정심판이 위법 뿐만 아니라 부당을 이유로 권리구제를 하게 되므로 부당의 영역인 재량결정의 과정에 조정을 통한 협상의 여지가 행정소송에 비하여 더 폭넓게 인정되기 때문이다.

아울러 공무원관계나 보조금 관계, 사회부조관계와 같이 행정청과의 지속적인 관계가 있는 경우에는 이익보다는 법적인 관점에서 과거회고적으로 분쟁을 해결하는 법원의 소송절차를 통하여 결과를 도출하기보다는 행정심판이 조정을 통한 신속한 해결을 모색할 가능성이 높게 된다.[41] 행정심판을 통한 조정은 양 당사자의 입장이 확고한 경우 합의에 이를 가능성이 없음에도 불필요한 조정절차를 거침으로 인해 시간과 비용이 오래 걸리는 단점을 들 수 있다.

---

38 국민위원회, 국민권익위원회 5년 2017-2021 성과자료집, 2022., 110면.

39 Guy Beaucamp, "Mediation im Widerspruchsverfahren?", DÖV 2011, S. 889.

40 국민위원회, 국민권익위원회 5년 2017-2021 성과자료집, 2022., 서문 참고할 것.

41 그러나 대부분의 사건에 있어서는 국민이 행정청과 장기적 관계를 계속할 필요성이 없기 때문에 행정심판에서 조정을 통한 해결의 동인이 상대적으로 줄어들게 된다.

나. 행정심판법 제43조의2(조정)의 문제점

(1) 행정심판법 제43조의2 제1항 내지 제4항에서 조정제도를 신설하고 있다. 행정심판법에 조정제도를 도입한 배경과 취지는 청구인인 국민과 피청구인인 행정청간의 합의를 통해 첨예한 갈등을 해소하고 양 당사자가 Win-Win 할 수 있는 제도적 장치를 마련한 것으로 볼 수 있다. 동법 제43조의2 제1항에 의하면 "위원회는 당사자의 권리 및 권한의 범위에서 당사자의 동의를 받아 심판청구의 신속하고 공정한 해결을 위하여 조정을 할 수 있다. 다만, 그 조정이 공공복리에 적합하지 아니하거나 해당 처분의 성질에 반하는 경우에는 그러하지 아니하다"고 규정하고 있다.

조정의 성립 요건은 ① 당사자의 권리 및 권한의 범위내에서 허용되고, ② 공공복리에 적합하여야 하고 ③ 해당처분의 성질에 부합하여야 하는 것으로 파악된다. 중앙행정심판위원회에서 간행된 행정심판에 관한 설명자료에 따르면 기속행위의 경우에는 법령상 요건에 반하지 않고, 재량행위의 경우에는 그 재량의 범위내에 있어야 하는 것으로 기술되어 있다. 그러나 행정처분은 법과 법률에 기속되기 때문에 기속적 행정처분에 대하여는 조정에 친숙하지 않고 재량이나 판단여지가 인정되는 처분에 대하여만 조정이 의미가 있다고 할 것이다.[42]

현행 행정심판법상 조정의 절차는 직권 조정만 인정하고 당사자의 조정신청을 통한 길을 봉쇄한 채, 조정이 성립하려면 당사자의 동의가 필요한 것으로 제도설계가 되어 있다. 행정심판법상 조정의 주체는 행정심판위원회로 되어 있지만 실질적으로는 행정심판법 시행령 제9조 및 제43조에 따라 조정개시 결정의 주체를 행정심판위원회 위원장에게 위임하여 그의 주도하에 조정이 이루어지고 있다.[43] 실무적으로는 상임위원 1인 또는 상임위원 1인과 비상임위원 2인으로 구성된 조정위원회에서 조정을 실시하도록 하고 있다. 이와 같이 행정심판위원회의 일부 위원이 조정을 주재하는 것은 행정심판의 재결에 관여하는 것이기 때문에 조정의 비밀주의에 반할 수 있다.

행정심판법 제43조의2 제3항에서는 "조정은 당사자가 합의한 사항을 조정서에 기재한

---

42 Guy Beaucamp, a. a. O., S. 887.

43 행정심판법 시행령 제30조의2 제3항에 따라 위원장이 지정하는 행정심판위원이 조정을 주재(당사자의 합의 도출) 할 수 있도록 하고 있다.

후 당사자가 서명 또는 날인하고 위원회에서 이를 확인함으로써 성립한다"고 규정하고
있다. 조정을 통하여 당사자의 동의와 위원회의 확인절차를 거치도록 하고 있다. 행정심
판법 제43조의2 제4항에서 제48조(재결의 송달과 효력발생), 제49조(재결의 기속력), 제
50조(위원회의 직접처분), 제50조의2(위원회의 간접강제), 제51조(행정심판의 재청구금지)
의 규정을 준용하도록 하고 있어 조정이 성립된 경우에는 재결과 동일한 효력을 인정하
고 있다.

(2) 행정심판법상 조정제도는 행정심판위원회에서 주도적으로 하기 보다는 행정심판위
원회의 위원장에게 권한이 위임이 되어 있다. 행정심판법상 조정은 당사자의 신청을 받아
서 이루어지기보다 위원장이 직권적으로 조정에 적합한 사안을 발굴하여 조정절차를 진
행하고 있다. 행정심판에서의 조정은 행정심판위원회 위원 중에서 정하도록 하고 있고 조
정교육을 받거나 조정능력이 있는 조정인의 풀(pool) 을 확보하지 않고 운영되고 있는 실
정이다.

행정심판의 조정은 청구인과 피청구인간의 재결에 의하여 일방적으로 해결이 아닌 상호
양보에 의하여 유연하게 해결되는 긍정적 측면이 있다. 그러나 재결청인 행정심판위원회
에서 인용 재결하여야 할 사안이 조정을 통해 해결되어 위법 또는 부당한 처분에 대하여
조정을 유도함으로써 행정심판을 통한 적법성과 합목적성 통제를 약화시킬 수 있는 부정
적 측면도 있다.[44] 피청구인인 행정청에 비해 협상력이 약해서 시간이 많이 걸리는 소송
으로 해결하기보다 조정을 통하여 신속하게 해결하고 싶어하는 청구인인 국민과는 달리,
행정청이 스스로 잘못 처분한 것이 아닌 한 조정절차에 비협조로 임하여 행정심판에서
조정이 활용되지 못할 가능성도 있다.

조정의 경우 재결에 관한 규정을 준용하도록 하는 것은 조정제도가 행정심판제도와는
다른 점을 간과한 측면이 있다. 그러나 조정절차와 심판절차를 분리하여 조정절차에 관여

---

[44] 성중탁, "행정심판에서 조정제도 현황과 활성화 방안", 한국조정학회 제43회 학술대회 자료집, 2022. 2. 18., 84면.
성 교수는 인용이 명백하다면 바로 인용해 버리면 되지만 국민갈등해소 및 당사자간 원만한 합의 차원에서 조정을 한
다면 그 만큼 국민통합내지 국가에 대한 신뢰가 높아질 것이라고 긍정적으로 평가한다. 그러나, 인용하여야 하는 사안
을 재결을 통해 명확하게 분쟁을 종식시켜야 하는데, 피청구인에 유리한 방향으로 무리하게 조정을 하게 될 경우 형
평성과 법치주의 원리에 반하는 문제점이 지적될 수 있다.

한 행정심판위원회 위원이 심판절차에 참여하여 조정절차에서 지득한 정보를 토대로 일방에게 불이익하게 작용하지 않도록 해야 조정절차에서 양 당사자가 허심탄회하게 대화를 나눌 수 있게 된다.

다. 행정심판법상 조정제도의 개선과제

(1) 당사자의 조정 신청제도 인정필요성

법원의 판결과 달리 행정심판에서의 조정은 특정 분쟁이나 법적 문제를 해결하는 데 국한되어서는 안되며 이익에 기반하여 미래지향적 관점에서 포괄적인 문제를 해결하는데 기여할 필요가 있다. 행정심판위원회는 직권으로 조정에의 회부를 정할 것이 아니라 당사자의 조정신청제도를 활용할 수 있도록 하는 것이 조정제도의 이념에 맞다고 할 것이다.

그러나, 행정심판은 취소심판, 무효등 확인심판, 의무이행심판 3종류에 한정되고 조정은 이러한 3가지 행정심판에 부수되어 다루어지는 것이라고 보는 주장[45]이 있다. 이러한 관점에서 당사자에게 조정신청권을 인정하면 4가지 행정심판유형이 되므로 담당자가 조정에 회부할 것인지 아닌지 직권적으로 판단하는 것이 바람직하고, 당사자의 조정신청권을 인정하면 행정심판위원회는 의무적으로 이에 따라야 하는 문제가 야기된다고 설명하고 있다.[46] 그러나 행정심판법 시행령에 조정이 허용될 수 있는 경우를 열거하고, 행정심판위원회의 직권에 의하여만 조정이 허용될 수 있도록 제한적으로 운영할 것이 아니다. 당사자의 조정신청제도를 추가하는 것은 조정의 이념에 맞다고 볼 것이다. 왜냐하면 행정심판위원회의 일방적, 행정편의적인 직권조정절차에 그칠 것이 아니라 당사자의 자발적인 의사와 자기책임에 기반한 유연한 분쟁해결제도로 발전할 필요가 있기 때문이다.

(2) 조정능력을 갖춘 조정인을 통한 분쟁해결

일반적으로 조정은 1인 이상의 조정인의 도움을 받아 당사자들이 자발적이고 책임감 있게 우호적인 해결을 위해 노력하는 비밀이 보장되고 구조화된 절차라고 볼 수 있다. 조정

---

45 이재구, "행정심판에 조정제도를 도입하면서" 「행정법학」 제12호, 2017., 103면.

46 이재구, 앞의 논문, 103면.

의 이념에 걸맞게 행정심판위원회 위원이 조정에 참여하는 방식은 수소법원의 조정의 경우와 같이 결정권한이 있는 자가 조정절차에 관여하는 것처럼 되어 문제가 있다.

조정은 조정위원회를 통해 실시하되, 현재와 같이 상임조정위원 1인 또는 상임조정위원과 비상임 조정위원 2인으로 구성된 조정회의에서 조정을 하기보다는 조정의 비밀주의의 관점에서 행정심판위원회 위원이 참여하지 않는 방향으로 제도개선이 필요하다.

또한 행정심판에서의 조정제도의 운영이 조정의 이념적 기초에 따라 이루어 지려면 중립적 제3자인 조정인을 통하여 이루어 지는 것이 필요하고, 행정심판위원회에서 조정인의 풀을 마련하여 이에 따라 조정을 하도록 하는 방안이 합리적이라고 할 것이다. 다시 말해 조정역량이 있는 판사, 검사, 변호사 등 법률가 뿐만 아니라 심리학이나 커뮤니케이션 분야 전문가 등으로 조정위원의 풀(pool)을 마련하는 것이 필요하다. 아울러 법률가인 조정위원과 비법률가의 조정위원이 함께 참여하는 방식으로 구성하되, 조정위원의 수당을 현실화하여 역량 있는 조정인이 참여할 수 있도록 하는 방향으로 제도개선을 할 필요가 있다.

(3) 양 당사자 및 이해관계 있는 제3자의 참여를 통한 일괄적 분쟁해결

양 당사자나 그의 심판대리인이 조정절차에 참여하여 구술적 협상이 가능한 경우에 조정절차가 진행되도록 하는 것이 필요하고, 일방 당사자가 조정에 응하지 않는 경우에는 조정절차를 진행하지 않는 규정을 마련할 필요가 있다. 조정의 시작과 마지막은 양 당사자의 자발적 참여와 동의절차로 이루어질 필요가 있기 때문이다.

아울러 행정심판법 제43조의2 제4항에 행정심판법 제20조 및 제21조에 관한 규정을 준용하도록 추가하여 제3자의 심판참가 및 심판참가요구 규정에 따라 행정심판법상 조정제도에 이해관계가 있는 제3자가 참여하여 갈등대립의 해소를 당사자만이 아니라 제3자를 참여시켜 일괄적인 분쟁해결이 가능한 장치로 기능할 수 있도록 제도개선이 필요하다.[47]

(4) 조정의 허용 여부를 명문화

중앙행정심판위원회의 설명자료에 의하면 기속행위의 경우에 행정심판법상 조정이 허용

---

47 이재구, 앞의 논문, 100~106면.

될 수 있는 것처럼 해설하고 있고 일부 행정실무가의 주장[48]도 동일하다. 그러나 기속행위의 경우라면 조정에 친숙하지 않다고 볼 수 있다. 만약 기속행위임에도 행정심판에서 조정으로 해결하는 것이 필요한 경우가 있다면 행정심판법시행령 등에 이를 명확히 규정하는 것이 필요하다. 설사 재량행위의 경우라고 할지라도 민사적 분쟁해결에 통상 수반되는 금전의 급부를 통하여 조정하는 방식은 행정심판의 조정에는 해당되지 않으므로 금전의 급부를 조정의 수단으로 삼을 수 없도록 행정심판법령에 명확히 규정할 필요가 있다.

(5) 조정의 성립시 재판상 화해와 동일한 효력 인정

행정심판법에 의하면 조정의 성립시 재결의 규정을 준용하도록 하고 있어 ADR의 단심성의 원칙에 비추어 조정이 성립한 경우 이에 관하여 더 이상 행정소송을 제기할 수 없도록 하는 것이 필요하므로 재결에 관한 규정을 준용하는 입법방식은 개선될 필요가 있다.[49]

행정쟁송에 있어 조정의 경우 권력분립의 취지와 국민의 재판받을 권리를 침해할 여지를 주지 않기 위해 재판상 화해와 같은 효력은 지양하여야 한다고 하면서 사법절차에 준하는 충분한 의견진술의 기회를 부여하고 제3자의 이해관계인의 참여를 보장하는 것이 필요하다는 주장[50]이 있다. 그러나 행정형 조정이나 법원형 조정에서 재판상 화해와 동일한 효력을 인정하는 것처럼 행정심판법상 조정의 경우에도 재결의 효력만을 인정할 것이 아니다.

---

48 이재구, 앞의 논문, 99면. 기속행위라고 할지라도 조정이 가능하고 기속행위라고 하여 무조건 조정이 불가능한 것이 아니라고 하면서 그 예를 징계처분인 경우 징계의 종류 중의 하나의 처분을 한 경우를 들고 있으나, 이는 기속행위의 적절한 예를 든 것으로 보기 어렵고, 행정의 법과 법률의 엄격하게 구속되는 기속행위의 경우 조정은 제한된다고 볼 것이다.

49 행정심판법상 조정에 있어 재결에 관한 규정을 준용하도록 하는 것은 조정내용을 행정청이 불이행시에 어떤 대응 조치를 취할 것인지 다소 논란이 야기될 수 있다.

50 김상태, "행정쟁송에 있어서의 조정" 「법학연구」 제43집, 한국법학회, 2011., 16면.

2. 행정소송법상 조정제도의 도입논의

가. 행정소송법상 조정의 법적인 근거 요부

법원 내 조정 절차와 관련하여 조정의 주도권은 판결이나 결정을 내리도록 임명된 법관 또는 그 과정에 관련된 사람에게서 나온다. 행정소송에 있어 판결을 내릴 권한이 있는 법관은 소송절차가 시작된 후 가능한 한 빨리 조정을 통하여 해결하는 것이 바람직한 것인지를 판단할 필요가 있다. 법원에서 조정 절차가 일찍 수행될수록 관련 당사자와 법원의 자원이 더 많이 절약되고 당사자가 갈등 해결에 더 빨리 도달할 수 있기 때문이다.

행정법상 우월관계는 일반적으로 갈등의 자율규제에 지장을 주지 않는다. 협력적이고 합의된 형태의 행동은 행정법에서 지속적으로 개발되고 확장되었다. 오늘날 공공 및 대화 지향적인 행정부는 시민들에게 정보를 제공하고, 참여시키며, 지식, 제안 또는 우려 사항을 기록하고, 필요한 경우 행정법에서 협력의 중요성을 보여준다.

행정법에서의 조정은 실체법의 틀 내에서만 독점적으로 일어나고, 법에 의해 구조화되며, 해결을 위해 실체법을 사용한다. 그러나 법적인 좁은 틀만으로 분쟁을 해결하는 것이 항상 바람직한 것은 아니다. 양면적 법률관계가 아니라 다극적 법률관계인 행정사건에 있어서 특히 일도양단적 해결보다는 피고인 행정청과 원고 그리고 이해관계자 등 다수의 관련된 사람들이 모여 합리적이며 창의적인 솔루션을 마련하기 위하여 조정이라는 제도적 장치가 활용될 필요가 있다. 행정소송의 조정에 있어 이해관계 있는 제3자가 사전에 참여할 수 있어야 한다. 일반적으로 갈등의 영향을 받는 모든 사람이 조정 과정에 참여한다면 조정 과정에서 제3자의 절차적 권리가 훼손될 위험이 없다. 조정의 개념에 따르면 모든 영향을 받는 사람이 수용할 수 있는 해결책과 지속 가능한 갈등 해결의 목표는 갈등에 관련된 모든 당사자가 조정 프로세스에 포함되어 함께 논의되어야 달성될 수 있다.

나. 조정과 화해와의 개념상 구별

조정은 제3자인 조정인의 개입에 의하여 이루어지는 데 반하여 화해는 제3자의 개입없이 법원에서나 법원 밖에서 가능하다. 법원의 조정은 사법행정의 일종이고, 재판상 화해는 소송상 화해와 제소전 화해를 포함하는 개념이다. 소송상 화해는 재판의 일종으로, 조정에서는 다양한 옵션이 추가될 수 반면에 화해의 경우에는 계쟁물에 대한 상대방과의 상호 양보를 전제로 한다.

행정형 조정 중 일부 법률에서 조정은 재판상 화해와 동일한 효력이 있다는 조항을 어떻게 이해하여야 할 것인가가 문제된다. 일반적으로 소송상 화해로 파악하여 곧바로 확정판결과 동일한 효력을 인정하고 있다. 그러나 행정부처의 조정결정은 법원을 통하여 조서에 올려야 효력이 미치므로 이는 제소전 화해의 의미로 축소 해석할 필요가 있고, 구체적으로 제소전 화해의 경우처럼 법원의 조서에 올림으로써 재판상 화해로서의 효력이 미치는 것으로 해석하는 것이 타당하다고 본다.

조정과 재판상 화해는 판결을 통하지 않고 분쟁의 원만한 해결이라는 유사한 기능을 수행하고 있으나, 조정과 재판상 화해는 엄밀히 구분되는 개념이다. 재판상 화해는 기본적으로 법적인 상호 양보를 통해서 실현하는 것이기 때문에 당해 소송을 진행하는 법원의 법관이 수행하여도 무방한 반면에, 조정의 경우에는 양보 없이도 극단적으로 말하여 일방을 위한 조정도 가능하다. 조정의 경우에는 사건을 맡은 수소법원의 수명법관을 통한 조정보다는 조정인이나 조정위원회, 사건에 관여하지 않는 법관을 통하여 조정하는 것이 바람직하다. 그 이유는 조정이 결렬된 경우에 그 과정의 비밀이 보장되어야 하기 때문이다.[51]

다. 입법정책적 논의[52]

(1) 행정소송법 화해권고결정제도 도입과 문제점

행정소송법에 화해권고결정제도의 도입을 내용으로 하는 개정안이 2006년도 국회에 제출된 대법원 행정소송법개정의견이나, 박선영 의원이 대표발의한 개정안에는 들어 있으나, 2007년도 법무부 개정안에는 이 부분이 들어 있지 않았는데, 2012년의 법무부 행정소송법 개정시안 제35조에 다음과 같이 포함되어 있었다.[53]

---

51 Karsten-Michael Ortloff, Mediation auBerhalb und innerhalb des Verwaltungsprozesses, NVwZ 2004, S.388.

52 필자가 2012. 5. 24. 법무부에서 주최하고 서울교육문화회관에서 개최된 행정소송법 개정 공청회 자료집에 수록된 필자의 토론내용의 일부를 활용하였다.

53 이와 관련하여 2012년 5. 24. 법무부에서 공청회를 개최한 후 화해권고결정 부분을 비롯하여 예방적 금지소송의 도

제35조(법원의 권고결정에 의한 소송상 화해)

① 법원은 당사자의 권리 및 권한의 범위내에서 직권으로 소송 계속 중인 사건에 대하여 화해권고결정을 할 수 있다. 다만, 그 화해권고결정이 공공복리에 적합하지 아니하거나 당해 처분등의 성질에 반하는 경우에는 허용되지 아니한다.

② 확정된 화해권고결정은 확정판결과 동일한 효력을 갖는다.

③ 법원은 제1항의 화해권고결정을 함에 있어서 소송 계속 중인 사건의 법적·사실적 상태와 당사자의 이익 등 그 밖의 모든 사정을 참작하고, 화해권고결정 이유의 취지를 설시하여야 한다.

④ 법원의 화해권고결정에 의하여 직접 권리 또는 이익의 침해를 받을 제3자 또는 화해의 대상인 처분등에 관하여 동의·승인·협의 등의 법령상 권한을 가진 행정청이 있는 경우에, 법원은 그 제3자 또는 행정청의 동의를 받아야 한다. 다만, 제3자 또는 행정청이 화해권고결정에 동의를 하지 아니한 때에는 이를 이유로 확정된화해권고결정에 대하여 재심을 청구할 수 있다.

⑤ 제4항 단서의 재심청구는 화해권고결정이 확정되었음을 안 날로부터 90일 이내에, 화해권고결정이 확정된 날부터 1년 이내에 제기하여야 한다.

⑥ 제5항의 규정에 의한 기간은 불변기간으로 한다.

⑦ 제1항의 규정에 의한 화해권고결정에는 민사소송법 제225조 제2항 및 제226조부터 제232조까지의 규정을 준용한다. 다만, 민사소송법 제226조 제1항에 정한 이의신청기간은 조서 또는 결정서의 정본을 송달받은 날부터 30일로 한다.

이러한 행정소송에서의 화해권고결정제도의 입법화와 관련하여 법원의 지나친 영향력의 행사로 행정권이 위축이 우려되고, 이해관계 있는 제3자의 권리를 침해할 여지가 있고, 처분에 대한 개별적인 화해의 성립에 있어 전국의 행정법원의 기준이 다르게 운영되어 형평성에 어긋날 수 있는 점 등이 지적될 수 있다.[54]

입 등 일부 조항이 삭제된 채 법제처 심사를 받은 후 차관회의를 진행하였으나 법무부에서 국무회의에 상정하지 아니하고 행정소송법 전부개정법률안을 철회한 바 있다.

54 전훈, "항고소송에서의 법원의 화해권고에 관한 고찰"「공법학연구」제9권 제1호, 2008., 332~333면 ; 최승필, "행

당시의 화해권고결정제도의 도입은 위법·부당한 행정처분에 대한 법원의 화해권고 결정을 통해 분쟁의 자율적, 종국적 해결이 가능하고, 화해권고결정이 공공복리에 적합하지 아니하거나 당해 처분 등의 성질에 반하는 경우에는 허용되지 아니하는 제한규정을 두어 행정의 적법성 보장이라는 행정소송의 특수성을 유지함과 동시에 그동안 사실상 조정형태로 이루어진 것에 명문의 근거규정을 마련하여 입법적 보완을 한다는 점에서 긍정적인 측면이 없지 않다.

더구나 재판외 분쟁해결제도(ADR)의 활성화의 관점에서 시간절약과 당사자의 자율적 분쟁해결을 도모할 수 있으므로, 나름대로 제도의 도입이 갖는 긍정적 측면이 부각되기도 하였다. 그러나 뒤에서 살펴보는 바와 같이 법체계적인 문제와 제도의 완결성 문제에 관하여 좀 더 깊이 있는 세밀한 검토가 필요하다. 왜냐하면 그 이유는 당초의 기대와는 달리 이로 인해 자칫 공익의 가치가 손상되고 법원의 적법성 통제가 이루어지지 않을 위험성이 있기 때문이다.

(2) 논란이 대두되는 부분

우선 민사소송에 있어서도 일반적으로 화해권고결정제도에 대하여 부정적인 견해가 적지 않다. 민사소송법상의 화해권고결정제도의 도입에 반대하는 견해로, "법원은 분쟁을 법대로 해결하는 곳이고, 법과는 다른 내용으로 적절하게 해결하는 것은 다른 기관에 맡길 일이다"라는 주장[55]이 제기된 바 있다.

아울러 행정소송에 있어서 재판상 화해가 허용될 것인가와 관련하여, 행정소송에서의 화해의 허용성을 긍정하는 견해[56]도 있으나, 행정소송에는 직권탐지주의가 적용되기 때문에 원칙적으로 화해가 허용될 수 없다는 견해[57]가 있다. 아울러 행정소송에 직권탐지주의가 적용되지 않는다는 관점에서도 당사자가 행정처분의 내용을 임의로 변경할 수 없다는 관점에서 화해가 허용되지 않는다는 견해[58]도 있다. 1990년에 제정된 미국의 행정분쟁해

정법상 재판외 분쟁해결제도(ADR)에 대한 고찰"「공법학연구」제11권 제1호, 338면

55 호문혁, "판결과 ADR체계의 정립에 관한 연구"「서울대학교 법학」제53권 제1호, 2012., 595면.

56 대표적으로 박정훈, "행정소송의 재판상 화해"「행정소송의 구조와 기능」, 박영사, 2006., 626면.

57 이시윤, 「신민사소송법」제13판, 박영사, 2020., 593면.

결법(Administrative Dispute Resolution Act; ADAR)에서는 ADR에 의할 수 없는 예외적 6가지의 경우59를 명문화 하고 있는 점에 비추어 화해권고제도에 있어서도 이를 반영하여야 한다는 점에서 소극적인 입장60이 개진된 바 있다.

당사자소송의 경우 민사소송법을 준용하는데 어려움이 없기 때문에 재판상 화해와 화해권고결정제도를 활용하는 방법론을 모색할 수 있다. 아울러 행정사건소송의 본질에 비추어 민사소송의 원칙의 수정이 요구되는지를 둘러싸고 항고소송에 있어서 민사소송법상의 재판상 화해제도가 어느 범위에서 허용될 수 있는지 논란이 야기된다.61 우리의 경우 당사자소송의 경우에는 민사소송법을 준용하여 재판상 화해제도를 활용할 여지가 있으므로 조정제도의 도입 필요성이 크지 않을 수 있다.62 그러나 당사자 소송의 경우에도 항고소송에서와 마찬가지로 공공복리, 공공질서, 제3자의 권리침해 등을 고려하여 조정 내용에 대한 통제가 이루어져야 할 것이다.63

그러나 본질적인 문제는 항고소송에서의 재판상 화해나 조정제도의 도입이라고 할 것이다. 가령 과징금 부과처분과 같은 재량처분에 있어서 재량권의 일탈·남용이 있음에도 일부취소판결64은 허용하지 아니하고 전부를 취소하도록 판결하는 대법원판례65를 변경하거

---

58 김홍엽, 「민사소송법」 제7판, 박영사, 2018., 756면.

59 이에 관하여는 이희정, "법의 지배와 행정법상 재판외 분쟁해결수단", 서울대학교 박사학위논문, 2004., 175~176면 ; 최승필, 앞의 논문, 339면. ① 법원을 통한 선례를 만들 필요성이 있는 경우 ② 중요한 정부정책과 관련되는 사항 ③ 기존 정책의 골격을 유지할 필요성이 큰 경우 ④ 분쟁해결에 참여하지 않은 제3자에게 중대한 영향을 미치는 사안 ⑤ 공식기록의 확보 필요성이 있는 경우 ⑥ 행정청이 변화되는 상황에서 적절히 대처할 수 있는 재량권유지 필요성이 있는 경우

60 윤병철, "행정소송법 개정의 주요쟁점과 과제에 관하여", 한국행정법학회 행정소송법 개정방향에 관한 공동학술대회 자료집, 2012. 4. 20., 99~101면.

61 金子春生, "抗告訴訟における民事訴訟法上の原理·原則の修正-訴訟上の和解の許否をめくる 議論をもとに一", 広島法學 40卷 1号, 2016., 131~158面 ; 김성원, "항고소송에서의 소송상 화해"「원광법학」 제35권 제3호, 2019., 239~258면.

62 안철상, 토론문- 행정사건과 ADR토론문, 114면, 안철상 대전고법부장판사(현 대법관)은 "재판상 화해나 화해권고는 행정소송법이 준용하고 있는 민사소송법에 규정되어 있으므로 이것은 행정소송에도 모두 준용된다고 할 수 있다. 따라서 행정소송은 성질상 허용되지 않는 경우를 제외하고는 당연히 화해나 화해권고가 인정된다고 할 수 있고, 당사자소송에서 적극적으로 활용하고 있으며, 항고소송은 공익적 요소가 강한 소송으로 판결의 효력은 제3자에게도 미치므로 중대한 공익을 침해할 수 있다"는 취지를 밝히고 있다.

63 박현정, "행정소송에서 조정제도 도입방향", 한국조정학회 제43회 학술대회 자료집, 2022. 2. 18., 55면,

64 재량적 제재처분에 대한 일부취소판결의 불허하고 전부취소판결을 내리는 대법원판례에 대한 비판적 관점으로는, 김용

나, 행정소송법을 개정하여 재량처분에도 일부 취소판결을 허용할 수 있도록 한다면 사실상 조정제도의 활용이라는 우회적 해결을 극복할 수 있다.

　법무부 행정소송법개정안에는 항고소송에서 재판상 화해는 허용되지 않고 법원의 직권에 의한 화해권고결정만 허용하고 있으며, 확정판결과 동일한 효력이 미친다고 하면서 기판력이 인정되지 않고, 당사자의 준재심(민사소송법 제461조)도 일체 허용하지 않는 것은 법리적으로 문제가 있다고 할 것이다.

　화해권고결정은 재판상 화해제도와 밀접하게 연결되어 있어 재판상 화해와 화해권고결정이 별개의 제도는 아니므로 이를 분리하여 화해권고결정만 도입할 것은 아니다. 재판상 화해와 분리된 법원의 화해권고결정 방식만의 도입은 당사자가 적시에 이의신청을 하지 않게 되면 기판력이 미치게 되어, 그것이 설사 공익을 해치는 사안으로 재심사유에 해당한다고 할지라도 더 이상 당사자는 재심이나 준재심의 소를 제기할 수 없게 된다. 이로써 법원에 무소불위의 권한을 주는 것으로 행정소송법에 기형적인 제도의 도입이라고 할 것이다. 독일의 연방행정법원법 제106조[66]와 연방행정절차법 제55조[67]에서 명문으로 화해에 관하여 규정하고 있으며 그 효력에 대하여는 기본적으로 실체법적 공법상 계약의 효력을 인정하고 있어 기판력이 인정되고 있지 않음은 주지의 사실이다.[68]

　더구나 항고소송의 경우 민사소송과 그 성질상 차이가 있으므로 행정소송법 제8조 제2항의 준용규정이 있다고 할지라도 항고소송의 성질에 반하지 않는 범위에서 민사소송법

섭, "행정법상 일부취소" 「행정법연구」 제23호, 2009. 4., 1~40면.

65　대법원 1998. 4. 10. 선고 98두 2270 판결, 대법원 1993. 7. 27. 선고 93누 1077판결 등.

66　법적 분쟁을 완전 또는 부분적으로 해결하기 위해 관계자는 화해의 대상에 관하여 처분할 수 있는 경우 화해를 체결하고 법원 또는 위탁 혹은 의뢰된 법관의 기록으로 남길 수 있다. 재판상의 화해는 관계자가 결정의 형식으로 제시된 법원, 재판장 또는 보고관의 제안을 서면으로 재판소에 대하여 구술심리 과정에서 서면의 설명이 법원에 접수됨으로 인하여도 이것을 체결할 수 있다.

67　제54조 제2문의 의미에 있어서 공법계약에 의하여 사실관계나 법상태의 합리적 파악에 직면하여 존재하는 불확실성을 상호의 양보로 제거하려는 경우, 행정청은 불확실성을 제거하기 위해 화해의 체결을 기속재량에 합치되는 합목적적으로 받아들일 때 당해 공법계약을 체결할 수 있다.

68　독일 행정법원법 제106조에서 말하는 화해(Vergleich)의 경우에는 공법상 계약으로 실체법적 의미를 지니고, 소송절차를 종료하는 의미를 지니는데 그치며, 우리의 경우처럼 곧바로 확정판결의 효력인 기판력 등 소송법적인 효력을 인정하는 것은 아니다.

이 준용될 수 있을 뿐이다. 따라서 권리구제와 더불어 공익도 고려하는 항고소송의 성질에 반하는 경우까지 민사소송법을 준용할 것은 아니다.[69] 기본적으로 행정사건은 권리의무에 대한 처분권자들의 이해관계를 조정하는 민사사건과는 달리 법치주의에 의하여 기속되는 공익을 전제로 하는 것으로 일방 당사자가 임의로 그 처분권한을 가지고 있지 않는 경우가 일반적이므로 피고 행정청은 법령을 준수하여야 하기 때문에 쌍방의 양보하에 다툼을 해결하는 화해에 친숙하지 않은 면이 있다. 또한 원고는 화해를 통하여 소송을 종료할 수 있다고 할지라도 피고인 행정청이 적법한 행정작용임에도 화해를 하거나 법원의 화해권고결정에 응하는 것은 패소위험이 있어 이를 피하기 위한 경우 이외에는 실제로 활용되기 어려운 측면이 있다.[70]

법원에서 화해권고결정이 남용되면 이를 빌미로 당사자의 실체적 심리를 약화시키고 판결문을 제대로 작성하지 않고 사건을 용이하게 처리하는 폐단이 생긴다. 화해권고결정은 사건을 담당하는 재판부의 압력에 굴복하여 '울며 겨자먹기'로 수용할 수 밖에 없어 제3자인 중립적 조정인에 의한 분쟁해결제도보다 못한 제도라고 보여진다. 결론적으로 분쟁사건의 용이한 해결이라는 관점에서 행정소송법에 화해권고결정제도의 도입에 찬동하지 않는다. 오히려 당사자의 원만한 분쟁의 해결이라는 관점에서는 조정이 더욱 바람직하고 진전된 ADR 모델이라고 사료된다. 독일의 경우 행정소송에서도 법원의 주도하에 조정에 의한 분쟁해결의 장을 마련하고 있고, 법원에 의한 조정에 회부된 경우 중립적 조정인이 관여하되, 조정능력을 갖춘 해당 사건을 맡고 있지 않은 법관이나 변호사에 의하여 실시되고 있다.[71]

전략적으로 피고 행정청이 1심에서 패소하고 제2심에서 화해권고결정을 원할 수 있으며, 적법한 행정처분에 대하여는 기각판결이, 위법한 행정처분에 대하여는 인용판결이 내려져야 한다. 그럼에도 불구하고 법원의 일방적 화해권고결정에 따라 위법과 적법이 판결을 통하여 명확히 결정되지 않는 결과가 되어 법치주의를 왜곡하고, 법원의 판결문의 집

---

69 김성원, "항고소송에서의 소송상 화해" 「원광법학」 제35권 제3호, 2019., 239~255면.

70 당사자의 자발적이고도 실질적인 분쟁해결이 필요한 것인데, 법원의 판결에서 불리하게 작용할 것 같아 화해권고결정을 수락하는 경우도 있을 수 있어 이에 대한 보완책이 필요하다.

71 Jan Ziekow, Mediation in der Verwaltungsgerichtsbarkeit, NVwZ 2004, S. 392.

적을 통하여 선례를 만들 필요가 있는 사안조차 화해권고결정으로 해결하게 되면 공익을 해할 수 있게 된다.

(3) 검토

법무부 행정소송법 개정안 제35조 제1항 단서에서 "다만 그 화해권고결정이 공공복리에 적합하지 아니하거나 당해 처분등의 성질에 반하는 경우에는 허용되지 아니한다"고 규정하여 공공복리에 적합하지 아니하거나 당해 처분 등의 성질에 반하는 경우에 허용되지 아니한다고 하여 제한 영역을 마련하고 있고 이러한 사항은 행정심판법에 신설된 조정제도에 반영되어 있다. 이와 관련하여 처분의 성질이 기속행위인 경우는 제외된다고 규정하거나 재량행위로 한정할 필요가 있다. 한편 법부부 행정소송법 개정시안에는 화해권고에 관한 사항을 항고소송의 경우에만 규정을 두고 별도로 당사자소송에는 이에 관한 규정을 준용하지 않고 있다. 당사자소송의 경우에는 민사소송법의 규정이 준용되기 때문이라고 볼 여지가 있으나 이 부분도 명확히 규율할 필요가 있다.

아울러 법무부 행정소송법 개정안 제35조 제2항에서 "확정된 화해권고결정은 확정판결과 동일한 효력을 갖는다"고 규정하고 있다. 화해권고결정에 곧바로 확정판결과 동일한 효력을 인정하는 것도 문제이다. 확정판결과 동일한 효력이라고 하면서 기판력을 인정하지 않고, 형성력과 기속력을 인정하여 제3자에게도 효력을 미치도록 하는 것은 바람직한 입법방향이라고 볼 수 없다.[72] 화해권고결정을 하기에 앞서 동의절차를 밟지 않은 제3자가 재심을 제기할 수 있다고 규정한 부분도 확정판결은 아니고 확정판결과 동일한 효력이므로 재심이라고 보기 보다는 민사소송법 제461조의 준재심이 옳은 표현이라고 할 것이다.

더구나 법무부 행정소송법 개정안에 의하면 위법한 처분 뿐만 아니라 부당한 처분의 경우에도 화해권고결정이 이루어 질 수 있도록 하고 있다. 부당한 처분의 경우에는 법원의 본안심리사항이 아니라서 판결에 의할 경우 기각될 사안인데, 법원이 화해권고결정을 하

---

72 박정훈, "원고적격·의무이행소송·화해권고결정", 법무부 주최 행정소송법 개정 공청회 자료집, 2012. 5. 24., 34면, 다만, 필자와 같은 견해로는 이정수, "행정소송상 화해권고제도에 관한 연구"「법조」통권 제595호, 2006., 165면.

여 이의신청이 없는 경우 확정판결과 동일한 효력을 인정하는 것은 행정의 적법성 통제를 넘어 합목적성 통제도 하게 되므로 법치국가의 원리에 반할 우려가 있다.

라. 항고소송에서 조정제도의 입법 필요성과 입법방향

(1) 행정사건에 있어서는 민사사건 및 가사사건의 경우와 마찬가지로 법원의 재판업무의 부담경감, 신속한 재판과 소송비용증가의 방지, 상호 양보에 의한 원만한 분쟁해결을 위해 조정제도 도입이 적극적으로 요청된다.[73] 이와 관련하여 조정과 화해의 본질적 차이는 제3자인 중립적 조정인을 통하여 분쟁해결을 도모할 것인가의 문제와 조정인은 결정권을 갖고 있지 않아 법관조정인이 조정에 관여하더라도 해당 사건을 담당하지 않는 법관조정인만 가능하다고 할 것이다. 아울러 조정의 비공개원칙에 비추어 수소법원의 담당 재판부에 조정상황을 알리는 것은 허용되지 않는다. 화해권고결정은 법관이 일방적으로 하는 것이고, 조정은 제3자인 조정인을 통한 분쟁해결 제도라는 점에서 근본적인 차이가 있다. 행정소송에 있어서는 상호양보를 개념본질로 하는 화해보다 조정이 합리적 결론을 도출할 여지가 있고 행정소송의 본질에 더 맞는다는 견해[74]도 기본적으로 조정제도의 도입을 찬성하는 입장이라고 할 것이다.

(2) 행정소송에서도 법원이 조정에 의하여 분쟁을 해결하는 것이 허용될 것인가를 놓고 실무상으로는 소극적으로 파악하고 있다. 즉, 현행법상 행정소송에 민사조정법은 준용되지 않기 때문에 행정사건에 관하여 민사소송에서와 같은 조정조서를 작성할 수는 없다고 보면서 입법론적으로는 해결하여야 한다고 보는 견해[75]가 있다. 그런데 민사소송법 제225조 이하에서는 "법원과 수명법관 또는 수탁판사는 소송에 계속적인 사건에 대하여 직권으로 당사자의 이익 그밖의 모든 사정을 참작하여 청구취지에 어긋나지 않는 범위 안에서 사건의 공평한 해결을 위한 화해권고결정을 할 수 있고 당사자가 이를 송달받은 날부터 2주일 안에 이의를 신청하지 아니하면 화해권고 결정이 재판상 화해와 같은 효력을

---

73 이은상, "행정소송에서의 조정의 가능성과 한계" 「행정법연구」 제17호, 2007., 273면,

74 이은상, 앞의 논문, 269면.

75 김정술, "행정재판의 운용에 관한 실무적 과제", 행정법원 1주년 기념백서, 1999., 144면.

가진다"고 규정하고 있다. 따라서 이론적으로는 행정소송에서도 화해가 성질상 허용되는 경우라면 화해권고결정제도를 활용할 수 있는 여지가 있다. 이에 반하여, 조정의 경우에는 법적 근거가 없어서 사실상 조정의 형태로 운영되고 있다. 행정법원과 서울고등법원의 일부 재판부에서는 합의를 유도하고 합의에 이른 다음에는 재판부가 조정권고안을 만들어 송부하고 이에 동의를 받아 소취하고 피고 행정청은 행정처분의 직권취소를 유도하여 분쟁을 해결하는 방식의 사실상 조정을 활용하고 있다.[76]

(3) 따라서 이러한 조정을 활성화하기 위하여 우선 행정소송법 제8조 제2항에서 "행정소송에 관하여 이 법에 특별한 규정이 없는 사항에 대하여는 법원조직법과 민사소송법 및 민사집행법의 규정을 준용한다"로 되어 있는 부분에 민사조정법을 추가하여 "행정소송에 관하여 이 법에 특별한 규정이 없는 사항에 대하여는 법원조직법과 민사소송법, 민사조정법 및 민사집행법의 규정을 준용한다"로 개정하는 방안이 고려될 수 있다.[77] 그러나 이와 같은 해결방법은 행정사건을 민사조정법에 따라 처리할 수 있다는 것이어서 그 한계를 설정하지 않게 되므로 공익을 지향하는 행정소송에 있어서는 그 문제점이 지적될 수 있다.

행정법에 있어서는 행정의 법률과 법에의 기속 때문에 기속적 행정처분에 대하여는 협상의 여지가 없다. 따라서 기본적으로 기속행위에 대하여 조정을 통하여 처분을 변경하는 것은 허용될 수 없다. 이러한 입법적 개선방안이 행정소송에 화해권고 결정제도를 입법화하지 않더라도 사실상 조정으로 분쟁을 해결하는 것과 유사한 효과를 기대할 수 있다.[78]

이와 관련하여 독일 행정법원법 제173조에서 민사소송법 제278a조를 명시적으로 준용하도록 하고 있다. 따라서 행정소송사건에 있어서 법원조정에 의하여 해결하는 길을 열었다. 민사소송법 제278a조는 "제1항에서 법원은 당사자에게 조정이나 다른 재판외 분쟁해

---

76 김정술, 앞의 논문, 144면.

77 서울법원조정센타의 사무관장 범위를 서울행정법원의 사건까지 확장하거나 행정사건 조정위원회를 행정법원에 설치하여 이를 회부하여 처리하는 방안이 있을 수 있다.

78 박해식/이승민/오지식, "실무에서 본 현행 행정소송제도의 문제점 및 개선방안", 한국행정법학회 행정소송법 개정방향에 관한 공동학술대회 자료집, 2012. 4. 20., 53~54면

결 절차를 제안할 수 있다. 제2항에서는 당사자가 조정을 거치거나 다른 재판외 분쟁해결 절차를 결정한다면 법원은 절차의 정지를 명한다"[79]고 규정하고 있어, 우리의 행정소송법에도 이와 유사한 규정을 마련할 필요가 있다. 아울러 행정소송에서 조정이 성립된 경우 그 효력을 확정판결과 동일한 효력이 있다고 규정할 것인지 재판상 화해와 동일한 효력이 있다고 할 것인지 논란이 있으나, 재판상 화해와 동일한 효력이 있다고 하는 것이 타당하다고 보여진다.

(4) 적극적인 대안으로 입법적 문제점이 지적되고 있는 법무부 행정소송법 개정안의 화해권고결정제도를 대체하여 행정소송법에 조정제도를 도입하여 이를 활성화하는 것이 바람직하다.[80] 예를 들면 행정심판법에 도입된 조정제도 중에서 일부 문제점을 보완하여 '공공복리에 적합하지 않거나'라는 막연한 표현보다는 '제3자의 이익을 해하지 않거나', '제3자의 이익을 해하는 등 공공복리에 적합하지 않거나'로 수정하고, '처분의 성질에 반하지 않거나'를 '기속행위의 경우는 제외하고' 또는 '재량행위에 한정하고' 식으로 표현하는 것이 적절하다고 본다.

아울러 당사자가 조정을 신청하거나 법원에서 직권으로 조정위원회에 회부할 수 있도록 하고 당해 사건을 담당하는 법관은 조정에 관여하지 못하도록 하고 조정능력을 갖춘 조정인의 풀(pool)을 확보하는 등 제도적 장치를 마련할 필요가 있다.[81] 행정소송법에 조정제도를 마련할 경우에 앞서도 언급한 미국의 1996년 행정분쟁해결법(ADAR)상에서 규율하고 있는 6가지 예외적 사례를 참고하여 이를 적절히 반영하는 것이 필요하다. 종전의 법무부 행정소송법 개정안을 참고하여 개정안을 제시하면 다음과 같다.

---

79 (1) Das Gericht kann den Parteien eine Mediation oder ein anderes Verfahren der auBergerichtlichen Konfliktbeilegung vorschlagen.
  (2) Entscheiden sich die Parteien zur Durchführung einer Mediation oder eines anderen Verfahrens der auBergerichtlichen Konfliktbeilegung, ordnet das Gericht das Ruhen des Verfahrens an.

80 김용섭, "행정법상 분쟁해결 수단으로서의 조정"「저스티스」통권 제81호, 2004. 10., 5~39면.

81 항고소송에 있어서 화해가 가능하다면 조정도 불가능하지 않다고 보여진다. 다만, 이를 사건을 담당한 수명법관 등이 조정에 관여한 경우에는 비밀유지의무를 준수하지 않아도 되므로 사건에 영향을 미치는 방식으로 처리하는 방식보다는 제3자인 조정위원의 풀을 확보하여 조정위원회나 사건을 담당하지 않는 제3자인 조정전담 판사에 의한 조정안을 제시하거나 당사자가 합의를 조력하여 분쟁을 해결하도록 하는 것이 바람직하다.

제27조의2(행정소송에 있어서 조정제도)

① 법원은 당사자의 권리 및 권한의 범위내에서 직권 또는 당사자의 신청이 조정에 적합하다고 판단될 때 소송 계속 중인 사건에 대하여 조정위원회에 회부하여 분쟁을 해결할 수 있다. 다만, 다음 각호의 경우에는 조정이 허용되지 아니한다.

1. 당사자의 조정합의로 제3자의 권익을 침해하는 등 공공복리에 적합하지 아니한 경우
2. 당해 처분이 기속행위인 경우
3. 판결을 통하여 선례를 만들 필요가 있는 경우
4. 중요한 정부정책과 관련되거나 기존 정책의 골격을 유지한 필요가 있는 경우
5. 기타 대법원규칙으로 정하는 사항

② 당사자간에 조정이 성립되어 조서에 기재된 경우에는 재판상 화해와 동일한 효력을 갖는다.

③ 법원이 조정에 의하여 직접 권리 또는 이익의 침해를 받을 제3자 또는 화해의 대상인 처분등에 관하여 동의·승인·협의 등의 법령상 권한을 가진 행정청이 있는 경우에, 법원은 그 제3자 또는 행정청이 조정절차에 참여할 수 있다.

④ 제4항 단서의 재심청구는 조정이 성립되었음을 안 날로부터 90일 이내에, 조정이 효력을 발생한 날부터 1년 이내에 제기하여야 한다.

⑤ 제5항의 규정에 의한 기간은 불변기간으로 한다.

⑥ 제3항에 따른 조정에 대하여는 제16조(제3자의 소송참가), 제17조(행정청의 소송참가), 제31조(제3자의 재심청구)에 관한 규정은 준용하고, 조정에 관하여 이 법에 규정이 없는 사항에 관하여는 민사조정법을 준용한다.

V. 맺음말

이상에서 개괄적으로 조정제도에 관한 행정법적 쟁점에 대하여 살펴보았다. 조정은 ADR의 원형으로 중립적 조정인이 법원 이외에 존재하면서 분쟁을 해결하는 경우뿐만 아니라 법원 안에서 법관이 결정권능을 갖지 아니하고 합의적 분쟁해결의 목적으로 개입하

는 경우를 포함한다.[82] 아울러 조정인은 과거회고적인 관점이 아니라 장래적 관점에서 분쟁해결을 모색하며 공평성의 견지에서 분쟁해결을 촉진하게 된다. 이처럼 조정은 법원의 판결을 보충하거나 대체하는 분쟁해결절차이다. 조정의 제도화와 관련하여, 갈등과 분쟁을 법원이 독점하여 판결을 통해 해결하여야 하는 것은 아니고 조정을 통하여 분쟁을 해결할 수 있는 제도적 장치를 마련하는 것은 국가 위 권능인 사법권의 민간화의 문제라고 볼 여지가 있다. 앞에서도 언급한 바와 같이 행정절차상의 조정의 경우에는 민사적 관계에서의 조정과 달리 전환과제가 수반되므로, 조정이 성공적으로 이루어진 경우, 당사자들이 협상된 합의를 이행하기 위해 행정청에서 별도의 조치가 수반되어야 하는 문제가 있음을 간과해서는 안된다.

조정은 중립적 제3자인 조정인이 개입한다는 점에서 제3자의 개입 없이 당사자간의 상호 양보에 따라 분쟁을 종료할 것을 약정하는 민법상 화해와 구별되는 것은 앞서 언급한 바와 같다. 다만 조정이 성립하면 그 결과는 화해와 결과적으로 동일하므로 양자간에 차이가 크지 않다.[83] 그런데 우리의 행정법원에서 행하는 사실상 조정 내지 화해권고는 소송사건을 담당하는 법관이 주도적으로 화해를 권고하는 것으로 엄밀히 말하여 조정과는 거리가 있다. 따라서 행정법원에서도 조정절차를 거치도록 하며, 조정인의 풀(pool) 확보를 통하여 별도의 조정위원회에서 해결하는 것이 필요하다. 행정소송에서 조정의 경우에는 행정법에 관한 지식과 식견이 있는 전문가가 참여하는 형태로 일반 민사사건의 조정인의 풀(pool)과는 다른 운영이 요망된다.

행정법상 조정과 관련하여 일정한 행정처분을 하기에 앞서 행정절차법에 조정절차를 밟도록 규정을 마련하는 것이 필요하다. 그 이유는 법익이 침해된 이후에 조정에 의하여 분쟁을 해결하기 보다는 행정절차단계에서 적극적으로 조정을 활용하는 것이 협력국가적 차원에서 분쟁을 최소화하고 관민협력의 모델이 될 수 있기 때문이다. 끝으로 행정심판에서의 조정제도는 당사자의 신청제도가 마련되어 있지 않아 활성화 되지 않고 경직적으로 운영되고 있는 실정이다. 이러한 현행 행정심판법상 조정제도의 문제점을 개선하고 전문

---

82 Joachim von Bargen, Mediation im Verwaltungsrecht, BDVR-Rundschreiben, 10/2004, S. 58.

83 국민권익위원회 중앙행정심판위원회, "행정심판의 이론과 실무", 2022., 668~669면.

적 역량을 갖춘 조정인의 풀(pool)을 마련하여 조정절차와 심판절차를 분리하여 상당수의 분쟁을 조정을 통하여 해결하는 시스템으로 바꿔나갈 필요가 있다. 나아가 항고소송에서의 조정제도의 도입과 관련하여 화해권고결정제도에 관한 법무부 행정소송법 개정안을 비판적으로 검토하였다. 기존의 법무부 행정소송법 개정안을 토대로 행정심판법상의 조정에 관한 규정, 외국의 법제 등을 참고하여 항고소송에서의 조정제도의 개선 방향을 모색하였다.[84]

끝으로 조정제도의 활성화를 위한 향후 입법적 과제를 살펴보기로 한다. 첫째로, 개별법에 따라 설치된 각종 분쟁조정위원회에 의한 행정형 조정제도를 통일적으로 관리할 수 있는 법률을 제정할 필요가 있다. 국가주도형 조정인 법원형 조정과 행정형 조정을 동일한 지평에서 파악하지만, 개별법에 의하여 설치되는 행정형 조정과 민사조정법에 의하여 운영되는 법원형 조정은 실질이 다르기 때문이다. 행정형 조정은 형식적으로나 실질적으로 행정에 속하고, 법원형 조정은 사법행정의 일종으로 파악할 수 있기 때문이다. 따라서 행정형 분쟁조정위원회에 관한 규율을 민사조정법을 준용하는 방식으로 해결하는 것은 적절하지 않다. 따라서 그 실질이 다른 민사조정법을 준용하는 방식을 지양하고, 행정형 조정의 기본원칙, 절차 및 조정의 효력, 시효중단 등 공통적 원리를 행정조정에 관한 기본법에 담는 것이 하나의 입법정책적 방향이라고 할 것이다.[85]

---

84 아울러 당사자가 소송을 제기하였으나 법원에서 판결을 하지 않고 조정에 회부한 경우에는 소송비용 중 인지액 등을 감액하는 등 조정을 활성화 하기 위한 후속적 입법조치가 필요하다.

85 이은상, "행정형 조정제도의 입법방향", 국회입법조사처, 한국조정학회 공동학술대회 자료집, 2021. 12. 20., 27~28면. 다만, 행정기본법은 행정청을 중심으로 규율하고 있어 행정형 조정 중에서 행정청이 아닌 행정부에 부속된 민간의 분쟁해결기구도 포함되므로 행정기본법으로 이 모든 사항을 규율하기 어려운 측면이 있다. 따라서 행정형 조정을 통일적으로 규율하는 법률을 제정하여 대처하는 것이 적절하다고 사료된다.

참고문헌

국민권익위원회 중앙행정심판위원회, 행정심판의 이론과 실무, 2022.

국민위원회, 국민권익위원회 5년 2017-2021 성과자료집, 2022.

길용원, "일본에서의 조세소송상 화해제도에 관한 논의와 시사점"「조세와 법」제13권 제1호,
　　　2020. 6.

김남철, "갈등관리수단으로서의 공법상 조정- 독일과 한국의 공법상 조정제도의 비교를 중심으로"
　　　「공법연구」제34집 제4권 제2호, 2006. 6.

김봉철, "우리나라의 행정형 ADR 개선방안에 관한 연구", 사법정책연구원, 2019.

김상태, "행정쟁송에 있어서의 조정"「법학연구」제43집, 한국법학회, 2011.

김소연, "재판 외 분쟁해결절차(ADR)로서 행정형 조정과 재판청구권의 관계- 행정형 조정의 양면
　　　적 속성을 중심으로-"「분쟁해결」제3호, 2021.

김성원, "항고소송에서의 소송상 화해"「원광법학」제35권 제3호, 2019. 3.

김용섭, "행정법상 분쟁해결 수단으로서의 조정"「저스티스」통권 제81호, 2004. 10.

김용섭, "민간조정의 활성화를 위한 입법적 과제- 독일과 일본의 법제도와 시사점을 중심으로"「저
　　　스티스」통권 제157호, 2016.

김용섭, "[법조열전] 하이브리드형 법률가 로스코 파운드", 리걸타임즈 2021. 10.

김용섭, "행정소송법 개정 공청회 토론문", 법무부 주최 행정소송법 개정 공청회 자료집, 2012. 5. 24.

김용섭, "행정법상 일부취소"「행정법연구」, 제23호, 2009. 4.

김정술, "행정재판의 운용에 관한 실무적 과제", 행정법원 1주년 기념백서, 1999.

김준한, "행정부와 대체적 분쟁해결제도"「한국행정학보」, 제30권 제4호, 1996.

김홍엽, 「민사소송법」제7판, 박영사, 2018.

김희곤, "행정사건과 ADR(재판외 분쟁해결)"「법학연구」제26권, 전북대 법학연구소, 2008.

박정훈, "행정소송의 재판상 화해"「행정소송의 구조와 기능」, 박영사, 2006.

박정훈, "원고적격·의무이행소송·화해권고결정", 법무부 주최 행정소송법 개정 공청회 자료집,
　　　2012. 5. 24.

박현정, "프랑스 조정제도와 시사점- 민간형 조정제도를 중심으로-"「분쟁해결」제3호, 2021.

박현정, "행정소송에서 조정제도 도입방향", 한국조정학회 제43회 학술대회 자료집, 2022. 2. 18.

박해식/이승민/오지식, "실무에서 본 현행 행정소송제도의 문제점 및 개선방안", 한국행정법학회
　　　행정소송법 개정방향에 관한 공동학술대회 자료집, 2012. 4. 20.

법원행정처, "민사재판운영실무- 신모델 실무편람", 2002.

성중탁, "행정심판에서 조정제도 현황과 활성화 방안", 한국조정학회 제43회 학술대회 자료집, 2022. 2. 18.

오세덕/황재영, "행정부의 대체적 분쟁해결제도에 관한 연구"「경희행정논총」제12권 제1호, 1999.

윤병철, "행정소송법 개정의 주요쟁점과 과제에 관하여", 한국행정법학회 행정소송법 개정방향에 관한 공동학술대회 자료집, 2012. 4. 20.

이시윤, 신민사소송법 제13판, 박영사, 2020.

이시윤, [시론] 조정전치주의의 입법안에 대하여"「고시계」2000. 3.

이은상, "행정형 조정제도의 입법방향", 국회입법조사처, 한국조정학회 공동학술대회 자료집, 2021, 12. 20.

이은상, "행정소송에서의 조정의 가능성과 한계"「행정법연구」제17호, 2007.

이정수, "행정소송상 화해권고제도에 관한 연구"「법조」통권 제595호, 2006.

이재구, "행정심판에 조정제도를 도입하면서"「행정법학」제12호, 2017.

이희정, "법의 지배와 행정법상 재판외 분쟁해결수단", 서울대학교 박사학위논문, 2004.

전훈, "항고소송에서의 법원의 화해권고에 관한 고찰"「공법학연구」제9권 제1호, 2008.

정선주, "재판청구권 보장과 ADR- 조정과 중재를 중심으로"「저스티스」통권 제170-3호, 2019.

최승필, "행정법상 재판외 분쟁해결제도(ADR)에 대한 고찰, - 조정제도를 중심으로-"「공법학연구」제11권 제1호, 2010,

최계영, "행정소송에서의 조정- 비교법적 고찰을 중심으로"「행정법연구」제27호, 2010. 8.

호문역, 「민사소송법」제11판, 법문사, 2013.

호문혁, "판결과 ADR체계의 정립에 관한 연구"「서울대학교 법학」제53권 제1호, 2012.

金子春生, "抗告訴訟における民事訴訟法上の原理·原則の修正-訴訟上の和解の許否をめくる 議論をもとに一", 広島法學 40卷 1号, 2016.

Annette Guckelberger, Einheitliches Mediationsgesetz auch für verwaltungsrechtliche Konflikte?, NVwZ 2011, 390

Fabian Wittreck, Dritte Gewalt im Wandel- veränderte Anforderungen an Legitimität und Effektivität?, VVDStRL Bd. 74, 2014.

Joachim von Bargen, Mediation im Verwaltungsrecht, BDVR-Rundschreiben, 10/2004

Joachim von Bargen, Außergerichtliche Stritschlichtungsverfahren(Mediation0 auf verwaltungsrechtlichem Gebiet in rechtsvergleichender Perspektive, EUR 2008.

Heft 2.

Stipanowich, Contract and Conflict Managenent, 3 Wisconsin Law Rieview 831(2001).Risse, in: Haft/Schlieffen, Handbuch Mediation, 2002, §38 Fn. 2.

Stephan Breidenbach, Mediation- Struktur, Chancen und Risken von Vermittlung im Konflikt, 1995.

Karsten-Michael Ortloff, Mediation außerhalb und innerhalb des Verwaltungsprozesses, NVwZ 2004.

Haft/ Schlieffen, Handbuch Mediation, 3. Auflage, C. H. BECK, 2016.

Arthur Benz, Verhandlungen, Verträge und Absprachen in der öffentlichen Verwaltung, VerwArch 23, 1990,

Jan Ziekow, Mediation in der Verwaltungsgerichtsbarkeit, NVwZ 2004

Thomas Damerau, Stefan Zemmrich, Mediation im Gerichtswesen- Ein Überblick über alternative Stritbeilegungsmöglichkeiten in der Zivil- und Verwaltungsgerichtsbarkeit, JA 2007.

Rainer Pitschas, Mediation als Methode und Instrument der Konfliktmittlung im öffentlichen Sektor, NVwZ 2004.

Guy Beaucamp, Mediation im Wiederspruchsverfahren?, DÖV 2011.

Raimund Wimmer/ Ulrich Wimmer, Verfassungsrechtliche Aspekte richterlicher Mediation, NJW 2007. 3242

Max-Jürgen Seibert, Mediation in der Verwaltungsgerichtsbarkeit Erfahrungen und Überlegungen zu einer alternativen Streitbeilegung, NVwZ 2008, 365.

Jan Malte von Bargen, Mediation im Verwaltungsverfahren nach Inkrafttreten des Mediationsförderungsgesetzes, ZUR 2012, 468.

4

조정제도의 혁신을 위한 법정책적 과제*

목차

Ⅰ. 머리말

Ⅱ. 조정제도의 혁신과 법정책적

Ⅲ. 행정분쟁조정기구를 통한 조정의 법적 쟁점

Ⅳ. 맺음말: '조정의 시대(Era of Mediation)'를 전망하며

Ⅰ. 머리말

우리의 삶은 문제해결의 연속이다. "문제없이 해결이 없다(Keine Lösung ohne Problem)"는 말과 같이 우리의 공동생활은 갈등과 분쟁이 기본적 특징이라고 할 수 있다. 오늘날 우리 사회는 이념적, 계층적, 세대간, 지역간 갈등의 각축장이라고 할 정도로 다양한 갈등이 존재하고 있다. 이와 같은 갈등은 불가피한 측면이 있고, 역설적이지만 사회의 건강성을 유지할 수 있기 때문에 긍정적 측면이 없지 않다.[1] 이처럼 갈등은 예외적 현상이라기 보다는 이로 인해 새로운 길이 모색되기도 한다.

다양한 분쟁해결 수단 중에서 법적인 잣대로 분쟁해결을 강구하는 대표적인 것은 법원을 통한 소송제도라고 할 것이다. 그러나 이러한 법원의 소송절차는 분쟁과 갈등을 첨예

---

* 이 논문은 2022년 12월 13일 제7회 아시아태평양조정컨퍼런스에서의 김용섭교수 기조발제문을 수정·보완하여 행정법학 제24호(2023. 3.) "행정법학의 특수문제" 특집호에 게재·수록한 것입니다

1 김용섭, "조정의 활성화를 위한 조정인의 교육과 역량", 조정마당 열린대화 제9호, 서울중앙지방법원, 2018, 3면.

화(Konfliktverstärkung)하여 당사자간에 한치도 양보할 수 없는 권리를 위한 투쟁을 불러 일으킨다.[2] 따라서 탄력적이며 유연한 ADR(Alternative Dispute Resolution)로 평가받는 조정(Mediation)은 날이 갈수록 더욱 더 각광받는 분쟁해결의 핵심적 수단으로 자리를 잡아가고 있다. 그 이유는 그동안 대표적인 ADR이 중재로 인식되어 있었으나 중재는 판결에 근접하게 되어 절차가 복잡하며 시간과 비용의 이점이 줄어들고 있는데 기인한다.

오늘날 우리는 민간형 조정보다는 법원형 조정이나 행정형 조정 등 국가가 절차책임을 지고 있는 국가주도형 조정이 활발하게 이루어지고 있다. 조정인의 역할이 자주적인 대화와 협상을 도와주는데 그치는가 분쟁해결에 적극적인가 여부에 따라 대화촉진형 조정(facilitative Mediation)과 평가형 조정(evaluate Mediation)으로 구분할 수 있다.[3] 국가주도형 조정은 일반적으로 평가형 조정으로 분류된다.

이러한 평가형 조정은 문제해결 중심의 조정으로 소송의 아류처럼 분쟁의 해결에 초점을 맞추는 방식이다. 당사자간의 대화가 단절되고 합의의 도출이 되지 않은 경우에 직권조정방식이나 조정에 갈음하는 결정을 하여 이의신청 여부로 조정의 성사를 결정하는 방식이다. 평가형 조정의 경우에는 기본적으로 상호간의 대화보다는 조정인의 주도하에 분쟁의 해결에 전념하게 된다. 따라서 평가형 조정은 자기책임성에 입각하여 대화를 통하여 미래지향적 관점에서 상호양보를 통한 우호적 해결을 하는 대화촉진형 조정과는 다소 거리가 있다. 따라서 국가주도형 조정에 있어서 평가형 조정을 보충적으로 하고, 조정절차 안에서 당사자간에 대화할 수 있도록 분위기를 전환하여 협상국면으로 되돌리는 방향으로 제도와 운영을 개선할 필요가 있다. 왜냐하면 모든 분쟁을 일거에 해결이 안되더라도 일부만이라도 타결하거나 대화할 수 있는 기회를 마련하여 상호 이해하는 것은 매우 중요하기 때문이다.

조정은 중립적 제3자인 조정인이 관여하여 우호적으로 분쟁을 해결한다는 점에서 조정은 판결이나 중재와 같은 타율적 분쟁해결절차가 아니라 자율적인 분쟁해결절차이다. 종래 ADR의 핵심적 역할을 한 것은 중재라고 할 것이다. 그러나 중재의 경우 단심제로 적

---

2 Günter Hirsch, "Die alternative Streitbeilegung hat Konjunktur", ZRP 6/2012, S. 189.

3 稲葉一人, "調停モデルと調停の進め方- 自主交渉援助型調停と同席調停", 自由と正義, 2016. 3, 45-52面

용되는데다가 증거수집절차를 간략하게 하게 하여 그동안 각광받는 ADR의 일종으로 자리매김하였다. 또한 상사거래에 있어서 다투는 금액이 크게 됨에 따라 중재가 판결에 버금가면서 법적인 검토를 하게 되고 중재판정 취소의 소를 제기하여 불복하는 사례가 늘어나게 되어 점차 그 경쟁력을 잃어가고 있다. 국제상사분쟁에 있어서 중재의 상대적 침체와 반비례관계로 조정이 약진하고 있다.[4] 이처럼 조정은 유연한 분쟁해결 수단으로 시간과 비용을 절약하는데 그치는 것이 아니라 다양한 해결방안의 모색을 통해 상생적 관계를 복원하여 일상생활의 평화를 도모할 수 있는 장점이 있다. 그럼에도 불구하고 판결은 A급 정의를 실현하는 분쟁해결수단이나 조정은 판결에 못미치는 B급 정의를 실현하는 분쟁해결수단이라는 비판론도 제기되고 있다. 그러나 이는 소송을 제기하여 판결이 확정되기까지 오랜 시간이 걸리고 비용과 에너지를 소진해 일상적 삶이 파행을 겪게 되는 측면을 고려하지 않은 것이다. 따라서 오늘날 조정은 상호양보에 의한 미래지향적 관계를 모색한다는 점에서 판결이나 중재보다 나은 분쟁해결수단(Better Dispute Resolution, BDR)이라고 할 수 있다.

II. 조정제도의 혁신과 법정책적 과제

1. 논의의 출발

조정(Mediation)은 당사자간에 분쟁이 있을 경우 공평하고 중립적인 조정인이 당사자간의 대화와 협상을 촉진하여 우호적인 해결을 도모하는 분쟁해결수단이라고 할 수 있다. 조정은 당사자의 자치에 기반한 자기책임성을 내용으로 하므로 그 법이념적 기초는 사적자치에 있다.[5] 조정제도의 핵심은 당사자의 자기결정권에 있는지 여부에 달려있기 때문에 조정인이 적극 분쟁에 개입하여 결론을 도출하거나 당사자의 의사에 반하여 결정권이나 판단권을 행사하지 못하고 중립적 제3자라는 것을 특징으로 한다.[6]

---

4 中村嘉孝, "國際上取引紛爭における調停", 神戶外大論叢 73卷, 2021. 4, 30面
5 김소연, "재판외 분쟁해결절차(ADR)로서 행정형 조정과 재판청구권의 관계", 분쟁해결 제3호, 2021, 77면.

조정인이라는 제3자가 등장하지만 조정을 통한 분쟁해결 절차는 기본적으로 당사자가 주체적인 지위에서 조정의 주인공이 되는 것이다. 따라서 각종 조정기구에서 일방적으로 조정인이 정해지기 보다는 당사자가 조정인을 선정할 수 있도록 역량있는 조정인의 풀(pool)을 확보하는 것이 급선무이다. 결과적으로 조정의 시작과 종결도 조정인이 아닌 당사자에 의하여 이루어지도록 하는 것이 관건이다.

중립적 제3자인 조정인은 당사자간에 협상의 결렬로 야기된 대화의 단절을 복원하여 건설적인 대화의 장으로 이끌어내서 합의를 도출하는 조력자의 역할을 하게 된다. 이와 같이 조정인의 역할은 당사자간의 대화와 의사소통의 재건에 있다. 따라서 조정인은 분쟁해결을 하기에 앞서 막힌 대화를 풀어내는 신뢰할 수 있는 중립적 제3자일 필요가 있다.

그렇다고 조정은 모든 당사자에게 만족스러운 것도 모든 종류의 분쟁에 항상 적합한 것은 아니다. 조정은 재판과 달리 조정에 관여하는 자에게 비밀준수의무를 요구할 뿐만 아니라 절차를 비공개로 진행하도록 되어 있어, 당사자간에 허심탄회하게 대화를 나눌 수 있는 장점이 있다. 중립적인 조정인의 조력을 받아 조정에 있어 당사자 간의 막힌 대화를 열어 합의를 향한 시도를 한다는 것이 중요하다.

우리 삶의 일상이 되고 있는 갈등과 분쟁을 어떻게 조정을 통해 효율적으로 해결할 것인가의 문제는 국가의 법정책적 과제에 속한다고 할 것이다. 조정제도 혁신의 법정책적 과제는 ① 싱가포르조정협약의 비준에 따른 국내법 정비와 조정인의 윤리규범의 제정 ② ADR내에서 혼합적(hybrid) 분쟁해결의 제도화 ③ 법원형 조정제도에서 민간형 조정제도로의 정책전환 필요성을 들 수 있다. 이하에서 순차적으로 고찰하기로 한다.

2. 싱가포르조정협약의 비준에 따른 국내법 정비와 조정윤리 규범의 제정

가. 싱가포르조정협약에 따른 국내법 정비

"조정에 의한 국제화해합의에 대한 승인과 집행에 관한 국제연합협약(일명 싱가포르조정협약)"이 2018년 12월 20일 유엔총회에서 채택되고, 2019년 8월 7일 싱가포르에서 서명식을 가졌다. 싱가포르, 피지에 이어 카타르가 2020년 3월 12일 비준서를 기탁하여 싱

---

6 장원경, "행정형 분쟁해결기구의 분쟁해결절차에 관한 연구", 법학논총 제40권 제2호, 2020. 5, 181면.

가포르조정협약 제14조의 규정에 따라 3개국이 비준서를 기탁한 날로부터 6월 경과후 협약이 발효하게 되어 있어 2020년 9월 12일에 발효되었다. 2022년 11월 기준 55개국이 서명하였고, 10개국이 비준하였다. 이 협약은 조정에 의한 국제적 화해합의에 기하여 강제집행이 용이하게 되어 국제상사분쟁에 있어 조정의 활용도가 높아지게 되었다. 우선 국회의 비준동의를 받는 절차와 함께 싱가포르조정협약 제3조 제1항에 따른 국내법적 정비가 필요한 실정이다. 싱가포르조정협약상 국제화해합의는 민사집행법상의 집행권원에 해당하지 않기 때문에 국내법상 이에 관하여 집행력을 부여하기 위해서는 법제정비가 요구된다.

우선 싱가포르조정협약의 국내이행을 위하여 입법조치를 취할 경우에 기존의 법률을 개정하여 대처하는 방법7과 새로운 법률을 제정하여 대처하는 방법이 고려될 수 있다. 싱가포르조정협약을 비준하여 체약국이 되는 시점에 새로운 법률의 시행일을 일치시키는 것이 규율의 공백을 없앨 수 있다. 이러한 입법적 대응과 관련하여 새로운 법률을 제정하여 대처하는 것이 바람직하다.

이러한 입법적 대응을 논함에 있어 싱가포르조정협약을 이행하기 위하여 정부의 역할이 매우 중요하다. 지난 정부시절 싱가포르조정협약의 국내이행을 위한 법률 제정을 위한 태스크 포스(T/F)를 법무부 내에 2021. 3. 에 구성하였으나 회의체가 활성화 되지 않아 진척이 제대로 안된 것으로 알려지고 있다. 그런데 이와 관련하여 정부의 직접적인 개입은 불필요하지만, 중립적이며 공정한 국제조정기관이 설립될 수 있도록 제도적 틀을 마련할 필요가 있다. 특히 싱가포르조정협약의 이행을 위하여 관련 국내법의 제정등 법령 정비를 더 이상 늦추지 말고 조속히 마무리되어야 한다. 싱가포르조정협약을 통해서 ADR의 중요한 축의 하나인 조정이 상사분쟁을 해결함에 있어서 국제적으로 널리 확대되고 있는 추세에 부응하여 국가가 나서서 선제적으로 입법적 대응을 할 필요가 있다. 싱가포르조정협약은 무엇보다 조정결과의 합의에 집행력이 인정되는 것은 중재에 있어 뉴욕협약에 버금가는 획기적인 내용의 국제조약이 탄생한 것이다. 따라서 싱가포르조정협약의 이행에 관한 법률의 제정을 계기로 행정형분쟁기구에 공통적으로 적용되는 통일적 규율을 하는

---

7 국제화해합의(international settlement agreements)에 집행력을 부여하는 것에 그치는 경우에는 민사집행법 등의 일부 법률의 개정만으로 가능할 수 있다. international settlement agreements라는 용어에 대하여 '국제조정결과' 등 다양한 번역이 있으나, 여기서는 '국제화해합의'로 사용하기로 한다.

행정조정기본법의 제정이 필요하다.[8]

또한 싱가포르조정협약의 이행에 따른 법제정비를 국제상사조정에 한정하여 규율하는 방식보다는 국내조정과 국제조정을 아우르는 조정기본법[9]이나 민간조정활성화를 위한 법률을 제정하여 싱가포르 조정협약이행에 관한 사항을 포함하는 것이 합리적인 법정책적 방향이라고 할 것이다.[10]

다시 말해 싱가포르조정협약의 비준시기와 관련하여 주요 국가의 비준 동향을 파악하면서, 조정인의 자격, 양성 및 교육과 윤리성[11] 확보 방안 마련과 국제화해합의(international settlement agreements)에 구속력과 집행가능한 효력을 부여하는 절차 등을 규율하는 조정기본법을 제정하고, 그 시행시기를 비준을 하여 체약국이 되는 시점에 맞추는 것이 필요하다.[12]

나. 조정인 윤리기준의 제정 필요성

(1) 조정인 윤리기준의 설정

조정인의 윤리성 확보는 조정의 성공을 위해 매우 중요하다. 조정인의 윤리의 딜레마는

---

8 다양성 측면에서 조정기구를 기계적으로 통합할 것이 아니고, 부처별로 우후죽순 격으로 생기고 있는 행정형 조정기관에 핵심적 공통사항을 규율하고 조정기관의 운영을 통일적으로 규율하고 체계화하는 총괄적인 입법이 필요하다.

9 유병욱, "국제상사조정제도의 활용에 관한 연구-조정에 관한 싱가포르협약을 중심으로-", 무역상무연구 제84권, 2019, 161면, 이와 관련하여 조정기본법에 어떠한 사항을 규율할 것인지에 대하여는 아무런 언급이 없고, 국제상사분쟁의 조정을 통한 화해합의의 국내집행과 원용을 위해서는 민사소송법과 민사집행법에 해당 규정을 마련해야 한다는 입장이다.

10 박노형, 「국제상사조정체제:싱가포르 조정협약을 중심으로」, 박영사, 2021, 159면, 박노형 국제조정센터(KIMC) 이사장은 국내 이행법률의 제정과 관련하여 가칭 '싱가포르조정협약에 관한 법률'또는 가칭 '상사조정기본법'의 제정을 제시하고 있다. 그러나 싱가포르조정협약의 이행에 초점을 두고 조정절차기본법을 주장하는 학자도 있다. 이에 관하여는 정선주, "싱가포르협약의 국내이행방안", 제6회 아시아태평양조정컨퍼런스 「분쟁조정제도의 설계와 입법평가」 자료집, 2021. 11. 15, 47-67면. 기본적으로 '조정절차기본법'이라는 명칭이 적절한지 의문이고, 아울러 국제상사에 한정하기보다는 국내법과 국제법을 아우르는 중재법이라는 명칭에 비견되는 '조정법'이 적절하다고 생각한다. 조정법을 제정하게 될 경우 민사조정법의 명칭을 법원조정법으로 변경할 필요가 있다.

11 싱가포르 조정협약 제5조 구제허용의 거부사유로 조정인의 윤리성과 관련한 조항으로는 (e)와 (f)를 들 수 있다.

12 중재에 있어 1966년 중재법을 먼저 제정하고 1973년에 뉴욕협약을 비준하여 가입하는 절차를 마련한 것과 다른 방식이다. 우리의 경우 중재법을 개정하여 뉴욕협약인 외국 중재판정의 승인 및 집행에 관한 협약의 국내이행을 위한 법률조항을 뒤늦게 포함시키기도 하였다. 싱가포르가 싱가포르조정협약을 최초로 비준하면서 체약국이 되었고, 이에 맞추어 조정에 관한 법률을 새롭게 제정하여 대처하고 있는 점도 참고할 필요가 있다.

협상력이 미흡한 일방 당사자를 위해 조정인이 적극적으로 개입할 수 있는가의 문제로, 외국의 입법례 중에는 조정인이 적극적으로 관여할 수 있는 기준을 설정하기도 한다. 조정윤리와 행위규범을 마련하여 조정인이 이를 준수하도록 하는 것은 조정 제도의 신뢰성 확보와 조정의 성공적 안착에 매우 중요하다.

이와 관련하여 행정형 조정기구의 근거법률에서 조정인의 윤리규범에 관하여 일부 사항만을 규율하고 있다.[13] 조정인의 윤리중 핵심적 가치는 공평성, 이익충돌의 문제, 전문성, 비밀유지, 절차적 공정성 등을 들 수 있다.[14] 조정제도가 사회 속에 신뢰성 있는 분쟁해결 제도로 정착되기 위해서는 조정인의 윤리규범과 행위규범을 제정하고, 조정인이 이를 준수하도록 할 필요가 있다. 조정인의 윤리에 관한 핵심적 사항을 조정 관련 법률에서 규율하거나 이와는 달리 조정인의 윤리에 관한 사항을 분쟁해결기관의 조정규칙에서 규율하는 방식이 고려될 수 있다. 조정인의 윤리와 관련하여 민사조정법이나 의료사고 피해구제 및 의료분쟁 조정 등에 관한 법률(약칭 의료분쟁조정법)[15], 콘텐츠산업진흥법 등 개별법에 조정위원의 비밀유지의무, 비공개의무 및 고지의무 등에 관하여 규율하고 있다. 그러나 이와 같은 개별 법률의 윤리규범이 부분적 규율에 그치고 있어 대폭 보완이 필요하다. 이러한 법률의 규율방식과는 달리 각종 조정기관의 조정규칙에 윤리적 규율을 정하는 경우에는 조정인의 윤리에 관한 일부 사항만 제시하는데 그쳐서는 곤란하다.[16]

(2) 통일적 조정인 윤리기준에 포함될 핵심적 사항

무엇보다 통일적이며 상세한 조정인 윤리기준을 정하는 것이 필요하다. 국가기관을 견

---

13 조정인의 기본적 윤리사항을 달리 규율하고 있는 입법태도는 바람직하지 않으므로 개별 법률에 들어갈 핵심적 윤리적 규율을 누락하지 않도록 주의가 요망된다.

14 민사조정법 제11조에서 조정기관은 조정절차에서 당사자를 동등하게 대우하고, 사건에 대하여 충분한 진술의 기회를 주어야 한다고 규정하고 있다. 이러한 규정은 공평성을 강조하는 것이고, 다른 하나는 조정인이 당사자에게 대화를 경청하는 것이 중요하다는 것을 의미한다고 보여준다.

15 의료사고 피해구제 및 의료분쟁 조정 등에 관한 법률 (약칭: 의료분쟁조정법) 제32조(조정절차의 비공개)와 제41조(비밀누설의 금지) 조항을 두고 있고, 직무상 알게된 비밀을 누설한 사람에 대한 형사처벌 조항을 두고 있다.

16 대한상사중재원은 중재인 윤리강령을 제정하여 중재인의 중립성과 공평성, 고지의무, 당사자와의 교신금지 등에 관하여 규율하고 있다. 그러나, 조정인 윤리강령이 제정되어 있지 않은 실정이다. 조정인의 윤리 및 행위규범의 준칙을 제정함에 있어서는 대한상사중재원의 중재인 윤리강령과 함께 다른 나라의 조정인의 윤리기준을 참고할 필요가 있다.

인하기 위하여 대한상사중재원이나 한국조정학회 등에서 조정인의 윤리에 관한 가이드라인을 만들어 각 분야에서 활동하는 조정인이 이를 준수하도록 할 필요가 있다. 이러한 규율방법과 관련하여 참고가 될 수 있는 외국의 조정윤리에 관한 기준으로는 미국[17]과 유럽[18]의 윤리기준이 있다.

미국과 유럽의 조정인 윤리의 공통적이며 핵심적인 요소로는 공평성, 이해충돌, 비밀유지, 전문적 역량 및 절차의 질과 공정성을 들 수 있다. 미국의 경우에는 자율적 결정, 정보공유, 법적 조언 금지 등을 특징으로 하는 반면에 유럽의 경우에는 독립성이 추가되고 투명성과 당사자간의 대화를 강조하고 있다. 문제는 공평성과 중립성이 실제에 있어서 협상력의 불균형의 문제로 인해 이러한 윤리적 기준이 허구적 역할을 하기도 한다. 따라서 뉴질랜드의 2011년 조정인을 위한 가이드라인은 제3조에서 권력과 안전이슈의 항목에서 어떠한 분쟁은 권력불균형, 안전, 통제 또는 내밀한 이슈 때문에 조정이 적절하지 않을 수 있고, 당사자 일반이 조정을 남용하거나 협박한 경우에는 조정인은 당사자의 안전을 위한 적절한 조치를 취해야 하는 것으로 규정하고 있는 점을 벤치마킹할 필요가 있다.

결국 조정제도의 신뢰성 확보를 위해 조정인의 윤리에 관한 가이드라인을 제정할 경우 공평성과 중립성 및 독립성, 비공개성과 비밀유지의무, 자발성의 존중과 자기책임성의 인식, 제척·기피·회피, 고지의무, 이해충돌방지, 청탁금지의무 및 신의성실의무, 전문적 능력 보유, 공정한 절차, 당사자에게 정보의 공유 보장, 법률적 조언 억제, 당사자와의 교신금지, 과장 광고와 부당 비용징수 금지, 보수 정보제공, 홍보 허용성, 특정상황에서 조정의 종료를 고려할 의무 등을 적절히 반영할 필요가 있다.

3. ADR내에서 혼합적(hybrid) 분쟁해결의 제도화

가. 조정과 중재의 혼합적(hybrid) 방식

(1) 조정제도의 혁신의 다른 하나는 조정과 중재의 결합을 통한 효과적인 분쟁해결이라

---

17 2005년 조정인을 위한 윤리규범(The Model standards of Conduct for Mediators), 2018년 JAMS 조정인 윤리 가이드 라인(JAMS Mediators Ehics Guidelines)이 참고할 만하다.

18 2004년 유럽조정인행동장전(European Code of Conduct for Mediators), 2018년 유럽 조정제공자를 위한 행위규범(European Code of Conduct for mediation Providers)을 참고할 필요가 있다.

고 할 수 있다. ADR의 2대 지주는 조정과 중재이다. 그리고 사적자치는 조정과 중재의 기초이다. 양자를 별개로 운영하기도 하지만 결합하는 하이브리드 형을 선택하는 것에 있어서도 사적자치가 적용되는 것이다. 효율적 분쟁해결을 위해 같은 분쟁사안에서 조정인과 중재인을 동일인으로 선택할 수 있는가의 문제가 핵심적 쟁점이다.[19]

가령 Med-Arb(Mediation and Arbitration)은 당사자가 우선 조정에 의한 분쟁해결을 시도하고, 조정에 의하여 화해합의가 성립되지 않은 경우에 구속적인 절차인 중재를 개시하는 것이다. 그 장점은 조정절차에서의 교착상태를 해소하여 극단적 대립관계인 소송절차로 발전하지 않고 중재로 분쟁이 종료된다는 점이다. 이는 조정이 가지는 유연성과 신축성 그리고 중재가 가지는 구속력을 결합한 장점이 있다. 그러나 조정에서 자유로운 대화가 제약될 수 있고, 합의도출에 실패할 경우 조정인으로 활동하던 중재인이 이를 알게 되면 별석조정에서도 흉금을 터놓지 않을 가능성이 있고 조정에서의 자료나 정보가 중재에서 활용될 경우 윤리적 문제를 야기하는 단점도 함께 내포하고 있다.[20] 조정이 성립한 경우에는 비용과 시간을 절약하기 위해 합의에 강한 구속력을 부여하기 위한 방법으로 조정인을 양당사자가 서면으로 중재인으로 하여 조정에서 합의한 화해내용을 중재판정으로 하는 것도 하나의 방법이다.[21]

이와 관련하여, 일본상사중재협회(JCAA) 상사조정규칙 (2020) 제27조(화해에 기한 중재판단)에서 "당사자간에 화해가 성립된 경우, 당사자는 서면에 의한 합의에 의하여 조정인을 중재인으로 선임하여, 화해의 내용을 중재판단을 하도록 하는 것을 당해 중재인에게 구할 수 있다"고 규정하고 있다. 이러한 규율 방식은 조정과 중재를 결합하여 조정의 집행력을 효과적으로 부여하는 방법이 되는 것이다.

그러나 대한상사중재원 국내중재규칙(2016) 제39조에서 조정에 관한 사항을 규정하고 있으며, "당사자는 중재절차 중 언제든지 그 분쟁의 전부 또는 일부를 서면에 의한 합의

---

19 김용섭, "ADR에서 혼합적(hybrid) 방식의 활용방안", 법률신문 2022. 12. 21. 이하에서 위 글에서 쓴 것을 일부 인용하였으나, 따로 인용표시를 하지 않기로 한다.

20 정용균, "미국의 조정-중재(Med-Arb) 제도에 관한 연구", 중재연구 제24권 제1호, 2014. 102면.

21 중재는 최종적이며 구속적인 결정인 중재판정(Award)을 내리는 것이 핵심이다. 중재의 부수적 기능으로 당사자의 자발적 합의를 촉진하거나 유도하는 권능이 있다고 할 것이다.

로 대한상사중재원 조정규칙에 따른 조정을 신청할 수 있다. 이 경우 조정인은 중재인과 다른 사람으로 선임한다."고 규정하고 있어 조정인과 중재인이 겸하는 것을 허용하지 않고 있다.[22]

또한 대한상사중재원의 국내중재규칙은 당사자 간에 다른 합의가 없으면 어느 당사자도 조정절차에서의 당사자 또는 이해관계인의 진술을 중재사건에서 원용하지 못한다고 되어 있고, 조정절차가 종료되는 경우 중재판정부는 당사자의 신청을 받아 중재절차를 재개한다고 되어 있어 우리의 중재규칙은 영미법계의 영향을 받은 것으로 이해된다.

(2) 조정과 중재의 경우에도 분쟁해결을 효과적으로 하기 위해서나 집행력의 확보 등을 위해 양자를 결합하는 혼합적(hybrid) 방식[23]의 제도도입이 필요하다.

이러한 혼합적 모델로는 2가지 방향성[24]을 생각할 수 있다. 첫째로, Arb-Med로 중재인이 Arb-Med 절차에 있어서 조정적인 방법을 택할 수 있는가의 문제이다. 이는 재판에서 조정이나 화해를 모색하는 것이 허용되듯이 중재에 있어 중재판정만 하는 것이 아니라 다양한 분쟁해결을 모색하는 것이 용인되므로 조정적인 방법을 택하는 것은 특별히 문제될 것이 없다. 그런데 중재인이 같은 분쟁사건에 있어서 조정인과 중재인을 겸할 수 있는가의 문제로, 일본의 경우에는 일본상사중재협회(JCAA) 상사중재규칙(2021) 제58조 제1항과 제59조 제1항에서 기본적으로 조정인과 중재인은 겸하지 않고 중재절차에서 당사자의 서면합의가 있으면 중재인과 다른 조정인을 선임할 수 있지만, 서면합의에 의하여 중재인을 조정인으로 선임할 수 있다고 규정하고 있다. 이러한 경우 중재인이 조정인을 겸하는 것을 이유로 당해 중재인을 기피신청할 수 없다고 규정하고 있다. 독일의 경우는 사적 자

---

22 그러나 대한상사중재원 국제중재규칙(2016)에는 이러한 조항을 전혀 두고 있지 않아 Arb-Med의 hybrid형의 규율공백이 있다고 할 것이다. 한편 대한상사중재원 조정규칙(2012)에서는 국내와 국제를 구분하지 않고 있으며, 조정절차중의 중재에 관한 Arb-Med에 관하여 아무런 규율을 두고 있지 않은 실정이다.

23 Arb-Med-Arb(Arbitration, Mediation and Arbitration)의 방식도 중재절차에서 검토될 수 있다. 이러한 하이브리드 방식은 당사자가 중재를 신청한 직후에 분쟁을 조정기관에 이행하여 조정을 시도하고, 조정에 의하여 화해합의가 성립한 경우에는 화해합의의 내용을 중재판정(Consent Award)으로 하는 것을 말한다. 그런데 화해합의가 성립하지 않는 경우에는 중재절차로 되돌아 와서 중재판정을 하는 것이다.

24 Vgl. Mag Matthias M. Pitkowitz/ Mag. Marie-Therese Richter, "May a Neutral Third Person Serve as Arbitrator and Mediator in the same Dispute?", SchiedsVZ 2009, S. 225 f.

치의 원칙에 따라 당사자가 동의한 경우에는 중재인과 조정인의 겸임을 허용하고 있다.[25]

조정인과 중재인을 동일인이 겸임하는 것을 허용할 것인지와 관련하여, 대륙법계 국가와는 달리 영미법계국가에서는 중재인이 조정인을 겸임하게 되면 비밀유지의무에 반하는 것으로 보아 양자를 분리하여 처리하는 경향이 있다. 싱가포르의 Arb-Med-Arb 방식이 바로 그렇다. 다만, Med-Arb의 방식에 의한 분쟁해결은 싱가포르조정협약 제1조 제3항[26]에 의하여 그 적용이 배제되는 점을 감안하여야 한다. 따라서 싱가포르 국제중재센터(SIAC)와 국제조정센터(SIAM)간의 연계 방식으로 해결하고 있다.[27]

둘째로, Med-Arb에서 조정으로 진행하다가 중재절차를 통해 종국적으로 분쟁을 해결하는 방식이 있다. 이를 위해 ADR 시스템안에서 혼합방식에 의한 조정과 중재의 연계제도를 마련하는 것이 필요하다. 다만, 미국중재협회(AAA)는 동일한 중립인이 동일한 심리에서 조정인과 중재인으로 활동하지 못하도록 하고 있듯이, 영미법계 국가의 경우에는 조정인과 중재인이 지위를 겸유하는 것에 대하여 비판적인 관점을 취하고 있다.[28] 그러나 이와는 달리 독일 등 대륙법계 국가의 경우에는 당사자 사적자치의 관점에서 당사자가 동의하게 될 경우에 조정인과 중재인을 겸할 수 있는 것에 대하여 특별히 문제가 되지 않는 것으로 이해하고 있다.[29] 결론적으로 사적자치의 원칙에 따라 조정과 중재는 완전히 독립된 제도로만 운영될 것은 아니고 혼합적(hybrid) 방식이 가능하고 적극 활용될 필요

---

25 Mag Matthias M. Pitkowitz/ Mag. Marie-Therese Richter, a. a. O., S. 225 f.

26 3. 본 협약은 다음의 경우에 적용되지 않는다.
(a) 다음의 화해합의
(i) 법원이 승인하였거나 법원의 절차 중에 체결된 화해합의
(ii) 해당 법원의 국가에서 판결로서 집행 가능한 화해합의
(b) 중재판정으로 기록되었고 집행가능한 화해합의

27 2014년 11월 5일 싱가포르는 국제중재센터(SIAC)와 국제조정센터(SIMC) 사이의 AMA(Arb-Med-Arb) 의정서에 따라 조정과 중재를 연계하여 다루는 하이브리드 방식을 취하고 있다. 이는 3단계로 이루어지고 있는데, 1단계는 중재절차를 접수하면 그 절차는 중지하고 2단계는 조정센터라 넘겨 중재인과 분리된 조정인에 의하여 조정절차를 밟고 3단계는 중재센터로 다시 보내 조정이 성립하면 집행력 부여를 위해 합의된 중재판정을 내리고, 조정이 성립되지 않는 경우에는 중재판정을 내리게 된다.

28 정용균, 앞의 논문. 102면.

29 Axel Reeg, "The New Arb-Med-Arb Protocol of Singapore International Arbitration Center", IWRZ 2015, S. 16.

가 있다.

이러한 자기책임성에 입각한 사적자치의 원칙은 앞서도 설명한 바와같이 혼합적 분쟁해결의 경우에도 본질적으로 당사자가 자발적 동의를 하게 되면 조정과 중재의 혼합방식인 Med-Arb이 허용된다. 이와같이 혼합적 분쟁해결의 기본전제는 조정에 있어서 사적자치의 원칙이고 당사자간의 명시적인 합의가 기본이라고 할 것이다. 같은 맥락에서 ICC조정규칙 제10조 제4항에서 "조정인은 본 규칙하에서의 심리에 있어 어떠한 점에 대하여도 재판, 중재 또는 이와 같은 심리에 있어서 증언을 해서는 아니된다"고 규정하고 있으나, 단서에서 모든 당사자 및 조정인 사이에 서면에 있어서 별도의 합의가 있는 경우나 준거법에 필요로 하는 경우에는 그러하지 아니한다고 되어 있다.[30]

나. 재정 등 다양한 분쟁해결 수단의 제도화

재정을 명시적으로 규율하고 있는 입법례의 대표적인 경우로는 전기통신사업법 제57조와 건축법 제94조를 들 수 있다. 건축법상 분쟁위원회는 조정위원회와 재정위원회로 구분된다. 또한 환경분쟁조정법 제35조의3에서 원인재정과 책임재정으로 구분하고 있으며 상세한 규율을 마련하고 있다. 이와 같은 재정은 제3자인 재정위원회가 대립적 분쟁 당사자간의 다툼에 대하여 사실조사와 심리절차를 거친 후 법률적 판단인 재정을 통하여 분쟁을 해결하는 준사법절차로 이해하는 견해[31] 도 있다. 그러나 이와는 달리 재정을 편면적 중재로 이해하는 견해[32]도 있다. 생각건대 재정은 중재처럼 사전의 당사자의 서면합의에 따라서 개시되기 보다 분쟁조정위원회나 별도의 재정위원회에서 직권으로 재정안을 제시하여 이에 따르도록 결정을 내린다는 점에서 조정과 중재의 중간형태라고 할 수 있다.

조정과 중재 그리고 재정에 더하여 외국의 사례를 벤치마킹하여 다양한 분쟁해결 방법을 제도설계할 필요가 있다. 예를 들어 중립적 전문가나 단체에 의한 사실인정(fact-finding), 복잡한 사건을 핵심을 파악하기 위한 간이심리(Mini-Trail, Neutral Advisor), 당

---

30 中村嘉孝, "國際上取引紛爭における調停", 神戸外大論叢 73卷, 2021. 4, 30面

31 김용섭, "행정법상 분쟁해결 수단으로서의 조정", 저스티스 통권 제81호, 2004, 14면; 김홍균, "환경법상의 환경책임 제도", 법조, 532호, 2001, 100면

32 小島武司, 「ADR·仲裁法敎室」 有斐閣, 2001, 33面.

사자들이 재판 도중에 제3의 중립적 기관에 의한 판정을 받는 사적판결(Private Judging, Rent-a-judge), 옴브즈만, 조기중립평가 등이 있다. 우리나라도 이러한 다양한 분쟁해결제도를 행정형 조정에 도입함에 있어 적합한 방식인지를 검토하여 단계적으로 수용할 필요가 있다.[33]

4. 법원형 조정제도에서 민간형 조정제도로의 정책전환 필요성

가. 법원형 조정제도의 문제점

법원에서 법원 내부의 조정제도를 활용하거나 법원연계형[34] 조정을 통하여 사건을 해결하기도 한다. 법원은 사건수를 대폭 줄이기 위한 근본적인 해결책을 강구하지 않고 모든 사건을 받아들이고 객관적 기준없이 이를 외부 조정기관에 회부하여 조정을 실시하고 있다. 따라서 법원형 조정제도의 혁신은 전방위적으로 이루어질 필요가 있다.[35] 민사조정법에 의한 법원형 조정이 그동안 민간형 조정이 싹틀 수 있는 토양을 원천적으로 차단하였다고 보여지므로 민사조정법은 법원부속형 조정에 한정하여 규율하는 것이 바람직하다. 법원조직법이나 민사조정법에 근거를 두고 있지 않아 법적근거가 미약한 법원연계형 조정은 법원의 사건해결에도 큰 도움을 주지 못하므로 근본적인 재검토가 요망된다. 이를 법원에서 분리하여 독자적인 민간조정기구로 독립시켜 경미한 소액사건에 대하여 조정전치주의를 발전시켜 민간조정이 활성화될 수 있도록 조정시스템의 근본적인 혁신이 필요하다.

소액사건과 같이 3천만원 이하의 사건 중 경미한 사건을 조정전치주의를 채택하여 해결할 필요가 있다.[36] 법원은 복잡한 사건을 판결을 통하여 해결하여야 함에도 당사자가 원

---

33 이에 관하여는 황승태, 계인국, "한국형 대체적 분쟁해결(ADR) 제도의 발전방향에 관한 연구", 대법원 사법정책연구원 연구총서 2016, 53면 이하

34 법원연계형 조정제도는 법원에 소송이 제기된 사건들 중에서 조기 조정에 회부하기로 결정하면 외부의 분쟁해결기관에 조정을 맡기는 방식으로, 조정합의가 성사되지 않으면 법원이 돌려받아 재판을 진행하고, 조정합의가 성사된 경우에는 최종적으로 합의내용을 조정담당판사가 조정에 갈음하는 결정으로 조정사건을 종결시키는 방식이다.

35 중재법 제41조에서 대한상사중재원이 중재규칙을 제정하거나 변경할 경우에 대법원장의 승인을 받도록 되어 있는 부분도 주무감독관청이 법무부장관이므로 대법원장에서 법무부장관으로 개정할 필요가 있다.

36 김용섭, "변호사법 제109조와 민간조정 활성화를 위한 입법과제", 인권과 정의 통권 제502호, 2021, 12, 45-46면.

하지 않음에도 법원연계형 조정절차에 회부하는 것이 과연 바람직한 것인지 의문이다. 가사소송에만 허용되고 있는 조정전치주의를 소액사건과 경미한 사건에 확대하는 입법적 노력을 기울일 필요가 있다. 법원은 중요한 사건에 집중하여 판결을 충실히 하고 경미한 사건을 대폭 민간분쟁기구에 아웃소싱하는 등 국민을 위한 분쟁해결 시스템의 근본적인 개혁이 필요하다.

민사조정법에 근거하여 이루어지는 직접 조정사건은 2021년 전국의 지방법원에서 당사자들이 자발적으로 조정을 신청한 사건은 1만여건에 불과하고 그 중 약 15퍼센트가 자발적인 조정이 성립되었고, 약 18퍼센트는 이의신청없이 조정에 갈음하는 결정으로 종결되었다.

한편 법원형 조정의 경우에도 실제로 판결을 받고자 하는 당사자의 의사에 반하여 조정절차에 회부하는 문제가 있고, 수소법원이 객관적인 기준에 의하여 조정절차에 회부하기 보다는 편의적으로 조정절차를 거치거나 법원외부의 조정기관에 회부하는 경향이 있다. 법원에서 복잡한 사건을 외부의 조정기관에 회부하여 조정이 성사되지 않고 시간만 낭비하도록 할 것이 아니라 대법원규칙으로 정하는 객관적 기준에 따라 조정절차에 회부하는 방향으로 제도개선이 필요하다.

민간형 조정기구나 행정형 조정기구를 거쳐서 법원에 소송을 제기한 경우에는 합의나 화해가 성사되기 어려운 것이 일반적이므로 신속히 판결을 통하여 분쟁을 해결하는 것이 바람직하다. 따라서 법원에 사건이 과도하게 몰리는 심각한 재판지연 현상을 해소하려면 법원조정 또는 법원연계형 조정을 통한 해결은 한계가 있다.

나. 민간형 조정제도의 활성화를 위한 입법과제

싱가포르조정협약을 비준하는 시점이 민간조정의 활성화의 중요한 변곡점이 되리라고 본다. 분쟁해결을 위한 국가적 절차책임의 대척점에 민간조정이 위치하므로, 이를 활성화하고 경미한 사건의 분쟁해결을 민간 조정기구에 아웃소싱할 필요가 있기 때문이다.

이를 위해 조정을 법률사무로 보아 변호사에게만 허용할 것이 아니라 조정인의 자격과 양성 및 교육 시스템을 만들어 민간조정인을 통하여 특정 사안의 분쟁해결을 허용할 단계가 되었다. 독일의 조정법(Mediationsgesetz)[37]이나 일본의 ADR법을 벤치마킹하여 우리 실정에 맞는 민간형 조정 활성화를 위한 법률이 제정되기를 기대한다.

조정을 통하여 분쟁사건을 해결하는 데 포커스를 맞출 것이 아니라 당사자가 조정시스템을 통해 스스로 분쟁해결을 시도하는 교육의 장으로 인식과 패러다임의 전환이 요망된다. 민간 조정인을 양성하기 위한 법률을 제정하여 조정인을 양성하는 것이 문제해결의 지름길이라고 본다. 조정의 성패는 조정인의 역량에 달려있다. 조정제도를 이해하고 분쟁을 잘 해결하기 위해서는 역량있는 조정인의 양성이 매우 중요하다. 조정절차를 담당하는 조정인과 관계자가 전문적인 사무능력과 국제조정에 필요한 언어능력, 다양한 경험과 전문성을 갖추어야 한다. 이러한 유능한 조정인들을 양성하고 조정기관에서 조정인의 리스트를 확보하여 이를 공개할 필요가 있다. 아울러 국민이 손쉽게 조정을 이해하고 활용할 수 있는 다양한 홍보 프로그램을 개발하고 조정교육지원 서비스를 강화해야 한다. 조정을 교육받고 경험한 일정한 인적 자원들에게만 조정이 독점되는 구조는 바람직하지 않다. 따라서 개방적인 자세로 조정인의 양성과정 및 자격제도를 신설함으로써 양질의 행정형 조정위원은 물론 국제적인 상사분쟁을 다룰 조정인을 시급히 양성하여야 한다.

이러한 민간형 조정에서 대화촉진형의 방식을 근간으로 운영하여 서구적 의미의 본래적인 형태의 조정이 될 수 있도록 하려면 역량있는 중립적 조정인에 의하여 조정절차에서 당사자간의 대화를 복원하는 작업이 급선무이다. 조정인은 분쟁당사자가 조정절차에서 서로 마음을 터놓고 문제해결을 하도록 도와주는 역할을 수행한다. 조정인의 자격제도를 마련하고 민간조정을 활성화하기 위하여 변호사법 제109조의 개정이나 아니면 위 규정의 특례를 만드는 별도의 새로운 입법적 조치가 필요하다.[38] 싱가포르조정협약이 발효되어 국내법 제정의 필요성이 논의되고 있는 상황은 조정제도 발전에 획기적 전환점이 될 수 있다. 대한변호사협회 등 변호사 단체에서는 직역수호 차원에서 조정을 변호사의 고유업무 영역으로 지키려고 하고 있으나 이러한 분쟁해결수단을 법률사무로 단정할 것은 아니

---

37 독일은 2012년 7월 21일에 조정 및 재판외 분쟁해결촉진법(Gesetz zur Föderung der Mediation und anderer Verfahren der außergerichtlichen Konfliktbeilegung; Mediationsgesetz)을 제정하였다.

38 김용섭, "민간조정의 활성화를 위한 입법적 과제-독일과 일본의 법제도와 시사점을 중심으로-", 저스티스 통권 제157호, 2016.12, 218-248면.

라고 할 것이다. 오히려 이 부분을 폭넓게 허용할 경우 로스쿨 출신의 직역확보의 문제도 극복할 수 있다. 변호사의 활동영역이 송무중심에서 벗어나 ADR 이나 조정 등 새로운 블루오션의 기회의 제공을 통한 실질적 직역 확대가 실현될 것이다. 근본적으로 소송을 제기하기 전에 민간조정을 거치도록 하거나 법원에 제소할 경우 필수적으로 민간조정기관을 거친 후에 심리를 진행하도록 하는 법원의 재판과 연계하는 새로운 시스템이 마련되어야 할 것이다.[39]

Ⅲ. 행정분쟁조정기구를 통한 조정의 법적 쟁점

1. 통일적 규율의 결여

가. 조정의 효력에 관한 다양한 규율

행정형 조정은 개별 행정법령에 그 설치근거를 두고 있는 조정으로 조정인은 행정기관 또는 산하기관에서 임명 또는 위촉하는 조정위원에 의하여 분쟁해결이 이루어지는 것을 말한다. 그런데 행정형 조정이나 행정심판에서의 조정의 효력문제는 재판을 통한 사법절차의 정의와 밀접하게 연결된 문제라고 할 것이다. 행정소송에는 아직 조정제도가 입법화되어 있지 않은데 이에 앞서 행정심판법에 조정제도를 마련하고 있다. 행정심판법 제43조의2 제1항에서 "위원회는 당사자의 권리 및 권한의 범위에서 당사자의 동의를 받아 심판청구의 신속하고 공정한 해결을 위하여 조정을 할 수 있다. 다만, 그 조정이 공공복리에 적합하지 아니하거나 해당 처분의 성질에 반하는 경우에는 그러하지 아니하다."고 규정하고 있고, 제4항에서 재결의 기속력에 관한 제49조의 규정을 준용하도록 하고 있다.[40]

---

[39] 민간조정인의 자격제도를 마련할 경우 조정인을 통한 조정을 거친 경우에 한하여 경미한 소액사건을 소송을 제기할 수 있도록 제한적 조정전치주의의 도입이 요망된다.

[40] 제43조의2(조정) ① 위원회는 당사자의 권리 및 권한의 범위에서 당사자의 동의를 받아 심판청구의 신속하고 공정한 해결을 위하여 조정을 할 수 있다. 다만, 그 조정이 공공복리에 적합하지 아니하거나 해당 처분의 성질에 반하는 경우에는 그러하지 아니하다.
② 위원회는 제1항의 조정을 함에 있어서 심판청구된 사건의 법적·사실적 상태와 당사자 및 이해관계자의 이익 등 모든 사정을 참작하고, 조정의 이유와 취지를 설명하여야 한다.

일반적으로 피청구인인 행정청에 비해 조정을 통하여 신속하게 해결하고 싶어 하는 것이 청구인이다. 그러나 피청구인인 행정청은 스스로 잘못 처분한 것이 아닌 한 조정절차에 적극적으로 나서지 않아 행정심판에서 조정이 크게 활성화되지 못하고 있는 실정이다. 또한 피청구인이 위법 또는 부당한 처분을 한 경우에 그 잘못을 덮기 위해서 조정에 응하여 해결하는 것을 고무적인 것으로 볼 것은 아니다. 왜냐하면 행정이 법치행정을 회피하는 수단으로 전락할 수 있기 때문이다. 이러한 문제를 해소하기 위하여 중립적인 조정위원회의 조정인을 통한 적극적 대안제시와 조정에 있어서 협상력이 약한 청구인을 위한 국선대리인 제도를 확충할 필요가 있다.

개별 법률에서 행정형 조정에 재판상 화해의 효력을 인정하는 경우가 점차 늘고 있다. 그러나, 행정분쟁기구에 의한 조정에 있어 조정이 성립된 경우 어떤 법적인 효력을 인정할 것인가와 관련하여서 법적 규율이 통일적이지 않다. 조정의 효력도 위원회에 따라 재판상 화해의 경우와 민사상 합의로 나누어져 있으며, 일부의 경우에는 집행력만 인정하기도 한다.[41] 행정형 조정의 효력이 합리적 기준 없이 재판상 화해 또는 민사상 합의로 어떤 경우에는 효력에 관한 아무런 규정을 두지 않는 등 객관적 기준없이 부처별로 다양하게 규율하고 있는 것이 문제이다.

행정상 분쟁조정기구가 독립성과 중립성을 확보한 경우에는 조정성립에 재판상 화해의 효력을 인정하는 것도 분쟁의 일회적 해결이라는 관점에서 용인될 수 있다. 그러나 당사자의 명시적인 동의 의사가 없음에도 일정한 기간내에 아무런 의사표시가 없으면 조정이 성립된 것으로 보고 재판상 화해의 효력까지 인정하는 것은 바람직하지 않다. 그러나 행정형 조정에 대하여 개별 법률에서 재판상 화해의 효력을 인정한다고 해서 그 이유만으로 곧바로 헌법상 재판청구권을 침해하는 것으로 볼 것은 아니다.[42] 이처럼 재판상 화해

---

③ 조정은 당사자가 합의한 사항을 조정서에 기재한 후 당사자가 서명 또는 날인하고 위원회가 이를 확인함으로써 성립한다.

④ 제3항에 따른 조정에 대하여는 제48조부터 제50조까지, 제50조의2, 제51조의 규정을 준용한다.

[본조신설 2017. 10. 31.]

41 재판상 화해의 효력을 인정하려면 분쟁조정위원회의 조직과 구성이 중립성과 독립성이 있어야 하고, 신중하고 공정한 절차에 의하여 분쟁종결의사가 인정되는 것으로 제도설계할 필요가 있다. 조정의 효력은 단심성의 관점에서 재판상 화해와 동일한 결과를 인정하는 것이 결국 법원의 재판부담을 경감하게 되는 긍정적 의미도 있다.

의 효력에 관한 비판론이 적지 않게 제기되고 있으나, ADR의 단심성의 관점에서 뿐만 아니라 조정합의의 집행력의 확보를 위해서는 불가피한 측면도 있다.

행정형 조정에 있어서 개별법률에서 준용하도록 되어 있는 민사조정법 제30조[43]의 규정에 의한 조정에 갈음하는 결정이나 환경분쟁조정법 제30조 제1항에서 규율하고 있는 직권조정 방식[44]은 조정위원이 적극 개입하여 조정안을 제시하는 분쟁해결방식이라고 할 수 있다. 그러나 이러한 경우에도 당사자가 직권조정이나 조정에 갈음하는 결정을 동의한 경우에 한하여 조정이 허용되도록 할 필요가 있다. 만약에 이러한 제도를 도입하는 것이 무리라면 조정에 갈음하는 결정이나 직권조정에 대한 이의신청을 하지 않은 경우 조정에 동의한 것으로 의제할 것이 아니라 조정에 갈음하는 결정이나 직권조정에 동의한 경우에 조정에 성립한 것으로 보아야 한다. 특히 행정형 조정에 재판상 화해와 동일한 효력이 미치거나 집행력이 미치는 경우에는 더욱 그렇게 보아야 할 것이다.[45]

나. 70여개 분쟁조정위원회의 부처별 제각각의 규율

행정형 분쟁조정기관에서의 조정은 위원회 방식의 운영과 조정부에 의한 운영으로 나뉘어지고 있다. 아울러 조정의 개시가 양당사자의 동의에 의하여 이루어지는 기본적인 형태도 있지만, 당사자 일방의 신청만으로 조정절차가 개시되거나 심지어 당사자의 신청이 없이도 직권으로 조정이 개시되는 경우가 있다. 이처럼 양당사자 중에 어느 누구의 신청도 없는 경우에 조정절차가 직권으로 개시되어 사적 분쟁에 행정분쟁 조정위원회에서 개입하는 것은 조

---

42 이에 관하여 윤남근 변호사는 2023. 3. 16. 자 [법신논단] "행정형 ADR의 위헌소지"라는 칼럼에서 비판적 입장을 피력하고 있다. 그러나 개별 법률에 근거하여 이루어지는 재판상 화해의 효력을 인정하는 행정형 ADR을 위헌으로 볼 것은 아니다. 만약 행정형 조정에 재판상 화해의 효력을 인정하는 것이 위헌이라면 민사조정법에 의하여 조정에 갈음하는 결정에 의하여 재판상 화해의 효력을 인정하는 법원형 조정 역시 재판이 아니라 사법행정의 일환이므로 위헌으로 볼 여지가 있다.

43 민사조정법 제30조(조정을 갈음하는 결정) 조정담당판사는 합의가 성립되지 아니한 사건 또는 당사자 사이에 성립된 합의의 내용이 적당하지 아니하다고 인정한 사건에 관하여 직권으로 당사자의 이익이나 그 밖의 모든 사정을 고려하여 신청인의 신청취지에 반하지 아니하는 한도에서 사건의 공평한 해결을 위한 결정을 할 수 있다.

44 환경분쟁조정법 제30조 제1항, 언론중재 및 피해구제 등에 관한 법률 제22조 제1항 등을 들 수 있다.

45 주택임대차보호법 제26조 제2항의 규정에서 "당사자가 조정안을 통지받은 날부터 14일 이내에 수락의 의사를 서면으로 표시하지 아니한 경우에는 조정을 거부한 것으로 본다"고 규정하고 있는 것은 바람직한 입법례라고 할 것이다.

정의 이념에도 반하므로 정당화되기 어렵다. 행정형 조정에서 조정안의 수락기간이 개별 법률에서 14일, 15일, 30일 등 다양하다. 조정절차에서 당사자의 의견진술권을 부여하지 않고 위원회가 필요하다고 인정하는 경우에 진술을 허용하고 있는 것이 일반적이다. 조정위원에 대한 벌칙의 공무원의제 조항도 개별 법률에 따라 다르다. 위원의 임기를 보장하기도 하고 아무런 규정을 두지 않기도 한다. 따라서 부처별로 산재되어 있는 70여개의 행정형 분쟁기구를 국무총리실이나 법무부에서 총괄적으로 관리하며 인터넷 포탈로 집결하여 국민에게 알기 쉽게 다가갈 수 있는 원스톱 조정시스템을 구축할 필요가 있다.

행정형 조정제도가 대화를 촉진하는 자기주도형 조정이 아니라 후견적인 형태로 이루어지고 있을 뿐만 아니라 개별 법률에서 다양한 형태로 규율하고 있어 행정형 조정의 공통적이며 기본적 사항의 통일적 규율이 필요하다. 이와 관련하여 학계 일각에서 행정기본법에 조정에 관한 사항을 규율하는 방안을 제시한 바 있다.[46] 그러나 행정형 조정제도는 행정청에 소속된 것만이 아니라 산하기관에도 있어 행정형 조정제도 전체를 함께 규율하는데는 한계가 있다. 행정형 조정에 관한 공통적인 규율사항이 적지 않으므로 행정기본법에 넣어 규율하기 보다는 가칭 '행정조정기본법' 등 별도의 법률을 제정하여 대처하는 것이 바람직하다고 본다.

2. 조정위원의 공개와 역량 있는 조정위원의 확보 및 교육

조정위원을 홈페이지에 공개하기도 하고 그렇지 않은 경우도 있다. 가령 전자문서·전자거래분쟁조정위원회와 콘텐츠분쟁조정위원회의 경우에는 상세하게 조정위원의 명단을 홈페이지에 게시하고 있다. 그런데 의료분쟁조정중재원 등 다수의 분쟁조정위원회의 경우에는 조정위원을 비공개로 하고 있다. 조정에 있어서 바람직한 모델은 조정인을 당사자가 선택하고, 이들에 의하여 조정위원회가 구성되는 것이 바람직한 것은 사실이다. 행정분쟁조정위원회의 형태에 따라 일률적으로 채택하기 어렵지만 점차 당사자가 조정인을 선택하는 방향으로의 제도적 개선책을 강구할 필요가 있다. 이를 위해서는 행정형 분쟁조정기관에서 조정인의 풀을 확보하고 이를 홈페이지 등에 공개하여 당사자가 선택할 수 있도

---

46 이은상, "행정형 분쟁해결제도의 입법개선 방향", 인권과 정의 통권 제506호, 2022. 6, 115-128면.

록 시스템을 정비하는 것이 우선되어야 한다.

조정인의 역량강화와 관련하여 조정인의 양성과 교육이 중요하다. 조정인은 대화를 경청하고 분쟁해결을 위해 바람직한 방향으로 유도하는 것이 조정인의 중요한 역량이라고 할 것이다. 조정인의 역량강화와 관련하여 조정인의 양성과 교육이 중요하다. 조정인은 대화를 경청하고 바람직한 방향으로 유도하는 것이 조정인의 중요한 역량이라고 할 것이다. 조정인은 당사자의 합리적 기대를 만족시키기 위해 적절한 기술(Skills), 해당분야의 지식과 조정에 필요한 전문적 역량을 갖출 필요가 있다. 이를 위해 대한변호사협회나 대한상사중재원, 로스쿨[47] 등에서 조정과 ADR에 관한 충실한 교육프로그램을 마련하여 전문적 역량을 갖춘 훈련된 조정인의 양성이 시급한 실정이다. 외국의 조정인 윤리 중에 전문적 역량(Competence)을 요구하는 것은 신뢰받는 조정제도를 위한 것이다. 독일의 경우 인증조정인을 위한 교육시간 120시간 중 10퍼센트에 해당하는 12시간이 조정인의 역량과 윤리에 관한 내용이라고 할 것이다.[48] 행정형 조정의 경우에는 조정이 갖는 중립성과 공정성의 관점에서 분쟁을 해결하고 제3자의 조력이 최소한도에 머무는 것에 그치지 않고 적극적으로 개입하는 방식으로 이루어져서 진정한 의미의 조정이라고 볼 수 없다는 비판론이 있다.

이처럼 조정에 대한 잘못된 오해를 불식시키고, 행정상 분쟁조정기구에서 활동하는 조정위원은 조정 본래의 본질이나 역할에 합치되도록 조정에 임할 필요가 있다. 조정의 기본이념을 제대로 이해하지 못하거나, 조정제도를 잘 이해하지 못하는 조정위원이 위촉되거나 조정절차에 참여하지 못하도록 제도적 장치가 필요하다. 조정인의 역할과 관련하여 대화촉진형 조정에서는 대화가 중요하고 조정인은 양당사자의 대화를 경청하는 것이 필요하며, 대화 스킬을 통해 과거의 문제로부터 미래관계로 방향을 전환하는 것이 필요하다

---

47 로스쿨에서 송무중심의 변호사 양성에 치우질 것이 아니라, 조정교육을 비롯하여 ADR교육 과정을 마련하여 이러한 교육을 이수한 경우에는 조정인으로 활동할 수 있도록 한다면, 5년간 변호사시험을 불합격한 오탈자들의 출구전략 차원에서 로스쿨에 제도개선 대책이 될 수 있다.

48 독일 조정법 제5조 제1항 및 제6조, 2017년 9월 1일 시행된 독일 연방법무부령(ZMediatAusbV)에서 규율하고 있다. 독일의 경우 1. 조정의 입문과 조정의 기초 18시간 2. 조정절차의 과정과 대강구조 (Ablauf und Rahmenbedingungen) 30시간 3. 협상기법과 협상능력 12시간 4. 대화진행과 의사소통기법(Kommunikationstechniken) 18시간 5. 갈등해결능력 (Konfliktkompetenz) 12시간 6. 조정에 관한 법 6시간 7. 조정에서의 법 12시간 8. 전문적 능력, 책임과 역할이해 12시간 합계 120시간으로 구성되어 있다.

고 할 것이다. 아울러 조정인은 조정절차의 형성에 있어서 큰 역할을 한다. 미래지향적 해결을 도모하는 과정에서 조정인의 역할이 매우 크다고 할 것이다. 직권조정이나 조정에 갈음하는 결정은 조정인이 평가하여 대안을 제시하는 방식이므로 이러한 평가형 조정에서는 전문적 역량이나 해당 분야에 정통할 필요가 있다. 따라서 행정형 조정기구에서 조정위원의 위촉시에 조정교육을 받은 사람을 위촉하거나 비상임 조정위원에 대하여 지속적인 조정교육이 필요하다.

3. 사무국에 의한 사실조사와 시효 중단 등

행정형 조정제도의 경우에는 개별 법률에 따라 부처별로 다양한 형태의 분쟁조정위원회[49]가 가동 중에 있다. 윤석열 정부에 들어서서 위원회 통폐합에 따라 실적이 낮은 농림축산식품부의 축산계열화 사업분쟁조정위원회 등 5개 분쟁조정위원회가 폐지대상으로 분류되었고, 국토교통부의 공제분쟁조정위원회 등 4개 분쟁조정위원회가 통합의 대상으로 분류되어 있다. 그런데 행정형 조정의 경우 사무국을 두지 않는 분쟁조정위원회도 있지만, 분쟁조정위원에 사무국을 두어 조사관이나 심사관 등을 통한 사실조사를 한 후에 조정위원회나 조정부에 안건을 상정하는 등 다양한 규율을 하고 있다.

한편 민사조정법 제35조에서는 조정신청을 시효중단 사유로 규정하고 있다. 그러나, 행정형 조정에 있어 개별 법률에서 시효중단에 관한 독자적인 규정을 두지 아니한 채 민사조정법을 준용하도록 하고 있는 경우도 있고, 독자적으로 시효중단효를 규정하고 있는 경우도 적지 않다.[50] 당사자의 조정참여를 의무화 하여 위반시에 과태료를 부과하는 경우도

---

49 광업법 제92조에서 규정하고 있는 광업조정위원회는 명칭만 조정위원회이고, 이의신청에 대한 의결을 하고 이에 대하여는 행정심판법을 준용하므로, 특별행정심판의 일종으로 보는 것이 적절하다. 아울러 범죄피해자보호법에서 규율하고 있는 형사조정은 넓은 의미의 행정형 조정에 속하지만 기본적으로 형사사건과 관련하여 회복적 사법의 이념을 구현하기 위한 제도로서 기능하므로 통상적인 행정형 조정의 범주와는 다른 특수한 조정이라고 보여진다. 사법경찰관의 수사단계에서부터 형사조정제도를 도입하여야 한다는 차원에서 사법경찰관에게 형사조정회부 권한을 부여하고 형사조정위원회를 시·도경찰청 및 경찰서에도 확대 설치하는 것을 내용으로 하는 박재호의원 대표발의 범죄피해자보호법 일부개정법률안이 국회에 계류중에 있고, 수사권 조정이 된 마당에 다소 시기 상조의 측면이 없지 않으나 경미범죄에 대하여 적극적으로 검토해 볼 만한 내용이라고 사료된다.

50 이에 관하여는 최계영, "행정형 조정의 현황과 과제", 인권과 정의 통권 제506호, 2022. 6, 106-108면.

있고 그렇지 않은 경우도 있다. 조정위원의 결격사유, 조정위원의 제척·기피 또는 회피에 관한 규정도 개별법에 따라 통일적이지 않아, 행정조정기본법을 제정하여 행정형 조정절차의 기본적 사항의 통일적 규율이 필요하다.[51]

오늘날 우리의 조정제도의 현실은 국가가 공적기관에서 후견적으로 개입하여 조정위원회를 설치하고 국민에게 비용도 징수하지 않고 무료로 조정제도를 운영하고 있다. 일반적으로 비상임 조정위원에 대하여는 소액 실비의 조정수당을 지급하고 있는 실정이다. 각종 물적 인적 소요예산이 드는 각종 분쟁조정위원회를 무료로 이용하도록 하는 것은 수익자 부담의 원칙에 비추어 바람직하지 않다. 행정형 조정제도를 이용하는 국민의 입장에서도 저렴한 비용을 받는 것은 몰라도 전혀 비용을 받지 않고 무료로 운영하는 시스템이 바람직한 것인지 재고가 필요하다. 조정시스템을 비록 국가 등 공적기관에서 제공하더라도 이를 무료로 하는 것은 행정형 조정제도를 비용을 지불하고 이용할 가치 있는 제도로 여기지 않을 가능성이 높다.

4. 행정형 조정에 있어 조정과 중재의 활용방안

행정형 조정에서 조정과 중재의 결합과 관련 있는 의미있는 입법례가 있다. 의료사고 피해구제 및 의료분쟁조정 등에 관한 법률(약칭 의료분쟁법) 제43조에서 중재에 관한 규정을 두고 있다. 이 규정에 따르면 당사자가 서면으로 조정부의 종국적 결정에 따르기로 서면으로 합의하고 중재를 신청할 수 있고, 중재신청은 조정절차 계속 중에도 할 수 있으며, 이 경우 조정절차에 제출된 서면 또는 주장 등은 중재절차에서 제출한 것으로 보고 있다. 아울러 당사자는 합의에 따라 대통령령이 정하는 바에 따라 조정부를 선택할 수 있도록 규정하고 있다.[52] 그러나 실제로 중재로 해결하는 사례는 매우 희귀하다.

---

51 행정형 조정에 관한 통일적 규율에 관한 연구로는 김용섭, "행정법상 분쟁해결수단으로서의 조정", 저스티스 통권 제 81호, 2004, 38-39면; 이은상, "행정형 분쟁해결제도의 입법개선 방향", 인권과 정의 통권 제506호, 2022. 6, 115-128면

52 의료분쟁조정법 제43조(중재) ① 당사자는 분쟁에 관하여 조정부의 종국적 결정에 따르기로 서면으로 합의하고 중재를 신청할 수 있다.
　② -③ 〈생략〉
　④ 중재절차에 관하여는 조정절차에 관한 이 법의 규정을 우서 적용하고, 보충적으로 중재법을 준용한다.

행정형 조정제도 안에서의 촉진적 조정과 평가형 조정의 결합이 필요하다. 촉진적 조정은 조정인은 중개인에 그치고 당사자간의 대화를 통한 자기주도를 촉진하는 역할을 수행하게 된다. 행정형 조정 중의 직권조정이나 조정에 갈음하는 결정은 평가형 조정에 해당한다. 우선적으로 당사자의 주도적인 대화를 통한 분쟁해결을 도모하는 촉진형 조정을 먼저하고 보충적으로 평가형 조정을 시도하는 것이 적절하다고 보여진다.[53]

IV. 맺음말: '조정의 시대(Era of Mediation)'를 전망하며

조정은 불교에서 말하는 어느 곳에서든 주인이 되어라는 의미를 지니는 수처작주(隨處作主)의 정신으로 양 당사자가 주도적으로 분쟁의 해결을 도모하고, 조정인은 중립적 지위에서 양 당사자가 원만히 합의하여 분쟁을 해결하도록 대화를 촉진하는 역할을 수행한다. 조정제도의 근본적 개혁인 혁신(Innovation)[54]의 방향은 싱가포르조정협약의 비준과 동 협약 이행을 위한 국내법 정비를 계기로, 조정인의 교육과 양성 및 자격제도의 법적인 틀을 마련하는 등 새로운 물결로 다가오는 조정의 시대에 국가가 선제적으로 입법작업에 나서는 것이다.

앞서도 살펴본 바와 같이 대륙법의 경우에는 조정인과 중재인의 겸하여 활동하는 것에 대해 사적 자치의 원칙에 따라 당사자의 서면합의에 의하면 폭넓게 허용되며 효율적 분쟁해결에 도움이 된다는 입장이다. 반면에 영미권 국가에 있어서는 조정인이 중재인을 겸하는 것은 조정에 있어서 비밀주의의 원칙을 해하고 자유로운 발언을 제약하는 것으로 이에 대해 비판적 관점이다. 이러한 상황에서 효율적인 분쟁해결을 도모하기 위해 Mid-Arb이나 Arb-Med와 같은 혼합적 방식(hybrid) 방식을 제대로 활용하지 못하는 제도적 미비점을 극복하는 것이 우리의 법정책적 과제가 되고 있다.

---

53 김용섭, "ADR에서 혼합적(hybrid) 방식의 활용방안", 법률신문 2022. 12. 21.

54 혁신은 창조적 파괴에 해당하므로 새로운 출산과 같이 고통과 기쁨이 공존하게 된다. 조정이 변호사 시장의 새로운 블루오션이 되도록 민간 조정인 자격제도를 마련하고, 로스쿨이나 법과대학에서 조정을 비롯한 ADR교육을 실시하여 새로운 물결로 다가오는 조정의 시대에 각 부문에서 대비할 필요가 있다.

행정형 조정과 같이 후견적인 형태의 조정에 있어서도 바로 평가형으로 갈 것이 아니라 자기주도형 대화를 전개하고 그것이 교착상태에 빠진 경우에 직권조정이나 조정에 갈음하는 조정으로 나아가는 것이 필요하다. 그 이유는 당사자간의 대화를 진전시킨 후에 조정에 갈음하는 결정을 하게 되면 이를 수용할 가능성이 높아지기 때문이다.

그런데 싱가포르조정협약에 따른 국제상사조정의 경우 화해합의(settlement agreements)에 집행력이 부여되고 조정인이 윤리성에 반하는 경우 구제거부사유가 되는 것이 특징이다. 따라서 국내에서도 조정윤리와 행위규범의 준칙을 정할 필요가 있다.[55]

결론적으로 조정을 통해 분쟁사건을 해결하는 데에만 포커스를 맞출 것이 아니라 당사자가 조정시스템을 통해 스스로 분쟁해결을 시도하는 교육의 장으로 기능할 수 있도록 조정제도의 전반적인 혁신이 요망된다. 아울러 신뢰할 수 있는 민간조정제도를 법제화하여 역량 있는 조정인을 양성하고, 중립적 조정인의 전문적 역량과 대화기술의 조력을 받아 양 당사자가 주도적으로 분쟁을 해결하는 '조정의 시대(Era of Mediation)'가 활짝 열리기를 기대한다.

---

55 싱가포르조정협약이 발효되어 국내이행 법률이 만들어 진다면 조정인의 윤리규범이나 행위의무 준칙의 마련은 윤리성 여부가 집행력 구제의 거부사유로 되고 조정의 신뢰성을 확보하는데 매우 중요하다. 외국의 입법례를 참고하여 국내조정규칙과 국제조정규칙을 마련하고 효율적인 분쟁해결을 도모하기 위하여 혼합적(hybrid) 방식의 분쟁해결에 관한 규율을 할 필요가 있다.

참고문헌

김소연, "재판외 분쟁해결절차(ADR)로서 행정형 조정과 재판청구권의 관계", 분쟁해결 제3호, 2021, 5.

김용섭, "행정법상 분쟁해결수단으로서의 조정", 저스티스 통권 제81호, 2004.

김용섭, "조정제도 활성화를 위한 입법적 과제", 법률방송뉴스 칼럼, 2021. 1. 19.

김용섭, "조정제도에 관한 행정법적 쟁점", 인권과 정의 제506호, 2022. 6.

김용섭, "민간조정의 활성화를 위한 입법적 과제- 독일과 일본의 법제도와 시사점을 중심으로", 저스티스 통권 제157호, 2016.

김용섭, "조정의 활성화를 위한 조정인의 교육과 역량", 조정마당 열린대화 제9호, 서울중앙지방법원, 2018.

김용섭, "변호사법 제109조와 민간조정 활성화를 위한 입법과제", 인권과 정의 통권 제502호, 2021. 12.

김용섭, "ADR에서 혼합적(hybrid) 방식의 활용 방안", 법률신문 2022, 12, 21.

박노형, 「국제상사조정체제: 싱가포르조정협약을 중심으로」, 박영사, 2021.

박노형, "ADR이 아닌 'NDR'에 주목해야", 법률신문 2022. 4. 21.

박노형, "조정의 활성화를 위한 제언", 법률신문 2020. 3. 26.

유병욱, "국제상사조정제도의 활용에 관한 연구-조정에 관한 싱가포르협약을 중심으로-", 무역상무연구 제84권, 2019.

윤남근, "행정형 ADR의 위헌소지", 법률신문 2023. 3. 16.

이로리, "민간조정의 의의와 활성화 과제", 법률신문 2022. 4. 18.

이은상, "행정형 분쟁해결제도의 입법개선 방향", 인권과 정의 제506호, 2022.

장원경, "행정형 분쟁해결기구의 분쟁해결절차에 관한 연구", 법학논총 제40권 제2호, 전남대 법학연구소, 2020. 5.

정선주, "싱가포르협약의 국내이행방안", 제6회 아시아태평양조정컨퍼런스 「분쟁조정제도의 설계와 입법평가」 자료집, 2021. 11. 15.

정용균, "미국의 조정-중재(Med-Arb) 제도에 관한 연구", 중재연구 제24권 제1호, 2014.

최계영, "행정형 조정의 현황과 과제", 인권과 정의 제506호, 2022. 6.

최승필, "행정법상 재판외 분쟁해결제도(ADR)에 대한 고찰- 조정(調停)제도를 중심으로", 공법학연구 제11권 제1호, 2010.

최재석, "조정의 절차적 자율원칙의 보장과 그 한계-한국의 행정형 조정위원회 제도를 중심으로-", 분쟁해결 제3호, 2021. 5.

황승태, 계인국, 「한국형 대체적 분쟁해결(ADR) 제도의 발전방향에 관한 연구」, 대법원 사법정책 연구원 연구총서 2016.

Mag Matthias M. Pitkowitz/ Mag. Marie-Therese Richter, "May a Neutral Third Person Serve as Arbitrator and Mediator in the same Dispute?", SchiedsVZ 2009.

Axel Reeg, "The New Arb-Med-Arb Protocol of Singapore International Arbitration Center", IWRZ 2015.

Günter Hirsch, "Die alternative Streitbeilegung hat Konjunktur", ZRP 6/2012.

小島武司, 「ADR・仲裁法教室」, 有斐閣, 2001.

中村嘉孝, "國際上取引紛爭における調停", 神戶外大論叢 73卷, 2021. 4

稻葉一人, "調停モデルと調停の進め方-自主交涉援助型調停と同席調停", 自由と正義, 2016. 3.

5

변호사법 제109조와
민간조정 활성화를 위한 입법과제*

──────── 목차 ────────

Ⅰ. 머리말

Ⅱ. 조정제도의 혁신과 법정책적

Ⅲ. 행정분쟁조정기구를 통한 조정의 법적 쟁점

Ⅳ. 맺음말: '조정의 시대(Era of Mediation)'를 전망하며

Ⅰ. 머리말

1. 문제 상황

변호사법 제109조는 비변호사가 금품 등을 수령하는 등 유상으로 변호사의 업무를 처리하지 못하도록 금지하고 있고, 위반 시에 7년 이하의 징역 또는 5천만 원 이하의 벌금의 부과에 관한 벌칙규정이다. 이와 같은 형사처벌 규정은 비변호사에게 법률사건이나 법률사무를 취급하도록 한다면 변호사제도의 근간을 형해화시키는 결과가 되므로 변호사의 직역침탈을 막기 위한 제도적 안전장치로 기능한다.[1]

그러나 ADR시대에 변호사법 제109조의 규정이 그대로 존치되어도 좋은 것인지 민간형

---

* 이 논문은 2021년 5월 31일 국제조정센터(KIMC) 동북아통상분쟁조정협력포럼에서의 김용섭 교수 발제문 "변호사법 제109조의 문제:일본과 독일의 사례 비교검토"을 수정·보완하여 인권과 정의 제502호(2021. 12.)에 게재·수록한 것입니다.

1 이광수, 「변호사법 개론」, 서울지방변호사회 법제연구원 연구총서 5, 박영사, 2016., 486면.

ADR의 활성화를 위한 입법적 대안은 없는 것인지를 검토하기로 한다. 독일의 재판 외 법률서비스법(Gesetz über außergerichtliche Rechtsdienstleistungen, RDG)에서 등록을 하지 않고 유상으로 법률서비스를 할 경우에는 5만 유로 이하의 질서벌인 과태료(Bußgeld)를 부과할 수 있도록 규정하고 있다.[2] 아울러 일본의 경우에는 변호사법 제72조[3]에서 우리의 변호사법 제109조와 유사한 규정을 두고 있어 비변호사의 법률사무의 취급 등을 금지하고 있다. 일본 변호사법 제77조에서 제72조를 위반한 자는 2년 이하의 징역 또는 100만 엔 이하의 벌금에 처하고, 법인의 대표자 등에 대한 양벌규정을 두어 종업원의 행위에 대하여 법인의 대표자 등에게 벌금을 부과할 수 있도록 규정하고 있다.

조정과 관련하여 우리 변호사법 제109조에서 가사조정에 관하여 명시적으로 기술되어 있고, ADR 중에서 중재와 화해에 관하여 명문의 규정을 두고 있다. 변호사가 아니면서 금품·향응 또는 그 밖의 이익을 받을 것을 약속하고 또는 제3자에게 약속하고 또는 제3자에게 대리, 중재, 화해 등 그 밖의 법률사무를 취급하거나 이러한 행위를 알선한 자는 처벌된다. 변호사법 제109조 제1호에서 조정을 중재, 화해와 같이 명시적으로 열거하고 있지 않고 있다. 그러나 조정을 법률사무로 파악하여 비변호사가 조정을 하면서 금품 등을 받을 경우 변호사법 제109조에 따라 형사처벌이 되는지, 비변호사인 조정업무를 전문으로 하는 민간 기업을 설립할 경우 이와 같은 행위가 변호사법 위반이 되는지 여부가 문제가 된다. 이와 관련하여 양 당사자 사이에 법률적 평가나 법률적 조언이 없는 형태의 조정이 변호사법 제109조에서 포괄적으로 규율하고 있는 '그 밖의 법률사무'의 범주에 포함된다고 해석하는 것이 타당한지 논란이 있다.

---

2 독일의 법률서비스법 제2조 제3항 제4호에 의하여 그 활동이 당사자의 대화속에 법률적인 규율의 제안을 통하여 개입하지 않는 조정과 ADR을 통한 화해의 형태는 법률서비스의 개념에서 제외되고 있다. 민간조정과 같이 양당사자에 개입하여 법률적 조언을 내용으로 하는 경우라면 법률서비스가 되어 유상의 경우에는 등록을 하지 않고 조정을 할 경우 과태료에 부과될 수 있다.

3 일본 변호사법 제72조에서 "변호사 또는 변호사법인이 아닌 자는 보수를 얻을 목적으로 소송사건, 비송사건 및 심사청구, 재조사청구 등 행정청에 대한 불복신청사건 기타 일반의 법률사건에 관하여 감정, 대리, 중재 혹은 화해 기타의 법률사무를 취급하거나 또는 이것을 주선하는 것을 업으로 할 수 없다. 단, 이 법률 또는 다른 법률에 별도의 정함이 있는 경우에는 그러하지 아니하다"고 되어 있다.

2. 변호사법 질의와 대한변협의 검토의견

대한변호사협회 2020. 2. 28.자 변호사법 질의와 이에 대한 검토의견을 살펴보기로 한다. 질의의 요지는 기존에 사단법인 내지 법인회사 등이 수행하고 있던 조정업무를 전문으로 하는 민간기업을 설립하고자 하는데 새롭게 설립할 민간기업이 예시4와 같이 자체적으로 조정업무를 수행(별도 조정위원회 구성 내지 자체 육성한 전문가가 조정업무를 수행하는 경우를 포함)하는 경우 변호사법에 저촉될 여지가 있는지 여부이다.

대한변협의 검토의견의 결론을 요약하면 다음과 같다. 즉, 조정업무를 전문으로 하는 민간기업을 설립한다는 것은 변호사법 제109조에 비추어 허용되지 않는다는 것이다. 그 논거로 우리 변호사법상 변호사의 직무범위를 규정함에 있어서는 변호사법 제3조5와 동법 제109조 이하의 규정을 아울러 고려하여야 하는데, 변호사법 제109조에서 제1항 가호부터 라호까지는 법률사건의 유형을 열거하고 있지만 마호에서 '그 밖에 일반의 법률사건'이라는 포괄적인 예시규정을 두고 있으므로 모든 법률사건은 변호사가 아니면 수행할 수 없는 사무라고 할 수 있다. 조정이라는 것은 당사자의 상호양해를 통하여 조리를 바탕으로 실정에 맞게 해결하는 분쟁해결방법으로, 이는 법률사무에 해당한다고 할 것이기 때문에 조정업무를 전문으로 하는 민간기업을 설립한다는 것은 변호사법 제109조에 비추어 허용되지 않는다고 할 것이다. 더욱이 질의자는 지속적, 반복적인 업무를 통하여 영리를 목적으로 하는 민간기업을 설립한다는 것이기 때문에 질의자가 질의내용에서 참고항목으로 예시6를 든 사안과도 그 성격이 다르다 할 것이어서 허용되지 않는다는 결론을 도출한 것이다.

---

4 1. 조정인 관련업무로, 조정인 양성과정 운영, 조정인 선정, 위촉 과정 관리, 조정인 자격증 발급, 조정인 정보관리
   2. 조정관련 업무로, 조정사건 관리(조정 당사자 소환, 사건별 조정위원회 구성, 조정사건 조사보고서 작성, 조정비용의 예납(수령), 조정 일정관리, 조정조서 작성 등) 조정사건 정보(데이터) 관리 등.

5 제3조(변호사의 직무) 변호사는 당사자와 그 밖의 관계인의 위임이나 국가·지방자치단체와 그 밖의 공공기관(이하 "공공기관"이라 한다)의 위촉 등에 의하여 소송에 관한 행위 및 행정처분의 청구에 관한 대리행위와 일반 법률 사무를 하는 것을 그 직무로 한다.

6 예시1) 주식회사 CJ대한통운- 상생조정위원회, 예시2) 주식회사 현대트랜시스-분쟁조정위원회 예시3) 한국인터넷진흥원-온라인광고분쟁조정위원회 예시4)사단법인 갈등해결센터-갈등관리사 자격발급 예시5) 사단법인 한국소비자단체협의회-자율분쟁조정위원회.

3. 해석론(lege lata)과 입법론(lege ferenda)

민사조정법에 의한 법원형 조정과 환경분쟁조정법 등 개별 법률에 의한 각종 행정형 분쟁조정기구는 기관에 따라 편차는 있으나 비교적 활발히 운영되고 있다. 그러나 한국기독교화해중재원, 서울지방변호사회 조정중재센터 등 극소수의 민간형 조정 기관이 있으나, 이는 사실상 법원연계형 조정기관으로 자체적으로 분쟁해결을 수행하기 보다는 법원으로부터 하청받은 형식의 조정을 하고 있는 실정이다.

우리 사회에 민간형 조정이 활성화 되지 않는 이유 중의 하나는 변호사법 제109조 제1호에서 비변호사인 민간인이 유상으로 조정업무를 수행할 경우 변호사법상 허용되지 않는 법률사무를 처리한 것이 되어 형사처벌될 위험성이 있기 때문이다. 개별 법률에서 예외적으로 법률사무 중 일부를 취급할 수 있는 권한을 특정한 전문자격사에게 부여하는 경우가 있는데, 이러한 경우는 법령에서 허용하는 행위로서 변호사법 제109조 제1호 위반의 위법성이 조각된다.[7] 이하에서는 변호사법 제109조 제1항의 해석론(lege lata)과 입법론(lege ferenda)으로 나누어 살펴보기로 한다.

Ⅱ. 변호사법 제109조 제1호의 규정 내용과 해석론

1. 변호사법 제109조 제1호의 규정 내용

가. 변호사법 제109조 제1호의 벌칙 규정과 입법취지

(1) 변호사법 제109조 제1호의 벌칙 규정

변호사법은 제109조 제1호에서 변호사가 아닌 자가 유상으로 법률사무를 처리하는 것을 금지하고 있다. 이에 관한 대법원의 양형기준은 탄력적으로 규율하고 있다고 보여지지 않는다.[8]

---

7 이광수, 앞의 책, 486면.

8 대법원 양형위원회 양형기준(2014. 3. 31. 의결, 2014. 7. 1. 시행).
　변호사 아닌 자의 법률사무 취급·동업 등 변호사법위반범죄에 대한 대법원의 양형위원회의 양형유형의 기준은 다음과 변호사법 제109조(벌칙)에서 다음 각 호의 어느 하나에 해당하는 자는 7년 이하의 징역 또는 5천만원 이하의 벌금에 처한다. 이 경우 벌금과 징역은 병과할 수 있다.

1. 변호사가 아니면서 금품·향응 또는 그 밖의 이익을 받거나 받을 것을 약속하고 또는 제3자에게 이를 공여하게 하거나 공여하게 할 것을 약속하고 다음 각 목의 사건에 관하여 감정·대리·중재·화해·청탁·법률상담·법률관계 문서 작성, 그 밖의 법률사무를 취급하거나 이러한 행위를 알선한 자

가. 소송 사건, 비송 사건, 가사 조정 또는 심판사건

나. 행정심판 또는 심사의 청구나 이의신청, 그 밖에 행정기관에 대한 불복신청 사건

다. 수사기관에서 취급 중인 수사 사건

라. 법령에 따라 설치된 조사기관에서 취급중인 조사 사건

마. 그 밖의 일반의 법률사건

2. 〈생략〉

(2) 변호사법 제109조 제1호의 입법취지

변호사법 제3조에서는 변호사의 직무에 관하여, "변호사는 당사자와 그 밖의 관계인의 위임이나 국가·지방자치단체와 그 밖의 공공기관(이하 "공공기관"이라 한다)의 위촉 등에 의하여 소송에 관한 행위 및 행정처분의 청구에 관한 대리행위와 일반 법률 사무를 하는 것을 그 직무로 한다"고 규정을 하고 있어 변호사는 일반 법률사무를 하는 것을 그 직무로 한다. 이처럼 변호사법 제109조 제1호에서 비변호사의 일반법률사무의 취급금지를 규

같다.

① 제1유형 수수액이 1,000만 원 미만의 경우에는 감경기준은 4월 이하, 기본은 2월~8월, 가중기준은 6월~1년으로 되어 있고,

② 제2유형 수수액이 1,000만 원 이상, 3,000만 원 미만의 경우에는 감경기준은 4월~8월, 기본은 6월~1년, 가중기준은 10월~2년로 되어 있으며,

③ 제3유형 수수액이 3,000만 원 이상, 5,000만 원 미만의 경우에는 감경기준은 6월~1년6월 기본은 10월~2년, 가중기준은 1년 3년6월로 되어 있고,

④ 제4유형 수수액이 5,000만 원 이상, 1억 원 미만의 경우에는 감경기준은 1년~2년6월, 기본은 1년6월~3년6월, 가중기준은 2년6월~5년로 되어 있으며,

⑤ 제5유형 수수액이 1억 원 이상의 경우에는 감경기준은 2년~4년, 기본은 3년~6년, 가중기준은 4년~7년으로 되어 있다.

정하고 있는 이유는 변호사 아닌 자가 일반 법률사무의 취급에 관여하는 것을 금지함으로써 변호사제도를 유지하는데 있다. 변호사법의 규율을 따르지 않는 비변호사가 처음부터 금품 기타 이익을 위해 타인의 법률사건에 개입하는 것을 방치하면 당사자 기타 이해관계인의 이익을 해하고 법률생활의 공정과 원활한 운용을 방해하며, 나아가 법질서를 문란케 할 우려가 있기 때문이다.[9]

이와 같이 법률사무의 수행자의 자격요건을 변호사로 제한하는 현행 변호사법의 태도에 대하여 헌법재판소[10]는 변호사에게 법률사무의 전반을 독점시키고 그 직무수행을 엄격히 통제하는 것은 법률사무의 전문성, 공정성과 신뢰성의 확보를 위함은 물론 이를 통해 국민의 기본권 보호와 사회정의의 실현이라는 공익목적을 위해 정당하다는 입장을 표방하고 있다.

나. 제109조 제1호의 성립요건

(1) 변호사가 아닐 것

본죄의 주체는 변호사가 아닌 비변호사이다. 변호사는 변호사법 제2조 제1호에 따른 변호사를 말하며, 변호사법 제4조[11]에 따라 사법시험에 합격하여 사법연수원 과정을 마친 자, 판사나 검사의 자격이 있는 자 또는 변호사시험에 합격한 자를 말한다. 이와 관련하여 국제중재사건의 대리 등 기본적으로 외국자문사법에 따라 허용되는 업무 범위 내에서 외국법자문사[12]와 외국변호사는 법률사건의 극히 일부만을 처리할 수 있을 뿐이다.[13] 변호

---

9 대법원 1995. 2. 14. 선고 93도3453판결.

10 헌재 2007. 8. 30. 2006헌바96결정.

11 제4조(변호사의 자격) 다음 각 호의 어느 하나에 해당하는 자는 변호사의 자격이 있다.

  1. 사법시험에 합격하여 사법연수원의 과정을 마친 자

  2. 판사나 검사의 자격이 있는 자

  3. 변호사시험에 합격한 자

12 외국자문사법에서 외국법자문사란 외국변호사의 자격을 취득한 후 제6조에 따라 법무부장관으로부터 자격승인을 받고 제10조제1항에 따라 대한변호사협회에 등록한 사람을 말한다고 규정하고 있다

13 제24조(업무 범위) 외국법자문사는 다음 각 호의 사무를 처리할 수 있다.

  1. 원자격국의 법령에 관한 자문

  2. 원자격국이 당사국인 조약 및 일반적으로 승인된 국제관습법에 관한 자문

사가 아닌 민간인이 변호사의 직무를 수행하고 그 대가를 받거나 제3자에게 공여하게 할 수 없다. 법무사, 변리사, 세무사, 공인회계사, 공인노무사, 감정평가사, 행정사 등이 법률에 의하여 허용되는 범위에서 특정의 법률행위를 하고 금품을 받는 행위는 허용된다.

(2) 그 밖의 일반의 법률사건을 처리하거나 알선할 것

법률사건이란 당사자와 쟁점이 어느 정도 구체적으로 특정되어 있는 것을 말하고, 법률사무란 아직 당사자와 쟁점이 구체화 되지 않은 것을 말한다. 그러나 변호사법 제109조 제1호는 법률사건과 법률사무를 구별하지 않고 그 밖의 일반의 법률사건에 관한 그밖의 일반의 법률사무를 모두 포괄적 금지의 대상으로 삼고 있어 양자를 엄밀히 구별할 실익이 없다.

그 밖의 일반의 법률사건은 가목에서 라목까지 열거된 사건과 같이 법률상의 권리·의무에 관하여 다툼 또는 의문이 있거나 새로운 권리의무관계의 발생에 관한 사건 일반을 의미한다. 대법원 2010. 10. 14. 선고 2010도387판결에서 "구 변호사법(2008. 3. 28. 법률 제8991호로 개정되기 전의 것) 제109조 제1호에서 정한 '기타 법률사무'라고 함은 법률상의 효과를 발생·변경·소멸시키는 사항의 처리 및 법률상 효과를 보전하거나 명확하게 하는 사항의 처리를 뜻하는 것인데, 이러한 법률사무를 처리하는 행위는 법률상의 효과를 발생·변경·소멸·보전 또는 명확하게 하는 사항의 처리와 관련된 행위이면 족하고, 직접적으로 법률상의 효과를 시키는 사항의 처리 및 법률상 효과를 발생·변경·소멸·보전 또는 명확하게 하는 행위에 한정되는 것은 아니다"라고 판시하였다.

이와 관련하여 헌법재판소[14]는 "변호사법 제109조 제1호의 '일반 법률사건' 및 '법률사

---

3. 국제중재사건의 대리. 다만, 대한민국 법령에 관한 사무는 제외한다.
제24조의2(외국법자문사 아닌 외국변호사의 국제중재사건 대리)
① 외국법자문사 아닌 외국변호사(제5조 각 호의 어느 하나에 해당하는 자는 제외한다. 이하 이 조에서 같다)는 제24조제3호의 사무를 수행할 수 있다.
② 제1항의 외국변호사는 제24조제3호의 사무 처리와 관련하여 1년에 90일 이상 대한민국에 체류할 수 없다. 다만, 본인의 부상이나 질병, 친족의 부상이나 질병으로 인한 간호·문병, 그 밖의 부득이한 사정으로 대한민국에 체류한 기간은 체류 기간을 산정할 때 산입하지 아니한다.
14 헌재 2007. 8. 30. 선고2006헌바96 결정.

무' 부분이 불명확하여 형벌법규의 명확성의 원칙에 위반되지 않고, 변호사 아닌 자의 법률사무취급을 포괄적으로 금지함으로써 법률사무를 변호사에게 독점시키는 결과를 가져와 일반 국민의 직업선택의 자유를 침해하는지와 관련하여 단지 금품 등 이익을 얻을 목적의 법률사무취급만을 금지하고 있어 과잉금지원칙에 반하지 않고, 법무사, 변리사, 손해사정인 등 다른 법률사무 관련자에게 법률사무의 일부만 허용되는 결과를 가져왔더라도 이로 인해 합리적 차별이 있다고 볼 수 없어 평등의 원칙에도 위반되지 않으며, 이로 인해 결사 또는 단체의 설립과 운영을 제한하거나 현저하게 곤란하게 하지 않으므로 결사의 자유를 침해하지 않는다"고 판시하였다.

알선은 조정과 유사한 개념으로 법률사무를 취급하는 상대방 사이에서 양자간에 법률사건이나 법률사무에 관한 위임계약 등의 체결을 중개하거나 그 편의를 도모하는 행위를 말한다.[15]

(3) 중재 또는 화해, 그 밖의 법률사무의 처리

중재는 당사자간의 서면합의로 사법상 분쟁을 법원의 재판에 의하지 아니하고 중재인의 판정에 의하여 해결하는 절차를 말한다. 중재는 대한상사중재원과 같은 상설 중재기관을 통한 기관중재가 이에 해당하지만 당사자들이 합의로 하는 임의중재(ad hoc arbitration)도 포함된다. 화해는 민법 제731조에 의하여 당사자가 상호양보하여 당사자 간의 분쟁을 종지(終止)할 것을 약정함으로써 그 효력이 생긴다. 화해는 민법상 화해뿐만 아니라 재판상 화해도 포함된다.

그런데. 조정에 관하여는 명문의 규정이 없고, 중재와 화해에 관하여 규율하고 있어 형사처벌의 경우에는 유추해석의 금지에 따라 조정의 경우 이를 근거로 처벌하는 것은 다소 무리라고 볼 여지가 없지 않다. 그러나 기본적으로 조정이 그 밖의 법률사무의 처리의 범주에서 배제된다고 보기는 어렵다.

---

15 프랑스의 'médiation'과 'conciliation' 중 전자를 알선이나 중개의 의미로, 후자를 조정의 의미로 번역하기도 하고, 독일의 경우에도 Mediation을 중개적 의미로, Schlichtung을 조정으로 번역하기도 하지만, 독일의 조정제도는 Mediation(민간조정), Schlichtung(행정형 조정)에 최근에 건축법에 우리의 재정제도와 유사한 Adjudikation(신속한 재정) 제도가 등장하였고, 이러한 신속한 재정제도가 헌법상 재판청구권의 침해와 관련하여 다투어 졌으나, 독일의 헌법재판소에서 합헌결정을 받은 바 있다.

참고적으로 대법원 2001. 11. 27. 선고 2000도513 판결[16]에서 "구 변호사법(2000. 1. 28. 법률 제6207호로 전문 개정되기 전의 것) 제90조 제2호에 규정된 '기타 일반의 법률사건'이라 함은 법률상의 권리·의무에 관하여 다툼 또는 의문이 있거나 새로운 권리의무관계의 발생에 관한 사건 일반을 말하고, 같은 호에 규정된 '화해'라 함은 위와 같은 법률사건의 당사자 사이에서 서로 양보하도록 하여 그들 사이의 분쟁을 그만두게 하는 것을 말하며, 이에는 재판상 화해 뿐만 아니라 민법상 화해도 포함된다"고 판시하고 있다.

(4) 실비변상을 넘는 경제적 이익

비변호사가 변호사법 위반이 되려면 실비변상을 넘는 경제적 이익을 얻어야 한다. 즉 유상으로 조정이나 화해 등 변호사의 법률사무를 처리한 경우에 해당한다. 변호사가 아닌 자가 변호사의 직무를 수행하고 금품·향응 또는 그 밖의 이익을 받거나 받을 것을 약속하고 또는 제3자에게 이를 공여하게 하거나 공여하게 할 것을 약속해야 한다. 여기서 이익은 비변호사의 법률사무 취급을 금하는 입법취지 등에 비추어 볼 때 실비변상을 넘는 경제적 이익에 한한다고 해석하여야 할 것이고 단순한 실비변상을 받았음에 불과한 때에는 변호사법 소정의 법률사무의 취급이 있어도 범죄가 된다고 볼 수 없다.[17] 따라서 무료로 법률사무를 하는 것은 허용된다.

변호사법 제109조 제1호의 입법취지는 변호사가 아닌 자가 법률사무의 취급에 관여하는 것을 금지함으로써 변호사제도를 유지하고자 하는데 있다.[18] 다만, 비변호사가 법률사무를 처리하더라도 금품·향응 또는 그 밖의 이익을 받거나 받을 것을 약속하고 또는 제3자에게 이를 공여하게 하거나 공여하게 할 것을 약속하는 등 '이익'이 문제가 되는 바, 판례는 실비변상을 넘어서는 경우에 한하여 이익을 얻은 것으로 보고 있다.[19]

---

16 손해사정인이 금품을 받거나 보수를 받기로 하고 교통사고의 피해자측과 가해자가 가입한 자동차보험회사 등과의 사이에서 이루어진 손해배상액의 결정에 관하여 중재나 화해를 하는 것은 손해사정인의 업무범위를 벗어났다고 보았다. 이 판결 사안은 손해사정인이 중재나 화해를 하도록 주선하거나 편의를 도모하는 등으로 관여한 것이 변호사법에 위반된다고 본 것이다.

17 대법원 1996. 5. 10. 선고 95도 3120판결.

18 정형근, 「변호사법 주석」, 피앤씨 미디어, 2016., 835면.

19 대법원 1995. 2. 14. 선고 93도 3453 판결 : (1) "감정" 및 "대리"는 민 형사소송에서의 그것과 반드시 개념범위가

대법원의 기본적 입장은 비변호사가 실비변상을 넘는 경제적 이익을 취하고 법률사무를 취급한 경우에 형사처벌하고 있다. 판례는 여기서 한걸음 더 나아가 실비변상을 빙자한 것인지를 중심으로 판별하기도 한다.[20]

즉. 대법원 2015. 7. 9. 선고 2014도16204판결에서 "변호사법 제109조 제1호는 변호사가 아닌 사람이 금품·향응 또는 그 밖의 이익을 받거나 받을 것을 약속하고 법률사무를 하는 행위에 대한 벌칙을 규정하고 있는데, 피고인이 단순히 법률사무와 관련한 실비를 변상받았을 때에는 피고인이 위 조문상 이익을 수수하였다고 볼 수 없다(대법원 2008. 4. 11. 선고 2008도 1655판결 등 참조). 그러나 위 조문은 변호사가 아닌 사람이 유상으로 법률사무를 하는 것을 금지하는 데 그 입법 목적이 있으므로, 법률사무의 내용, 비용의 내역과 규모, 이익 수수경위 등 여러 사정을 종합하여 볼 때 피고인이 실비변상을 빙자하여 법률사무의 대가로서 경제적 이익을 취득하였다고 볼 수 있는 경우에는 그 이익 수수가 외형상 실비변상의 형식을 취하고 있더라도 이익을 수수하고 한 법률사무는 변호사법 위반죄에 해당한다고 볼 여지가 있다. 이때 피고인이 일부 비용을 지출하였다고 하더라도 그 비용이 변호사법 위반죄의 범행을 위하여 지출한 비용에 불과하다면 피고인이 수수한 이익 전부를 법률사무의 대가로 보아야 하고 그 이익에서 지출한 비용을 공제한 나머지 부분만을 법률사무의 대가로 볼 수는 없다(대법원 2008. 10. 9. 선고 2008도 6944판결 등 참조)"고 밝히고 있다. 그러나 위 판례와 같이 이익의 전부를 법률사무의 대가로 보는 것은 타당하다고 볼 수 없고, 실비를 넘는 부분에 한하여 유죄를 선고한 하급심 판결이 타당하다. 즉, 청주지방법원 영동지원 2018. 8. 30. 선고 2016고단 209판결에서는 비변호

동일한 것으로 볼 수 없고, 법률사건 즉 법률상의 권리, 의무에 관하여 다툼이나 의문이 있거나 새로운 권리의무관계의 발생에 관한 사건 일반에 있어서, 그 분쟁이나 논의의 해결을 위하여 행하여지는 법률사무 취급의 한 태양으로 이해되어야 하고, 따라서 "감정"은 법률상의 전문지식에 기하여 구체적인 사안에 관하여 판단을 내리는 행위로서 법률 외의 전문지식에 기한 것은 제외되는 것으로, "대리"는 법률사건에 관하여 본인을 대신하여 사건을 처리하는 제반 행위로서 분쟁처리에 관한 사실행위를 포함하는 것으로 각각 이해함이 상당할 것이다.

(2) 구 변호사법 제78조 제2호 소정의 "이익"은 비변호사의 법률사무 취급을 금하는 입법취지에 비추어 볼 때, 변호사 아닌 자가 변호사법이 금지하지 않는 교통사고원인 분석 등을 위한 감정을 하고 그 비용을 받은 것이라면 그 비용 범위 내에서는 범죄가 된다고 할 수 없을 것이고, 그와 같은 실비변상의 범위를 넘는 범위에 한하여 범죄로 취급하고 구 변호사법 제82조에 의한 추징이나 몰수도 그 범위에 한정해야 할 것이다.

20 이에 관하여 상세한 내용으로는 이해빈, "변호사법 제109조 제1호 위반죄에 관하여 - 「실비변상」에 관한 판결례를 중심으로" 「법조」 제52호, 사법발전재단, 2020., 607~663면.

사인 피고인이 의뢰인으로부터 받은 3,245만원 중 1,251만원에 대해서는 형사사건의 피해자의 합의금으로서 형사사건의 화해에 관한 법률사무의 처리를 위해 필요한 실비에 해당한다고 보아 무죄를 선고하였고, 나머지 1,994만원에 대해서는 형사사건의 화해에 관한 법률사무와 관련된 실비를 빙자하여 법률사무의 대가로서 수수한 이익이라고 볼 수 있고 피고인이 지출한 비용은 범행을 위하여 지출한 비용에 불과하므로 이 부분은 법률사무의 대가로 볼 수 있어 유죄로 판단하였다.[21]

2. 변호사법 제109조 제1호 해석론의 한계

우리의 경우 민사조정, 가사조정이라는 법원형 조정과 개별법에 근거한 분쟁조정위원회 형태의 행정형 조정기관에 민간인이 조정위원으로 참여하여 수당을 받더라도 법령에 의한 행위로서 변호사법 위반으로 처벌되지는 않는다. 그러나 조정이나 중재과정에 비변호사인 민간인이 금품을 수수하고 대리인으로 참석하는 경우에는 변호사법 위반으로 처벌될 수 있고 법원의 실무적 처리는 형사처벌을 원칙으로 하고 있다. 현행 변호사법 제109조 제1호의 대리에는 소송대리 뿐만 아니라 법률사무인 중재의 대리도 포함되는 것으로 해석된다.[22] 다만, 법원의 판례에 따르면 중재의 대리에 변호사법 제109조 위반으로 비변호사가 형사처벌 된다고 할지라도 중재판정의 효력은 부인하지 않고 있다.[23]

변호사법은 송무중심의 환경에 머물고 있고, ADR의 중요성이 강조되는 시대적 추세와 법조환경의 변화를 반영하지 못하고 있다. 전 세계적인 ADR 운동에 발맞추어 법원의 사건을 획기적으로 축소하려면 민간조정의 활성화와 조정전치주의는 필연적으로 고려하여야 할 정책적 수단이다.

따라서 민간형 조정과 중재 등 각종 민간형 ADR제도의 활성화를 위해 독일의 경우와

---

21 이 사건의 피고인과 검사가 사실오인 등으로 항소하였으나 항소가 모두 기각되었고 피고인이 상고하였으나 상고가 기각되어 확정되었다.

22 윤은경, "국제중재절차에서의 중재대리인의 직업윤리" 「법학논총」 제29권 제3호, 국민대 법학연구소, 2017., 283면 ; 석광현, "대한상사중재원의 2007년 국제중재규칙의 주요내용과 그에 대한 평가" 「법학」 제49권 제1호, 2008., 94면.

23 서울고등법원 2002. 7. 2. 선고 2002나 6878판결, 서울고등법원 2003. 4. 2. 선고 2002나 16134판결, 대법원 2004. 3. 12. 선고 2003다21995판결.

같이 인증 조정인 제도를 마련하고 교육을 의무화하거나 일본의 경우와 같이 법무부가 분쟁해결기관의 인증을 하는 방법으로 변호사법 제109조 제1호의 장벽을 넘는 법정책적 노력이 필요하다. 앞에서 언급한 바와 같이, 비변호사가 법률사무를 유상으로 한 경우 형사처벌의 법정형과 관련하여 일본의 경우 2년 이하의 징역과 5만원 미만의 벌금을 부과하고 있고, 독일의 경우에는 5만 유로 이하의 과태료를 부과하고 있다. 이러한 점에 비추어 우리의 변호사법 제109조는 과중한 형량의 형사처벌 조항으로 이 부분은 외국의 법제를 참고하여 개선할 필요가 있다. 아울러 대법원 양형위원회의 양형기준도 단지 수수액을 기준으로 하고 있으나, 실비를 제외한 금액으로 재산정할 필요가 있다.

Ⅲ. 민간조정 활성화를 위한 입법과제

1. 논의의 출발점

변호사법의 문제점을 극복하기 위하여 독일의 경우처럼 조정법을 제정하여 민간 조정인을 양성하는 시스템과 일본의 경우처럼 ADR법을 제정하여 민간 기관이 법무부의 인증을 받은 경우에는 그 기관 소속의 절차를 진행하는 조정인은 비록 변호사가 아니더라도 유상으로 조정을 할 수 있도록 제도적 틀을 만드는 방법이 있다.

민간조정의 활성화를 위해 변호사법을 개정하여 변호사가 다양한 분쟁해결 중에 의뢰인을 위해 적절한 수단을 선택하여 처리할 수 있도록 하고, 변호사가 의뢰인의 이익에 반하여 의도적으로 조정을 회피하지 못하도록 법률소비자인 의뢰인을 위한 제도를 도입할 필요가 있다.

한편, 조정서비스 시장이 활성화되어 있는 미국, 영국, 싱가포르 등에서는 조정서비스를 제공하는 사적인 단체나 법인들이 있다. 우리의 경우에는 변호사가 법원의 소송절차가 아닌 조정에 의할 경우 변호사비용을 적게 받게 되므로 의뢰인의 이익에 반하여 조정을 의도적으로 회피하는 현상도 없지 않다. 우리의 경우에도 조정역량이 뛰어난 조정인을 확보하고 보다 질 높은 조정서비스를 제공하여 조정인이 수익을 창출하면서 공적으로 갈등을 해소하는 역할을 수행할 필요가 있다.[24]

그동안 조정에 관한 법제도적 틀 마련과 관련하여 다양한 관점에서 논의가 진행되어 왔다. 중재와 조정의 선택적 제기를 허용하는 내용이라면 국가를 당사자로 하는 계약에 관한 법률 제28조의 2에서 조정과 중재를 선택적으로 규율하고 있는 입법례[25]를 참고할 필요가 있다.

2. 비교법적 고찰: 독일과 일본의 조정관련 법제

가. 독일의 조정법 및 관련 법제

(1) 독일의 조정법

독일은 2012년 7월 21일에 조정법이 제정되어 같은 달 26일부터 시행에 들어갔다.[26] 이처럼 독일이 조정법을 제정한 이후 재판외 절차 중 민간 영역의 조정절차가 서서히 정착되어 가고 있는 것은 고무적이다. 독일의 경우 건축법의 영역에서 새롭게 재정(Adjudikation)[27] 제도가 도입되어 운영되고 있는 것이 하나의 새로운 경향이라고 할 수 있다. 독일은 지속적으로 인증 변호사가 늘어나고 있지만 일부 인증변호사에 사건이 몰리고 있고 대부분은 경제적 수입이 크지 않아 부업수준으로 활동하고 있다.

독일 변호사직무규정 제18조에 "중개자, 중재인 또는 조정인으로 활동하려면 직업법의 규정을 따라야 한다"는 내용의 규정을 두고 있다. 2009. 7. 1 시행된 법률서비스법(RDG)은 제2조 제3항 제4호에서 "조정 및 이와 유사한 재판외 분쟁해결의 형태는 그 활동이

---

24 이로리, "법조인 양성교육에서의 조정교육의 필요성 및 방법론—미국 로스쿨 조정교육 사례를 중심으로—",분쟁해결 제3호, 2021, 18면.

25 제28조의2(분쟁해결방법의 합의) ① 각 중앙관서의 장 또는 계약담당공무원은 국가를 당사자로 하는 계약에서 발생하는 분쟁을 효율적으로 해결하기 위하여 계약을 체결하는 때에 계약당사자 간 분쟁의 해결방법을 정할 수 있다.
   ② 제1항에 따른 분쟁의 해결방법은 다음 각 호의 어느 하나 중 계약당사자 간 합의로 정한다.
   1. 제29조에 따른 국가계약분쟁조정위원회의 조정
   2. 「중재법」에 따른 중재

26 이에 관한 상세한 내용은 김용섭, "민간조정의 활성화를 위한 입법적 과제-독일과 일본의 법제도와 시사점을 중심으로-"「저스티스」통권 제157호, 2016. 12., 223면 이하. 독일 조정법의 정확한 명칭은 조정 및 재판외 분쟁해결촉진법 (Gesetz zur Föderung der Mediation und anderer Verfahren der auBergerichtlichen Konfliktbeilegung)이다.

27 우리의 경우 환경분쟁조정 제도중에 재정제도가 마련되어 있고, 전기사업법 제53조 제1항에서는 조정에 관한 절차 대신에 재정만을 명문화하고 있다.

법적인 규율제안을 통하여 당사자의 대화속에 개입하지 않는 한 법률서비스는 아니다"라
고 규정하고 있다. 독일에서 조정법이 제정되기 전까지 조정에 관한 고유한 직업을 형성
하지도 않았고, 조정법이 제정된 이후 변호사에게만 조정이 허용되는 것은 아니라고 할
것이다.

독일에서 조정법의 제정 이후 전통적인 소송중심의 문화에서 당사자의 합의를 기초로
하는 자율적인 분쟁해결문화로 방향전환이 서서히 이루어 지고 있다. 또한 권리중심으로
사법적 판단에 대한 대안을 제시함으로써 다른 각도에서 분쟁과 갈등을 생각하고 행동하
는 방식을 근본적으로 변화시킬 수 있는 동인으로 작용한다고 할 것이다.

독일의 경우에는 조정법 제5조 제2항 및 제3항[28]에 따라 조정과 재판외 분쟁해결 절차
를 촉진하기 위하여 법무부령으로 정하는 바에 따라 인증조정인의 교육내용과 범위를 정
하도록 하였다. 이는 조정인의 질적 담보와 시장의 투명성을 높이기 위하여 인증조정인
제도를 도입하고 이를 설계하였다고 할 수 있다.[29]

아울러 독일 조정법 제5조 제1항에서는 인증 조정인이 되려면 이론적 지식과 실무적 경
험이 필요하고, 적절한 교육을 받아야 한다. 교육내용은 조정의 기초, 절차진행 및 대강구
조에 대한 지식, 협상기법과 의사소통기법, 갈등에 관한 권한(Konfliktkompetenz), 조정에 관
한 법 및 조정에서의 법의 역할에 대한 지식 그리고 실무상 연습, 역할극 및 감독
(praktische Übungen, Rollenspiele und Supervision) 등을 포함하여야 한다.[30]

독일 조정법 제6조에 의하면 독일 연방법무부는 법규명령인 조정인의 재교육에 관한
사항을 세부적으로 규정할 수 있도록 수권이 부여되어 있다. 이에 따라 독일 연방 법무부
는 2016년 8월 21일 인증 조정인의 교육과 재교육에 관한 규정(Verordnung über die Aus-und
Fortbildung von zertifizierten Mediatoren(ZMediatAusbV)을 제정하여 2017년 9월 1일부터 시행

---

28 (2) Als zertifizierter Mediator darf sich bezeichnen, wer eine Ausbildung zum Mediator abgeschlossen
   hat, die den Anforderungen der Rechtsverordnung nach § 6 entspricht.
   (3) Der zertifizierte Mediator hat sich entsprechend den Anforderungen der Rechtsverordnung nach § 6
   fortzubilden.

29 조정은 조정인에게 특별한 교육을 필요로 하는 복잡한 갈등해결절차라고 할 것이다. 조정인의 양성교육은 질적 수준과
   시장의 투명성을 확보하기 위한 것이다.

30 독일조정법 제5조 제1항.

하고 있다. 위 규정(ZMediatAusbV) 제1조 적용영역에서는 인증조정인의 교육과 재교육 그리고 교육 및 재교육 시설의 요건을 규율하고 있다.

제2조는 인증조정인의 교육을 규율하고 있다. 인증조정인 교육을 마친 경우에만 인증조정인의 명칭을 사용할 수 있도록 하고 있다. 인증조정 교육과 관련한 교육의 내용에 대하여 실습과 역할놀이 등을 포함하도록 규정하고 있다. 인증조정인이 되기 위한 교육과정의 내용과 교육시간은 다음과 같다. 1. 조정의 입문과 조정의 기초 18시간 2. 조정절차의 과정과 대강구조 30시간 3. 협상기법과 형상능력 12시간 4. 대화진행과 의사소통 기법 18시간 5. 갈등해결 능력 12시간 6. 조정에 관한 법 6시간 7. 조정에서의 법 12시간 8. 전문적 능력, 책임과 역할이해 12시간 도합 120시간으로 구성되어 있고, 성공적인 교육을 마친 경우에는 증명서를 발급하는 내용도 규율하고 있다.

제3조는 재교육에 관하여 규율하고 있다. 인증조정인은 정기적으로 심화된 내용의 재교육으로 4년 이내에 40시간의 교육을 의무화하고 있다. 제4조에서는 재교육을 위해 조정인이나 공동조정인과 연결하여 개별 감독에 4차례 참여하도록 의무화 하고 있다. 제5조에서는 교육 및 재교육의 요건을 규정하고 있고, 제6조에서는 외국에서 획득한 자격의 동등 요건을 규정하고 있다. 제7조는 2012. 7. 26. 이전의 조정인 교육을 받은 조정인은 최소한 90시간을 이수하고, 아울러 조정인 또는 공동 조정인으로 최소한 4건의 조정절차를 수행하도록 경과규정을 두고 있다. 제8조에서 기간의 장애에 관하여 규율을 두고 있다.

(2) 독일의 재판외 법률서비스법 및 변호사직무규정(BORA)에서 조정에 관한 규정

독일의 경우 조정이 법률서비스인지 여부가 논란이 되고 있다. 이에 관하여는 재판외 법률서비스법(Gesetz über außergerichtliche Rechtsdienstleistungsgesetz - RDG) 제2조 제3항[31]에

---

31 Gesetz über außergerichtliche Rechtsdienstleistungsgesetz § 2

   (3)Rechtsdienstleistung ist nicht:

   1. die Erstaatung wissenschaftlicher Gutachten,

   2. die Tätigkeit von Einigungs- und Schlichtungsstellen, Schiedsrichterinnen und Schiedsrichtern,

   3. 〈생략〉

   4. die Mediation und jede vergleichbare Form der alternativen Streitbeilegung, sofern die Tätigkeit nicht durch rechtliche Regelungsvorschläge in die Gespräche der Beteiligten eingreift,

   5.-6. 〈생략〉

따라 학문적 평가서의 작성, 중재, 화해 또는 조정에서의 활동, 대중매체에 법적 문제의 일반적으로 설명과 더불어, 당사자의 대화 속에 법적인 규율제안을 통하여 그 활동이 개입하지 않는 한 조정과 대안적 분쟁의 화해적 형태는 법률서비스가 아니라는 것을 명확히 하였다.

아울러 독일변호사 직무규정(BORA) 제1조 제3항[32]에서 "모든 법률사건에 있어서 독립된 상담자 및 대리인으로서 변호사는 법원과 관청의 잘못된 결정으로부터 보호하고 헌법위반적 침해 및 국가적 권력남용에 안전을 위해 의뢰인을 법적 손실로부터 보호하고, 법형성적, 갈등회피 및 분쟁조정을 도모하여야 한다"고 규정하고 있다. 변호사는 의뢰인에게 법형성적, 갈등회피적이며 분쟁조정을 모색하는 등 적절한 분쟁해결 방법을 제시하여야 하는 규정을 두고 있다. 아울러 독일 변호사직무규정(BORA) 제18조에서 "조정인으로서 변호사의 조정은 변호사 직무규정에 의하여 인정된다"고 규정하고 있다.

나. 일본의 ADR법과 변호사법

(1) 재판외 분쟁해결절차의 이용촉진에 관한 법률(일명 ADR법)

일본은 2004년도에 재판외 분쟁해결절차의 이용촉진에 관한 법률(일명 ADR법)이 제정되어 2007년 4월 1일부터 시행되고 있다.[33]

ADR법의 가장 큰 특징은 민간형 ADR기관의 육성과 ADR의 확충을 위한 정책적 견지에서 민간 ADR기관의 설립에 대한 인증제도의 도입과 아울러 ADR 절차 실시자인 조정인 등의 양성이라고 할 수 있다.[34] ADR법은 ADR기관이 조정 등 ADR절차를 행하기 위해 필요한 지식과 능력 등을 갖고 있는 경우에는 법무부의 인증을 받을 수 있는 제도를

---

32 (3) Als unabhängiger Berater und Vertreter in allen Rechtsangelegenheiten hat der Rechtsanwalt seine Mandanten vor Rechtsverlusten zu schützen, rechtsgestaltend, konfliktvermeidend und streitschlichtend zu begleiten, vor Fehlentscheidungen durch Gerichte und Behörden zu bewahren und gegen verfassungswidrige Beeinträchtigung und staatliche Machtüberschreitung zu sichern.

33 이에 관하여는 김용섭, "민간조정의 활성화를 위한 입법적 과제-독일과 일본의 법제도와 시사점을 중심으로-"「저스티스」통권 제157호, 2016. 12., 231면 이하 ; 정준영, "가칭 ADR 기본법의 제정방향과 선결과제", 언론중재, 2010, 41면.

34 일본에서 ADR법이 제정된 후 2007년부터 2010년까지 법무대신의 인증을 받은 기관의 운영실태에 관하여는 김상찬, "일본 ADR법상 인증제도의 현황과 과제"「중재연구」제22권 제2호, 2012. 8., 13~23면.

채택한 것이다. 법무대신의 인증기준에 관하여는 ADR법 제6조 제1호 내지 제16호에서 규정하고 있다. ADR법에서는 민간분쟁해결절차의 업무에 관하여 적정성을 확보하기 위하여 필요한 요건을 정하여 그 업무가 민간분쟁해결에 적합한가 아닌가를 법무부에서 확인하고 그 확인을 받은 업무를 ADR법이 정한 조치 및 특례의 대상으로 하는 인증제도를 두고 있다.

ADR법 제6조 제2호에서 민간 ADR기관의 인증요건으로 ① 법적 전문성 ② 분쟁분야에 관한 전문성 ③ 분쟁해결의 이론 및 커뮤니케이션 기법에 관한 전문성의 3가지 요건을 구비해야 한다고 규정하고 있다. 이러한 요건은 한편으로는 절차실시자에게 요구하는 요건이기도 하다. 이처럼 ADR법 제6조는 법무부의 기관 인증제도를 도입하여 그동안 ADR의 이용이 저조했던 이유 중 하나인 개별 ADR기관에 대한 불신을 종식시키고 신뢰를 형성했다는 데에 의미가 있다.[35] 한편 ADR법 제7조는 인증을 받을 수 없는 결격사유에 관하여 규정하고 있다. 일본의 경우 법원형 ADR과 행정형 ADR과는 달리 민간형 ADR은 분쟁해결 방식에 있어 유연성이 비교적 높다고 할 것이다.

이와 관련하여 인증 ADR 기관에 ADR실시를 의뢰한 경우에 시효중단효가 생기므로 청구의 내용이 구체화 되지 않은 채 절차가 진행된 경우 인증 ADR을 이용함에도 불구하고 시효과 완성되는 사태가 발생하여 절차실시의뢰자의 기대에 반하게 된다. 이러한 경우 인증 ADR에 대한 신뢰를 손상하게 되는 것으로 보아 인증 ADR 사업자에게 절차의뢰시에 곧바로 시효중단이 있는 것으로 제도개선하려는 움직임이 있으나, 이에 대하여 ADR에 관한 검토회보고서는 부정적으로 평가하고 있다.[36]

(2) 변호사법 제72조와 ADR법

일본 변호사법 제72조(비변호사의 법률사무의 취급 등의 금지)에서 "변호사 또는 변호사법인이 아닌 자는 보수를 받을 목적으로 소송사건, 비송사건 및 심사청구, 이의신청, 재심사청구등 행정청에 대한 불복신청사건 및 기타 일반의 법률사건에 관하여 감정, 대리,

---

35 김성욱, "일본 ADR제도의 운용현황과 ADR제도 활성화를 위한 전문가의 역할" 「국제법무」 제9집 제2호, 제주대 법과 정책연구원, 2017. 11., 6면.

36 鈴木昭洋, "「ADR法に關する檢討會報告書」の 槪要", NBL No. 1027, 2014, 32-33面.

중재 또는 화해 그밖의 법률사무를 취급하거나 이들을 주선하는 것을 업으로 할 수 없다. 다만, 이 법률 또는 다른 법률에서 별도의 규정을 둔 경우에는 그러하지 아니하다"고 규정하고 있다. 이와 같은 비변호사의 법률사무취급의 금지에 관한 규정의 입법취지에 대해 일본 최고재판소[37]는 "변호사는 기본적 인권을 옹호하고 사회정의의 실현을 사명으로 하고 널리 법률사무를 행하는 것을 그 직무로 하고 있어 이를 위해 변호사법에는 엄격한 자격요건을 설정하고 그 직무의 성실적정한 수행을 위해 필요한 규율에 복종하지 않으면 안된다. <중략> 이를 방치하면 당사자 기타의 관계인들의 이익을 해하고, 법률생활의 공정성과 원활한 활동을 방해하고 나아가서 법률질서를 해하게 되므로 변호사법 제72조는 이러한 행위를 금지하고 제압하기 위하여 마련된 것이다"라고 판시하고 있다.

변호사법 제72조의 성립요건은 ① 변호사 또는 변호사 법인이 아닌 자일 것 ② 법률사건에 관한 법률사무를 취급할 것, 법률사건에 관한 법률사무의 취급을 주선할 것 ③ 보수를 목적으로 할 것 ④ 업으로 할 것의 4가지 요건을 필요로 한다.[38]

나아가 변호사법 제73조(양수받은 권리의 실행을 업으로 하는 것의 금지에 관한 규정)에서 "누구도 타인의 권리를 양수받아 소송, 조정, 화해 그밖의 수단에 의하여 그 권리의 실행을 하는 것을 업으로 할 수 없다"고 규정하고 있다. 또한 제74조(비변호사의 허위표시등의 금지) 제2호에서 "변호사 또는 변호사법인이 아닌 자는 이익을 얻을 목적으로 법률상담 그 밖의 법률사무를 취급하는 취지의 표시 또는 기재를 해서는 아니된다"고 규정하고 있으며, 위와 같은 변호사법의 규정에 위반한 경우에는 형사처벌을 하고 있다.

ADR법의 제정은 비변행위(非弁行為)에 해당하지 않고 민간 조정인이 조정을 실시할 수 있는 가능성을 열었다. 본래 변호사가 아닌 자가 보수를 얻으려고 법적인 분쟁사건에 개입하는 것이 변호사법 제72조에 따라 인정되지 않는다. 업무상의 의뢰인으로부터 상담이나 조사 등을 받은 경우에도 분쟁의 내용 자체에 관한 것은 변호사법위반의 비변행위에 될 위험성이 있다. 그러나 법무대신의 인정 ADR 조정인은 ADR업무(조정업무)를 보수를 받고 실시할 수 있게 된다. 비변호사가 유료로 민간조정을 업으로 하는 경우에는 변호사

---

37 最大判昭和46年7月14日 刑集25卷5号 690面, 日本辯護士聯合調査室 編著, 條解 辯護士法 第5版, 弘文堂, 2019, 638面.
38 日本辯護士聯合調査室 編著, 條解 辯護士法 第5版, 弘文堂, 2019, 641面. 우리 변호사법 제109조 제1호가 일본 변호사법 제72조와 유사하다.

법에 위반될 소지가 있어 이 문제를 극복하기 위해서 변호사법 제72조 단서가 하나의 출구역할을 한다고 볼 수 있다. 따라서 일본에서 민간조정의 활성화를 위해 ADR법을 제정하여 인증을 받은 경우에는 비변호사인 조정인도 조정과정에 참여하여 보수를 받고 조정 등 분쟁을 해결할 수 있도록 한 것이다.

다. 독일과 일본 조정법제의 비교 검토

첫째로, 비변호사의 민간조정을 직접적으로 참여하는 방식인가 아니면 간접적으로 참여하는 방식인가의 차이가 있다. 독일의 경우에는 직접 인증 조정인을 양성하는 법체계이고, 일본은 변호사법의 장애를 극복하기 위하여 법무대신의 인증을 받은 민간 ADR 기구에 조정인이 참여하는 방식으로 접근하고 있다. 참고적으로 독일의 경우에는 영미법 국가와는 달리 민사소송이나 상사분쟁에 있어 법원을 통한 분쟁해결이 국민에게 많은 비용이 드는 것이 아니라 그동안 조정 활용의 필요성이 강조되지 않은 측면이 있었다. 그러나 독일이 2012년 조정법을 제정한 후 인증조정인을 배출하여 분쟁해결에 있어 조정을 활용하고 있다.

일본의 경우 ADR의 대리인은 주로 변호사이지만 변호사법 제72조에 반하지 않는 범위에서 ADR 실시기관의 중재규칙 등에 의하여 단독 또는 변호사와 공동으로 사법서사, 변리사 사회보험노무사, 토지가옥조사사, 행정서사, 건축사 등 전문가에 의한 ADR 절차에의 대리를 인정하고 있다. 또한 일본의 경우 국외의 ADR에는 법률로 대리인의 자격에 제한을 설정하고 있지 않다.

둘째로, 조정인 교육과 관련하여 독일의 경우에는 인증조정인은 120시간의 교육이 필요하고, 재교육을 4년에 한번씩 이수하도록 하고 있는 반면에 일본의 경우에는 조정인의 양성이 아닌 법무부대신의 기관인증시스템을 취하고 있으므로 조정인의 교육 시간과 교육이수에 관하여 법제상 의무화하고 있지는 않다.

셋째로, 독일의 조정법 제8조에서 평가(Evaluierung)에 관한 내용이 규정되어 연방정부가 연방하원에 법률의 시행일부터 5년이 되는 시점인 2017년 7월 26일 까지 이 법률의 영향과 조정인의 교육과 재교육상황에 관한 보고서를 제출하도록 규정하고 있다. 이에 따라 법무부는 스파이어(Speyer) 행정대학원에 위탁을 맡겨 평가서를 제출받았다. 일본의 경우에는 ADR법 부칙 제2조(검토)에서 "정부는 이 법률의 시행 후 5년이 경과한 경우에 이 법률의 시행상황에 관하여 검토를 하여 필요가 있다고 인정할 때 그 결과에 기초하여 필요한 조치를 강구할 수 있다"고 규정하고 있다. 이와 같은 법률 시행이후 5년이 지난 시점에 평가를 하면서 피드백하는 제도는 우리가 조정에 관한 새로운 법률을 제정하는 경우에도 시사하는 바가 크다.

넷째로, 독일의 경우 재정(Adjudikation)제도가 건축법의 영역에서 활용되고 있는 점이다. 독일의 재정 제도는 조정과는 달리 제안을 하는 것 만이 아니라 당사자에 대하여 구속력이 있는 결정을 한다. 그렇다고 재정인이 중재인이 되는 것은 아니다. 왜냐하면 재정인이 행하는 재정은 후에 국가의 법원이 완전히 재심사할 가능성이 있기 때문이다. 그러나 법원의 재판이 행하여질 때까지는 재정인의 판단이 구속력을 갖는다는데 의미가 있다.[39] 따라서 재정인의 재정에 따르지 않는 당사자는 계약위반의 상황이 되어 손해배상의무를 부담하게 된다. 반대로 재정인의 재정에 따른 당사자는 과실이 없고 따라서 후에 법원이 재정인의 재정을 취소하여도 손해배상을 할 필요가 없게 된다.

3. 민간조정활성화를 위한 법제도 설계

가. 조정법 또는 민간조정 활성화를 위한 법률 제정 필요성

중재법과 같이 조정법을 마련하거나 민간조정활성화를 위한 법률을 제정하여 조정인이 될 수 있는 자에 관하여 규율할 필요가 있다. 일정한 교육 이수를 전제로 한 인증 조정인을 양성하고 이들이 각종 분쟁조정에 나설 수 있도록 하며, 변호사 중에서도 민간조정을 하려면 교육을 이수하도록 하는 법제도적 시스템을 만들 필요가 있다. 이러한 방법이 변호사법 제109조의 장벽을 넘어서는 것이 될 것이다.

우리의 변호사법에는 조정에 대하여는 아무런 명문의 규정을 두고 있지 않다. 변호사법 제109조 제1호 마목에서 "그 밖의 일반의 법률사건"은 가목에서 라목에 까지 열거된 사건과 같이 법률상의 권리·의무에 관하여 다툼 또는 의문이 있거나, 새로운 권리의무관계의 발생에 관한 사건 일반을 의미하는 것으로 이해한다.[40] 이와 같은 일반의 법률사건에

---

39 Wolfgang VOIT, "ドイツにおける裁判外紛争解決", 東洋法學, 62卷 3号, 2019. 3, 332面.

관하여 조정과 관련하여 별도로 명문의 규정을 두고 있지 아니하고 "감정·대리·중재·화해·청탁·법률상담 또는 법률관계 문서작성, 그밖의 법률사무를 취급하거나 이러한 행위를 알선할 수 없다고 되어 있어, 중재와 화해는 명문으로 금지하고 있으나, 조정에 관하여는 명문의 규정을 두고 있지 않아 조정 중에서 법률적 문제가 매개되지 않는 갈등해결에 그치는 경우 이에 해당하지 않는 것으로 해석할 여지도 없지 않지만 대한변협은 조정을 중재 또는 화해와 같은 맥락으로 그 밖의 법률사무를 취급하는 경우에 해당한다고 해석하고 있다. 따라서, 조정을 실비변상을 넘어 유상으로 금품 등을 수수하는 경우에 변호사법 제109조 제1호[41]에 의하여 형사처벌받게 될 위험성이 있게 된다.

이와 관련하여 싱가포르 조정협약이 2020년 9월에 발효됨에 따라 집행력 확보를 위한 국내법적 정비가 필요한 실정이다. 국제상사제도의 활성화를 위해서는 국제상사에 한정되는 법률을 제정하는 입법적 방향성을 모색할 수도 있으나, 이를 계기로 민간조정을 활성화 하는 내용을 함께 규율하는 조정법 또는 조정절차기본법 등의 제정을 검토할 필요가 있다.[42]

나. 민사소액사건에 있어 조정전치주의의 도입

민사분쟁을 법원의 판결절차를 통하여 해결하려면 비용이 많이 들고 시간이 오래 걸릴

---

40 정형근, 앞의 책, 840면.

41 제109조(벌칙) 다음 각호의 어느 하나에 해당하는 자는 7년 이하의 징역 또는 5천만원 이하의 벌금에 처한다. 이 경우 벌금과 징역은 병과할 수 있다.

  1. 변호사가 아니면서 금품·향응 또는 그 밖의 이익을 받거나 받을 것을 약속하고 또는 제3자에게 이를 공여하게 하거나 공여하게 할 것을 약속하고 다음 각목의 사건에 관하여 감정·대리·중재·화해·청탁·법률상담 또는 법

    가. 소송사건, 비송사건, 가사조정 또는 심판사건

    나. 행정심판 또는 심사의 청구나 이의신청, 그 밖에 행정기관에 대한 불복신청 사건

    다. 수사기관에서 취급중인 수사 사건

    라. 법령에 따라 설치된 조사기관에서 취급중인 조사 사건

    마. 그 밖에 일반의 법률사건

  2. 〈생략〉

42 이에 관하여는 정선주, "싱가포르협약과 조정결과의 승인집행" 「민사소송」 제24권 제2호, 2020. 6., 34면 ; 유병욱, "국제상사조정제도의 활용에 관한 연구-조정에 관한 싱가포르협약을 중심으로-" 「무역상무연구」 제84권, 2019. 12., 161면 이하.

뿐만 아니라 판결이 확정되어도 강제집행과정에 어려움이 따르며, 이를 법관에 의하여 일 도양단의 판결에 의하려면 대법관도 대폭 늘려야 하고 국가재정에 큰 부담이 따른다.[43]

모든 민사소송사건에 전면적 조정전치주의를 도입하는 방안, 단독사건에 관하여 조정전 치주의를 도입하는 방안 그리고 소액사건에 관하여 조정전치주의를 도입하는 방안이 고려될 수 있다. 전면적 조정전치주의는 법률과 정의에 의하여 분쟁이 해결된다는 법치주의적 의식을 마비시킬 수 있어 바람직하지 않다.[44] 소가 1억원 이하의 단독 사건에 대하여 조정전치주의를 도입하기 보다는 소송과 조정의 조화로운 발전을 위해서는 3,000만원 이하의 소액사건 중 일부에 한하여 조정전치주의를 도입할 필요가 있다. 민사소액사건의 경우에는 판결문을 작성하지 않아도 되므로, 사건이 많아 신속한 재판을 허용하기 위한 것이기는 하나 판결의 이유가 없어도 된다는 것은 판결의 정당성이 부인되는 것이라고 할 수 있다.[45]

조정과 관련하여 공통적 흐름으로 보이는 것은 조정전치주의의 도입이라고 할 것이다. 일본의 경우에는 민사조정법에 의한 민사조정이나 가사사건절차법에 의한 가사조정의 전치를 마련하고 있다. 한편 일본의 ADR법 제27조에서 조정전치에 관한 특칙을 마련하고 있다. 따라서 당사자가 인증 ADR기관의 분쟁해결절차에 의하여 화해가 성립되지 않은 것을 이유로 당해 인증분쟁해결절차가 종료된 경우에는 일본의 민사조정법 제24조의2와 가사사건절차법 제257조의 규정은 적용되지 않는다. 인증을 받은 ADR기관을 이용한 경우에는 다시 조정의 절차를 밟지 않고도 곧바로 소를 제기할 수 있기 때문에 ADR기관의 이용이 촉진될 수 있다.

프랑스는 조정제도 활용을 유도하기 위하여 특별한 규정들을 두고 있다.[46] 5,000유로 이하의 금전지급을 구하는 청구 등 일부 사건에 대하여는 민간조정이나 사법조정 등을 거치지 않으면 소를 제기하지 못하도록 조정전치주의를 채택하고 있고, 이태리는 위헌성 극복을 위해 소송을 제기하는 경우 재판의 개시 전에 당사자들에게 반드시 조정참여 의

---

43 이시윤, "[시론] 조정전치주의의 입법안에 대하여"「고시계」2000. 3., 2~3면.

44 이시윤, 앞의 시론, 3면.

45 조정을 거친 경우에는 판결이유를 작성하도록 제도 개선하여 조정전치를 유도하는 것도 하나의 방법이다.

46 박현정, "프랑스 조정제도와 시사점"「인권과 정의」, 2020.

사를 확인하는 절차로서 '사전조정회의(preliminary mediation meeting)'에 참석하도록 하되, 언제든지 당사자가 원하는 경우 소송절차로 복귀하도록 하는, 소위 완화된 조정주의를 2013년 9월 20일부터 도입하여 현재에 이르고 있다.[47] 우리의 경우에도 이와 같이 조정전치주의를 도입하여 운영하고 있는 입법례를 참고하여 헌법상 재판청구권을 침해하지 않는 전제하에 적정한 수준의 조정전치주의를 도입할 필요가 있다.[48]

다. 비변호사가 조정인으로 활동할 수 있는 방안 모색

조정인은 우리의 경우 법원형 조정이나 행정형 조정의 경우에 조정위원으로 참여하기 때문에 수당 등을 지급받는 것이 특별히 문제가 될 여지가 없다. 다만, 합의주선과 같이 민간 조정의 경우에 법적인 조언이 아니라 심리학이나 커뮤니케이션에 기반하여 당사자가 갈등을 해결하도록 주선하는 것도 넓은 의미의 조정이라고 볼 수 있는데, 이러한 경우에는 단지 갈등관리의 차원으로 법률적 업무와 연결되지 않으면 변호사법 제109조 제1호 위반의 문제가 야기되지 않을 수 있다.

한편, 비변호사가 조정인으로 활동할 수 있는 방안과 관련하여, 비변호사가 중재인이 될 수 있는지 여부에 관한 논의를 참고할 필요가 있다. 이와 관련하여 비변호사인 중재인의 변호사법위반 여부를 문제삼고 있는 견해[49]도 있으나, 중재법 제12조[50]에서 중재인의 자격에 관하여 규율하면서 변호사에 한정한다는 규정을 두고 있지 않을 뿐만 아니라 중재인의 중재판정에 참여하여 당사자로부터 받게 되는 수당에 대해 실비변상을 넘어 이익을 얻은 것으로 볼 것은 아니므로 비변호사 중에 중재인으로 활동하는 것을 변호사법 제109조 위반의 문제로 볼 것은 아니다.[51] 다만, 비변호사가 중재사건을 대리하는 경우는 중재

---

47 이에 관하여는 오재창, "민간형 조정 활성화를 통한 소송과 조정의 균형 모색—사법자원의 효율적 분배라는 거시적 관점에서 본 민간형 조정활성화 관점에서—"「분쟁해결」제3호, 2021., 140~143면.

48 최재석, "소송과 조정의 조화로운 발전 모색-조정전치주의 도입-" 제6회 아시아태평양조정컨퍼런스 자료집「분쟁조정제도의 설계와 입법평가」, 사단법인 한국조정학회, 2021., 207~238면.

49 안건형, "비변호사 중재인 활용의 문제점과 개선방안"「중재연구」제25권 제1호, 2015., 47면 이하.

50 제12조(중재인의 선정) ① 당사자 간에 다른 합의가 없으면 중재인은 국적에 관계없이 선정될 수 있다. ② 중재인의 선정절차는 당사자 간의 합의로 정한다.

51 중재법이 변호사법의 특례를 정한 것으로 볼 여지도 있다.

인이 되는 경우와는 다르므로 일방 당사자로부터 금품 등 이익을 얻기 위해서 대리하는 경우라면 변호사법위반으로 처벌받을 가능성이 높게 된다.[52]

라. 조정윤리 및 행위규범 준칙의 제정 필요성

(1) 조정윤리 및 행위규범의 실상

법무부나 대한상사중재원에서 조정윤리와 행위규범의 준칙을 정할 필요가 있다. 그 이유는 민사조정법 제20조에서는 비공개원칙을 규정하고 있고, 의료분쟁조정법, 콘텐츠산업진흥법 등 개별법에 조정위원의 비밀유지 의무를 규정하고 있다. 이처럼 조정위원인 조정인의 비밀유지의무, 비공개의무, 고지의무 등에 관하여 개별법에서 규율하고 있다.[53] 그러나, 그밖의 조정인의 윤리나 행위규범에 관하여 충실하게 규율하고 있지 않고, 조정인의 윤리규범이나 행위의무 준칙이 마련되어 있지 않으므로 조정의 신뢰성을 확보하는데 어려움이 있기 때문이다.

싱가포르 조정협약이 2018년 12월 20일 유엔총회에서 채택되고, 2019년 8월 7일 싱가포르에서 서명식을 갖고 6개국이 서명하여 발효되었으며, 국내에서도 법무부에 국내법 이행을 위한 TF가 마련되어 활동 중이고 향후 싱가포르 조정협약의 이행에 따른 관련 법률이 제정되면 국제조정이 활성화 될 것으로 예상되고 있다. 특히 싱가포르 조정협약 제5조 구제허용의 거부사유로 (e) 조정인이 자신 또는 조정에 적용 가능한 기준을 심각하게 위반하였고, 만약 그 심각한 위반이 아니었다면 동 당사자가 화해합의를 하지 않았을 경우 또는 (f) 조정인이 공정성이나 독립성에 관하여 정당한 의심이 제기되는 상황을 당사자에게 공개하지 아니하였고, 그러한 비공개가 당사자에게 중대한 효과나 부당한 영향을 미쳐 만약 공개하였다면 당사자가 화해합의를 하지 않았을 경우로 정하고 있어, 조정인의 윤리의 중요성이 강조되고 있다.

이와 관련하여, 대한상사중재원은 중재인 윤리강령을 제정하여 운영하고 있으나, 조정인의 윤리강령에 관하여 따로 마련되어 있지 않은 실정이다. 외국의 입법례 특히 미국에서

---

52 이에 관하여는 윤은경, "중재대리인의 자격-대한상사중재원에서의 중재대리인의 자격을 중심으로-" 「법학연구」 제55권 제2호, 2014., 70면 이하.

53 소비자기본법에서는 위원의 제척, 기피, 회피제도를 마련하고 있으나 비밀유지의무 규정을 두고 있지 않다.

제정된 2005년 조정인을 위한 윤리규범(The Model standards of Conduct for Mediators), 2018년 JAMS 조정인 윤리가이드 라인(JAMS Mediators Ehics Guidelines) 및 2004년 유럽연합에서 제시한 유럽조정인행동장전(European Code of Conduct for Mediators) 등을 참고하여 조정윤리와 행위규범을 마련할 필요가 있다.

(2) 조정윤리와 행위규범에 포함되어야 할 사항

조정윤리와 행위규범을 마련하여 조정에 임하는 조정인에게 이를 준수하도록 하는 것은 조정 제도에 대한 신뢰성 확보와 조정의 성공에 매우 중요하다. 조정윤리에 관한 기본적인 사항을 설명하면 다음과 같다.

첫째로, 조정인은 중립적 지위에서 공정하고 불편부당한 입장을 취해야 한다. 조정인은 무엇보다 공평의 관점을 유지하여야 한다. 공평은 재판과 마찬가지로 조정제도를 지탱하는 기본이념이며 만약에 조정인이 공평성을 결하였다면 조정제도는 붕괴될 수 있다. 조정인의 독립성과 중립성도 공평과 밀접한 관련이 있어 이를 통해 조정의 신뢰성이 담보될 수 있다.[54]

둘째로, 조정은 당사자의 자기책임성 내지 자발성을 내용으로 하므로 직권으로 당사자의 의사결정을 넘어서서 조정인이 주도하여 결론을 도출하거나 당사자의 의사에 반하여 자신이 내린 결론을 강제하지 않는 것이 중요하다. 조정이 재판이나 중재와 다른 점이 바로 이것이다. 자기책임성은 자발성으로 연결된다.[55] 이러한 자발성은 당사자 자치의 부분적 측면이다. 이에 따라 조정을 통한 분쟁해결 절차 역시 당사자가 주도하도록 할 필요가 있다. 당사자가 조정인을 선정할 수 있도록 하여야 하며, 조정의 시작과 마치는 시점도 조정인에 의하여 이루어지기 보다는 당사자에 의하여 이루어지도록 할 필요가 있다.

셋째로, 조정은 재판과 달리 비공개를 특징으로 한다. 조정은 당사자의 내면세계를 감추고 싶은 경우에 이를 활용하는 분쟁해결 방법이므로 조정인은 비밀준수의무를 지닐 뿐만 아니라 비공개로 진행할 필요가 있다.[56] 이에 관하여는 민사조정법 제20조 및 제23조에

---

54 김경배, "중재인의 공정성과 독립성에 관한 연구"「중재연구」제18권 제1호, 2008., 32~47면.

55 김용섭, "행정법상 분쟁해결수단으로서의 조정"「저스티스」통권 제81호, 2004., 11~12면.

56 김용섭, "조정의 활성화를 위한 조정인의 교육과 역량"「조정마당 열린대화」, 2018., 19~20면.

서 명문의 규정을 두고 있으며, 행정형 조정제도를 마련하고 있는 개별법에서 규정하고 있다.

넷째로, 조정인은 조정절차의 형성에 있어서 큰 역할을 한다. 미래지향적 해결을 도모하는 과정에서 조정인의 역할이 매우 크다고 할 것이다. 조정에 갈음하는 결정이나 직권조정 방식은 조정인이 단순한 절차의 주재자가 아니라 평가하여 결론을 내리는 자의 지위에서 하는 분쟁해결방식이라고 할 것이다. 이러한 기형화된 조정은 원래적 형태의 조정으로 복원할 필요가 있다. 조정제도의 신뢰성의 문제는 조정윤리와 행위규범을 수립한 후 이에 대한 교육의 실시가 필요하다. 향후 조정윤리 및 행위규범에 포함되어야 할 사항으로는, 공정성과 중립성 및 독립성, 비공개성과 비밀유지의무, 자발성의 존중과 자기책임성의 인식, 고지의무, 이해충돌방지의무, 청탁금지의무 및 신의성실의무, 전문적 능력 보유, 절차의 질 확보, 당사자에게 정보의 공유 보장, 법적 조언 억제, 제척·기피·회피, 당사자와의 교신, 과장 광고와 부당 비용징수 금지 등을 들 수 있다.

4. 변호사법의 개정방향

변호사가 조정에 관여하는 형태는 조정의 대리인으로 활동하는 경우와 조정인으로 활동하는 경우로 구분할 수 있다. 양자를 구별하여 조정인의 대리인의 경우에는 대리인의 이익을 우선에 두고, 조정인으로 활동하는 경우에는 중립적 위치에서 양 당사자의 이익을 모두 고려하도록 할 필요가 있다.

독일에서 조정은 법률적 사무가 아니라는 법원의 판결이 선고된 바 있고, 독일 재판외 법률서비스법(RDG) 제2조 제3항 제4호[57]에서 당사자의 대화 속에 법적인 규율제안을 통하여 그 활동이 개입하지 않는 한 조정과 대안적 분쟁의 화해적 형태는 법률서비스가 아니라는 것을 명확히 한 점을 다시 한번 환기할 필요가 있다.

우리의 경우에 민간조정을 활성화 하기 위해서 비변호사가 실비변상을 넘어 유료로 조

---

57 Gesetz über außergerichtliche Rechtsdienstleistungsgesetz § 2

   (3)Rechtsdienstleistung ist nicht:

   4. die Mediation und jede vergleichbare Form der alternativen Streitbeilegung, sofern die Tätigkeit nicht durch rechtliche Regelungsvorschläge in die Gespräche der Beteiligten eingreift,

정을 하는 것을 허용하기 위해서는 변호사법 제109조 제1호의 예외사유를 입법적으로 해결하지 않으면 안된다. 아울러 비변호사에 의한 조정제도를 활성화하기 위한 방법으로는 인증조정인 제도를 마련하는 독일식의 방법과 법무부의 ADR기관 인증을 통하여 비변호사의 법률사무처리 금지라는 변호사법의 장벽을 극복하는 일본식의 해결방식이 있을 수 있다.

독일의 경우처럼 우리의 경우에도 변호사법이나 변호사윤리장전을 개정하여 의뢰인의 이익을 위해 다양한 분쟁해결 제도 중 적절하고 바람직한 분쟁해결 수단을 조언할 수 있도록 변호사의 의무규정을 마련하여 변호사가 무리하게 소송을 하도록 유도하면서 의도적으로 조정을 회피할 수 없도록 변호사법 관련 규정에 독일법제와 유사한 제도의 도입을 신중히 검토할 필요가 있다.

변호사법 제109조에 따라 대체적 분쟁해결수단의 일종인 조정에 변호사나 유사 직역자만이 전담할 것이 아니라 새로 제정되는 조정 관련 법률에 인증조정인 자격제도를 별도로 마련할 필요가 있다. 공인된 조정인에 의한 민간조정을 거친 경우 가사사건이나 민사소액사건 등에 있어 조정전치주의를 접목하는 방향의 제도개선이 필요하다.

Ⅳ. 맺음말

이상에서 현행 변호사법 제109조 제1호의 해석론을 전개하였고, 아울러 변호사법 제109조가 민간형 조정의 활성화에 걸림돌로 작용하고 있는 문제점을 극복하기 위한 입법론을 모색하였다. 비교법적 고찰로서 독일의 조정 관련법제와 일본의 ADR법과 변호사법을 비교하여 살펴보았다. 독일이 2012년 조정법을 제정·시행한 후 5년이 경과된 후의 평가보고서는 여러 가지 관점에서 조정제도가 독일사회에 정착되고 있다고 볼 수는 없으나, 여러 관점에서 종전에 비하여 조정과 소송의 조화로운 발전을 도모하면서 조정문화를 형성하고 있다는 것을 확인할 수 있다.

한편 일본의 ADR법이 제정된 후 5년이 경과된 후 작성한 평가보고서에서 ADR에 대한 국민적 관심이 증대되고 있고 법무대신 인증분쟁해결기관이 전국적으로 120여 개로 늘어

낮으며, 각 기관별로 조정인의 양성 등에 관심을 기울이고 있는 점을 참고할 필요가 있다. 우리의 경우 일본식 제도 보다는 독일식 모델로 조정인을 양성하는 시스템이 바람직하다는 것을 알 수 있다.

미래의 사법은 법원의 재판을 정점으로 하는 전통적 분쟁해결 시스템에서 재판을 통하지 않고 다양한 대안을 모색하는 분쟁해결 시스템으로 변모할 것이 예상된다. 따라서 머지않은 장래에 우리 사회는 조정과 ADR의 사회로 진입하게 될 것이다. 인증조정인 제도를 도입하여 중립적 조정인으로 활동할 수 있도록 하고, 조정인의 윤리와 행위규범 및 재교육제도를 마련할 필요가 있다. 조정의 성패는 전문적인 역량을 갖춘 조정인의 양성과 교육 및 연수에 달려있다. 따라서 우리의 실정에 맞는 조정인 제도의 법제화를 위해 독일의 인증조정인 제도와 같은 효율적인 조정인력 배출 시스템을 벤치마킹할 필요가 있다.

무엇보다 싱가포르 조정협약의 발효에 따른 국제상사조정의 활성화에 대한 기대가 있고, 국내이행법률을 합리적으로 제정할 필요가 있다.[58]

향후 우리의 경우 조정법이나 민간조정 활성화를 위한 법률을 제정할 경우 주된 규율내용은 독일의 예를 참고하여 일정 기간 동안의 교육을 통한 인증조정인 제도를 도입하여 변호사법 제109조 제1호를 극복할 필요가 있다. 특히, 새로 제정될 조정법이나 민간조정 활성화를 위한 법률에서는 민간조정이 사회 저변에 확산 될 수 있도록 민간조정을 거치는 경우 조정전치주의의 충족, 시효중단과 집행력 부여, 비밀유지의무, 조정인의 윤리 및 행위규범, 조정비용에 관한 사항 등을 포함하여 규율할 필요가 있다.[59]

---

58 국내 이행법률의 제정과 관련하여, 소극적으로 접근할 경우에는 가칭 '싱가포르조정협약에 관한 법률'로, 보다 적극적으로 접근할 경우에는 가칭 '상사조정기본법'의 제정을 제시하는 주목할 만한 견해로는 박노형, 「국제상사조정제체 싱가포르 조정협약을 중심으로」, 박영사, 2021., 159면.

59 일본의 경우에는 우리의 법률구조법에 비견되는 종합지원법에서 재판외분쟁해결제도와의 연계를 도모하고 있으므로, 우리의 경우에도 일본을 벤치마킹하여 법률구조법에서 재판외 분쟁해결제도(ADR)을 포함시키는 방향의 제도개선이 필요하다.

참고문헌

김경배, "중재인의 공정성과 독립성에 관한 연구"「중재연구」제18권 제1호, 2008. 3.

김상찬, "일본 ADR법상 인증제도의 현황과 과제"「중재연구」제22권 제2호, 2012. 8.

김성욱, "일본 ADR제도의 운용현황과 ADR제도 활성화를 위한 전문가의 역할"「국제법무」제9집 제2호, 제주대 법과정책연구원, 2017. 11.

김용섭, "행정법상 분쟁해결수단으로서의 조정"「저스티스」통권 제81호, 2004.

김용섭, "민간조정의 활성화를 위한 입법적 과제- 독일과 일본의 법제도와 시사점을 중심으로-"「저스티스」통권 제157호, 2016. 12.

김용섭, "조정의 활성화를 위한 조정인의 교육과 역량"「조정마당 열린대화」, 서울지방법원 조정위원협의회, 2018.

박노형, 「국제상사조정제체 싱가포르 조정협약을 중심으로」, 박영사, 2021.

박현정, "프랑스 조정제도와 시사점"「인권과 정의」통권 제492호, 2020. 9.

석광현, "대한상사중재원이 2007년 국제중재규칙의 주요내용과 그에 대한 평가"「법학」, 제49권 제1호, 2008.

정선주, "싱가포르협약과 조정결과의 승인집행"「민사소송」제24권 제2호, 2020. 6.

정선주, "2012년 독일조정법의 내용과 평가"「민사소송」제16권 제2호, 2013.

정준영, "가칭 ADR 기본법의 제정방향과 선결과제", 언론중재, 2010.

정형근, 「변호사법 주석」, 피앤씨 미디어, 2016.

안건형, "비변호사 중재인 활용의 문제점과 개선방안"「중재연구」제25권 제1호, 2015.

오재창, "민간형 조정 활성화를 통한 소송과 조정의 균형 모색-사법자원의 효율적 분배라는 거시적 관점에서 본 민간형 조정활성화 관점에서-"「분쟁해결」제3호, 2021.

유병욱, "국제상사조정제도의 활용에 관한 연구"「무역상무연구」제84권, 2019. 12.

윤은경, "중재대리인의 자격-대한상사중재원에서의 중재대리인의 자격을 중심으로-"「법학연구」제55권 제2호, 2014.

윤은경, "국제중재절차에서의 중재대리인의 직업윤리"「법학논총」제29권 제3호, 국민대 법학연구소, 2017. 2.

이광수, 「변호사법 개론」, 서울지방변호사회 법제연구원 연구총서 5, 박영사, 2016.

이로리, "법조인 양성교육에서의 조정교육의 필요성 및 방법론—미국 로스쿨 조정교육 사례를 중심으로—"「분쟁해결」제3호, 2021.

이시윤, "조정전치주의의 입법안에 대하여" 「고시계」 2000. 3.

이해빈, "변호사법 제109조 제1호 위반죄에 관하여 -「실비변상」에 관한 판결례를 중심으로" 「법조」
　　　제52호, 사법발전재단, 2020.

최재석, "소송과 조정의 조화로운 발전 모색-조정전치주의 도입-" 제6회 아시아태평양조정컨퍼런스
　　　자료집 「분쟁조정제도의 설계와 입법평가」, 사단법인 한국조정학회, 2021.

森際康友 編, 「法曹の倫理」, 名古屋大學出版會, 2005

鈴木昭洋, "「ADR法に關する檢討會報告書」の 概要", NBL No. 1027, 2014.

日本辯護士聯合調査室 編著, 「條解 辯護士法 第5版」, 弘文堂, 2019.

Wolfgang VOIT, "ドイツにおける裁判外紛爭解決", 東洋法學, 62卷 3号, 2019. 3.

Haft/Schlieffen, 「Handbuch Mediation」 3. Auflage, C. H. BECK, 2016.

Eidenmüller·Wagner (Hrrsg.), 「Mediationsrecht」, OttoSchmidt, 2015.

6

스포츠 반도핑(Anti-Doping) 중재기구의 설립 필요성과 법제화 방안*

목차

I. 머리말
II. 스포츠 분쟁해결기구의 운영과 제도적 문제점에 대한 검토
III. 스포츠 반도핑 중재기구 설립의 필요성과 법제화 방향
IV. 맺음말

I. 머리말

1. 도핑은 스포츠 공정성과 페어플레이(fair play) 정신을 훼손하고 선수의 건강과 생명을 위협하며 청소년에게 나쁜 영향을 미치므로 전세계적으로 이를 엄격히 규제하고 있다. 오늘날 스포츠에 있어서 도핑방지(Anti-Doping)를 위한 법적 규제와 재판외 분쟁해결제도(Alternative Dispute Resolution, ADR)를 통한 스포츠 분쟁해결이 스포츠법의 중요문제이다. 최근 대한체육회가 도핑의혹 발언으로 파문을 일으켰던 2014년 소치 동계올림픽 피겨 스케이팅 금메달리스트 소트니코바(Adelina Sotnikova) 선수의 도핑검사 양성판정에 대한 재조사 요청에 대하여, 국제올림픽조직위원회(IOC)는 A샘플에서 음성이 나와 위 선수를 더 이상 재조사하지 않기로 하였다고 밝혔다. 이처럼 도핑에 관한 문제는 스포츠 진실성

---

* 이 논문은 2023년 6월 19일 김용섭교수가 작성하여 제출한 한국도핑방지위원회(KADA) "국민체육진흥법 일부개정 법률안 검토의견서"를 발전시켜 인권과 정의 제518호(2023. 12.)에 게재·수록한 것입니다.

(Integrity)과 공정성의 핵심적 내용으로 스포츠 세계의 일상적 주제가 되고 있다.[1]

2. 국제 경기대회에 참가하는 선수 등의 도핑위반행위를 제재하고 억제하기 위해 국제 올림픽위원회(IOC) 산하에 창설된 세계도핑방지기구(World Anti-Doping Agency, 이하 "WADA"라 한다)는 도핑 위반에 대해 자체적인 규정과 제재조치를 각국의 국가도핑방지기구에 권고하고 있다. 스포츠도핑방지에 관한 국제기구인 WADA가 1999년 설립되고, 2003년 세계도핑방지규약(World Anti-Doping Code, 이하 'WADC'라 한다)을 제정하였다. 국제사회에서 도핑에 관한 체계적 억제를 통해 깨끗하고 공정한 스포츠를 지향하기 위해 2005. 10. 19. 「유네스코 스포츠반도핑국제협약」이 발효되었다. 대한민국은 2007년 동 협약에 가입하고 비준하여, 유네스코 스포츠반도핑국제협약의 당사국으로 동 협약 부록 1. WADC를 준수할 의무가 있다.

WADC는 UNESCO 협약의 부록에 붙여져 있어, 동 협약에 가입하고 승인한 국가는 기본적으로 WADC를 준수하여야 한다. 경기대회 출전선수에게 곧바로 WADC가 직접 적용되는 것은 아니고, 개별 국가의 도핑방지규정을 통하거나, 국제적 또는 국내적 스포츠단체의 도핑방지규정을 적용하는 과정에서 WADC가 간접적으로 선수 등에게 적용되기도 한다.

참고적으로 WADA는 2021년에 WADC를 개정하여 현재 개정규약이 시행되고 있다. WADC는 WADA에서 제정한 세계도핑방지 프로그램의 기초가 되는 기본적 규율로서 세계 도핑방지활동의 근거규범이다. 또한 이 규약은 올림픽 헌장 및 패럴림픽 헌장에 의해 WADC 준수 의무가 있는 IOC, IPC, NOC, NPC, IF, NADO를 비롯하여 전세계 688개의 가맹단체들이 상호 통일적이고 조화로운 도핑방지프로그램의 시행을 위해 만든 도핑에 관한 최상위 규범에 해당한다.[2]

3. WADC에서 국가도핑방지기구(NADO)의 설치를 의무화하고 있다. 이에 따라 대한민

---

1 김용섭, "스포츠 반도핑(Anti-Doping) 중재기구의 설립 필요성", 뉴스퀘스트 2023. 8. 14. 참고

2 세계도핑방지기구 가맹단체 그룹별 현황 (2023. 3. 6. WADA 누리집 기준)

  1. 국제경기단체(IF) 122개 단체 2. 주요 국제경기대회 주관단체(Major Event Organization) 47개 단체 3. 국가올림픽위원회(NOC) 206개 단체 4. 국가패럴림위원회(NPC) 160개 단체(NOC제외시 157개 단체) 5. 국가도핑방지기구(NADO) 208개 단체(NOC 제외시 151개 단체) 6. 기타가맹기구 5개단체 단체중복을 제외한 총 가맹기구 수는 688개 단체

국은 국민체육진흥법을 개정하여 한국도핑방지위원회(KADA)를 설립하였으며, KADA도 이를 토대로 한국도핑방지규정을 제정하여 스포츠 선수의 도핑방지위반 활동에 대한 제재조치를 포함하여 효과적인 도핑방지프로그램의 실시 등 제반시책을 강구하고 있다.[3] 그동안 국가적 차원에서 도핑방지 강화를 도모하기 위해 학교체육진흥법 제12조의24를 신설하는 등 부분적으로 반도핑 정책을 일부 법제화 하였으나 국제적 수준의 도핑방지활동을 위한 조치사항들이 입법정책적으로 제대로 반영되었다고 볼 수 없다. 전세계적인 반도핑 정책에 적극적으로 임하지 않으면 당사국에 불리한 조치가 내려질 수 있어 국가적 차원에서 반도핑을 위한 입법적 강화필요성이 있다. 이와 관련하여 반도핑정책을 강화하기 위한 입법정책적 방향으로 크게 국민체육진흥법을 개정하여 대처하는 방식과 가칭 스포츠도핑방지법이라는 단일법률을 제정하는 방식이 검토될 수 있다.

우리의 경우에는 지금까지 국민체육진흥법의 개정을 통하여 반도핑을 위한 법제적 대응을 지속해 왔다. 외국의 입법례를 살펴보면 일본의 경우에는 「스포츠에 있어서 도핑방지활동의 추진에 관한 법률」이 2018년 10월 1일부터 시행중에 있다. 독일의 경우에는 「스포츠 반도핑법」(Gesetz gegen Doping im Sport, 약칭 AntiDopG)이 독립된 법률 형식으로 2015년 제정되어 2021년 개정된 바 있다.

아울러 오스트리아도 2006년 기존의 연방 스포츠진흥법 제5장에 14개 조항을 마련하는 일부 개정의 방식으로 대처하였으나, 2007년 「스포츠에 있어서 도핑의 억제를 위한 연방법률」(Bundesgesetz zur Verhinderung von Doping im Sport)이라는 반도핑법이 단일법의 형태로 제정된 후 2021년 상당부분 개정된 반도핑법이 시행되고 있다.

우리의 경우 스포츠 도핑방지법과 같은 단일의 법률을 별도로 만들더라도 중재기구의 설치에 관한 내용을 스포츠 도핑방지법에서 규율할 것인지 여부는 입법정책적으로 판단하여야 할 사항이다.[5] 이와 관련하여 어느 경우이든 스포츠기본법에 도핑의 억제에 관한

---

3 대한체육회 등 각종 경기단체는 KADA가 제정한 한국도핑방지규정을 준수할 의무가 있다.

4 제12조의2(도핑 방지 교육) ① 국가와 지방자치단체는 도핑(「국민체육진흥법」 제2조 제10호의 도핑을 말한다. 이하 같다)을 방지하기 위하여 학생선수와 학교운동부지도자를 대상으로 도핑 방지 교육을 실시하여야 한다.
  ② 제1항에 따른 도핑 방지 교육의 방법 및 절차 등에 필요한 사항은 대통령령으로 정한다.
  [본조신설 2017. 4. 18.]

5 스포츠도핑방지법이라는 단일법으로 제정할 경우 이 법률에서 도핑검사절차와 제재 등에 관하여 상세하고 명확히 규정

규정과 스포츠 분쟁의 신속하고 공정한 해결을 위해 중재제도의 활성화에 관한 규정을 두는 것이 필요하다.

4. 현재 국제적인 스포츠 분쟁을 해결하기 위한 중재기구로는 국제스포츠중재재판소인 CAS가 있고, CAS가 최종심으로 역할을 수행하고 있다.[6] 우리도 2006년에 대한체육회 정관상의 기구로 한국스포츠중재위원회가 설립되기도 하였으나, 사건처리 실적부진과 예산낭비와 독립성이 있는 분쟁해결기구로 보기 어렵다는 일각의 비판론의 영향으로 폐지된 바 있다. 그 대신 국내 스포츠 분쟁에 관하여는 대한체육회 정관을 근거로 하여 대한체육회 산하의 특별위원회인 스포츠공정위원회에서 조정과 중재를 하고 있으나 미약한 실정이다. 아울러 도핑위반행위에 대한 제재조치와 관련하여서는 한국스포츠정책과학원(KISS)에 설치되어 있는 항소위원회에서 재심의를 하는 수준으로 엄밀히 말하여 독립적 스포츠 반도핑 중재기구를 두고 있지 않은 상황이다. 한때 대한상사중재원에서 스포츠중재자문위원회를 발족하고 스포츠중재부를 중재원 조직 내 설치를 추진하였으나 체육계의 호응 부족으로 논의만 하고 그친 적이 있다.

장기적인 관점에서 스포츠 분쟁을 원만히 신속·공정하게 처리하기 위하여 스포츠 분쟁 해결을 위한 독립적인 ADR기구의 발족이 필요하다.[7] 아마추어 스포츠의 경우에는 국민체육진흥법에 근거하여 설치하고, 프로 스포츠의 경우에는 스포츠산업진흥법에 설치근거를 마련하는 것이 바람직하다. 여기서 논의하는 것은 거대한 스포츠 분쟁 전반을 다루는 스포츠분쟁조정기구가 아니라 단기적인 관점에서 도핑규정위반에 따른 제재조치와 관련한 독립된 스포츠분쟁 해결기구를 우선적으로 설치하고 이를 확대 발전하는 방안을 제시하고자 한다.

할 필요가 있다. 우리의 경우에는 단기적으로는 국민체육진흥법을 개정하고, 장기적으로는 스포츠도핑방지법을 제정하여 대처할 필요가 있다. 다만, 선언적 의미의 단일 법률의 제정보다는 실질적인 내용을 국민체육진흥법에 담는 것이 현실적인 대안이 될 수 있다.

6 CAS에 관하여는 김용섭, "국제스포츠중재재판소(CAS)를 통한 분쟁해결과 불복절차-독일 빙상선수 Claudia Pechstein의 도핑사례 분석을 겸하여-"「스포츠엔터테인먼트와 법」제19권 제4호, 2016. 11., 91-116면.

7 김상찬/신준연, "우리나라의 스포츠 분쟁해결에 있어 ADR의 활성화 방안"「법과정책」제25집 제2호, 2019. 8, 19-20면.

II. 스포츠 분쟁해결기구의 운영과 제도적 문제점에 대한 검토

1. 논의의 출발점

스포츠 분쟁은 스포츠계 내부의 갈등으로 이를 외부세계인 법원에 의하여 일도양단(一刀兩斷)식으로 해결하는 것은 결코 바람직하지 않고 지속적 관계의 유지 필요성 때문에 갈등과 분쟁이 있더라도 재판외 분쟁해결제도(ADR)를 통하여 해결하는 것이 바람직하다.

그런데 그동안 스포츠 중재기구에 관한 논의가 있었고, 대한체육회 산하에 한국스포츠중재위원회가 발족되었으나, 제대로 운영되지 못하고 폐지된 바 있다. 당시 한국스포츠중재규칙 제3조 제2항에서 신청인과 상대방 사이에는 관계된 분쟁을 스포츠중재판정부에 중재를 요청하는 합의가 있어야 하고, 중재합의는 서면 또는 그 외 의사를 명확히 할 방법으로 해야 한다고 하여 중재절차의 전제요건으로 중재합의를 명확히 하였으나, 편면적 중재의 방식인 자동승낙조항을 통한 중재의 활성화에 착안하지 못한 점도 중도하차의 빌미를 제공한 셈이다.

한편 도핑과 관련하여 KADA의 제재위원회에서 제재조치가 내려지고, 항소위원회의 재심의 절차가 마련되어 있다. ADR 중에서도 조정제도를 통한 해결도 원만한 해결이 될 수 있지만 스포츠도핑과 관련한 분쟁에 있어서는 독립적이며 중립적 기구에 의한 중재가 국제스포츠계에서 CAS에 의하여 분쟁이 해결되듯이 조정에 비하여 더욱 각광받는 신속한 분쟁해결수단이라고 할 수 있다.

이처럼 국민체육진흥법에 스포츠 도핑에 관한 분쟁을 위하여 행정형 조정기구를 문화체육관광부 산하에 마련할 경우 이러한 행정형 조정기구에 의한 조정이 과연 WADC에서 요구하는 독립적 분쟁해결기구로 볼 수 있는지 다소 논란이 야기 될 수 있다. 따라서 스포츠 반도핑기구에 의한 제재조치에 대하여 중재에 의하여 단심으로 해결하는 것이 최선의 해결책이 될 수 있다. 무엇보다 현재 국제적으로 스포츠 분쟁을 해결하기 위한 중재기구로는 CAS가 최종심으로 역할을 수행하고 있는 점도 고려할 필요가 있다.[8] 물론 중재

---

8 김용섭, "국제스포츠중재재판소(CAS)를 통한 분쟁해결과 불복절차-독일 빙상선수 Claudia Pechstein의 도핑사례 분석을 겸하여-"「스포츠엔터테인먼트와 법」제19권 제4호, 2016. 11, 97면.

절차 안에서의 조정을 활용하는 것은 가능하고 바람직하다.

2. 스포츠 분쟁의 특성과 재판외 분쟁해결제도(ADR)

가. 스포츠분쟁의 특성

스포츠에 관한 분쟁이란 다양한 형태로 존재한다.[9] 구체적인 예를 들면 국가대표선수의 선발기준이 불명확하거나 부당한 경우 이에 따라 탈락한 선수가 그 시정을 구하는 경우, 프로 스포츠 구단에서의 이적을 둘러싼 갈등, 도핑검사결과와 제재조치에 대한 불복 등을 들 수 있다.[10] 스포츠의 세계에서 야기되는 분쟁은 상당부분 선수들에게 불이익한 결과가 초래되는 경우가 적지 않다. 그럼에도 스포츠의 자율세계에 속하여 법률상 쟁송이 되지 않아 법원에서 취급할 수 없는 사건도 적지 않다. 설사 법원에서 재판권을 행사하여 처리할 수 있는 법률상 분쟁에 해당된다고 할지라도 이를 해결하는 데까지는 원칙적으로 3심제가 적용되고 재판지연 등으로 장시간이 소요되기도 한다.

이러한 관점에서 각국은 스포츠 ADR기구를 발족하여 운영하고 있다. 대표적인 사례가 스포츠 고유법의 관점에서 스포츠계에서 발생한 분쟁을 일반 법원이 아닌 스포츠계 내부에서 독자적으로 판단하기 위하여 1984년에 IOC에 의하여 설립된 CAS와 일본의 스포츠 중재기구(JSAA)[11]와 같은 기구이다.

대한체육회 정관 제60조 제3항에 따라 올림픽대회 또는 올림픽대회와 관련하여 발생한 분쟁은 스위스 로잔느에 위치한 CAS에 제소하여 최종적인 판정을 받도록 되어 있다. WADC 13. 2. 1.에서도 국제경기대회 참가와 관련하여 발생한 사건 또는 국제수준의 선수와 관련된 사건에서 내려진 결정에 대해서는 오직 CAS에만 항소할 수 있다고 하여 CAS가 최종적인 심급임을 밝히고 있다.

---

9 김용섭, 위 논문, 95~96면.

10 谷塚 哲, スポーツ權とオリンピック·レガシー, 東洋法學 62卷 3号, 2019. 3. 379面.

11 이에 관하여는 지철호, "일본 스포츠중재기구의 중재절차 및 사건처리와 시사점"「스포츠와 법」제16권 제3호, 2013, 8, 107면 이하.

이와 같은 스포츠 분쟁과 관련한 ADR로는 조정과 중재를 들 수 있다. 조정은 중립적 제3자인 조정인 조력을 통해서 원만히 분쟁을 해결하는 것으로 조정의 시작과 끝이 당사자에 의하여 자기책임하에 결정되는 구조로 조정인은 분쟁의 종결에 관한 결정권이 부여되지 않는다.[12] 한국야구위원회에서 프로야구선수들의 연봉계약에 대하여 KBO총재가 조정위원회를 구성하도록 하는 조정제도를 두고 있으나 절차적 공정성이 떨어지는 것으로 평가되고 있다.[13]

중재는 당사자 간의 중재합의에 의하여 중립적 제3자인 중재인을 통하여 구속력이 있는 중재판정을 구하여 단심으로 종결되는 분쟁해결수단이다. 스포츠 선수와 단체 간의 분쟁 해결을 법원의 공개재판과는 달리 비공개로 진행하는 것을 특징으로 하고 전문가인 중재인의 판정에 맡기는 방식으로 타율적 결정이지만 구속력이 있는 결정을 도출해 내어 신속한 분쟁해결에 도움이 되는 측면이 있다.

우리의 경우에도 CAS나 일본의 스포츠중재기구(JSAA)를 벤치마킹하여 독립적 성격의 기구로 가칭 한국스포츠중재센터를 발족하여 체육회 산하 가맹단체 간의 분쟁은 물론 프로 스포츠와 아마추어 스포츠를 포함하여 스포츠 전반에 걸친 분쟁해결을 도모할 필요가 있다. 종전에 대한체육회 산하에 한국스포츠중재위원회를 출범하였으나 2009년 운영실적의 미비와 예산낭비라는 차원에서 대한체육회와 대한올림픽위원회를 통합하는 과정에서 근거규정의 삭제와 예산의 지원중단으로 한국스포츠중재위원회는 간판을 내렸던 전철을 밟지 않도록 유념할 필요가 있다.[14]

3. 스포츠중재기구의 제도적 문제점

가. 기존의 대한체육회 산하 한국스포츠중재위원회의 제도적 문제점

대한체육회는 2006년 3월 정관 제10장 제54조[15]에 한국스포츠중재위원회 설치의 근거

---

12 김용섭, "조정제도의 혁신을 위한 법정책적 과제" 「행정법학」 제24호, 2023, 30면.

13 김상태, "스포츠 영역에서의 분쟁해결제도에 관한 고찰" 「법학연구」 제16집 제1호, 2013, 469-470면.

14 김상태, 앞의 논문, 471-472면.

규정을 마련하고 그해 7월 동 위원회가 정식으로 출범하였다. 경기자와 스포츠단체 관련자 사이의 분쟁을 조정 또는 중재하기 위하여 설립한 것으로, 스포츠단체 관련자는 대한체육회, 가맹경기단체, 시도지부, 그 구성원 등을 말한다.

이와 같은 한국스포츠중재위원회의 기능은 1. 구성원 간의 분쟁 또는 대립 2. 선수의 경기참가 자격 관련분쟁 3. 국제대회 대표선수 선발 관련 분쟁 4. 도핑 판정관련 위 각호의 분쟁 5. 기타 조정 및 중재가 필요하다고 인정되는 스포츠관련 분쟁의 5가지 사항으로 되어 있었다. 스포츠 중재기구의 명칭은 '한국스포츠중재위원회'로 하면서 조정과 중재를 병렬적으로 할 수 있도록 하였다.

당시 한국스포츠중재위원회는 중재규칙을 마련하였으나, 조정에 관하여는 조정규칙을 마련하지 않았고, 조정과 중재와의 관계에 관하여 아무런 규정을 두지 않았다. 더구나 한국스포츠중재위원회에 중재나 조정을 하기 위해서는 분쟁 당사자간의 조정과 중재에 대한 합의가 있어야 하는데 신청인이 조정이나 중재를 신청하고자 하여도 피신청인이 동의를 하지 않는 상황에서는 중재사건을 신청하여 처리하기 어려운 구조였다고 말할 수 있다.[16]

또한 한국스포츠중재위원회의 독립성에 대한 논란이 출범 직후부터 제기되었다. 중재절차과정에 스포츠단체나 세력의 영향을 받지 않고 독립적이며 중립적으로 분쟁을 해결하는 구조로 중재기구가 발족되어야 하는데 그렇지 못하였다. 아울러 한국스포츠중재위원회는 대한체육회와 대한올림픽위원회, 가맹경기단체의 결정 및 대한체육회와 가맹경기단체의 규정과 관련된 분쟁까지 처리하고 있기 때문에 중재판정의 공정성까지 의심받을 수 있는 상황으로 대한체육회 산하 특별위원회로서 하부기관의 성격이 강했다는 지적이 있다.[17]

당시 한국스포츠중재위원회가 대한체육회 산하기구로 스포츠단체와 선수와의 분쟁을 중재하는 중립적이며 독립적인 기구로 보기 어려운 점과 중재위원회 위원 가운데 6명은 대한체육회와 대한올림픽위원회의 추천 인사로 구성되고 있는 점, 한국스포츠중재위원회의

---

15 한국스포츠중재위원회는 경기자와 스포츠단체 관련자 사이의 분쟁을 조정 또는 중재로 신속하고 공정하게 해결함으로써 한국스포츠계의 발전에 기여할 목적으로 설립한다고 규정하고 있다.

16 정승재, "스포츠조 조정·중재제도의 법적과제"「스포츠와 법」제11권 제1호, 2008. 2, 65면.

17 윤경호, "ADR방식의 한국형 스포츠분쟁해결기구에 관하여-한국스포츠공정위원회 신설과 한국스포츠중재위원회 복원방안 비교-"「스포츠엔터테인먼트와 법」제19권 제2호, 2016. 5, 34면. 다만 한국스포츠중재위원회의 운영은 한국스포츠중재규칙에 따라 운영되었다.

재산 및 운영예산을 전적으로 대한체육회에 의존하고 있었던 점에서 태생적 한계가 있었다. 한국스포츠 중재위원회가 활동을 시작한지 3년 가량된 시점에 예산중단을 결정하고 기구폐지로 방침을 정하게 된 것은 활동실적이 미흡하고 예산만 축내고 있다는 점이 지적되었기 때문이다.[18]

여러 차례 한국스포츠중재위원회를 복원하여 재가동하려고 시도하였으나, 현재는 대한체육회 정관에 의하여 설치된 스포츠공정위원회가 그 기능의 일부를 맡고 있다. 이 기구 역시 뒤에서 살펴보는 바와 같이 분쟁해결기능이 미미하기는 마찬가지이다. 따라서 국민체육진흥법에 근거를 두어 한국스포츠중재위원회를 다시금 활성화하는 가장 효율적인 방법은 한국스포츠중재위원회를 독립된 기구로 하여 공익적 성격의 특수법인으로 새롭게 전환하는 것이다.[19]

나. 대한체육회 산하 스포츠공정위원회의 제도적 문제점

기존의 한국스포츠중재위원회를 출범해 운영하다가 2009년 대한체육회의 지원중단으로 기구가 폐지되었음은 이미 밝힌 바 있다. 현재 대한체육회 산하의 단체의 분쟁에 관하여는 대한체육회에 설치된 스포츠공정위원회 규정 제3조 제9호에 따라 "체육회와 체육회 관계단체(그 구성원을 포함한다) 사이에서 발생하는 분쟁(경기, 제도, 단체운영 등)의 조정·중재"를 하도록 하고 있다. 이러한 스포츠공정위원회의 설치 근거규정은 대한체육회 정관 제43조이다. 즉, 대한체육회 정관 제43조 제3호에서 "체육회와 체육회 관계단체 등 단체와 개인의 비위에 대한 징계"를, 동조 제5호에서 "제60조에 따른 분쟁의 해결"을 심리의결하도록 규정하고 있다. 한편 대한체육회 정관 제60조에서는 분쟁해결에 관한 규정을 두고 있다. 동조 제1항에서 "체육회 내부, 체육회와 체육회 관계단체 간, 체육회 관계단체 간에 발생하는 경기, 제도, 단체 운영 등과 관련된 분쟁(그 구성원 간 분쟁을 포함한다)은 체육회 스포츠공정위원회에서 우선 조정·중재되어야 한다"라고 규정하고 있다.

---

18 한국스포츠중재위원회 출범 1년간 1건의 중재판정이 이루어졌을 정도로 사건처리가 거의 전무했다. 중재를 최소한 3인의 패널이나 긴급 시 1인의 패널로 하지 않고 중재위원회 위원의 다수가 참여하는 방식으로 구상한 것도 제도상 문제점으로 지적될 수 있다.

19 윤경호, 위 논문, 36면.

동조 제2항에서 "제1항에 따른 스포츠공정위원회의 결정에 대해 국제스포츠중재재판소(Court of Arbitration for Sport, 약칭 CAS)에 항소할 수 있다. 이 경우 항소는 항소 결정을 통지받은 날부터 21일 이내에 하여야 한다"로 규정하고 있고, 동조 제3항에서 "올림픽대회 또는 올림픽대회와 관련하여 발생한 분쟁은 국제스포츠중재재판소를 통해 해결하여야 한다."라고 규정하고 있다.

한편 스포츠공정위원회 규정 제34조 제1항에서 "징계혐의자는 종목위원회 또는 시·도위원회가 1차로 결정한 징계사항과 위원회가 1차로 결정한 징계사항에 불복할 때에는 재심의 신청을 하는 취지 및 이유와 입증 방법 등을 명시하여 위원회에 재심의 신청을 할 수 있다. 이때 1차 징계 사유가 권익 침해 사안일 경우 피해자 또한 위원회에 재심의 신청을 할 수 있다"는 규정을 두고 있다.

스포츠공정위원회 규정 제34조 제4항에서 "종목위원회 또는 시·도위원회가 1차로 결정한 징계사항에 대하여 위원회가 재심의 신청을 받아 심의하는 경우 기존 징계를 존중하되, 징계가 심히 부당하거나 위법한 경우에는 가중 또는 감면할 수 있다. 다만, 1차 징계 사항에 대하여 징계혐의자만 재심의를 신청한 경우는 가중할 수 없고, 피해자만 재심의를 신청한 경우는 감면할 수 없다"고 규정하고 있다. 동조 제6항에서 "위원회는 종목위원회 또는 시·도위원회에서의 징계가 이 규정 양정기준에 위배되거나 심히 부당하다고 판단하는 경우에는 재심의 신청이 없더라도 권한으로 재심의를 결정하거나 해당 위원회에 재심의하도록 요구해야 한다. 이 경우 해당 위원회는 1개월 내에 위원회를 소집·처리하여 그 결과를 보고해야 한다"고 규정하고 있다. 이러한 스포츠공정위원회 규정은 사적차치의 원칙과 중립성 측면에서 기존의 한국스포츠중재위원회 못지 않은 제도적인 문제점이 내재해 있다.

4. KADA 제재위원회 및 KISS 항소위원회 제도의 현황과 문제점

가. 현황

WADC이 2021. 1. 1. 개정·시행되었다. WADC 제13조에서 결과관리: 항소에 관하여 규정을 두고 있다.[20] 이에 따라 국가항소기구를 종전에 한국도핑방지위원회(KADA)에서 운영하던 체제에서 독립하여 운영할 필요성에 따라 2021. 4. 6. 항소위원회 지원 업무를 한국도핑방지위원회(KADA)에서 한국스포츠정책과학원(KISS)으로 이관하였다.[21] 이처럼 항소위원회 운영 및 사건 심의에 대한 행정업무를 KISS에 설치하여 지원하도록 항소위원회 운영규정을 2021. 4. 16. 개정하였다. 또한 항소철회, 서면 및 증거자료 적시제출에 관한 항소위원회 운영규정을 2022. 1. 24. 개정하여 시행 중에 있다.[22]

2023년 7월말 기준 도핑위반과 관련한 최근 10년간 처리현황을 살펴보면, 도핑방지위반 사건 중 KADA 산하 특별위원회인 제재위원회를 통한 제재조치가 276건이고, 이에 불복하여 항소위원회에서 처리한 사건이 42건에 불과한 실정이다.[23] 이는 KADA 제재위원회가 내린 도핑위반에 대한 제재조치에 대하여 항소를 통한 분쟁해결이 활성화되지 않고 있다는 것을 보여주고 있다.

반도핑활동 중에 KADA를 통한 도핑검사 결과의 관리와 그 결과에 따른 제재조치가 중요하다. 도핑방지 규정을 위반한 선수 및 기타 관계자를 KADA 제재위원회에서 청문을 하고 난 후에 심의하여 제재조치가 내려진다. KADA의 결정에 불복하는 경우에는 항소의 대상이 되는 결정을 통지받은 날로부터 원칙적으로 21일 이내에 국가항소기구 또는 CAS에 항소를 제기하도록 규정하고 있다.

KISS는 항소위원회의 운영을 위해 매년 「한국 도핑방지 항소위원회 운영 지원」 사업계획을 수립하여 항소위원회를 운영하고 있다.[24] 이와 더불어 KADA가 항소위원회에 대한 운영비, 사업비 예산지원을 하고 있다. 항소위원회의 핵심적 기능과 역할은 도핑방지규정을 위반한 혐의가 있는 선수 및 관계자가 KADA 제재위원회의 제재조치에 불복하여 항소[25]하는 경우 재심의와 결정이라고 할 것이다.

---

20 제13.2.2항 기타 선수 또는 기타 관계자와 관련된 항소를 규정하고 있으며, 공정하고, 운영 및 조직체계상으로 독립된 청문위원을 두도록 규정하고 있다.

21 다만, KADA 사무국에서 항소사건 심의 항소위원 중 3인을 배정하고 이들이 사건 심의·제재 결정에 참여하도록 하고, 항소위원회 운영 회의규정 제·개정, 위원 임면 등 항소위원회 운영에 필요한 사항을 심의·의결하고 있다.

22 한국도핑방지 항소위원회 운영규정 제5조의2(운영사무 지원) 항소위원회 운영 및 항소 사건 심의에 필요한 행정업무는 과학원에서 지원한다.

23 한국도핑방지위원회 2023년 6월 통계자료.

24 항소위원회 위원은 총 7명(법률 3, 의학 3, 행정 1)으로, 연간예산은 100백만 원(국민체육진흥기금)으로 충당하고 있다.

25 항소 중에는 주로 규정위반 결정에 관한 항소, 치료목적사용면책결정과 관련한 항소, 임시자격정지 부과에 대한 항소 등을 들 수 있다.

나. KADA 제재위원회의 문제점

WADC에서 정의하는 '도핑방지규정위반의 결과조치'는 경기실격, 자격정지 부과, 임시자격정지 부과, 금전적 결과조치, 위반사실에 대한 일반공개를 모두 포함한다. 따라서 이러한 WADC의 정의를 포괄할 수 있는 개념으로 국민체육진흥법에 도핑에 대한 개념정의 규정이 충실히 마련되어 있지 않다.

또한 도핑제재조치의 주체가 KADA로 보여지지만 제재위원회의 성격이 명확하지 않다. KADA의 제재위원회를 독립적 기구로 하는 방안도 검토할 수 있지만 그 기관의 성격을 의결기관으로 하는 것은 조직체계상 무리가 있다. 현재 KADA 제재위원회의 설치의 법적 근거가 마련되어 있지 않고 한국도핑방지규정에 의하여 설치하고 있는 문제점이 지적될 수 있다.

다. KISS 항소위원회를 통한 불복제도의 문제점

한국스포츠정책과학원(KISS)의 지원하에 운영되는 항소위원회의 법적 근거가 미흡하고, KADA 제재위원회의 제재조치와 KISS 항소위원회의 재심의 결과 중 어느 것이 소송의 대상이 되는 것인지, 그 법적 성질을 행정소송의 대상이 되는 행정처분인지, 중재에 친숙한 민사적 법률관계인지 논란이 제기되어 왔다. 스포츠 선수의 생명이 짧기 때문에 3심제가 적용되는 시간이 오래 걸리는 법원을 통한 일도양단(一刀兩斷)식의 분쟁해결보다는 단심(單審)에 의한 신속한 분쟁해결이 가능한 중재나 조정 등 ADR의 방식으로 해결하는 것이 바람직하다. 아울러 뒤에서 살펴보는 바와 같이 KADA 제재위원회의 제재조치가 민사법관계인지 행정법관계인지 뿐만 아니라, KISS 항소위원회의 재심의 결정이 행정소송의 대상인 처분인지 아닌지의 문제도 하급심에서 다투어지고 있다.

우선 KISS 항소위원회 제도는 재판관할의 혼선이 야기되므로 이를 중재에 의한 판정으로 분쟁해결시스템을 변경하여 신속하고 공정한 분쟁 해결도모할 필요가 있다. 왜냐하면 한국도핑방지규정에 의하면 국가항소기구를 최종심으로 규정하고 있음에도 법원에 행정소송이나 민사소송을 제기하여 다투고 있기 때문이다.

Ⅲ. 스포츠 반도핑 중재기구 설립의 필요성과 법제화 방향

1. 스포츠 반도핑(Anti-Doping) 분쟁해결기구 설립 필요성

WADC의 준수 차원에서의 반도핑 중재기구를 설립하는 문제와 함께 대한체육회 산하의 스포츠공정위원회에서 다루고 있는 스포츠 선수와 단체 간의 분쟁과 선수 등의 징계처분 등 스포츠 전반에 대한 분쟁을 신속하고 공정하게 해결하는 선진국형 스포츠 ADR기구를 검토할 단계가 되었다. 그러나 스포츠 분쟁의 다양성과 유형별 특징이 있어 이를 모두 망라하는 형태의 분쟁해결기구의 발족은 오랜 시일이 필요하다. 무엇보다 어떤 형태의 ADR기구가 되건 간에 중요한 것은 독립성과 공정성을 담보하는 ADR기구이다.

여기서는 스포츠 반도핑 중재기구를 염두에 두고 고찰하기로 한다. 현재 KISS 항소위원회의 설치근거가 약하고 독립적 기구인 반도핑에 관한 분쟁해결기구로 보기 어려우므로, 국민체육진흥법을 개정하여 KADA 제재위원회의 설치 근거와 제재조치에 대한 독립적 분쟁해결기구 설립의 법률적 근거를 마련하여 선수를 위한 효율적이고 신속한 권리구제를 마련할 필요가 있다. 이와 관련하여 독일과 일본에서 스포츠 분쟁이나 도핑판정을 둘러싼 분쟁해결을 위해 중재가 활성화되고 있는 점을 참고할 필요가 있다.

따라서 우리나라도 스포츠 도핑분쟁을 신속하고 공정하며 독립적인 기구이며 중립적 제3자인 중재인을 통하여 분쟁해결을 도모하기 위하여 가칭 '한국스포츠중재센터'26를 법인으로 설립함으로써 스포츠 분쟁의 신속한 해결에 기여하고 국제적인 추세에도 부응함과 동시에 「유네스코 스포츠반도핑국제협약」에서 추구하고 있는 공정한 스포츠의 이념을 충실히 실현할 필요가 있다.

2. 분쟁해결기구의 모델 검토

이러한 스포츠 반도핑 분쟁해결 기구로는 행정형 분쟁해결 제도로서 설치하는 방안과 민간형 분쟁해결기구로서 설치하는 방안이 있으나 양자는 장단점이 있다. 이하에서 스포

---

26 그 명칭은 '한국스포츠중재위원회', '한국스포츠 ADR기구' 등이 거론될 수 있으나, '한국스포츠중재센터'가 적절하다.

츠 분쟁해결기구의 모델에 관하여 살펴보기로 한다.

가. 행정형 분쟁해결제도

(1) 법인 형태로 설치하는 방안

이는 정부조직 내지 공공기관의 형태로 스포츠 분쟁해결기구를 두는 방안이다. 이러한 방안은 우리나라에서 민간형 분쟁조정기구가 활성화 되어 있지 않은 현실에서, 대국민적 신뢰성 확보차원에서 장점이 있다. 국민체육진흥법을 개정하여 문화체육관광부 소속 또는 산하기관으로 한국스포츠중재센터를 두는 방안이 고려될 수 있다.[27]

이와 관련하여 행정형 분쟁해결수단으로 조정기구를 고려할 수 있으나 이와 같은 조정기구를 두게 될 경우 재판상 화해를 인정하지 않게 되면 분쟁이 종결되지 않고 법원의 재판으로 연결되어 분쟁해결에 시간이 오래 걸리는 문제가 있어 조정기구 보다 중재기구를 만드는 것이 바람직하다. 다만 정부 내 조직으로 중재기구로 설치하게 될 경우 체계적인 관리가 가능하지만 예산에 의존하는 문제로 중재기구의 독립성을 해칠 위험성이 있다.[28] 따라서 정부의 재정적 지원을 받더라도 독립성과 자율성을 확보할 수 있는 중재기구의 설치가 보다 합리적이고 바람직하다.

---

27 이와 관련하여 종래 국회에 법안이 제출되었으나 회기말로 폐기된 한국스포츠중재위원회의 설립을 주요내용으로 하는 문대성의원 대표발의 국민체육법 일부개정법률안이 참고가 될 수 있다. 2013년 12월 13일 문대성 의원 대표발의 법률안
제33조의2(한국스포츠중재위원회) ① 문화체육관광부장관은 선수와 경기단체 간의 분쟁을 자율적으로 공정·신속하게 중재하게 하기 위하여 한국스포츠중재위원회(이하 "스포츠중재위원회"라 한다)를 설립한다.
② 스포츠중재위원회는 법인으로 한다.
③ 스포츠중재위원회는 위원장 1명을 포함한 9명 이내의 위원으로 구성하되 위원 중 3명은 올림픽에 선수로 참여한 경험이 있는 사람으로 구성하고, 위원의 임기와 선출 방법 등은 정관으로 정한다.
④ 스포츠중재위원회의 중재절차에 관하여는 체육단체·경기단체와 선수 등의 의견을 들어 스포츠중재위원회의 규칙으로 정하여야 한다. 이 경우 체육단체 및 경기단체 등은 선수와의 계약 체결 시 스포츠중재위원회의 중재에 관한 사항을 두도록 노력하여야 한다.
⑤ 스포츠중재위원회는 그 업무를 수행하기 위하여 필요하면 관계 행정기관의 소속 공무원이나 관계 기관·단체 등의 임직원의 파견을 요청할 수 있다.
⑥ 국가는 스포츠중재위원회의 설립·시설 및 운영 등에 필요한 경비를 예산의 범위에서 출연 또는 보조할 수 있다.
⑦ 스포츠중재위원회에 관하여 이 법에 정한 것 외에는 「민법」 중 재단법인에 관한 규정을 준용한다.
28 김대희, "국내 스포츠분쟁해결기구의 설치에 관한 소고"「중재연구」제24권 제1호, 2014. 3, 174면.

(2) 법인격이 없이 국민체육진흥공단 내부에 설치하는 방안

이는 현재 국민체육진흥공단 소속의 KISS 항소위원회 설치의 모델과 유사한 방안이다. 이러한 중재기구는 국민체육진흥공단내에 반도핑중재패널의 방식으로 설치하는 것으로 법인 형태가 아니라 비법인의 방식으로 손쉽게 설치할 수 있는 방안이 될 수 있다. 일본에서 스포츠중재기구가 발전되어 온 것과 같이 실제 운영상황을 보아가며 확대발전할 수 있는 여지가 있어 체육계의 반발을 해소할 수 있는 측면이 있다.

다만, 이와 같은 스포츠 반도핑 중재기구를 국민체육진흥공단 내부에 설치하는 것은 스포츠단체의 이익을 대변할 여지가 적어 중립성 원칙의 훼손 가능성은 적다고 할 것이다.

나. 민간형 독립적 분쟁해결기구

(1) 스포츠 분쟁해결기구를 민간 독립기구로 설치하는 방안

이론적으로는 스포츠 분쟁해결기구를 정부나 국가기관으로부터 독립하여 재정적 곤란 없이 민간에서 자율적으로 스포츠분쟁해결을 하게 되면 가장 바람직한 모델이 될 수 있다. 현행 변호사법 제109조에 따라 비변호사가 유료로 중재나 조정에 관여하게 될 경우에 변호사법 위반의 문제가 대두되어 이를 극복해야 하므로 민간형 중재기구를 설치하려면 변호사법이라는 장벽을 넘어야 한다.[29] 아울러 민간중재기구를 설치할 경우 운영예산을 확보하여야 하는 문제가 있고, 민간기구에 의한 분쟁해결에 대한 국민적 신뢰가 확고하지 않아 제도운영이 활성화 되기 어려운 측면이 없지 않다.

(2) 대한상사중재원에서 관장하는 방안

중재법에 의한 상사중재는 대한상사중재원에서 처리하고 있다. 중재법 제40조[30]에서 정부가 대한상사중재원에 대하여 필요한 경비의 전부 또는 일부를 보조할 수 있도록 하고 있다.

---

29 김용섭, "변호사법 제109조와 민간조정 활성화를 위한 입법과제" 「인권과 정의」 통권 제502호, 2021. 12, 30면 이하.

30 제40조(상사중재기관에 대한 보조) 정부는 이 법에 따라 국내외 상사분쟁(商事紛爭)을 공정·신속하게 해결하고 국제거래질서를 확립하기 위하여 법무부장관 또는 산업통상자원부장관이 지정하는 상사중재(商事仲裁)를 하는 사단법인에 대하여 필요한 경비의 전부 또는 일부를 보조할 수 있다.

대한상사중재원은 2017년 9월 스포츠중재 전문 기구 설립을 통해 스포츠 분쟁을 신속하게 해결하고, 스포츠 공정성을 확보하고자 관련 분야 전문가를 중심으로 '스포츠중재자문위원회'[31]를 발족하여 한국상사중재원 내에 스포츠중재부를 설치하는 방안을 검토한 적이 있다.

이러한 논의를 한 후 대한상사중재원 조직 내에 스포츠중재센터의 설치를 검토하기도 하였다.[32] 스포츠 반도핑과 관련한 중재 기능을 대한상사중재원에서 수행하려고 할 경우, 정부 예산 지원이 담보되어야 하고 대한체육회 등과의 협력이 수반되어야 한다.[33] 더구나 스포츠의 분쟁을 상사분쟁의 시각에서 해결한다고 하면 대한상사중재원 내부에서도 어느 정도 공감을 얻을 수 있다. 그러나, CAS와 유사한 기능 혹은 반도핑 이슈만을 중점적으로 다루는 기구를 대한상사중재원 내부에 두려고 할 경우에는 KADA나 KISS와 이관에 따른 협의에 더하여 예산과 인력에 대한 이슈를 선결적으로 해결해야 할 것이다.

다. 한국형 반도핑 중재기구모델

(1) 기본적 논의의 방향

스포츠에 있어서 도핑은 스포츠의 공정성과 기회균등의 가치를 훼손하여 스포츠 선수에 중대한 건강상 위해가 초래되므로 국가적 차원에서 도핑의 억제를 통한 깨끗하고 공정한 스포츠 환경을 조성하는 등 반도핑 관련 법률의 제·개정과 관련 법령의 정비를 통해 스포츠 윤리와 스포츠의 순수성 내지 공정성을 확보하기 위한 체제의 정비가 요망된다.

2021년부터 시행되는 WADC는 도핑방지 원칙과 제재의 특수한 성격을 고려하여 스포

---

31 위원회는 임성우 변호사(법무법인 광장)를 위원장으로 하여 총 9인의 외부 전문가로 구성되었다. 위원으로는 강래혁 변호사(법무법인 혜명), 김선웅 사무총장(한국프로야구선수협회), 박은영 변호사(김·장 법률사무소) 등 9인을 위촉하였다. 그 당시 보도기사에 의하면, 대한상사중재원은 스포츠중재자문위원회 운영 및 한국스포츠중재센터(가칭)의 설립을 통해 신속하고 공정한 스포츠분쟁 해결 시스템을 국내에 구축하여 중재제도가 스포츠 분야의 분쟁 해결 수단으로 자리매김하기를 기대한다고 밝혔다.

32 다만, 홈페이지에만 존재할 뿐이지 실제 해당 링크를 클릭해도 담당자 등을 확인할 수 없는 것을 보면 대한상사중재원 내부적으로도 업무 분장이 제대로 이루어질 수 없는 상황이다. 결과적으로 대한상사중재원의 자문위원회를 통한 논의는 대한체육회 등 체육회의 관심과 호응을 얻지 못하여 실패로 끝난 것이라고 볼 것이다.

33 2004년경 대한체육회가 선수의 대표선수 선발과정에서 발생하는 제반 이슈를 대한상사중재원에 협력을 논의하다가 스스로 한국스포츠중재위원회를 발족한 전력이 있다.

츠 영역에서 전 세계적으로 통일된 규정과 절차(제재위원회의 결정, 스포츠 전문 기구에 항소 등)에 따라 도핑방지 및 제재절차를 규정하고 있다. 우리나라의 경우도 이에 따라 KADA에 의한 도핑 제재절차가 운영 중이고 일반 전문체육의 경우 WADC의 내용과 절차를 상당부분 인용한 한국도핑방지규정을 제정하여 적용하고 있다. 한편, 프로 스포츠의 경우 한국도핑방지규정과 스포츠 종목별 실정 및 추가적인 사항을 반영한 자체규정 등이 마련되어 있다.

즉, 대한체육회 정관 제2조(올림픽헌장의 준수 등)에 「한국도핑방지규정」 준수의무를 명시하고 있고, 대한장애인체육회 가맹단체운영규정 제5조(권리와 의무)에 가맹단체의 「한국도핑방지규정」 수용과 준수를 명시하고 있다.

현재 경기단체는 대한체육회와 대한장애인체육회의 정관 및 제규정 준수에 따라 한국도핑방지규정 준수를 정관에 명시하여 등록 선수 및 선수지원요원 등 개인에게 한국도핑방지규정이 적용되고 있다. 경기단체별 도핑방지규정의 수용에 관한 규정의 제정 현황은 우선 대한체육회 62개 단체 중에서 정관에 도핑방지규정의 수용을 명시한 단체는 35개이고, 정관에 대한체육회 정관과 규정준수를 명시한 단체가 26개 단체이며, 정관에 도핑방지규정 수용 및 대한체육회 정관과 규정 준수가 없는 단체가 1개로 되어 있을 뿐이다. 한편 대한장애인체육회 회원인 30개 단체는 모두 정관에 도핑방지규정 수용을 명시하고 있는 점이 특징이라고 할 수 있다.

스포츠 반도핑중재기구는 독립적 기구로 국민체육진흥법에 근거를 두고 설립될 필요가 있다. 아울러 이와 같은 반도핑 중재기구에 중재법 제40조에서 정한 바와 같은 정부의 보조금의 전부 또는 일부의 지원이 있도록 재정적 안정성을 확보할 필요가 있다.

3. 중재기구 논의의 전제로서 KADA 제재위원회 제재조치의 법적성질

가. 논의의 실익

중재법상 중재는 기본적으로 사법상의 분쟁을 해결하기 위한 ADR의 일종이다. 그런데 KADA 제재위원회의 제재조치가 사법행위라고 볼 때 중재에 의하여 분쟁해결을 하는 것이 바람직하다. 그러나 이러한 제재조치를 행정처분으로 보게 될 경우에는 중재기구에서의 중재판정으로 분쟁해결하는 것은 곤란하다. 양자의 법적 성질 논의와는 별개로 선수의 신체능력이 시간의 경과에 따라 현저히 떨어지고 선수활동기간이 짧아 올림픽 등 공식 대회는 일정이 정해져 있어 중재기구에 의하여 신속히 분쟁을 해결하도록 제도화 하는 것이 필요하다.[34]

나. KADA 제재위원회 제재조치의 법적성질[35]

(1) 문제의 제기

KADA 제재위원회의 제재조치가 행정쟁송법상 처분에 해당하는지 아니면 사법적 법률관계에 해당하는지 여부에 따라 법원의 소송을 통한 권리구제절차가 달라지게 된다. 행정기본법상 "처분"이란 행정청이 구체적 사실에 관하여 행하는 법 집행으로서 공권력의 행사 또는 그 거부와 그 밖에 이에 준하는 행정작용을 말하고(제2조 제4호), "행정청"이란 행정에 관한 의사를 결정하여 표시하는 국가 또는 지방자치단체의 기관 또는 그 밖에 법령 등에 따라 행정에 관한 의사를 결정하여 표시하는 권한을 가지고 있거나 그 권한을 위임 또는 위탁받은 공공단체 또는 그 기관이나 사인을 말한다(제2조 제2호). 이러한 행정기본법상의 처분에 관한 정의는 행정절차법, 행정심판법 및 행정소송법에서 동일하게 규정하고 있다. 대법원판례[36]는 행정청의 어떤 행위가 항고소송의 대상이 될 수 있는지 여부를 추상적·일반적으로 결정할 수 없고, 관련 법령의 내용과 취지, 그 행위의 주체·내용·형식·절차, 그 행위와 상대방 등 이해관계인이 입는 불이익과의 실질적 견련성, 그리고 법치행정의 원리와 당해 행위에 관련한 행정청 및 이해관계인의 태도 등을 참작하여 개별적으로 결정하여야 한다고 판시하고 있다.

이와 관련하여 공사법 구별에 관한 학문적인 차원의 법이론적 구별보다는 실제 법적용 차원의 법도그마틱적 구별을 할 필요가 있다. 즉, 관련법의 적용을 토대로 어느 법원에서 처리하는 것이 적절한 것인지 법도그마틱적 구별의 관점에서 이를 고찰할 필요가 있다.[37]

---

34 KADA 제재위원회의 제재조치를 행정처분으로 보게 될 경우에는 행정심판을 거치게 되는데, 이러한 분쟁해결 방식보다는 중재에 의하여 신속하게 분쟁을 해결하는 것이 바람직하다.

35 김용섭, "도핑제재결정 관련 법률사무소 자문사항에 관한 검토보고서", 2021. 10. 25. 위 보고서의 일부를 참고하였음.

36 대법원 2016. 11. 24. 선고 2016두45028 판결 참조.

37 András Jakab/Lando Kirchmair, "Unterscheidung zwischen öffentlichem Recht und Privatrecht', Der Staat

우선 KADA가 행정청인지 여부가 다투어 지고 위임을 하려면 최소한 대통령령에 근거하여야 하는데 하급심인 서울행정법원은 국민체육진흥법 시행규칙의 규정을 근거로 제시하고 있는 점에 비추어 KADA가 행정청인지 의문이다.[38] 더구나 KADA가 행정청에 해당한다고 할지라도 행정청의 행위가 처분에 해당하는지 불분명한 경우에는 그에 대한 불복방법 선택에 중대한 이해관계를 가지는 상대방의 인식가능성과 예측가능성을 중요하게 고려하여 행정법원에서 처리하는 것이 바람직한 것인지 이를 규범적으로 판단할 필요가 있다.[39]

아울러 스포츠법이라는 특수성을 고려하여야 하는 점, 도핑이 스포츠경기규칙의 일종으로 스포츠 단체 내부의 규율이라고 볼 여지가 있는 점, 도핑에 대한 제재조치를 처분으로 보아 이를 행정법원의 관할로 할 경우 승소율이 현저히 낮은 점, 국제적 스포츠분쟁사건은 해당국의 법원의 관할과는 무관하게 CAS의 최종적 심사의 대상으로 하고 있는 점 등 제반사정에 비추어 이를 행정사건으로 분류하는 것은 선수의 권익을 위해 결코 바람직하지 않다.

이와 관련하여 대법원[40]은 "상대방의 권리를 제한하는 행위라 하더라도 행정청 또는 그 소속기관이나 권한을 위임받은 공공단체의 행위가 아닌 한 이를 행정처분이라고 할 수 없다"고 판시하고 있는 점도 고려할 필요가 있다.

(2) 행정처분에 해당한다는 견해의 논거

국민체육진흥법 제15조에서 도핑방지활동에 관한 근거규정을 두고 있다. KADA는 국가의 의무로 부여된 도핑 관리에 대한 임무(국민체육진흥법 제15조 제1항, 제2항)를 수행하기 위해 설립한 공익적 성격의 특수법인이라고 볼 수 있다. 하급심 판례 중에는 KADA 제재위원회(청문위원회)의 제재조치를 행정처분으로 볼 수 있으나, 항소위원회의 결정은

58, 2019, S. 345-366.

38 도핑방지업무가 국가의 권한으로 문화체육관광부장관에게 법령에 의하여 귀속된 것으로 볼 것인지도 불분명하고, 행정청의 권한의 위임여부 등도 명확히 밝혀야 할 것이다.

39 박균성, 「행정법강의」, 박영사, 2023., 747-748면; 대법원 2022. 9. 7. 선고 2022두42365 판결 등.

40 대법원 1985. 1. 22. 선고 84누647 판결.

항고소송의 대상이 되지 않는다고 보고 있다.[41]

한편 국민체육진흥법 제15조 제1항은 "국가는 스포츠 활동에서 약물 등으로부터 선수를 보호하고 공정한 경쟁을 통한 스포츠 정신을 높이기 위하여 도핑방지를 위한 시책을 수립하여야 한다."라고 규정하고 있다. 같은 법 제15조 제2항은 "국가는 도핑을 예방하기 위하여 선수와 체육지도자를 대상으로 교육과 홍보를 실시하여야 하고, 체육단체 및 경기단체의 도핑방지활동을 지도·감독하여야 한다."라고 규정하고 있다. 아울러 국민체육진흥법에 따르면 KADA는 도핑검사 결과의 관리와 그 결과에 따른 제재권(제35조 제1항 제3호), 필요한 경우 관련 공무원 등의 파견 요청권(제35조 제6항)을 가지며, 경기단체에 등록된 선수는 도핑방지위원회의 도핑 검사를 받아야 하는 의무를 부여받고 있다(제35조의2).

KADA는 공적인 목적에 따라 설립된 기관으로, 도핑방지규정 위반 선수에 대한 제재조치는 그 선수의 권리의무에 영향을 미치고, 선수들이 계약상 또는 약관상 KADA 제재위원회의 제재조치를 받는데 동의하였다 하더라도, 이는 실질적으로 대등한 관계에서 체결된 약정이 아니라, 문화체육관광부 장관의 지휘감독을 받는 KADA의 우월적 지위에 따른 행사라고 할 여지가 있다.

그러나 KADA 제재위원회의 제재조치를 행정처분으로 보게 될 경우에는 항소위원회의 불복을 하는 재심의신청이 특별행정심판이 되어야 한다.[42] 아울러 항소위원회에서의 재심의를 행정심판의 일종으로 보게 된다면 제재조치에 불복한 선수에 대하여 행정심판법 제47조 제2항[43]에 따라 불이익 변경을 할 수 없어야 하는데 KISS 항소위원회에 불복하게 되더라도 불이익한 조치를 내릴 수 있으므로 KADA 제재위원회의 제재조치를 행정소송의 대상이 되는 행정처분으로 보는 것은 다소 무리가 따른다.

(3) 사법적 행위에 해당한다고 보는 견해의 논거

KADA 제재위원회의 제재조치가 행정처분이 되려면 KADA가 행정청이어야 할 것이다.

---

41 서울행정법원 2021. 1. 15. 선고 2020구합1230 A위원회 결정 위원회 처분취소사건.

42 만약에 항소위원회의 재심의가 특별행정심판이 아니라면 이와 같은 절차를 거치지 않고 행정심판을 제기할 수 있다고 해석할 수 있는 여지가 있다.

43 행정심판법 제47조(재결의 범위) ② 위원회는 심판청구의 대상이 되는 처분보다 청구인에게 불리한 재결을 하지 못한다.

그러나 KADA의 설립근거인 국민체육진흥법 제35조만으로는 이를 행정청이라고 보기는 어렵다. 무엇보다 KADA는 국민체육진흥법 제35조에 따라 행정에 관한 의사를 결정하여 표시할 법적인 근거는 없고, 공익적 활동을 하는 특수한 형태 법인이다. 또한 KADA에서 제정한 한국도핑방지규정은 스포츠자치법의 성격을 지닌다. 한국도핑방지규정 제2조에 의하면 국민체육진흥법 제35조에 의해 설립된 KADA가 그 목적사업의 추진과 WADC에서 정한 도핑방지활동 계획의 수립과 시행, 시행에 필요한 절차, 방법 등을 규정함을 목적으로 한다.

WADA는 도핑에 반대하는 운동을 세계적인 규모로 추진하기 위해 세워진 국제적인 감시 기관으로 국제올림픽위원회(IOC)가 주최한 도핑에 관한 로잔느 선언에 근거해 1999년 11월에 설립되었다. WADC는 도핑방지활동에 있어 국제스포츠 규범으로 세계반도핑기구의 강력한 지도력과 시행 독려로 전 세계 대부분의 국가가 도핑방지규범을 준수하고 도핑에 관한 분쟁에 대하여는 CAS에 배타적으로 제소하도록 규율하고 있다. 따라서 KADA 제재위원회의 제재조치가 올림픽에 참가하는 선수의 경우에는 배타적으로 CAS에 제소하여야 한다. 같은 맥락에서 국내경기나 프로경기에 참가하는 선수의 경우 법원에 행정소송을 제기하여 다툴 수 있도록 하는 것은 민사적으로 해결하는 독일과 일본의 스포츠분쟁 사례에 비추어 이례적이다.

국민체육진흥법에 따르면 KADA는 민법 중 재단법인에 관한 규정을 준용(제35조 제5항)하도록 하고 있어 기본적으로 비영리 재단법인이라고 할 것이다. 이러한 KADA는 국민체육진흥법 제35조에 따라 설립근거만이 존재하고, 행정청으로부터 권한의 위임을 받지 않았으므로 KADA 제재위원회의 제재조치를 행정처분으로 보기 어렵다.[44]

또한 국민체육진흥법 제35조 및 동법 시행규칙 제39조의2의 규정만으로는 KADA가 법령에 의해 행정권한을 위임 또는 위탁받았다고 보기 어렵다. 무엇보다 스포츠 세계의 경우에는 경기규칙과 같이 도핑 그 자체가 스포츠 내부법적 요소가 있다. 국제 스포츠계는

---

44 서울행정법원 2021. 1. 15. 선고2020구합1230 판결에서는 국민체육진흥법시행규칙 제39조의2 제3항이 도핑검사 등에 필요한 사항을 피고(KADA)가 정하도록 위임하였다는 취지의 판시를 하고 있다. 그러나, 권한의 위임의 근거는 법률에 마련하고, 최소한 대통령령에서 권한의 위임을 밝혀야 한다, 따라서 시행규칙인 부령에 근거하여 한국도핑방지위원회(KADA)에 권한이 위임되었다는 논리는 타당성과 설득력이 약하다.

단일조직원칙과 결사의 자유에 기초한 스포츠 단체자치 정신에 입각하여 도핑에 관한 분쟁을 중재로 처리하는 것이 일반적인 경향인 점을 염두에 둘 필요가 있다.

(4) 법원 판례의 입장

이에 관한 대법원판례는 아직 없으며, 하급심은 서로 엇갈리는 결론을 도출하고 있다. 하급심판례 중에서 서울동부지방법원 2012. 6. 22. 선고 2011가합21462 판결은 기본적으로 도핑에 대한 KADA 제재조치에 대하여 스포츠자치법적인 관점에서 민사적 분쟁으로 처리하고 있다.[45]

서울행정법원[46]은 KADA는 국민체육진흥법 제15조에 따라 국가를 대신하여 도핑 방지 활동을 할 의무가 있고, 동법 35조에 따라 설립근거가 있으며, 국가로부터 도핑검사 결과에 따른 제재권한을 위임받았다는 전제하에 KADA 도핑제재 결정은 행정처분에 해당한다는 입장에 서서 판시하고 있다. 민사소송의 진행 도중에 서울행정법원에 자격정지처분취소소송을 다시 제기하고, 집행정지신청하였으나, 항소위원회의 자격정지결정은 원처분인 제재위원회 결정과 별개로 항고소송의 대상이 되는 처분에 해당하지 않는다는 이유로 각하판결이 내려져, 이에 항고하였으나 서울고등법원에서 기각되어 최종 확정된 판결도 있다.

다. 검토의견

행정법상 처분으로 보는 것이 적절한지 이를 민사적 법률관계로 보는 것이 적절한지는 논란이 있다. 2022년 10월까지 소송제기는 행정소송이 10건 처리되었고, 민사소송이 4건[47] 접수 처리되었다.[48]스포츠법의 특수성을 고려하여 다음과 같은 이유로 도핑제재조치

---

45 항소위원회 결정은 처분이 되지 않는다고 보아 민사소송의 대상으로 처리한 하급심 판결도 있다.

46 서울행정법원 2017. 1. 26. 선고 2016구합 75913 판결, 서울행정법원 2021. 1. 15. 선고 2020구합 1230 판결 등

47 하급심에서 선고한 3건은 판결은 다음과 같다. 서울동부지방법원 2012. 6. 22. 선고 2011가합21462 선수자격정지 처분무효확인, 서울동부지방법원 2021. 6. 22.자 2021카합10122 효력정지가처분, 서울고등법원 2021. 11. 3.자 2021라20698 효력정지가처분 즉시항고

48 하급심 판결은 KISS 항소위원회의 자격정지 결정은 이를 원처분인 KADA 제재위원회의 제재조치와는 달리 처분으로 보지 않고 있으며, 일부 자격정지결정은 행정소송의 대상이 되는 행정처분으로 보기도 하고, 이를 민사관계로 파악하기도 하고 있는 등 법원의 판시태도가 명확하지 않다. 앞서도 살펴본 바와 같이 KADA 제재위원회의 제재조치도 이

는 사법관계로 파악하고 중재에 친숙한 법률관계라고 보는 것이 타당하다고 할 것이다.

첫째로, 서울행정법원의 판결 중에 KADA 제재위원회의 제재조치가 행정처분에 해당한다고 보는 논거로 KADA가 국민체육진흥법 제15조, 제35조, 동법 시행규칙 제39조의2에 근거하여 국가의 도핑제재 권한을 위임·위탁받았다는 것을 들고 있다. 그러나 국민체육진흥법 제15조는 국가의 도핑 방지를 위한 활동 의무를 규정하는 내용이고, 동법 제35조는 KADA의 설립 근거 조항에 불과하다. 동법 시행규칙 제39조의2도 명확히 도핑결과에 따른 제재 결정을 할 수 있다는 규정이 아니다. 따라서 국민체육진흥법에 국가의 도핑 방지 의무에 따른 도핑제재조치의 권한을 KADA에 위임한다는 명시적인 근거 규정은 없어 행정청으로 보기 어려운 KADA에서 내린 제재조치를 행정처분이라고 보기 어렵다.

둘째로, KADA는 국가 또는 지방자치단체의 기관이 아니고, 법령에 따라 행정에 관한 의사를 결정하여 표시하는 권한을 가지고 있지 않으며, 행정청으로부터 그 권한을 위임받은 공공단체가 아니다. 또한, 국민체육진흥법 시행규칙 제39조의2의 규정은 "도핑 검사의 절차, 방법, 결과 관리 등에 필요한 사항은 도핑방지위원회가 정한다."라고 되어 있을 뿐, 명확히 국가의 제재 권한을 위임 및 위탁하였다는 구체적인 근거규정이 아니다. 따라서 KADA의 제재조치는 행정처분이 아니므로 이는 선수에 대한 사법상의 법률관계의 일종인 재재조치로 볼 수 밖에 없다.

셋째로, 도핑을 둘러싼 분쟁은 스포츠단체 내부의 분쟁처리적 측면의 특징을 지니고, 기본적으로 경기규칙 위반의 성질을 지닌다. 따라서 공익법인인 KADA가 문화체육관광부장관의 지도감독하에 있다는 이유만으로 구체적인 제재권한을 위임받지 않은 상태에서 스포츠 자율적 사항의 제재조치를 행정처분으로 보는 것은 무리한 해석이다. 올림픽 등 국제스포츠경기 대회에 있어서 도핑관련 분쟁을 중재에 적합한 분쟁으로 파악하고 있는 점에 비추어 행정소송의 대상으로 파악하는 일부 하급심 판례의 태도는 문제가 있다.[49]

를 항고소송의 대상인 행정처분으로 볼 것은 아니고 민사관계로 파악하는 것이 바람직하다.

49 선수에 대한 KADA 제재위원회의 제재조치는 선수 개인의 권리·의무에 직접 영향을 미치는 측면이 있으므로 행정처분에 해당한다는 논리도 일리가 없지는 않다. 그러나, 아직 대법원판례가 없고 스포츠법 특히 WADA와 관련되는 국제스포츠 세계의 문제이므로 스포츠법적인 고려를 한 것인지 불확실한 상태에서 결론을 도출한 것으로 행정처분으로 본 하급심의 결정이 타당한 것인지는 불확실하다.

넷째로, 앞서 언급한 대법원 1985. 1. 22. 선고 84누647 판결에서 "상대방의 권리를 제한하는 행위라 하더라도 행정청 또는 그 소속기관이나 권한을 위임받은 공공단체의 행위가 아닌 한 이를 행정처분이라고 할 수 없다"고 판시하고 있고, 대법원 2008. 1. 31. 선고 2005두8269 판결에서 "행정소송의 대상이 되는 행정처분이란 행정청 또는 그 소속기관이나 법령에 의하여 행정권한의 위임 또는 위탁을 받은 공공단체 등이 국민의 권리·의무에 관계되는 사항에 관하여 직접 효력을 미치는 공권력의 발동으로서 하는 공법상의 행위를 말하며, 그것이 상대방의 권리를 제한하는 행위라 하더라도 행정청 또는 그 소속기관이나 권한을 위임받은 공공단체 등의 행위가 아닌 한 이를 행정처분이라고 할 수 없다."라고 판시하면서 한국마사회가 조교사 또는 기수의 면허를 부여하거나 취소하는 것은 경마를 독점적으로 개최할 수 있는 지위에서 우수한 능력을 갖추었다고 인정되는 사람에게 경마에서의 일정한 기능과 역할을 수행할 수 있는 자격을 부여하거나 이를 박탈하는 것에 지나지 아니하므로, 이는 국가 기타 행정기관으로부터 위탁받은 행정권한의 행사가 아니라 일반 사법상의 법률관계에서 이루어지는 단체 내부에서의 징계 내지 제재처분으로 보고 있는 점도 고려할 필요가 있다.

끝으로, 경륜·경정 도핑방지규정(2023. 6. 23. 개정) 제3조(적용범위) 제2항 단서의 규정에 의하면 "이 규정은 경주사업자가 시행하는 모든 경주에서 준수하여야 할 경기규칙으로 간주한다."라고 되어 있는 점을 참고할 필요가 있다. 앞서도 언급한 바와 같이 우리의 법제에 영향을 미친 일본이나 독일의 경우에도 스포츠도핑에 대한 제재조치를 행정소송의 대상인 행정처분으로 파악하기 보다는 중재에 친숙한 민사상의 분쟁으로 처리하고 있는 점을 참고할 필요가 있다.

4. 스포츠 반도핑 중재기구의 설립 시 고려사항

가. 중재기구에서 청문의 권리보장 필요

선수는 도핑방지규정 위반에 대한 제재조치에 대해 한국도핑방지규정에 따른 '국가항소기구'를 통해 청문 권리를 보장받고 있다. 그러나, 동 규정은 KADA의 규정으로 KISS 항소위원회의 조직·설치 근거 뿐만 아니라 운영체계상 공정성·객관성 확보가 미흡한 실정이다.

WADC 8.1.에서 공정한 청문에 관한 권리를 명문화 하고 있다. 일본 도핑방지규정50은 WADC의 예에 따라 제8조 결과관리: 공정한 청문을 받을 권리와 청문회에서 있어서의 결정의 통지를 정하고 있다. 그러나 2021년 한국 도핑방지규정은 청문을 받을 권리에 관하여 WADC의 예를 충실히 반영하여 규율하고 있지 않은 실정이다. 따라서 선수 등의 청문권을 한국도핑방지규정이나 국민체육진흥법령에 명문의 규정을 두어 WADC의 규정에 따른 청문절차를 반드시 거치도록 의무화 하는 것이 필요하다.

나. KADA 제재위원회의 제재조치에 대한 WADC 규율체계 부합 절차 마련

WADC는 도핑방지규정 위반과 관련한 분쟁은 최우선으로 중재를 고려해야 함을 규정하고 있다. 그러나, 우리의 경우 도핑과 관련한 분쟁 해결을 위한 종국적인 효력을 지니는 중재기관이 부재한 실정이다. 이러한 관점에서 선수가 KISS 항소위원회 재심의 결정에 대한 국내법원에 제소 시 법원의 판단으로 WADC 체계에 벗어난 결정이 이뤄질 가능성이 있고, 이는 자칫 WADC 규정 미준수로 이어질 수 있다. 가령 KADA 제재위원회의 제재조치에 대하여 행정소송을 제기하여 제재조치 등이 재량권 일탈 남용에 해당한다고 판시할 경우 그 제재조치가 항소위원회의 재심의 결정에 의하여 한국도핑방지규정에 따른 엄격한 처분기준의 준수가 무력화될 가능성이 있다.

한편, KISS 항소위원회가 중재기구와 달리 종국적인 결정을 할 수 없는 기구로 운영된다면, 이 결정에 대하여 법원에 제소하여 다툴 수 있는 가능성이 열려 있게 된다. 더구나 당사자는 항고쟁송의 제기기간을 도과하지 않기 위해, KISS 항소위원회에 대한 항소를 거치지 않고 법원에 제소할 가능성도 존재한다.

이에 향후 선수가 법원 판단을 구하는 경우가 일상화·고착화될 경우, KISS 항소위원회의 형해화가 예상되므로 제재조치에 불복을 하는 경우 반드시 스포츠 반도핑 중재기구를 통하도록 하는 방안을 마련할 필요가 있다.

---

50 일본 도핑방지(Anti-Doping)규정은 2021년 1월 1일부터 발효되고 있다.

다. 도핑제재조치에 대한 불복방법을 중재로 하는 것이 허용되는지

KADA 제재위원회의 제재조치에 대하여 항소를 중재로 할 경우 그 허용가능성을 검토하기로 한다.

문제는 도핑제재결정을 사법행위로 볼 경우에는 중재법에 따른 중재가 적합하고 허용되는 분쟁해결 수단이 될 수 있다. 다만, 올림픽경기와 관련하여 도핑에 관한 분쟁은 CAS에 제소하도록 되어 있어 옥상옥의 문제가 남을 수는 있다. 그러나 이러한 분쟁에 대하여 당사자가 CAS에 제소하기 전 단계에 분쟁을 조기에 종결될 수 있어 국내 중재기구를 거치도록 하는 것도 의미가 있다. WADC 13. 2. 1.[51]에 의하면 국제경기 대회의 참가에 의해 발생한 사안 또는 국제수준의 선수가 관련된 사안의 경우에는 도핑방지규정 위반 등에 따른 당해 결정은 CAS에만 제소할 수 있다. 도핑방지 규정위반 사건은 WADC 13. 2. 3. 및 CAS의 스포츠중재규칙 제47조에 따라 CAS의 전속관할로 되어 있다. 따라서 CAS의 결정은 중재판정을 취소하거나 집행에 관하여 적용되는 법령에 대한 심사가 이루어지는 경우를 제외하고는 종국적인 구속력을 지닌다.

우선 중재법 제1조에서 중재법은 사법상의 분쟁 해결을 목적으로 하고 있으므로 도핑제재조치가 사법적 행위로 볼 경우 대한상사중재원 등에 의한 중재시스템을 활용할 수 있다.[52]

경기단체와 선수의 관계는 사법적 법률관계의 측면이 있고, 임시조치와 같이 즉각적인 권리구제의 필요성이 있을 수 있으므로 중재법의 적용을 긍정적으로 검토할 수 있다. 아울러 KADA의 제재처분에 대한 항소를 KISS 항소위원회에서 다루는 것은 법적 근거가 약하므로 국민체육진흥법에 스포츠 반도핑 중재기구의 근거조항을 마련하여 분쟁을 해결할 수 있도록 할 필요가 있다. 한편 중재법은 중재에 관한 일반법으로서, 각 특별법에 의하여 중재 및 조정으로 해결할 수 있다는 규정을 두는 경우 그러한 특별법에 의해 중재 등으로 해결이 가능하다고 할 것이다. 한편, CAS 중재규칙 제57조 제1항에서 재심사제도

---

51 13.2.1 국제수준의 선수 또는 국제경기대회와 관련한 항고: 국제경기 참가와 관련하여 발생된 사건 또는 국제수준의 선수와 관련된 사건에서의 결정은 배타적으로 스포츠중재재판소에 항고할 수 있다.
　13.2.2 다른 선수 및 기타 관계자와 관계된 항고: 제13.2.1항이 적용되지 않을 경우, 결정은 국가도핑 방지기구가 수립한 규정에 따라 독립적이고 편파적이지 않은 단체에 항고할 수 있다.
52 다만, 대한상사중재원에 스포츠중재전담기구를 두어 해결하는 차원보다 스포츠 도핑에 대한 분쟁은 특수하기 때문에 국민체육진흥법에 별도의 스포츠 반도핑 중재기구의 설치근거를 두어 법제화 하는 것이 필요하다.

를 두고 있다. CAS의 재심사는 심사의 범위내에서 사실과 법규정을 심사할 전권을 갖는다. 여기서는 불이익변경금지 원칙이 적용되지 않기 때문에 재심사는 전적으로 선수의 부담으로 이를 제기할 수 있을 뿐이다. CAS에 제소하기 전에 병행하여 중재기구를 마련하는 것은 종국적이지는 않지만 조기에 분쟁이 종결될 가능성이 있어 실효적인 장치가 될 수 있다.

라. 중재활성화를 위한 자동승낙규정의 마련 필요성

우선 중재활성화를 위해서는 서면합의, 중재에서의 심의·의결에 관한 사항을 정하는 것이 필요하다.[53] 이러한 절차의 이용은 대한체육회 등의 협조를 얻어 자동승낙규정을 단체규칙에 마련할 경우에 중재의 활용이 높게 된다.

스포츠 반도핑 중재기구에 중재를 신청하려면 당사자 간의 서면의 합의가 있어야 한다. 다만, 경기단체의 규정에 중재의 자동승낙규정이 있거나 도핑방지위원회의 제재처분에 불복을 신청을 한 경우 상대방은 중재에 서면합의한 것으로 보는 의제규정을 마련하는 것이 바람직하다.

5. 스포츠 반도핑 중재기구에 관한 외국의 입법례

가. 독일의 경우

독일은 모든 스포츠분쟁을 일괄적으로 관할하는 하나의 스포츠전문 중재기관이 존재하지 않는다. 독일의 경우 스포츠 분쟁해결은 3개의 방식으로 전개된다. 첫째로, 스포츠단체 내부의 징계절차에 따라 DIS 스포츠중재부에서 판단하는 절차로서, 독일 반도핑기구인 NADA의 위탁에 의하여 독립적 스포츠중재재판소의 형성과 함께 독일 베를린에 있는 독일 중재재판소(DIS)에서 처리하는 방식이다. 이와 같은 스포츠 중재사건은 독일 스포츠중재가 2008년 1월 1일부터 활성화 되기 시작되었다. 중재절차는 DIS-스포츠중재규정[54]을

---

53 또한 KADA 제재위원회 제재조치에 불복신청을 하여 항소위원회에서 다루는 기능을 이관하여 행정형 조정기구에서 심의·의결을 할 경우 재판상 화해와 동일한 효력이 인정된다는 규정을 마련할 필요가 있다. 이러한 조항이 재판청구권의 침해라서 위헌적 규정이라고 볼 것은 아니다.

54 2018 DIS-Sportschiedsgerichtsordnug(DIS-SportSchO)

근거로 행하여 지며, 2016년 4월 1일부터 확대개편되어 운영되고 있다. 독일 스포츠중재 재판소는 스포츠와 도핑법적 절차에 있어서 독립성을 확보하고 정당하고 통일적인 제재를 보장하고 있다. 이는 엄밀히 말하여 민사소송법상의 중재와는 다른 의미이고, 스포츠 내부적인 이의신청절차라고 보는 것이 정확하다. 둘째로, 스포츠에 관한 분쟁은 기본적으로 스포츠 단체법의 근거한 결정으로 보아 민사적 분쟁으로 민사법원에서 다루게 된다. 셋째로, 1983년에 스위스 로잔느에 창설된 배타적 관할을 갖는 국제중재재판소(CAS)에 제소하는 방법이다. 이는 국가적 재판과 같은 수준의 배타적 스포츠법적 분쟁을 다루는 최종 심급의 국제스포츠 재판소를 의미한다.[55] 한편, 독일의 경우에는 스포츠단체별로 다양한 중재기관이 존재하고 있으며, 주된 분쟁해결기관인 DIS(German Institute of Arbitration) 스포츠중재재판소에 회부할 것인지는 당사자의 선택에 달려있다.

독일의 경우 독립된 중재기관의 설립에 관하여는 법률에 의하여 설립권한을 부여받은 독일 반도핑기구(NADA)에 의하여 2004년에 처음 발족에 관한 논의가 있었다. NADA는 DIS와 협력하여 스포츠연맹 및 협회와 독립된 별도의 스포츠중재재판소를 설립하려고 하였다. 스포츠 중재규칙의 초안은 WADC 및 NADA규칙을 준수하고 이와 동시에 다른 스포츠 관련 분쟁도 다룰 수 있는 효율적인 법적인 체제를 갖추도록 제정되었으나 실현되지 못하였다.

DIS 스포츠중재규칙에 의하면 중재를 할 수 있는 범위는 첫째로, 협회 간 선수이적, 스포츠행사관리, 공급자계약, 후원자계약, 선수관리 및 방송권계약등 관련분쟁이고 둘째로, 라이선스부여 및 철회, 스포츠대회 참여권, 협회에서 선수퇴출 등 관련분쟁이며 셋째로 반도핑 등 다양한 스포츠분쟁을 다루도록 하고 있다. 도핑에 관하여 다른 분쟁과 마찬가지로 다양한 중재결정을 내릴 수 있다.[56] DIS의 중재는 최종적이며 당사자를 구속하지만, 도핑과 관련하여서는 CAS에 항소가능하도록 되어 있다.

---

55 따라서 CAS에서의 판정에 대하여 각국의 재판소가 번복할 수 없는 종국적 심급으로서 기능한다.

56 박은영외 3인, "스포츠중재활성화방안연구" 「법무부용역보고서」 2016, 92면.

나. 일본의 경우

(1) 일본의 스포츠중재기구 개관

일본 스포츠중재기구(JSAA)는 2003. 4. 7. 법인격이 없는 단체로, 2009년 4월 1일 일반 재단법인으로 설립된 후 2013. 4. 1.부터 공익재단법인으로서 인정되었다.[57] 일본에서는 도핑중재에 관한 중재규칙을 따로 마련하고 있다. 도핑중재는 스포츠에 관한 법과 규칙의 투명성을 높이고 건전한 스포츠의 발전에 기여하기 위해 공정·중립의 독립적 지위를 갖는 중재인으로 구성된 스포츠중재패널의 중재에 의하여 도핑에 관한 분쟁의 신속한 해결을 도모하는 분쟁해결절차이다.[58]

일본의 경우 안티도핑 규율패널의 처분에 대한 상소는 21일 이내에 하되, 국제대회 관련 및 국제수준의 선수는 CAS에 제소하도록 하고 있고,[59] 그 이외에 국내수준의 선수는 일본스포츠중재기구(JSAA)에 제소하도록 하고 있다.[60]

일본의 경우 중재인의 독립성과 관련한 규정이 스포츠중재규칙 제20조[61]에 규정되어 있다. 한편 도핑분쟁에 관한 스포츠중재규칙을 따로 만들어 운영하고 있다. 동 규칙 제23조 제1항에서 "중재인은 독립하여 공정하고 신속하게 사안을 처리를 하지 않으면 안된다. 중재인은 당사자에 의하여 선정된 중재인이라도 당사자로부터 직접 보수 기타 이익을 받을 수 없다."고 규정하고 있다. 동 규칙 제23조 제2항에서 "당사자로 되어 있는 경기자에 관련된 금지물질의 치료목적사용면책(Therapeutic Use Exemption, TUE)의 신청 또는 이에 관한 결정에 대한 불복신청을 검토하였던 자, 기타 중재사안에 어떠한 형태로 관여한 자 및 중재사안에 이해관계가 있는 자는 중재인으로 될 수 없다"고 되어 있다.

---

57 지철호, "일본 스포츠중재기구의 중재절차 및 사건처리와 시사점"「스포츠와 법」제16권 제3호, 2013. 8, 107면 이하.

58 중재 신청수수료는 5만 5천 엔이다.

59 JADC 13. 2. 1

60 JADC 13. 2. 2

61 스포츠 중재 규칙 제20조 (중재인)
  1. 중재인은 독립적으로 공정하고 신속하게 사안의 처리에 임하여야 한다. 중재인은 당사자가 선정한 중재인이라도 당사자로부터 직접 보수 및 그 밖의 이익을 얻어서는 아니된다.
  2. 중재사안에 이해관계가 있는 자는 중재인이 될 수 없다. 중재인은 중재인으로 하고 공정성에 의문이 생길 수 있다고 생각되는 사유가 있을 때에는 신속히 이를 공개하지 말고 있어야 한다.

(2) 일본의 스포츠 중재조항에 관한 규율

우선 스포츠중재규칙에 의한 중재절차에 관하여 살펴보면 일본 스포츠중재규칙 제4조에서 중재합의에 관한 규정을 두고 있다. 동조에 따르면 "이 규칙에 근거한 중재에 관해서는 일본도핑방지규정에 기하여 불복신청을 행한 경우에 한하여 중재합의가 존재하는 것으로 본다"고 의제규정을 두고 있는 점이 특징이다.

중재조항을 채택한 단체는 이사회결의, 정관, 규칙, 규정 등에 의하여 당해 단체에서 행한 결정에 대한 불복에 있어서 경기자 등이 일본 스포츠중재기구에서 제정한 스포츠중재규칙에 기초하여 중재신청을 한 경우 스포츠중재를 이용하여 분쟁해결을 행하는 의사표시를 행한 단체로 파악하고 있다.

이와 관련하여 각 경기단체에서 채택하고 있는 중재조항은 각 경기단체에 따라 차이가 있다. 이를 위해 중재조항을 채택하고 있는 경기단체등에 대한 중재신청을 행한 것으로서도 사안에 따라서는 중재합의가 자동적으로 성립하지 않고 중재를 행할 수 없는 것도 있다. 일본은 도핑분쟁에 관한 스포츠중재규칙에 의하여 제54조의 가의 조치인 임시처분과 제55조의 긴급중재절차 등 상세한 절차를 두고 있다.

일본체조협회의 윤리규정에 의하면 제7조에서 불복신청을 두고 있으면서, 이와는 관계없이 제8조에서 일본스포츠중재기구에의 불복신청을 하도록 하고 있다.[62]

한편, 공익재단법인 일본수영연맹의 처분규정 제10조[63]에서 불복신청에 관한 규정을 두

---

62 제7조 (불복신청)

  1. 제6조에서의 처분 통고 후 2주 이내에 당사자 본인 및 당사자의 소속 단체로부터 처분에 대한 불복신청이 있을 때는 이사회가 그 신청을 심사한다.

  2. 불복신청을 심사한 결과에 대하여는 신속하게 당사자 본인 및 당사자 소속 단체에 문서로 회답한다.

  제8조(일본 스포츠 중재 기구에 대한 불복 제기)

  1. 전조에 관계없이 일반 재단법인 일본스포츠중재기구(이하 '스포츠중재기구'라 한다)가 중재하는 범위의 불복신청은 동 기구의 관련 제규칙에 따라 이루어지는 중재에 의해 해결되는 것으로 한다.

  2. 경기자 및 임원 등에 의한 스포츠 중재 기구에 대한 불복 신청은 처분 결정일 혹은 처분 등의 통지의 수령일로부터 2주 이내에 행해야 한다

63 제10조 (불복신청)

  1. 전조 제2항의 통지 후 2주 이내에 심사대상자 본인으로부터 처분에 대한 불복신청한 때에는 윤리위원장은 불복심사회를 소집하여 그 신청을 심사하여야 한다.

  2. 전항의 불복심사회의 구성은 다음과 같다.

    (1) 윤리위원장

고 있고, 제11조에서 일본스포츠중재기구에의 불복신청의 규정을 두고 있다. 여기서 "전조에 관련없이 일반 재단법인 일본스포츠 중재기구가 중재하는 범위의 불복신청에는 동기구의 스포츠 중재규칙에 따라 중재에 의하여 해결한다"고 규정하고 있다.

(3) 일본의 스포츠중재 자동승낙조항 현황[64]

일본의 스포츠 총괄단체인 일본올림픽위원회(JOC), 일본스포츠협회(JSPO), 일본장애인스포츠협회(JPSA)의 3개 단체는 스포츠중재 자동승낙조항을 모두 채택하고 있다. 대표적으로 일본올림픽위원회는 스포츠 중재에 관한 규칙에서 "재단법인 일본 올림픽위원회가 행하는 경기에 관한 결정에 대하여 경기자의 불복신청은 일본 스포츠중재기구의 스포츠중재규칙에 따른 중재에 의하여 해결된다"고 규정하고 있다. 2022년 11월 17일 현재 JOC가맹·준가맹·승인단체 66개중 61개 단체가 채택하고 있다. JSPO가맹·준가맹단체 10개 단체 중에서 8개 단체가 채택하고 있고, 나머지는 미채택하고 있으며, 지방체육단체는 상대적으로 채택률이 70퍼센트 가량된다.[65]

다. 시사점

도핑과 관련하여 제재조치가 내려진 경우 올림픽에 참가하는 선수의 경우에는 배타적으로 CAS에 제소하여야 하지만, 국내경기나 프로경기에 참가하는 선수가 도핑을 한 경우에 국제사건과 동일하게 분쟁해결 기구를 두어 불복하게 할 것인지 검토를 필요로 한다. 이와 관련하여 독일은 중재기구(DIS)에서 스포츠 도핑에 관한 분쟁해결을 하고 있다. 독일의 경우 DIS에서 스포츠 분쟁을 다루기는 하지만 단순한 중재서비스를 제공하는 것에 불과하여 당사자들이 DIS에 분쟁을 회부할지 여부를 자유롭게 결정하는 구조로 되어 있다.

---

(2) 외부 인사를 포함하여 위원장이 특히 지명한 자

3. 불복심사회에는 심사대상자 본인, 친권자 및 심사대상자가 지명한 자 2명 이내가 출석하여 의견을 말할 수 있다.

4. 심사대상자가 불복심사회의 기회를 불필요하게 하는 경우 또는 불복심사회에 정당한 이유없이 결석한 경우 불복심사회 개최를 요하지 않는다.

64 日本スポーツ仲裁機構(JSAA) 접속 2023. 8. 15. https://www.jsaa.jp/doc/arbitrationclause.html

65 일본의 경우 일부 스포츠단체의 경우 자동승낙규정에 대한 문제점을 제기하고 있고, 일본스포츠중재기구(JASS) 대신에 스포츠 단체 내부의 자체 분쟁해결 기구를 두는 사례도 있다.

이에 반하여 일본의 경우에는 법무대신의 인증을 받은 일본스포츠중재기구(JSAA)에서 스포츠 도핑에 관한 분쟁을 중재를 통하여 해결하고 있다. 일본의 경우에도 독일과 마찬가지로 도핑분쟁은 민사법원의 관할로 하고 있고, 재량권 일탈·남용 등 행정법의 법리가 활용되는데 그치고 있다. 일본의 경우 도핑분쟁에 관하여 CAS와 JASS의 투트랙의 접근을 하고 있다.

6. 스포츠 반도핑 중재기구의 법제화 방향

가. 스포츠 반도핑 중재기구의 설립 필요성

앞서도 지적한 바와 같이, 한국스포츠정책과학원(KISS)에 설치되어 있는 항소위원회의 법적 근거가 미약하고 독립적 법정기구로 설립할 필요성이 있다. 이 경우 어떤 형태의 분쟁해결기구 제도를 설계하여야 할 것인지 검토가 필요하다.

이와 관련하여 다양한 형태의 기구가 논의되고 있다. 우선, 행정형 ADR을 들 수 있고, 이를 행정기관 소속이나 하부기관으로 설립할 수 있다. 스포츠 도핑에 관한 분쟁이 기본적으로 사법관계를 전제로 한다고 보아야 한다.[66] 만약에 이를 공법관계로 본다면 이에 대한 불복에 대하여 행정형 ADR 분쟁해결기구보다는 행정심판의 형태가 적합할 수 있기 때문이다.

다음으로, 하나는 KISS 항소위원회에 불복하는 대신에 민간형 분쟁해결 제도 특히, 민간 중재기관에서 처리하는 방향이 모색될 수 있다. 대한상사중재원의 조직을 통하여 이를 해결하는 것은 법적으로 문제가 없다. 그러나 법률적 근거가 없이 민간기구를 자율적으로 설립하여 유상으로 스포츠 분쟁을 해결하게 되면 변호사법 제109조 위반의 문제가 야기될 수 있다.[67]

---

66 행정법원이 전문법원으로 행정사건에 관하여 행정청에 대한 통제기능을 수행하여야 하는데 실제에 있어서는 공익을 위한다는 명분으로 행정청의 입장을 대변하는 판결이 나와 원고의 승소의 비율이 현저히 낮아 행정소송의 대상이 되는 것이 민사소송으로 해결하는 경우에 비하여 당사자에게 유리한 것이 아니라는 점도 고려에 넣을 필요가 있다.

67 그러나 일본의 경우에는 ADR 기본법에 따라 법무대신의 인증을 받은 ADR기구로서 일본스포츠중재기구를 두고 있어 우리의 경우와 동일한 문제인 변호사법 위반의 장애물을 극복하였다. 우리의 경우에는 일본의 방식을 벤치마킹하여 ADR기본법을 제정할 필요가 있다.

다른 하나는 대한상사중재원에 반도핑 중재패널을 두는 모델이다. 도핑제재조치가 사법적 분쟁에 속하면 큰 문제는 없으나, KISS 항소위원회의 기능을 대한상사중재원에서 맡는 것은 한계가 있다.[68] 왜냐하면, 종래에도 대한상사중재원에서 이를 적극적으로 검토하였으나 대한체육회 등 체육계의 호응이 없어 성과를 내지 못한 점을 염두에 둘 필요가 있다.

무엇보다 국가는 스포츠 선수와 단체 간의 스포츠 분쟁을 원만히 해결하고 KADA 제재위원회의 제재처분에 대한 불복신청사건을 심의·의결하기 위하여 국민체육진흥법을 개정[69]하여 가칭 한국스포츠중재센터를 법인 형태로 설립하는 것이 바람직하다. 이와 같은 한국스포츠중재센터는 국가의 예산지원을 받아야 하지만 자율성과 독립성 및 중립성을 국가로부터 보장받도록 제도설계를 할 필요가 있다. 다만, 해당 중재와 조정절차에 관하여는 체육단체·경기단체, 도핑방지위원회, 선수 등의 의견을 들어 한국스포츠중재센터의 중재규칙과 조정규칙으로 분리하여 정하는 것이 필요하다.

나. 분쟁해결기구로서 스포츠 반도핑 중재기구의 설립방안

(1) 스포츠 분쟁해결기구의 명칭

스포츠 분쟁해결 기구의 명칭을 넓게 한국 스포츠 중재기구, 한국스포츠중재센터, 한국스포츠중재위원회로 하는 방안과 그 범위를 축소하여 한국스포츠반도핑 중재기구, 한국스포츠반도핑중재센터, 한국스포츠반도핑중재위원회로 그 명칭을 사용하는 방안이 검토될 수 있다. 먼저 한국스포츠 중재기구로 하는 경우에는 일본과 유사한 명칭이 된다. 한국스포츠중재위원회를 할 경우에는 한국도핑방지위원회와 겹치는 문제가 있다. 한국스포츠반도핑방지센터로 할 경우에는 스포츠윤리센터와 유사한 명칭이 된다.

우선 한국스포츠반도핑중재센터라는 명칭으로 출범하되, 그 범위의 확대가 필요하다면 한국스포츠중재센터로 그 기구의 명칭을 변경하고 업무 관장 범위를 점차 확대할 필요가

---

68 대한체육회 등 스포츠단체의 규약에서 분쟁이 있을 경우 그 중재기관을 대한상사중재원으로 하여야 사건을 제대로 처리할 수 있다. 또한 2006년도에 설치되었던 대한체육회 내부에 두었던 한국스포츠중재위원회가 성공적인 안착을 하지 못하고 중도에 폐지되었던 전철을 밟지 않으려면 대한체육회 내에 다시금 설치하는 것은 중립성과 공정성 및 독립성의 요청에 반할 수 있는 치명적 문제가 있다.

69 세부적인 사항은 국민체육진흥법시행령 등 하위 법령에 위임하여 정할 필요가 있다.

있다.[70]

(2) 스포츠 반도핑 중재기구의 업무분장

스포츠 반도핑 중재기구는 업무수행을 위하여 필요하면 관계 행정기관의 소속 공무원이나 관계 기관·단체 등의 임직원의 파견을 요청할 수 있다는 규정을 마련하는 것이 필요하다.

스포츠 반도핑 중재기구의 장과 임원, 사무국, 중재패널 등 조직과 운영에 관하여 필요한 사항은 대통령령으로 정한다는 위임규정을 둘 필요가 있다.[71]

반도핑 중재기구에서 다음의 업무분장을 하여 심리할 필요가 있다. 첫째로, 도핑관련 당사자의 서면합의에 의한 중재와 KADA 제재위원회의 제재불복에 의한 중재 둘째로, 중재절차에서의 조정절차의 회부 셋째로, 긴급중재절차 제도의 마련 넷째로, 임시구제제도의 마련이 바로 그것이다.[72] 또한 중재절차에 있어서 비용부담과 중재인의 선정절차를 당사자가 주도적으로 2인을 정하고 양자가 합의하여 1인을 정하는 방식으로 3인을 구성하는 것으로 하되, 긴급한 경우에는 양 당사자가 합의하는 1인의 중재인에 의하여 결정하는 방식으로 운영하는 것도 하나의 방법이다.

(3) 스포츠 기본법의 개정안 내용

스포츠 기본법에도 도핑의 억제에 관한 사항과 스포츠 분쟁의 신속하고 공정한 해결에 관한 별도의 규율을 마련할 필요가 있다. 개정시안을 제시하면 다음과 같다. 이러한 스포츠 기본법의 개정은 국민체육진흥법의 개정에 수반하여 부칙에서 다른 법률의 개정을 통하여 일괄하여 한꺼번에 개정하는 것이 적절하다.

---

70 대한체육회, 대한장애인체육회의 가맹단체와 준가맹단체의 경우 중재에 관한 자동승낙조항을 신설하여 추진하는 것이 필요하다. 프로 스포츠의 경우에 중재에 관한 자동승낙규정을 마련할 것인지도 함께 논의할 필요가 있다.

71 반도핑 중재기구에 위원장 1명을 포함한 9명 이내의 위원으로 구성하되 위원 중 위원장을 비롯한 3인의 위원은 법률가, 3인의 위원은 의료인, 3인의 위원은 체육계 위원으로 정하되, 위원의 임기와 선출 방법 등은 정관으로 정한다는 규정을 법률에 마련하는 것도 대안으로 깊이 있는 검토가 필요하다.

72 일본의 도핑분쟁에 관한 스포츠중재규칙 제54조에서 정하고 있는 임시처분과 제55조의 긴급중재절차 등 상세한 절차를 마련하고 있는 점을 참고할 필요가 있다.

제20조의2(도핑의 억제) 국가와 지방자치단체는 스포츠 활동에서의 공정성과 기회균등, 체육인의 건강의 확보를 위해 운동경기에서의 도핑의 억제를 위한 필요한 시책을 강구한다.

제20조의3(스포츠분쟁의 신속하고 공정한 해결) 국가는 체육인과 체육단체 간의 스포츠에 관한 분쟁을 신속하고 공정하게 해결하기 위해 중재 또는 조정의 활성화를 위한 필요한 시책을 강구한다.

(4) 국민체육진흥법(제35조의4) 개정을 통한 한국스포츠반도핑중재센터 신설안

국민체육진흥법을 개정하여 한국스포츠반도핑중재센터에 관한 규정을 신설할 경우에는 국민체육진흥법 부칙에서 한국스포츠반도핑중재센터의 설립과 관련하여 부칙의 경과규정이 필요하다. 2013년 문대성의원 대표발의 스포츠중재위원회 설립에 관한 법률안과 2019년에 제정된 국민체육진흥법상의 스포츠윤리센터설립과 관련한 본문과 부칙의 경과규정[73]이 참고가 될 수 있다. 개정안으로 제시될 수 있는 방안은 도핑방지에 한정하여 규율하게 되는 것을 염두로 하여 한국스포츠반도핑중재센터를 설립하는 것이 바람직하다. 이러한 입법방향은 그 범위를 단계적으로 스포츠 분쟁에 확산하는 방향성에 장점이 있으나, 도핑방지업무에 한정하는 것이 단점으로 작용할 수 있다.

제35조의4(한국스포츠반도핑중재센터의 설립) ① 국가는 스포츠 선수와 단체 간의 도핑관련 분쟁에 대한 중재판정과 도핑방지위원회의 제재조치에 대한 불복신청사건을 심리·의결하기 위하여 한국스포츠반도핑중재센터(이하 "반도핑중재센터"라 한다) 를 설립한다.

② 반도핑중재센터는 법인으로 하되, 반도핑중재센터와 그 소속하에 두는 중재패널은 독립적 지위를 갖는다.

---

73 국민체육진흥법 부칙 제2조(스포츠윤리센터의 설립 준비) ① 문화체육관광부장관은 이 법 시행 전에 제18조의3의 개정규정에 따른 스포츠윤리센터의 설립을 위하여 필요한 준비를 할 수 있다.
② 문화체육관광부장관은 스포츠윤리센터의 설립에 관한 사무를 처리하기 위하여 스포츠윤리센터설립추진단(이하 "설립추진단"이라 한다)을 설치한다.
③ 설립추진단은 문화체육관광부장관이 위촉하는 5명 이내의 설립위원으로 구성하여 운영한다.
④ 설립추진단은 스포츠윤리센터의 정관을 작성하여 문화체육관광부장관의 인가를 받아 지체 없이 설립위원의 연명(連名)으로 스포츠윤리센터의 설립등기를 한 후 스포츠윤리센터의 장에게 사무를 인계하여야 한다.
⑤ 설립추진단 및 설립위원은 제4항에 따른 사무인계가 끝난 때에는 해산되거나 해촉된 것으로 본다.

③ 제1항에 따라 반도핑중재센터에 중재를 신청하려면 당사자 간의 서면의 합의나 체육
단체·경기단체의 규정에 중재의 자동승낙규정이 있어야 한다. 다만, 도핑방지위원회
의 제재조치에 불복신청을 한 경우에는 중재신청을 한 것으로 본다.

④ 중재절차에 관하여는 체육단체·경기단체, 도핑방지위원회, 선수 등의 의견을 들어 반
도핑중재센터의 규칙으로 정한다.

⑤ 반도핑중재센터는 그 업무를 수행하기 위하여 필요하면 관계 행정기관의 소속 공무
원이나 관계 기관·단체 등의 임직원의 파견을 요청할 수 있다.

⑥ 제1항의 규정에 의한 중재와 의결은 각각 재판상 화해와 동일한 효력이 인정된다.

⑦ 반도핑중재센터의 장과 임원, 사무국, 중재패널 등 조직과 운영에 관하여 필요한 사
항은 대통령령으로 정한다.

⑧ 반도핑중재센터에 관하여 이 법에 정한 것 외에는 「민법」 중 재단법인에 관한 규정
을 준용한다.

IV. 맺음말

스포츠 반도핑과 관련한 분쟁을 처리하는 스포츠 분쟁해결의 방식으로는 중재와 조정을
들 수 있다. 중재는 중립·공정한 제3자인 중재인에 분쟁을 맡겨 중재판단에 따르기로 하
는 중재합의에 따라 분쟁을 해결하는 절차를 의미한다. 조정은 중립적 조정인에 의한 자
율적이며 유연한 분쟁해결수단이지만 구속력의 관점에서 반도핑제재 조치에 대한 분쟁해
결수단으로 적절하지 않은 측면이 있다. 중재는 3가지 측면에서 법원의 재판보다 장점이
있다. 첫째로, 신속한 분쟁해결이라는 시간절약적 측면이다. 둘째로, 법률가와 의료인 및
체육인으로 구성된 중재인의 전문성을 들 수 있다. 셋째로, 스포츠단체의 소송리스크를
회피할 수 있고 스포츠계 내부에서 분쟁을 원만하게 해결할 수 있는 장점을 들 수 있다.

새로운 스포츠 반도핑 중재기구의 설립과 관련하여, 2006년 대한체육회 산하의 특별위
원회 형태의 한국스포츠중재위원회가 발족되었으나 실적이 거의 없어 2009년에 폐지된
전철을 밟지 않도록 세심한 검토가 필요하다.[74]

당면한 스포츠 반도핑 중재기구를 설립하는 문제와는 별도로 장기적인 관점에서 도핑 규제를 통한 깨끗하고 공정한 스포츠 환경을 조성하기 위한 스포츠도핑방지규제법의 제정과 국민체육진흥법의 개정을 통해 도핑을 억제할 체제를 정비하여야 한다.[75] 국민체육진흥법 제1조 목적 조항에 도핑방지정책에 대한 내용을 포함하는 것이 필요하다.[76] 또한 도핑방지규정 위반행위에 대한 KADA 제재위원회의 제재조치를 하기에 앞서 청문의 권리보장, 제재조치에 대한 항소 등 분쟁해결을 중재로 할 수 있도록 하는 내용의 가칭 한국스포츠반도핑중재센터의 설립 등 국가의 도핑방지 관련 스포츠 정책을 국민체육진흥법에서 명확히 규정함으로써 경기단체 출전선수에 대한 효율적이고 신속한 분쟁해결절차를 통해 「유네스코 스포츠반도핑국제협약」에서 추구하고 있는 공정한 스포츠의 이념을 충실히 실현하는 것이 필요하다.[77]

결론적으로 도핑방지와 관련한 KADA 제재위원회의 제재조치에 대하여 현행 항소위원회를 통하여 재심의를 할 것이 아니라 국민체육진흥법을 개정하여 법적 근거의 미비점을

---

74 분쟁 당사자인 선수 등이 중재신청을 하기 위해서는 사전에 중재합의가 있어야 하는데 스포츠단체 측에서 중재합의를 해 주지 않아 중재절차를 제대로 이용하지 못하여 사업실적 부진으로 중도하차 한 것을 반면교사(反面敎師)로 삼아야 한다.

75 도핑의 개념과 관련하여, 국민체육진흥법 제2조 제10호에서 "도핑은 스포츠선수의 운동능력을 강화시키기 위하여 문화체육관광부장관이 고시하는 금지 목록에 포함된 약물 또는 방법을 복용하거나 사용하는 것을 말한다"고 규정하고 있다. 그러나, 세계도핑방지규약(WADC) 제2조에서 "도핑이란 규약 2. 1항 내지 2. 11항에서 규정된 하나 또는 그 이상의 도핑방지규정위반의 발생을 말한다"고 규정하고 있다. 도핑에 관한 개념상의 혼란을 막고 국제적 기준을 충족하기 위해서 도핑의 정의에 관한 국민체육진흥법의 관련 조항의 개정이 필요하다. 다음으로, 경기대회 출전선수뿐만 아니라 선수 지원요원이 도핑행위를 하지 못하도록 유도할 필요가 있다. 또한 도핑의 억제에 관한 국제적 기준의 충족을 위해 경기대회 출전선수에 대한 정보의 수집과 활용, 도핑방지를 위한 목적의 개인정보에 관한 특례를 규정하는 것을 검토하여 이를 법제화하는 것이 요망된다.

76 국민체육진흥법을 개정하여 도핑방지에 관한 상세한 규정을 마련할 경우에는 제1조 목적 규정에서 도핑의 억제와 도핑규제의 의미로서의 선수의 건강과 스포츠의 공정성의 가치를 강조할 필요가 있다. 따라서 스포츠의 공정성과 기회균등의 원칙을 훼손하는 도핑의 억제를 강조하면서 이로 인한 선수의 건강과 기본적 인권을 보장하는 내용으로 보완하는 것이 깨끗한 스포츠와 스포츠의 공정성 차원에서 의미가 크다고 보여진다.

77 김용섭, "교육, 문화 및 스포츠의 글로벌 법적 이슈에 관한 고찰 -UNESCO 주요 활동과 협약을 중심으로-"「스포츠엔터테인먼트와 법」제18권 제4호, 2015. 11, 153-172면. WADC 22. 1은 각국정부는 유네스코 국제스포츠반도핑협약을 준수하는데 필요한 모든 행동과 대책을 취한다고 되어 있고, WADC 22. 10에서는 정부가 유네스코 협약을 준수하지 않으면 유네스코와 WADA의 결정에 따라 제재를 받을 수 있다. 따라서 대한민국 정부가 이러한 협약의 이행을 게을리할 경우에 협약미준수를 이유로 국제경기대회에 주최와 참가 등에 불이익이 초래될 수 있다.

해소함과 동시에 신속하고 공정하게 분쟁해결을 도모할 수 있는 독립적 스포츠 반도핑 중재기구를 조속히 설치하여야 한다. 장기적인 관점에서 국민체육진흥법을 개정하여 반도핑에 대한 분쟁을 넘어서는 스포츠중재기구를 독립된 기구로 설치하게 될 경우에는 대한체육회의 정관이나 가맹단체 규정, KADA 제재위원회 규정에 중재합의를 위한 자동수락 규정을 마련하는 등 스포츠중재 활성화를 위한 제도적 방책을 함께 강구할 필요가 있다.

참고문헌

강래혁, "스포츠분쟁사례에 비추어 본 스포츠 중재필요성"「중재논단」.

김대희, "국내 스포츠분쟁해결기구의 설치에 관한 소고"「중재연구」제24권 제1호, 2014. 3.

김상찬/신준연, "우리나라의 스포츠 분쟁해결에 있어 ADR의 활성화 방안"「법과정책」제25집 제2
　　　　호, 2019. 8.

김상태, "스포츠 영역에서의 분쟁해결제도에 관한 고찰"「인하대학교 법학연구」제16집 제1호,
　　　　2013. 3.

김성룡/안건형, "스포츠 분쟁해결에 있어 국내 중재제도의 문제점과 개선방안"「스포츠와 법」제
　　　　15권 제1호, 2012. 2.

김용섭, "국제스포츠중재재판소(CAS)를 통한 분쟁해결과 불복절차"「스포츠엔터테인먼트와 법」제
　　　　19권 제4호, 2016.

김용섭, "도핑규제의 법적과제"「저스티스」통권 제11호, 2010.

김용섭, "스포츠 반도핑(Anti-Doping) 중재기구의 설립 필요성", 뉴스퀘스트 2023. 8. 14.

김용섭, "변호사법 제109조와 민간조정 활성화를 위한 입법과제"「인권과 정의」통권 제502호,
　　　　2021.

김용섭, "교육, 문화 및 스포츠의 글로벌 법적 이슈에 관한 고찰 -UNESCO 주요 활동과 협약을
　　　　중심으로-"「스포츠엔터테인먼트와 법」제18권 제4호, 2015, 11.

김진훈/채승일/이호근, "프로스포츠에서 반도핑(도핑방지)의 적용과 해석"「한국체육학회지」제55
　　　　권 제4호, 2016.

김현숙, "CAS결정례로 본 도핑 위반 사건의 법리"「중재연구」제28권 제1호, 2018. 3.

김환권, "도핑(Doping)방지를 위한 한국의 노력과 관련 법적 문제"「Law &Technology」제5권
　　　　제1호, 서울대학교 기술과법센터, 2019.

남기연, "스포츠분쟁해결을 위한 독립적 기구의 필요"「중재논단」, 대한상사중재원 2017.

박균성, 「행정법강의」, 박영사, 2023.

박은영/조은아/한승진/박설, "스포츠중재활성화방안연구", 법무부 연구보고서, 2016.

연기영, "2016 리오올림픽 국제스포츠중재재판소 반도핑중재부의 규정과 활동"「스포츠엔터테인먼
　　　　트와 법」제20권 제1호, 2017. 2.

장달원, "스포츠분쟁 및 KCAB중재의 활성화 방안"「중재」제333호, 대한상사중재원, 2010.

전홍구, "스포츠중재의 필요성과 중재합의에 관한 고찰"「중재연구」제26권 제1호, 2016.

정승재, "스포츠 조정·중재제도의 법적과제"「스포츠와 법」제11권 제1호, 2008. 2.

지철호, "일본 스포츠중재기구의 중재절차 및 사건처리와 시사점"「스포츠와 법」제16권 제3호, 2013, 8.

지철호, "ADR을 통한 스포츠분쟁 해결방안에 관한 연구", 동국대학교 박사학위논문, 2015.

윤경호, "ADR방식의 한국형 스포츠분쟁해결기구에 관하여-한국스포츠공정위원회 신설과 한국스포츠중재위원회 복원방안 비교-"「스포츠엔터테인먼트와 법」제19권 제2호, 2016. 5.

한국도핑방지위원회, 한국도핑방지규정, 2021.

한국도핑방지위원회, 경륜·경정 도핑방지규정, 2023.

András Jakab, Lando Kirchmair, "Unterscheidung zwischen öffentlichem Recht und Privatrecht", Der Staat 58, 2019.

Julia Kleen, Perspektiven nationaler und internationaler dopingbekämpfung, Mohr Siebeck, 9. Auflag. 2020.

Martin Schimke, Beck'sches Formulabuch Sportrecht, C.H. BECK, 2021.

World Anti-Doping Code, 2021.

山本和彦, ADR法制の現代的課題-民事手續法研究III, 有斐閣, 2018.

上柳敏郎, 上訴と仲裁- ドーピング紛爭の爭訟性-https://jsaa.jp/materials/ut0944.pdf

道垣內正人, 日本スポーツ仲裁機構とその活動, https://jsaa.jp/materials/dm0948.pdf

清水 宏, スポーツ 仲裁合意に關する諸問題, 東洋法學 62卷 3号, 2019. 3.

谷塚 哲, スポーツ權とオリンピック·レガシー, 東洋法學 62卷 3号, 2019. 3.

주제어 : 반도핑(도핑방지), 스포츠중재, 반도핑 중재기구, 제재조치, 항소위원회, 국제스포츠중재재판소, 국민체육진흥법

Keywords : Anti-doping, Sports Arbitration, Anti-doping Arbitration Organization, Sanctions, Appeals Commission, International Court of Arbitration for Sport, National Sports Promotion Act.

佳山 金容燮教授 停年記念論文集

간행위원회

위원장　　신동권

부위원장 이철진, 황창근

위원　　　강헌구, 성봉근, 왕승혜, 이경희, 이승훈, 장혜진, 정태종, 최재원, 한용현

편집위원

신동권, 왕승혜, 정태종, 이승훈

韓國行政法學의 새로운 方向

초판 1쇄 인쇄　　2024년 10월 02일
초판 1쇄 발행　　2024년 10월 07일
지은이　　　　　김용섭(金容燮)
엮은이　　　　　김용섭교수 정년기념논문집 간행위원회

펴낸이　　　　　한정희
편집부　　　　　김숙희 김지선 한주연
마케팅　　　　　하재일 유인순

펴낸곳　　　　　경인문화사
출판신고　　　　제406-1973-000003호
주소　　　　　　경기도 파주시 회동길 445-1 경인빌딩 B동 4층
대표전화　　　　031-955-9300　　　팩 스 031-955-9310
홈페이지　　　　http://www.kyunginp.co.kr
이메일　　　　　kyungin@kyunginp.co.kr
ISBN　　　　　978-89-499-6820-9 93360
값　65,000원

ⓒ 김용섭, 2024